LE ROBERT ET COLLINS

Nummer Eins in Deutsch

conception et direction de l'ouvrage

Martyn BACK

rédaction

Silke ZIMMERMANN

Anja MAEDEL

avec

Bettina KNICKREHM

direction artistique et coordination technique

Gonzague RAYNAUD

Maud LAHEURTE

maquette

Sophie COMPAGNE

préparation mise en pages

Martine KNEBEL

lecture-correction

Brigitte ORCEL

Krystelle DABOVAL

couverture

CAUMON

ISBN 2 85 036 931 4

Les marques déposées®

Les termes qui constituent à notre connaissance une marque déposée ont été désignés comme tels. La présence ou l'absence de cette désignation ne peut toutefois être considérée comme ayant valeur juridique.

LE ROBERT & Collins

Nummer Eins in Deutsch

dictionnaire français-allemand / allemand-français

sous la direction de
Martyn Back

DICTIONNAIRES
LE ROBERT

AVANT-PROPOS

Apprendre l'allemand par l'exemple

Le *Nummer Eins in Deutsch* va vous aider à apprendre l'allemand.

Comme tous les dictionnaires bilingues, il répond à deux questions essentielles : *comment cela se dit ?* et *qu'est-ce que cela veut dire ?*

Mais il répond à ces questions d'une manière nouvelle. Du côté français-allemand, il présente d'abord les mots **dans des phrases** pour que vous puissiez observer leur fonctionnement. Ensuite, il explique clairement les particularités de la langue allemande : formes irrégulières, pluriels, emploi des cas, des prépositions, des verbes à particule...

Du côté allemand-français, la présentation est différente, car **l'expression** et **la compréhension** ne font pas appel aux mêmes connaissances. Nous avons tout fait pour faciliter l'accès à l'information et pour vous permettre d'éviter les pièges. Les formes verbales irrégulières, par exemple, sont faciles à repérer : **werden** mais aussi **wird** et **wurde ; schwimmen** mais aussi **schwamm** et **geschwommen**. Des tableaux de déclinaison sont présentés à leur place alphabétique dans le corps du dictionnaire, et les particularités importantes ressortent **en couleur**. Enfin les faux amis et autres pièges vous sont clairement signalés tout au long de l'ouvrage.

Car le *Nummer Eins in Deutsch* met avant tout l'accent sur la **communication**. Il vous aidera à acquérir le vocabulaire fondamental en allemand, à mettre en pratique ce vocabulaire et à éviter l'erreur.

Ce dictionnaire est conçu pour être utilisé **sans mode d'emploi**. Son utilisation ne nécessite aucune connaissance préalable ni de l'allemand, ni du fonctionnement (souvent trop complexe pour les débutants) du dictionnaire bilingue.

Nous sommes convaincus que le dictionnaire bilingue – s'il est bien adapté aux besoins de son utilisateur – a son rôle à jouer dans l'apprentissage des langues. Nous espérons que le *Nummer Eins in Deutsch* saura jouer ce rôle de façon efficace, fiable et conviviale.

Martyn Back
Directeur de l'ouvrage

SYMBOLES EMPLOYÉS DANS CE DICTIONNAIRE

▷	exemple
▶	structure ou locution figée
♦	mot lié à l'entrée
i	information importante
	prononciation
	attention ! faux ami ou piège
	note sur la civilisation
	information sur les verbes à particule

français
allemand

A

FRANÇAIS — ALLEMAND

à

1 ▷ Nous avons passé une semaine à Hambourg.
Wir haben eine Woche in Hamburg verbracht.
▷ J'aimerais mieux habiter à la campagne.
Ich würde lieber auf dem Land wohnen.
▷ Ils étaient assis à la table de la cuisine.
Sie saßen am Küchentisch.

1 Pour parler du lieu où on est, on utilise le datif : **in** (in der) *ou* **im** (= in dem) selon le genre du substantif qui suit ; **auf, an** (an der) *ou* **am** (= an dem).
Autres exemples : in Paris (à Paris), im Krankenhaus (à l'hôpital), in der Schule (à l'école), auf dem Land (à la campagne), am Strand (à la plage).

2 ▷ Cet après-midi, on va au centre commercial.
Heute Nachmittag gehen wir ins Einkaufszentrum.
▷ Nous allons à Paris la semaine prochaine.
Nächste Woche fahren wir nach Paris.
▷ Je dois aller à la gare.
Ich muss zum Bahnhof fahren.

2 (pour parler du lieu où on va) **nach** (pour les noms de ville), **in** + accusatif (in die, in den *ou* ins : = in das) selon le genre du substantif qui suit : **zu** + datif (zur : zu der ; zum : zu dem)
Autres exemples : nach Frankfurt (à Francfort), in die Schule (à l'école), in den Keller (à la cave), ins Ausland (à l'étranger), zur Post (à la poste).

3 ▷ Je serai devant le cinéma à cinq heures.
Ich werde um fünf (Uhr) vor dem Kino sein.

3 (pour parler de l'heure) **um**

4 ▷ Au vingtième siècle, la médecine a fait de gros progrès.
Im zwanzigsten Jahrhundert hat die Medizin große Fortschritte gemacht.

4 (pour parler d'une époque) **in** (in der *ou* im)

5 ▷ Gégé a un bleu au bras.
Gégé hat einen blauen Fleck am Arm.

5 (pour parler d'une partie du corps) **an** + datif, **an der, am** (= an dem)

6 ▷ J'ai espagnol de trois à cinq.
Ich habe Spanisch von drei bis fünf.

6 ► de... à... : von... bis...

7 ▷ Ces chewing-gums sont à moi.
Das sind meine Kaugummis.
▷ Il est à toi, ce stylo ?
Ist das dein Kugelschreiber?
▷ Je ne sais pas si les lunettes sont à elle.
Ich weiss nicht, ob das ihre Brille ist.
▷ Je crois que cette montre est à Karim.
Ich glaube, das ist Karims Uhr.

7 Pour dire en allemand que quelque chose appartient à quelqu'un, on utilise plutôt la phrase avec le pronom possessif au génitif : **mein**(**e, e**), **dein**(**e, e**), **sein**(**e, e**), **ihr**(**e, e**), **unser**(**e, e**), **euer** (**eure**), **ihr**(**e, e**), en mettant l'accent sur ce pronom.
Avec un nom de personne, on emploie le cas possessif avec **s**.

8 ▷ À qui sont ces gants ?
Wem gehören diese Handschuhe?
▷ Ce livre est à moi.
Dieses Buch gehört mir.

8 Pour dire que quelque chose est à quelqu'un, on dit etwas **gehört** jemandem (datif) (quelque chose appartient à quelqu'un). En allemand, la forme du génitif **Wessen Handschuhe sind das?** est moins utilisée.

abandonner

1 ▷ Notre voisin a abandonné sa famille.
Unser Nachbar hat seine Familie verlassen.

1 (en parlant d'une personne ou d'un lieu) **verlassen** (verlässt, verließ, verlassen)
ℹ *Les verbes commençant par le préfixe **ver-** ne prennent pas **ge-** au participe passé.*

2 ▷ C'est trop dur, j'abandonne !
Es ist zu schwer, ich geb's auf!

2 (= renoncer) **aufgeben**
ℹ ***auf•geben** est un verbe à particule séparable et se conjugue comme **geben** (gibt, gab, gegeben).*

abattre

1 ▷ Les ouvriers vont abattre le chêne.
Die Arbeiter werden die Eiche fällen.

1 (= abattre un arbre) **fällen**

2 ▷ Nous avons abattu le mur.
Wir haben die Mauer abgerissen.
▷ Quand est-ce que vous abattez la cloison ?
Wann reißen Sie die Wand nieder?

2 (= abattre un mur) **abreißen**
ℹ *On peut dire aussi **niederreißen**.*
ℹ ***ab•reißen** et **nieder•reißen** sont des verbes à particule séparable et se conjuguent comme **reißen** (riss, gerissen).*

3 ▷ Les terroristes ont abattu le ministre.
Die Terroristen haben den Minister erschossen.

3 (= tuer quelqu'un) **erschießen** (erschoss, erschossen).
ℹ *Les verbes allemands commençant par le préfixe **er-** ne prennent pas **ge-** au participe passé.*

abeille

▷ Une abeille a piqué Élise au bras.
Eine Biene hat Élise am Arm gestochen.

die **Biene** (pluriel : Bienen)

abîmer

▷ Il a abîmé mon cahier !
Er hat mein Heft beschädigt!

beschädigen

*Les verbes allemands commençant par le préfixe **be-** ne prennent pas **ge-** au participe passé.*

abonné, abonnée

1 ▷ Je suis abonné à trois magazines.
Ich habe drei Zeitschriften abonniert.

1 ► **être abonné à** un magazine : eine Zeitschrift (accusatif) **abonniert haben**

2 ▷ Les abonnés ont droit à des réductions de prix.
Abonnenten haben Anspruch auf Preisnachlässe.

2 (= personne) der **Abonnent** (pluriel : Abonnenten), die **Abonnentin** (pluriel : Abonnentinnen)

abonnement

▷ Je dois renouveler mon abonnement.
Ich muss mein Abonnement verlängern.

(en parlant d'un magazine) das **Abonnement** (pluriel : Abonnements)

Se prononce comme en français.

s'abonner

▷ Je vais m'abonner à « OK Magazine ».
Ich werde „OK Magazine" abonnieren.

► **s'abonner à** un magazine : eine Zeitschrift (accusatif) **abonnieren.**

*Les verbes se terminant en **–ieren** ne prennent pas **ge-** au participe passé.*

d'abord

▷ D'abord, nous devons sauvegarder le document.
Zuerst müssen wir das Dokument sichern.

zuerst

aboyer

▷ Les chiens ont aboyé toute la nuit.
Die Hunde haben die ganze Nacht gebellt.

bellen

abréviation

▷ « PC » est l'abréviation de « personal computer ».
„PC" ist die Abkürzung von „personal computer".

die **Abkürzung** (pluriel : Abkürzungen)

abri

1 ▷ Ils ont construit un abri dans la forêt.
Sie haben eine Hütte im Wald gebaut.

1 (= refuge) die **Hütte** (pluriel : Hütten)

Suite page suivante

2 ▻ L'abri à vélos est derrière le gymnase.
Der Fahrradschuppen ist hinter der Sporthalle.

2 (où on range quelque chose) der **Schuppen** (pluriel : Schuppen)

3 ▻ Vite, mettez-vous à l'abri de la pluie !
Schnell, stellt euch unter!
▻ Nous nous sommes vite mis à l'abri.
Wir haben uns schnell untergestellt.
▻ Ils ont cherché un toit pour se mettre à l'abri.
Sie haben ein Dach gesucht, um sich unterzustellen.

3 ► **se mettre à l'abri : sich unterstellen**

ℹ *__unter•stellen__ est un verbe à particule séparable.*

ℹ *Le pronom personnel allemand s'emploie à l'accusatif : ich stelle __mich__ unter, du stellst __dich__ unter, er/sie stellt __sich__ unter, wir stellen __uns__ unter, ihr stellt __euch__ unter, sie stellen __sich__ unter.*

4 ▻ Nous étions à l'abri de la pluie.
Wir waren vor dem Regen sicher.

4 ► **être à l'abri de** quelque chose : **vor** etwas (datif) **sicher sein**

abricot

▻ J'adore les abricots.
Ich liebe Aprikosen.

die **Aprikose** (pluriel : Aprikosen)

s'abriter de

▻ Ils se sont abrités sous un arbre.
Sie haber sich unter einen Baum gestellt.

sich unter etwas (accusatif) **stellen**

ℹ *__unter•stellen__ est un verbe à particule séparable.*

abruti, abrutie

▻ Charles est un vrai abruti !
Charles ist ein richtiger Idiot!

der **Idiot** (pluriel : Idioten), die **Idiotin** (pluriel : Idiotinnen)

absent, absente

1 ▻ Olivia est absente aujourd'hui.
Olivia fehlt heute.

1 ► **être absent : fehlen**

2 ▻ Dubois? – Absent !
Dubois? – Abwesend!

2 (à l'appel) **abwesend!**

absolument

1 ▻ Il veut absolument voir le film.
Er will unbedingt den Film sehen.

1 (avec un verbe) **unbedingt**

2 ▻ C'est absolument incroyable.
Das ist absolut unglaublich.

2 ► **absolument** + adjectif : **absolut** + adjectif

absurde

▻ Tes arguments sont absurdes !
Deine Argumente sind unsinnig!

unsinnig

ℹ *On dit aussi : absurd.*

abuser

1 ▻ N'abuse pas du café.
Trink nicht zu viel Kaffee.
▻ J'ai encore abusé des frites !
Ich habe wieder zu viel Pommes frites gegessen!

2 ▻ Vraiment, il abuse !
Wirklich, er geht zu weit!

1 Lorsque abuser de signifie consommer trop de, on utilise en allemand le verbe qui convient + **zu viel** (abuser du chocolat = zu viel Schokolade essen ; abuser des médicaments = zu viele Medikamente nehmen).

2 (= exagérer) **zu weit gehen**

accélérateur

▻ Où se trouve l'accélérateur ?
Wo ist das Gaspedal?

das **Gaspedal** (pluriel : -pedale)

accélérer

1 ▻ La route est droite ici, tu peux accélérer.
Die Strasse ist hier gerade, du kannst Gas geben.
▻ Accélère, on doit rendre les copies !
Gib schon Gas, wir müssen die Arbeiten abgeben!

2 ▻ Il accélère le pas.
Er beschleunigt seinen Schritt.

1 (en voiture = se dépêcher) **Gas geben** (gibt, gab, gegeben)

2 (le mouvement, l'allure) **beschleunigen**

i *Les verbes allemands commençant par le préfixe **be-** ne prennent pas **ge-** au participe passé.*

accent

▻ Stéphane a un très bon accent en allemand.
Stéphane hat einen sehr guten deutschen Akzent.
▻ Elle a l'accent allemand.
Sie hat einen deutschen Akzent.

▻ Est-ce qu'il y a un accent sur le e ?
Kommt ein Accent auf das e?

der **Akzent** (pluriel : Akzente)

i *Remarquez :* avoir l'accent allemand = ***einen deutschen Akzent haben.***

i *Pour les accents français, on traduit par **Accent** prononcé comme en français.*

accepter

1 ▻ Ils ont accepté notre offre.
Sie haben unser Angebot angenommen.
▻ J'accepte ta proposition.
Ich nehme deinen Vorschlag an.

1 ► **accepter** quelque chose : etwas (accusatif) **annehmen**

i ***an•nehmen** est un verbe à particule séparable et se conjugue comme **nehmen** (nahm, genommen).*

2 ▷ Marc accepte de m'aider.
Marc ist einverstanden, mir zu helfen.

2 ► **accepter de** + infinitif (= être d'accord) : **mit** etwas (datif) **einverstanden sein**

accident

1 ▷ C'était un accident.
Es war ein Missgeschick.

1 (= incident mineur, ennui) das **Missgeschick** (pluriel : Missgeschicke)

2 ▷ Je l'ai rencontré par accident.
Ich habe ihn zufällig getroffen.

2 ► **par accident : zufällig**

3 ▷ La sœur de Yann a eu un accident de voiture.
Yanns Schwester hatte einen Autounfall.

3 (grave) der **Unfall** (pluriel : Unfälle)
► **accident de voiture :** der **Autounfall**

accompagner

▷ Tu m'accompagnes jusqu'au village ?
Begleitest du mich ins Dorf?

▷ Elle a chanté et moi je l'ai accompagnée au piano.
Sie hat gesungen, und ich habe sie auf dem Klavier begleitet.

begleiten

i *Les verbes allemands commençant par le préfixe* ***be-*** *ne prennent pas* ***ge-*** *au participe passé.*

accord

1 ▷ Les deux pays ont signé un accord.
Die beiden Länder haben ein Abkommen geschlossen.

1 (= accord écrit) das **Abkommen** (pluriel : Abkommen)

2 ▷ Nous sommes arrivés à un accord.
Wir sind zu einer Einigung gekommen.

2 (= entente) die **Einigung** (pluriel : Einigungen)

3 ▷ Il est d'accord avec moi.
Er ist mit mir einverstanden.

▷ Je ne suis pas d'accord.
Ich bin nicht einverstanden.

3 ► **être d'accord : einverstanden sein**

▷ Samantha n'est pas d'accord avec son frère.
Samantha und ihr Bruder sind sich nicht einig.

► **être d'accord avec** quelqu'un : (sich) mit jemandem (datif) **einig sein**

▷ Nous nous sommes mis d'accord.
Wir sind uns einig geworden.

► **se mettre d'accord : sich einig werden** (wird, wurde, geworden)

▷ D'accord, je viens avec toi !
Also gut, ich komme mit dir!

► **d'accord !** (also) **gut!, einverstanden!**

accordéon

▷ L'accordéon est un instrument typiquement français.
Das Akkordeon ist ein typisch französisches Instrument.

das **Akkordeon** (pluriel : Akkordeons)

ℹ *On dit aussi* die **Ziehharmonika** (pluriel : Ziehharmonikas).

accorder

1 ▷ Le professeur nous a accordé deux heures de liberté.
Der Lehrer hat uns zwei Freistunden gegeben.
▷ Mon père m'a accordé la permission de sortir ce soir.
Mein Vater hat mir die Erlaubnis gegeben, heute Abend auszugehen.

2 ▷ Tu peux m'accorder deux minutes ?
Kannst du mir zwei Minuten bewilligen?

1 (= donner) **geben** (gibt, gab, gegeben)

► **accorder** quelque chose à quelqu'un : jemandem (datif) etwas geben

2 (= concéder du temps, un entretien) jemandem (datif) etwas **bewilligen**

ℹ *Les verbes allemands commençant par le préfixe* ***be-*** *ne prennent pas* ***ge-*** *au participe passé.*

accoucher

▷ Elle a accouché hier soir.
Sie hat gestern Abend entbunden.

▷ Sandra a accouché d'un petit garçon.
Sandra hat einen kleinen Jungen zur Welt gebracht.

entbinden (entband, entbunden)

ℹ *Les verbes allemands commençant par le préfixe* ***ent-*** *ne prennent pas* ***ge-*** *au participe passé.*

► **accoucher de :** zur Welt bringen (brachte, gebracht)

accrocher

▷ Où veux-tu accrocher ce tableau ?
Wo willst du dieses Bild aufhängen?

(= suspendre) **aufhängen**

ℹ ***auf•hängen*** *est un verbe à particule séparable.*

Dans sa forme transitive, il se conjugue de façon régulière.

accueil

1 ▷ Merci de votre accueil.
Danke für euren Empfang.

2 ▷ Demandez à l'accueil si vous voulez des renseignements.
Wenn Sie eine Auskunft wollen, fragen Sie am Empfang.

1 (= manière d'accueillir quelqu'un) der **Empfang** (pluriel : Empfänge)

2 (= endroit où on peut se renseigner) der **Empfang**

ℹ *Dans les hôtels, on dit aussi* die ***Rezeption***.

accueillir

1 ▷ Sabine est venue m'accueillir à l'aéroport.
Sabine hat mich am Flughafen abgeholt.

1 (= chercher) **abholen**

*ℹ **ab•holen** est un verbe à particule séparable.*

2 ▷ La famille de mon correspondant m'a très bien accueilli.
Die Familie von meinem Brieffreund hat mich sehr freundlich empfangen.

2 ► **accueillir** quelqu'un (= recevoir) : jemanden (accusatif) **empfangen** (**empfängt, empfing, empfangen**)

*ℹ Les verbes allemands commençant par le préfixe **emp-** ne prennent pas **ge-** au participe passé.*

accuser

▷ Le prof a accusé Louis d'avoir triché.
Der Lehrer hat Louis beschuldigt, geschummelt zu haben.

▷ L'homme était accusé de meurtre.
Der Mann war des Mordes beschuldigt.

beschuldigen

► **accuser** quelqu'un **de** + infinitif : jemanden (accusatif) **beschuldigen**, etwas **getan zu haben**

ℹ On dit aussi : jemanden etwas (génitif) ***beschuldigen***.

*ℹ Les verbes allemands commençant par le préfixe **be-** ne prennent pas **ge-** au participe passé.*

achat

▷ Mets les achats dans la voiture.
Leg die Einkäufe ins Auto.
▷ Nous faisons des achats en ville.
Wir kaufen in der Stadt ein.

► **les achats** : die **Einkäufe**

ℹ Ce mot est un pluriel.

► **faire des achats** : **einkaufen**

*ℹ **ein•kaufen** est un verbe à particule séparable.*

acheter

▷ Où est-ce que tu as acheté ton lecteur de DVD ?
Wo hast du deinen DVD-Player gekauft?
▷ Je vais lui acheter un livre pour son anniversaire.
Ich werde ihm ein Buch zum Geburtstag kaufen.
▷ Ange s'est acheté un nouveau tee-shirt.
Ange hat sich ein neues T-Shirt gekauft.
▷ Je voudrais m'acheter un scooter.
Ich würde mir gern einen Motorroller kaufen.

kaufen

► **acheter** quelque chose **à** quelqu'un : jemandem (datif) etwas **kaufen**

► **s'acheter** quelque chose : **sich** etwas **kaufen**

*ℹ Le pronom personnel allemand s'emploie au datif : ich kaufe **mir**, du kaufst **dir**, er/sie kauft **sich**, wir kaufen **uns**, ihr kauft **euch**, sie kaufen **sich**.*

acide

▷ Cette orange est très acide.
Diese Orange ist sehr sauer.

sauer

ℹ *Sauer est un adjectif. Le mot* **acide** *(= la substance chimique) se traduit par die* ***Säure.***

acier

▷ Le professeur a expliqué comment l'acier est fabriqué.
Der Lehrer hat uns erklärt, wie Stahl hergestellt wird.

▷ Cette montre est en acier.
Diese Uhr ist aus Stahl.

▷ C'est un portail en acier.
Das ist ein Stahlportal.

der **Stahl** (pluriel : Stahle *ou* Stähle)

► **être en acier : aus Stahl sein**

ℹ *Pour dire que quelque chose est en acier, on forme des mots composés avec* ***Stahl*** *: der* ***Stahlnagel*** (clou en acier), *das* ***Stahlblech*** (plaque en acier), *etc.*

acteur

▷ C'est mon acteur préféré.
Das ist mein Lieblingsschauspieler.

der **Schauspieler** (pluriel : Schauspieler)

actif

▷ Il n'est pas très actif pour son âge.
Er ist nicht sehr aktiv für sein Alter.

aktiv

action

1 ▷ Tu es responsable de tes actions.
Du bist für deine Taten verantwortlich.

▷ Allez, fais une bonne action, aide-les !
Los, tu eine gute Tat, hilf ihnen !

2 ▷ Mon père a acheté des actions.
Mein Vater hat Aktien gekauft.

1 (= ce qu'on fait) die **Tat** (pluriel : Taten)

► **faire une bonne action : eine gute Tat tun**

2 (en parlant de la Bourse) die **Aktie** /'aktsiə/ (pluriel : Aktien)

activité

▷ Il y aura beaucoup d'activités durant notre séjour.
Während unseres Aufenthalts wird es eine Menge Aktivitäten geben.

die **Aktivität** (pluriel : Aktivitäten)

ℹ *On peut aussi dire : die* ***Betätigung*** (pluriel : Betätigungen).

actrice

▷ C'est une très bonne actrice.
Sie ist eine sehr gute Schauspielerin.

die **Schauspielerin** (pluriel : Schauspielerinnen)

actuel, actuelle

1 ▷ C'est un problème actuel.
Es ist ein aktuelles Problem.

2 ▷ Le directeur actuel est très apprécié.
Der derzeitige Direktor ist sehr geschätzt.

3 ▷ À l'époque actuelle, il est important de connaître l'informatique.
In der heutigen Zeit ist es wichtig, etwas von Informatik zu wissen.

1 (en parlant d'un problème ou d'un sujet qui est important aujourd'hui) **aktuell**

2 (en parlant d'une personne, d'un gouvernement) **derzeitig**

3 ► **à l'époque actuelle :** in der heutigen Zeit

actuellement

▷ Actuellement, j'habite à Courbevoie.
Zur Zeit wohne ich in Courbevoie.

zur Zeit

ℹ *On dit aussi* ***im Moment***.

addition

1 ▷ Mon petit frère apprend à faire des additions.
Mein kleiner Bruder lernt das Addieren.

2 ▷ L'addition, s'il vous plaît !
Die Rechnung, bitte!

1 (= calcul) das **Addieren**

ℹ *Ce mot s'emploie uniquement au singulier.*

2 (au restaurant) die **Rechnung** (pluriel : Rechnungen)

admettre

1 ▷ J'admets que j'ai eu tort.
Ich gebe zu, dass ich Unrecht hatte.

2 ▷ Ils l'ont admise au cours de danse.
Sie haben sie in den Tanzkurs aufgenommen.
▷ Jean-Paul a été admis au club de sport.
Jean-Paul wurde im Sportklub aufgenommen.

1 (= reconnaître) **zugeben**

ℹ ***zu•geben*** *est un verbe à particule séparable et se conjugue comme* ***geben*** *(gibt, gab, gegeben).*

2 ► **admettre** quelqu'un (= accueillir) : jemanden **aufnehmen**
► **être admis :** aufgenommen werden

ℹ ***auf•nehmen*** *est un verbe à particule séparable se conjugue comme* ***nehmen*** *(nimmt, nahm, genommen).*

admirer

▷ Tout le monde admire le prof de physique.
Alle bewundern den Physiklehrer.

bewundern

ℹ *Les verbes allemands commençant par le préfixe* ***be-*** *ne prennent pas* ***ge-*** *au participe passé.*

adolescent, adolescente

▻ Il n'y a pas beaucoup de distractions pour les adolescents.
Es gibt nicht viele Freizeitbeschäftigungen für Jugendliche.

► **un adolescent :** ein Jugendlicher, **une adolescente :** eine Jugendliche

ℹ *C'est un adjectif substantivé : on dit der/die* ***Jugendliche*** (pluriel : *Jugendliche*).

adopter

▻ Caro et Bruno ont adopté un petit Péruvien.
Caro und Bruno haben einen kleinen Peruaner adoptiert.

adoptieren

ℹ *Les verbes se terminant en* ***–ieren*** *ne prennent pas* ***ge-*** *au participe passé.*

adorable

▻ La petite sœur de Sarah est vraiment adorable.
Sarahs kleine Schwester ist wirklich goldig.

goldig

ℹ *On dit aussi* ***süß****.*

adorer

▻ J'adore Jules Verne !
Ich liebe Jules Verne!

lieben

adresse

▻ J'ai oublié l'adresse de Valérie.
Ich habe Valéries Adresse vergessen.

▻ Quelle est ton adresse électronique ?
Was ist deine E-Mail-Adresse?

die Adresse (pluriel : Adressen)

► **adresse électronique :** E-Mail-Adresse

ℹ ***E-Mail*** *est la contraction de l'anglais* ***electronic mail*** *(courrier électronique).*

adresser

1 ▻ La lettre était adressée à mon père.
Der Brief war an meinen Vater adressiert.

2 ▻ Il ne nous a pas adressé la parole.
Er hat nicht mit uns gesprochen.

3 ▻ Adressez-vous au gardien.
Wenden Sie sich an den Hausmeister.

1 (en parlant du courrier) adressieren

2 ► **adresser la parole à** quelqu'un **:** mit jemandem (datif) sprechen (spricht, sprach, gesprochen)

3 ► **s'adresser à** quelqu'un **:** sich an jemanden (accusatif) wenden

adroit, adroite

▻ Monika est très adroite.
Monika ist sehr geschickt.

geschickt

adulte

1 ▷ Les adultes ne nous comprennent pas toujours.
Die Erwachsenen verstehen uns nicht immer.

1 (= grande personne) der/die **Erwachsene**
(pluriel : Erwachsenen)

C'est un adjectif substantivé : on dit ***ein Erwachsener*** (pluriel : *Erwachsene*)

2 ▷ Notre chat n'est pas encore adulte.
Unsere Katze ist noch nicht ausgewachsen.

2 (adjectif, en parlant d'un animal) **ausgewachsen**

aéroport

▷ Nous avons pris un taxi pour aller à l'aéroport.
Wir haben ein Taxi zum Flughafen genommen.

der **Flughafen**
(pluriel : Flughäfen)

affaire

1 ▷ Six euros pour un pull ? Tu as fait une bonne affaire !
Sechs Euro für einen Pullover? Du hast ein gutes Geschäft gemacht!

1 ► **une bonne affaire** : ein **gutes Geschäft**

Geschäft *est un substantif neutre.*

2 ▷ Range tes affaires tout de suite !
Räum sofort deine Sachen weg!

2 ► **affaires** (= objets personnels) : **Sachen**

Sachen *est le pluriel de die* ***Sache.***

3 ▷ Ses affaires vont bien.
Seine Geschäfte laufen gut.

▷ Qu'est-ce qu'il fait comme métier ? – Il est dans les affaires.
Was ist er von Beruf? – Er ist Geschäftsmann.

3 ► **les affaires** (= le commerce) : **Geschäfte** (npl)

► **être dans les affaires** (= homme d'affaires) : **Geschäftsmann** (pluriel : -männer) **sein** ; (= femme d'affaires) **Geschäftsfrau** (pluriel : -frauen) **sein**

4 ▷ L'affaire du sang contaminé.
Der Blutkonservenskandal.

4 (= scandale) der **Skandal**
(pluriel : Skandale)

affamé, affamée

▷ Les enfants étaient vraiment affamés.
Die Kinder waren wirklich ausgehungert.

ausgehungert

affection

▷ Il ne sait pas exprimer son affection.
Er weiß nicht, seine Zuneigung zum Ausdruck zu bringen.

die **Zuneigung**

▷ Emmanuelle a beaucoup d'affection pour sa grand-mère.
Emmanuelle hat ihre Großmutter sehr lieb.

► **avoir de l'affection pour quelqu'un** : jemanden (accusatif) **lieb haben**

affectueux, affectueuse

▷ Les chiens sont des animaux très affectueux.
Hunde sind sehr liebevolle Tiere.

liebevoll

affiche

▷ Philippe a beaucoup d'affiches dans sa chambre.
Philippe hat viele Poster in seinem Zimmer.

das **Poster** (pluriel : Poster)

afficher

▷ Les prix sont affichés en euros.
Die Preise werden in Euro ausgewiesen.

ausweisen

ℹ *__aus•weisen__ est un verbe à particule séparable et se conjugue comme __weisen__ (wies, gewiesen).*

s'affoler

▷ Quand elle a vu le serpent, elle s'est affolée.
Als sie die Schlange sah, geriet sie in Panik.

▷ Ne vous affolez pas, ce n'est pas grave !
Keine Panik, es ist nicht schlimm!

in Panik geraten (gerät, geriet, geraten)

ℹ *Quand on conseille à quelqu'un de ne pas s'affoler, on dit __keine Panik__* (pas de panique).

affreux, affreuse

1 ▷ Ce bâtiment est affreux.
Dieses Gebäude ist schrecklich.

2 ▷ Il fait un temps affreux.
Das Wetter ist scheußlich.

1 (= très laid) **schrecklich**

ℹ *On peut dire aussi __furchtbar__.*

2 (= très mauvais, en parlant du temps) **scheußlich**

affronter

▷ La France affrontera l'Allemagne en demi-finale.
Im Halbfinale trifft Frankreich auf Deutschland.

► **affronter** quelqu'un (en sport) : **auf** jemanden (accusatif) **treffen** (trifft, traf, getroffen)

afin de, afin que

▷ Vous devez nous envoyer un fax afin de réserver une chambre.
Sie müssen uns ein Fax schicken, um ein Zimmer zu reservieren.

▷ Je vous écrirai afin de vous communiquer les résultats.
Ich werde Ihnen schreiben, um Ihnen die Ergebnisse mitzuteilen.

▷ Nous ferons une heure de pause afin que vous puissiez vous reposer.
Wir werden eine Stunde Pause machen, damit ihr euch ausruhen könnt.

► **afin de** + infinitif : **um zu** + infinitif

Attention à l'utilisation de la conjonction __zu__ avec des verbes à particule séparable.

► **afin que** : **damit**

africain, africaine

1 ▷ J'aime bien la musique africaine.
Ich mag gern afrikanische Musik.

2 ▷ Dans ma classe, il y a deux Africains.
In meiner Klasse sind zwei Afrikaner.

1 (adjectif) afrikanisch

2 (= personne) der Afrikaner (pluriel : Afrikaner), die Afrikanerin (pluriel : Afrikanerinnen)

Afrique

▷ Je m'intéresse beaucoup à l'Afrique.
Afrika interessiert mich sehr.

Afrika

► l'Afrique : Afrika

*Ne prend l'article neutre que précédé d'un adjectif : **das schwarze Afrika** (l'Afrique noire).*

▷ Ali vit maintenant en Afrique.
Ali lebt jetzt in Afrika.

▷ Il va souvent en Afrique pour son travail.
Er fliegt oft für seine Arbeit nach Afrika.

Je suis déjà allé en Afrique.
Ich war schon in Afrika.

► en Afrique (= dans le continent) : in Afrika

► en Afrique (= vers le continent) : nach Afrika

*Attention : pour dire que quelqu'un est déjà allé quelque part, on emploie une expression avec le prétérit du verbe **sein** + **schon**.*

▷ Plusieurs élèves viennent d'Afrique du Nord.
Mehrere Schüler kommen aus Nordafrika.

► Afrique du Nord : Nordafrika

agaçant, agaçante

▷ Ses retards sont vraiment agaçants.
Seine Verspätungen sind wirklich ärgerlich.

▷ Arrête de poser des questions, c'est agaçant !
Hör auf Fragen zu stellen, es geht mir auf die Nerven!

(= irritant) ärgerlich

► c'est agaçant (= ça m'énerve) : es geht mir auf die Nerven

agacer

▷ Cette émission m'agace, éteins la télé.
Diese Sendung geht mir auf die Nerven, schalte den Fernseher aus.

► agacer quelqu'un : jemandem (datif) auf die Nerven gehen (ging, gegangen)

âge

▷ L'âge n'est pas important.
Das Alter ist nicht wichtig.

▷ Le fils des voisins a ton âge.
Der Sohn unserer Nachbarn hat dein Alter.

das Alter

▷ Quel âge as-tu ?
Wie alt bist du?
▷ Elle a quel âge, ta sœur ?
Wie alt ist deine Schwester?
▷ Quel est l'âge de ton chien ?
Wie alt ist dein Hund?

ℹ *Pour demander l'âge de quelqu'un, on utilise l'expression* ***wie alt...?*** *et le verbe* ***sein*** *:* ***Wie alt bist du?*** (Quel âge as-tu ?) ; ***Wie alt ist er?*** (Quel âge a-t-il ?) ; ***Wie alt ist sie?*** (Quel âge a-t-elle ?) ; ***Wie alt sind Sie?*** (Quel âge avez-vous, vouvoiement) ; ***Wie alt seid ihr?*** (Quel âge avez-vous ?) ; ***Wie alt sind sie?*** (Quel âge ont-ils/elles ?).

âgé, âgée

1 ▷ Ma grand-mère est très âgée.
Meine Grossmutter ist sehr alt.

2 ▷ Les jumeaux sont âgés de dix-huit ans.
Die Zwillinge sind achtzehn Jahre alt.

1 (= vieux) **alt** (plus âgé **älter**, le plus âgé **der älteste**)

2 Pour dire l'âge de quelqu'un, on utilise le verbe **sein** suivi du nombre d'années.

ℹ *On peut abréger la phrase :* ***Die Zwillinge sind achtzehn.***

agenda

▷ J'ai noté ton adresse dans mon agenda.
Ich habe deine Adresse in meinen Taschenkalender geschrieben.

der **Taschenkalender** (pluriel : -kalender)

agent (de police)

▷ Il y a un agent (*ou* un agent de police) devant la mairie.
Vor dem Rathaus steht ein Polizist.

der **Polizist** (pluriel : Polizisten), die **Polizistin** (pluriel : Polizistinnen)

ℹ *La flexion féminine existe en allemand.*

s'aggraver

▷ Nos problèmes s'aggravent.
Unsere Probleme werden schlimmer.

schlimmer werden (wird, wurde, geworden)

ℹ ***schlimmer*** *est le comparatif de* ***schlimm*** (grave).

agile

▷ Pour faire de la varappe, il faut être agile.
Zum Felsklettern muss man beweglich sein.

beweglich

agir

▷ Réfléchis avant d'agir !
Denk nach bevor du handelst!

(= faire quelque chose) **handeln**

agité, agitée

▷ Jean est très agité en classe.
Jean ist sehr unruhig im Unterricht.

(= nerveux) **unruhig**

agiter

1 ▷ Vous devez agiter la bouteille avant de l'ouvrir.
Sie müssen die Flasche vor dem Öffnen schütteln.

1 (en parlant d'une bouteille) **schütteln**

2 ▷ Samia agitait les bras pour attirer notre attention.
Samia schwenkte die Arme, um unsere Aufmerksamkeit zu erregen.

2 (en parlant du bras) **schwenken**

3 ▷ Marion s'agitait beaucoup avant son examen.
Marion war vor ihrer Prüfung sehr unruhig.

3 ► **s'agiter : unruhig sein**

4 ▷ Arrête de t'agiter, Ludovic !
Bleib doch ruhig, Ludovic!

4 Dans le cas d'une demande ou d'un ordre, on emploie la formule **ruhig bleiben** (rester tranquille).

agneau

▷ Tu veux caresser l'agneau ?
Willst du das Lamm streicheln?
▷ Hier soir, nous avons mangé de l'agneau.
Gestern Abend haben wir Lamm gegessen.

das **Lamm** (pluriel : Lämmer)

ℹ *Quand on parle de la viande, on n'emploie que le singulier, sans l'article.*

agrafe

▷ Je n'ai plus d'agrafes, tu peux m'en donner ?
Ich habe keine Heftklammern mehr, kannst du mir welche geben?

die **Heftklammer**
(pluriel : -klammern)

agrafer

1 ▷ Sophie a agrafé les deux pages.
Sophie hat die zwei Seiten zusammengeheftet.

1 (= agrafer des papiers) **zusammenheften**

ℹ ***zusammen•heften*** *est un verbe à particule séparable.*

2 ▷ Agrafe ma jupe, s'il te plaît.
Hak mir bitte meinen Rock zu.

2 (= agrafer un vêtement) **zuhaken**

ℹ ***zu•haken*** *est un verbe à particule séparable.*

agrafeuse

▷ Mon agrafeuse est cassée.
Meine Heftmaschine ist kaputt.

die **Heftmaschine**
(pluriel : -maschinen)

ℹ *On dit aussi : der* ***Hefter***
(pluriel : *Hefter*)

agrandir

▷ Je veux agrandir la porte.
Ich will die Tür vergrößern.

(en parlant d'une ouverture)
vergrößern

On peut dire aussi ***größer machen*** (faire plus grand).

▷ Pouvez-vous agrandir cette photo ?
Können Sie dieses Bild vergrößern?

▷ Le trou s'est agrandi.
Das Loch ist größer geworden.

(en parlant d'une photo)
vergrößern

► **s'agrandir : größer werden**

agréable

1 ▷ J'ai passé un séjour agréable en Allemagne.
Ich habe einen angenehmen Aufenthalt in Deutschland verbracht.

2 ▷ Le père de Peter n'est pas très agréable.
Peters Vater ist nicht sehr nett.

1 (en parlant d'une chose)
angenehm

2 (en parlant d'une personne) **nett**

agresser

▷ Un homme a agressé mon oncle.
Ein Mann hat meinen Onkel überfallen.

▷ Lin s'est fait agresser dans la rue.
Lin ist auf der Strasse überfallen worden.

überfallen (überfällt, überfiel, überfallen)

► **se faire agresser : überfallen werden** (wird, wurde, worden)

agressif, agressive

▷ Ne sois pas si agressif !
Sei doch nicht so agressiv!

aggressiv

Attention à l'orthographe du mot allemand.

agricole

▷ Ils exportent surtout des produits agricoles.
Sie exportieren vor allem landwirtschaftliche Produkte.

landwirtschaftlich

agriculteur, agricultrice

▷ Les agriculteurs ont manifesté dans Paris.
Die Landwirte haben in Paris demonstriert.

der **Landwirt** (pluriel : Landwirte), die **Landwirtin** (pluriel : Landwirtinnen)

agriculture

▷ Cette région vit principalement de l'agriculture.
Dieses Gebiet lebt hauptsächlich von Landwirtschaft.

die **Landwirtschaft**

aide

▷ Est-ce que tu as besoin d'aide ?
Brauchst du Hilfe?
▷ Tirez un trait à l'aide d'une règle.
Zieht einen Strich mit Hilfe eines Lineals.

die **Hilfe** (pluriel : Hilfen)

► **à l'aide de...** (= en se servant de) : mit Hilfe + génitif

aider

▷ Paula ne veut pas m'aider.
Paula will mir nicht helfen.
▷ Tu peux m'aider à faire la vaisselle ?
Kannst du mir beim Geschirrspülen helfen?

helfen (hilft, half, geholfen)

► **aider** quelqu'un **à** + infinitif : jemandem (datif) bei + substantif helfen

aïe

▷ Aïe ! Tu me fais mal !
Au! Du tust mir weh!

au!

aigle

▷ Il y a un aigle qui plane là-haut.
Dort oben schwebt ein Adler.

der **Adler** (pluriel : Adler)

aigu, aiguë

▷ Benjamin a une voix aiguë.
Benjamin hat eine hohe Stimme.
▷ Les chiens peuvent entendre des sons très aigus.
Hunde können sehr hohe Töne hören.

(en parlant d'un son ou d'une voix) **hoch** (plus aigu höher, le plus aigu der höchste)

Notez l'orthographe de ce mot quand il est placé devant le nom : ***die hohe/eine hohe*** *(pour le féminin),* ***der hohe/ein hoher*** *(pour le masculin),* ***das hohe/eine hohes*** *(pour le neutre).*

aiguille

1 ▷ Maman a acheté des aiguilles pour coudre ma robe.
Mama hat Nadeln gekauft, um mein Kleid zu nähen.
▷ J'ai perdu les aiguilles à tricoter.
Ich habe die Stricknadeln verloren.

2 ▷ La grande aiguille de ma montre est cassée.
Der große Zeiger meiner Uhr ist kaputt.

1 (pour coudre ou tricoter) die **Nadel** (pluriel : Nadeln)

► **aiguille à tricoter :** die Stricknadel

2 (d'une montre) der **Zeiger** (pluriel : Zeiger)

► **la grande aiguille :** der große Zeiger

► **la petite aiguille :** der kleine Zeiger

ail

▻ Il y a trop d'ail dans cette sauce.
In dieser Soße ist zu viel Knoblauch.

der **Knoblauch**

aile

▻ L'oiseau a une aile cassée.
Der Vogel hat einen gebrochenen Flügel.

▻ Dans l'avion, j'étais assise près de l'aile.
Im Flugzeug saß ich neben dem Flügel.

der **Flügel** (pluriel : Flügel)

ℹ *Pour l'aile d'un avion, on peut dire aussi der **Tragflügel**.*

ailleurs

1 ▻ On devra chercher ailleurs des places pour le concert.
Wir müssen Karten für das Konzert woanders suchen.

2 ▻ Je n'ai pas faim, et d'ailleurs je n'aime pas la soupe.
Ich habe keinen Hunger, und übrigens mag ich Suppe nicht.

1 (= autre part) **woanders**

2 ► **d'ailleurs** : übrigens

aimable

▻ Merci, c'est vraiment très aimable.
Vielen Dank, das ist wirklich sehr nett.

▻ Madame Neumann a été très aimable avec nous.
Frau Neumann war sehr nett zu uns.

nett

► **être aimable avec** quelqu'un : **nett zu** jemandem **sein**

aimant

▻ J'ai collé des aimants sur le frigo.
Ich habe Magneten an den Kühlschrank gehaftet.

der **Magnet** (pluriel : Magneten)

aimer

1 ▻ Est-ce que tu aimes le chocolat blanc ?
Magst du weisse Schokolade?

2 ▻ J'aime jouer aux échecs.
Ich spiele gern Schach.

3 ▻ La jupe bleue n'est pas mal, mais j'aime mieux la verte.
Der blaue Rock ist nicht schlecht, aber ich mag den grünen lieber.

▻ Tu aimes mieux la mer ou la montagne ?
Magst du lieber das Meer oder die Berge?

1 ► **aimer** quelque chose (= apprécier quelque chose) : etwas **mögen**

2 ► **aimer faire** quelque chose : etwas **gern** *ou* **gerne tun**

3 ► **aimer mieux** quelque chose : etwas (accusatif) **lieber mögen**

ℹ *On dit aussi :* etwas ***gefällt*** jemandem (datif) ***besser*** (quelque chose plaît plus à quelqu'un).

4 ▷ J'aimerais acheter des rollers.
Ich würde gern Inline-Skates kaufen.
▷ Aimerais-tu venir avec nous en Espagne ?
Würdest du gern mit uns nach Spanien kommen?
▷ Nous aimerions rester encore un peu, mais il est déjà très tard.
Wir würden gern noch ein bißchen länger bleiben, aber es ist schon sehr spät.

4 Pour dire que l'on aimerait faire quelque chose, on dit : **ich würde gern, du würdest gern, er würde gern, wir würden gern, ihr würdet gern, sie würden gern** + infinitif.

5 ▷ J'aimerais que tu ranges ta chambre.
Ich möchte, dass du dein Zimmer aufräumst.

5 Pour dire à quelqu'un qu'on aimerait qu'il fasse quelque chose, on emploie le subjonctif II au présent du verbe **mögen**.

6 ▷ Je crois que Francesca aime Michael.
Ich glaube, Francesca liebt Michael.

6 (quand on parle d'amour) **lieben**

aîné, aînée

1 ▷ C'est mon frère aîné.
Das ist mein älterer Bruder.

1 **älter**

2 ▷ L'aînée a quinze ans.
Die Älteste ist fünfzehn.

2 ► **l'aîné :** der Älteste, **l'aînée :** die Älteste

ainsi

1 ▷ Vous devez le faire ainsi.
Ihr müsst es so machen.

1 (= de cette façon) **so**

2 ▷ Faites l'exercice 21 ainsi que l'exercice 22.
Macht die Übung 21 sowie die Übung 22.

2 ► **ainsi que :** sowie

air

1 ▷ L'air de Paris est très pollué.
Die Pariser Luft ist sehr verschmutzt.

1 (= atmosphère) die **Luft**

2 ▷ J'ai oublié les paroles, mais je me souviens de l'air.
Ich habe den Text vergessen, aber ich erinnere mich noch an die Melodie.

2 (d'une chanson) die **Melodie** /melo'di:/ (pluriel : Melodien /melo'di:ən/)

3 ▷ Tu as l'air content.
Du siehst glücklich aus.

3 ► **avoir l'air** + adjectif **:** adjectif + **aussehen**

ℹ ***aus•sehen*** *est un verbe à particule séparable et se conjugue comme* ***sehen*** *(sieht, sah, gesehen).*

aise

▷ Je suis très à l'aise ici.
Ich fühle mich sehr wohl hier.

► **être à l'aise :** sich wohl fühlen

▻ Charles se sentait mal à l'aise devant tous ces gens.
Charles fühlte sich vor all diesen Leuten unbehaglich.

► **mal à l'aise :** unbehaglich

ajouter

▻ Il faut ajouter qu'il est beaucoup plus jeune que ses camarades de classe.
Man muss hinzufügen, dass er viel jünger als seine Klassenkameraden ist.

hinzufügen

ℹ *hinzu·fügen est un verbe à particule séparable.*

alarme

▻ Quelque chose a déclenché l'alarme de la voiture.
Irgend etwas hat die Alarmanlage des Autos ausgelöst.

(d'une voiture, d'une maison) die Alarmanlage (pluriel : -anlagen)

album

1 ▻ Montre-nous ton album de photos.
Zeig uns dein Fotoalbum.

2 ▻ Mes cousins ont beaucoup d'albums de bandes dessinées.
Meine Cousins haben viele Comics.

1 ► **album de photos :** das Fotoalbum (pluriel : -alben)

2 ► **album de bandes dessinées :** der Comic (pluriel : Comics)

alcool

▻ Les enfants ne doivent pas boire d'alcool.
Kinder dürfen keinen Alkohol trinken.
▻ L'infirmière a désinfecté la peau avec de l'alcool.
Die Krankenschwester hat die Haut mit Alkohol desinfiziert.

der Alkohol

alcoolique

▻ C'est un alcoolique.
Er ist Alkoholiker.

(= personne) der Alkoholiker (pluriel : Alkoholiker), die Alkoholikerin (pluriel : Alkoholikerinnen)

ℹ *La flexion féminine existe en allemand.*

alcoolisé, alcoolisée

▻ Il est interdit de vendre des boissons alcoolisées aux mineurs.
Es ist verboten, Minderjährigen alkoholhaltige Getränke zu verkaufen.

alkoholhaltig

ℹ Non alcoolisé *se dit* ***alkoholfrei.***

alentours

▷ Il y a plusieurs magasins aux alentours du lycée.
Es gibt mehrere Geschäfte in der Umgebung des Gymnasiums.

► **aux alentours de :** in der Umgebung + génitif

Algérie

▷ Karim prépare un exposé sur l'Algérie.
Karim bereitet ein Referat über Algerien vor.

Algerien
► **l'Algérie :** Algerien

Ne prend l'article neutre que précédé d'un adjectif : ***das moderne Algerien*** (l'Algérie moderne).

▷ Est-ce que tu sais ce qui se passe en Algérie ?
Weißt du, was in Algerien passiert?

▷ Nous aimerions aller en Algérie.
Wir würden gern nach Algerien fliegen.

► **en Algérie** (= dans le pays) **:** in Algerien

► **en Algérie** (= vers le pays) **:** nach Algerien

▷ Es-tu déjà allé en Algérie ?
Warst du schon in Algerien?

Attention : pour dire que quelqu'un **est déjà allé quelque part,** *on emploie une expression avec le prétérit du verbe* ***sein*** + ***schon.***

algérien, algérienne

1 ▷ C'est un chanteur algérien connu.
Das ist ein bekannter algerischer Sänger.

2 ▷ Il y a trois Algériens dans ma classe.
In meine Klasse sind drei Algerier.

1 (adjectif) algerisch

2 (= personne) der Algerier (pluriel : Algerier), die Algerierin (pluriel : Algerierinnen)

algue

▷ Les rochers sont couverts d'algues.
Die Felsen sind mit Algen bedeckt.

die Alge (pluriel : Algen)

aliment

▷ Le pain est un aliment très important.
Brot ist ein wichtiges Nahrungsmittel.

das Nahrungsmittel (pluriel : -mittel)

alimentation

1 ▷ Il y a un magasin d'alimentation au coin de la rue.
An der Ecke ist ein Lebensmittelgeschäft.

2 ▷ Le cuisinier de la cantine veille à une alimentation équilibrée.
Der Kantinenkoch sorgt für eine ausgewogene Ernährung.

1 ► **magasin d'alimentation :** das Lebensmittelgeschäft (pluriel : -geschäfte)

2 (= façon de se nourrir) die Ernährung

allée

1 ▷ Prenez la première allée à gauche.
Nehmen Sie die erste Allee links.

2 ▷ Au cinéma, je m'assieds toujours près de l'allée.
Im Kino setze ich mich immer nah an den Gang.

1 (dans un parc) die Allee
(pluriel : Alleen /a'le:ən/)

Notez la prononciation du pluriel.

2 (dans un cinéma) der Gang
(pluriel : Gänge)

Allemagne

▷ L'Allemagne fait partie de la zone euro.
Deutschland gehört zur Euro-Zone.

▷ Christine habite en Allemagne.
Christine lebt in Deutschland.

▷ Mon père a dû aller en Allemagne pour son travail.
Mein Vater musste beruflich nach Deutschland.

▷ Je suis déjà allée en Allemagne l'année dernière.
Ich war letztes Jahr schon in Deutschland.

Deutschland

► l'Allemagne : Deutschland

*Ne prend l'article neutre que précédé d'un adjectif : **das vereinigte Deutschland*** (l'Allemagne réunifiée).

► en Allemagne (= dans le pays) : in Deutschland

► en Allemagne (= vers le pays) : nach Deutschland

Attention : pour dire que quelqu'un est déjà allé quelque part, *on emploie une expression avec le prétérit du verbe **sein** + **schon**.*

allemand, allemande

1 ▷ Julien a un correspondant allemand.
Julien hat einen deutschen Brieffreund.

2 ▷ Beaucoup d'Allemands aiment aller en vacances en France.
Viele Deutsche verbringen gern ihren Urlaub in Frankreich.

3 ▷ L'allemand est une belle langue.
Deutsch ist eine schöne Sprache.

1 (adjectif) deutsch

2 (= personne) der/die Deutsche
(pluriel : Deutschen)

*C'est un adjectif substantivé : on dit **ein Deutscher*** (pluriel : Deutsche).

3 (= langue) Deutsch

En allemand, les noms de langue ne prennent pas d'article.

aller

1 ▷ Je vais au cinéma.
Ich gehe ins Kino.

▷ Nous allons en Bourgogne en mai.
Wir fahren im Mai nach Burgund.

1 gehen (ging, gegangen)

En allemand, quand le lieu où l'on va est éloigné, on emploie un verbe plus précis : ***fahren*** (aller en voiture, en bus, en train), ***fliegen*** (aller en avion).

▷ Est-ce que tu es déjà allée à Cologne ?
Warst du schon mal in Köln ?
▷ Marion est allée au Portugal trois fois.
Marion war schon drei Mal in Portugal.

ℹ *Pour demander si quelqu'un* **est déjà allé quelque part**, *ou pour dire qu'on* **est déjà allé quelque part**, *on emploie le prétérit du verbe* ***sein*** *+* ***schon***.

2 ▷ Je vais très bien !
Mir geht es sehr gut!
▷ Comment vas-tu ?, Comment ça va ?
Wie geht es dir?, Wie geht's?
▷ Comment vont tes parents ?
Wie geht es deinen Eltern?

2 Pour parler de la santé, on emploie le verbe **gehen**.

ℹ *Notez l'emploi du datif :* on ne dit pas ***wie geht es sie*** mais ***wie geht est ihr.***

3 ▷ Ce pantalon te va très bien.
Diese Hose steht dir sehr gut.

3 (pour parler d'un vêtement qui va/ne va pas à quelqu'un) jemandem (datif) **stehen/nicht stehen**, jemandem **gut stehen/nicht gut stehen**.

4 ▷ Allez, dépêche-toi !
Los, beeil dich!

4 ► Allez ! : Los!

5 ▷ Je vais préparer le dîner.
Ich mache gleich das Abendessen.

5 Quand **aller** exprime quelque chose qu'on est sur le point de faire, on emploie le présent.

▷ Je vais bientôt faire un voyage en Italie.
Ich werde bald nach Italien reisen.

ℹ *Quand* **aller** *exprime quelque chose que l'on va faire, on emploie le futur avec le verbe* ***werden***.

6 ▷ Bon, c'est l'heure, je m'en vais.
Gut, es ist Zeit, ich gehe jetzt.

6 ► **s'en aller** : **gehen, weggehen**
Jetzt signifie que le départ est très proche.

7 ▷ Le retour m'a semblé plus court que l'aller.
Die Rückfahrt schien mir kürzer als die Hinfahrt.

7 (= trajet) die **Hinfahrt** (pluriel : Hinfahrten)

8 ▷ Un aller simple pour Meaux, s'il vous plaît.
Eine einfache Fahrkarte nach Meaux, bitte.

8 (= billet de train) **einfache Fahrkarte**

ℹ *On dit aussi :* ***Einmal Meaux einfach, bitte.***

allergique

▷ Je suis allergique au lait.
Ich bin gegen Milch allergisch.

► **être allergique à** quelque chose : **gegen** etwas (accusatif) **allergisch sein.**

ℹ *Notez la préposition en allemand :* **allergique à...** = ***gegen...*** *allergisch.*

allô

▷ Allô Claire ? C'est Thomas.
Hallo Claire ? Hier ist Thomas.

hallo

s'allonger

▷ Allonge-toi si tu es fatigué.
Leg dich doch hin, wenn du müde bist.

sich hinlegen
ℹ ***hin•legen*** *est un verbe à particule séparable.*

allumer

1 ▷ Allume la lumière, s'il te plaît.
Mach bitte das Licht an.

1 (= allumer la lumière) **anmachen**
ℹ ***an•machen*** *est un verbe à particule séparable.*

2 ▷ Le matin, quand je me réveille, j'allume la radio.
Wenn ich morgens aufwache, schalte ich das Radio ein.

2 (= allumer un appareil électrique) **einschalten**
ℹ ***ein•schalten*** *est un verbe à particule séparable.*

3 ▷ Si tu allumes le feu maintenant, il va faire trop chaud.
Wenn du jetzt das Feuer anzündest, wird es zu heiß.

3 (= allumer un feu) **anzünden**
ℹ ***an•zünden*** *est un verbe à particule séparable.*

allumette

▷ Ne joue pas avec les allumettes, c'est dangereux.
Spiel nicht mit den Streichhölzern, das ist gefährlich.

das **Streichholz**
(pluriel : **Streichhölzer**)

allure

1 ▷ Elle a une drôle d'allure !
Sie sieht aber merkwürdig aus!

1 ► **avoir une drôle d'allure : merkwürdig aussehen**
ℹ ***aus•sehen*** *est un verbe à particule séparable et se conjugue comme* ***sehen*** *(sieht, sah, gesehen).*

2 ▷ Pierre conduit toujours à toute allure.
Pierre fährt immer mit voller Geschwindigkeit.

2 ► **à toute allure : mit voller Geschwindigkeit**

alors

1 ▷ Il fait beau, alors tu peux jouer dehors.
Das Wetter ist schön, da kannst du draußen spielen.

1 (= par conséquent) **da**

2 ▷ Alors, qu'est-ce qui se passe ?
Also, was ist los?

2 (= exclamation) **also**

3 ▷ Laurent est sorti alors que ses parents n'étaient pas d'accord.
Laurent ist ausgegangen, obwohl seine Elten nicht einverstanden waren.

3 ► **alors que** (= bien que) : **obwohl**

4 ▷ Elle avait fini son exercice alors que j'en étais encore au début.
Sie war mit ihrer Übung fertig, während ich noch am Anfang war.

4 ► **alors que** (= pendant que) : **während**

Alpes

▷ J'ai appris à skier dans les Alpes.
Ich habe in den Alpen Skifahren gelernt.

► **les Alpes** : die Alpen

alphabet

▷ Nous apprenons l'alphabet en allemand.
Wir lernen das Alphabet auf Deutsch.

das **Alphabet** (pluriel : Alphabete)

alpinisme

▷ L'alpinisme est un sport difficile.
Bergsteigen ist ein schwieriger Sport.

► **l'alpinisme** : das Bergsteigen

altitude

▷ Nous étions à une altitude de 3 000 mètres.
Wir befanden uns in 3 000 Metern Höhe.

die **Höhe** (pluriel : Höhen)

amande

▷ J'ai acheté des amandes salées.
Ich habe gesalzene Mandeln gekauft.

die **Mandel** (pluriel : Mandeln)

ambiance

▷ Il y a une très bonne ambiance au club.
Im Klub herrscht eine sehr gute Stimmung.

▷ Il y a de l'ambiance ici !
Hier ist aber Stimmung!

die **Stimmung** (pluriel : Stimmungen)

ℹ *Ce mot est employé surtout au singulier.*

ambulance

▷ Vite, appelle une ambulance !
Schnell, ruf einen Krankenwagen!

der **Krankenwagen** (pluriel : -wagen)

améliorer

▷ Fatima s'entraîne pour améliorer son service au tennis.
Fatima trainiert, um ihren Aufschlag im Tennis zu verbessern.

verbessern

▷ Mes résultats en allemand se sont améliorés.
Meine Ergebnisse in Deutsch sind besser geworden.

► **s'améliorer : besser werden** (wird, wurde, geworden)

amende

▷ Il a eu une amende de soixante euros.
Er hat eine Geldstrafe von sechzig Euro bekommen.

die **Geldstrafe** (pluriel : -strafen)

amener

▷ Si tu es d'accord, j'amènerai mon petit frère.
Wenn du einverstanden bist, bringe ich meinen kleinen Bruder mit.

mitbringen

ℹ *__mit•bringen__ est un verbe à particule séparable et se conjugue comme __bringen__ (brachte, gebracht).*

amer, amère

▷ Cette orange est vraiment amère.
Diese Orange ist wirklich bitter.

bitter

américain, américaine

1 ▷ Ariel a un correspondant américain.
Ariel hat einen amerikanischen Brieffreund.

2 ▷ Dans le train j'ai rencontré des Américains.
Im Zug habe ich Amerikaner getroffen.

1 (adjectif) **amerikanisch**

2 (= personne) der **Amerikaner** (pluriel : Amerikaner), die **Amerikanerin** (pluriel : Amerikanerinnen)

Amérique

▷ L'Amérique est un immense continent.
Amerika ist ein riesiger Kontinent.

Amerika

► **l'Amérique : Amerika**

ℹ *Ne prend l'article neutre que précédé d'un adjectif : __das ländliche Amerika__* (l'Amérique rurale).

▷ Isabelle a vécu en Amérique pendant deux ans.
Isabelle hat zwei Jahre in Amerika gelebt.

▷ Mon frère va en Amérique pour faire un stage.
Mein Bruder geht nach Amerika, um ein Praktikum zu machen.

▷ Ma sœur est déjà allée en Amérique.
Meine Schwester war schon in Amerika.

► **en Amérique** (= dans le continent) : **in Amerika**

► **en Amérique** (= vers le continent) : **nach Amerika**

Attention : pour dire que quelqu'un est **déjà allé quelque part**, *on emploie une expression avec le prétérit du verbe __sein__ + __schon__.*

▷ L'Amérique du Nord accueille beaucoup d'immigrants venant d'Amérique latine.
Nordamerika nimmt viele Einwanderer aus Lateinamerika auf.
▷ Cette musique vient d'Amérique du Sud.
Diese Musik kommt aus Südamerika.

► **l'Amérique du Nord :** Nordamerika
► **l'Amérique latine :** Lateinamerika
► **l'Amérique du Sud :** Südamerika

ami, amie

▷ Eva est ma meilleure amie.
Eva ist meine beste Freundin.
▷ Léo est son ami, ils ne sont pas mariés.
Léo ist ihr Freund, sie sind nicht verheiratet.

(= camarade, petit ami, petite amie) der **Freund** (pluriel : Freunde), die **Freundin** (pluriel : Freundinnen)

amitié

1 ▷ L'amitié est une chose très importante.
Freundschaft ist sehr wichtig.

1 die **Freundschaft** (pluriel : Freundschaften)

2 ▷ « Margot vous envoie ses amitiés. »
„Margot sendet herzliche Grüße".

2 (pour transmettre les salutations de quelqu'un à la fin d'une lettre) **herzliche Grüße**

3 ▷ « Amitiés, Nicolas. »
„Alles Liebe, Nicolas".

3 (quand on écrit à un proche ou un ami) **alles Liebe**

amour

▷ Ce n'est pas de l'amitié, c'est de l'amour.
Das ist keine Freundschaft, das ist Liebe.
▷ Elle a gardé toutes ses lettres d'amour.
Sie hat alle seine Liebesbriefe aufbewahrt.

die **Liebe** (pluriel : Lieben)

► **lettre d'amour :** der Liebesbrief (pluriel : -briefe)

amoureux, amoureuse

1 ▷ Fabrice est amoureux de Lucille.
Fabrice ist in Lucille verliebt.

1 ► **être amoureux de** quelqu'un **:** in jemanden (accusatif) verliebt sein

2 ▷ Et voilà les amoureux !
Hier sind die Verliebten!
▷ Il y a un couple d'amoureux sur le banc.
Auf der Bank sitzt ein Liebespaar.

2 ► **les amoureux :** die Verliebten
► **un couple d'amoureux :** ein Liebespaar

ampoule

1 ▷ L'ampoule de la salle de bains est grillée.
Die Birne im Badezimmer ist durchgebrannt.

1 (électrique) die **Birne** (pluriel : Birnen)

ℹ *On dit aussi* ***Glühbirne.***

2 ▷ J'ai des ampoules aux pieds.
Ich habe Blasen an den Füßen.

2 (aux pieds, aux mains) die **Blase** (pluriel : Blasen)

amusant, amusante

▷ Notre prof de français raconte des blagues très amusantes.
Unser Französischlehrer erzählt lustige Witze.

lustig

s'amuser

1 ▷ Mamoud et moi, on s'est bien amusés.
Mamoud und ich haben uns gut amüsiert.

1 ► **bien s'amuser :** sich gut amüsieren

ℹ *Les verbes se terminant en* ***-ieren*** *ne prennent pas* ***ge-*** *au participe passé.*

2 ▷ Amusez-vous bien !
Viel Spaß!

2 ► **amuse-toi bien !, amusez-vous bien ! :** viel Spaß!

3 ▷ Arrêtez de vous amuser et travaillez !
Hört auf zu spielen und arbeitet!

3 (= jouer) spielen

an

1 ▷ Nous habitons ici depuis trois ans.
Wir wohnen seit drei Jahren hier.

1 das Jahr (pluriel : Jahre)

2 ▷ J'ai treize ans.
Ich bin dreizehn.

2 Pour dire l'âge de quelqu'un, on utilise le verbe sein suivi du nombre.

ℹ *On peut ajouter* ***... Jahre alt : Ich bin dreizehn Jahre alt.***

ananas

▷ Cet ananas n'est pas encore mûr.
Diese Ananas ist noch nicht reif.

die Ananas (pluriel : Ananas *ou* Ananasse)

anchois

▷ Tu aimes les pizzas avec des anchois ?
Magst du Pizza mit Sardellen?

die Sardelle (pluriel : Sardellen)

ancien, ancienne

1 ▷ Cette broche est ancienne, elle appartenait à ma grand-mère.
Diese Brosche ist alt, sie gehörte meiner Großmutter.

1 (= vieux) alt

2 ▷ J'ai rencontré mon ancien prof de maths.
Ich habe meinen ehemaligen Mathelehrer getroffen.

2 (= d'avant) ehemalig

âne

▷ Il y a beaucoup d'ânes en Grèce.
In Griechenland gibt es viele Esel.

(= animal) der Esel (pluriel : Esel)

angine

▷ J'étais au lit avec une angine.
Ich lag mit Angina im Bett.

die Angina (pluriel : Anginen)

On peut dire aussi ***die Mandelentzündung.***

anglais, anglaise

1 ▷ J'aime beaucoup les peintres anglais.
Ich mag die englischen Maler sehr.

1 (adjectif) englisch

2 ▷ Les Anglais m'ont très bien accueillie.
Die Engländer haben mich sehr herzlich empfangen.

2 (= personne) der Engländer (pluriel : Engländer), die Engländerin (pluriel : Engländerinnen)

3 ▷ Yoshi parle bien anglais.
Yoshi spricht gut Englisch.

3 (= langue) Englisch

En allemand, les noms de langue ne prennent pas d'article.

angle

1 ▷ Je me suis cogné à l'angle du bureau.
Ich habe mich an der Ecke des Schreibtischs gestoßen.

1 (de la rue, d'une table) die Ecke (pluriel : Ecken)

2 ▷ C'est un triangle avec un angle droit.
Das ist ein Dreieck mit einem rechten Winkel.

2 (en géométrie) der Winkel (pluriel : Winkel)

Angleterre

▷ L'Angleterre fait partie du Royaume-Uni.
England ist Teil des Vereinigten Königreichs.

England
► **l'Angleterre :** England

Ne prend l'article neutre que précédé d'un adjectif : ***das viktorianische England*** (l'Angleterre victorienne).

▷ J'ai passé trois semaines en Angleterre.
Ich habe drei Wochen in England verbracht.

▷ Quand irez-vous en Angleterre ?
Wann fahrt ihr nach England?

▷ Il est déjà allé trois fois en Angleterre.
Er war schon dreimal in England.

► **en Angleterre** (= dans le pays) **:** in England

► **en Angleterre** (= vers le pays) **:** nach England

Attention : pour dire que quelqu'un **est déjà allé quelque part**, *on emploie une expression avec le prétérit du verbe* ***sein*** *+* ***schon.***

animal

▷ Les tigres sont des animaux dangereux.
Tiger sind gefährliche Tiere.

▷ Est-ce que tu as des animaux domestiques ?
Hast du Haustiere?

das Tier (pluriel : Tiere)

► **animal domestique :** das Haustier

animé, animée

1 ▻ La fête foraine était très animée.
Der Jahrmarkt war sehr belebt.

2 ▻ J'adore les dessins animés.
Ich liebe Zeichentrickfilme.

1 (= plein de vie) **belebt**

2 ► **dessin animé** : der **Zeichentrickfilm** (pluriel : – filme)

anneau

▻ La sœur de Marion a un anneau dans le nez.
Marions Schwester hat einen Ring in der Nase.

▻ Est-ce que tu as lu « Le Seigneur des Anneaux » ?
Hast du „Der Herr der Ringe" gelesen?

der **Ring** (pluriel : Ringe)

année

▻ Cette année, nous avons un nouveau professeur d'allemand.
Dieses Jahr haben wir einen neuen Deutschlehrer.

▻ L'année scolaire commence en septembre.
Das Schuljahr beginnt im September.

▻ Bonne année !
Ein gutes neues Jahr!

das **Jahr** (pluriel : Jahre)

► **l'année scolaire** : das **Schuljahr**

ℹ *Pour souhaiter* **bonne année** *à quelqu'un, en allemand, on dit* ***Ein gutes neues Jahr!***

anniversaire

1 ▻ Bon anniversaire, Klaus !
Herzlichen Glückwunsch zum Geburtstag, Klaus!

2 ▻ Nous fêtons l'anniversaire de la chute du mur de Berlin.
Wir feiern den Jahrestag des Falls der Berliner Mauer.

▻ Aujourd'hui, mes parents fêtent leur anniversaire de mariage.
Meine Eltern feiern heute ihren Hochzeitstag.

1 (= l'anniversaire d'une personne) der **Geburtstag** (pluriel : -tage)

2 (= l'anniversaire d'un événement) der **Jahrestag** (pluriel : -tage)

► **anniversaire de mariage** : der **Hochzeitstag** (pluriel : -tage)

annonce

▻ Tu as vu l'annonce pour la console de jeux ?
Hast du die Anzeige für die Spielkonsole gesehen?

▻ Lucas a trouvé son vélo dans les petites annonces.
Lucas hat sein Fahrrad in den Kleinanzeigen gefunden.

(dans un journal) die **Anzeige** (pluriel : Anzeigen)

► **les petites annonces** : die **Kleinanzeigen**

annoncer

1 ▷ Les résultats seront annoncés demain.
Die Ergebnisse werden morgen bekanntgegeben.

1 (= dire en public)
bekanntgeben

bekannt•geben est un verbe à particule séparable et se conjugue comme geben (gibt, gab, gegeben).

2 ▷ Le proviseur nous a annoncé que l'école sera fermée.
Der Schulleiter hat uns mitgeteilt, dass die Schule geschlossen wird.

2 ► **annoncer** quelque chose **à** quelqu'un **:** jemandem (datif) etwas mitteilen

mit•teilen est un verbe à particule séparable.

annuaire

▷ Cherche le numéro de Stéphane dans l'annuaire, s'il te plaît.
Such bitte Stéphanes Nummer im Telefonbuch.

das **Telefonbuch**
(pluriel : -bücher)

annulaire

▷ La bague était trop petite pour mon annulaire.
Der Ring war zu klein für meinen Ringfinger.

(= doigt) der **Ringfinger**
(pluriel : -finger)

annuler

▷ Le match de hockey sur glace est annulé.
Das Eishockeyspiel ist abgesagt.

absagen

ab•sagen est un verbe à particule séparable.

anorak

▷ Prends un anorak chaud, il fait froid dehors.
Nimm einen warmen Anorak, es ist kalt draußen.

der **Anorak** (pluriel : Anoraks)

antenne

▷ L'antenne de la radio est cassée.
Die Radioantenne ist kaputt.

▷ Nous avons une antenne parabolique sur le balcon.
Wir haben eine Parabolantenne auf dem Balkon.

die **Antenne** (pluriel : Antennen)

Notez les substantifs composés : ***Radioantenne*** (antenne de radio), ***Parabolantenne*** (antenne parabolique).

antibiotique

▷ Le médecin m'a donné un antibiotique.
Der Arzt hat mir ein Antibiotikum gegeben.

das **Antibiotikum**
(pluriel : Antibiotika)

L'adjectif antibiotique *se dit* ***antibiotisch****.*

antillais, antillaise

1 ▷ Nous avons mangé dans un restaurant antillais.
Wir haben in einem antillischen Restaurant gegessen.

2 ▷ Sandra a épousé un Antillais.
Sandra hat einen Mann aus den Antillen geheiratet.

3 ▷ J'ai trouvé les Antillais très hospitaliers.
Ich habe die Antillenbewohner sehr gastfreundlich gefunden.

1 **antillisch**

2 (= personne qui vient des Antilles) **aus den Antillen**

3 (= personne qui vit aux Antilles) der **Antillenbewohner** (pluriel : -bewohner), die **Antillenbewohnerin** (pluriel : -bewohnerinnen)

Antilles

▷ Aimerais-tu passer des vacances aux Antilles ?
Würdest du gern in den Antillen Ferien machen?

die **Antillen**

antipathique

▷ La copine d'Hervé est vraiment antipathique.
Hervés Freundin ist wirklich unsympathisch.

unsympathisch

*N'oubliez pas que le **y** allemand se prononce **u**.*

antivol

▷ J'ai acheté un antivol pour mon vélo.
Ich habe ein Fahrradschloss gekauft.

das **Schloss** (pluriel : Schlösser)

*Notez les substantifs composés : **das Fahrradschloss** (pour le vélo), **das Lenkradschloss** (pour la voiture).*

août

▷ Il fait souvent très chaud en août.
Es ist oft heiß im August.

▷ Nous partons le quinze août.
Wir fahren am fünfzehnten August.

der **August**
► **en août, au mois d'août :** im **August**

*On écrit **am 15. August**.*

apercevoir

1 ▷ J'ai aperçu le maire en ville.
Ich habe den Bürgermeister flüchtig in der Stadt gesehen.

2 ▷ Je ne m'étais pas aperçu de la différence.
Ich habe keinen Unterschied bemerkt.

1 (= voir brièvement) **flüchtig sehen**

2 ► **s'apercevoir de quelque chose :** etwas **bemerken**

*Les verbes allemands commençant par le préfixe **be-** ne prennent pas **ge-** au participe passé.*

▷ Tu t'es aperçue que Simon n'était pas là ?
Hast du bemerkt, dass Simon nicht da war?

► s'apercevoir que... : bemerken, dass...

apéritif

▷ Voulez-vous un apéritif ?
Möchten Sie einen Aperitif?

der Aperitif (pluriel : Aperitifs)

aplati, aplatie

▷ Le gâteau est tout aplati.
Der Kuchen ist vollkommen platt gedrückt.

platt gedrückt

ℹ *On peut dire aussi **platt** tout seul.*

apparaître

▷ Une montgolfière est apparue dans le ciel.
Ein Heißluftballon ist am Himmel erschienen.

erscheinen (erschien, erschienen)

appareil

1 ▷ Emma a eu un appareil photo pour Noël.
Emma hat einen Fotoapparat zu Weihnachten bekommen.

1 ► appareil photo : der Fotoapparat (pluriel : -apparate) (m)

2 ▷ Les robots ménagers sont des appareils très utiles.
Küchenmaschinen sind sehr nützliche Geräte.

2 (électrique) das Gerät (pluriel : Geräte)

3 ▷ Pascal porte un appareil dentaire.
Pascal trägt eine Zahnspange.

3 ► appareil dentaire : die Zahnspange (pluriel : Zahnspangen)

4 ▷ Bonjour ! Jérôme à l'appareil.
Hallo! Hier spricht Jérôme.

4 Pour dire son nom quand on parle au téléphone, on utilise l'expression hier spricht...

apparemment

▷ Apparemment, ils sont arrivés à l'heure.
Anscheinend sind sie rechtzeitig angekommen.

anscheinend

appartement

▷ Anne et Jean-François ont acheté un appartement.
Anne und Jean-François haben eine Wohnung gekauft.

die Wohnung (pluriel : Wohnungen)

appartenir à

▷ Cette voiture appartient à mon frère.
Dieses Auto gehört meinem Bruder.

► appartenir à quelqu'un : jemandem (datif) gehören

appel

1 ▷ Il y a eu trois appels pour toi cet après-midi.
Heute Nachmittag sind drei Anrufe für dich angekommen.

1 (= appel au téléphone) der Anruf (pluriel : Anrufe)

2 ▷ Notre prof fait toujours l'appel au début du cours.
Unser Lehrer ruft vor dem Unterricht immer die Namen auf.

2 ► **faire l'appel :** die Namen aufrufen

ℹ ***auf•rufen*** *est un verbe à particule séparable et se conjugue comme* ***rufen*** *(rief, gerufen).*

appeler

1 ▷ Le dîner est prêt, appelle ta sœur.
Das Abendessen ist fertig, ruf deine Schwester.

1 (pour demander quelqu'un) **rufen** (rief, gerufen)

2 ▷ Nous allons appeler notre bébé Thomas.
Wir werden unser Baby Thomas nennen.

2 (pour donner un nom à quelqu'un) **nennen** (nannte, genannt)

3 ▷ Appelle-moi ce soir, je serai chez moi.
Ruf mich heute Abend an, ich werde zuhause sein.

3 (au téléphone) **anrufen**

ℹ ***an•rufen*** *est un verbe à particule séparable et se conjugue comme* ***rufen****.*

4 ▷ Comment tu t'appelles ?
Wie heisst du?
▷ Je m'appelle Gabriel.
Ich heisse Gabriel.
▷ Cet outil s'appelle un tournevis.
Dieses Werkzeug heisst Schraubenzieher.
▷ Comment s'appelle ce truc en anglais ?
Wie heisst dieses Ding auf Englisch?

4 ► **s'appeler :** heissen

ℹ *Pour se présenter par son nom de famille, notamment au téléphone, on peut employer la formule :* ***mein Name ist...*** (mon nom est...)

appétit

▷ Tu as bon appétit !
Du hast ja einen guten Appetit!
▷ Bon appétit !
Guten Appetit!

der **Appetit**

applaudir

1 ▷ Toute la classe a applaudi Thierry.
Die ganze Klasse hat Thierry applaudiert.

1 ► **applaudir** quelqu'un : jemandem (datif) **applaudieren**

ℹ *Les verbes se terminant en* ***–ieren*** *ne prennent pas* ***ge-*** *au participe passé.*

2 ▷ Elles ont applaudi très fort.
Sie haben ganz laut geklatscht.

2 (= taper dans les mains) **klatschen**

s'appliquer

▷ Applique-toi quand tu écris !
Gib dir doch Mühe beim Schreiben!

sich Mühe geben (gab, gegeben)

apporter

▷ Apporte-moi le journal, s'il te plaît.
Bring mir bitte die Zeitung.
▷ Je lui ai apporté son petit-déjeuner au lit.
Ich habe ihm (*ou* ihr) das Frühstück ans Bett gebracht.

bringen (brachte, gebracht)
► **apporter** quelque chose **à** quelqu'un : jemandem (datif) etwas **bringen**

apprécier

▷ Je n'apprécie pas beaucoup le frère de Laure.
Ich mag Laures Bruder nicht sehr.

mögen (mag, mochte, gemocht)

apprendre

1 ▷ J'apprends le russe.
Ich lerne Russisch.
▷ Marion aimerait apprendre à nager.
Marion würde gern Schwimmen lernen.
▷ Il a appris à écrire plus vite.
Er hat gelernt, schneller zu schreiben.

1 (= étudier) **lernen**
► **apprendre à faire** quelque chose : substantif + **lernen** *ou* **lernen,** etwas **zu tun**

2 ▷ Pedro nous apprend l'espagnol.
Pedro bringt uns Spanisch bei.

2 (= enseigner) **beibringen**
ℹ ***bei•bringen*** *est un verbe à particule séparable et se conjugue comme* ***bringen*** *(brachte, gebracht).*

3 ▷ Nous avons appris que tu étais malade.
Wir haben gehört, dass du krank bist.

3 (quand on parle d'une nouvelle) **hören**

approcher

1 ▷ Approchez vos chaises.
Rückt eure Stühle näher.
▷ Nous approchons du but !
Wir kommen unserem Ziel näher.

1 Notez l'emploi de **näher** (plus près) avec le verbe qui convient : ***näher rücken*** (pousser plus près), ***näher kommen*** (venir plus près).

2 ▷ Approche-toi, je ne te vois pas très bien.
Komm näher, ich sehe dich nicht gut.
▷ Les bateaux s'approchent de la côte.
Die Schiffe nähern sich der Küste.
▷ Le chasseur s'approchait du sanglier.
Der Jäger näherte sich dem Wildschwein.

2 ► **s'approcher** : **näher kommen**
► **s'approcher de** quelque chose : **sich** etwas (datif) **nähern**

appuyer

1 ▷ Appuie sur la sonnette, s'il te plaît.
Drück bitte auf die Klingel.

1 ► **appuyer sur** quelque chose : **auf** etwas (accusatif) **drücken**

2 ▷ Ne vous appuyez pas sur le portail, la peinture est fraîche.
Lehnt euch nicht gegen das Portal, es ist frisch gestrichen.

2 ► **s'appuyer sur** quelque chose : **sich an** etwas (accusatif) **lehnen**

après

1 ▷ Je viendrai chez toi après l'école.
Nach der Schule komme ich zu dir.

1 nach

2 ▷ Demande la permission à tes parents et téléphone-moi après.
Frag deine Eltern für Erlaubnis und ruf mich danach an.

2 (= ensuite) danach

3 ▷ D'après Isa, c'est un bon film.
Isa zufolge ist das ein guter Film.
▷ D'après moi, c'est Ralph qui a raison.
Meiner Meinung nach hat Ralph Recht.

3 ► **d'après...** (avec un nom) : ...zufolge
(avec un pronom personnel) : pronom personnel génitif (meiner, deiner, seiner, ihrer, unserer, eurer ou Ihrer, ihrer) + Meinung nach

après-demain

▷ Après-demain nous irons au zoo.
Übermorgen gehen wir in den Zoo.

übermorgen

après-midi

1 ▷ Je viendrai dans l'après-midi.
Ich komme am Nachmittag.
▷ Nous n'avons pas école demain après-midi.
Wir haben morgen Nachmittag keine Schule.

1 der Nachmittag
(pluriel : Nachmittage)

2 ▷ L'avion arrive à trois heures de l'après-midi.
Das Flugzeug kommt um drei Uhr nachmittags an.

2 ► **...de l'après-midi** (en disant une heure) : ...nachmittags

arabe

1 ▷ Plusieurs pays arabes produisent du pétrole.
Mehrere arabische Länder produzieren Erdöl.

1 (adjectif) arabisch

2 ▷ Ma tante a épousé un Arabe.
Meine Tante hat einen Araber geheiratet.

2 (= personne) der Araber (pluriel : Araber), die Araberin (pluriel : Araberinnen)

3 ▷ Suzanne apprend l'arabe.
Suzanne lernt Arabisch.

3 (= langue) Arabisch

ℹ *En allemand, les noms de langue ne prennent pas d'article.*

araignée

▷ Ben a peur des araignées.
Ben hat Angst vor Spinnen.

die Spinne (pluriel : Spinnen)

arbre

▷ Il y a beaucoup d'arbres dans le jardin.
Im Garten stehen viele Bäume.

der Baum (pluriel : Bäume)

▷ Nous allons décorer l'arbre de Noël.
Wir werden den Weihnachtsbaum schmücken.

► **arbre de Noël :** der Weihnachtsbaum

arc

▷ Les Indiens chassaient avec des arcs et des flèches.
Die Indianer jagten mit Pfeil und Bogen.

der **Bogen** (pluriel : Bogen)

ℹ *Dans l'expression* des arcs et des flèches, *l'ordre est inversé en allemand :* ***Pfeil und Bogen*** (flèche et arc). *Notez l'emploi du singulier.*

arc-en-ciel

▷ Regarde, un arc-en-ciel !
Schau mal, ein Regenbogen!

der **Regenbogen** (pluriel : Regenbogen)

architecte

▷ Ma mère est architecte.
Meine Mutter ist Architektin.

der **Architekt** (pluriel : Architekten), die **Architektin** (pluriel : Architektinnen)

ℹ *La flexion féminine existe en allemand.*

arête

▷ Ce poisson est plein d'arêtes.
Dieser Fisch ist voller Gräten.

die **Gräte** (pluriel : Gräten)

argent

1 ▷ Monsieur Perret gagne beaucoup d'argent.
Herr Perret verdient viel Geld.
▷ Je reçois sept euros d'argent de poche par semaine.
Ich bekomme sieben Euro Taschengeld in der Woche.

1 ► **l'argent** (= les sous) **:** das Geld

► **argent de poche :** das Taschengeld

2 ▷ L'argent est moins cher que l'or.
Silber ist billiger als Gold.
▷ Ce bracelet est en argent.
Dieses Armband ist aus Silber.
▷ Mélanie a une belle bague en argent.
Mélanie hat einen schönen silbernen Ring.

2 (= métal) das **Silber**

► **être en argent :** aus Silber sein

► **en argent :** silbern

arme

▷ Les armes sont interdites au lycée.
Waffen sind in der Schule verboten.

die **Waffe** (pluriel : Waffen)

armée

▷ L'armée avançait péniblement.
Die Armee kam mühsam voran.

(= la troupe) die **Armee** (pluriel : Armeen)

▻ Le grand frère de Karina est dans l'armée.
Karinas großer Bruder ist Berufssoldat.

► **être dans l'armée :** Berufssoldat sein

armoire

1 ▻ Ton T-shirt est dans l'armoire.
Dein T-shirt ist im Kleiderschrank.

1 (pour les vêtements) der **Kleiderschrank** (pluriel : -schränke)

2 ▻ Papa a une armoire pour les dossiers dans son bureau.
Papa hat einen Schrank für die Akten in seinem Arbeitszimmer.

2 (dans un bureau) der **Schrank** (pluriel : Schränke)

arracher

1 ▻ Sonia a arraché trois pages de son cahier.
Sonia hat drei Seiten aus ihrem Heft gerissen.
▻ Ma mère m'a demandé d'arracher les mauvaises herbes.
Meine Mutter hat mich gebeten, das Unkraut auszureißen.

1 (= arracher une page, une feuille, de mauvaises herbes) **ausreißen**

i *aus•reißen est un verbe à particule séparable et se conjugue comme reißen (riss, gerissen).*

2 ▻ Le dentiste m'a arraché une dent.
Der Zahnarzt hat mir einen Zahn gezogen.

2 ► **arracher une dent :** einen Zahn ziehen (zog, gezogen)

3 ▻ Le voleur a arraché le sac de la dame.
Der Dieb hat der Frau die Handtasche entrissen.

3 ► **arracher** quelque chose **à** quelqu'un : jemandem (datif) etwas entreißen (entriss, entrissen)

i *Les verbes allemands commençant par le préfixe ent- ne prennent pas ge- au participe passé.*

arranger

1 ▻ Pas de problème, ma mère a tout arrangé.
Kein Problem, meine Mutter hat alles geregelt.

1 (= résoudre) **regeln**

2 ▻ Ta montre est cassée ? Donne-la-moi, je vais l'arranger.
Deine Uhr ist kaputt? Gib sie mir, ich bringe sie wieder in Ordnung.

2 (= réparer) **in Ordnung bringen**

3 ▻ Ça ne m'arrange pas de venir à six heures.
Es passt mir nicht, um sechs zu kommen.

3 (= convenir) **passen** + datif

4 ▻ Ne t'inquiète pas, tout va s'arranger.
Keine Angst, alles wird gut werden.

4 ► **s'arranger** (= se résoudre, s'améliorer) : gut werden *(wird, wurde, geworden).*

arrêt

1 ▻ Je descends au prochain arrêt.
Ich steige an der nächsten Haltestelle aus.

1 (dans les transports) die **Haltestelle** (pluriel : -stellen)

▷ Est-ce qu'il y a un arrêt d'autobus par ici ?
Gibt es hier in der Nähe eine Bushaltestelle?

► **arrêt d'autobus :** die **Bushaltestelle**

2 ▷ Le bébé pleure sans arrêt.
Das Baby weint unaufhörlich.

2 ► **sans arrêt** (= constamment) : **unaufhörlich**

arrêter

1 ▷ Arrête, tu me fais mal !
Hör auf, du tust mir weh!

1 **aufhören**

ℹ *auf•hören est un verbe à particule séparable.*

▷ Arrêtez de vous disputer !
Hört auf, euch zu streiten!

► **arrêter de faire** quelque chose : **aufhören,** etwas **zu tun**

2 ▷ La voiture s'est arrêtée devant la poste.
Das Auto hat vor der Post angehalten.

▷ Elle s'arrêta au milieu de la phrase.
Sie hielt mitten im Satz an.

2 ► **s'arrêter :** anhalten

ℹ *an•halten est un verbe à particule séparable et se conjugue comme* ***halten*** *(hält, hielt, gehalten).*

3 ▷ La police a arrêté le voleur.
Die Polizei hat den Dieb verhaftet.

3 (un coupable, un voleur) **verhaften**

ℹ *Les verbes commençant par le préfixe* ***ver-*** *ne prennent pas* ***ge-*** *au participe passé.*

arrière

▷ L'arrière du train est plein.
Der hintere Teil des Zuges ist voll.

der **hintere Teil**

▷ Asseyez-vous à l'arrière.
Setzt euch nach hinten.

► **à l'arrière :** hinten

▷ Ne te penche pas en arrière, tu vas tomber.
Lehn dich nicht so nach hinten, du wirst fallen.

► **se pencher en arrière :** sich nach hinten lehnen

▷ J'ai dû revenir en arrière.
Ich musste zurückgehen.

► **revenir en arrière :** zurückgehen

ℹ *zurück•gehen est un verbe à particule séparable et se conjugue comme* ***gehen*** *(ging, gegangen).*

▷ Le siège arrière est tout sale.
Der Rücksitz ist ganz dreckig.

► **siège arrière :** der Rücksitz (pluriel : -sitze)

arriver

1 ▷ Le train arrive à Fécamp à 15 h 30.
Der Zug kommt um 15.30 Uhr in Fecamp an.

1 (en parlant de la destination) **ankommen**

ℹ *an•kommen est un verbe à particule séparable et se conjugue comme* ***kommen*** *(kam, gekommen).*

2 ▻ J'arrive !
Ich komme!

2 (= approcher) **kommen** (kam, gekommen)

3 ▻ Ses cheveux lui arrivent aux épaules.
Seine Haare reichen ihm bis zu den Schultern.

3 ► **arriver à** (= atteindre) : **bis zu... reichen**

4 ▻ Qu'est-ce qui est arrivé ?
Was ist passiert?
▻ Ça n'arrive qu'à moi !
Sowas passiert nur mir!

4 (= se passer) **passieren**

ℹ *Les verbes se terminant en* ***–ieren*** *ne prennent pas* ***ge-*** *au participe passé.*

5 ▻ Il m'arrive d'oublier de prendre mon petit-déjeuner.
Es kommt vor, dass ich vergesse zu frühstücken.

5 (= se produire occasionnellement) **vorkommen**

ℹ ***vor•kommen*** *est un verbe à particule séparable et se conjugue comme* ***kommen*** *(kom, gekommen).*

6 ▻ Julie est arrivée à les convaincre.
Julie hat es geschafft, sie zu überzeugen.

6 ► **arriver à** + infinitif (= réussir) : **es schaffen, zu + infinitif**

arroser

▻ N'oublie pas d'arroser les plantes.
Vergiss nicht, die Pflanzen zu gießen.

(= arroser une plante) **gießen** (goss, gegossen)

art

1 ▻ Nous sommes allés au musée d'art moderne.
Wir sind ins Museum für moderne Kunst gegangen.

1 die **Kunst** (pluriel : Künste)

2 ▻ Il pratique un art martial.
Er übt einen Kampfsport aus.

2 ► **art martial** : der **Kampfsport**

artichaut

▻ J'aime bien les artichauts.
Ich mag Artischocken.

die **Artischocke** (pluriel : Artischocken)

article

1 ▻ Tu as lu l'article sur Grenoble ?
Hast du den Zeitungsartikel über Grenoble gelesen?

1 (dans un journal) der **Zeitungsartikel** (pluriel : –artikel)

2 ▻ Trois articles pour quatorze euros, ce n'est pas cher.
Drei Artikel für vierzehn Euro, das ist nicht teuer.

2 (= marchandise) der **Artikel** (pluriel : Artikel)

artiste

▻ Picasso était un artiste célèbre.
Picasso war ein berühmter Künstler.

der **Künstler** (pluriel : Künstler), die **Künstlerin** (pluriel : Künstlerinnen)

ℹ *La flexion féminine existe en allemand.*

ascenseur

▷ Prends l'ascenseur jusqu'au dixième étage.
Nimm den Aufzug bis zum zehnten Stock.

der **Aufzug** (pluriel : Aufzüge)
ℹ *On peut dire aussi der* ***Fahrstuhl*** (pluriel : *Fahrstühle*)

asiatique

1 ▷ J'ai un livre de recettes asiatiques.
Ich habe ein Kochbuch mit asiatischen Rezepten.

2 ▷ Le restaurant est tenu par des Asiatiques.
Das Restaurant wird von Asiaten geführt.

1 (adjectif) **asiatisch**

2 (= personnes) der **Asiat** (pluriel : Asiaten), die **Asiatin** (pluriel : Asiatinnen)
ℹ *La flexion féminine existe en allemand.*

Asie

▷ Nous avons parlé de l'Asie en cours de géographie.
Im Erdkundeunterricht haben wir über Asien gesprochen.

▷ Ma mère a travaillé en Asie il y a longtemps.
Vor langer Zeit hat meine Mutter in Asien gearbeitet.
▷ J'aimerais aller en Asie.
Ich würde gern nach Asien reisen.
▷ Je ne suis jamais allé en Asie.
Ich war noch nie in Asien.

Asien
► **l'Asie : Asien**
ℹ *Ne prend l'article neutre que précédé d'un adjectif :* ***das buddhistische Asien*** **(l'Asie bouddhiste).**

► **en Asie** (= dans le continent) **: in Asien**

► **en Asie** (= vers le continent) **: nach Asien**

⚠ *Attention : pour dire que quelqu'un* **est déjà allé quelque part,** *on emploie une expression avec le prétérit du verbe* ***sein*** *+* ***schon.***

aspect

1 ▷ L'aspect n'est pas important.
Das Aussehen ist unwichtig.

2 ▷ C'est un des aspects les plus intéressants de son travail.
Das ist eine der interessantesten Seiten seiner Arbeit.

1 (= apparence) das **Aussehen**

2 (= côté) die **Seite** (pluriel : Seiten)

asperge

▷ Voudrais-tu manger des asperges ce soir ?
Willst du heute Abend Spargel essen?
▷ Ces asperges ne sont pas cuites.
Dieser Spargel ist nicht gekocht.

der **Spargel**
ℹ *Ce mot est indénombrable,* on ne dit pas *ein Spargel.*

aspirateur

▷ L' aspirateur ne marche pas bien.
Der Staubsauger funktioniert nicht gut.

▷ Je dois d'abord passer l'aspirateur.
Ich muss zuerst staubsaugen.

der **Staubsauger**
(pluriel : Staubsauger)

► **passer l'aspirateur :**
staubsaugen

aspirine

▷ Tu as de l'aspirine ? J'ai mal à la tête.
Hast du Aspirin? Ich habe Kopfschmerzen.

das **Aspirin ®**

i *® signifie que **Aspirin** est un nom déposé. Vous n'avez pas besoin de l'écrire.*

assaisonner

1 ▷ La sauce est bien assaisonnée.
Die Soße ist gut gewürzt.

2 ▷ Tu as oublié d'assaisonner la salade.
Du hast vergessen, den Salat anzumachen.

1 (= assaisonner de la viande ou une sauce) **würzen**

2 (= assaisonner de la salade) **anmachen**

i ***an•machen** est un verbe à particule séparable.*

assassiner

▷ Il a assassiné plusieurs personnes.
Er hat mehrere Menschen ermordet.

ermorden

i *Les verbes allemands commençant par le préfixe **er-** ne prennent pas **ge-** au participe passé.*

s'asseoir

▷ Asseyez-vous, s'il vous plaît.
Setzen Sie sich, bitte.

▷ Les enfants se sont assis par terre.
Die Kinder haben sich auf den Boden gesetzt.

sich setzen

i *Le pronom personnel allemand s'emploie à l'accusatif : ich setze **mich**, du setzt **dich**, er/sie setzt **sich**, wir setzen **uns**, ihr setzt **euch**, sie setzen **sich**.*

assez

1 ▷ As-tu assez mangé ?
Hast du genug gegessen?

▷ Tu es assez grand pour décider tout seul.
Du bist alt genug, um selbst zu entscheiden.

▷ Il n'y a pas assez d'argent.
Es ist nicht genug Geld da.

▷ J'en ai assez !
Jetzt habe ich aber genug!

1 (= suffisamment) **genug**

i *Notez que **genug** est placé derrière l'adjectif qu'il accompagne.*

► **assez de : genug**

► **en avoir assez : genug haben**

2 ▷ Ce film est assez ennuyeux.
Dieser Film ist ziemlich langweilig.

2 (= plutôt) ziemlich

assiette

▷ Peter a encore cassé une assiette.
Peter hat wieder einen Teller zerbrochen.

der Teller (pluriel : Teller)

assis, assise

▷ Cécile est assise par terre.
Cécile sitzt auf dem Boden.

► être assis : sitzen (saß, gesessen)

▷ Il est resté assis sur le canapé.
Er ist auf dem Sofa sitzen geblieben.

► rester assis : sitzen bleiben (blieb, geblieben)

assister à

▷ Tous les parents doivent assister à la réunion.
Alle Eltern müssen der Versammlung beiwohnen.

► assister à quelque chose : etwas (datif) beiwohnen

ℹ *bei•wohnen est un verbe à particule séparable.*

assorti, assortie

▷ Papa portait une chemise bleue et une cravate assortie.
Papa trug ein blaues Hemd und eine dazu passende Krawatte.

(= qui va avec) dazu passend

assurance

▷ Une assurance est nécessaire quand on part à l'étranger.
Eine Versicherung ist notwendig, wenn man ins Ausland reist.

die Versicherung (pluriel : Versicherungen)

athlète

▷ Tous les grands athlètes européens étaient là.
Alle großen europäischen Leichtathleten waren da.

der Leichtathlet (pluriel : -athleten), die Leichtathletin (pluriel : -athletinnen)

ℹ *La flexion féminine existe en allemand.*

athlétisme

▷ Le championnat d'athlétisme a lieu dans trois mois.
Die Leichtathletikmeisterschaft findet in drei Monaten statt.

die Leichtathletik

atlas

▷ Cherche l'Afghanistan dans l'atlas.
Such im Atlas nach Afghanistan.

der Atlas (pluriel : Atlanten)

atomique

▷ Les bombes atomiques peuvent anéantir la Terre.
Die Atombomben können die Erde vernichten.

ℹ *L'adjectif* ***atomar*** *est rarement utilisé. Les noms se composent de* ***Atom*** + substantif *: die* ***Atomenergie*** (énergie atomique), *der* ***Atomkrieg*** (guerre atomique).

atroce

▷ J'ai une douleur atroce dans le pied.
Ich habe furchtbare Schmerzen im Fuß.

furchtbar

attacher

1 ▷ Ils ont attaché le chien avec une corde.
Sie haben den Hund mit einem Strick angebunden.

1 (= attacher à quelque chose) **anbinden**

ℹ ***an•binden*** *est un verbe à particule séparable et se conjugue comme* ***binden*** *(band, gebunden).*

2 ▷ Andreas est tout petit mais il sait déjà attacher ses lacets.
Andreas ist ganz klein, aber er kann schon seine Schnürsenkel binden.

2 (= attacher ensemble) **binden** (band, gebunden)

3 ▷ Attache ta ceinture de sécurité !
Schnall dich an!

3 ► **attacher sa ceinture : sich anschnallen**

ℹ ***an•schnallen*** *est un verbe à particule séparable.*

4 ▷ Adèle s'est beaucoup attachée à son poney.
Adèle hat ihr Pony lieb gewonnen.

4 ► **s'attacher à** quelqu'un, un animal (= avoir de l'affection pour) : Jemanden (accusatif) **lieb gewinnen** (gewan, gewonnen)

attaquer

1 ▷ Les voleurs nous ont attaqués.
Die Diebe haben uns überfallen.

1 (= agresser) **überfallen** (überfällt, überfiel, überfallen)

2 ▷ Je vais attaquer ma rédaction pour demain.
Ich mache mich jetzt an meinen Aufsatz für morgen.

▷ Il faut que tu attaques tes devoirs, sinon le temps va te manquer.
Du musst dich an deine Hausaufgaben machen, sonst fehlt dir die Zeit.

2 ► **attaquer** quelque chose (= se mettre au travail) : **sich an** etwas **machen**

ℹ *Le pronom personnel allemand s'emploie à l'accusatif : ich mache* ***mich*** *an..., du machst* ***dich*** *an..., er/sie macht* ***sich*** *an..., wir machen* ***uns*** *an..., ihr macht* ***euch*** *an..., sie machen* ***sich*** *an...*

3 ▷ Pourquoi t'attaques-tu toujours aux plus petits ?
Warum greifst du immer nur Kleinere an?

3 ► s'attaquer à quelqu'un : jemanden (accusatif) angreifen

an•greifen est un verbe à particule séparable et se conjugue comme greifen (griff, gegriffen).

atteindre

▷ Je n'arrive pas à atteindre l'étagère.
Ich erreiche das Regal nicht.

erreichen

Les verbes allemands commençant par le préfixe er- ne prennent pas ge- au participe passé.

attendre

1 ▷ Attends-moi, j'arrive !
Warte auf mich, ich komme gleich!
▷ Sandrine a attendu que ses parents s'endorment.
Sandrine hat gewartet, bis ihre Eltern einschliefen.

1 ► attendre quelqu'un : auf jemanden (accusatif) warten
► attendre que + subjonctif : warten, bis...

2 ▷ Attends, Loïc, j'ai presque fini.
Warte mal, Loïc, ich bin fast fertig.
▷ Ma belle-sœur attend un enfant.
Meine Schwägerin erwartet ein Kind.
▷ Je ne m'attendais pas à gagner.
Ich hatte nicht erwartet zu gewinnen.

2 (sans complément) warten
► attendre un enfant : ein Kind erwarten
► s'attendre à faire quelque chose : erwarten, etwas zu tun

attentat

▷ Il y a eu un attentat à la bombe en Espagne.
Es hat einen Bombenanschlag in Spanien gegeben.

der Anschlag (pluriel : Anschläge)

attention

1 ▷ Attention, tu vas tomber !
Vorsicht, du wirst fallen!
▷ Fais attention, ça glisse.
Sei vorsichtig, es ist glatt.

1 (exclamation) Vorsicht!
► faire attention (= se méfier) : vorsichtig sein

2 ▷ Fais attention aux voitures.
Pass auf die Autos auf.

2 ► faire attention à quelque chose (= se méfier) : auf etwas (accusatif) aufpassen

auf•passen est un verbe à particule séparable.

3 ▷ Ne faites pas attention à lui, il boude.
Gibt nicht auf ihn Acht, er schmollt.

3 ► faire attention à (= remarquer) : Acht geben

atterrir

▷ L'avion a atterri dans le brouillard.
Das Flugzeug ist im Nebel gelandet.

landen

attirer

▷ Les choses sucrées attirent les guêpes.
Süße Sachen ziehen Wespen an.

anziehen

ℹ *an•ziehen est un verbe à particule séparable et se conjugue comme ziehen (zog, gezogen).*

▷ J'essayais d'attirer l'attention de Luc, mais il ne m'a pas vu.
Ich habe versucht, Lucs Aufmerksamkeit auf mich zu lenken, aber er hat mich nicht gesehen.

► **attirer l'attention de quelqu'un :** jemandes (génitif) Aufmerksamkeit auf sich lenken

attitude

▷ Ton attitude est ridicule !
Dein Verhalten ist lächerlich!

(= comportement) das **Verhalten**

attraper

1 ▷ Karim essaie d'attraper un poisson.
Karim versucht, einen Fisch zu fangen.

1 (= capturer) **fangen** (fängt, fing, gefangen)

2 ▷ Paul est absent, il a attrapé un rhume.
Paul fehlt, er hat sich einen Schnupfen geholt.
▷ J'ai attrapé un de ces coups de soleil !
Ich habe mir so einen Sonnenbrand geholt!

2 (en parlant d'un rhume, d'un coup de soleil) **sich holen**

ℹ *Le pronom personnel allemand s'emploie au datif : ich hole **mir...**, du holst **dir...**, er/sie holt **sich...**, wir holen **uns...**, ihr holt **euch...**, sie holen **sich...***

3 ▷ J'ai attrapé la varicelle juste avant les vacances.
Ich habe kurz vor den Ferien Windpocken bekommen.

3 (en parlant d'une maladie) **bekommen** (bekam, bekommen)

ℹ *Les verbes commençant par le préfixe be- ne prennent pas ge- au participe passé.*

au

Regardez le mot **à**. Au revoir est une entrée dans ce dictionnaire.

aube

▷ Nous partirons à l'aube.
Wir fahren bei Tagesanbruch los.

► **l'aube :** dẹr Tagesanbruch

aubergine

▷ Ce que j'aime dans la moussaka, ce sont les aubergines.
Was ich an Moussaka mag sind die Auberginen.

die **Aubergine** /obɛr'ʒiːnə/ (pluriel : Auberginen)

Notez la prononciation.

aucun, aucune

1 ▷ Nous n'avons aucun devoir pour demain.
Wir haben keine Hausaufgaben für morgen.
▷ Il n'y a aucune boulangerie dans les environs.
Es gibt keine Bäckerei in der Nähe.

2 ▷ Aucun des élèves ne connaissait la réponse.
Keiner der Schüler kannte die Antwort.
▷ Aucune de nous ne savait où nous étions.
Keine von uns wusste, wo wir waren.

1 Lorsque **aucun** ou **aucune** est adjectif, on traduit par ***kein*** (pour le masculin et le neutre) ou ***keine*** (pour le féminin).

2 Lorsque **aucun** est pronom et suivi de **de**, on traduit par ***keiner*** (pour le masculin), ***keine*** (pour le féminin) ***keins*** (pour le neutre), suivi soit du génitif, soit de ***von*** + datif.

augmentation

1 ▷ L'augmentation du nombre d'élèves pose des problèmes.
Die Zunahme der Schülerzahl ist problematisch.
▷ Le passage à l'euro a provoqué des augmentations de prix.
Die Umstellung auf Euro verursachte Preissteigerungen.

2 ▷ Les camionneurs sont en grève, ils veulent une augmentation de salaire.
Die Lastwagenfahrer streiken, sie wollen eine Gehaltserhöhung.

1 (d'un nombre, d'une population) die Zunahme

► **augmentation de prix :** die Preissteigerung
(pluriel : -steigerungen)

2 ► **augmentation de salaire :** die Gehaltserhöhung
(pluriel : -erhöhungen)

augmenter

1 ▷ Le prix a augmenté de trois euros.
Der Preis ist um drei Euro gestiegen.

2 ▷ Le salaire de base a été augmenté.
Das Grundgehalt wurde erhöht.

1 (= quelque chose augmente)
steigen (stieg, gestiegen)

2 (= augmenter quelque chose)
erhöhen

ℹ *Les verbes commençant par le préfixe* ***er-*** *ne prennent pas* ***ge-*** *au participe passé.*

aujourd'hui

▷ Aujourd'hui, c'est l'anniversaire de Cyril.
Heute hat Cyril Geburtstag.

heute

au revoir

▷ Au revoir ! À bientôt !
Auf Wiedersehen! Bis bald!

▷ Je vous rappellerai demain. Au revoir !
Ich rufe Sie morgen wieder an. Auf Wiederhöhren!

auf Wiedersehen

ℹ *La forme plus familière* ***Tschüss!*** *est très souvent employée en Allemagne.*

ℹ *Au téléphone, on dit* ***auf Wiederhören!***

ℹ *On dit aussi* ***Grüß Gott*** *(dans le sud de l'Allemagne).*

auriculaire

▷ Il s'est coincé l'auriculaire dans la porte.
Er hat sich den kleinen Finger in der Tür eingeklemmt.

(= doigt) der **kleine Finger**

aussi

1 ▷ Tu viens aussi à la soirée ?
Kommst du auch zur Party?

2 ▷ L'Allemagne n'est pas aussi grande que la France.
Deutschland ist nicht so groß wie Frankreich.

1 (= également) **auch**

2 ► **aussi** + adjectif + **que** : **so** + adjectif + **wie**

Australie

▷ Samuel nous parle souvent de l'Australie.
Samuel erzählt uns oft über Australien.

▷ Les kangourous vivent en Australie.
Die Kängurus leben in Australien.

▷ Ils vont en Australie pour voir leur fille.
Sie fliegen nach Australien, um ihre Tochter zu besuchen.

▷ Es-tu déjà allé en Australie ?
Warst du schon in Australien?

Australien

► **l'Australie** : **Australien**

i *Ne prend l'article neutre que précédé d'un adjectif :* ***das eingeborene Australien*** (l'Australie aborigène).

► **en Australie** (= dans le pays) : **in Australien**

► **en Australie** (= vers le pays) : **nach Australien**

Attention : pour dire que quelqu'un est **déjà allé quelque part** *on emploie une expression avec le prétérit du verbe* ***sein*** *+* ***schon.***

australien, australienne

1 ▷ Comment s'appelle la monnaie australienne ?
Wie heißt die australische Währung?

2 ▷ Fran travaille avec une Australienne.
Fran arbeitet mit einer Australierin.

1 (adjectif) **australisch**

2 (= personne) der **Australier** (pluriel : Australier), die **Australierin** (pluriel : Australierinnen)

autant

1 ▷ J'ai autant de travail que le mois dernier.
Ich habe genau so viel Arbeit wie im letzten Monat.

▷ Il y a autant de touristes que l'année dernière.
Es sind so viele Touristen wie letztes Jahr da.

1 Dans les comparaisons, on utilise l'expression **so viel** + nom + **wie**

2 ▷ Je n'ai jamais autant travaillé !
Ich habe noch nie so viel gearbeitet!
▷ Ne mange pas autant, sinon tu vas être malade.
Iss nicht so viel, sonst wird dir schlecht.

2 Pour insister sur une grande quantité, on emploie l'expression **so viel**.

auteur

▷ Nous étudions le texte écrit par un auteur américain.
Wir arbeiten an einem Text von einem amerikanischen Autor.

der **Autor** (pluriel : Autoren), die **Autorin** (pluriel : Autorinnen)

La flexion féminine existe en allemand.

autobus

▷ L'autobus s'arrête devant l'église.
Der Bus hält vor der Kirche.
▷ Beaucoup d'élèves vont au collège en bus.
Viele Schüler fahren mit dem Bus zur Schule.

der **Bus** (pluriel : Busse)

autocar

▷ À quelle heure part l'autocar pour Nice ?
Wann fährt der Reisebus nach Nizza?
▷ Nous sommes allés en Italie en autocar.
Wir sind mit dem Reisebus nach Italien gefahren.

der **Reisebus** (pluriel : Reisebusse)

► **en autocar** : mit dem Reisebus

autocollant

▷ Il y a un autocollant dans chaque paquet de muesli.
In jedem Paket Müsli ist ein Aufkleber.

der **Aufkleber** (pluriel : Aufkleber)

automatique

▷ Cette porte a une ouverture automatique.
Diese Tür hat eine automatische Öffnung.

automatisch

automne

▷ Je n'aime pas l'automne parce que je dois retourner à l'école.
Ich mag den Herbst nicht, weil ich wieder in die Schule muss.

der **Herbst** (pluriel : Herbste)

automobiliste

▷ Les automobilistes ne font pas attention aux vélos.
Die Autofahrer passen nicht auf die Fahrräder auf.

der **Autofahrer** (pluriel : Autofahrer), die **Autofahrerin** (pluriel : Autofahrerinnen)

La flexion féminine existe en allemand.

autorisation

▷ J'ai eu l'autorisation du directeur de créer un journal.
Ich habe die Erlaubnis vom Direktor bekommen, eine Zeitung zu gründen.
▷ Tu as demandé l'autorisation à tes parents ?
Hast du deine Eltern um Erlaubnis gefragt?

die **Erlaubnis**
(pluriel : Erlaubnisse)

► **demander l'autorisation à** quelqu'un : jemanden (accusatif) **um Erlaubnis fragen**

autoroute

▷ Nous prenons toujours l'autoroute pour aller à Strasbourg.
Wir nehmen immer die Autobahn, um nach Straßburg zu fahren.

die **Autobahn**
(pluriel : Autobahnen)

auto-stop

▷ C'est dangereux de faire de l'auto-stop.
Es ist gefährlich, per Anhalter zu fahren.
▷ Nous avons pris un jeune homme en auto-stop.
Wir haben einen jungen Mann als Anhalter mitgenommen.

► **faire de l'auto-stop** : **per Anhalter fahren**

► **prendre** quelqu'un **en auto-stop** : jemanden **als Anhalter/Anhalterin mitnehmen**

ℹ *Littéralement, **als Anhalter** veut dire* « comme auto-stoppeur ».

autour de

▷ Ils ont installé une clôture autour du jardin.
Sie haben einen Zaun um den Garten herum gebaut.
▷ Mon oncle est arrivé autour de trois heures.
Mein Onkel ist so um drei Uhr herum angekommen.

um ... herum

autre

1 ▷ L'autre film était mieux que celui-ci.
Der andere Film war besser als dieser.
▷ Les autres enfants sont déjà partis.
Die anderen Kinder sind schon weg.
▷ Ce tee-shirt n'est pas mal, mais je préfère l'autre.
Dieses T-Shirt ist nicht schlecht, aber ich mag das andere lieber.

2 ▷ Je pourrais avoir une autre glace, s'il vous plaît ?
Könnte ich bitte noch ein Eis haben?

1 Quand **l'autre** est suivi d'un nom et veut dire **différent,** on traduit par der/die/das **andere** + nom (au pluriel : die anderen).

ℹ *Quand* **l'autre** *remplace le nom, on traduit par* ***der/die/das andere*** *(au pluriel : die anderen).*

2 Quand **un autre** veut dire **un de plus** et est suivi d'un nom, on traduit par **noch ein/eine** + nom.

▷ Il a tellement aimé ce gâteau qu'il s'en est acheté un autre.
Er hat den Kuchen so gemocht, dass er sich noch einen gekauft hat.

ℹ *Quand* **un autre** *remplace le nom, on traduit par* ***noch einen/eine/eins***.

3 ▷ C'est un autre chemin pour sortir de ce bois.
Das ist ein anderer Weg, um aus dem Wald rauszukommen.

3 Quand **un autre** veut dire **un différent**, on traduit par **ein anderer/eine andere/ein anderes**.

4 ▷ Il y a d'autres Français dans l'hôtel.
Es sind noch andere Franzosen im Hotel.
▷ Ce n'est pas la seule piscine, il y en a d'autres.
Das ist nicht das einzige Schwimmbad, es gibt noch andere.

4 ► **d'autres** : andere

autrefois

▷ Mon grand-père dit qu'autrefois les enfants étaient plus polis.
Mein Großvater sagt, dass Kinder früher höflicher waren.

früher

autrement

1 ▷ Je vais essayer autrement.
Ich werde es anders versuchen.

2 ▷ Arrête, autrement je le dis au prof !
Hör auf, sonst sag ich es dem Lehrer!

1 (= d'une manière différente) anders

2 (= sinon) sonst

Autriche

▷ L'Autriche est voisine de l'Allemagne.
Österreich grenzt an Deutschland.

Österreich
► **l'Autriche** : Österreich

ℹ *Ne prend l'article neutre que précédé d'un adjectif :* ***das schöpferische Österreich*** (l'Autriche créative).

▷ Mes cousins sont en Autriche depuis deux mois.
Meine Cousins sind seit zwei Monaten in Österreich.
▷ Je vais bientôt en Autriche.
Ich fahre bald nach Österreich.
▷ Nous sommes déjà allés en Autriche l'année dernière.
Wir waren letztes Jahr schon in Österreich.

► **en Autriche** (= dans le pays) : in Österreich

► **en Autriche** (= vers le pays) : nach Österreich

Attention : pour dire que quelqu'un **est déjà allé quelque part**, *on emploie une expression avec le prétérit du verbe* ***sein*** + ***schon***.

autrichien, autrichienne

1 ▷ Nous avons goûté des spécialités autrichiennes.
Wir haben österreichische Spezialitäten probiert.

1 (adjectif) **österreichisch**

2 ▷ Les Autrichiens parlent allemand.
Die Österreicher sprechen Deutsch.

2 (= personne) der **Österreicher** (pluriel : Österreicher), die **Österreicherin** (pluriel : Österreicherinnen)

autruche

▷ J'ai visité un élevage d'autruches.
Ich habe eine Straußenzucht besichtigt.

der **Strauß** (pluriel : Strauße)

Attention à ne pas confondre avec der Strauß = **bouquet** *dont le pluriel est* **Sträuße**.

▷ Ne fais pas l'autruche !
Steck doch den Kopf nicht in den Sand!

► **faire l'autruche : den Kopf in den Sand stecken**

Cette expression signifie « mettre la tête dans le sable ».

avalanche

▷ Plusieurs skieurs sont morts dans une avalanche.
Mehrere Skifahrer sind in einer Lawine umgekommen.

die **Lawine** (pluriel : Lawinen)

avaler

1 ▷ Avale ton cachet.
Schluck deine Pille.
▷ J'ai avalé une mouche !
Ich habe eine Fliege verschluckt!

1 **schlucken**

(par mégarde) **verschlucken**

Les verbes commençant par le préfixe **ver-** *ne prennent pas* **ge-** *au participe passé.*

2 ▷ Juliette n'a rien avalé depuis deux jours.
Juliette hat seit zwei Tagen nichts gegessen.

2 (= manger) **essen** (isst, aß, gegessen)

avance

1 ▷ L'équipe de Gerhard avait de l'avance sur nous.
Gerhards Team hatte einen Vorsprung vor uns.

1 ► **avoir de l'avance sur** quelqu'un (dans un concours ou une compétition) : **einen Vorsprung vor** jemandem **haben**

2 ▷ Tu as vingt minutes d'avance *ou* tu es en avance de vingt minutes.
Du bist zwanzig Minuten zu früh da.

2 ► **avoir dix minutes d'avance** *ou* **être en avance de dix minutes : zehn Minuten zu früh da sein**

avancer

1 ▷ Avance un peu, je ne t'entends pas très bien.
Komm etwas näher, ich höre dich nicht gut.

1 (= se déplacer en avant) **näher kommen**

ℹ *näher•kommen est un verbe à particule séparable et se conjugue comme kommen (kam, gekommen).*

2 ▷ Mes devoirs avancent bien.
Meine Hausaufgaben kommen gut voran.

2 (= progresser) **vorankommen**

ℹ *voran•kommen est un verbe à particule séparable et se conjugue comme kommen (kam, gekommen).*

3 ▷ Ta montre avance.
Deine Uhr geht vor.

3 (en parlant d'une montre qui avance) **vorgehen**

ℹ *vor•gehen est un verbe à particule séparable et se conjugue comme gehen (ging, gegangen).*

4 ▷ Avancez votre chaise, vous verrez mieux.
Rücken Sie Ihren Stuhl näher, dann sehen Sie besser.

4 (= avancer un objet) **näher rücken**

5 ▷ Le directeur a avancé la date de l'excursion.
Der Schulleiter hat das Datum für den Ausflug vorverlegt.

5 (= avancer une date) **vorverlegen**

ℹ *vor•verlegen est un verbe à particule séparable.*

6 ▷ Si nous nous avançons, nous entendrons mieux.
Wenn wir näher kommen, hören wir besser.

6 ► **s'avancer** : **näher kommen**

avant

1 ▷ Élodie a fini son devoir avant tous les autres.
Élodie war vor allen andern mit ihrer Übung fertig.

1 (dans le temps) **vor** + datif

2 ▷ Allons-y, mais, avant, nous devons faire des courses.
Gehen wir, aber zuerst müssen wir noch einkaufen.

2 (= d'abord) **zuerst**

3 ▷ N'oublie pas d'enlever tes bottes avant d'entrer.
Vergiss nicht, die Stiefel auszuziehen, bevor du reinkommst.

3 ► **avant de faire** quelque chose : **bevor** + sujet + présent de l'indicatif

4 ▷ Je dois montrer quelque chose à Vincent avant qu'il ne parte.
Ich muss Vincent noch etwas zeigen, bevor er geht.

4 ► **avant que** + sujet + **ne** + subjonctif : **bevor** + sujet + présent de l'indicatif

5 ▷ L'avant de la commode est abîmé
Das Vorderteil des Kommode ist beschädigt.

5 (= l'avant de quelque chose) **das Vorderteil** (pluriel : **Vorderteile**)

6 ▷ Asseyez-vous à l'avant.
Setzt euch vorne hin.

6 ► **à l'avant** : **vorne**

7 ▷ Ne te penche pas en avant, tu vas tomber.
Beug dich nicht so vor, du wirst fallen.

7 ► verbe + **en avant** : vor- + verbe

8 ▷ Les sièges avant sont sales.
Die Vordersitze sind schmutzig.

8 ► **siège avant** : der Vordersitz (pluriel : Vordersitze)

avantage

▷ La vie à la campagne a beaucoup d'avantages.
Das Landleben hat viele Vorteile.

der **Vorteil** (pluriel : Vorteile)

avant-hier

▷ J'ai appelé François avant-hier, mais il n'était pas chez lui.
Ich habe François vorgestern angerufen, aber er war nicht zuhause.

vorgestern

avec

1 ▷ Martin est venu avec ses grands-parents.
Martin kam mit seinen Großeltern.
▷ Coupe la ficelle avec les ciseaux.
Schneide die Schnur mit der Schere durch.

1 La traduction la plus courante de avec est **mit** + datif.

2 ▷ La famille de ma correspondante est très gentille avec moi.
Die Familie meiner Brieffreundin ist sehr nett zu mir.

2 (= envers) **zu** + datif

3 ▷ Avec lui, on n'est jamais sûr.
Bei ihm ist man nie sicher.

3 (= en ce qui concerne) **bei** + datif

avenir

▷ Comment vois-tu ton avenir ?
Wie siehst du deine Zukunft?

die **Zukunft**

aventure

▷ Sophie nous a raconté ses aventures en Écosse.
Sophie hat uns ihre Abenteuer in Schottland erzählt.
▷ Nous sommes allés voir un film d'aventures.
Wir haben einen Abenteuerfilm gesehen.

das **Abenteuer** (pluriel : Abenteuer)

► **film d'aventures** : der Abenteuerfilm (pluriel : -filme)

avenue

▷ Les Becker habitent sur une grande avenue.
Beckers wohnen in einer großen Avenue.

die **Avenue** (pluriel : Avenues)

Se prononce comme en français.

avertir

1 ▷ Personne ne m'a averti que la fête était annulée.
Niemand hat mir Bescheid gesagt, dass die Party abgesagt war.

1 ► **avertir** quelqu'un (= prévenir) : jemandem (datif) **Bescheid sagen**

2 ▷ Je t'avertis, si tu n'arrêtes pas, je me fâche !
Ich warne dich, wenn du nicht aufhörst, werde ich böse!

2 ► **avertir** quelqu'un (pour menacer) **:** jemanden (accusatif) **warnen**

aveugle

1 ▷ Ma voisine est aveugle.
Meine Nachbarin ist blind.

2 ▷ Près de chez nous, il y a une école pour aveugles.
In unserer Nachbarschaft ist eine Blindenschule.

1 (adjectif) **blind**

2 (= personne) der/die **Blinde** (pluriel : Blinden)

ℹ *C'est un adjectif substantivé : on dit* ***ein Blinder****.*

avion

▷ J'aime bien regarder les avions décoller.
Ich seh gern den Flugzeugen beim Abheben zu.

▷ Sandra a pris l'avion pour la première fois.
Sandra ist zum ersten Mal geflogen.

▷ Nous irons à Munich en avion.
Wir werden nach München fliegen.

das **Flugzeug** (pluriel : Flugzeuge)

► **prendre l'avion, aller en avion :** fliegen

ℹ ***fliegen*** *veut dire* **voler** *: il n'est pas nécessaire de préciser* ***mit dem Flugzeug****.*

avis

▷ Je ne t'ai pas demandé ton avis !
Ich habe dich nicht nach deiner Meinung gefragt!

▷ À mon avis, c'est la faute de Caro.
Meiner Meinung nach ist Caro schuld.

die **Meinung** (pluriel : Meinungen)

► **à mon avis :** meiner Meinung nach **; à ton avis :** deiner Meinung nach **; à notre avis :** unserer Meinung nach

avocat, avocate

▷ La mère de Léo est avocate.
Léos Mutter ist Rechtsanwältin.

(= la personne) der **Rechtsanwalt** (pluriel : -anwälte), die **Rechtsanwältin** (pluriel : -anwältinnen)

avocat

▷ Je prépare une salade d'avocat et de pamplemousse.
Ich mache einen Salat mit Avocado und Grapefruit.

(= le fruit) die **Avocado** (pluriel : Avocados)

avoir

1 ▷ J'ai un frère et une sœur.
Ich habe einen Bruder und eine Schwester.

1 (= au sens de posséder) **haben** (hat, hatte, gehabt)

▷ Tania n'a pas de console de jeux chez elle.
Tania hat keine Spielkonsole zuhause.

ℹ *À la forme négative, on utilise le pronom indéfini **kein/keine** + nom.*

2 ▷ Raoul avait un pantalon noir et un T-shirt rouge.
Raoul hatte eine schwarze Hose und ein rotes T-Shirt an.

2 (= au sens de porter) **anhaben**

ℹ ***an•haben** est un verbe à particule séparable et se conjugue comme **haben**.*

3 ▷ La prof d'anglais a à peu près trente ans.
Die Englischlehrerin ist ungefähr dreißig.

3 Pour dire l'âge, on utilise le verbe **sein** suivi du nombre d'années.

ℹ *On peut aussi dire : **Sie ist dreißig Jahre alt.***

4 ▷ Nous avons eu des places pour le concert.
Wir haben Karten für das Konzert bekommen.

4 (= au sens d'obtenir) **bekommen** (bekam, bekommen)

ℹ *Les verbes allemands commençant par le préfixe **be-** ne prennent pas **ge-** au participe passé.*

5 ▷ Ma sœur a eu son permis de conduire.
Meine Schwester hat ihre Fahrprüfung bestanden.

5 (= au sens de réussir) **bestehen** (bestand, bestanden)

6 ▷ Mes parents ont acheté la maison en 1988.
Meine Eltern haben das Haus 1988 gekauft.
▷ J'ai marché pendant trois heures.
Ich bin drei Stunden lang gelaufen.

6 Lorsque **avoir** est auxiliaire et qu'il sert à former le passé composé, l'allemand suit la forme française soit avec **haben** + participe passé, soit avec **sein** + participe passé.

avril

▷ Parfois, il neige encore en avril.
Manchmal schneit es noch im April.
▷ Raphaël est né le treize avril.
Raphaël wurde am dreizehnten April geboren.

der **April**

► **en avril** *ou* **au mois d'avril : im April**

ℹ *On écrit **am 13. April.***

B

FRANÇAIS — ALLEMAND

bac

1 ▷ Le frère de Samir a eu son bac.
Samis Bruder hat sein Abi geschafft.

1 (= examen) das **Abi** (pluriel rare : Abis)

ℹ *Abi est l'abréviation familière du mot allemand Abitur. On l'emploie de la même façon que bac en français.*

▷ Je vais passer le bac cette année.
Ich mache dieses Jahr Abi.

► **passer le bac : Abi machen**

ℹ *Dans l'expression allemande, on omet souvent l'article neutre.*

2 ▷ Nous avons pris le bac pour traverser le fleuve.
Wir haben die Fähre über den Fluss genommen.

2 (= bateau) die **Fähre** (pluriel : Fähren)

baccalauréat

▷ Sophie a eu son baccalauréat.
Sophie hat ihr Abitur geschafft.

das **Abitur** (pluriel rare : Abiture)

L'équivalent en allemand du baccalauréat est le Abitur, qui s'obtient après treize années de scolarité (contre douze en France).

▷ Je vais passer le baccalauréat cette année.
Ich mache dieses Jahr Abitur.

► **passer le baccalauréat : Abitur machen**

ℹ *Dans l'expression allemande, on omet souvent l'article neutre.*

badminton

1 ▷ Viens jouer au badminton !
Komm Federball spielen!

1 (quand on joue en famille, entre amis) **Federball**

► **jouer au badminton : Federball spielen**

2 ▷ Romain joue au badminton tous les samedis.
Romain spielt jeden Samstag Badminton.

2 (= le sport) **Badminton** /'bætmɪntən/

ℹ *Ces mots s'emploient uniquement au singulier. On ne met pas d'article.*

baffe

▷ Si tu n'arrêtes pas, je te donne une baffe !
Wenn du nicht aufhörst, kriegst du eine Ohrfeige!

die **Ohrfeige** (pluriel : Ohrfeigen)

i **Baffe** *est familier,* ***Ohrfeige*** *ne l'est pas.*

bagages

▷ Martin a beaucoup de bagages.
Martin hat viel Gepäck.

das **Gepäck**

i *Ce mot s'emploie uniquement au singulier. Pour dénombrer, on dit* ***Gepäckstücke*** **(pièces de bagages)**.

bagarre

▷ Il y a eu une bagarre dans la cour de l'école.
Im Schulhof gab es eine Rauferei.

die **Rauferei** (pluriel : Raufereien)

se bagarrer

▷ Abdul et Rémi se bagarrent souvent.
Abdul und Rémi raufen sich oft.

▷ Abdul s'est bagarré avec Rémi.
Abdul hat sich mit Rémi gerauft.

▷ Vous vous êtes encore bagarrés !
Ihr habt euch schon wieder gerauft!

sich raufen

► **se bagarrer avec** quelqu'un **:** **sich mit** jemandem (datif) **raufen**

i *Le pronom personnel allemand s'emploie à l'accusatif : ich raufe* ***mich*** *mit..., du raufst* ***dich*** *mit..., er/sie rauft* ***sich*** *mit..., wir raufen* ***uns*** *mit..., ihr rauft* ***euch*** *mit..., sie raufen* ***sich*** *mit...*

bagnole

▷ Le directeur a une vieille bagnole bleue.
Der Schulleiter hat eine alte blaue Karre.

die **Karre** (pluriel : Karren)

i *Tout comme* **bagnole**, ***Karre*** *est familier.*

bague

▷ Quelle jolie bague ! Elle est à toi ?
Was für ein schöner Ring! Gehört er dir?

der **Ring** (pluriel : Ringe)

baguette

▷ Une baguette et deux croissants, s'il vous plaît.
Eine Baguette und zwei Croissants, bitte.

die **Baguette** (pluriel : Baguettes)

🔊 *Se prononce comme en français.*

baie

1 ▷ Notre hôtel est tout près de la baie.
Unser Hotel ist ganz in der Nähe der Bucht.

2 ▷ Ils ont une baie vitrée dans leur salon.
Sie haben ein großes Fenster in ihrem Wohnzimmer.

1 (= partie de la côte) die **Bucht** (pluriel : Buchten)

2 ► **baie vitrée :** das **große Fenster**

se baigner

▷ L'eau était bonne, nous nous sommes baignés.
Das Wasser war ganz warm, wir haben gebadet.

baden

ℹ *Le verbe pronominal en français se traduit par un verbe intransitif en allemand.*

baignoire

▷ Ma petite sœur reste dans la baignoire pendant au moins une heure !
Meine kleine Schwester bleibt mindestens eine Stunde in der Badewanne!

die **Badewanne**
(pluriel : –wannen)

bâiller

▷ Tu bâilles beaucoup, tu es fatigué ?
Du gähnst so viel, bist du müde?

gähnen

bain

1 ▷ Tu as le temps de prendre un bain.
Du hast Zeit, ein Bad zu nehmen.

1 ► **prendre un bain :** ein Bad nehmen (nimmt, nahm, genommen)

ℹ *On dit aussi* ***baden****.*

▷ J'utilise du bain moussant.
Ich benütze Schaumbad.

► **bain moussant :** das Schaumbad

2 ▷ Combien de temps comptes-tu rester dans la salle de bains ?
Wie lange willst du denn im Badezimmer bleiben?

2 ► **salle de bains :** das Badezimmer (pluriel : –zimmer)

baiser

▷ Donne-moi un baiser.
Gib mir einen Kuss.

der **Kuss** (pluriel : Küsse)

Attention : ***Baiser*** *en allemand signifie* **meringue.**

baisse

▷ À cause de la baisse du nombre d'élèves, une classe a été supprimée.
Aufgrund des Sinkens der Schüleranzahl wurde eine Klasse gestrichen.

▷ Le nombre de fumeurs est en baisse.
Die Zahl der Raucher sinkt.

das **Sinken**

ℹ ***Sinken*** *est un verbe substantivé et ne s'emploie qu'au singulier.*

► **être en baisse :** sinken (sank, gesunken)

baisser

1 ▷ Baisse la vitre, s'il te plaît.
Lass bitte das Fenster herunter.

1 (= baisser une vitre, un store)
herunterlassen

ℹ ***herunter•lassen*** *est un verbe à particule séparable et se conjugue comme* ***lassen*** *(lässt, ließ, gelassen).*

2 ▷ Peter ne veut pas baisser le son de la radio.
Peter will das Radio nicht leiser stellen.

3 ▷ Le prix des billets de cinéma a baissé.
Der Preis für Kinokarten ist gesunken.

4 ▷ Barbara s'est baissée pour ramasser son livre.
Barbara hat sich gebückt, um ihr Buch aufzuheben.

2 (= baisser le son, la télé, la radio) **leiser stellen**

3 (= diminuer) **sinken** (sank, gesunken)

4 ► **se baisser : sich bücken**

ℹ *Le pronom personnel allemand s'emploie à l'accusatif : ich bücke* ***mich****, du bückst* ***dich****, er/sie bückt* ***sich****, wir bücken* ***uns****, ihr bückt* ***euch****, sie bücken* ***sich****.*

bal

▷ Toute la famille est allée au bal de la Saint-Sylvestre.
Die ganze Familie ist zum Sylvesterball gegangen.

▷ Samedi, je vais à un bal costumé
Am Samstag gehe ich auf einen Kostümball.

der **Ball** (pluriel : Bälle)

► **bal costumé : Kostümball**

balade

▷ Nous faisons une balade tous les après-midi.
Jeden Nachmittag machen wir einen Spaziergang.

▷ Ils ont fait une balade en voiture.
Sie haben eine Spazierfahrt gemacht.

(à pied) der **Spaziergang** (pluriel : -gänge)

(en voiture) die **Spazierfahrt** (pluriel : -fahrten)

se balader

▷ Nous allons nous balader ce matin.
Wir gehen heute Morgen spazieren.

▷ Elle aime bien se balader en voiture.
Sie fährt gerne spazieren.

(à pied) **spazieren gehen** (ging, gegangen)

(en voiture) **spazieren fahren** (fährt, fuhr, gefahren)

baladeur

▷ Je voudrais un baladeur pour Noël.
Zu Weihnachten wünsche ich mir einen Walkman.

der **Walkman**® /'wɔ:kmən/ (pluriel : Walkmen)

ℹ *Le ® indique que* ***Walkman*** *est un nom déposé. Vous n'avez pas besoin de l'écrire.*

balai

▷ Où est-ce que tu as rangé le balai ?
Wo hast du den Besen hingeräumt?

der **Besen** (pluriel : Besen)

balance

▷ Cette balance ne marche pas bien, je ne pèse pas cinquante kilos !
Diese Waage funktioniert nicht richtig, ich wiege doch nicht fünfzig Kilo!

die **Waage** (pluriel : Waagen)

se balancer

▷ L'acrobate se balançait au-dessus de nos têtes.
Der Akrobat schaukelte über unseren Köpfen.

schaukeln

ℹ *Le verbe pronominal en français se traduit par un verbe intransitif en allemand.*

balançoire

▷ Il y a des balançoires dans le parc.
Im Park stehen Schaukeln.

die **Schaukel** (pluriel : Schaukeln)

balayer

▷ Marie m'a demandé de balayer la cuisine.
Marie hat mich gebeten, die Küche zu fegen.

fegen

balcon

▷ Léa est sur le balcon, elle arrose les plantes.
Léa ist auf dem Balkon, sie gießt die Pflanzen.

der **Balkon** (pluriel : Balkons *ou* Balkone)

baleine

▷ Quand nous étions au Canada, nous avons vu des baleines.
Als wir in Kanada waren, haben wir Wale gesehen.

der **Wal** (pluriel : Wale)
► **baleine bleue :** der Blauwal

balle

1 ▷ Lance-moi la balle !
Wirf mir den Ball zu!

2 ▷ Il enlève les balles de son revolver.
Er nimmt die Kugeln aus seinem Revolver.

1 (sport, jeux) der **Ball** (pluriel : Bälle)

2 (pour une arme) die **Kugel** (pluriel : Kugeln)

ballon

1 ▷ Passe-moi le ballon !
Gib mir den Ball ab!
▷ Ce n'est pas un ballon de volley, c'est un ballon de foot.
Das ist kein Volleyball, das ist ein Fußball.

2 ▷ Léo avait décoré la salle avec des ballons pour la fête.
Für die Party hatte Léo den Saal mit Luftballons verziehrt.

1 (pour jouer) der **Ball** (pluriel : Bälle)

ℹ *Pour dire de quel genre de ballon il s'agit, on forme des mots composés avec Ball : Basketball* (ballon de basket), *Rugbyball* (ballon de rugby), *etc.*

2 (pour décorer) der **Luftballon** (pluriel : Luftballons)

▷ Nous avons fait un voyage en ballon.
Wir sind mit einem Heißluftballon geflogen.

(= montgolfière) der **Heißluftballon**

banane

1 ▷ Un kilo de bananes, s'il vous plaît.
Ein Kilo Bananen, bitte.

1 (= fruit) die **Banane** (pluriel : Bananen)

2 ▷ Quand je voyage, je mets mon argent dans une banane.
Wenn ich reise, stecke ich mein Geld in eine Gürteltasche.

2 (= sac qu'on porte à la taille) die **Gürteltasche** (pluriel : -taschen)

banc

▷ Assieds-toi sur ce banc si tu es fatigué.
Setz dich doch auf diese Bank, wenn du müde bist.

die **Bank** (pluriel : Bänke)

Attention à ne pas confondre avec ***Bank*** **(= banque)** *dont le pluriel est Banken.*

bande

1 ▷ Ils sont toute une bande à l'attendre à la sortie de l'école.
Eine ganze Bande wartet auf ihn nach der Schule.

1 (= groupe) die **Bande** (pluriel : Banden)

2 ▷ Nous sommes une sacrée bande de copains.
Wir sind eine ganz schöne Clique.

2 (= groupe d'amis) die **Clique** /'klɪkə/ (pluriel : Cliquen)

Notez la prononciation.

3 ▷ Le médecin a mis une bande autour de ma cheville.
Der Arzt hat mir eine Binde um den Knöchel gewickelt.

3 (= pansement) die **Binde** (pluriel : Binden)

4 ▷ Dorothée a un pull bleu avec des bandes blanches.
Dorothée hat einen blauen Pulli mit weißen Streifen.

4 (= raie) der **Streifen** (pluriel : Streifen)

5 ▷ « Tintin » est une célèbre bande dessinée.
„Tim und Struppi" ist ein berühmter Comic.

5 ► **bande dessinée :** der Comic (pluriel : Comics)

bandeau

1 ▷ Lola porte un bandeau rose.
Lola trägt ein rosa Haarband.

1 (pour faire joli) das **Haarband** (pluriel : -bänder)

2 ▷ Quand je joue au tennis, je porte un bandeau.
Zum Tennisspielen trage ich ein Stirnband.

2 (pour le sport) das **Stirnband** (pluriel : -bänder)

bandit

1 ▷ C'est un jeu vidéo avec des bandits et des policiers.
Es ist ein Videospiel mit Verbrechern und Polizisten.

2 ▷ Je vais t'attraper, petit bandit !
Ich fang dich gleich, du kleiner Schlingel!

1 (= malfaiteur) der **Verbrecher** (pluriel : Verbrecher)

2 ► **petit bandit !** (= enfant) : kleiner Schlingel!

banlieue

▷ Ce train dessert la banlieue sud de Paris.
Dieser Zug bedient die südlichen Vororte von Paris.

▷ Georges habite en banlieue parisienne.
Georges wohnt in einem Vorort von Paris.

► **la banlieue :** die Vororte

Ce mot est un pluriel.

► **en banlieue :** in einem Vorort

banque

▷ Le père de Djamila travaille dans une banque.
Djamilas Vater arbeitet in einer Bank.

die **Bank** (pluriel : Banken)

Attention à ne pas confondre avec **Bank** (= banc) *dont le pluriel est Bänke.*

banquette

▷ L'homme était allongé sur la banquette arrière de la voiture.
Der Mann lag auf dem Rücksitz des Autos.

der **Sitz** (pluriel : Sitze)

baptême

▷ Dimanche a lieu le baptême de mon cousin.
Sonntag findet die Taufe meines Cousins statt.

die **Taufe** (pluriel : Taufen)

bar

▷ On se retrouvera devant le bar.
Wir treffen uns vor der Bar.

die **Bar** (pluriel : Bars)

barbe

▷ Mon grand-père a une barbe grise.
Mein Großvater hat einen grauen Bart.

der **Bart** (pluriel : Bärte)

barque

▷ Ces barques sont à louer.
Diese Boote kann man mieten.

▷ Voulez-vous faire de la barque sur la rivière ?
Wollt ihr auf dem Fluss Boot fahren?

das **Boot** (pluriel : Boote)

► **faire de la barque :** Boot fahren (fährt, fuhr, gefahren)

barrage

1 ▷ Nous avons visité le barrage sur la rivière.
Wir haben den Staudamm über den Fluss besichtigt.

2 ▷ La police a établi un barrage.
Die Polizei hat eine Straßensperre errichtet.

1 (sur une rivière) der **Staudamm** (pluriel : -dämme)

2 (sur une route) die **Straßensperre** (pluriel : -sperren)

barre

1 ▷ L'homme les a attaqués avec une barre de fer.
Der Mann hat sie mit einer Eisenstange angegriffen.

2 ▷ On se partage une barre chocolatée ?
Teilen wir uns einen Schokoladenriegel?

1 die **Stange** (pluriel : Stangen)
ℹ *Notez les substantifs composés :* ***Holzstange*** **(barre de bois)**, ***Metallstange*** **(barre métallique)**, *etc.*

2 ► **barre chocolatée :** der Schokoladenriegel (pluriel : -riegel)

barrer

▷ Barre ton nom si tu ne veux pas être sur la liste.
Streich deinen Namen durch, wenn du nicht auf der Liste stehen willst.

(= rayer) **durchstreichen**
ℹ ***durch•streichen*** *est un verbe à particule séparable et se conjugue comme* ***streichen*** *(strich, gestrichen).*

barrette

▷ J'ai perdu ma barrette au cinéma.
Ich habe meine Haarspange im Kino verloren.

die **Haarspange** (pluriel : Haarspangen)

barrière

1 ▷ Une barrière sécurise le passage à niveau.
Eine Schranke sichert den Bahnübergang.

2 ▷ Il y a une barrière autour du pré.
Um die Weide steht ein Zaun.

1 (qui se lève et se descend) die **Schranke** (pluriel : Schranken)

2 (pour empêcher les animaux de sortir) der **Zaun** (pluriel : Zäune)

bas, basse

1 ▷ Tu peux sauter du mur, il est assez bas.
Du kannst von der Mauer springen, sie ist ziemlich niedrig.
▷ Les prix sont bas ici.
Die Preise sind niedrig hier.

2 ▷ Elle parle toujours tout bas.
Sie redet immer ganz leise.

3 ▷ Le bas de mon pantalon est mouillé.
Der untere Teil meiner Hose ist nass.

4 ▷ Le salon est en bas.
Das Wohnzimmer ist unten.

5 ▷ Je t'attendrai en bas de l'escalier.
Ich warte unten an der Treppe auf dich.

1 (= le contraire de haut) (en parlant d'un mur, d'une altitude, d'un prix) **niedrig**

2 (= doucement) **leise**

3 ► **le bas :** der untere Teil

4 ► **en bas** (= à l'étage du dessous) **:** unten

5 ► **en bas de :** unten an + datif

6 ▻ Maman porte souvent des bas noirs.
Mama trägt oft schwarze Strümpfe.

6 (= bas qu'on porte aux jambes) der **Strumpf** (pluriel : Strümpfe)

Strumpf signifie aussi chaussette.

basculer

▻ Tout d'un coup, Jérémie a basculé dans l'eau.
Plötzlich ist Jérémie ins Wasser gekippt.

(= tomber) **kippen**

basket

1 ▻ Le basket est mon sport préféré.
Basketball ist mein Lieblingssport.

1 ► **le basket** (= sport) **:** der **Basketball**

***Basketball** n'est dénombrable que dans le sens* ballon de basket.

▻ Zoé joue au basket dans l'équipe de l'école.
Zoé spielt in der Schulmannschaft Basketball.

► **jouer au basket : Basketball spielen**

2 ▻ Tes baskets sont super !
Deine Turnschuhe sind toll!

2 ► **des baskets** (= des chaussures) **: Turnschuhe**

3 ▻ Lâche-moi les baskets !
Lass mich in Ruhe!

3 ► **lâcher les baskets à quelqu'un : jemanden** (accusatif) **in Ruhe lassen** (lässt, ließ,gelassen)

bassin

1 ▻ Il y a un grand bassin au milieu du parc.
In der Mitte des Parks liegt ein großes Bassin.

1 (= lac) das **Bassin** (pluriel : Bassins)

Se prononce comme en français.

2 ▻ La piscine a un grand et un petit bassin.
Das Schwimmbad hat ein großes und ein kleines Becken.

2 (à la piscine) das **Becken** (pluriel : Becken)

bataille

▻ La France a gagné la bataille.
Frankreich hat die Schlacht gewonnen.
▻ Nous avons fait une bataille de boules de neige.
Wir haben eine Schneeballschlacht gemacht.

(= combat) die **Schlacht** (pluriel : Schlachten)

bateau

1 ▻ Le port est plein de bateaux.
Der Hafen ist voller Schiffe.

1 (= navire) das **Schiff** (pluriel : Schiffe)

2 ▻ Laura veut faire du bateau ce week-end.
Laura will dieses Wochenende Boot fahren.

2 (= bateau plus petit) das **Boot** (pluriel : Boote)

► **faire du bateau : Boot fahren** (fährt, fuhr, gefahren)

3 ▷ Il nous a menés en bateau.
Er hat uns auf den Arm genommen.

3 ► **mener** quelqu'un **en bateau :** jemanden (accusatif) **auf den Arm nehmen** (nimmt, nahm, genommen)

ℹ *Littéralement, cette expression signifie* **prendre quelqu'un sur le bras.**

bâtiment

▷ Ce bâtiment est vraiment très laid.
Dieses Gebäude ist wirklich sehr hässlich.

das **Gebäude** (pluriel : Gebäude)

bâtir

▷ La nouvelle école a été bâtie en un an.
Die neue Schule wurde in einem Jahr gebaut.

bauen

bâton

1 ▷ Le fermier porte un grand bâton.
Der Bauer trägt einen großen Stock.

2 ▷ J'ai besoin d'un nouveau bâton de colle.
Ich brauche einen neuen Klebestift.

1 (= canne) der **Stock** (pluriel : Stöcke)

2 (= stick) der **Stift** (pluriel : Stifte)

batterie

1 ▷ À la batterie, Frank !
Am Schlagzeug, Frank!
▷ Martin joue de la batterie.
Martin spielt Schlagzeug.

2 ▷ Ma voiture a un problème de batterie.
Mein Auto hat ein Batterieproblem.

1 das **Schlagzeug** (pluriel : Schlagzeuge)
► **jouer de la batterie :** Schlagzeug spielen

2 (d'une voiture ou d'un téléphone portable) die **Batterie** (pluriel : Batterien)

battre

1 ▷ Je déteste les gens qui battent leur chien.
Ich hasse Leute, die ihren Hund schlagen.
▷ L'équipe de Lucien nous a battus.
Luciens Mannschaft hat uns geschlagen.

2 ▷ Julien et Lisa se battent tout le temps !
Julien und Lisa prügeln sich dauernd!

1 (= frapper, vaincre) **schlagen** (schlägt, schlug, geschlagen)

2 ► **se battre :** sich prügeln

bavard, bavarde

▷ Rebecca est très bavarde.
Rebecca ist sehr geschwätzig.

geschwätzig

bavarder

▷ Kevin et Julie bavardent tout le temps en classe.
Kevin und Julie schwatzen die ganze Zeit im Unterricht.

schwatzen

Dans le sud de l'Allemagne, on dit ***schwätzen***.

Bavière

▷ Munich est la plus grande ville de la Bavière.
München ist die größte Stadt Bayerns.

▷ Ses parents ont vécu en Bavière.
Seine Eltern haben in Bayern gelebt.

▷ Nous allons en Bavière.
Wir fahren nach Bayern.

▷ Es-tu déjà allé en Bavière ?
Warst du schon in Bayern?

Bayern

► **la Bavière :** Bayern

ℹ *Ne prend l'article neutre que précédé d'un adjectif : **das touristische Bayern*** (la Bavière touristique).

► **en Bavière** (= dans la région) **:** in Bayern

► **en Bavière** (= vers la région) **:** nach Bayern

Attention : pour dire que quelqu'un **est déjà allé quelque part**, *on emploie une expression avec le prétérit du verbe **sein + schon**.*

bazar

▷ Quel bazar dans cette chambre !
Was für ein Durcheinander in diesem Zimmer!

das **Durcheinander**

ℹ *On peut dire aussi **das Chaos**.*

BD

▷ Tu peux me prêter tes BD ?
Kannst du mir deine Comics leihen?

der **Comic** (pluriel : Comics)

beau, bel, belle

1 ▷ Je trouve ce tableau très beau.
Ich finde dieses Gemälde sehr schön.

▷ Il fait beau aujourd'hui.
Heute ist schönes Wetter.

2 ▷ Bruno est un bel homme.
Bruno ist ein gut aussehender Mann.

1 (en parlant d'un bébé, d'un objet, du temps) **schön**

► **il fait beau :** es ist schönes Wetter

ℹ *On dit aussi **es ist schön**.*

2 (en parlant d'une personne) **gut aussehend**

beaucoup

▷ Jasmine travaille beaucoup.
Jasmine arbeitet viel.

▷ Tu ne manges pas beaucoup, tu es malade ?
Du isst nicht viel, bist du krank?

▷ Il y a beaucoup de garçons dans ma classe.
In meiner Klasse sind viele Jungen.

▷ Merci beaucoup pour les fleurs.
Vielen Dank für die Blumen.

viel

ℹ *On peut dire aussi **du isst so wenig**.*

► **beaucoup de** + substantif **:** viele + substantif

► **merci beaucoup :** vielen Dank

beau-père

1 ▷ Marina habite avec sa mère et son beau-père.
Marina lebt mit ihrer Mutter und ihrem Stiefvater.

2 ▷ Ma grande sœur s'entend très bien avec son beau-père.
Meine große Schwester versteht sich sehr gut mit ihrem Schwiegervater.

1 (= le mari de la mère) der **Stiefvater** (pluriel : -väter)

2 (= le père du mari ou de la femme) der **Schwiegervater** (pluriel : -väter)

beauté

1 ▷ Cléopâtre était célèbre pour sa beauté.
Kleopatra war berühmt für ihre Schönheit.

2 ▷ Elle a terminé son année en beauté.
Sie hat ihr Jahr glänzend abgeschlossen.

1 (d'une personne, d'une chose) die **Schönheit** (pluriel : Schönheiten)

2 ► **faire** quelque chose **en beauté :** etwas **glänzend tun**

bébé

▷ Mon petit frère est encore un bébé.
Mein kleiner Bruder ist noch ein Baby.

das **Baby** /'be:bi/ (pluriel : Babys)

Notez la prononciation.

bec

▷ La cigogne a un long bec.
Der Storch hat einen langen Schnabel.

der **Schnabel** (pluriel : Schnäbel)

bégayer

▷ C'est méchant de rire quand quelqu'un bégaye.
Es ist gemein zu lachen, wenn jemand stottert.

stottern

beige

▷ Marc portait un pantalon beige.
Marc trug eine beige Hose.

▷ Le beige ne me va pas.
Beige steht mir nicht.

beige /be:ʃ/ ou /'be:ʒə/

Notez la prononciation.

► **le beige** (= la couleur beige) **:** Beige

Beige prend rarement l'article neutre.

beignet

▷ Papa nous a acheté des beignets.
Papa hat uns warme Krapfen gekauft.

der **Krapfen** (pluriel : Krapfen)

belge

1 ▷ J'adore les chocolats belges.
Ich liebe belgische Pralinen.

2 ▷ Je connais plusieurs Belges.
Ich kenne mehrere Belgier.

1 (adjectif) **belgisch**

2 (=personne) der **Belgier** /'bɛlgiɐ/ (pluriel : Belgier), die **Belgierin** (pluriel : Belgierinnen)

Belgique

▻ La Belgique est voisine de la France.
Belgien grenzt an Frankreich.

Belgien

► **la Belgique** : Belgien /ˈbɛlgiən/

ℹ *Ne prend l'article neutre que précédé d'un adjectif :* ***das flämische Belgien*** (la Belgique flamande).

▻ Il n'y a pas de montagnes en Belgique.
In Belgien gibt es keine Berge.

▻ Maman est allée en Belgique pour son travail.
Mama ist geschäftlich nach Belgien gefahren.

▻ Es-tu déjà allé en Belgique ?
Warst du schon in Belgien?

► **en Belgique** (= dans le pays) : in Belgien

► **en Belgique** (= vers le pays) : nach Belgien

Attention : pour dire que quelqu'un **est déjà allé quelque part**, *on emploie une expression avec le prétérit du verbe* ***sein*** + ***schon***.

belle

Regardez le mot beau.

belle-mère

1 ▻ Coralie habite avec son père et sa belle-mère.
Coralie lebt mit ihrem Vater und ihrer Stiefmutter.

1 (= la femme du père) die **Stiefmutter** (pluriel : -mütter)

2 ▻ Mon frère s'entend bien avec sa belle-mère.
Mein Bruder versteht sich gut mit seiner Schwiegermutter.

2 (= la mère de la femme ou du mari) die **Schwiegermutter** (pluriel : -mütter)

béquille

▻ Après l'opération, j'avais besoin d'une béquille.
Nach der Operation brauchte ich eine Krücke.

▻ Marcel marche avec des béquilles.
Marcel geht an Krücken.

die **Krücke** (pluriel : Krücken)

► **marcher avec des béquilles** : an Krücken gehen (ging, gegangen)

berceau

▻ Le bébé dort dans son berceau.
Das Baby schläft in seiner Wiege.

die **Wiege** (pluriel : Wiegen)

berge

▻ Paul fait souvent du roller sur les berges de la Seine.
Paul läuft oft am Seine-Ufer Rollschuh.

das **Ufer** (pluriel : Ufer)

berger

▻ Mon oncle a été berger quand il était jeune.
Mein Onkel war Schäfer, als er jung war.

der **Schäfer** (pluriel : Schäfer), die **Schäferin** (pluriel : Schäferinnen)

berk !

▷ Berk ! Je déteste les épinards !
Bäh! Ich hasse Spinat!

bäh!
On dit aussi **igitt!** *ou* **igittigitt!**

besoin

1 ▷ J'ai besoin d'un nouveau maillot de bain pour la piscine.
Ich brauche einen neuen Badeanzug fürs Schwimmbad.

1 ► **avoir besoin de** quelque chose *ou* quelqu'un : etwas/jemanden brauchen

2 ▷ Tu n'avais pas besoin de crier comme ça.
Du musstest doch nicht so schreien.

2 ► **avoir besoin de faire** quelque chose : etwas **tun müssen** (muss, musste, gemusst)

bête

1 ▷ Il y a beaucoup de bêtes sauvages dans cette région.
Es gibt viele wilde Tiere in dieser Gegend.

1 (= animal) das **Tier** (pluriel : Tiere)

2 ▷ Elle doit toujours chercher la petite bête.
Sie muss immer ein Haar in der Suppe suchen.

2 ► **chercher la petite bête** : ein Haar in der Suppe suchen
Cette expression signifie **chercher un cheveu dans la soupe.**

3 ▷ Il est bête, celui-là, il ne comprend rien.
Der ist dumm, der versteht nichts.

3 (adjectif= idiot) **dumm** (plus bête, dümmer ; le plus bête, der dümmste)

bêtise

1 ▷ Arrête de dire des bêtises !
Hör auf, solchen Unsinn zu reden!

1 ► **dire des bêtises** : Unsinn reden

2 ▷ Léa et Paul ont encore fait des bêtises.
Léa und Paul haben wieder Dummheiten gemacht.

2 ► **faire une bêtise** : eine Dummheit machen ; **faire des bêtises** : Dummheiten machen

betterave

▷ Madame Moreau a fait une salade avec du concombre et des betteraves.
Frau Moreau hat einen Salat mit Gurke und roter Bete gemacht.

die **rote Bete**
Ce mot est le plus souvent employé au singulier.
On peut aussi écrire **rote Beete.**

beurk !

▷ Beurk ! Je déteste les betteraves !
Bäh! Ich hasse rote Bete!

bäh!
On dit aussi **igitt!** *ou* **igittigitt!**

beurre

▻ Voudrais-tu du beurre dans tes pâtes ?
Willst du Butter in deine Nudeln?

die **Butter**

ℹ *Comme en français, ce mot est indénombrable :* on ne dit pas ***eine Butter***.

bibliothèque

1 ▻ Je dois préparer mon exposé à la bibliothèque cet après-midi.
Ich muss heute Nachmittag in der Bücherei mein Referat vorbereiten.

2 ▻ Les parents de Violaine ont une bibliothèque avec des centaines de livres.
Violaines Eltern haben eine Bibliothek mit hunderten von Büchern.

3 ▻ Ma bibliothèque est pleine.
Mein Bücherregal ist voll.

1 (= bâtiment) die **Bücherei** (pluriel : Büchereien)

2 (= collection de livres) die **Bibliothek** (pluriel : Bibliotheken)

ℹ *On peut dire aussi die **Büchersammlung**.*

3 (meuble) das **Bücherregal** (pluriel : -regale)

bicyclette

▻ Ma bicyclette est cassée.
Mein Fahrrad ist kaputt.

▻ Tu vas toujours à l'école à bicyclette ?
Fährst du immer mit dem Fahrrad zur Schule?

▻ Emmanuel fait de la bicyclette tous les dimanches.
Emmanuel fährt jeden Sonntag Fahrrad.

das **Fahrrad** (pluriel : Fahrräder)

► **aller à bicyclette : mit dem Fahrrad fahren** (fährt, fuhr, gefahren)

► **faire de la bicyclette : Fahrrad fahren**

ℹ *On dit aussi : **Rad fahren**.*

bien

1 ▻ Bonjour ! Tu as bien dormi ?
Guten Morgen! Hast du gut geschlafen?

▻ Il a cru bien faire.
Er hat es gut gemeint.

▻ Regarde bien cette photo : est-ce que tu me reconnais ?
Schau dir das Foto gut an: erkennst du mich?

2 ▻ Un bain chaud te fera du bien.
Ein warmes Bad wird dir gut tun.

3 ▻ Ce n'est pas bien !
Das ist nicht richtig!

▻ Assieds-toi bien !
Setz dich richtig hin!

1 (= de façon satisfaisante, avec attention) **gut**

2 ► **faire du bien à** quelqu'un : jemandem (datif) **gut tun**

3 (= convenable, convenablement) **richtig**

4 ▷ C'est bien fait pour toi !
Es geschieht dir recht!

4 ► **c'est bien fait** pour quelqu'un **:** es geschieht jemandem (datif) recht

5 ▷ Tu as l'air bien gai aujourd'hui !
Du siehst heute ganz fröhlich aus!

5 (= très) ganz

6 ▷ Je ne me sens pas bien.
Ich fühle mich nicht wohl.

▷ Elle s'est sentie assez bien pour se lever.
Sie fühlte sich wohl genug, um aufzustehen.

▷ Il se sent très bien maintenant.
Er fühlt sich jetzt sehr wohl.

6 ► **se sentir bien :** sich wohl fühlen

ℹ *Le pronom personnel allemand s'emploie à l'accusatif : ich fühle **mich** wohl, du fühlst **dich** wohl, er/sie fühlt **sich** wohl, wir fühlen **uns** wohl, ihr fühlt **euch** wohl, sie fühlen **sich** wohl.*

7 ▷ Vous êtes bien dans ce fauteuil ?
Sitzen Sie bequem in diesem Sessel?

7 ► **être bien** (dans un fauteuil, un canapé) **:** bequem sitzen

8 ▷ Je trouve la sœur d'Amélie vraiment bien.
Ich finde Amélies Schwester sehr hübsch.

8 (= jolie, en parlant d'une fille, d'une femme) hübsch

9 ▷ François est bien, mais je préfère Simon.
François sieht gut aus, aber mir gefällt Simon besser.

9 ► **il est bien** (= beau, en parlant d'un garçon, d'un homme) **:** er sieht gut aus

ℹ *L'adjectif **gut aussehend** est plus rare.*

10 ▷ C'est vraiment quelqu'un de bien.
Er ist wirklich ein anständiger Mensch.

10 (= moralement correct) anständig

11 ▷ Dieter travaille beaucoup bien qu'il soit malade.
Dieter arbeitet viel, obwohl er krank ist.

11 ► **bien que :** obwohl

12 ▷ Je peux prendre un bonbon ? – Bien sûr, sers-toi !
Darf ich ein Bonbon nehmen? – Natürlich, bedien dich!

12 ► **bien sûr :** natürlich

bientôt

▷ Maman aura bientôt quarante ans.
Mama wird bald vierzig.

▷ À bientôt, Dieter !
Bis bald, Dieter!

bald

► **à bientôt ! :** bis bald!

bienvenue

▷ Bienvenue à Paris, Gerhard !
Willkommen in Paris, Gerhard!

willkommen

bière

▷ Hier soir, il a bu au moins quatre bières.
Gestern Abend hat er mindestens vier Biere getrunken.

das Bier (pluriel : Biere)

▷ Deux bières, s'il vous plaît.
Zwei Bier, bitte.

Quand on commande des bières dans un café, on n'emploie pas le pluriel.

bifteck

▷ Momo a fait cuire du bifteck pour dîner.
Momo hat Steak zum Abendessen gemacht.

das **Steak** /ste:k/ (pluriel : Steaks)

Notez la prononciation.

*On peut dire aussi **Beefsteak**.*

bijou

▷ Anne porte toujours beaucoup de bijoux.
Anne trägt immer viel Schmuck.

▷ Ce bijou me vient de ma mère.
Dieses Schmuckstück ist von meiner Mutter.

der **Schmuck**

***Schmuck** est indénombrable, on ne dit pas **ein Schmuck**. Pour dénombrer, on emploie le mot **Schmuckstück** (pluriel : -stücke).*

bijouterie

▷ Il y a une bijouterie au coin de la rue.
An der Straßenecke ist ein Juweliergeschäft.

(= magasin) das **Juweliergeschäft** (pluriel : -geschäfte)

bille

▷ Thomas a perdu une bille sous le fauteuil.
Thomas hat eine Murmel unterm Sessel verloren.

▷ Tout le monde joue aux billes pendant la récré.
Während der Pause spielen alle mit Murmeln.

die **Murmel** (pluriel : Murmeln)

► **jouer aux billes** : mit Murmeln spielen

billet

1 ▷ Je n'ai que des billets et pas de pièces.
Ich habe nur Scheine, kein Münzen.

▷ Donne-moi un billet de dix euros.
Gib mir einen Zehneuroschein.

2 ▷ Tu as acheté les billets pour le théâtre ?
Hast du die Theaterkarten gekauft?

▷ Nos billets de train coûtent cher.
Unsere Fahrkarten sind teuer.

1 (= billet de banque) der **Schein** (pluriel : Scheine)

*On peut dire aussi **der Geldschein, die Note** ou **die Banknote**.*

2 (qui donne accès à quelque chose) die **Karte** (pluriel : Karten)

*Notez les substantifs composés : **Theaterkarte** (billet de théâtre), **Kinokarte** (billet de cinéma).*

► **billet de train** : die Fahrkarte

bio

▷ À la maison, nous ne mangeons plus que des légumes bio.
Zuhause essen wir nur noch Biogemüse.

ℹ *Pour traduire l'adjectif* **bio**, *on forme des mots composés avec* ***Bio-*** *:* ***der Bioapfelsaft*** **(jus de pomme bio)**, ***das Bioobst*** **(fruits bio)**.

ℹ *On utilise aussi le préfixe* ***Öko-***.

biscotte

▷ Au petit-déjeuner, je mange trois biscottes avec du beurre.
Zum Frühstück esse drei Zwiebacke mit Butter.

der **Zwieback** (pluriel : Zwiebacke ou Zwiebäcke)

biscuit

▷ La mère de Klaus nous a proposé du thé et des biscuits.
Klaus Mutter hat uns Tee und Kekse angeboten.

der **Keks** (pluriel : Kekse)

bise

▷ Sophie m'a fait la bise.
Sophie hat mir ein Küsschen gegeben.

▷ À bientôt, j'espère. Grosses bises, Nadine.
Hoffentlich bis bald. Viele Grüße und Küsse, Nadine.

► **faire la bise à** quelqu'un : jemandem (datif) **ein Küsschen geben** (gibt, gab, gegeben)

► **grosses bises** (dans une lettre) : **viele Grüße und Küsse**

bizarre

▷ C'est bizarre, il n'y a personne ici.
Seltsam, hier ist niemand.
▷ Rodolphe est un type vraiment très bizarre.
Rodolphe ist wirklich ein merkwürdiger Mensch.

En allemand, il existe plusieurs mots pour traduire **bizarre** : **seltsam, merkwürdig, komisch**

blague

1 ▷ Elle adore raconter des blagues.
Sie erzählt gerne Witze.

2 ▷ Les enfants ont fait une blague à leur professeur.
Die Kinder haben ihrer Lehrerin einen Streich gespielt.

1 (= histoire drôle) der **Witz** (pluriel : Witze)

2 ► **faire une blague à** quelqu'un (= une farce) : jemandem (datif) **einen Streich spielen**

blanc, blanche

1 ▷ Eugenia a acheté une écharpe blanche.
Eugenia hat einen weißen Schal gekauft.
▷ Le blanc va avec tout.
Weiß passt zu allem.

2 ▷ Tu peux me donner une feuille blanche ?
Kannst du mir ein leeres Blatt geben?

1 (en parlant de la couleur) **weiß**
► **le blanc** (= la couleur blanche) : **das Weiß**

2 (en parlant d'une feuille, d'un formulaire) **leer**

3 ▷ Laisse un blanc ici.
Lass einen freien Raum hier.

4 ▷ Selon la recette, il faut ajouter quatre blancs d'œufs.
Laut Rezept kommen vier Eiweiß hinzu.

3 ► **un blanc** (= un espace vide) : ein freier Raum

4 ► **blanc d'œuf** : das Eiweiß

ℹ *Ce mot s'emploie uniquement au singulier.*

blé

▷ Les agriculteurs cultivent du blé ici.
Die Landwirte bauen hier Weizen an.

der Weizen

blessé, blessée

1 ▷ Nous avons trouvé un oiseau blessé sur la route.
Wir haben einen verletzten Vogel auf der Straße gefunden.

1 (adjectif) verletzt

2 ▷ Combien de blessés y a-t-il ?
Wie viele Verletzte gibt es?

2 (= personne) der/die Verletzte (pluriel : Verletzten)

ℹ *C'est un adjectif substantivé : on dit **ein Verletzter**.*

blesser

1 ▷ Léon a été blessé dans l'accident.
Léon wurde bei dem Unfall verletzt.
▷ Papa s'est blessé avec le couteau.
Papa hat sich mit dem Messer verletzt.
▷ Comment t'es-tu blessé ?
Wie hast du dich verletzt?

1 (= faire mal à) verletzen

► **se blesser** : sich verletzen

ℹ *Le pronom personnel allemand s'emploie à l'accusatif : ich verletze **mich**, du verletzt **dich**, er/sie verletzt **sich**, wir verletzen **uns**, ihr verletzt **euch**, sie verletzen **sich**.*

2 ▷ Tu as blessé Carole avec ta remarque.
Du hast Carole mit deiner Bemerkung gekränkt.

2 (= vexer) kränken

blessure

▷ Ta blessure n'est pas très grave.
Deine Verletzung ist nicht so schlimm.

die Verletzung (pluriel : Verletzungen)

bleu, bleue

1 ▷ Karim portait un joli pull bleu.
Karim trug einen schönen blauen Pullover.
▷ Les policiers portent des uniformes bleu marine.
Polizisten tragen marineblaue Uniformen.
▷ Ce bleu va avec tes yeux.
Dieses Blau passt zu deinen Augen.

1 (en parlant de la couleur) blau

► **bleu marine** : marineblau

► **le bleu** (= la couleur bleue) : das Blau

2 ▻ Gégé a un bleu au bras.
Gégé hat einen blauen Fleck am Arm.

2 (quand on s'est fait mal) der **blaue Fleck** (pluriel : blaue Flecken)

bloc

▻ Les icebergs sont des énormes blocs de glace.
Eisberge sind riesige Eisblöcke.

▻ Karine prend des notes sur un bloc.
Karine macht sich auf einem Block Notizen.

der **Block** (pluriel : Blöcke)

ℹ *Notez les substantifs composés :* ***ein Marmorblock*** (un bloc de marbre), ***ein Notizblock*** (un bloc-notes).

blond, blonde

▻ C'est une grande fille blonde.
Sie ist ein großes blondes Mädchen.

blond

bloqué, bloquée

1 ▻ Oh non, la porte est bloquée !
Oh nein, die Tür ist blockiert!

2 ▻ La rue est bloquée à cause de la manifestation.
Die Straße ist wegen der Demonstration gesperrt.

1 (en parlant d'une porte, d'un tiroir) **blockiert**

2 (en parlant d'une rue, d'une route) **gesperrt**

blouse

▻ Vous devez porter une blouse blanche pour les cours de chimie.
Ihr müsst im Chemieunterricht einen weißen Kittel tragen.

(dans un laboratoire, au cours de chimie) der **Kittel** (pluriel : Kittel)

Attention : le mot allemand ***Bluse*** *signifie* **chemisier**.

blouson

▻ Mon père porte un blouson en cuir marron.
Mein Vater trägt eine braune Lederjacke.

die **Jacke** (pluriel : Jacken)

bocal

▻ Je n'arrive pas à ouvrir le bocal de cornichons, aide-moi !
Ich bekomme das Gurkenglas nicht auf, hilf mir!

▻ J'ai besoin d'un bocal pour mes poissons rouges.
Ich brauche ein Goldfischglas.

das **Glas** (pluriel : Gläser)

ℹ *Notez les substantifs composés.*

bœuf

▻ Qu'est-ce que tu prépares pour le dîner ? – Du bœuf avec des pommes de terre.
Was machst du zum Abendessen? – Rindfleisch mit Kartoffeln.

► **le bœuf** (= la viande) : das **Rindfleisch**

ℹ *En allemand, un bœuf (= l'animal) se dit* ***ein Ochse*** (pluriel : *Ochsen*)

boire

▷ Qu'est-ce que tu veux boire ?
Was willst du trinken?

▷ On va boire un verre ?
Gehen wir einen trinken?

trinken (trank, getrunken)

► **boire un verre :** einen trinken

bois

1 ▷ Nous avons cherché des champignons dans le bois.
Wir haben im Wald Pilze gesucht.

1 (= forêt) der **Wald** (pluriel : Wälder)

ℹ *Le pluriel* ***Wälder*** *ne s'emploie qu'au sens de plusieurs bois :* **les bois de la Nièvre** = ***die Wälder der Nièvre.***

2 ▷ J'ai besoin de bois pour allumer un feu.
Ich brauche Holz, um ein Feuer anzuzünden.

▷ Cette sculpture est en bois.
Diese Skulptur ist aus Holz.

▷ Prenez la chaise en bois.
Nehmen Sie den Holzstuhl.

2 (= matériau) das **Holz**

► **être en bois** (= fait de bois) **:** aus Holz sein

ℹ *Pour dire que quelque chose est* **en bois**, *on forme des mots composés avec* ***Holz*** *:* ***der Holztisch*** **(table en bois),** ***der Holzrahmen*** **(cadre en bois).**

boisson

▷ Les boissons ne sont pas incluses dans le prix.
Die Getränke sind im Preis nicht inbegriffen.

das **Getränk** (pluriel : Getränke)

boîte

1 ▷ Qu'est-ce qu'il y a dans cette boîte ?
Was ist denn in dieser Schachtel?

1 (pour ranger des choses) die **Schachtel** (pluriel : Schachteln)

2 ▷ C'est la boîte de nuit la plus célèbre de Berlin.
Das ist die bekannteste Disko Berlins.

▷ Ils vont en boîte le samedi soir.
Samstag abends gehen sie in die Disko.

2 ► **boîte** (de nuit) **:** die Disko (pluriel : Diskos)

► **aller en boîte :** in die Disko gehen

3 ▷ Toute la pile de boîtes de conserve s'est écroulée.
Der ganze Stapel Dosen ist zusammengebrochen.

▷ Je n'aime pas les haricots en boîte.
Ich mag Dosenbohnen nicht.

3 ► **boîte** (de conserve) **:** die Dose (pluriel : Dosen)

► **en boîte** (= en conserve) **:** Dosen-

ℹ *On peut dire aussi* ***aus der Dose.***

4 ▷ Il y a une boîte aux lettres de l'autre côté de la rue.
Auf der anderen Straßenseite steht ein Briefkasten.

4 ► **boîte aux lettres :** der Briefkasten (pluriel : -kästen)

boiter

▷ Pourquoi tu boites ? Tu t'es fait mal ?
Warum hinkst du denn? Hast du dir wehgetan?

hinken

bol

1 ▷ Tu préfères une tasse ou un bol ?
Willst du lieber eine Tasse oder eine Schale ?

1 (= coupe) die **Schale** (pluriel : Schalen)

En Allemagne, les boissons chaudes ne se prennent jamais dans un bol, mais toujours dans une tasse.

2 ▷ Suzanne a du bol, elle a gagné un voyage en Amérique.
Suzanne hat Glück, sie hat eine Reise nach Amerika gewonnen.

2 ► **avoir du bol** (sens familier) : Glück haben

i ***Glück haben*** *n'est pas familier. Une traduction plus familière est* ***Schwein haben****.*

bombe

1 ▷ Une bombe a explosé dans le centre commercial.
Eine Bombe ist im Einkaufszentrum explodiert.

1 (= explosif) die **Bombe** (pluriel : Bomben)

2 ▷ Tu as vu la bombe d'insecticide ?
Hast du die Spraydose mit dem Insektenmittel gesehen?
▷ Il utilise du déodorant en bombe.
Er benützt ein Deospray.
▷ J'ai acheté de la crème chantilly en bombe.
Ich habe Sprühsahne gekauft.

2 (= conteneur d'aérosol) die **Spraydose** (pluriel : -dosen)

i *On dit aussi* ***die Sprühdose****. Pour dire que quelque chose est* **en bombe**, *on emploie des mots composés avec* ***–spray****, soit avec* ***Sprüh-****:* ***das Desinfectionsspray****;* ***das Klebespray****,* ***der Sprühlack****,* ***die Sprühsahne****.*

bon, bonne

1 ▷ La pièce de théâtre était bonne.
Das Theaterstück war gut.
▷ Mes résultats en histoire ne sont pas bons.
Meine Ergebnisse in Geschichte sind nicht gut.
▷ Bruno est très bon en français.
Bruno ist sehr gut in Französisch.
▷ Mmm, ce gâteau est vraiment bon !
Mmm, dieser Kuchen schmeckt wirklich gut!

1 (= de qualité, compétent) : **gut**

► **être bon en** quelque chose : in etwas gut sein

► **être bon** (= savoureux) : gut schmecken

i *On dit aussi* ***lecker schmecken****.*

2 ▷ Tu as besoin d'un bon bain chaud.
Du brauchst ein schönes, warmes Bad.
▷ Il fait bon ce matin.
Es ist schön warm heute Morgen.

2 (= agréable) **schön**

► **il fait bon** : es ist schön warm

3 ▷ Ma carte de bus n'est plus bonne.
Meine Busfahrkarte ist nicht mehr gültig.

3 (= valable) **gültig**

4 ▷ Bravo, c'est la bonne réponse !
Bravo, das ist die richtige Antwort!

4 (= correct) **richtig**

5 ▷ Bon, on s'en va !
Also gut, gehen wir!

5 (exclamation) **also gut!**

6 ▷ Bonne nuit !
Gute Nacht!
▷ Bonne chance !
Viel Glück!
▷ Bon anniversaire !
Herzlichen Glückwunsch zum Geburtstag!

6 Quand on veut exprimer un souhait, la traduction allemande varie. Reportez-vous au mot qui va avec bon (par exemple, pour **bonne année !**, regardez à **année**).

bonbon

▷ Mes parents ne me donnent jamais de bonbons.
Meine Eltern geben mir nie Bonbons.
▷ Un paquet de bonbons à la framboise, s'il vous plaît.
Ein Päckchen Himbeerbonbons, bitte.

das *ou* der **Bonbon**
(pluriel : **Bonbons**)
Se prononce comme en français ou bɔŋ'bɔŋ .
Notez les substantifs composés pour parler des parfums des bonbons.

bond

▷ Quand sa mère est entrée, Alain a fait un bond.
Als seine Mutter reinkam, sprang Alain auf.

► **faire un bond : aufspringen**
auf•springen *est un verbe à particule séparable et se conjugue comme* ***springen*** *(sprang, gesprungen).*

bonheur

▷ Le bonheur est parfois difficile à trouver.
Das Glück ist manchmal schwer zu finden.

das **Glück**
Attention : ***das Glück*** *signifie aussi* la chance.

bonhomme

1 ▷ Il y a un bonhomme bizarre derrière la maison.
Hinter dem Haus steht so ein komischer Typ.

1 (sens familier) der **Typ**
(pluriel : **Typen**)
On peut dire aussi ***der Kerl***
(pluriel : *Kerle*)

2 ▷ Quel beau bonhomme de neige !
Was für ein schöner Schneemann!

2 ► **bonhomme de neige :** der **Schneemann** (pluriel : **-männer**)

bonjour

1 ▷ Bonjour tout le monde !
Guten Tag zusammen!
▷ Bonjour ! Tu as bien dormi ?
Guten Morgen! Hast du gut geschlafen?

▷ Samir ne m'a même pas dit bonjour !
Samir hat mir nicht mal guten Tag gesagt!

1 (dans la journée) **Guten Tag**
Dans le sud de l'Allemagne on dit aussi ***Grüß Gott.***
(le matin) **Guten Morgen**

► **dire bonjour à** quelqu'un **:** jemandem (datif) **guten Tag sagen**

2 ▷ Donne-lui bien le bonjour de ma part.
Grüß ihn schön von mir.

2 ► **donner le bonjour à** quelqu'un (de la part de quelqu'un) : jemanden *(von jemandem)* grüßen

bonnet

▷ N'oublie pas ton bonnet, il fait froid dehors.
Vergiss deine Mütze nicht, es ist kalt draußen.

die **Mütze** (pluriel : Mützen)

bonsoir

▷ Bonsoir ! Comment ça va ?
Guten Abend! Wie geht's?

▷ Bonsoir tout le monde, je rentre chez moi !
Auf Wiedersehen zusammen, ich gehe nach Hause!

▷ Bonsoir, je vais me coucher.
Gute Nacht, ich gehe ins Bett.

▷ J'ai oublié de dire bonsoir à Marc.
Ich habe vergessen, Marc guten Abend zu sagen *ou* Ich habe vergessen, Marc auf Wiedersehen zu sagen *ou* Ich habe vergessen, Marc gute Nacht zu sagen.

(en arrivant, en rencontrant quelqu'un) **Guten Abend!**
(en partant) **Auf Wiedersehen!**

(en allant se coucher) **Gute Nacht!**

► **dire bonsoir à** quelqu'un **:** (en arrivant, en rencontrant quelqu'un) jemandem (datif) guten Abend sagen ; (en partant) jemandem auf Wiedersehen sagen ; (en allant se coucher) jemandem gute Nacht sagen

bord

1 ▷ Le bord de la table est abîmé.
Die Tischkante ist kaputt.

1 (d'un meuble, du trottoir) die **Kante** (pluriel : Kanten)

2 ▷ Le verre est rempli jusqu'au bord.
Das Glas ist bis zum Rand voll.

▷ Nous avons vu un petit chien au bord de la route.
Wir haben einen kleinen Hund am Strassenrand gesehen.

2 (d'un récipient, de la route) der **Rand** (pluriel : Ränder)

3 ▷ Annika et sa famille ont une maison au bord de la mer.
Annika und ihre Familie haben ein Haus am Meer.

3 ► **au bord de la mer :** am (datif) Meer

4 ▷ Je me suis promenée au bord du lac.
Ich bin am Ufer des Sees spazierengegangen.

4 (d'un lac, d'une rivière) das **Ufer** (pluriel : Ufer)

bosse

1 ▷ Pei a une bosse sur le front.
Pei hat eine Beule an der Stirn.

1 (sur le front, à la tête) die **Beule** (pluriel : Beulen)

2 ▷ Il avait une bosse et il boitait.
Er hatte einen Buckel und er hinkte.
▷ Cette route a beaucoup de bosses.
Diese Straße hat viele Buckel.

2 (dans le dos, sur la route) der **Buckel** (pluriel : Buckel)

3 ▷ Combien de bosses le chameau a-t-il ?
Wieviele Höcker hat das Kamel?

3 (d'un chameau) der **Höcker** (pluriel : Höcker)

botte

▷ Où sont mes bottes noires ?
Wo sind meine schwarzen Stiefel?
▷ Mets tes bottes en caoutchouc, il pleut.
Zieh deine Gummistiefel an, es regnet.

der **Stiefel** (pluriel : Stiefel)
► **bottes en caoutchouc :** die Gummistiefel

bouche

1 ▷ Ferme la bouche quand tu mâches !
Mach den Mund zu beim Kauen!

1 der **Mund** (pluriel : Münder)

2 ▷ On peut se retrouver devant la bouche de métro.
Wir können uns vor dem Metroeingang treffen.

2 ► **bouche de métro :** der Metroeingang (pluriel : -eingänge)

bouché, bouchée

▷ L'évier est bouché.
Die Spüle ist verstopft.
▷ J'ai le nez bouché.
Meine Nase ist verstopft.

verstopft

ℹ *Remarquez l'emploi du pronom possessif en allemand.*

bouchée

1 ▷ Je peux prendre une bouchée de ta tartine ?
Kann ich einen Bissen von deinen Scheibe brot haben?

1 (= morceau de nourriture) der **Bissen** (pluriel : Bissen)

2 ▷ Il a eu son lecteur de CD pour une bouchée de pain.
Er hat seinen CD-Spieler für ein Butterbrot bekommen.

2 ► **pour une bouchée de pain :** für ein Butterbrot

ℹ ***Butterbrot*** *se traduit par tartine beurrée.*

boucher

1 ▷ Je ne sais pas comment boucher ce trou.
Ich weiß nicht, wie ich dieses Loch zumachen kann.

1 (= boucher un trou, une fente) **zumachen**

ℹ ***zu•machen*** *est un verbe à particule séparable.*

2 ▷ L'évier s'est encore bouché.
Die Spüle ist schon wieder verstopft.

2 ► **se boucher** (en parlant d'un évier, d'un tuyau) : verstopfen

ℹ *Le verbe pronominal français se traduit par un verbe intransitif + **sein** en allemand.*

3 ▷ Si tu ne veux pas entendre, bouche-toi les oreilles.
Wenn du nicht mithören willst, halte dir die Ohren zu.

3 ► **se boucher les oreilles** : sich die Ohren zuhalten

ℹ ***zu•halten** est un verbe à particule séparable et se conjugue comme **halten** (hält, hielt, gehalten).*

boucher, bouchère

▷ L'oncle de Fabien est boucher.
Fabiens Onkel ist Fleischer.

der **Fleischer** (pluriel : Fleischer), die **Fleischerin** (pluriel : Fleischerinnen)

ℹ *On dit aussi **der metzger, die Metzgerin**.*

▷ André est chez le boucher.
André ist beim Fleischer.

▷ Maman m'a envoyé chez le boucher.
Mama hat mich zum Fleischer geschickt.

► **chez le boucher** (dans le magasin) : beim Fleischer

► **chez le boucher** (vers le magasin) : zum Fleischer

boucherie

▷ Où est la boucherie ?
Wo ist die Fleischerei?

die **Fleischerei** (pluriel : Fleischereien)

ℹ *On dit aussi **Metzgerei** (pluriel : Metzgereien)*

bouchon

1 ▷ Garde le bouchon, la bouteille de vin n'est pas finie.
Behalte den Korken, die Weinflasche ist noch nicht leer.

1 (en liège) der **Korken** (pluriel : Korken)

2 ▷ Où est le bouchon de la bouteille d'eau ?
Wo ist der Verschluss von der Wasserflasche?

2 (d'une bouteille en plastique) der **Verschluss** (pluriel : Verschlüsse)

3 ▷ Il y a un énorme bouchon sur l'autoroute.
Auf der Autobahn gibt es einen riesigen Stau.

3 (= embouteillage) der **Stau** (pluriel : Staue *ou* Staus)

boucle

1 ▷ Ma sœur a des boucles blondes.
Meine Schwester hat blonde Locken.

1 (de cheveux) die **Locke** (pluriel : Locken)

2 ▷ Ma boucle de ceinture est cassée.
Meine Gürtelschnalle ist kaputt.

2 (d'une ceinture) die **Schnalle** (pluriel : Schnallen)

3 ▷ Tim porte une petite boucle d'oreille.
Tim trägt einen kleinen Ohrring.

3 ► **boucle d'oreille** : der Ohrring (pluriel : -ringe)

bouclé, bouclée

▷ Aïcha a les cheveux bouclés.
Aïcha hat lockige Haare.

lockig

bouder

▷ Arrête de bouder, tu n'es plus un bébé !
Hör auf zu schmollen, du bist kein Baby mehr!

schmollen

boue

▷ Le jean d'Arnaud est couvert de boue.
Arnauds Jeans sind voller Schlamm.

der Schlamm

bouée

1 ▷ Jeanne nage avec une bouée.
Jeanne schwimmt mit einem Schwimmreifen.

1 (pour aider un enfant à nager) der Schwimmreifen (pluriel : –reifen)

2 ▷ Il est passé par-dessus bord, alors on lui a lancé une bouée de sauvetage.
Er ist über Bord gefallen, da hat man ihm einen Rettungsring zugeworfen.

2 ► **bouée de sauvetage :** der Rettungsring (pluriel : –ringe)

bouger

1 ▷ Qui a bougé ma radio ?
Wer hat mein Radio verrückt?

1 (= déplacer) verrücken

ℹ *Les verbes commençant par le préfixe ver- ne prennent pas ge- au participe passé.*

2 ▷ Ne bouge pas, je vais prendre une photo.
Beweg dich nicht, ich mache ein Foto.

2 (= faire un mouvement) sich bewegen

ℹ *Le verbe intransitif français est traduit par un verbe pronominal en allemand.*

bougie

▷ Allez, tu dois souffler toutes les bougies sur ton gâteau !
Also los, du musst alle Kerzen auf deinem Kuchen ausblasen!

die Kerze (pluriel : Kerzen)

bouillir

▷ L'eau commence à bouillir.
Das Wasser fängt an zu kochen.
▷ Déborah fait bouillir de l'eau pour le thé.
Déborah bringt Wasser für den Tee zum Kochen.

kochen

► **faire bouillir :** zum Kochen bringen (brachte, gebracht)

boulanger, boulangère

▷ Habib veut être boulanger.
Habib will Bäcker werden.
▷ La boulangère est très sympathique.
Die Bäckerin ist sehr nett.
▷ André est chez le boulanger.
André ist beim Bäcker.
▷ Maman m'a envoyé chez le boulanger.
Mama hat mich zum Bäcker geschickt.

der **Bäcker** (pluriel : Bäcker), die **Bäckerin** (pluriel : Bäckerinnen)

► **chez le boulanger** (= dans le magasin) : beim Bäcker
► **chez le boulanger** (= vers le magasin) : zum Bäcker

boulangerie

▷ Est-ce qu'il y a une boulangerie dans le village ?
Gibt es eine Bäckerei im Dorf?

die **Bäckerei** (pluriel : Bäckereien)

boule

1 ▷ Tu fais une boule avec la pâte et puis tu l'étales.
Du knetest den Teig zu einer Kugel und rollst ihn aus.
▷ Tu veux une boule de glace ou deux ?
Willst du eine Eiskugel oder zwei?
2 ▷ On fait une bataille de boules de neige ?
Machen wir eine Schneeballschlacht?
3 ▷ Tous les après-midi, on joue aux boules sur la plage.
Jeden Nachmittag spielen wir am Strand Boule.

1 die **Kugel** (pluriel : Kugeln)

ℹ *Notez les substantifs composés.*

2 ► **boule de neige** : der Schneeball (pluriel : -bälle)

3 ► **jouer aux boules** : Boule spielen

boulevard

▷ Quentin habite sur le boulevard, près du carrefour.
Quentin wohnt auf dem Boulevard in der Nähe der Kreuzung.

der **Boulevard** /'buləva:r/ (pluriel : Boulevards)

🔊 *Notez la prononciation.*

boulot

1 ▷ Je ne peux pas sortir, j'ai trop de boulot.
Ich kann nicht ausgehen, ich habe zu viel Arbeit.
▷ Il va au boulot en bus.
Er fährt mit dem Bus zur Arbeit.

1 (= travail, au sens familier) die **Arbeit**

ℹ *Le mot français est familier, mais sa traduction allemande ne l'est pas.*

► **aller au boulot** : zur Arbeit gehen/fahren

ℹ *En allemand, on précise le mode de déplacement, selon qu'on va à pied (**gehen**), en vélo (**mit dem Fahrrad fahren**), en train (**mit dem Zug fahren**).*

2 ▷ Ingrid a trouvé un boulot à la mairie.
Ingrid hat einen Job im Rathaus gefunden.

2 (= poste, au sens familier) der **Job** /dʒɔp/ (pluriel : Jobs)
Notez la prononciation.

boum

1 ▷ Tu vas à la boum de Youssouf ?
Gehst du auf Youssoufs Party?

1 ► **une boum** (= une soirée) : eine **Party** (pluriel : Partys *ou* Parties)
On peut dire aussi ***eine Fete*** /'fe:tə/ (pluriel : *Feten*)

2 ▷ On a entendu un grand boum et tout a explosé.
Man hörte einen großen Knall und alles ist explodiert.

2 ► **un boum** (= un bruit d'explosion ou de chute) : ein **Knall**

bouquet

▷ Papa a offert un beau bouquet de roses à maman.
Papa hat Mama einen schönen Strauß Rosen geschenkt.

der **Strauß** (pluriel : Sträuße)
Attention à ne pas confondre avec ***Strauß*** = autruche *dont le pluriel est Strauße.*

bouquin

▷ Tu dois absolument lire ce bouquin.
Du musst unbedingt dieses Buch lesen.

das **Buch** (pluriel : Bücher)
Il n'y a pas d'équivalent familier en allemand.

bourse

1 ▷ Maya a fait une demande de bourse.
Maya hat einen Antrag auf Studienbeihilfe gestellt.

1 (= aide financière) die **Studienbeihilfe**

2 ▷ Demain, nous visiterons la Bourse de Paris.
Morgen besichtigen wir die Pariser Börse.

2 ► **la Bourse** : die **Börse**

bousculer

▷ Il m'a bousculé et il ne s'est même pas excusé !
Er hat mich angerempelt und hat sich nicht mal entschuldigt!

► **bousculer** quelqu'un : jemanden (accusatif) **anrempeln**
an•rempeln *est un verbe à particule séparable.*

boussole

▷ Nous avons retrouvé notre chemin à l'aide de la boussole.
Wir haben unseren Weg mit Hilfe des Kompasses wiedergefunden.

der **Kompass** (pluriel : Kompasse)
Attention faux ami : le mot français compas *se traduit par* ***der Zirkel***.

bout

1 ▷ Le bout de la table est trop près de la porte.
Das Tischende ist zu nah an der Tür.
▷ La cabine téléphonique est au bout de la rue.
Die Telefonzelle steht am Ende der Straße.

2 ▷ Au bout de trois heures, tout le monde était fatigué.
Nach drei Stunden waren alle müde.

3 ▷ Tu me donnes un bout de pain ?
Gibst du mir ein Stück Brot?

1 (= extrémité) das **Ende**

► **au bout de** (= dans l'espace) : am Ende + génitif

2 ► **au bout de** (= dans le temps) : nach + datif

3 (= morceau) das **Stück** (pluriel : Stücke)

ℹ **un petit bout** *se dit* ***ein Stückchen.***

bouteille

▷ Tu pourrais remplir cette bouteille avec de l'eau, s'il te plaît ?
Könntest du bitte diese Flasche mit Wasser füllen?

die **Flasche** (pluriel : Flaschen)

boutique

▷ Élodie a acheté sa robe dans une boutique à New York.
Élodie hat ihr Kleid in einer Boutique in New York gekauft.

die **Boutique** (pluriel : Boutiquen)

🔊 *Se prononce comme en français.*

bouton

1 ▷ J'ai perdu un bouton.
Ich habe einen Knopf verloren.
▷ Appuie sur le bouton de gauche.
Drück auf den linken Knopf.

2 ▷ Aurélien a des boutons sur le visage.
Aurélien hat Pickel im Gesicht.

1 (sur un vêtement, une radio, une télévision) der **Knopf** (pluriel : Knöpfe)

2 (sur le visage, sur le corps) der **Pickel** (pluriel : Pickel)

boutonner

▷ Boutonne ton blouson, il fait froid dehors.
Knöpf deine Jacke zu, es ist kalt draußen.

zuknöpfen

ℹ ***zu•knöpfen*** *est un verbe à particule séparable.*

boxe

▷ Papa aime regarder la boxe à la télé.
Papa schaut gerne Boxen im Fernsehen.

► **la boxe :** Boxen

ℹ *Comme tous les verbes substantivés,* ***Boxen*** *est neutre, mais l'article est très rarement employé.*

▷ Manu fait de la boxe.
Manu boxt.

► **faire de la boxe :** boxen

▷ Nous sommes allés voir un match de boxe.
Wir haben einen Boxkampf gesehen.

► **match de boxe :** der Boxkampf (pluriel : –kämpfe)

bracelet

▷ Samantha a un joli bracelet en argent.
Samantha hat ein schönes silbernes Armband.

▷ Pour mon anniversaire, j'ai eu un bracelet-montre.
Zum Geburtstag habe ich eine Armbanduhr bekommen.

(= bijou, bracelet d'une montre) das **Armband** (pluriel : –bänder)

► **bracelet-montre :** die Armbanduhr (pluriel : –uhren)

branche

▷ La tempête a arraché beaucoup de branches des arbres.
Der Sturm hat viele Äste von den Bäumen gerissen.

der **Ast** (pluriel : Äste)

branché, branchée

▷ Il y a beaucoup de bars branchés à Berlin.
In Berlin gibt es viele trendige Bars.

trendig

brancher

1 ▷ Peux-tu brancher le magnétoscope, s'il te plaît ?
Kannst du bitte den Stecker des Videorekorders einstecken?

2 ▷ Il faudra brancher la télévision sur l'amplificateur.
Wir müssen den Fernseher an den Verstärker anschließen.

1 ► **brancher** quelque chose (sur une prise électrique) : den **Stecker** + génitif von etwas **einstecken**

2 (= raccorder) **anschließen**

ℹ *an•schließen est un verbe à particule séparable et se conjugue comme schließen (schloss, geschlossen).*

bras

▷ Mathieu a pris Anne par le bras.
Mathieu hat Anne am Arm genommen.

▷ Sabine m'a serré dans ses bras avant de partir.
Bevor sie ging, hat Sabine mich in die Arme geschlossen.

der **Arm** (pluriel : Arme)

► **serrer** quelqu'un **dans ses bras :** jemanden (accusatif) in die Arme schließen (schloss, geschlossen)

brasse

▷ La brasse est plus facile que le crawl.
Brustschwimmen ist einfacher als Kraulen.

▷ Je ne sais nager que la brasse.
Ich kann nur brustschwimmen.

das **Brustschwimmen**

► **nager la brasse :** brust schwimmen (schwamm, geschwommen)

ℹ *Ce verbe s'emploie surtout à l'infinitif.*

brasserie

1 ▷ On se retrouve à la brasserie ?
Treffen wir uns in der Gaststätte?
2 ▷ L'oncle de Marlène a une brasserie.
Marlènes Onkel hat eine Brauerei.

1 (= restaurant) die **Gaststätte** (pluriel : -stätten)
2 (= fabrique de bière) die **Brauerei** (pluriel : Brauereien)

bravo

▷ Bravo, ta rédaction est très bonne !
Bravo, dein Aufsatz ist sehr gut!
▷ Bravo, tu as cassé le vase !
Bravo, du hast die Vase zerbrochen!

(pour féliciter quelqu'un ou ironiquement) **bravo!**

Bretagne

▷ Stan n'a jamais voulu quitter la Bretagne.
Stan hat die Bretagne nie verlassen wollen.
▷ Il y a des paysages sauvages en Bretagne.
Es gibt unberührte Landschaften in der Bretagne.
▷ On pourrait aller en Bretagne ce week-end.
Wir könnten dieses Wochenende in die Bretagne fahren.

die **Bretagne**

► **en Bretagne** (= dans la région) : in der Bretagne
► **en Bretagne** (= vers la région) : in die Bretagne

breton, bretonne

1 ▷ Le far est une spécialité bretonne.
Far ist eine bretonische Spezialität.
2 ▷ Beaucoup de Bretons sont navigateurs.
Viele Bretonen sind Seefahrer.
3 ▷ Lucille parle français et breton.
Lucille spricht Französisch und Bretonisch.

1 (adjectif) **bretonisch**
2 (= personne) der **Bretone** (pluriel : Bretonen), die **Bretonin** (pluriel : Bretoninnen)
3 (= langue) das **Bretonisch**

bricoler

▷ Mon oncle bricole dans son garage tous les dimanches.
Mein Onkel bastelt jedes Wochenende in seiner Garage.

basteln

brillant, brillante

▷ Leïla est une élève brillante.
Leïla ist eine hervorragende Schülerin.

hervorragend

briller

1 ▷ Regarde comme la voiture brille !
Schau mal wie das Auto glänzt!

1 (en parlant d'un objet) **glänzen**

▷ J'ai utilisé un chiffon pour faire briller mes chaussures.
Ich habe ein Tuch benutzt, um meine Schuhe zum Glänzen zu bringen.

► **faire briller** quelque chose : etwas (accusatif) zum Glänzen bringen

2 ▷ Ses yeux brillaient de plaisir.
Ihre Augen strahlten vor Freude.

2 (en parlant des yeux) **strahlen**

3 ▷ Réveille-toi, le soleil brille !
Wach auf, die Sonne scheint!

3 (en parlant du soleil) **scheinen** (schien, geschienen)

brioche

▷ J'aime manger de la brioche au petit-déjeuner.
Ich esse gern Brioche zum Frühstück.

die **Brioche**

Se prononce comme en français.

Les Allemands ne mangent pas souvent de la brioche : c'est une spécialité française.

brique

1 ▷ Papa a acheté des briques pour construire un mur dans le jardin.
Papa hat Ziegelsteine gekauft, um eine Mauer im Garten zu bauen.

▷ C'est une maison en brique.
Es ist ein Backsteinhaus.

▷ Tu vois ce mur en brique ?
Siehst du diese Ziegelsteinmauer?

1 (pour la construction) der **Ziegelstein** (pluriel : Ziegelsteine)

*On dit aussi **der Backstein**.*

► **une maison en brique :** ein Backsteinhaus

► **en brique :** Ziegelstein-

Notez les substantifs composés.

2 ▷ Achète deux briques de lait et du pain.
Kauf einen Tetra Pak Milch und Brot.

2 (de lait, de jus de fruit) der **Tetra Pak®**

*Le ® indique que **Tetra Pak** est le nom d'une marque déposée. Vous n'avez pas besoin de l'écrire.*

briquet

▷ Tu peux me prêter ton briquet ?
Kannst du mir dein Feuerzeug leihen?

das **Feuerzeug** (pluriel : Feuerzeuge)

britannique

1 ▷ Voici une photo de la famille royale britannique.
Hier ist ein Foto von der britischen Königsfamilie.

1 (adjectif) **britisch**

2 ▷ Un Britannique a gagné la course.
Ein Brite hat das Rennen gewonnen.

2 (= personne) der **Brite** (pluriel : Briten), die **Britin** (pluriel : Britinnen)

La flexion féminine existe en allemand.

broche

▷ Cette broche appartenait à mon arrière-grand-mère.
Diese Brosche gehörte meine Urgroßmutter.

die **Brosche** (pluriel : Broschen)

brochette

▷ Nous avons fait des brochettes au barbecue.
Wir haben Spieße gegrillt.

der **Spieß** (pluriel : Spieße)

bronzé, bronzée

▷ Qu'est-ce que tu es bronzé ! Tu es allé à la plage ?
Du bist aber schön braun! Warst du am Strand?

braun

ℹ *On dit aussi* ***gebräunt*** *ou* ***braun gebrannt****.*

bronzer

▷ Capucine bronze facilement.
Capucine wird schnell braun.

braun werden

ℹ *En allemand, on traduit par* **devenir bronzé**.

brosse

▷ Je nettoie mes chaussures avec une brosse.
Ich mache meine Schuhe mit einer Bürste sauber.
▷ Tu as vu ma brosse à dents ?
Hast du meine Zahnbürste gesehen?
▷ J'ai besoin d'une nouvelle brosse à cheveux.
Ich brauche eine neue Haarbürste.

die **Bürste** (pluriel : Bürsten)

► **brosse à dents :** die Zahnbürste

► **brosse à cheveux :** die Haarbürste

ℹ *Notez les substantifs composés.*

brosser

1 ▷ Je vais brosser le chien, il est vraiment sale !
Ich bürste den Hund ab, er ist wirklich dreckig!

1 (= enlever la saleté) **abbürsten**

ℹ ***ab•bürsten*** *est un verbe à particule séparable.*

▷ Lisa est en train de se brosser les cheveux.
Lisa bürstet ihre Haare.

(en parlant des cheveux) **bürsten**

ℹ *Notez l'emploi du pronom possessif adjectival :* ***meine/deine/seine*** *ou* ***ihre/unsere/eure/ihre Haare bürsten****.*

2 ▷ Je me brosse les dents matin et soir.
Ich bürste mir die Zähne morgens und abends.
▷ N'oublie pas de te brosser les dents.
Vergiss nicht, dir die Zähne zu putzen.

2 ► **se brosser les dents :** sich (datif) die Zähne putzen

ℹ *Le verbe réfléchi allemand s'emploie au datif : ich putze* ***mir die*** *Zähne, du putzt* ***dir die*** *Zähne, er/sie putzt* ***sich die*** *Zähne, wir putzen* ***uns die*** *Zähne, ihr putzt* ***euch die*** *Zähne, sie putzen* ***sich die*** *Zähne.*

brouette

▷ Dan a mis toutes les feuilles mortes dans la brouette.
Dan hat das ganze Laub in den Schubkarren getan.

der **Schubkarren**
(pluriel : Schubkarren)

ℹ *On dit aussi die Schubkarre* (pluriel : Schubkarren).

brouillard

▷ Le brouillard est très épais aujourd'hui.
Der Nebel ist heute sehr dicht.

▷ Il y a du brouillard aujourd'hui.
Es ist heute nebelig.

der **Nebel** (pluriel : Nebel)

► **il y a du brouillard** : es ist nebelig

brouillon

▷ Fais un brouillon d'abord.
Mach zuerst ein Konzept.

▷ Tu as vu mon cahier de brouillon ?
Hast du mein Konzeptheft gesehen?

das **Konzept** (pluriel : Konzepte)

► **cahier de brouillon** : das Konzeptheft (pluriel : -hefte)

ℹ *On dit aussi das Schmierheft.*

bruit

1 ▷ J'ai entendu le bruit d'une porte qui s'ouvrait.
Ich habe das Geräusch einer aufgehenden Tür gehört.

2 ▷ Je ne peux pas travailler ici, il y a trop de bruit.
Ich kann hier nicht arbeiten, es ist zu viel Lärm hier.

3 ▷ Le bruit court que le directeur va partir.
Es gehen Gerüchte um, dass der Direktor geht.

1 (= son) das **Geräusch**
(pluriel : Geräusche)

2 (= vacarme) der **Lärm**

ℹ *On peut aussi dire der Krach.*

3 (= rumeur) das **Gerücht**
(pluriel : Gerüchte)

brûlant, brûlante

▷ Attention, l'assiette est brûlante !
Vorsicht, der Teller ist sehr heiß!

sehr heiß

brûler

1 ▷ Jérémie est en train de brûler les branches dans le jardin.
Jérémie ist dabei, die Äste im Garten zu verbrennen.

2 ▷ Regarde, cette voiture a brûlé le feu rouge !
Schau mal, das Auto ist bei Rot über die Ampel gefahren!

1 ► **brûler** quelque chose **:** etwas (accusatif) verbrennen (verbrannte, verbrannt)

ℹ *Les verbes commençant par le préfixe ver- ne prennent pas ge- au participe passé.*

► **brûler un feu rouge** : bei Rot über die Ampel fahren

3 ▷ Tout l'immeuble a brûlé.
Das ganze Haus ist abgebrannt.

3 (= être détruit) **abbrennen**

ℹ *ab•brennen est un verbe à particule séparable et se conjugue comme brennen (brannte, gebrannt).*

4 ▷ Ne touche pas, ça brûle !
Fass das nicht an, es ist sehr heiß!

4 ► **ça brûle !** (= c'est très chaud) : es ist sehr heiß!

brume

▷ La brume couvre les champs.
Der Dunst hängt über den Feldern.

der **Dunst** (pluriel : Dünste)

▷ Il y a de la brume ce matin.
Heute Morgen ist es dunstig.

► **il y a de la brume :** es ist dunstig

brun, brune

1 ▷ Olivier a les cheveux bruns.
Olivier hat dunkle Haare.

1 (en parlant des cheveux, de la peau) **dunkel**

Attention : à la déclinaison, la lettre e disparaît.

2 ▷ C'est une petite dame brune.
Sie ist eine kleine, dunkelhaarige Dame.

2 (en parlant d'une personne) **dunkelhaarig**

Bruxelles

▷ Bruxelles est la capitale de la Belgique.
Brüssel ist die Hauptstadt von Belgien.

Brüssel

bruyant, bruyante

▷ Qu'est-ce que vous êtes bruyants !
Ihr seid aber laut!

laut

bûche

▷ Harry a mis une grosse bûche dans la cheminée.
Harry hat ein großes Holzscheit in den Kamin gelegt.

das **Holzscheit** (pluriel : -scheite)

buée

▷ S'il te plaît, essuie la buée sur la vitre.
Wisch bitte den Beschlag von der Scheibe.

der **Beschlag**

▷ Il y a de la buée sur la fenêtre de la cuisine.
Das Küchenfenster ist beschlagen.

► **il y a de la buée sur** quelque chose **:** etwas ist beschlagen

buffet

1 ▷ Il y avait un très bon buffet au mariage de Christine.
Auf Christines Hochzeit gab es ein tolles Büfett.
▷ Les clés sont sur le buffet.
Die Schlüssel liegen auf dem Büfett.

1 (= le repas, le meuble) das **Büfett** (pluriel : Büfette *ou* Büfetts)

ℹ *Remarquez que, contrairement au français, Büfett s'écrit avec un f et deux t.*

2 ▻ Nous nous sommes rencontrés au buffet de la gare.
Wir sind uns in der Bahnhofsgaststätte begegnet.

2 ► **buffet de la gare :** die Bahnhofsgaststätte (pluriel : -gaststätten)

buisson

▻ Ils se sont cachés dans les buissons.
Sie haben sich in den Büschen versteckt.

der **Busch** (pluriel : Büsche)

buissonnière

▻ Marco fait parfois l'école buissonnière.
Marco schwänzt manchmal.

► **faire l'école buissonnière :** schwänzen

bulle

▻ Des bulles de savon flottaient dans l'air.
Seifenblasen schwebten durch die Luft.

die **Blase** (pluriel : Blasen)

bulletin

1 ▻ Tu as oublié de remplir le bulletin de réponse.
Du hast vergessen, den Antwortschein auszufüllen.

2 ▻ Mon bulletin n'est pas très bon ce trimestre.
Mein Zeugnis für dieses Trimester ist nicht sehr gut.

1 (= formulaire) der **Schein** (pluriel : Scheine)

2 (= notes à l'école) das **Zeugnis** (pluriel : Zeugnisse)

bureau

1 ▻ La mère de Lucie travaille dans un bureau.
Lucies Mutter arbeitet in einem Büro.

2 ▻ Le grenier sera transformé en bureau.
Der Speicher wird zu einem Arbeitszimmer umgebaut.

3 ▻ Le bureau est trop grand pour cette chambre.
Der Schreibtisch ist zu groß für dieses Zimmer.

4 ▻ Est-ce qu'il y a un bureau de tabac dans le village ?
Gibt es einen Tabakwarenladen im Dorf?

1 (= lieu où on travaille) das **Büro** (pluriel : Büros)

2 (= pièce dans une maison) das **Arbeitszimmer** (pluriel : -zimmer)

3 (= meuble) der **Schreibtisch** (pluriel : -tische)

4 ► **bureau de tabac :** der Tabakwarenladen (pluriel : -läden)

bus

▻ Est-ce que le bus est déjà parti ?
Ist der Bus schon abgefahren?

▻ Sandrine va à l'école en bus.
Sandrine fährt mit dem Bus zur Schule.

der **Bus** (pluriel : Busse)

► **aller en bus :** mit dem Bus fahren (fährt, fuhr, gefahren)

but

1 ▻ Le premier but était fantastique.
Das erste Tor war fantastisch.

1 (dans les sports) das **Tor** (pluriel : Tore)

▷ Qui a marqué le but ?
Wer hat das Tor geschossen? *ou*
Wer hat das Tor geworfen?

► **marquer un but :** (au football, au hockey) ein Tor schießen (schoss, geschossen) ; (au handball) ein Tor werfen (wirft, warf, geworfen)

2 ▷ Le but de la visite était de rencontrer de jeunes Allemands.
Das Ziel des Besuchs war, junge Deutsche kennenzulernen.

2 (= objectif) das Ziel (pluriel : Ziele)

C

FRANÇAIS — ALLEMAND

ça

1 ▷ Ça sent bon ici.
Es riecht gut hier.
▷ Ça ne fait rien.
Das macht nichts.
▷ Comment ça va ?
Wie geht's?

2 ▷ Ça, c'est un gâteau au café. Tu en veux un morceau ?
Das ist Mokkakuchen. Möchtest du ein Stück?
▷ Qu'est-ce que c'est que ça, là-bas ?
Was ist denn das da drüben?

3 ▷ Ça y est, j'ai terminé !
So, ich bin fertig!
▷ Ça y est, tu viens ?
Also, kommst du?

4 ▷ On part lundi et on revient mercredi ? – Oui, c'est ça.
Wir fahren am Montag und kommen am Mittwoch zurück? – Ja, genau.

1 Quand ça est impersonnel, on traduit par **es** *ou* **das**.

ℹ *Dans l'expression* ça va, *on remplace le* e *de* es *par une apostrophe.*

2 Quand ça désigne un objet ou une personne, on traduit par **das**.

3 ► **ça y est !** (pour marquer la fin): so!
► **ça y est ?** : also?

4 ► **c'est ça** (= c'est exact) : genau

cabane

▷ Marcel et Loïc ont construit une cabane dans la forêt.
Marcel und Loïc haben eine Hütte im Wald gebaut.

die **Hütte** (pluriel : Hütten)

cabine

1 ▷ Toutes les cabines de la piscine sont occupées.
Alle Umkleidekabinen im Schwimmbad sind besetzt.
▷ Où sont les cabines d'essayage, s'il vous plaît ?
Wo sind die Umkleidekabinen, bitte?

1 (à la piscine) die **Umkleidekabine** (pluriel : –kabinen)
► **cabine d'essayage** : die Umkleidekabine

2 ▷ Est-ce qu'il y a une cabine téléphonique dans cette rue ?
Gibt es eine Telefonzelle in dieser Straße?

2 ► **cabine téléphonique :** die **Telefonzelle** (pluriel : -zellen)

câble

▷ J'ai trébuché sur un câble.
Ich bin über ein Kabel gestolpert.
▷ Il y a beaucoup de films sur le câble.
Es gibt viele Filme im Kabelfernsehen.
▷ Depuis trois mois, nous avons le câble.
Seit drei Monaten sind wir verkabelt.

das **Kabel** (pluriel : Kabel)
► **le câble** (= la télévision par câble) **:** das Kabelfernsehen

► **avoir le câble :** verkabelt sein

cacahuète

▷ Deux jus d'orange et un paquet de cacahuètes, s'il vous plaît.
Zwei Orangensäfte und ein Päckchen Erdnüsse, bitte.

die **Erdnuss** (pluriel : Erdnüsse)

cache-cache

▷ J'ai joué à cache-cache avec mon petit frère pendant des heures.
Ich habe stundenlang mit meinem kleinen Bruder Verstecken gespielt.

► **jouer à cache-cache :** Verstecken spielen

ℹ *On dit aussi **Versteck spielen**.*

cacher

1 ▷ Cache les bonbons ! Le professeur arrive !
Versteck die Bonbons! Der Lehrer kommt!
▷ Pierre s'est caché sous l'escalier.
Pierre hat sich unter der Treppe versteckt.
2 ▷ Elle cache bien ses sentiments.
Sie verbirgt ihre Gefühle gut.

1 (= cacher un objet) **verstecken**

► **se cacher :** sich verstecken

2 (= cacher des sentiments, des pensées) **verbergen** (verbirgt, verbarg, verborgen)

ℹ *Les verbes commençant par le préfixe **ver-** ne prennent pas **ge-** au participe passé.*

cachet

▷ Si tu as mal à la tête, prends un cachet.
Wenn du Kopfschmerzen hast, nimm eine Tablette.

(= médicament) die **Tablette** (pluriel : Tabletten)

cachette

▷ Sylvia fume en cachette.
Sylvia raucht heimlich.

► **en cachette :** heimlich

caddie®

▷ David a rempli le caddie de boîtes de conserve.
David hat den Einkaufswagen mit **Konservendosen** gefüllt.

der **Einkaufswagen**
(pluriel : –wagen)

ℹ *Le ® signifie que c'est le nom d'une marque. Vous n'avez pas besoin de l'écrire.*

cadeau

▷ Quel super cadeau ! Tu as vraiment de la chance !
So ein tolles Geschenk! Du hast wirklich Glück!
▷ Elle m'a fait cadeau de son bracelet.
Sie hat mir ihr Armband geschenkt.
▷ Benoît a eu beaucoup de cadeaux de Noël.
Benoît hat viele Weihnachtsgeschenke bekommen.

das **Geschenk**
(pluriel : Geschenke)
► **faire un cadeau à** quelqu'un **:** jemandem (datif) etwas **schenken**
► **cadeau de Noël :** das **Weihnachtsgeschenk**

cadenas

▷ Je vais mettre un cadenas sur la porte de mon casier.
Ich werde ein Vorhängeschloss an meine Schranktür tun.

das **Vorhängeschloss**
(pluriel : –schlösser)

cadre

▷ Où se trouve le rayon des cadres, s'il vous plaît ?
Wo ist die Abteilung für Rahmen, bitte?
▷ Clémence met toutes les photos de son copain dans des cadres.
Clémence rahmt alle Fotos von ihrem Freund ein.

(pour un tableau, une photo) der **Rahmen** (pluriel : Rahmen)
► **mettre dans un cadre :** **einrahmen**

ℹ ***ein•rahmen*** *est un verbe à particule séparable.*

cafard

1 ▷ Il y a des cafards dans la cuisine.
In der Küche sind Schaben.
2 ▷ Jean a le cafard parce que sa copine l'a quitté.
Jean ist trübselig, weil seine Freundin ihn verlassen hat.

1 (= insecte) die **Schabe**
(pluriel : Schaben)
2 ► **avoir le cafard :** **trübselig sein**

café

1 ▷ Un café et une limonade, s'il vous plaît.
Einen Kaffee und eine Limonade, bitte.

1 (= boisson) der **Kaffee**
(pluriel : Kaffees)

ℹ ***Kaffee*** *n'est dénombrable que dans le sens d'une portion.*

▷ Je bois toujours du café au lait au petit-déjeuner.
Ich trinke immer Milchkaffee zum Frühstück.

► **café au lait :** der **Milchkaffee**

2 ▷ Sa robe est couleur café.
Ihr Kleid ist kaffeebraun.

2 (= couleur) **kaffeebraun**

3 ▷ J'ai vu Sylvie au café près de l'école.
Ich habe Sylvie in der Kneipe bei der Schule gesehen.

3 (= bar) die **Kneipe** (pluriel : Kneipen)

ℹ *En Allemagne, **Café** correspond plutôt à un salon de thé.*

cafétéria

▷ Ma mère déjeune à la cafétéria tous les jours.
Meine Mutter isst jeden Tag in der Cafeteria zu Mittag.

die **Cafeteria** (pluriel : Cafeterias)

ℹ *Attention, il n'y a pas d'accent en allemand.*

cafetière

1 ▷ Nous avons offert une cafetière électrique à nos parents.
Wir haben unseren Eltern eine Kaffeemaschine geschenkt.

2 ▷ C'est plus élégant de servir le café dans une cafetière.
Es ist eleganter, Kaffee in einer Kaffekanne zu servieren.

1 (pour faire le café) die **Kaffeemaschine** (pluriel : -maschinen)

2 (pour servir le café) die **Kaffeekanne** (pluriel : -kannen)

cage

▷ Je n'aime pas les zoos ; c'est triste de voir les animaux dans des cages.
Ich mag Zoos nicht; es ist traurig, die Tiere in Käfigen zu sehen.

der **Käfig** (pluriel : Käfige)

cagoule

▷ Il fait très froid, n'oublie pas ta cagoule.
Es ist sehr kalt, vergiss deine Kapuzenmütze nicht.

die **Kapuzenmütze** (pluriel : -mützen)

cahier

▷ C'est mon cahier, pas le tien !
Das ist mein Heft, nicht deins!

▷ Fais d'abord tes exercices dans ton cahier de brouillon.
Mach deine Übungen zuerst in deinem Schmierheft.

▷ Oh non, j'ai oublié mon cahier de textes !
Oh nein, ich habe mein Aufgabenheft vergessen!

das **Heft** (pluriel : Hefte)

► **cahier de brouillon :** das Schmierheft (pluriel : -hefte)

► **cahier de textes :** das Aufgabenheft

cailler

1 ▷ Ça caille ici !
Es ist ja furchtbar kalt hier!

1 ► **ça caille ! :** es ist furchtbar kalt!

2 ▷ On s'est caillés dans le chalet.
Wir sind in dem Chalet fast erfroren.

2 ► **se cailler** : fast erfrieren (erfror, erfroren)

ℹ *Cailler est un mot familier, mais les traductions allemandes ne le sont pas.*

caillou

▷ J'aime bien lancer des cailloux dans l'eau.
Ich werfe gern Steine ins Wasser.

der **Stein** (pluriel : Steine)

caisse

1 ▷ Papa a ouvert la caisse : elle était vide.
Papa hat die Kiste geöffnet: Sie war leer.

2 ▷ Cette caisse va fermer, allez à côté, s'il vous plaît.
Diese Kasse schließt, gehen Sie bitte an die nächste.

3 ▷ J'ai mis mes économies à la caisse d'épargne.
Ich habe meine Ersparnisse auf die Sparkasse gegeben.

1 (= boîte) die **Kiste** (pluriel : Kisten)

2 (dans un magasin) die **Kasse** (pluriel : Kassen)

3 ► **caisse d'épargne** : die Sparkasse (pluriel : Sparkassen)

caissier, caissière

▷ Le caissier m'a aidé à mettre les courses dans des sacs.
Der Kassierer hat mir geholfen, die Einkäufe in den Taschen zu verstauen.
▷ La mère d'Aline est caissière au supermarché.
Alines Mutter ist Kassiererin im Supermarkt.

der **Kassierer** (pluriel : Kassierer), die **Kassiererin** (pluriel : Kassiererinnen)

cake

▷ Ma tante a fait un cake.
Meine Tante hat einen englischen Kuchen gebacken.

der **englische Kuchen** (pluriel : Kuchen)

ℹ *Englischer Kuchen veut dire* **gâteau anglais.**

calcul

1 ▷ Ma petite sœur apprend le calcul.
Meine kleine Schwester lernt das Rechnen.

1 ► **le calcul** : das Rechnen

ℹ *Rechnen est un verbe substantivé ; il est indénombrable :* on ne dit pas *ein Rechnen.*

2 ▷ Nous avons fait des calculs pour voir si nous avions assez d'argent.
Wir haben gerechnet, um zu sehen, ob wir genug Geld haben.

2 ► **faire des calculs** : rechnen

calculatrice

▷ Les calculatrices sont interdites pendant l'examen.
Taschenrechner sind während der Prüfung verboten.

der **Taschenrechner**
(pluriel : -rechner)

calculer

▷ Calculons combien ça va coûter.
Rechnen wir mal, wieviel es kostet.

▷ J'ai calculé mes chances, ça devrait aller.
Ich habe meine Chancen ausgerechnet, es sollte ja gehen.

rechnen

► **calculer ses chances :** pronom possessif + **Chancen ausrechnen**

ℹ *aus•rechnen est un verbe à particule séparable.*

calculette

▷ Les calculettes sont interdites pendant l'examen.
Taschenrechner sind während der Prüfung verboten.

der **Taschenrechner**
(pluriel : -rechner)

caleçon

▷ Ce caleçon est beaucoup trop grand pour moi !
Diese Unterhose ist viel zu groß für mich!

▷ Mon frère ne porte que des caleçons.
Mein Bruder trägt nur Boxershorts.

(= sous-vêtement) die **Unterhose**
(pluriel : Unterhosen)

ℹ *On dit aussi die Boxershorts, qui est un pluriel.*

calendrier

▷ Cette semaine, les facteurs passent avec les calendriers.
Diese Woche kommen die Briefträger mit den Kalendern vorbei.

der **Kalender** (pluriel : Kalender)

câlin

▷ J'adore faire des câlins à ma petite sœur.
Ich schmuse so gerne mit meiner kleinen Schwester.

► **faire des câlins à** quelqu'un **:** **mit** jemandem (datif) **schmusen**

calme

1 ▷ Cyril est un enfant très calme.
Cyril ist ein sehr ruhiges Kind.

▷ C'est une rue calme.
Es ist eine ruhige Straße.

2 ▷ À la campagne, j'apprécie surtout le calme.
Auf dem Land mag ich vor allem die Ruhe.

▷ Du calme ! On ne s'entend plus parler !
Ruhe! Man hört ja sein eigenes Wort nicht mehr!

1 (en parlant d'une personne, d'un endroit) **ruhig**

2 ► **le calme** (= le silence) **:** die **Ruhe**

► **du calme ! :** **Ruhe!**

calmement

▷ Si tu lui parles calmement, je suis sûr qu'il comprendra.
Wenn du ruhig mit ihm sprichst, bin ich sicher, dass er es versteht.

ruhig

calmer

1 ▷ Personne n'a réussi à calmer Daphné.
Niemand konnte Daphné beruhigen.

2 ▷ Calme-toi, ce n'est pas grave !
Beruhige dich, es ist nicht schlimm!

▷ La vue de l'accident l'a beaucoup perturbée, elle a mis trois heures pour se calmer.
Der Anblick des Unfalls hat sie sehr durcheinander gebracht, sie brauchte drei Stunden, um sich zu beruhigen.

3 ▷ Finalement, la tempête s'est calmée.
Der Sturm hat sich schließlich gelegt.

1 ► **calmer** quelqu'un : jemanden (accusatif) beruhigen

2 ► **se calmer** (en parlant d'une personne) : sich beruhigen

ℹ *Le pronom personnel allemand s'emploie à l'accusatif : ich beruhige* ***mich****, du beruhigst* ***dich****, er/sie beruhigt* ***sich****, wir beruhigen* ***uns****, ihr beruhigt* ***euch****, sie beruhigen* ***sich****.*

3 ► **se calmer** (en parlant de la tempête) : sich legen

camarade

▷ Théo est mon camarade de classe.
Théo ist mein Klassenkamerad.

der **Kamerad** (pluriel : Kameraden), die **Kameradin** (pluriel : Kameradinnen)

cambrioler

▷ La police a arrêté les hommes qui ont cambriolé notre maison.
Die Polizei hat die Männer festgenommen, die bei uns eingebrochen sind.

einbrechen

ℹ ***ein•brechen*** *est un verbe à particule séparable qui se conjugue comme* ***brechen*** *(bricht, brach, gebrochen).*

cambrioleur, cambrioleuse

▷ Les cambrioleurs ont pris notre télé.
Die Einbrecher haben unseren Fernseher gestohlen.

der **Einbrecher** (pluriel : Einbrecher), die **Einbrecherin** (pluriel : Einbrecherinnen)

camembert

▷ Tu préfères du camembert ou du gruyère ?
Magst du lieber Camembert oder Schweizer Käse?

der **Camembert**

caméra

▷ Regardez la caméra et souriez !
Lächelt in die Kamera!

die **Kamera** (pluriel : Kameras)

camescope®

▷ Est-ce que tu vas emporter ton camescope en Allemagne ?
Nimmst du deinen Kamerarekorder mit nach Deutschland?

der **Kamerarekorder**
(pluriel : -rekorder)

ℹ *On utilise aussi le mot* ***der Camcorder*** *qui vient de l'anglais.*

ℹ *Le ® signifie que c'est le nom d'une marque. Vous n'avez pas besoin de l'écrire.*

camion

▷ Un énorme camion s'est arrêté devant la maison.
Ein riesiger Lastwagen hat vor dem Haus gehalten.

der **Lastwagen**
(pluriel : Lastwagen)

ℹ *On dit aussi* ***der Laster***.

camionnette

▷ Nous avons loué une camionnette pour le déménagement.
Wir haben einen Lieferwagen für den Umzug gemietet.

der **Lieferwagen**
(pluriel : -wagen)

camp

1 ▷ Cet été, Thomas a fait un camp en Auvergne.
Diesen Sommer war Thomas in einem Ferienlager in der Auvergne.

2 ▷ Il y avait deux camps : les rouges et les bleus.
Es gab zwei Seiten: die Roten und die Blauen.

1 (= camp de vacances) das **Ferienlager** (pluriel : -lager)

2 (= équipe) die **Seite**
(pluriel : Seiten)

campagne

1 ▷ Ils veulent vivre à la campagne.
Sie wollen auf dem Land wohnen.

2 ▷ La campagne anglaise est très jolie.
Die englische Landschaft ist sehr schön.

3 ▷ La campagne électorale a commencé.
Der Wahlkampf hat begonnen.

1 ► **la campagne** (par opposition à la ville) : das **Land**

2 ► **la campagne** (= les paysages) : die **Landschaft**
(pluriel : Landschaften)

3 ► **campagne électorale** : der **Wahlkampf** (pluriel : -kämpfe)

camper

▷ Manu et ses copains ont campé près de Tours.
Manu und seine Freunde haben in der Nähe von Tours gecampt.

campen /'kɛmpn/

🔊 *Notez la prononciation.*

ℹ *On dit aussi* ***zelten***.

camping

1 ▷ Le camping est interdit ici.
Campen ist hier verboten.

2 ▷ J'aimerais faire du camping cet été.
Diesen Sommer würde ich gerne campen.

1 das **Campen** /'kɛmpn/

ℹ *On dit aussi* ***das Zelten***.

2 ► **faire du camping** : **campen**

ℹ *On dit aussi* ***zelten***.

3 ▷ Savez-vous où est le camping ?
Wissen Sie, wo der Campingplatz ist?

3 ► **un camping** (= un lieu où on campe) : der Campingplatz (pluriel : -plätze)

ℹ *On dit aussi* **der Zeltplatz.**

Canada

▷ Le Canada est le deuxième plus grand pays du monde.
Kanada ist das zweitgrösste Land der Welt.

▷ Il y a des paysages magnifiques au Canada.
In Kanada gibt es wunderschöne Landschaften.

▷ Ils sont allés au Canada pour chercher du travail.
Sie sind nach Kanada gegangen, um Arbeit zu suchen.

▷ Tu es déjà allée au Canada ?
Warst du schon in Kanada?

Kanada

► **le Canada** : Kanada

ℹ *Ne prend l'article neutre que précédé d'un adjectif :* **das eingeborene Kanada** (le Canada indigène).

► **au Canada** (= dans le pays) : in Kanada

► **au Canada** (= vers le pays) : nach Kanada

Attention : pour dire que quelqu'un **est déjà allé quelque part**, *on emploie une expression avec le prétérit du verbe* **sein** + **schon**.

canadien, canadienne

1 ▷ David lisait un journal canadien.
David las eine kanadische Zeitung.

2 ▷ Les Canadiens ont une bonne équipe de hockey sur glace.
Die Kanadier haben eine gute Eishockeymannschaft.

1 (adjectif) kanadisch

2 (= personne) der Kanadier (pluriel : Kanadier), die Kanadierin (pluriel : Kanadierinnen)

canal

▷ Allons nous promener au bord du canal.
Komm, gehen wir am Kanal spazieren.

der Kanal (pluriel : Kanäle)

canapé

▷ Christelle dormait dans le lit et Julie sur le canapé.
Christelle hat im Bett geschlafen und Julie auf dem Sofa.

das Sofa (pluriel : Sofas)

ℹ *On dit aussi* **die Couch** kautʃ .

canard

▷ Emporte du pain pour les canards !
Nimm Brot für die Enten mit!

die Ente (pluriel : Enten)

cancer

▷ Le cancer est une maladie grave.
Krebs ist eine schwere Krankheit.

► **le cancer** : der Krebs

canette

▻ Tu as pris les canettes de coca ?
Hast du die Coladosen mitgenommen?

die **Dose** (pluriel : Dosen)

canne

1 ▻ Papy marche avec une canne maintenant.
Opa läuft jetzt mit einem Stock.

2 ▻ Laurent m'a prêté sa canne à pêche.
Laurent hat mir seine Angel geliehen.

1 (pour s'appuyer) der **Stock** (pluriel : Stöcke)

2 ► **canne à pêche :** die Angel (pluriel : Angeln)

canon

▻ Il y a des canons anciens à Versailles.
In Versailles gibt es alte Kanonen.

die **Kanone** (pluriel : Kanonen)

cantine

▻ Je mange à la cantine tous les jours.
Ich esse jeden Tag in der Kantine.

die **Kantine** (pluriel : Kantinen)

caoutchouc

1 ▻ Le caoutchouc est produit par un arbre.
Kautschuk wird von einem Baum produziert.

2 ▻ Mes chaussures ont des semelles en caoutchouc.
Meine Schuhe haben Gummisohlen.

▻ Maman porte des gants en caoutchouc pour faire la vaisselle.
Mama trägt Gummihandschuhe zum Geschirrspülen.

1 (= la matière première) der **Kautschuk**

2 (= ce qui est fabriqué avec le caoutchouc) das **Gummi**

ℹ *Pour dire que quelque chose est* **en caoutchouc**, *on forme des mots composés avec* ***Gummi* : *der Gummischlauch*** **(tuyau en caoutchouc),** ***die Gummistiefel*** **(bottes en caoutchouc),** *etc.*

capable

▻ Elle est capable de nager très longtemps.
Sie kann sehr lange schwimmen.

► **être capable de faire** quelque chose **:** etwas **tun können**

capitaine

▻ Qui est le capitaine de votre équipe de foot ?
Wer ist euer Mannschaftskapitän?

der **Kapitän** (pluriel : Kapitäne)

capitale

▻ Copenhague est la capitale du Danemark.
Kopenhagen ist die Hauptstadt von Dänemark.

die **Hauptstadt** (pluriel : Hauptstädte)

capuche

▻ Je voudrais une veste avec une capuche.
Ich hätte gerne eine Jacke mit einer Kapuze.

die **Kapuze** (pluriel : Kapuzen)

car

▷ Pour le voyage scolaire nous avons pris un beau car.
Zur Schulreise fuhren wir mit einem tollen Reisebus.

▷ J'ai fait le voyage à Berlin en car.
Ich bin mit dem Reisebus nach Berlin gefahren.

▷ J'ai raté le car de ramassage scolaire.
Ich habe den Schulbus verpasst.

der **Reisebus** (pluriel : Reisebusse)

► **en car :** mit dem Reisebus

► **car de ramassage scolaire :** der Schulbus (pluriel : -busse)

caractère

▷ Mon frère a bon caractère.
Mein Bruder ist gutmütig.

▷ Tu as vraiment mauvais caractère !
Du hast wirklich einen üblen Charakter!

► **avoir bon caractère :** gutmütig sein

► **avoir mauvais caractère :** einen üblen Charakter haben

Notez l'orthographe du mot allemand.

carafe

▷ Une bouteille de vin et une carafe d'eau, s'il vous plaît.
Eine Flasche Wein und eine Karaffe Wasser, bitte.

die **Karaffe** (pluriel : Karaffen)

caramel

1 ▷ Il y a du caramel sur le gâteau.
Auf dem Kuchen ist Karamell.

2 ▷ J'ai mangé tout le paquet de caramels !
Ich habe das ganze Päckchen Karamellbonbons gegessen!

1 ► **du caramel** (= du sucre cuit) **:** Karamell

2 (= un bonbon) das *ou* der **Karamellbonbon** (pluriel : -bonbons)

caravane

▷ Ils ont acheté une grande caravane pour partir en vacances.
Sie haben einen großen Wohnwagen gekauft, um in die Ferien zu fahren.

der **Wohnwagen** (pluriel : -wagen)

cardiaque

▷ Monsieur Lopez est cardiaque.
Herr Lopez ist herzkrank.

herzkrank

caresser

▷ Le chat ronronne quand on le caresse.
Die Katze schnurrt, wenn man sie streichelt.

streicheln

carnaval

▷ Tu vas te déguiser pour le carnaval ?
Wirst du dich zum Karneval kostümieren?

der **Karneval** (pluriel : Karnevale ou Karnevals)

ℹ *Dans le sud de l'Allemagne et en Autriche, on dit* ***Fasching****.*

carnet

▷ Tous les mots allemands que j'apprends, je les écris dans un carnet.
Alle deutschen Wörter, die ich lerne, schreibe ich in ein Notizbuch.

(= pour écrire) das **Notizbuch** (pluriel : -bücher)

▷ J'ai perdu mon carnet d'adresses !
Ich habe mein Adressbuch verloren!

► **carnet d'adresses :** das Adressbuch

▷ Mes parents n'ont pas encore vu mon carnet de notes.
Meine Eltern haben mein Zeugnisheft noch nicht gesehen.

► **carnet de notes :** das Zeugnisheft (pluriel : -hefte)

▷ Deux carnets de timbres, s'il vous plaît.
Zwei Briefmarkenheftchen, bitte.

► **carnet de timbres :** das Briefmarkenheftchen (pluriel : -heftchen)

ℹ *Le suffixe* ***-chen*** *indique le diminutif.*

carotte

▷ Il faut que j'achète des carottes pour le lapin.
Ich muss Möhren für das Kaninchen kaufen.

die **Möhre** (pluriel : Möhren)

ℹ *On dit aussi* ***die Karotte*** (pluriel : *Karotten*).

carré, carrée

1 ▷ Dessine un carré et un cercle.
Zeichne ein Quadrat und einen Kreis.

1 (= forme géométrique) das **Quadrat** (pluriel : Quadrate)

2 ▷ L'écran de l'ordinateur est presque carré.
Der Computerbildschirm ist fast quadratisch.

2 (adjectif) **quadratisch**

carreau

1 ▷ Nous avons choisi des carreaux bleus pour le sol de la cuisine.
Wir haben blaue Fliesen für den Küchenboden ausgesucht.

1 (au sol) die **Fliese** (pluriel : Fliesen)

2 ▷ Il nous faudrait des carreaux au-dessus de l'évier.
Wir bräuchten Kacheln über dem Spülbecken.

2 (sur les murs) die **Kachel** (pluriel : Kacheln)

3 ▷ Ces carreaux sont vraiment sales, je ne vois rien !
Diese Fensterscheiben sind wirklich dreckig, ich sehe gar nichts!

3 (= vitre) die **Fensterscheibe** (pluriel : -scheiben)

4 ▷ Annie porte un pantalon à carreaux.
Annie trägt eine karierte Hose.

4 ► **à carreaux :** kariert

5 ▷ Qui a l'as de carreau ?
Wer hat das Karo-As?

5 (dans un jeu de cartes) das **Karo**

carrefour

▷ Il y a encore eu un accident au carrefour.
Es gab schon wieder einen Unfall an der Kreuzung.

die **Kreuzung**
(pluriel : Kreuzungen)

carrelage

▷ Un carrelage est facile à entretenir.
Ein Fliesenboden ist pflegeleicht.

der **Fliesenboden**
(pluriel : -böden)

ℹ *Littéralement, **Fliesenboden** signifie* **sol en carreaux.**

▷ Ils vont enfin poser le carrelage dans la cuisine.
Sie werden endlich in der Küche die Fliesen verlegen.

► **poser du carrelage :** Fliesen verlegen

cartable

▷ Mon cartable est trop lourd !
Meine Schultasche ist zu schwer!

▷ Ma petite sœur est toute fière de son cartable neuf.
Meine kleine Schwester ist ganz stolz auf ihren Schulranzen.

die **Schultasche**
(pluriel : Schultaschen)

ℹ *Quand il s'agit d'un* **cartable à bretelles**, *on dit* ***der Schulranzen*** (pluriel : *-ranzen*).

carte

1 ▷ Je vais envoyer une carte à Laura pour son anniversaire.
Ich werde Laura eine Karte zum Geburtstag schicken.

1 (= carte de vœux, carte à jouer) die **Karte** (pluriel : Karten)

▷ On joue aux cartes ce soir ?
Wollen wir heute Abend Karten spielen?

► **jouer aux cartes :** Karten spielen

▷ Prends la carte routière et guide-moi.
Nimm die Straßenkarte und leite mich.

► **carte routière :** die Straßenkarte

▷ Nous avons acheté une carte de la Corse pour préparer les vacances.
Wir haben eine Landkarte von Korsika gekauft, um die Ferien zu planen.

► **carte** (de géographie) **:** die Landkarte

▷ Regarde la carte et choisis ce que tu veux manger.
Schau dir die Speisekarte an und wähle dir aus, was du essen willst.

► **la carte** (dans un restaurant) **:** die Speisekarte

▷ J'ai écrit plus de vingt cartes postales aujourd'hui.
Ich habe heute mehr als zwanzig Postkarten geschrieben.

► **carte postale :** die Postkarte

▷ Où est-ce que je pourrais acheter une carte de téléphone ?
Wo könnte ich eine Telefonkarte kaufen?

► **carte de téléphone :** die Telefonkarte

2 ▷ N'oublie pas ta carte d'identité.
Vergiss deinen Personalausweis nicht.

2 ► **carte d'identité :** der Personalausweis (pluriel : -ausweise)

carton

1 ▷ Colle le poster sur ce bout de carton, ce sera plus solide.
Kleb das Poster auf dieses Stück Pappe, dann ist es solider.
▷ Est-ce que cette boîte est en carton ?
Ist die Schachtel aus Pappe?
▷ Anaïs a fabriqué un avion en carton.
Anaïs hat ein Pappflugzeug gebaut.
▷ Achète des gobelets en carton, s'il te plaît.
Kauf bitte Pappbecher.

1 (= matériau) die **Pappe**
ℹ *On dit aussi* ***der Karton.***

► **être en carton :** aus Pappe sein
ℹ *Pour dire que quelque chose est* **en carton** *en allemand, on forme des mots composés avec* ***Papp-*** *:* ***der Pappteller*** (assiette en carton), ***der Pappkarton*** (boîte en carton).

2 ▷ Nous avons tout mis dans des cartons avant de déménager.
Vor dem Umzug haben wir alles in Kartons geräumt.

2 (= récipient) der **Karton** /kar'tõː/ (pluriel : Kartons)
🔊 *Notez la prononciation.*

cartouche

▷ Le chasseur a mis une cartouche dans son fusil.
Der Jäger hat eine Patrone in sein Gewehr gesteckt.

(de fusil, d'encre) die **Patrone** (pluriel : Patronen)

cas

1 ▷ C'est un cas particulier.
Das ist ein spezieller Fall.

1 (= situation) der **Fall** (pluriel : Fälle)

2 ▷ Prends ton parapluie au cas où il pleuvrait.
Nimm deinen Schirm, falls es regnen sollte.
▷ Au cas où il viendrait, nous laisserons la porte ouverte.
Falls er kommen sollte, lassen wir die Tür offen.

2 ► **au cas où** + conditionnel : falls + verbe + sollen au subjonctif I

3 ▷ Je ne sais pas ce que vous allez faire, mais moi en tout cas je pars.
Ich weiß nicht, was ihr machen wollt, aber ich gehe auf jeden Fall.

3 ► **en tout cas :** auf jeden Fall
ℹ *On dit aussi* ***jedenfalls*** *ou* ***auf alle Fälle.***

case

▷ J'ai oublié de remplir la dernière case du questionnaire.
Ich habe vergessen, das letzte Feld auf dem Fragebogen auszufüllen.
▷ Tu dois avancer de trois cases.
Du musst drei Felder vorgehen.

(dans un questionnaire, les mots croisés, dans un jeu de société) das **Feld** (pluriel : Felder)

casque

1 ▷ Je mets un casque quand je prends mon vélo.
Ich nehme einen Helm zum Fahrradfahren.
▷ Tu es fou de faire de la moto sans casque !
Du bist wohl verrückt, ohne Sturzhelm Motorrad zu fahren!

2 ▷ Lou aime écouter de la musique avec un casque.
Lou hört sich gern Musik über Kopfhörer an.

1 (= protection) der **Helm** (pluriel : Helme)
(pour faire de la moto) der **Sturzhelm**

2 (pour écouter de la musique) der **Kopfhörer** (pluriel : Kopfhörer)

casquette

▷ Les casquettes de base-ball sont à la mode.
Baseballkappen sind gerade in.

die **Kappe** (pluriel : Kappen)

casser

1 ▷ Attention, tu vas casser l'assiette !
Vorsicht, du wirst den Teller zerbrechen!
▷ Ces verres se cassent facilement.
Diese Gläser zerbrechen leicht.

2 ▷ Roxanne s'est cassé la jambe en skiant.
Roxanne hat sich beim Skifahren das Bein gebrochen.
▷ J'ai peur de me casser quelque chose.
Ich habe Angst, mir etwas zu brechen.
▷ Je me suis déjà cassé deux fois la cheville.
Ich habe mir schon zweimal den Knöchel gebrochen.

3 ▷ Ne te casse pas la tête, on trouvera bien une solution !
Zerbrich dir nicht den Kopf, wir finden schon eine Lösung!

1 (= briser) **zerbrechen** (zerbricht, zerbrach, zerbrochen)
► **se casser** (en parlant d'un objet) : zerbrechen

2 ► **se casser la jambe, se casser le bras :** sich das Bein brechen, sich den Arm brechen (bricht, brach, gebrochen)

ℹ *Le pronom personnel allemand s'emploie au datif : ich breche **mir**..., du brichst **dir**..., er/sie bricht **sich**..., wir brechen **uns**..., ihr brecht **euch**..., sie brechen **sich**...*

3 ► **se casser la tête :** sich den Kopf zerbrechen

casserole

▷ Les oignons ont brûlé dans la casserole.
Die Zwiebeln sind im Topf angebrannt.

der **Topf** (pluriel : Töpfe)

cassette

▷ Pendant le cours d'anglais, nous écoutons des cassettes.
Im Englischunterricht hören wir uns Kassetten an.

▷ J'ai besoin d'une cassette vidéo pour enregistrer le film.
Ich brauche eine Videokassette, um den Film aufzunehmen.

die **Kassette** (pluriel : Kassetten)

► **cassette vidéo :** die Videokassette

castor

▷ Hier soir, j'ai vu un documentaire sur les castors.
Gestern Abend habe ich einen Dokumentarfilm über Biber gesehen.

der **Biber** (pluriel : Biber)

catalogue

▷ Quelqu'un a vu le catalogue de l'exposition ?
Hat jemand den Katalog der Ausstellung gesehen?

der **Katalog** (pluriel : Kataloge)

catastrophe

▷ J'ai perdu mes clés ! C'est une catastrophe !
Ich habe meine Schlüssel verloren! Das ist ja eine Katastrophe!

▷ Cette marée noire est une nouvelle catastrophe écologique.
Diese Ölpest ist eine neue Umweltkatastrophe.

▷ Il y a eu plusieurs catastrophes naturelles cette année.
Dieses Jahr gab es mehrere Naturkatastrophen.

die **Katastrophe** (pluriel : Katastrophen)

► **catastrophe écologique :** Umweltkatastrophe

ℹ *Quand* catastrophe *est utilisé avec un adjectif, on forme un mot composé :* ***die Flugzeugkatastrophe*** (catastrophe aérienne) ; ***die Eisenbahnkatastrophe*** (catastrophe ferroviaire).

catch

▷ Mon père adore regarder le catch à la télé.
Mein Vater schaut liebend gern Catchen im Fernsehen.

das **Catchen** /'kætʃn/

🔊 *Notez la prononciation.*

catégorie

▷ Il y a plusieurs catégories de modems.
Es gibt mehrere Kategorien von Modems.

▷ Au judo, les cours se font par catégories d'âge.
Im Judo finden die Kurse nach Alterklassen statt.

die **Kategorie** (pluriel : Kategorien)

ℹ *Dans le domaine du sport, on traduit par* ***die Klasse*** (pluriel : *Klassen*).

cathédrale

▷ La cathédrale est magnifique.
Die Kathedrale ist prachtvoll.

die **Kathedrale**
(pluriel : Kathedralen)

ℹ *En allemand, il existe aussi les mots* ***der Dom*** *et* ***das Münster****.*

cauchemar

▷ Le cauchemar m'a réveillé.
Der Albtraum hat mich geweckt.

▷ J'ai fait un horrible cauchemar cette nuit.
Ich hatte diese Nacht einen furchtbaren Albtraum.

der **Albtraum** (pluriel : -träume)

► **faire un cauchemar :** einen Albtraum haben

cause

1 ▷ Personne ne connaît la cause de l'accident.
Niemand kennt die Ursache des Unfalls.

2 ▷ À cause des embouteillages, j'ai raté mon rendez-vous.
Wegen der Staus habe ich meinen Termin verpasst.

▷ À cause de toi, je dois rester à la maison.
Deinetwegen muss ich zu Hause bleiben.

▷ À cause d'elle, nous avons été punis.
Wir wurden ihretwegen bestraft.

1 (= raison) die **Ursache**
(pluriel : Ursachen)

2 ► **à cause de :** wegen

ℹ *Quand on utilise* **à cause de** *avec un pronom personnel, on traduit par* ***meinetwegen, deinetwegen, seinetwegen, ihretwegen, unsertwegen, euretwegen, ihretwegen.***

cave

▷ Je n'aime pas aller à la cave, elle est pleine d'araignées.
Ich gehe nicht gern in den Keller, er ist voller Spinnen.

▷ Mon oncle s'est fait construire une cave à vin.
Mein Onkel hat sich einen Weinkeller bauen lassen.

der **Keller** (pluriel : Keller)

► **cave à vin :** der Weinkeller

CD

▷ J'ai offert un CD à Juliette pour son anniversaire.
Ich habe Juliette eine CD zum Geburtstag geschenkt.

▷ Mon père a des centaines de CD de musique classique.
Mein Vater hat hunderte von klassischen CDs.

die **CD** (pluriel : CDs)

ℹ *En allemand, on forme le pluriel de* ***CD*** *en ajoutant un* ***s*** *minuscule à la fin.*

CDI

▷ Je vais au CDI chercher un livre sur Berlin.
Ich gehe zur Schulbücherei, um mir ein Buch über Berlin zu holen.

die **Schulbücherei**
(pluriel : -büchereien)

CD-ROM

▷ Ali a une encyclopédie sur CD-ROM, c'est vraiment bien.
Ali hat eine Lexikon auf CD-ROM, das ist wirklich toll.

die **CD-ROM** (pluriel : CD-ROMs)

ℹ *En allemand, on forme le pluriel de* ***CD-ROM*** *en ajoutant un* ***s*** *minuscule à la fin.*

ce

1 ▷ Ce n'est pas vrai.
Das ist nicht wahr.
▷ Ce sont des roses.
Das sind Rosen.

1 (= cela) **das**

2 ▷ Qui a jeté ce chewing-gum ? – Ce n'était pas lui !
Wer hat das Kaugummi weggeschmissen? – Er war es nicht.
▷ C'est moi !
Ich bin's!

2 ► **ce + être** + pronom personnel : es + sein

3 ▷ Je ne sais pas ce que je dois faire.
Ich weiß nicht, was ich tun soll.

3 ► **ce que :** was

4 ▷ Personne ne comprend ce qui se passe.
Niemand versteht, was los ist.

4 ► **ce qui :** was

ce, cet, cette

1 ▷ Ce chien me rendra fou !
Dieser Hund macht mich verrückt!
▷ Ce blouson est trop petit pour moi.
Diese Jacke ist zu klein für mich.
▷ Cette maison au bout de la rue est la maison de Cédric.
Dieses Haus am Ende der Straße ist Cedrics.

1 Pour désigner une chose ou une personne, on traduit par **dieser** (pour le masculin), **diese** (pour le féminin) ou **dieses** (pour le neutre), en fonction du genre en allemand.

2 ▷ Cet après-midi, je vais faire des courses avec ma mère.
Heute Nachmittag gehe ich mit meiner Mutter einkaufen.

2 (en parlant d'un moment de la journée en cours) **heute**

ℹ *On ajoute le moment de la journée après* ***heute*** *:* ***heute Abend*** (ce soir), ***heute Morgen*** (ce matin).

3 ▷ Il va faire froid cette nuit.
Heute Nacht wird es kalt.
▷ Je n'ai pas bien dormi cette nuit.
Gestern Nacht habe ich schlecht geschlafen.

3 ► **cette nuit** (= la nuit qui vient) : heute Nacht
► **cette nuit** (= la nuit passée) : gestern Nacht

céder

▻ J'ai essayé de convaincre mes parents, mais ils n'ont pas cédé.
Ich habe versucht, meine Eltern zu überzeugen, aber sie haben nicht nachgegeben.

nachgeben
ℹ ***nach•geben*** *est un verbe à particule séparable et se conjugue comme* ***geben*** *(gibt, gab, gegeben).*

ceinture

1 ▻ Mets une ceinture si ton pantalon est trop grand.
Schnall einen Gürtel um, wenn deine Hose zu weit ist.

2 ▻ Attache ta ceinture de sécurité.
Schnall deinen Sicherheitsgurt an.

1 der **Gürtel** (pluriel : Gürtel)

2 ► **ceinture de sécurité :** der **Sicherheitsgurt** (pluriel : -gurte)

célèbre

▻ Matisse est un peintre célèbre.
Matisse ist ein berühmter Maler.

berühmt

céleri

▻ Je déteste le céleri.
Ich hasse Sellerie.

der **Sellerie**
ℹ ***Sellerie*** *est indénombrable*, on ne dit pas ***ein Sellerie.***

célibataire

1 ▻ Est-ce que ton grand frère est célibataire ?
Ist dein großer Bruder ledig?

2 ▻ Je connais plusieurs célibataires qui partagent des appartements.
Ich kenne mehrere Junggesellen, die eine Wohnung teilen.

1 (adjectif) **ledig**

2 (= personne) der **Junggeselle** (pluriel : -gesellen), die **Junggesellin** (pluriel : -gesellinnen)

celle, celle-ci, celle-là

Regardez à celui, celui-ci, celui-là.

celles, celles-ci, celles-là

Regardez à ceux, ceux-ci, ceux-là.

celui, celle

1 ▷ Ne prends pas cet imper, c'est celui de mon frère.
Nimm nicht diesen Regenmantel, das ist der meines Bruders.
▷ J'ai raté le tram, je prendrai celui de neuf heures.
Ich habe die Straßenbahn verpasst, ich nehme die um neun.
▷ C'est son cahier, celui avec la couverture bleue.
Das ist sein Heft, das mit dem blauen Umschlag.

2 ▷ Le pull bleu est celui que je préfère.
Der blaue Pulli ist der, den ich am liebsten mag.
▷ Cette fille est celle qui m'a insulté.
Dieses Mädchen ist das, das mich beschimpft hat.
▷ Ce CD n'est pas mal, mais celui que j'ai entendu hier est encore mieux.
Diese CD ist nicht schlecht, aber die, die ich gestern gehört habe, war besser.

1 Lorsque **celui** ou **celle** est suivi d'une préposition, on traduit par **der**, **die** ou **das**, selon le genre du sujet en allemand.

2 Lorsque **celui** ou **celle** est suivi d'un pronom relatif (**que** *ou* **qui**), on traduit par **der, den...** (pour le masculin), **die, die...** (pour le féminin) ou **das, das...** (pour le neutre), en fonction du genre du sujet qu'il remplace en allemand.

celui-ci, celle-ci

▷ Ton T-shirt est bien, mais celui-ci est encore mieux.
Dein T-Shirt ist gut, aber dieses hier ist noch besser.

▷ Essaie celle-ci, je pense qu'elle t'irait mieux.
Probier diese hier mal an, ich glaube, sie steht dir besser.

Selon le genre du sujet en allemand, on traduit par **dieser hier** (pour le masculin), **diese hier** (pour le féminin), **dieses hier** (pour le neutre).

ℹ *On dit aussi* ***der hier, die hier, das hier****.*

celui-là, celle-là

▷ Je n'aime pas cette couleur. – Et celle-là ?
Ich mag diese Farbe nicht. – Und diese da?

Selon le genre du sujet en allemand, on traduit par **dieser da** (pour le masculin), **diese da** (pour le féminin), **dieses da** (pour le neutre).

ℹ *On dit aussi* ***der da, die da, das da****.*

cendre

▷ La cheminée est pleine de cendres.
Der Kamin ist voller Asche.

die **Asche**

ℹ *Ce mot s'emploie surtout au singulier.*

ℹ ***Aschenputtel*** *ou* ***Aschenbrödel*** *veut dire* **Cendrillon**.

cent

1 ▷ L'arrière-grand-mère de Lucien a cent ans.
Luciens Urgroßmutter ist hundert Jahre alt.
▷ J'ai économisé deux cents euros.
Ich habe zweihundert Euro gespart.

1 **hundert**

ℹ *Quand* ***hundert*** *est précédé d'un nombre, les deux sont collés.*

2 ▷ Les prix ont augmenté de trois pour cent.
Die Preise sind um drei Prozent gestiegen.

2 ► **pour cent :** Prozent

centaine

▷ Il y avait une centaine d'enfants à la piscine.
Es waren ungefähr hundert Kinder im Schwimmbad.

► **une centaine de ...** (= environ cent) **:** ungefähr hundert ...

ℹ *On dit aussi **etwa hundert**.*

ℹ *Dans cette expression, **hundert** est adjectif.*

▷ Bruno a des centaines de BD.
Bruno hat Hunderte von Comics.

► **des centaines de ... :** Hunderte von ...

ℹ *Dans cette expression, **Hundert** est substantif.*

centime

▷ Tu peux me prêter vingt centimes ?
Kannst du mir zwanzig Cent leihen?

der **Cent** (pluriel : Cents)

ℹ *Pour les devises, le pluriel n'est généralement pas employé.*

centre

1 ▷ Dessinez un cercle au centre du carré.
Zeichnet einen Kreis in der Mitte des Quadrats.

1 (= le milieu) die **Mitte**

2 ▷ Je vais au centre de loisirs le mercredi après-midi.
Mittwochnachmittags gehe ich ins Freizeitzentrum.

2 (= lieu) das **Zentrum** (pluriel : Zentren)

▷ Ils construisent un centre commercial près de la gare.
Sie bauen ein Einkaufszentrum neben dem Bahnhof.

► **centre commercial :** das Einkaufszentrum (pluriel : -zentren)

centre-ville

▷ Où est le centre-ville ?
Wo ist das Stadtzentrum?

▷ On pourrait se rencontrer au centre-ville.
Wir könnten uns im Stadtzentrum treffen.

▷ Je vais au centre-ville avec mes copines.
Ich gehe mit meinen Freundinnen ins Stadtzentrum.

das **Stadtzentrum**

ℹ *On dit aussi **die Stadtmitte**.*

► **au centre-ville** (= dans le centre) **:** im Stadtzentrum

► **au centre-ville** (= vers le centre) **:** ins Stadtzentrum

cercle

▷ Fais un cercle avec ton compas.
Zieh mit deinem Zirkel einen Kreis.

der **Kreis** (pluriel : Kreise)

céréale

1 ▷ Dans cette région, on cultive surtout des céréales.
In dieser Gegend baut man vor allem Getreide an.
▷ Le riz est une céréale.
Reis ist eine Getreideart.

2 ▷ Je mange des céréales au petit déjeuner.
Ich esse Müsli zum Frühstück.

1 ► **céréales :** das Getreide
ℹ *Ce mot s'emploie uniquement au singulier.*
ℹ *Quand on parle d'une céréale en particulier, on traduit par* ***die Getreideart*** (pluriel : ***–arten***) en allemand.

2 On traduit par das **Müsli** toutes les sortes de céréales qu'on mange au petit-déjeuner.

cerf

▷ Nous avons vu des cerfs dans la forêt.
Wir haben im Wald Hirsche gesehen.

der **Hirsch** (pluriel : Hirsche)

cerf-volant

▷ Florian veut un cerf-volant pour son anniversaire.
Florian will einen Drachen zum Geburtstag.
▷ Mon cousin aime jouer au cerf-volant dans le pré.
Mein Cousin lässt gern den Drachen auf der Wiese steigen.

der **Drache** (pluriel : Drachen)
ℹ ***Drache*** *veut dire aussi* **dragon**.

► **jouer au cerf-volant :** den Drachen steigen lassen (lässt, ließ, gelassen)

cerise

▷ J'adore les cerises !
Ich liebe Kirschen!
▷ Mario préfère la glace à la cerise.
Mario mag Kirscheis lieber.
▷ Je t'échange mes bonbons à la menthe contre tes bonbons à la cerise.
Ich tausche meine Minzbonbons gegen deine Kirschbonbons ein.

die **Kirsche** (pluriel : Kirschen)
Ne confondez pas avec ***die Kirche*** *qui veut dire* **église**.
ℹ *Quand on veut dire que quelque chose est* **à la cerise**, *on forme des mots composés avec* ***Kirsch–*** *:* ***das Kirschjoghurt*** (yaourt à la cerise), ***die Kirschtorte*** (tarte aux cerises), *etc.*

certain, certaine, certains

1 ▷ Tu es certain que ton vélo a été volé ?
Bist du sicher, dass dein Fahrrad gestohlen wurde?
▷ Je suis certaine que c'était Andreas.
Ich bin sicher, dass es Andreas war.

2 ▷ Certains élèves n'aiment pas la directrice.
Manche Schüler mögen die Schulleiterin nicht.

1 (= sûr) **sicher**

2 ► **certains** (= quelques) **:** manche

certainement

▷ Charlotte ira certainement à la soirée chez Cyril.
Charlotte wird sicherlich auf Cyrils Party gehen.

(= très probablement) **sicherlich**

cerveau

▷ Nous avons regardé une émission sur le cerveau humain.
Wir haben eine Sendung über das menschliche Gehirn gesehen.

das **Gehirn** (pluriel : Gehirne)

ces

▷ Regarde ces photos : elles sont bien, non ?
Schau mal diese Fotos an: Sie sind gut, oder?

diese

c'est-à-dire

▷ Ma famille viendra, c'est-à-dire mes parents et mes grands-parents.
Meine Familie wird kommen, das heißt, meine Eltern und meine Großeltern.

(pour donner une explication) **das heißt**

cet, cette

Regardez au mot ce.

ceux, celles

▷ Ceux avec un billet peuvent entrer.
Diejenigen mit einer Eintrittskarte dürfen hineingehen.

▷ Ces pulls ne sont pas mal, mais ceux que j'ai vus hier sont encore mieux.
Diese Pullis sind nicht schlecht, aber die, die ich gestern gesehen habe, waren noch besser.

diejenigen

► **ceux que...** *ou* **celles que..., ceux qui...** *ou* **celles qui... : die, die...**

ceux-ci, celles-ci

▷ Tes chaussures ne sont pas mal, mais je préfère celles-ci.
Deine Schuhe sind nicht schlecht, aber ich mag diese hier lieber.

diese hier

ceux-là, celles-là

▷ Ne jette pas ceux-là, je les garde.
Werf diese da nicht weg, ich behalte sie.

diese da

chacun, chacune

1 ▷ Nous avons dix euros chacun.
Jeder von uns hat zehn Euro.

2 ▷ Chacun apportera quelque chose à boire.
Jeder bringt etwas zu trinken mit.

1 (= chaque personne) **jeder von uns** (*ou* von euch *ou* von ihnen)

2 (= tout le monde) **jeder**

chagrin

▷ Angélique a du chagrin parce que son chat est mort.
Angélique ist traurig, weil ihre Katze tot ist.

► **avoir du chagrin :** traurig sein

chaîne

1 ▷ Quelle jolie chaîne ! Elle est en or ?
Was für eine schöne Kette! Ist sie aus Gold?

2 ▷ Est-ce qu'il y a un film sur une autre chaîne ?
Gibt es auf einem anderen Sender einen Film?

3 ▷ Kiki a eu une chaîne pour son anniversaire.
Kiki hat eine Stereoanlage zum Geburtstag bekommen.

1 (= bijou, chaîne pour attacher) die **Kette** (pluriel : Ketten)

2 (à la télévision) der **Sender** (pluriel : Sender)

3 (pour écouter de la musique) die **Stereoanlage** (pluriel : -anlagen)

chaise

▷ Assieds-toi sur cette chaise.
Setz dich auf diesen Stuhl.

▷ J'ai passé la journée dans une chaise longue.
Ich habe den Tag auf einem Liegestuhl verbracht.

der **Stuhl** (pluriel : Stühle)

► **chaise longue :** der Liegestuhl (pluriel : -stühle)

chalet

▷ Tous les hivers, nous louons un chalet dans les Vosges.
Jeden Winter mieten wir ein Chalet in den Vogesen.

das **Chalet** (pluriel : Chalets)

Se prononce comme en français. Le s du pluriel se prononce en allemand.

chaleur

▷ On ne peut pas travailler par cette chaleur !
Bei dieser Hitze kann man doch nicht arbeiten!

die **Hitze**

chambre

▷ Tu dormiras dans cette chambre.
Du schläfst in diesem Schlafzimmer.

▷ Une chambre pour une personne, s'il vous plaît.
Ein Einzelzimmer, bitte.

▷ J'ai dormi dans la chambre d'amis.
Ich habe im Gästezimmer geschlafen.

(chez soi) das **Schlafzimmer** (pluriel : -zimmer)

(dans un hôtel) das **Zimmer** (pluriel : Zimmer)

► **chambre d'amis :** das Gästezimmer (pluriel : -zimmer)

chameau

▷ Les chameaux ont deux bosses.

das **Kamel** (pluriel : Kamele)

L'accent tonique est sur la deuxième syllabe.

champ

▷ Je me suis promené dans les champs avec Grégoire.
Ich bin mit Grégoire über die Felder spazieren gegangen.

das **Feld** (pluriel : Felder)

Notez la préposition dans cette expression : **dans** *les champs* = **über** *die Felder.*

champagne

▷ On a bu une bouteille de champagne pour mon anniversaire.
Zu meinem Geburtstag haben wir eine Flasche Champagner getrunken.

der **Champagner** /ʃam'panjɐ/

Notez la prononciation.

champignon

▷ Est-ce que tu pourrais laver les champignons ?
Könntest du die Pilze waschen?

▷ Achète un kilo de champignons de Paris.
Kauf ein Kilo Champignons.

der **Pilz** (pluriel : Pilze)

► **champignon de Paris :** der Champignon /'ʃampɪnjɔŋ/ (pluriel : Champignons)

champion, championne

▷ Carl Lewis était un grand champion.
Carl Lewis war ein großer Meister.

▷ Qui est la championne du monde de natation ?
Wer ist die Schwimmweltmeisterin?

▷ Il est champion d'Europe de saut en hauteur.
Er ist Hochsprung-Europameister.

der **Meister** (pluriel : Meister), die **Meisterin** (pluriel : Meisterinnen)

► **champion du monde, championne du monde :** der Weltmeister, die Weltmeisterin

► **champion d'Europe, championne d'Europe :** der Europameister, die Europameisterin

championnat

▷ Cette année, notre équipe ne participe pas au championnat.
Dieses Jahr nimmt unsere Mannschaft nicht an der Meisterschaft teil.

▷ Il a gagné le championnat du monde de judo.
Er hat die Judo-Weltmeisterschaft gewonnen.

▷ Le championnat d'Europe d'athlétisme est terminé.
Die Athletik-Europameisterschaft ist beendet.

die **Meisterschaft** (pluriel : Meisterschaften)

► **championnat du monde :** die Weltmeisterschaft

► **championnat d'Europe :** die Europameisterschaft

chance

1 ▷ Tu vas à New York ? Tu as de la chance !
Du fliegst nach New York? Du hast ja Glück!

1 ► **avoir de la chance :** Glück haben

▷ Tu n'as pas eu de chance, mais ça ira mieux la prochaine fois.
Du hast kein Glück gehabt, aber nächstes Mal geht es besser.

► **ne pas avoir de chance :** kein Glück haben

▷ Bonne chance pour ton examen !
Viel Glück für deine Prüfung!

► **bonne chance ! :** viel Glück!

2 ▷ Paola a des chances de gagner.
Paola hat gute Chancen zu gewinnen.

2 ► **avoir des chances de** + infinitif : Chancen haben, zu + infinitif

changement

▷ Je vois qu'il y a des changements ici.
Ich sehe, dass es hier Veränderungen gibt.

(= modification) die **Veränderung** (pluriel : Veränderungen)

changer

1 ▷ Tu devrais changer le titre de ta rédaction.
Du solltest die Überschrift deines Aufsatzes ändern.

1 (= modifier) **ändern**

2 ▷ Je voudrais changer cent euros en dollars.
Ich möchte hundert Euro in Dollar wechseln.
▷ Je vais d'abord changer de chaussures.
Ich wechsle zuerst die Schuhe.

2 (= convertir, remplacer) **wechseln**

3 ▷ Tu veux changer de place avec moi ?
Willst du mit mir Plätze tauschen?

3 (= échanger) **tauschen**

4 ▷ Le village a beaucoup changé.
Das Dorf hat sich sehr verändert.

4 (= se transformer) **sich verändern**

5 ▷ Nous changeons à Montparnasse.
Wir steigen in Montparnasse um.

5 (dans les transports) **umsteigen**

ℹ *__um•steigen__ est un verbe à particule séparable et se conjugue comme __steigen__ (stieg, gestiegen).*

6 ▷ J'ai changé d'avis : je viens avec vous.
Ich habe meine Meinung geändert: Ich komme mit euch.
▷ Il n'a jamais voulu changer d'avis.
Er wollte seine Meinung nie ändern.
▷ Après l'avoir rencontré, ils ont changé d'avis sur lui.
Nachdem sie ihn getroffen hatten, änderten sie ihre Meinung über ihn.

6 ► **changer d'avis :** seine Meinung ändern

ℹ *L'adjectif possessif s'emploie de façon suivante en allemand : ich ändere __meine__ Meinung, du änderst __deine__ Meinung, er ändert __seine__ Meinung, sie ändert __ihre__ Meinung, wir ändern __unsere__ Meinung, ihr ändert __eure__ Meinung, sie ändern __ihre__ Meinung.*

7 ▷ Attends-moi, je vais me changer.
Warte auf mich, ich zieh mich um.

7 ► **se changer** (= changer de vêtements) **:** sich umziehen

▷ Vous devez vous changer avant de sortir.
Ihr müsst euch umziehen, bevor ihr weggeht.
▷ Tu devrais te changer, il commence à faire froid.
Du solltest dich umziehen, es wird jetzt kalt.

ℹ *um•ziehen est un verbe à particule séparable et se conjugue comme* ***ziehen*** *(zog, gezogen).*
ℹ *Le pronom personnel allemand s'emploie à l'accusatif : ich ziehe* ***mich*** *um, du ziehst* ***dich*** *um, er/sie zieht* ***sich*** *um, wir ziehen* ***uns*** *um, ihr zieht* ***euch*** *um, sie ziehen* ***sich*** *um.*

chanson

▷ Chante-nous une chanson !
Sing uns ein Lied vor!

das **Lied** (pluriel : Lieder)

chant

▷ Momo prend des cours de chant.
Momo nimmt Gesangsstunden.

► **le chant :** der Gesang

chanter

1 ▷ Joëlle chante toujours sous la douche.
Joëlle singt immer unter der Dusche.

1 (en parlant d'une personne, d'un oiseau) **singen** (sang, gesungen)

2 ▷ Quand j'étais petite, ma mère me chantait des chansons.
Als ich klein war, sang meine Mutter mir Lieder vor.

2 ► **chanter** quelque chose **à** quelqu'un **:** jemandem etwas vorsingen

ℹ *vor•singen est un verbe à particule séparable et se conjugue comme* ***singen****.*

3 ▷ Je déteste ce coq qui chante à cinq heures du matin.
Ich hasse diesen Hahn, der um fünf Uhr morgens kräht.

3 (en parlant d'un coq) **krähen**

chanteur, chanteuse

▷ Qui est ton chanteur préféré ?
Wer ist dein Lieblingssänger?

der **Sänger** (pluriel : Sänger), die **Sängerin** (pluriel : Sängerinnen)

chapeau

▷ Ma mère a plusieurs chapeaux.
Meine Mutter hat mehrere Hüte.
▷ Chapeau ! Ce que tu as fait était formidable !
Hut ab! Was du getan hast, war wirklich stark!

der **Hut** (pluriel : Hüte)

► **chapeau !** (pour féliciter quelqu'un) **:** Hut ab!

chapiteau

▷ Le chapiteau est installé sur la place du marché.
Das Zirkuszelt steht auf dem Marktplatz.

(= tente d'un cirque) das **Zirkuszelt** (pluriel : -zelte)

chapitre

▷ Le premier chapitre du livre n'est pas très intéressant.
Das erste Kapitel des Buchs ist nicht sehr interessant.

das **Kapitel** (pluriel : Kapitel)

chaque

1 ▷ Chaque coureur a une technique différente.
Jeder Läufer hat eine verschiedene Technik.
▷ Nous allons en Espagne chaque année.
Wir fahren jedes Jahr nach Spanien.

1 On traduit **chaque** par **jeder** (pour le masculin), **jede** (pour le féminin), **jedes** (pour le neutre), selon le genre du mot auquel il se rapporte.

2 ▷ Je ne savais pas quelle chemise choisir, alors j'en ai pris une de chaque.
Ich wusste nicht, welches Hemd ich wählen sollte, also habe ich jeweils eins genommen.

2 ► **un de chaque, une de chaque :** jeweils eins *ou* jeweils eine

charcuterie

1 ▷ Il y a une charcuterie près d'ici.
In der Nähe ist eine Fleischerei.

1 (= magasin) die **Fleischerei** (pluriel : Fleischereien)

2 ▷ J'ai commandé une assiette de charcuterie.
Ich habe eine Wurstplatte bestellt.

2 (= viandes) die **Wurst**
ℹ *Ici, **Wurst** ne s'emploie qu'au singulier.*

charcutier, charcutière

▷ Va prendre un kilo de saucisses chez le charcutier.
Geh ein Kilo Würstchen beim Fleischer holen.

der **Fleischer** (pluriel : Fleischer), die **Fleischerin** (pluriel : Fleischerinnen)

charger

1 ▷ Vous pouvez charger la voiture, c'est l'heure de partir.
Ihr könnt das Auto beladen, es ist Zeit zu fahren.

1 ► **charger** quelque chose (= mettre du poids sur ou dans quelque chose) **:** etwas **beladen** (belädt, belud, beladen)
ℹ *Les verbes commençant par le préfixe **be-** ne prennent pas **ge-** au participe passé.*

2 ▷ Noémie m'a chargé de téléphoner à Louis.
Noémie hat mich beauftragt, Louis anzurufen.

2 ► **charger** quelqu'un **de faire** quelque chose **:** jemanden **beauftragen,** etwas **zu tun**

chariot

1 ▷ Ils ont volé un chariot au supermarché.
Sie haben einen Einkaufswagen im Supermarkt gestohlen.

1 (= caddie) der **Einkaufswagen** (pluriel : -wagen)

2 ▷ Où sont les chariots à bagages dans cet aéroport ?
Wo sind denn die Kofferkulis in diesem Flughafen?

2 ► **chariot à bagages :** der **Kofferkuli** (pluriel : -kulis)

charme

▷ Je trouve que Louise a beaucoup de charme.
Ich finde, dass Louise viel Charme hat.

► **avoir du charme :** Charme haben (hat, hatte, gehabt)

Se prononce comme en français.

chasse

▷ Les verts sont contre la chasse.
Die Grünen sind gegen die Jagd.

▷ Le père d'Estelle va souvent à la chasse.
Estelles Vater geht oft auf die Jagd.

► **la chasse :** die Jagd

► **aller à la chasse :** auf die Jagd gehen (ging, gegangen)

chasser

1 ▷ En Angleterre, ils chassent les renards avec des chiens.
In England jagen sie Füchse mit Hunden.

2 ▷ La boulangère nous a chassés du magasin.
Die Bäckerin hat uns aus dem Geschäft vertrieben.

1 (= chasser des animaux) **jagen**

2 ► **chasser** quelqu'un (= le faire partir) **:** jemanden **vertreiben** (vertrieb, vertrieben)

Les verbes commençant par le préfixe ***ver-*** *ne prennent pas* ***ge-*** *au participe passé.*

chasseur

▷ Nous avons rencontré un groupe de chasseurs dans la forêt.
Wir haben eine Gruppe Jäger im Wald getroffen.

der **Jäger** (pluriel : Jäger)

chat

▷ Ma grand-mère a quatre chats.
Meine Großmutter hat vier Katzen.

die **Katze** (pluriel : Katzen)

Pour un **chat mâle**, *on dit* ***der Kater*** (pluriel : *Kater*).

châtaigne

▷ J'ai ramassé des châtaignes avec Madeleine.
Ich habe mit Madeleine Kastanien gesammelt.

die **Kastanie** (pluriel : Kastanien)

châtain

▷ Guillaume a les cheveux châtains *ou* Guillaume est châtain.
Guillaume hat braune Haare.

(en parlant des cheveux) **braun**

► **être châtain :** braune Haare haben

châtain clair *se dit* ***hellbraun***.

château

1 ▷ Nous avons visité les châteaux de la Loire avec mes parents.
Mit meinen Eltern haben wir die Schlösser der Loire besichtigt.

2 ▷ Le château de Montségur se trouve en haut d'une montagne.
Die Burg von Montségur steht auf einem Berggipfel.

1 (= palais) das **Schloss**
(pluriel : Schlösser)

ℹ *Schloss signifie aussi* **verrou.**

2 (= forteresse) die **Burg**
(pluriel : Burgen)

chatouiller

▷ Je l'ai chatouillée jusqu'à ce qu'elle crie au secours.
Ich habe sie so lange gekitzelt, bis sie um Hilfe schrie.

kitzeln

chaud, chaude

1 ▷ Le pain est encore tout chaud.
Das Brot ist noch ganz warm.

▷ Tu te sens mieux ? Tu as chaud maintenant ?
Fühlst du dich besser? Ist es dir jetzt warm?

▷ Rentrons, il fait chaud dans la maison.
Gehen wir hinein, es ist warm im Haus.

2 ▷ Cette soupe est trop chaude !
Diese Suppe ist zu heiß!

▷ J'ai chaud, j'enlève mon pull.
Mir ist heiß, ich ziehe meinen Pulli aus.

▷ Qu'est-ce qu'il fait chaud ici !
Es ist aber heiß hier!

1 (= agréablement chaud) **warm**
(**plus chaud** wärmer ; **le plus chaud** der wärmste)

ℹ *Pour dire que quelqu'un* **a chaud, qu'il se sent bien**, *on traduit par jemandem* (datif) ***ist warm.***

► **il fait chaud** (= c'est agréable) **:** es ist warm

2 (= très chaud) **heiß**

ℹ *Pour dire que quelqu'un* **a chaud, qu'il ne se sent pas bien**, *on traduit par jemandem* (datif) ***ist heiß.***

► **il fait chaud** (= c'est désagréable) **:** es ist heiß

chauffage

▷ Tu peux monter le chauffage, s'il te plaît ?
Kannst du bitte die Heizung aufdrehen?

▷ Ils ont le chauffage central dans leur appartement.
In ihrer Wohnung haben sie Zentralheizung.

die **Heizung**

► **chauffage central :** die Zentralheizung

chauffer

1 ▷ Fais un feu pour chauffer la pièce.
Mach ein Feuer, um das Zimmer zu heizen.

1 (en parlant d'une maison, d'une pièce) **heizen**

2 ▷ Je fais chauffer de la soupe pour le dîner.
Zum Abendessen wärme ich Suppe auf.

2 ► **faire chauffer** (en parlant d'un aliment) : aufwärmen

ℹ *auf•wärmen est un verbe à particule séparable.*

3 ▷ Viens te chauffer au soleil.
Komm und wärm dich in der Sonne.

3 ► **se chauffer** (= se réchauffer) : sich wärmen

ℹ *Le pronom personnel allemand s'emploie à l'accusatif : ich wärme **mich**, du wärmst **dich**, er/sie wärmt **sich**, wir wärmen **uns**, ihr wärmt **euch**, sie wärmen **sich**.*

chauffeur

▷ Demande au chauffeur d'éteindre la radio.
Bitte den Fahrer, das Radio auszumachen.

▷ L'oncle de Sinda est chauffeur de camion.
Sindas Onkel ist Lastwagenfahrer.

(d'autobus, de camion, de taxi) der Fahrer (pluriel : Fahrer)

ℹ *Pour dire* **chauffeur de** *quelque chose, on forme des mots composés avec Fahrer : der Taxifahrer* (chauffeur de taxi), *der Busfahrer* (chauffeur de bus), *etc.*

chausser

▷ Je chausse du 37.
Ich habe Schuhgröße 37.

▷ Tu chausses du combien ?
Welche Schuhgröße hast du?

► **chausser du ... :** Schuhgröße ... haben

ℹ *Pour demander* **combien** *quelqu'un* **chausse**, *on forme une phrase avec welche Schuhgröße...? + haben*

chaussette

▷ Est-ce que tu as vu mes chaussettes jaunes ?
Hast du meine gelben Strümpfe gesehen?

der Strumpf (pluriel : Strümpfe)

chausson

1 ▷ À la maison je porte des chaussons.
Zu Hause trage ich Hausschuhe.

2 ▷ Deux chaussons aux pommes, s'il vous plaît.
Zwei Apfeltaschen, bitte.

1 (= chaussure d'intérieur) der Hausschuh (pluriel : -schuhe)

2 ► **chausson aux pommes :** die Apfeltasche (pluriel : -taschen)

chaussure

▷ Latifa a au moins dix paires de chaussures.
Latifa hat mindestens zehn Paar Schuhe.

▷ Mon père m'a acheté des chaussures de montagne pour les vacances.
Mein Vater hat mir für die Ferien Wanderschuhe gekauft.

der Schuh (pluriel : Schuhe)

► **chaussures de montagne** *ou* **chaussures de marche :** die Wanderschuhe

▷ Tu peux louer des chaussures de ski pour la journée.
Du kannst für einen Tag Skistiefel mieten.

► **chaussures de ski :** die Skistiefel

chauve

▷ Le père de Janine est chauve.
Janines Vater ist glatzköpfig.

glatzköpfig

On emploie aussi la forme verbale ***eine Glatze haben****.*

chauve-souris

▷ La nuit on peut voir des chauves-souris dans le jardin.
Nachts kann man im Garten Fledermäuse sehen.

die Fledermaus (pluriel : -mäuse)

chef

1 ▷ Qui est le chef ici ?
Wer ist hier der Chef?

2 ▷ Julien est chef de classe.
Julien ist Klassensprecher.

3 ▷ C'est un chef d'orchestre très connu.
Er ist ein berühmter Dirigent.

1 (= celui ou celle qui commande) der Chef (pluriel : Chefs), die Chefin (pluriel : Chefinnen)

Se prononce comme en français.

2 ► **chef de classe :** der Klassensprecher (pluriel : -sprecher), die Klassensprecherin (pluriel : -sprecherinnen)

3 ► **chef d'orchestre :** der Dirigent (pluriel : Dirigenten), die Dirigentin (pluriel : Dirigentinnen)

chef-d'œuvre

▷ Ce film est un vrai chef-d'œuvre.
Dieser Film ist ein wahres Meisterwerk.

das Meisterwerk (pluriel : -werke)

chemin

1 ▷ Prenez le chemin à gauche après l'église.
Nehmen sie den Weg links nach der Kirche.
▷ Des touristes m'ont demandé leur chemin.
Touristen haben mich nach ihrem Weg gefragt.

▷ Je vais vous montrer le chemin.
Ich zeige euch den Weg.

2 ▷ Nous nous sommes arrêtés en chemin pour acheter des boissons.
Wir haben unterwegs gehalten, um Getränke zu kaufen.

1 (= sentier) der Weg (pluriel : Wege)
► **demander son chemin à quelqu'un :** jemanden (accusatif) nach dem Weg fragen
► **montrer le chemin à quelqu'un :** jemandem (datif) den Weg zeigen

2 ► **en chemin :** unterwegs

cheminée

1 ▷ Assieds-toi près de la cheminée.
Setz dich an den Kamin.

2 ▷ Il faut faire ramoner la cheminée.
Wir müssen den Schornstein fegen lassen.

3 ▷ La cheminée de cette usine est la plus haute de la ville.
Der Schlot dieser Fabrik ist der höchste der Stadt.

1 (à l'intérieur) der **Kamin** (pluriel : Kamine)

2 (= conduit de cheminée d'une maison) der **Schornstein** (pluriel : -steine)

3 (d'une usine) der **Schlot** (pluriel : Schlote)

chemise

1 ▷ J'ai trois chemises à carreaux.
Ich habe drei karierte Hemden.

▷ Cette chemise de nuit est trop chaude.
Dieses Nachthemd ist zu warm.

2 ▷ J'ai mis toutes les photocopies dans une chemise.
Ich habe alle Kopien in eine Aktenmappe gesteckt.

3 ▷ Je garde mes notes dans des chemises transparentes.
Ich hebe meine Notizen in Klarsichthüllen auf.

1 (= vêtement) das **Hemd** (pluriel : Hemden)

► **chemise de nuit** : das Nachthemd

2 (= dossier) die **Aktenmappe** (pluriel : -mappen)

3 ► **chemise transparente** (pour conserver des feuilles) : die Klarsichthülle (pluriel : -hüllen)

chemisier

▷ Est-ce que tu as vu mon chemisier bleu ?
Hast du meine blaue Bluse gesehen?

die **Bluse** (pluriel : Blusen)

chêne

1 ▷ Il y a un très vieux chêne dans le parc.
Im Park steht eine sehr alte Eiche.

2 ▷ Notre table de cuisine est en chêne.
Unser Küchentisch ist aus Eichenholz.

▷ Nous voudrions une armoire en chêne pour la chambre.
Für das Schlafzimmer möchten wir einen Schrank aus Eiche.

1 (= arbre) die **Eiche** (pluriel : Eichen)

2 (= bois) das **Eichenholz**

► **en chêne** : aus Eichenholz *ou* aus Eiche

chenille

▷ Regarde, une chenille jaune !
Schau mal, eine gelbe Raupe!

die **Raupe** (pluriel : Raupen)

chèque

▷ Est-ce que vous acceptez les chèques ?
Nehmen Sie Schecks an?

▷ Renaud m'a fait un chèque de cinquante euros.
Renaud hat mir einen Scheck über fünzig Euro ausgestellt.

der **Scheck** (pluriel : Schecks)

► **un chèque de ...** : ein Scheck über ...

chéquier

▷ Maman cherche son chéquier.
Mama sucht ihr Scheckbuch.

das Scheckbuch
(pluriel : -bücher)

*On dit aussi **das Scheckheft**.*

cher, chère

1 ▷ Deux euros pour un café, c'est cher !
Zwei Euro für einen Kaffee, das ist ja teuer!

1 (= qui coûte beaucoup d'argent)
teuer (plus cher teurer ; le plus cher der teuerste)

▷ Je me suis acheté un pull pas cher.
Ich habe mir einen billigen Pulli gekauft.

► **pas cher, pas chère :** billig

▷ Un voyage en Islande coûte cher.
Eine Reise nach Island kostet viel.

► **coûter cher :** viel kosten

*On dit aussi **teuer sein**.*

2 ▷ Chère Barbara, ...
Liebe Barbara, ...

2 Pour commencer une lettre, on dit **Lieber...** quand on s'adresse à un garçon ou un homme, **Liebe...** quand on s'adresse à une fille ou une femme.

chercher

1 ▷ Je cherche mes lunettes.
Ich suche meine Brille.

1 (= essayer de trouver) suchen

2 ▷ Allons chercher le mot dans le dictionnaire.
Schlagen wir mal das Wort im Wörterbuch nach.

2 (= chercher dans un dictionnaire ou un annuaire) nachschlagen

*__nach•schlagen__ est un verbe à particule séparable et se conjugue comme **schlagen** (schlägt, schlug, geschlagen).*

3 ▷ Va chercher le journal s'il te plaît, il est sur la table.
Hol bitte die Zeitung, sie liegt auf dem Tisch.

3 ► **aller chercher** quelque chose : etwas (accusatif) holen

4 ▷ Tu vas chercher Paul à l'aéroport ?
Holst du Paul am Flughafen ab?
▷ Ma mère vient me chercher à l'école tous les soirs.
Meine Mutter holt mich jeden Abend von der Schule ab.

4 ► **aller chercher** quelqu'un, **venir chercher** quelqu'un : jemanden (accusatif) abholen

__ab•holen__ est un verbe à particule séparable.

5 ▷ Alexandre a cherché à m'attraper mais je cours plus vite que lui.
Alexandre hat versucht, mich zu fangen, aber ich renne schneller als er.

5 ► **chercher à** + infinitif : versuchen, zu + infinitif

*Les verbes commençant par le préfixe **ver-** ne prennent pas **ge-** au participe passé.*

cheval

1 ▷ J'aime beaucoup les chevaux.
Ich mag Pferde sehr.

1 das Pferd (pluriel : Pferde)

2 ▷ Claire fait du cheval le dimanche.
Claire reitet sonntags.

2 ► **faire du cheval : reiten** (ritt, geritten)

cheveu

▷ Il y a un cheveu dans mon assiette !
Auf meinem Teller liegt ein Haar!
▷ Gilda a les cheveux roux.
Gilda hat rote Haare *ou* Gilda hat rotes Haar.

das **Haar** (pluriel : Haare)

Quand on parle des **cheveux**, *on peut dire aussi bien* ***die Haare*** *que* ***das Haar****.*

cheville

▷ Rudy s'est cassé la cheville.
Rudy hat sich den Knöchel gebrochen.

(= partie du corps) der **Knöchel** (pluriel : Knöchel)

chèvre

▷ Le fermier a plusieurs chèvres.
Der Bauer hat mehrere Ziegen.

die **Ziege** (pluriel : Ziegen)

On traduit **bouc** *par* ***der Ziegenbock****.*

chewing-gum

▷ Tu veux un chewing-gum ?
Möchtest du ein Kaugummi?

das **Kaugummi** (pluriel : Kaugummis)

chez

1 ▷ Chez moi nous n'avons pas de télé.
Zu Hause haben wir keinen Fernseher.

1 ► **chez moi, chez toi, chez lui/elle, chez nous, chez vous, chez eux** (= à la maison) **: zu Hause**

2 ▷ Tu veux rentrer chez toi ?
Willst du nach Hause gehen?
▷ Moi je rentre chez moi maintenant.
Ich gehe jetz nach Hause.

2 ► **aller** *ou* **rentrer chez moi, chez toi, chez lui/elle, chez nous, chez vous, chez eux** (= aller à la maison) **: nach Hause gehen** (ging, gegangen)

3 ▷ Je vais manger chez Didier ce soir.
Heute Abend esse ich bei Didier.
▷ Anaïs est chez le coiffeur.
Anaïs ist beim Friseur.

3 ► **chez** quelqu'un **: bei** jemandem (datif)

4 ▷ Après mon cours de saxophone, je vais chez Léa.
Nach meinem Saxophonkurs gehe ich zu Léa.
▷ Dominique doit aller chez le médecin.
Dominique muss zum Arzt gehen.

4 ► **aller chez** quelqu'un **: zu** jemandem (datif) **gehen** (ging, gegangen)

5 ▷ Viens chez moi ce soir.
Komme heute Abend zu mir.

5 ► **venir chez** quelqu'un **: zu** jemandem (datif) **kommen** (kam, gekommen)

chic

▷ Tu es très chic, tu sors ce soir ?
Du bist sehr schick, gehst du heute Abend aus?

(élégant) **schick**

chien, chienne

▷ Le chien de Sylvain est très gentil.
Sylvains Hund ist sehr lieb.

der **Hund** (pluriel : Hunde), die **Hündin** (pluriel : Hündinnen)

chiffon

▷ Donne-moi un chiffon, je vais nettoyer la table.
Gib mir einen Lappen, ich wische den Tisch ab.

der **Lappen** (pluriel : Lappen)

chiffre

▷ Pense à un chiffre entre un et neuf.
Denk an eine Zahl zwischen eins und neun.

die **Zahl** (pluriel : Zahlen)

chignon

▷ Ton chignon ne tient pas bien.
Dein Haarknoten hält nicht gut.

der **Haarknoten** (pluriel : -knoten)

ℹ *On dit aussi* **der Knoten** *tout court.*

chimie

▷ La chimie est ma matière préférée.
Chemie ist mein Lieblingsfach.

die **Chemie** /çe'mi:/

🔊 *Le* ***ch*** *se prononce comme dans* ***Becher.***

Chine

▷ La Chine a envoyé un homme dans l'espace.
China hat einen Menschen ins Weltall geschickt.

China /'çi:na/

🔊 *Le* ***ch*** *se prononce comme dans* ***Becher.***

▷ Le fleuve Yangzi se trouve en Chine.
Der Yangzi-Fluss befindet sich in China.

► **la Chine** : China

ℹ *Ne prend l'article neutre que précédé d'un adjectif :* ***das kommunistische China*** (la Chine communiste).

▷ Nous avons passé trois semaines en Chine.
Wir haben drei Wochen in China verbracht.

▷ Si je vais en Chine, j'aimerais avoir un interprète.
Wenn ich nach China reise, hätte ich gern einen Übersetzer.

► **en Chine** (= dans le pays) : in China

► **en Chine** (= vers le pays) : nach China

▷ Es-tu déjà allé en Chine ?
Warst du schon in China?

⚠ *Attention : pour dire que quelqu'un* **est déjà allé quelque part**, *on emploie une expression avec le prétérit du verbe* ***sein*** + ***schon.***

chinois, chinoise

1 ▷ Tu connais ce restaurant chinois ?
Kennst du dieses chinesische Restaurant?

1 (adjectif) **chinesisch** /çi'ne:zɪʃ/

🔊 *Le* ***ch*** *se prononce comme dans* ***Becher.***

2 ▷ Une Chinoise nous a accueillis.
Eine Chinesin hat uns begrüßt.

2 (= personne) der **Chinese** (pluriel : Chinesen), die **Chinesin** (pluriel : Chinesinnen)

3 ▷ Je connais quelques mots en chinois.
Ich kenne ein paar Wörter auf Chinesisch.

3 (= langue) **Chinesisch**

chips

▷ On trouve des chips avec des parfums étonnants.
Man findet Kartoffelchips mit erstaunlichen Geschmacksrichtungen.

der **Kartoffelchip** /tʃip/ (pluriel : -chips)

Notez la prononciation.

On dit aussi **Chip** *tout court.*

chirugien, chirurgienne

▷ Le chirurgien est venu me voir après l'opération.
Der Chirurg kam nach der Operation vorbei.

der **Chirurg** /çi'rʊrk/ (pluriel : Chirurgen), die **Chirurgin** (pluriel : Chirurginnen)

choc

1 ▷ Je me souviens juste du bruit du frein, puis d'un choc.
Ich erinnere mich nur an das Geräusch der Bremsen und an einen Zusammenstoß.

1 (= collision) der **Zusammenstoß** (pluriel : -stöße)

2 ▷ J'ai eu un choc quand j'ai vu Cédric.
Ich bekam einen Schock, als ich Cédric sah.

2 (= choc émotionnel) der **Schock**

chocolat

▷ J'adore le chocolat.
Ich liebe Schokolade.

▷ Tu préfères le chocolat noir ou le chocolat au lait ?
Magst du lieber Zartbitterschokolade oder Milchschokolade?

▷ Un café et un chocolat chaud, s'il vous plaît.
Einen Kaffee und eine heiße Schokolade, bitte.

▷ Tu peux me passer le chocolat en poudre ?
Kannst du mir die Trinkschokolade geben?

▷ Comme dessert, il y a de la crème au chocolat.
Zum Nachtisch gibt es Schokoladenpudding.

▷ Regarde cette cloche en chocolat !
Sieh dir mal diese Schokoladenglocke an!

die **Schokolade**

► **chocolat noir :** die Zartbitterschokolade

► **chocolat au lait :** die Milchschokolade

► **chocolat chaud :** die heiße Schokolade

On dit aussi ***der heiße Kakao.***

► **chocolat en poudre :** die Trinkschokolade

Pour dire que quelque chose est en chocolat *ou* de chocolat, *on forme des mots composés avec* ***Schokoladen- : das Schokoladenei*** (œuf en chocolat), ***der Schokoladenriegel*** (barre de chocolat).

choisir

1 ▷ Je n'arrive pas à choisir.
Ich kann mich nicht entscheiden.
▷ Est-ce que tu as choisi une date de départ ?
Hast du dich für ein Abreisedatum entschieden?
▷ Il a enfin choisi une date.
Er hat sich endlich für ein Datum entschieden.

1 (= se décider, trancher) **sich entscheiden** (entschied, entschieden)

*Le pronom personnel s'emploie à l'accusatif : ich entscheide **mich**, du entscheidest **dich**, er/sie entscheidet **sich**, wir entscheiden **uns**, ihr entscheidet **euch**, sie entscheiden **sich**.*

2 ▷ Je dois choisir un cadeau pour Astrid.
Ich muss ein Geschenk für Astrid auswählen.

2 (= sélectionner) **auswählen**

***aus•wählen** est un verbe à particule séparable.*

choix

1 ▷ Il n'y a pas beaucoup de choix ici.
Es gibt nicht viel Auswahl hier.

1 (= assortiment) die **Auswahl**

2 ▷ Tu as le choix, tu n'es pas obligé d'y aller.
Du hast die Wahl, du musst nicht hingehen.
▷ Je n'ai pas le choix, je dois finir ma rédaction.
Ich habe keine Wahl, ich muss meinen Aufsatz fertigschreiben.

2 ► **avoir le choix :** die Wahl haben
► **ne pas avoir le choix :** keine Wahl haben

chômage

1 ▷ Le chômage est de nouveau en hausse.
Die Arbeitslosigkeit steigt wieder an.

1 die **Arbeitslosigkeit**

2 ▷ Le père de Christine est au chômage.
Christines Vater ist arbeitslos.

2 ► **être au chômage :** arbeitslos sein

chômeur, chômeuse

▷ Combien y a-t-il de chômeurs en France ?
Wie viele Arbeitslose gibt es in Frankreich?

der/die **Arbeitslose** (pluriel : Arbeitslosen)

*C'est un adjectif substantivé : on dit **ein Arbeitsloser**.*

▷ Le frère d'Ismaël est chômeur.
Ismaëls Bruder ist arbeitslos.

► **être chômeur :** arbeitslos sein

choquant, choquante

▷ Parfois, je trouve l'agressivité des gens choquante.
Manchmal finde ich die Aggressivität der Leute schockierend.

schockierend

chorale

▻ Dorothée chante dans la chorale de l'école.
Dorothée singt im Schulchor.

der **Chor** /koːɐ/ (pluriel : Chöre /'kφrə/)

*Dans ce mot, le **ch** se prononce **k**.*

chose

1 ▻ La chose est la suivante ...
Die Sache ist die Folgende ...

2 ▻ Qu'est-ce que c'est que cette chose ?
Was ist denn dieses Ding?

3 ▻ J'ai beaucoup de choses à faire.
Ich habe viel zu tun.

1 (abstrait) die **Sache** (pluriel : Sachen)

2 (= objet) das **Ding** (pluriel : Dinge)

3 ► **avoir des choses à faire :** zu tun haben

chou

1 ▻ Ma petite sœur déteste le chou.
Meine kleine Schwester hasst Kohl.

▻ Un kilo de choux de Bruxelles, s'il vous plaît.
Ein Kilo Rosenkohl, bitte.

▻ En Allemagne, on mange souvent le gibier avec du chou rouge.
In Deutschland isst man oft Rotkohl zum Wild.

2 ▻ Maman a acheté des choux à la crème comme dessert.
Mama hat Windbeutel zum Nachtisch gekauft.

1 (= légume) der **Kohl** (pluriel : Kohle)

► **chou de Bruxelles :** der Rosenkohl

► **chou rouge :** der Rotkohl

*On dit aussi **das Rotkraut** ou **das Blaukraut**.*

2 ► **chou à la crème :** der Windbeutel (pluriel : -beutel)

chouchou, chouchoute

▻ Antoine est le chouchou du prof.
Antoine ist der Liebling des Lehrers.

der **Liebling** (pluriel : Lieblinge)

Ce mot n'a pas de flexion féminine.

choucroute

▻ Est-ce que tu aimes la choucroute ?
Magst du Sauerkraut?

das **Sauerkraut**

Ce mot s'emploie uniquement au singulier.

chouette

1 ▻ Les chouettes dorment pendant la journée.
Eulen schlafen tagsüber.

2 ▻ Ta montre est chouette, elle est neuve ?
Deine Uhr ist klasse, ist sie neu?

1 (= oiseau) die **Eule** (pluriel : Eulen)

2 (= bien, beau) **klasse**

chou-fleur

▻ Papa a préparé du rôti et du chou-fleur.
Papa hat Braten mit Blumenkohl zubereitet.

der **Blumenkohl** (pluriel : -kohle)

chuchoter

▷ Arrêtez de chuchoter !
Hört auf zu flüstern!
▷ Judith me chuchotait quelque chose, mais je ne comprenais pas.
Judith flüsterte mir etwas zu, aber ich verstand es nicht.

flüstern

► **chuchoter** quelque chose à quelqu'un : jemandem (datif) etwas zuflüstern

i ***zu•flüstern*** *est un verbe à particule séparable.*

chut !

▷ Chut ! Le prof va t'entendre !
Pst! Der Lehrer wird dich hören!

pst!

chute

▷ Barbara a remis ses skis tout de suite après sa chute.
Barbara hat sofort nach ihrem Fall die Skier wieder angeschnallt.
▷ Marco a fait une chute dans les escaliers.
Marco ist auf der Treppe gefallen.
▷ Il y a une très belle chute d'eau ici.
Hier ist ein sehr schöner Wasserfall.

der Fall

i *Ce mot s'emploie au singulier. Attention à ne pas confondre avec* ***der Fall*** *=* cas, *dont le pluriel est* ***Fälle****.*

► **faire une chute :** fallen (fällt, fiel, gefallen)

► **chute d'eau :** der Wasserfall (pluriel : -fälle)

i *Ce mot s'emploie au pluriel.*

cible

▷ Diane a raté la cible.
Diane hat die Zielscheibe verfehlt.

die Zielscheibe (pluriel : -scheiben)

cicatrice

▷ Attends, je vais te montrer ma cicatrice !
Warte, ich zeige dir mal meine Narbe!

die Narbe (pluriel : Narben)

cidre

▷ Tu voudrais un verre de cidre ?
Möchtest du ein Glas Cidre?

der Cidre

Se prononce comme en français.

En Allemagne, il existe une boisson alcoolisée faite de pommes, qui s'appelle ***der Apfelwein****, mais qui est très peu gazeuse.*

ciel

▷ Quel beau ciel bleu !
So ein schöner blauer Himmel!

der Himmel

cigare

▷ Mon oncle fume de gros cigares.
Mein Onkel raucht große Zigarren.

die **Zigarre** (pluriel : Zigarren)

ℹ *Attention à l'orthographe du mot allemand.*

cigarette

▷ La mère de Coralie a trouvé des cigarettes dans sa poche.
Coralies Mutter hat Zigaretten in ihrer Tasche gefunden.

die **Zigarette** (pluriel : Zigaretten)

cil

▷ Je crois que j'ai un cil dans l'œil.
Ich glaube, ich habe eine Wimper im Auge.

die **Wimper** (pluriel : Wimpern)

cimetière

▷ Marion habite en face du cimetière.
Marion wohnt gegenüber des Friedhofs.

der **Friedhof** (pluriel : -höfe)

cinéma

1 ▷ Il y a trois cinémas dans la ville.
Es gibt drei Kinos in der Stadt.
▷ Thomas va au cinéma toutes les semaines.
Thomas geht jede Woche ins Kino.
2 ▷ Arrête de faire du cinéma !
Hör auf, so ein Theater zu machen!

1 das **Kino** (pluriel : Kinos)

► **aller au cinéma :** ins Kino gehen

2 ► **faire du cinéma :** Theater machen

ℹ *On dit aussi **Zirkus machen**.*

cinq

▷ Je l'ai vu il y a cinq jours.
Ich habe ihn vor fünf Tagen gesehen.
▷ Ma petite sœur a cinq ans.
Meine kleine Schwester ist fünf Jahre alt.

▷ Aujourd'hui, c'est le cinq novembre.
Heute ist der fünfte November.
▷ Nous partons le cinq février.
Wir fahren am fünften Februar.

fünf

ℹ *Quand on dit l'âge de quelqu'un, on peut dire simplement le nombre : **Sie ist fünf**.*

ℹ *Quand on dit la date, on emploie **der fünfte**.*

ℹ *Quand on dit que quelque chose a eu lieu ou aura lieu à cette date, on emploie **am fünften**.*

ℹ *On écrit **der 5. November**.*

cinquante

▷ Cinquante parents étaient venus à la réunion.
Fünfzig Eltern kamen zur Versammlung.

fünfzig

▷ Mon oncle a cinquante ans.
Mein Onkel ist fünfzig Jahre alt.

*Quand on dit l'âge de quelqu'un, on peut dire simplement le nombre : **Er ist fünfzig**.*

cintre

▷ Mets ta veste sur un cintre.
Häng deine Jacke auf einen Bügel.

der **Bügel** (pluriel : Bügel)

circuit

1 ▷ Nous avons fait un beau circuit en Bavière.
Wir haben eine schöne Rundreise durch Bayern gemacht.

2 ▷ Le circuit automobile du Mans est célèbre.
Die Rennstrecke von Le Mans ist berühmt.

1 (= voyage) die **Rundreise** (pluriel : -reisen)

2 ► **circuit automobile :** die **Rennstrecke** (pluriel : -strecken)

circulation

▷ Qu'est-ce qu'il y a comme circulation !
Da ist ja ein Verkehr!

(de voitures) der **Verkehr**

circuler

1 ▷ Il est difficile de circuler à Paris.
Es ist schwierig, in Paris Auto zu fahren.

2 ▷ Est-ce que ce bus circule le dimanche ?
Fährt dieser Bus sonntags?

3 ▷ Faites circuler le plat !
Reicht die Platte herum!

1 (= conduire) **Auto fahren** (fährt, fuhr, gefahren)

2 (en parlant des transports en commun) **fahren** (fährt, fuhr, gefahren)

3 ► **faire circuler** quelque chose : etwas (accusatif) **herumreichen**

***herum•reichen** est un verbe à particule séparable.*

cirer

▷ Cire tes chaussures avant de sortir.
Putz deine Schuhe, bevor du gehst.

putzen

cirque

▷ Luc et Justine sont allés au cirque hier.
Luc und Justine waren gestern im Zirkus.

(= spectacle) der **Zirkus** (pluriel : Zirkusse)

ciseaux

▷ Claire apprend à découper des images avec des ciseaux.
Claire lernt, Bilder mit der Schere auszuschneiden.

die **Schere** (pluriel : Scheren)

▷ Tu peux me prêter une paire de ciseaux ?
Kannst du mir eine Schere leihen?

ℹ *Schere signifie une* **paire de ciseaux** *; Scheren s'applique à* **plusieurs paires de ciseaux.**

cité

1 ▷ Les Dutoit habitent dans une cité en banlieue.
Dutoits wohnen in einer Vorortssiedlung.

2 ▷ Ma grande sœur a une chambre à la cité universitaire.
Meine große Schwester hat ein Zimmer im Studentenwohnheim.

1 (= immeubles) die **Siedlung** (pluriel : Siedlungen)

2 ► **cité universitaire :** das Studentenwohnheim

citron

▷ Alissa arrive à manger du citron comme ça.
Alissa kann Zitrone so essen.

▷ C'est de la glace au citron ?
Ist das Zitroneneis?

▷ Il y a de l'entremets au citron au dessert.
Zum Nachtisch gibt es Zitronen pudding.

die **Zitrone** (pluriel : Zitronen)

ℹ *Pour dire que quelque chose est* **au citron**, *on forme des mots composés avec* ***Zitronen– : das Zitronenbonbon*** **(bonbon au citron)**, ***der Zitronensirup*** **(sirop au citron)**, *etc.*

citrouille

▷ Quelle énorme citrouille !
So ein riesiger Kürbis!

der **Kürbis** (pluriel : Kürbisse)

clair, claire

1 ▷ La cuisine est la pièce la plus claire de l'appartement.
Die Küche ist der hellste Raum der Wohnung.

▷ Les couleurs claires sont à la mode.
Helle Farben sind in Mode.

▷ Il portait des chaussettes bleu clair.
Er trug hellblaue Strümpfe.

2 ▷ Son explication n'était pas très claire.
Seine Erklärung war nicht sehr klar.

1 (= lumineux, opposé à foncé) **hell**

ℹ *Quand* **clair** *s'applique à une couleur, on forme un mot avec* ***hell*** + la couleur en *allemand :* ***hellgrün***, ***hellrot***, *etc.*

2 (= compréhensible) **klar**

claque

▷ J'étais tellement furieuse, je lui ai donné une claque.
Ich war so wütend, dass ich ihm eine Ohrfeige gab.

► **donner une claque à quelqu'un :** jemandem **eine Ohrfeige geben** (gibt, gab, gegeben)

claquer

1 ▷ L'élastique a claqué.
Das Gummiband ist gerissen.

1 (= casser) **reißen** (riss, gerissen)
*Notez que le participe passé du verbe allemand s'emploie avec l'auxiliaire **sein**.*

2 ▷ Il fait tellement froid qu'elle claque des dents.
Es ist so kalt, dass sie mit den Zähnen klappert.

2 ► **claquer des dents :** mit den Zähnen klappern

3 ▷ On ne claque pas des doigts pour appeler le serveur !
Man schnalzt nicht mit den Fingern, um den Kellner zu rufen!

3 ► **claquer des doigts :** mit den Fingern schnalzen

4 ▷ Le courant d'air a fait claquer la porte.
Der Luftzug hat die Tür zugeschlagen.

4 ► **claquer la porte :** die Tür zuschlagen
***zu•schlagen** est un verbe à particule séparable et se conjugue comme **schlagen** (schlägt, geschlagen).*

clarinette

▷ J'ai oublié ma clarinette à l'école.
Ich habe meine Klarinette in der Schule vergessen.
▷ Juliette joue de la clarinette.
Juliette spielt Klarinette.

die **Klarinette**
(pluriel : Klarinetten)

► **jouer de la clarinette :** Klarinette spielen

classe

1 ▷ Il y a vingt-cinq élèves dans ma classe.
In meiner Klasse sind fünfundzwanzig Schüler.
▷ Tu es dans quelle classe ?
In welcher Klasse bist du?

1 (= groupe d'élèves, année d'étude) die **Klasse** (pluriel : Klassen)

2 ▷ La classe était vide quand nous sommes arrivés.
Das Klassenzimmer war leer, als wir ankamen.

2 (= salle) das **Klassenzimmer** (pluriel : –zimmer)

3 ▷ Léo ne va pas en classe, il est malade.
Léo geht nicht in die Schule, er ist krank.

3 ► **aller en classe :** in die Schule gehen (ging, gegangen)

4 ▷ À quelle heure sortez-vous de classe ?
Um wieviel Uhr kommt ihr aus der Schule?

4 ► **sortir de classe :** aus der Schule kommen (kam, gekommen)

5 ▷ Cette année, nous allons en classe de neige dans les Pyrénées.
Dieses Jahr fahren wir mit der Schule zum Skifahren in die Pyrenäen.
▷ J'aimerais aller en classe de mer.
Ich würde gern mit der Schule ans Meer fahren.
▷ Ma petite sœur va en classe verte l'année prochaine.
Meine kleine Schwester fährt nächstes Jahr ins Schullandheim.

5 ► **aller en classe de neige :** mit der Schule zum Skifahren fahren (fährt, fuhr, gefahren)
► **aller en classe de mer :** mit der Schule ans Meer fahren
► **aller en classe verte :** ins Schullandheim fahren

classer

1 ▷ Classez ces animaux en trois catégories.
Teilt diese Tiere in drei Kategorien ein.

1 (= mettre en catégories) **einteilen**

ein•teilen est un verbe à particule séparable.

2 ▷ Classe tes notes, sinon tu ne trouveras rien.
Ordne deine Notizen, sonst findest du nichts.

▷ J'ai tout classé par couleurs.
Ich habe alles nach Farbe geordnet.

▷ Les fiches doivent être classées par ordre alphabétique.
Die Karten müssen alphabetisch geordnet werden.

2 (= ranger) **ordnen**

► **classer par** quelque chose (un ordre, la taille, etc.) **:** **nach** etwas **ordnen**

► **classer par ordre alphabétique :** alphabetisch ordnen

classeur

▷ Est-ce que quelqu'un a vu mon classeur d'anglais ?
Hat jemand meinen Englischordner gesehen?

der **Ordner** (pluriel : Ordner)

classique

▷ Mon père écoute surtout de la musique classique.
Mein Vater hört vor allem klassische Musik.

klassisch

clavier

1 ▷ J'ai un problème avec le clavier de mon ordinateur.
Ich habe ein Problem mit der Tastatur meines Computers.

1 (d'une machine) die **Tastatur** (pluriel : Tastaturen)

2 ▷ Je ne connais pas le clavier du piano.
Ich kenne die Klaviatur des Klaviers nicht.

2 (d'un piano) die **Klaviatur** (pluriel : Klaviaturen)

clé ou clef

▷ Lucas a perdu sa clé, il ne peut pas rentrer chez lui.
Lucas hat seinen Schlüssel verloren, er kommt nicht ins Haus.

der **Schlüssel** (pluriel : Schlüssel)

clémentine

▷ Deux kilos de clémentines, s'il vous plaît.
Zwei Kilo Klementinen, bitte.

die **Klementine** (pluriel : Klementinen)

client, cliente

1 ▷ Les clients du restaurant ont été évacués.
Die Gäste des Restaurants wurden evakuiert.

2 ▷ Il y avait au moins dix clients avant moi à la caisse.
Es standen mindestens zehn Kunden vor mir an der Kasse.

1 (en parlant d'un hôtel, d'un restaurant) der **Gast** (pluriel : Gäste)

ℹ *Ce mot n'a pas de flexion féminine.*

2 (en parlant d'un magasin) der **Kunde** (pluriel : Kunden), die **Kundin** (pluriel : Kundinnen)

cligner

▷ Boris a un tic : il cligne des yeux tout le temps.
Boris hat einen nervösen Tick: Er blinzelt dauernd.

► **cligner des yeux** (= clignoter) **:** blinzeln

clignotant

▷ Le clignotant gauche ne marche pas.
Der linke Blinker funktioniert nicht.
▷ N'oublie pas de mettre ton clignotant.
Vergiss nicht zu blinken.

der **Blinker** (pluriel : Blinker)

► **mettre son clignotant :** blinken

clignoter

▷ Qu'est-ce que c'est cette petite lumière qui clignote ?
Was ist dieses Licht, das da blinkt?

blinken

climat

▷ Le climat français est plus doux que le climat allemand.
Das französische Klima ist wärmer als das deutsche.

das **Klima** (pluriel : Klimas ou Klimate)

climatisation

▷ Maman voudrait une voiture avec la climatisation.
Mutti hätte gern ein Auto mit Klimaanlage.

die **Klimaanlage** (pluriel : -anlagen)

clin d'œil

▷ Barry m'a fait un clin d'œil.
Barry hat mir zugezwinkert.

► **faire un clin d'œil à** quelqu'un **:** jemandem (datif) zuzwinkern

clinique

▷ Il n'y avait pas de place à l'hôpital, alors il a été emmené dans une clinique.
Es gab im Krankenhaus keinen Platz mehr, also wurde er in eine Klinik eingeliefert.

die **Klinik** (pluriel : Kliniken)

clip

▷ Tu as vu le clip de Madonna ?
Hast du Madonnas Clip gesehen?

der **Clip** /klɪp/ (pluriel : Clips)
Notez la prononciation.

cliquer

▷ Si je clique ici, qu'est-ce qui se passe ?
Wenn ich hier klicke, was passiert dann?
▷ Clique deux fois sur cette icône.
Klick doppelt auf dieses Icon.

klicken
► **cliquer deux fois :** doppelt klicken

clochard, clocharde

▷ Les clochards dormaient en groupe sur des cartons.
Die Penner schliefen in einer Gruppe auf Kartons.

der **Penner** (pluriel : Penner), die **Pennerin** (pluriel : Pennerinnen)

cloche

▷ Ce sont les cloches de l'église qui m'ont réveillé.
Die Kirchenglocken haben mich geweckt.

die **Glocke** (pluriel : Glocken)

clocher (nom masculin)

1 ▷ Je vois le clocher de ma fenêtre.
Ich sehe den Kirchturm von meinem Fenster aus.
2 ▷ Le clocher de la mairie est tout petit.
Der Glockenturm des Rathauses ist ganz klein.

1 (en parlant d'une église) der **Kirchturm** (pluriel : -türme)
2 (en parlant d'un bâtiment) der **Glockenturm** (pluriel : -türme)

clocher (verbe)

▷ Il y a quelque chose qui cloche ici.
Etwas stimmt hier nicht.
▷ Qu'est-ce qui cloche ?
Was stimmt nicht?

Pour dire que quelque chose **cloche** (= ne va pas comme il faut, au sens familier), on emploie une expression avec **nicht stimmen** en allemand.

cloque

▷ Latifa s'est brûlée, elle a des cloques sur la main.
Latifa hat sich verbrannt, sie hat Blasen an den Händen.

die **Blase** (pluriel : Blasen)

clôture

▷ Notre voisin a mis une clôture autour de son jardin.
Unser Nachbar hat einen Zaun um seinen Garten gebaut.

(= barrière) der **Zaun** (pluriel : Zäune)

clou

1 ▷ Tu peux me passer les clous, s'il te plaît ?
Kannst du mir bitte die Nägel geben?

1 (= pointe) der **Nagel** (pluriel : Nägel)

2 ▷ Il y a des clous de girofle dans cette soupe.
In dieser Suppe sind Gewürznelken.

2 ► **clou de girofle :** die Gewürznelke (pluriel : -nelken)

clouer

▷ Ils ont cloué des planches en travers de la fenêtre.
Sie haben Bretter über das Fenster genagelt.

nageln

clown

1 ▷ Le clown était vraiment très drôle.
Der Clown war wirklich sehr lustig.

1 (au cirque) der **Clown** /klaun/ (pluriel : Clowns)

Notez la prononciation.

2 ▷ Il fait sans arrêt le clown !
Er kaspert dauernd herum!

2 ► **faire le clown :** herumkaspern

i ***herum•kaspern** est un verbe à particule séparable.*

club

▷ Tu viens au club de tennis samedi après-midi ?
Kommst du Samstagnachmittag zum Tennisklub?

der **Klub** (pluriel : Klubs)

coca

▷ J'ai commandé un coca, qu'est-ce que tu prends ?
Ich habe ein Cola bestellt, was möchtest du?

(= boisson) das *ou* die **Cola®** (pluriel : Colas)

i Le ® signifie que c'est le nom d'une marque. Vous n'avez pas besoin de l'écrire.

coccinelle

▷ Regarde, une coccinelle !
Schau mal, ein Marienkäfer!

(= insecte) der **Marienkäfer** (pluriel : -käfer)

cocher

▷ Ne cochez qu'une seule case par question.
Kreuzt nur ein Feld pro Frage an.

ankreuzen

i ***an•kreuzen** est un verbe à particule séparable.*

cochon

▷ Nous avons nourri les cochons à la ferme.
Wir haben die Schweine auf dem Bauernhof gefüttert.

das **Schwein** (pluriel : Schweine)

cochonnerie

1 ▷ Emma mange trop de cochonneries.
Emma isst zu viel Junkfood.

1 Il n'existe pas d'équivalent en allemand. On emploie souvent le mot anglais **Junkfood** /'dzaŋkfu:d/.

2 ▷ Tu as fait des cochonneries partout !
Du hast überall geferkelt!

2 ► **faire des cochonneries** (= faire des saletés) : ferkeln

cocktail

▷ C'est un cocktail fait avec du whisky et du jus d'orange.
Es ist ein Cocktail mit Whisky und Orangensaft.

der **Cocktail** /'kɔktel/ (pluriel : Cocktails)

Notez la prononciation.

code

1 ▷ Tu connais le code pour entrer dans l'immeuble ?
Kennst du die Codenummer zu dem Haus?

1 (pour ouvrir une porte) die **Codenummer** (pluriel : -nummern)

2 ▷ J'ai noté mon code confidentiel parce que je l'oublie tout le temps.
Ich habe meine Geheimzahl notiert, weil ich sie dauernd vergesse.

2 ► **code confidentiel** (d'une carte bancaire) : die Geheimzahl (pluriel : -zahlen)

*On dit aussi **die PIN-Nummer**.*

3 ▷ Quel est le code postal de Mannheim ?
Was ist die Postleitzahl für Mannheim?

3 ► **code postal** : die Postleitzahl

4 ▷ Nous apprenons le code de la route à l'école.
Wir lernen die Straßenverkehrsordnung in der Schule.

4 ► **code de la route** : die Straßenverkehrsordnung

cœur

1 ▷ J'ai acheté un cœur en pain d'épice sur le marché de Noël.
Ich habe auf dem Weihnachtsmarkt ein Lebkuchenherz gekauft.
▷ Le père de Salvador a des problèmes de cœur.
Salvadors Vater hat Herzprobleme.

1 (= partie du corps, objet en forme de cœur) das **Herz** (pluriel : Herzen)

2 ▷ J'ai mal au cœur, je vais baisser la vitre.
Mir ist schlecht, ich drehe die Scheibe herunter.
▷ Nous avions tous mal au cœur.
Uns war allen schlecht.

2 Pour dire que quelqu'un a **mal au cœur**, on emploie une phrase avec le pronom personnel au datif + **sein** + **schlecht** (au présent : ist schlecht ; au prétérit : war schlecht ; au futur : wird schlecht).

3 ▷ Nous devons apprendre le poème par cœur pour demain.
Wir müssen das Gedicht bis morgen auswendig lernen.

3 ► **par cœur** : auswendig

coffre

▷ Les valises sont déjà dans le coffre.
Die Koffer sind schon im Kofferraum.

(de la voiture) der **Kofferraum** (pluriel : -räume)

cogner

1 ▷ Pourquoi tu cognes à la porte ? Il y a une sonnette.
Warum klopfst du an die Tür? Da ist eine Klingel.

2 ▷ Je me suis cognée contre l'armoire.
Ich habe mich am Schrank gestoßen.
▷ Lisa n'arrête pas de se cogner partout.
Lisa stößt sich überall.
▷ À chaque fois qu'il passe, il se cogne contre l'armoire.
Jedes Mal, wenn er vorbeigeht, stößt er sich am Schrank.

3 ▷ Tu t'es cogné la tête ?
Hast du dir den Kopf angestoßen?
▷ Peter s'est cogné le genou contre la table.
Peter stieß sich am Tisch das Knie an.
▷ Je me suis encore cogné le pied contre le frigo.
Ich habe mir schon wieder den Fuß am Kühlschrank angestoßen.

1 ► **cogner à la porte :** an die Tür klopfen

2 ► **se cogner contre** quelque chose **:** sich an etwas (datif) **stoßen** (stößt, stieß, gestoßen)

ℹ *Le pronom personnel allemand s'emploie à l'accusatif : ich stoße* ***mich****, du stößt* ***dich****, er/sie stößt* ***sich****, wir stoßen* ***uns****, ihr stoßt* ***euch****, sie stoßen* ***sich****.*

3 ► **se cogner** quelque chose (la tête, le genou etc.) **contre** quelque chose **:** sich etwas (accusatif) an etwas **anstoßen**

ℹ *Le verbe réfléchi allemand est à particule séparable, le pronom personnel s'emploie au datif : ich stoße* ***mir****... an, du stößt* ***dir****... an, er/sie stößt* ***sich****... an, wir stoßen* ***uns****... an, ihr stoßt* ***euch****... an, sie stoßen* ***sich****... an.*

coiffé, coiffée

▷ Tu es très bien coiffé ce matin.
Du bist heute Morgen schön frisiert.

frisiert

coiffer

1 ▷ Viens, je vais te coiffer.
Komme, ich frisiere dich.
▷ C'est sa mère qui l'a coiffée.
Ihre Mutter hat sie frisiert.

2 ▷ Charlotte passe des heures à se coiffer avant de sortir.
Charlotte frisiert sich stundenlang, bevor sie ausgeht.

1 ► **coiffer** quelqu'un (= s'occuper de ses cheveux) **:** jemanden (accusatif) **frisieren**

ℹ *Les verbes se terminant en* ***-ieren*** *ne prennent pas* ***ge-*** *au participe passé.*

2 ► **se coiffer** (= arranger ses cheveux) **:** sich **frisieren**

ℹ *Le pronom personnel allemand s'emploie à l'accusatif : ich frisiere* ***mich****, du frisierst* ***dich****, er/sie frisiert* ***sich****, wir frisieren* ***uns****, ihr frisiert* ***euch****, sie frisieren* ***sich****.*

coiffeur, coiffeuse

▷ La coiffeuse m'a lavé les cheveux.
Die Friseurin hat mir die Haare gewaschen.

▷ André est encore chez le coiffeur.
André ist noch beim Friseur.

▷ Je vais chez le coiffeur une fois par mois.
Ich gehe einmal im Monat zum Friseur.

der **Friseur** *ou* **Frisör** (pluriel : Friseure *ou* Frisöre), die **Friseurin** *ou* **Frisörin** (pluriel : Friseurinnen *ou* Frisörinnen)

► **chez le coiffeur** (= dans le magasin) **:** beim Friseur

► **chez le coiffeur** (= vers le magasin) **:** zum Friseur

coiffure

▷ J'aime bien ta nouvelle coiffure.
Ich mag deine neue Frisur.

die **Frisur** (pluriel : Frisuren)

coin

1 ▷ Les coins de mon livre sont abîmés.
Die Ecken meines Buches sind beschädigt.

2 ▷ La boulangerie est au coin de la rue.
Die Bäckerei ist an der Straßenecke.

3 ▷ Mets-toi au coin du feu.
Setz dich an den Kamin.

▷ Le chat dort au coin du feu.
Die Katze schläft am Kamin.

1 (= angle) die **Ecke** (pluriel : Ecken)

2 ► **au coin de la rue :** an der Straßenecke

3 Quand le verbe indique une direction ou un déplacement, **au coin du feu** se traduit par **an den Kamin**. Quand le verbe indique un séjour dans un lieu, il est traduit par **am Kamin**.

coincé, coincée

1 ▷ Le tiroir est coincé.
Die Schublade klemmt.

2 ▷ Nous étions coincés dans l'ascenseur.
Wir steckten im Aufzug fest.

1 ► **être coincé** (en parlant d'un tiroir, d'une porte) **:** klemmen

2 ► **être coincé** (en parlant d'une personne) **:** feststecken

ℹ *fest•stecken est un verbe à particule séparable.*

coincer

1 ▷ Nous avons coincé la porte avec un bout de bois.
Wir haben die Tür mit einem Stück Holz eingeklemmt.

2 ▷ La porte de l'armoire coince.
Die Schranktür klemmt.

3 ▷ Zut, ma fermeture s'est coincée.
Mist, mein Reißverschluss hat sich verklemmt.

1 (pour empêcher quelque chose de bouger) **einklemmen**

ℹ *ein•klemmen est un verbe à particule séparable.*

2 (= être bloqué) **klemmen**

3 ► **se coincer :** sich verklemmen

ℹ *Les verbes commençant par le préfixe ver- ne prennent pas ge- au participe passé.*

4 ▷ Renaud s'est coincé le doigt dans la portière.
Renaud hat sich die Finger in der Autotür eingeklemmt.
▷ Je me coince tout le temps la main dans ce tiroir.
Ich klemme mir dauernd die Hand in dieser Schublade ein.
▷ Comment as-tu fait pour te coincer le pied ?
Wie hast du es geschafft, dir den Fuß einzuklemmen?

4 ► **se coincer** quelque chose (les doigts, un pied, etc.) **dans** quelque chose **:** sich + accusatif + einklemmen

*Le verbe réfléchi allemand est à particule séparable, le pronom personnel s'emploie au datif : ich klemme **mir**... ein, du klemmst **dir**... ein, er/sie klemmt **sich**... ein, wir klemmen **uns**... ein, ihr klemmt **euch**... ein, sie klemmen **sich**... ein.*

col

▷ Le col de ton manteau est déchiré.
Der Kragen deines Mantels ist zerrissen.

(d'un vêtement) der Kragen (pluriel : Kragen)

*Dans le sud de l'Allemagne et en Autriche, le pluriel se dit **Krägen**.*

colère

▷ Le père d'Aïcha est très en colère.
Aïchas Vater ist sehr wütend.
▷ Ne te mets pas en colère, ce n'est pas ma faute !
Werde nicht wütend, es ist nicht meine Schuld!

► **être en colère :** wütend sein

► **se mettre en colère :** wütend werden (wird, wurde, geworden)

collant, collante

1 ▷ Tes mains sont collantes, va les laver.
Deine Hände sind klebrig, geh sie waschen.

1 (adjectif = poisseux) klebrig

2 ▷ Il y a un trou à ton collant.
Deine Strumpfhose hat ein Loch.

2 (= vêtement) die Strumpfhose (pluriel : -hosen)

colle

1 ▷ Tu peux facilement réparer ça avec de la colle.
Du kannst das mit Klebstoff leicht reparieren.

1 (= adhésif) der Klebstoff

2 ▷ Le prof de sport m'a donné deux heures de colle.
Der Sportlehrer ließ mich zwei Stunden nachsitzen.
▷ Sébastien a eu une heure de colle.
Sébastien musste eine Stunde nachsitzen.

2 ► **donner une colle à** quelqu'un (= punition) **:** jemanden (accusatif) nachsitzen lassen

► **avoir des heures de colle :** nachsitzen müssen (muss, musste, gemusst)

collection

▷ Les parents de Nadia ont une collection de livres anciens.
Nadias Eltern haben eine Sammlung alter Bücher.
▷ Tania fait collection de peluches.
Tania sammelt Plüschtiere.

(de timbres, d'objets, etc.) die Sammlung (pluriel : Sammlungen)

► **faire collection de** quelque chose **:** etwas (accusatif) sammeln

collectionner

sammeln

▷ Gilles collectionne les timbres.
Gilles sammelt Briefmarken.

collège

ℹ *En Allemagne, l'enseignement dépend de chaque* **Land** *et fonctionne différemment du système scolaire français. Après l'école élémentaire (***Grundschule***) qui dure quatre ans, les élèves intègrent soit la* **Hauptschule** *(cycle scolaire court, de la cinquième à la neuvième année), soit la* **Realschule** *(cycle intermédiaire, de la cinquième à la dixième année), soit le* **Gymnasium** *(cycle long jusqu'au baccalauréat), ou encore la* **Gesamtschule** *qui regroupe les trois.*

▷ J'avais un peu peur quand j'ai commencé le collège.
Ich hatte ein bisschen Angst, als ich in die Realschule kam.

▷ En Allemagne, le collège tel qu'on le connaît en France n'existe pas.
In Deutschland gibt es das „collège", so wie man es in Frankreich kennt, nicht.

collègue

der **Kollege** (pluriel : Kollegen), die **Kollegin** (pluriel : Kolleginnen)

▷ Hier soir, les collègues de ma mère sont venus dîner.
Gestern Abend sind die Kollegen meiner Mutter zum Abendessen gekommen.

coller

1 ► **coller** quelque chose (un timbre, du papier, etc.) : etwas **kleben**

1 ▷ J'ai découpé les articles, je ne les ai pas encore collés dans le cahier.
Ich habe die Artikel ausgeschnitten, ich habe sie noch nicht ins Heft geklebt.

2 (= adhérer) **kleben**

2 ▷ Ce timbre ne colle pas.
Diese Briefmarke klebt nicht.

3 (= être poisseux) **klebrig sein**

ℹ *On dit aussi* **klebrige Hände haben** (= avoir des mains collantes).

3 ▷ J'ai les mains qui collent, je vais les laver.
Meine Hände sind klebrig, ich gehe sie waschen.

4 ► **coller** quelqu'un (= le punir) : jemanden (accusatif) **nachsitzen lassen** (lässt, ließ, gelassen)

4 ▷ Le professeur m'a collé, mais je n'avais rien fait.
Der Lehrer ließ mich nachsitzen, aber ich hatte nichts getan.

collier

1 (= bijou) die **Halskette** (pluriel : –ketten)

1 ▷ Jeanne a un joli collier en argent.
Jeanne hat eine hübsche silberne Halskette.

2 (d'un animal) das **Halsband** (pluriel : –bänder)

2 ▷ Où est le collier du chien ?
Wo ist das Halsband des Hundes?

colo

▻ La colo était super !
Das Ferienlager war toll!
▻ Cet été, je vais en colo dans les Alpes.
Diesen Sommer gehe ich in den Alpen ins Ferienlager.

das **Ferienlager** (pluriel : : -lager)

► **aller en colo :** ins Ferienlager gehen (ging, gegangen)

colombe

▻ Kevin a vu une colombe dans le jardin.
Kevin hat eine Taube im Garten gesehen.

die **Taube** (pluriel : Tauben)

ℹ *En allemand, on emploie le même mot pour* **colombe** *et* **pigeon**.

colonie de vacances

▻ Les colonies de vacances, c'est super !
Ferienlager ist toll!
▻ J'aime bien aller en colonie de vacances.
Ich gehe gern ins Ferienlager.

das **Ferienlager** (pluriel : : -lager)

► **aller en colo :** ins Ferienlager gehen (ging, gegangen)

colonne

▻ Écris ces chiffres sur deux colonnes.
Schreib diese Zahlen in zwei Kolonnen.

die **Kolonne** (pluriel : Kolonnen)

coloré, colorée

▻ Mon petit frère fait des dessins très colorés.
Mein kleiner Bruder malt sehr bunte Bilder.

(= aux couleurs vives) **bunt**

coloriage

▻ Je suis un peu vieux pour faire des coloriages !
Ich bin zu alt, um noch auszumalen!

► **faire des coloriages :** ausmalen

ℹ ***aus•malen*** *est un verbe à particule séparable.*

colorier

▻ Pourquoi tu ne colories pas ton dessin ?
Warum malst du deine Zeichnung nicht aus?

ausmalen

ℹ ***aus•malen*** *est un verbe à particule séparable.*

coma

▻ Le père de Lucie a eu un accident, il est dans le coma.
Lucies Vater hat einen Unfall gehabt, er liegt im Koma.

das **Koma**

► **être dans le coma :** im Koma liegen (lag, gelegen)

combien

1 ▷ C'est combien, un café ici ?
Wie viel kostet hier ein Kaffee?
▷ Combien tu pèses ?
Wie viel wiegst du?

2 ▷ Combien d'argent voudrais-tu emporter ?
Wie viel Geld möchtest du mitnehmen?
▷ Combien de profs sont en grève ?
Wie viele Lehrer streiken?

3 ▷ Combien de temps nous faut-il pour aller au centre-ville ?
Wie lange brauchen wir, um ins Stadtzentrum zu kommen?

4 ▷ Tu chausses du combien ?
Welche Größe trägst du?

1 (en parlant d'un prix, d'une mesure) wie viel

2 ► **combien de** + nom singulier : wie viel + nom
► **combien de** + nom pluriel : wie viele + nom

3 ► **combien de temps** : wie lange

4 En parlant de la taille d'un vêtement ou d'une pointure, on dit welche Größe ...? en allemand.

combinaison

1 ▷ J'ai oublié la combinaison du cadenas !
Ich habe die Kombination des Schlosses vergessen!

2 ▷ Il me faudrait une nouvelle combinaison de ski.
Ich brauche einen neuen Skianzug.

1 (= suite de chiffres) die Kombination (pluriel : Kombinationen)

2 ► **combinaison de ski** : der Skianzug /ʃi:antsu:k/ (pluriel : -anzüge)

Notez la prononciation.

comédie

1 ▷ J'ai vu une comédie très drôle à la télé hier.
Ich habe gestern eine sehr lustige Komödie im Fernsehen gesehen.

2 ▷ Arrête avec ta comédie !
Hör mit deinem Theater auf!

1 (en parlant d'un film, d'une pièce de théâtre) die Komödie /ko'mφ:diə/ (pluriel : Komödien)

2 (= caprice, simulation) das Theater

comédien, comédienne

▷ Gérard Depardieu est un comédien très connu.
Gérard Depardieu ist ein berühmter Schauspieler.
▷ Emma veut devenir comédienne.
Emma will Schauspielerin werden.

(= acteur) der Schauspieler (pluriel : Schauspieler), die Schauspielerin (pluriel : Schauspielerinnen)

commande

1 ▷ Votre commande sera livrée demain.
Ihre Bestellung wird morgen geliefert.

1 (= achat par correspondance) die Bestellung (pluriel : Bestellungen)

▷ Maman passe la commande par téléphone.
Mutti gibt die Bestellung per Telefon auf.

► **passer une commande :** eine Bestellung aufgeben

ℹ *auf•geben est un verbe à particule séparable et se conjugue comme geben (gibt, gab, gegeben).*

2 ▷ Le pilote m'a montré les commandes de l'avion.
Der Pilot hat mir die Bedienung des Flugzeugs gezeigt.

2 ► **les commandes** (d'un avion, d'une machine) **:** die Bedienung

ℹ *Ce mot s'emploie uniquement au singulier.*

commander

▷ Qu'est-ce que tu as commandé pour le dessert ?
Was hast du zum Nachtisch bestellt?

▷ Sophie a commandé un jeu vidéo.
Sophie hat ein Videospiel bestellt.

(au restaurant, par catalogue)
bestellen

ℹ *Les verbes commençant par le préfixe be- ne prennent pas ge- au participe passé.*

comme

1 ▷ Arthur est comme moi, il n'aime pas les maths.
Arthur ist wie ich, er mag Mathe nicht.

1 (pour comparer) wie

2 ▷ Comme on était en retard, on a dû courir.
Da wir Verspätung hatten, mussten wir rennen.

2 (= puisque) da

3 ▷ Tiens la feuille comme ça.
Halte das Blatt so.

▷ Je n'ai jamais vu une maison comme ça.
Ich habe noch nie so ein Haus gesehen.

3 ► **comme ça :** so

4 ▷ Écris comme il faut, tu n'auras pas à le refaire.
Schreib, wie es sich gehört, dann musst du es nicht noch einmal machen.

4 ► **comme il faut** (= correctement) **:** wie es sich gehört

5 ▷ Tristan se conduit comme s'il était malade.
Tristan verhält sich, als ob er krank wäre.

5 ► **comme si** + imparfait **:** als ob + verbe au subjonctif II présent

commencer

▷ Michel a commencé le livre hier et il l'a déjà fini !
Michel hat das Buch gestern angefangen und hat es schon ausgelesen!

► **commencer** quelque chose **:** etwas anfangen

ℹ *an•fangen est un verbe à particule séparable et se conjugue comme fangen (fängt, fing, gefangen).*

▷ L'école commence en septembre.
Die Schule fängt im September an *ou*
Die Schule beginnt im September.

ℹ *Pour dire que quelque chose* **commence**, *on traduit soit par anfangen, soit par beginnen (begann, begonnen).*

▷ Emma commence à s'inquiéter.
Emma fängt an, sich Sorgen zu machen.

► **commencer à** + infinitif **:** anfangen, zu + infinitif

ℹ *On dit aussi beginnen, zu* + infinitif.

comment

1 ▷ Comment est-ce qu'on écrit ça ?
Wie schreibt man das?
▷ Martin m'a montré comment faire un gâteau.
Martin hat mir gezeigt, wie man einen Kuchen backt.

1 (en parlant de la manière dont on fait quelque chose) wie

2 ▷ Comment vas-tu ?
Wie geht es dir?

2 Pour demander **comment** quelqu'un va, on emploie la formule **wie geht es** + pronom personnel au datif.

3 ▷ Il est comment, le prof de français ?
Wie ist der Französischlehrer?
▷ C'était comment, tes vacances ?
Wie waren deine Ferien?

3 Pour demander **comment** est quelque chose *ou* quelqu'un, on dit **wie** + **sein** + sujet.

commentaire

▷ Clara fait des commentaires idiots.
Clara macht dumme Kommentare.

(= remarque) der **Kommentar** (pluriel : Kommentare)

commerçant, commerçante

▷ Les commerçants de notre quartier organisent une tombola.
Die Händler in unserem Viertel veranstalten eine Tombola.

(= personne qui tient un magasin) der **Händler** (pluriel : Händler), die **Händlerin** (pluriel : Händlerinnen)

commerce

1 ▷ Il y a beaucoup de commerces dans notre quartier.
In unserem Viertel gibt es viele Geschäfte.

1 (= magasin) das **Geschäft** (pluriel : Geschäfte)

2 ▷ L'Europe fait du commerce avec l'Asie.
Europa treibt Handel mit Asien.

2 ► **faire du commerce avec... :** mit ... Handel treiben (trieb, getrieben)

3 ▷ Roland veut aller dans une école de commerce.
Roland will auf eine Handelsschule gehen.

3 ► **école de commerce :** die Handelsschule (pluriel : -schulen)

commode

1 ▷ Ce n'est pas très commode d'habiter à l'autre bout de la ville.
Es ist nicht sehr praktisch, am anderen Ende der Stadt zu wohnen.

1 (= pratique) **praktisch**

2 ▷ Les serviettes sont dans la commode.
Die Handtücher sind in der Kommode.

2 (= meuble) die **Kommode** (pluriel : Kommoden)

commun, commune

▷ Il y a une salle de bains commune dans l'auberge de jeunesse.
In der Jugendherberge gibt es ein gemeinsames Badezimmer.

▷ Ces deux événements n'ont rien en commun.
Diese beiden Ereignisse haben nichts gemeinsam.

(= partagé) **gemeinsam**

► **avoir** quelque chose **en commun :** etwas (accusatif) gemeinsam haben

communauté

▷ La France appartient à la Communauté européenne.
Frankreich gehört der Europäischen Gemeinschaft an.

die **Gemeinschaft** (pluriel : Gemeinschaften)

► **la Communauté européenne :** die Europäische Gemeinschaft

ℹ *Notez la majuscule à l'adjectif en allemand.*

communion

▷ Ma petite sœur vient de faire sa communion.
Meine kleine Schwester hatte gerade ihre Kommunion.

die **Kommunion**

► **faire sa communion :** pronom personnel au génitif + Kommunion haben

compagnie

1 ▷ J'aime bien sa compagnie, elle est sympa.
Ich mag ihre Gesellschaft, sie ist nett.

▷ Le samedi après-midi, je tiens compagnie à mes grands-parents.
Samstagnachmittags leiste ich meinen Großeltern Gesellschaft.

2 ▷ Le père de Samuel travaille pour une compagnie d'assurances.
Samuels Vater arbeitet bei einer Versicherungsgesellschaft.

1 (= présence) die **Gesellschaft**

ℹ *Dans ce cas, le mot allemand est employé au singulier.*

► **tenir compagnie à** quelqu'un **:** jemandem (datif) Gesellschaft leisten

2 (= société) die **Gesellschaft** (pluriel : Gesellschaften)

comparaison

▷ Une comparaison est impossible.
Ein Vergleich ist unmöglich.

▷ Nous devons faire une comparaison des deux textes.
Wir müssen die beiden Texte vergleichen.

▷ Nous avons beaucoup d'argent en comparaison.
Im Vergleich haben wir viel Geld.

der **Vergleich** (pluriel : Vergleiche)

► **faire une comparaison :** vergleichen (verglich, verglichen)

► **en comparaison :** im Vergleich

▷ En comparaison de Tania je suis une géante !
Im Vergleich zu Tania bin ich eine Riesin!

► **en comparaison de :** im Vergleich zu

comparé à

▷ Comparé à Juan, Clément est tout petit.
Im Vergleich zu Juan ist Clément ganz klein.

im Vergleich zu

comparer

▷ On ne peut pas les comparer, ils sont très différents.
Man kann sie nicht vergleichen, sie sind sehr verschieden.

▷ Léo m'a comparée à sa sœur.
Léo hat mich mit seiner Schwester verglichen.

vergleichen (verglich, verglichen)

Les verbes commençant par le préfixe ver- ne prennent pas ge- au participe passé.

► **comparer à** *ou* **avec :** mit + datif + vergleichen

compartiment

▷ C'est dommage, nous ne sommes pas dans le même compartiment.
Schade, wir sind nicht im selben Abteil.

▷ Tu es dans un compartiment fumeurs ou non fumeurs ?
Bist du in einem Raucherabteil oder in einem Nichtraucherabteil?

das Abteil (pluriel : Abteile)

L'accent tonique est sur la deuxième syllabe.

► **compartiment fumeurs :** das Raucherabteil

► **compartiment non fumeurs :** das Nichtraucherabteil

compas

▷ Trace un cercle avec un compas.
Zieh mit dem Zirkel einen Kreis.

(= instrument de géométrie) der Zirkel (pluriel : Zirkel)

*Attention : le mot allemand **der Kompass** s'applique uniquement à l'instrument de navigation.*

compétition

1 ▷ Une compétition d'athlétisme entre les deux écoles aura lieu ce week-end.
Dieses Wochenende findet ein Leichtathletikwettkampf zwischen den beiden Schulen statt.

▷ Tu participes à cette compétition ?
Nimmst du an diesem Wettkampf teil?

1 (= épreuve sportive) der Wettkampf (pluriel : -kämpfe)

► **participer à une compétition :** an einem Wettkampf teilnehmen

***teil•nehmen** est un verbe à particule séparable et se conjugue comme **nehmen** (nimmt, nahm, genommen).*

2 ▷ Julien fait de la compétition de tennis.
Julien betreibt Tennis als Leistungssport.

2 (= sport) der Leistungssport

complet, complète

1 ▷ Cédric a la série complète d'Astérix .
Cédric hat die vollständige Asterix-Serie.

2 ▷ Malheureusement, l'hôtel était complet.
Leider war das Hotel voll.

▷ Le parking est complet, on doit se garer ailleurs.
Der Parkplatz ist besetzt, wir müssen woanders parken.

3 ▷ Je préfère le pain complet.
Ich mag Vollkornbrot lieber.

1 (= sans rien qui manque)
vollständig

2 Quand **complet** signifie **plein**, on emploie **voll** en parlant d'un hôtel, d'un moyen de transport.

i *Quand on parle d'un* **parking**, *on traduit par* ***besetzt***.

3 Quand on parle des aliments, on forme des mots composés avec **Vollkorn–** : das Vollkornmehl (farine complète), Vollkornnudeln (pâtes au blé complet).

complètement

▷ Mais c'est complètement idiot !
Das ist ja völlig idiotisch!

völlig

compléter

▷ Je dois compléter ces dix phrases avec des noms d'écrivains.
Ich muss diese zehn Sätze mit den Namen von Schriftstellern vervollständigen.

▷ Bruno veut compléter sa collection de BD.
Bruno will seine Comicsammlung vervollständigen.

(en parlant de quelque chose qui n'est pas terminé ou qui n'est pas complet)
vervollständigen

i *Les verbes commençant par le préfixe* ***ver-*** *ne prennent pas* ***ge-*** *au participe passé.*

i *On dit aussi* ***ergänzen***.

compliment

▷▷ Elle a pris la remarque pour un compliment.
Sie hat die Bemerkung als Kompliment aufgefasst.

▷ Je suis contente, Simon m'a fait un compliment.
Ich freue mich, Simon hat mir ein Kompliment gemacht.

das **Kompliment** /kɔmpli'mɛnt/ (pluriel : Komplimente)

Notez la prononciation.

► **faire un compliment à** quelqu'un : jemandem (datif) ein Kompliment machen

compliqué, compliquée

▷ Je n'arrive pas à faire cet exercice, il est trop compliqué !
Ich schaffe diese Übung nicht, sie ist zu kompliziert!

kompliziert

comportement

▷ Je ne comprends pas leur comportement.
Ich verstehe ihr Verhalten nicht.

das **Verhalten**

se comporter

▷ Tu te comportes comme un enfant !
Du benimmst dich wie ein Kind!
▷ Comporte-toi correctement, s'il te plaît.
Benimm dich bitte anständig.
▷ Il s'est comporté comme un goujat, c'était très embarrassant.
Er hat sich wie ein Flegel benommen, es war sehr peinlich.

sich benehmen (benimmt, benahm, benommen)

Les verbes commençant par le préfixe be- ne prennent pas ge- au participe passé.

*Le pronom personnel allemand s'emploie à l'accusatif : ich benehme **mich**, du benimmst **dich**, er/sie benimmt **sich**, wir benehmen **uns**, ihr benehmt **euch**, sie benehmen **sich**.*

composer

1 ▷ Joël a composé de la musique sur son ordinateur.
Joël hat auf seinem Computer Musik komponiert.

1 (= composer de la musique) **komponieren**

Les verbes se terminant en **–ieren** *ne prennent pas ge- au participe passé.*

2 ▷ N'oublie pas de composer l'indicatif.
Vergiss nicht, die Vorwahlnummer zu wählen.

2 (= composer un numéro de téléphone) **wählen**

3 ▷ La classe se compose de dix garçons et treize filles.
Die Klasse besteht aus zehn Jungen und dreizehn Mädchen.

3 ► **se composer de** quelque chose : aus etwas (datif) **bestehen** (bestand, bestanden)

Les verbes commençant par le préfixe be- ne prennent pas ge- au participe passé.

composter

▷ Je n'ai pas composté mon billet !
Ich habe meine Fahrkarte nicht entwertet!

entwerten

Les verbes commençant par le préfixe ent- ne prennent pas ge- au participe passé.

compote

▷ Il y a de la compote de poires comme dessert.
Zum Nachtisch gibt es Birnenkompott.
▷ J'aime bien la compote de pommes.
Ich mag Apfelmus gern.

das **Kompott** (pluriel : Kompotte)

Quand la compote ne contient pas de morceaux de fruits, on traduit aussi par das Mus (pluriel : Muse).

comprendre

1 ▷ Tu comprends ce que je veux dire ?
Verstehst du, was ich meine?

1 (= saisir) **verstehen** (verstand, verstanden)

Les verbes commençant par le préfixe ver- ne prennent pas ge- au participe passé.

▷ Oh pardon, j'ai mal compris.
Entschuldigung, ich habe es falsch verstanden.

► **mal comprendre** : falsch verstehen

On dit aussi missverstehen.

2 ▷ Le livre comprend trois parties.
Das Buch besteht aus drei Teilen.

2 (= se composer de) **aus … bestehen** (bestand, bestanden)

ℹ *Les verbes commençant par le préfixe **be-** ne prennent pas **ge-** au participe passé.*

comprimé

▷ Je dois prendre deux comprimés le matin.
Ich muss morgens zwei Tabletten nehmen.

(= cachet) die **Tablette** (pluriel : Tabletten)

compris, comprise

1 ▷ Est-ce que le petit-déjeuner est compris dans le prix ?
Ist das Frühstück im Preis inbegriffen?

2 ▷ Ça fait cinquante euros tout compris.
Das macht insgesamt fünfzig Euro.

3 ▷ Il y avait dix joueurs, y compris mon frère.
Es waren zehn Spieler, einschließlich meines Bruders.

1 ► **compris dans :** in + datif + inbegriffen

2 ► **tout compris :** insgesamt

3 ► **y compris :** einschließlich + génitif

comptable

▷ La mère de Cécilia est comptable.
Cécilias Mutter ist Buchhalterin.

der **Buchhalter** (pluriel : -halter), die **Buchhalterin** (pluriel : -halterinnen)

compte

1 ▷ On fait les comptes pour voir si on a assez d'argent.
Wir rechnen ab, um zu sehen, ob wir genug Geld haben.

2 ▷ Paul a déjà un compte dans une caisse d'épargne.
Paul hat schon ein Konto bei der Sparkasse.

3 ▷ Tu te rends compte du détour qu'on doit faire ?
Bist du dir über den Umweg im Klaren, den wir da machen müssen?

▷ Alice ne se rend pas compte qu'elle l'a blessé.
Alice ist sich nicht darüber im Klaren, dass sie ihn verletzt hat.

▷ Je me rends très bien compte que c'est difficile pour lui.
Ich bin mir röllig darüber im Klaren, dass es für ihn schwierig ist.

1 ► **faire les comptes :** abrechnen

ℹ ***ab•rechnen** est un verbe à particule séparable.*

2 (dans une banque) das **Konto** (pluriel : Konten)

3 ► **se rendre compte de** quelque chose **:** sich über etwas (accusatif) im Klaren sein

► **se rendre compte que … :** sich darüber im Klaren sein, dass …

ℹ *Le pronom personnel allemand s'emploie au datif : ich bin **mir** im Klaren, du bist **dir** im Klaren, er/sie ist **sich** im Klaren, wir sind **uns** im Klaren, ihr seid **euch** im Klaren, sie sind **sich** im Klaren.*

compter

1 ▷ Le professeur a compté les élèves dans le bus.
Der Lehrer hat im Bus die Schüler gezählt.

2 ▷ Sacha et Dany comptent partir demain.
Sacha und Dany haben vor, morgen zu gehen.

▷ Qu'est-ce que tu comptes faire ?
Was hast du vor?

3 ▷ Tu peux compter sur moi !
Du kannst dich auf mich verlassen!

▷ Ce que j'apprécie, c'est qu'on peut toujours compter sur lui.
Was ich schätze ist, dass man sich immer auf ihn verlassen kann.

▷ Je dois pouvoir compter sur toi.
Ich muss mich auf dich verlassen können.

1 (= calculer) **zählen**

2 ► **compter faire** quelque chose : **vorhaben, etwas zu tun**

ℹ *vor•haben est un verbe à particule séparable et se conjugue comme haben (hat, hatte, gehabt).*

3 ► **compter sur** quelqu'un : **sich auf** jemanden (accusatif) **verlassen** (verlässt, verließ, verlassen)

ℹ *Les verbes commençant par le préfixe ver- ne prennent pas ge- au participe passé.*

ℹ *Le pronom personnel allemand s'emploie à l'accusatif : ich verlasse **mich** auf..., du verlässt **dich** auf..., er/sie verlässt **sich** auf..., wir verlassen **uns** auf..., ihr verlasst **euch** auf..., sie verlassen **sich** auf...*

comptoir

▷ C'est moins cher de prendre un café au comptoir.
Es ist billiger, einen Kaffee am Tresen zu trinken.

(dans un café) der **Tresen** (pluriel : Tresen)

se concentrer

▷ Essaie de te concentrer !
Versuch, dich zu konzentrieren!

▷ Elle s'est concentrée et elle a réussi facilement son exercice.
Sie hat sich konzentriert und ihre Übung leicht geschafft.

sich konzentrieren

ℹ *les verbes se terminant en **–ieren** ne prennent pas **ge-** au participe passé.*

ℹ *Le pronom personnel allemand s'emploie à l'accusatif : ich konzentriere **mich**, du konzentrierst **dich**, er/sie konzentriert **sich**, wir konzentrieren **uns**, ihr konzentriert **euch**, sie konzentrieren **sich**.*

concerner

▷ Le nouveau règlement nous concerne aussi.
Die neue Ordnung betrifft auch uns.

betreffen (betrifft, betraf, betroffen)

ℹ *Les verbes commençant par le préfixe be- ne prennent pas ge- au participe passé.*

concert

▷ Tu vas au concert ce soir ?
Gehst du heute Abend zum Konzert?

das **Konzert** (pluriel : Konzerte)

▻ Le concert de rock était super !
Das Rockkonzert war toll!

ℹ *Pour préciser le genre de concert en allemand, on forme des mots composés avec* ***Konzert*** *:* ***das Jazzkonzert*** (concert de jazz), ***das Klassikkonzert*** (concert de musique classique), *etc.*

concierge

▻ Demande au concierge si le paquet est arrivé.
Frag den Hausmeister, ob das Paket angekommen ist.

der **Hausmeister** (pluriel : -meister), die **Hausmeisterin** (pluriel : -meisterinnen)

conclusion

▻ Je n'ai pas encore écrit la conclusion de ma rédaction.
Ich habe den Schluss meines Aufsatzes noch nicht geschrieben.

der **Schluss** (pluriel : Schlüsse)

concombre

▻ J'ai fait une salade de riz avec du concombre.
Ich habe einen Reissalat mit Salatgurke gemacht.

die **Salatgurke** (pluriel : -gurken)

concours

1 ▻ Il y a un concours pour entrer dans certaines écoles.
In manchen Schulen gibt es eine Aufnahmeprüfung.

2 ▻ Paul a gagné une montre au concours du journal.
Paul hat eine Uhr im Preisausschreiben der Zeitung gewonnen.

1 (pour entrer dans une école) die **Aufnahmeprüfung** (pluriel : -prüfungen)

2 (= jeu) das **Preisausschreiben** (pluriel : -ausschreiben)

concret, concrète

▻ Donne-moi un exemple concret.
Gib mir ein konkretes Beispiel.

konkret

concurrence

▻ Il y a beaucoup de concurrence entre les deux librairies.
Es besteht viel Konkurrenz zwischen den beiden Buchläden.

die **Konkurrenz**

L'accent tonique est sur la dernière syllabe.

concurrent, concurrente

▻ L'entreprise de mes parents a beaucoup de concurrents.
Die Firma meiner Eltern hat viele Konkurrenten.

der **Konkurrent** (pluriel : Konkurrenten), die **Konkurrentin** (pluriel : Konkurrentinnen)

condamner

▷ Le tribunal l'a condamné à un an de prison.
Das Gericht hat ihn zu einem Jahr Gefängnis verurteilt.
▷ Le juge m'a condamné à une amende.
Der Richter hat mich zu einer Geldstrafe verurteilt.

► **condamner** quelqu'un à quelque chose : jemanden zu etwas (datif) verurteilen

ℹ *Les verbes commençant par le préfixe* ***ver-*** *ne prennent pas* ***ge-*** *au participe passé.*

condition

1 ▷ Ils vivent dans des conditions atroces.
Sie leben unter furchtbaren Bedingungen.

1 ► **les conditions** (= situation) : die Bedingungen

ℹ *Ce mot est un pluriel.*

2 ▷ Je le ferai, mais à une condition : tu dois m'aider.
Ich werde es tun, aber unter einer Bedingung: Du musst mir helfen.

2 ► **à une condition :** unter einer Bedingung

conducteur, conductrice

▷ La conductrice était ivre.
Die Fahrerin war betrunken.

der **Fahrer** (pluriel : Fahrer), die **Fahrerin** (pluriel : Fahrerinnen)

conduire

1 ▷ En Angleterre, on conduit à gauche.
In England fährt man links.

1 (en parlant d'un véhicule) **fahren** (fährt, fuhr, gefahren)

2 ▷ Je conduis mon petit frère à l'école tous les matins.
Jeden Morgen bringe ich meinen kleinen Bruder zur Schule.

2 ► **conduire** quelqu'un quelque part : jemanden (accusatif) irgendwohin **bringen** (brachte, gebracht)

3 ▷ Tu t'es conduit comme un imbécile !
Du hast dich wie ein Trottel benommen!
▷ Conduis-toi correctement.
Benimm dich anständig.
▷ Il se conduisait très mal, j'avais honte pour lui.
Er benahm sich sehr schlecht, ich schämte mich für ihn.

3 ► **se conduire :** sich **benehmen** (benimmt, benahm, benommen)

ℹ *Les verbes commençant par le préfixe* ***be-*** *ne prennent pas* ***ge-*** *au participe passé.*

ℹ *Le pronom personnel allemand s'emploie à l'accusatif : ich benehme* ***mich****, du benimmst* ***dich****, er/sie benimmt* ***sich****, wir benehmen* ***uns****, ihr benehmt* ***euch****, sie benehmen* ***sich****.*

conduite

1 ▷ Sa conduite était inacceptable.
Sein Benehmen war unannehmbar.

1 (= comportement) das **Benehmen**

ℹ *On dit aussi das* ***Verhalten****.*

2 ▷ Sarah prend des leçons de conduite.
Sarah nimmt Fahrstunden.

2 ► **leçon de conduite :** die **Fahrstunde** (pluriel : –stunden)

cône

▷ Tu prends une feuille de papier et tu la roules en cône.
Du nimmst ein Blatt Papier und rollst es zu einem Kegel.

(= figure géométrique) der **Kegel** (pluriel : Kegel)

conférence

▷ Il y a une conférence sur la Chine à la mairie.
Im Rathaus wird eine Konferenz über China gehalten.

(= réunion publique) die **Konferenz** (pluriel : Konferenzen)

confetti

▷ Tout le monde a jeté des confettis sur André.
Alle haben Konfetti auf André geworfen.

das **Konfetti**

ℹ *Ce mot s'emploie uniquement au singulier.*

confiance

▷ Je te fais confiance *ou* J'ai confiance en toi.
Ich vertraue dir.

► **faire confiance à** quelqu'un *ou* **avoir confiance en** quelqu'un : jemandem (datif) **vertrauen**

confidence

▷ Davina fait des confidences à Myriam.
Davina vertraut sich Myriam an.
▷ Je lui ai fait des confidences, mais maintenant je regrette.
Ich habe mich ihm anvertraut, aber jetzt bereue ich es.
▷ Il ne fait de confidences à personne.
Er vertraut sich niemandem an.

► **faire des confidences à** quelqu'un : **sich** jemandem (datif) **anvertrauen**

ℹ ***an•vertrauen** est un verbe à particule séparable.*

ℹ *Le pronom personnel allemand s'emploie à l'accusatif : ich vertraue **mich** an, du vertraust **dich** an, er/sie vertraut **sich** an, wir vertrauen **uns** an, ihr vertraut **euch** an, sie vertrauen **sich** an.*

confirmer

▷ Le directeur a confirmé que nous irions en voyage scolaire en mai.
Der Direktor hat bestätigt, dass wir im Mai eine Schulreise machen werden.

bestätigen

ℹ *Les verbes commençant par le préfixe **be-** ne prennent pas **ge-** au participe passé.*

confiserie

1 ▷ Où as-tu acheté ces caramels ? – À la confiserie.
Wo hast du diese Karamellbonbons gekauft? – Im Süßwarenladen.

2 ▷ Clémentine mange trop de confiseries.
Clémentine isst zu viele Süßigkeiten.

1 (= magasin) der **Süßwarenladen** (pluriel : -läden)

2 (= sucrerie) die **Süßigkeit** (pluriel : Süßigkeiten)

confisquer

▷ Le prof a confisqué les cartes de Manu.
Der Lehrer hat Manus Karten konfisziert.

konfiszieren /kɔnfɪs'tsiːrən/

ℹ *Les verbes se terminant en* ***–ieren*** *ne prennent pas* ***ge-*** *au participe passé.*

confiture

▷ Bruno mange toujours du pain et de la confiture au petit-déjeuner.
Bruno isst immer Brot mit Marmelade zum Frühstück.

▷ Je préfère la confiture de fraises à la confiture de framboises.
Ich mag Erdbeermarmelade lieber als Himbeermarmelade.

die **Marmelade**
(pluriel : Marmeladen)

ℹ *Pour préciser le genre de confiture, on forme des mots composés avec* ***Marmelade : die Aprikosenmarmelade*** **(confiture d'abricots)**, ***die Heidelbeermarmelade*** **(confiture de myrtilles)**, *etc.*

confondre

▷ Ils se ressemblent tellement que je les confonds toujours.
Sie sehen sich so ähnlich, dass ich sie immer verwechsle.

▷ Je confonds toujours Marie avec sa sœur.
Ich verwechsle Marie immer mit ihrer Schwester.

► **confondre** quelque chose *ou* quelqu'un : etwas *ou* jemanden (accusatif) verwechseln

ℹ *Les verbes commençant par le préfixe* ***ver-*** *ne prennent pas* ***ge-*** *au participe passé.*

► **confondre avec ... :** mit + datif + verwechseln

confort

▷ Mes parents vont dans de bons hôtels parce qu'ils aiment le confort.
Meine Eltern gehen in gute Hotels, weil sie gern Komfort haben.

der **Komfort** /kɔm'foːɐ/

ℹ *Ce mot s'emploie uniquement au singulier.*

confortable

▷ L'auberge de jeunesse était assez confortable.
Die Jugendherberge war ziemlich komfortabel.

komfortabel

congé

▷ Mes parents participent à une conférence pendant leur congé.
Meine Eltern nehmen während ihres Urlaubs an einer Konferenz teil.

▷ Ma mère est en congé.
Meine Mutter hat Urlaub.

▷ Mon chef est en congé.
Mein Chef ist im Urlaub.

► **le congé, les congés** (= vacances) **:** der Urlaub

► **être en congé** (= ne pas travailler) **:** Urlaub haben

► **être en congé** (= parti en vacances) **:** im Urlaub sein

▷ Je vais prendre un jour de congé.
Ich nehme einen Tag Urlaub.
▷ Hervé a deux semaines de congé.
Hervé hat zwei Wochen Urlaub.

► **jour de congé :** der Tag Urlaub

► **semaine de congé :** die Woche Urlaub

congélateur

▷ Le congélateur ne marche pas.
Der Gefrierschrank geht nicht.
▷ Nous avons un congélateur à la cave.
Wir haben eine Gefriertruhe im Keller.
▷ Tu peux sortir la viande du congélateur ?
Kannst du das Fleisch aus dem Gefrierschrank *ou* aus der Gerfriertruhe holen?

Si le **congélateur** a la forme d'un **réfrigérateur** ou fait partie d'un réfrigérateur, on traduit par der **Gefrierschrank** (pluriel : -schränke). S'il a la forme d'un **coffre**, on traduit par die **Gefriertruhe** (pluriel : -truhen).

congeler

▷ Comment est-ce que je congèle cette viande ?
Wie frier ich dieses Fleisch ein?

einfrieren

ℹ *ein•frieren est un verbe à particule séparable et se conjugue comme frieren (fror, gefroren).*

connaissance

1 ▷ Justine a des connaissances en russe.
Justine hat Russischkenntnisse.
▷ Martin a de bonnes connaissances en chimie.
Martin hat gute Chemiekenntnisse.
▷ Mes connaissances en italien sont faibles.
Meine Italienischkenntnisse sind gering.

1 Pour dire que quelqu'un a des **connaissances** en quelque chose, on emploie une expression en formant des mots composés avec **Kenntnisse** : Englischkenntnisse haben (**avoir des connaissances en anglais**), Mathekenntnisse haben (**avoir des connaissances en maths**), etc.

2 ▷ Où as-tu fait la connaissance de Peter ?
Wo hast du Peter kennen gelernt?

2 ► **faire la connaissance de** quelqu'un : jemanden (accusatif) kennen lernen

connaître

1 ▷ Est-ce que vous connaissez Liam ?
Kennen Sie Liam?
2 ▷ Isabelle a connu Sébastien à Biarritz.
Isabelle hat Sébastien in Biarritz kennen gelernt.
3 ▷ Ils se sont connus il y a trois ans.
Sie haben sich vor drei Jahren kennen gelernt.

1 (en parlant d'une personne, d'un endroit, d'un mot) **kennen**

2 (= rencontrer) **kennen lernen**

3 ► **se connaître** (= se rencontrer) **:** sich kennen lernen

connu, connue

1 ▷ Cette marque n'est pas très connue.
Diese Marke ist nicht sehr bekannt.

1 (= qu'on connaît) **bekannt**

2 ▷ C'est un acteur connu.
Er ist ein berühmter Schauspieler.

2 (= célèbre) berühmt

conscience

1 ▷ J'avais très mauvaise conscience après avoir fait ça.
Nachdem ich das gemacht hatte, hatte ich ein sehr schlechtes Gewissen.
▷ Je parie qu'il a quelque chose sur la conscience.
Ich wette, dass er etwas auf dem Gewissen hat.

1 ► **avoir mauvaise conscience :** ein schlechtes Gewissen haben

ℹ *De même, on dit : **ein gutes Gewissen haben*** = avoir bonne conscience.

► **avoir** quelque chose **sur la conscience :** etwas **auf dem Gewissen haben**

2 ▷ Il a pris conscience qu'il allait dans la mauvaise direction.
Er wurde sich bewusst, dass er in die falsche Richtung ging.

2 ► **prendre conscience :** sich bewusst werden

ℹ *Le pronom personnel allemand s'emploie au datif : ich werde **mir** bewusst, du wirst **dir** bewusst, er/sie wird **sich** bewusst, wir werden **uns** bewusst, ihr werdet **euch** bewusst, sie werden **sich** bewusst.*

conscient, consciente

1 ▷ Le conducteur de la voiture était encore conscient.
Der Fahrer des Autos war noch bei Bewusstsein.

1 (= éveillé) bei Bewusstsein

2 ▷ J'espère que tu es consciente de ton erreur !
Ich hoffe, du bist dir deines Fehlers bewusst!
▷ Il était conscient de l'avoir blessée avec sa remarque.
Er war sich bewusst, sie mit seiner Bemerkung verletzt zu haben.

2 ► **être conscient de** quelque chose : **sich** etwas (génitif) **bewusst sein**

ℹ *Le pronom personnel allemand s'emploie au datif : ich bin **mir** bewusst, du bist **dir** bewusst, er/sie ist **sich** bewusst, wir sind **uns** bewusst, ihr seid **euch** bewusst, sie sind **sich** bewusst.*

conseil

1 ▷ Merci pour le conseil !
Danke für den Ratschlag!
▷ Tes conseils ont été très utiles.
Deine Ratschläge waren sehr nützlich.

1 (= recommandation) der **Ratschlag** (pluriel : –schläge)

2 ▷ Demain, il y a le conseil de classe.
Morgen ist die Notenkonferenz.

2 ► **conseil de classe :** die Notenkonferenz (pluriel : –konferenzen)

conseiller

1 ▷ Pouvez-vous nous conseiller un bon restaurant ?
Können Sie uns ein gutes Restaurant empfehlen?

1 ► **conseiller** quelque chose : etwas (accusatif) **empfehlen** (empfiehlt, empfahl, empfohlen)

2 ▷ Je vous conseille de partir tout de suite.
Ich rate euch, sofort zu gehen.

2 ► **conseiller à** quelqu'un **de** + infinitif : jemandem (datif) raten, zu + infinitif (rät, riet, geraten)

conseiller, conseillère

▷ J'ai rendez-vous avec la conseillère d'orientation.
Ich habe einen Termin bei der Berufsberaterin.

► **conseiller d'orientation, conseillère d'orientation** : der Berufsberater (pluriel : -berater), die Berufsberaterin (pluriel : -beraterinnen)

conséquence

▷ L'accident a eu de graves conséquences.
Der Unfall hatte schwere Folgen.

die Folge (pluriel : Folgen)

par conséquent

▷ L'avion était en retard et, par conséquent, ils ont raté la correspondance.
Das Flugzeug hatte Verspätung und folglich haben sie den Anschluss verpasst.

folglich

conservatoire

1 ▷ Le conservatoire (de théâtre) est dans la rue de Richelieu.
Die Schauspielschule ist in der rue de Richelieu.

2 ▷ Lisa prend des cours de saxophone au conservatoire (de musique).
Lisa nimmt im Konservatorium Saxophonstunden.

1 ► **conservatoire** (de théâtre) : die Schauspielschule (pluriel : -schulen)

2 ► **conservatoire** (de musique) : das Konservatorium (pluriel : Konservatorien)

conserve

1 ▷ Ce n'est pas bon pour la santé de manger trop de conserves.
Es ist nicht gut für die Gesundheit, zu viele Konserven zu essen.

2 ▷ Achète des tomates en conserve.
Kaufe Dosentomaten.
▷ Elle n'aime que les petits pois en conserve.
Sie mag nur Dosenerbsen.

1 ► **des conserves** : Konserven

2 Pour dire que quelque chose est en conserve en allemand, on forme des mots composés avec Dosen- : die Dosenbohnen (haricots en conserve), die Dosenpfirsiche (pêches en conserve), etc.

conserver

1 ▷ Comment conserve-t-on les œufs ?
Wie bewahrt man Eier auf?

1 (en parlant d'aliment) aufbewahren

ℹ *auf•bewahren est un verbe à particule séparable.*

2 ▷ Ces sauces se conservent bien au congélateur.
Diese Soßen halten sich im Gefrierschrank gut.

2 ► **se conserver :** sich halten (hält, hielt, gehalten)

considérer

▷ Le professeur considère que je pourrais avoir de meilleurs résultats.
Der Lehrer ist der Meinung, dass ich bessere Ergebnisse haben könnte.

► **considérer que...** (= penser que) : der Meinung sein, dass ...

ℹ *On dit aussi* ***finden, dass ...*** *(fand, gefunden).*

consigne

1 ▷ Nous pourrions laisser nos bagages à la consigne.
Wir könnten unser Gepäck in der Gepäckaufbewahrung lassen.

2 ▷ Les consignes automatiques sont là à droite.
Die Schließfächer sind dort rechts.

3 ▷ Le prof nous a laissé des consignes très précises.
Der Lehrer hat uns sehr genaue Anweisungen gegeben.

1 (= bureau où on laisse ses bagages) : die **Gepäckaufbewahrung**

2 ► **consigne automatique :** das Schließfach (pluriel : -fächer)

3 (= instruction) die **Anweisung** (pluriel : Anweisungen)

console de jeux

▷ Julien a trois consoles de jeux chez lui.
Julien hat drei Spielkonsolen zu Hause.

die **Spielkonsole** (pluriel : -konsolen)

ℹ *On dit aussi* ***die Konsole*** *tout court.*

consoler

▷ Bénédicte pleurait, alors j'ai essayé de la consoler.
Bénédicte weinte, also habe ich versucht, sie zu trösten.

trösten

consommer

1 ▷ Cette voiture consomme beaucoup d'essence.
Dieses Auto verbraucht viel Benzin.

2 ▷ Les Japonais consomment beaucoup de poisson.
Die Japaner essen viel Fisch.

3 ▷ Il consomme trop de bière.
Er trinkt zu viel Bier.

1 (en parlant d'énergie, d'essence) **verbrauchen**

ℹ *Les verbes commençant par le préfixe* ***ver-*** *ne prennent pas* ***ge-*** *au participe passé.*

2 (= manger) **essen** (isst, aß, gegessen)

3 (= boire) **trinken** (trank, getrunken)

constatation

▷ Ce n'est pas une question, c'est une constatation.
Es ist keine Frage, sondern eine Feststellung.

die **Feststellung** (pluriel : -stellungen)

construction

▷ La construction de la nouvelle école a commencé il y a un an.
Der Bau der neuen Schule hat vor einem Jahr begonnen.

▷ Le cinéma est encore en construction.
Das Kino ist noch im Bau.

(= travaux) der **Bau**

► **en construction :** im Bau

construire

▷ Nos voisins veulent construire un garage dans leur jardin.
Unsere Nachbarn wollen eine Garage in ihrem Garten bauen.

bauen

contact

1 ▷ Nous ne sommes pas restés en contact, c'est dommage.
Wir sind nicht in Verbindung geblieben, das ist schade.

2 ▷ Maintenant, mets le contact.
Und jetzt lass den Motor an.

3 ▷ Coupe le contact !
Stell den Motor ab!

1 ► **rester en contact :** in Verbindung bleiben (blieb, geblieben)

2 ► **mettre le contact** (d'une voiture) **:** den Motor anlassen

i *an•lassen est un verbe à particule séparable et se conjugue comme lassen (lässt, ließ, gelassen).*

3 ► **couper le contact** (d'une voiture) **:** den Motor abstellen

i *ab•stellen est un verbe à particule séparable.*

contagieux, contagieuse

▷ J'espère que ce n'est pas contagieux !
Ich hoffe, dass das nicht ansteckend ist!

ansteckend

conte

1 ▷ Charlène a un livre de contes africains.
Charlène hat ein Buch mit afrikanischen Geschichten.

2 ▷ Ma petite sœur adore les contes de fées.
Meine kleine Schwester liebt Märchen.

1 (= histoire) die **Geschichte** (pluriel : Geschichten)

2 ► **conte de fées :** das Märchen (pluriel : Märchen)

contenir

1 ▷ Est-ce que tu sais ce que contient cette boîte ?
Weißt du, was diese Schachtel enthält?

1 (= renfermer) **enthalten** (enthält, enthielt, enthalten)

i *Les verbes commençant par le préfixe ent- ne prennent pas ge- au participe passé.*

2 ▷ Ce seau contient au moins dix litres.
Dieser Eimer fasst mindestens zehn Liter.

2 (en parlant de capacité) **fassen**

content, contente

1 ▷ Tu n'as pas l'air content, qu'est-ce qu'il y a ?
Du siehst nicht glücklich aus, was ist denn los?

1 (= heureux) **glücklich**

2 ▷ J'étais très contente de le voir.
Ich habe mich sehr gefreut, ihn zu sehen.
▷ Tu es content de partir en Allemagne ?
Freust du dich, nach Deutschland zu fahren?

2 ► **être content de** + infinitif :
sich freuen, zu + infinitif

ℹ *Le pronom personnel allemand s'emploie à l'accusatif : ich freue **mich**, du freust **dich**, er/sie freut **sich**, wir freuen **uns**, ihr freut **euch**, sie freuen **sich**.*

▷ Quentin est content de ses cadeaux d'anniversaire.
Quentin freut sich über seine Geburtstagsgeschenke.

► **être content de** quelque chose :
sich über etwas freuen

3 ▷ Mes parents étaient contents de mes résultats.
Meine Eltern waren mit meinen Ergebnissen zufrieden.
▷ Ta sœur a l'air très contente d'elle.
Deine Schwester sieht sehr selbstzufrieden aus.

3 (= satisfait) **zufrieden**
► **être content de** quelque chose :
mit etwas (datif) zufrieden sein
► **content de soi** :
selbstzufrieden

contenu

▷ C'est le contenu qui est important, pas le contenant.
Der Inhalt ist wichtig, nicht das Behältnis.

der **Inhalt** (pluriel : Inhalte)

continent

▷ L'Asie est le plus grand continent.
Asien ist der größte Kontinent.

der **Kontinent**
(pluriel : Kontinente)

ℹ *On dit aussi **der Erdteil** (pluriel : -teile).*

continuellement

▷ Il a plu continuellement pendant une semaine !
Es hat eine Woche über ununterbrochen geregnet!

(= sans interruption)
ununterbrochen

continuer

1 ▷ Continue, c'est très bien.
Mach weiter, es ist sehr gut so.

1 (= poursuivre ce qu'on faisait)
weitermachen

ℹ ***weiter•machen** est un verbe à particule séparable.*

▷ J'ai continué mon exposé sans faire attention à eux.
Ich habe mit meinem Referat weitergemacht, ohne auf sie zu achten.

► **continuer** quelque chose : mit etwas (datif) weitermachen

2 ▷ Continuez jusqu'à l'église.
Gehen Sie bis zur Kirche *ou* Fahren Sie bis zur Kirche.

2 Lorsqu'une personne à pied prend un chemin, on dit **bis ... gehen** (ging, gegangen). Quand la personne est en voiture ou en vélo, on dit **bis ... fahren** (fährt, fuhr, gefahren).

3 ▷ Continue à lire, ça ne me dérange pas.
Lies weiter, das stört mich nicht.
▷ Je lui ai dit d'arrêter, mais il continue à faire le clown.
Ich habe ihn gebeten aufzuhören, aber er kaspert weiter herum.

3 Pour dire que quelqu'un **continue** à faire quelque chose, on emploie **weiter** avec le verbe qui convient.

contour

▷ En une minute, elle avait dessiné le contour du château.
In einer Minute hatte sie den Umriss des Schlosses gezeichnet.

der **Umriss** (pluriel : Umrisse)

contraire

▷ « Chaud» est le contraire de « froid ».
„Warm" ist das Gegenteil von „kalt".
▷ Ça ne me dérange pas, au contraire.
Das stört mich nicht, im Gegenteil.

das **Gegenteil** (pluriel : -teile)

► **au contraire** : im Gegenteil

contrairement à

▷ Contrairement à son frère, elle est très ordonnée.
Im Gegensatz zu ihrem Bruder ist sie sehr ordentlich.

im Gegensatz zu + datif

contrarier

▷ J'espère que je ne t'ai pas contrarié.
Ich hoffe, dass ich dich nicht geärgert habe.

(= fâcher) **ärgern**

contravention

▷ Mon père s'est mal garé et il a eu une contravention.
Mein Vater hat falsch geparkt und er hat einen Strafzettel bekommen.

► **avoir une contravention** : einen Strafzettel (pluriel : -zettel) bekommen (bekam, bekommen)

contre

1 ▷ Ne t'appuie pas contre le mur, je viens de le peindre !
Lehn dich nicht an die Wand, ich habe sie gerade gestrichen!
▷ Il la tenait tout contre lui.
Er drückte sie eng an sich.
▷ Le tableau est posé contre la fenêtre.
Das Bild lehnt am Fenster.

1 Quand **contre** indique le contact avec quelqu'un ou quelque chose, on traduit par **an**. Avec un verbe de mouvement, **an** est suivi de l'accusatif. Sans verbe de mouvement, **an** est suivi du datif.

2 ▷ La France joue contre l'Angleterre ce week-end.
Frankreich spielt dieses Wochenende gegen England.
▷ Tout le monde était contre lui.
Alle waren gegen ihn.
▷ Tu es d'accord avec notre décision ? – Non, je suis contre.
Bist du mit unserer Entscheidung einverstanden? – Nein, ich bin dagegen.
▷ Kevin n'aime pas le poisson, mais par contre il adore les frites.
Kevin mag keinen Fisch, dagegen liebt er Pommes frites.

2 Quand **contre** marque l'opposition, on traduit par **gegen**.

► **être contre** (= être opposé) : dagegen sein

► **par contre** : dagegen

contredire

▷ Tu me contredis tout le temps !
Du widersprichst mir dauernd!
▷ Arrête de le contredire.
Hör auf, ihm zu widersprechen.

► **contredire** quelqu'un : jemandem (datif) **widersprechen** (widerspricht, widersprach, widersprochen)

ℹ *Attention à l'orthographe du mot allemand : ne confondez pas avec **wieder** =* à nouveau.

contribuer à

▷ Ils ont beaucoup contribué au succès de la fête.
Sie trugen viel zum Erfolg der Party bei.

zu + datif + **beitragen**

ℹ ***bei•tragen** est un verbe à particule séparable et se conjugue comme **tragen** (trägt, trug, getragen).*

contrôle

1 ▷ J'ai raté mon contrôle de maths.
Ich habe meinen Mathetest verpfuscht.

2 ▷ Il n'y a pas de contrôle de passeports à la frontière.
An der Grenze gibt es keine Passkontrolle.

1 (= interrogation) der **Test** (pluriel : Tests)

2 contrôle des passeports : die **Passkontrolle** (pluriel : –kontrollen)

ℹ *Attention, il y a deux **l** au mot allemand.*

▷ La police peut faire des contrôles d'identité n'importe où.
Die Polizei kann überall Ausweiskontrollen durchführen.

► **controle d'identité :** die Ausweiskontrolle (pluriel : -kontrollen)

contrôler

▷ Mes parents contrôlent mes devoirs.
Meine Eltern kontrollieren meine Hausaufgaben.

(= vérifier) **kontrollieren**

ℹ *Les verbes se terminant en* ***-ieren*** *ne prennent pas* ***ge-*** *au participe passé.*

ℹ *Attention, il y a deux* ***l*** *au mot allemand.*

contrôleur, contrôleuse

▷ Retourne à ta place, le contrôleur arrive.
Geh an deinen Platz zurück, der Kontrolleur kommt.

▷ Aujourd'hui il y avait des contrôleurs dans le bus.
Heute waren Kontrolleure im Bus.

(dans les transports) der **Kontrolleur** /kɔntrɔ'lφːɐ/ (pluriel : Kontrolleure), die **Kontrolleurin** (pluriel : Kontrolleurinnen)

🔊 *Notez la prononciation.*

ℹ *Attention, il y a deux* ***l*** *au mot allemand.*

convaincre

▷ Nous voulions convaincre Luc, mais nous n'avons pas réussi.
Wir wollten Luc überzeugen, aber wir haben es nicht geschafft.

überzeugen

convenir

▷ Est-ce que l'heure te convient ?
Passt dir die Uhrzeit?

► **convenir à** quelqu'un **:** jemandem (datif) passen

conversation

▷ Nous avons eu une conversation très intéressante.
Wir hatten eine sehr interessante Unterhaltung.

▷ Ma conversation avec le directeur a duré une heure.
Mein Gespräch mit dem Direktor hat eine Stunde gedauert.

die **Unterhaltung** (pluriel : Unterhaltungen)

ℹ *Quand il s'agit d'un entretien, on dit plutôt* ***das Gespräch*** (pluriel : *Gespräche*).

convoquer

▷ Le proviseur a convoqué Victor dans son bureau.
Der Schulleiter hat Victor in sein Büro bestellt.

bestellen

ℹ *Les verbes commençant par le préfixe* ***be-*** *ne prennent pas* ***ge-*** *au participe passé.*

copain

▷ Est-ce que je peux aller au cinéma avec mes copains ?
Darf ich mit meinen Freunden ins Kino gehen?
▷ Josie a un nouveau copain.
Josie hat einen neuen Freund.

(= ami, amoureux) der **Freund** (pluriel : Freunde)

copie

1 ▷ Il est l'heure de rendre les copies.
Es ist Zeit, die Arbeiten abzugeben.
2 ▷ Je vais faire des copies de cet article.
Ich werde Kopien von diesem Artikel machen.

1 (= devoir) die **Arbeit** (pluriel : Arbeiten)

2 (en parlant d'un texte, d'une cassette) die **Kopie** (pluriel : Kopien /kɔ'piːən /)

Notez la prononciation du pluriel.

copier

1 ▷ Leila a copié toute la page.
Leila schrieb die ganze Seite ab.

1 (en écrivant) **abschreiben**

ab•schreiben est un verbe à particule séparable et se conjugue comme schreiben (schrieb, geschrieben).

▷ Il a tout copié sur moi !
Er hat alles bei mir abgeschrieben!

► **copier sur** quelqu'un : bei jemandem (datif) abschreiben

2 ▷ Momo copiait un tableau de Picasso.
Momo malte ein Bild von Picasso ab.

2 (en dessinant ou en peignant) **abmalen**

ab•malen est un verbe à particule séparable.

copieux, copieuse

▷ Les repas sont très copieux à l'hôtel.
Die Mahlzeiten im Hotel sind sehr reichlich.

reichlich

copine

▷ Est-ce que je peux aller au cinéma avec mes copines ?
Darf ich mit meinen Freundinnen ins Kino gehen?
▷ Ben a une nouvelle copine.
Ben hat eine neue Freundin.

(= amie, amoureuse) die **Freundin** (pluriel : Freundinnen)

coq

▷ Le coq chante tous les matins à cinq heures.
Der Hahn kräht jeden Morgen um fünf Uhr.

der **Hahn** (pluriel : Hähne)

coque

▷ Il y a des œufs à la coque au petit-déjeuner.
Es gibt weiche Eier zum Frühstück.

► **œuf à la coque** : das weiche Ei (pluriel : weiche Eier)

coquelicot

▷ Les coquelicots se fanent tout de suite quand on les cueille.
Klatschmohn verwelk sehr schnell, wenn man ihn pflückt.

der **Klatschmohn**
(pluriel : -mohne)
i *Le pluriel est rarement employé.*

coquet, coquette

▷ Éva est très coquette.
Éva ist sehr kokett.

kokett

coquillage

1 ▷ On va ramasser des coquillages sur la plage.
Am Strand gehen wir Muschelschalen sammeln.

1 (= coquille vide) die **Muschelschale**
(pluriel : -schalen)

2 ▷ J'aime les coquillages, surtout les huîtres.
Ich mag Muscheln, vor allem Austern.

2 (= animal) die **Muschel**
(pluriel : Muscheln)

coquille

1 ▷ J'ai trouvé de la coquille d'œuf dans l'omelette.
Ich habe Eierschale im Omelette gefunden.

1 (d'un œuf, d'une noix, d'une huître) die **Schale** (pluriel : Schalen)

2 ▷ Nous avons vu plein de coquilles d'escargot.
Wir haben eine Menge Schneckenhäuser gesehen.

2 (d'un escargot) das **Schneckenhaus**
(pluriel : -häuser)

coquin, coquine

▷ Le petit frère de Claudia est coquin.
Claudias kleiner Bruder ist verschmitzt.

verschmitzt

corbeau

▷ Le champ était plein de corbeaux.
Das Feld war voller Raben.

der **Rabe** (pluriel : Raben)

corbeille

▷ Notre corbeille était pleine de champignons.
Unser Korb war mit Pilzen gefüllt.
▷ Jette ça dans la corbeille à papier.
Wirf das in den Papierkorb.

der **Korb** (pluriel : Körbe)

► **corbeille à papier :** der Papierkorb

corde

▷ La corde s'est cassée et Quentin est tombé.
Das Seil ist gerissen und Quentin ist hingefallen.
▷ Est-ce que tu as vu ma corde à sauter ?
Hast du mein Springseil gesehen?

das **Seil** (pluriel : Seile)

► **corde à sauter :** das Springseil

cordonnerie

▷ Mes bottes sont à la cordonnerie.
Meine Stiefel sind beim Schuster.

Pour traduire cordonnerie en allemand, on emploie le nom du métier der **Schuster**.

cordonnier, cordonnière

▷ Mon grand-père était cordonnier.
Mein Großvater war Schuster.

▷ Maman est encore chez le cordonnier.
Mutti ist noch beim Schuster.

▷ On m'a envoyé chez le cordonnier.
Man hat mich zum Schuster geschickt.

der **Schuster** (pluriel : Schuster), die **Schusterin** (pluriel : Schusterinnen)

► **chez le cordonnier** (= dans le magasin) : beim Schuster

► **chez le cordonnier** (= vers le magasin) : zum Schuster

corne

1 ▷ Tu as vu les cornes de cette vache ?
Hast du die Hörner dieser Kuh gesehen?

2 ▷ J'ai plein de corne aux pieds.
Ich habe viel Hornhaut an den Füßen.

1 (= cornes d'un animal) das **Horn** (pluriel : Hörner)

2 (sur la peau) die **Hornhaut**

ℹ *Ce mot s'emploie uniquement au singulier.*

cornet

▷ Un cornet de frites, s'il vous plaît.
Eine Tüte Pommes frites, bitte.

die **Tüte** (pluriel : Tüten)

cornichon

▷ Je n'aime pas les cornichons.
Ich mag Gewürzgurken nicht.

die **Gewürzgurke** (pluriel : -gurken)

corps

1 ▷ Julien a un corps très musclé.
Julien hat einen sehr muskulösen Körper.

2 ▷ La police a trouvé un corps sur le parking.
Die Polizei hat eine Leiche auf dem Parkplatz gefunden.

1 der **Körper** (pluriel : Körper)

2 (= cadavre) die **Leiche** (pluriel : Leichen)

correct, correcte

1 ▷ Ton calcul est correct.
Deine Rechnung ist richtig.

2 ▷ Les repas sont corrects mais pas excellents.
Das Essen ist korrekt, aber nicht ausgezeichnet.

1 (= exact) **richtig**

2 (= pas mal) **korrekt**

correctement

1 ▷ Assieds-toi correctement !
Setz dich anständig hin!

1 (= comme il faut) **anständig**

2 ▷ Nous avons mangé correctement pour huit euros.
Wir haben für acht Euro korrekt gegessen.

2 (= pas mal) **korrekt**

correction

1 ▷ Les corrections de la prof ne sont pas claires.
Die Korrekturen der Lehrerin sind unklar.

1 (sur un texte, un devoir) die **Korrektur** (pluriel : Korrekturen)

2 ▷ Ludovic a reçu une bonne correction.
Ludovic hat eine ordentliche Tracht Prügel bekommen.

2 ► **recevoir une correction :** eine Tracht Prügel bekommen (bekam, bekommen)

correspondance

▷ Dépêche-toi, nous allons rater la correspondance !
Beeil dich, wir werden den Anschluss verpassen!

(dans les transports) der **Anschluss** (pluriel : Anschlüsse)

correspondant, correspondante

▷ La correspondante d'Agathe habite à Mannheim.
Agathes Brieffreundin wohnt in Mannheim.

(= personne à qui écrit un élève) der **Brieffreund** (pluriel : -freunde), die **Brieffreundin** (pluriel : -freundinnen)

correspondre

1 ▷ Alban correspond avec un garçon ukrainien.
Alban korrespondiert mit einem ukrainischen Jungen.

1 ► **correspondre avec** quelqu'un **:** mit jemandem (datif) **korrespondieren**

ℹ *Les verbes se terminant en* ***-ieren*** *ne prennent pas* ***ge-*** *au participe passé.*

2 ▷ Un mille correspond à un peu plus d'un kilomètre et demi.
Eine Meile entspricht etwas mehr als anderthalb Kilometern.

2 ► **correspondre à** quelque chose **:** etwas (datif) **entsprechen** (entspricht, entsprach, entsprochen)

ℹ *Les verbes commençant par le préfixe* ***ent-*** *ne prennent pas* ***ge-*** *au participe passé.*

corriger

1 ▷ Tu n'as pas corrigé cette faute.
Du hast diesen Fehler nicht verbessert.

1 (= corriger une faute) **verbessern**

ℹ *Les verbes commençant par le préfixe* ***ver-*** *ne prennent pas* ***ge-*** *au participe passé.*

2 ▷ Le professeur va corriger les copies pour lundi.
Der Lehrer wird die Arbeiten bis Montag korrigieren.

2 (= corriger des copies) **korrigieren**

ℹ *Les verbes se terminant en* ***-ieren*** *ne prennent pas* ***ge-*** *au participe passé.*

corse, Corse

1 ▷ Jean-Marc a l'accent corse.
Jean-Marc hat einen korsischen Akzent.

1 (adjectif) **korsisch**

2 ▷ La Corse est une île.
Korsika ist eine Insel.

2 (= région) **Korsika**
► **la Corse : Korsika**
ℹ *Ne prend l'article neutre que précédé d'un adjectif : das touristische Korsika* (la Corse touristique).

▷ Il y a des paysages magnifiques en Corse.
In Korsika gibt es wunderschönde Landschaften.

► **en Corse** (= dans la région) **: in Korsika**

▷ Nous irons en Corse en voiture.
Wir werden mit dem Auto nach Korsika fahren.

► **en Corse** (= vers la région) **: nach Korsika**

▷ Je suis déjà allé en Corse.
Ich war schon in Korsika.

Attention : pour dire que quelqu'un **est déjà allé quelque part**, *on emploie une expression avec le prétérit du verbe* ***sein + schon.***

3 ▷ En voyage, j'ai rencontré des Corses.
Auf der Reise habe ich Korsen kennengelernt.

3 (= personne) der **Korse** (pluriel : Korsen), die **Korsin** (pluriel : Korsinnen)

4 ▷ Les grands-parents de Pierre parlent corse.
Pierres Großeltern sprechen Korsisch.

4 (= langue) **Korsisch**

costaud, costaude

▷ Paul est très très costaud !
Paul ist sehr sehr stark!

stark (**plus costaud** stärker ; **le plus costaud** der stärkste)

costume

▷ Mon père porte un costume pour aller travailler.
Mein Vater trägt einen Anzug, wenn er zur Arbeit geht.

der **Anzug** (pluriel : Anzüge)

côte

1 ▷ Nous avons longé la côte.
Wir sind die Küste entlang gegangen.

1 (= le bord de la mer) die **Küste** (pluriel : Küsten)

2 ▷ Je vous attendrai en haut de la côte.
Ich warte oben am Hang auf euch.

2 (= pente) der **Hang** (pluriel : Hänge)

3 ▷ Moussa a deux côtes cassées.
Moussa hat zwei gebrochene Rippen.

3 (= partie du corps) die **Rippe** (pluriel : Rippen)

4 ▷ Il y a des côtes de porc pour le dîner.
Zum Abendessen gibt es Schweinekoteletts.

4 (= la côte de porc ou d'agneau) das **Kotelett** (pluriel : Koteletts)

côté

1 ▷ Les deux côtés de la feuille sont pleins.
Beide Seiten des Blattes sind voll.

1 (= face, partie latérale) die **Seite** (pluriel : Seiten)

▷ Mets-toi de l'autre côté de la salle, tu verras mieux.
Stell dich auf die andere Seit der Halle, da siehst du besser.
▷ La librairie est de l'autre côté de la rue.
Die Buchhandlung ist auf der anderen Seite der Straße.

► **de l'autre côté de** (avec verbe de mouvement) : auf die andere Seite + génitif ; (sans verbe de mouvement) auf der anderen Seite + génitif

2 ▷ À côté de sa sœur, Constance est minuscule !
Neben ihrer Schwester sieht Constance winzig aus!
▷ Je me suis assise à côté de mon père.
Ich habe mich neben meinen Vater gesetzt.
▷ Le supermarché est à côté du stade.
Der Supermarkt ist neben dem Stadium.

2 ► **à côté de :** neben

ℹ *Quand* ***neben*** *est employé avec un verbe de mouvement, il est suivi de l'accusatif. Sans verbe de mouvement, il est suivi du datif.*

3 ▷ J'ai mis du gâteau de côté pour tout à l'heure.
Ich habe für nachher Kuchen aufgehoben.

3 ► **mettre** quelque chose **de côté :** etwas aufheben

ℹ ***auf•heben*** *est un verbe à particule séparable et se conjugue comme* ***heben*** *(hob, gehoben).*

4 ▷ J'ai mis de l'argent de côté pour les vacances.
Ich habe Geld für die Ferien gespart.

4 ► **mettre de l'argent de côté :** sparen

5 ▷ L'école est juste à côté.
Die Schule ist gleich nebenan.

5 ► **à côté** (= tout près) **:** nebenan

coton

1 ▷ Le coton est plus facile à repasser que le lin.
Baumwolle lässt sich leichter bügeln als Leinen.
▷ Mon pull est en coton.
Mein Pulli ist aus Baumwolle.
▷ Les chaussettes en coton sont plus chères.
Die Baumwollstrümpfe sind teurer.

1 (= tissu, fibre) die Baumwolle

► **être en coton :** aus Baumwolle sein

ℹ *Pour dire que quelque chose est* en coton, *on forme des mots composés avec* ***Baumwoll-*** *:* ***das Baumwolllaken*** (drap en coton), ***die Baumwollbluse*** (chemisier en coton), *etc.*

2 ▷ Donne-moi du coton, vite ! Je saigne du nez !
Gib mir schnell Watte! Ich habe Nasenbluten!

2 (= ouate) die Watte

coton-tige®

▷ Les cotons-tiges sont au-dessus du lavabo.
Die Wattestäbchen liegen über dem Waschbecken.

das Wattestäbchen (pluriel : -stäbchen)

ℹ *Le ® signifie que c'est le nom d'une marque. Vous n'avez pas besoin de l'écrire.*

cou

▷ J'ai une énorme griffure au cou.
Ich habe einen Riesenkratzer am Hals.

der Hals (pluriel : Hälse)

▷ Elle s'est jetée au cou de son père.
Sie fiel ihrem Vater um den Hals.

► **se jeter au cou de** quelqu'un : jemandem (datif) um den Hals fallen (fällt, fiel, gefallen)

couche

1 ▷ Le gâteau est fait de trois couches de chocolat et de meringue.
Der Kuchen besteht aus drei Schichten Schokolade und Baiser.
▷ La pollution de l'air provoque des trous dans la couche d'ozone.
Die Luftverschmutzung verursacht Löcher in der Ozonschicht.

1 (= épaisseur) die **Schicht** (pluriel : Schichten)

► **la couche d'ozone** : die Ozonschicht

2 ▷ Tu peux changer la couche de Léonie ?
Kannst du Léonies Windel wechseln?

2 (pour bébé) die **Windel** (pluriel : Windeln)

couché, couchée

1 ▷ Est-ce que tes parents sont déjà couchés ?
Sind deine Eltern schon im Bett?

1 ► **être couché** (= être au lit) : im Bett sein

2 ▷ Lorna était couchée dans l'herbe.
Lorna lag im Gras.

2 ► **être couché** (= être étendu) : liegen (lag, gelegen)

coucher

1 ▷ On ne sait pas encore où on va coucher ce soir.
Wir wissen noch nicht, wo wir heute Nacht schlafen werden.

1 (= dormir) **schlafen** (schläft, schlief, geschlafen)

2 ▷ Je ne veux pas me coucher, je ne suis pas fatiguée !
Ich will nicht ins Bett gehen, ich bin nicht müde!

2 ► **se coucher** (= aller au lit) : ins Bett gehen (ging, gegangen)

3 ▷ Je me couche dix minutes pour me reposer.
Ich lege mich zehn Minuten hin, um mich auszuruhen.
▷ Couche-toi un petit moment, ça te fera du bien.
Leg dich eine Weile hin, das wird dir gut tun.

3 ► **se coucher** (= s'étendre) : sich hinlegen

ℹ *__hin•legen__ est un verbe à particule séparable.*

ℹ *Le pronom personnel allemand est employé à l'accusatif : ich lege __mich__ hin, du legst __dich__ hin, er/sie legt __sich__ hin, wir legen __uns__ hin, ihr legt __euch__ hin, sie legen __sich__ hin.*

4 ▷ Le soleil se couche tôt en hiver.
Die Sonne geht im Winter früh unter.

4 ► **se coucher** (en parlant du soleil, de la lune) : untergehen

ℹ *__unter•gehen__ est un verbe à particule séparable et se conjugue comme __gehen__ (ging, gegangen).*

5 ▷ Quel beau coucher de soleil !
Welch ein schöner Sonnenuntergang!

5 ► **coucher de soleil** : der Sonnenuntergang (pluriel : -untergänge)

coucou

1 ▷ Coucou, il y a quelqu'un ?
Kuckuck, ist hier jemand?

2 ▷ Tu as entendu le coucou ?
Hast du den Kuckuck gehört?

3 ▷ Ils ont rapporté un coucou de Suisse.
Sie haben eine Kuckucksuhr aus der Schweiz mitgebracht.

1 (= bonjour) **kuckuck**

2 (= oiseau) der **Kuckuck** (pluriel : Kuckucke)

3 (= pendule) die **Kuckucksuhr** (pluriel : -uhren)

coude

▷ Je me suis écorché le coude en tombant.
Ich habe mir beim Fallen den Ellbogen aufgeschürft.

der **Ellbogen** (pluriel : Ellbogen)

coudre

▷ Ma mère sait très bien coudre.
Meine Mutter kann sehr gut nähen.

▷ Juan ne sait même pas coudre un bouton !
Juan kann noch nicht mal einen Knopf annähen!

▷ Couds les deux tissus pour en faire un grand.
Näh die beiden Stoffe zusammen, um einen großen zu machen.

(= faire de la couture) **nähen**

i *Pour dire qu'on* **coud** *quelque chose, on traduit par* ***annähen*** *quand on fixe quelque chose (par exemple un bouton), et* ***zusammennähen*** *quand on assemble des morceaux différents.*

i ***an•nähen*** *et* ***zusammen•nähen*** *sont des verbes à particule séparable.*

couette

1 ▷ Cette couette n'est pas assez chaude.
Diese Bettdecke ist nicht warm genug.

2 ▷ Bénédicte se fait des couettes.
Bénédicte trägt Rattenschwänze.

1 (sur le lit) die **Bettdecke** (pluriel : -decken)

2 ► **couettes** (= coiffure) : Rattenschwänze

i ***Rattenschwänze*** *est le pluriel de* ***der Rattenschwanz*** *qui signifie littéralement* queue de rat.

couler

1 ▷ L'eau coulait dans le caniveau.
Das Wasser floss im Rinnstein.

2 ▷ Ne laisse pas couler l'eau !
Lass das Wasser nicht laufen!

3 ▷ S'il te plaît, fais-moi couler un bain.
Lass mir bitte ein Bad ein.

1 (= s'écouler) **fließen** (floss, geflossen)

2 ► **faire couler :** laufen lassen (lässt, ließ, gelassen)

3 ► **faire couler un bain :** ein Bad einlassen

i ***ein•lassen*** *est un verbe à particule séparable et se conjugue comme* ***lassen****.*

4 ▷ Mon stylo coule, j'ai taché mon cahier !
Mein Füller kleckst, ich habe mein Heft beschmiert!

4 (en parlant d'un stylo) **klecksen**

5 ▷ Noémie est enrhumée, elle a le nez qui coule.
Noémie hat einen Schnupfen, ihre Nase läuft.
▷ Donne-moi un mouchoir s'il te plaît, j'ai le nez qui coule.
Gib mir bitte ein Taschentuch, meine Nase läuft.

5 Pour dire que quelqu'un a **le nez qui coule**, on emploie une expression avec le pronom possessif + **Nase** + **laufen** (läuft, lief, gelaufen).

ℹ *Dans cet exemple, les pronoms possessifs sont les suivants :* ***meine, deine, ihre, seine, unsere, eure, ihre.***

6 ▷ Le bateau a coulé en vingt minutes.
Das Boot ist in zwanzig Minuten gesunken.

6 (en parlant d'un bateau) **sinken** (sank, gesunken)

couleur

▷ La couleur préférée de Guillaume est le rouge.
Guillaumes Lieblingsfarbe ist Rot.
▷ De quelle couleur est la voiture de ton frère ?
Welche Farbe hat das Auto deines Bruders?
▷ C'est l'un des premiers films en couleur.
Es ist einer der ersten Farbfilme.

die **Farbe** (pluriel : Farben)

► **de quelle couleur ... ? :** welche Farbe ...?

ℹ *Pour dire que quelque chose est* **en couleur**, *on forme des mots composés avec* ***Farb-*** *:* ***das Farbfoto*** **(photo en couleur)**, ***der Farbfernseher*** **(télévision en couleur)**, *etc.*

couloir

1 ▷ Attends-nous dans le couloir.
Warte im Korridor auf uns.

1 (dans une maison) der **Korridor** (pluriel : Korridore)

ℹ *On dit aussi* ***der Flur*** (pluriel : *Flure*).

2 ▷ Je préfère un siège près du couloir.
Ich hätte lieber einen Sitz am Gang.

2 (dans le train, dans l'avion) der **Gang** (pluriel : Gänge)

coup

1 ▷ Yann a donné un coup sur la tête de Marc.
Yann hat Marc auf den Kopf geschlagen.

1 ► **donner un coup à** quelqu'un : jemanden (acusatif) **schlagen** (schlägt, schlug, geschlagen)

2 ▷ Les garçons lui ont donné des coups de pied.
Die Jungen haben ihn getreten *ou*
Die Jungen haben ihm Fußtritte gegeben.
▷ Elle a essayé de me donner un coup de pied.
Sie hat versucht, mich zu treten *ou*
Sie hat versucht, mir einen Fußtritt zu geben.

2 ► **coup de pied :** der **Fußtritt** (pluriel : -tritte)

► **donner un coup de pied** *ou* **des coups de pied à** quelqu'un : jemanden (accusatif) **treten** *ou* jemandem (datif) **einen Fußtritt geben** *ou* **Fußtritte geben** (gibt, gab, gegeben)

3 ▷ Ton coup de poing me fait toujours mal.
Dein Faustschlag tut mir immer noch weh.
▷ Pauline a voulu me donner un coup de poing !
Pauline wollte mir einen Faustschlag geben!

3 ► **coup de poing :** der Faustschlag (pluriel : -schläge)
► **donner un coup de poing** *ou* **des coups de poing à** quelqu'un : jemandem (datif) einen Faustschlag geben *ou* Faustschläge geben

4 ▷ On a entendu un coup à la porte.
Wir haben ein Klopfen an der Tür gehört.

4 (à la porte, sur une table) das Klopfen
ℹ *C'est un verbe substantivé qui s'emploie uniquement au singulier.*

5 ▷ On a bu un coup chez Suzanne.
Wir haben bei Suzanne einen getrunken.

5 ► **boire un coup :** einen trinken (trank, getrunken)

6 ▷ Bravo, tu as réussi du premier coup !
Bravo, du hast es auf Anhieb geschafft!

6 ► **du premier coup :** auf Anhieb

7 ▷ Fabrice a tout avalé d'un seul coup.
Fabrice hat alles auf einmal runtergeschluckt.

7 ► **d'un seul coup :** auf einmal

8 ▷ Tout à coup *ou* tout d'un coup, la lumière s'est éteinte.
Plötzlich ging das Licht aus.

8 ► **tout à coup** *ou* **tout d'un coup :** plötzlich

9 ▷ Vous avez entendu les coups de feu ?
Habt ihr die Schüsse gehört?

9 ► **coup de feu :** der Schuss (pluriel : Schüsse)

10 ▷ Il y a eu deux coups de fil pour toi.
Es kamen zwei Anrufe für dich.
▷ Passe-moi un coup de fil demain, nous fixerons une date.
Ruf mich morgen an, dann machen wir ein Datum aus.

10 ► **coup de fil :** der Anruf (pluriel : Anrufe)
► **passer un coup de fil :** anrufen
ℹ ***an•rufen*** *est un verbe à particule séparable et se conjugue comme* ***rufen*** *(rief, gerufen).*

11 ▷ Donne un coup sur la table, s'il te plaît.
Wisch bitte den Tisch ab.

11 ► **donner un coup sur** quelque chose (= l'essuyer) **:** etwas (accusatif) abwischen
ℹ ***ab•wischen*** *est un verbe à particule séparable.*

coupable

1 ▷ Tout le monde pense que Cyril est coupable.
Alle glauben, dass Cyril schuldig ist.
▷ Je me sens coupable.
Ich fühle mich schuldig.

1 (adjectif = fautif) schuldig

2 ▷ Le coupable a été arrêté par la police.
Der Schuldige wurde von der Polizei festgenommen.

2 (= personne) der/die Schuldige (pluriel : Schuldigen)
ℹ *C'est un adjectif subtantivé : on dit* ***ein Schuldiger****.*

coupe

1 ▷ Notre équipe de handball a gagné la coupe.
Unsere Mannschaft hat den Pokal gewonnen.
▷ C'est un match de coupe.
Das ist ein Pokalspiel.

1 (= récompense sportive) der **Pokal** (pluriel : Pokale)

ℹ *Un match comptant pour une coupe se traduit par* ***das Pokalspiel*** (pluriel : *-spiele*).

2 ▷ La coupe d'Europe a lieu tous les quatre ans.
Die Europameisterschaft findet alle vier Jahre statt.

2 ► **coupe d'Europe :** die Europameisterschaft

ℹ *De même, on dit* ***die Weltmeisterschaft*** = coupe du monde.

3 ▷ Tu peux prendre soit un gâteau, soit une coupe de glace.
Du kannst entweder Kuchen oder einen Eisbecher nehmen.

3 ► **coupe de glace :** der Eisbecher (pluriel : -becher)

4 ▷ Je n'ai bu qu'une coupe de champagne.
Ich habe nur ein Glas Champagner getrunken.

4 (= verre) das **Glas** (pluriel : Gläser)

5 ▷ Tu as une très jolie coupe de cheveux.
Du hast einen sehr hübschen Haarschnitt.

5 ► **coupe de cheveux :** der Haarschnitt (pluriel : -schnitte)

couper

1 ▷ Tu peux couper le pain, s'il te plaît ?
Kannst du bitte das Brot schneiden?
▷ Il faut couper le tissu en deux.
Man muss den Stoff in zwei Teile schneiden.
▷ Coupe le fil maintenant.
Schneide jetzt die Schnur durch.

1 (avec un couteau, des ciseaux) **schneiden** (schnitt, geschnitten)
► **couper en deux :** in zwei Teile schneiden

ℹ *Quand on coupe du fil, on dit* ***durchschneiden****, qui est un verbe à particule séparable et se conjugue comme* ***schneiden****.*

▷ Ma mère coupe le poulet en morceaux.
Meine Mutter schneidet das Hähnchen auf.

► **couper en morceaux :** aufschneiden

ℹ ***auf•schneiden*** *est un verbe à particule séparable et se conjugue comme* ***schneiden****.*

2 ▷ Papa a dû couper l'arbre.
Papa musste den Baum fällen.

2 (en parlant d'un arbre) **fällen**

3 ▷ Le téléphone est coupé à cause de l'orage.
Das Telefon ist wegen des Gewitters unterbrochen.

3 (en parlant de l'eau, du téléphone) **unterbrechen** (unterbricht, unterbrach, unterbrochen)

4 ▷ Cette histoire m'a coupé l'appétit !
Diese Geschichte hat mir den Appetit verdorben!
▷ Ne bois pas trop, ça te coupera l'appétit.
Trink nicht zu viel, das wird dir den Appetit verderben.

4 ► **couper l'appétit à** quelqu'un **:** jemandem (datif) den Appetit verderben (verdirbt, verdarb, verdorben)

ℹ *Les verbes commençant par le préfixe* ***ver-*** *ne prennent pas* ***ge-*** *au participe passé.*

5 ▷ Mon couteau ne coupe pas bien.
Mein Messer schneidet schlecht.

5 (en parlant d'un couteau, d'un instrument) **schneiden** (schnitt, geschnitten)

6 ▷ Attention, ne te coupe pas !
Vorsicht, schneid dich nicht!
▷ Je me suis coupé avec un éclat de verre.
Ich habe mich mit einem Glasplitter geschnitten.
▷ Comment as-tu fait pour te couper ?
Wie hast du es geschafft, dich zu schneiden?

6 ► **se couper :** sich schneiden (schnitt, geschnitten)

i *Le pronom personnel allemand s'emploie à l'accusatif : ich schneide **mich**, du schneidest **dich**, er/sie schneidet **sich**, wir schneiden **uns**, ihr schneidet **euch**, sie schneiden **sich**.*

7 ▷ Tu t'es coupé les cheveux ?
Hast du dir die Haare geschnitten?
▷ Caroline se coupe les cheveux elle-même.
Caroline schneidet sich selbst die Haare.
▷ Je vais bientôt me couper les cheveux.
Ich werde mir bald die Haare schneiden.

7 ► **se couper les cheveux :** sich die Haare schneiden

i *Le pronom personnel allemand s'emploie au datif : ich schneide **mir** die Haare, du schneidest **dir** die Haare, er/sie schneidet **sich** die Haare, wir schneiden **uns** die Haare, ihr schneidet **euch** die Haare, sie schneiden **sich** die Haare.*

▷ Je dois me faire couper les cheveux.
Ich muss mir die Haare schneiden lassen.

► **se faire couper les cheveux :** sich die Haare schneiden lassen (lässt, ließ, lassen)

▷ Quand est-ce que tu t'es fait couper les cheveux ?
Wann hast du dir die Haare schneiden lassen?

i *Le pronom personnel allemand s'emploie au datif : ich lasse **mir** die Haare schneiden, du lässt **dir** die Haare schneiden, etc.*

couple

▷ En face de nous il y avait un jeune couple.
Uns gegenüber saß ein junges Paar.

das **Paar** (pluriel : Paare)

coupure

1 ▷ J'ai une petite coupure au doigt.
Ich habe einen kleinen Schnitt im Finger.

1 (= blessure) der **Schnitt** (pluriel : Schnitte)

2 ▷ La coupure de courant a duré trois heures.
Die Stromausfall dauerte drei Stunden.

2 ► **coupure de courant :** der Stromausfall (pluriel : -ausfälle)

cour

▷ Nous avons pris des photos de la cour du château.
Wir haben Fotos des Schlosshofes gemacht.

der **Hof** (pluriel : Höfe)

▷ La cour de récréation est vide.
Der Schulhof ist leer.

► **cour de récréation :** der Schulhof

i *On dit aussi **der Pausenhof**.*

courage

1 ▷ Il faut du courage pour faire ça.
Man braucht Mut, um das zu tun.
▷ Je t'admire, tu as beaucoup de courage.
Ich bewundere dich, du hast viel Mut *ou* Ich bewundere dich, du bist sehr mutig.

1 (= bravoure) der **Mut**

► **avoir du courage** : Mut haben *ou* mutig sein

2 ▷ Bon courage, Jeanne !
Mach's gut, Jeanne!

2 ► **bon courage** : mach's gut! *ou* macht's gut! *ou* machen Sie's gut!

courageux, courageuse

▷ Julie est très courageuse, elle n'a peur de rien.
Julie ist sehr mutig, sie hat vor gar nichts Angst.

mutig

couramment

▷ Monsieur Lambert parle allemand couramment.
Herr Lambert spricht fließend Deutsch.

(quand on parle très bien une langue) **fließend**

courant, courante (adjectif)

▷ Cette expression n'est pas très courante.
Dieser Ausdruck ist nicht sehr geläufig.

(= fréquent) **geläufig**

courant (nom)

1 ▷ Le canoë a été emporté par le courant.
Das Kanu wurde von der Strömung fortgerissen.

1 (= mouvement de l'eau) die **Strömung** (pluriel : Strömungen)

2 ▷ Coupe le courant, s'il te plaît.
Stell bitte den Strom ab.

2 (= courant électrique) der **Strom**

3 ▷ Vous êtes au courant de l'accident d'Henri ?
Wisst ihr über Henris Unfall Bescheid?

3 ► **être au courant de** quelque chose : über etwas Bescheid wissen (weiß, wusste, gewusst)

ℹ *Pour l'expression* en courant, *regardez le mot* courir.

coureur, coureuse

1 ▷ Trois coureurs allemands participent à la compétition.
Drei deutsche Läufer nehmen am Wettkampf teil.
▷ Mehdi est coureur de fond et son frère est coureur de demi-fond.
Mehdi ist Langstreckenläufer und sein Bruder ist Mittelstreckenläufer.

1 (= athlète) der **Läufer** (pluriel : Läufer), die **Läuferin** (pluriel : Läuferinnen)

► **coureur de fond** : der Langstreckenläufer

► **coureur de demi-fond** : der Mittelstreckenläufer

2 ▷ Momo veut devenir coureur automobile.
Momo will Rennfahrer werden.

2 ► **coureur automobile** : der Rennfahrer (pluriel : -fahrer), die Rennfahrerin (pluriel : -fahrerinnen)

3 ▷ C'est un grand coureur cycliste.
Er ist ein großer Radrennfahrer.

3 ► **coureur cycliste :** der Radrennfahrer (pluriel : -rennfahrer), die Radrennfahrerin (pluriel : -rennfahrerinnen)

courgette

▷ Un kilo de courgettes, s'il vous plaît.
Ein Kilo Zucchini bitte.

die **Zucchini** /tsʊ'kiːni/

ℹ *Ce mot s'emploie aussi bien au singulier qu'au pluriel.*

🔊 *Notez la prononciation.*

courir

1 ▷ Maya court très vite.
Maya rennt sehr schnell.
▷ Ils sont partis en courant.
Sie rannten weg.
▷ Pam est entrée en courant.
Pam rannte herein.
▷ Le voleur est sorti en courant.
Der Dieb rannte hinaus.

1 **rennen** (rannte, gerannt)

ℹ *Pour dire qu'on fait quelque chose* **en courant** *en allemand, on emploie le verbe* ***rennen*** *avec la particule séparable qui convient :* ***wegrennen*** *pour indiquer qu'on s'éloigne,* ***hereinrennen*** *pour indiquer qu'on rentre,* ***hinausrennen*** *pour indiquer qu'on sort.*

2 ▷ Il court un risque énorme.
Er geht ein enormes Risiko ein.

2 ► **courir un risque :** ein Risiko eingehen

ℹ ***ein•gehen*** *est un verbe à particule séparable et se conjugue comme* ***gehen*** *(ging, gegangen).*

couronne

1 ▷ Le roi porte une couronne en or.
Der König trägt eine goldene Krone.

1 (d'un roi, d'une reine) die **Krone** (pluriel : Kronen)

2 ▷ Tu peux m'aider à faire une couronne de fleurs ?
Kannst du mir helfen, einen Blumenkranz zu machen?

2 (= parure, décoration) der **Kranz** (pluriel : Kränze)

courrier

1 ▷ Est-ce qu'il y a du courrier pour moi ?
Ist Post für mich da?

1 (= lettres) die **Post**

2 ▷ Nous avons le courrier électronique à la maison.
Wir haben E-Mail zuhause.

2 ► **courrier électronique :** die E-Mail /'iːmeɪl/

🔊 *Notez la prononciation.*

▷ Tu peux me l'envoyer par courrier électronique.
Du kannst es mir per E-Mail schicken.

► **envoyer** quelque chose **par courrier électronique :** etwas per E-Mail schicken

cours

1 ▷ Le cours d'allemand commence à onze heures.
Der Deutschunterricht fängt um elf an.

1 (= leçon à l'école) der **Unterricht**

Ce mot s'emploie au singulier.

On dit aussi ***die Stunde*** (pluriel : Stunden).

▷ Nous avons cours le samedi matin.
Wir haben samstagmorgens Unterricht.

► **avoir cours** (= aller à l'école) : Unterricht haben (hat, hatte, gehabt)

▷ Mélanie prend des cours particuliers d'anglais.
Mélanie nimmt Privatunterricht in Englisch.

► **prendre des cours particuliers** : Privatunterricht nehmen (nimmt, nahm, genommen)

▷ J'ai des cours de soutien en maths.
Ich bekomme Nachhilfeunterricht in Mathe.

► **cours de soutien** : der Nachhilfeunterricht

2 ▷ Ce soir, je ne peux pas, j'ai mon cours de danse.
Heute Abend kann ich nicht, ich habe meinen Tanzkurs.

2 (= activité) der **Kurs** (pluriel : Kurse)

course

1 ▷ La course est un sport fatigant.
Laufen ist ein anstrengender Sport.

1 ► **la course** (= la course à pied) : das Laufen

Ce mot est un verbe substantivé et s'emploie uniquement au singulier.

▷ Je fais de la course tous les week-ends.
Ich laufe jedes Wochenende.

► **faire de la course** : laufen (läuft, lief, gelaufen)

2 ▷ Une course se tient à Chantilly vendredi.
Freitag findet in Chantilly ein Rennen statt.

2 (= compétition) das **Rennen** (pluriel : Rennen)

▷ Tu veux faire la course avec moi ?
Willst du ein Wettrennen mit mir machen?
▷ Non, je ne vais pas faire la course avec toi.
Nein, ich werde nicht mit dir um die Wette rennen.

► **faire la course avec** quelqu'un : ein Wettrennen mit jemandem (datif) machen

On dit aussi ***mit*** *jemandem* (datif) ***um die Wette rennen*** *(rannte, gerannt).*

3 ▷ Ma mère fait les courses deux fois par semaine.
Meine Mutter geht zweimal in der Woche einkaufen.

3 ► **faire les courses** (= faire des achats) : einkaufen gehen (ging, gegangen)

court, courte (adjectif)

▷ Les jupes courtes sont à la mode.
Kurze Röcke sind in Mode.

kurz (plus court kürzer ; le plus court der kürzeste)

court (nom)

▷ À l'hôtel, il y avait une piscine et trois courts de tennis.
Im Hotel gab es ein Schwimmbad und drei Tennisplätze.

(= court de tennis, de squash, de badminton) der **Platz** (pluriel : Plätze)

couscous

▷ Nous avons mangé un excellent couscous.
Wir haben einen ausgezeichneten Kuskus gegessen.

der **Kuskus**

ℹ *On écrit aussi* ***der Couscous.***

cousin, cousine

▷ Ma cousine s'appelle Danielle.
Meine Cousine heißt Danielle.

der **Cousin** /ku'zɛ̃/ (pluriel : Cousins), die **Cousine** /ku'zinə/ (pluriel : Cousinen)

coussin

▷ Tu peux me passer un coussin, s'il te plaît ?
Kannst du mir bitte ein Kissen geben?

das **Kissen** (pluriel : Kissen)

couteau

▷ Il faudrait aiguiser ce couteau.
Dieses Messer muss man schleifen.

das **Messer** (pluriel : Messer)

coûter

▷ Le repas coûte dix euros.
Die Mahlzeit kostet zehn Euro.

▷ Combien ça coûte ?
Wie viel kostet das?

▷ Combien coûtent ces chaussures ?
Wie viel kosten diese Schuhe?

▷ Mes lunettes ont coûté très cher.
Meine Brille hat viel gekostet.

kosten

► **combien coûte ... ? :** wie viel kostet ...?

► **coûter cher :** viel kosten

ℹ *On dit aussi* ***teuer sein.***

coutume

▷ C'est une coutume allemande de faire des petits gâteaux avant Noël.
Es ist ein deutscher Brauch, vor Weihnachten Kekse zu backen.

(= tradition) der **Brauch** (pluriel : Bräuche)

couture

1 ▷ La couture est parfois difficile.
Nähen ist manchmal schwer.

1 ► **la couture** (quand on coud) : das Nähen

ℹ *C'est un verbe substantivé :* on ne dit pas ***ein Nähen.***

2 ▷ La couture de ta veste est déchirée.
Die Naht deiner Jacke ist aufgerissen.

2 (sur un tissu qu'on a cousu) : die **Naht** (pluriel : Nähte)

couvercle

▷ Je n'arrive pas à ouvrir le couvercle du bocal.
Ich bekomme den Deckel des Glases nicht auf.

der **Deckel** (pluriel : Deckel)

couvert, couverte

1 ▷ Les Poulain ont une piscine couverte.
Poulains haben ein überdachtes Schwimmbad.

1 (= en parlant d'une piscine privée, d'un court de tennis) **überdacht**

2 ▷ Mathieu est rentré de l'école couvert de bleus !
Mathieu kam mit blauen Flecken bedeckt nach Hause.

2 ► **couvert de ... : mit ... bedeckt**

3 ▷ Le ciel est couvert aujourd'hui.
Der Himmel ist heute bedeckt.

3 (en parlant du ciel, du temps) **bedeckt**

couvert

▷ Pour le pique-nique, on va utiliser des couverts en plastique.
Für das Picknick werden wir Plastikbesteck benutzen.

(pour manger) das **Besteck**

couverture

1 ▷ Si tu as froid, prends cette couverture.
Falls dir kalt wird, nimm diese Decke.

1 (pour se couvrir) die **Decke** (pluriel : Decken)

2 ▷ La couverture du cahier est déchirée.
Der Umschlag des Heftes ist zerrissen.

2 (= couverture d'un cahier ou d'un livre) der **Umschlag** (pluriel : Umschläge)

couvrir

1 ▷ Elle couvre le bébé avec son manteau.
Sie deckt das Baby mit ihrem Mantel zu.

1 (=protéger) **zudecken**

ℹ *zu•decken est un verbe à particule séparable.*

2 ▷ Mariam a couvert le mur de dessins.
Mariam hat die Wande mit Zeichnungen bedeckt.

2 ► **couvrir** quelque chose **de...** : etwas **mit** + datif + **bedecken**

ℹ *Les verbes commençant par le préfixe **be-** ne prennent pas **ge-** au participe passé.*

3 ▷ Ne le couvre pas comme ça, il ne fait pas si froid !
Zieh ihn nicht so warm an, so kalt ist es nicht!
▷ Couvre-toi bien, il fait froid dehors.
Zieh dich warm an, es ist kalt draußen.

3 ► **couvrir** quelqu'un (= habiller chaudement) : jemanden (accusatif) **warm anziehen**

ℹ ***an•ziehen** est un verbe à particule séparable et se conjugue comme **ziehen** (zog, gezogen).*

crabe

▷ J'ai attrapé un petit crabe sur la plage.
Am Strand habe ich eine kleine Krabbe gefangen.

die **Krabbe** (pluriel : Krabben)

cracher

▷ C'est dégoûtant de cracher par terre !
Es ist ja widerlich, auf den Boden zu spucken!

spucken

craie

▷ Tu peux me passer la craie, s'il te plaît ?
Kannst du mir bitte die Kreide geben?

die **Kreide** (pluriel : Kreiden)

craindre

1 ▷ Ma petite sœur craint l'orage.
Meine kleine Schwester fürchtet sich vor dem Gewitter.
▷ Depuis que j'ai été piquée, je crains les guêpes.
Seit ich gestochen wurde, fürchte ich mich vor Wespen.

1 ► **craindre** quelque chose (= avoir peur) : **sich vor** etwas (datif) **fürchten**

ℹ *Le pronom personnel s'emploie à l'accusatif : ich fürchte* ***mich****, du fürchtest* ***dich****, er/sie fürchtet* ***sich****, wir fürchten* ***uns****, ihr fürchtet* ***euch****, sie fürchten* ***sich****.*

2 ▷ Elle craint le soleil, elle attrape très vite des coups de soleil.
Sie ist gegen die Sonne empfindlich, sie holt sich sofort Sonnenbrand.

2 ► **craindre** quelque chose (= être sensible) : **gegen** etwas (accusatif) **empfindlich sein**

cramer

▷ Maman a cramé le dîner !
Mama hat das Abendessen verbrannt!

verbrennen (verbrannte, verbrannt)

ℹ *Le mot français est familier, mais sa traduction allemande ne l'est pas.*

crampe

▷ Je ne peux plus courir, j'ai une crampe dans le mollet !
Ich kann nicht mehr laufen, ich habe einen Krampf in der Wade!

der **Krampf** (pluriel : Krämpfe)

crâne

▷ Nous avons trouvé un crâne de souris dans le nid de la chouette.
Wir haben einen Mäuseschädel im Eulennest gefunden.

der **Schädel** (pluriel : Schädel)

crapaud

▷ Tu vois les crapauds dans la mare ?
Siehst du die Kröten im Tümpel?

die **Kröte** (pluriel : Kröten)

craquer

1 ▷ Le parquet craquait de partout.
Das Parkett knarrte überall.

2 ▷ La couture de mon pantalon a craqué.
Die Naht meiner Hose ist gerissen.

3 ▷ Ce devoir est trop dur, je craque !
Diese Hausaufgabe ist zu schwierig, ich kann nicht mehr!

4 ▷ Marine craque pour Vincent.
Marine hat eine Schwäche für Vincent.

1 (= grincer) **knarren**

2 (= se déchirer) **reißen** (riss, gerissen)

3 ► **je craque !** (= je n'en peux plus) : **ich kann nicht mehr!**

4 ► **craquer pour** quelqu'un : **für jemanden** (accusatif) **eine Schwäche haben**

cravate

▷ Ta cravate ne va pas avec ta chemise.
Deine Krawatte passt nicht zu deinem Hemd.

die **Krawatte** (pluriel : Krawatten)

ℹ *Attention à l'orthographe du mot allemand.*

crawl

▷ Mon père m'a appris le crawl.
Mein Vater hat mir das Kraulen beigebracht.

das **Kraulen**

ℹ *C'est un verbe substantivé :* on ne dit pas *ein Kraulen et on l'emploie uniquement au singulier.*

▷ Érika nage vraiment bien le crawl.
Érika krault sehr gut.

► **nager le crawl** : **kraulen**

crayon

1 ▷ Où est mon crayon ?
Wo ist mein Bleistift?

▷ Le professeur a dit d'écrire au crayon.
Der Lehrer hat gesagt, wir sollten mit dem Bleistift schreiben.

2 ▷ J'ai prêté mes crayons de couleur à Jackie.
Ich habe Jackie meine Buntstifte geliehen.

1 (= crayon à papier) der **Bleistift** (pluriel : -stifte)

► **écrire au crayon** : **mit dem Bleistift schreiben** (schrieb, geschrieben)

2 ► **crayon de couleur** : der **Buntstift** (pluriel : -stifte)

crèche

1 ▷ La petite sœur de Lola va à la crèche.
Lolas kleine Schwester geht in die Kinderkrippe.

2 ▷ Pour Noël, il y a toujours une crèche à l'église.
Zu Weihnachten steht immer eine Krippe in der Kirche.

1 (= garderie) die **Kinderkrippe** (pluriel : -krippen)

2 (= crèche de Noël) die **Krippe** (pluriel : Krippen)

crédit

▷ La banque leur a refusé un crédit.
Die Bank hat ihnen einen Kredit verweigert.

(= prêt) der **Kredit** (pluriel : Kredite)

🔊 *L'accent tonique est sur la deuxième syllabe.*

▷ Mes parents ont acheté la voiture à crédit.
Meine Eltern haben das Auto auf Kredit gekauft.

► **acheter** quelque chose **à crédit :** etwas **auf Kredit kaufen**

crème

▷ Il y a de la crème dans ce gâteau.
In diesem Kuchen ist Creme.

die **Creme** /krɛːm/
(pluriel : Cremes)

Notez la prononciation.

▷ Quand il fait froid, je me mets de la crème sur le visage.
Wenn es kalt ist, creme ich mir das Gesicht ein.

► **mettre de la crème** (sur les mains, le visage, etc.) **:** eincremen

▷ Passe-moi la crème fraîche, s'il te plaît.
Gib mir bitte die Crème fraîche.

► **crème fraîche :** die **Crème fraîche**

Se prononce comme en français.

Attention, il y a une majuscule à Crème en allemand.

crèmerie

▷ Où est la crèmerie ? Je dois acheter du fromage.
Wo ist das Milchgeschäft? Ich muss Käse kaufen.

das **Milchgeschäft**
(pluriel : -geschäfte)

crêpe

▷ On va faire des crêpes cet après-midi.
Heute Nachmittag machen wir Crêpes.

die **Crêpe** (pluriel : Crêpes)

Se prononce comme en français.

crétin, crétine

▷ Quel crétin ! Il a perdu mon livre !
So ein Idiot! Er hat mein Buch verloren!

der **Idiot** (pluriel : Idioten), die **Idiotin** (pluriel : Idiotinnen)

creuser

1 ▷ Nous avons creusé un trou dans le jardin pour planter un arbre.
Wir haben ein Loch im Garten gegraben, um einen Baum zu pflanzen.

1 (= creuser un trou ou une tranchée) **graben** (gräbt, grub, gegraben)

2 ▷ Les ouvriers creusent le trottoir.
Die Arbeiter graben den Bürgersteig auf.

2 (= creuser le sol) **aufgraben**

auf•graben est un verbe à particule séparable et se conjugue comme graben.

creux, creuse

1 ▷ Le tronc de l'arbre est creux.
Der Baumstamm ist hohl.

1 (adjectif = vide) **hohl**

2 ▷ Viens, on va se cacher dans ce creux.
Komm, wir verstecken uns in diesem Loch.

2 (= trou) das **Loch**
(pluriel : Löcher)

3 ▷ J'ai un creux, quand est-ce qu'on mange ?
Ich habe Hunger, wann essen wir denn?

3 ► **avoir un creux** (= avoir faim) : Hunger haben

*On dit aussi **Kohldampf haben**, qui est familier.*

4 ▷ Pat peut venir, elle a un creux entre trois et quatre.
Pat kann kommen, sie hat zwischen drei und vier eine Flaute.

4 ► **avoir un creux** (= un moment de libre) : eine Flaute haben

crevant, crevante

▷ Cette balade était crevante !
Dieser Spaziergang war angstrengend!

(qui fatigue) **anstrengend**

Le mot français est familier, mais sa traduction allemande ne l'est pas.

crevé, crevée

1 ▷ Je crois que le pneu est crevé !
Ich glaube, der Reifen ist platt!

1 (en parlant d'un pneu) **platt**

2 ▷ Karim avait un pneu crevé.
Karim hatte eine Reifenpanne.

2 ► **avoir un pneu crevé** : eine Reifenpanne haben (hat, hatte, gehabt)

3 ▷ Flora était crevée, elle est allée au lit.
Flora war kaputt, sie ist ins Bett gegangen.

3 (= fatigué) **kaputt**

Le mot français et la traduction allemande sont familiers.

crever

1 ▷ Noémie a crevé le ballon de Fabio.
Noémie hat Fabios Ballon platzen lassen.

1 (= faire exploser) **platzen lassen** (lässt, ließ, gelassen)

2 ▷ Les bulles de savon crèvent très vite.
Seifenblasen platzen schnell.

2 (= exploser) **platzen**

3 ▷ Nous avons crevé sur l'autoroute.
Wir hatten auf der Autobahn eine Reifenpanne.

3 (= avoir un pneu crevé) **eine Reifenpanne haben** (hat, hatte, gehabt)

4 ▷ Je crève de faim ! Quand est-ce qu'on mange ?
Ich bin am Verhungern! Wann essen wir denn?

4 ► **crever de faim** : am Verhungern sein

5 ▷ On crève de chaud dans cette pièce !
Man kommt ja in diesem Zimmer um vor Hitze!
▷ On crevait de froid devant le cinéma.
Wir kamen vor dem Kino vor Kälte um.

5 ► **crever de chaud, crever de froid** : vor Hitze/vor Kälte umkommen

__um•kommen__ est un verbe à particule séparable et se conjugue comme __kommen__ (kam, gekommen).

crevette

▷ Ma mère a fait un curry aux crevettes.
Meine Mutter hat ein Garnelencurry gekocht.

die **Garnele** (pluriel : Garnelen)

cri

▷ J'ai entendu des cris dans la rue.
Ich hörte Schreie auf der Straße.

(d'une personne) der **Schrei** (pluriel : Schreie)

crier

▷ Ne crie pas, je ne suis pas sourde !
Schrei doch nicht, ich bin nicht taub!

▷ Dan criait de peur.
Dan schrie vor Angst.

schreien (schrie, geschrien)

► **crier de ...** (douleur, peur) **:** vor ... (datif) schreien

crime

1 ▷ Dans le journal, il y avait un article sur un crime atroce.
In der Zeitung stand ein Artikel über einen furchtbaren Mord.

1 (= meurtre) der **Mord** (pluriel : Morde)

2 ▷ Il est arrivé en retard ? Ce n'est pas un crime !
Er kam zu spät? Das ist doch kein Verbrechen!

2 (= quelque chose de mal, délit) das **Verbrechen** (pluriel : Verbrechen)

criminel, criminelle

1 ▷ Le criminel s'est échappé après avoir tué un policier.
Der Mörder entkam, nachdem er einen Polizisten umgebracht hatte.

1 (= meurtrier) der **Mörder** (pluriel : Mörder), die **Mörderin** (pluriel : Mörderinnen)

2 ▷ Le criminel a avoué.
Der Verbrecher hat gestanden.

2 (= malfaiteur) der **Verbrecher** (pluriel : Verbrecher), die **Verbrecherin** (pluriel : Verbrecherinnen)

crinière

▷ On reconnaît le lion à sa crinière.
Man erkennt den Löwen an seiner Mähne.

(d'un lion, d'un cheval) die **Mähne** (pluriel : Mähnen)

crise

1 ▷ Hubert a souvent des crises d'asthme.
Hubert hat oft Asthmaanfälle.

▷ Mon grand-père a eu une crise cardiaque.
Mein Großvater hatte einen Herzanfall.

1 (= crise d'asthme, de colique) der **Anfall** (pluriel : Anfälle)

► **avoir une crise cardiaque :** einen Herzanfall haben

2 ▷ Il y a une crise économique au Japon.
In Japan gibt es eine Wirtschaftskrise.

2 (= situation difficile) die **Krise** (pluriel : Krisen)

3 ▷ Le père de Naïma a piqué une crise quand elle est rentrée à minuit.
Naïmas Vater hatte einen Anfall, als sie um Mitternacht nach Hause kam.

3 ► **piquer une crise :** einen Anfall haben

crispé, crispée

▷ Ne sois pas si crispé, ça va bien se passer.
Sei doch nicht so verkrampft, es wird schon gut gehen.

(= nerveux) **verkrampft**

cristal

▷ Le cristal se casse facilement.
Kristall zerbricht leicht.

▷ Ce vase est en cristal.
Diese Vase ist aus Kristall.

▷ Nous avons bu dans des verres en cristal.
Wir haben aus Kristallgläsern getrunken.

▷ Dans la salle de bal, il y avait un énorme lustre en cristal.
Im Ballsaal hing ein riesiger Kristallleuchter.

(= verre) das **Kristall**

► **être en cristal :** aus Kristall sein

ℹ *Pour dire que quelque chose est* **en cristal** *ou* **de cristal**, *on forme des mots composés avec* ***Kristall*** *:* ***das Kristallglöckchen*** **(clochette en cristal)**, ***die Kristallschale*** **(bol en cristal)**, *etc.*

critique

1 ▷ Mon père est très critique.
Mein Vater ist sehr kritisch.

▷ Je dois me dépêcher, ça devient critique !
Ich muss mich beeilen, es wird kritisch!

2 ▷ Toujours des critiques !
Immer nur Kritik!

3 ▷ Elle m'énerve, elle n'arrête pas de faire des critiques.
Sie geht mir auf die Nerven, sie kritisiert dauernd.

1 (adjectif = difficile, grave) **kritisch**

2 (= remarque) die **Kritik**

ℹ *Ce mot s'emploie uniquement au singulier.*

3 ► **faire des critiques :** kritisieren

ℹ *Les verbes se terminant en* ***-ieren*** *ne prennent pas* **ge-** *au participe passé.*

critiquer

▷ Arrête de nous critiquer et fais quelque chose !
Hör auf, uns zu kritisieren und tu etwas!

kritisieren

ℹ *Les verbes se terminant en* ***-ieren*** *ne prennent pas* **ge-** *au participe passé.*

croche-patte, croche-pied

▷ Quentin m'a fait un croche-patte !
Quentin hat mir ein Bein gestellt!

► **faire un croche-patte** *ou* **un croche-pied à** quelqu'un **:** jemandem (datif) **ein Bein stellen**

crochet

▷ J'ai besoin d'un crochet pour suspendre le tableau.
Ich brauche einen Haken, um das Bild aufzuhängen.

(pour accrocher) der **Haken** (pluriel : Haken)

crocodile

▷ Tu as vu ce crocodile ? Il est énorme !
Hast du das Krokodil gesehen? Es ist ja riesig!

das **Krokodil** (pluriel : Krokodile)

croire

1 ▷ Je ne te crois pas !
Ich glaube dir nicht!
▷ Je crois que le film est à huit heures.
Ich glaube, dass der Film um acht beginnt.
▷ Mes parents croient en Dieu.
Meine Eltern glauben an Gott.

2 ▷ Tu te crois malin !
Du hältst dich wohl für schlau!
▷ Il m'énerve, il se croit plus intelligent que les autres.
Er geht mir auf die Nerven, er hält sich für intelligenter als andere.

1 (= tenir pour vrai) **glauben**

► **croire que ...** (= penser) : glauben, dass ...

► **croire en ...** : an... glauben

2 ► **se croire** + adjectif : sich für + adjectif + **halten** (hält, hielt, gehalten)

*Le pronom personnel allemand s'emploie à l'accusatif : ich halte **mich** für..., du hältst **dich** für..., er/sie hält **sich** für..., wir halten **uns** für..., ihr haltet **euch** für, sie halten **sich** für...*

croisement

▷ Il y a encore eu un accident au croisement.
Es gab schon wieder einen Unfall an der Kreuzung.
▷ Son chien est un croisement entre un berger allemand et un colley.
Sein Hund ist eine Kreuzung zwischen einem Schäferhund und einem Collie.

(= carrefour ; croisement d'espèces différentes) die **Kreuzung** (pluriel : Kreuzungen)

croiser

1 ▷ Ce n'est pas bon de croiser les jambes.
Es ist nicht gut, die Beine übereinander zu schlagen.

2 ▷ Papa a croisé les bras.
Papa verschränkte die Arme.

3 ▷ J'ai croisé Michelle dans la rue.
Ich bin Michelle auf der Straße begegnet.
▷ Hier soir nous avons croisé notre prof de sport.
Gestern Abend sind wir unserem Sportlehrer begegnet.

1 (en parlant des jambes) **übereinander schlagen** (schlägt, schlug, geschlagen)

2 (en parlant des bras) **verschränken**

*Les verbes commençant par le préfixe **ver-** ne prennent pas **ge-** au participe passé.*

3 ► **croiser** quelqu'un (= rencontrer) : jemandem (datif) **begegnen**

*Les verbes commençant par le préfixe **be-** ne prennent pas **ge-** au participe passé.*

▷ On s'est croisés à la bibliothèque.
Wir sind uns in der Bücherei begegnet.

► **se croiser** (= se rencontrer) **:** sich begegnen

ℹ *Notez que le participe passé s'emploie avec l'auxiliaire* ***sein***.

croisière

▷ Mes grands-parents font une croisière dans les Caraïbes.
Meine Großeltern machen eine Kreuzfahrt in der Karibik.

die **Kreuzfahrt** (pluriel : -fahrten)
► **faire une croisière :** eine Kreuzfahrt machen

croissant

▷ Je voudrais deux croissants, s'il vous plaît.
Ich hätte gern zwei Croissants, bitte.

(= pâtisserie) das **Croissant** (pluriel : Croissants)

Se prononce comme en français. Le s du pluriel se prononce en allemand.

croix

1 ▷ Marine porte une croix en pendentif.
Marine trägt ein Kreuz als Anhänger.

2 ▷ Mettez une croix en face de la bonne réponse.
Kreuzen Sie die richtige Antwort an.

3 ▷ Tu peux faire une croix sur ton voyage en Norvège !
Du kannst deine Reise nach Norwegen abschreiben!

1 das **Kreuz** (pluriel : Kreuze)

2 ► **mettre une croix** (= cocher) **:** ankreuzen

ℹ ***an•kreuzen*** *est un verbe à particule séparable.*

3 ► **faire une croix sur** quelque chose **:** etwas (accusatif) abschreiben

ℹ ***ab•schreiben*** *est un verbe à particule séparable et se conjugue comme* ***schreiben*** *(schrieb, geschrieben).*

croquant, croquante

▷ Ces pommes sont très croquantes.
Diese Äpfel sind sehr knackig.

knackig

croque-monsieur

▷ Suzie a fait des croque-monsieur pour le déjeuner.
Suzie hat getoastetes Sandwich mit Käse und Schinken zum Mittagessen gemacht.

das **getoastete Sandwich mit Käse und Schinken**

croquer

1 ▷ Ne croque pas le bonbon, c'est mauvais pour les dents.
Zerbeiß das Bonbon nicht, das ist schlecht für die Zähne.

1 (= mordre dans quelque chose de dur) **zerbeißen** (zerbiss, zerbissen)

ℹ *Les verbes commençant par le préfixe* ***zer-*** *ne prennent pas* ***ge-*** *au participe passé.*

2 ▷ Elle a croqué dans la pomme et a fait une grimace.
Sie hat in den Apfel gebissen und eine Grimasse gemacht.

2 ► **croquer dans** quelque chose : in etwas (accusatif) **beißen** (biss, gebissen)

3 ▷ Ces pommes croquent, elles sont délicieuses.
Diese Äpfel knacken, sie schmecken sehr gut.

3 (= être croquant) **knacken**

croquette

▷ Madame Lemaire a fait des croquettes de poisson.
Frau Lemaire hat Fischkroketten gemacht.

die **Krokette** /kro'kɛtə/ (pluriel : Kroketten)

Notez la prononciation.

croquis

▷ Je fais un croquis, ça t'aidera à comprendre.
Ich mache eine Skizze, das wird dir helfen, es zu verstehen.

die **Skizze** (pluriel : Skizzen)

crotte

▷ Il y a des crottes de brebis partout dans les prés.
Überall auf den Wiesen liegt Schafkot.

Le mot allemand le plus général pour les **crottes d'animaux** est das **Kot**, qui s'emploie uniquement au singulier.

croustillant, croustillante

▷ J'aime le bon pain croustillant.
Ich mag gutes, knuspriges Brot.

knusprig

croûte

1 ▷ La croûte du pain est un peu brûlée.
Die Brotrinde ist etwas verbrannt.

1 (en parlant du pain ou du fromage) die **Rinde** (pluriel : Rinden)

2 ▷ Il ne faut pas gratter la croûte, sinon la plaie va encore s'ouvrir.
Du sollst den Schorf nicht abkratzen, sonst geht die Wunde wieder auf.

2 (en parlant d'une plaie) der **Schorf**

i *Ce mot s'emploie uniquement au singulier.*

croûton

1 ▷ Est-ce que je peux avoir le croûton du pain ?
Kann ich den Brotkanten haben?

1 (en parlant du pain) der **Kanten** (pluriel : Kanten)

2 ▷ J'ai mis des croûtons dans la salade.
Ich habe Croutons in den Salat getan.

2 (= petit morceau de pain frit) der **Crouton** (pluriel : Croutons)

Se prononce comme en français. Le s du pluriel se prononce en allemand.

croyant, croyante

▷ Mon grand-père est croyant.
Mein Großvater ist gläubig.

► **être croyant** : **gläubig sein**

cru, crue

▷ Les Japonais mangent beaucoup de poisson cru.
Die Japaner essen viel rohen Fisch.

(= pas cuit) **roh**

cruche

▷ Mets l'eau dans cette cruche.
Gieß Wasser in diesen Krug.

(= récipient) der **Krug** (pluriel : Krüge)

crudités

▷ À midi, je mange des crudités.
Zu Mittag esse ich Rohkost.

die **Rohkost**

Ce mot s'emploie uniquement au singulier.

crustacé

▷ Jean-Michel est allergique aux crustacés.
Jean-Michel ist gegen Schalentiere allergisch.

das **Schalentier** (pluriel : -tiere)

cueillir

1 ▷ J'ai cueilli des fleurs pour les mettre sur la table.
Ich habe Blumen gepflückt, um sie auf den Tisch zu stellen.

2 ▷ Cet après-midi, on va cueillir des champignons.
Heute Nachmittag gehen wir Pilze sammeln.

1 (en parlant des fleurs, des baies) **pflücken**

2 (en parlant de champignons, de châtaignes) **sammeln**

cuillère ou cuiller

▷ Les cuillères sont dans le tiroir de droite.
Die Löffel sind in der rechten Schublade.

▷ Je dois prendre une cuillère de sirop tous les matins.
Ich muss jeden Morgen einen Löffel Sirup nehmen.

▷ Les cuillères à café sont en argent.
Die Kaffeelöffel sind aus Silber.

▷ Je n'ai pas de cuillère à soupe.
Ich habe keinen Suppenlöffel.

(= ustensile, quantité) der **Löffel** (pluriel : Löffel)

► **cuillère à café :** der Kaffeelöffel

On dit aussi ***der Teelöffel.***

► **cuillère à soupe :** der Suppenlöffel

cuillerée

▷ Je dois prendre une cuillerée de sirop tous les matins.
Ich muss jeden Morgen einen Löffel Sirup nehmen.

der **Löffel** (pluriel : Löffel)

cuir

▷ Le cuir est à la mode cette année.
Leder ist dieses Jahr in Mode.

▷ Le cartable de Basile est en cuir.
Basiles Schultasche ist aus Leder.

▷ Camille porte une jupe en cuir.
Camille trägt einen Lederrock.

das **Leder** (pluriel : Leder)

► **être en cuir :** aus Leder sein

ℹ *Pour dire que quelque chose est* **en cuir**, *on forme des mots composés avec* ***Leder*** *:* ***die Lederhose*** (pantalon en cuir), ***der Ledermantel*** (manteau en cuir), *etc.*

cuire

1 ▷ La soupe est en train de cuire.
Die Suppe kocht.

▷ D'après la recette, il faut faire cuire les légumes dix minutes.
Dem Rezept nach muss man das Gemüse zehn Minuten lang kochen.

2 ▷ Fais cuire les biftecks deux minutes de chaque côté.
Brate die Steaks zwei Minuten auf jeder Seite.

3 ▷ Mettre au four et cuire à température moyenne pendant quarante minutes.
In den Ofen geben und bei mittlerer Hitze vierzig Minuten lang backen.

1 (= cuire à l'eau, au bouillon) **kochen**

► **faire cuire** (à l'eau, au bouillon) **:** kochen

2 (= cuire à la poêle) **braten** (brät, briet, gebraten)

3 (= cuire au four) **backen**

cuisine

1 ▷ Joël est dans la cuisine.
Joël ist in der Küche.

2 ▷ Ma mère dit que la cuisine c'est facile !
Meine Mutter sagt, dass Kochen leicht ist!

3 ▷ Mon père fait souvent la cuisine.
Mein Vater kocht oft.

4 ▷ J'adore la cuisine indienne.
Ich liebe die indische Küche.

1 (= la pièce où on prépare les repas) die **Küche** (pluriel : Küchen)

2 ► **la cuisine** (= la préparation des repas) **:** das Kochen

ℹ *C'est un verbe substantivé :* on ne dit pas ***ein Kochen*** *et on l'emploie uniquement au singulier.*

3 ► **faire la cuisine :** kochen

4 (= la nourriture) die **Küche**

cuisinier, cuisinière

1 ▷ Le cuisinier est très gentil.
Der Koch ist sehr nett.

2 ▷ Vous avez une cuisinière à gaz ou électrique ?
Haben Sie einen Gasherd oder einen Elektroherd?

1 (= personne qui fait la cuisine) der **Koch** (pluriel : Köche), die **Köchin** (pluriel : Köchinnen)

2 (= appareil ménager) der **Herd** (pluriel : Herde)

cuisse

1 ▷ Je me suis fait mal à la cuisse.
Ich habe mir am Schenkel weh getan.

2 ▷ Tu préfères l'aile ou la cuisse ?
Willst du lieber den Flügel oder die Keule?

1 (en parlant d'une personne) der **Schenkel** (pluriel : Schenkel)

2 (en parlant d'un animal) die **Keule** (pluriel : Keulen)

cuit, cuite

1 ▷ Je n'aime pas les carottes cuites.
Ich mag gekochte Karotten nicht.

2 ▷ Mon steak est cuit à point.
Mein Steak ist rosa gebraten.

3 ▷ Les pâtes sont trop cuites.
Die Nudeln sind zerkocht.
▷ Est-ce que ta viande est trop cuite ?
Ist dein Fleisch zu sehr gebraten?

1 (= cuit à l'eau, au bouillon) **gekocht**

2 (= cuit à la poêle) **gebraten**

3 Pour dire que quelque chose est **trop cuit** en allemand, on traduit par **zerkocht** en parlant de ce qui est cuit à l'eau, et **zu sehr gebraten** en parlant de ce qui est cuit à la poêle.

culot

1 ▷ Son culot m'étonne toujours.
Seine Frechheit erstaunt mich immer.

2 ▷ Damien a du culot !
Damien ist ja unverschämt!

1 (= effronterie) die **Frechheit**

2 ► **avoir du culot :** unverschämt sein

culotte

▷ Sa jupe est transparente, on voit sa culotte.
Ihr Rock ist durchsichtig, man sieht ihren Schlüpfer.

(= sous-vêtement) der **Schlüpfer** (pluriel : Schlüpfer)

cultivé, cultivée

▷ Notre prof de français est très cultivée.
Unsere Französischlehrerin ist sehr gebildet.

gebildet

cultiver

▷ Dans cette région on cultive du blé.
In dieser Gegend wird Weizen angebaut.

(en parlant de légumes ou de céréales) **anbauen**

culture

1 ▷ Cet agriculteur vit surtout de la culture du blé.
Dieser Landwirt lebt hauptsächlich vom Weizenanbau.

2 ▷ C'est un magazine sur la culture.
Es ist eine Kulturzeitschrift.

3 ▷ Il manque de culture.
Es fehlt ihm an Bildung.

1 (= plantes cultivée) der **Anbau**
ℹ *Ce mot s'emploie uniquement au singulier.*

2 (= les modes de vie) die **Kultur** (pluriel : Kulturen)

3 (= savoir, connaissances) die **Bildung**

▷ Bastien a une bonne culture générale.
Bastien besitzt eine gute Allgemeinbildung.

► **culture générale :** die Allgemeinbildung

curé

▷ Mon père connaît bien le curé du village.
Mein Vater kennt den Pfarrer des Ortes gut.

der **Pfarrer** (pluriel : Pfarrer)

cure-dent

▷ Tu as vu les cure-dents ?
Hast du die Zahnstocher gesehen?

der **Zahnstocher** (pluriel : Zahnstocher)

curieux, curieuse

1 ▷ Ne sois pas si curieux !
Sei nicht so neugierig!

2 ▷ C'est curieux, je pensais que la porte était fermée.
Seltsam, ich dachte, die Tür sei zu.

1 (= indiscret) **neugierig**

2 (= bizarre) **seltsam**

ℹ *On dit aussi **komisch**.*

curiosité

▷ Sa curiosité énerve beaucoup de gens.
Seine Neugier geht vielen Leuten auf die Nerven.

(= indiscrétion) die **Neugier**

curry

▷ Ce soir, nous mangeons du curry.
Heute Abend essen wir Curry.

das **Curry** /'kœri/ (pluriel : Currys)

Notez la prononciation.

curseur

▷ Ces touches servent à déplacer le curseur.
Mit diesen Tasten versetzt man den Cursor.

der **Cursor** /'kœrsɐ/ (pluriel : Cursor)

Notez la prononciation.

cutter

▷ Tu peux me prêter ton cutter ?
Kannst du mir deinen Cutter leihen?

der **Cutter** /'katɐ/ (pluriel : Cutter)

Notez la prononciation.

cybercafé

▷ Gilles va au cybercafé parce qu'il n'a pas d'ordinateur chez lui.
Gilles geht ins Internet-Café, weil er zu Hause keinen Computer hat.

das **Internet-Café** (pluriel : -Cafés)

D

FRANÇAIS — ALLEMAND

d'abord

▷ D'abord, j'aimerais te dire que je suis très fâché.
Zuerst möchte ich dir sagen, dass ich verärgert bin.

zuerst

dame

▷ Une dame t'a demandé au téléphone.
Eine Dame hat dich am Telefon verlangt.

▷ Je joue souvent aux dames avec Lucie.
Ich spiele oft Dame mit Lucie.

(= femme) die **Dame**
(pluriel : Damen)

► **jouer aux dames : Dame spielen**

ℹ *Remarquez qu'en allemand le jeu est au singulier.*

Danemark

▷ Ils ont pris l'avion pour le Danemark ce matin.
Sie sind heute Morgen nach Dänemark geflogen.

Dänemark

► **le Danemark : Dänemark**

ℹ *Ne prend l'article neutre que précédé d'un adjectif :* ***das umweltfreundliche Dänemark*** **(le Danemark écologique).**

▷ Martha voulait rester au Danemark.
Martha wollte in Dänemark bleiben.

▷ J'aimerais bien aller au Danemark.
Ich würde gerne nach Dänemark reisen.

▷ Je ne suis jamais allé au Danemark.
Ich war noch nie in Dänemark.

► **au Danemark** (= dans le pays) **: in Dänemark**

► **au Danemark** (= vers le pays) **: nach Dänemark**

Attention : pour dire que quelqu'un **est déjà allé quelque part,** *on emploie une expression avec le prétérit du verbe* ***sein*** *+* ***schon****.*

dangereux

▷ C'est dangereux de traverser la route ici.
Es ist gefährlich, hier die Straße zu überqueren.

gefährlich

danois, danoise

1 ▷ C'est une spécialité danoise.
Das ist eine dänische Spezialität.

1 (adjectif) **dänisch**

2 ▷ Il y avait des Danois à l'auberge de jeunesse.
In der Jugendherberge waren Dänen.

2 (= personnes) der **Däne** (pluriel : Dänen), die **Dänin** (pluriel : Däninnen)

3 ▷ Le danois est une langue scandinave.
Dänisch ist eine skandinavische Sprache.

3 (= langue) **Dänisch**

dans

1 ▷ Les agrafes sont dans le tiroir.
Die Heftklammern sind in der Schublade.
▷ Nous nous sommes promenés dans la forêt.
Wir sind im Wald spazierengegangen.
▷ Cédric a sauté dans l'eau.
Cédric ist ins Wasser gesprungen.

1 (= dans quelque chose) **in**

Sans changement d'endroit, ***in*** *est suivi du datif :* ***in der*** *(pour le féminin),* ***im*** *(=* ***in dem*** *(pour le masculin et le neutre)),* ***in den*** *(pour le pluriel).*

Avec un changement d'endroit, ***in*** *est suivi de l'accusatif :* ***in die*** *(pour le féminin et le pluriel),* ***in den*** *(pour le masculin)* ***ins*** *(=* ***in das****) (pour le neutre).*

2 ▷ Il prend les ciseaux dans le tiroir.
Er nimmt die Schere aus der Schublade.
▷ Je préfère boire dans une tasse.
Ich trinke lieber aus einer Tasse.

2 (= hors de quelque chose) **aus** + datif

3 ▷ Le film commence dans cinq minutes.
Der Film fängt in fünf Minuten an.

3 (en parlant d'un moment, d'un délai) **in**

4 ▷ Ça fait dans les huit kilomètres.
Es sind ungefähr acht Kilometer.

4 ► **dans les** (= environ) : **ungefähr**

danse

1 ▷ Le sirtaki est une danse grecque.
Sirtaki ist ein griechischer Tanz.
▷ Amélie apprend la danse du ventre.
Amélie lernt Bauchtanz.

1 der **Tanz** (pluriel : Tänze)

Notez les substantifs composés : ***Volkstanz*** (danse folklorique), ***Eistanz*** (danse sur glace).

2 ▷ Clémence fait de la danse classique.
Clémence macht Ballett.

2 ► **danse classique :** das **Ballett**

danser

▷ On a dansé jusqu'à l'aube.
Wir haben bis ins Morgengrauen getanzt.

tanzen

danseur, danseuse

▷ Margot est une super danseuse.
Margot ist eine tolle Tänzerin.

der **Tänzer** (pluriel : Tänzer), die **Tänzerin** (pluriel : Tänzerinnen)

date

▷ Le professeur écrit toujours la date sur le tableau.
Der Lehrer schreibt immer das Datum an die Tafel.
▷ Regarde la date de péremption.
Schau mal nach dem Haltbarkeitsdatum.
▷ À quelle date devez-vous partir ?
Wann müsst ihr wieder fahren (ou fliegen)?

(= le jour de l'année) das **Datum** (pluriel : Daten)

► **à quelle date... ? :** wann... ?

datte

▷ Nous avons acheté des dattes fraîches au marché.
Wir haben frische Datteln auf dem Markt gekauft.

die **Dattel** (pluriel : Datteln)

dauphin

▷ Des dauphins nageaient près du bateau.
Delphine schwammen neben dem Boot.

der **Delphin** (pluriel : Delphine)

davantage

▷ Tu devrais sortir davantage.
Du solltest mehr ausgehen.
▷ Ce prof nous donne davantage de devoirs que les autres.
Dieser Lehrer gibt uns mehr Hausarbeiten als die anderen.

mehr

► **davantage de... :** mehr...

de, des, du

1 ▷ Le bracelet de ma sœur est en argent.
Das Armband meiner Schwester ist aus Silber.
▷ Le collier du chien est trop serré.
Das Halsband des Hundes ist zu eng.
▷ Le cartable de Carla est très lourd.
Carlas Schultasche ist sehr schwer.

1 Quand on parle de quelque chose qui **appartient** à une personne ou à un animal, ou qui **fait partie de** quelque chose, on emploie le génitif.

ℹ *Avec un nom de personne, on emploie le cas possessif avec s.*

2 ▷ Une bouteille d'eau minérale, s'il vous plaît.
Eine Flasche Mineralwasser, bitte.
▷ Peux-tu acheter deux kilos d'oranges ?
Kannst du zwei Kilo Orangen kaufen?

2 Quand on parle du **contenu** de quelque chose ou d'une **quantité**, **aucune préposition n'est employée.**

3 ▷ L'avion de Londres atterrit à trois heures.
Das Flugzeug aus London landet um drei Uhr.

3 Quand on parle du **lieu d'où vient** quelqu'un ou quelque chose, on emploie **aus**.

4 ▷ De Paris à Lyon, il y a 460 kilomètres.
Von Paris bis Lyon sind es 460 Kilometer.
▷ Je l'ai vu de ma fenêtre.
Ich habe ihn von meinem Fenster aus gesehen.

4 Quand on veut dire **à partir de**, on emploie **von**.

5 ▷ C'est un film de Blake Edwards.
Das ist ein Film von Blake Edwards.

5 Quand on parle de **l'auteur** d'un livre, d'un film, d'une chanson, etc., on emploie **von**.

6 ▷ Ils habitent dans une maison de deux étages.
Sie wohnen in einem zweistöckigen Haus.
▷ Marina a une sœur de cinq ans.
Marina hat eine fünfjährige Schwester.
▷ Ils ont fait un voyage de trois semaines en Nouvelle-Zélande.
Sie haben eine dreiwöchige Reise nach Neuseeland gemacht.

6 Quand on parle **des dimensions, de l'âge, de la durée**, etc., on met la mesure dans une forme adjectivale devant le nom auquel elle se reporte.

7 ▷ Nous avons vu de belles sculptures à Florence.
Wir haben schöne Skulpturen in Florenz gesehen.
▷ Voulez-vous du thé ?
Möchten Sie Tee?
▷ Tu pourrais acheter des timbres ?
Könntest du Briefmarken kaufen?
▷ J'ai des amis à Toulouse.
Ich habe Freunde in Toulouse.

7 Quand **de** est un article partitif, c'est-à-dire quand il se rapporte à un mot qui n'est pas compté, il n'est pas traduit.

dé

▷ Où sont les dés ?
Wo sind die Würfel?
▷ Lance les dés, à la fin !
Jetzt würfel doch endlich!

der **Würfel** (pluriel : Würfel)

► **lancer les dés** *ou* **jeter les dés** : würfeln

déballer

▷ En arrivant, nous avons déballé nos affaires.
Als wir angekommen waren, haben wir unsere Sachen ausgepackt.

auspacken

ℹ ***aus•packen*** *est un verbe à particule séparable.*

débarquer

1 ▷ Nous n'avons pas pu débarquer tout de suite, la porte de l'avion était coincée.
Wir konnten nicht sofort von Bord gehen, die Tür des Flugzeugs klemmte.

1 (en parlant des passagers d'un avion ou d'un bateau) **von Bord gehen** (ging, gegangen)

2 ▷ Ludo a débarqué chez nous à minuit !
Ludo ist um Mitternacht bei uns aufgekreuzt!

2 ► **débarquer chez** quelqu'un : bei jemandem (datif) aufkreuzen

ℹ ***auf•kreuzen*** *est un verbe à particule séparable.*

débarras

1 ▷ Il y a un débarras sous l'escalier.
Unter der Treppe ist ein Abstellraum.

1 (= placard) der **Abstellraum** (pluriel : -räume)

2 ▷ Il est parti ? Bon débarras !
Ist er weg? Den wären wir los!

2 ► **bon débarras ! :** die *ou* den *ou* das wären wir los!

débarrasser

1 ▷ Débarrasse ma chambre de tout ce bazar !
Räum deinen Rümpel aus meinem Zimmer!
▷ C'est toujours moi qui débarrasse la table !
Immer muss ich den Tisch abräumen!

2 ▷ Nous n'arrivons pas à nous débarrasser de Martial.
Wir werden Martial einfach nicht los.
▷ Je dois me débarrasser de ce vieux manteau et en acheter un autre.
Ich muss diesen alten Mantel los werden und mir einen neuen kaufen.

1 (en parlant d'une pièce) **ausräumen**
(en parlant de la table) **abräumen**

2 ► **se débarrasser de :** loswerden

ℹ *__los•werden__ est un verbe à particule séparable et se conjugue comme __werden__ (wird, wurde, geworden).*

se débattre

▷ Les quatre garçons tenaient Romain qui se débattait.
Die vier Jungen hielten Romain fest, der sich wehrte.

sich wehren

débile

1 ▷ Ce film est complètement débile.
Dieser Film ist total schwachsinnig.

2 ▷ Quelle débile !
So eine Idiotin!

1 (= stupide, au sens familier) **schwachsinnig**

2 (= personne stupide) der **Idiot** (pluriel : Idioten), die **Idiotin** (pluriel : Idiotinnen)

ℹ *La flexion féminine existe en allemand.*

débloquer

▷ Je n'arrive pas à débloquer le tiroir.
Ich bekomme die Schublade nicht auf.

► **débloquer** quelque chose **:** etwas (accusatif) **aufbekommen**

ℹ *__auf•bekommen__ est un verbe à particule séparable et se conjugue comme __bekommen__ (bekon, bekommen).*

débordé, débordée

▷ Le prof est débordé, il a plus de cent copies à corriger.
Der Lehrer ist überlastet, er hat mehr als hundert Arbeiten zu korrigieren.

überlastet

déboucher

1 ▷ Il faut déboucher la bouteille une heure avant le repas.
Man muss die Flasche eine Stunde vor dem Essen entkorken.

2 ▷ Je sais comment déboucher le lavabo.
Ich weiß, wie man das Waschbecken frei macht.

3 ▷ Le couloir débouche sur une grande pièce.
Der Gang mündet in einen großen Raum.

1 (en parlant d'une bouteille)
entkorken

ℹ *Les verbes commençant par le préfixe* ***ent-*** *ne prennent pas* ***ge-*** *au participe passé.*

2 (en parlant d'un lavabo, d'un tuyau)
frei machen

3 ► **déboucher sur** (en parlant d'une rue, d'un passage) : **in** + accusatif + **münden**

debout

1 ▷ Colin était debout près de la porte.
Colin stand neben der Tür.

▷ Elle est restée debout pendant tout le voyage.
Sie blieb die ganze Reise über stehen.

▷ Nous avons voyagé debout.
Wir sind im Stehen gereist.

2 ▷ Il est onze heures et elle n'est pas encore debout !
Es ist schon elf und sie ist immer noch nicht auf!

▷ Allez, debout, c'est l'heure !
Los, aufgestanden, es ist Zeit!

3 ▷ Mets la bouteille debout, s'il te plaît.
Stell die Flasche bitte aufrecht hin.

1 ► **être debout** (= ne pas être assis, en parlant d'une personne) : **stehen** (stand, gestanden)

► **rester debout** : **stehen bleiben** (blieb, geblieben)

► **faire** quelque chose **debout** : etwas **im Stehen tun**

2 ► **être debout** (= être sorti du lit, n'être pas encore au lit) : **auf sein**

► **debout !** (pour dire à quelqu'un de se lever) : **aufgestanden!**

3 ► **mettre** quelque chose **debout** : etwas **aufrecht hinstellen**

débrancher

▷ Je vais débrancher l'ordinateur.
Ich ziehe gleich den Stecker des Computers raus.

den Stecker rausziehen

ℹ ***raus•ziehen*** *est un verbe à particule séparable et se conjugue comme* ***ziehen*** *(zog, gezogen).*

se débrouiller

1 ▷ Je peux me débrouiller toute seule, je suis assez grande !
Ich komme schon alleine zurecht, ich bin groß genug!

▷ Julien se débrouille très bien en allemand.
Julien kommt gut in Deutsch zurecht.

1 ► **se débrouiller** : **zurechtkommen**

ℹ ***zurecht•kommen*** *est un verbe à particule séparable et se conjugue comme* ***kommen*** *(kam, gekommen).*

► **se débrouiller en** quelque chose (une matière, une discipline) : **in** etwas **zurechtkommen**

2 ▷ Karine s'est débrouillée pour avoir des billets.
Karine hat es geschafft, Karten zu bekommen.

2 ► **se débrouiller pour** + infinitif : es schaffen, zu + **infinitif**

début

▷ Le début du roman n'est pas très bon.
Der Anfang des Romans ist nicht sehr gut.
▷ Au début de l'automne il peut encore faire chaud.
Am Anfang des Herbstes kann es noch warm sein.
▷ Au début, je n'aimais pas Florence.
Anfangs mochte ich Florence nicht.

der **Anfang** (pluriel : Anfänge)

► **au début de :** am Anfang + génitif

► **au début** (= d'abord) **:** anfangs

décalquer

▷ Tu peux juste décalquer la carte au lieu de la dessiner toi-même.
Du kannst die Landkarte einfach abpausen, anstatt sie selbst zu zeichnen.

abpausen

ℹ *ab•pausen est un verbe à particule séparable.*

décapsuler

▷ Je n'arrive pas à décapsuler cette bouteille.
Ich kann diese Flasche nicht öffnen.

öffnen

décembre

▷ En décembre, il fait très froid ici.
Im Dezember ist es hier sehr kalt.
▷ Nous partons le vingt-six décembre.
Wir fahren am sechsundzwanzigsten Dezember.

der **Dezember**
► **en décembre, au mois de décembre :** im Dezember

ℹ *On écrit **am 26. Dezember**.*

déception

▷ Le voyage scolaire a été annulé. Quelle déception !
Die Schulreise wurde abgesagt! So eine Enttäuschung!

die **Enttäuschung** (pluriel : Enttäuschungen)

décevant, décevante

▷ Notre équipe de basket a eu des résultats décevants cette année.
Unsere Basketballmannschaft hatte dieses Jahr enttäuschende Ergebnisse.

enttäuschend

décevoir

▷ Je ne veux pas te décevoir, mais je ne peux pas venir au concert ce soir.
Ich will dich nicht enttäuschen, aber ich kann heute Abend nicht mit ins Konzert kommen.

► **décevoir** quelqu'un : jemanden (accusatif) enttäuschen

décharger

1 ▷ Aide-moi à décharger la voiture, s'il te plaît.
Hilf mir bitte das Auto auszuladen.

1 (en parlant d'une voiture, de bagages) ausladen

i *aus•laden est un verbe à particule séparable et se conjugue comme laden (lädt, lud, geladen).*

2 ▷ Il se décharge toujours de son travail sur les autres.
Er lädt immer seine Arbeit auf andere ab.

2 ► **se décharger de** quelque chose **sur** quelqu'un : etwas auf jemanden (accusatif) abladen

i *ab•laden est un verbe à particule séparable et se conjugue comme laden (lädt, lud, geladen).*

se déchausser

▷ Il faut se déchausser avant d'entrer dans les maisons japonaises.
Man muss die Schuhe ausziehen, bevor man in ein japanisches Haus tritt.

die Schuhe ausziehen

i *aus•ziehen est un verbe à particule séparable et se conjugue comme ziehen (zog, gezogen).*

déchirer

▷ Attention, tu vas déchirer ton pantalon !
Vorsicht, sonst zerreißt du deine Hose!

▷ Raïssa a déchiré la lettre de Paul.
Raïssa hat Pauls Brief zerrissen.

zerreißen (zerriss, zerrissen)

i *Les verbes commençant par le préfixe zer- ne prennent pas ge- au participe passé.*

décidément

▷ Décidément, il fait trop beau pour travailler !
Es ist wirklich zu schön zum Arbeiten!

wirklich

décider

1 ▷ La prof a décidé que nous ferions un test mardi prochain.
Die Lehrerin hat beschlossen, dass wir nächsten Dienstag einen Test machen.

1 ► **décider que... :** beschließen, dass... (beschloss, beschlossen)

i *Les verbes commençant par le préfixe be- ne prennent pas ge- au participe passé.*

▷ Paul a décidé de peindre la cuisine.
Paul hat beschlossen, die Küche zu streichen.

► **décider de faire** quelque chose : beschließen, etwas zu tun.

2 ▷ Décide-toi, je suis pressé !
Jetzt entscheide dich doch, ich hab's eilig!

2 ► **se décider** : sich entscheiden (entschied, entschieden)

Les verbes commençant par le préfixe ***ent-*** *ne prennent pas* ***ge-*** *au participe passé.*

▷ Je me suis enfin décidée pour la robe verte.
Ich habe mich endlich für das grüne Kleid entschieden.

► **se décider pour** quelque chose : sich für etwas entscheiden

3 ▷ Ben s'est décidé à réparer sa mobylette.
Ben hat sich dazu entschlossen, sein Mofa zu reparieren.

3 ► **se décider à faire** quelque chose : sich dazu entschließen, etwas zu tun

Les verbes commençant par le préfixe ***ent-*** *ne prennent pas* ***ge-*** *au participe passé.*

décision

▷ C'est une décision très injuste.
Das ist eine sehr ungerechte Entscheidung.

▷ Nous avons pris la décision ensemble.
Wir haben die Entscheidung gemeinsam getroffen.

die **Entscheidung** (pluriel : Entscheidungen)

► **prendre une décision** : eine Entscheidung treffen (trifft, traf, getroffen)

déclarer

1 ▷ Il a déclaré qu'il était contre la guerre.
Er hat erklärt, dass er gegen den Krieg ist.

1 (= faire savoir) **erklären**

Les verbes commençant par le préfixe ***er-*** *ne prennent pas* ***ge-*** *au participe passé.*

2 ▷ Avez-vous quelque chose à déclarer ?
Haben Sie etwas zu verzollen?

2 (à la douane) **verzollen**

Les verbes commençant par le préfixe ***ver-*** *ne prennent pas* ***ge-*** *au participe passé.*

déclencher

1 ▷ Myriam a déclenché l'alarme par erreur.
Myriam hat aus Versehen die Alarmanlage ausgelöst.

1 (en parlant d'une alarme, d'une sonnerie) **auslösen**

aus•lösen *est un verbe à particule séparable.*

2 ▷ L'alarme de la voiture s'est déclenchée pendant la nuit.
Die Alarmanlage ist während der Nacht losgegangen.

2 ► **se déclencher** (en parlant d'une alarme, d'une sonnerie) : losgehen

los•gehen *est un verbe à particule séparable et se conjugue comme* ***gehen*** *(ging, gegangen).*

décodeur

▷ Le décodeur est sur la télé.
Der Decoder liegt auf dem Fernseher.

der **Decoder** /de'koʊdɐ/ (pluriel : Decoder)

Notez la prononciation.

décollage

▻ Le décollage a été retardé.
Der Start wurde verzögert.

(d'un avion) der **Start**
(pluriel : Starts)

décoller

1 ▻ L'avion a décollé à trois heures cinq.
Das Flugzeug ist um drei Uhr fünf gestartet.

2 ▻ Geoffroy décolle les timbres pour les classer dans son album.
Geoffroy löst die Briefmarken ab, um sie in sein Album zu sortieren.

3 ▻ Le papier peint se décolle dans le couloir.
Die Tapete im Gang geht ab.

1 (en parlant d'un avion) **starten**
ℹ *On peut dire aussi **ab•fliegen**.*

2 ► **décoller** quelque chose **:** etwas ablösen
ℹ ***ab•lösen** est un verbe à particule séparable.*

3 ► **se décoller :** abgehen
ℹ ***ab•gehen** est un verbe à particule séparable et se conjugue comme **gehen** (ging, gegangen).*

décolleté, décolletée

▻ La robe de Sabrina est très décolletée.
Sabrinas Kleid ist tief ausgeschnitten.

ausgeschnitten
► **très décolleté :** tief ausgeschnitten

décoloré, décolorée

1 ▻ Cédric porte toujours des jeans décolorés.
Cédric trägt immer verblichene Jeans.

2 ▻ La prof de biologie a les cheveux décolorés.
Die Biolehrerin hat gebleichte Haare.

1 (en parlant d'un tissu, d'un vêtement) **verblichen**
ℹ *On peut dire aussi **verschossen**.*

2 (en parlant des cheveux) **gebleicht**

décongeler

▻ Les crevettes ont décongelé en deux heures.
Die Garnelen sind in zwei Stunden aufgetaut.

auftauen
ℹ ***auf•tauen** est un verbe à particule séparable.*

déconseiller

▻ Nos amis nous ont déconseillé ce camping.
Unsere Freunde haben uns von diesem Campingplatz abgeraten.

▻ Je te le déconseille !
Ich rate dir davon ab!

▻ Je te déconseille d'aller voir ce film.
Ich rate dir davon ab, diesen Film zu sehen.

► **déconseiller** quelque chose **à** quelqu'un **:** jemandem (datif) von etwas abraten
ℹ ***ab•raten** est un verbe à particule séparable et se conjugue comme **raten** (rät, riet, geraten).*

► **déconseiller à** quelqu'un **de :** jemandem (datif) davon abraten, etwas zu tun

décontracté, décontractée

1 ▷ L'ambiance est très décontractée dans ce bar.
Es herrscht eine ganz entspannte Stimmung in dieser Kneipe.
▷ Jules avait l'air décontracté.
Jules sah entspannt aus.

1 (en parlant de l'ambiance, d'une personne) **entspannt**

2 ▷ Le week-end, ma mère aime porter des vêtements décontractés.
Am Wochenende trägt meine Mutter gern bequeme Kleidung.

2 (en parlant des vêtements) **bequem**

décor

1 ▷ Les décors sont vraiment beaux dans ce film.
Der Dekor dieses Films ist wirklich schön.

1 (en parlant d'une pièce de théâtre, d'un film) der *ou* das **Dekor** (pluriel : Dekore *ou* Dekors)

2 ▷ Le décor est vraiment magnifique dans ce restaurant.
Die Ausstattung in diesem Restaurant ist wunderbar.

2 (en parlant du décor d'une maison, d'un restaurant) die **Ausstattung** (pluriel : Ausstattungen)

3 ▷ Elle a besoin d'un changement de décor.
Sie braucht einen Tapetenwechsel.

3 ► **changement de décor :** der Tapetenwechsel

ℹ *Littéralement,* ***Tapetenwechsel*** *veut dire* **changement de papier peint.**

décoration

▷ Nous avons regardé les décorations de Noël.
Wir haben uns die Weihnachtsdekorationen angeschaut.

die **Dekoration** (pluriel : Dekorationen)

décorer

1 ▷ Je n'aime pas la façon dont ils ont décoré leur maison.
Ich mag nicht, wie sie ihr Haus ausgestattet haben.

1 (= aménager) **ausstatten**

ℹ ***aus•statten*** *est un verbe à particule séparable.*

2 ▷ Viens, nous allons décorer le sapin.
Komm, wir schmücken den Weihnachtsbaum.

2 (= orner) **schmücken**

décortiquer

1 ▷ Ces crevettes sont difficiles à décortiquer.
Diese Garnelen sind schwer zu schälen.

1 (en parlant des crevettes ou des amandes) **schälen**

2 ▷ En classe de français, nous avons décortiqué un texte de Victor Hugo.
Im Französischunterricht haben wir einen Text von Victor Hugo analysiert.

2 (en parlant d'un texte) **analysieren**

ℹ *Les verbes se terminant en* ***–ieren*** *ne prennent pas* ***ge-*** *au participe passé.*

découper

1 ▷ Sonia découpe des photos de vedettes dans les magazines.
Sonia schneidet Fotos von Berühmtheiten aus den Zeitschriften aus.

2 ▷ Je peux découper le gâteau ?
Kann ich den Kuchen aufschneiden?

1 (= découper dans quelque chose)
ausschneiden
ℹ *aus•schneiden est un verbe à particule séparable et se conjugue comme schneiden (schnitt, geschnitten).*

2 (= découper un gâteau, de la viande)
aufschneiden
ℹ *auf•schneiden est un verbe à particule séparable et se conjugue comme schneiden (schnitt, geschnitten).*

décourageant, décourageante

▷ Tes notes sont décourageantes.
Deine Noten sind entmutigend.

entmutigend

décourager

1 ▷ Je ne veux pas te décourager, mais...
Ich will dich nicht entmutigen, aber...

2 ▷ Ne te décourage pas, tu y arriveras la prochaine fois.
Verlier den Mut nicht, nächstes Mal wirst du es schaffen.

1 **entmutigen**
ℹ *Les verbes commençant par le préfixe ent- ne prennent pas ge- au participe passé.*

2 ► **se décourager : den Mut verlieren** (verlor, verloren)
ℹ *Les verbes commençant par le préfixe ver- ne prennent pas ge- au participe passé.*

découverte

▷ C'est une découverte extraordinaire.
Das ist eine außerordentliche Entdeckung.
▷ Des scientifiques américains ont fait une découverte très importante.
Amerikanische Wissenschaftler haben etwas sehr Wichtiges entdeckt.

die **Entdeckung** (pluriel : Entdeckungen)
► **faire une découverte :** accusatif + entdecken
ℹ *Les verbes commençant par le préfixe ent- ne prennent pas ge- au participe passé.*

découvrir

▷ Un navire espagnol a été découvert au fond de la mer.
Ein spanisches Schiff wurde auf dem Meeresgrunde entdeckt.

entdecken
ℹ *Les verbes commençant par le préfixe ent- ne prennent pas ge- au participe passé.*

décrire

▷ Décris-le, je le connais peut-être.
Beschreib ihn mal, vielleicht kenne ich ihn.

beschreiben (beschrieb, beschrieben)
ℹ *Les verbes commençant par le préfixe be- ne prennent pas ge- au participe passé.*

décrocher

1 ▷ On doit décrocher ce tableau.
Wir müssen dieses Bild herunternehmen.

1 (en parlant de quelque chose qui était en hauteur) **herunternehmen**

ℹ ***herunter•nehmen*** *est un verbe à particule séparable et se conjugue comme* ***nehmen*** *(nimmt, nahm, genommen).*

2 ▷ C'est toujours Martin qui décroche le téléphone.
Es ist immer Martin, der den Telefonhörer abnimmt.

2 ► **décrocher le téléphone :** **den Telefonhörer abnehmen**

ℹ ***ab•nehmen*** *est un verbe à particule séparable et se conjugue comme* ***nehmen*** *(nimmt, nahm, genommen).*

3 ▷ Les rideaux se sont encore décrochés.
Die Vorhänge sind schon wieder runtergefallen.

3 ► **se décrocher** (en parlant de quelque chose qui était en hauteur) : **runterfallen**

ℹ ***runter•fallen*** *est un verbe à particule séparable et se conjugue comme* ***fallen*** *(fällt, fiel, gefallen).*

déçu, déçue

▷ J'espère que tu n'es pas trop déçu.
Ich hoffe, du bist nicht zu enttäuscht.

enttäuscht

dedans

1 ▷ Vous voulez déjeuner dehors ou dedans ?
Wollt ihr draußen oder drinnen zu Mittag essen?

1 (= à l'intérieur, par opposition à dehors) **drinnen**

2 ▷ J'ai ouvert l'enveloppe, il n'y avait rien dedans.
Ich habe den Umschlag geöffnet, es war nichts darin.

2 (= dans quelque chose) **darin**

ℹ *On dit aussi* ***drin.***

3 ▷ Elle a ouvert la voiture et s'est glissée dedans.
Sie hat das Auto aufgemacht und ist hineingeschlüpft.

3 (= vers l'intérieur, avec un verbe de mouvement) **hinein**

dédicacé, dédicacée

▷ Hubert a une photo dédicacée d'un footballeur célèbre.
Hubert hat ein Foto mit einer Widmung von einem berühmten Fußballspieler.

mit einer Widmung

ℹ ***Widmung*** *signifie* **dédicace.**

déduire

1 ▷ N'oubliez pas de déduire le prix du billet de train.
Vergessen Sie nicht, den Preis der Fahrkarte abzuziehen.

1 (= soustraire) **abziehen**

ℹ ***ab•ziehen*** *est un verbe à particule séparable et se conjugue comme* ***ziehen*** *(zog, gezogen).*

▷ Il faut déduire les frais de voyage du total.
Man muss die Reisekosten vom Gesamtbetrag abziehen.

► **déduire** quelque chose **de** quelque chose **:** etwas **von** etwas abziehen

2 ▷ J'en déduis que tu ne viendras pas au match.
Ich leite davon ab, dass du nicht zum Spiel kommst.

2 (= conclure) **ableiten**

ℹ ***ab•leiten*** *est un verbe à particule séparable.*

défaire

1 ▷ Tu peux m'aider à défaire ce nœud, s'il te plaît ?
Kannst du mir bitte helfen, diesen Knoten zu lösen?

1 (en parlant d'un nœud) **lösen**

2 ▷ Défais les lacets avant d'enlever tes chaussures !
Mach die Schnürsenkel auf, bevor du die Schuhe ausziehst!

2 (en parlant d'un lacet, d'un bouton) **aufmachen**

ℹ ***auf•machen*** *est un verbe à particule séparable.*

3 ▷ Je déferai ma valise plus tard.
Ich werde meinen Koffer später auspacken.

3 (en parlant des bagages) **auspacken**

ℹ ***aus•packen*** *est un verbe à particule séparable.*

défaut

▷ Il y a un défaut dans ce tissu.
Dieser Stoff hat einen Fehler.
▷ Tout le monde a ses défauts.
Jeder hat seine Fehler.

der **Fehler** (pluriel : Fehler)

défendre

1 ▷ Pourquoi est-ce que tu le défends toujours ?
Warum verteidigst du ihn immer?

1 **verteidigen**

ℹ *Les verbes commençant par le préfixe* ***ver-*** *ne prennent pas* ***ge-*** *au participe passé.*

▷ Il faut que tu apprennes à te défendre.
Du musst lernen, dich zu verteidigen.
Je me suis seulement défendu.
Ich habe mich nur verteidigt.

► **se défendre :** sich verteidigen

ℹ *On dit aussi* ***sich wehren****.*

ℹ *Le pronom personnel allemand s'emploie à l'accusatif : ich verteidige* ***mich****, du verteidigst* ***dich****, er/sie verteidigt* ***sich****, wir verteidigen* ***uns****, ihr verteidigt* ***euch****, sie verteidigen* ***sich****.*

2 ▷ Mes parents m'ont défendu de sortir.
Meine Eltern haben mir verboten auszugehen.

2 (= interdire) **verbieten** (verbat, verboten)

ℹ *Les verbes commençant par le préfixe* ***ver-*** *ne prennent pas* ***ge-*** *au participe passé.*

défense

1 ▷ Le gouvernement dépense beaucoup d'argent pour la défense.
Die Regierung gibt viel Geld für die Verteidigung aus.

1 ► **la défense** (d'un pays par exemple) : die Verteidigung

2 ▷ Sylvia a pris la défense de Yann.
Sylvia hat Yann verteidigt.

2 ► **prendre la défense de quelqu'un** : jemanden (accusatif) verteidigen

3 ▷ Les braconniers tuent les éléphants pour prendre leurs défenses.
Die Wilderer töten die Elefanten für ihre Stoßzähne.

3 (= dent d'éléphant) der **Stoßzahn** (pluriel : -zähne)

4 ▷ Sur l'écriteau était marqué « défense de fumer ».
Auf dem Schild stand „Rauchen verboten".
▷ « Défense d'entrer ».
„Eintritt verboten".

4 ► **défense de fumer** : Rauchen verboten
► **défense d'entrer** : Eintritt verboten
ℹ *Notez l'emploi du substantif.*

défilé

1 ▷ Nous sommes allés voir le défilé du 14 Juillet.
Wir waren bei der Nationalfeiertagsparade.

1 (= marche) die **Parade** (pluriel : Paraden)

2 ▷ Marine a été invitée à un défilé de mode.
Marine wurde zu einer Modenschau eingeladen.

2 ► **défilé de mode** : die Modenschau (pluriel : -schauen)

défiler

1 ▷ Les militaires défilaient devant nous.
Die Soldaten marschierten an uns vorbei.

1 (en parlant de soldats) **marschieren**
ℹ *Les verbes se terminant en* **-ieren** *ne prennent pas* **ge-** *au participe passé.*

2 ▷ Anna devait venir, mais elle s'est défilée.
Anna sollte kommen, aber sie hat sich gedrückt.

2 ► **se défiler** (= se dérober) : sich drücken
ℹ *L'expression française et sa traduction allemande sont familières.*

définir

▷ Ce mot est difficile à définir.
Dieses Wort ist schwer zu definieren.

definieren
ℹ *Les verbes se terminant en* **-ieren** *ne prennent pas* **ge-** *au participe passé.*

définitif, définitive

▷ Est-ce que c'est définitif ?
Ist es endgültig?

(= qui ne change plus) **endgültig**

définition

▻ Voici la définition que j'ai trouvée dans le dictionnaire.
Hier ist die Definition, die ich im Wörterbuch gefunden habe.

die **Definition** (pluriel : **Definitionen**)

définitivement

▻ Il a été renvoyé définitivement.
Er wurde endgültig verwiesen.

(= pour de bon) **endgültig**

défoncé, défoncée

1 ▻ La portière était complètement défoncée.
Die Autotür war völlig eingedrückt.

2 ▻ La vitre est défoncée.
Die Scheibe ist eingeschlagen.

1 (= enfoncé) **eingedrückt**

2 (= cassé) **eingeschlagen**

défoncer

1 ▻ Les cambrioleurs ont défoncé la porte.
Die Einbrecher haben die Tür eingeschlagen.

2 ▻ Elle s'est vraiment défoncée pour son exposé.
Sie hat sich wirklich für ihr Referat krumm gelegt.

1 (= défoncer une porte) **einschlagen**

ℹ ***ein•schlagen*** *est un verbe à particule séparable et se conjugue comme* ***schlagen*** *(schlägt, schlug, geschlagen).*

2 ► **se défoncer** (se donner du mal) : **sich krumm legen**

ℹ *L'expression française et sa traduction allemande sont familières.*

déformé, déformée

1 ▻ Mes chaussures sont déformées.
Meine Schuhe sind ausgetreten.

2 ▻ Je ne peux pas porter cette jupe, elle est déformée !
Ich kann diesen Rock nicht tragen, der ist verformt!

1 (en parlant de chaussures) **ausgetreten**

2 (en parlant d'un vêtement, d'une barre, d'un métal) **verformt**

se défouler

1 ▻ Tu devrais faire du sport pour te défouler.
Du solltest Sport treiben, um dich abzureagieren.

1 (= se décontracter) **sich abreagieren**

ℹ ***ab•reagieren*** *est un verbe à particule séparable.*

ℹ *Les verbes commençant par le préfixe* ***ab-*** *ne prennent pas* ***ge-*** *au participe passé.*

▻ J'emmène mon petit frère au parc, il a besoin de se défouler.
Ich nehme meinen kleinen Bruder mit in den Park, er muss sich mal austoben.

(= dépenser son énergie, en parlant d'un enfant) **sich austoben**

2 ▻ Tu n'as pas besoin de te défouler sur moi !
Du brauchst deinen Ärger nicht an mir auslassen !

2 ► **se défouler sur** quelqu'un : **seinen Ärger an** jemandem (datif) **auslassen**

ℹ *aus•lassen est un verbe à particule séparable et se conjugue comme lassen (lässt, ließ, gelassen).*

se dégager

▻ Je me suis débattu et j'ai réussi à me dégager.
Ich habe mich gewehrt und habe es geschafft mich zu befreien.
▻ Le chien se tortillait pour se dégager.
Der Hund windete sich, um sich zu befreien.

(= se libérer) **sich befreien**

ℹ *Les verbes commençant par le préfixe **be-** ne prennent pas **ge-** au participe passé.*

ℹ *Le pronom personnel allemand s'emploie à l'accusatif : ich befreie **mich**, du befreist **dich**, er/sie befreit **sich**, wir befreien **uns**, ihr befreit **euch**, sie befreien **sich**.*

dégâts

▻ Les dégâts sont estimés à dix mille euros.
Der Schaden wird auf zehntausend Euro geschätzt.
▻ L'incendie a fait beaucoup de dégâts.
Das Feuer hat große Schäden verursacht.

der **Schaden** (pluriel : Schäden)

► **faire des dégâts** : **Schäden verursachen**

ℹ *Les verbes commençant par le préfixe **ver-** ne prennent pas **ge-** au participe passé.*

se dégonfler

1 ▻ Le pneu s'est dégonflé.
Der Reifen hat Luft verloren.

1 (en parlant d'un ballon, d'un pneu) **Luft verlieren** (verlor, verloren)

ℹ *Les verbes commençant par le préfixe **ver-** ne prennent pas **ge-** au participe passé.*

2 ▻ Luigi s'est dégonflé au dernier moment.
Luigi hat im letzten Moment gekniffen.

2 (= renoncer) **kneifen** (kniff, gekniffen)

ℹ *Le verbe pronominal français est traduit par un verbe intransitif en allemand.*

ℹ *L'expression française et sa traduction allemande sont familières.*

dégouliner

1 ▷ Fais attention, la peinture dégouline sur tes chaussures !
Vorsicht, die Farbe tropft auf deine Schuhe!

2 ▷ Les larmes dégoulinaient sur ses joues.
Die Tränen liefen über ihre Wangen.

1 (en parlant de quelque chose qui tombe goutte à goutte) **tropfen**

2 (en parlant des larmes, du sang) **laufen** (läuft, lief, gelaufen)

dégourdi, dégourdie

▷ Martine est une fille très dégourdie.
Martine ist ein sehr aufgewecktes Mädchen.

aufgeweckt

ℹ *On dit aussi* ***clever***.

dégoûtant, dégoûtante

▷ Il raconte toujours des histoires dégoûtantes.
Er erzählt immer so widerliche Geschichten.

widerlich

dégoûter

1 ▷ Ça ne te dégoûte pas de manger ça ?
Widert es dich nicht an, sowas zu essen?
▷ Son attitude m'a vraiment dégoûté.
Sein Verhalten hat mich wirklich angewidert.

2 ▷ Ce prof m'a dégoûté pour toujours du piano.
Dieser Lehrer hat mir das Klavierspielen für immer verleidet.

1 ► **dégoûter** quelqu'un (= répugner) jemanden (accusatif) **anwidern**

ℹ ***an•widern*** *est un verbe à particule séparable.*

2 ► **dégoûter** quelqu'un **de** quelque chose : jemandem (datif) etwas **verleiden**

ℹ *Les verbes commençant par le préfixe* ***ver-*** *ne prennent pas* ***ge-*** *au participe passé.*

degré

▷ Aujourd'hui, il fait plus froid de quelques degrés.
Heute ist es einige Grade kälter.
▷ Il fait au moins trente degrés aujourd'hui.
Wir haben mindestens dreißig Grad heute.

der **Grad** (pluriel : Grade)

ℹ *Pour indiquer la température précise, on emploie uniquement le singulier.*

dégueulasse

1 ▷ Le repas était dégueulasse.
Das Essen war eklig.

2 ▷ Tu es vraiment dégueulasse avec elle.
Du bist wirklich fies zu ihr.

1 (= mauvais, sale) **eklig**

ℹ *Contrairement à* **dégueulasse**, ***eklig*** *n'est pas vulgaire.*

2 (= injuste, très désagréable) **fies**

ℹ *Notez la préposition employée en allemand :* dégueulasse **avec** quelqu'un = fies ***zu*** jemandem.

ℹ ***Fies*** *est un mot familier.*

déguisement

1 ▷ Son déguisement de Spiderman est trop petit.
Sein Spidermankostüm ist zu klein.

2 ▷ Le déguisement des voleurs a trompé la police.
Die Verkleidung der Diebe hat die Polizei getäuscht.

1 (pour jouer) das **Kostüm** (pluriel : Kostüme)

2 (pour tromper quelqu'un) die **Verkleidung** (pluriel : Verkleidungen)

déguiser

1 ▷ Frank a déguisé sa voix pour faire une blague à Inès.
Frank hat seine Stimme verstellt, um Inès einen Streich zu spielen.

2 ▷ Tu vas te déguiser pour la soirée de Cyril ?
Wirst du dich für Cyrils Party verkleiden?

▷ Je me suis déguisée en elfe.
Ich war als Elfe verkleidet.

1 (= contrefaire) **verstellen**

ℹ *Les verbes commençant par le préfixe ver- ne prennent pas ge- au participe passé.*

2 ► **se déguiser** (= mettre un déguisement) **: sich verkleiden**

ℹ *Les verbes commençant par le préfixe ver- ne prennent pas ge- au participe passé.*

► **se déguiser en... : sich als... verkleiden**

dehors

1 ▷ Est-ce qu'il fait froid dehors ?
Ist es draußen kalt?

2 ▷ Je vais dehors, tu veux venir ?
Ich gehe raus, willst du mitkommen?

3 ▷ En dehors de Pat et Laurent, tout le monde est venu.
Außer Pat und Laurent sind alle gekommen.

1 (= à l'extérieur) **draußen**

2 (= vers l'extérieur) **raus**

3 ► **en dehors de** (= sauf) **: außer**

déjà

▷ Tu as déjà fini ?
Bist du schon fertig?

▷ Es-tu déjà allé à Paris ?
Warst du schon in Paris?

(= déjà maintenant) **schon**

(= déjà avant) **schon**

ℹ *On dit aussi schon einmal.*

déjeuner

1 ▷ Le déjeuner est prêt !
Das Mittagessen ist fertig!

2 ▷ Nous déjeunons à midi.
Wir essen um zwölf zu Mittag.

1 ► **le déjeuner** (= le repas de midi) **: das Mittagessen** (pluriel : Mittagessen)

2 ► **déjeuner** (verbe = manger) **: zu Mittag essen** (isst, aß, gegessen)

délai

1 ▻ Le professeur nous a donné un délai de deux semaines pour préparer l'exposé.
Der Lehrer hat uns zwei Wochen Zeit gegeben, um das Referat vorzubereiten.

2 ▻ Nous avons demandé un délai au prof parce que nous n'avions pas fini.
Wir haben den Lehrer um einen Aufschub gebeten, weil wir noch nicht fertig waren.

3 ▻ Vous avez dépassé le délai.
Sie haben die Frist überschritten.

1 (= temps accordé) die **Zeit**

2 (= temps supplémentaire) der **Aufschub**

ℹ *Ce mot s'emploie uniquement au singulier.*

3 (= échéance) die **Frist** (pluriel : Fristen)

délavé, délavée

▻ Les jeans délavés ne sont plus à la mode.
Verwaschene Jeans sind aus der Mode gekommen.

(en parlant d'une couleur, d'un tissu) **verwaschen**

délégué, déléguée

▻ Julien est notre délégué de classe.
Julien ist unser Klassensprecher.

► **délégué de classe,** der Klassensprecher (pluriel : -sprecher), **déléguée de classe :** die Klassensprecherin (pluriel : -sprecherinnen)

délicat, délicate

1 ▻ La soie est un tissu délicat.
Seide ist ein feiner Stoff.

2 ▻ C'est une question délicate.
Das ist ein heikles Thema.

1 (= en parlant d'un tissu) **fein**

2 (= difficile) **heikel**

ℹ *Remarquez : le deuxième e est supprimé lorsque l'adjectif est décliné.*

délicieux, délicieuse

▻ Le repas était délicieux, merci.
Danke, das Essen war köstlich.

(en parlant de nourriture) **köstlich**

délirer

1 ▻ Il a beaucoup de fièvre, il délire.
Er hat hohes Fieber, er fantasiert.

2 ▻ Tu délires ! Tu ne penses pas sérieusement que je vais faire ça !
Du bist verrückt! Du glaubst doch nicht ernsthaft, dass ich das machen werde!

1 (en parlant d'un malade fiévreux) **fantasieren**

ℹ *Les verbes se terminant en* **-ieren** *ne prennent pas* **ge-** *au participe passé.*

2 (= être fou) **verrückt sein**

ℹ *On dit aussi* **spinnen**.

délivrer

▷ C'est un jeu où tu dois délivrer les prisonniers.
Das ist ein Spiel, bei dem du die Gefangenen befreien musst.

befreien

Les verbes commençant par le préfixe ***be-*** *ne prennent pas* ***ge-*** *au participe passé.*

demain

▷ Demain, c'est l'anniversaire de Rose.
Morgen hat Rose Geburtstag.

▷ Je dois partir. À demain !
Ich muss jetzt gehen. Bis morgen!

morgen

► **à demain ! : bis morgen!**

demande

1 ▷ Je n'ai pas compris leur demande.
Ich habe ihre Bitte nicht verstanden.

2 ▷ Lionel a fait une demande de bourse.
Lionel hat einen Antrag auf Studienbeihilfe gestellt.

3 ▷ Sur demande, nous vous enverrons un exemplaire.
Auf Anfrage schicken wir Ihnen ein Exemplar.

1 (= souhait) die **Bitte** (pluriel : Bitten)

2 ► **faire une demande de...** (= requête) : **einen Antrag auf... stellen**

3 ► **sur demande : auf Anfrage**

demander

1 ▷ « Que faites-vous ? » demanda-t-il.
„Was machen Sie?" fragte er.

2 ▷ Quentin m'a demandé une gomme.
Quentin hat mich um ein Radiergummi gebeten.

3 ▷ Emma a demandé conseil à sa mère.
Emma hat ihre Mutter um Rat gefragt.

4 ▷ Le prof nous a demandé de lire ce texte pour demain.
Der Lehrer hat uns gebeten, den Text bis morgen zu lesen.

5 ▷ Quelqu'un te demande au téléphone.
Jemand verlangt dich am Telefon.

6 ▷ Je me demande pourquoi il n'est pas venu.
Ich frage mich, warum er nicht gekommen ist.

▷ Nous nous demandions si c'était vraiment utile.
Wir fragten uns, ob es wirklich nüklich wäre.

1 (poser une question) **fragen**

2 ► **demander** quelque chose à quelqu'un : jemanden (accusatif) **um** etwas **bitten** (bat, gebeten)

3 ► **demander conseil à** quelqu'un : jemanden **um Rat fragen**

4 ► **demander à** quelqu'un **de** + infinitif : jemanden **bitten, zu** + infinitif

5 ► **demander** quelqu'un (quand on veut le voir ou lui parler) : jemanden **verlangen**

6 ► **se demander : sich fragen**

Le pronom personnel allemand s'emploie à l'accusatif : ich frage ***mich****, du fragst* ***dich****, er/sie fragt* ***sich****, wir fragen* ***uns****, ihr fragt* ***euch****, sie fragen* ***sich****.*

démanger

▻ Ça me démange !
Es juckt mich!
▻ Mes piqûres de moustique me démangent.
Meine Mückenstiche jucken mich.

jucken

se démaquiller

▻ Où est Sophie ? – Elle se démaquille.
Wo ist Sophie? – Sie schminkt sich ab.

sich abschminken

démarrer

▻ La voiture a démarré sans problème.
Das Auto ist problemlos angesprungen.

anspringen

ℹ *an•springen est un verbe à particule séparable et se conjugue comme springen (sprang, gesprungen).*

déménager

1 ▻ Notre voisine déménage.
Unsere Nachbarin zieht aus.

1 (= quitter un lieu) **ausziehen**

ℹ *aus•ziehen est un verbe à particule séparable et se conjugue comme ziehen (zog, gezogen).*

2 ▻ Samir et sa famille déménagent à Bordeaux.
Samir und seine Familie ziehen nach Bordeaux (um).

2 ► **déménager à** + nom de lieu : **nach** + nom de lieu + **(um)ziehen**.

ℹ *um•ziehen est un verbe à particule séparable et se conjugue comme ziehen (zog, gezogen).*

dément, démente

▻ Ils vendent ces T-shirts à des prix déments.
Sie verkaufen diese T-Shirts zu verrückten Preisen.

(= incroyable) **verrückt**

demi

1 ▻ Donne-moi juste un demi-verre de vin.
Gib mir nur ein halbes Glas Wein.
▻ Un demi-litre de lait, s'il vous plaît.
Einen halben Liter Milch, bitte.

1 Pour dire **la moitié de** quelque chose en allemand, on emploie l'expression à l'accusatif **einen halben.../eine halbe.../ein halbes...** en fonction du substantif qui suit.

▻ Le vol dure deux heures et demie.
Der Flug dauert zweieinhalb Stunden.
▻ Trois kilos et demi de pommes de terre, s'il vous plaît.
Dreieinhalb Kilo Kartoffeln, bitte.
▻ Mon petit frère a un an et demi.
Mein kleiner Bruder ist anderthalb Jahre alt.

ℹ *Pour dire* **et demi, et demie** *en allemand, on ajoute* ***–einhalb*** *après le chiffre.*

ℹ **Un et demi, une et demie** *se dit* ***anderthalb***.

▷ Le train arrive à deux heures et demie.
Der Zug kommt um halb drei an.

ℹ *Pour dire l'heure, on fait précéder l'heure dont c'est la demie par* **halb** *:* **halb fünf** *veut dire* **la demie de cinq**, *donc* **quatre heures et demie.**

2 ▷ Mon père a bu un demi.
Mein Vater hat ein Bier getrunken.

2 ► **un demi** (de bière) **:** ein Bier

ℹ *Vous trouverez des mots qui commencent par* **demi–** *(comme* **demi-heure** *ou* **demi-tour***) à leur place alphabétique dans ce dictionnaire.*

demi-finale

▷ La demi-finale se jouera à Wembley.
Das Halbfinale wird in Wembley gespielt.

das **Halbfinale**

demi-frère

▷ Roland a une sœur et un demi-frère.
Roland hat eine Schwester und einen Halbbruder.

der **Halbbruder** (pluriel : –brüder)

demi-heure

▷ Ça m'a pris une demi-heure.
Ich habe eine halbe Stunde dafür gebraucht.

▷ Il y a un bus toutes les demi-heures.
Jede halbe Stunde kommt ein Bus.

► **une demi-heure :** eine halbe Stunde

► **toutes les demi-heures :** jede halbe Stunde

demi-sœur

▷ Je m'entends très bien avec ma demi-sœur.
Ich verstehe mich sehr gut mit meiner Halbschwester.

die **Halbschwester** (pluriel : –schwestern)

démissionner

1 ▷ Le chef de mon père a démissionné.
Der Vorgesetzte meines Vaters hat gekündigt.

1 (en parlant d'un salarié) **kündigen**

Attention : jemandem (*datif*) **kündigen** *veut dire* **licencier quelqu'un.**

2 ▷ Le ministre de la Défense a démissionné.
Der Verteidigungsminister ist zurückgetreten.

2 (en parlant d'un homme politique, de quelqu'un qui occupe un poste haut placé) **zurücktreten**

ℹ **zurück•treten** *est un verbe à particule séparable et se conjugue comme* **treten** *(tritt, trat, getreten).*

demi-tarif

▷ Un demi-tarif pour « Le Livre de la jungle », s'il vous plaît.
Eine Eintrittskarte zum halben Preis für „Das Dschungelbuch", bitte.

(= un billet) **eine Eintrittskarte zum halben Preis**

demi-tour

1 ▷ Quand nous avons vu que le parc était fermé, nous avons fait demi-tour.
Als wir gesehen haben, dass der Park zu war, sind wir umgekehrt.

2 ▷ On n'a pas le droit de faire demi-tour au milieu de la rue.
Man darf auf der Mitte der Straße nicht wenden.

1 ► **faire demi-tour** (à pied) : **umkehren**

ℹ *__um•kehren__ est un verbe à particule séparable.*

2 ► **faire demi-tour** (en voiture) : **wenden**

démodé, démodée

▷ Ma tante porte toujours des vêtements démodés.
Meine Tante trägt immer altmodische Kleidung.

altmodisch

démolir

▷ Ils ont démoli le vieux cinéma.
Sie haben das alte Kino abgerissen.

abreißen

ℹ *__ab•reißen__ est un verbe à particule séparable et se conjugue comme __reißen__ (riss, gerissen).*

démonter

1 ▷ Georges a démonté son vélo pour le réparer.
Georges hat sein Fahrrad auseinandergenommen, um es zu reparieren.

2 ▷ On a démonté la tente en dix minutes.
Wir haben das Zelt in zehn Minuten abgebaut.

1 (en parlant d'un appareil, d'un vélo) **auseinandernehmen**

ℹ *__auseinander•nehmen__ est un verbe à particule séparable et se conjugue comme __nehmen__ (nimmt, nahm, genommen).*

2 (en parlant d'une tente) **abbauen**

ℹ *__ab•bauen__ est un verbe à particule séparable.*

démontrer

▷ Si tu me démontres que c'est possible, je le ferai.
Wenn du mir beweist, dass es möglich ist, mache ich es.

(= prouver) **beweisen** (bewies, bewiesen)

ℹ *Les verbes commençant avec le préfixe __be-__ ne prennent pas __ge-__ au participe passé.*

démoralisé, démoralisée

▷ Suzie est démoralisée par ses notes.
Suzie ist von ihren Noten entmutigt.

entmutigt

se démoraliser

▻ En voyant le résultat, il s'est démoralisé.
Als er das Ergebnis sah, verlor er den Mut.

den Mut verlieren (verlor, verloren)

dénoncer

1 ▻ C'est dégoûtant de dénoncer tes copains !
Es ist widerlich, deine Freunde zu verraten!

1 ► **dénoncer** quelqu'un (en parlant de camarades de classe) : jemanden (accusatif) **verraten** (verrät, verriet, verraten)

ℹ *Les verbes commençant avec le préfixe* **ver-** *ne prennent pas* **ge-** *au participe passé.*

2 ▻ L'organisation a dénoncé la pollution de la rivière par les produits chimiques.
Die Organisation hat die Verschmutzung des Flusses durch Chemiekalien angeprangert.

2 ► **dénoncer** quelque chose (= faire connaître) : **anprangern**

ℹ ***an•prangern*** *est un verbe à particule séparable.*

3 ▻ Le coupable s'est finalement dénoncé.
Der Schuldige hat sich schließlich gestellt.

3 ► **se dénoncer** : **sich stellen**

dent

▻ Olivier s'est cassé une dent.
Olivier ist ein Zahn zerbrochen.

▻ J'ai mal aux dents.
Ich habe Zahnschmerzen.

▻ Margot a encore des dents de lait.
Margot hat noch Milchzähne.

▻ J'ai déjà une dent de sagesse.
Ich habe schon einen Weisheitszahn.

der **Zahn** (pluriel : Zähne)

► **avoir mal aux dents** : **Zahnschmerzen haben**

► **dent de lait** : der **Milchzahn**

► **dent de sagesse** : der **Weisheitszahn**

ℹ *Notez les substantifs composés.*

dentelle

▻ Je trouve cette dentelle très jolie.
Ich finde diese Spitze sehr hübsch.

▻ Cette nappe est en dentelle.
Dieses Tischtuch ist aus Spitze.

▻ La robe de Domi a un col de dentelle.
Domis Kleid hat einen Spitzenkragen.

die **Spitze**

► **être en dentelle** : **aus Spitze sein**

ℹ *Pour dire que quelque chose est* **en dentelle** *ou* **de dentelle**, *on forme des mots composés avec* ***Spitzen-*** *:* ***das Spitzen deckchen*** (napperon en dentelle), ***die Spitzenbluse*** (chemisier en dentelle), *etc.*

dentier

▻ Mon grand-père porte un dentier.
Mein Großvater hat ein Gebiss.

das **Gebiss** (pluriel : Gebisse)

dentifrice

▷ Zut, j'ai oublié le dentifrice !
Mist, ich habe die Zahnpasta vergessen!

die **Zahnpasta**

dentiste

▷ Le dentiste est très gentil.
Der Zahnarzt ist sehr nett.

der **Zahnarzt** (pluriel : Zahnärzte), die **Zahnärztin** (pluriel : Zahnärztinnen)

La flexion féminine existe en allemand.

▷ Marc est chez le dentiste.
Marc ist beim Zahnarzt.

► **chez le dentiste** (= dans son cabinet) : **beim Zahnarzt**

▷ Je dois aller chez le dentiste une fois par semaine.
Ich muss einmal in der Woche zum Zahnarzt.

► **chez le dentiste** (= vers son cabinet) : **zum Zahnarzt**

dépanner

1 ▷ Quelqu'un est venu dépanner la machine à laver.
Jemand ist gekommen, um die Waschmaschine zu reparieren.

1 (= réparer) **reparieren**

*Les verbes se terminant en **-ieren** ne prennent pas **ge-** au participe passé.*

2 ▷ Nous avons attendu qu'on vienne nous dépanner sur l'autoroute.
Wir haben gewartet, von der Autobahn abgeschleppt zu werden.

2 (= remorquer sur l'autoroute) **abschleppen**

***ab•schleppen** est un verbe à particule séparable.*

3 ▷ Tu pourrais me dépanner de dix euros ?
Könntest du mir mit zehn Euro aushelfen?

3 ► **dépanner** quelqu'un (= l'aider) : jemandem (datif) **aushelfen**

***aus•helfen** est un verbe à particule séparable et se conjugue comme **helfen** (hilft, half, geholfen).*

départ

1 ▷ Le départ est prévu pour onze heures.
Die Abreise ist für elf Uhr geplant.
▷ Après le départ de Frank, tout le monde était triste.
Nach Franks Abreise waren alle traurig.

1 (en parlant d'un voyage, du départ de quelqu'un) die **Abreise**

2 ▷ Nous devons être à l'aéroport deux heures avant le départ de l'avion.
Wir müssen zwei Stunden vor dem Abflug am Flughafen sein.

2 (en parlant d'un avion) der **Abflug** (pluriel : Abflüge)

3 ▷ Le départ du train est retardé de deux minutes.
Die Abfahrt des Zuges ist um zwei Minuten verzögert worden.

3 (en parlant d'un train) die **Abfahrt** (pluriel : Abfahrten)

4 ▷ Nous avons raté le départ de la course.
Wir haben den Start verpasst.

4 (en parlant d'une course) der **Start**

5 ▷ Au départ, Laure pensait que ce serait facile.
Anfangs dachte Laure, es wäre einfach.

5 ► **au départ** (= d'abord) : anfangs

dépasser

1 ▷ C'était la voiture de Luc qui nous a dépassés !
Das war Lucs Auto, das uns da überholt hat!

1 (= doubler, en voiture ou à pied) überholen

2 ▷ Nous avons dépassé l'hôtel et nous avons dû faire demi-tour.
Wir gingen am Hotel vorbei und mussten umkehren.

2 (= aller plus loin que) an + datif + vorbeigehen

ℹ *vorbei•gehen est un verbe à particule séparable et se conjugue comme gehen (ging, gegangen).*

3 ▷ Mon frère me dépasse de dix centimètres.
Mein Bruder ist zehn Zentimeter größer als ich.

3 Pour dire que quelqu'un dépasse quelqu'un d'autre en taille, on emploie l'expression größer sein als...

4 ▷ Si ça dépasse dix euros, je ne l'achète pas.
Wenn es teurer als zehn Euro ist, kaufe ich es nicht.

4 Pour dire qu'un prix dépasse un certain montant, on emploie l'expression teurer sein als...

5 ▷ L'exposé ne doit pas dépasser une demi-heure.
Das Referat darf nicht länger als eine halbe Stunde dauern.

5 Pour dire que quelque chose dépasse une certaine durée, on emploie l'expression länger dauern als...

6 ▷ Ta robe dépasse sous le manteau.
Dein Kleid schaut unter dem Mantel hervor.

6 (en parlant d'un vêtement qui dépasse) hervorschauen

ℹ *hervor•schauen est un verbe à particule séparable.*

7 ▷ Son attitude me dépasse.
Sein Verhalten geht mir über den Verstand.

7 ► **dépasser** quelqu'un (= l'étonner) : jemandem (datif) über den Verstand gehen

ℹ *L'expression française et sa traduction allemande sont familières.*

se dépêcher

▷ Je dois me dépêcher si je veux attraper le bus.
Ich muss mich beeilen, wenn ich den Bus kriegen will.

▷ Dépêche-toi, on est en retard !
Beeil dich, wir sind spät dran!

sich beeilen

► **dépêche-toi ! :** beeil dich!

dépendre

1 ▷ Le résultat dépendra du nombre d'élèves.
Das Ergebnis hängt von der Schülerzahl ab.

1 ► **dépendre de** quelque chose (= résulter): von etwas abhängen

ℹ *ab•hängen est un verbe à particule séparable. Le verbe intransitif est irrégulier : hing, gehangen.*

2 ▷ Marion dépend encore de ses parents.
Marion ist noch von ihren Eltern abhängig.

2 ► **dépendre de** quelqu'un (= être dépendant de) **:** von jemandem (datif) abhängig sein

3 ▷ Est-ce que tu vas à la soirée ? – Ça dépend.
Gehst du zur Party? – Es kommt drauf an.

3 ► **ça dépend** (= peut-être) **:** es kommt drauf an

dépense

▷ C'est une grosse dépense pour moi.
Das ist eine große Ausgabe für mich.

die **Ausgabe** (pluriel : Ausgaben)

dépenser

1 ▷ J'ai dépensé beaucoup d'argent le mois dernier.
Ich habe im letzten Monat viel ausgegeben.

1 (= dépenser de l'argent)
ausgeben

ℹ *aus•geben est un verbe à particule séparable et se conjugue comme geben (gibt, gab, gegeben).*

2 ▷ Cette machine à laver dépense beaucoup d'électricité.
Diese Waschmaschine verbraucht viel Strom.

2 (= dépenser de l'énergie)
verbrauchen

ℹ *Les verbes commençant par le préfixe ver- ne prennent pas ge- au participe passé.*

3 ▷ J'ai besoin de me dépenser après l'école.
Ich muss mich nach der Schule austoben.

3 ► **se dépenser :** sich austoben

déplacé, déplacée

▷ Bertrand a fait une remarque déplacée.
Bertrand hat eine unangebrachte Bemerkung gemacht.

unangebracht

ℹ *On peut dire aussi ungehörig.*

déplacer

1 ▷ Si on déplace les tables et les chaises, il y aura plus de place au milieu.
Wenn wir die Tische und Stühle umstellen, haben wir mehr Platz in der Mitte.

1 (= déplacer un objet) **umstellen**

ℹ *um•stellen est un verbe à particule séparable.*

2 ▷ Le monsieur s'est très gentiment déplacé.
Der Herr ist netterweise zur Seite gerückt.
▷ On s'est déplacés pour laisser passer le médecin.
Wir sind zur Seite gegangen, um den Doktor durchzulassen.

2 ► **se déplacer** (quand on est assis) **:** zur Seite rücken
► **se déplacer** (quand on est debout) **:** zur Seite gehen (ging, gegangen)

3 ▷ La mère de Rita se déplace souvent pour son travail.
Ritas Mutter muss oft geschäftlich reisen.

3 ► **se déplacer** (= voyager) **:** reisen

déplaire

1 ▷ Leur attitude me déplaît.
Ihr Verhalten gefällt mir nicht.
▷ Ça lui a déplu.
Es hat ihm nicht gefallen.

2 ▷ Ça ne me déplairait pas d'aller au Canada.
Es würde mir gefallen, nach Kanada zu reisen.

1 Pour dire que quelque chose **déplaît à quelqu'un** en allemand, on emploie la forme négative de **gefallen** (gefällt, gefiel, gefallen).

2 Pour dire que quelque chose **ne déplairait pas à quelqu'un** en allemand, on emploie **gefallen**.

dépliant

▷ L'office du tourisme nous a envoyé des dépliants sur la région.
Das Fremdenverkehrsamt hat uns einen Prospekt über die Gegend geschickt.

der **Prospekt** (pluriel : Prospekte)

déplier

▷ Quand j'ai déplié la carte, elle s'est envolée.
Als ich die Karte auseinandergefaltet habe, ist sie weggeflogen.

auseinanderfalten

ℹ *auseinander•falten est un verbe à particule séparable.*

déposer

1 ▷ Anita a déposé ses bagages devant la porte.
Anita hat ihr Gepäck vor der Tür abgestellt.

1 (= poser) **abstellen**

ℹ *ab•stellen est un verbe à particule séparable.*

2 ▷ Tu veux que je te dépose à la gare ?
Soll ich dich am Bahnhof absetzen?

2 ► **déposer** quelqu'un (en voiture) : jemanden (accusatif) **absetzen**

ℹ *ab•setzen est un verbe à particule séparable.*

3 ▷ Je dépose mes économies à la caisse d'épargne.
Ich zahle meine Ersparnisse bei der Sparkasse ein.

3 (en parlant d'argent liquide) **einzahlen**

ℹ *ein•zahlen est un verbe à particule séparable.*

▷ Maman est allée à la banque pour déposer un chèque.
Mama ist zur Bank gegangen, um einen Scheck einzureichen.

(en parlant d'un chèque) **einreichen**

ℹ *ein•reichen est un verbe à particule séparable.*

dépression

1 ▷ La dépression peut être une maladie grave.
Depression kann eine schwere Krankheit sein.

1 ► **la dépression** (= maladie) : Depression

ℹ *L'article féminin est rarement employé en allemand.*

▷ La prof de français fait de la dépression.
Die Französischlehrerin ist depressiv.

► **faire de la dépression :** depressiv sein

2 ▷ La mère de Nanou a fait une dépression nerveuse.
Nanous Mutter hatte einen Nervenzusammenbruch.

2 ► dépression nerveuse : der Nervenzusammenbruch

déprimant, déprimante

▷ Ce temps est déprimant.
Dieses Wetter ist deprimierend.

deprimierend

déprimé, déprimée

▷ Gabriel a l'air déprimé.
Gabriel sieht deprimiert aus.

deprimiert

depuis

1 ▷ Nous sommes en vacances depuis vendredi.
Wir haben seit Freitag Ferien.
▷ J'habite ici depuis 1999.
Ich wohne seit 1999 hier.
▷ Je connais Paul depuis trois mois.
Ich kenne Paul seit drei Monaten.
▷ Depuis quand le connais-tu ?
Seit wann kennst du ihn?
▷ Depuis que j'habite à Londres, je sors beaucoup.
Seit ich in London wohne, gehe ich viel aus.
2 ▷ Depuis combien de temps est-ce que tu la connais ?
Wie lange kennst du sie schon?

1 La traduction allemande de **depuis** est **seit**, qu'elle exprime une date ou un moment donné dans le temps (par exemple : seit Donnerstag = **depuis jeudi**, seit heute morgen = **depuis ce matin**), ou une durée (par exemple : seit drei Tagen = **depuis trois jours**, seit einer Stunde = **depuis une heure**).
► **depuis quand... ? :** seit wann...?
► **depuis que... :** seit...
ℹ *On peut dire aussi* seitdem.

2 ► **depuis combien de temps... ? :** wie lange... schon...?

déranger

▷ Je ne veux pas vous déranger.
Ich will Sie nicht stören.
▷ Ça te dérangerait de t'arrêter au supermarché ?
Würde es dich stören, beim Supermarkt zu halten?

stören

déraper

1 ▷ La voiture a dérapé.
Das Auto ist ins Schleudern geraten.

1 (en parlant d'une voiture) ins Schleudern geraten (gerät, geriet, geraten)

2 ▻ J'ai dérapé sur le trottoir et je suis tombé.
Ich bin auf dem Gehsteig ausgerutscht und hingefallen.

2 (en parlant d'une personne) **ausrutschen**

ℹ ***aus•rutschen*** *est un verbe à particule séparable.*

dermatologue

▻ Mon neveu est dermatologue.
Mein Neffe ist Hautarzt.

▻ Adeline est chez le dermatologue.
Adeline ist beim Hautarzt.

▻ Cet après-midi, Léon va chez le dermatologue.
Heute Nachmittag geht Léon zum Hautarzt.

der **Hautarzt** (pluriel : -ärzte), die **Hautärztin** (pluriel : -ärztinnen)

► **chez le dermatologue** (= dans son cabinet) : beim Hautarzt

► **chez le dermatologue** (= vers son cabinet) : zum Hautarzt

dernier, dernière

1 ▻ C'est le dernier bonbon, tu le veux ?
Das ist das letzte Bonbon, willst du es?

2 ▻ Nous avons eu un test de géo lundi dernier.
Letzten Montag hatten wir einen Erdkundetest.
▻ La semaine dernière il a beaucoup plu.
Letzte Woche hat es stark geregnet.
▻ Le week-end dernier, je suis allée à la mer.
Letztes Wochenende war ich am Meer.

3 ▻ Ils habitent au dernier étage.
Sie wohnen im obersten Stock.

4 ▻ Les couteaux sont dans le dernier tiroir.
Die Messer sind in der untersten Schublade.

5 ▻ Ce biscuit est le dernier.
Dieser Keks ist der Letzte.

6 ▻ Ursula et Jack sont arrivés les derniers.
Ursula und Jack sind als Letzte angekommen.

7 ▻ Corentin a été interrogé en dernier.
Corentin wurde als Letzter abgefragt.

1 (= après tous les autres) **letzte**

2 (dans le temps) **letzten/letzte/letztes**

3 (= le plus haut) **oberste**

4 (= le plus bas) **unterste**

5 ► **le dernier, la dernière :** der/die/das Letzte

6 ► **le dernier, la dernière** (employé avec arriver, partir) : als Letzter/Letzte/Letztes

7 ► **en dernier :** als Letzter/Letzte/Letztes

dernièrement

▻ Est-ce que tu as vu Adèle dernièrement ?
Hast du Adèle kürzlich gesehen?

kürzlich

ℹ *On peut dire aussi* ***vor kurzem****.*

dérouler

1 ▻ Aide-moi à dérouler le tuyau d'arrosage.
Hilf mir, den Wasserschlauch aufzurollen.

1 (= dérouler quelque chose qui est roulé sur lui-même) **aufrollen**

ℹ ***auf•rollen*** *est un verbe à particule séparable.*

2 ▷ La cérémonie se déroulera à la mairie.
Die Zeremonie wird im Rathaus stattfinden.

2 (= avoir lieu) **stattfinden**
ℹ *statt•finden est un verbe à particule séparable et se conjugue comme finden (fand, gefunden).*

3 ▷ Le film se déroule en Alaska.
Der Film spielt in Alaska.

3 (= avoir pour décor) **spielen**

derrière

1 ▷ Attention, le chien est derrière toi !
Vorsicht, der Hund ist hinter dir!

1 ► **derrière** quelqu'un *ou* quelque chose : **hinter** jemandem *ou* etwas (datif)

2 ▷ Elle était assise derrière avec le bébé.
Sie saß hinten mit dem Baby.
▷ Les élèves les plus grands se mettront derrière pour la photo.
Die größten Schüler stellen sich nach hinten für das Foto.

2 Quand **derrière** signie « au fond » (en parlant d'une classe, d'une voiture, d'une photo), on traduit par ***hinten*** lorsque la phrase ne comporte pas de verbe de mouvement, et par ***nach hinten*** avec un verbe de mouvement.

3 ▷ Il m'a pincé le derrière !
Er hat mich in den Hintern gekniffen!

3 (= les fesses) der **Hintern** (pluriel : Hintern)

des

Regardez au mot **de**.

dès

1 ▷ Dès le matin, ils étaient tout excités.
Schon am Morgen waren sie ganz aufgeregt.

1 (= à partir de) **schon**

2 ▷ Dès le début, j'ai su que ce serait difficile.
Von Anfang an wusste ich, dass es schwer wäre.

2 ► **dès le début :** von Anfang an

3 ▷ Téléphonez dès que vous arriverez.
Ruft an, sobald ihr ankommt.

3 ► **dès que** + futur : sobald + présent

4 ▷ Je le ferai dès que possible.
Ich tu es sobald wie möglich.

4 ► **dès que possible :** sobald wie möglich

désagréable

▷ Cette chaleur est très désagréable.
Diese Hitze ist sehr unangenehm.
▷ Lara a été désagréable avec moi.
Lara war mir gegenüber unangenehm.

(= pénible) **unangenehm**

► **être désagréable avec** quelqu'un : jemandem gegenüber unangenehm sein
ℹ *On peut dire aussi **zu** jemandem **unfreundlich sein**.*

désastre

1 ▷ La déforestation est un désastre écologique.
Die Entwaldung ist eine Umweltkatastrophe.

1 (= catastrophe) die **Katastrophe**
(pluriel : Katastrophen)

2 ▷ Sur quinze invités, seulement six sont venus. Quel désastre !
Von fünfzehn Gästen sind nur sechs gekommen! So ein Fiasko!

2 (= échec) das **Fiasko**

descendre

1 ▷ Descends, s'il te plaît, j'ai quelque chose à te dire.
Komm bitte herunter, ich muss dir etwas sagen.

1 (= venir vers le bas, quand la personne qui parle est déjà en bas) **herunterkommen**

ℹ ***herunter•kommen*** *est un verbe à particule séparable et se conjugue comme* ***kommen*** *(kam, gekommen).*

2 ▷ Descends, j'arrive tout de suite !
Geh schon hinunter, ich komme gleich!

▷ Nous descendons à Nice, tu veux venir avec nous ?
Wir fahren nach Nizza hinunter, willst du mitkommen?

2 (= aller vers le bas, quand la personne qui parle est en haut) **hinuntergehen**

ℹ ***hinunter•gehen*** *est un verbe à particule séparable qui se conjugue comme* ***gehen*** *(ging, gegangen).*

ℹ *Quand on va en voiture, en train ou en bus, on dit* ***hinunterfahren****. Quand on va en avion, on dit* ***hinunterfliegen****.*

3 ▷ On descend au prochain arrêt.
Wir steigen an der nächsten Haltestelle aus.

3 (en parlant du train, du métro, du bus, de la voiture) **aussteigen**

ℹ ***aus•steigen*** *est un verbe à particule séparable qui se conjugue comme* ***steigen*** *(stieg, gestiegen).*

4 ▷ Descends du toit, tu vas te tuer !
Komm vom Dach herunter, du wirst dich töten!

▷ Nous étions les premiers à descendre du train.
Wir stiegen als Erste aus dem Zug aus.

4 ► **descendre de** (en parlant d'une échelle, d'un mur, d'un toit) : von + datif + herunterkommen
► **descendre de** (en parlant du train, du bus, du métro, de la voiture) : aus + datif + aussteigen

5 ▷ Jean-Loup a descendu la piste à toute vitesse.
Jean-Loup ist blitzschnell die Piste hinuntergefahren.

5 Pour dire que quelqu'un suit une pente, une piste ou une rue vers le bas, on emploie **hinunter** + le verbe qui convient : **gehen, laufen, fahren.**

6 ▷ Tu peux m'aider à descendre les valises ?
Kannst du mir helfen, die Koffer hinunterzubringen?

▷ Descends la petite lampe dans le salon.
Bring die kleine Lampe ins Wohnzimmer herunter.

6 ► **descendre** quelque chose (= porter vers le bas, quand la personne qui parle est en haut) : **hinunterbringen**
(= porter vers le bas, quand la personne qui parle est déjà en bas) **herunterbringen**

ℹ *__hinunter•bringen__ et __herunter•bringen__ sont des verbes à particule séparable et se conjuguent comme __bringen__ (brachte, gebracht).*

descente

▷ La descente était très raide.
Der Abhang war sehr steil.

(= pente) der **Abhang** (pluriel : Abhänge)

description

▷ Sa description du voyage scolaire était très drôle.
Seine Beschreibung der Schulfahrt war sehr lustig.

die **Beschreibung** (pluriel : Beschreibungen)

désert

▷ En Tunisie, ils ont passé trois jours dans le désert.
In Tunesien haben sie drei Tage in der Wüste verbracht.

die **Wüste** (pluriel : Wüsten)

désert, déserte

▷ Les rues sont désertes le soir à partir de onze heures.
Die Straßen sind abends ab elf Uhr verlassen.

(= abandonné) **verlassen**

désespéré, désespérée

▷ Olivia était désespérée quand ses parents lui ont interdit de sortir.
Olivia war verzweifelt, als ihre Eltern ihr verboten haben auszugehen.

verzweifelt

déshabiller

1 ▷ Thomas a déshabillé son bébé pour le laver.
Thomas hat sein Baby ausgezogen, um es zu waschen.

1 ► **déshabiller** quelqu'un : jemanden **ausziehen**

ℹ *__aus•ziehen__ est un verbe à particule séparable et se conjugue comme __ziehen__ (zog, gezogen).*

2 ▷ Je n'aime pas me déshabiller devant les autres.
Ich ziehe mich ungern vor den anderen aus.

2 ► **se déshabiller** : sich ausziehen

désherber

▷ J'ai aidé ma mère à désherber le jardin.
Ich habe meiner Mutter geholfen, den Garten zu jäten.

jäten

désigner

1 ▷ La flèche désigne la sortie.
Der Pfeil deutet auf den Ausgang hin.

1 ► **désigner** quelque chose (= montrer) : auf etwas hindeuten

ℹ *hin•deuten est un verbe à particule séparable.*

2 ▷ Demain nous désignerons les délégués de classe.
Morgen ernennen wir die Klassensprecher.

2 (= élire, nommer) ernennen (ernannte, ernannt)

ℹ *Les verbes commençant par le préfixe er- ne prennent pas ge- au participe passé.*

3 ▷ C'est un mot qui désigne un certain type d'oiseau.
Dieses Wort bezeichnet eine bestimmte Art von Vögeln.

3 (= s'appliquer à, en parlant d'un mot) bezeichnen

ℹ *Les verbes commençant par le préfixe be- ne prennent pas ge- au participe passé.*

désinfecter

▷ Tu devrais désinfecter ton doigt.
Du solltest deinen Finger desinfizieren.

desinfizieren

ℹ *Les verbes se terminant en -ieren ne prennent pas ge- au participe passé.*

désirer

▷ Je désire parler à votre mère, s'il vous plaît.
Ich möchte gern mit Ihrer Mutter sprechen, bitte.

► **je désire... :** ich möchte gern...

désobéir

▷ Mon petit frère a encore désobéi et il s'est fait punir.
Mein kleiner Bruder hat wieder nicht gehorcht und ist bestraft worden.

▷ Je n'ose pas désobéir à mon père.
Ich wage es nicht, meinem Vater nicht zu gehorchen.

(= être désobéissant) nicht gehorchen

ℹ *En allemand, on emploie la forme négative avec gehorchen* (obéir).

► **désobéir à** quelqu'un : jemandem (datif) nicht gehorchen

désobéissant, désobéissante

▷ Lionel est très désobéissant.
Lionel ist sehr ungehorsam.

ungehorsam

désolé, désolée

▷ Je suis désolé de vous déranger.
Es tut mir leid Sie zu stören.

▷ Désolé, c'est trop tard !
Tut mir leid, es ist zu spät!

► quelqu'un **est désolé :** es tut jemandem (datif) leid

désordre

1 ▷ Quel désordre dans ta chambre !
Was für eine Unordnung in deinem Zimmer!

2 ▷ Quelques désordres ont suivi la manifestation.
Unruhen folgten der Demonstration.

1 (dans une pièce ou une maison) die **Unordnung**

2 (= bagarres, troubles) die **Unruhen**

ℹ *Unruhen est un nom pluriel.*

désormais

▷ Désormais, j'irai à l'école en vélo.
Von jetzt an fahre ich mit dem Fahrrad zur Schule.

von jetzt an

dessécher

▷ Le vent dessèche la peau.
Der Wind trocknet die Haut aus.

austrocknen

ℹ *aus•trocknen est un verbe à particule séparable.*

dessert

▷ La glace est mon dessert préféré.
Eis ist mein Lieblingsnachtisch.

▷ Qu'est-ce qu'il y a au dessert ?
Was gibt es zum Nachtisch?

der **Nachtisch**

ℹ *On peut dire aussi* ***die Nachspeise.***

► **au dessert :** zum Nachtisch

dessin

▷ Nous avons visité une exposition de dessins de Picasso.
Wir haben eine Ausstellung von Picassos Zeichnungen besichtigt.

▷ Qui a fait ce dessin ? Il est très joli.
Wer hat diese Zeichnung gemacht? Sie ist sehr hübsch.

▷ Lola regarde des dessins animés à la télé.
Lola schaut Zeichentrickfilme im Fernsehen.

die **Zeichnung**
(pluriel : Zeichnungen)

► **faire un dessin :** eine Zeichnung machen

ℹ *On emploie aussi le verbe* ***zeichnen.***

► **dessin animé :** der Zeichentrickfilm (pluriel : -filme)

dessiner

▷ Aurélien aime bien dessiner.
Aurélien zeichnet gern.

zeichnen

dessous

1 ▷ Le cahier de maths est là et le classeur de français est dessous.
Das Matheheft ist da und der Französischordner ist darunter.

1 **darunter**

ℹ *On dit aussi* **drunter**

2 ▷ Tu vois ce tas de livres ? Ton CD est en dessous.
Siehst du den Bücherstapel? Deine CD ist darunter.

2 ► **en dessous** (= sous un objet) : darunter

3 ▷ Les gens qui habitent en dessous sont très sympas.
Die Leute, die unter uns wohnen, sind sehr nett.

3 ► **en dessous** (= à l'étage inférieur) : unter + datif

4 ▷ En dessous de dix euros, ce n'est pas cher.
Unter zehn Euro ist es nicht teuer.

4 ► **en dessous de** (en parlant d'un prix) : unter

5 ▷ Le dessous de la table est plein de toiles d'araignées !
Die Unterseite vom Tisch ist voller Spinnweben!

5 ► **le dessous de** quelque chose : die Unterseite von etwas

ℹ *On dit aussi die untere Seite.*

6 ▷ Il a encore eu le dessous.
Er war wieder unterlegen.

6 ► **avoir le dessous :** unterlegen sein

dessus

1 ▷ Ferme l'enveloppe et écris l'adresse dessus.
Mach den Umschlag zu und schreib die Adresse darauf.

▷ Les chaises sont solides, tu peux poser le carton dessus.
Die Stühle sind solide, du kannst den Karton darauf stellen.

1 darauf

ℹ *On dit aussi drauf.*

2 ▷ Le dessus de l'armoire est couvert de poussière.
Die Oberseite vom Schrank ist voller Staub.

2 ► **le dessus de** quelque chose : die Oberseite von etwas

ℹ *On dit aussi die obere Seite.*

3 ▷ Au tennis j'ai toujours le dessus.
Beim Tennisspielen bin ich immer überlegen.

3 ► **avoir le dessus :** überlegen sein

destination

1 ▷ Quelle est votre destination ?
Was ist Ihr Reiseziel?

1 (en parlant d'un voyage) das Reiseziel (pluriel : -ziele)

2 ▷ De quel quai part le train à destination de Düsseldorf ?
Von welchem Gleis fährt der Zug nach Düsseldorf ab?

2 ► **à destination de** (en parlant d'un train, d'un vol) : nach

détacher

1 ▷ Qui a détaché le chien ?
Wer hat den Hund losgebunden?

▷ Détache-moi les mains maintenant, ce n'est plus drôle du tout !
Binde mir jetzt die Hände los, es ist überhaupt nicht mehr lustig!

1 (= détacher un prisonnier ou un animal) losbinden

ℹ *los•binden est un verbe à particule séparable et se conjugue comme binden (band, gebunden).*

2 ▷ Ne détache pas ta ceinture de sécurité.
Schnall dich nicht los.

2 (= détacher une ceinture de sécurité) accusatif + losschnallen

3 ▷ Les chèques sont difficiles à détacher du chéquier.
Die Schecks lassen sich schwer aus dem Scheckheft abtrennen.

4 ▷ L'affiche s'est détachée du mur.
Das Poster hat sich von der Wand abgelöst.

3 (= détacher un chèque, un ticket ou un timbre) **abtrennen**

ℹ *ab•trennen est un verbe à particule séparable.*

4 ► **se détacher** (= se décoller) : sich ablösen

ℹ *ab•lösen est un verbe à particule séparable.*

détail

▷ Il y a un détail que je n'ai pas compris.
Da ist eine Einzelheit, die ich nicht verstanden habe.

▷ Il nous a raconté sa soirée en détail.
Er hat uns seinen Abend im Einzelnen erzählt.

die **Einzelheit** (pluriel : Einzelheiten)

ℹ *On dit aussi das Detail* de'tai .

► **en détail** : im Einzelnen

ℹ *On dit aussi ausführlich.*

déteindre

1 ▷ Mon jean a déteint, il est presque blanc maintenant.
Meine Jeans haben ihre Farbe verloren, sie sind jetzt fast weiß.

2 ▷ La chemise rouge a déteint sur tous les autres vêtements !
Das rote Hemd hat auf alle anderen Kleider abgefärbt!

1 (= perdre sa couleur) die **Farbe verlieren** (verlor, verloren)

2 (= déteindre sur quelque chose) **auf** + accusatif + **abfärben**

ℹ *ab•färben est un verbe à particule séparable.*

se détendre

▷ Détends-toi, le dentiste ne te fera pas mal.
Entspann dich, der Zahnarzt wird dir nicht weh tun.

▷ Je me suis bien détendue pendant les vacances.
Ich habe mich während der Ferien gut entspannt.

(= se décontracter) **sich entspannen**

ℹ *Les verbes commençant par le préfixe ent- ne prennent pas ge- au participe passé.*

ℹ *Le pronom personnel allemand s'emploie à l'accusatif : ich entspanne **mich**, du entspannst **dich**, er/sie entspannt **sich**, wir entspannen **uns**, ihr entspannt **euch**, sie eutspannen **sich**.*

détendu, détendue

▷ J'ai trouvé Karim très détendu.
Ich fand Karim sehr entspannt.

(= décontracté) **entspannt**

détester

▷ Je sais que Nicole me déteste.
Ich weiß, dass Nicole mich hasst.
▷ Ma mère déteste faire la cuisine.
Meine Mutter hasst es zu kochen.

hassen
► **détester faire** quelque chose : es hassen, etwas zu tun

détonation

▷ On a entendu une détonation et de la fumée est sortie de la voiture.
Wir haben einen Knall gehört und Rauch kam aus dem Auto.

der **Knall** (pluriel : Knalle)

détour

▷ Nous avons dû faire un détour parce que la rue était bloquée.
Wir mussten einen Umweg machen, weil die Straße gesperrt war.
▷ Je t'assure que cette exposition vaut le détour.
Ich versichere dir, dass diese Ausstellung den Umweg lohnt.

der **Umweg** (pluriel : Umwege)
► **faire un détour :** einen Umweg machen

► **valoir le détour :** den Umweg lohnen

détourner

1 ▷ J'ai essayé de détourner l'attention de Helena, mais ça n'a pas marché.
Ich habe versucht, Helenas Aufmerksamkeit abzulenken, aber es hat nicht geklappt.

1 ► **détourner l'attention de** quelqu'un : génitif + Aufmerksamkeit ablenken

ℹ *ab•lenken est un verbe à particule séparable.*

2 ▷ N'essaie pas de détourner la conversation !
Versuch nicht, das Gespräch auf ein anderes Thema zu lenken!

3 ▷ Un autre avion a été détourné hier.
Ein anderes Flugzeug wurde Gestern entführt.

2 ► **détourner la conversation :** das Gespräch auf ein anderes Thema lenken

3 ► **détourner un avion :** ein Flugzeug entführen

ℹ *Les verbes commençant par le préfixe ent- ne prennent pas ge- au participe passé.*

détraqué, détraquée

1 ▷ La radio est détraquée.
Das Radio ist kaputt.

2 ▷ Ce mec est complètement détraqué !
Dieser Typ ist völlig verrückt!

1 (= cassé, en parlant d'une machine, d'un appareil) **kaputt**

2 (= fou, au sens familier) **verrückt**

ℹ *On dit aussi übergeschnappt.*

détritus

▷ Les rues sont pleines de détritus.
Die Straßen sind voller Müll.

der **Müll**

Ce mot s'emploie uniquement au singulier.

On dit aussi ***der Abfall****.*

détruire

▷ La bombe a détruit tout l'immeuble.
Die Bombe hat das ganze Gebäude zerstört.

(= démolir) **zerstören**

Les verbes commençant par le préfixe ***zer-*** *ne prennent pas* ***ge-*** *au participe passé.*

dette

▷ Je ne peux pas m'acheter ce CD, je dois d'abord payer mes dettes.
Ich kann diese CD nicht kaufen, ich muss erst meine Schulden bezahlen.

die **Schuld** (pluriel : Schulden)

Ce mot s'emploie surtout au pluriel.

deux

1 ▷ Saïd a deux VTT.
Saïd hat zwei Mountainbikes.
▷ Aujoud'hui c'est le deux avril.
Heute ist der zweite April.
▷ Mon petit frère est né le deux mars.
Mein kleiner Bruder wurde am zweiten März geboren.

1 **zwei**

Quand on dit la date, on emploie ***der zweite****.*

Quand on dit que quelque chose a eu lieu ou aura lieu à cette date, on emploie ***am zweiten****.*

On écrit ***am 2. März****.*

2 ▷ Les deux écoles sont dans le même village.
Beide Schulen sind im selben Dorf.
▷ Je vais prendre les deux.
Ich nehme beide.
▷ Nous sommes d'accord tous les deux.
Wir sind uns beide einig.
▷ Ils sont venus tous les deux.
Sie sind beide gekommen.

2 ► **les deux :** beide

► **tous les deux, toutes les deux :** beide

deuxième

▷ Le deuxième exercice est plus facile que le premier.
Die zweite Übung ist leichter als die erste.
▷ Jochen est le deuxième de la classe.
Jochen ist der Zweite der Klasse.
▷ Elle est arrivée deuxième.
Sie ist Zweite geworden.

zweite

► **le** *ou* **la deuxième :** der/die/das Zweite

devant

1 ▻ Nous nous sommes garés devant la boulangerie.
Wir haben vor der Bäckerei geparkt.
▻ Ils sont loin devant nous.
Sie sind weit vor uns.
▻ Il y avait dix personnes devant moi dans la file d'attente.
Vor mir standen zehn Leute in der Schlange.
▻ Mets-toi devant moi.
Stell dich vor mich.

2 ▻ Tu veux t'asseoir devant ?
Willst du vorne sitzen?
▻ Les élèves les plus petits doivent se mettre devant.
Die kleineren Schüler sollen sich nach vorne stellen.

3 ▻ Le devant de la voiture est éraflé.
Das Vorderteil des Autos ist zerkratzt.

1 (= devant un objet, un endroit ou une personne) **vor** + datif

ℹ *Quand* **devant** *signifie « vers le devant »,* **vor** *est suivi de l'accusatif.*

2 Quand **devant** signifie « à l'avant », on traduit par **vorne** lorsque la phrase ne comporte pas de verbe de mouvement, et par **nach vorne** avec un verbe de mouvement.

3 ► **le devant : das Vorderteil** (pluriel : –**teile**)

développer

▻ Je développe moi-même mes photos.
Ich entwickle meine Fotos selbst.

▻ Où fais-tu développer tes photos ?
Wo lässt du deine Fotos entwickeln?

(en parlant de photos) **entwickeln**

ℹ *Notez l'orthographe au présent de la première personne du singulier.*

► **faire développer des photos : Fotos enwickeln lassen** (**lässt, lies, gelassen**)

devenir

1 ▻ Personne ne sait comment ils sont devenus riches.
Niemand weiß, wie sie reich geworden sind.
▻ Mélissa veut devenir chanteuse.
Mélissa will Sängerin werden.
▻ Elle est devenue toute rouge.
Sie ist ganz rot geworden.

2 ▻ Tiens, bonjour ! Qu'est-ce que tu deviens ?
Hallo! Was machst du denn?

1 (= se transformer) **werden** (**wird, wurde, geworden**)

2 ► **qu'est-ce que tu deviens ? : was machst du denn?**

deviner

▻ Devine quelle note j'ai eue en français !
Rat mal, welche Note ich in Französisch bekommen habe!

raten (**rät, riet, geraten**)

devinette

▷ Vous connaissez cette devinette ?
Kennt ihr dieses Rätsel?
▷ Dans la voiture, nous avons joué aux devinettes.
Im Auto haben wir Rätselraten gespielt.

das **Rätsel** (pluriel : Rätsel)

► **jouer aux devinettes :**
Rätselraten spielen

dévisager

▷ Pourquoi est-ce qu'il me dévisage comme ça ?
Warum starrt er mich denn so an?

► **dévisager** quelqu'un **:** jemanden (accusatif) anstarren

ℹ *an•starren est un verbe à particule séparable.*

le devoir, les devoirs

1 ▷ On a un devoir sur table d'anglais la semaine prochaine.
Nächste Woche haben wir eine Englisch-Klassenarbeit.

2 ▷ J'ai un seul devoir à faire pour demain.
Ich habe nur eine Hausaufgabe für morgen.
▷ La prof ne nous a pas donné de devoirs pour les vacances.
Die Lehrerin hat uns keine Hausaufgaben über die Ferien gegeben.
▷ Tu regarderas la télé quand tu auras fait tes devoirs.
Du kannst fernsehen, wenn du deine Hausaufgaben gemacht hast.

1 ► **devoir sur table :** die Klassenarbeit (pluriel : -arbeiten)

2 ► **devoir** (à faire à la maison) **:** die Hausaufgabe (pluriel : Hausaufgaben)

► **faire ses devoir :** seine Hausaufgaben machen

ℹ *On emploie le génitif :* ***meine, deine, seine/ihre, unsere,*** eure, ihre, Hausaufgaben machen.

devoir faire quelque chose

1 ▷ Je ne peux pas venir, je dois travailler.
Ich kann nicht kommen, ich muss arbeiten.
▷ Il a dû avoir beaucoup de patience pour la convaincre.
Er hat viel Geduld haben müssen, um sie zu überzeugen.

2 ▷ Loïc devrait travailler un peu plus.
Loïc sollte etwas mehr arbeiten.
▷ Tu aurais dû me le dire avant !
Du hättest es mir vorher sagen sollen!
▷ J'aurais dû le faire hier.
Ich hätte es gestern tun sollen.

3 ▷ Tu dois être contente de partir en vacances.
Du musst froh sein, in die Ferien zu fahren.

1 Pour dire qu'on est **obligé de faire** quelque chose, ou que **c'est bien de faire** quelque chose, on emploie le mot **müssen** (muss, musste, müssen).

⚠ *Attention au participe passé.*

2 Pour donner un conseil ou une opinion, on emploie le mot **sollen**.

ℹ *Au passé, on emploie le verbe* ***haben*** *au subjonctif II présent* + verbe + ***sollen.***

3 Pour dire que quelque chose est probable au présent, on emploie **müssen** + base verbale.

devoir (de l'argent)

▷ N'oublie pas que tu me dois cinq euros !
Vergiss nicht, dass du mir fünf Euro schuldest!

schulden

► **devoir** quelque chose à quelqu'un (en parlant d'argent) : jemandem (datif) **etwas schulden**

dévorer

1 ▷ Emma a dévoré le gâteau en trois minutes.
Emma hat den Kuchen in drei Minuten verschlungen.

1 (en parlant d'une personne) **verschlingen** (verschlang, verschlungen)

ℹ *Les verbes commençant par le préfixe* ***ver-*** *ne prennent pas* ***ge-*** *au participe passé.*

2 ▷ Le lion dévorait une antilope.
Der Löwe fraß eine Antilope.

2 (en parlant d'un animal) **fressen** (frisst, fraß, gefressen)

ℹ ***fressen*** *s'emploie avec l'accusatif.*

diabète

▷ Mon oncle a du diabète.
Mein Onkel hat Diabetes.

► **avoir du diabète :** Diabetes haben

ℹ *De façon moins formelle, on dit* ***Zucker haben****.*

diable

▷ Petit diable !
Du kleiner Teufel!

▷ Qu'il aille au diable !
Er soll sich zum Teufel scheren!

der **Teufel** (pluriel : Teufel)

► **aller au diable :** sich zum Teufel scheren

dialogue

▷ Les dialogues du film sont très drôles.
Die Dialoge dieses Films sind wirklich lustig.

der **Dialog** (pluriel : Dialoge)

diamant

▷ Béatrice a une bague avec un diamant.
Béatrice hat einen Ring mit einem Diamanten.

▷ Le mannequin portait un collier de diamants.
Das Mannequin trug ein Diamantkollier.

der **Diamant** (pluriel : Diamanten)

ℹ *Pour dire que quelque chose est* **en diamants** *ou* **de diamants**, *on forme des mots composés avec* ***Diamant-: der Diamantring*** **(bague de diamants).**

diamètre

▷ Ton cercle doit faire cinq centimètres de diamètre.
Dein Kreis muss einen Durchmesser von fünf Zentimetern haben.

der **Durchmesser** (pluriel : Durchmesser)

diapositive

▷ Le prof nous a montré des diapositives de Dresde.
Der Lehrer hat uns Dias von Dresden gezeigt.

das **Dia** (pluriel : Dias)

diarrhée

▷ Plusieurs personnes ont eu la diarrhée pendant le voyage.
Mehrere Leute haben während der Reise Durchfall gehabt.

der **Durchfall**
► **avoir la diarrhée :** Durchfall haben

dictée

▷ La dictée était vraiment difficile.
Das Diktat war wirklich schwierig.
▷ On a fait une dictée ce matin.
Wir haben heute Morgen ein Diktat geschrieben.

das **Diktat** (pluriel : Diktate)
► **faire une dictée :** ein Diktat schreiben (schrieb, geschrieben)

dicter

▷ Tu peux me dicter ce paragraphe ?
Kannst du mir diesen Absatz diktieren?

diktieren
ℹ *Les verbes se terminant par* ***-ieren*** *ne prennent pas* ***ge-*** *au participe passé.*

dictionnaire

▷ Regarde dans le dictionnaire.
Schau mal im Wörterbuch nach.

das **Wörterbuch** (pluriel : Wörterbücher)

diesel

▷ Notre voiture marche au diesel.
Unser Auto fährt mit Diesel.

der **Diesel**

diététique

▷ Ursula ne mange que des produits diététiques.
Ursula isst nur Diätkost.
▷ J'achète mes légumes au magasin diététique.
Ich kaufe mein Gemüse im Reformhaus.

ℹ *Pour traduire l'adjectif* **diététique**, *on utilise des substantifs composés avec* ***Diät-***.
► **magasin diététique :** das Reformhaus

dieu

1 ▷ Est-ce que tu crois en Dieu ?
Glaubst du an Gott?
▷ Mon Dieu, quelle horreur !
Mein Gott, wie furchtbar!
2 ▷ J'ai lu un livre sur les dieux nordiques.
Ich habe ein Buch über die nordischen Götter gelesen.

1 ► **Dieu :** Gott
► **mon Dieu ! :** mein Gott!

2 (= divinité) der **Gott** (pluriel : Götter)

différence

▻ Quelle est la différence entre cette crème et l'autre ?
Was ist der Unterschied zwischen dieser Creme und der anderen?

der **Unterschied** (pluriel : Unterschiede)

différent, différente

▻ Marcel et son frère sont très différents.
Marcel und sein Bruder sind sehr verschieden.

▻ Nous avons des opinions différentes.
Wir sind verschiedener Meinung.

▻ Le climat écossais est différent du climat anglais.
Das schottische Klima ist verschieden vom englischen Klima.

verschieden

► **différent de :** verschieden von + datif

difficile

1 ▻ Est-ce que tu as trouvé le devoir sur table difficile ?
Fandest du die Klassenarbeit schwierig?

▻ Ce tiroir est difficile à ouvrir.
Diese Schublade ist schwierig zu öffnen.

▻ Quel âge a-t-il ? – Difficile à dire.
Wie alt ist er? – Schwer zu sagen.

2 ▻ Ne sois pas si difficile, mange !
Sei doch nicht so heikel, iss!

1 (= compliqué) **schwierig**

► **difficile à... :** schwierig zu + infinitif

ℹ *On dit aussi* ***schwer zu*** + infinitif

► **difficile à dire :** schwer zu sagen

2 (= difficile sur la nourriture) **heikel**

difficulté

▻ Nous avons eu des difficultés à l'aéroport.
Wir hatten Schwierigkeiten am Flughafen.

▻ J'ai eu des difficultés pour trouver l'adresse.
Ich hatte Schwierigkeiten, die Adresse zu finden.

die **Schwierigkeit** (pluriel : Schwierigkeiten)

► **avoir des difficultés pour faire** quelque chose **:** Schwierigkeiten haben, etwas zu tun

diffuser

▻ Le match est diffusé en direct.
Das Spiel wird live übertragen.

(à la télévision, à la radio)
übertragen (überträgt, übertrug, übertragen)

digérer

1 ▻ J'ai du mal à digérer le dîner.
Ich verdaue das Abendessen schlecht.

1 (en parlant de nourriture)
verdauen

ℹ *Les verbes commençant par le préfixe* ***ver-*** *ne prennent pas* ***ge-*** *au participe passé.*

▷ La semoule se digère très bien.
Grieß ist leicht verdaulich.

► **se digérer :** verdaulich sein

2 ▷ Je n'ai pas digéré ce qu'il m'a fait.
Ich habe nicht geschluckt, was er mir angetan hat.

2 (en parlant d'un offense) **schlucken**

digestif, digestive

1 ▷ Ce sont des comprimés pour les problèmes digestifs.
Das sind Tabletten gegen Verdauungsprobleme.

1 Pour traduire l'adjectif **digestif**, on emploie des substantifs composés avec **Verdauung-** qui veut dire **digestion**.

2 ▷ Voulez-vous un digestif ?
Möchten Sie einen Verdauungsschnaps?

2 (= l'alcool) der **Verdauungsschnaps** (pluriel : -schnäpse)

digicode®

▷ J'ai oublié le digicode, on ne peut pas rentrer !
Ich habe den Kode vergessen, wir kommen nicht rein!

der **Kode** /ko:t/ (pluriel : Kodes)

Notez la prononciation.

diluer

▷ Ton café est trop fort, je vais le diluer un peu.
Dein Kaffee ist zu stark, ich werde ihn ein bisschen verdünnen.

(en parlant d'un liquide, d'une boisson) **verdünnen**

*Les verbes commençant par le préfixe **ver-** ne prennent pas **ge-** au participe passé.*

dimanche

▷ Aujourd'hui c'est dimanche.
Heute ist Sonntag.
▷ Nous viendrons dimanche.
Wir kommen am Sonntag.
▷ Le dimanche, on va tous faire du vélo.
Sonntags gehen wir alle Fahrrad fahren.

der **Sonntag**

► **faire** quelque chose **dimanche :** etwas am Sonntag tun
► **le dimanche** (= tous les dimanches) **:** sonntags

dimensions

▷ Je ne connais pas les dimensions de la table.
Ich kenne die Abmessungen des Tischs nicht.

die **Abmessungen**
Ce mot est un pluriel.
*On peut dire aussi **die Maße**.*

▷ Nous allons prendre les dimensions de la pièce.
Wir werden das Zimmer ausmessen.

► **prendre les dimensions de** quelque chose (en volume) **:** etwas ausmessen

▷ Tu as pris les dimensions de la haie ?
Hast du die Hecke abgemessen?

► **prendre les dimensions de** quelque chose (de linéaire) : etwas abmessen

diminuer

1 ▷ Ils ont diminué le prix.
Sie haben den Preis gesenkt.

2 ▷ Le nombre d'élèves a diminué cette année.
Die Anzahl der Schüler ist dieses Jahr zurückgegangen.

▷ Les températures vont encore diminuer.
Die Temperaturen werden noch weiter zurückgehen.

1 ► **diminuer** quelque chose (en parlant des prix) : senken

2 ► **diminuer** (en parlant d'un nombre, d'un volume ou d'une température qui diminue) : zurückgehen

ℹ *zurück•gehen est un verbe à particule séparable et se conjugue comme gehen (ging, gegangen).*

ℹ *On dit aussi sinken (sank, gesunken).*

diminution

▷ Il y a eu une diminution du nombre de chômeurs.
Es gibt einen Rückgang der Arbeitslosenanzahl.

(= baisse) der **Rückgang** (pluriel : Rückgänge)

dinde

▷ À Noël, nous mangeons de la dinde farcie.
Zu Weihnachten essen wir gefüllten Truthahn.

▷ Encore des escalopes de dinde !
Schon wieder Putenschnitzel!

der **Truthahn** (pluriel : Truthähne)

ℹ *On dit aussi die Pute* (pluriel : *Puten*) *ou der Puter* (pluriel : *Puter*)

► **escalope de dinde** : das Putenschnitzel (pluriel : -schnitzel)

dîner

1 ▷ Le dîner est prêt !
Das Abendessen ist fertig!

▷

2 ▷ Nous dînons à huit heures.
Wir essen um acht zu Abend.

1 ► **le dîner** (= le repas du soir) : das Abendessen

2 (= manger) **zu Abend essen**

dînette

▷ Tu n'es pas un peu grande pour jouer à la dînette ?
Bist du nicht zu alt, um mit der Puppenküche zu spielen?

► **jouer à la dînette** : mit der Puppenküche spielen

dingue

▷ Cette fille est complètement dingue !
Dieses Mädchen ist völlig verrückt!

▷ Il est dingue de Marlène.
Er ist verrückt auf Marlène.

verrückt

ℹ *Si* **dingue** *est un mot familier,* ***verrückt*** *ne l'est pas. Pour traduire par une expression familière, on peut dire* ***bekloppt****.*

► **être dingue de** quelqu'un *ou* **de** quelque chose **:** **auf** jemanden *ou* etwas **verrückt sein**

dinosaure

▷ Au muséum, j'ai vu des squelettes de dinosaures.
Im Naturkundemuseum habe ich Dinosaurierskelette gesehen.

der **Dinosaurier** /dino'zaʊrɐ/ (pluriel : Dinosaurier)

🔊 *Notez la prononciation.*

diplôme

1 ▷ Est-ce qu'il faut des diplômes pour faire ce métier ?
Braucht man für diesen Beruf Qualifikationen?

2 ▷ Le frère de Fahrid a un diplôme d'ingénieur.
Fahrids Bruder hat ein Ingenieurdiplom.

1 (= formation) die **Qualifikation** (pluriel : Qualifikationen)

2 (= titre universitaire) das **Diplom** (pluriel : Diplome)

dire

1 ▷ Pardon, qu'est-ce que tu as dit ?
Entschuldigung, was hast du gesagt?
▷ Comment dit-on « écologie » en allemand ?
Wie sagt man „écologie" auf Deutsch?
▷ Clara m'a dit qu'elle n'est pas heureuse.
Clara hat mir gesagt, dass sie nicht glücklich ist.
▷ Il lui dit d'arrêter.
Er sagt ihm, er solle aufhören.
▷ Pierre a dit à ses enfants de se dépêcher.
Pierre hat seinen Kindern gesagt, sie sollten sich beeilen.

2 ▷ Est-ce que ça te dirait d'aller à la piscine ?
Hast du Lust, ins Schwimmbad zu gehen?
▷ Tu veux regarder le film ? – Non, ça ne me dit rien.
Willst du den Film sehen? – Nein, dazu habe ich keine Lust.

3 ▷ On dirait Paul.
Man könnte meinen, es sei Paul.
▷ On dirait de la musique écossaise.
Man könnte meinen, es sei schottische Musik.
▷ On dirait qu'elle pleure.
Man könnte meinen, dass sie weint.

1 **sagen**

► **dire à** quelqu'un **que... :** jemandem (datif) **sagen, dass...**

ℹ *Pour dire que quelqu'un* **dit à quelqu'un de faire** *quelque chose, on traduit par* *jemandem* ***sagen****,...* + le subjonctif de ***sollen***.

2 Pour dire qu'on a **envie de faire** quelque chose, on emploie l'expression **Lust haben,** etwas **zu tun**.

3 ► **on dirait... :** man könnte meinen, es sei...

► **on dirait que... :** man könnte meinen, dass...

4 ▷ Cette musique me dit quelque chose.
Diese Musik kommt mir bekannt vor.

4 ► **dire** quelque chose **à** quelqu'un (= lui évoquer quelque chose) : jemandem (datif) **bekannt vorkommen**

ℹ *vor•kommen est un verbe à particule séparable et se conjugue comme* ***kommen*** *(kam, gekommen).*

▷ Tu te souviens de la fête chez Farida ? – Non, ça ne me dit rien.
Erinnerst du dich an die Party bei Farida? – Nein, das sagt mir nichts.

► **ça ne me dit rien** (= je ne me rappelle pas) : das sagt mir nichts

direct, directe

1 ▷ Nous avons pris un vol direct pour Nairobi.
Wir haben einen direkten Flug nach Nairobi genommen.

1 (= en parlant des transports) **direkt**

2 ▷ Le concert a été diffusé en direct.
Das Konzert wurde live übertragen.

2 ► **en direct** : live

🔊 *live est un mot anglais qui se prononce* /laif/.

directement

▷ Nous sommes rentrés directement à la maison.
Wir sind direkt nach Hause gegangen.
▷ Tu dois t'adresser directement au directeur.
Du musst dich direkt an den Schulleiter wenden.

(= sans détour, sans intermédiaire) **direkt**

directeur

1 ▷ Les élèves qui entrent au CP sont accueillis par le directeur.
Die Schüler, die in die erste Klasse kommen, werden vom Rektor empfangen.

1 (en parlant de l'école primaire) der **Rektor** (pluriel : Rektoren)

2 ▷ Le directeur a demandé à tous les parents de venir.
Der Direktor hat alle Eltern gebeten zu kommen.

2 (en parlant d'un collège, d'un lycée) der **Schulleiter** (pluriel : Schulleiter)

ℹ *On dit aussi* ***der Direktor****.*

3 ▷ Mon père voulait parler au directeur du magasin.
Mein Vater wollte mit dem Geschäftsführer des Ladens sprechen.

3 (en parlant d'une entreprise ou d'un magasin) der **Geschäftsführer** (pluriel : Geschäftsführer)

direction

▷ Ils sont partis dans la mauvaise direction.
Sie sind in die falsche Richtung gegangen.
▷ Dans quelle direction est-ce qu'il est parti ?
In welche Richtung ist er gegangen?
▷ Dans quelle direction se trouve la tour Eiffel ?
In welcher Richtung liegt der Eiffelturm?

(= sens) die **Richtung** (pluriel : Richtungen)
► **dans quelle direction... ?** (= vers où) : in welche Richtung...?
► **dans quelle direction... ?** (= où) : in welcher Richtung...?

▷ Prenez la direction Porte de Clignancourt.
Fahren Sie in Richtung Porte de Clignancourt.

► **prendre la direction...** (= suivre une direction) : **in Richtung... gehen/fahren**

directrice

1 ▷ Les élèves sont accueillis tous les matins par la directrice.
Die Schüler werden jeden Morgen von der Rektorin empfangen.

2 ▷ La directrice a demandé à tous les parents de venir.
Die Direktorin hat alle Eltern gebeten zu kommen.

3 ▷ La directrice de la boutique est venue s'excuser.
Die Geschäftsführerin der Boutique ist gekommen, um sich zu entschuldigen.

1 (en parlant de l'école primaire) die **Rektorin** (pluriel : Rektorinnen)

2 (en parlant d'un collège, d'un lycée) die **Schulleiterin** (pluriel : Schulleiterinnen)

ℹ *On dit aussi* ***die Direktorin****.*

3 (en parlant d'une entreprise ou d'un magasin) die **Geschäftsführerin** (pluriel : Geschäftsführerinnen)

diriger

1 ▷ Monsieur Martin dirige le centre de loisirs.
Herr Martin leitet das Freizeitzentrum.

2 ▷ Clotilde a appris à diriger un voilier.
Clotilde hat gelernt, ein Segelboot zu steuern.

3 ▷ Il a dirigé la voiture à travers la foule.
Er hat das Auto durch die Menschenmenge gelenkt.

4 ▷ L'éléphant se dirigeait vers nous.
Der Elefant steuerte auf uns zu.

1 (en parlant d'une entreprise, d'un magasin) **leiten**

2 (en parlant d'un bateau, d'un avion) **steuern**

3 (en parlant d'une voiture) **lenken**

4 ► **se diriger vers** (en parlant d'une personne, d'un animal) : **auf** + accusatif + **zusteuern**

ℹ ***zu•steuern*** *est un verbe à particule séparable.*

discipline

▷ La discipline semble lui poser un problème.
Disziplin scheint ein Problem für ihn zu sein.
▷ Plusieurs athlètes participent à deux disciplines.
Mehrere Athleten nehmen an zwei Disziplinen teil.

die **Disziplin**

ℹ *Le pluriel* ***Disziplinen*** *n'est employé que quand on parle de sport ou d'études.*

discothèque

1 ▷ J'ai emprunté le CD à la discothèque.
Ich hab mir die CD in der Musikbibliothek ausgeliehen.

2 ▷ Tu connais la nouvelle discothèque ?
Kennst du die neue Diskothek?

1 (= où on prête des disques) die **Musikbibliothek** (pluriel : -bibliotheken)

2 (= boîte de nuit) die **Diskothek** (pluriel : Diskotheken)

discours

▻ Le prof de sport a fait un très long discours.
Der Sportlehrer hat eine lange Rede gehalten.

die **Rede** (pluriel : Reden)
► **faire un discours :** eine Rede halten

discret, discrète

▻ Moussa est très discret, il ne pose jamais de questions.
Moussa ist sehr diskret, er stellt nie Fragen.

diskret

discrètement

▻ Est-ce que tu peux passer ce mot à Muriel discrètement ?
Kannst du den Zettel diskret an Muriel weitergeben?

diskret

discussion

1 ▻ Nous avons eu une discussion très intéressante.
Wir hatten eine sehr interessante Unterhaltung.

1 (= conversation) die **Unterhaltung** (pluriel : Unterhaltungen)

2 ▻ J'ai participé à une discussion sur l'écologie.
Ich habe an einer Diskussion über Umweltschutz teilgenommen.

2 (= débat) die **Diskussion** (pluriel : Diskussionen)

discuter

1 ▻ Nous avons discuté toute la nuit.
Wir haben die ganze Nacht über geredet.

1 (= parler) **reden**

2 ▻ Chris a discuté avec le prof pendant longtemps.
Chris hat sich lange mit dem Lehrer unterhalten.

2 ► **discuter avec** quelqu'un **:** sich mit jemandem (datif) unterhalten

3 ▻ Nous devons discuter du voyage scolaire.
Wir müssen über die Schulreise diskutieren.

3 ► **discuter de** quelque chose **:** über etwas (accusatif) diskutieren

ℹ *Les verbes se terminant en* ***-ieren*** *ne prennent pas* ***ge-*** *au participe passé.*

4 ▻ Va tout de suite faire tes devoirs, et sans discuter !
Mach sofort deine Hausaufgaben, und ohne Widerrede!

4 ► **sans discuter ! :** ohne Widerrede!

disparaître

▻ Mes lunettes ont disparu.
Meine Brille ist verschwunden.

verschwinden (verschwand, verschwunden)

ℹ *Les verbes commençant par le préfixe* ***ver-*** *ne prennent pas* ***ge-*** *au participe passé.*

▻ Il a fait disparaître le lapin et personne n'a rien vu !
Er hat das Kaninchen verschwinden lassen, und niemand hat was gesehen!

► **faire disparaître** quelque chose : etwas **verschwinden lassen**

dispensé, dispensée

▻ À cause de son problème au genou, Sophie est dispensée de sport.
Wegen ihrem Knieproblem ist Sophie vom Sport befreit.

► **être dispensé de** quelque chose : von etwas (datif) **befreit sein**

disponible

1 ▻ Est-ce que la salle est disponible entre midi et deux heures ?
Ist der Raum zwischen zwölf und zwei Uhr frei?
▻ Je ne suis pas disponible ce soir.
Ich bin heute Abend nicht frei.

2 ▻ Désolé, ce DVD n'est plus disponible.
Es tut mir leid, diese DVD ist nicht mehr verfügbar.

1 (en parlant d'un endroit, d'une personne) **frei**

2 (en parlant d'un article) **verfügbar**

dispute

▻ Il y a eu une dispute entre deux élèves.
Es gab Streit zwischen zwei Schülern.

der **Streit**

ℹ *Ce mot est très rarement employé au pluriel.*

se disputer

▻ Mes frères se disputent tout le temps.
Meine Brüder streiten sich die ganze Zeit.
▻ Arrêtez de vous disputer !
Hört auf, euch zu streiten!

sich streiten (stritt, gestritten)

disque

1 ▻ Mes parents ont une énorme collection de disques.
Meine Eltern haben eine riesige Schallplattensammlung.

2 ▻ On lui a offert un disque compact pour son anniversaire.
Wir haben ihm eine Compact Disc zum Geburtstag geschenkt.

3 ▻ Le disque dur est plein.
Die Festplatte ist voll.

1 (= disque vinyl) die **Schallplatte** (pluriel : Schallplatten)

2 ► **disque compact :** die Compact Disc

ℹ *On dit aussi CD.*

3 ► **disque dur :** die **Festplatte** (pluriel : Festplatten)

disquette

▻ Tu peux me prêter une disquette vierge ?
Kannst du mir eine leere Diskette leihen?

die **Diskette** (pluriel : Disketten)

dissertation

▻ Ma sœur a passé tout le week-end à préparer sa dissertation.
Meine Schwester hat das Wochenende damit verbracht, ihren Aufsatz vorzubereiten.

▻ Au lycée, nous apprendrons à faire des dissertations.
Im Gymnasium werden wir lernen Aufsätze zu schreiben.

der **Aufsatz** (pluriel : Aufsätze)

► **faire une dissertation :** einen Aufsatz schreiben (schrieb, geschrieben)

dissipé, dissipée

▻ Lucien est très dissipé.
Lucien ist sehr unaufmerksam.

unaufmerksam

dissolvant

▻ Est-ce que tu as du dissolvant ? J'ai oublié le mien.
Hast du Nagellackentferner? Ich habe meinen vergessen.

(pour les ongles) der **Nagellackentferner**

ℹ *Décomposez ce mot : **Nagel** (ongle) + **Lack** vernis + **entfernen** (enlever).*

dissoudre

▻ Tu dissous la poudre dans un verre d'eau et tu le bois lentement.
Du musst das Puder in einem Glas Wasser auflösen und es langsam trinken.

▻ Le sucre ne s'est pas bien dissous dans le café.
Der Zucker hat sich nicht gut im Kaffee aufgelöst.

(= faire fondre) **auflösen**

ℹ ***auf•lösen** est un verbe à particule séparable.*

► **se dissoudre :** sich auflösen

distance

1 ▻ La distance est indiquée sur la carte.
Die Entfernung ist auf der Karte angegeben.

2 ▻ À quelle distance est l'Arc de triomphe ?
Wie weit ist es bis zum Triumphbogen?

1 die **Entfernung** (pluriel : Entfernungen)

2 ► **à quelle distance est** *ou* **se trouve... :** wie weit ist es bis... + datif

distingué, distinguée

▻ Je trouve qu'elle a l'air très distinguée.
Ich finde, sie sieht sehr vornehm aus.

vornehm

distinguer

▻ J'ai du mal à le distinguer de son frère jumeau.
Es fällt mir schwer, ihn von seinem Zwillingsbruder zu unterscheiden.

► **distinguer** quelqu'un *ou* quelque chose **de... :** jemanden *ou* etwas (accusatif) **von... unterscheiden**

distraire

1 ▻ J'essaie de distraire mon petit frère.
Ich versuche, meinen kleinen Bruder zu unterhalten.

1 (= amuser) **unterhalten** (unterhält, unterhielt, unterhalten)

2 ▻ Aurélie a été punie parce qu'elle distrayait les autres élèves.
Aurélie ist bestraft worden, weil sie die anderen Schüler abgelenkt hat.

2 (= dissiper) **ablenken**

ℹ *ab•lenken est un verbe à particule séparable.*

3 ▻ Tu devrais te distraire, tu travailles trop.
Du solltest dich amüsieren, du arbeitest zu viel.

3 ► **se distraire :** sich amüsieren

distrait, distraite

▻ Ludmilla est très distraite, elle ne sait jamais où elle met ses affaires.
Ludmilla ist sehr zerstreut, sie weiß nie, wo sie ihre Sachen hinlegt.

zerstreut

distribuer

1 ▻ Le clown a distribué des bonbons aux enfants.
Der Clown hat Bonbons an die Kinder verteilt.

1 ► **distribuer** quelque chose à quelqu'un **:** etwas **an** jemanden (accusatif) **verteilen**

ℹ *Les verbes commençant par le préfixe **ver-** ne prennent pas **ge-** au participe passé.*

2 ▻ Qui distribue les cartes ?
Wer gibt die Karten aus?

2 ► **distribuer les cartes :** die Karten ausgeben

ℹ ***aus•geben** est un verbe à particule séparable et se conjugue comme **geben** (gibt, gab, gegeben).*

distributeur

▻ J'ai envie de chocolat et le distributeur est cassé !
Ich habe Lust auf Schokolade un der Automat ist kaputt!

der **Automat** (pluriel : Automaten)

ℹ *Notez que **Automat** est un masculin faible, c'est-à-dire qu'il prend **-en** à tous les cas sauf au nominatif singulier.*

▷ Est-ce qu'on peut s'arrêter au distributeur automatique ?
Können wir am Geldautomaten halten?

ℹ *Pour préciser le genre de distributeur, on forme des mots composés avec* ***Automat :*** ***der Getränkeautomat*** (distributeur de boissons), ***der Kartenautomat*** (distributeur de tickets).

diviser

▷ Si on divise le total par quatre, on doit payer à peu près dix euros chacun.
Wenn wir den Gesamtbetrag durch vier teilen, muss jeder etwa zehn Euro zahlen.

teilen
► **diviser... par... : ... durch... teilen**

division

▷ Cette division est trop difficile sans calculatrice.
Diese Division ist ohne Rechner zu schwierig.

die **Division** (pluriel : Divisionen)

divorcé, divorcée

▷ Les parents de Julie sont divorcés.
Julies Eltern sind geschieden.

geschieden

divorcer

▷ Les parents de Marco ont divorcé l'année dernière.
Marcos Eltern haben sich letztes Jahr scheiden lassen.

sich scheiden lassen

dix

▷ Annie a dix cousins.
Annie hat zehn Cousins.
▷ Aujourd'hui c'est le dix avril.
Heute ist der zehnte April.
▷ L'anniversaire de Quentin est le dix décembre.
Quentin hat am zehnten Dezember Geburtstag.

zehn

ℹ *Quand on dit la date, on emploie* ***der zehnte.***

ℹ *Quand on dit que quelque chose a eu lieu ou aura lieu à cette date, on emploie* ***am zehnten.***

ℹ *On écrit* ***10. April, am 10. Dezember.***

dix-huit

▷ Nous avons dix-huit invités.
Wir haben achtzehn Gäste.
▷ Aujourd'hui, c'est le dix-huit juillet.
Heute ist der achtzehnte Juli.
▷ Je vais à Paris le dix-huit mai.
Ich fahre am achtzehnten Mai nach Paris.

achtzehn

ℹ *Quand on dit la date, on emploie* ***der achtzehnte.***

ℹ *Quand on dit que quelque chose a eu lieu ou aura lieu à cette date, on emploie* ***am achtzehnten.***

ℹ *On écrit* ***18. Mai.***

dixième

1 ▷ J'habite au dixième étage.
Ich wohne im zehnten Stock.
▷ Marius est le dixième à partir de la gauche.
Marius ist der Zehnte von links.
2 ▷ Je l'ai acheté au dixième de son prix.
Ich habe es für ein Zehntel des Preises gekauft.

1 zehnte

► **le/la dixième :** der/die/das Zehnte

2 (= fraction) das Zehntel

dix-neuf

▷ J'ai dû monter les dix-neuf étages à pied.
Ich musste die neunzehn Stockwerke zu Fuß hochgehen.
▷ Aujourd'hui, c'est le dix-neuf novembre.
Heute ist der neunzehnte November.
▷ Nous allons en Grèce le dix-neuf juin.
Wir fliegen am neunzehnten Juni nach Griechenland.

neunzehn

ℹ *Quand on dit la date, on emploie **der neunzehnte**.*

ℹ *Quand on dit que quelque chose a eu lieu ou aura lieu à cette date, on emploie **am neunzehnten**.*

ℹ *On écrit **19. Juni**.*

dix-sept

▷ Il me reste dix-sept bonbons.
Ich habe noch siebzehn Bonbons.
▷ Aujourd'hui, c'est le dix-sept janvier.
Heute ist der siebzehnte Januar.
▷ Nos amis allemands arrivent le dix-sept août.
Unsere deutschen Freunde kommen am siebzehnten August.

siebzehn

ℹ *Quand on dit la date, on emploie **der siebzehnte**.*

ℹ *Quand on dit que quelque chose a eu lieu ou aura lieu à cette date, on emploie **am siebzehnten**.*

ℹ *On écrit **17. August**.*

dizaine

▷ Je voudrais une dizaine de pêches, s'il vous plaît.
Ich hätte gern zehn Pfirsiche, bitte.
▷ Il y avait une dizaine de personnes à la réunion.
Es kamen ungefähr zehn Leute zur Versammlung.

► **une dizaine** (= dix exactement) **:** zehn

► **une dizaine** (= environ dix) **:** ungefähr zehn

ℹ *On dit aussi **etwa zehn**.*

▷ Elle a des dizaines de robes.
Sie hat Dutzende von Kleidern.

► **des dizaines de... :** Dutzende von...

ℹ *Littéralement, **ein Dutzend** veut dire* une douzaine.

docteur

▷ Le docteur a dit que je devais me reposer.
Der Doktor hat gesagt, dass ich mich ausruhen soll.

der Doktor (pluriel : Doktoren), die Doktorin (pluriel : Doktorinnen).

ℹ *On peut aussi dire **der Arzt**, **die Ärztin**.*

▷ Bonjour, docteur.
Guten Tag, Herr Doktor *ou*
Guten Tag, Frau Doktor.

Dans les salutations, on emploie ***Herr Doktor*** *ou* ***Frau Doktor****.*
Attention : dans ce cas, on n'emploie ni le féminin ***Doktorin****, ni le mot* ***Arzt****.*

▷ Maman est encore chez le docteur.
Mama ist noch beim Arzt.
▷ Je n'aime pas aller chez le docteur.
Ich gehe nicht gern zum Arzt.

► **chez le docteur** (= dans son cabinet) **:** beim Arzt
► **chez le docteur** (= vers son cabinet) **:** zum Arzt

document

▷ Il y a certains documents qu'on ne peut pas emprunter à la bibliothèque.
Einige Dokumente kann man sich nicht aus der Bücherei ausleihen.

das **Dokument**
(pluriel : Dokumente)

documentaire

▷ Tu as vu le documentaire sur les dinosaures hier soir ?
Hast du den Dokumentarfilm über die Dinosaurier gestern Abend gesehen?

der **Dokumentarfilm**
(pluriel : –filme)

documentaliste

▷ La documentaliste de l'école est très aimable.
Die Schularchivarin ist sehr nett.

der **Archivar** (pluriel : Archivare), die **Archivarin**
(pluriel : Archivarinnen)

doigt

1 ▷ Anita s'est tordu le doigt en jouant au volley.
Anita hat sich beim Volleyballspielen den Finger verstaucht.

1 (= partie de la main) der **Finger**
(pluriel : Finger)

2 ▷ Sébastien avait des ampoules aux doigts de pied.
Sébastien hatte Blasen an den Zehen.

2 ► **doigt de pied :** der Zeh, die Zehe (pluriel : Zehen)

3 ▷ Il était à deux doigts d'abandonner son projet de voyage.
Er stand kurz davor, seine Reisepläne aufzugeben.

3 ► **être à deux doigts** + infinitif **:** kurz davor stehen, zu + infinitif

dominos

▷ Je joue souvent aux dominos avec ma grand-mère.
Ich spiele oft Domino mit meiner Großmutter.
▷ On a construit un labyrinthe avec des dominos.
Wir haben ein Labyrinth aus Dominosteinen gebaut.

► **jouer aux dominos :** Domino spielen

(= pièce) der **Dominostein**
(pluriel : –steine)

dommage

▷ L'excursion est annulée à cause de la pluie. – Quel dommage !
Der Ausflug wurde wegen dem Regen abgesagt. – Wie schade!

► **quel dommage ! :** wie schade!

▷ C'est dommage que tu ne puisses pas venir avec nous.
Es ist schade, dass du nicht mitkommen kannst.

► **c'est dommage que... :** es ist schade, dass...

donc

1 ▷ Tu ne fais pas partie de l'équipe, donc tu ne peux pas venir.
Du bist nicht in der Mannschaft, deshalb darfst du nicht mitkommen.

1 (= en conclusion) **deshalb**

i *On dit aussi* ***also****.*

2 ▷ Fais donc tes devoirs.
Mach doch deine Hausaufgaben.

2 (à l'impératif) **doch**

3 ▷ Tu ne peux donc pas faire attention ?
Kannst du denn nicht aufpassen?

3 (dans les questions) **denn**

donner

1 ▷ Donne-moi ta lettre, je vais la poster.
Gib mir deinen Brief, ich bringe ihn zur Post.

1 ► **donner** quelque chose **à** quelqu'un **:** jemandem (datif) etwas **geben** (gibt, gab, gegeben)

2 ▷ La prof nous a donné plein de devoirs pour le week-end.
Die Lehrerin hat uns eine Menge Hausaufgaben über das Wochenende aufgegeben.

2 (en parlant des devoirs) **aufgeben**

i ***auf•geben*** *est un verbe à particule séparable et se conjugue comme* ***geben****.*

3 ▷ Mes parents m'ont donné un appareil photo pour Noël.
Meine Eltern haben mir zu Weihnachten einen Fotoapparat geschenkt.

3 (= faire un cadeau) **schenken**

4 ▷ Est-ce que quelqu'un a donné à manger au chien ?
Hat jemand den Hund gefüttert?

4 ► **donner à manger** (à un animal) **:** **füttern**

5 ▷ Donne-moi à boire, s'il te plaît, j'ai très soif.
Gib mir bitte zu trinken, ich habe großen Durst.

5 ► **donner à boire/à manger à** quelqu'un **:** jemandem (datif) **zu trinken/zu essen geben**

6 ▷ Cette promenade m'a donné faim.
Der Spaziergang hat mich hungrig gemacht.

6 ► **donner faim à** quelqu'un **:** jemanden (accusatif) **hungrig machen**

▷ Ça ne te donne pas soif de manger tous ces bonbons ?
Machen diese vielen Bonbons dich nicht durstig?

► **donner soif à** quelqu'un **:** jemanden (accusatif) **durstig machen**

7 ▷ Ça ne donnera rien de discuter avec lui.
Es bringt nichts, mit ihm zu diskutieren.

7 (= avoir pour conséquence) **bringen** (brachte, gebracht)

ℹ *L'expression française et sa traduction allemande sont familières.*

8 ▷ Le salon donne au sud.
Das Wohnzimmer liegt nach Süden.

8 ► **donner à/au...** (en indiquant une direction) : **nach... liegen** (lag, gelegen)

dont

1 ▷ C'est le garçon dont le frère est en prison.
Das ist der Junge, dessen Bruder im Gefängnis ist.
▷ J'ai rencontré une dame dont le fils a ton âge.
Ich habe eine Frau getroffen, deren Sohn dein Alter hat.

1 Pour parler de **l'appartenance**, on emploie le génitif, qui s'utilise avec le substantif dont il est le complément : masculin/neutre + **dessen**, féminin + **deren**, pluriel + **deren**.

2 ▷ Nous sommes trente élèves dans la classe, dont deux Coréens.
Wir sind dreißig Schüler in der Klasse, davon zwei Koreaner.

2 (= parmi lesquels) **davon**

3 ▷ C'est Marion dont je te parlais hier.
Das ist Marion, von der ich dir gestern erzählt habe.
▷ Je vais faire un exposé sur un sujet dont je ne connais rien.
Ich mache ein Referat über ein Thema, von dem ich nichts weiß.

3 (= au sujet duquel/de laquelle/desquels) **von dem/der/denen**

4 ▷ Nous avons visité le Canada dont Brigitte est originaire.
Wir haben Kanada besucht, aus dem Brigitte stammt.

4 Quand **dont** indique **l'origine** de quelque chose ou de quelqu'un, on traduit par **aus dem/der/denen.**

doré, dorée

▷ Le gâteau a une jolie couleur dorée.
Der Kuchen hat eine schöne goldene Färbung.

golden

dorénavant

▷ Dorénavant, tu feras tes devoirs en rentrant à la maison !
Von jetzt an machst du deine Hausaufgaben, sobald du nach Hause kommst!

von jetzt an

ℹ *On dit aussi* ***in Zukunft***.

dormir

▷ Est-ce que tu as bien dormi ?
Hast du gut geschlafen?

schlafen (schläft, schlief, geschlafen)

dortoir

▷ Il y a deux dortoirs dans l'auberge de jeunesse.
In der Jugendherberge gibt es zwei Schlafsäle.

der **Schlafsaal** (pluriel : -säle)
Attention : au pluriel, le ***aa*** *de* ***Saal*** *est transformé en* ***ä****.*

dos

1 ▷ Marie s'est couchée sur le dos.
Marie hat sich auf den Rücken gelegt.
▷ J'ai un grain de beauté au milieu du dos.
Ich habe ein Muttermal mitten auf dem Rücken.
▷ André a des brûlures sur le dos de la main.
André hat Verbrennungen auf dem Handrücken.
▷ L'adresse est écrite au dos de l'enveloppe.
Die Adresse steht auf der Rückseite des Umschlags.

1 der **Rücken** (pluriel : Rücken)

► **le dos de la main :** der Handrücken

► **au dos de :** auf der Rückseite + génitif

2 ▷ Mon oncle a le fisc sur le dos.
Mein Onkel hat die Steuerbehörde am Hals.

2 ► **avoir** quelqu'un *ou* quelque chose **sur le dos :** jemanden *ou* etwas (accusatif) am Hals haben
L'expression française et sa traduction allemande sont familières.

3 ▷ Il a essayé de me mettre ça sur le dos.
Er hat versucht, mir das in die Schuhe zu schieben.

3 ► **mettre** quelque chose **sur le dos de** quelqu'un **:** jemandem etwas in die Schuhe schieben (schob, geschoben)
L'expression française et sa traduction allemande sont familières.

dose

▷ Elle a pris une grosse dose d'aspirine.
Sie hat eine starke Dosis Aspirin genommen.

die **Dosis** (pluriel : Dosen)
Attention : ce pluriel est le même que celui de ***Dose*** *qui veut dire* **boîte de conserve**.

dossard

▷ Pierre porte le dossard numéro trois.
Pierre hat Startnummer drei.

die **Startnummer** (pluriel : -nummern)
*En allemand, on parle du numéro (****Nummer****) inscrit sur le dossard plutôt que du dossard lui-même.*

dossier

1 ▷ Ne t'assieds pas sur le dossier de la chaise, il est cassé.
Setz dich nicht auf die Stuhllehne, sie ist kaputt.

1 die **Lehne** (pluriel : Lehnen)
Notez les substantifs composés : ***die Sessellehne*** (le dossier du fauteuil), ***die Sofalehne*** (le dossier du canapé).

2 ▷ Samia a tout un dossier sur les problèmes d'environnement.
Samia hat eine ganze Akte über Umweltprobleme.
▷ Il classe ses magazines dans des dossiers par ordre chronologique.
Er ordnet seine Zeitschriften chronologisch in Aktenordner.
3 ▷ Je me demande ce qu'il y a dans mon dossier scolaire.
Ich frage mich, was in meiner Schulakte steht.

2 (= un ensemble de documents) die **Akte** (pluriel : Akten)

(= classeur) der **Aktenordner** (pluriel : -ordner)

3 ► **dossier scolaire :** die Schulakte

douane

▷ La tante de Claude travaille à la douane.
Claudes Tante arbeitet beim Zoll.

▷ Nous avons dû attendre longtemps à la douane.
Wir mussten lange am Zoll warten.

der **Zoll**
► **à la douane** (= dans l'administration) **:** beim Zoll
► **à la douane** (= au poste de douane) **:** am Zoll

douanier, douanière

▷ Les douaniers nous ont demandé d'ouvrir le coffre de la voiture.
Die Zollbeamten haben uns gebeten, den Kofferraum zu öffnen.

der **Zollbeamte** (pluriel : -beamten), die **Zollbeamtin** (pluriel : -beamtinnen)

double

1 ▷ Est-ce que tu peux me donner une feuille double ?
Kannst du mir ein Doppelblatt geben?
▷ Nous voudrions une chambre double, s'il vous plaît.
Wir hätten gern ein Doppelzimmer, bitte.

1 Pour parler de quelque chose qui est fait de deux parties ou qui est deux fois plus grand, on emploie des substantifs composés.

2 ▷ Le repas a coûté le double de ce que nous avions prévu.
Das Essen hat doppelt so viel gekostet, wie wir erwartet hatten.

2 ► **le double de :** doppelt so viel

3 ▷ Est-ce que tu as gardé un double de la lettre ?
Hast du eine Kopie des Briefes behalten?

3 (= deuxième exemplaire) die **Kopie** (pluriel : Kopien)

4 ▷ Je dois faire faire un double de la clé.
Ich muss einen Zweitschlüssel machen lassen.

4 ► **double de clé :** der Zweitschlüssel

5 ▷ Nous regarderons le double messieurs à la télé.
Wir werden uns das Herrendoppel im Fernsehen anschauen.

5 (au tennis) das **Doppel**
ℹ *Notez les substantifs composés suivants : **das Damendoppel*** (le double dames), ***das Herrendoppel*** (le double messieurs) ; double mixte *se dit **gemischtes Doppel**.*

doubler

1 ▷ Cette voiture nous a doublés à plus de cent soixante-dix à l'heure !
Dieses Auto hat uns mit mehr als hundertsiebzig überholt!

2 ▷ En Angleterre, les films étrangers ne sont jamais doublés.
In England werden ausländische Filme nicht synchronisiert.

3 ▷ Le nombre d'élèves a doublé en dix ans.
Die Schülerzahl hat sich in zehn Jahren verdoppelt.

1 (= dépasser) **überholen**

2 (= doubler la voix des acteurs dans un film) **synchronisieren**

*Les verbes se terminant en **-ieren** ne prennent pas **ge-** au participe passé.*

3 (= être multiplié par deux) **sich verdoppeln**

*Les verbes commençant par le préfixe **ver-** ne prennent pas **ge-** au participe passé.*

douce

Regardez à **doux**.

doucement

1 ▷ Parle doucement, le bébé dort.
Sprich leise, das Baby schläft.

2 ▷ Vas-y doucement avec le cochon d'Inde !
Geh vorsichtig mit dem Meerschweinchen um!

3 ▷ Après son opération, elle marchait tout doucement.
Nach ihrer Operation ging sie ganz langsam.

1 (= à voix basse) **leise**

2 (= délicatement) **vorsichtig**

3 (= lentement) **langsam**

douche

▷ Nous avons installé une douche au premier étage.
Wir haben im ersten Stock eine Dusche installiert.

▷ Je vais prendre une douche.
Ich gehe duschen.

die **Dusche** (pluriel : Duschen)

► **prendre une douche :** duschen

*On dit aussi **unter die Dusche gehen**.*

se doucher

▷ Je me douche tous les matins.
Ich dusche jeden Morgen *ou* Ich dusche mich jeden Morgen.

duschen, sich duschen

doué, douée

▷ Serge est un garçon très doué.
Serge ist ein sehr begabter Junge.

▷ Séréna est douée pour les langues.
Séréna ist für Sprachen begabt.

begabt

► **être doué pour... :** für... begabt sein

douillet, douillette

1 ▷ Ne sois pas si douillet, ce n'est qu'une petite piqûre de moustique !
Sei doch nicht so zimperlich, es ist nur ein kleiner Mückenstich!

2 ▷ Leur appartement est très douillet.
Ihre Wohnung ist sehr gemütlich.

1 (en parlant d'une personne) **zimperlich**

2 (en parlant d'une maison, d'un appartement) **gemütlich**

douleur

▷ Tout à coup, j'ai senti une douleur dans le bras.
Plötzlich habe ich einen Schmerz im Arm gefühlt.

der **Schmerz** (pluriel : Schmerzen)

douleureux, douloureuse

▷ Apparemment, c'est une opération assez douloureuse.
Es ist anscheinend eine ziemlich schmerzhafte Operation.

schmerzhaft

doute

1 ▷ J'ai des doutes sur lui, je ne sais pas si je peux lui faire confiance.
Ich habe Zweifel über ihn, ich weiß nicht, ob ich ihm vertrauen kann.
▷ Dans le doute, il vaut mieux téléphoner avant.
Im Zweifelsfalle telefonieren wir besser vorher.
▷ C'est vrai que Marine part en Australie ? – Sans aucun doute !
Fliegt Marine wirklich nach Australien?
– Zweifellos!

2 ▷ Patrice viendra sans doute avec sa nouvelle copine.
Patrice wird wahrscheinlich mit seine neuen Freundin kommen.

1 der **Zweifel** (pluriel : Zweifel)
► **dans le doute** : im Zweifelsfalle
► **sans aucun doute** (= certainement) : zweifellos

2 ► **sans doute** (= probablement) : wahrscheinlich

douter

1 ▷ Je doute que ça marche.
Ich bezweifle, dass es funktioniert.
▷ Je doute qu'ils viennent.
Ich bezweifle, dass sie kommen.

2 ▷ Mes parents se doutent de quelque chose.
Meine Eltern ahnen etwas.

3 ▷ Je me doutais que ce serait difficile.
Ich vermutete, dass es schwierig sein würde.

1 ► **douter que...** + subjonctif : bezweifeln, dass...

2 ► **se douter de** quelque chose (= soupçonner) : etwas **ahnen**

3 **se douter que** (= supposer) : **vermuten**

doux, douce

1 ▷ Ton pull est si doux !
Dein Pulli ist so weich!

1 (en parlant d'un tissu) **weich**

2 ▷ Ce que j'aime le plus chez les bébés, c'est leur peau douce.
Was ich bei Babys am meisten liebe, ist ihre zarte Haut.

2 (en parlant de la peau) **zart**

3 ▷ Notre professeur de musique est très douce, elle ne se fâche jamais.
Unsere Musiklehrerin ist sehr sanft, sie wird nie wütend.

3 (en parlant d'une personne) **sanft**

4 ▷ Il fait doux aujourd'hui.
Es ist mild heute.

4 ► **il fait doux :** es ist mild

5 ▷ On s'est retrouvé en douce.
Wir haben uns heimlich getroffen.

5 ► **en douce :** heimlich

ℹ *L'expression française est familière, mais sa traduction allemande ne l'est pas.*

douzaine

1 ▷ Une douzaine d'œufs, s'il vous plaît.
Ein Dutzend Eier, bitte.

1 ► **une douzaine de...** (= douze exactement) **:** ein Dutzend...

2 ▷ Une douzaine de parents sont venus à la réunion.
Ungefähr zwölf Eltern sind zur Versammlung gekommen.

2 ► **une douzaine de...** (= environ douze) **:** ungefähr zwölf

ℹ *On dit aussi **etwa zwölf**.*

douze

▷ Mon arrière-grand-mère avait douze frères.
Meine Urgroßmutter hatte zwölf Brüder.

▷ Aujourd'hui, c'est le douze avril.
Heute ist der zwölfte April.

▷ Le douze février commencent les vacances d'hiver.
Am zwölften Februar fangen die Winterferien an.

zwölf

ℹ *Quand on dit la date, on emploie **der zwölfte**.*

ℹ *Quand on dit que quelque chose a eu lieu ou aura lieu à cette date, on emploie **am zwölften**.*

ℹ *On écrit **12. Februar**.*

dragée

▷ Léna nous a apporté des dragées après le baptême de son petit frère.
Léna hat uns nach der Taufe ihres kleinen Bruders Drageebonbons gebracht.

12 das **Drageebonbon** (pluriel : -bonbons)

En Allemagne, on n'offre pas de dragées lors de baptêmes, mariages, etc.

drame

▷ Ma mère a fait tout un drame de cette histoire.
Meine Mutter hat so ein Drama aus dieser Geschichte gemacht.

das **Drama** (pluriel : **Dramen**)
► **faire un drame de** quelque chose : **ein Drama aus** etwas **machen**

drap

▷ Les draps à l'auberge de jeunesse étaient très propres.
Die Laken in der Jugendherberge waren sehr sauber.

das **Laken** (pluriel : **Laken**)

ℹ *On dit aussi* ***das Bettlaken.***

drapeau

▷ Nous avons fabriqué un drapeau pour l'équipe de basket.
Wir haben eine Fahne für die Basketballmannschaft angefertigt.

die **Fahne** (pluriel : **Fahnen**)

dresser

1 ▷ Nous avons essayé de dresser notre chien, mais il ne veut pas obéir !
Wir haben versucht, unsern Hund zu dressieren, aber er will nicht gehorchen!

2 ▷ Carlos a dressé la tête quand il a entendu la voix de Nicole.
Carlos hob den Kopf, als er Nicoles Stimme hörte.

3 ▷ Le chat dresse les oreilles dès qu'il entend un bruit.
Die Katze spitzt die Ohren, sobald sie ein Geräusch hört.

4 ▷ Si tu te dresses sur la pointe des pieds, tu verras mieux.
Wenn du dich auf die Zehenspitzen stellst, siehst du besser.

1 (= dresser un chien ou un animal de cirque) **dressieren**

ℹ *Les verbes se terminant en* ***-ieren*** *ne prennent pas* ***ge-*** *au participe passé.*

2 ► **dresser la tête : den Kopf heben** (**hob, gehoben**)

3 ► **dresser les oreilles : die Ohren spitzen**

4 ► **se dresser sur la pointe des pieds : sich auf die Zehenspitzen stellen**

drogue

▷ Le cannabis est une drogue.
Cannabis ist eine Droge.

die **Droge** (pluriel : **Drogen**)

ℹ *On dit aussi* ***das Rauschgift*** (pluriel : ***-gifte***).

▷ La police a arrêté un trafiquant de drogue.
Die Polizei hat einen Drogenhändler festgenommen.

► **trafiquant de drogue : der Drogenhändler**

ℹ *On dit aussi* ***der Rauschgifthändler.***

se droguer

▷ La sœur de mon copain se drogue.
Die Schwester meines Freundes nimmt Drogen.

Drogen nehmen (nimmt, nahm, genommen)

droit

1 ▷ Vous avez le droit de marcher sur la pelouse.
Ihr dürft auf den Rasen gehen.
▷ Tu n'as pas le droit de faire ça.
Du darfst das nicht tun.

2 ▷ David a droit à une bourse.
David hat Anspruch auf Studienbeihilfe.

3 ▷ Cette carte te donne droit à une entrée gratuite.
Diese Karte berechtigt dich zu einem Gratiseintritt.

4 ▷ Le droit est le même pour tous.
Das Recht ist dasselbe für alle.

5 ▷ La sœur de Bertrand fait des études de droit.
Bertrands Schwester studiert Jura.

1 ► **avoir le droit de faire** quelque chose (= avoir la permission) : etwas **tun dürfen** (darf, durfte, gedurft *ou* dürfen après un infinitif)

2 ► **avoir droit à** quelque chose : **Anspruch auf** etwas **haben**

3 ► **donner droit à** quelqu'un **à** quelque chose : jemanden **zu** etwas **berechtigen**

ℹ *Les verbes commençant par le préfixe* ***be-*** *ne prennent pas* ***ge-*** *au participe passé.*

4 ► **le droit** (= les lois) : **das Recht**

5 ► **le droit** (= les études de droit) : **Jura**

droit, droite

1 ▷ Ce trait n'est pas droit.
Diese Linie ist nicht gerade.
▷ Tiens-toi droit quand tu écris.
Halte dich beim Schreiben gerade.
▷ La gare ? Vous tournez à gauche et après c'est tout droit.
Der Bahnhof? Da fahren Sie links und dann ganz geradeaus.

2 ▷ J'ai mal à mon pied droit.
Mein rechter Fuß tut mir weh.

1 (= non dévié, non penché) **gerade**

► **se tenir droit** : **sich gerade halten** (hält, hielt, gehalten)

► **tout droit** (pour indiquer le chemin) : **geradeaus**

2 (par opposition à gauche) **rechte**

droite

1 ▷ L'arabe se lit de droite à gauche.
Arabisch liest man von rechts nach links.
▷ Mets-toi à ma droite.
Stell dich an meine rechte Seite.
▷ Muriel ne sait pas reconnaître sa droite de sa gauche.
Muriel kann rechts und links nicht unterscheiden.
▷ L'école est à droite après la station-service.
Die Schule ist rechts nach der Tankstelle.

1 **rechts**

(= le côté droit) **die rechte Seite**

► **ne pas reconnaître sa droite de sa gauche** : **rechts und links nicht unterscheiden können**

► **à droite** (= situé à droite) : **rechts**

▷ Tournez à droite aux feux.
Biegen Sie an der Ampel rechts ab.
▷ À droite du cinéma, il y un restaurant chinois.
Rechts vom Kino ist ein chinesiches Restaurant.
▷ Les couverts sont dans le tiroir de droite.
Das Besteck ist in der rechten Schublade.

► **tourner à droite :** rechts abbiegen
► **à droite de :** rechts von + datif
► **de droite** (= situé à droite) : rechte

2 ▷ Beaucoup de gens ont voté pour la droite .
Viele Leute haben für die Rechte gestimmt.
▷ Ils sont de droite.
Sie liegen rechts.

2 ► **la droite** (en parlant de politique) : die Rechte
► **être de droite** (politiquement) : rechts liegen (lag, gelegen)

droitier, droitière

▷ Tu es droitier ou gaucher ?
Bist du Rechtshänder oder Linkshänder?

der **Rechtshänder** (pluriel : Rechtshänder), die **Rechtshänderin** (pluriel : Rechtshänderinnen)

drôle

1 ▷ C'est un film très drôle.
Das ist ein ganz lustiger Film.

1 (= comique) **lustig**
ℹ *On dit aussi witzig.*

2 ▷ C'est drôle, je pensais que j'avais fermé la porte.
Komisch, ich dachte, ich hätte die Tür zugemacht.
▷ Il a un drôle de chien.
Er hat so einen komischen Hund.

2 (= bizarre) **komisch**
ℹ *On dit aussi seltsam.*
► **un(e) drôle de** + nom **:** ein/eine komischer/komische + nom

drôlement

▷ Yang était drôlement content de nous voir.
Yang war ganz schön froh uns zu sehen.

(= très) **ganz schön**

du

Regardez le mot de.

dune

▷ La plage est juste derrière les dunes.
Der Strand ist gleich hinter den Dünen.

die **Düne** (pluriel : Dünen)

dur, dure

1 ▷ Cette table est faite dans un bois très dur.
Dieser Tisch ist aus ganz hartem Holz.

1 (en parlant d'un matériau ou d'un lit) **hart** (plus dur härter, le plus dur der härteste)

2 ▷ Le repas était bon, mais la viande était un peu dure.
Das Essen war gut, aber das Fleisch war ein bisschen zäh.

2 (en parlant de viande) **zäh**

3 ▷ Le devoir de maths était vraiment dur.
Die Matheaufgabe war wirklich schwer.

3 (= difficile) **schwer**

ℹ *On dit aussi* ***schwierig***.

4 ▷ Les parents de Fabien sont très dur avec lui.
Fabiens Eltern sind sehr streng mit ihm.

4 ► **dur avec** quelqu'un (= sévère) : **streng mit** jemandem (datif)

durée

▷ La durée de vie augmente.
Die Lebensdauer erhöht sich.

▷ Quelle est la durée du film ?
Wie lange dauert der Film?

die **Dauer**

ℹ *Le substantif est employé surtout dans des mots composés.*

ℹ *Quand on demande la* **durée** *de quelque chose, on emploie la forme verbale* ***Wie lange dauert...?***

durer

1 ▷ Ce beau temps ne va pas durer.
Dieses schöne Wetter wird nicht andauern.

1 (= continuer) **andauern**

ℹ *On dit aussi* ***anhalten***.

2 ▷ Le voyage en avion dure deux heures.
Der Flug dauert zwei Stunden.

2 (= prendre) **dauern**

duvet

▷ Il n'y a pas de couvertures à l'auberge de jeunesse, alors on doit apporter notre propre duvet.
In der Jugendherberge gibt es keine Decken, also müssen wir unsere eigenen Schlafsäcke mitbringen.

(= sac de couchage) der **Schlafsack** (pluriel : -säcke)

DVD

▷ Lulu a eu un DVD pour son anniversaire.
Lulu hat eine DVD zum Geburtstag bekommen.

▷ J'ai plus de trente DVD.
Ich habe mehr als dreißig DVDs.

die **DVD** /de:fau'de:/ (pluriel : DVDs)

🔊 *Notez la prononciation.*

ℹ *En allemand, on forme le pluriel de* ***DVD*** *en ajoutant un* ***s*** *minuscule à la fin.*

dynamique

▷ Notre prof de maths est très dynamique.
Unser Mathelehrer ist sehr dynamisch.

dynamisch

dyslexique

▷ Ali est dyslexique, il a du mal à lire.
Ali ist legasthenisch, er hat Schwierigkeiten beim Lesen.

legasthenisch

E

FRANÇAIS — ALLEMAND

eau

das Wasser

▷ L'eau est bonne, on peut se baigner.
Das Wasser ist schön warm, wir können baden.

▷ Je ne bois que de l'eau minérale.
Ich trinke nur stilles Wasser.

▷ Une bouteille d'eau gazeuse, s'il vous plaît.
Eine Flasche Mineralwasser, bitte.

► **eau minérale :** stilles Wasser

► **eau gazeuse :** das Mineralwasser

L'eau plate minérale n'existe pas en Allemagne, elle est importée, notamment de France. Si vous demandez ***eine Flasche Mineralwasser*** *dans un café ou un restaurant, on vous servira toujours de l'****eau*** *gazeuse. Pour avoir de l'****eau plate****, on demande* ***eine Flasche stilles Wasser****.*

▷ Tu peux boire l'eau du robinet.
Du kannst Leitungswasser trinken.

► **eau du robinet :** das Leitungswasser

éblouir

blenden

▷ Les phares de la voiture nous ont éblouis.
Die Scheinwerfer des Autos haben uns geblendet.

éboueur

der Müllarbeiter
(pluriel : -arbeiter)

▷ Est-ce que les éboueurs sont passés ?
Waren die Müllarbeiter schon da?

s'ébouiller

sich verbrühen

▷ J'ai failli m'ébouillanter avec la soupe.
Ich habe mich fast mit der Suppe verbrüht.

Les verbes commençant par le préfixe ***ver-*** *ne prennent pas* ***ge-*** *au participe passé.*

ébouriffé, ébouriffée

▻ Alexis avait les cheveux tout ébouriffés.
Alexis hatte ganz zerzauste Haare.
▻ Tu es tout ébouriffée !
Du bist ganz zerzaust!

(en parlant des cheveux) **zerzaust**

écaille

▻ Le poissonnier a gratté les écailles du poisson avec un couteau.
Der Fischhändler hat die Schuppen des Fisches mit einem Messer abgekratzt.

(d'un poisson) **die Schuppe** (pluriel : Schuppen)

écart

1 ▻ Il y a un gros écart entre la meilleure note et la plus mauvaise.
Es gibt einen großen Unterschied zwischen der besten und der schlechtesten Note.

2 ▻ Le camion a fait un écart pour éviter la moto.
Der Lastwagen hat einen Schlenker gemacht, um dem Motorrad auszuweichen.

3 ▻ Juliette sait faire le grand écart.
Juliette kann Spagat machen.

1 (= différence) **der Unterschied** (pluriel : Unterschiede)

2 ► **faire un écart** (en parlant d'un véhicule) : **einen Schlenker machen**

3 ► **faire le grand écart** : **Spagat machen**

ℹ *Spagat est masculin ou neutre, mais l'article ne s'emploie pas dans cette expression.*

écarter

1 ▻ Écartez les bras et redressez le dos.
Breitet die Arme aus und haltet den Rücken gerade.

2 ▻ Écartez les jambes et baissez-vous.
Spreizt die Beine und bückt euch.

3 ▻ Écarte ta chaise du feu, c'est dangereux.
Rück deinen Stuhl vom Feuer weg, es ist gefährlich.
▻ Il a écarté son enfant du bord du trottoir.
Er hat sein Kind vom Gehsteigrand weggezogen.

4 ▻ Les gens se sont écartés pour nous laisser passer.
Die Leute sind zur Seite gegangen, um uns durchzulassen.

1 (en parlant des bras, des jambes) **ausbreiten**

ℹ *aus•breiten est un verbe à particule séparable.*

2 (en parlant des jambes, des doigts) **spreizen**

3 En allemand, pour dire qu'on **écarte** quelque chose ou quelqu'un **de** quelque chose, on emploie **von... weg-** + le verbe qui convient : **rücken** ou **schieben** (pousser), **ziehen** (tirer).

4 ► **s'écarter** (= s'éloigner) : **zur Seite gehen** (ging, gegangen)

▷ Écarte-toi de lui, il va te frapper !
Geh weg von ihm, er wird dich schlagen!

► s'écarter de... : von... weggehen

ℹ *weg•gehen est un verbe à particule séparable et se conjugue comme gehen (ging, gegangen).*

échafaudage

▷ La façade de la mairie est couverte d'échafaudages.
Die Fassade des Rathauses ist durch ein Gerüst verdeckt.

das Gerüst (pluriel : Gerüste)

ℹ *Ce mot s'emploie surtout au singulier.*

échange

1 ▷ Il y a eu un échange entre notre école et une école allemande.
Es gab einen Austausch zwischen unserer und einer deutschen Schule.

2 ▷ Tu me donnes ton stylo et, en échange, je te donne ma casquette.
Du gibst mir deinen Kugelschreiber und dafür gebe ich dir meine Kappe.

1 der Austausch (pluriel : Austausche)

2 ► en échange : dafür

échanger

1 ▷ Vous pouvez échanger l'article, mais vous devez garder le ticket de caisse.
Sie können den Artikel umtauschen, aber Sie müssen den Kassenzettel behalten.

1 (en parlant d'un achat qu'on souhaite échanger) umtauschen

2 ▷ Martin a échangé des timbres contre un billet de cinéma.
Martin hat Briefmarken gegen eine Kinokarte eingetauscht.

2 ► échanger quelque chose contre quelque chose : etwas gegen etwas eintauschen

ℹ *um•tauschen et ein•tauschen sont des verbes à particule séparable.*

échantillon

▷ La vendeuse m'a donné trois échantillons gratuits.
Die Verkäuferin hat mir drei Warenproben gratis gegeben.

die Warenprobe (pluriel : Warenproben)

ℹ *On dit aussi plus simplement die Probe.*

s'échapper

1 ▻ Trois hommes se sont échappés de la prison avant-hier.
Drei Männer sind vorgestern aus dem Gefängnis entkommen.

1 (en parlant d'un prisonnier) **entkommen** (entkam, entkommen)

ℹ *Les verbes commençant par le préfixe **ent-** ne prennent pas **ge-** au participe passé.*

2 ▻ J'ai entendu à la radio qu'une panthère s'est échappée du zoo.
Ich habe im Radio gehört, dass ein Panther aus dem Zoo ausgebrochen ist.

2 (en parlant d'un animal) **ausbrechen**

ℹ ***aus•brechen** est un verbe à particule séparable et se conjugue comme **brechen** (bricht, brach, gebrochen).*

écharpe

1 ▻ N'oublie pas ton écharpe, il fait froid dehors.
Vergiss deinen Schal nicht, es ist kalt draußen.

1 (= cache-nez) der **Schal** (pluriel : Schale *ou* Schals)

2 ▻ Leïla a le bras en écharpe, il doit être cassé.
Leïla trägt den Arm in der Schlinge, er ist wohl gebrochen.

2 ► **avoir le bras en écharpe :** den Arm in der Schlinge tragen (trägt, trug, getragen)

échec

▻ Il n'a pas été accepté ; c'est un grave échec pour lui.
Er ist nicht angenommen worden; das ist ein schwerer Misserfolg für ihn.

(= manque de succès) der **Misserfolg** (pluriel : -erfolge)

échecs

▻ Michael joue souvent aux échecs avec son père.
Michael spielt oft mit seinem Vater Schach.

(= jeu) **Schach**
► **jouer aux échecs :** Schach spielen

ℹ ***Schach** est un singulier. L'article neutre n'est pas employé.*

▻ J'ai eu un jeu d'échecs pour mon anniversaire.
Ich habe ein Schachspiel zum Geburtstag bekommen.

► **jeu d'échecs :** das Schachspiel (pluriel : -spiele)

échelle

1 ▻ Bérénice est tombée de l'échelle.
Bérénice ist von der Leiter gefallen.

1 (pour monter) die **Leiter** (pluriel : Leitern)

2 ▻ Quelle est l'échelle de cette carte ?
Welchen Maßstab hat diese Karte?

2 (= échelle d'une carte, d'un plan) der **Maßstab** (pluriel : Maßstäbe)

échiquier

▻ Amélie a un très bel échiquier en bois.
Amélie hat ein sehr schönes Schachbrett aus Holz.

das **Schachbrett** (pluriel : Schachbretter)

écho

▷ Tu as entendu l'écho ?
Hast du das Echo gehört?

das **Echo** (pluriel : Echos)

échouer

1 ▷ Ils ont fait un gros effort, mais ils ont échoué.
Sie haben sich große Mühe gegeben, aber sie sind gescheitert.

2 ▷ Ludovic a échoué à son permis de conduire.
Ludovic ist bei der Führerscheinprüfung durchgefallen.
▷ J'échoue à chaque fois à cause des maths.
Ich falle jedes Mal wegen der Mathe durch.

3 ▷ Une baleine s'était échouée entre les rochers.
Ein Wal war zwischen den Felsen gestrandet.

1 (= ne pas réussir) **scheitern**
ℹ *scheitern s'emploie avec l'auxiliaire sein.*

2 ► **échouer à** quelque chose (en parlant d'un examen) : **bei** etwas **durchfallen**
ℹ *durch•fallen est un verbe à particule séparable et se conjugue comme fallen (fällt, fiel, gefallen).*

3 ► **s'échouer** (en parlant d'un bateau ou d'une baleine) : **stranden**
ℹ *Le verbe réfléchi français se traduit par un verbe intransitif en allemand qui s'emploie avec l'auxiliaire sein.*

éclabousser

▷ Arrête de m'éclabousser !
Hör auf, mich zu bespritzen!

bespritzen
ℹ *Les verbes commençant par le préfixe be- ne prennent pas ge- au participe passé.*

éclair

1 ▷ Tu as vu cet éclair ?
Hast du diesen Blitz gesehen?

2 ▷ J'aimerais bien un éclair au café.
Ich hätte gern einen Mokkaeclair.

1 (= foudre) der **Blitz** (pluriel : Blitze)

2 (= gâteau) der **Eclair** (pluriel : Eclairs)
🔊 *Se prononce comme en français.*

éclairage

▷ L'éclairage n'est pas très bon dans cette salle.
Die Beleuchtung ist nicht sehr gut in diesem Saal.

(= lumière artificielle) die **Beleuchtung**

éclaircie

▷ La météo a annoncé des éclaircies pour cet après-midi.
Der Wetterdienst hat für heute Nachmittag Aufheiterungen vorhergesagt.

die **Aufheiterung** (pluriel : Aufheiterungen)

éclaircir

1 ▷ Tu pourrais peindre ta chambre en jaune pour l'éclaircir.
Tu könntest dein Zimmer gelb anstreichen, um es aufzuhellen.

1 ► **éclaircir** quelque chose (en parlant d'une pièce) : etwas aufhellen

ℹ *auf•hellen est un verbe à particule séparable.*

2 ▷ Nous ferions mieux d'éclaircir tout de suite ce malentendu.
Wir sollten dieses Missverständnis besser sofort klären.

2 (en parlant d'un problème, d'un malentendu) klären

3 ▷ Enfin, le temps s'éclaircit !
Na endlich, das Wetter klart auf!

3 ► **s'éclaircir** (en parlant du temps) : aufklaren

ℹ *auf•klaren est un verbe à particule séparable.*

éclairer

▷ Plusieurs lampes éclairent la pièce.
Mehrere Lampen beleuchten den Raum.

(en parlant d'une lampe) beleuchten

ℹ *Les verbes commençant par le préfixe be- ne prennent pas ge- au participe passé.*

éclat

1 ▷ Lionel s'est coupé avec un éclat de verre.
Lionel hat sich mit einem Glassplitter geschnitten.

1 (= petit morceau) der Splitter (pluriel : Splitter)

2 ▷ Nous avons entendu des éclats de rire dehors.
Wir haben draußen schallendes Gelächter gehört.

2 ► **éclats de rire** : schallendes Gelächter

ℹ *Das Gelächter signifie* le rire *et s'emploie au singulier. Schallend signifie* retentissant.

3 ▷ La blague de Marie nous a fait rire aux éclats.
Wir haben schallend über Maries Witz gelacht.

3 ► **rire aux éclats** : schallend lachen

éclatant

▷ Elle porte toujours des couleurs éclatantes.
Sie trägt immer leuchtende Farben.

leuchtend

éclater

1 ▷ Tout le monde a sursauté quand le ballon a éclaté.
Alle sind zusammengezuckt, als der Luftballon geplatzt ist.

1 (en parlant d'un ballon, d'un pneu) platzen

2 ▻ Le verre va éclater si tu verses de l'eau brûlante dedans.
Das Glas wird zerspringen, wenn du kochendes Wasser reingießt.

2 (en parlant d'un verre, d'un vase) **zerspringen** (zersprang, zersprungen)

*Les verbes commençant par le préfixe **zer-** ne prennent pas **ge-** au participe passé.*

3 ▻ Sonia a éclaté de rire quand Cédric lui a demandé si elle voulait sortir avec lui.
Sonia brach in lautes Gelächter aus, als Cédric sie gefragt hat, ob sie mit ihm gehen wolle.

3 ► **éclater de rire : in lautes Gelächter ausbrechen**

__aus•brechen__ est un verbe à particule séparable et se conjugue comme __brechen__ (bricht, brach, gebrochen).

▻ Devant la directrice, elle a éclaté en sanglots.
Vor der Schulleiterin ist sie in Tränen ausgebrochen.

► **éclater en sanglots : in Tränen ausbrechen**

4 ▻ On s'est éclatés à la soirée de Hassan.
Wir haben uns auf Hassans Party prima amüsiert.

4 ► **s'éclater** (= s'amuser) **: sich prima amüsieren**

éclipse

▻ Est-ce que vous avez vu l'éclipse de soleil ?
Habt ihr die Sonnenfinsternis gesehen?

die **Sonnenfinsternis** (pluriel : -finsternisse)

Éclipse de lune *se dit* ***Mondfinsternis***.

écœurant, écœurante

1 ▻ Ce gâteau est écœurant.
Dieser Kuchen ist widerlich.

1 Pour dire qu'un aliment est écœurant en allemand, on emploie **widerlich** avec l'adjectif qui convient : **widerlich süß** (trop sucré), **widerlich fett** (trop gras).

2 ▻ Suzanne traite Matthieu de façon écœurante.
Suzanne ist widerwärtig zu Matthieu.

2 (= injuste, révoltant) **widerwärtig**

*On dit aussi **widerlich**.*

écœurer

▻ Ça m'écœure.
Es widert mich an.

► **écœurer** quelqu'un **: jemanden** (accusatif) **anwidern**

__an•widern__ est un verbe à particule séparable.

école

▻ L'école est tout près de l'église.
Die Schule liegt ganz in der Nähe der Kirche.

die **Schule** (pluriel : Schulen)

▷ L'école maternelle et l'école primaire sont dans le même bâtiment.
Der Kindergarten und die Grundschule sind im selben Gebäude.

► **école maternelle :** der Kindergarten (pluriel : -ärten)
► **école primaire :** die Grundschule

L'école maternelle, telle qu'on la connaît en France, n'existe pas en Allemagne, qui a des **jardins d'enfants** (***Kindergarten***).

▷ Quel jour est-ce que l'école finit ?
Wann ist die Schule aus?

► **l'école** (= les cours) **:** die Schule

▷ Marika va déjà à l'école.
Marika geht schon in die Schule.

► **aller à l'école :** in die Schule gehen

On dit aussi ***zur Schule gehen*** *(ging, gegangen).*

▷ Hélène entre à l'école en septembre.
Hélène kommt im September in die Schule.

Pour dire que quelqu'un **entre à l'école** *pour la première fois, on traduit par* ***in die Schule kommen*** *(kam, gekommen).*

écologique

1 ▷ Beaucoup de gens pensent que les problèmes écologiques sont très importants.
Viele Leute denken, dass Umweltprobleme sehr wichtig sind.

1 Pour dire en allemand que quelque chose est lié à l'environnement, on utilise des mots composés avec **Umwelt** : die **Umweltkatastrophe** (catastrophe écologique) ; die **Umweltpolitik** (politique écologique).

2 ▷ Ma mère utilise des produits de nettoyage écologiques.
Meine Mutter benutzt umweltfreundliche Putzmittel.

2 (= qui respecte l'environnement) **umweltfreundlich**

écologiste

1 ▷ Les écologistes sont contre la construction de l'autoroute.
Die Umweltschützer sind gegen den Bau der Autobahn.

1 (= défenseur de l'environnement) der **Umweltschützer** (pluriel : -schützer), die **Umweltschützerin** (pluriel : -schützerinnen)

2 ▷ Les écologistes ont eu beaucoup de voix aux élections.
Die Grünen haben bei der Wahl viele Stimmen gewonnen.

2 (= le mouvement politique) die **Grünen**

Le parti écologiste allemand s'appelle ***Bündnis 90/Die Grünen.***

économie

1 ▷ L'économie française va mieux.
Der französischen Wirtschaft geht es besser.

1 (en parlant d'un pays) die **Wirtschaft**

2 ▷ Fabien fait des études d'économie.
Fabien studiert Wirtschaftswissenschaften.

2 (= matière, science) die **Wirtschaftswissenschaften**

ℹ *Ce mot est un pluriel.*

3 ▷ Lucille a mis ses économies à la banque.
Lucille hat ihre Ersparnisse auf die Bank gebracht.

3 ► **économies** (= argent mis de côté) : die **Ersparnisse**

ℹ *Ce mot est un pluriel.*

4 ▷ Mes parents font des économies pour payer les vacances.
Meine Eltern sparen, um die Ferien zu bezahlen.

4 ► **faire des économies :** sparen

économique

1 ▷ Le Japon a de gros problèmes économiques.
Japan hat große Wirtschaftsprobleme.

1 Pour dire en allemand que quelque chose est lié à l'économie, on utilise des mots composés avec **Wirtschaft** : die **Wirtschaftspolitik** (politique économique) ; die **Wirtschaftszeitung** (journal économique).

2 ▷ C'est plus économique d'acheter un grand paquet.
Es ist sparsamer, ein großes Paket zu kaufen.

2 (= meilleur marché) **sparsam**

économiser

▷ Il faut économiser l'eau.
Wir müssen Wasser sparen.
▷ J'économise pour m'acheter un lecteur de CD.
Ich spare, um mir einen CD-Player zu kaufen.

sparen

économiseur d'écran

▷ Il est super ton économiseur d'écran !
Dein Bildschirmschoner ist ja toll!

der **Bildschirmschoner** (pluriel : -schoner)

écorce

1 ▷ Daphné a écrit son nom avec un couteau sur l'écorce de l'arbre.
Daphné hat ihren Namen mit einem Messer in die Baumrinde geschnitzt.

1 (d'un arbre) die **Rinde** (pluriel : Rinden)

2 ▷ Tu peux mettre un peu d'écorce d'orange dans la pâte.
Du kannst etwas Orangenschale in den Teig geben.

2 (d'un citron, d'une orange) die **Schale** (pluriel : Schalen)

écorcher

▻ Je suis tombé de vélo et je me suis écorché le genou.
Ich bin vom Fahrrad gefallen und habe mir das Knie aufgeschürft.

► **s'écorcher** quelque chose (le genou, le bras) : sich etwas (accusatif) aufschürfen

auf•schürfen est un verbe à particule séparable.

*Le pronom personnel allemand s'utilise au datif : ich schürfe **mir**... auf, du schürfst **dir**... auf, er/sie schürft **sich**... auf, wir schürfen **uns**... auf, ihr schürft **euch**... auf, sie schürfen **sich**... auf.*

écossais, écossaise

1 ▻ Les îles écossaises sont très sauvages.
Die schottischen Inseln sind sehr unberührt.

1 (adjectif) schottisch

2 ▻ Beaucoup d'Écossais sont venus à Paris pour le match de rugby.
Viele Schotten kamen für das Rugbyspiel nach Paris.

2 (= personne) der Schotte (pluriel : Schotten), die Schottin (pluriel : Schottinnen)

3 ▻ Emmy portait une jupe écossaise.
Emmy trug einen Schottenrock.

3 (= tissu à carreaux) der Schotten

Écosse

▻ L'Écosse fait partie de la Grande-Bretagne.
Schottland gehört zu Großbritannien.

Schottland
► **l'Écosse** : Schottland

*Ne prend l'article neutre que précédé d'un adjectif : **das geheimnisvolle Schottland** (l'Écosse mystérieuse).*

▻ Il ne fait pas toujours froid en Écosse.
Es ist nicht immer kalt in Schottland.
▻ Sabine doit aller en Écosse pour son travail.
Sabine muss geschäftlich nach Schottland reisen.
▻ Es-tu déjà allé en Écosse ?
Warst du schon in Schottland?

► **en Écosse** (= dans la région) : in Schottland
► **en Écosse** (= vers la région) : nach Schottland

*Attention : pour dire que quelqu'un **est déjà allé quelque part**, on emploie une expression avec le prétérit du verbe **sein** + **schon**.*

écouter

1 ▻ J'écoute cette émission de radio tous les dimanches.
Ich höre mir diese Radiosendung jeden Sonntag an.

1 ► **écouter** quelque chose : sich etwas anhören

an•hören est un verbe à particule séparable.

▷ Tu peux écouter les CD dans le magasin.
Du kannst dir die CDs im Geschäft anhören.

*Le pronom personnel allemand s'emploie au datif : ich höre **mir** etwas an, du hörst **dir** etwas an, er/sie hört **sich** etwas an, wir hören **uns** etwas an, ihr hört **euch** etwas an, sie hören sich **etwas** an.*

2 ▷ Le prof parlait, mais Sam n'écoutait pas.
Der Lehrer sprach, aber Sam hörte nicht zu.

2 (= être attentif) **zuhören**
__zu•hören__ est un verbe à particule séparable.

3 ▷ Maman a dit à Paul de venir, mais il n'a pas écouté.
Mama hat Paul gebeten zu kommen, aber er hat nicht auf sie gehört.

3 ► **écouter** quelqu'un (= obéir) : **auf** jemanden (accusatif) **hören**

4 ▷ Écoute, ça suffit maintenant !
Hör mal, jetzt reicht's aber!

4 ► **écoute/écoutez** (pour attirer l'attention) : **hör mal/hört mal**

écouteurs

▷ Mes écouteurs ne marchent plus.
Mein Kopfhörer funktioniert nicht mehr.

der **Kopfhörer**
Ce mot s'emploie au singulier.

écran

1 ▷ L'écran de cette télé est immense !
Dieser Fernseher hat ja einen riesigen Bildschirm!

1 (d'un téléviseur, d'un ordinateur) der **Bildschirm** (pluriel : Bildschirme)

2 ▷ Au cinéma, j'étais assise trop près de l'écran.
Im Kino saß ich zu nah an der Leinwand.
▷ On ira voir le film sur grand écran.
Wir sehen uns den Film auf Breitwand an.

2 (d'un cinéma) die **Leinwand** (pluriel : Leinwände)
► **grand écran** (au cinéma) : die Breitwand

3 ▷ N'oublie pas d'emporter l'écran total pour la plage.
Vergiss nicht, den Sunblocker an den Strand mitzunehmen.

3 ► **écran total** (= crème) : der Sunblocker /'sanblɔkɐ/
__Sunblock__ vient de l'anglais.

écraser

1 ▷ Il faut écraser les canettes avant de les recycler.
Dosen muss man platt drücken, bevor man sie recycelt.

1 (= aplatir) **platt drücken**

2 ▷ Tu écrases les pommes de terre et tu les mélanges avec du beurre.
Zerdrück die Kartoffeln und vermisch sie mit etwas Butter.

2 (= réduire en purée) **zerdrücken**
*Les verbes commençant par le préfixe **zer-** ne prennent pas **ge-** au participe passé.*

3 ▷ Mets l'araignée dehors au lieu de l'écraser.
Tu die Spinne raus anstatt sie zu zerquetschen.

3 (en parlant d'un insecte ou d'une araignée) **zerquetschen**
*Les verbes commençant par le préfixe **zer–** ne prennent pas **ge-** au participe passé.*

4 ▷ Il m'a écrasé le pied en dansant.
Er ist mir beim Tanzen auf den Fuß getrampelt.

5 ▷ Un camion a écrasé notre chien.
Ein Lastwagen hat unseren Hund überfahren.

▷ Elle s'est fait écraser par une voiture.
Sie wurde von einem Auto überfahren.

4 (en parlant du pied de quelqu'un) **auf... trampeln**

5 (avec un véhicule) **überfahren**

► **se faire écraser** (par un véhicule) **: überfahren werden** (wird, wurde, geworden)

écrémé, écrémée

▷ Laura boit du lait écrémé.
Laura trinkt entrahmte Milch.

entrahmt

i Demi-écrémé *se dit* ***fettarm***.

écrire

▷ Nous devons écrire notre nom en haut de la page.
Wir müssen unseren Namen oben auf die Seite schreiben.

▷ J'espère que tu m'écriras.
Ich hoffe, du wirst mir schreiben.

▷ Marc et Valérie s'écrivent tous les jours.
Marc und Valérie schreiben sich jeden Tag.

▷ Est-ce que tu sais écrire « Eichhörnchen » ?
Weißt du, wie man „Eichhörnchen" schreibt?

schreiben (schrieb, geschrieben)

► **écrire à** quelqu'un **:** **jemandem** (datif) **schreiben**

► **s'écrire** (en parlant de deux personnes) **: sich schreiben**

► **écrire** quelque chose (= orthographier) **: schreiben**

écrit, écrite

▷ L'épreuve écrite était plus facile que l'épreuve orale.
Die schriftliche Prüfung war leichter als die mündliche.

schriftlich

écriteau

▷ L'écriteau dit « Interdit aux chiens ».
Auf dem Schild steht „Für Hunde verboten".

das **Schild** (pluriel : Schilder)

Attention à ne pas confondre avec ***der Schild*** (= bouclier) *dont le pluriel est* ***Schilde***.

écriture

▷ Son écriture est illisible.
Seine Schrift ist unleserlich.

die **Schrift** (pluriel : Schriften)

écrivain

▷ L'oncle de Jérémie est écrivain.
Jérémies Onkel ist Schriftsteller.

der **Schriftsteller** (pluriel : -steller), die **Schriftstellerin** (pluriel : -stellerinnen)

s'écrouler

▷ Une partie de l'immeuble s'est écroulée.
Ein Teil des Gebäudes ist eingestürzt.

einstürzen

ℹ *ein•stürzen est un verbe à particule séparable.*

écureuil

▷ Nous avons donné des noisettes aux écureuils dans le parc.
Wir haben den Eichhörnchen im Park Haselnüsse gegeben.

das **Eichhörnchen** (pluriel : Eichhörnchen)

écurie

▷ Je suis entré dans l'écurie et j'ai caressé le cheval.
Ich bin in den Stall gegangen und habe das Pferd gestreichelt.

der **Stall** (pluriel : Ställe)

ℹ *Quand il est nécessaire de préciser, par exemple dans une même phrase avec* **étable**, *on dit* ***der Pferdestall.***

eczéma

▷ L'eczéma peut être provoqué par une allergie.
Ekzem kann von einer Allergie kommen.
▷ Étienne a de l'eczéma.
Étienne hat ein Ekzem.

Ekzem

ℹ *L'article neutre n'est pas employé.*

► **avoir de l'eczéma :** ein Ekzem haben

ℹ *En allemand, on emploie l'article indéfini.*

édredon

▷ J'ai trop chaud sous cet édredon.
Mir ist unter dieser Daunendecke zu warm.

die **Daunendecke** (pluriel : -decken)

ℹ *On dit aussi* ***das Federbett*** (pluriel : *-betten*)

éducation

▷ L'éducation est quelque chose de très important.
Erziehung ist etwas sehr wichtiges.
▷ Nous n'avons pas de cours d'éducation sexuelle.
Wir haben keine Sexualerziehung in der Schule.

die **Erziehung**

► **éducation sexuelle :** die Sexualerziehung

effacer

1 ▷ Efface cette faute et réécris le mot.
Radier den Fehler aus und schreib das Wort neu.

1 (avec une gomme) **ausradieren**

ℹ *Les verbes se terminant en* ***-ieren*** *ne prennent pas* ***ge-*** *au participe passé.*

2 ▷ Le prof m'a demandé d'effacer le tableau.
Der Lehrer hat mich gebeten, die Tafel abzuwischen.

2 (en parlant d'un tableau) **abwischen**

ℹ *ab•wischen est un verbe à particule séparable.*

3 ▷ Zut, j'ai effacé le mauvais fichier !
Verflixt, ich habe die falsche Datei gelöscht!

3 (en parlant d'un document informatique) **löschen**

effectivement

▷ Tu as fait une faute là. – Effectivement, tu as raison.
Du hast da einen Fehler gemacht. – Tatsächlich, du hast Recht.

(= en effet) **tatsächlich**

ℹ *On dit aussi in der Tat.*

effet

1 ▷ Notre plaisanterie n'a pas eu l'effet que nous avions prévu.
Unser Scherz hatte nicht die vorhergesehene Wirkung.

▷ L'aspirine ne m'a fait aucun effet.
Das Aspirin hat bei mir nicht gewirkt.

1 (= résultat) die **Wirkung**

► **faire de l'effet à** quelqu'un **:** bei jemandem (datif) wirken

2 ▷ Les effets spéciaux sont super dans ce film.
Die Spezialeffekte in dem Film sind toll.

2 ► **effets spéciaux :** die Spezialeffekte

3 ▷ Tu as fait une faute là. – En effet, tu as raison.
Du hast da einen Fehler gemacht. – Tatsächlich, du hast Recht.

3 ► **en effet** (= oui) **:** tatsächlich

efficace

1 ▷ Bravo, tu as été très efficace !
Bravo, du warst sehr tüchtig!

1 (en parlant d'un personne) **tüchtig**

2 ▷ Ces cachets ne sont pas très efficaces.
Diese Tabletten sind nicht sehr wirksam.

2 (en parlant d'un médicament, d'une mesure) **wirksam**

s'effondrer

▷ Tout l'immeuble s'est effondré.
Das ganze Gebäude ist eingestürzt.

einstürzen

ℹ *ein•stürzen est un verbe à particule séparable.*

s'efforcer

▷ Mathilde s'efforce de travailler plus, mais elle n'arrive pas à se concentrer.
Mathilde bemüht sich, mehr zu arbeiten, aber es gelingt ihr nicht sich zu konzentrieren.

► **s'efforcer de faire** quelque chose **:** sich bemühen, etwas zu tun

ℹ *Les verbes commençant par le préfixe be- ne prennent pas ge- au participe passé.*

effort

1 ▷ Cette marche lui a demandé un trop gros effort.
Dieser Marsch hat sie viel Anstrengung gekostet.
▷ Allez, fais un effort !
Los, streng dich an!
▷ J'ai dû faire un sacré effort pour soulever cette caisse.
Ich musste mich ganz schön anstrengen, um diese Kiste hochzuheben.

1 die Anstrengung

► **faire un effort : sich anstrengen**

ℹ *Le pronom personnel allemand s'emploie à l'accusatif : ich strenge **mich** an, du strengst **dich** an, er/sie strengt **sich** an, wir strengen **uns** an, ihr strengt **euch** an, sie strengen **sich** an.*

2 ▷ Idriss fait des efforts pour être sage.
Idriss bemüht sich, artig zu sein.

2 ► **faire un effort** *ou* **faire des efforts pour** + infinitif (= s'appliquer) : sich bemühen, zu + infinitif

effrayé, effrayée

▷ Ils avaient l'air vraiment effrayés.
Sie sahen wirklich erschrocken aus.

erschrocken

égal, égale

1 ▷ Les deux dimensions sont égales.
Beide Abmessungen sind gleichwertig.

1 Quand **égal** est employé seul, on traduit par **gleichwertig**.

2 ▷ Les deux chemins sont de longueur égale.
Beide Wege sind gleich lang.

2 Quand **égal** qualifie un nom, on traduit par **gleich** + adjectif : gleich stark (de force égale), gleich alt (d'âge égal), gleich teuer (de prix égal).

3 ▷ « = » est le signe égal.
„=" ist das Gleichheitszeichen.

3 ► **le signe égal : das Gleichheitszeichen**

4 ▷ Tu veux aller au cinéma ou au théâtre ? – Ça m'est égal.
Willst du ins Kino oder ins Theater gehen? – Das ist mir egal.
▷ Hervé a dit des choses sur toi. – Ça m'est égal, il est idiot de toute façon !
Hervé hat Sachen über dich gesagt. – Das ist mir egal, er ist sowieso blöd!

4 ► **ça m'est égal** (= je n'ai pas de préférence, je m'en fiche) : das ist mir egal

égalité

▷ Ils sont pour l'égalité des sexes.
Sie sind für die Gleichheit der Geschlechter.
▷ Maintenant, les deux équipes sont à égalité.
Die beiden Mannschaften stehen jetzt punktgleich.

(= absence de différence) die **Gleichheit**

► **être à égalité** (en parlant de deux équipes, de deux concurrents) : punktgleich stehen (stand, gestanden)

église

▷ C'est une belle église du quinzième siècle.
Es ist eine schöne Kirche aus dem fünfzehnten Jahrhundert.

▷ Sylvaine et sa famille vont à l'église tous les dimanches.
Sylvaine und ihre Familie gehen jeden Sonntag in die Kirche.

die **Kirche** (pluriel : Kirchen)

*Attention : ne confondez pas avec **die Kirsche** (= cerise).*

► **aller à l'église** (= aller à la messe) **: in die Kirche gehen** (ging, gegangen)

égoïste

▷ Ne sois pas si égoïste, prête-moi ton livre.
Sei doch nicht so egoistisch, leih mir dein Buch.

egoistisch

égout

▷ L'égout est bouché.
Der Abwasserkanal ist verstopft.

der **Abwasserkanal** (pluriel : -kanäle)

s'égratigner

▷ Tu vas t'égratigner les jambes si tu marches dans les ronces.
Du wirst dir die Beine zerkratzen, wenn du durch die Dornen gehst.

▷ Sophie s'est égratigné le bras.
Sophie hat sich den Arm zerkratzt.

► **s'égratigner** les jambes, le bras, etc. : **sich** die Beine, den Arm etc. **zerkratzen**

*i Les verbes commençant par le préfixe **zer-** ne prennent pas **ge-** au participe passé.*

*i Le pronom personnel allemand s'emploie au datif : ich zerkratze **mir**..., du zerkratzt **dir**..., er/sie zerkratzt **sich** ..., wir zerkratzen **uns**..., ihr zerkratzt **euch**..., sie zerkratzen **sich**...*

égratignure

▷ Ne pleure pas, ce n'est qu'une égratignure.
Wein doch nicht, es ist nur ein Kratzer.

der **Kratzer** (pluriel : Kratzer)

élargir

1 ▷ La rue Rousseau va être élargie.
Die Rue Rousseau wird verbreitert werden.

2 ▷ J'espère que ce jean va s'élargir, il est trop serré.
Ich hoffe, diese Jeans wird sich weiten, sie ist nämlich zu eng.

3 ▷ La route s'élargit après le tournant.
Die Straße wird nach der Kurve breiter.

1 (en parlant d'une rue, d'un trou) **verbreitern**

*i Les verbes commençant par le préfixe **ver-** ne prennent pas **ge-** au participe passé.*

2 ► **s'élargir** (en parlant d'un vêtement, de chaussures) **: sich weiten**

3 ► **s'élargir** (en parlant d'une rue, d'un trou) **: breiter werden** (wird, wurde, geworden)

*i **breiter** est le comparatif de **breit**.*

élastique

1 ▷ Ce tissu est élastique.
Dieser Stoff ist elastisch.

2 ▷ Margot attache ses cheveux avec un élastique.
Margot bindet ihre Haare mit einem Gummiband zusammen.

3 ▷ Je n'oserais jamais faire du saut à l'élastique.
Ich würde mir das Bungee-Jumping nie trauen.

1 (= extensible) **elastisch**

2 (= attache) das **Gummiband** (pluriel : –bänder)

3 ► **faire du saut à l'élastique :** Bungee-Jumping /'bandzidzampiŋ/ machen

Notez la prononciation.

élection

▷ Karim s'est présenté à l'élection des délégués de classe.
Karim kandidiert für die Wahl zum Klassensprecher.

die **Wahl** (pluriel : Wahlen)
► **se présenter à une élection :** für eine Wahl kandidieren

électricien, électricienne

▷ L'électricien est venu réparer le radiateur.
Der Elektriker kam, um die Heizung zu reparieren.

der **Elektriker** (pluriel : Elektriker), die **Elektrikerin** (pluriel : Elektrikerinnen)

électricité

▷ Les ouvriers ont coupé l'électricité.
Die Arbeiter haben den Strom abgestellt.

der **Strom**

électrique

▷ Mon père a monté le train électrique dans le grenier.
Mein Vater hat die elektrische Eisenbahn im Speicher aufgebaut.

▷ Vous avez une cuisinière électrique ou une cuisinière à gaz ?
Habt ihr einen Elektroherd eder einen Gasherd?

elektrisch

Quand on parle d'appareils électriques, on forme plutôt des mots composés avec ***Elektro- : die Elektroheizung*** (chauffage électrique), ***der Elektromotor*** (moteur électrique), *etc.*

électrocuter

▷ Andreas a failli s'électrocuter avec un sèche-cheveux.
Andreas starb fast an einem Stromstoß von einem Haartrockner.

► **s'électrocuter :** an einem Stromstoß sterben (stirbt, storb, gestorben)

On dit aussi ***an einem Stromschlag sterben.***

électronique

1 ▷ Cet appareil électronique fait un bruit épouvantable.
Dieses elektronische Gerät macht ein furchtbares Geräusch.

2 ▷ Priscilla fait des études d'électronique.
Priscilla studiert Elektronik.

1 (en parlant d'un appareil, d'un jeu, etc.) **elektronisch**

2 ► **l'électronique** (= la science) : die Elektronik

élégant, élégante

▷ La femme de Marc est toujours très élégante.
Marcs Frau ist immer sehr elegant.

elegant

éléphant

▷ Les éléphants d'Asie sont plus petits que les éléphants d'Afrique.
Indische Elefanten sind kleiner als afrikanische.

der **Elefant** (pluriel : Elefanten)
► **l'éléphant d'Asie :** der indische Elefant
► **l'éléphant d'Afrique :** der afrikanische Elefant

Notez qu'en allemand on ne répète pas le sujet dans les comparaisons.

élevage

▷ Il y a beaucoup d'élevages de moutons dans la région.
Es gibt viele Schafzuchten in der Gegend.

(= ferme) die **Zucht** (pluriel : Zuchten)

élevé, élevée

1 ▷ Cette colline n'est pas très élevée.
Dieser Hügel ist nicht sehr hoch.
▷ Au mois de mars on a rarement des températures aussi élevées.
Im März hat man selten so hohe Temperaturen.

2 ▷ C'est un garçon très bien élevé.
Er ist ein sehr gut erzogener Junge.

3 ▷ Elle est bête et mal élevée.
Sie ist dumm und schlecht erzogen.

1 (= haut) **hoch** (**plus élevé :** höher ; **le plus élevé :** der höchste)

Attention : à la déclinaison, le c de ***hoch*** *est supprimé.*

2 ► **bien élevé, bien élevée :** gut erzogen

3 ► **mal élevé, mal élevée :** schlecht erzogen

élève

▷ Claudie est la meilleure élève de la classe.
Claudie ist die beste Schülerin der Klasse.

der **Schüler** (pluriel : Schüler), die **Schülerin** (pluriel : Schülerinnen)

élever

1 ▻ Elle élève seule cinq enfants.
Sie zieht allein fünf Kinder auf.

2 ▻ Mon oncle élève des lapins.
Mein Onkel züchtet Kaninchen.

1 (= entretenir) **aufziehen**

ℹ ***auf•ziehen*** *est un verbe à particule séparable et se conjugue comme* ***ziehen*** *(zog, gezogen).*

2 (= faire l'élevage de) **züchten**

éliminer

1 ▻ Tu peux continuer le jeu, j'ai éliminé tous les obstacles.
Du kannst mit dem Spiel weitermachen, ich habe alle Schwierigkeiten beseitigt.

2 ▻ Ils ont été éliminés en demi-finale.
Sie sind im Halbfinale ausgeschieden.

1 (= faire disparaître) **beseitigen**

ℹ *Les verbes commençant par le préfixe* ***be-*** *ne prennent pas* ***ge-*** *au participe passé.*

2 ► **être éliminé** (en parlant d'un jeu, d'une compétition) : **ausscheiden**

ℹ ***aus•scheiden*** *est un verbe à particule séparable et se conjugue comme* ***scheiden*** *(schied, geschieden).*

ℹ *Le verbe transitif français est traduit par un verbe intransitif en allemand.*

élire

▻ Demain, nous élirons les délégués de classe.
Morgen wählen wir die Klassensprecher.
▻ Qui a été élu ?
Wer ist gewählt worden?

wählen

elle

1 ▻ Elle habite près de la piscine.
Sie wohnt in der Nähe des Schwimmbads.

2 ▻ Tu as vu cette fleur ? Elle est belle, non ?
Hast du die Blume gesehen? Sie ist schön, oder?
▻ Regarde cette table, elle est de travers.
Schau dir mal den Tisch an, er steht quer.
▻ Ta maison, est-ce qu'elle est encore chauffée ?
Dein Haus, ist es noch geheizt?

1 Quand **elle** est sujet, en parlant d'une personne, l'équivalent en allemand est **sie**.

2 Quand **elle** est sujet, en parlant d'une chose, l'équivalent en allemand peut être **er**, **sie** *ou* **es**, selon le genre du mot en allemand.

3 ▷ J'ai acheté ce livre pour elle.
Ich habe das Buch für sie gekauft.
▷ Je vais avec elle.
Ich gehe mit ihr.
▷ Nous sommes invités chez elle.
Wir sind bei ihr eingeladen.
▷ Il s'est jeté sur elle.
Er ist über sie hergefallen.
▷ Je n'aurais pas réussi sans elle.
Ohne sie hätte ich es nicht geschafft.
▷ Sonia est une amie à elle.
Sonia ist eine Freundin von ihr.

3 Quand **elle** est complément introduit par une préposition, l'équivalent en allemand est **sie** (accusatif) *ou* **ihr** (datif), selon la préposition : **mit** + datif, **für** + accusatif, **bei** + datif, **auf** + datif *ou* accusatif (avec verbe de mouvement), etc.

elle-même

1 ▷ Elle me l'a dit elle-même, alors ça doit être vrai !
Sie selbst hat es mir gesagt, also muss es wahr sein!

1 (= personnellement) **sie selbst**

2 ▷ L'antenne est un peu tordue, mais la radio elle-même n'a rien.
Die Antenne ist ein bisschen verbogen, aber das Radio selbst hat nichts.

2 (= la personne ou la chose en question) **selbst**

elles

1 ▷ Elles sont arrivées en même temps.
Sie sind gleichzeitig angekommen.

1 (quand **elles** est sujet) **sie**

2 ▷ Ce cadeau est pour elles.
Das Geschenk ist für sie.
▷ Je viens avec elles.
Ich komme mit ihnen.
▷ J'habite chez elles.
Ich wohne bei ihnen.
▷ Je réussirai sans elles.
Mir gelingt es auch ohne sie.
▷ C'est un ami à elles.
Er ist ein Freund von ihnen.

2 Quand **elles** est complément introduit par une préposition, l'équivalent en allemand est **sie** (accusatif) *ou* **ihnen** (datif), selon la préposition : **mit** + *datif*, **für** + *accusatif*, **bei** + *datif*, **ohne** + *accusatif*, *etc.*

elles-mêmes

1 ▷ Elles l'ont fabriqué elles-mêmes.
Sie selbst haben es angefertigt.

1 (= personnellement) **sie selbst**

2 ▷ Les hirondelles elles-mêmes étaient finalement arrivées.
Die Schwalben selbst waren endlich gekommen.

2 (= la personne ou la chose en question) **selbst**

éloigné, éloignée

1 ▷ Ils habitent dans un village éloigné.
Sie wohnen in einem abgelegenen Dorf.

1 (= loin de tout) **abgelegen**

2 ▷ Est-ce que c'est très éloigné d'ici ?
Ist es sehr weit von hier entfernt?

2 ► **éloigné de :** weit von + datif + entfernt

éloigner

1 ▷ Nous avons éloigné la table du feu.
Wir haben den Tisch vom Feuer weg geschoben.

1 ► **éloigner** quelque chose : wegschieben

ℹ *weg•schieben est un verbe à particule séparable et se conjugue comme schieben (schob, geschoben).*

2 ▷ Ne t'éloigne pas, on mange tout de suite.
Geh jetzt nicht weg, wir essen gleich.

2 ► **s'éloigner :** weggehen

ℹ *weg•gehen est un verbe à particule séparable et se conjugue comme gehen (ging, gegangen).*

3 ▷ James s'est éloigné de la cheminée parce qu'il avait trop chaud.
James hat sich vom Feuer entfernt, weil es ihm zu warm war.

3 ► **s'éloigner de :** sich von + datif + entfernen

ℹ *Le pronom personnel allemand s'emploie à l'accusatif : ich entferne **mich**, du entfernst **dich**, er/sie entfernt **sich**, wir entfernen **uns**, ihr entfernt **euch**, sie entfernen **sich**.*

emballage

▷ Quand le colis est arrivé, l'emballage était déchiré.
Als das Paket ankam, war die Verpackung zerrissen.

(= papier) die **Verpackung** (pluriel : Verpackungen)

▷ Le chemin était plein de détritus et d'emballages vides.
Der Weg war voll von Abfall und leeren Packungen.

(= boîte, carton) die **Packung** (pluriel : Packungen)

emballé, emballée

▷ J'étais emballé à l'idée d'aller à la mer.
Ich war begeistert von der Idee ans Meer zu fahren.

begeistert

ℹ *L'expression française est familière, mais sa traduction allemande ne l'est pas.*

emballer

▷ Marina a emballé le cadeau dans du joli papier.
Marina hat das Geschenk in einem hübschen Papier verpackt.

(= envelopper) **verpacken**

ℹ *Les verbes commençant par le préfixe ver- ne prennent pas ge- au participe passé.*

embarquer

▷ Nous avons embarqué à trois heures.
Wir sind um drei Uhr an Bord gegangen.

(= monter dans un avion, dans un bateau) **an Bord gehen** (ging, gegangen)

embarrassé, embarrassée

▻ Tania a eu l'air embarrassé.
Tania schien verlegen zu sein.

verlegen

embarrasser

1 ▻ Il m'a embarrassée en me posant ces questions.
Er hat mich mit seinen Fragen in Verlegenheit gebracht.

2 ▻ Si mes affaires t'embarrassent, déplace-les.
Wenn dich meine Sachen behindern, schieb sie zur Seite.

1 (= mettre mal à l'aise) in Verlegenheit bringen (brachte, gebracht)

2 ► **embarrasser** quelqu'un (= l'encombrer) : jemanden (accusatif) behindern

embaucher

▻ Quentin a été embauché comme vendeur.
Quentin wurde als Verkäufer eingestellt.

(pour un poste) einstellen

ℹ *ein•stellen est un verbe à particule séparable.*

embêtant, embêtante

1 ▻ C'est embêtant de devoir prendre le bus.
Es ist lästig, den Bus nehmen zu müssen.

2 ▻ L'embêtant, c'est que j'ai oublié mes baskets.
Das Dumme ist, dass ich meine Sportschuhe vergessen habe.

1 (= agaçant) lästig

2 ► **l'embêtant c'est que...** : das Dumme ist, dass...

embêtements

▻ J'ai eu plein d'embêtements dernièrement.
Ich habe kürzlich viel Ärger gehabt.

(= contrariétés) der Ärger

ℹ *Ce mot s'emploie uniquement au singulier.*

embêter

1 ▻ Arrête d'embêter Lucas !
Hör auf, Lucas zu ärgern!

2 ▻ Ça m'embête de lui demander ça.
Es stört mich, ihn danach zu fragen.

3 ▻ Je me suis embêtée à la soirée.
Ich habe mich auf der Party gelangweilt.
▻ Qu'est-ce qu'on s'est embêtés !
Wir haben uns ja so gelangweilt!

1 (= agacer) ärgern

2 (= gêner) stören

3 ► **s'embêter** (= s'ennuyer) : sich langweilen

ℹ *Le pronom personnel allemand s'emploie à l'accusatif : ich langweile **mich**, du langweilst **dich**, er/sie langweilt **sich**, wir langweilen **uns**, ihr langweilt **euch**, sie langweilen **sich**.*

emblème

▷ Nous avons créé un emblème pour l'équipe de basket.
Wir haben ein Emblem für die Basketballmannschaft geschaffen.

das **Emblem** (pluriel : Embleme)

embouteillage

▷ Nous sommes en retard à cause des embouteillages.
Wir haben wegen der Staus Verspätung.

der **Stau** (pluriel : Staus *ou* Staue)

embranchement

▷ Tournez à droite à l'embranchement.
Biegen Sie an der Kreuzung rechts ab.

(= croisement) die **Kreuzung** (pluriel : Kreuzungen)

embrasser

▷ Sophie a essayé de m'embrasser !
Sophie hat versucht, mich zu küssen!
▷ Dany et Paula se sont embrassés.
Dany und Paula haben sich geküsst.

küssen

► **s'embrasser :** sich küssen

embrouiller

▷ Je m'embrouille dans tous ces calculs !
Ich komme bei all diesen Berechnungen ganz durcheinander.
▷ Il m'embrouille avec ses histoires.
Er bringt mich mit seinen Geschichten ganz durcheinander.

► **s'embrouiller :** durcheinander kommen (kam, gekommen)

► **embrouiller** quelqu'un : jemanden (accusatif) durcheinander bringen (brachte, gebracht)

émigrer

▷ Ils ont émigré aux États-Unis.
Sie sind in die Vereinigten Staaten ausgewandert.

auswandern

ℹ *aus•wandern est un verbe à particule séparable.*

émission

▷ C'est une bonne émission pour les adolescents.
Das ist eine gute Sendung für Jugendliche.
▷ Quelle est ton émission de télé préférée ?
Welche ist deine Lieblingsfernsehsendung?
▷ J'ai écouté l'émission de radio dont tu m'as parlé.
Ich habe mir die Radiosendung angehört, von der du mir erzählt hast.

die **Sendung** (pluriel : Sendungen)

► **émission de télé :** die Fernsehsendung

► **émission de radio :** die Radiosendung

emmêlé, emmêlée

▷ La corde est tout emmêlée.
Der Strick ist ganz verwickelt.

verwickelt
ℹ *On dit aussi* ***verheddert****.*

emménager

▷ Nous avons emménagé ici le mois dernier.
Wir sind hier im letzten Monat eingezogen.

einziehen
ℹ ***ein•ziehen*** *est un verbe à particule séparable et se conjugue comme* ***ziehen*** *(zog, gezogen).*

emmener

1 ▷ Est-ce que tu vas emmener ton petit frère avec toi ?
Nimmst du deinen kleinen Bruder mit?

2 ▷ Si tu veux, je peux t'emmener à la gare.
Wenn du willst, kann ich dich zum Bahnhof bringen.

1 (= prendre avec soi) **mitnehmen**
ℹ ***mit•nehmen*** *est un verbe à particule séparable et se conjugue comme* ***nehmen*** *(nimmt, nahm, genommen).*

2 (= conduire) **bringen** (brachte, gebracht)

émouvant, émouvante

▷ J'ai trouvé la fin du film très émouvante.
Ich fand das Ende des Films sehr rührend.

rührend
ℹ *On dit aussi* ***bewegend****.*

émouvoir

▷ Ça m'a émue de revoir mes amis après tout ce temps.
Es hat mich gerührt, meine Freunde nach all dieser Zeit wiederzusehen.

rühren
ℹ *On dit aussi* ***bewegen****.*

empêcher

1 ▷ Il faut absolument empêcher la chasse à la baleine.
Man muss unbedingt den Walfang verhindern.
▷ Tu m'empêches de travailler !
Du hinderst mich daran, zu arbeiten!

2 ▷ Je n'ai pas pu m'empêcher de rire.
Ich musste einfach lachen.

1 (= éviter) **verhindern**
ℹ *Les verbes commençant par le préfixe* ***ver-*** *ne prennent pas* ***ge-*** *au participe passé.*

► **empêcher** quelqu'un **de** + infinitif : jemanden **daran hindern, zu** + infinitif

2 Pour dire qu'**on n'a pas pu s'empêcher de faire** quelque chose, on emploie **müssen** avec le verbe à l'infinitif.

empester

▷ Ça empeste dans cette pièce !
Es stinkt ja in diesem Zimmer!

(= sentir mauvais) **stinken** (stank, gestunken)

▻ Toute la maison empestait le poisson.
Das ganze Haus stank nach Fisch.

► **empester le...** *ou* **la... :** nach... stinken

s'empiffrer

▻ Ne t'empiffre pas, on va bientôt dîner.
Stopf dich nicht so voll, wir essen bald zu Abend.
▻ Ils se sont empiffrés de bonbons et après ils ont été malades.
Sie haben sich mit Bonbons vollgestopft und dann war es ihnen schlecht.

sich vollstopfen

ℹ ***voll•stopfen*** *est un verbe à particule séparable.*

ℹ *Le pronom personnel allemand s'emploie à l'accusatif : ich stopfe* ***mich*** *voll, du stopfst* ***dich*** *voll, er/sie stopft* ***sich*** *voll, wir stopfen* ***uns*** *voll, ihr stopft* ***euch*** *voll, sie stopfen* ***sich*** *voll.*

empiler

▻ Je n'ai pas beaucoup de place, alors j'empile mes livres.
Ich habe nicht viel Platz, also stapel ich meine Bücher auf.
▻ Les cahiers s'empilaient sur son bureau.
Die Hefte stapelten sich auf seinem Arbeitstisch.

aufstapeln

ℹ ***auf•stapeln*** *est un verbe à particule séparable.*

► **s'empiler :** sich stapeln

empirer

▻ Les résultats de Georgina en maths ont encore empiré.
Georginas Matheleistungen haben sich noch verschlechtert.

sich verschlechtern

ℹ *Les verbes commençant par le préfixe* ***ver-*** *ne prennent pas* ***ge-*** *au participe passé.*

ℹ *Le verbe intransitif français se traduit par un verbe réfléchi en allemand.*

emplacement

1 ▻ On a cherché un emplacement libre pendant une demi-heure.
Wie haben eine halbe Stunde lang einen Parkplatz gesucht.

2 ▻ Ils vont construire un centre commercial sur l'emplacement de l'ancienne usine.
Sie bauen ein Einkaufszentrum an der Stelle der alten Fabrik.

1 (= place de parking) der **Parkplatz** (pluriel : -plätze)

2 (= site) die **Stelle** (pluriel : Stellen)

emploi

1 ▻ La sœur de Grégory a trouvé un emploi au supermarché.
Grégorys Schwester hat eine Stelle im Supermarkt gefunden.

1 (= travail) die **Stelle** (pluriel : Stellen)

2 ▷ Nous avons un emploi du temps bizarre cette année.
Wir haben dieses Jahr einen merkwürdigen Stundenplan.

2 ► **emploi du temps** (à l'école) : der Stundenplan (pluriel : -pläne)

3 ▷ Le dentiste a un emploi du temps très chargé.
Der Zahnarzt hat einen vollen Terminkalender.

3 ► **emploi du temps** (professionnel) : der Terminkalender (pluriel : -kalender)

employé, employée

▷ L'entreprise a trois cents employés.
Die Firma hat dreihundert Angestellten.

der/die Angestellte (pluriel : Angestellten)

ℹ *C'est un adjectif substantivé : on dit* ***ein Angestellter****.*

employer

1 ▷ Martin a employé un mot que je ne connaissais pas.
Martin hat ein Wort verwendet, das ich nicht kannte.

1 (= utiliser) verwenden

ℹ *Les verbes commençant par le préfixe* ***ver-*** *ne prennent pas* ***ge-*** *au participe passé.*

2 ▷ Personne ne veut l'employer parce qu'il n'a pas d'expérience.
Niemand will ihn anstellen, weil er keine Berufserfahrung hat.

2 (en parlant d'un travailleur) anstellen

ℹ *On dit aussi* ***beschäftigen****.*

ℹ ***an•stellen*** *est un verbe à particule séparable.*

empoisonner

▷ Les voleurs ont empoisonné le chien.
Die Diebe haben den Hund vergiftet.

vergiften

ℹ *Les verbes commençant par le préfixe* ***ver-*** *ne prennent pas* ***ge-*** *au participe passé.*

emporter

1 ▷ N'oublie pas d'emporter de l'eau pour la randonnée.
Vergiss nicht, für die Wanderung Wasser mitzunehmen.

▷ Le boucher vend aussi des plats à emporter.
Der Metzger verkauft auch Speisen zum Mitnehmen.

1 (= prendre avec soi) mitnehmen

ℹ ***mit•nehmen*** *est un verbe à particule séparable et se conjugue comme* ***nehmen*** *(nimmt, nahm, genommen).*

► **à emporter** (en parlant de nourriture) : zum Mitnehmen

2 ▷ Le vent a emporté le toit.
Der Wind wehte das Dach weg.

2 (= arracher, en parlant du vent) wegwehen

ℹ ***weg•wehen*** *est un verbe à particule séparable.*

3 ▷ Ils ont été emportés par le courant.
Sie wurden von der Strömung mitgerissen.

3 (= entraîner) **mitreißen**

ℹ *mit•reißen est un verbe à particule séparable et se conjugue comme reißen (riss, gerissen).*

empreinte

1 ▷ Ils ont laissé des empreintes dans le sable.
Sie haben Fußabdrücke im Sand hinterlassen.

2 ▷ La police a pris ses empreintes digitales.
Die Polizei hat seine Fingerabdrücke genommen.

1 (= trace de pas) der **Fußabdruck** (pluriel : –abdrücke)

2 ► **empreinte digitale** : der **Fingerabdruck** (pluriel : –abdrücke)

emprunt

▷ Ils ne peuvent pas rembourser l'emprunt.
Sie können den Kredit nicht zurückzahlen.

▷ Mes parents font un emprunt pour acheter une nouvelle voiture.
Meine Eltern nehmen einen Kredit auf, um ein neues Auto zu kaufen.

der **Kredit** /kre'dit/ (pluriel : Kredite)

► **faire un emprunt** : einen Kredit aufnehmen

ℹ *auf•nehmen est un verbe à particule séparable qui se conjugue comme nehmen (nimmt, nahm, genommen).*

emprunter

1 ▷ Idriss m'a emprunté dix euros hier.
Idriss hat sich gestern zehn Euro bei mir geliehen.

▷ Je peux emprunter ta voiture ?
Kann ich mir dein Auto leihen?

2 ▷ J'ai emprunté de l'argent à la banque.
Ich habe einen Kredit aufgenommen.

1 ► **emprunter** quelque chose à quelqu'un : **sich** etwas **bei** jemandem **leihen** (lieh, geliehen)

ℹ *Le pronom personnel allemand s'emploie au datif : ich leihe mir..., du leihst dir..., er/sie leiht sich..., wir leihen uns..., ihr leiht euch..., sie leihen sich...*

2 (à la banque) **einen Kredit aufnehmen**

ℹ *auf•nehmen est un verbe à particule séparable qui se conjugue comme nehmen (nimmt, nahm, genommen).*

ému, émue

▷ Monsieur Lambert était très ému quand nous lui avons donné son cadeau.
Herr Lambert war sehr gerührt, als wir ihm sein Geschenk gaben.

gerührt

ℹ *On dit aussi bewegt.*

en

1 ▷ Lise et sa famille ont vécu en Amérique.
Lise und ihre Familie haben in Amerika gelebt.
▷ Il fait très froid ici en hiver.
Es ist hier sehr kalt im Winter.
▷ J'ai rencontré Samir en mars 2001.
Ich habe Samir im März 2001 kennengelernt.
▷ Tu crois que tu peux le faire en une heure ?
Glaubst du, dass du das in einer Stunde machen kannst?
▷ Il était midi et Claire était encore en pyjama.
Er war Mittag und Claire war noch im Schlafanzug.

1 (= dans) **in** + datif (**in der**, **im** = **in dem**)

2 ▷ Nous allons en Espagne pour les vacances.
Wir fahren in den Ferien nach Spanien.
▷ Dans une semaine, je vais en Turquie.
In einer Woche reise ich in die Türkei.

2 ► **aller en** + nom de pays *ou* de région : **nach... fahren** (*ou* **gehen** *ou* **fliegen**)

Attention : quand le nom de pays ou de la région prend un article défini en allemand, on traduit par ***in die/den/das*** : ***in die Normandie*** (en Normandie), ***ins Elsass*** (en Alsace).

▷ Mes cousins viennent en France pour deux semaines.
Meine Cousins kommen für zwei Wochen nach Frankreich.
▷ Viens avec nous en Auvergne.
Komm mit uns in die Auvergne.

► **venir en** + nom de pays *ou* de région : **nach... kommen**

Attention : quand le nom de pays ou de la région prend un article défini en allemand, on traduit par ***in die/den/das*** : ***in die Normandie*** (en Normandie), ***ins Elsass*** (en Alsace).

3 ▷ On peut y aller en bus ou en taxi.
Wir können mit dem Bus oder mit dem Taxi fahren.

3 (en parlant d'un moyen de transport) **mit** + datif

4 ▷ Hervé est tombé en courant.
Hervé ist beim Rennen gefallen.
▷ Ce n'est pas poli de parler en mangeant.
Es ist unhöflich, beim Essen zu reden.

4 ► **en** + gérondif (pour dire que deux choses se passent en même temps) : **beim** + verbe substantivé

5 ▷ Si le café est chaud, donne-m'en, s'il te plaît.
Wenn der Kaffee heiß ist, gib mir bitte welchen.
▷ Et de la soupe ? Tu en as ?
Was ist mit Suppe? Hast du welche?
▷ Tu en avais de cette glace, non ?
Du hattest doch welches von dem Eis, oder?

5 Quand **en** indique quelque chose dont on parle, on traduit par **welchen** (pour les noms masculins), **welche** (pour les noms féminins et les pluriels), **welches** (pour les neutres).

▷ J'avais du chocolat, mais il n'en reste plus.
Ich hatte Schokolade, aber es ist keine mehr da.
▷ Tu m'as acheté mon programme de télé ? – Non, il n'y en avait plus.
Hast du mein Fernsehprogramm gekauft? – Nein, es war keins mehr da.

Attention : quand la chose n'existe pas, on emploie ***keinen*** *(pour le masculin),* ***keine*** *(pour le féminin et pluriel),* ***keins*** *(pour le neutre).*

encadrer

▷ Annabelle a encadré une photo de son acteur préféré.
Annabelle hat ein Foto von ihrem Lieblingsschauspieler eingerahmt.

(= mettre dans un cadre)
einrahmen

i ***ein•rahmen*** *est un verbe à particule séparable.*

enceinte

1 ▷ Ma cousine est enceinte.
Meine Cousine ist schwanger.
▷ Elle n'avait que quinze ans quand elle est tombée enceinte.
Sie war erst sechzehn als sie schwanger wurde.

2 ▷ Paul a une nouvelle chaîne avec des enceintes très puissantes.
Paul hat eine neue Stereoanlage mit sehr starken Lautsprechern.

1 (= qui attend un bébé)
schwanger
► **tomber enceinte : schwanger werden** (wird, wurde, geworden)

2 (= haut-parleur)
der **Lautsprecher**
(pluriel : Lautsprecher)

i Ce mot s'emploie surtout au pluriel.

encercler

▷ C'est un jeu où les policiers encerclent les voleurs.
Das ist ein Spiel, wo die Polizisten die Räuber einkreisen.

einkreisen

i ***ein•kreisen*** *est un verbe à particule séparable.*

enchanté, enchantée

1 ▷ Les parents de Tony sont enchantés de ses résultats scolaires.
Tonys Eltern freuen sich sehr über seine Schulleistungen.

2 ▷ Bonsoir, je m'appelle Béatrice. – Enchanté !
Guten Abend, ich heiße Béatrice. – Angenehm!

1 ► **être enchanté de** quelque chose : **sich sehr über** etwas (accusatif) **freuen**

2 Quand on est présenté à quelqu'un, on dit **angenehm!**

enchères

▷ Nous sommes allés à une vente aux enchères ce week-end.
Dieses Wochenende waren wir bei einer Versteigerung.

► **vente aux enchères : die Versteigerung**
(pluriel : Versteigerungen)

i On dit aussi ***die Auktion*** (pluriel : *Auktionen*).

enclos

▷ Les agneaux étaient dans un enclos.
Die Lämmer waren in einer Einfriedung.

(pour les animaux)
die **Einfriedung**
(pluriel : Einfriedungen)

encombrer

1 ▷ Si mes affaires t'encombrent, déplace-les.
Wenn dich meine Sachen behindern, schieb sie weg.

2 ▷ Les valises encombrent le couloir.
Die Koffer versperren den Gang.

1 ► **encombrer** quelqu'un (= le gêner) : jemanden (accusatif) **behindern**

2 (= bloquer, en parlant d'un passage, d'une route) **versperren**

ℹ *Les verbes commençant par les préfixes **be-** et **ver-** ne prennent pas **ge-** au participe passé.*

encore

1 ▷ Il est encore en retard !
Er hat schon wieder Verspätung!

2 ▷ Est-ce que Paola est encore chez elle ?
Ist Paola noch zu Hause?

3 ▷ Je voudrais encore un peu de glace, s'il te plaît.
Ich hätte gern noch etwas Eis, bitte.

▷ Tu veux encore un bonbon ?
Willst du noch ein Bonbon?

▷ Il est encore plus bête que son frère.
Er ist noch dümmer als sein Bruder.

4 ▷ C'est prêt ? – Pas encore !
Ist es fertig? – Noch nicht!

1 (= de nouveau) **schon wieder**

2 (= toujours) **noch**

3 (= plus de) **noch**

► **encore un...** *ou* **encore une...** : noch ein... *ou* noch eine...

► **encore** + comparatif : **noch** + comparatif

4 ► **pas encore** : **noch nicht**

encourager

1 ▷ La prof d'allemand nous encourage toujours.
Die Deutschlehrerin ermutigt uns immer.

▷ Harry m'a encouragé à faire du judo.
Harry hat mich dazu ermutigt, Judo zu machen.

2 ▷ Les spectateurs nous ont encouragés.
Die Zuschauer haben uns angefeuert.

1 (= donner du courage)
ermutigen

ℹ *Les verbes commençant par le préfixe **er-** ne prennent pas **ge-** au participe passé.*

► **encourager** quelqu'un **à faire** quelque chose : jemanden (accusatif) **dazu ermutigen**, etwas **zu tun**

2 (en parlant d'une équipe, d'un sportif) **anfeuern**

ℹ ***an•feuern** est un verbe à particule séparable.*

encre

▷ Il n'y a plus d'encre dans mon stylo.
Mein Füller hat keine Tinte mehr.
▷ Est-ce que tu écris à l'encre ou au crayon ?
Schreibst du mit Tinte oder mit dem Bleistift?

die **Tinte**
► **écrire à l'encre :** mit Tinte schreiben

encyclopédie

▷ Je vais regarder dans l'encyclopédie.
Ich schau in der Enzyclopädie nach.

die **Enzyklopädie** (pluriel : Enzyklopädien /ɛntsyklopɛ'diən/)

Notez la prononciation du pluriel.

endive

▷ Je n'aime pas les endives.
Ich mag Chicorée nicht.

der **Chicorée**

Ce mot est indénombrable, on ne dit pas ***ein Chicorée***.

Se prononce comme en français.

endormi, endormie

1 ▷ Tu crois qu'il est endormi ?
Glaubst du, dass er schläft?

2 ▷ Elle est encore tout endormie.
Sie ist noch ganz verschlafen.

1 ► **être endormi :** schlafen (schläft, schlief, geschlafen)

2 (= pas bien réveillé) **verschlafen**

s'endormir

▷ Je me suis endormi sous un arbre.
Ich schlief unter einem Baum ein.

einschlafen

ein•schlafen *est un verbe à particule séparable et se conjugue comme* ***schlafen*** *(schläft, schlief, geschlafen).*

endroit

1 ▷ Essayons de trouver un endroit pour pique-niquer.
Versuchen wir mal, eine Stelle zum Picknicken zu finden.

2 ▷ Mets ton pull à l'endroit.
Zieh deinen Pullover richtig herum an.

1 (= lieu) die **Stelle** (pluriel : Stellen)

2 ► **à l'endroit :** richtig herum

énergie

▷ Je n'ai plus d'énergie, j'abandonne !
Ich habe keine Energie mehr, ich geb's auf!
▷ Il faut économiser l'énergie.
Wir müssen Energie sparen.
▷ Que penses-tu des énergies alternatives ?
Was hältst du von alternativen Energien?

die **Energie** (pluriel : Energien /enɛr'giːən/)

Notez la prononciation du pluriel.

énergique

▷ Sois un peu plus énergique !
Sei doch etwas energischer!

energisch

énervant, énervante

▷ Tu es vraiment énervante avec tes plaisanteries !
Du gehst mir wirklich auf die Nerven mit deinen Scherzen!

► **être énervant : auf die Nerven gehen** (ging, gegangen)

énerver

1 ▷ Il m'énerve avec son sourire idiot !
Er geht mir auf die Nerven mit seinem blöden Lächeln!

2 ▷ N'énerve pas le bébé juste avant qu'il aille au lit.
Reg das Baby doch nicht kurz vor dem Schlafengehen auf.

3 ▷ Julie s'énerve parce qu'elle n'arrive pas à faire son exercice.
Julie regt sich auf, weil sie ihre Übung nicht fertigbringt.

1 ► **énerver** quelqu'un (= l'irriter) **:** jemandem (datif) **auf die Nerven gehen** (ging, gegangen)

2 ► **énerver** quelqu'un (= l'exciter) **:** jemanden (accusatif) **aufregen**

ℹ ***auf•regen*** *est un verbe à particule séparable.*

3 ► **s'énerver : sich aufregen**

ℹ *Le pronom personnel allemand s'emploie à l'accusatif : ich rege **mich** auf, du regst **dich** auf, er/sie regt **sich** auf, wir regen **uns** auf, ihr regt **euch** auf, sie regen **sich** auf.*

enfant

▷ Ils ont un enfant de deux ans.
Sie haben ein zweijähriges Kind.
▷ Les enfants sont dans le jardin.
Die Kinder sind im Garten.

das **Kind** (pluriel : Kinder)

enfer

1 ▷ Tu penses que l'enfer existe ?
Glaubst du, dass es die Hölle gibt?

2 ▷ J'ai une idée d'enfer.
Ich habe eine heiße Idee.

1 die **Hölle**

2 ► **d'enfer** (= génial) **: heiß**

ℹ *On dit aussi **toll**.*

enfermer

1 ▷ Sabine a enfermé son chien dans le garage.
Sabine hat ihren Hund in die Garage eingesperrt.

1 ► **enfermer... dans** (en parlant d'une personne ou d'un animal) **: in...** (accusatif) **einsperren**

2 ▷ Rupert s'est encore enfermé dans sa chambre.
Rupert hat sich schon wieder in seinem Zimmer eingeschlossen.

2 ► **s'enfermer dans :** sich in... (datif) einschließen

*Le pronom personnel allemand s'emploie à l'accusatif : ich schließe **mich** ein, du schließt **dich** ein, er/sie schließt **sich** ein, wir schließen **uns** ein, ihr schließt **euch** ein, sie schließen **sich** ein.*

enfiler

▷ Il a enfilé son blouson.
Er hat seine Jacke angezogen.

(= mettre, en parlant d'un vêtement) anziehen

***an•ziehen** est un verbe à particule séparable et se conjugue comme **ziehen** (zog, gezogen).*

enfin

1 ▷ Vous voilà enfin ! Où étiez-vous ?
Da seid ihr ja endlich! Wo wart ihr denn?

2 ▷ ... et enfin, je voudrais remercier mes parents.
... und zuletzt möchte ich meinen Eltern danken.

1 (= finalement) endlich

2 (= en dernier) zuletzt

enflé, enflée

▷ Ma cheville est enflée et elle me fait mal.
Mein Knöchel ist geschwollen und er tut mir weh.

geschwollen

enfoncer

1 ▷ Cyril enfonçait des clous dans une planche avec un marteau.
Cyril schlug Nägel mit einem Hammer in ein Brett.

2 ▷ Enfonce bien les graines dans la terre.
Drück die Samen gut in die Erde.

3 ▷ Elle lui a enfoncé l'aiguille dans la main.
Sie hat ihm die Nadel in die Hand gestochen.

4 ▷ Les policiers enfonçaient la porte.
Die Polizisten brachen die Tür auf.

1 ► **enfoncer** quelque chose **dans...** (avec un outil) **:** etwas in + accusatif + schlagen (schlägt, schlug, geschlagen)

2 ► **enfoncer** quelque chose **dans...** (sans outil) **:** etwas in + accusatif + drücken

3 ► **enfoncer** quelque chose **dans...** (en parlant d'un objet pointu) **:** etwas in + accusatif + stechen (sticht, stach, gestochen)

4 (= enfoncer une porte ou un mur) aufbrechen

***auf•brechen** est un verbe à particule séparable et se conjugue comme **brechen** (bricht, brach, gebrochen).*

5 ▷ Nous avons vu le bateau s'enfoncer dans l'eau.
Wir haben gesehen, wie das Schiff im Wasser versank.

5 ► **s'enfoncer dans...** (l'eau, la boue) : in + datif + versinken (versank, versunken)

s'enfuir

▷ Ils ont réussi à s'enfuir.
Es ist ihnen gelungen zu fliehen.

▷ La police a arrêté les hommes qui se sont enfuis de la prison.
Die Polizei hat die Männer festgenommen, die aus dem Gefängnis geflohen waren.

fliehen (floh, geflohen)

► **s'enfuir de...** : aus + datif + fliehen

engager

1 ▷ Suzie a été engagée comme secrétaire.
Suzie ist als Sekretärin angestellt worden.

2 ▷ Je me suis engagé, je dois le faire.
Ich habe mich verpflichtet, ich muss es tun.

▷ Quand elle s'est engagée, elle ne savait pas ce qui l'attendait.
Als sie sich verpflichtete, wusste sie nicht, was auf sie zukam.

1 (= donner du travail) **anstellen**

ℹ *an•stellen est un verbe à particule séparable.*

2 ► **s'engager** (= promettre) : sich verplichten

ℹ *Le pronom personnel allemand s'emploie à l'accusatif : ich verpflichte **mich**, du verpflichtest **dich**, er/sie verpflichtet **sich**, wir verpflichten **uns**, ihr verpflichtet **euch**, sie verpflichten **sich**.*

engin

▷ Des ouvriers et de gros engins bloquent la rue.
Arbeiter und große Maschinen sperren die Straße.

(= machine, appareil) die **Maschine** (pluriel : Maschinen)

engrais

▷ L'agriculture biologique utilise des engrais naturels.
In der biologischen Landwirtschaft benutzt man Naturdünger.

der **Dünger** (pluriel : Dünger)

engueuler

1 ▷ Le prof a engueulé Patricia parce qu'elle n'avait pas fait ses devoirs.
Der Lehrer hat Patricia angeschnauzt, weil sie ihre Hausaufgaben nicht gemacht hatte.

▷ Je me suis encore fait engueuler par mes parents.
Ich bin schon wieder von meinen Eltern angeschnauzt worden.

2 ▷ Arrêtez de vous engueuler !
Hört auf, euch zu krachen!

1 **anschnauzen**

ℹ *an•schnauzen est un verbe à particule séparable.*

► **se faire engueuler :** angeschnauzt werden

2 ► **s'engueuler** (= se disputer) : sich krachen

▷ Ils s'engueulent tout le temps.
Sie krachen sich die ganze Zeit.

Les expressions françaises et leurs traductions allemandes sont familières.

énigme

▷ Tous les jours il y a une énigme dans le journal.
Jeden Tag gibt es ein Rätsel in der Zeitung.

(= devinette) das **Rätsel**
(pluriel : Rätsel)

enjamber

▷ Nous avons dû enjamber le muret pour aller de l'autre côté du pré.
Wir mussten über die Mauer steigen, um auf die andere Seite der Wiese zu kommen.

► **enjamber** quelque chose (en parlant d'un obstacle) : **über** etwas (accusatif) **steigen** (stieg, gestiegen)

enlacer

▷ Didier a enlacé Nathalie et ils se sont mis à danser.
Didier umschlang Nathalie und sie begannen zu tanzen.

► **enlacer** quelqu'un : jemanden (accusatif) **umschlingen** (umschlang, umschlungen)

Les verbes à particule non séparable commençant par ***um-*** *ne prennent pas* ***ge-*** *au participe passé.*

enlèvement

1 ▷ On dit qu'il s'agit d'un enlèvement.
Man sagt, es handle sich um eine Entführung.

1 (= le fait de kidnapper quelqu'un)
die **Entführung**
(pluriel : Entführungen)

2 ▷ Nous payons une taxe pour l'enlèvement des ordures.
Wir bezahlen eine Steuer für die Müllabfuhr.

2 (en parlant des ordures ménagères)
die **Abfuhr**

enlever

1 ▷ Enlève tes affaires, elles me gênent.
Nimm deine Sachen weg, sie stören mich.

1 (= ôter) **wegnehmen**

weg•nehmen *est un verbe à particule séparable et se conjugue comme* ***nehmen*** *(nimmt, nahm, genommen).*

▷ Enlève ce feutre au bébé !
Nimm dem Baby diesen Filzstift weg!

► **enlever** quelque chose à quelqu'un : jemandem (datif) etwas **wegnehmen**.

2 ▷ Je n'arrive pas à enlever cette tache.
Ich kann diesen Fleck nicht entfernen.

2 (= effacer, faire disparaître)
entfernen

Les verbes commençant par le préfixe ***ent-*** *ne prennent pas* ***ge-*** *au participe passé.*

3 ▷ Les terroristes ont enlevé la fille d'un homme politique.
Die Terroristen haben die Tochter eines Politikers entführt.

3 (= kidnapper) **entführen**

ennemi, ennemie

▷ Brice est le plus grand ennemi de Fabien.
Brice ist Fabiens größter Feind.

der **Feind** (pluriel : Feinde)

ennui

1 ▷ On meurt d'ennui ici !
Man kommt hier ja vor Langeweile um!

2 ▷ Isabelle a eu plein d'ennuis dernièrement.
Isabelle hat in letzter Zeit viel Ärger gehabt.

1 (= désœuvrement) die **Langeweile**

2 (= problème) der **Ärger**

ℹ *Ce mot s'emploie uniquement au singulier.*

ennuyer

1 ▷ Ça m'ennuie de devoir lui demander ça.
Es stört mich, ihn danach zu fragen.
▷ Est-ce que ça t'ennuie si j'ouvre la fenêtre ?
Stört es dich, wenn ich das Fenster aufmache?

2 ▷ Si vous vous ennuyez, jouez aux cartes.
Wenn ihr euch langweilt, spielt doch Karten.

1 (= contrarier) **stören**

2 ► **s'ennuyer** : sich langweilen

ℹ *Le pronom personnel allemand s'emploie à l'accusatif : ich langweile* ***mich****, du langweilst* ***dich****, er/sie langweilt* ***sich****, wir langweilen* ***uns****, ihr langweilt* ***euch****, sie langweilen* ***sich****.*

ennuyeux, ennuyeuse

1 ▷ C'est l'homme le plus ennuyeux que je connaisse.
Das ist der lanweiligste Mann, den ich kenne.

2 ▷ C'est ennuyeux que tes cousins ne puissent pas venir.
Es ist ärgerlich, dass deine Cousins nicht kommen können.

1 (= assommant) **langweilig**

2 (= contrariant) **ärgerlich**

énorme

▷ Nous avons un énorme tas d'assiettes à laver.
Wir müssen einen riesigen Haufen Teller spülen.

riesig

énormément

1 ▷ Je l'admire énormément.
Ich bewundere ihn sehr.

2 ▷ C'est une fille qui a énormément de problèmes.
Sie ist ein Mädchen mit ungeheuer viel Problemen.
▷ Il faut énormément de patience pour faire ça.
Man braucht ungeheuer viel Geduld, um das zu tun.

1 (= beaucoup) **sehr**

2 ► **énormément de :** ungeheuer viel

ℹ *On dit aussi* ***unheimlich viel****.*

enquête

1 ▷ L'enquête de la police n'avance pas.
Die polizeiliche Untersuchung kommt nicht voran.

1 (sur un crime, un délit) die **Untersuchung** (pluriel : Untersuchungen)

ℹ *On dit aussi **Ermittlungen**, qui est un pluriel.*

2 ▷ Une jeune femme m'a arrêté dans la rue pour une enquête.
Eine junge Frau hat mich für eine Meinungsumfrage auf der Straße angehalten.

2 (= sondage) die **Meinungsumfrage** (pluriel : -umfragen)

ℹ *On peut dire aussi **die Umfrage** tout court.*

enrager

▷ Il adore faire enrager sa petite sœur.
Er bringt seine kleine Schwester liebend gern zum Rasen.

► **faire enrager** quelqu'un (= taquiner) : jemanden (accusatif) **zum Rasen bringen**

enregistrer

1 ▷ Enregistre-moi le film de ce soir, s'il te plaît.
Nimm mir bitte den Film heute Abend auf.

1 (en parlant de musique ou d'un film) **aufnehmen**

ℹ ***auf•nehmen** est un verbe à particule séparable qui se conjugue comme **nehmen** (nimmt, nahm, genommen).*

2 ▷ Attendez-moi ici, je vais enregistrer les bagages.
Wartet hier auf mich, ich gebe das Gepäck auf.

2 (en parlant de bagages) **aufgeben**

ℹ ***auf•geben** est un verbe à particule séparable qui se conjugue comme **geben** (gibt, gab, gegeben).*

enrhumé, enrhumée

▷ Ludmilla est enrhumée, elle se mouche tout le temps.
Ludmilla hat Schnupfen, sie muss sich laufend schnäutzen.

► **être enrhumé** : **Schnupfen haben**

s'enrhumer

▷ Tu vas t'enrhumer si tu ne mets pas ton manteau.
Du wirst einen Schnupfen bekommen, wenn du deinen Mantel nicht anziehst.

einen Schnupfen bekommen (bekam, bekommen)

s'enrichir

▷ Personne ne sait comment ils se sont enrichis.
Niemand weiß, wie sie reich geworden sind.

reich werden (wird, wurde, geworden)

enroué, enrouée

▻ J'ai trop chanté pendant le concert, je suis tout enroué.
Ich habe auf dem Konzert zu viel gesungen, ich bin ganz heiser.

heiser

enrouler

▻ Pierre a enroulé la corde autour du piquet.
Pierre hat den Strick auf den Pflock gewickelt.

► **enrouler** quelque chose **autour de** *ou* **sur... :** etwas **auf** + accusatif + **wickeln**

enseignant, enseignante

▻ Quels diplômes faut-il pour devenir enseignant ?
Welche Diplome braucht man, um Lehrer zu werden?

der **Lehrer** (pluriel : Lehrer), die **Lehrerin** (pluriel : Lehrerinnen)

enseignement

1 ▻ L'enseignement public est gratuit et obligatoire.
Die staatliche Schulerziehung ist frei und obligatorisch.

2 ▻ Elle cherche un poste dans l'enseignement supérieur.
Sie sucht eine Stelle im höheren Lehramt.

1 ► **l'enseignement** (= l'éducation) **:** die Schulerziehung

2 ► **l'enseignement** (= le métier d'enseignant) **:** das Lehramt

enseigner

▻ Madame Moreau enseigne dans une école primaire.
Frau Moreau unterrichtet in einer Grundschule.
▻ J'aimerais enseigner à de jeunes enfants.
Ich würde gerne junge Kinder unterrichten.

(à l'école) **unterrichten**

► **enseigner à** quelqu'un **:** jemanden (accusatif) **unterrichten**

ensemble

1 ▻ On peut travailler ensemble si tu veux.
Wir können zusammen arbeiten, wenn du willst.

2 ▻ Ils ont construit la maison ensemble.
Sie haben das Haus gemeinsam gebaut.
▻ Ma sœur et moi avons acheté le CD ensemble.
Meine Schwester und ich haben die CD gemeinsam gekauft.

3 ▻ Les deux écoles ont assisté ensemble à la conférence.
Die beiden Schulen haben miteinander an der Konferenz teilgenommen.

4 ▻ Dans l'ensemble, le film n'était pas mal.
Alles in allem war der Film nicht schlecht.

1 (= à plusieurs) **zusammen**

2 (= en commun) **gemeinsam**

3 (= l'un avec l'autre) **miteinander**

4 ► **dans l'ensemble :** alles in allem

5 ▷ Maman portait un joli ensemble bleu.
Mama trug ein hübsches blaues Ensemble.

5 (= des vêtements) das **Ensemble** (pluriel : Ensembles)

Se prononce comme en français.

ensuite

▷ On pourrait aller au cinéma et ensuite au restaurant.
Wir könnten ins Kino gehen und anschließend ins Restaurant.

anschließend

On dit aussi ***danach****.*

entaille

▷ Je me suis fait une entaille au pouce.
Ich habe mir in den Daumen geschnitten.

▷ Paul s'est fait une entaille au bras.
Paul hat sich den Arm geschnitten.

► **se faire une entaille** au pouce *ou* au bras, etc. : sich in den Daumen *ou* den Arm etc. schneiden

Le pronom personnel allemand s'emploie au datif : ich schneide ***mir****..., du schneidest* ***dir****..., er/sie schneidet* ***sich****..., wir schneiden* ***uns****..., ihr schneidet* ***euch****..., sie schneiden* ***sich****...*

entamer

1 ▷ Pourquoi tu entames le paquet de biscuits ? Il y en a un d'ouvert.
Warum brichst du das Päckchen Kekse an? Da ist noch ein offenes.

1 (en parlant d'un paquet, d'une boîte de conserve) **anbrechen**

an•brechen *est un verbe à particule séparable et se conjugue comme* ***brechen*** *(bricht, brach, gebrochen).*

2 ▷ Qui a entamé le pain ?
Wer hat das Brot angeschnitten?

2 (en parlant de tout ce qui se coupe) **anschneiden**

an•schneiden *est un verbe à particule séparable et se conjugue comme* ***schneiden*** *(schnitt, geschnitten).*

3 ▷ Tu peux entamer la bouteille.
Du kannst die Flasche öffnen.

3 (en parlant d'une bouteille) **öffnen**

entasser

1 ▷ Alice entasse toutes ses affaires sur son lit.
Alice häuft alle ihre Sachen auf ihrem Bett an.

1 ► **entasser** quelque chose : etwas **anhäufen**

an•häufen *est un verbe à particule séparable.*

▷ Des livres s'entassaient partout dans la pièce.
Bücher häuften sich überall im Zimmer an.

► **s'entasser** (= être en tas) : sich anhäufen

2 ▷ Les gens s'entassaient dans le métro, on pouvait à peine respirer.
Die Leute zwängten sich in die U-Bahn, man konnte kaum noch atmen.

2 ► **s'entasser dans... : sich in** + accusatif + **zwängen**

entendre

1 ▷ J'ai entendu un bruit dehors.
Ich habe draußen ein Geräusch gehört.

▷ Est-ce que tu as entendu parler de ce film ?
Hast du von diesem Film gehört?

▷ J'ai entendu dire qu'ils voulaient construire un cinéma.
Ich habe gehört, dass sie ein Kino bauen wollen.

1 (en parlant d'une voix, d'un bruit, etc.) **hören**
► **entendre parler de... : von... hören**
► **entendre dire que... : hören, dass...**

2 ▷ Ils ne s'entendent pas du tout.
Sie verstehen sich überhaupt nicht.

▷ Je m'entends bien avec mon demi-frère.
Ich verstehe mich gut mit meinem Halbbruder.

2 ► **s'entendre** *ou* **s'entendre bien : sich verstehen** *ou* **sich gut verstehen**
► **s'entendre** *ou* **s'entendre bien avec** quelqu'un **: sich gut mit** jemandem (datif) **verstehen**

enterrement

▷ Demain aura lieu l'enterrement du grand-père de Damien.
Morgen findet die Beerdigung von Damiens Großvater statt.

die **Beerdigung**
(pluriel : Beerdigungen)
ℹ *On dit aussi* ***das Begräbnis*** *(pluriel : Begräbnisse)*

enterrer

1 ▷ Où est-ce qu'il est enterré ?
Wo ist er begraben?

1 (en parlant d'une personne) **begraben** (begräbt, begrub, begraben)
ℹ *Les verbes commençant par le préfixe* ***be-*** *ne prennent pas* ***ge-*** *au participe passé.*

2 ▷ Le chien enterre des os dans le jardin.
Der Hund vergräbt Knochen im Garten.

2 (en parlant de choses) **vergraben** (vergräbt, vergrub, vergraben)
ℹ *Les verbes commençant par le préfixe* ***ver-*** *ne prennent pas* ***ge-*** *au participe passé.*

entêté, entêtée

▷ Camille est très entêtée, elle refuse de nous parler.
Camille ist sehr stur, sie weigert sich, mit uns reden.

stur

enthousiaste

▷ Élie n'était pas très enthousiaste quand j'ai proposé d'aller à la piscine.
Élie war nicht sehr begeistert, als ich vorschlug, ins Schwimmbad zu gehen.

begeistert

entier, entière

1 ▷ À trois, ils ont mangé un poulet entier !
Zu dritt haben sie ein ganzes Hähnchen gegessen!
▷ Il est célèbre dans le monde entier.
Er ist in der ganzen Welt berühmt.
▷ Je n'ai jamais réussi à voir le film en entier.
Mir ist es nie gelungen, den Film ganz zu sehen.

2 ▷ N'oublie pas d'acheter deux litres de lait entier.
Vergiss nicht, zwei Liter Vollmilch zu kaufen.

1 (= complet) **ganz**

► **dans le monde entier :** in der ganzen Welt

► **en entier :** ganz

2 ► **lait entier :** die Vollmilch

entièrement

▷ La maison a été entièrement détruite.
Das Haus ist völlig zerstört.

völlig

ℹ *On dit aussi* ***ganz****.*

entonnoir

▷ Kevin a rempli la bouteille à l'aide d'un entonnoir.
Kevin hat die Flasche mit Hilfe eines Trichters gefüllt.

der **Trichter** (pluriel : Trichter)

entorse

▷ Je ne peux pas venir, j'ai une entorse.
Ich kann nicht kommen, ich habe eine Verstauchung.
▷ Cécile s'est fait une entorse à la cheville.
Cécile hat sich den Knöchel verstaucht.
▷ Comment est-ce que tu t'es fait l'entorse au poignet ?
Wie hast du dir das Handgelenk verstaucht?

die **Verstauchung** (pluriel : Verstauchungen)

► **se faire une entorse à** (la cheville, le poignet) **:** sich + accusatif + verstauchen

ℹ *Le pronom personnel allemand s'emploie au datif : ich verstauche* ***mir****..., du verstauchst* ***dir****..., er/sie verstaucht* ***sich****..., wir verstauchen* ***uns****..., ihr verstaucht* ***euch****..., sie verstauchen* ***sich****...*

entourer

1 ▷ Entourez la bonne réponse en rouge.
Kreisen Sie die richtige Antwort rot ein.

1 (= mettre un trait autour de) **einkreisen**

ℹ ***ein•kreisen*** *est un verbe à particule séparable.*

2 ▷ Le mur qui entoure le jardin est en mauvais état.
Die Mauer, die den Garten umgibt, ist in schlechtem Zustand.

2 (= être ou mettre quelque chose autour de) **umgeben** (umgibt, umgab, umgeben)

3 ▷ Il ne va pas très bien, mais il est bien entouré.
Es geht ihm nicht sehr gut, aber er ist gut umsorgt.

3 ► **être entouré** (= aidé) : umsorgt sein

entracte

▷ Il y a un entracte au bout d'une heure.
Nach einer Stunde gibt es eine Pause.

die **Pause** (pluriel : Pausen)

entraînement

1 ▷ Avec un peu d'entraînement, tu y arriveras facilement.
Mit ein bisschen Übung bringst du es leicht fertig.

1 (= habitude) die **Übung**

2 ▷ Nous avons deux entraînements de rugby par semaine.
Wir haben zweimal in der Woche Rugbytraining.

2 (= séance) das **Training** /'tre:niŋ/
Notez la prononciation.

entraîner

1 ▷ C'est monsieur Legrand qui nous entraîne le samedi.
Samstags trainiert uns Herr Legrand.

1 (en sport) **trainieren** /tre:'ni:rən/
Notez la prononciation.
*Les verbes se terminant en **-ieren** ne prennent pas **ge-** au participe passé.*

2 ▷ Nous devons nous entraîner plus si nous voulons battre l'équipe de Lens.
Wir müssen mehr trainieren, wenn wir Lens schlagen wollen.

2 ► **s'entraîner** (en sport) : trainieren

3 ▷ Je m'entraîne tous les soirs, mais je suis toujours aussi mauvais.
Ich übe jeden Abend, aber ich bin immer noch genauso schlecht.

3 ► **s'entraîner** (= s'habituer) : üben

4 ▷ Le courant entraîne les branches mortes.
Die Strömung reißt tote Äste mit.

4 (= emporter) **mitreißen**
***mit•reißen** est un verbe à particule séparable et se conjugue comme **reißen** (riss, gerissen).*

entre

1 ▷ Luc est assis entre Gilles et Aïcha.
Luc sitzt zwischen Gilles und Aïcha.
▷ Je les ai vus deux fois entre lundi et vendredi.
Ich habe sie zwischen Montag und Freitag zweimal gesehen.

1 (indiquant la position) **zwischen** + datif

▷ Viens t'asseoir entre nous.
Komm und setz dich zwischen uns.

(avec un verbe de mouvement) **zwischen** + accusatif

2 ▷ Entre autres, il y avait le proviseur et sa femme.
Unter anderen waren der Schulleiter und seine Frau da.

2 ► **entre autres** (en parlant de personnes) : unter anderen

3 ▷ J'ai acheté, entre autres, du pain et du fromage.
Ich habe unter anderem Brot und Käse gekauft.

3 ► **entre autres** (en parlant de choses) : unter anderem

4 ▷ Qui d'entre vous veut venir avec moi ?
Wer von euch will mit mir kommen?

▷ La majorité d'entre eux a fait grève.
Die Mehrheit von ihnen hat gestreikt.

4 ► **d'entre... :** von...

entrée

1 ▷ Pose ta valise dans l'entrée.
Stell deinen Koffer in den Flur.

1 (d'une maison, d'un appartement) der **Flur** (pluriel : Flure)

ℹ *On dit aussi* ***die Diele*** (pluriel : *Dielen*)

2 ▷ Tous les employés étaient rassemblés dans l'entrée.
Alle Angestellten hatten sich in der Eingangshalle versammelt.

2 (d'un immeuble) die **Eingangshalle** (pluriel : -hallen)

3 ▷ La maison a deux entrées indépendantes.
Das Haus hat zwei unabhängige Eingänge.

3 (= accès) der **Eingang** (pluriel : Eingänge)

4 ▷ Simon m'a vendu son entrée au concert.
Simon hat mir seine Eintrittskarte fürs Konzert verkauft.

4 (= billet) die **Eintrittskarte** (pluriel : -karten)

5 ▷ C'est marqué « Entrée interdite ».
Da steht „Eintritt verboten".

5 (= droit d'entrer) der **Eintritt**

ℹ *Quand il s'agit de véhicules, on dit* ***Einfahrt****.*

6 ▷ Je ne prendrai pas d'entrée, juste un plat principal.
Ich nehme keine Vorspeise, nur ein Hauptgericht.

▷ Qu'est-ce que vous prenez en entrée ?
Was nehmen Sie als Vorspeise?

6 (= premier plat) die **Vorspeise** (pluriel : Vorspeisen)

► **en entrée :** als Vorspeise

entrepôt

▷ Les entrepôts du supermarché sont en face.
Die Lagerhallen des Supermarkts sind gegenüber.

die **Lagerhalle** (pluriel : -hallen)

ℹ *On dit aussi* ***das Lager*** *tout court* (pluriel : *Lager*).

entreprise

▷ Les parents de Jeanne possèdent une entreprise.
Jeannes Eltern besitzen ein Unternehmen.

das **Unternehmen** (pluriel : Unternehmen)

ℹ *On dit aussi* ***der Betrieb*** (pluriel : *Betriebe*).

entrer

1 ▷ Entrez, c'est ouvert !
Kommt herein, es ist offen!

1 (= venir dedans)
hereinkommen

ℹ *herein•kommen est un verbe à particule séparable et se conjugue comme kommen (kam, gekommen).*

▷ Entre dans mon bureau, je vais te montrer mon ordinateur.
Komm in mein Arbeitszimmer, ich zeige dir meinen Computer.

► **entrer dans...** (= venir dans) **: in** + accusatif + **kommen**

2 ▷ Entre, je te suis.
Geh hinein, ich folge dir.

2 (= aller dedans) **hineingehen**

ℹ *hinein•gehen est un verbe à particule séparable et se conjugue comme gehen (ging, gegangen).*

▷ Quand il a commencé à pleuvoir, nous sommes entrés dans une boulangerie.
Als es anfing zu regnen, sind wir in eine Bäckerei gegangen.

► **entrer dans...** (= aller dans) **: in** + accusatif + **gehen**

3 ▷ Sarah entre au lycée en septembre.
Sarah kommt im September ins Gymnasium.

3 ► **entrer à... : in** + accusatif + **kommen**

4 ▷ On a tous réussi à entrer dans la voiture.
Wir haben es geschafft, alle im Auto Platz zu finden.

4 ► **entrer dans...** (= tenir dans) **:** in + datif + Platz finden (fand, gefunden)

5 ▷ La voiture est entrée dans un mur.
Das Auto ist gegen eine Mauer gefahren.

5 ► **entrer dans...** (= heurter) **:** gegen + accusatif + laufen (läuft, lief, gelaufen) *ou* fahren (fährt, fuhr, gefahren).

entre-temps

▷ Céline était chez le coiffeur ; entre-temps, je suis allé au supermarché.
Céline war beim Friseur; ich bin inzwischen zum Supermarkt gegangen.

inzwischen

ℹ *On dit aussi in der Zwischenzeit.*

entretenir

▷ Quand on a une voiture, il faut l'entretenir.
Wenn man ein Auto hat, muss man es pflegen.

(= s'occuper de) **pflegen**

entretien

1 ▷ L'entretien de la voiture coûte cher.
Der Unterhalt des Autos ist teuer.

1 (= soins) der **Unterhalt**

2 ▷ Mes parents ont eu un entretien avec le proviseur.
Meine Eltern hatten eine Unterredung mit dem Schulleiter.

2 (= réunion) die **Unterredung** (pluriel : Unterredungen)

énumérer

▻ Anita a énuméré tous les garçons avec lesquels elle est sortie.
Anita hat alle Jungen aufgezählt, mit denen sie gegangen ist.

aufzählen
ℹ *auf•zählen est un verbe à particule séparable.*

envahir

▻ Les touristes envahissent le village chaque été.
Jeden Sommer überfallen die Touristen das Dorf.

überfallen (überfällt, überfiel, überfallen)

enveloppe

▻ N'oublie pas d'écrire ton adresse au dos de l'enveloppe.
Vergiss nicht, deine Adresse auf die Rückseite des Briefumschlags zu schreiben.

der **Briefumschläg**
(pluriel : -umschläge)
ℹ *On dit aussi* ***der Umschlag*** *tout court.*

envelopper

1 ▻ Le cadeau est enveloppé dans du joli papier.
Das Geschenk ist in hübsches Papier eingepackt.

2 ▻ J'ai enveloppé ma petite sœur dans une couverture et je l'ai portée jusqu'à la voiture.
Ich wickelte meine kleine Schwester in eine Decke ein und trug sie zum Auto.

1 (= emballer) **einpacken**
ℹ *ein•packen est un verbe à particule séparable.*

2 (= emmitoufler) **einwickeln**
ℹ *ein•wickeln est un verbe à particule séparable.*

envers

1 ▻ Il y a quelque chose d'écrit sur l'envers de la feuille.
Da steht etwas auf der Rückseite des Blattes.

2 ▻ Tu as mis ton T-shirt à l'envers, le motif devrait être devant.
Du hast dein T-Shirt verkehrt herum angezogen, das Muster sollte vorne sein.

3 ▻ Ce tableau est à l'envers.
Dieses Bild steht auf dem Kopf.

1 ► **l'envers** (= l'autre côté) : die Rückseite

2 ► **à l'envers** (= devant derrière, l'extérieur à l'intérieur) : verkehrt herum

3 ► **à l'envers** (= avec le bas en haut) : auf dem Kopf

envie

▻ J'ai envie d'une glace.
Ich habe Lust auf Eis.

▻ Parfois, j'ai envie de le frapper !
Manchmal habe ich Lust, ihn zu hauen!

► **avoir envie de** quelque chose : auf etwas Lust haben (hat, hatte, gehabt)

► **avoir envie de faire** quelque chose : Lust haben, etwas zu tun

▷ David voulait aller au cinéma avec moi, mais je n'avais pas envie.
David wollte mit mir ins Kino gehen, aber ich hatte keine Lust.

► **ne pas avoir envie :** keine Lust haben

envier

▷ Tu pars en vacances en Floride ? Je t'envie !
Du fliegst in den Ferien nach Florida? Ich beneide dich!

beneiden

ℹ *Les verbes commençant par le préfixe* ***be-*** *ne prennent pas* ***ge-*** *au participe passé.*

environ

▷ Il y a environ cinq cents élèves dans l'école.
Es sind ungefähr fünfhundert Schüler in der Schule.

(= à peu près) **ungefähr**

environs

▷ Ils habitent dans les environs de Reims.
Sie wohnen in der Umgebung von Reims.

► **dans les environs de :** in der Umgebung von

environnement

▷ Chacun devrait se soucier de l'environnement.
Jeder sollte sich um die Umwelt kümmern.

▷ La plupart des engrais sont mauvais pour l'environnement.
Die meisten Dünger sind umweltschädigend.

▷ C'est un produit sans danger pour l'environnement.
Das ist ein umweltfreundliches Produkt.

die **Umwelt**

► **mauvais** *ou* **dommageable pour l'environnement :** umweltschädigend

► **sans danger pour l'environnement :** umweltfreundlich

envisager

▷ Mes parents envisagent d'acheter une caravane.
Meine Eltern planen, einen Wohnwagen zu kaufen.

► **envisager de faire** quelque chose **:** planen, etwas zu tun

s'envoler

▷ Les oiseaux se sont envolés dès qu'ils nous ont entendus.
Sobald sie uns hörten, flogen die Vögel weg.

▷ La casquette de Yannick s'est envolée.
Yannicks Schirmmütze ist weggeflogen.

wegfliegen

ℹ ***weg•fliegen*** *est un verbe à particule séparable et se conjugue comme* ***fliegen*** *(flog, geflogen).*

envoyer

1 ▻ Je t'enverrai une carte postale de Grèce.
Ich werde dir eine Postkarte aus Griechenland schicken.
▻ Maman m'a envoyée chez le boulanger.
Mama hat mich zum Bäcker geschickt.

2 ▻ Envoie-moi le ballon.
Wirf mir den Ball zu.

3 ▻ Il a envoyé le ballon dans le public.
Er hat den Ball ins Publikum geschossen.

1 (en parlant du courrier ou d'une personne) **schicken**

2 (= lancer à la main) **werfen** (wirft, warf, geworfen)

3 (= envoyer avec le pied) **schießen** (schoss, geschossen)

épais, épaisse

▻ Ton pull n'est pas très épais, tu vas avoir froid.
Dein Pullover ist nicht sehr dick, dir wird kalt werden.

dick

épaisseur

1 ▻ Cela dépend de l'épaisseur du papier.
Das hängt von der Dicke des Papiers ab.
▻ Ce livre fait au moins dix centimètres d'épaisseur.
Dieses Buch ist mindestens zehn Zentimeter dick.

2 ▻ Quand il fait très froid, je porte plusieurs épaisseurs de vêtements.
Wenn es sehr kalt ist, ziehe ich mir mehrere Schichten an.

1 (= grosseur) die **Dicke**

ℹ *Pour dire l'épaisseur de quelque chose en allemand, on emploie l'expression* ***dick sein***.

2 (= couche) die **Schicht** (pluriel : Schichten)

éparpillé, éparpillée

▻ Les papiers étaient éparpillés sur le bureau.
Die Papiere waren auf dem Schreibtisch verstreut.

verstreut

épaule

▻ J'ai mal à l'épaule.
Meine Schulter tut mir weh.

die **Schulter** (pluriel : Schultern)

épée

▻ Le roi le nommait chevalier en lui touchant l'épaule avec son épée.
Der König ernannte ihn zum Ritter, indem er seine Schulter mit dem Schwert berührte.

das **Schwert** (pluriel : Schwerter)

épeler

▷ Est-ce que vous pouvez épeler votre nom, s'il vous plaît ?
Könnten Sie Ihren Namen bitte buchstabieren?

buchstabieren

ℹ *Les verbes se terminant en **-ieren** ne prennent pas **ge-** au participe passé.*

épicé, épicée

▷ Ce curry est trop épicé.
Dieses Curry ist zu scharf.

scharf

épicerie

▷ Est-ce qu'il y a une épicerie par ici ?
Ist hier in der Nähe ein Lebensmittelgeschäft?

das **Lebensmittelgeschäft** (pluriel : –geschäfte)

épicier, épicière

▷ Le père de Vincent est épicier depuis vingt ans.
Vincents Vater ist seit zwanzig Jahren Lebensmittelhändler.

▷ Léa est encore chez l'épicier.
Léa ist noch beim Lebensmittelhändler.

▷ Ils m'ont envoyé chez l'épicier.
Sie haben mich zum Lebensmittelhändler geschickt.

der **Lebensmittelhändler** (pluriel : –händler), die **Lebensmittelhändlerin** (pluriel : –händlerinnen)

► **chez l'épicier** (= dans le magasin) **:** beim Lebensmittelhändler

► **chez l'épicier** (= vers le magasin) **:** zum Lebensmittelhändler

épidémie

▷ Il y a une épidémie de varicelle à l'école.
Eine Windpockenepidemie geht durch die Schule.

die **Epidemie** (pluriel : Epidemien /epide'mi:ən/)

🔊 *Notez la prononciation du pluriel.*

épinards

▷ Il y avait encore des épinards au déjeuner.
Es gab schon wieder Spinat zum Mittagessen.

der **Spinat**

ℹ *Ce mot est indénombrable,* **on ne dit pas** ***ein Spinat.***

épine

1 ▷ Ces roses ont de grosses épines.
Diese Rosen haben große Dornen.

2 ▷ Le hérisson se défend avec ses épines.
Der Igel verteidigt sich mit seinen Stacheln.

1 (en parlant d'une rose, d'un buisson) der **Dorn** (pluriel : Dornen)

2 (en parlant d'un animal, d'un cactus) der **Stachel** (pluriel : Stacheln)

épingle

▷ Il restait des épingles dans la chemise que mon père a achetée.
In dem Hemd, das mein Vater gekauft hatte, waren noch Nadeln.

▷ Tu as perdu une épingle à cheveux.
Du hast eine Haarnadel verloren.

▷ Élodie a fermé son pantalon avec une épingle de nourrice.
Élodie hat ihre Hose mit einer Sicherheitsnadel zugemacht.

die **Nadel** (pluriel : Nadeln)

► **épingle à cheveux :** die Haarnadel

► **épingle de nourrice :** die Sicherheitsnadel

épisode

▷ Le dernier épisode du feuilleton était super !
Die letzte Folge der Serie war toll!

die **Folge** (pluriel : Folgen)

éplucher

▷ C'est toujours moi qui dois éplucher les pommes de terre !
Immer muss ich Kartoffeln schälen!

(en parlant des fruits et des légumes) **schälen**

épluchures

▷ Il y avait plein d'épluchures par terre.
Auf dem Boden lagen viele Schalen.

die **Schalen**

éponge

1 ▷ Passe-moi l'éponge, je vais nettoyer la table.
Gib mir den Schwamm, ich wische den Tisch ab.

2 ▷ J'aime bien les peignoirs en éponge.
Ich mag Frotteebademäntel.

1 (pour nettoyer) der **Schwamm** (pluriel : Schwämme)

2 (= tissu) das *ou* der **Frottee**

époque

▷ C'était une époque difficile.
Es war eine schwierige Zeit.

▷ À cette époque, les enfants n'avaient pas autant de liberté.
In dieser Zeit hatten die Kinder nicht so viel Freiheit.

▷ À l'époque, mes grands-parents vivaient à la campagne.
Zu der Zeit lebten meine Großeltern auf dem Land.

(= période) die **Zeit** (pluriel : Zeiten)

► **à cette époque :** in dieser Zeit

► **à l'époque :** zu der Zeit

i *On dit aussi* **damals**.

épouser

▷ Mon père a épousé ma mère en 1990.
Mein Vater hat meine Mutter 1990 geheiratet.

(= se marier avec) **heiraten**

épreuve

1 ▷ Nous aurons trois épreuves différentes.
Wir werden drei verschiedene Prüfungen haben.
▷ L'épreuve orale était plus facile que l'épreuve écrite.
Die mündliche Prüfung war leichter als die schriftliche.

1 (à l'école ou à l'université) die **Prüfung** (pluriel : Prüfungen)
► **épreuve orale :** die mündliche Prüfung
► **épreuve écrite :** die schriftliche Prüfung
ℹ *Prüfung signifie aussi* **examen.**

2 ▷ Notre équipe a été la meilleure dans toutes les épreuves.
Unsere Mannschaft war die beste in allen Wettkämpfen.

2 (en sport) der **Wettkampf** (pluriel : -kämpfe)

3 ▷ C'était une vraie épreuve de force entre mon frère et moi.
Es war eine echte Kraftprobe zwischen meinem Bruder und mir.

3 ► **épreuve de force :** die Kraftprobe (pluriel : -proben)

épuisant, épuisante

▷ Cette randonnée était épuisante.
Diese Wanderung war erschöpfend.

erschöpfend

épuisé, épuisée

1 ▷ Je veux m'asseoir, je suis complètement épuisé !
Ich will mich hinsetzen, ich bin völlig erschöpft!

1 (très fatigué) **erschöpft**

2 ▷ Le modèle que je voulais était épuisé.
Das Modell, das ich wollte, war ausverkauft.

2 (en parlant d'un article dans un magasin) **ausverkauft**

équateur

▷ Est-ce que le Japon est au nord de l'équateur ?
Liegt Japan nördlich des Äquators?

der **Äquator**

équilibre

1 ▷ Déborah a perdu l'équilibre et elle est tombée.
Déborah hat das Gleichgewicht verloren und ist hingefallen.

1 ► **perdre l'équilibre :** das Gleichgewicht verlieren (verlor, verloren)

2 ▷ J'ai réussi à garder mon équilibre en m'appuyant sur Robert.
Ich konnte mein Gleichgewicht halten, indem ich mich auf Robert stützte.

2 ► **garder l'équilibre :** das Gleichgewicht halten (hält, hielt, gehalten)

3 ▷ La pile de livres tient en équilibre.
Der Stapel Bücher hält sich im Gleichgewicht.

3 ► **tenir en équilibre :** sich im Gleichgewicht halten (hält, hielt, gehalten)

4 ▷ J'ai marché en équilibre sur le fil.
Ich bin über den Draht balanciert.

4 ► **marcher en équilibre sur quelque chose :** über etwas balancieren /balɑ̃'si:rən/

Les verbes se terminant en ***-ieren*** *ne prennent pas* ***ge-*** *au participe passé.*

équilibré, équilibrée

1 ▷ Les repas de la cantine sont équilibrés.
Die Kantinenmahlzeiten sind ausgewogen.

2 ▷ C'est une personne très équilibrée.
Er ist ein sehr ausgeglichener Mensch.

1 (en parlant de l'alimentation) ausgewogen

2 (en parlant d'une personne) ausgeglichen

équipe

1 ▷ Notre équipe a gagné tous les matches cette saison.
Dieses Saison hat unsere Mannschaft alle Spiele gewonnen.

2 ▷ L'équipe du journal de l'école se réunira ce soir.
Das Team der Schulzeitung versammelt sich heute Abend.

1 (en sport) die **Mannschaft** (pluriel : Mannschaften)

2 (= groupe de personnes) das **Team** /ti:m/ (pluriel : Teams)

Notez la prononciation.

équipement

▷ J'emporte mon équipement de plongée en vacances.
Ich nehme meine Tauchausrüstung in die Ferien mit.

die **Ausrüstung** (pluriel : Ausrüstungen)

équitation

▷ Charles fait de l'équitation tous les mercredis.
Charles reitet jeden Mittwoch.

► **faire de l'équitation :** reiten (ritt, geritten)

équivaloir

▷ Un euro équivaut à un dollar environ.
Ein Euro entspricht etwa einem Dollar.

► **équivaloir à :** datif + entsprechen (entspricht, entsprach, entsprochen)

erreur

1 ▷ Il y a plusieurs erreurs dans tes calculs.
In deinen Rechnungen sind mehrere Fehler.

▷ Tu as fait une erreur là.
Du hast da einen Fehler gemacht.

▷ Tu as commis une erreur quand tu lui as tout raconté.
Du hast einen Fehler begangen, als du ihm alles erzählt hast.

1 (= faute) der **Fehler** (pluriel : Fehler)

► **faire une erreur :** einen Fehler machen

► **commettre une erreur :** einen Fehler begehen (beging, begangen)

2 ▷ J'ai emporté le parapluie de Malika par erreur.
Ich habe versehentlich Malikas Regenschirm mitgenommen.

2 ► **par erreur :** versehentlich
ℹ *On dit aussi **aus Versehen**.*

escabeau

▷ J'ai dû monter sur l'escabeau pour prendre le livre.
Ich musste auf die Trittleiter steigen, um das Buch herunterzunehmen.

die **Trittleiter** (pluriel : -leitern)

escalade

▷ J'aimerais faire de l'escalade dans les Alpes.
Ich würde in den Alpen gern klettern.

► **faire de l'escalade :** klettern

escalader

▷ Denis et Steven ont escaladé le mur et se sont échappés.
Denis und Steven sind über die Mauer geklettert und weggelaufen.

klettern
► **escalader** quelque chose **: auf** (= sur) *ou* **über** (= par-dessus) etwas klettern

escalator

▷ Tu prends l'escalator jusqu'au troisième étage.
Du nimmst die Rolltreppe bis zum dritten Stock.

die **Rolltreppe** (pluriel : -treppen)

escale

▷ Nous avons pris un vol Paris-Montréal avec une escale à Londres.
Wir haben einen Flug Paris-Montreal genommen, mit einer Zwischenlandung in London.
▷ C'est un vol sans escale.
Es ist ein Flug ohne Zwischenlandung.
▷ L'avion fait escale à Rio.
Das Flugzeug macht in Rio eine Zwischenlandung.

(= arrêt, en parlant d'un avion) die **Zwischenlandung** (pluriel : -landungen)

► **faire escale :** eine Zwischenlandung machen

ℹ *Notez l'emploi de l'article indéfini en allemand.*

escalier

▷ Barnabé a monté l'escalier à toute vitesse.
Barnabé ist blitzschnell die Treppe hochgelaufen.
▷ Prends l'escalier roulant, ça sera plus rapide.
Nimm die Rolltreppe, das geht schneller.

die **Treppe** (pluriel : Treppen)

► **escalier roulant** *ou* **escalier mécanique :** die Rolltreppe

escalope

▷ Trois escalopes de dinde, s'il vous plaît.
Drei Putenschnitzel, bitte.

das **Schnitzel** (pluriel : Schnitzel)

escargot

▷ Je n'ai jamais mangé d'escargots.
Ich habe noch nie Schnecken gegessen.

die **Schnecke** (pluriel : Schnecken)

esclave

▷ Fais-le toi-même, je ne suis pas ton esclave !
Mach es doch selber, ich bin nicht dein Sklave!

der **Sklave** (pluriel : Sklaven), die **Sklavin** (pluriel : Sklavinnen)

escrime

▷ L'escrime est mon sport préféré.
Fechten ist mein Lieblingssport.

► **l'escrime :** das Fechten

L'article neutre n'est pas utilisé quand on parle du sport en général.

▷ Michael fait de l'escrime chaque week-end.
Michael ficht jedes Wochenende.

► **faire de l'escrime :** fechten (ficht, focht, gefochten)

espace

1 ▷ Il n'y a pas assez d'espace ici.
Hier ist nicht genug Platz.

1 (= place) der **Platz**

Ce mot s'emploie uniquement au singulier.

2 ▷ La Russie a envoyé une fusée dans l'espace.
Russland hat eine Rakete in den Weltraum geschossen.

2 ► **l'espace** (= le cosmos) **:** der Weltraum

espadrilles

▷ En été, j'aime porter des espadrilles.
Im Sommer trage ich gerne Espadrillen.

die **Espadrillen**

Espagne

▷ L'Espagne et la France sont voisines.
Spanien und Frankreich sind Nachbarn.

Spanien /ˈʃpaːniən/

► **l'Espagne :** Spanien

Ne prend l'article neutre que précédé d'un adjectif : ***das maurische Spanien*** (l'Espagne mauresque).

▷ En Espagne, les gens dînent tard.
In Spanien isst man spät zu Abend.

► **en Espagne** (= dans le pays) **:** in Spanien

▷ Nous allons souvent en Espagne.
Wir fahren oft nach Spanien.

► **en Espagne** (= vers le pays) **:** nach Spanien

▷ Nous sommes déjà allés trois fois en Espagne.
Wir waren schon dreimal in Spanien.

Attention : pour dire que quelqu'un **est déjà allé** *quelque part, on emploie une expression avec le prétérit du verbe* ***sein*** + ***schon***.

espagnol, espagnole

1 ▷ J'aime la cuisine espagnole.
Ich mag die spanische Küche gern.

1 (adjectif) **spanisch**

2 ▷ Les Espagnols sortent beaucoup le soir.
Die Spanier gehen abends viel aus.

2 (= personne) der **Spanier** /ˈʃpa:nie/ (pluriel : Spanier), die **Spanierin** (pluriel : Spanierinnen)

3 ▷ Madame Sernan nous apprend l'espagnol.
Frau Sernan unterrichtet uns in Spanisch.

3 (= langue) **Spanisch**

espèce

1 ▷ Cet arbre n'est pas de la même espèce.
Dieser Baum ist nicht von der selben Art.
▷ C'est une espèce d'outil avec deux pointes.
Es ist eine Art Werkzeug mit zwei Zinken.

1 (= sorte, variété) die **Art** (pluriel : Arten)
► **une espèce de...** (pour décrire un objet) : eine Art von...

2 ▷ Espèce d'imbécile !
Du Dummkopf!

2 Pour insulter quelqu'un en allemand, on dit couramment **du...!** suivi d'un nom.

espérer

▷ J'espère que vous allez bien.
Ich hoffe, dass es euch gut geht.
▷ Lise espère réussir son examen.
Lise hofft, ihre Prüfung zu bestehen.

hoffen
► **espérer que... :** hoffen, dass...
► **espérer** + infinitif **:** hoffen, zu + infinitif

espion, espionne

▷ James Bond est un espion anglais.
James Bond ist ein englischer Spion.

der **Spion** (pluriel : Spione), die **Spionin** (pluriel : Spioninnen)

espionner

▷ Arrête de nous espionner !
Hör auf, uns auszuspionieren!

ausspionieren
ℹ *__aus•spionieren__ est un verbe à particule séparable.*
ℹ *Les verbes se terminant en __-ieren__ ne prennent pas __ge-__ au participe passé.*

esquimau, esquimaude

1 ▷ Les Esquimaux habitent dans l'Arctique.
Die Eskimos leben in der Arktis.

1 ► **Esquimau, Esquimaude** (= personne) **:** der Eskimo (pluriel : Eskimos), die Eskimofrau (pluriel : -frauen)

2 ▷ Un esquimau à la vanille, s'il vous plaît.
Ein Vanilleeis am Stiel, bitte.

2 (nom masculin = glace) das **Eis am Stiel**

essai

▷ Joël a réussi à son premier essai.
Joël hat es bei seinem ersten Versuch geschafft.

der **Versuch** (pluriel : Versuche)

▷ J'ai fait trois essais, mais je n'ai pas pu le joindre.
Ich habe drei Versuche gemacht, aber ich konnte ihn nicht erreichen.

▷ La France a marqué un bel essai.
Frankreich hat einen schönen Versuch erzielt.

► **faire un essai :** einen Versuch machen

► **marquer un essai** (au rugby) **:** einen Versuch erzielen

ℹ *Les verbes commençant par le préfixe* ***er-*** *ne prennent pas* ***ge-*** *au participe passé.*

essayer

1 ▷ Pam a essayé une nouvelle coloration et maintenant elle a les cheveux orange !
Pam hat eine neue Haarfärbung ausprobiert und jetzt hat sie orangefarbene Haare!

1 (= tester) **ausprobieren**

ℹ ***aus•probieren*** *est un verbe à particule séparable.*

ℹ *Les verbes se terminant en* ***-ieren*** *ne prennent pas* ***ge-*** *au participe passé.*

2 ▷ Pouvez-vous parler moins fort ? J'essaie de travailler.
Könnt ihr etwas leiser sprechen? Ich versuche, zu arbeiten.

2 ► **essayer de** + infinitif **:** versuchen, zu + infinitif

3 ▷ Essaie cette jupe, elle devrait t'aller.
Probier diesen Rock an, der sollte dir passen.

3 (en parlant d'un vêtement) **anprobieren**

ℹ ***an•probieren*** *est un verbe à particule séparable.*

essence

1 ▷ Le prix de l'essence a encore augmenté.
Die Benzinpreise sind schon wieder gestiegen.

▷ L'essence sans plomb est moins nocive pour l'environnement.
Bleifreies Benzin ist weniger umweltfeindlich.

1 (= carburant) **das Benzin**

► **essence sans plomb :** das bleifreie Benzin

2 ▷ On va prendre de l'essence en chemin.
Wir tanken auf dem Weg.

2 ► **prendre de l'essence :** tanken

essentiel, essentielle

1 ▷ La musique est essentielle pour moi.
Musik ist für mich unentbehrlich.

1 (= indispensable) **unentbehrlich**

2 ▷ Il est essentiel que je réussisse cet examen.
Es ist sehr wichtig, dass ich diese Prüfung bestehe.

2 (= très important) **sehr wichtig**

3 ▷ L'essentiel c'est que vous ne soyez pas blessés.
Die Hauptsache ist, dass ihr unverletzt seid.

3 ► **l'essentiel :** die Hauptsache

essoufflé, essoufflée

▷ J'ai réussi à faire trois fois le tour du parc, mais j'étais complètement essoufflée.
Ich habe es geschafft, dreimal um den Park zu laufen, aber ich war völlig außer Atem.

außer Atem

essuie-glace

▻ L'essuie-glace arrière ne marche pas.
Der hintere Scheibenwischer geht nicht.

der **Scheibenwischer** (pluriel : Scheibenwischer)

essuyer

1 ▻ Passe-moi l'éponge, je vais essuyer la table.
Gib mir den Schwamm, ich wische den Tisch ab.

1 (= nettoyer) **abwischen**

i *Quand on essuie quelque chose qui est par terre, on dit **aufwischen**.*

i ***ab•wischen** et **auf•wischen** sont des verbes à particule séparable.*

2 ▻ C'est toujours moi qui dois essuyer la vaisselle !
Immer muss ich das Geschirr abtrocknen!

2 (= sécher) **abtrocknen**

i ***ab•trocknen** est un verbe à particule séparable.*

3 ▻ Je n'ai pas eu le temps de m'essuyer après mon bain.
Ich hatte nach meinem Bad nicht einmal Zeit, mich abzutrocknen.

3 ► **s'essuyer** (= se sécher) **: sich abtrocknen**

i *Le pronom personnel allemand s'emploie à l'accusatif : ich trockne **mich** ab, du trocknest **dich** ab, er/sie trocknet **sich** ab, wir trocknen **uns** ab, ihr trocknet **euch** ab, sie trocknen **sich** ab.*

4 ▻ Essuie-toi les pieds avant d'entrer.
Tritt dir die Füße ab, bevor du hereinkommst.
▻ Tu as tout sali ! - Pourtant, je me suis essuyé les pieds !
Du hast alles verschmutzt! - Ich habe mir aber doch die Füße abgetreten!

4 ► **s'essuyer les pieds** (= les chaussures) **: sich die Füße abtreten**

i ***ab•treten** est un verbe à particule séparable et se conjugue comme **treten** (tritt, trat, getreten).*

i *Le pronom personnel allemand s'emploie au datif : ich trete **mir**... ab, du trittst **dir**... ab, er/sie tritt **sich**... ab, wir treten **uns**... ab, ihr tretet **euch**... ab, sie treten **sich**... ab.*

est

1 ▻ Ils habitent dans l'est.
Sie wohnen im Osten.

1 (= la direction) der **Osten**

2 ▻ Mon village est à l'est de Metz.
Mein Dorf liegt östlich von Metz.

2 ► **à l'est de... : östlich von...**

est-ce que

▻ Est-ce que tu le connais ?
Kennst du ihn?
▻ Est-ce que vous pouvez le faire ?
Könnt ihr es tun?

Cette formule interrogative n'existe pas en allemand. On emploie des phrases comportant verbe + sujet + objet.

estime

▷ J'ai beaucoup d'estime pour elle.
Ich habe viel Achtung vor ihr.

die **Achtung**
Notez l'emploi de la préposition :
estime pour quelqu'un = *Achtung vor jemandem* (datif).

estimer

▷ J'estime que tu as eu tort et que tu devrais t'excuser.
Ich meine, dass du Unrecht hattest und dich entschuldigen solltest.

► **estimer que...** (= juger que) :
meinen, dass...

estomac

▷ Jeanne a l'estomac fragile.
Jeanne hat einen empfindlichen Magen.
▷ J'ai mal à l'estomac.
Ich habe Magenschmerzen.

der **Magen** (pluriel : Mägen)

► **avoir mal à l'estomac :**
Magenschmerzen haben

estrade

▷ Le bureau du prof est sur une estrade.
Der Schreibtisch des Lehrers steht auf einem Podium.

das **Podium** (pluriel : Podien)

et

1 ▷ Lise et André sont partis les premiers.
Lise und André sind als Erste gegangen.
▷ Et maintenant, qu'est-ce qu'on fait ?
Und was machen wir jetzt?
▷ J'ai faim, et toi ?
Ich habe Hunger, und du?

2 ▷ Il a acheté et le DVD et la musique du film.
Er hat sowohl die DVD als auch die Musik des Films gekauft.

1 La traduction allemande la plus courante est **und**.

2 ► **et... et...** (= aussi bien... que...) :
sowohl... als auch...

étable

▷ Tous les petits veaux étaient dans l'étable.
Alle kleinen Kälber waren im Stall.

der **Stall** (pluriel : Ställe)

établissement

▷ Le lycée Carnot est le plus grand établissement de la ville.
Das Carnot-Gymnasium ist die größte Schule der Stadt.

(= école) die **Schule** (pluriel : Schulen)

étage

▷ Le grand magasin a cinq étages.
Das Kaufhaus hat fünf Stockwerke.
▷ Marie habite un immeuble à trois étages.
Marie wohnt in einem dreistöckigen Haus.

▷ Mes amis habitent au dernier étage.
Meine Freunde wohnen im letzten Stock.

(d'un bâtiment) das **Stockwerk** (pluriel : Stockwerke)

ℹ *Pour dire qu'un bâtiment est à...* **étages**, *on emploie la formule* chiffre + ***-stöckig***

► **au... étage :** im... Stock

étagère

1 ▷ Le sel est sur l'étagère du bas.
Das Salz steht auf dem unteren Brett.
2 ▷ J'ai acheté une étagère pour mes CD.
Ich habe ein Regal für meine CDs gekauft.

1 (= planche) das **Brett** (pluriel : Bretter)

2 (= meuble) das **Regal** (pluriel : Regale)

étalage

1 ▷ Toutes les oranges ont dégringolé de l'étalage.
Alle Orangen sind vom Marktstand heruntergerollt.
2 ▷ L'étalage de cette boutique est très réussi.
Die Auslage dieser Boutique ist sehr gelungen.

1 (sur un marché) der **Marktstand** (pluriel : -stände)

2 (= vitrine d'un magasin) die **Auslage** (pluriel : Auslagen)

étaler

1 ▷ Est-ce que tu pourrais étaler le beurre sur le pain ?
Könntest du die Butter aufs Brot streichen?
2 ▷ J'ai étalé la pâte et je l'ai recouverte de tranches de pommes.
Ich habe den Teig ausgerollt und ihn mit Apfelscheiben belegt.
3 ▷ Pierre a étalé son journal par terre.
Pierre hat seine Zeitung auf dem Boden ausgebreitet.

4 ▷ Il faut toujours qu'elle étale ses connaissances.
Immer muss sie mit ihren Kenntnissen prahlen.

1 (en parlant du beurre, de la confiture) **streichen** (strich, gestrichen)

2 (en parlant de la pâte d'un gâteau) **ausrollen**

ℹ ***aus•rollen*** *est un verbe à particule séparable.*

3 (en parlant d'un journal, d'une carte routière) **ausbreiten**

ℹ ***aus•breiten*** *est un verbe à particule séparable.*

4 ► **étaler** quelque chose (= montrer fièrement) **:** mit etwas (datif) prahlen

étanche

▷ Heureusement ma montre est étanche !
Zum Glück ist meine Uhr wasserdicht!

wasserdicht

étang

▷ L'étang est gelé.
Der Teich ist zugefroren.

der **Teich** (pluriel : Teiche)

étape

1 ▷ Nous allons faire ce travail en trois étapes.
Wir werden diese Arbeit in drei Abschnitten erledigen.

2 ▷ Notre première étape est Carcassonne.
Unsere erste Etappe ist Carcassonne.

1 (= phase) der **Abschnitt** (pluriel : Abschnitte)

2 (= lieu où l'on s'arrête) die **Etappe** (pluriel : Etappen)

ℹ *Attention à l'orthographe.*

état

1 ▷ Il était dans un état lamentable.
Er war in einem erbärmlichen Zustand.

▷ La moto est en très bon état.
Das Motorrad ist in sehr gutem Zustand.

▷ Le toit est en mauvais état, mon père va le réparer.
Das Dach ist in schlechtem Zustand, mein Vater wird est reparieren.

2 ▷ Nadine est hors d'état de réviser.
Nadine ist nicht in der Lage zu lernen.

3 ▷ Ma mère était dans tous ses états quand je suis rentré !
Meine Mutter war ganz aus dem Häuschen, als ich nach Hause kam!

4 ▷ Les retraites sont versées par l'État.
Die Renten werden vom Staat ausgezahlt.

1 (= manière d'être) der **Zustand**

► **en bon état** : in gutem Zustand

► **en mauvais état** : in schlechtem Zustand

2 ► **être hors d'état de faire** quelque chose : nicht in der Lage sein, etwas zu tun

3 ► **être dans tous ses états** : ganz aus dem Häuschen sein

ℹ *L'expression française et sa traduction allemande sont familières.*

4 ► **État** (= pays, nation) : der Staat (pluriel : Staaten)

États-Unis

▷ Les États-Unis sont un pays très puissant.
Die Vereinigten Staaten sind ein mächtiges Land.

▷ Aux États-Unis, beaucoup d'Indiens vivent dans des réserves.
In den Vereinigten Staaten leben viele Indianer in den Reservaten.

▷ Mon père doit aller aux États-Unis pour son travail.
Mein Vater muss geschäftlich in die Vereinigten Staaten reisen.

▷ Es-tu déjà allé aux États-Unis ?
Warst du schon in den Vereinigten Staaten?

► **les États-Unis** : die Vereinigten Staaten

► **aux États-Unis** (= dans le pays) : in den Vereinigten Staaten

► **aux États-Unis** (= vers le pays) : in die Vereinigten Staaten

Attention : pour dire que quelqu'un **est déjà allé** *quelque part, on emploie une expression avec le prétérit du verbe* **sein** + **schon**.

été

▷ L'été sera chaud.
Der Sommer wird heiß.
▷ En été, nous allons en Bretagne.
Im Sommer fahren wir in die Bretagne.

der Sommer (pluriel : Sommer)

► en été : im Sommer

éteindre

1 ▷ Éteins la lumière, s'il te plaît.
Schalte bitte das Licht aus.

1 (en parlant de la lumière, de la télévision) ausschalten

ℹ *aus•schalten est un verbe à particule séparable.*

2 ▷ J'ai oublié d'éteindre la radio.
Ich habe vergessen, das Radio abzustellen.

2 (en parlant de la radio, d'un appareil) abstellen

ℹ *ab•stellen est un verbe à particule séparable.*

3 ▷ Les pompiers ont réussi à éteindre le feu.
Die Feuerwehr konnte den Brand löschen.

3 (en parlant d'un feu, d'un incendie) löschen

4 ▷ Éteins la bougie avant d'aller te coucher.
Blas die Kerze aus, bevor du ins Bett gehst.

4 (en parlant d'une bougie) ausblasen

ℹ *aus•blasen est un verbe à particule séparable et se conjugue comme blasen (bläst, blies, geblasen).*

5 ▷ Tout d'un coup, les lumières se sont éteintes.
Plötzlich ging das Licht aus.

5 ► s'éteindre : ausgehen

ℹ *aus•gehen est un verbe à particule séparable et se conjugue comme gehen (ging, gegangen).*

étendre

1 ▷ Céline a étendu une couverture sur la pelouse.
Celine hat eine Decke auf dem Rasen ausgebreitet.

1 (= étaler) ausbreiten

ℹ *aus•breiten est un verbe à particule séparable.*

2 ▷ Il n'y a pas de place pour étendre ses jambes dans ce cinéma.
In diesem Kino ist kein Platz, um seine Beine auszustrecken.

2 (en parlant des bras, des jambes) ausstrecken

ℹ *aus•strecken est un verbe à particule séparable.*

3 ▷ Étends le linge s'il te plaît.
Häng bitte die Wäsche auf.

3 ► étendre le linge : die Wäsche aufhängen

ℹ *auf•hängen est un verbe à particule séparable.*

ℹ *Quand hängen est transitif, il se conjugue de façon régulière.*

4 ▷ Étends-toi deux minutes, tu te sentiras mieux.
Leg dich zwei Minuten hin, dann fühlst du dich besser.

4 ► **s'étendre : sich hinlegen**

ℹ *hin•legen est un verbe à particule séparable.*

ℹ *Le pronom personnel allemand s'emploie à l'accusatif : ich lege **mich** hin, du legst **dich** hin, er/sie legt **sich** hin, wir legen **uns** hin, ihr legt **euch** hin, sie legen **sich** hin.*

5 ▷ La plage s'étend sur plusieurs kilomètres.
Der Strand zieht sich über mehrere Kilometer hin.

5 (en parlant d'une ville, d'un espace) : **sich hinziehen**

ℹ *hin•ziehen est un verbe à particule séparable et se conjugue comme ziehen (zog, gezogen).*

étendu, étendue

1 ▷ La banlieue où nous habitons est très étendue.
Der Vorort, wo wir wohnen, ist sehr groß.

1 (= vaste) **groß** (plus étendu größer ; le plus étendu der größte)

2 ▷ Allongez-vous, les bras étendus au-dessus de la tête.
Legt euch hin, die Arme über dem Kopf ausgestreckt.

2 (en parlant des bras, des jambes) **ausgestreckt**

3 ▷ Je les ai trouvés étendus dans l'herbe.
Ich fand sie im Gras liegend.

3 (= couché) **liegend**

éternuer

▷ Fatima a éternué cinq fois de suite.
Fatima hat fünfmal hintereinander geniest.

niesen

étincelle

▷ L'incendie a été provoqué par une étincelle.
Der Brand wurde von einem Funken verursacht.

der **Funke** (pluriel : Funken)

ℹ *On dit aussi der Funken.*

étiquette

1 ▷ C'est le classeur avec l'étiquette bleue.
Es ist der Aktenordner mit dem blauen Etikett.

1 (= étiquette qui porte une marque, un nom, etc.) das **Etikett** (pluriel : Etikette)

2 ▷ J'ai oublié d'ôter l'étiquette du cadeau de Sacha !
Ich habe vergessen, das Preisschild von Sachas Geschenk abzumachen!

2 (= étiquette qui porte le prix) das **Preisschild** (pluriel : -schilder)

étirer

1 ▷ Arrête d'étirer ton pull comme ça !
Hör auf, deinen Pulli so zu dehnen!

1 ► **étirer** quelque chose : etwas dehnen

2 ▷ J'adore m'étirer le matin en me réveillant.
Ich liebe es, mich morgens nach dem Aufwachen zu strecken.

2 ► **s'étirer** (en parlant d'une personne, d'un animal) : sich strecken

ℹ *Le pronom personnel allemand s'emploie à l'accusatif : ich strecke **mich**, du streckst **dich**, er/sie streckt **sich**, wir strecken **uns**, ihr streckt **euch**, sie strecken **sich***

étoile

▷ On voit beaucoup d'étoiles ce soir.
Man sieht viele Sterne heute Abend.
▷ Regarde, une étoile de mer !
Schau mal, ein Seestern!

der **Stern** (pluriel : Sterne)

► **étoile de mer** : der Seestern

étonnant, étonnante

▷ C'est étonnant qu'il ne soit pas venu.
Es ist erstaunlich, dass er nicht gekommen ist.

erstaunlich

étonné, étonnée

▷ J'ai été très étonnée de la voir à la réunion.
Ich war sehr erstaunt, sie bei der Versammlung zu sehen.

erstaunt

étonner

▷ Les progrès d'Aurore en anglais ont étonné tout le monde.
Aurores Fortschritte in Englisch haben alle erstaunt.

erstaunen

ℹ *Les verbes commençant par le préfixe **er-** ne prennent pas **ge-** au participe passé.*

étouffer

▷ Il m'a presque étouffé, tellement il m'a serré.
Er hat mich fast erstickt, so hat er mich gedrückt.
▷ On étouffe ici !
Hier erstickt man ja!
▷ Je me suis presque étouffé avec une arête.
Ich bin fast an einer Gräte erstickt.

ersticken

ℹ *Le verbe transitif allemand s'emploie avec l'auxiliaire **haben***

ℹ *Le verbe intransitif allemand s'emploie avec l'auxiliaire **sein***

ℹ *Le verbe réfléchi français est traduit par un verbe intransitif en allemand.*

étourderie

▷ J'ai fait deux fautes d'étourderie dans ma dictée.
Ich habe zwei Flüchtigkeitsfehler in meinem Diktat gemacht.

► **faute d'étourderie** : der Flüchtigkeitsfehler (pluriel : -fehler)

étourdi, étourdie

▷ Maya est très étourdie, elle perd sans arrêt ses affaires.
Maya ist sehr zerstreut, sie verliert ständig ihre Sachen.

zerstreut

étrange

▷ L'ambiance était très étrange.
Es herrschte eine sehr seltsame Stimmung.

seltsam

ℹ *On dit aussi* ***merkwürdig***.

étranger, étrangère

1 ▷ Un groupe de touristes étrangers est descendu à l'hôtel.
Eine Gruppe ausländischer Touristen ist im Hotel abgestiegen.

2 ▷ Les étrangers n'ont pas le droit de voter.
Die Ausländer dürfen nicht wählen.

3 ▷ David a vécu longtemps à l'étranger.
David hat lange im Ausland gelebt.

1 (adjectif = qui vient d'un autre pays) **ausländisch**

2 (= personne) der **Ausländer** (pluriel : Ausländer), die **Ausländerin** (pluriel : Ausländerinnen)

3 ► **à l'étranger :** im Ausland

étrangler

1 ▷ Le tueur a étranglé sa victime.
Der Mörder hat sein Opfer erwürgt.

2 ▷ Je me suis étranglé avec une arête.
Ich habe mich an einer Gräte verschluckt.

▷ Mâche, sinon tu vas encore t'étrangler.
Kau, sonst verschluckst du dich wieder.

1 (= tuer) **erwürgen**

ℹ *On dit aussi* ***erdrosseln***.

2 ► **s'étrangler** (par accident) : **sich verschlucken**

ℹ *Le pronom personnel allemand s'emploie à l'accusatif : ich verschlucke* ***mich****, du verschluckst* ***dich****, er/sie verschluckt* ***sich****, wir verschlucken* ***uns****, ihr verschluckt* ***euch****, sie verschlucken* ***sich***.

être

1 ▷ Le boulanger est sympa.
Der Bäcker ist nett.

▷ Est-ce qu'ils sont là ?
Sind sie da?

▷ Où étiez-vous ?
Wo wart ihr?

1 La traduction la plus fréquente du verbe être est **sein**.

ℹ *Au présent :* ***ich bin, du bist, er/sie ist, wir sind, ihr seid, sie sind****. Au prétérit :* ***ich war, du warst, er/sie war, wir waren, ihr wart, sie waren****. Au participe passé :* ***gewesen***.

2 ▷ Mes cousins sont restés toute la journée.
Meine Cousins sind den ganzen Tag über dageblieben.
▷ Elle s'est cassé le bras à l'escalade.
Sie hat sich beim Klettern den Arm gebrochen.
3 ▷ Ce livre est à Joanna.
Dieses Buch gehört Joanna.
4 ▷ Ta soupe est très bonne !
Deine Suppe schmeckt sehr gut!
5 ▷ Tu pourrais au moins le traiter comme un être humain !
Du könntest ihn mindestens wie einen Menschen behandeln!

2 Lorsque **être** est auxiliaire et qu'il sert à former le passé composé, l'allemand suit la forme française soit avec **sein** + participe passé, soit avec **haben** + participe passé.

3 ► **être à ...** (= appartenir à) : **gehören**

4 (en parlant de nourriture) **schmecken**

5 ► **être humain** : der **Mensch** (pluriel : Menschen)

étroit, étroite

▷ Le chemin est trop étroit pour deux voitures.
Der Weg ist zu eng für zwei Autos.

eng

étude

1 ▷ Ils ont fait une étude sur la violence dans les écoles.
Sie haben eine Studie über Gewalt in der Schule gemacht.
2 ▷ Il y a quatre salles d'étude dans l'école.
In der Schule gibt es vier Studierzimmer.
3 ▷ Laïla ne veut pas faire d'études.
Laïla will nicht studieren.
▷ Le frère de Guy fait des études de droit.
Guys Bruder studiert Jura.

1 (= enquête) die **Studie** (pluriel : Studien)

2 ► **salle d'étude** ou **étude** : das **Studierzimmer** (pluriel : -zimmer)

3 ► **faire des études, faire des études de** : **studieren**

ℹ *Les verbes se terminant en* **-ieren** *ne prennent pas* **ge-** *au participe passé.*

étudiant, étudiante

▷ Les pions de l'école sont tous des étudiants.
Die Schulaufseher sind alle Studenten.

der **Student** (pluriel : Studenten), die **Studentin** (pluriel : Studentinnen)

étudier

▷ Laura étudie le russe.
Laura studiert Russisch.

studieren

ℹ *Les verbes se terminant en* **-ieren** *ne prennent pas* **ge-** *au participe passé.*

étui

▷ J'ai perdu mon étui à lunettes.
Ich habe mein Brillenetui verloren.

(pour les lunettes, les cigarettes) das **Etui** (pluriel : Etuis)

euro

▷ Je voudrais changer cent euros en livres.
Ich würde gern hundert Euro in Pfund wechseln.

der **Euro** (pluriel : Euro)

ℹ *Pour les devises, le pluriel n'est généralement pas employé.*

Europe

▷ La France fait partie de l'Europe.
Frankreich gehört zu Europa.

▷ Miho voudrait vivre en Europe.
Miho würde gern in Europa leben.

▷ Beaucoup d'Américains viennent en Europe pour faire leurs études.
Viele Amerikaner kommen nach Europa, um zu studieren.

Europa

► **l'Europe :** Europa

ℹ *Ne prend l'article neutre que précédé d'un adjectif :* ***das*** *slawische Europa* (l'Europe slave).

► **en Europe** (= dans le pays) **:** in Europa

► **en Europe** (= vers le pays) **:** nach Europa

européen, européenne

1 ▷ L'Italie est un pays européen.
Italien ist ein europäisches Land.

▷ Les élections européennes ont lieu tous les cinq ans.
Die Europawahlen finden alle fünf Jahre statt.

2 ▷ Beaucoup d'Européens sont écologistes.
Viele Europäer sind Umweltschützer.

1 (adjectif) **europäisch**

► **élections européennes :** die Europawahlen

2 (= personne) der **Europäer** (pluriel : Europäer), die **Europäerin** (pluriel : Europäerinnen)

eux

1 ▷ Nous avons dit oui, mais eux ont refusé.
Wir haben ja gesagt, aber sie haben abgelehnt.

2 ▷ Tu as acheté les bonbons pour eux ?
Hast du die Bonbons für sie gekauft?

▷ Je vais avec eux.
Ich gehe mit ihnen.

▷ J'habite chez eux.
Ich wohne bei ihnen.

▷ Je réussirai sans eux.
Mir gelingt es auch ohne sie.

▷ C'est un ami à eux.
Er ist ein Freund von ihnen.

1 (quand **eux** est sujet) **sie**

2 Quand **eux** est complément introduit par une préposition, l'équivalent en allemand est **sie** (accusatif) *ou* **ihnen** (datif), selon la préposition : mit + datif, für + accusatif, bei + datif, ohne + accusatif, etc.

eux-mêmes

1 ▷ Ils l'ont fabriqué eux-mêmes.
Sie selbst haben es angefertigt.

1 (= personnellement) **sie selbst**

2 ▷ Mes frères eux-mêmes ne pouvaient pas soulever la caisse.
Selbst meine Brüder konnten die Kiste nicht hochheben.

2 (= la personne ou la chose en question) selbst

évacuer

▷ Les pompiers ont évacué les élèves.
Die Feuerwehr hat die Schüler evakuiert.

(= faire partir) evakuieren

*Les verbes se terminant en **-ieren** ne prennent pas **ge-** au participe passé.*

s'évader

▷ Deux prisonniers se sont évadés cette nuit.
Zwei Gefangene sind letzte Nacht ausgebrochen.

(= s'échapper) ausbrechen

***aus•brechen** est un verbe à particule séparable et se conjugue comme **brechen** (bricht, brach, gebrochen).*

évaluer

▷ J'ai du mal à évaluer la quantité de nourriture qu'il nous faut.
Ich habe Schwierigkeiten zu schätzen, wie viel Nahrung wir brauchen.

schätzen

s'évanouir

▷ Quand j'ai vu tout ce sang, j'ai failli m'évanouir.
Als ich all dieses Blut sah, wurde ich fast ohnmächtig.

(= perdre connaissance) ohnmächtig werden (wird, wurde, geworden)

s'évaporer

▷ Toute l'eau s'est évaporée.
Das ganze Wasser ist verdunstet.

verdunsten

*Les verbes commençant par le préfixe **ver-** ne prennent pas **ge-** au participe passé.*

Le verbe réfléchi français se traduit par un verbe intransitif en allemand.

événement

▷ La visite du ministre est un événement très important.
Der Besuch des Ministers ist ein wichtiges Ereignis.

das Ereignis (pluriel : Ereignisse)

éventail

▷ Pour Sarah, j'ai rapporté un éventail d'Espagne.
Für Sarah habe ich einen Fächer aus Spanien mitgebracht.

der Fächer (pluriel : Fächer)

éventuellement

▷ On pourrait éventuellement prendre un taxi.
Wir könnten eventuell ein Taxi nehmen.
▷ Tu pourrais nous aider ? – Oui, éventuellement.
Könntest du uns helfen? – Ja, das wäre möglich.

eventuell
ℹ *Quand* **éventuellement** *fait partie d'une réponse à quelqu'un, on emploie la formule* ***das wäre möglich.***

évidemment

▷ Tu crois que c'est vrai ? – Évidemment !
Glaubst du, dass das wahr ist? – Natürlich!

(= bien sûr, dans une réponse)
natürlich
ℹ *On dit aussi* ***klar.***

évident, évidente

1 ▷ Il est évident que tu ne finiras pas à temps.
Es ist klar, dass du nicht rechtzeitig fertig wirst.
2 ▷ Cet exercice n'est pas évident.
Diese Übung ist nicht leicht.

1 (= clair) **klar**

2 ► **pas évident** (= pas facile) : nicht leicht

évier

▷ L'évier est encore bouché.
Die Spüle ist schon wieder verstopft.

die **Spüle** (pluriel : Spülen)
ℹ *On dit aussi* ***das Spülbecken*** (pluriel : *-becken*).

éviter

1 ▷ Le camion a fait un écart pour éviter la moto.
Der Laster hat einen Schlenker gemacht, um dem Motorrad auszuweichen.

1 ► **éviter** quelqu'un *ou* quelque chose (= esquiver) : jemandem *ou* etwas (datif) **ausweichen**
ℹ ***aus•weichen*** *est un verbe à particule séparable et se conjugue comme* ***weichen*** *(wich, gewichen).*

2 ▷ Évite de faire du bruit, ma petite sœur dort.
Vermeide es, Lärm zu machen, meine kleine Schwester schläft.

2 ► **éviter de** + infinitif : **es vermeiden, zu** + infinitif

3 ▷ Depuis qu'on s'est disputés, elle m'évite.
Seit wir uns gestritten haben, geht sie mir aus dem Weg.

3 ► **éviter** quelqu'un (= ne pas le rencontrer) : jemandem (datif) **aus dem Weg gehen** (ging, gegangen)

évoluer

▷ La situation n'a pas évolué depuis le mois dernier.
Seit letztem Monat hat sich die Lage nicht geändert.

(= changer) **sich ändern**

exact, exacte

1 ▷ Le résultat de la soustraction est exact.
Das Ergebnis der Subtraktion ist richtig.
▷ Oui, c'est exact.
Ja, das ist richtig.

2 ▷ Est-ce que tu as l'heure exacte ?
Hast du die genaue Uhrzeit?

1 (= correct, sans faute) richtig

2 (= précis) genau

exactement

▷ Les deux T-shirts sont exactement pareils.
Die beiden T-Shirts sind genau gleich.

genau

exagérer

▷ Elle exagère toujours.
Sie übertreibt immer.
▷ Tu exagères ! Tu aurais pu lui dire bonjour !
Du übertreibst es aber! Du hättest ihn doch grüßen können!

übertreiben (übertrieb, übertrieben)

examen

1 ▷ Benoît passe son examen de chimie demain.
Benoît macht morgen seine Chemieprüfung.
▷ Tu as réussi ton examen ?
Hast du deine Prüfung bestanden?

2 ▷ Demain, je dois aller à l'hôpital pour un examen médical.
Morgen muss ich für eine Untersuchung ins Krankenhaus.

1 (= épreuve) die Prüfung (pluriel : Prüfungen)
► **passer un examen :** eine Prüfung machen
► **réussir un examen :** eine Prüfung bestehen (bestand, bestanden)

Les verbes commençant par le préfixe ***be-*** *ne prennent pas* ***ge-*** *au participe passé.*

2 ► **examen médical :** die Untersuchung (pluriel : Untersuchungen)

examiner

▷ Le médecin m'a examiné et a dit que tout allait bien.
Der Arzt hat mich untersucht und gesagt, alles sei in Ordnung.

untersuchen

Les verbes commençant par le préfixe ***unter-*** *ne prennent pas* ***ge-*** *au participe passé.*

excellent, excellente

▷ Ce fromage est excellent !
Dieser Käse schmeckt ausgezeichnet!

ausgezeichnet

exception

▷ En principe je n'aime pas trop ses films, mais celui-ci est une exception.
Eigentlich mag ich seine Filme nicht sehr, aber dieser ist eine Ausnahme.

▷ Tu pourrais faire une exception pour moi !
Für mich könntest du eine Ausnahme machen!

die **Ausnahme** (pluriel : Ausnahmen)

► **faire une exception :** eine Ausnahme machen

exceptionnel, exceptionnelle

▷ C'est un garçon assez exceptionnel.
Er ist ein ziemlich außergewöhnlicher Junge.

außergewöhnlich

exceptionnellement

1 ▷ Cette fille est exceptionnellement intelligente.
Dieses Mädchen ist außergewöhnlich intelligent.

2 ▷ Exceptionnellement, le magasin fermera à 15 heures aujourd'hui.
Ausnahmsweise schließt das Geschäft heute um 15 Uhr.

1 (= extraordinairement) **außergewöhnlich**

2 (= par exception) **ausnahmsweise**

exciter

1 ▷ N'excite pas le chien comme ça, il va te mordre.
Reg den Hund nicht so auf, er wird dich beißen.

2 ▷ Ne t'excite pas trop, ce n'est pas encore sûr.
Reg dich nicht zu sehr auf, es ist noch nicht sicher.

1 ► **exciter** (quelqu'un, un animal) (= l'énerver) **:** jemanden (accusatif) aufregen

ℹ *auf•regen est un verbe à particule séparable.*

2 ► **s'exciter :** sich aufregen

ℹ *Le pronom personnel allemand s'emploie à l'accusatif : ich rege **mich** auf, du regst **dich** auf, er/sie regt **sich** auf, wir regen **uns** auf, ihr regt **euch** auf, sie regen **sich** auf.*

exclure

▷ Baptiste a été exclu de l'équipe de foot.
Baptiste wurde aus der Fußballmannschaft ausgeschlossen.

ausschließen

ℹ *aus•schließen est un verbe à particule séparable et se conjugue comme **schließen** (schloss, geschlossen).*

excursion

▷ L'excursion n'a duré qu'une demi-heure.
Der Ausflug hat nur eine halbe Stunde gedauert.

der **Ausflug** (pluriel : Ausflüge)

excuse

1 ▷Tu n'as aucune excuse !
Du hast keine Ausrede!

2 ▷Mélanie a dû faire des excuses au prof.
Mélanie musste sich beim Lehrer entschuldigen.

▷Il a intérêt à me faire des excuses !
Er täte gut daran, sich bei mir zu entschuldigen!

1 (= prétexte) die **Ausrede** (pluriel : Ausreden)

2 ► **faire des excuses à quelqu'un** : sich bei jemandem entschuldigen

ℹ *Le pronom personnel allemand s'emploie à l'accusatif : ich entschuldige* ***mich****, du entschuldigst* ***dich****, er/sie entschuldigt* ***sich****, wir entschuldigen* ***uns****, ihr entschuldigt* ***euch****, sie entschuldigen* ***sich***

excuser

1 ▷Pourquoi est-ce que je devrais l'excuser ?
Warum sollte ich ihm denn verzeihen?

1 ► **excuser** quelqu'un *ou* quelque chose (= pardonner) : jemandem (datif) *ou* etwas (accusatif) **verzeihen** (*verzieh, verziehen*)

ℹ *On dit aussi jemanden ou etwas* (accusatif) ***entschuldigen***

2 ▷Oh ! excusez-moi ! Je vous ai fait mal ?
Oh! Entschuldigung! Hab ich Ihnen weh getan?

2 ► **excusez-moi** (= je suis désolé) : **Entschuldigung**

ℹ *On dit aussi* ***Verzeihung***

3 ▷Excusez-moi, est-ce que vous avez l'heure, s'il vous plaît ?
Entschuldigen Sie bitte, könnten Sie mir sagen, wie spät es ist?

3 ► **excusez-moi** (pour demander un renseignement) : **entschuldigen Sie bitte**

4 ▷Il a refusé de s'excuser.
Er wollte sich nicht entschuldigen.

▷Je voudrais m'excuser.
Ich möchte mich entschuldigen.

4 ► **s'excuser** : **sich entschuldigen**

ℹ *Le pronom personnel allemand s'emploie à l'accusatif : ich entschuldige* ***mich****, du entschuldigst* ***dich****, er/sie entschuldigt* ***sich****, wir entschuldigen* ***uns****, ihr entschuldigt* ***euch****, sie entschuldigen* ***sich***

exemplaire

▷J'ai un autre exemplaire de la facture.
Ich habe noch ein Exemplar der Rechnung.

das **Exemplar** (pluriel : Exemplare)

exemple

▷Peux-tu me donner un exemple ?
Kannst du mir ein Beispiel geben?

das **Beispiel** (pluriel : Beispiele)

▷ Certains fauves sont bons nageurs, par exemple le tigre.
Einige Raubtiere sind gute Schwimmer, zum Beispiel der Tiger.

► **par exemple :** zum Beispiel

ℹ *zum Beispiel s'abrège z.B.*

s'exercer

▷ Si tu veux t'améliorer, tu devrais t'exercer.
Wenn du besser werden willst, musst du üben.

▷ Anna s'exerce à rester sous l'eau.
Anna übt, unter Wasser zu bleiben.

üben

► **s'exercer à** + infinitif : üben, zu + infinitif

exercice

1 ▷ Le premier exercice de maths est très dur.
Die erste Matheübung ist sehr schwer.

2 ▷ Le médecin a conseillé à mon père de faire de l'exercice.
Der Arzt hat meinem Vater geraten, sich Bewegung zu verschaffen.

1 (= entraînement) die Übung (pluriel : Übungen)

2 ► **faire de l'exercice** (= du sport) : sich Bewegung verschaffen

ℹ *Le pronom personnel allemand s'emploie au datif : ich verschaffe **mir** Bewegung, du verschaffst **dir** Bewegung, er/sie verschafft **sich** Bewegung, wir verschaffen **uns** Bewegung, ihr verschafft **euch** Bewegung, sie verschaffen **sich** Bewegung.*

exigeant, exigeante

▷ Ludo est un entraîneur très exigeant.
Ludo ist ein Trainer, der viel verlangt.

ℹ *Pour dire que quelqu'un est **exigeant** en allemand, on emploie la formule **viel verlangen**.*

exiger

▷ Ils ont exigé du jus d'orange frais au petit-déjeuner.
Sie haben frischen Orangensaft zum Frühstück verlangt.

▷ Marie a exigé que je lui fasse des excuses.
Marie hat verlangt, dass ich mich bei ihr entschuldige.

(= réclamer) verlangen

ℹ *Les verbes commençant par le préfixe **ver-** ne prennent pas **ge-** au participe passé.*

► **exiger que... :** verlangen, dass...

exister

1 ▷ Crois-tu que les extraterrestres existent ?
Glaubst du, dass Außerirdische existieren? *ou* Glaubst du, dass es Außerirdische gibt?

1 Pour dire que quelque chose est réel, on peut dire soit existieren, soit on emploie la formule es + geben (es gibt, es gab, es hat gegeben).

2 ▷ Il existe une exception.
Es gibt eine Ausnahme.
▷ Il existe des téléphones avec courrier électronique.
Es gibt Telefone mit E-mail.

2 ► il existe : es gibt

expédier

1 ▷ Quand est-ce que tu vas expédier ce paquet ?
Wann schickst du dieses Paket ab?

1 (= envoyer) abschicken
ℹ *ab•schicken est un verbe à particule séparable.*

2 ▷ Il expédie toujours son travail.
Er erledigt immer ganz schnell seine Arbeit.

2 ► expédier quelque chose (= le faire vite) : etwas schnell erledigen
ℹ *Les verbes commençant par le préfixe er- ne prennent pas ge- au participe passé.*

expérience

1 ▷ Il y a eu une explosion pendant l'expérience de chimie.
Beim Chemieexperiment gab es eine Explosion.

1 (= essai scientifique) das Experiment (pluriel : Experimente)
ℹ *On dit aussi der Versuch (pluriel : Versuche)*

2 ▷ C'est un chanteur avec beaucoup d'expérience.
Er ist ein Sänger mit viel Erfahrung.

2 (= habitude, pratique) die Erfahrung

expert, experte

▷ Je te donne mon avis, mais je ne suis pas une experte.
Ich sag dir meine Meinung, aber bin keine Expertin.

der Experte (pluriel : Experten), die Expertin (pluriel : Expertinnen)

expirer

1 ▷ Inspirez ! Expirez !
Einatmen! Ausatmen!

1 (= souffler) ausatmen
ℹ *aus•atmen est un verbe à particule séparable.*

2 ▷ Mon passeport expire en juin.
Mein Pass läuft im Juni ab.

2 (= ne plus être valable) ablaufen
ℹ *ab•laufen est un verbe à particule séparable et se conjugue comme laufen (läuft, lief, gelaufen).*

explication

1 ▷ Est-ce que tu as compris l'explication ?
Hast du die Erklärung verstanden?

1 (= éclaircissement) die Erklärung (pluriel : Erklärungen)

2 ▷ Denis et Béa ont eu une explication.
Denis und Béa hatten eine Aussprache.

2 ► avoir une explication (= une dispute) : eine Aussprache haben

expliquer

1 ▷ Tu peux m'expliquer pourquoi tu as fait ça ?
Kannst du mir erklären, warum du das getan hast?

2 ▷ Je ne m'explique pas assez clairement.
Ich drücke mich nicht klar genug aus.

1 (= rendre clair) **erklären**

Les verbes commençant par le préfixe ***er-*** *ne prennent pas* ***ge-*** *au participe passé.*

2 ► **s'expliquer** (= se faire comprendre) : **sich ausdrücken**

aus•drücken *est un verbe à particule séparable.*

Le pronom personnel allemand s'emploie à l'accusatif : ich drücke ***mich*** *aus, du drückst* ***dich*** *aus, er/sie drückt* ***sich*** *aus, wir drücken* ***uns*** *aus, ihr drückt* ***euch*** *aus, sie drücken* ***sich*** *aus*

exploit

▷ Sergio nous a raconté ses exploits en Allemagne.
Sergio hat uns von seine Großtaten in Deutschland erzählt.

die **Großtat** (pluriel : **-taten**)

explorer

▷ Hier, on a exploré le nord de la ville.
Gestern haben wir den Norden der Stadt erforscht.

erforschen

Les verbes commençant par le préfixe ***er-*** *ne prennent pas* ***ge-*** *au participe passé.*

exploser

▷ La bombe a explosé tout près du marché.
Die Bombe ist ganz in der Nähe des Markts explodiert.

explodieren

Les verbes se terminant par ***-ieren*** *ne prennent pas* ***ge-*** *au participe passé.*

explosion

▷ Est-ce que vous avez entendu l'explosion ?
Habt ihr die Explosion gehört?

die **Explosion** (pluriel : **Explosionen**)

exposition

▷ L'exposition Cézanne est magnifique.
Die Cézanne-Ausstellung ist wunderschön.

(= exposition d'œuvres) die **Ausstellung** (pluriel : **Ausstellungen**)

exprès

1 ▷ Je suis venu exprès pour te voir.
Ich bin eigens gekommen, um dich zu sehen.

2 ▷ Laisse-la tranquille, elle ne l'a pas fait exprès.
Lass sie in Ruhe, sie hat es nicht absichtlich getan.

1 (= spécialement) **eigens**

2 (= délibérément) **absichtlich**

On dit aussi ***mit Absicht***

expression

▷ Je ne connaissais pas cette expression.
Ich kannte diesen Ausdruck nicht.

der **Ausdruck** (pluriel : Ausdrücke)

exprimer

1 ▷ Léo a du mal à exprimer ses sentiments.
Léo hat Schwierigkeiten, seine Gefühle zum Ausdruck zu bringen.

2 ▷ Priscilla s'exprime très bien.
Priscilla drückt sich sehr gut aus.

1 (= manifester) **zum Ausdruck bringen** (brachte, gebracht)

2 ► **s'exprimer** (= parler) **: sich ausdrücken**

ℹ *Le pronom personnel allemand s'emploie à l'accusatif : ich drücke **mich** aus, du drückst **dich** aus, er/sie drückt **sich** aus, wir drücken **uns** aus, ihr drückt **euch** aus, sie drücken **sich** aus.*

expulser

1 ▷ Plusieurs familles ont été expulsées de cet immeuble.
Mehrere Familien wurden aus diesem Haus hinausgeworfen.

1 (= expulser quelqu'un d'un logement) **hinauswerfen**

ℹ ***hinaus•werfen** est un verbe à particule séparable et se conjugue comme **werfen** (wirft, warf, geworfen).*

ℹ *On dit aussi **rauswerfen**.*

2 ▷ Le père de Mouhad va être expulsé parce qu'il n'a pas de permis de séjour.
Mouhads Vater wird abgeschoben, weil er keine Aufenthaltsgenehmigung hat.

2 (en parlant des étrangers en situation irrégulière) **abschieben**

ℹ ***ab•schieben** est un verbe à particule séparable et se conjugue comme **schieben** (schob, geschoben).*

3 ▷ Matthieu a été expulsé du terrain parce qu'il a donné un coup de pied à un joueur.
Matthieu wurde verwiesen, weil er einem Spieler einen Fußtritt gegeben hatte.

3 (= expulser un joueur pour une faute) **verweisen** (verwies, verwiesen)

ℹ *Les verbes commençant par le préfixe **ver-** ne prennent pas **ge-** au participe passé.*

extérieur

1 ▷ L'extérieur de la maison n'est pas très bien entretenu.
Die Außenseite des Hauses ist schlecht gepflegt.

2 ▷ Je vous attends à l'extérieur.
Ich warte draußen auf euch.

3 ▷ Vous devez laisser vos vélos à l'extérieur de l'école.
Ihr müsst eure Fahrräder außerhalb der Schule stehenlassen.

1 ► **l'extérieur** (= la partie qui est dehors) **: die Außenseite**

2 ► **à l'extérieur : draußen**

3 ► **à l'extérieur de : außerhalb** + génitif

externe

▷ Les externes peuvent partir à trois heures.
Die Externen können um drei Uhr gehen.

(= élève) der/die **Externe**
(pluriel : Externen)
ℹ *C'est un adjectif substantivé : on dit* ***ein Externer.***

extrait

▷ La prof nous a lu un extrait de « Momo ».
Die Lehrerin hat uns einen Auszug aus « Momo » vorgelesen.

(= passage) der **Auszug**
(pluriel : Auszüge)

extraordinaire

1 ▷ C'était vraiment un voyage extraordinaire.
Es war wirklich eine außergewöhnliche Reise.

2 ▷ Comment était le film ? – Pas extraordinaire.
Wie war der Film? – Nicht besonders.

1 (= inhabituel) **außergewöhnlich**

2 ► **pas extraordinaire** (= pas terrible) : nicht besonders

extraterrestre

1 ▷ La vie extraterrestre n'a pas été prouvée.
Außerirdisches Leben wurde nicht bewiesen.

2 ▷ Tu crois qu'il existe des extraterrestres ?
Glaubst du, dass es Außerirdische gibt?

1 (adjectif) **außerirdisch**

2 (= créature) der/die **Außerirdische**
(pluriel : Außerirdischen)
ℹ *C'est un adjectif substantivé : on dit* ***ein Außerirdischer.***

extrême

1 ▷ Ils travaillent dans des conditions extrêmes.
Sie arbeiten unter äußersten Bedingungen.

2 ▷ L'extrême gauche n'a pas eu beaucoup de voix aux élections.
Die Linksextremisten haben bei der Wahl nicht so viele Stimmen bekommen.

3 ▷ C'est un journal d'extrême gauche.
Das ist eine linksextremistische Zeitung.

1 (= très difficile) **äußerst**

2 ► **l'extrême gauche :** die Linksextremisten
ℹ *De même :* **l'extrême droite** = ***die Rechtsextremisten***

3 ► **d'extrême gauche :** linksextremistisch
ℹ *De même :* **d'extrême droite** = ***rechtsextremistisch***

extrêmement

▷ Quentin a été extrêmement déçu.
Quentin war äußerst enttäuscht.

äußerst

F

FRANÇAIS — ALLEMAND

fable

▷ J'aime bien les fables de La Fontaine.
Ich mag die Fabeln von La Fontaine gern.

die **Fabel** (pluriel : Fabeln)

fabriquer

1 ▷ Cédric est en train de fabriquer un cadeau pour sa mère.
Cédric fertigt ein Geschenk für seine Mutter an.

1 (= faire à la main) **anfertigen**

ℹ *an•fertigen est un verbe à particule séparable.*

2 ▷ Cette usine fabrique des chaussures.
Diese Fabrik stellt Schuhe her.

2 (= fabriquer à l'usine) **herstellen**

ℹ *her•stellen est un verbe à particule séparable.*

3 ▷ Qu'est-ce que tu fabriques ? Il est temps de partir !
Was machst du denn? Es ist Zeit zu gehen!

3 (= faire, au sens familier) **machen**

fac

▷ Ils vont construire une nouvelle fac.
Sie werden eine neue Uni bauen.

die **Uni**

ℹ *Uni est l'abréviation de Universität tout comme fac est l'abréviation de faculté.*

▷ Je voudrais aller en fac après le bac.
Ich will nach dem Abitur auf die Uni gehen.

▷ Le frère de Ramona est en fac.
Ramonas Bruder ist an der Uni.

► **aller en fac :** auf die Uni gehen (ging, gegangen)

► **être en fac :** an der Uni sein

façade

▷ Mes parents ont repeint la façade.
Meine Eltern haben die Fassade neu gestrichen.

die **Fassade** (pluriel : Fassaden)

face

1 ▷ On a déjà écouté les deux faces du disque.
Wir haben uns schon beide Seiten der Platte angehört.

1 (= le côté d'un disque, d'une cassette) die **Seite** (pluriel : Seiten)

2 ▷ Il y a une boulangerie en face.
Gegenüber ist eine Bäckerei.
▷ Rachid s'est assis en face de moi.
Rachid hat sich mir gegenüber gesetzt.

2 ► **en face** (= de l'autre côté de la rue) : gegenüber
► **en face de** quelqu'un *ou* quelque chose : jemandem *ou* etwas (datif) gegenüber

fâché, fâchée

▷ Lucille est fâchée parce que Marc a menti.
Lucille ist verärgert, weil Marc gelogen hat.

(= pas content) **verärgert**

se fâcher

1 ▷ Ne te fâche pas, je vais le réparer !
Werde nicht wütend, ich reparier das schon!
2 ▷ Ils se sont fâchés pour une histoire d'argent.
Sie haben sich wegen einer Geldsache zerstritten.

1 (= se mettre en colère) **wütend werden** (wird, wurde, geworden)
2 (= se brouiller) **sich zerstreiten** (zerstritt, zerstritten)

facile

▷ Cet exercice est facile.
Diese Übung ist leicht.
▷ Son nouveau roman est facile à lire.
Sein neuer Roman ist leicht zu lesen.
▷ C'est plus facile à dire qu'à faire.
Das ist leichter gesagt als getan.

leicht
► **facile à** + infinitif : leicht zu + infinitif

facilement

▷ Aurélien y est arrivé facilement.
Aurélien hat es leicht geschafft.

leicht

façon

1 ▷ Il y a plusieurs façons de le faire.
Man kann es auf mehrere Weisen tun.
2 ▷ Il se comporte d'une façon bizarre.
Er benimmt sich seltsam.
3 ▷ De toute façon, ça m'est égal.
Es ist mir sowieso egal.
4 ▷ De quelle façon est-ce que tu vas t'y prendre ?
Wie willst du das machen?

1 (= manière, méthode) die **Weise** (pluriel : Weisen)
2 Quand on veut dire **de façon** + adjectif en allemand, on traduit simplement par l'adjectif.
3 ► **de toute façon** : sowieso
4 ► **de quelle façon... ?** : wie...?

facteur

▷ Est-ce que le facteur est passé ?
Ist der Briefträger schon vorbeigekommen?

(= employé de la poste) der **Briefträger** (pluriel : -träger), die **Briefträgerin** (pluriel : -trägerinnen)

facture

▷ Est-ce que tu as payé la facture de téléphone ?
Hast du die Telefonrechnung bezahlt?

die **Rechnung**
(pluriel : Rechnungen)

fade

▷ Cette soupe est fade.
Die Suppe ist fade.

(en parlant de nourriture) **fade**

faible

1 ▷ Je me sens un peu faible aujourd'hui.
Ich fühle mich etwas schwach heute.
▷ Coralie est trop faible en maths pour faire une section scientifique.
Coralie ist zu schwach in Mathe, um einen wissenschaftlichen Kursus zu machen.

1 (= pas fort) **schwach** (**plus faible :** schwächer, **le plus faible :** der schwächste

2 ▷ Je crois que Suzie a un faible pour Pablo.
Ich glaube, dass Suzie eine Schwäche für Pablo hat.
▷ J'ai un faible pour le chocolat.
Ich habe eine Schwäche für Schokolade.

2 ► **avoir un faible pour** quelqu'un *ou* quelque chose **:** eine Schwäche für jemanden *ou* etwas (accusatif) haben

faillir

▷ J'ai failli rater le train.
Ich hätte beinahe den Zug versäumt.
▷ Il a failli tomber.
Er wäre fast hingefallen.

ℹ *Quand on veut dire qu'on a* **failli faire** *quelque chose en allemand, on emploie une expression avec les mots* ***beinahe*** *ou* ***fast*** *et le verbe au subjonctif II.*

faim

▷ J'ai faim ! Quand est-ce qu'on mange ?
Ich habe Hunger! Wann essen wir?
▷ La promenade m'a donné faim.
Der Spaziergang hat mich hungrig gemacht.

► **avoir faim :** Hunger haben

ℹ *On dit aussi* ***hungrig sein***

► **donner faim à** quelqu'un **:** jemanden (accusatif) hungrig machen

fainéant, fainéante

1 ▷ Serge est fainéant, il ne veut jamais faire ses devoirs.
Serge ist faul, er will nie seine Hausaufgaben machen.

1 (adjectif = paresseux) **faul**

2 ▷ C'est une fainéante qui passe ses journées devant la télé.
Sie ist eine Faulenzerin, die den ganzen Tag über vor dem Fernseher sitzt.

2 **(= personne)** der **Faulenzer** (pluriel : Faulenzer), die **Faulenzerin** (pluriel : Faulenzerinnen)

faire

1 ▷ J'ai beaucoup de choses à faire.
Ich habe viel zu tun.
▷ C'est fait !
Das ist getan!

2 ▷ Simon fait des gâteaux pour ses amis.
Simon macht Kekse für seine Freunde.

▷ Pour occuper ma petite sœur, je lui fais faire des dessins.
Um meine kleine Schwester zu beschäftigen, lasse ich sie Zeichnungen machen.

3 ▷ Mon frère fait du violon.
Mein Bruder spielt Geige.
▷ Anna fait du tennis.
Anna spielt Tennis.

4 ▷ La salle fait dix mètres de long.
Der Saal ist zehn Meter lang.

5 ▷ Il fait très beau aujourd'hui.
Es ist sehr schön heute.

6 ▷ Ça fait combien ?
Wieviel kostet das?
▷ Ça fait vingt euros.
Das kostet zwanzig Euro.

7 ▷ Le prof de français fait vieux.
Der Französischlehrer sieht alt aus.

8 ▷ Cyril nous a fait rire avec ses blagues.
Cyril hat uns mit seinen Witzen zum Lachen gebracht.

9 ▷ Ils se sont fait renvoyer de l'école.
Sie wurden von der Schule verwiesen.

1 Quand **faire** n'est pas synonyme de **fabriquer, construire**, il se traduit généralement par **tun** (tat, getan).

2 Quand **faire** signifie **fabriquer, préparer**, il se traduit généralement par **machen**.

► **faire faire** quelque chose **à** quelqu'un : jemanden etwas **machen lassen** (lässt, ließ, gelassen)

3 Quand on parle d'un instrument ou d'un sport de balle ou de ballon, on emploie le verbe **spielen**.

ℹ *D'autres sports s'emploient avec d'autres verbes :* ***Judo machen*** (faire du judo), ***Leichtathletik treiben*** (faire de l'athlétisme). *Reportez-vous au nom en question.*

4 Pour donner des mesures, on emploie le verbe **sein**.

5 Quand **faire** est impersonnel, on le traduit par **sein**.

6 Pour donner des prix, on emploie le verbe **kosten**.

7 (= paraître) **aussehen**

ℹ ***aus•sehen*** *est un verbe à particule séparable et se conjugue comme* ***sehen*** *(sieht, sah, gesehen).*

8 Pour traduire **faire** + infinitif + complément de personne en allemand, regardez au verbe en question.

9 ► **se faire** + infinitif : **werden** + participe passé

Attention : le verbe **faire** *a des traductions différentes selon les mots auxquels il est associé. Regardez sous l'autre mot (par exemple, pour savoir comment on dit* **faire une surprise**, *regardez sous* surprise*).*

fait

1 ▷ C'est un fait.
Das ist eine Tatsache.

2 ▷ En fait, je pensais que Ludmila serait là.
Eigentlich dachte ich, dass Ludmila kommen würde.

3 ▷ Au fait, est-ce que tu as vu Marco hier ?
Übrigens, hast du Marco gestern gesehen?

1 (= chose réelle) die **Tatsache** (pluriel : Tatsachen)

2 ► **en fait :** eigentlich

3 ► **au fait :** übrigens

ℹ *Regardez aussi le mot* faire.

falaise

▷ Ne va pas sur la falaise, c'est dangereux.
Geh nicht auf die Klippe, das ist gefährlich.

die **Klippe** (pluriel : Klippen)

falloir

1 ▷ Il faut du courage pour faire ça.
Man braucht Mut, um das zu tun.
▷ Il nous faut au moins cent euros.
Wir brauchen mindestens hundert Euro.
▷ Il faut deux heures pour aller jusqu'à Dijon.
Man braucht zwei Stunden bis Dijon.

2 ▷ Il faut réserver à l'avance.
Man muss vorher reservieren.
▷ Il faut qu'il parte tout de suite.
Er muss sofort gehen.
▷ S'il le faut, je peux rester.
Wenn es sein muss, kann ich dableiben.

3 ▷ Il ne faut pas t'inquiéter.
Du musst dir keine Sorgen machen.

4 ▷ Il ne faut pas que nous sortions après minuit.
Wir dürfen nach Mitternacht nicht ausgehen.

5 ▷ Il faudrait fermer les fenêtres avant de partir.
Wir sollten die Fenster schließen, bevor wir gehen.

1 Quand on veut dire qu'on a **besoin de quelque chose**, on traduit par le verbe **brauchen**.

2 Quand on veut dire qu'on est **obligé de faire** quelque chose, on traduit par le verbe **müssen** (muss, musste, müssen).
► **s'il le faut :** wenn es sein muss

3 Quand **il ne faut pas (que)** signifie **ne devrait pas**, on traduit par **müssen** + base verbale.

4 Quand **il ne faut pas (que)** signifie **ne doit pas**, on traduit par **dürfen** + base verbale.

5 Pour parler de quelque chose qu'il **faudrait faire**, on emploie le verbe **sollen** au subjonctif.

famille

▷ Les familles nombreuses ont droit à une réduction.
Kinderreiche Familien bekommen eine Ermäßigung.

die **Familie** /fa'mi:liə/ (pluriel : Familien)

fan

▷ C'est un fan du Bayern de Munich.
Er ist Fan von Bayern München.

der **Fan** /fæn/ (pluriel : Fans)

🔊 *Notez la prononciation.*

fantastique

1 ▷ Tu as gagné un lecteur de CD ? C'est fantastique !
Du hast einen CD-Player gewonnen? Das ist ja fantastisch!

2 ▷ Raoul adore les films fantastiques.
Raoul liebt Fantasy-Filme.

1 (= super) **fantastisch**

2 (en parlant de films ou de romans fantastiques)
Fantasy /'fæntəzi:/

Notez la prononciation.

fantôme

▷ Les gens disent qu'il y a un fantôme dans ce château.
Die Leute sagen, dass es in diesem Schloss ein Gespenst gibt.

das **Gespenst**
(pluriel : Gespenster)

farce

1 ▷ Nous avons voulu faire une farce à nos parents.
Wir wollten unsern Eltern einen Streich spielen.

2 ▷ Nous avons préparé la farce pour la dinde.
Wir haben die Füllung für den Truthahn zubereitet.

1 ► **faire une farce à** quelqu'un : jemandem (datif) **einen Streich spielen**

2 (= la farce qu'on mange) **die Füllung** (pluriel : Füllungen)

farci, farcie

▷ À Noël, les Anglais mangent de la dinde farcie.
Zu Weihnachten essen die Engländer gefüllten Truthahn.

gefüllt

farine

▷ Il faut deux cents grammes de farine.
Du brauchst zweihundert Gramm Mehl.

das **Mehl**

ℹ *Mehl est indénombrable* : on ne dit pas *ein Mehl*.

fascinant, fascinante

▷ J'ai trouvé la leçon d'histoire fascinante.
Ich fand die Geschichtsstunde faszinierend.

faszinierend

fast-food

▷ On pourrait aller dans un fast-food.
Wir könnten in ein Fastfood-Restaurant gehen.

das **Fastfood-Restaurant**

fatigant, fatigante

▷ C'est un métier très fatigant.
Das ist ein sehr anstrengender Beruf.

anstrengend

fatigué, fatiguée

▷ Ma grand-mère est souvent fatiguée.
Meine Großmutter ist oft müde.

müde

fatiguer

1 ▷ La randonnée nous a tous fatigués.
Die Wanderung hat uns alle müde gemacht.

2 ▷ Le travail sur écran me fatigue les yeux.
Die Arbeit am Bildschirm strengt meine Augen an.

3 ▷ Le médecin a dit que je ne devais pas me fatiguer.
Der Arzt hat gesagt, ich sollte mich nicht anstrengen.

1 ► **fatiguer** quelqu'un : jemanden (accusatif) müde machen

2 (en parlant des yeux ou du cœur) **anstrengen**

an•strengen est un verbe à particule séparable.

3 ► **se fatiguer** : sich anstrengen

*Le pronom personnel allemand s'emploie à l'accusatif : ich strenge **mich** an, du strengst **dich** an, er/sie strengt **sich** an, wir strengen **uns** an, ihr strengt **euch** an, sie strengen **sich** an.*

faut

Regardez le mot falloir.

faute

1 ▷ La dictée de Jérémie est pleine de fautes.
Jérémies Diktat ist voller Fehler.
▷ Tu as fait une faute là.
Du hast da einen Fehler gemacht.
▷ Il y a des fautes d'orthographe dans cet article.
In diesem Artikel sind Rechtschreibfehler.

2 ▷ Ce n'est pas ma faute !
Das ist nicht meine Schuld!

1 (= erreur) der **Fehler** (pluriel : Fehler)
► **faire une faute** : einen Fehler machen
► **faute d'orthographe** : der Rechtschreibfehler

2 (= la faute de quelqu'un, sa responsabilité) die **Schuld**

*Le pronom possessif allemand est employé de la façon suivante : **meine** Schuld, **deine** Schuld, **seine/ihre** Schuld, **unsere** Schuld, **eure** Schuld, **ihre** Schuld*

fauteuil

1 ▷ Il y a deux fauteuils dans le salon.
Im Wohnzimmer stehen zwei Sessel.

2 ▷ Les fauteuils de cinéma sont inconfortables.
Die Kinositze sind unbequem.

3 ▷ Ma tante a un fauteuil à bascule.
Meine Tante hat einen Schaukelstuhl.

1 (= un fauteuil dans une maison) der **Sessel** (pluriel : Sessel)

2 (= un fauteuil dans un théâtre ou au cinéma) der **Sitz** (pluriel : Sitze)

3 ► **fauteuil à bascule** : der Schaukelstuhl (pluriel : -stühle)

fauve

▷ Tu as vu l'émission sur les fauves ?
Hast du die Sendung über Raubtiere gesehen?

das **Raubtier** (pluriel : -tiere)

faux, fausse

1 ▷ Ton calcul est faux.
Deine Rechnung ist falsch.
▷ Quelqu'un m'a donné un faux billet de dix euros.
Jemand hat mir einen falschen Zehneuroschein gegeben.

1 (= inexact, imité, pas vrai) **falsch**

2 ▷ Vous pouvez rentrer, c'était une fausse alerte.
Ihr könnt wieder reingehen, es war blinder Alarm.

2 ► **fausse alerte :** blinder Alarm

faveur

▷ Tu pourrais me faire une faveur ?
Könntest du mir einen Gefallen tun?

► **faire une faveur à** quelqu'un **:** jemandem (datif) **einen Gefallen tun**

fax

▷ Domi m'a envoyé un fax.
Domi hat mir ein Fax geschickt.
▷ Mon père a un fax et une photocopieuse.
Mein Vater hat ein Fax und einen Fotokopierer.

(= document, machine) das **Fax** (pluriel : Faxe)

faxer

▷ Tu peux me faxer la lettre si tu veux.
Du kannst mir den Brief faxen, wenn du willst.

faxen

félicitations

1 ▷ Tu as eu ton examen ? Félicitations !
Du hast deine Prüfung bestanden? Gratuliere!

1 ► **Félicitations !** (exclamation) **:** Gratuliere!

2 ▷ J'ai terminé le semestre avec des félicitations.
Ich habe das Semester mit Auszeichnung abgeschlossen.

2 (à l'école) die **Auszeichnung**

féliciter

▷ Je vais appeler Marco pour le féliciter.
Ich rufe gleich Marco an, um ihm zu gratulieren.

► **Féliciter** quelqu'un **:** jemandem (datif) **gratulieren**

femelle

1 ▷ Les femelles ont la tête noire et les mâles ont la tête blanche.
Die Weibchen haben schwarze Köpfe und die Männchen weiße.

1 (= animal femelle) das **Weibchen** (pluriel : Weibchen)

2 ▷ C'est une souris femelle.
Das ist eine weibliche Maus.

2 (adjectif) **weiblich**

féminin, féminine

1 ▷ Elle porte des vêtements très féminins.
Sie trägt sehr weibliche Kleidung.

1 (en parlant d'une fille, d'une femme, de vêtements) **weiblich**

ℹ *On dit aussi* feminin.

2 ▷ Karine est abonnée à trois magazines féminins.
Karine abonniert drei Frauenzeitschriften.
▷ Manon joue dans l'équipe féminine.
Manon spielt in der Frauenmannschaft.

2 Quand on parle de la presse féminine ou d'une équipe féminine, on forme des mots composés avec **Frauen-**.

femme

▷ C'est une femme très intelligente.
Sie ist eine sehr intelligente Frau.
▷ Il y a plus de femmes que d'hommes dans cette association.
In diesem Verein gibt es mehr Frauen als Männer.
▷ Tu as rencontré la femme de monsieur Carré ?
Hast du Herrn Carrés Frau kennengelernt?
▷ Qu'est-ce qu'elle fait comme métier ? – Elle est femme au foyer.
Was ist ihr Beruf? – Sie ist Hausfrau.
▷ Les femmes de ménage de l'école sont très gentilles.
Die Putzfrauen in der Schule sind sehr nett.

die **Frau** (pluriel : Frauen)

► **femme au foyer :** die Hausfrau

► **femme de ménage :** die Putzfrau

fenêtre

▷ J'ai regardé par la fenêtre et j'ai vu que les voisins partaient.
Ich habe aus dem Fenster geschaut und habe gesehen, dass die Nachbarn wegfuhren.

das **Fenster** (pluriel : Fenster)

fente

1 ▷ Il faudrait réparer la fente dans le mur.
Wir sollten den Spalt in der Mauer reparieren.

1 (= fissure) der **Spalt** (pluriel : Spalten)

2 ▷ Tu dois mettre la pièce dans la fente.
Du musst die Münze in den Schlitz werfen.
▷ Elle portait une jupe avec une fente sur le côté.
Sie trug einen Rock mit seitlichem Schlitz.

2 (en parlant d'un distributeur, d'une cabine téléphonique, d'une boîte aux lettres ou d'un vêtement) der **Schlitz** (pluriel : Schlitze)

fer

▷ Les épinards contiennent du fer.
Spinat enthält Eisen.
▷ Cette grille est en fer.
Dieses Gitter ist aus Eisen.

das **Eisen**

► **être en fer :** aus Eisen sein

▷ Ils ont ouvert la porte avec une barre de fer.
Sie haben die Tür mit einer Eisenstange aufgebrochen.

ℹ *Pour dire que quelque chose est* **en fer** *ou* **de fer** *en allemand, on forme des mots composés avec* ***Eisen : das Eisenoxid*** (oxyde de fer), ***die Eisenplatte*** (plaque en fer).

▷ Le fer à repasser est cassé.
Das Bügeleisen ist kaputt.

► **fer à repasser :** das Bügeleisen

férié

▷ Le huit mai est un jour férié en France.
Der achte Mai ist ein Feiertag in Frankreich.
▷ Demain est férié.
Morgen ist ein Feiertag.

► **jour férié :** der Feiertag (pluriel : -tage)

ferme

1 ▷ J'aime les matelas fermes.
Ich mag feste Matratzen.

1 (adjectif = un peu dur) fest

2 ▷ Nous avons visité une ferme en Dordogne.
Wir haben einen Bauernhof in der Dordogne besucht.

2 (= exploitation agricole) der Bauernhof (pluriel : -höfe)

fermer

1 ▷ Ferme les yeux et pense à quelque chose d'agréable.
Mach die Augen zu und denk an etwas Angenehmes.
▷ J'ai fermé la fenêtre parce qu'il y avait trop de bruit dehors.
Ich habe das Fenster zugemacht, weil draußen zu viel Lärm war.

1 Quand on parle de quelque chose qu'on ferme, on traduit par le verbe **zumachen**.

ℹ ***zu•machen*** *est un verbe à particule séparable.*

ℹ *Le verbe* ***schließen*** *(schloss, geschlossen) est aussi employé.*

2 ▷ Ce tiroir ne ferme pas bien.
Diese Schublade geht nicht richtig zu.
▷ La porte s'est fermée toute seule.
Die Tür ist von allein zugegangen.

2 Quand on parle de quelque chose qui ferme ou qui se ferme, on traduit par **zugehen**.

ℹ ***zu•gehen*** *est un verbe à particule séparable et se conjugue comme* ***gehen*** *(ging, gegangen).*

ℹ *Le verbe* ***schließen*** *(schloss, geschlossen) est aussi employé.*

3 ▷ Ferme ton manteau, il fait froid dehors.
Knöpf deinen Mantel zu, es ist kalt draußen.

3 (= boutonner) **zuknöpfen**

ℹ ***zu•knöpfen*** *est un verbe à particule séparable.*

4 ▷ N'oubliez pas de fermer l'eau.
Vergesst nicht, das Wasser abzudrehen.

4 (en parlant de l'eau, du gaz) **abdrehen**

ℹ ***ab•drehen*** *est un verbe à particule séparable.*

fermeture

1 ▷ J'espère que nous arriverons avant la fermeture du magasin.
Ich hoffe, wir kommen noch vor Ladenschluss hin.
▷ Viens me chercher après la fermeture des bureaux.
Hol mich nach Büroschluss ab.

2 ▷ Ils ont voté contre la fermeture de l'école.
Sie haben gegen die Schließung der Schule gestimmt.

3 ▷ La fermeture éclair® est coincée.
Der Reißverschluss klemmt.

1 Quand on parle d'une fermeture en fin de journée, on forme des mots composés avec **Schluss**.

2 Quand on parle d'une fermeture définitive, on traduit par **Schließung**.

3 ► **fermeture éclair® :** der **Reißverschluss** (pluriel : -verschlüsse)

fermier, fermière

1 ▷ Le fermier nous a vendu du lait.
Der Bauer hat uns Milch verkauft.

2 ▷ Mon cousin a toujours voulu être fermier.
Mein Cousin wollte schon immer Landwirt werden.

1 (en parlant de la personne) der **Bauer** (pluriel : Bauern), die **Bäuerin** (pluriel : Bäuerinnen)

2 (en parlant du métier) der **Landwirt** (pluriel : -wirte), die **Landwirtin** (pluriel : -wirtinnen)

ferry

▷ Nous avons pris le ferry de Calais à Douvres.
Wir haben die Fähre von Calais nach Dover genommen.

die **Fähre** (pluriel : Fähren)

fesse

▷ Le médecin m'a fait une piqûre dans la fesse droite.
Der Doktor hat mir eine Spritze in die rechte Hinterbacke gesetzt.
▷ Marie m'a dit que j'avais de grosses fesses.
Marie hat mir gesagt, ich hätte einen dicken Hintern.

die **Hinterbacke** (pluriel : -backen)

► **les fesses :** der Hintern

fessée

▷ Mon petit frère a eu une de ces fessées !
Mein kleiner Bruder hat so den Hintern vollbekommen!
▷ Mes parents me donnaient rarement la fessée.
Meine Eltern haben mir selten den Hintern verhauen.

► **avoir** *ou* **recevoir une fessée :** den Hintern vollbekommen

► **donner la fessée :** den Hintern verhauen

ℹ *Les verbes commençant par le préfixe* ***ver-*** *ne prennent pas* ***ge-*** *au participe passé.*

festival

▷ Il y a un festival de cinéma au mois de juin.
Im Juni findet ein Filmfestival statt.

das **Festival** (pluriel : Festivals)

fête

1 ▷ Est-ce que tu vas à la fête de Matthieu ?
Gehst du auf Matthieus Party?
▷ J'ai envie de faire une fête pour mon anniversaire.
Ich habe Lust, zu meinem Geburtstag eine Party zu geben.

1 (= soirée) die **Party** (pluriel : Partys)
► **faire une fête :** eine Party geben (gibt, gab, gegeben)

2 ▷ Aujourd'hui, c'est la fête de Catherine.
Heute ist Catherines Namenstag.

2 (= jour du prénom) der **Namenstag**

3 ▷ Toute la famille était à la fête du village.
Die ganze Familie war auf dem Dorffest.

3 (= kermesse) das **Fest** (pluriel : Feste)

4 ▷ La fête foraine se termine dimanche.
Der Jahrmarkt ist Sonntag zu Ende.

4 ► **fête foraine :** der Jahrmarkt (pluriel : -märkte)

5 ▷ Ils ont fait la fête toute la nuit.
Sie haben die ganze Nacht über gefeiert.

5 ► **faire la fête :** feiern

6 ▷ N'oublie pas la fête des Mères !
Vergiss den Muttertag nicht!
▷ Dimanche, c'est la fête des Pères.
Sonntag ist Vatertag.

6 ► **la fête des Mères :** der Muttertag
► **la fête des Pères :** der Vatertag

7 ▷ Joyeuses fêtes !
Schöne Feiertage!
▷ La fête nationale allemande est le trois octobre.
Der deutsche Nationalfeiertag ist am dritten Oktober.

7 (= jour férié, les fêtes de fin d'année) der **Feiertag** (pluriel : -tage)
► **fête nationale :** der Nationalfeiertag

fêter

▷ Nous avons fêté l'anniversaire de Joanne.
Wir haben Joannes Geburtstag gefeiert.
▷ Ça se fête !
Das muss man feiern!

(= fêter un événement) **feiern**

feu

1 ▷ Les pompiers ont réussi à éteindre le feu.
Der Feuerwehr ist es gelungen, das Feuer zu löschen.
▷ Faisons un feu pour nous réchauffer.
Machen wir ein Feuer, um uns zu wärmen.
▷ Quelqu'un a mis le feu à l'immeuble.
Jemand hat das Gebäude in Brand gesteckt.
▷ Les rideaux ont pris feu tout de suite.
Die Vorhänge haben sofort Feuer gefangen.

1 (= le feu qui brûle) das **Feuer**
► **faire un feu :** ein Feuer machen
► **mettre le feu à** quelque chose **:** etwas in Brand stecken
► **prendre feu :** Feuer fangen (fängt, fing, gefangen)

▷ Est-ce que vous auriez du feu, s'il vous plaît ?
Hätten Sie bitte Feuer?

► **du feu** (pour allumer une cigarette) : Feuer

2 ▷ Tournez à gauche au feu rouge.
Biegen Sie an der Ampel links ab.
▷ La voiture ne s'est pas arrêtée aux feux.
Das Auto hat nicht an der Ampel gehalten.

2 ► **feu rouge** *ou* **feux** : die Ampel (pluriel : Ampeln)

3 ▷ Je ne veux pas manquer le feu d'artifice.
Ich will das Feuerwerk nicht verpassen.

3 ► **feu d'artifice** : das Feuerwerk (pluriel : -werke)

feuille

▷ Les feuilles tombent déjà.
Die Blätter fallen schon.
▷ Est-ce que tu peux me donner une feuille de papier ?
Kannst du mir ein Blatt Papier geben?

das **Blatt** (pluriel : Blätter)

feuilleton

▷ Luigi ne rate jamais un épisode de ce feuilleton.
Luigi versäumt keine Folge dieser Fernsehserie.

die **Fernsehserie** (pluriel : -serien)

feutre

▷ J'ai besoin d'un feutre rouge pour mon dessin.
Ich brauche einen roten Filzstift für meine Zeichnung.

der **Filzstift** (pluriel : -stifte)

fève

1 ▷ Nous avons mangé des fèves chez ma tante.
Bei meiner Tante haben wir dicke Bohnen gegessen.
2 ▷ La personne qui trouve la fève achète une autre galette !
Wer die Bohne findet, kauft eine neue Galette!

1 (= la fève qu'on mange) die **dicke Bohne** (pluriel : dicke Bohnen)

2 (= la figurine de la galette des Rois) die **Bohne** (pluriel : Bohnen)

février

▷ Il fait souvent froid en février.
Im Februar ist es oft kalt.
▷ Stéphanie est née le trois février.
Stéphanie wurde am dritten Februar geboren.

der **Februar**
► **en février, au mois de février** : im Februar

ℹ *On écrit* ***am 3. Februar.***

fiancé

▷ Le fiancé d'Isabelle est très sympa.
Isabelles Verlobter ist sehr nett.

der **Verlobte** (pluriel : Verlobten)

ℹ *C'est un adjectif substantivé : on dit* ***ein Verlobter.***

fiancée

▷ Éric est venu avec sa fiancée.
Éric ist mit seiner Verlobten gekommen.

die **Verlobte**

fiche

▷ Charlotte a des fiches de vocabulaire.
Charlotte hat Vokabelkarten.

(= carte) die **Karte** (pluriel : Karten)

ficher

1 ▷ Il n'a rien fichu pendant les vacances.
Er hat während der Ferien nichts getan.

2 ▷ Où est-ce que tu as fichu le journal ?
Wo hast du denn die Zeitung hingelegt?

3 ▷ Elle lui a fichu une claque.
Sie hat ihm eine Ohrfeige gegeben.

4 ▷ Arrêtez de vous ficher de moi !
Hört auf, euch über mich lustig zu machen!

5 ▷ Tu peux dire ce que tu veux, je m'en fiche !
Du kannst sagen, was du willst, das ist mir egal!

1 (= faire, sens familier) **tun** (tat, getan)

2 (= mettre, sens familier) **hinlegen**

ℹ *hin•legen est un verbe à particule séparable.*

3 (= donner, sens familier) **geben** (gibt, gab, gegeben)

4 ► **se ficher de** quelqu'un (= se moquer, sens familier) : sich über jemanden (accusatif) lustig machen

5 ► **je m'en fiche :** das ist mir egal

fichier

1 ▷ Je n'ai pas cette expression dans mon fichier de vocabulaire.
Ich habe diesen Ausdruck nicht in meiner Vokabelkartei.

2 ▷ Charles a effacé deux fichiers par erreur.
Charles hat aus Versehen zwei Dateien gelöscht.

1 (= fichier de cartes) die **Kartei** (pluriel : Karteien)

2 (= fichier informatique) die **Datei** (pluriel : Dateien)

fier, fière

▷ Emmanuelle est très fière de sa nouvelle montre.
Emmanuelle ist auf ihre neue Uhr sehr stolz.

stolz

ℹ *Notez que* fière de... *se dit* ***stolz auf...***

fièvre

▷ Je crois que j'ai de la fièvre.
Ich glaube, dass ich Fieber habe.

▷ Cécile avait 39 de fièvre.
Cécile hatte 39 Grad Fieber.

das **Fieber**

ℹ *Quand on dit la température en parlant de la fièvre en allemand, on ajoute* ***Grad*** *après le nombre.*

figue

▷ J'ai mis des figues dans la salade de fruits.
Ich habe Feigen in den Obstsalat gegeben.

die **Feige** (pluriel : Feigen)

figure

▷ Il a des boutons sur la figure.
Er hat Pickel im Gesicht.

(= visage) das **Gesicht**

figurer

1 ▷ Apparemment, mon nom ne figure pas sur la liste.
Anscheinend steht mein Name nicht auf der Liste.

2 ▷ Elle se figure que ça va être facile !
Sie stellt sich vor, dass das einfach ist!

1 (= être mentionné) **stehen** (stand, gestanden)

2 ► **se figurer que...** (= croire que) : sich vorstellen, dass...

fil

1 ▷ J'ai besoin de fil pour coudre ce bouton.
Ich brauche Garn, um den Knopf anzunähen.

2 ▷ Le fil du fer à repasser est tout emmêlé.
Das Kabel vom Bügeleisen ist ganz verwickelt.

3 ▷ Passe-moi ce morceau de fil de fer, s'il te plaît.
Gib mir bitte das Stück Draht.
▷ Il a fabriqué un chien en fil de fer.
Er hat einen Hund aus Draht angefertigt.

1 (= le fil pour coudre) das **Garn**
ℹ *Ce mot s'emploie au singulier.*

2 (= le fil d'un appareil électrique) das **Kabel** (pluriel : Kabel)

3 ► **fil de fer :** der Draht
ℹ *Ce mot s'emploie au singulier.*
► **en fil de fer :** aus Draht

file

1 ▷ Une longue file de voitures attendait devant la station-service.
Eine lange Schlange Autos wartete vor der Tankstelle.

2 ▷ Quelle file d'attente !
So eine Schlange!
▷ Ali est déjà dans la file d'attente.
Ali steht schon Schlange.

3 ▷ Nous sommes restés dans la file de droite.
Wir sind auf der rechten Fahrspur geblieben.

4 ▷ On a regardé deux films à la file.
Wir haben zwei Filme hintereinander gesehen.

5 ▷ Les fourmis ont traversé la cuisine en file indienne.
Die Ameisen haben die Küche im Gänsemasch durchquert.

1 (= rangée) die **Schlange** (pluriel : Schlangen)
ℹ *On dit aussi **die Reihe*** (pluriel : Reihen).

2 ► **file d'attente :** die Schlange
► **être dans une file d'attente :** Schlange stehen (stand, gestanden)

3 (= la partie de la route) die **Fahrspur** (pluriel : -spuren)
ℹ *On dit aussi **die Spur** tout court.*

4 ► **à la file :** hintereinander

5 ► **en file indienne :** im Gänsemarsch

filer

1 ▷ Le chat filait à travers la cuisine.
Die Katze raste durch die Küche.

1 (= aller vite) **rasen**

2 ▷ Il faut que je file !
Ich muss jetzt abzischen!

2 (= partir, sens familier) **abzischen**

L'expression française et sa traduction allemande sont familières.

3 ▷ Tu peux me filer un timbre ?
Kannst du mir eine Briefmarke geben?

3 (= donner, sens familier) **geben** (gibt, gab, gegeben)

filet

1 ▷ Ils pêchent avec d'immenses filets.
Sie fischen mit riesigen Netzen.

1 (= le filet pour pêcher) das **Netz** (pluriel : Netze)

2 ▷ Je vais prendre le filet de porc.
Ich nehme das Schweinefilet.

2 (= le filet de viande ou de poisson) das **Filet** (pluriel : Filets)

Se prononce comme en français.

Pour dire **filet de...** *on emploie des mots composés avec* ***Filet*** *:* ***Rindsfilet*** **(filet de bœuf),** ***Fischfilet*** **(filet de poisson).**

fille

1 ▷ Sylvie est une fille bizarre.
Sylvie ist ein merkwürdiges Mädchen.

1 (par opposition à garçon) das **Mädchen** (pluriel : Mädchen)

2 ▷ Ils ont un fils et deux filles.
Sie haben einen Sohn und zwei Töchter.

2 (= la fille de quelqu'un) die **Tochter** (pluriel : Töchter)

filleul

▷ Il apporte souvent des cadeaux à son filleul.
Er bringt seinem Patensohn oft Geschenke mit.

der **Patensohn**

filleule

▷ Mélissa est la filleule de ma mère.
Mélissa ist die Patentochter meiner Mutter.

die **Patentochter**

film

▷ Est-ce que tu as vu son dernier film ?
Hast du seinen neuesten Film gesehen?

der **Film** (pluriel : Filme)

fils

▷ Comment s'appelle votre fils ?
Wie heißt Ihr Sohn?

der **Sohn** (pluriel : Söhne)

filtre

▷ Zut, il n'y a plus de filtres à café !
Mist, es sind keine Kaffeefilter mehr da!

der **Filter** (pluriel : Filter)

Attention à l'orthographe.

fin (nom)

1 ▷ J'ai trouvé la fin du film très triste.
Ich fand das Ende des Films sehr traurig.
▷ Ils partiront fin septembre.
Sie gehen Ende September.

1 (= conclusion) das **Ende**

ℹ *Lorsque* **fin** *est suivi directement d'un nom de mois, la construction est la même en français qu'en allemand.*

▷ En fin de compte, c'était une réussite !
Letzten Endes war es ein Erfolg!
▷ Tu vas arrêter, à la fin ?
Hörst du jetzt endlich auf?

► **en fin de compte** : letzten Endes
► **à la fin** (dans une exclamation) : endlich

2 ▷ On peut se retrouver en fin d'après-midi.
Wir können uns am späten Nachmittag treffen.

2 ► **en fin de** + moment de la journée : am späten + moment de la journée.

fin, fine (adjectif)

1 ▷ J'ai mis une fine couche de confiture dans le gâteau.
Ich habe eine dünne Schicht Marmelade in den Kuchen getan.

1 (en parlant d'une couche de quelque chose, des cheveux) **dünn**

2 ▷ Attention, c'est de la poudre très fine.
Vorsicht, das ist ganz feines Pulver.

2 (en parlant d'une poudre, du sable, etc.) **fein**

3 ▷ Il n'est vraiment pas fin !
Er ist wirklich nicht schlau!

3 (= intelligent) **schlau**

finale

▷ Qui a gagné la finale du championnat ?
Wer hat das Finale der Meisterschaft gewonnen?

(= match) das **Finale** (pluriel : Finale)

ℹ *On dit aussi* ***das Endspiel*** (pluriel : *-spiele*)

▷ Notre équipe est en finale.
Unsere Mannschaft ist im Finale.

► **être en finale** : im Finale sein

finalement

1 ▷ Qu'est-ce qui s'est passé finalement ?
Was ist am Ende passiert?

1 (= à la fin) **am Ende**

2 ▷ Finalement, ce n'est pas mal.
Letzten Endes ist es nicht schlecht.

2 (= après tout) **letzten Endes**

finir

1 ▷ La pièce de théâtre finit à dix heures.
Die Theatervorstellung endet um zehn Uhr.

1 (= se terminer) **enden**

2 ▷ Je n'ai pas encore fini ma rédaction.
Ich bin noch nicht mit meinem Aufsatz fertig.

2 ► **finir** quelque chose (= arriver au bout) : **mit** etwas (datif) **fertig sein**

▷ Si tu as fini de t'habiller, est-ce que tu peux m'aider ?
Wenn du mit dem Anziehen fertig bist, kannst du mir mal helfen?

► **finir de** + infinitif : mit etwas (datif) fertig sein

3 ▷ Jérémie a fini par accepter.
Jérémie hat schließlich zugesagt.

3 Pour dire qu'on **finit par faire** quelque chose en allemand, on emploie **schließlich** devant le verbe.

finlandais, finlandaise

1 ▷ Les paysages finlandais sont très beaux.
Die finnischen Landschaften sind sehr schön.

1 (adjectif) **finnisch**

2 ▷ Dans l'hôtel, il y avait un groupe de Finlandais.
Im Hotel wohnte eine Gruppe von Finnen.

2 (= personne) der **Finne** (pluriel : Finnen), die **Finnin** (pluriel : Finninnen)

Finlande

▷ J'ai lu un livre sur la Finlande.
Ich habe ein Buch über Finnland gelesen.

Finnland

► **la Finlande** : Finnland

ℹ *Ne prend l'adjectif neutre que précédé d'un adjectif :* **das** *waldreiche Finnland* (la Finlande boisée).

▷ L'oncle de Marie vit en Finlande.
Maries Onkel lebt in Finland.

► **en Finlande** (= dans le pays) : in Finnland

▷ Mon père va en Finlande pour son travail.
Mein Vater fliegt geschäftlich nach Finnland.

► **en Finlande** (= vers le pays) : nach Finnland

▷ Es-tu déjà allé en Finlande ?
Warst du schon mal in Finnland?

Attention : pour dire que quelqu'un **est déjà allé quelque part**, *on emploie une expression avec le prétérit du verbe* **sein** + **schon**.

fissure

▷ Tu as vu cette fissure dans le mur ?
Hast du diesen Riss in der Mauer gesehen?

der **Riss** (pluriel : Risse)

fixer

1 ▷ Tu pourrais m'aider à fixer l'affiche au mur ?
Könntest du mir helfen, das Poster aufzuhängen?

1 (= accrocher) **aufhängen**

ℹ ***auf•hängen*** *est un verbe à particule séparable.*

2 ▷ J'ai fixé l'aile sur ma maquette d'avion.
Ich habe den Flügel meines Flugzeugmodells befestigt.

2 (= coller, visser) **befestigen**

ℹ *Les verbes commençant par le préfixe* **be-** *ne prennent pas* **ge-** *au participe passé.*

3 ▷ On doit fixer une date pour la soirée.
Wir müssen ein Datum für die Party festlegen.

3 (= décider, établir) **festlegen**

ℹ ***fest•legen*** *est un verbe à particule séparable.*

4 ▷ Pourquoi est-ce que tu me fixes comme ça ?
Warum starrst du mich so an?

4 (= regarder fixement) **anstarren**

ℹ *an•starren est un verbe à particule séparable.*

flacon

▷ À qui est ce flacon de parfum ?
Wem gehört dieses Fläschchen Parfüm?

das **Fläschchen** /'flɛʃçən/ (pluriel : Fläschchen)

Notez la prononciation.

ℹ *Fläschchen est le diminutif de Flasche.*

flamber

1 ▷ Le bois flambe dans la cheminée.
Das Holz brennt im Kamin.

2 ▷ On pourrait faire flamber les crêpes.
Wir könnten die Crêpes flambieren.

1 (= brûler) **brennen** (brannte, gebrannt)

2 (= faire flamber quelque chose qu'on mange) **flambieren**

ℹ *Les verbes se terminant par -ieren ne prennent pas ge- au participe passé.*

flamme

▷ Fais attention, les flammes sont très hautes.
Sei vorsichtig, die Flammen sind sehr hoch.

▷ L'immeuble était en flammes.
Das Haus stand in Flammen.

die **Flamme** (pluriel : Flammen)

► **être en flammes : in Flammen stehen** (stand, gestanden)

flan

▷ Il y a du flan comme dessert.
Zum Nachtisch gibt's Puddingkuchen.

der **Puddingkuchen** (pluriel : -kuchen)

flanquer

▷ Amélie a flanqué une claque à Georges.
Amelie hat Georges eine Ohrfeige verpasst.

(= donner) **verpassen**

ℹ *Les verbes commençant par le préfixe ver- ne prennent pas ge- au participe passé.*

ℹ *L'expression française et sa traduction allemande sont familières.*

flaque

▷ J'aime sauter dans les flaques.
Ich springe gern in die Pfützen.

die **Pfütze** (pluriel : Pfützen)

flash

▷ Le flash n'a pas fonctionné.
Das Blitzlicht hat nicht funktioniert.

das **Blitzlicht** (pluriel : -lichter)

flèche

▷ Je n'ai plus beaucoup de flèches pour mon arc.
Ich habe nicht mehr viele Pfeile für meinen Bogen.
▷ Suis la flèche et tu trouveras la sortie.
Folge dem Pfeil, dann findest du den Ausgang.

der **Pfeil** (pluriel : Pfeile)

flemme

▷ J'ai la flemme d'écrire à ma correspondante.
Ich bin zu faul, um meiner Brieffreundin zu schreiben.

► **avoir la flemme de** + infinitif : zu faul sein, um zu + infinitif

fleur

▷ Ma mère a planté des fleurs partout.
Meine Mutter hat überall Blumen gepflanzt.
▷ Les rosiers sont en fleurs.
Die Rosen blühen.

die **Blume** (pluriel : Blumen)

► **être en fleurs :** blühen

ℹ *On dit aussi* ***in Blüte stehen*** *(stand, gestanden).*

fleurir

▷ Les tulipes ne fleurissent pas encore.
Die Tulpen blühen noch nicht.

blühen

ℹ *On dit aussi* ***in Blüte stehen*** *(stand, gestanden).*

fleuriste

▷ La fleuriste est sympa.
Die Blumenhändlerin ist nett.
▷ Où est Luc ? – Chez le fleuriste.
Wo ist Luc? – Beim Blumenhändler.
▷ J'ai couru chez le fleuriste.
Ich bin schnell zum Blumenhändler gelaufen.

der **Blumenhändler** (pluriel : -händler), die **Blumenhändlerin** (pluriel : -händlerinnen)

► **chez le fleuriste** (= dans le magasin) **:** beim Blumenhändler

► **chez le fleuriste** (= vers le magasin) **:** zum Blumenhändler

fleuve

▷ Le Rhin est un grand fleuve.
Der Rhein ist ein großer Fluss.

der **Fluss** (pluriel : Flüsse)

flic

▷ Il y avait des flics partout.
Überall waren Polypen.

der **Polyp** (pluriel : Polypen)

ℹ *On dit aussi* ***der Bulle*** (pluriel : *Bullen*).

ℹ *Le mot français et ses traductions allemandes sont familiers.*

flipper

▷ Est-ce qu'il y a un flipper dans ce café ?
Gibt's einen Flipper in der Kneipe?

▷ Tu veux jouer au flipper avec moi ?
Willst du mit mir Flipper spielen?

der **Flipper** (pluriel : Flipper)

► **jouer au flipper :** Flipper spielen

flocon

▷ La neige tombait à gros flocons.
Der Schnee fiel in dicken Flocken.

▷ Tu as un flocon de neige sur le nez.
Du hast eine Schneeflocke auf der Nase.

▷ Je prends des flocons d'avoine au petit-déjeuner.
Zum Frühstück esse ich Haferflocken.

die **Flocke** (pluriel : Flocken)

► **flocon de neige :** die Schneeflocke

► **flocons d'avoine :** die Haferflocken

ℹ *C'est un pluriel.*

flotter

1 ▷ Des feuilles mortes flottaient sur la rivière.
Blätter schwammen auf dem Fluss.

2 ▷ Le brouillard flottait sur les prés.
Der Nebel hing über den Wiesen.

1 (= flotter sur l'eau) **schwimmen** (schwamm, geschwommen)

2 (= flotter dans l'air) **hängen** (hing, gehangen)

flou, floue

1 ▷ La photo est floue.
Das Foto ist unscharf.

2 ▷ Quand je me suis cogné la tête, je voyais tout flou.
Als ich mir den Kopf anhaute, sah ich alles verschwommen.

1 (en parlant d'une photo) **unscharf**

2 ► **voir flou :** verschwommen sehen (sieht, sah, gesehen)

fluo

▷ Pat a toujours des chaussettes fluo.
Pat hat immer so leuchtfarbene Strümpfe an.

leuchtfarben

flûte

1 ▷ De quelle sorte de flûte joues-tu ?
Welche Art Flöte spielst du?

▷ Mon oncle s'est acheté une nouvelle flûte traversière.
Mein Onkel hat sich eine neue Querflöte gekauft.

▷ En cours de musique, nous jouons de la flûte à bec.
Im Musikunterricht spielen wir Blockflöte.

2 ▷ Où sont les flûtes à champagne ?
Wo sind die Sektkelche?

1 die **Flöte** (pluriel : Flöten)

► **jouer de la flûte :** Flöte spielen

► **flûte traversière :** die Querflöte

► **flûte à bec :** die Blockflöte

2 ► **flûte à champagne :** der Sektkelch (pluriel : -kelche)

foie

▷ C'est mauvais pour le foie de manger trop de chocolat.
Es ist schlecht für die Leber, zu viel Schokolade zu essen.

die **Leber** (pluriel : Lebern)

foin

▷ On pourrait prendre du foin pour le lapin ?
Können wir Heu für das Kaninchen mitnehmen?

das **Heu**

foire

▷ Est-ce que tu vas à la foire du livre cette année ?
Gehst du dieses Jahr auf die Buchmesse?

die **Messe** (pluriel : Messen)

fois

▷ C'est la première fois que je vois ça.
Das ist das erste Mal, dass ich so etwas sehe.

▷ J'ai vu le film une fois. – Et moi deux fois.
Ich habe den Film einmal gesehen – Und ich zweimal.

▷ Quatre fois cinq égale vingt.
Vier mal fünf gleich zwanzig.

▷ C'est arrivé une seule fois.
Es ist nur ein einziges Mal passiert.

▷ Pour une fois, tu pourrais me prêter ton vélo.
Du könntest mir ja dieses eine Mal dein Fahrrad leihen.

▷ Je te l'ai dit plusieurs fois.
Ich habe es dir mehrmals gesagt.

▷ Appelle-moi une fois qu'il sera parti.
Ruf mich an, sobald er weg ist.

▷ Ne parlez pas tous à la fois !
Redet doch nicht alle gleichzeitig!

▷ Des fois je me dis qu'il est fou.
Manchmal denke ich, dass er verrückt ist.

das **Mal**

► **une fois :** einmal
► **deux fois :** zweimal

ℹ *En allemand, on joint le nombre à* ***mal*** *:* ***fünfzehnmal***, ***hundertmal***.

ℹ *En calcul, on détache le nombre de* ***mal***.

► **une seule fois :** ein einziges Mal
► **pour une fois :** dieses eine Mal
► **plusieurs fois :** mehrmals
► **une fois que** + futur antérieur : sobald + présent
► **à la fois :** gleichzeitig
► **des fois** (= parfois) **:** manchmal

folie

▷ Il veut partir tout seul ? C'est de la folie !
Er will allein fahren? Das ist doch Wahnsinn!

der **Wahnsinn**

ℹ *On dit aussi* ***der Irrsinn***.

folklorique

▷ Il y a un festival de musique folklorique à Lorient.
In Lorient findet ein Folkloremusikfestival statt.

ℹ *Pour dire que quelque chose est* **folklorique**, *on forme des mots composés avec* ***Folklore*** *:* ***Folkloretänzer*** (danseurs folkloriques).

folle

Regardez au mot **fou**.

foncé, foncée

▷ Les couleurs foncées me vont mieux que les couleurs claires.
Dunkle Farben stehen mir besser als helle.

▷ Je voudrais peindre la chaise en rouge foncé.
Ich würde den Stuhl gern dunkelrot streichen.

dunkel

ℹ *Notez que le e est supprimé à la déclinaison.*

ℹ *Quand on parle des couleurs, on emploie un mot composé de* ***dunkel*** + la couleur.

fonctionner

▷ Ce réveil ne fonctionne pas.
Dieser Wecker funktioniert nicht.

funktionieren

ℹ *Quand on parle d'un appareil, on dit aussi* ***gehen*** *(ging, gegangen).*

ℹ *Les verbes se terminant en* ***-ieren*** *ne prennent pas* ***ge-*** *au participe passé.*

fond

1 ▷ Le bateau a coulé au fond de la mer.
Das Schiff ist auf den Meeresgrund gesunken.

1 (en parlant de la mer, d'un fleuve) der **Grund**

ℹ *Ce mot s'emploie uniquement au singulier.*

2 ▷ Mes clés sont au fond de mon cartable.
Meine Schlüssel liegen auf dem Boden meiner Schultasche.

2 (en parlant d'un sac, d'un récipient) der **Boden**

3 ▷ Mon bureau est dans la pièce du fond.
Mein Büro ist im hinteren Zimmer.

▷ Cédric s'assied toujours au fond de la classe.
Cédric setzt sich immer hinten in die Klasse.

3 Quand **fond** signifie la partie arrière, on traduit par l'adjectif **hinterer/hintere**.
► **au fond** (= à l'arrière) **:** hinten

4 ▷ Au fond, il a raison.
Eigentlich hat er ja recht.

4 ► **au fond** (= finalement) **:** eigentlich

5 ▷ Ce fond de teint est trop foncé.
Diese Grundierung ist zu dunkel.

5 ► **fond de teint :** die **Grundierung**

6 ▷ Jacob pratique la course de fond.
Jacob macht Langstreckenlauf.

6 ► (en athlétisme) **course de fond :** der **Langstreckenlauf**

fondre

1 ▷ La neige est en train de fondre.
Der Schnee schmilzt.

1 (en parlant de la neige, de la glace) **schmelzen** (schmilzt, schmolz, geschmolzen)

2 ▷ Attends que le sucre fonde dans le café.
Warte, bis der Zucker sich im Kaffee auflöst.

2 (= se dissoudre) **sich auflösen**

ℹ *Le verbe intransitif français est traduit par un verbe réfléchi en allemand.*

3 ▷ Cassy a fondu en larmes.
Cassy ist in Tränen ausgebrochen.

3 ► **fondre en larmes :** in Tränen ausbrechen

ℹ ***aus•brechen*** *est un verbe à particule séparable et se conjugue comme* ***brechen*** *(bricht, brach, gebrochen).*

fontaine

▷ On pourrait se retrouver dans le parc, près de la fontaine.
Wir könnten uns im Park in der Nähe des Brunnens treffen.

der **Brunnen** (pluriel : Brunnen)

ℹ *Quand il s'agit d'une fontaine à jets d'eau, on dit* ***Springbrunnen****.*

foot

▷ Le foot est un sport super.
Fußball ist ein toller Sport.

▷ Karim joue au foot tous les samedis.
Karim spielt jeden Samstag Fußball.

der **Fußball**

► **jouer au foot, faire du foot :** Fußball spielen

football

▷ Le football est un sport super.
Fußball ist ein toller Sport.

▷ Karim joue au football tous les samedis.
Karim spielt jeden Samstag Fußball.

der **Fußball**

► **jouer au football, faire du football :** Fußball spielen

footballeur, footballeuse

▷ Certains footballeurs gagnent des millions.
Manche Fußballspieler verdienen Millionen.

der **Fußballspieler** (pluriel : -spieler), die **Fußballspielerin** (pluriel : -spielerinnen)

force

1 ▷ Il faut de la force pour faire ce métier.
Man braucht Kraft, um diesen Beruf auszuüben.

1 (= force physique) die **Kraft**

2 ▷ Robert a beaucoup de force.
Robert ist sehr stark.

2 ► **avoir de la force :** stark sein

3 ▷ Il va se faire mal à force de faire l'imbécile.
Er wird sich noch weh tun, wenn er sich weiter so blöd benimmt.

3 Pour dire qu'on refait quelque chose sans arrêt, on emploie une expression avec **weiter** + verbe.

forcément

1 ▷ Tu as forcément dû le voir.
Du musstest ihn zwangsläufig sehen.

1 (= par la force des choses) **zwangsläufig**

2 ▷ Il faut avoir au moins seize ans. – Non, pas forcément.
Man muss mindestens sechzehn sein. – Nein, nicht unbedingt.

2 ► **pas forcément** (= pas nécessairement) **:** nicht unbedingt

forcer

1 ▷ On a dû le forcer à s'excuser.
Wir mussten ihn zwingen, sich zu entschuldigen.

1 ► **forcer** quelqu'un **à** + infinitif : jemanden (accusatif) **zwingen, zu** + infinitif

ℹ *On peut dire aussi jemanden* ***zum/zur*** + substantif + ***zwingen.***

▷ Elle a dû se forcer à finir le livre.
Sie musste sich zwingen, das Buch auszulesen.

▷ Je me suis forcé à ranger.
Ich habe mich zum Aufräumen gezwungen.

▷ Ne te force pas !
Zwing dich nicht!

► **se forcer à** + infinitif : **sich zwingen, zu** + infinitif

ℹ *On peut dire aussi* ***sich zum/zur*** + substantif + ***zwingen.***

ℹ *Le pronom personnel allemand s'emploie à l'accusatif : ich zwinge* ***mich,*** *du zwingst* ***dich,*** *er/sie zwingt* ***sich,*** *wir zwingen* ***uns,*** *ihr zwingt* ***euch,*** *sie zwingen* ***sich.***

2 ▷ Les voleurs ont forcé la porte du musée.
Die Diebe haben die Museumstür aufgebrochen.

2 (= enfoncer) **aufbrechen**

ℹ ***auf•brechen*** *est un verbe à particule séparable et se conjugue comme* ***brechen*** *(bricht, brach, gebrochen).*

forêt

▷ C'est plus agréable de passer par la forêt.
Es ist angenehmer, durch den Wald zu gehen.

der **Wald** (pluriel : Wälder)

forme

1 ▷ Ce vase a une drôle de forme.
Diese Vase hat eine komische Form.

▷ Lucie a un réveil en forme de grenouille.
Lucie hat einen froschförmigen Wecker.

1 (= silhouette) die **Form** (pluriel : Formen)

ℹ *Pour dire que quelque chose est* en forme de *quelque chose, on ajoute* ***-förmig*** *au mot en minuscules :* ***herzförmig*** (en forme de cœur), ***sternförmig*** (en forme d'étoile), *etc.*

2 ▷ On voit que Charles est en forme.
Man sieht, dass Charles in Form ist.

2 ► **être en forme** : **in Form sein**

formidable

▷ C'est une fille formidable.
Sie ist ein tolles Mädchen.

(= génial) **toll**

formulaire

▷ Est-ce que tu as rempli le formulaire ?
Hast du das Formular ausgefüllt?

das **Formular** (pluriel : Formulare)

fort, forte

1 ▷ Il est très fort, il peut soulever cent kilos.
Er ist sehr stark, er kann hundert Kilo heben.
▷ Cette moutarde est trop forte pour moi.
Dieser Senf ist zu stark für mich.

1 (= costaud, piquant) **stark** (plus fort **stärker** ; le plus fort **der stärkste**)

2 ▷ Latifa est forte en histoire.
Latifa ist gut in Geschichte.

2 ► **être fort en... : in... gut sein**

3 ▷ La prof d'espagnol a une voix forte.
Die Spanischlehrerin hat eine laute Stimme.
▷ Vous parlez trop fort, vous allez réveiller le bébé !
Ihr sprecht zu laut, ihr werdet das Baby wecken!

3 (= bruyant, bruyamment) **laut**

4 ▷ J'ai dû taper trop fort sur le clou.
Ich habe wohl zu heftig auf den Nagel gehauen.

4 (adverbe = avec force) **heftig**
ℹ *On dit aussi* ***stark*** *ou* ***kräftig***.

fortune

▷ Ils ont une immense fortune.
Sie haben ein riesiges Vermögen.

das **Vermögen**

▷ Il a fait fortune en vendant des télés d'occasion.
Er hat sein Vermögen mit dem Verkauf von Gebrauchtfernsehern gemacht.

► **faire fortune : sein Vermögen machen**
ℹ *On dit aussi :* ***reich werden***.

fossé

▷ La voiture s'est retrouvée dans le fossé.
Das Auto ist im Graben gelandet.

der **Graben** (pluriel : Gräben)

fou, folle

1 ▷ Tu es fou ! Arrête !
Du bist wahnsinnig! Hör auf!

1 (= malade) **wahnsinnig**
ℹ *On dit aussi* ***verrückt***.

2 ▷ Ce chanteur a eu un succès fou.
Dieser Sänger hatte einen Wahnsinnserfolg.

2 Pour dire que quelque chose est énorme, on forme des mots composés avec **Wahnsinn** : **eine Wahnsinnsparty** (une fête complètement folle).

3 ▷ Élodie a encore réussi; c'est fou !
Élodie hat es wieder geschafft; das ist ja unglaublich!

3 (= incroyable) **unglaublich**

4 ▷ Il est fou de Sabrina.
Er ist völlig auf Sabrina verrückt.

4 ► **être fou de** quelqu'un *ou* **de** quelque chose : **auf** jemanden *ou* etwas (accusatif) **verrückt sein**

foudre

▷ Le grand chêne a été frappé par la foudre.
Die große Eiche ist vom Blitz getroffen worden.

der **Blitz**

fouet

1 ▷ Le tigre a peur du fouet.
Der Tiger hat Angst vor der Peitsche.

2 ▷ Il faut battre les œufs avec un fouet.
Man muss die Eier mit einem Schneebesen schlagen.

1 (= un fouet pour frapper) die **Peitsche** (pluriel : Peitschen)

2 (= un fouet pour faire la cuisine) der **Schneebesen** (pluriel : –besen)

fouetter

1 ▷ Autrefois, les criminels étaient parfois fouettés.
Früher wurden Verbrecher manchmal ausgepeitscht.

2 ▷ Fouette les œufs, puis ajoute-les à la pâte.
Schlag die Eier und gib sie zum Teig.

▷ Voudrais-tu de la crème fouettée avec la tarte aux pommes ?
Möchtest du Schlagsahne zum Apfelkuchen?

1 (= frapper) **auspeitschen**

ℹ *aus•peitschen est un verbe à particule séparable.*

2 (= battre des ingrédients) **schlagen** (schlägt, schlug, geschlagen)

► **crème fouettée** : die Schlagsahne

fouiller

▷ Ils ont été fouillés à la frontière.
Sie wurden an der Grenze durchsucht.

▷ Qui t'a permis de fouiller dans mes affaires ?
Wer hat dir erlaubt, meine Sachen zu durchsuchen?

► **fouiller** quelqu'un *ou* quelque chose : jemanden *ou* etwas (accusatif) durchsuchen

foulard

1 ▷ Daphné porte un foulard parce qu'elle a mal à la gorge.
Daphné trägt ein Halstuch, weil sie Halsschmerzen hat.

2 ▷ Le foulard islamique à l'école prête à controverse.
Das islamische Kopftuch in der Schule ist sehr umstritten.

1 (qu'on porte autour du cou) das **Halstuch** (pluriel : –tücher)

2 ► **foulard islamique** : das islamische Kopftuch

foule

▷ J'ai perdu mes copains dans la foule.
Ich habe meine Freunde in der Menge verloren.

▷ J'ai une foule de choses à faire.
Ich habe eine Menge zu tun.

die **Menge**

ℹ *Quand on parle de personnes, on dit aussi* ***Menschenmenge****.*

fouler

▷ Yacine s'est foulé la cheville en jouant au rugby.
Yacine hat sich beim Rugbyspielen den Knöchel verstaucht.

► **se fouler** quelque chose : sich etwas **verstauchen**

▷ Comment est-ce que tu t'es foulé le poignet ?
Wie hast du dir das Handgelenk verstaucht?

ℹ *Le pronom personnel allemand s'emploie au datif : ich verstauche **mir**..., du verstauchst **dir**..., er/sie verstaucht **sich**..., wir verstauchen **uns**..., ihr verstaucht **euch**..., sie verstauchen **sich**...*

four

▷ Il faut préchauffer le four.
Man muss den Ofen vorheizen.

▷ Je vais cuire ce poisson au four.
Ich backe diesen Fisch im Ofen.

der **Ofen** (pluriel : Öfen)

ℹ *Quand quelque chose cuit au four, on emploie le verbe **backen** et non le verbe **kochen**.*

fourchette

▷ Il manque une fourchette.
Es fehlt eine Gabel.

(pour manger) die **Gabel** (pluriel : Gabeln)

fourmi

1 ▷ Les fourmis sont attirées par les miettes.
Ameisen werden von den Krümeln angezogen.

2 ▷ J'ai des fourmis dans les jambes !
Mir sind die Beine eingeschlafen!

1 (= insecte) die **Ameise** (pluriel : Ameisen)

2 Pour dire que quelqu'un a des **fourmis dans les jambes** (*ou* **dans les bras**, *etc.*) en allemand, on emploie l'expression jemandem (datif) **sind** die **Beine** (*ou* die **Arme**, etc.) **eingeschlafen.**

fournir

▷ L'école nous fournit les livres.
Die Schule beschafft uns die Bücher.

beschaffen

► **fournir** quelque chose à quelqu'un : jemandem (datif) etwas **beschaffen**

fourrure

▷ La fausse fourrure est à la mode.
Falscher Pelz ist in Mode.

der **Pelz** (pluriel : Pelze)

► **fausse fourrure** : falscher Pelz

foutre

1 ▷ Il n'a rien foutu pendant les vacances.
Er hat während der Ferien nichts getan.

2 ▷ Où est-ce que tu as foutu le journal ?
Wo hast du denn die Zeitung hingelegt?

1 (= faire, sens familier) **tun** (tat, getan)

2 (= mettre, sens familier) **hinlegen**

ℹ ***hin•legen** est un verbe à particule séparable.*

3 ▷ Elle lui a foutu une claque.
Sie hat ihm eine Ohrfeige gegeben.

3 (= donner, sens familier) geben (gibt, gab, gegeben)

4 ▷ Arrêtez de vous foutre de moi !
Hört auf, euch über mich lustig zu machen!

4 ► **se foutre de** quelqu'un (= se moquer, sens familier) : sich über jemanden (accusatif) lustig machen

5 ▷ Tu peux dire ce que tu veux, je m'en fous !
Du kannst sagen, was du willst, das ist mir egal!

5 ► **je m'en fous :** das ist mir egal

foyer des jeunes

▷ On se retrouve tous les samedis après-midi au foyer des jeunes.
Wir treffen uns jeden Samstagnachmittag im Jugendzentrum.

das Jugendzentrum (pluriel : -zentren)

fragile

1 ▷ Attention, ce vase est très fragile !
Sei vorsichtig, diese Vase ist sehr zerbrechlich!

1 (= qui casse facilement) zerbrechlich

2 ▷ Soyez gentils avec elle, elle est fragile en ce moment.
Seid nett zu ihr, sie ist im Moment empfindlich.

2 (= fragile mentalement) empfindlich

frais (nom)

1 ▷ N'oubliez pas les frais de transport.
Vergesst die Transportkosten nicht.

1 (= dépenses) die Kosten

2 ▷ Les frais de scolarité ont augmenté.
Das Schulgeld ist gestiegen.

2 ► **frais de scolarité :** das Schulgeld

frais, fraîche (adjectif)

1 ▷ Le jus de fruit est meilleur quand il est frais.
Der Fruchtsaft schmeckt besser, wenn er kühl ist.

1 (= légèrement froid) kühl

▷ Est-ce que vous voulez une boisson fraîche ?
Möchten Sie ein kühles Getränk?

► **boisson fraîche :** das kühle Getränk

▷ Il fait frais ce soir, je vais mettre un pull.
Es ist kühl heute Abend, ich zieh mir einen Pulli über.

► **il fait frais :** es ist kühl

▷ Dans la maison, il fait bien frais.
Im Haus ist es schön kühl.

▷ Tu devrais mettre le vin au frais.
Du solltest den Wein kühl stellen.

► **mettre au frais** (= dans un endroit froid) : kühl stellen

2 ▷ Ces moules ne sont pas très fraîches.
Diese Muscheln sind nicht sehr frisch.

2 (= récent, en parlant d'un aliment) frisch

fraise

▷ Il y a des fraises dans la salade de fruits.
Im Obstalat sind Erdbeeren.

die Erdbeere (pluriel : Erdbeeren)

▷ Tu veux de la glace à la fraise ?
Willst du Erdbeereis?

ℹ *Pour dire que quelque chose est* **à la fraise** *ou* **aux fraises**, *on forme des mots composés avec* ***Erdbeer-*** : ***Erdbeertorte*** (tarte aux fraises), ***der erdbeersirup*** (sirop à la fraise).

framboise

▷ Les framboises ne sont pas encore mûres.
Die Himbeeren sind noch nicht reif.

▷ J'adore le sirop à la framboise.
Ich liebe Himbeersirup.

die **Himbeere**
(pluriel : Himbeeren)

ℹ *Pour dire que quelque chose est* **à la framboise** *ou* **aux framboises**, *on forme des mots composés avec* ***Himbeer-*** : ***Himbeereis*** (glace aux framboises), ***die himbeertorte*** (tarte aux framboises).

franc

1 ▷ Le franc a été remplacé par l'euro.
Der Franc wurde durch der Euro ersetzt.

1 (= franc français ou belge) der **Franc**

🔊 *Se prononce comme en français.*

2 ▷ Ma tante, qui habite à Genève, m'a donné des francs.
Meine Tante, die in Genf wohnt, hat mir Franken geschenkt.

2 (= franc suisse) der **Franken**

franc, franche

▷ Sophie est une fille franche.
Sophie ist ein offenes Mädchen.

offen

ℹ *On dit aussi* ***aufrichtig***.

français, française

1 ▷ La cuisine française est soignée.
Die französische Küche ist gepflegt.

1 (adjectif) **französisch**

2 ▷ J'ai rencontré beaucoup de Français en Californie.
Ich habe in Kalifornien viele Franzosen getroffen.

▷ Une Française s'occupe de nos enfants.
Eine Französin kümmert sich um unsere Kinder.

2 (= personne) der **Franzose** (pluriel : Franzosen), die **Französin** (pluriel : Französinnen)

3 ▷ Je trouve que tu parles très bien français.
Ich finde, dass du sehr gut Französisch sprichst.

3 (= langue) **Französisch**

France

▷ La France est réputée pour ses fromages.
Frankreich ist berühmt für seine Käse.

Frankreich

► **la France :** Frankreich

ℹ *Ne prend l'article neutre que précédé d'un adjectif :* ***das*** *europäische Frankreich* (la France européenne).

▷ En France, les gens dînent plus tard qu'en Allemagne.
In Frankreich isst man später zu Abend als in Deutschland.
▷ Tu devrais venir en France.
Du solltest nach Frankreich kommen.

► **en France** (= dans le pays) **:** in Frankreich

► **en France** (= vers le pays) **:** nach Frankreich

franchement

1 ▷ Dis-moi franchement ce que tu en penses.
Sag mir mal ganz offen, was du davon hältst.
2 ▷ Franchement, tu exagères !
Offen gesagt, du übertreibst es!
3 ▷ Ses blagues sont franchement mauvaises.
Seine Witze sind wirklich schlecht.

1 (= sans mentir) **offen**
2 (pour dire qu'on est indigné) **offen gesagt**
3 (= vraiment) **wirklich**

frange

▷ Tania coupe sa frange elle-même.
Tania schneidet ihren Pony selbst.

(de cheveux) der **Pony**

Attention : ne confondez pas avec ***das Pony*** = le poney.

frapper

1 ▷ C'est lâche de frapper les petits.
Es ist feige, Kleine zu schlagen.
2 ▷ Quelqu'un a frappé, va ouvrir.
Jemand hat geklopft, mach auf.
3 ▷ Lucien a frappé dans ses mains pour appeler son chien.
Lucien hat in die Hände geklatscht, um seinen Hund zu rufen.

1 (= battre) **schlagen** (schlägt, schlug, geschlagen)
2 (= cogner à la porte) **klopfen**
► **frapper à la porte :** an der Tür klopfen
3 ► **frapper dans ses mains :** in die Hände klatschen

freezer

▷ Les glaçons sont dans le freezer.
Die Eiswürfel sind im Gefrierfach.

das **Gefrierfach** (pluriel : -fächer)

frein

▷ Le mécanicien a dit que c'était un problème de freins.
Der Mechaniker hat gesagt, es sei ein Problem mit den Bremsen.
▷ N'oublie pas de mettre le frein à main.
Vergiss nicht, die Handbremse zu ziehen.

die **Bremse** (pluriel : Bremsen)

► **mettre le frein à main :** die Handbremse ziehen (zog, gezogen)

freiner

▻ J'ai freiné au dernier moment.
Ich habe im letzten Moment gebremst.

bremsen

fréquemment

▻ Nos cousins viennent fréquemment nous voir.
Unsere Cousins kommen uns oft besuchen.

oft

ℹ *On dit aussi* ***häufig***.

fréquenter

▻ Je les connais, mais je ne les fréquente pas.
Ich kenne sie, aber ich habe keinen Umgang mit ihnen.

► **fréquenter** quelqu'un : **mit jemandem** (datif) **Umgang haben**

frère

▻ Je ne connais pas le frère de Djamila.
Ich kenne Djamilas Bruder nicht.

der **Bruder** (pluriel : **Brüder**)

friandise

▻ Tu manges trop de friandises, c'est mauvais pour les dents.
Du isst zu viele Süßigkeiten, das ist schlecht für die Zähne.

die **Süßigkeit** (pluriel : **Süßigkeiten**)

fric

▻ Est-ce qu'il te reste du fric ?
Hast du noch Geld übrig?

das **Geld**

ℹ **Fric** *est un mot familier, mais* ***Geld*** *ne l'est pas.*

frigo

▻ Les carottes sont dans le frigo.
Die Möhren sind im Kühlschrank.

der **Kühlschrank** (pluriel : **-schränke**)

frileux, frileuse

▻ Je vais mettre le chauffage, je sais que Mylène est frileuse.
Ich dreh mal die Heizung auf, ich weiß, dass Mylène leicht friert.

► **être frileux : leicht frieren** (**fror, gefroren**)

frimer

▻ Arrête de frimer avec ton nouveau blouson !
Hör mal auf, mit deiner neuen Jacke anzugeben!

angeben

ℹ ***an•geben*** *est un verbe à particule séparable et se conjugue comme* ***geben*** *(****gibt, gab, gegeben****).*

fringues

▷ Julie a toujours des fringues incroyables.
Julie hat immer unglaubliche Klamotten.

die **Klamotten**
ℹ *L'expression française et sa traduction allemande sont familières.*

frire

▷ D'abord, tu fais frire les oignons.
Zuerst musst du die Zwiebeln braten.

braten (brät, briet, gebraten)

frisé, frisée

▷ J'aimerais avoir les cheveux frisés.
Ich hätte gern lockige Haare.
▷ Véro est frisée.
Véro hat lockige Haare.

► **avoir les cheveux frisés, être frisé :** lockige Haare haben (hat, hatte, gehabt)

frisson

▷ Simon a des frissons à cause de la fièvre.
Simon hat Schüttelfrost wegen des Fiebers.

► **avoir des frissons :** Schüttelfrost haben

frit, frite

▷ Tu préfères du poisson frit ou du poisson cuit au four ?
Magst du lieber gebratenen oder gebackenen Fisch?

gebraten

frites

▷ Je voudrais des frites avec mes saucisses.
Ich hätte gern Pommes frites zu meinen Würstchen.

die **Pommes frites** /pɔm'frɪt/
🔊 *Notez la prononciation.*

froid, froide

1 ▷ Cette soupe est froide !
Diese Suppe ist kalt!
▷ Je peux te prêter mon blouson si tu as froid.
Ich kann dir meine Jacke leihen, wenn dir kalt ist.
▷ Ferme la fenêtre, j'ai froid.
Schieß das Fenster, mir ist kalt.

▷ Il fait vraiment froid ce soir.
Es ist wirklich kalt heute Abend.

2 ▷ Je trouve son père très froid.
Ich finde seinen Vater sehr kühl.

3 ▷ C'est une personne froide et sans scrupules.
Er ist ein kaltherziger und skrupelloser Mensch.

1 **kalt** (plus froid kälter ; le plus froid der kälteste)
► **quelqu'un a froid :** jemandem (datif) ist kalt
ℹ *L'expression allemande s'emploie au datif de la façon suivante : **mir** ist kalt, **dir** ist kalt, **ihm/ihr** ist kalt, **uns** ist kalt, **euch** ist kalt, **ihnen** ist kalt.*
► **il fait froid :** es ist kalt

2 (= distant) **kühl**

3 (= sans cœur) **kaltherzig**

froissé, froissée

▷ Ma robe est toute froissée, il faut que je la repasse.
Mein Kleid ist ganz zerknittert, ich muss es bügeln.

(= avec des plis) **zerknittert**

fromage

▷ On peut choisir un dessert ou un fromage.
Man kann sich einen Nachtisch oder Käse aussuchen.

▷ Je voudrais du fromage blanc avec du sucre.
Ich hätte gern Quark mit Zucker.

der **Käse** (pluriel : Käse)

► **fromage blanc :** der Quark

froncer

▷ Pourquoi est-ce que tu fronces les sourcils ?
Warum runzelst du die Stirn?

► **froncer les sourcils :** die Stirn runzeln

front

▷ Martin a une cicatrice sur le front.
Martin hat eine Narbe auf der Stirn.

(= partie du visage) die **Stirn**

frontière

▷ Il n'y a pas de contrôle des passeports à la frontière.
Es gibt keine Passkontrolle an der Grenze.

die **Grenze** (pluriel : Grenzen)

frotter

1 ▷ Mélanie frottait son bébé avec une serviette.
Mélanie hat ihr Baby mit einem Handtuch abgerieben.

1 (pour sécher) **abreiben**

ℹ ***ab•reiben*** *est un verbe à particule séparable et se conjugue comme* ***reiben*** *(rieb, gerieben).*

2 ▷ Il faut frotter tes mains avec la crème.
Du musst die Creme in die Hände einreiben.

2 (pour faire pénétrer la crème) **einreiben**

ℹ ***ein•reiben*** *est un verbe à particule séparable et se conjugue comme* ***reiben*** *(rieb, gerieben).*

3 ▷ Frotte bien la casserole, elle est très sale.
Putz den Topf gut, er ist sehr schmutzig.

3 (pour nettoyer) **putzen**

4 ▷ Le chat se frottait contre moi.
Die Katze hat sich an mir gerieben.

4 ► **se frotter :** sich reiben

ℹ *Le pronom personnel s'emploie à l'accusatif : ich reibe* ***mich****, du reibst* ***dich****, er/sie reibt* ***sich****, wir reiben* ***uns****, ihr reibt* ***euch****, sie reiben* ***sich****.*

5 ▷ Ne te frotte pas les yeux si tu viens de toucher du piment !
Reib dir nicht die Augen, wenn du gerade Paprika angefasst hast!
▷ Marc se frottait les mains pour se réchauffer.
Marc rieb sich die Hände, um sich zu wärmen.

5 ► **se frotter** quelque chose (les yeux, les mains) : sich etwas reiben

*Avec un complément direct, l'expression allemande s'emploie au datif : **mir**... reiben, **dir**... reiben, **sich**... reiben, **uns**... reiben, **euch**... reiben, **sich**... reiben.*

fruit

1 ▷ Donne-moi un fruit, s'il te plaît.
Gib mir eine Frucht, bitte.
▷ Nous avons plein de fruits rouges dans notre jardin.
Wir haben viele rote Früchte in unserem Garten.
▷ Tu aimes les fruits confits ?
Magst du kandierte Früchte?

1 die Frucht (pluriel : Früchte)

► **fruits confits** : kandierte Früchte

2 ▷ Les fruits sont chers ici.
Obst ist teuer hier.
▷ Ma mère a fait une tarte aux fruits.
Meine Mutter hat einen Obstkuchen gebacken.
▷ Je mange beaucoup de fruits secs.
Ich esse viel Dörrobst.

2 Quand on parle des **fruits** en général, on traduit par das Obst qui est employé uniquement au singulier.

► **fruits secs** : das Dörrobst

*On dit aussi **das Backobst**.*

fugue

▷ Apparemment, Léo a fait une fugue.
Anscheinend ist Léo ausgerissen.

► **faire une fugue** : ausreißen

***aus•reißen** est un verbe à particule séparable et se conjugue comme **reißen** (riss, gerissen).*

fuir

1 ▷ Ils ont essayé de fuir mais la police les a rattrapés.
Sie haben versucht zu fliehen, aber die Polizei hat sie wieder eingefangen.

1 (= se sauver) fliehen (floh, geflohen)

*On dit aussi **flüchten**.*

2 ▷ Le robinet fuit toujours.
Der Wasserhahn immer noch leckt.

2 (= couler) lecken

fuite

▷ Il y a une fuite quelque part : le plafond est tout mouillé.
Irgendwo ist ein Leck: die Decke ist ganz nass.

das Leck (pluriel : Lecks)

fumé, fumée

▷ Je vais prendre le saumon fumé en entrée.
Als Vorspeise nehme ich den geräucherten Lachs.

geräuchert

fumée

▷ La fumée me fait mal aux yeux.
Der Rauch tut meinen Augen weh.

der **Rauch**

fumer

▷ On n'a pas le droit de fumer ici.
Hier darf man nicht rauchen.

rauchen

furieux, furieuse

▷ Mon père était furieux quand je suis rentré à deux heures du matin.
Mein Vater war wütend, als ich um zwei Uhr morgens nach Hause kam.

wütend

fusée

▷ La fusée a explosé dans l'espace.
Die Rakete ist im Weltraum explodiert.

die **Rakete** (pluriel : Raketen)

fusil

▷ Notre voisin qui est chasseur possède quatre fusils.
Unser Nachbar, der Jäger ist, besitzt vier Gewehre.

das **Gewehr** (pluriel : Gewehre)

futur, future

1 ▷ Ça arrivera peut-être dans le futur.
Das geschieht vielleicht in der Zukunft.

1 (nom) die **Zukunft**

2 ▷ Mon cousin nous a présenté sa future femme.
Mein Cousin hat uns seine zukünftige Frau vorgestellt.

2 (adjectif) **zukünftig**

G

FRANÇAIS — ALLEMAND

gâcher

1 ▷ Tu as tout gâché !
Du hast alles verdorben!

1 (= rendre moins agréable) **verderben** (verdirbt, verdarb, verdorben)

2 ▷ Tu as déjà gâché trois feutres.
Du hast schon drei Filzstifte verschwendet.

2 (= gaspiller) **verschwenden**

ℹ *Les verbes commençant par le préfixe* ***ver-*** *ne prennent pas* ***ge-*** *au participe passé.*

gadget

▷ C'est un gadget très utile dans la cuisine.
Das ist eine sehr nützliche Spielerei für die Küche.

die **Spielerei** (pluriel : Spielereien)

gaffe

1 ▷ Oh non ! Je crois que j'ai fait une gaffe !
Oh nein! Ich glaube, ich hab einen Schnitzer gemacht!

1 ► **faire une gaffe** : einen Schnitzer machen

2 ▷ Fais gaffe, ça risque de tomber !
Pass auf, es könnte herunterfallen!

2 ► **faire gaffe** (= faire attention, sens familier) : **aufpassen**

ℹ ***auf•passen*** *est un verbe à particule séparable.*

gagner

1 ▷ À ton avis, qui va gagner ?
Wer wird deiner Meinung nach gewinnen?
▷ Arthur a gagné mille euros à la loterie.
Arthur hat tausend Euro in der Lotterie gewonnen.

1 (= gagner en jouant) **gewinnen** (gewann, gewonnen)

2 ▷ Ma mère gagne plus d'argent que mon père.
Meine Mutter verdient mehr Geld als mein Vater.
▷ Combien peut-il gagner ?
Wieviel kann er wohl verdienen?

2 (= gagner en travaillant) **verdienen**

Les verbes commençant par le préfixe ***ver-*** *ne prennent pas* ***ge-*** *au participe passé.*

gai, gaie

▷ Tu as l'air bien gai aujourd'hui !
Du siehst heute ja sehr fröhlich aus!

fröhlich

galant

▷ Sois galant, ouvre-lui la porte.
Sei Kavalier, halt ihr die Tür auf!

► **être galant :** Kavalier sein

galerie

1 ▷ Anita expose ses photos dans une galerie d'art.
Anita stellt ihre Fotos in einer Kunstgalerie aus.

2 ▷ Ils se retrouvent tous les samedis dans la galerie marchande.
Sie treffen sich jeden Samstag in der Einkaufspassage.

1 ► **galerie d'art :** die **Kunstgalerie** (pluriel : -galerien)

2 ► **galerie marchande :** die **Einkaufspassage** (pluriel : -passagen)

Passage *se prononce comme en français.*

galet

▷ Pierre et Anaïs lancent des galets dans l'eau.
Pierre und Anaïs werfen Kieselsteine ins Wasser.

der **Kieselstein** (pluriel : -steine)

galette

1 ▷ Nous avons mangé des galettes dans un restaurant breton.
Wir haben in einem bretonischen Restaurant Galettes gegessen.

2 ▷ Cette galette des Rois est excellente.
Diese Galette des Rois schmeckt ausgezeichnet.

1 (= crêpe) die **Galette** (pluriel : Galettes)

Se prononce comme en français.

2 La tradition de la galette des Rois n'existe pas en Allemagne, et l'expression ne se traduit pas.

galoper

1 ▷ Les chevaux galopent dans le pré.
Die Pferde galoppieren auf der Weide.

1 (= courir, en parlant d'un cheval) **galoppieren**

Les verbes se terminant en ***-ieren*** *ne prennent pas* ***ge-*** *au participe passé.*

Attention à l'orthographe.

2 ▷ Arrêtez de galoper partout !
Hört auf, überall so herumzurennen!

2 (= courir, en parlant d'une personne) **herumrennen**

herum•rennen *est un verbe à particule séparable et se conjugue comme* ***rennen*** *(rannte, gerannt).*

gamin, gamine

▷ Tous les gamins criaient et chantaient.
Alle Kinder schrien und sangen.

das **Kind** (pluriel : Kinder)

ℹ *Quand on parle d'un* **garçon**, *on dit* ***der Junge****. Quand on parle d'une* **fille**, *on dit* ***das Mädchen****.*

gant

1 ▷ J'ai pris les gants de Mathieu par erreur.
Ich habe aus Versehen Mathieus Handschuhe genommen.

1 der **Handschuh** (pluriel : -schuhe)

2 ▷ Voici une serviette et un gant de toilette.
Hier sind ein Handtuch und ein Waschlappen.

2 ► **gant de toilette :** der Waschlappen (pluriel : -lappen)

garage

1 ▷ Ils ont acheté une maison avec un garage.
Sie haben ein Haus mit Garage gekauft.

1 (pour garer la voiture) die **Garage** /ga'ra:ʒə/ (pluriel : Garagen)

🔊 *Notez la prononciation.*

2 ▷ J'ai un problème avec la voiture, je dois la conduire au garage pour la révision.
Ich habe ein Problem mit dem Auto, ich muss es in die Werkstatt bringen.

2 (= l'atelier) die **Werkstatt**

garagiste

1 ▷ Le garagiste a dit qu'il ne pouvait pas réparer les freins.
Der Mechaniker hat gesagt, er könnte die Bremsen nicht reparieren.

1 (= mécanicien) der **Mechaniker** (pluriel : Mechaniker), die **Mechanikerin** (pluriel : Mechanikerinnen)

2 ▷ La voiture est chez le garagiste.
Das Auto ist in der Werkstatt.
▷ Je dois aller chez le garagiste.
Ich muss zur Werkstatt.

2 ► **chez le garagiste** (= dans l'atelier) **:** in der Werkstatt
► **chez le garagiste** (= vers l'atelier) **:** zur Werkstatt

garantie

▷ Est-ce que tu as gardé la garantie du sèche-cheveux ?
Hast du die Garantie des Haartrockners behalten?

die **Garantie** (pluriel : Garantien)

▷ La télé est encore sous garantie.
Der Fernseher steht noch unter Garantie.

► **être sous garantie :** unter Garantie stehen (stand, gestanden)

garantir

▷ L'ordinateur est garanti un an.
Der Computer hat ein Jahr Garantie.

► **être garanti :** Garantie haben

garçon

1 ▻ Il n'y a que des garçons dans cette classe.
In dieser Klasse sind nur Jungen.

1 (par opposition à fille) der **Junge** (pluriel : Jungen)

2 ▻ Tu peux appeler le garçon et commander un café ?
Kannst du den Kellner rufen und einen Kaffee bestellen?

2 (= serveur) der **Kellner** (pluriel : Kellner)

On dit aussi ***der Ober.***

garde (nom féminin)

▻ Quand les parents de Joëlle ont divorcé, le père a eu la garde des enfants.
Als Joëlles Eltern geschieden wurden, bekam der Vater das Sorgerecht.

► **la garde** (en parlant des enfants en cas de divorce des parents) **:** das Sorgerecht

garde (nom masculin)

▻ Il y a des gardes devant le palais de l'Élysée.
Vor dem Elyseepalast stehen Wachen.

die **Wache** (pluriel : Wachen)

garder

1 ▻ Tu peux garder mon stylo, je n'en ai pas besoin.
Du kannst meinen Kugelschreiber behalten, ich brauche ihn nicht.

1 (= conserver, ne pas rendre) **behalten** (behält, behielt, behalten)

2 ▻ Je t'ai gardé un morceau de gâteau.
Ich habe dir ein Stück Kuchen aufgehoben.

2 (= mettre de côté) **aufheben**

auf•heben *est un verbe à particule séparable et se conjugue comme* ***heben*** *(hob, gehoben).*

3 ▻ Étienne a dû garder son petit frère hier soir.
Étienne musste gestern Abend seinen kleinen Bruder hüten.

3 (= s'occuper de) **hüten**

4 ▻ Le chien a gardé la maison.
Der Hund hat das Haus bewacht.

4 (= surveiller, monter la garde) **bewachen**

Les verbes commençant par le préfixe ***be-*** *ne prennent pas* ***ge-*** *au participe passé.*

garderie

▻ Éloïse laisse ses enfants à la garderie le mercredi.
Éloïse lässt ihre Kinder mittwochs in der Tagesstätte.

die **Tagesstätte** (pluriel : stätten)

On dit aussi ***der Hort*** (pluriel : *Horte*).

gardien, gardienne

1 ▻ Va chercher le paquet chez la gardienne, s'il te plaît.
Geh bitte das Paket bei der Hausmeisterin abholen.

1 (= gardien d'immeuble) der **Hausmeister** (pluriel : -meister), die **Hausmeisterin** (pluriel : -meisterinnen)

2 ▷ Le gardien de but a été formidable.
Der Torhüter war toll.

2 ► **gardien/gardienne de but :** der Torhüter (pluriel : -hüter), die Torhüterin (pluriel : -hüterinnen)

ℹ *On dit aussi **der Torwart** ; le féminin se dit **die Torfrau**.*

3 ▷ La gardienne de musée les a renseignés.
Die Museumswärterin hat ihnen Auskunft gegeben.

3 ► **gardien/gardienne de musée :** der Museumswärter (pluriel : -wärter), die Museumswärterin (pluriel : -wärterinnen)

4 ▷ Le père de Léon est gardien de nuit.
Léons Vater ist Nachtwächter.

4 ► **gardien/gardienne de nuit :** der Nachtwächter (pluriel : -wächter), die Nachtwächterin (pluriel : -wächterinnen)

5 ▷ Les gardiens de prison sont en grève.
Die Gefängniswärter streiken.

5 ► **gardien/gardienne de prison :** der Gefängniswärter (pluriel : -wärter), die Gefängniswärterin (pluriel : -wärterinnen)

gare

1 ▷ Tu peux m'emmener à la gare ?
Kannst du mich zum Bahnhof bringen?

1 (pour les trains) der Bahnhof (pluriel : -höfe)

2 ▷ Gare à toi ! Je vais me fâcher !
Vorsicht! Ich werde böse!

2 ► **gare à toi ! :** Vorsicht!

garer

▷ Où as-tu garé la voiture ?
Wo hast du das Auto geparkt?

▷ Comment est-ce que tu t'es garé ?
Wie hast du denn geparkt?

parken

► **se garer :** parken

gaspillage

▷ Tu as utilisé toute cette eau ? Quel gaspillage !
Du hast das ganze Wasser verbraucht? So eine Verschwendung!

die Verschwendung

gaspiller

▷ Je n'aime pas les gens qui gaspillent la nourriture.
Ich mag Leute nicht, die Nahrung verschwenden.

verschwenden

ℹ *Les verbes commençant par le préfixe **ver-** ne prennent pas **ge-** au participe passé.*

gâteau

1 ▷ J'ai fait un gâteau au chocolat pour ton anniversaire.
Ich habe einen Schokoladenkuchen zu deinem Geburtstag gebacken.

1 (= pâtisserie) der **Kuchen** (pluriel : Kuchen)

2 ▷ Rowan a mangé tout le paquet de gâteaux !
Rowan hat das ganze Päckchen Kekse gegessen!

2 (= biscuit) der **Keks** (pluriel : Kekse)

gâter

▷ Ses grands-parents le gâtent.
Seine Großeltern verwöhnen ihn.

verwöhnen

ℹ *Les verbes commençant par le préfixe* ***ver-*** *ne prennent pas* ***ge-*** *au participe passé.*

gauche

▷ Tire un trait de gauche à droite.
Zieh einen Strich von links nach rechts.

links

▷ Le côté droit est plus foncé que le côté gauche.
Die rechte Seite ist dunkler als die linke Seite.

► **le côté gauche :** die linke Seite

▷ L'école est à gauche après la station-service.
Die Schule ist links nach der Tankstelle.

► **à gauche** (= situé sur la gauche) **:** links

▷ Tournez à gauche aux feux.
Biegen Sie an der Ampel links ab.

► **tourner à gauche :** links abbiegen

▷ À gauche du cinéma il y a un restaurant chinois.
Links neben dem Kino ist ein chinesisches Restaurant.

► **à gauche de :** links von + datif

▷ Les couverts sont dans le tiroir de gauche.
Das Besteck ist in der linken Schublade.

► **de gauche** (= situé à gauche) **:** linke

▷ Beaucoup de gens ont voté pour la gauche.
Viele Leute haben für die Linke gewählt.

► **la gauche** (en parlant de politique) **:** die Linke

▷ Ils sont de gauche.
Sie stehen links.

► **être de gauche** (politiquement) **:** links stehen

gaucher, gauchère

▷ Tu es droitière ou gauchère ?
Bist du Rechtshänderin oder Linkshänderin?

der **Linkshänder** (pluriel : -händer), die **Linkshänderin** (pluriel : -händerinnen)

gaufre

▷ J'adore les gaufres.
Ich liebe Waffeln.

die **Waffel** (pluriel : Waffeln)

gaufrette

▷ J'ai emporté un paquet de gaufrettes à la vanille.
Ich habe ein Päckchen Vanillewaffeln mitgenommen.

die **Waffel** (pluriel : Waffeln)

gaver

▷ Ne vous gavez pas de bonbons, on va dîner dans une minute.
Stopft euch nicht mit Bonbons voll, wir essen gleich.
▷ Tu n'as pas besoin de te gaver comme ça !
Du brauchst dich nicht so vollzustopfen.

► **se gaver de** quelque chose **:** sich mit etwas (datif) vollstopfen

voll•stopfen est un verbe à particule séparable.

*Le pronom personnel allemand s'emploie à l'accusatif : ich stopfe **mich** voll, du stopfst **dich** voll, er/sie stopft **sich** voll, wir stopfen **uns** voll, ihr stopft **euch** voll, sie stopfen **sich** voll.*

gaz

▷ Est-ce que tu as coupé le gaz ?
Hast du das Gas abgedreht?

das Gas (pluriel : Gase)

gazeux, gazeuse

1 ▷ Les boissons gazeuses sont souvent très sucrées.
Kohlensäurehaltige Getränke sind oft sehr süß.
2 ▷ Je voudrais de l'eau gazeuse, s'il vous plaît.
Ich hätte gern Mineralwasser, bitte.

1 ► **boisson gazeuse :** das kohlensäurehaltige Getränk

2 ► **eau gazeuse :** das Mineralwasser

On dit aussi der Sprudel.

Attention : en allemand, **eau minérale** *se dit stilles Wasser.*

gazon

▷ Il y a du gazon devant la maison.
Vor dem Haus befindet sich ein Rasen.
▷ Mon père tond le gazon le samedi.
Mein Vater mäht den Rasen samstags.

der Rasen
► **du gazon :** ein Rasen
► **tondre le gazon :** den Rasen mähen

géant, géante

1 ▷ C'est l'histoire d'un géant et d'une souris.
Es ist die Geschichte von einem Riesen und einer Maus.
2 ▷ Mon frère s'est acheté une glace géante.
Mein Bruder hat sich ein riesiges Eis gekauft.

1 (= personne, personnage) der Riese (pluriel : Riesen)

2 (adjectif) riesig

gel

1 ▷ Il y a encore du gel sur les arbres.
Auf den Bäumen liegt noch Frost.
2 ▷ Je mets du gel sur mes cheveux tous les matins.
Ich schmiere jeden Morgen Gel auf meine Haare.

▷ N'oublie pas d'acheter du gel douche.
Vergiss nicht, Duschgel zu kaufen.

1 (= glace) der Frost

2 (= produit cosmétique) das Gel /ge:l/ (pluriel : Gele)

Notez la prononciation.

► **gel douche :** das Duschgel

gelé, gelée

1 ▷ Le lac est gelé, on peut patiner dessus.
Der See ist zugefroren, wir können darauf Schlittschuh laufen.

2 ▷ Je suis complètement gelé !
Mir ist eiskalt!

1 (en parlant d'un lac, d'une rivière) **zugefroren**

2 Pour dire que quelqu'un est **gelé**, on dit : jemandem (datif) **ist eiskalt**.

gelée

▷ Ma mère fait de la gelée de coings.
Meine Mutter macht Quittengelee.

► **la gelée** (qu'on mange) **:** das **Gelee** (pluriel : Gelees)

Se prononce comme en français.

geler

▷ Il a gelé la nuit dernière.
Es hat gestern Nacht gefroren.

▷ Les tuyaux ont gelé pendant que nous étions en vacances.
Während unserer Ferien sind die Rohre gefroren.

frieren (fror, gefroren)

Le verbe impersonnel s'emploie avec l'auxiliaire ***haben***.

Le verbe intransitif s'emploie avec l'auxiliaire ***sein***.

gélule

▷ Je dois prendre une gélule tous les matins.
Ich muss jeden Morgen eine Kapsel nehmen.

die **Kapsel** (pluriel : Kapseln)

gênant, gênante

▷ C'était une situation gênante.
Es war eine peinliche Lage.

▷ Je lui ai dit que ce n'était pas gênant.
Ich habe ihm gesagt, dass das kein Problem sei.

(= embarrassant) **peinlich**

Pour dire que quelque chose **n'est pas gênant** *en allemand, on emploie l'expression* ***kein Problem sein***.

gencives

▷ Ce dentifrice est bon pour les gencives.
Diese Zahnpaste ist für das Zahnfleisch sehr gut.

das **Zahnfleisch**

Ce mot ne s'emploie qu'au singulier.

gendarme

▷ Voilà un gendarme, allons lui demander.
Da ist ein Polizist, fragen wir ihn.

der **Polizist** (pluriel : Polizisten)

gendre

▷ Les Murat aiment beaucoup leur gendre.
Murats mögen ihren Schwiegersohn sehr.

der **Schwiegersohn** (pluriel : -söhne)

gêné, gênée

▻ Hubert avait l'air gêné.
Hubert sah verlegen aus.

verlegen

gêner

▻ Je ne veux pas te gêner.
Ich will dich nicht stören.
▻ Est-ce que ça te gêne si j'ouvre la fenêtre ?
Stört es dich, wenn ich das Fenster öffne?

(= déranger) **stören**

général, générale

1 ▻ Mon impression générale, c'est que le film était trop long.
Mein allgemeiner Eindruck war, dass der Film zu lang war.
▻ En général, j'arrive au collège vers huit heures et quart.
Im Allgemeinen bin ich um Viertel nach acht in der Schule.
2 ▻ L'oncle de Benoît est général.
Benoîts Onkel ist General.

1 (= global) **allgemein**

► **en général** (= d'habitude) : im Allgemeinen

ℹ *On dit aussi* ***in der Regel***.

2 (= militaire) der **General**
(pluriel : Generale *ou* Generäle)

généralement

▻ Généralement, l'école finit fin juin.
Im Allgemeinen ist die Schule Ende Juni aus.

im Allgemeinen

ℹ *On dit aussi* ***in der Regel***.

génération

▻ Trois générations différentes vivent dans la même maison.
Drei verschiedene Generationen leben im selben Haus.

die **Generation**
(pluriel : Generationen)

généreux, généreuse

▻ Tu n'es pas très généreuse ! Tu pourrais partager tes bonbons avec d'autres !
Du bist nicht sehr großzügig! Du könntest deine Bonbons mit anderen teilen!

großzügig

génial, géniale

▻ Ce jeu vidéo est génial !
Dieses Videospiel ist super!

(= super) **super**

ℹ *On dit aussi* ***toll*** *ou* ***genial***.

genou

▻ Ali s'est cogné le genou.
Ali hat sich das Knie gestoßen.

das **Knie** (pluriel : Knie)

Notez la prononciation du pluriel.

▷ Ne te mets pas à genoux, sinon tu vas te salir.
Knie dich nicht hin, sonst wirst du ganz schmutzig.

► **se mettre à genoux :** sich hinknien

hin•knien est un verbe à particule séparable.

*Le pronom personnel allemand s'emploie à l'accusatif : ich knie **mich** hin, du kniest **dich** hin, er/sie kniet **sich** hin, wir knien **uns** hin, ihr kniet **euch** hin, sie knien **sich** hin.*

▷ Viens t'asseoir sur mes genoux.
Setz dich auf meinen Schoß.

► **sur les genoux de** quelqu'un **:** auf + génitif + Schoß

genre

▷ Je n'aime pas ce genre de musique.
Ich mage diese Art Musik nicht.

▷ C'est un genre de vélo, mais avec une roue beaucoup plus grande que l'autre.
Es ist eine Art von Fahrrad, aber mit einem Rad, das viel größer ist als das andere.

(= sorte, catégorie) die Art

*On dit aussi **die Sorte**.*

► **un genre de...** (= une espèce de) **:** eine Art..., eine Art von...

*On dit aussi **eine Sorte..., eine Sorte von...***

gens

▷ Il y a des gens qui aiment ça.
Es gibt Leute, die das mögen.

die Leute

Ce mot est un pluriel.

gentil, gentille

▷ Ma cousine est très gentille.
Meine Cousine ist sehr nett.

▷ Tu n'as pas été gentil avec Hélène.
Du warst nicht sehr nett zu Hélène.

nett

► **être gentil avec** quelqu'un **:** nett zu jemandem (datif) sein

gentiment

▷ Ils m'ont très gentiment accueillie.
Sie haben mich sehr freundlich empfangen.

freundlich

géo

▷ La géo est ma matière préférée.
Geographie ist mein Lieblingsfach.

die Geographie

*On dit aussi **die Erdkunde**.*

En allemand, on n'emploie pas d'article pour les matières d'étude.

géographie

▷ Je ne suis pas très bon en géographie.
Ich bin nicht sehr gut in Geographie.

die Geographie

*On dit aussi **die Erdkunde**.*

géométrie

▷ Ce trimestre on fait de la géométrie.
Dieses Trimester machen wir Geometrie.

die **Geometrie**

geste

▷ Leurs gestes sont maladroits.
Ihre Gesten sind ungeschickt.
▷ C'est un geste généreux de ta part.
Das ist eine großzügige Geste von dir.

die **Geste** (pluriel : Gesten)

gibier

▷ Il y a beaucoup de gibier dans cette région.
Es gibt viel Wild in dieser Gegend.

das **Wild**

gifle

▷ Il m'a donné une gifle !
Er hat mir eine Ohrfeige gegeben!

die **Ohrfeige** (pluriel : –feigen)

gifler

▷ Laure a giflé son frère devant tout le monde.
Laure hat ihren Bruder vor allen Leuten geohrfeigt.

ohrfeigen

gigantesque

▷ À Hong-Kong, il y a des immeubles gigantesques.
In Hong Kong stehen riesige Gebäude.

riesig

ℹ *On dit aussi* ***gigantisch****.*

gigot

▷ Ce gigot d'agneau est délicieux.
Diese Lammkeule ist köstlich.
▷ Ma sœur cuisine très bien le gigot de chevreuil.
Meine Schwester kocht sehr gut Rehkeule.

die **Keule** (pluriel : Keulen)

ℹ *Notez les substantifs composés.*

gilet

1 ▷ Mets un gilet si tu as froid.
Falls dir kalt ist, zieh dir eine Strickjacke über.
2 ▷ Il portait un costume avec un gilet rouge.
Er trug einen Anzug mit einer roten Weste.

1 (= pull ouvert devant) die **Strickjacke** (pluriel : –jacken)

2 (= vêtement sans manches) die **Weste** (pluriel : Westen)

Attention : le mot français **veste** *se traduit par* ***Jacke****.*

girafe

▷ As-tu vu des girafes en Afrique ?
Hast du in Afrika Giraffen gesehen?

die **Giraffe** /gi'rafə/
(pluriel : Giraffen)

Notez la prononciation.

Attention à l'orthographe du mot allemand.

girouette

▷ Nous avons installé une girouette sur le toit de notre maison.
Wir haben einen Wetterhahn auf dem Dach unseres Hauses installiert.

der **Wetterhahn**
(pluriel : -hähne)

gîte

▷ Nous avons loué un gîte dans les Vosges pour les vacances.
Wir haben ein Ferienhaus in den Vogesen gemietet.

(= gîte rural) das **Ferienhaus**
(pluriel : -häuser)

givre

▷ Les feuilles sont couvertes de givre, c'est très joli.
Die Blätter sind mit Rauhreif überzogen, das ist sehr schön.

der **Rauhreif**

On dit aussi ***der Reif*** *tout court.*

glace

1 ▷ Il faut gratter la glace sur le pare-brise.
Man muss das Eis auf der Windschutzscheibe abkratzen.
▷ J'adore la glace au chocolat.
Ich liebe Schokoladeneis.

1 (= eau gelée, crème glacée) das **Eis**

2 ▷ Il y a deux glaces dans la salle de bains.
Im Badezimmer hängen zwei Spiegel.

2 (= miroir) der **Spiegel**
(pluriel : Spiegel)

glacé, glacée

1 ▷ Nous avons patiné sur le lac glacé.
Wir sind auf dem zugefrorenen See Schlittschuh gelaufen.

1 (= transformé en glace) **zugefroren**

2 ▷ Les fenêtres sont glacées.
Die Fenster sind vereist.

2 (= recouvert de glace) **vereist**

3 ▷ Il faut servir cet apéritif glacé.
Dieser Aperitif muss eiskalt serviert werden.
▷ Mes mains sont glacées !
Meine Hände sind eiskalt!

3 (= très froid) **eiskalt**

4 ▷ Je préfère les biscuits glacés.
Ich mag die glasierten Kekse lieber.

4 (= recouvert d'un glaçage) **glasiert**

glacial, glaciale

▷ Il y a un vent glacial ce soir.
Heute Abend weht ein eiskalter Wind.

eiskalt

On dit aussi eisig.

glacier

▷ Les glaciers des Alpes sont très impressionnants.
Die Alpengletscher sind sehr beeindruckend.

(= étendue de glace) der **Gletscher** (pluriel : Gletscher)

glacière

▷ Est-ce qu'on emporte la glacière pour le pique-nique ?
Nehmen wir die Kühlbox zum Picknicken mit?

(= récipient rigide) die **Kühlbox** (pluriel : -boxen)
(= récipient souple) die **Kühltasche** (pluriel : -taschen)

glaçon

▷ Les glaçons sont dans le freezer.
Die Eiswürfel sind im Gefrierfach.

der **Eiswürfel** (pluriel : -würfel)

glissant, glissante

▷ Fais attention, la route est glissante.
Sei vorsichtig, die Straße ist glatt.

glatt (plus glissant : glatter *ou* glätter ; le plus glissant der glatteste *ou* der glätteste)

glisser

1 ▷ J'ai glissé et je suis tombé.
Ich bin ausgerutscht und hingefallen.

1 (= déraper, en parlant d'une personne) **ausrutschen**

aus•rutschen est un verbe à particule séparable.

2 ▷ La voiture a glissé sur le verglas.
Das Auto ist auf dem Glatteis ins Rutschen gekommen.

2 (= déraper, en parlant d'un véhicule) **ins Rutschen kommen** (kam, gekommen)

3 ▷ Attention, ça glisse !
Vorsicht, es ist glatt!

3 (= être glissant) **glatt sein**

globe

1 ▷ J'ai remplacé l'abat-jour par un globe en verre.
Ich habe den Lampenschirm durch eine Glaskugel ersetzt.

1 (= sphère) die **Kugel** (pluriel : Kugeln)

2 ▷ Simon a un globe terrestre dans sa chambre.
Simon hat einen Globus in seinem Zimmer.

2 ► **globe terrestre** (= la Terre, représentation de la Terre) : der **Globus** (pluriel : Globen)

gluant, gluante

▷ Le riz est trop cuit, il est gluant.
Der Reis ist zerkocht, er ist klebrig.

klebrig

goal

▷ Mehmet est goal dans notre équipe.
Mehmet ist der Torhüter unserer Mannschaft.

(= gardien de but) der **Torhüter** (pluriel : -hüter)

gobelet

▷ Il faudra cent gobelets en plastique pour la fête.
Wir brauchen hundert Plastikbecher für die Party.

(= verre en carton, en plastique) der **Becher** (pluriel : Becher)

goéland

▷ Il y avait des goélands qui volaient autour du bateau.
Seemöwen flogen um das Boot herum.

die **Seemöwe** (pluriel : -möwen)

goinfre

1 ▷ Sally est une vraie goinfre !
Sally ist ein richtiger Vielfraß!

2 ▷ Ne sois pas si goinfre !
Sei doch nicht so verfressen!

1 ► **un** *ou* **une goinfre :** das **Vielfraß** (pluriel : -fraße)

2 ► **être goinfre :** verfressen sein

Les deux traductions allemandes sont familières.

golf

1 ▷ Le golf est un sport agréable.
Golf ist ein angenehmer Sport.

▷ Hubert joue souvent au golf le samedi.
Hubert spielt samstags oft Golf.

2 ▷ Il y a un grand golf près de la plage.
Neben dem Strand liegt ein großer Golfplatz.

1 (= sport) das **Golf**

Attention, ne confondez pas avec ***der Golf*** = **golfe.**

► **jouer au golf :** Golf spielen

2 (= terrain) der **Golfplatz** (pluriel : -plätze)

golfe

▷ D'ici on voit tout le golfe.
Von hier aus sieht man den ganzen Golf.

(= partie de la mer) der **Golf** (pluriel : Golfe)

Attention, ne confondez pas avec ***das Golf*** = **golf.**

gomme

▷ Tu peux me prêter ta gomme, s'il te plaît ?
Kannst du mir bitte dein Radiergummi leihen?

(pour effacer) das *ou* der **Radiergummi** (pluriel : -gummis)

gonflé, gonflée

1 ▷ Je me suis fait piquer par un moustique, j'ai le bras tout gonflé.
Ich bin von einer Mücke gestochen worden, mein Arm ist ganz geschwollen.

2 ▷ Il t'a demandé de l'argent ? Il est gonflé !
Er hat dich um Geld gebeten? Der ist ja dreist!

1 (= enflé) **geschwollen**

2 (= culotté) **dreist**

gonfler

1 ▷ Nous avons gonflé une centaine de ballons pour décorer la pièce.
Wir haben etwa hundert Luftballons aufgeblasen, um das Zimmer zu schmücken.

2 ▷ La cheville de Sacha gonfle.
Sachas Knöchel schwillt an.

1 (= envoyer de l'air dans) **aufblasen**

ℹ *__auf•blasen__ est un verbe à particule séparable et se conjugue comme __blasen__ (bläst, blies, geblasen).*

2 (= enfler) **anschwellen**

ℹ *__an•schwellen__ est un verbe à particule séparable et se conjugue comme __schwellen__ (schwillt, schwoll, geschwollen).*

gorge

1 ▷ J'ai une arête coincée dans la gorge.
Mir steckt eine Gräte im Hals.
▷ Sabine a mal à la gorge.
Sabine hat Halsschmerzen.

2 ▷ Nous avons traversé des gorges et des vallées.
Wir haben Schluchten und Täler durchquert.

1 (= fond de la bouche) der **Hals** (pluriel : Hälse)
► **avoir mal à la gorge :** Halsschmerzen haben (hat, hatte, gehabt)

2 (= passage étroit en montagne) die **Schlucht** (pluriel : Schluchten)

gorgée

▷ Anja a pris une gorgée de vin et l'a recrachée tout de suite.
Anja hat einen Schluck Wein getrunken und sofort wieder ausgespuckt.

der **Schluck** (pluriel : Schlucke)

gorille

▷ Les gorilles vivent dans la forêt africaine.
Gorillas leben im afrikanischen Wald.

der **Gorilla** (pluriel : Gorillas)

goulot

▷ Le goulot de ce flacon est très étroit.
Der Hals dieses Fläschchens ist sehr eng.
▷ Ne bois pas au goulot, c'est dégoûtant !
Trink nicht aus der Flasche, das ist ekelhaft!

der **Hals** (pluriel : Hälse)

► **boire au goulot :** aus der Flasche trinken (trank, getrunken)

gourde

▷ Nous emportons toujours une gourde quand nous faisons une randonnée.
Wenn wir wandern gehen, nehmen wir immer eine Trinkflasche mit.

(= bouteille) die **Trinkflasche** (pluriel : -flaschen)

gourmand, gourmande

▷ Annie est gourmande, elle adore le chocolat.
Annie ist naschhaft, sie liebt Schokolade.

(de sucreries) **naschhaft**

gourmet

▷ Mon parrain est un gourmet, on mange toujours très bien chez lui.
Mein Pate ist ein Feinschmecker, man isst immer sehr gut bei ihm.

der **Feinschmecker** (pluriel : -schmecker), die **Feinschmeckerin** (pluriel : -schmeckerinnen)

gousse

1 ▷ Pour cette recette il faut deux gousses d'ail.
Für dieses Rezept braucht man zwei Knoblauchzehen.

1 ► **gousse d'ail :** die Knoblauchzehe (pluriel : -zehen)

2 ▷ On peut mettre une gousse de vanille dans le sucre pour le parfumer.
Man kann eine Vanilleschote in den Zucker geben, um ihm Geschmack zu geben.

2 ► **gousse de vanille :** die Vanilleschote (pluriel : -schoten)

goût

1 ▷ Le sel améliore le goût.
Salz verbessert den Geschmack.

1 (= saveur) der **Geschmack**

2 ▷ Tu trouves que ça a bon goût ?
Findest du, dass das gut schmeckt?

▷ Ce poisson a vraiment mauvais goût.
Dieser Fisch schmeckt wirklich schlecht.

▷ Cette tisane a un goût de citron.
Dieser Tee schmeckt nach Zitrone.

2 ► **avoir bon goût :** gut schmecken

► **avoir mauvais goût :** schlecht schmecken

► **avoir un goût de... :** nach... schmecken

3 ▷ Les parents de Nicolas ont du goût, leur maison est très jolie.
Nicolas Eltern haben Geschmack, ihr Haus ist sehr angenehm.

▷ Son appartement est meublé avec goût.
Seine Wohnung ist geschmackvoll eingerichtet.

3 ► **avoir du goût** (= savoir ce qui est joli) **:** Geschmack haben

► **avec goût :** geschmackvoll

goûter

1 ▷ Goûte ça, je l'ai fait moi-même.
Probier das mal, ich hab's selbst gemacht.

1 (= essayer) **probieren**

ℹ *Les verbes se terminant en* ***-ieren*** *ne prennent pas* ***ge-*** *au participe passé.*

2 ▷ Viens goûter chez moi, il y a du gâteau.
Komm vesper bei mir, es gibt Kuchen.

3 ▷ Le goûter était très bon, il y avait des biscuits et du chocolat.
Der Nachmittagsimbiss war sehr gut, es gab Kekse und Schokolade.

2 (= manger dans l'après-midi) **vespern**

3 (= repas de l'après-midi) der **Nachmittagsimbiss** (pluriel : -imbisse).

ℹ *Dans le sud de l'Allemagne, on dit aussi* ***die Vesper****.*

goutte

▷ Tous les matins tu dois mettre deux gouttes dans chaque œil.
Jeden Morgen musst du zwei Tropfen in jedes Auge tun.

der **Tropfen** (pluriel : Tropfen)

gouttière

▷ La gouttière est pleine de feuilles mortes.
Die Regenrinne ist voller Laub.

die **Regenrinne** (pluriel : -rinnen)

gouvernement

▷ Le gouvernement a décidé d'augmenter les impôts.
Die Regierung hat beschlossen, die Steuern zu erhöhen.

die **Regierung** (pluriel : Regierungen)

grâce à

▷ Grâce à Manu, on a pu aller au concert sans payer.
Dank Manus kamen wir ins Konzert ohne zu zahlen.

Pour dire **grâce à** en allemand, on emploie la formule **dank** + génitif.

gradins

▷ Les gradins étaient complets.
Alle Ränge waren voll.

(dans un stade) die **Ränge**

ℹ *Ce mot est un pluriel.*

graffiti

▷ Les murs sont couverts de graffitis.
Die Mauern sind mit Graffiti vollgemalt.

der *ou* das **Graffiti** (pluriel : Graffiti)

grain

1 ▷ Il y a des grains de sable sur mon pain !
Auf meinem Brot sind Sandkörner!

2 ▷ Ne mets pas tous les grains de raisin dans ta bouche !
Steck doch nicht alle Trauben in den Mund!

1 (= grain de sable, de maïs, de blé) das **Korn** (pluriel : Körner)

2 ► **grain de raisin :** die **Traube** (pluriel : Trauben)

3 ▷ Tu pourrais moudre les grains de café ?
Könntest du die Kaffeebohnen mahlen?
▷ Ma mère achète du café en grains.
Meine Mutter kauft Bohnenkaffee.

3 ► **grain de café :** die Kaffeebohne (pluriel : -bohnen)
► **café en grains :** der Bohnenkaffee

graine

▷ J'ai aidé mon père à semer des graines de laitue.
Ich habe meinem Vater geholfen, Salatsamen zu säen.

der **Samen** (pluriel : Samen)

graisse

▷ Il y avait beaucoup de graisse dans ce canard.
An dieser Ente war viel Fett.

(dans ce qu'on mange, dans le corps) das **Fett**

ℹ *Dans ce sens, Fett n'est utilisé qu'au singulier.*

grammaire

▷ La grammaire allemande est plus compliquée que la grammaire anglaise.
Die deutsche Grammatik ist komplizierter als die englische.

die **Grammatik**

ℹ *Notez que dans les comparaisons le substantif n'est pas répété en allemand.*

gramme

▷ Il faut à peu près cent grammes par personne.
Man braucht ungefähr hundert Gramm pro Person.

das **Gramm** (pluriel : Gramm)

grand, grande

1 ▷ Yacine est grand pour son âge.
Yacine ist groß für sein Alter.

1 (= de grande taille) **groß** (**plus grand** größer ; **le plus grand** der größte)

2 ▷ C'est la plus grande maison du voisinage.
Es ist das höchste Haus in der Nachbarschaft.

2 (= haut, en parlant d'une construction) **hoch** (**plus grand** höher ; **le plus grand** der höchste)

3 ▷ Je suis assez grande pour décider toute seule.
Ich bin alt genug, um selbst zu entscheiden.

3 (= vieux) **alt** (**plus grand** älter ; **le plus grand** der älteste)

4 ▷ Mon grand frère s'appelle Julien.
Mein großer Bruder heißt Julien.

4 (avec frère, sœur) **groß**

5 ▷ Il y a eu un grand bruit et tout s'est écroulé.
Es gab ein lautes Geräusch und alles ist zusammengebrochen.

5 (= fort, en parlant du bruit) **laut**

6 ▷ Mozart était un grand compositeur.
Mozart war ein großer Komponist.

6 (= remarquable) **groß**

grand-chose

▷ Tu n'as pas mangé grand-chose, tu es malade ?
Du hast nicht viel gegessen, bist du krank?

► **pas grand-chose :** nicht viel

Grande-Bretagne

▷ La Grande-Bretagne comprend l'Angleterre, l'Écosse et le pays de Galles.
Großbritannien schließt England, Schottland und Wales ein.
▷ Il y a beaucoup de Français en Grande-Bretagne.
In Großbritannien leben viele Franzosen.
▷ Le père de Martine va souvent en Grande-Bretagne.
Martines Vater reist oft nach Großbritannien.
▷ Je suis déjà allée trois fois en Grande-Bretagne.
Ich war schon dreimal in Großbritannien.

Großbritannien
► **la Grande-Bretagne :** Großbritannien
► **en Grande-Bretagne** (= dans le pays) **:** in Großbritannien
► **en Grande-Bretagne** (= vers le pays) **:** nach Großbritannien

Attention : pour dire que quelqu'un est **déjà allé quelque part**, *on emploie une expression avec le prétérit du verbe* ***sein*** *+* ***schon****.*

grandeur

▷ C'est de la grandeur d'une pomme.
Es ist von der Größe eines Apfels.
▷ Ils sont de la même grandeur.
Sie sind gleich groß.

die **Größe**
On dit aussi ***so groß wie ein Apfel****.*
► **De la même grandeur :** gleich groß

grandir

▷ J'ai grandi de trois centimètres en un mois !
In einem Monat bin ich drei Zentimeter gewachsen!

wachsen /'vaksən/ (wächst, wuchs, gewachsen)
Notez la prononciation.

grand-mère

▷ Quel âge a ta grand-mère ?
Wie alt ist deine Großmutter?

die **Großmutter** (pluriel : -mütter)

grand-père

▷ Mon grand-père était chauffeur de taxi.
Mein Großvater war Taxifahrer.

der **Großvater** (pluriel : -väter)

grands-parents

▷ Ce week-end je vais chez mes grands-parents.
Dieses Wochenende fahre ich zu meinen Großeltern.

die **Großeltern**

grange

▷ Le foin est dans la grange.
Das Heu ist in der Scheune.

die **Scheune** (pluriel : Scheunen)

grappe de raisin

▷ Nicolas a mangé trois grappes de raisin.
Nicolas hat drei Weintrauben gegessen.

die **Weintraube**
(pluriel : -trauben)

*L'allemand ne fait pas de distinction entre le raisin et la grappe de raisin, qui se traduisent tous les deux par **Traube**.*

gras, grasse

1 ▷ Les repas de la cantine sont tros gras.
Das Kantinenessen ist zu fett.

2 ▷ C'est un shampoing pour cheveux gras.
Das ist ein Shampoo gegen fettige Haare.

3 ▷ Mange juste la viande, ne mange pas le gras.
Iss nur das Fleisch, nicht das Fett.

1 (= plein de matières grasses) **fett**

2 (= huileux) **fettig**

3 ► **le gras** (= la partie grasse de la viande) : das Fett

gratin

▷ Nous avons mangé un très bon gratin de poisson.
Wir haben ein sehr gutes Fischgratin gegessen.

▷ J'adore les courgettes au gratin.
Ich liebe überbackene Zucchini.

das **Gratin**

Se prononce comme en français.

► **au gratin** : überbacken

gratter

1 ▷ Le chien gratte à la porte pour qu'on le laisse sortir.
Der Hund kratzt an der Tür, damit wir ihn hinauslassen.

2 ▷ Ça me gratte, c'est sûrement une piqûre de moustique.
Es juckt mich, das ist sicher ein Mückenstich.

3 ▷ Ne te gratte pas, sinon ça va être pire.
Kratz dich nicht, sonst wird es noch schlimmer.

▷ Le singe se grattait la tête.
Der Affe kratzte sich am Kopf.

1 (avec ses ongles, avec ses griffes) **kratzen**

2 (= démanger) **jucken**
► **ça me gratte** : es juckt mich

3 ► **se gratter** : sich kratzen

*Le pronom personnel allemand s'emploie à l'accusatif : ich kratze **mich**, du kratzt **dich**, er/sie kratzt **sich**, wir kratzen **uns**, ihr kratzt **euch**, sie kratzen **sich**.*

► **se gratter** quelque chose : sich an etwas kratzen

gratuit, gratuite

1 ▷ L'entrée est gratuite.
Der Eintritt ist frei.

1 (en parlant d'une entrée, d'un billet) **frei**

2 ▷ Le deuxième magazine était gratuit.
Die zweite Zeitschrift war gratis.

2 (en parlant d'un supplément, d'un échantillon) **gratis**

ℹ *On forme aussi des mots composés avec Gratis- en allemand, par exemple die Gratisprobe* (échantillon gratuit).

gratuitement

▷ Il a fait le travail gratuitement.
Er hat diese Arbeit kostenlos gemacht.

▷ Nous avons dîné gratuitement.
Wir haben kostenlos zu Abend gegessen.

kostenlos

ℹ *On dit aussi* **gratis**.

grave

1 ▷ Apparemment, c'est une blessure grave.
Anscheinend ist es eine schwere Verletzung.

2 ▷ La situation est très grave.
Die Lage ist sehr ernst.

3 ▷ Je suis désolée ! – Ne vous inquiétez pas, ce n'est pas grave.
Entschuldigung! – Keine Sorge, das ist nicht schlimm.

4 ▷ Mon père a la voix grave.
Mein Vater hat eine tiefe Stimme.

1 (= sérieux, en parlant d'une maladie, d'un accident, etc.) **schwer**

2 (= aux conséquences importantes) **ernst**

3 Pour dire que quelque chose n'a pas d'importance, on emploie l'expression **das** *ou* **es ist nicht schlimm**.

4 (= bas, en parlant de la voix ou d'un son) **tief**

gravement

▷ Le grand-père de Luc est gravement malade.
Lucs Großvater ist schwer krank.

schwer

graver

▷ Quelqu'un a gravé ses initiales dans le tronc de l'arbre.
Jemand hat seine Initialen in den Baumstamm geritzt.

(= inscrire) **ritzen**

gravier

▷ Nous avons mis du gravier sur le chemin.
Wir haben Kies auf den Weg geschüttet.

der **Kies**

ℹ *Ce mot s'emploie uniquement au singulier.*

gravillons

▷ Des gravillons ont cassé le pare-brise.
Splitt hat die Windschutzscheibe zerbrochen.

(= sur une route) der **Splitt**

ℹ *Ce mot s'emploie uniquement au singulier.*

grec, grecque

1 ▻ La cuisine grecque est très bonne.
Griechisches Essen ist sehr gut.

1 (adjectif) griechisch

2 ▻ J'ai trouvé les Grecs très accueillants.
Ich fand die Griechen sehr gastfreundlich.

2 (= personne) der Grieche (pluriel : Griechen), die Griechin (pluriel : Griechinnen)

3 ▻ J'ai appris le grec à la fac.
Ich habe Griechisch an der Uni gelernt.

3 (= langue) Griechisch

Grèce

▻ La Grèce est un pays riche en histoire.
Griechenland ist reich an Geschichte.

Griechenland

► **la Grèce :** Griechenland

ℹ *Ne prend l'article neutre que précédé d'un adjectif :* ***das antike Griechenland*** **(la Grèce antique).**

▻ Karine a vécu deux ans en Grèce.
Karine hat zwei Jahre in Griechenland gelebt.

▻ Quand est-ce que nous irons en Grèce ?
Wann fahren wir nach Griechenland?

▻ Est-ce que tu es déjà allé en Grèce ?
Warst du schon in Griechenland?

► **en Grèce** (= dans le pays) **:** in Griechenland

► **en Grèce** (= vers le pays) **:** nach Griechenland

Attention : pour dire que quelqu'un **est déjà allé quelque part**, *on emploie une expression avec le prétérit du verbe* ***sein*** *+* ***schon****.*

grêle

▻ La grêle cognait contre les vitres.
Der Hagel schlug gegen die Scheiben.

der Hagel

grêler

▻ Il a grêlé tout l'après-midi.
Es hat den ganzen Nachmittag über gehagelt.

hageln

grelotter

▻ Nous grelottions tous dans la salle sans chauffage.
Wir zitterten alle im ungeheizten Saal.

zittern

grenier

▻ Les Dubois ont installé une chambre d'amis dans le grenier.
Die Dubois haben im Speicher ein Gästezimmer eingerichtet.

der Speicher (pluriel : Speicher)

ℹ *On dit aussi* ***der Dachboden*** (pluriel : *–böden*)

grenouille

▻ Il y a beaucoup de grenouilles dans la mare.
Im Tümpel sind viele Frösche.

der Frosch (pluriel : Frösche)

grève

▷ La grève des enseignants a duré longtemps.
Der Lehrerstreik hat lange angedauert.

▷ Les facteurs sont en grève depuis hier.
Seit gestern streiken die Briefträger.

der **Streik** (pluriel : Streiks)

► **être en grève** *ou* **faire grève :** streiken

griffe

1 ▷ Le chat a sorti ses griffes.
Die Katze hat ihre Krallen gezeigt.

▷ Le chat a rentré ses griffes.
Die Katze zog ihre Krallen ein.

1 die **Kralle** (pluriel : Krallen)

► **sortir ses griffes** (en parlant d'un chat) **:** die Krallen zeigen

► **rentrer ses griffes :** die Krallen einziehen

ein•ziehen est un verbe à particule séparable et se conjugue comme ***ziehen*** *(zog, gezogen).*

2 ▷ Le tigre avait des griffes impressionnantes.
Der Tiger hatte beeindruckende Klauen.

2 Quand on parle des fauves et des autres animaux prédateurs, on dit die **Klaue** (pluriel : Klauen).

griffer

▷ Le chat a encore essayé de me griffer.
Die Katze hat schon wieder versucht, mich zu kratzen.

kratzen

grignoter

1 ▷ Si tu grignotes tout le temps, tu ne maigriras pas.
Wenn du dauernd zwischendurch isst, wirst du nicht abnehmen.

2 ▷ Mon cochon d'Inde adore grignoter du pain dur.
Mein Meerschweinchen knabbert liebend gern an hartem Brot.

1 **zwischendurch essen** (isst, aß, gegessen)

2 ► **grignoter** quelque chose (en parlant d'un animal) **:** an etwas (datif) knabbern

grillage

▷ Il y a du grillage autour du jardin.
Um den Garten herum steht ein Drahtzaun.

► **du grillage** (= une clôture) **:** der Drahtzaun (pluriel : -zäune)

grille

▷ Lionel a escaladé la grille du parc.
Lionel ist über das Parkgitter geklettert.

das **Gitter** (pluriel : Gitter)

grille-pain

▷ Le grille-pain est cassé.
Der Toaster ist kaputt.

der **Toaster** /'to:stɐ/ (pluriel : Toaster)

Notez la prononciation.

griller

1 ▷ On va griller des cuisses de poulet à midi.
Zu Mittag grillen wir Hähnchenschenkel.

1 (= cuire, en parlant de la viande ou du poisson) **grillen**

ℹ *La traduction est la même si on dit* **faire griller.**

2 ▷ Je t'ai fait griller du pain.
Ich habe dir Brot getoastet.

2 (en parlant du pain) **toasten** /'to:stn/

3 ▷ La voiture devant nous a grillé le feu rouge.
Das Auto vor uns hat die rote Ampel überfahren.

3 ► **griller un feu rouge :** eine rote Ampel überfahren (überfährt, überfuhr, überfahren)

grillon

▷ Tu entends les grillons ?
Hörst du die Grillen?

die **Grille** (pluriel : Grillen)

grimace

▷ Le petit garçon nous faisait des grimaces derrière la vitre.
Der kleine Junge schnitt uns hinter dem Fenster Grimassen.

► **faire des grimaces à** quelqu'un **:** jemandem (datif) Grimassen schneiden (schnitt, geschnitten)

grimper

1 ▷ Les prix grimpent.
Die Preise steigen.

1 (= augmenter) **steigen** (stieg, gestiegen)

2 ▷ Ce matin, nous avons grimpé la colline.
Heute Morgen stiegen wir den Hügel hinauf.

2 ► **grimper** quelque chose **:** etwas (accusatif) **hinaufsteigen**

ℹ ***hinauf•steigen*** *est un verbe à particule séparable et se conjugue comme* ***steigen***

3 ▷ Laurent a grimpé sur le tabouret pour changer l'ampoule.
Laurent ist auf den Hocker geklettert, um die Birne zu wechseln.

3 ► **grimper sur** quelque chose **:** auf etwas (accusatif) **klettern**

grincer

▷ La porte grince, c'est très agaçant.
Die Tür quietscht, das ist sehr ärgerlich.

quietschen

grippe

▷ La grippe peut être une maladie grave.
Grippe kann eine schwere Krankheit sein.

▷ La prof de musique a la grippe.
Die Musiklehrerin hat Grippe.

die **Grippe**

► **avoir la grippe :** Grippe haben (hat, hatte, gehabt)

gris, grise

▷ Je vais acheter la veste grise que j'ai vue hier.
Ich werde die graue Jacke kaufen, die ich gestern gesehen habe.

grau

grogner

▷ Le chien a commencé à grogner quand nous nous sommes approchés.
Der Hund fing an zu knurren, als wir näher kamen.

knurren

gronder

▷ Les parents de Jean l'ont grondé.
Jeans Eltern haben ihn ausgeschimpft.

(= réprimander) **ausschimpfen**

i *On dit aussi* ***mit jemandem*** *(datif)* ***schimpfen***

▷ Je vais me faire gronder !
Ich werde ausgeschimpft werden!

► **se faire gronder :** ausgeschimpft werden

gros, grosse

1 ▷ Elle se trouve trop grosse.
Sie findet sich zu dick.

▷ Emporte un gros pull, il fait froid là-bas.
Nimm einen dicken Pullover mit, es ist kalt dort.

1 (= gras, épais) **dick**

2 ▷ Mon parrain m'a envoyé un gros colis pour Noël.
Mein Pate hat mir zu Weihnachten ein großes Paket geschickt.

▷ J'ai un gros problème, il faut que tu m'aides.
Ich habe ein großes Problem, du musst mir helfen.

2 (= grand) **groß** (**plus gros** größer ; **le plus gros** der größte)

3 ▷ Ça coûtera en gros dix euros par personne.
Das kostet ungefähr zehn Euro pro Person.

3 ► **en gros** (= à peu près) **:** ungefähr

4 ▷ Ne dis pas ça , c'est un gros mot !
Sag das nicht, das ist ein Schimpfwort!

▷ Steven dit toujours des gros mots.
Steven gebraucht immer Schimpfwörter.

4 ► **gros mot :** das Schimpfwort (pluriel : -wörter)

► **dire des gros mots :** Schimpfwörter gebrauchen

groseille

▷ On a cueilli des groseilles pour faire une tarte.
Wir haben Johannisbeeren gepflückt, um eine Torte zu backen.

die **Johannisbeere** (pluriel : -beeren)

grosseur

▷ J'ai vu des grêlons de la grosseur d'une balle de ping-pong.
Ich habe Hagelkörner von der Größe eines Tischtennisballs gesehen.

(= taille) die **Größe**

▷ Ils sont de la même grosseur.
Sie sind gleich groß.

► **de la même grosseur :** gleich groß

grossier, grossière

▷ Ne sois pas si grossier !
Sei doch nicht so unanständig!

(= vulgaire) unanständig

grossir

1 ▷ Oh non, j'ai encore grossi !
Oh nein, ich habe wieder zugenommen!

1 (= prendre du poids) zunehmen

zu•nehmen est un verbe à particule séparable et se conjugue comme nehmen (nimmt, nahm, genommen).

▷ Chris a grossi de deux kilos en un mois.
Chris hat in einem Monat zwei Kilo zugenommen.

► **grossir de... :** ... zunehmen

2 ▷ Les pommes grossissent sur l'arbre.
Die Äpfel auf dem Baum werden größer.

2 (= grandir) größer werden (wird, wurde, geworden)

3 ▷ Ils utilisent un microscope pour grossir les objets.
Sie benutzen ein Mikroskop, um Sachen zu vergrößern.

3 (= agrandir avec une loupe, un microscope) vergrößern

grotte

▷ Nous avons visité des grottes préhistoriques.
Wir haben vorgeschichtliche Höhlen besichtigt.

die Höhle (pluriel : Höhlen)

groupe

▷ Un groupe d'enfants attendait devant le cinéma.
Eine Gruppe von Kindern wartete vor dem Kino.

die Gruppe (pluriel : Gruppen)

▷ Le professeur nous a dit de travailler en trois groupes.
Der Lehrer hat uns gesagt, wir sollten in drei Gruppen arbeiten.

► **travailler en groupe :** in Gruppen arbeiten

grue

▷ Cette nuit, une grue est tombée sur un immeuble.
Letzte Nacht ist ein Kran auf ein Gebäude gefallen.

(= engin) der Kran (pluriel : Kräne)

guépard

▷ Le guépard est très rapide.
Der Gepard ist sehr schnell.

der Gepard (pluriel : Geparde)

guêpe

▷ Gilles s'est fait piquer par une guêpe.
Gilles ist von einer Wespe gestochen worden.

die Wespe (pluriel : Wespen)

guérir

▻ Malika a guéri en une semaine.
Malika ist in einer Woche gesund geworden.

▻ Je suis presque guérie.
Ich bin fast wieder gesund.

(= aller mieux) **gesund werden** (wird, wurde, geworden)
► **être guéri :** wieder gesund sein

guerre

▻ En classe, nous avons lu des articles sur la guerre.
Im Unterricht haben wir Artikel über den Krieg gelesen.

der **Krieg** (pluriel : Kriege)

gueule

1 ▻ Le chien a pris l'os dans sa gueule et il est parti se cacher.
Der Hund hat den Knochen ins Maul genommen und hat sich versteckt.

2 ▻ Tu me fais la gueule ?
Bist du sauer auf mich?

1 (bouche d'un animal) das **Maul** (pluriel : Mäuler /ˈmɔylɐ/)
Notez la prononciation du pluriel.

2 ► **faire la gueule à** quelqu'un : **auf** jemanden (accusatif) **sauer sein**
L'expression française et sa traduction sont familières.

gueuler

▻ Ne gueule pas, je ne suis pas sourd !
Brüll nicht so, ich bin nicht taub!

(= crier) **brüllen**

guichet

1 ▻ Va demander au guichet.
Frag mal am Schalter.

2 ▻ Il y avait la queue au guichet du cinéma.
Eine Schlange stand vor der Kinokasse.

3 ▻ Est-ce qu'il y a un guichet automatique par ici ?
Gibt es hier in der Nähe einen Geldautomaten?

1 (à la poste, à la banque, à la gare) der **Schalter** (pluriel : Schalter)
Schalter veut aussi dire **interrupteur**.

2 (au théâtre, au cinéma) die **Kasse** (pluriel : Kassen)

3 ► **guichet automatique** (pour retirer de l'argent) **:** der **Geldautomat** (pluriel : -automaten)

guide

▻ Le guide a expliqué comment le château a été détruit.
Der Reiseführer hat uns erklärt, wie das Schloss zerstört wurde.

▻ Avant de partir en Italie nous avons acheté un guide.
Bevor wir nach Italien gefahren sind, haben wir einen Reiseführer gekauft.

(= accompagnateur, accompagnatrice, livre) der **Reiseführer** (pluriel : -führer), die **Reiseführerin** (pluriel : -führerinnen)

guider

1 ▷ Quelqu'un nous a guidés vers la sortie.
Jemand hat uns zum Ausgang geführt.

2 ▷ Les panneaux nous ont guidés vers le château.
Die Schilder haben uns zum Schloss gewiesen.

1 (= accompagner) **führen**

2 (= diriger) **weisen** (wies, gewiesen)

guidon

▷ Tu sais faire du vélo sans tenir le guidon ?
Kannst du Fahrrad fahren, ohne den Lenker festzuhalten?

der **Lenker** (pluriel : -Lenker)

guillemets

▷ C'est un dialogue, il faut employer des guillemets.
Das ist ein Dialog, da muss man Anführungszeichen setzen.

▷ Le mot était entre guillemets.
Das Wort stand in Anführungszeichen.

das **Anführungszeichen** (pluriel : -zeichen)

► **être entre guillemets :** in Anführungszeichen stehen (stand, gestanden)

guirlande

1 ▷ Nous avons fabriqué des guirlandes en papier pour décorer le salon.
Wir haben Papiergirlanden angefertigt, um das Wohnzimmer zu schmücken.

2 ▷ La guirlande lumineuse est trop courte.
Die Lichterkette ist zu kurz.

1 (en papier, pour Noël) die **Girlande** (pluriel : Girlanden)

2 ► **guirlande lumineuse** (qu'on met sur le sapin de Noël) **:** die **Lichterkette** (pluriel : -ketten)

guitare

▷ Serge a apporté sa guitare.
Serge hat seine Gitarre mitgebracht.

▷ J'apprends à jouer de la guitare.
Ich lerne Gitarre zu spielen.

die **Gitarre** (pluriel : Gitarren)

ℹ *Attention à l'orthographe du mot allemand.*

► **jouer de la guitare :** Gitarre spielen

gym

1 ▷ Nous avons gym le mardi matin.
Wir haben dienstagmorgens Sport.

2 ▷ Ma mère fait de la gym à la maison.
Meine Mutter macht zu Hause Gymnastik.

1 (à l'école) der **Sport**

2 ► **faire de la gym :** Gymnastik machen

ℹ *N'oubliez pas que le y allemand se prononce **u**.*

gymnase

▷ Le gymnase est ouvert même le dimanche.
Die Turnhalle ist sogar sonntags offen.

die **Turnhalle** (pluriel : -hallen)

gymnastique

1 ▷ Tu as regardé la gymnastique à la télé ?
Hast du dir das Kunstturnen im Fernsehen angeschaut?

2 ▷ Mon père s'est mis à faire de la gymnastique.
Mein Vater hat angefangen, Gymnastik zu machen.

1 (= discipline) das **Kunstturnen**

2 (= exercices) die **Gymnastik**

*N'oubliez pas que le y allemand se prononce **u**.*

H

FRANÇAIS — ALLEMAND

habile

▻ Bastien est très habile, il fabrique beaucoup de choses utiles.
Bastien ist sehr geschickt, er fertigt viele nützliche Dinge an.

geschickt

habiller

1 ▻ Lara passe des heures à habiller ses poupées.
Lara zieht stundenlang ihre Puppen an.

1 ► **habiller** quelqu'un : jemanden (accusatif) anziehen

an•ziehen est un verbe à particule séparable et se conjugue comme ziehen (zog, gezogen).

2 ▻ Je me suis habillé à toute vitesse.
Ich habe mich ganz schnell angezogen.

2 ► **s'habiller** : sich anziehen

*Le pronom personnel allemand s'emploie à l'accusatif : Ich ziehe **mich** an, due ziehst **dich** an, er/sie zieht **sich** an, wir ziehen **uns** an, ihr zieht **euch** an, sie ziehen **sich** an.*

habit

1 ▻ Léo veut un habit de Zorro pour Noël.
Léo wünscht sich ein Zorrokostüm zu Weihnachten.

1 (= une panoplie pour jouer, un déguisement) das **Kostüm** (pluriel : Kostüme)

2 ▻ Mes habits d'hiver sont au grenier.
Meine Winterkleidung ist im Speicher.

2 ► **habits** (= vêtements) : die Kleidung

Ce mot s'emploie uniquement au singulier.

habitant, habitante

▷ Cette ville compte vingt mille habitants.
Diese Stadt zählt zwanzigtausend Einwohner.

(= une personne qui vit dans une ville ou dans un pays) der **Einwohner** (pluriel : Einwohner), die **Einwohnerin** (pluriel : Einwohnerinnen)

habiter

▷ Où habites-tu ?
Wo wohnst du?

(= vivre) **wohnen**

habitude

1 ▷ C'est une mauvaise habitude que j'aimerais perdre.
Es ist eine schlechte Gewohnheit, die ich gern loswerden würde.

2 ▷ J'ai l'habitude de me lever tôt.
Ich bin es gewohnt früh aufzustehen.

3 ▷ D'habitude, Thomas a de bonnes notes en anglais.
Gewöhnlich hat Thomas gute Noten in Englisch.

▷ Comme d'habitude, Roland était en retard !
Wie gewöhnlich hatte Roland Verspätung!

4 ▷ Le feuilleton était moins intéressant que d'habitude.
Die Serie war weniger interessanter als sonst.

1 (= chose qu'on fait souvent) die **Gewohnheit** (pluriel : Gewohnheiten)

ℹ *On dit aussi* ***die Angewohnheit***.

2 ► **avoir l'habitude de** + infinitif : **es gewohnt sein, zu** + infinitif

3 ► **d'habitude : gewöhnlich**

ℹ *On dit aussi* ***normalerweise***.

► **comme d'habitude : wie gewöhnlich**

4 ► **... que d'habitude : ... als sonst**

habitué, habituée

▷ Lise est habituée à partager sa chambre.
Lise ist est gewohnt, ihr Zimmer zu teilen.

► **être habitué à** + infinitif : **es gewohnt sein, zu** + infinitif

habituer

▷ Christophe ne s'est pas habitué à sa nouvelle école.
Christophe hat sich nicht an seine neue Schule gewöhnt.

▷ Tu devrais t'habituer à faire plus d'exercice.
Du solltest dich daran gewöhnen, dir mehr Bewegung zu verschaffen.

► **s'habituer à** quelque chose : **sich an** etwas **gewöhnen**

► **s'habituer à** + infinitif : **sich daran gewöhnen, zu** + infinitif

hache

▷ J'ai besoin d'une hache pour couper du bois.
Ich brauche eine Axt, um Holz zu hacken.

die **Axt** (pluriel : Äxte)

ℹ *On dit aussi* ***das Beil*** (pluriel : *Beile*).

hacher

▷ D'abord, tu haches l'oignon, puis tu le fais frire.
Erst hackst du die Zwiebel, und dann brätst du sie.

hacken

haie

1 ▷ Les garçons ont sauté par-dessus la haie.
Die Jungen sind über die Hecke gesprungen.

2 ▷ Le coureur est tombé par-dessus la première haie.
Der Läufer ist über die erste Hürde gefallen.
▷ J'ai vu la course du 110 mètres haies.
Ich habe den 110-Meter-Hürdenlauf gesehen.

1 (= la haie au bord d'un champ ou d'un jardin) die **Hecke** (pluriel : Hecken)
2 (= l'obstacle dans une course) die **Hürde** (pluriel : Hürden)

haïr

▷ Je hais cette femme !
Ich hasse diese Frau!

hassen

haleine

1 ▷ Le dentifrice nous donne l'haleine fraîche.
Die Zahnpasta gibt uns frischen Atem.
▷ Léo et Clara étaient hors d'haleine quand ils sont arrivés.
Léo und Clara waren außer Atem, als sie ankamen.

2 ▷ Il a mauvaise haleine.
Er hat Mundgeruch.

1 der **Atem**

► **hors d'haleine :** außer Atem

ℹ *On dit aussi* ***atemlos****.*

2 ► **avoir mauvaise haleine :** Mundgeruch haben

hall

▷ Je t'attendrai dans le hall de l'hôtel.
Ich warte in der Hotelhalle auf dich.

die **Halle** (pluriel : Hallen)

haltère

▷ Ma mère utilise des haltères pour sa gym.
Meine Mutter benutzt Hanteln für ihre Gymnastik.
▷ Georges fait des haltères pour rester en forme.
Georges hebt Gewichte, um fit zu bleiben.

die **Hantel** (pluriel : Hanteln)

► **faire des haltères :** Gewichte heben (hob, gehoben)

hamburger

▷ Je vais prendre un hamburger et des frites.
Ich nehme einen Hamburger und Pommes frites.

der **Hamburger** (pluriel : Hamburger)

hamster

▷ Mon hamster s'appelle Titus.
Mein Hamster heißt Titus.

der **Hamster** (pluriel : Hamster)

hanche

▷ Ma grand-mère a des problèmes avec sa hanche.
Meine Großmutter hat Probleme mit ihrer Hüfte.

die **Hüfte** (pluriel : Hüften)

handball

▷ Le handball est mon sport préféré.
Handball ist mein Lieblingssport.

▷ Adrienne joue au handball le samedi.
Adrienne spielt samstags Handball.

der **Handball**

ℹ *Quand on parle du sport en général, l'article n'est pas employé.*

► **jouer au handball :** Handball spielen

handicapé, handicapée

1 ▷ Il est handicapé et a besoin d'une chaise roulante.
Er ist behindert und braucht einen Rollstuhl.

2 ▷ Nous avons un handicapé dans notre classe.
Wir haben einen Behinderten in unserer Klasse.

1 (= infirme) **behindert**

2 (= personne) der/die **Behinderte** (pluriel : Behinderten)

ℹ *C'est un adjectif substantivé : on dit* ***ein Behinderter****.*

hangar

▷ Le tracteur est dans le hangar.
Der Traktor ist im Schuppen.

der **Schuppen** (pluriel : Schuppen)

haricot

▷ Il y a de l'agneau et des haricots pour déjeuner.
Zum Mittagessen gibt's Lamm und Bohnen.

▷ Les haricots blancs sont difficiles à digérer.
Weiße Bohnen sind schwer verdaulich.

▷ J'ai fait une salade avec des haricots verts.
Ich habe einen Salat mit grünen Bohnen gemacht.

die **Bohne** (pluriel : Bohnen)

► **haricots blancs :** weiße Bohnen

► **haricots verts :** grüne Bohnen

harmonica

▷ Nous avons acheté un harmonica pour Simon.
Wir haben eine Mundharmonika für Simon gekauft.

▷ Hannah joue très bien de l'harmonica.
Hannah spielt sehr gut Mundharmonica.

die **Mundharmonika** (pluriel : -harmonikas)

► **jouer de l'harmonica :** Mundharmonika spielen

hasard

1 ▷ Il n'a pas gagné parce qu'il est doué, c'était seulement le hasard.
Er hat nicht gewonnen, weil er begabt ist, es war nur Zufall.

2 ▷ J'ai choisi une carte au hasard.
Ich habe eine Karte auf gut Glück gezogen.

3 ▷ Si par hasard tu vois Joe, dis-lui de m'appeler.
Falls du zufällig Joe triffst, sag ihm, er soll mich anrufen.

1 ► **le hasard :** der Zufall

L'article est rarement employé.

2 ► **au hasard :** auf gut Glück

3 ► **si par hasard :** falls + pronom personnel ou nom + zufällig

hausse

▷ Il y a eu une hausse du prix de l'essence.
Es gab einen Anstieg der Benzinpreise.

▷ Les prix sont en hausse.
Die Preise steigen.

der Anstieg (pluriel : Anstiege)

► **être en hausse :** steigen (stieg, gestiegen)

haut, haute

1 ▷ L'étagère est trop haute pour moi.
Das Regal ist zu hoch für mich.
▷ L'oiseau vole haut dans le ciel.
Der Vogel schwebt hoch am Himmel.

2 ▷ Le haut du mur est peint en bleu.
Der obere Teil der Mauer ist blau gemalt.

3 ▷ Lisa nous attendait en haut de l'escalier.
Lisa wartete oben auf der Treppe auf uns.

4 ▷ Ce sont les voisins qui habitent en haut.
Das sind die Nachbarn, die oben wohnen.

5 ▷ La tour Eiffel fait trois cents mètres de haut.
Der Eiffelturm ist dreihunder Meter hoch.

6 ▷ Éloïse portait un joli haut blanc.
Éloïse trug ein hübsches weißes Oberteil.

1 (quand on parle de quelque chose qui est haut) hoch (**plus haut** höher, **le plus haut** der höchste)

2 ► **le haut de** quelque chose **:** der obere Teil + génitif

3 ► **en haut de :** oben auf

4 ► **en haut** (= à l'étage du dessus) **:** oben

5 Quand on veut dire la taille de quelque chose en allemand, on utilise l'expression mesure + hoch sein.

6 ► **un haut** (= un chemisier ou un T-shirt) **:** das Oberteil (pluriel : -teile)

hauteur

▷ Ils ont mesuré la hauteur du mur.
Sie haben die Höhe der Mauer abgemessen.

▷ Le plafond fait trois mètres de hauteur.
Die Decke ist drei Meter hoch.

▷ Quelle est la hauteur de cette tour ?
Wie hoch ist dieser Turm?

die Höhe

Quand on veut dire la hauteur de quelque chose en allemand, on utilise l'expression **mesure** + ***hoch sein***.

Pour demander la hauteur de quelque chose en allemand, on utilise l'expression ***wie hoch?***

haut-parleur

▷ Mon père a installé deux haut-parleurs à l'arrière de la voiture.
Mein Vater hat zwei Lautsprecher hinten im Auto eingebaut.

der **Lautsprecher** (pluriel : Lautsprecher)

hebdomadaire

▷ Nous sommes abonnés à deux hebdomadaires.
Wir haben zwei Wochenzeitschriften abonniert.

(= magazine) die **Wochenzeitschrift** (pluriel : -zeitschriften)

héberger

▷ Des amis nous ont hébergés.
Freunde haben uns beherbergt.

beherbergen

ℹ *Les verbes commençant par le préfixe **be-** ne prennent pas **ge-** au participe passé.*

hélas

▷ Hélas, nous n'avons pas pu avoir de billets.
Leider konnten wir keine Karten bekommen.

leider

hélice

1 ▷ L'hélice du bateau était cassée.
Die Schiffsschraube war kaputt.

2 ▷ Cet avion possède quatre hélices.
Dieses Flugzeug besitzt vier Propeller.

1 (= hélice d'un bateau) die **Schraube** (pluriel : Schrauben)

2 (= hélice d'un avion) der **Propeller** (pluriel : Propeller)

hélicoptère

▷ L'hélicoptère a atterri dans le champ.
Der Hubschrauber ist auf dem Feld gelandet.

der **Hubschrauber** (pluriel : Hubschrauber)

herbe

1 ▷ L'herbe est trop haute, tu devrais la tondre.
Das Gras ist zu hoch, du solltest es mähen.

2 ▷ Il y a des mauvaises herbes partout dans le jardin.
Im Garten ist überall Unkraut.

3 ▷ Ma mère met toujours des herbes dans la salade.
Meine Mutter tut immer Kräuter in den Salat.

1 (= gazon) das **Gras**

2 ► **mauvaise herbe :** das **Unkraut**

ℹ *Ce mot est employé uniquement au singulier.*

3 ► **herbes** *ou* **fines herbes** (pour faire la cuisine) **:** die **Kräuter**

hérisson

▷ Nous avons un hérisson dans notre jardin.
Wir haben einen Igel im Garten.

der **Igel** (pluriel : Igel)

hériter

▻ Mes parents ont hérité une maison de mes grands-parents.
Meine Eltern haben ein Haus von meinen Großeltern geerbt.

► **hériter** quelque chose **de** quelqu'un : etwas von jemandem (datif) erben

héroïne

▻ L'héroïne du roman est une avocate anglaise.
Die Heldin des Romans ist eine englische Rechtsanwältin.

(= personnage principal) die **Heldin** (pluriel : Heldinnen)

ℹ *On dit aussi die Hauptfigur.*

héros

▻ Le héros du film s'appelle Conan.
Der Held des Films heißt Conan.

der **Held** (pluriel : Helden)

ℹ *On dit aussi die Hauptfigur.*

hésiter

▻ Serge a répondu à la question sans hésiter.
Serge hat die Frage ohne zu zögern beantwortet.

zögern

hétérosexuel, hétérosexuelle

▻ Les hétérosexuels et les homosexuels ont les mêmes droits en France.
Heterosexuelle und Homosexuelle haben die selben Rechte in Frankreich.

der/die **Heterosexuelle** (pluriel : -sexuellen)

ℹ *Ce mot est un adjectif substantivé : on dit ein Heterosexueller.*

heure

1 ▻ Ça nous a pris trois heures.
Wir haben drei Stunden dafür gebraucht.

1 (= période de 60 minutes) die **Stunde** (pluriel : Stunden)

2 ▻ Vous avez l'heure, s'il vous plaît ?
Haben Sie die Uhrzeit, bitte?

2 ► **l'heure** (quand on parle d'un moment précis de la journée) : die Uhrzeit

▻ C'est l'heure de se lever !
Es ist Zeit, aufzustehen!

► **c'est l'heure de... :** es ist Zeit zu...

▻ Quelle heure est-il ?
Wie spät ist es?

ℹ *Pour demander l'heure en allemand, on emploie l'expression Wie spät ist es?*

▻ À quelle heure partez-vous ?
Um wieviel Uhr geht Ihr?

► **à quelle heure... ? :** um wieviel Uhr...?

▻ Il est cinq heures.
Es ist fünf Uhr.

▻ Sarah est arrivée à trois heures.
▻ Sarah ist um drei angekommen.

► **à... heures :** *um... Uhr*

ℹ *On peut omettre Uhr.*

▷ Il a téléphoné à huit heures vingt.
Er hat um zwanzig nach acht angerufen.
▷ Le film commence à quatre heures vingt-cinq.
Der Film fängt um fünf vor halb fünf an.

ℹ *La façon de dire l'heure en allemand est assez particulière. Pour dire l'heure jusqu'à vingt-quatre, emploie la formule* **nombre de minutes** + ***nach...*** *Entre vingt-cinq et la demie, on dit* ***... vor halb...****, entre la demie et trente-cinq on dit* ***... nach halb...*** *À partir de là, on dit* ***... vor...*** *Pour* **et quart** *et* **moins le quart**, *on utilise* ***Viertel nach...*** *et* ***Viertel vor...*** *On n'emploie jamais* ***Uhr****.*

▷ Je t'appellerai à trois heures et demie.
Ich ruf dich um halb vier an.

ℹ *Pour dire la demie, on emploie le mot* ***halb*** *suivi de l'heure dont c'est la demie.*

3 ▷ Éric n'est jamais à l'heure.
Éric ist nie pünktlich.

3 ► **être à l'heure :** pünktlich sein

4 ▷ Je déteste me lever de bonne heure.
Ich hasse es, früh aufzustehen.

4 ► **de bonne heure :** früh

5 ▷ Je reviendrai tout à l'heure.
Ich komme nachher wieder.

5 ► **tout à l'heure** (= plus tard) **:** nachher

6 ▷ Bérénice a appelé tout à l'heure.
Bérénice hat vorhin angerufen.

6 ► **tout à l'heure** (= plus tôt) **:** vorhin

heureusement

▷ Heureusement, il ne pleuvait pas.
Zum Glück hat es nicht geregnet.

zum Glück

ℹ *On dit aussi* ***glücklicherweise****.*

heureux, heureuse

1 ▷ Lionel ne semble pas très heureux en ce moment.
Lionel scheint zur Zeit nicht sehr glücklich zu sein.

1 (= content) glücklich

2 ▷ Je suis heureuse que tu aies réussi.
Ich freue mich, dass du es geschafft hast.

2 ► **être heureux que...** (= se réjouir) **:** sich freuen, dass...

hibou

▷ Tu entends le hibou ?
Hörst du die Eule?

die **Eule** (pluriel : Eulen)

hideux, hideuse

▷ Cet immeuble est hideux !
Dieses Gebäude ist ja scheußlich!

scheußlich

ℹ *On dit aussi* ***grauenhaft****.*

hier

▷ Hier, nous sommes allés au musée.
Gestern sind wir ins Museum gegangen.

gestern

hippopotame

▷ Les hippopotames aiment la boue.
Die Nilpferde lieben Schlamm.

das **Nilpferd** (pluriel : -pferde)
On dit aussi das Flusspferd.

hirondelle

▷ Les hirondelles reviennent au printemps.
Die Schwalben kommen im Frühling wieder.

die **Schwalbe** (pluriel : Schwalben)

histoire

1 ▷ Annelise nous a raconté une histoire incroyable.
Annelise hat uns eine unglaubliche Geschichte erzählt.

2 ▷ L'histoire est ma matière préférée.
Geschichte ist mein Lieblingsfach.

3 ▷ Ma petite sœur adore que je lui lise des histoires.
Meine kleine Schwester liebt es, wenn ich ihr Märchen vorlese.

4 ▷ Mon oncle connaît beaucoup d'histoires drôles.
Mein Onkel kennt viele Witze.

5 ▷ Arrête de faire des histoires !
Mach nicht so ein Theater!

6 ▷ Mes parents m'ont fait des histoires.
Meine Eltern haben mir Scherereien gemacht.

1 (= une histoire qu'on raconte) die **Geschichte** (pluriel : Geschichten)

2 (= le passé) die **Geschichte**
Quand il s'agit de la matière, on n'emploie pas l'article.

3 (= conte) das **Märchen** (pluriel : Märchen)

4 ► **histoire drôle :** der Witz (pluriel : Witze)

5 ► **faire des histoires** (= faire des chichis) **:** Theater machen

6 ► **faire des histoires à quelqu'un** (= lui faire des difficultés) **:** jemandem (datif) Scherereien machen

hiver

▷ Il peut faire très froid en hiver.
Im Winter kann es sehr kalt werden.

der **Winter**
► **en hiver :** im Winter

hocher la tête

1 ▷ Si tu es d'accord, hoche la tête.
Wenn du einverstanden bist, nick mit dem Kopf.

2 ▷ Elle a hoché la tête pour montrer qu'elle n'était pas d'accord.
Sie hat den Kopf geschüttelt, um zu zeigen, dass sie nicht einverstanden war.

1 (= pour dire oui) **mit dem Kopf nicken**

2 (= pour dire non) **den Kopf schütteln**

hockey

▷ Je n'ai jamais vu de hockey sur gazon, seulement du hockey sur glace.
Ich habe noch nie Hockey gesehen, nur Eishockey.

das **Hockey**
► **hockey sur gazon :** das Hockey

▷ Frank joue au hockey sur glace.
Frank spielt Eishockey.

► **hockey sur glace :** das Eishockey
► **jouer au hockey :** Hockey spielen

hollandais, hollandaise

1 ▷ Un touriste hollandais m'a demandé son chemin.
Ein holländischer Tourist hat mich nach dem Weg gefragt.

2 ▷ Mon frère sort avec une Hollandaise.
Mein Bruder geht mit einer Holländerin.

1 (adjectif) **holländisch**

2 (= personne) der **Holländer** (pluriel : Holländer), die **Holländerin** (pluriel : Holländerinnen)

Hollande

▷ Je ne connais pas la Hollande.
Ich kenne Holland nicht.

Holland
► **la Hollande :** Holland

ℹ *L'article neutre ne s'emploie que précédé d'un adjectif :* ***das flache Holland*** (la Hollande plate).

▷ Je vais passer un week-end en Hollande.
Ich werde ein Wochenende in Holland verbringen.

► **en Hollande** (= dans le pays) **:** in Holland

▷ Viens avec nous en Hollande !
Komm mit uns nach Holland!

► **en Hollande** (= vers le pays) **:** nach Holland

▷ Est-ce que tu es déjà allé en Hollande ?
Warst du schon in Holland?

Attention : pour dire que quelqu'un **est déjà allé quelque part**, *on emploie une expression avec le prétérit du verbe* ***sein*** *+* ***schon***.

homme

1 ▷ Un homme te cherchait tout à l'heure.
Ein Mann hat dich vorhin gesucht.

1 (= de sexe masculin) der **Mann** (pluriel : Männer)

2 ▷ L'homme se distingue de l'animal par le rire.
Der Mensch unterscheidet sich vom Tier durch das Lachen.
▷ Tous les hommes devraient être égaux.
Alle Menschen sollten gleich sein.

2 (= l'être humain) der **Mensch** (pluriel : Menschen)

homosexuel, homosexuelle

▷ Les homosexuels ont les mêmes droits que les hétérosexuels.
Homosexuelle haben die selben Rechte wie Heterosexuelle.

der/die **Homosexuelle** (pluriel : -sexuellen)

ℹ *Ce mot est un adjectif substantivé. On dit :* ***ein Homosexueller***.

honnête

1 ▷ Sois honnête avec moi, est-ce que tu as volé ce portefeuille ?
Sei ehrlich zu mir, hast du diese Brieftasche gestohlen?

2 ▷ Le repas était honnête, mais pas fabuleux.
Das Essen war anständig, aber nicht fantastisch.

1 (en parlant de quelqu'un qui dit la vérité) **ehrlich**

2 (= pas mal) **anständig**

honte

1 ▷ J'ai honte d'avoir fait ça.
Ich schäme mich dafür, das getan zu haben.
▷ Tu devrais avoir honte !
Du solltest dich schämen!

1 ► **avoir honte de** quelque **chose : sich für** etwas **schämen**

Le pronom personnel allemand s'emploie à l'accusatif : ich schäme ***mich****, du schämst* ***dich****, er/sie schämt* ***sich****, wir schämen* ***uns****, ihr schämt* ***euch****, sie schämen* ***sich****.*

2 ▷ Ils vont démolir cette belle maison, c'est une honte !
Sie wollen dieses schöne Haus abreißen, es ist eine Schande!
▷ Il a tout copié sur moi ! Quelle honte !
Er hat alles von mir abgeschrieben ! So eine Schande!

2 ► **c'est une honte ! : es ist eine Schande!**

► **quelle honte ! : so eine Schande!**

honteux, honteuse

▷ C'est honteux de traiter les gens comme ça !
Es ist eine Schande, Leute so zu behandeln!

► **c'est honteux ! : es ist eine Schande!**

hôpital

▷ L'hôpital est sur le boulevard Pereire.
Das Krankenhaus befindet sich Boulevard Pereire.
▷ Martha est à l'hôpital, elle doit se faire opérer.
Martha ist im Krankenhaus, sie muss operiert werden.
▷ Nous devons emmener Luc à l'hôpital, il a eu un accident.
Wir müssen Luc ins Krankenhaus bringen, er hatte einen Unfall.

das **Krankenhaus**
(pluriel : –häuser)
► **être à l'hôpital** (parce qu'on est malade ou pour rendre visite à quelqu'un) **: im Krankenhaus sein**
► **emmener** quelqu'un **à l'hôpital :** jemanden (accusatif) **ins Krankenhaus bringen**

hoquet

▷ Marina a eu le hoquet tout l'après-midi.
Marina hat den ganzen Nachmittag den Schluckauf gehabt.

der **Schluckauf**
► **avoir le hoquet : den Schluckauf haben**

horaire

1 ▻ Nous avons un horaire très lourd.
Wir haben einen vollen Stundenplan.

2 ▻ Est-ce que tu as l'horaire des trains ?
Hast du den Zugfahrplan?

3 ▻ Mes parents ont des horaires flexibles.
Meine Eltern haben flexible Arbeitsstunden.

1 (= emploi du temps, à l'école) der **Stundenplan** (pluriel : -pläne)

2 (= horaire des trains ou des bus) der **Fahrplan** (pluriel : -pläne)

3 ► **les horaires** (= les heures de travail d'un employé) **:** die Arbeitsstunden

horizon

▻ Je vois un bateau à l'horizon.
Ich sehe ein Schiff am Horizont.

der **Horizont**

► **à l'horizon :** am Horizont

horizontal, horizontale

▻ Trace une ligne horizontale.
Zieh einen waagerechten Strich.

waagerecht

horloge

▻ Regarde l'heure sur l'horloge de la gare.
Schau mal auf der Bahnhofsuhr nach der Uhrzeit.

die **Uhr** (pluriel : Uhren)

horoscope

▻ Que dit ton horoscope cette semaine ?
Was steht diese Woche in deinem Horoskop?

das **Horoskop**

horreur

1 ▻ J'ai horreur des épinards !
Ich verabscheue Spinat!

1 ► **avoir horreur de** quelque chose **:** etwas verabscheuen

ℹ *Les verbes commençant par le préfixe ver- ne prennent pas ge- au participe passé.*

2 ▻ Il y avait une limace dans la salade. – Quelle horreur !
Im Salat war eine Wegschnecke. – Schrecklich!

2 ► **quelle horreur ! :** schrecklich! *ou* wie schrecklich!

3 ▻ Bruno adore les films d'horreur.
Bruno liebt Horrorfilme.

3 ► **film d'horreur :** der **Horrorfilm** (pluriel : -filme)

horrible

▻ Elle portait un blouson en cuir vraiment horrible.
Sie hatte eine ganz grässliche Lederjacke an.

grässlich

ℹ *On dit aussi **fürchterlich** ou **furchtbar**.*

hors-d'œuvre

▻ Je ne prendrai pas de hors-d'œuvre, juste un plat principal.
Ich nehme keine Vorspeise, nur ein Hauptgericht.

die **Vorspeise** (pluriel : Vorspeisen)

hors service

▷ L'ascenseur est hors service, nous devons prendre l'escalier.
Der Aufzug ist außer Betrieb, wir müssen die Treppe nehmen.

außer Betrieb

hospitaliser

▷ Ma grand-mère a été hospitalisée hier.
Meine Großmutter wurde gestern ins Krankenhaus eingewiesen.

▷ Les victimes de l'accident ont été hospitalisées.
Die Unfallopfer wurden ins Krankenhaus eingeliefert.

► **être hospitalisé** *ou* **se faire hospitaliser** (sur avis médical) : ins Krankenhaus eingewiesen werden (wird, wurde, geworden)

ℹ *Quand on est hospitalisé après un accident, on dit plutôt* ***ins Krankenhaus eingeliefert werden.***

hôtel

1 ▷ Nous avons trouvé un hôtel bon marché près de la plage.
Wir haben ein billiges Hotel in Strandnähe gefunden.
▷ En Espagne nous avons dormi à l'hôtel.
In Spanien haben wir im Hotel übernachtet.

2 ▷ L'hôtel de ville est juste à côté de la gare.
Das Rathaus liegt gleich neben dem Bahnhof.

1 (pour loger) das Hotel (pluriel : Hotels)

► **dormir à l'hôtel** : im Hotel übernachten

2 ► **hôtel de ville** : das Rathaus

hôtesse

1 ▷ Une hôtesse nous a aidés à trouver le stand.
Eine Hostess hat uns geholfen, den Stand zu finden.

2 ▷ Amélie voudrait être hôtesse de l'air.
Amélie will Stewardess werden.

1 (= personne qui accueille) die Hostess (pluriel : Hostessen)

2 ► **hôtesse de l'air** : die Stewardess (pluriel : Stewardessen)

housse

▷ Il y a des housses sur les meubles pour les protéger.
Die Möbel hatten Bezüge, um sie zu schonen.
▷ La housse de couette est dans le panier à linge.
Der Bettbezug ist im Wäschekorb.

der Bezug (pluriel : Bezüge)

► **housse de couette** : der Bettbezug (pluriel : -bezüge)

hublot

1 ▷ Je voudrais un siège près du hublot.
Ich hätte gern einen Fenstersitz.

2 ▷ J'ai regardé les autres bateaux par le hublot.
Ich habe mir die anderen Schiffe durch das Bullauge angesehen.

1 (= la fenêtre d'un avion) das Fenster (pluriel : Fenster)

2 (= la fenêtre d'un bateau) das Bullauge (pluriel : -augen)

huer

▷ Le public a hué les musiciens.
Das Publikum hat die Musiker ausgebuht.

ausbuhen

ℹ *aus•buhen est un verbe à particule séparable.*

huile

▷ Ne mets pas trop d'huile dans la poêle.
Tu nicht zu viel Öl in die Pfanne.
▷ Je préfère l'huile d'olive à l'huile d'arachide.
Ich mag Olivenöl lieber als Erdnussöl.

das **Öl** (pluriel : Öle)

ℹ *Pour distinguer les sortes d'huile, on forme des mots composés avec Öl : das Walnussöl* (huile de noix), *das Traubenkernöl* (huile de pépins de raisin).

▷ N'oublie pas l'huile solaire.
Vergiss das Sonnenöl nicht.

► **huile solaire :** das Sonnenöl

huit

▷ René a huit frères et sœurs.
René hat acht Geschwister.
▷ Jenny n'a que huit ans.
Jenny ist erst acht Jahre alt.

acht

ℹ *Quand on dit l'âge de quelqu'un, on peut dire simplement le nombre : Jenny ist erst acht.*

▷ Le huit mai est un jour férié en France.
Der achte Mai ist ein Feiertag in Frankreich.
▷ Nous partons au Maroc le huit avril.
Am achten April fliegen wir nach Marokko.

ℹ *Quand on dit la date, on emploie der achte.*

ℹ *Quand on dit que quelque chose a eu lieu ou aura lieu à cette date, on emploie am achten.*

ℹ *On écrit der 8. Mai, am 8. April.*

huitième

▷ C'est le huitième devoir sur table ce mois-ci !
Das ist die achte Klassenarbeit in diesem Monat!

achte

huître

▷ Deux douzaines d'huîtres, s'il vous plaît.
Zwei Dutzend Austern, bitte.

die **Auster** (pluriel : Austern)

humain, humaine

1 ▷ J'ai un classeur de fiches sur le corps humain.
Ich habe einen Hefter mit Karten über den menschlichen Körper.

1 (adjectif) **menschlich**

2 ▷ Dans le film, les extraterrestres ont attaqué les humains.
In dem Film haben Außerirdische die Menschen angegriffen.

2 (= être humain) der **Mensch** (pluriel : Menschen)

humeur

▷ J'étais de bonne humeur et puis il m'a énervée !
Ich war guter Laune, und dann hat er mich aufgeregt!

▷ Tu es de mauvaise humeur aujourd'hui, qu'est-ce qui se passe ?
Du bist schlechter Laune heute, was ist denn los?

die **Laune**
► **être de bonne humeur :** guter Laune sein
ℹ *On dit aussi* ***gut gelaunt sein.***
► **être de mauvaise humeur :** schlechter Laune sein
ℹ *On dit aussi* ***schlecht gelaunt sein.***

humide

▷ Utilise une éponge humide.
Nimm einen feuchten Schwamm.

feucht

humiliant, humiliante

▷ J'étais dans une situation humiliante.
Ich war in einer demütigenden Lage.

demütigend

humour

▷ C'est un film plein d'humour.
Das ist ein Film mit viel Humor.

▷ Heureusement que j'ai de l'humour !
Ein Glück, dass ich Humor habe!

der **Humor**
► **avoir de l'humour :** Humor haben

hurlement

1 ▷ On a entendu des hurlements de douleur.
Wir haben Schmerzensschreie gehört.

2 ▷ Les hurlements des loups nous ont fait peur.
Das Heulen der Wölfe hat uns Angst gemacht.

1 (= le cri d'une personne) der **Schrei** (pluriel : Schreie)
2 (= le cri d'un chien ou d'un loup) das **Heulen**
ℹ *Ce mot est un verbe substantivé et ne s'emploie qu'au singulier.*

hurler

1 ▷ J'ai eu tellement peur que j'ai hurlé.
Ich hatte solche Angst, dass ich schrie.

2 ▷ Le chien a hurlé toute la nuit.
Der Hund hat die ganze Nacht über geheult.

3 ▷ Nous avons tous hurlé de rire.
Alle haben wir gebrüllt vor Lachen.

1 (en parlant d'une personne) **schreien** (schrie, geschrien)
2 (en parlant d'un chien ou d'un loup) **heulen**
3 ► **hurler de rire :** brüllen vor Lachen

hygiénique

▷ Les toilettes publiques ne sont vraiment pas hygiéniques.
Öffentliche Toiletten sind wirklich nicht hygienisch.

hygienisch
ℹ *N'oubliez pas que le* ***y*** *allemand se prononce* **u**.

▻ Il n'y a plus de papier hygiénique.
Es ist kein Toilettenpapier mehr da.

► **papier hygiénique :** Toilettenpapier

hymne

▻ L'hymne national allemand a été composé par Haydn.
Die deutsche Nationalhymne wurde von Haydn komponiert.

► **hymne national :** die Nationalhymne

hyper

▻ Céline est hyper-sympa.
Céline ist supernett.

(= très) super

hypermarché

▻ Il y a un hypermarché dans le centre commercial.
Im Einkaufszentrum ist ein großer Supermarkt.

der große Supermarkt (pluriel : –märkte)

hypocrite

1 ▻ Je l'ai trouvé très hypocrite.
Ich fand sie sehr heuchlerisch.

2 ▻ Ne lui fais pas confiance, c'est un hypocrite.
Trau ihm nicht, er ist ein Heuchler.

1 (adjectif) heuchlerisch

2 (= personne) der Heuchler (pluriel : Heuchler), die Heuchlerin (pluriel : Heuchlerinnen)

hypothèse

▻ Je n'en suis pas sûr, c'est seulement une hypothèse.
Ich bin mir nicht sicher, est ist nur eine Vermutung.

die Vermutung (pluriel : Vermutungen)

I

FRANÇAIS — ALLEMAND

ici

1 ▻ Assieds-toi ici.
Setz dich hier hin.
▻ La poste n'est pas loin d'ici.
Die Post ist nicht weit von hier.

2 ▻ Je terminerai mon travail d'ici lundi.
Ich bringe meine Arbeit bis Montag fertig.

3 ▻ Jusqu'ici, nous n'avons pas eu de problèmes.
Bis jetzt hatten wir keine Probleme.

1 (= à cet endroit) **hier**

► **...d'ici** (= de cet endroit) : **...von hier**

2 ► **d'ici...** (dans le temps) : **bis...**

3 ► **jusqu'ici** (dans le temps) : **bis jetzt**

On dit aussi ***bisher.***

idéal, idéale

1 ▻ C'est l'endroit idéal pour un pique-nique.
Das ist der ideale Platz für ein Picknick.

2 ▻ L'idéal, ça serait que tu le fasses toi-même.
Das Beste wäre, dass du es selbst machst.

1 (= meilleur) **ideal**

2 ► **l'idéal** (= la solution idéale) : **das Beste**

idée

▻ C'est une super idée !
Das ist eine tolle Idee!

die **Idee** (pluriel : Ideen)

identique

▻ Les deux chapeaux sont identiques.
Die zwei Hüte sind gleich.

gleich

identité

1 ▻ L'identité du meurtrier reste un mystère.
Die Identität des Mörders bleibt ein Rätsel.

2 ▻ La police fait souvent des contrôles d'identité.
Die Polizei überprüft öfters die Personalien.

1 (= état d'un individu) die **Identität.**

2 (= preuves de l'identité de quelqu'un) die **Personalien**

Ce mot est un pluriel.

▷ J'ai oublié ma carte d'identité à la maison.
Ich habe meinen Personalausweis zu Hause vergessen.

► **carte d'identité** : der Personalausweis (pluriel : -ausweise)

idiot, idiote

1 ▷ Tu es vraiment idiote !
Du bist wirklich dumm!

1 (adjectif = bête) **dumm** (plus idiot dümmer ; le plus idiot der dümmste)

2 ▷ C'est une idiote, ne fais pas attention à elle.
Sie ist eine Idiotin, gib nicht auf sie acht.

2 (personne bête) der **Idiot** (pluriel : Idioten), die **Idiotin** (pluriel : Idiotinnen)

ℹ *On dit aussi* ***der Trottel****, qui s'applique également aux filles ou aux femmes.*

3 ▷ Il faut toujours qu'il fasse l'idiot !
Er muss immer Faxen machen!

3 ► **faire l'idiot** : Faxen machen

idole

▷ Romain est l'idole de son petit frère.
Romain ist das Idol seines kleinen Bruders.

das **Idol** (pluriel : Idole)

ℹ *On dit aussi* ***der Abgott*** (pluriel : *Abgötter*).

igloo, iglou

▷ Venez dehors, on va construire un igloo !
Kommt raus, wir bauen ein Iglu!

das **Iglu** (pluriel : Iglus)

ignorant, ignorante

▷ Steve est très ignorant.
Steve ist sehr unwissend.

unwissend

ignorer

1 ▷ Je lui ai dit bonjour, mais il m'a ignorée.
Ich habe ihm guten Tag gesagt, aber er hat mich ignoriert.

1 (= faire semblant de ne pas voir) **ignorieren**

ℹ *Les verbes se terminant en* ***-ieren*** *ne prennent pas* ***ge-*** *au participe passé.*

ℹ *On dit aussi* ***nicht beachten****.*

2 ▷ J'ignore pourquoi il m'a dit ça.
Ich weiß nicht, warum er mir das gesagt hat.

2 (= ne pas savoir) **nicht wissen** (weiß, wusste, gewusst)

il

1 ▷ Tu as vu Martial ? – Oui, il arrive.
Hast du Martial gesehen? Ja, er kommt gleich.

1 Quand **il** est sujet, en parlant d'une personne, il se traduit par **er**.

2 ▷ J'aime bien ce manteau, mais il est un peu long.
Ich mag diesen Mantel gern, aber er ist etwas lang.
▷ Tu sens le soleil, comme il est chaud ?
Fühlst du die Sonne, wie warm sie ist?

2 Quand **il** est sujet, en parlant d'une chose, il se traduit par **er**, **sie** *ou* **es**, selon le genre en allemand.

3 ▷ Oh non, il pleut !
Oh nein, es regnet!

3 Quand **il** est sujet d'un verbe impersonnel, il se traduit généralement par **es**.

ℹ *L'expression* **il y a** *est présentée plus loin, à sa place alphabétique.*

île

▷ Ils sont en vacances sur une île grecque.
Sie machen auf einer griechischen Insel Ferien.

die **Insel** (pluriel : Inseln)

illégal, illégale

▷ C'est illégal de voyager sans billet.
Es ist illegal, ohne Fahrkarte zu reisen.

illegal

illisible

▷ L'écriture de Noémie est illisible.
Noémies Handschrift ist unleserlich.

unleserlich

illuminé, illuminée

▷ Les rues sont illuminées pendant la période de Noël.
Die Straßen sind in der Weihnachtszeit beleuchtet.

(= éclairé) **beleuchtet**

illusion

▷ Ce n'est pas réel, ce n'est qu'une illusion.
Das gibt es nicht wirklich, das ist nur eine Sinnestäuschung.

die **Sinnestäuschung** (pluriel : –täuschungen)

ℹ *On dit aussi* ***die Täuschung*** *tout court.*

illustration

▷ Le livre est plein d'illustrations magnifiques.
Das Buch ist voller wunderschöner Illustrationen.

die **Illustration** (pluriel : Illustrationen)

illustré, illustrée

▷ Joël ne lit que des livres illustrés.
Jöel liest nur illustrierte Bücher.

illustriert

ils

▷ Ils se sont moqués de moi.
Sie haben sich über mich lustig gemacht.

sie

ℹ ***Sie*** *est aussi le pronom personnel féminin à la troisième personne du singulier.*

il y a, il y avait, il y aura

1 ▷ Il y a une pharmacie au coin de la rue.
An der Straßenecke ist eine Apotheke.
▷ Il y a une tache sur ta chemise.
Auf deinem Hemd ist ein Fleck.
▷ Il y aura une soirée chez Laura, tu y vas ?
Bei Laura gibt es eine Party, gehst du hin?
▷ Il y avait beaucoup de pigeons sur la statue.
Auf der Statue saßen viele Tauben.

1 Il n'existe pas de traduction directe en allemand pour **il y a**. On peut employer **sein** (ist, war, gewesen) ; dans ce cas, **il** n'est pas traduit. Quand on emploie **geben**, on utilise l'expression **es gibt** (es gab, es hat gegeben). On peut aussi utiliser des verbes appropriés correspondant à la situation.

2 ▷ Il n'y a pas de lait, je vais en acheter.
Es ist keine Milch da, ich gehe welche kaufen.
▷ Il n'y avait pas de filles dans mon groupe.
In meiner Gruppe gab es keine Mädchen.

2 Pour dire qu'**il n'y a pas** quelque chose, on emploie **da sein** *ou* **es gibt** avec **kein** (masculin et neutre) ou **keine** (féminin ou pluriel).

3 ▷ Il n'y a plus de biscuits.
Es sind keine Kekse mehr da.
▷ Zut ! Il n'y a plus de pain !
Mist! Es ist kein Brot mehr da.

3 Pour dire qu'**il n'y a plus** quelque chose, on emploie **da sein** + **kein/keine** + **mehr**.

4 ▷ J'ai rencontré Samir il y a deux ans.
Ich habe Samir vor zwei Jahren kennengelernt.
▷ Ça s'est passé il y a une semaine.
Das ist vor einer Woche passiert.

4 Quand on parle du temps écoulé depuis un événement, on emploie le mot **vor** en allemand.

5 ▷ Il y a trois heures que j'attends.
Ich warte seit drei Stunden.
▷ Il y a combien de temps que tu es là ?
Seit wann bist du da?

5 L'expression **il y a... que** se traduit par le présent + **seit** en allemand.

ℹ *Pour demander depuis combien de temps on fait quelque chose, en emploie l'expression* ***seit wann*** + présent.

image

1 ▷ Nous devons décrire l'image en allemand pour demain.
Bis morgen müssen wir das Bild auf Deutsch beschreiben.

1 (= une photo, un dessin, etc.) das **Bild** (pluriel : Bilder)

2 ▷ Cet homme ne pense qu'à son image.
Dieser Mann denkt nur an sein Image.

2 (= l'apparence de quelqu'un) das **Image** /ˈɪmɪtʃ/

Notez la prononciation.

imagination

▷ Dan a beaucoup d'imagination.
Dan hat viel Fantasie.

die **Fantasie**

imaginer

▷ Imagine que tu es sur une île déserte.
Stell dir vor, du wärst auf einer einsamen Insel.

▷ J'ai du mal à l'imaginer.
Ich kann es mir nur schwer vorstellen.

▷ Il s'imagine que ça va être facile.
Er stellt sich vor, dass es einfach sein wird.

sich vorstellen

ℹ *__vor•stellen__ est un verbe à particule séparable.*

ℹ *Le pronom personnel allemand s'emploie au datif : ich stelle __mir__ vor, du stellst __dir__ vor, er/sie stellt __sich__ vor, wir stellen __uns__ vor, ihr stellt __euch__ vor, sie stellen __sich__ vor.*

► **s'imaginer que... : sich vorstellen, dass...**

imbécile

1 ▷ Espèce d'imbécile !
Du Idiot!

2 ▷ Arrête de faire l'imbécile !
Hör doch auf, Blödsinn zu machen!

1 (= idiot) der **Idiot** (pluriel : Idioten), die **Idiotin** (pluriel : Idiotinnen)

ℹ *On dit aussi __der Trottel__, qui s'applique également aux filles ou aux femmes.*

2 ► **faire l'imbécile : Blödsinn machen**

imitation

▷ Ce n'est pas de l'or, c'est une imitation.
Das ist kein Gold, nur eine Imitation.

▷ Youssouf fait de très bonnes imitations d'hommes politiques.
Youssouf imitiert sehr gut Politiker.

die **Imitation** (pluriel : Imitationen)

► **faire une imitation de quelqu'un : jemanden (accusatif) imitieren**

ℹ *Les verbes se terminant en __-ieren__ ne prennent pas __ge-__ au participe passé.*

imiter

1 ▷ Bill imite très bien la prof de sport.
Bill imitiert die Sportlehrerin sehr gut.

2 ▷ Sandra a imité la signature de sa mère sur son bulletin.
Sandra hat die Unterschrift ihrer Mutter auf ihrem Zeugnis gefälscht.

3 ▷ C'est un métal qui imite l'or.
Das ist ein Metall, das Gold ähnelt.

1 (= copier une personne, une voix) **imitieren**

ℹ *Les verbes se terminant en __-ieren__ ne prennent pas __ge-__ au participe passé.*

2 (= copier une signature) **fälschen**

3 (= ressembler à) **ähneln**

immédiatement

▷ Rends-moi ça immédiatement !
Gib mir das sofort zurück!

sofort

ℹ *On dit aussi __auf der Stelle__.*

immense

▻ Leur nouvel appartement est immense.
Ihre neue Wohnung ist riesig.

riesig

immeuble

1 ▻ Les immeubles de Chicago sont très hauts.
Die Gebäude in Chicago sind sehr hoch.

2 ▻ Charlotte habite dans un immeuble près de l'autoroute.
Charlotte wohnt in einem Wohnblock in der Nähe der Autobahn.

1 (= bâtiment en général) das **Gebäude** (pluriel : Gebäude)

2 (= appartement) der **Wohnblock** (pluriel : -blocks)

immigré, immigrée

▻ Le magasin appartient à une famille d'immigrés.
Das Geschäft gehört einer Einwandererfamilie.

▻ En Allemagne, il y a beaucoup de travailleurs immigrés turcs.
In Deutschland gibt es viele türkische Gastarbeiter.

der **Einwanderer** (pluriel : Einwanderer), die **Einwanderin** (pluriel : Einwanderinnen)

► **travailleur immigré :** der Gastarbeiter

immobile

▻ Le serpent était parfaitement immobile.
Die Schlange war vollkommen bewegungslos.

bewegungslos

impair

▻ Les numéros impairs sont du côté gauche de la rue.
Die ungeraden Nummern sind auf der linken Straßenseite.

(en parlant d'un numéro ou d'un nombre) ungerade

impasse

▻ Fais demi-tour, c'est une impasse.
Kehr um, das ist eine Sackgasse.

die **Sackgasse** (pluriel : -gassen)

impatient, impatiente

▻ Ne sois pas si impatient !
Sei nicht so ungeduldig!

ungeduldig

impeccable

1 ▻ Raphaël est toujours impeccable.
Raphaël sieht immer tadellos aus.

2 ▻ Alors on se retrouve mardi ? – Impeccable !
Also treffen wir uns am Dienstag? – Spitze!

1 (= très soigné) tadellos

2 (= super) Spitze

imper

▷ Mets ton imper, il pleut.
Zieh deinen Regenmantel über, es regnet.

der **Regenmantel**
(pluriel : **-mäntel**)

imperméable

1 ▷ Emporte ton imperméable, il va pleuvoir.
Nimm deinen Regenmantel mit, es wird regnen.

2 ▷ Ce tissu est imperméable.
Dieser Stoff ist wasserabweisend.

1 (= vêtement) der **Regenmantel**
(pluriel : **-mäntel**)

2 (adjectif = étanche, en parlant d'un tissu) **wasserabweisend**

impertinent, impertinente

▷ Laurent a été puni parce qu'il a été impertinent avec le prof.
Laurent ist bestraft worden, weil er frech zum Lehrer war.

frech

ℹ *On dit aussi* ***unverschämt***.

ℹ *Notez la préposition employée en allemand :* impertinent **avec** quelqu'un = *frech* ***zu*** *jemandem* (datif)

impoli, impolie

▷ Elle a été très impolie avec moi.
Sie war sehr unhöflich zu mir.

unhöflich

ℹ *Notez la préposition employée en allemand :* impoli **avec** quelqu'un = *unhöflich* ***zu*** *jemandem* (datif)

importance

▷ Ça a beaucoup d'importance pour moi.
Es ist sehr wichtig für mich.

▷ Ne t'inquiète pas, ça n'a pas d'importance.
Keine Sorge, es hat keine Bedeutung.

► **avoir de l'importance :** **wichtig sein** (ist, war, gewesen)

► **ça n'a pas d'importance** (= ce n'est pas grave) **: es** *ou* **das hat keine Bedeutung**

important, importante

1 ▷ C'est important de bien écrire.
Es ist wichtig, gut zu schreiben.

▷ À mon avis, ce n'est pas important.
Meiner Meinung nach ist es nicht wichtig.

2 ▷ Il y a une différence importante entre les deux pays.
Es gibt einen großen Unterschied zwischen den zwei Ländern.

▷ Hambourg est une ville très importante.
Hamburg ist eine sehr große Stadt.

1 (en parlant de quelque chose ou de quelqu'un qui compte beaucoup)
wichtig

2 (en parlant de quelque chose qui est gros, qui est de taille importante)
groß (plus important **größer** ; le plus important **der größte**)

impossible

▷ Tu peux le faire pour mardi ? – Non, c'est impossible.
Kannst du es bis Dienstag machen? – Nein, das ist unmöglich.

unmöglich

impôt

▷ Mes parents ont oublié de payer leurs impôts.
Meine Eltern haben vergessen, ihre Steuern zu bezahlen.

die **Steuer** (pluriel : Steuern)

impression

▷ Il m'a fait une très bonne impression.
Er hat einen sehr guten Eindruck auf mich gemacht.

▷ J'ai l'impression qu'il ne dit pas la vérité.
Ich habe den Eindruck, dass er nicht die Wahrheit sagt.

► **faire une impression à** quelqu'un : einen Eindruck auf jemanden (accusatif) machen

► **avoir l'impression que... :** den Eindruck haben, dass...

ℹ *On dit aussi* ***das Gefühl haben, dass...***

impressionnant, impressionnante

▷ J'ai vu leur spectacle, c'était très impressionnant.
Ich habe ihre Vorstellung gesehen, es war sehr beeindruckend.

(= qui fait beaucoup d'effet)
beeindruckend

impressionner

▷ Je suis impressionné par son talent.
Ich bin von seinem Talent beeindruckt.

▷ Cet accident l'a beaucoup impressionnée.
Dieser Unfall hat sie sehr beeindruckt.

beeindrucken

ℹ *Les verbes commençant par le préfixe* ***be-*** *ne prennent pas* ***ge-*** *au participe passé.*

► **être impressionné par** quelque chose : von etwas beeindruckt sein

imprimante

▷ Malik a une imprimante laser.
Malik hat einen Laserdrucker.

▷ Nous avons acheté une imprimante à jet d'encre.
Wir haben einen Tintenstrahldrucker gekauft.

der **Drucker** (pluriel : Drucker)

► **imprimante laser :** der Laserdrucker

► **imprimante à jet d'encre :** der Tintenstrahldrucker

ℹ *Décomposez ce mot :* ***Tinte*** (encre) + ***Strahl*** (jet) + ***Drucker*** (imprimante).

imprimé, imprimée

1 ▻ Laïla porte une jolie robe imprimée.
Laïla trägt ein schönes bedrucktes Kleid.

2 ▻ Il y avait des imprimés au courrier ce matin.
Heute waren Drucksachen in der Post.

1 (adjectif = avec des motifs) **bedruckt**

2 (= brochure) die **Drucksache** (pluriel : -sachen)

imprimer

▻ Est-ce que tu pourrais imprimer ce document, s'il te plaît ?
Könntest du dieses Dokument bitte drucken?

drucken

inaperçu, inaperçue

▻ Mon anniversaire est resté complètement inaperçu.
Mein Geburtstag blieb völlig unbemerkt.

unbemerkt

inattendu, inattendue

▻ La décision du proviseur était inattendue.
Die Entscheidung des Schulleiters kam unerwartet.

unerwartet

inattention

▻ Basile a fait plusieurs fautes d'inattention.
Basile hat mehrere Flüchtigkeitsfehler gemacht.

► **faute d'inattention :** der **Flüchtigkeitsfehler** (pluriel : -fehler)

inaugurer

1 ▻ Le nouveau gymnase a été inauguré hier.
Die neue Sporthalle wurde gestern eingeweiht.

2 ▻ La statue sera inaugurée par le maire.
Das Standbild wird vom Bürgermeister enthüllt werden.

1 (= inaugurer un bâtiment) **einweihen**

2 (= inaugurer une statue) **enthüllen**

ℹ *Les verbes commençant par le préfixe **ent-** ne prennent pas **ge-** au participe passé.*

incapable

1 ▻ Il est incapable de faire cuire un œuf.
Er ist unfähig ein Ei zu kochen.

2 ▻ C'est une bande d'incapables !
Das ist eine Bande von Unfähigen!

1 ► **être incapable de** + infinitif : **unfähig sein, zu** + infinitif

2 (= personne) der/die **Unfähige** (pluriel : Unfähigen)

ℹ *C'est un adjectif substantivé : on dit **ein Unfähiger**.*

incendie

▷ Il y a eu un incendie au stade.
Es gab einen Brand im Stadium.

der **Brand** (pluriel : Brände)

incident

▷ Le match s'est déroulé sans incident.
Das Spiel lief ohne Zwischenfall ab.

der **Zwischenfall** (pluriel : -fälle)

incolore

▷ Je n'ai que du vernis à ongles incolore.
Ich habe nur farblosen Nagellack.

farblos

incomplet, incomplète

▷ J'ai eu une mauvaise note parce que ma réponse était incomplète.
Ich habe eine schlechte Note bekommen, weil meine Antwort unvollständig war.

unvollständig

incompréhensible

▷ Son explication était incompréhensible.
Seine Erklärung war unverständlich.

unverständlich

inconnu, inconnue

1 ▷ C'est un roman d'un écrivain inconnu.
Das ist ein Roman von einem unbekannten Schriftsteller.

2 ▷ Tu ne dois pas parler aux inconnus.
Du darfst nicht mit Fremden sprechen.

1 (adjectif = qui n'est pas connu) **unbekannt**

2 (= personne) der/die **Fremde** (pluriel : Fremden)

ℹ *C'est un adjectif substantivé : on dit **ein Fremder**.*

inconscient, inconsciente

1 ▷ Tu es complètement inconsciente !
Du bist ja vollkommen leichtsinnig!

2 ▷ Nous l'avons trouvé inconscient en bas de l'escalier.
Wir haben ihn bewusstlos unten an der Treppe gefunden.

3 ▷ C'était une réaction inconsciente.
Es war eine unbewusste Reaktion.

1 (= qui ne réfléchit pas) **leichtsinnig**

2 (= évanoui) **bewusstlos**

3 (= pas conscient) **unbewusst**

inconvénient

▷ L'inconvénient, c'est que ça coûte cher.
Der Nachteil ist, dass es viel kostet.

der **Nachteil** (pluriel : -teile)

incorrect, incorrecte

▷ Au bout de deux réponses incorrectes, tu es éliminé.
Nach zwei falschen Antworten scheidest du aus.

(= faux) falsch

incroyable

▷ Noëlle nous a raconté une histoire incroyable.
Noëlle hat uns eine unglaubliche Geschichte erzählt.

unglaublich

Inde

▷ New Delhi est la capitale de l'Inde.
Neu Delhi ist die Hauptstadt von Indien.

Indien
► **l'Inde :** Indien
ℹ *Ne prend l'article neutre que précédé d'un adjectif :* ***das hinduistische Indien*** **(l'Inde hindouiste).**

▷ Mon oncle a longtemps vécu en Inde.
Mein Onkel hat lange Zeit in Indien gelebt.
▷ Aimerais-tu aller en Inde ?
Würdest du gern nach Indien reisen?
▷ Nadine est déjà allée trois fois en Inde.
Nadine war schon dreimal in Indien.

► **en Inde** (= dans le pays) **:** in Indien
► **en Inde** (= vers le pays) **:** nach Indien
Attention : pour dire que quelqu'un **est déjà allé quelque part,** *on emploie une expression avec le prétérit du verbe* ***sein*** + ***schon.***

indépendant, indépendante

▷ Julien est très indépendant.
Julien ist sehr selbstständig.

selbstständig

index

1 ▷ Il y a un index à la fin du catalogue.
Am Ende des Katalogs ist ein Verzeichnis.

1 (= liste alphabétique) das Verzeichnis (pluriel : Verzeichnisse)

2 ▷ Ariel porte une bague à l'index.
Ariel trägt einen Ring am Zeigefinger.

2 (= doigt) der Zeigefinger
ℹ *Notez la préposition employée : à l'index =* ***am*** *Zeigefinger.*

indication

▷ Les indications du prof n'étaient pas très claires.
Die Anweisungen des Lehrers waren unklar.

(= recommandation) die Anweisung (pluriel : Anweisungen)

indice

▷ Plusieurs indices montrent qu'il était ici ce matin.
Mehrere Anzeichen deuten darauf hin, dass er heute Morgen hier war.

(= signe) das **Anzeichen** (pluriel : Anzeichen)

indien, indienne

1 ▷ J'aime bien la cuisine indienne.
Ich mag indisches Essen gern.

1 (adjectif = de l'Inde) **indisch**

2 ▷ J'ai enregistré des chants indiens.
Ich habe indianische Gesänge aufgenommen.

2 Quand on parle de quelque chose qui appartient aux Indiens d'Amérique, on dit **indianisch**.

3 ▷ Les Indiennes portaient des saris très colorés.
Die Inderinnen trugen farbenfrohe Saris.

3 (= d'Inde) der **Inder** (pluriel : Inder), die **Inderin** (pluriel : Inderinnen)

4 ▷ Beaucoup d'Indiens vivent dans les réserves.
Viele Indianer leben in den Reservaten.

4 (= d'Amérique) der **Indianer** (pluriel : Indianer), die **Indianerin** (pluriel : Indianerinnen)

indifférent, indifférente

▷ Sylvain est toujours si indifférent, rien ne l'intéresse.
Sylvain ist immer so gleichgültig, er interessiert sich für nichts.

(= qui ne montre pas d'intérêt) **gleichgültig**

indigestion

▷ Maya est au lit avec une indigestion.
Maya liegt mit Magenverstimmung im Bett.

▷ Si tu continues à manger comme ça, tu auras une indigestion !
Wenn du weiter so viel isst, verdirbst du dir den Magen!

die **Magenverstimmung** (pluriel : -verstimmungen)

► **avoir une indigestion :** sich den Magen verderben (verdirbt, verdarb, verdorben)

ℹ *Les verbes commençant par le préfixe **ver-** ne prennent pas **ge-** au participe passé.*

ℹ *Le pronom personnel allemand s'emploie au datif : ich verderbe **mir** den Magen, du verdirbst **dir**..., er/sie verdirbt **sich**..., wir verderben **uns**..., ihr verderbt **euch**..., sie verderben **sich**...*

indiquer

1 ▷ Une dame nous a indiqué la pharmacie la plus proche.
Eine Dame hat uns die nächstliegende Apotheke gezeigt.

1 (= montrer) **zeigen**

2 ▷ Est-ce que vous pouvez m'indiquer la poste ?
Können Sie mir sagen, wo die Post ist?

2 Quand on demande à quelqu'un d'indiquer quelque chose, on emploie en allemand une expression avec **sagen, wo/was/wie**.

3 ▷ L'horloge indique midi et demi.
Die Uhr zeigt halb eins an.

3 (= dire, en parlant d'une horloge, d'une pancarte) **anzeigen**

ℹ ***an•zeigen*** *est un verbe à particule séparable*

4 ▷ Elle a indiqué du doigt le directeur.
Sie hat mit dem Finger auf den Direktor gedeutet.

4 ► **indiquer du doigt** quelqu'un *ou* quelque chose : **mit dem Finger auf** jemanden *ou* etwas (accusatif) **deuten**

indispensable

▷ C'est indispensable d'avoir un ordinateur.
Ein Computer ist unbedingt notwendig.

unbedingt notwendig

individu

▷ Il y a un individu louche qui traîne devant l'école.
Ein verdächtiges Individuum hängt vor der Schule herum.

das **Individuum** (pluriel : **Individuen**)

individuel, individuelle

1 ▷ Ma mère achète de la soupe en sachets individuels.
Meine Mutter kauft Suppe in Einzelpackungen.

1 Quand quelque chose est destiné à une seule personne, on forme des mots composés avec **Einzel-** : das **Einzelzimmer** (chambre individuelle), die **Einzelkabine** (cabine individuelle), etc.

2 ▷ Chaque chambre a une douche individuelle.
Jedes Zimmer hat eine eigene Dusche.

2 (= privé) **eigen**

indulgent, indulgente

▷ Le prof a été indulgent avec Sarah.
Der Lehrer war nachsichtig mit Sarah.

nachsichtig

industrie

▷ Quelle est la principale industrie dans la région ?
Was ist die größte Industrie in dieser Region?

die **Industrie** (pluriel : **Industrien**)

industriel, industrielle

▷ C'est une région très industrielle.
Es ist eine sehr industrielle Region.

industriell

inévitable

▷ Ça devait arriver, c'était inévitable.
Das musste ja kommen, das war unvermeidlich.

unvermeidlich

inexact, inexacte

▷ Cette traduction est inexacte.
Diese Übersetzung ist ungenau.

(= fautif) **ungenau**

inexcusable

▷ Son comportement est inexcusable.
Sein Verhalten ist unverzeihlich.

(= impardonnable) **unverzeihlich**

inexplicable

▷ L'absence de Marc est inexplicable.
Marcs Abwesenheit ist unerklärlich.

unerklärlich

infarctus

▷ Le grand-père de Robin a eu un infarctus.
Robins Großvater hatte einen Herzinfarkt.

der **Herzinfarkt**
(pluriel : -infarkte)

infect, infecte

▷ Ce sandwich est infect !
Dieses Sandwich ist ja ekelhaft!

(= très mauvais, en parlant d'un goût ou d'une odeur) **ekelhaft**

s'infecter

▷ La blessure s'est infectée.
Die Wunde hat sich infiziert.

sich infizieren

ℹ *Les verbes se terminant en* ***-ieren*** *ne prennent pas* ***ge-*** *au participe passé.*

infection

▷ Il a une infection, il doit prendre des antibiotiques.
Er hat eine Infektion, er muss Antibiotika nehmen.

die **Infektion**
(pluriel : Infektionen)

inférieur, inférieure

1 ▷ Jérémie se sent inférieur à sa sœur.
Jérémie fühlt sich seiner Schwester unterlegen.

1 (= moins doué) **unterlegen**

2 ▷ Le nombre d'élèves est inférieur à celui de l'année dernière.
Die Schülerzahl ist geringer als letztes Jahr.

2 (= plus réduit, plus petit) **geringer**

ℹ *Notez la préposition employée en allemand :* inférieur à = *geringer* ***als****.*

3 ▷ Il y a eu un incendie dans les étages inférieurs.
In den unteren Stockwerken war ein Feuer ausgebrochen.

3 (= plus bas) **untere**

4 ▷ XVIII est inférieur à XIX.
XVIII ist kleiner als XIX .

4 (en mathématiques) **kleiner**

ℹ *Notez la préposition employée en allemand :* inférieur à = *kleiner* ***als***.

infernal, infernale

1 ▷ Mon petit frère a été infernal !
Mein kleiner Bruder war unausstehlich!

2 ▷ La chaleur ici est infernale !
Es ist ja höllisch heiß hier!

1 (= insupportable, en parlant d'un enfant) **unausstehlich**

2 (= comme en enfer, au sens figuré) **höllisch**

infini, infinie

▷ L'univers est infini.
Der Weltraum ist unendlich.

(adjectif) **unendlich**

infirme

1 ▷ La mère de Malika est infirme.
Malikas Mutter ist behindert.

2 ▷ Ces sièges sont réservés aux infirmes.
Diese Plätze sind für Behinderte reserviert.

1 (adjectif = handicapé) **behindert**

2 ► (= personne handicapée) der/die **Behinderte**

ℹ *C'est un adjectif substantivé : on dit* ***ein Behinderter***.

infirmerie

▷ Paul est allé à l'infirmerie parce qu'il saignait du nez.
Paul ist ins Krankenzimmer gegangen, weil er Nasenbluten hatte.

(dans une école) das **Krankenzimmer** (pluriel : -zimmer)

infirmier

▷ Je voudrais être infirmier.
Ich würde gern Krankenpfleger werden.

der **Krankenpfleger** (pluriel : -pfleger)

infirmière

▷ L'infirmière a pris ma température.
Die Krankenschwester hat meine Temperatur gemessen.

die **Krankenschwester** (pluriel : -schwestern)

influence

▷ Les parents de Karim disent que j'ai une mauvaise influence sur lui.
Karims Eltern meinen, dass ich einen schlechten Einfluss auf ihn habe.

der **Einfluss**

influencer

▷ Je ne veux pas t'influencer, mais je pense que tu as tort.
Ich will dich ja nicht beeinflussen, aber ich glaube, dass du unrecht hast.

beeinflussen

Les verbes commençant par le préfixe ***be-*** *ne prennent pas* ***ge-*** *au participe passé.*

informaticien, informaticienne

▷ Kamal est un très bon informaticien.
Kamal ist ein sehr guter Informatiker.

der **Informatiker** (pluriel : **Informatiker**), die **Informatikerin** (pluriel : **Informatikerinnen**)

information

1 ▷ Il m'a donné une information très intéressante.
Er hat mir eine sehr interessante Information gegeben.

2 ▷ Mes parents regardent les informations tous les soirs.
Meine Eltern sehen sich jeden Abend die Nachrichten an.

1 (= renseignement) die **Information** (pluriel : **Informationen**)

2 ► **les informations** (= les actualités) **:** die **Nachrichten**

informatique

▷ Marion est très bonne en informatique.
Marion ist in Datenverarbeitung sehr gut.

die **Datenverarbeitung**

informer

▷ Nous devons informer les parents de cet incident.
Wir müssen die Eltern über diesen Zwischenfall unterrichten.

► **informer** quelqu'un **:** jemanden (accusatif) **unterrichten**

On dit aussi ***informieren****.*

Notez la préposition en allemand : informer de... = ***über****... unterrichten.*

infos

▷ Tu as écouté les infos ?
Hast du die Nachrichten gehört?

► **les infos** (= les actualités) **:** die **Nachrichten**

infusion

▷ Qui veut une infusion avant d'aller au lit ?
Wer will einen Kräutertee vor dem Schlafengehen?

der **Kräutertee** (pluriel : **-tees**)

ingénieur

▷ Mon père est ingénieur.
Mein Vater ist Ingenieur.

der **Ingenieur** /ɪnʒeˈni̯øːɐ/ (pluriel : **Ingenieure**), die **Ingenieurin** (pluriel : **Ingenieurinnen**)

Notez la prononciation.

ingrédient

▻ Vérifie que tu as tous les ingrédients avant de commencer.
Sieh nach, ob du alle Zutaten hast, bevor du anfängst.

die **Zutat** (pluriel : Zutaten)

initiales

▻ Tu n'as pas besoin de signer, mets simplement tes initiales.
Du brauchst nicht zu unterschreiben, schreib einfach deine Initialen.

die **Initialen**

initiation

▻ Je fais un stage d'initiation au chinois.
Ich mache einen Einführungskurs in Chinesisch.

► **stage d'initiation** *ou* **cours d'initiation :** der Einführungskurs (pluriel : -kurse)

injurier

▻ Il a été renvoyé trois jours pour avoir injurié un prof.
Er wurde drei Tage lang verwiesen, weil er einen Lehrer beschimpt hat.

beschimpfen

i *Les verbes commençant par le préfixe **be-** ne prennent pas **ge-** au participe passé.*

injuste

▻ Ce que tu as dit à Marina était injuste.
Was du zu Marina gesagt hast war ungerecht.

ungerecht

innocent, innocente

▻ Tout le monde savait que Justin était innocent.
Alle wussten, dass Justin unschuldig war.

unschuldig

inoffensif, inoffensive

▻ Elle aboie beaucoup, mais elle est inoffensive.
Sie bellt viel, aber sie ist harmlos.

harmlos

inondation

▻ Il y a eu des inondations dans la région.
In der Region gab es Überschwemmungen.

die **Überschwemmung** (pluriel : Überschwemmungen)

inonder

▻ Le fleuve a inondé toute la ville.
Der Fluss hat die ganze Stadt überschwemmt.

▻ Qui a encore inondé la salle de bains ?
Wer hat schon wieder das Bad unter Wasser gesetzt?

überschwemmen

i *Quand on parle d'une pièce dans une maison, on dit plutôt **unter Wasser setzen**.*

inoubliable

▻ Nous avons passé des vacances inoubliables en Écosse.
Wir haben unvergessliche Ferien in Schottland verbracht.

unvergesslich

inquiet, inquiète

▻ Ils ne sont pas rentrés, je suis inquiète.
Sie sind nicht nach Hause gekommen, ich bin besorgt.

(= soucieux) **besorgt**

inquiétant, inquiétante

▻ Ces nouvelles sont inquiétantes.
Das sind beunruhigende Nachrichten.

beunruhigend

inquiéter

1 ▻ Ça m'inquiète qu'il ne soit pas arrivé.
Es beunruhigt mich, dass er nicht angekommen ist.

2 ▻ Ne t'inquiète pas, c'est normal.
Mach dir keine Sorgen, das ist normal.

▻ Nous nous sommes inquiétés pour rien.
Wir haben uns umsonst Sorgen gemacht.

1 (= tracasser) **beunruhigen**

2 ► **s'inquiéter : sich Sorgen machen**

i *Le pronom personnel allemand s'emploie au datif : ich mache **mir** Sorgen, du machst **dir** Sorgen, er/sie macht **sich** Sorgen, wir machen **uns** Sorgen, ihr macht **euch** Sorgen, sie machen **sich** Sorgen.*

inscription

1 ▻ Les inscriptions au lycée se terminent vendredi.
Die Anmeldung fürs Gymnasium enden am Freitag.

2 ▻ Est-ce que tu as pensé à l'inscription au cours de danse ?
Hast du an die Einschreibung zur Tanzstunde gedacht?

3 ▻ Le mur est couvert d'inscriptions.
Die Wand ist mit Inschriften bedeckt.

1 (= inscription dans une école ou un club) die **Anmeldung** (pluriel : Anmeldungen)

2 (= inscription à un cours) die **Einschreibung** (pluriel : Einschreibungen)

3 (= chose écrite) : die **Inschrift** (pluriel : Inschriften)

inscrire

1 ▻ Mon frère s'est inscrit à la fac.
Mein Bruder hat sich an der Uni angemeldet.

1 (à la fac, dans une école, dans un club) **sich anmelden**

▷ Si tu t'inscris, je m'inscrirai aussi.
Wenn du dich anmeldest, melde ich mich auch an.

ℹ *an•melden est un verbe à particule séparable.*
ℹ *Le pronom personnel allemand s'emploie à l'accusatif : ich melde **mich** an, du meldest **dich** an, er/sie meldet **sich** an, wir melden **uns** an, ihr meldet **euch** an, sie melden **sich** an.*

2 ▷ Est-ce que tu t'inscris au cours de théâtre ?
Schreibst du dich für den Theaterkurs ein?

2 (à un cours) **sich einschreiben**
ℹ *ein•schreiben est un verbe à particule séparable et se conjugue comme schreiben (schrieb, geschrieben).*
ℹ *Le pronom personnel allemand s'emploie à l'accusatif : ich schreibe **mich** ein, du schreibst **dich** ein, er/sie schreibt **sich** ein, wir schreiben **uns** ein, ihr schreibt **euch** ein, sie schreiben **sich** ein.*

insecte

▷ Il y avait des insectes partout.
Überall waren Insekten.

das **Insekt** (pluriel : Insekten)

inséparable

▷ Lise et Jean sont inséparables.
Lise und Jean sind unzertrennlich.

unzertrennlich

insigne

▷ Alain porte l'insigne de l'équipe de foot sur son pull.
Alain trägt das Abzeichen der Fussballmannschaft auf seinem Pullover.

das **Abzeichen** (pluriel : Abzeichen)

insister

1 ▷ Ça ne sert à rien d'insister.
Es nützt nichts, darauf zu bestehen.

1 (= s'obstiner) **darauf bestehen**

2 ▷ Ça ne répond pas. – Insiste !
Es meldet sich niemand. – Versuch es weiter!

2 (= continuer) **es weiter versuchen**
ℹ *Les verbes commençant par le préfixe ver- ne prennent pas ge- au participe passé.*

insolation

▷ Viens à l'ombre, tu vas attraper une insolation.
Komm in den Schatten, sonst bekommst du einen Sonnenstich.

► **attraper une insolation :** einen Sonnenstich bekommen (bekam, bekommen)

insolent, insolente

▷ Étienne a été insolent avec le professeur de français.
Étienne war frech zum Französischlehrer.

frech

ℹ *Notez la préposition employée en allemand :* insolent **avec** = *frech* ***zu***.

insomnie

▷ Ma mère a des insomnies.
Meine Mutter leidet an Schlaflosigkeit.

► **avoir des insomnies : an Schlaflosigkeit leiden**

inspecteur, inspectrice

▷ Un inspecteur va venir dans notre classe demain.
Ein Inspektor kommt morgen in unsere Klasse.

der **Inspektor** (pluriel : Inspektoren), die **Inspektorin** (pluriel : Inspektorinnen)

inspirer

1 ▷ Inspirez ! Expirez !
Einatmen! Ausatmen!

2 ▷ Le sujet de la rédaction ne m'inspire pas tellement.
Das Aufsatzthema inspiriert mich nicht sehr.

1 (= aspirer de l'air) **einatmen**

ℹ ***ein•atmen*** *est un verbe à particule séparable.*

2 (= donner l'inspiration) **inspirieren**

ℹ *Les verbes se terminant en* ***-ieren*** *ne prennent pas* ***ge-*** *au participe passé.*

installer

1 ▷ Quelqu'un est venu installer l'ordinateur.
Jemand ist gekommen, um den Computer zu installieren.

2 ▷ Ils s'installent à Nîmes.
Sie lassen sich in Nîmes nieder.

3 ▷ Installe-toi dans le canapé.
Mach's dir auf dem Sofa bequem.
▷ Après s'être installé, il n'a plus bougé de la soirée.
Nachdem er es sich bequem gemacht hatte, hat er sich den ganzen Abend über nicht mehr gerührt.

1 (= mettre en service) **installieren**

ℹ *Les verbes se terminant en* ***-ieren*** *ne prennent pas* ***ge-*** *au participe passé.*

2 ► **s'installer** (= déménager) **: sich niederlassen**

ℹ ***nieder•lassen*** *est un verbe à particule séparable et se conjugue comme* ***lassen*** *(lässt, ließ, gelassen).*

3 ► **s'installer** (= s'asseoir) **: es sich bequem machen**

ℹ *Le pronom personnel allemand s'emploie au datif : ich mache es* ***mir*** *bequem, du machst es* ***dir*** *bequem, er/sie macht es* ***sich*** *bequem, wir machen es* ***uns*** *bequem, ihr macht es* ***euch*** *bequem, sie machen es* ***sich*** *bequem.*

instant

▷ Pendant un instant, j'ai cru que c'était Sophie.
Einen Moment lang glaubte ich, es wäre Sophie.

▷ Un instant, j'arrive !
Einen Moment, ich komme!

▷ Pour l'instant, je suis occupée.
Im Moment habe ich zu tun.

der **Moment** (pluriel : **Momente**)

ℹ *On dit aussi* ***der Augenblick***.

► **un instant ! : einen Moment!**

► **pour l'instant** (= en ce moment) : **im Moment**

instituteur, institutrice

▷ Notre instituteur était très gentil.
Unser Grundschullehrer war sehr nett.

der **Grundschullehrer** (pluriel : **-lehrer**), die **Grundschullehrerin** (pluriel : **-lehrerinnen**)

instruction

▷ Lis les instructions avant de commencer.
Lies die Anweisungen, bevor du anfängst.

▷ Si tu suis mes instructions, tu n'auras pas de problème.
Wenn du meinen Anweisungen folgst, bekommst du kein Problem.

(= ordre ou conseil) die **Anweisung** (pluriel : **Anweisungen**)

► **suivre les instructions : den Anweisungen folgen**

s'instruire

▷ Avec ce jeu on s'amuse et on s'instruit en même temps.
Mit diesem Spiel hat man Spaß und gleichzeitig lernt man.

lernen

instrument

▷ Est-ce que tu joues d'un instrument de musique ?
Spielst du ein Musikinstrument?

das **Instrument** (pluriel : **Instrumente**)

insuffisant, insuffisante

1 ▷ Mes résultats en géo sont insuffisants.
Meine Geografieleistungen sind ungenügend.

2 ▷ La quantité de boissons est insuffisante.
Es sind nicht genügend Getränke da.

1 (en parlant des résultats scolaires) **ungenügend**

2 Pour dire qu'il n'y a pas assez de quelque chose en allemand, on emploie l'expression **nicht genügend**.

insulter

▻ Marco a frappé Bernard parce qu'il l'avait insulté.
Marco hat Bernard geschlagen, weil er ihn beschimpft hatte.

▻ Elles se sont insultées pendant une demi-heure.
Sie haben sich eine halbe Stunde lang beschimpft.

► **insulter** quelqu'un : jemanden (accusatif) **beschimpfen**

► **s'insulter** : sich beschimpfen

insupportable

1 ▻ Ce bruit est insupportable !
Dieser Lärm ist unerträglich!

2 ▻ Je la trouve insupportable.
Ich finde sie unausstehlich.

1 (en parlant d'une chose, d'une pensée) **unerträglich**

2 (en parlant d'une personne) **unausstehlich**

intelligent, intelligente

▻ Lucille est très intelligente.
Lucille ist sehr intelligent.

intelligent

intention

▻ Quelles sont ses intentions ?
Was sind seine Absichten?

▻ Je n'ai pas l'intention d'y aller avec lui.
Ich habe nicht die Absicht, mit ihm hinzugehen.

die **Absicht** (pluriel : Absichten)

► **avoir l'intention de** + infinitif : die Absicht haben, zu + infinitif

interclasse

▻ Ils se disputaient pendant l'interclasse.
Während der kleinen Pause stritten sie sich.

die **kleine Pause** (pluriel : Pausen)

interdire

▻ Mes parents m'ont interdit de sortir.
Meine Eltern haben mir verboten auszugehen.

▻ Cette pub a été interdite en Angleterre.
Diese Werbung wurde in England verboten.

verbieten (verbot, verboten)

interdit, interdite

▻ Il est interdit de fumer dans l'école.
Es ist verboten, in der Schule zu rauchen.

verboten

intéressant, intéressante

▻ L'article n'était vraiment pas intéressant.
Der Artikel war wirklich nicht interessant.

▻ Le prix est très intéressant.
Der Preis ist sehr interessant.

interessant

intéresser

▷ Ton histoire ne m'intéresse pas.
Deine Geschichte interessiert mich nicht.

▷ Thomas s'intéresse beaucoup à l'écologie.
Thomas interessiert sich sehr für Umweltschutz.

▷ Depuis quelque temps, je m'intéresse au jazz.
Seit einiger Zeit interessiere ich mich für Jazz.

interessieren

ℹ *Les verbes se terminant en **-ieren** ne prennent pas **ge-** au participe passé.*

► **s'intéresser à** quelque chose : **sich für** etwas **interessieren**

ℹ *Le pronom personnel allemand est employé à l'accusatif : ich interessiere **mich**, du interessierst **dich**, er/sie interessiert **sich**, wir interessieren **uns**, ihr interessiert **euch**, sie interessieren **sich**.*

intérêt

1 ▷ Il ne manifeste aucun intérêt pour les livres.
Er zeigt kein Interesse an Büchern.

▷ Ce film est sans intérêt.
Dieser Film ist uninteressant.

2 ▷ Tu as intérêt à te taire !
Es liegt in deinem Interesse, den Mund zu halten!

3 ▷ Les taux d'intérêt sont très élevés en ce moment.
Die Zinssätze sind im Moment sehr hoch.

1 das **Interesse**

► **sans intérêt : uninteressant**

2 ► **tu as intérêt à... : es liegt in deinem Interesse, zu...**

3 (= intérêt qu'on paie sur un emprunt) der **Zins** (pluriel : Zinsen)

intérieur

▷ L'intérieur de la maison est plus joli que l'extérieur.
Das Innere des Hauses sieht besser aus als das Äußere.

▷ Je me suis fait piquer à l'intérieur de la cuisse.
Ich bin an der Innenseite des Schenkels gestochen worden.

▷ Je vous attendrai à l'intérieur.
Ich warte drinnen auf euch.

▷ Vous ne pouvez pas fumer à l'intérieur du bâtiment.
Sie dürfen im Gebäude nicht rauchen.

► **l'intérieur** (= la partie qui est dedans) **: das Innere**

► **l'intérieur** (= la face interne) **: die Innenseite**

► **à l'intérieur : drinnen**

► **à l'intérieur de : in**

internat

▷ Les parents de Marc veulent l'envoyer dans un internat.
Marcs Eltern wollen ihn in ein Internat schicken.

(= école) das **Internat** (pluriel : Internate)

international, internationale

▷ J'aime bien me tenir au courant de la politique internationale.
Ich halte mich gern über die internationale Politik auf dem Laufenden.

international

interne

▷ Les internes n'ont pas le droit de sortir après dix-huit heures.
Internatsschüler dürfen nach achtzehn Uhr die Schule nicht verlassen.

der **Internatsschüler** (pluriel : **-schüler**), die **Internatsschülerin** (pluriel : **-schülerinnen**)

Internet

▷ J'utilise très souvent l'Internet.
Ich benütze oft das Internet.

▷ Je me suis connecté à l'Internet pour réserver des places pour le concert.
Ich habe mich ins Internet eingeloggt, um Plätze für das Konzert zu reservieren.

das **Internet**

► se connecter à l'Internet : **sich ins Internet einloggen**

interphone

▷ J'ai appuyé sur le bouton de l'interphone, mais personne n'a répondu.
Ich habe auf den Knopf der Sprechanlage gedrückt, aber niemand hat geantwortet.

die **Sprechanlage** (pluriel : **-anlagen**)

interpréter

1 ▷ Il y a plusieurs façons d'interpréter ce texte.
Es gibt mehrere Möglichkeiten, diesen Text auszulegen.

2 ▷ Le pianiste a interprété un morceau de Mozart.
Der Pianist hat ein Stück von Mozart interpretiert.

3 ▷ L'acteur interprétait le grand-père.
Der Schauspieler stellte den Großvater dar.

1 (= comprendre) **auslegen**

ℹ ***aus•legen*** *est un verbe à particule séparable.*

2 (= jouer de la musique, chanter) **interpretieren**

ℹ *Les verbes se terminant en **-ieren** ne prennent pas **ge-** au participe passé.*

3 (= jouer un rôle) **darstellen**

ℹ ***dar•stellen*** *est un verbe à particule séparable.*

interro, interrogation écrite

▷ On a une interro d'allemand mardi.
Dienstag schreiben wir eine Deutscharbeit.

die **Arbeit** (pluriel : **Arbeiten**)

interroger

1 ▷ Le prof nous interroge régulièrement.
Der Lehrer testet uns regelmäßig.

1 (= tester les connaissances) **testen**

2 ▻ Elle m'a interrogé sur l'école.
Sie befragte mich über die Schule.

2 (= poser des questions) **befragen**

ℹ *Les verbes commençant par le préfixe* ***be-*** *ne prennent pas* ***ge-*** *au participe passé.*

3 ▻ La police a interrogé plusieurs personnes.
Die Polizei hat mehrere Leute verhört.

3 (en parlant de la police, de la justice) **verhören**

ℹ *Les verbes commençant par le préfixe* ***ver-*** *ne prennent pas* ***ge-*** *au participe passé.*

interrompre

▻ Ne m'interromps pas sans arrêt !
Unterbrich mich nicht dauernd!

unterbrechen (unterbricht, unterbrach, unterbrochen)

interrupteur

▻ L'interrupteur est à gauche de la porte.
Der Schalter ist links neben der Tür.

der **Schalter** (pluriel : Schalter)

intervenir

▻ Le directeur a dû intervenir pour les séparer.
Der Direktor musste eingreifen, um sie zu trennen.

eingreifen

ℹ ***ein•greifen*** *est un verbe à particule séparable et se conjugue comme* ***greifen*** *(griff, gegriffen).*

interview

▻ Avez-vous vu l'interview du chancelier hier soir ?
Habt ihr das Interview des Kanzlers gestern Abend gesehen?

das **Interview** /ˈɪntɐvjuː/
(pluriel : Interviews)

interviewer

▻ La journaliste a interviewé des agriculteurs.
Die Journalistin hat Landwirte interviewt.

interviewen /ɪntɐˈvjuːən/

ℹ *Ce mot ne prend pas* ***ge-*** *au participe passé.*

intime

▻ Je ne vais pas te raconter ça, c'est très intime !
Das werde ich dir nicht erzählen, das ist sehr persönlich!

▻ Julie et Nathan sont amis intimes.
Julie und Nathan sind enge Freunde.

persönlich

► **ami intime :** der enge Freund
(pluriel : Freunde)

intimider

▻ Le professeur de physique m'intimide.
Der Physiklehrer schüchtert mich ein.

einschüchtern

ℹ ***ein•schüchtern*** *est un verbe à particule séparable.*

intituler

1 ▷ Comment est-ce que tu vas intituler ton exposé ?
Wie wirst du dein Referat betiteln?

2 ▷ Le chapitre s'intitule « Paris ».
Das Kapitel trägt den Titel „Paris".

1 (= appeler) **betiteln**

Les verbes commençant par le préfixe ***be-*** *ne prennent pas* ***ge-*** *au participe passé.*

2 ► **s'intituler :** den Titel tragen (trägt, trug, getragen)

intoxication alimentaire

▷ Juliette a une intoxication alimentaire.
Juliette hat eine Nahrungsmittelvergiftung.

die **Nahrungsmittelvergiftung**

introduction

▷ Pour l'instant, je n'ai écrit que l'introduction de ma rédaction.
Bis jetzt habe ich nur die Einleitung meines Aufsatzes geschrieben.

(en parlant d'un texte) die **Einleitung** (pluriel : Einleitungen)

inutile

1 ▷ Pourquoi gardes-tu tous ces objets inutiles ?
Warum behältst du alle diese unnützen Sachen?

2 ▷ Ces précautions sont inutiles.
Diese Vorsichtsmaßnahmen sind unnötig.

▷ Inutile d'insister, j'ai dit non !
Es ist unnötig, darauf zu bestehen, ich habe nein gesagt!

1 (= qui ne sert à rien) **unnütz**

2 (= qui n'est pas nécessaire) **unnötig**

On dit aussi ***überflüssig****.*

► **inutile de** + infinitif **:** es ist unnötig, zu + infinitif

invalide

1 ▷ La grand-mère de Pierrot est invalide.
Pierrots Großmutter ist invalide.

2 ▷ Ces sièges sont réservés aux invalides.
Diese Plätze sind für Invalide reserviert.

1 (adjectif) **invalide**

2 (= personne) der/die **Invalide**

C'est un adjectif substantivé : on dit ***ein Invalider****.*

invasion

▷ En été, il y a une invasion de touristes sur les plages.
Im Sommer gibt es an den Stränden eine Touristeninvasion.

die **Invasion** (pluriel : Invasionen)

inventer

▷ Qui a inventé le téléphone ?
Wer hat das Telefon erfunden?

erfinden (erfand, erfunden)

Les verbes commençant par le préfixe ***er-*** *ne prennent pas* ***ge-*** *au participe passé.*

invention

▷ Quelle drôle d'invention !
Was für eine komische Erfindung!

die **Erfindung**
(pluriel : Erfindungen)

inverse

1 ▷ Non, c'est l'inverse !
Nein, es ist das Gegenteil!

2 ▷ Ils arrivaient en sens inverse.
Sie kamen aus der entgegengesetzten Richtung.
▷ Nous sommes partis en sens inverse.
Wir sind in die entgegengesetzte Richtung gegangen.

3 ▷ On joue dans le sens inverse des aiguilles d'une montre.
Wir spielen gegen den Uhrzeigersinn.

1 ► **l'inverse** : das Gegenteil

2 ► **en sens inverse** (arriver) : aus der entgegengesetzten Richtung
► **en sens inverse** (aller) : in die entgegengesetzte Richtung

3 ► **dans le sens inverse des aiguilles d'une montre** : gegen den Uhrzeigersinn

inverser

▷ Dans cet exercice, tu dois inverser l'ordre des mots.
In dieser Übung musst du die Wortfolge umkehren.

umkehren
ℹ *um•kehren est un verbe à particule séparable.*

investir

▷ Ils investissent tout leur argent dans leur magasin.
Sie investieren ihr ganzes Geld in ihr Geschäft.

(= placer de l'argent) **investieren**
ℹ *Les verbes se terminant en -ieren ne prennent pas ge- au participe passé.*

invisible

▷ La tache est invisible.
Der Fleck ist unsichtbar.

unsichtbar

invitation

▷ Est-ce que tu as reçu une invitation pour la soirée de Michael ?
Hast du eine Einladung zu Michaels Party bekommen?

die **Einladung**
(pluriel : Einladungen)

invité

▷ Nous avions huit invités hier soir.
Gestern Abend hatten wir acht Gäste.

(= personne qu'on a invitée) der **Gast** (pluriel : Gäste)

inviter

▷ Je n'ai pas envie d'inviter toute la classe à ma fête.
Ich habe keine Lust, die ganze Klasse zu meiner Party einzuladen.
▷ Qu'est-ce que tu veux boire ? Je t'invite !
Was willst du trinken? Ich lade dich ein!

einladen

ℹ ***ein•laden*** *est un verbe à particule séparable et se conjugue comme* ***laden*** *(lädt, lud, geladen).*

invraisemblable

▷ Lucas nous a raconté une histoire invraisemblable.
Lucas hat uns eine unglaubliche Geschichte erzählt.

(= incroyable) **unglaublich**

irlandais, irlandaise

1 ▷ La campagne irlandaise est très jolie.
Die irische Landschaft ist sehr schön.

2 ▷ Nos voisins sont des Irlandais.
Unsere Nachbarn sind Iren.

1 (adjectif) **irisch**

2 (= personne) der **Ire** (pluriel : Iren), die **Irin** (pluriel : Irinnen)

Irlande

▷ L'Irlande est une île.
Irland ist eine Insel.

Irland

► **l'Irlande : Irland**

ℹ *Ne prend l'article neutre que précédé d'un adjectif :* ***das grüne Irland*** **(l'Irlande verte).**

▷ Ils vivent en Irlande depuis trois ans.
Sie leben seit drei Jahren in Irland.
▷ Et si on allait en Irlande cet été ?
Und wenn wir diesen Sommer nach Irland führen?
▷ Est-ce que tu es déjà allé en Irlande ?
Warst du schon in Irland?

► **en Irlande** (= dans le pays) **: in Irland**

► **en Irlande** (= vers le pays) **: nach Irland**

Attention : pour dire que quelqu'un **est déjà allé quelque part**, *on emploie une expression avec le prétérit du verbe* ***sein*** *+* ***schon***..

ironique

▷ Il nous regardait avec un sourire ironique.
Er sah uns an und lächelte ironisch.

ironisch

irrégulier, irrégulière

▷ Nous devons réviser tous les verbes irréguliers pour demain.
Wir müssen alle unregelmäßigen Verben für morgen wiederholen.

unregelmäßig

irriter

1 ▻ Il m'irrite avec ses blagues idiotes.
Er verärgert mich mit seinen dummen Witzen.

1 (= agacer) **verärgern**
Les verbes commençant par le préfixe ***ver-*** *ne prennent pas* ***ge-*** *au participe passé.*

2 ▻ La fumée m'irrite les yeux.
Der Rauch reizt meine Augen.

2 (= rendre sensible) **reizen**

isolé, isolée

1 ▻ Leur maison est très isolée.
Ihr Haus ist sehr abgelegen.

1 (= éloigné) **abgelegen**

2 ▻ Je me sens parfois un peu isolé.
Manchmal fühle ich mich etwas isoliert.

2 (= seul) **isoliert**

3 ▻ C'était un incident isolé.
Das war ein einzelner Zwischenfall.

3 (= particulier) **einzeln**

issue de secours

▻ Il y a des issues de secours partout dans la salle.
Im Saal sind überall Notausgänge.

der **Notausgang**
(pluriel : **-ausgänge**)

Italie

▻ L'Italie est l'un des pays les plus visités du monde.
Italien ist eins der meistbesuchten Länder.

Italien
► **l'Italie : Italien**
Ne prend l'article neutre que précédé d'un adjectif : ***das barocke Italien*** **(l'Italie baroque).**

▻ Notre séjour en Italie s'est très bien passé.
Unser Aufenthalt in Italien ist sehr gut verlaufen.
▻ Ils partent en Italie dans trois jours.
In drei Tagen fahren sie nach Italien.
▻ Nous sommes déjà allés en Italie l'année dernière.
Wir waren letztes Jahr schon in Italien.

► **en Italie** (= dans le pays) **: in Italien**
► **en Italie** (= vers le pays) **: nach Italien**
Attention : pour dire que quelqu'un **est déjà allé quelque part**, *on emploie une expression avec le prétérit du verbe* ***sein*** *+* ***schon***.

italien, italienne

1 ▻ Sienne est l'une des plus belles villes italiennes.
Sienna ist eine der schönsten italienischen Städte.

1 (adjectif) **italienisch**

2 ▻ Beaucoup d'Italiens viennent en Corse en été.
Viele Italiener kommen im Sommer nach Korsika.

2 (= personne) der **Italiener** (pluriel : **Italiener**), die **Italienerin** (pluriel : **Italienerinnen**)

3 ▻ Ludo est bon en italien.
Ludo ist in Italienisch gut.

3 (= langue) **Italienisch**

itinéraire

1 ▷ Nous avons pris un itinéraire plus court que d'habitude.
Wir haben eine kürzere Strecke als sonst genommen.

2 ▷ Mon itinéraire passe par le stade.
Mein Weg führt über das Stadium.

1 Quand l'itinéraire est emprunté en voiture, on dit **die Strecke** (pluriel : Strecken) *ou* **der Weg** (pluriel : Wege).

2 Quand l'itinéraire est emprunté à pied, on dit **der Weg** (pluriel : Wege).

ivoire

▷ L'ivoire vient des défenses des éléphants.
Elfenbein kommt von den Stoßzähnen der Elefanten.

▷ Mon piano est ancien, les touches sont en ivoire.
Mein Klavier ist alt, die Tasten sind aus Elfenbein.

▷ C'est un bracelet ancien en ivoire.
Das ist ein altes Elfenbeinarmband.

das Elfenbein

► **être en ivoire : aus Elfenbein sein**

i *Pour dire que quelque chose est* **en ivoire** *ou* **d'ivoire**, *on forme des mots composés avec* ***Elfenbein : die Elfenbeinküste*** (la Côte d'Ivoire).

ivre

▷ Il est ivre, il faut le ramener à la maison.
Er ist betrunken, wir müssen ihn nach Hause bringen.

betrunken

ivrogne

▷ Ce bar est plein d'ivrognes.
Diese Kneipe ist voll von Säufern.

der Säufer (pluriel : Säufer), **die Säuferin** (pluriel : Säuferinnen)

J

FRANÇAIS — ALLEMAND

jalousie

1 ▷ David m'a dit qu'il n'aimait pas mon nouveau vélo, mais c'était seulement de la jalousie.
David hat mir gesagt, dass er mein neues Fahrrad nicht mag, aber das war nur Neid.

1 (= envie) der **Neid**

2 ▷ Marion était malade de jalousie.
Marion war krank vor Eifersucht.

2 (en amour ou en amitié) die **Eifersucht**

jaloux, jalouse

1 ▷ Lionel est jaloux des bonnes notes de Mourad.
Lionel ist auf Mourads gute Noten neidisch.

1 (= envieux) **neidisch**
► **être envieux de** quelqu'un *ou* **de** quelque chose **: auf** jemanden *ou* etwas (accusatif) **neidisch sein**

2 ▷ Mon petit ami est très jaloux.
Mein Freund ist sehr eifersüchtig.

2 (en amour ou en amitié) **eifersüchtig**

jamais

1 ▷ Je n'ai jamais rencontré les parents de Suzie.
Ich habe Suzies Eltern nie getroffen.
▷ Je ne te parlerai plus jamais !
Ich rede nie wieder mit dir!

1 Quand la phrase a une valeur négative, on emploie **nie**.
► **plus jamais : nie wieder**

2 ▷ C'est la plus belle ville que j'aie jamais vue.
Das ist die schönste Stadt, die ich je gesehen habe.

2 Quand la phrase n'a pas de valeur négative, on emploie **je** /je:/.

jambe

▷ Grégory s'est cassé la jambe au ski.
Grégory hat sich beim Skifahren das Bein gebrochen.
▷ J'avais les jambes en coton de peur.
Ich hatte ganz weiche Knie vor Angst.

das **Bein** (pluriel : Beine)

► **avoir les jambes en coton** (= se sentir faible) **: weiche Knie haben** (hat, hatte, gehabt)

jambon

▷ Peux-tu me donner un sandwich au jambon ?
Kannst du mir ein Schinkensandwich geben?
▷ Je préfère le jambon fumé au jambon blanc.
Ich mag geräucherten Schinken lieber als gekochten.

der **Schinken** (pluriel : Schinken)

► **jambon blanc : gekochter Schinken**
► **jambon fumé : geräucherter Schinken**

janvier

▷ En janvier, il fait très froid ici.
Im Januar ist es hier sehr kalt.

▷ Nous partons le vingt-six janvier.
Wir fahren am sechsundzwanzigsten Januar.

der **Januar**
► **en janvier, au mois de janvier : im Januar**
ℹ *On écrit* ***am 26. Januar****.*

Japon

▷ Ma mère revient du Japon aujourd'hui.
Meine Mutter kommt heute aus Japan zurück.

▷ Ils ont vécu au Japon pendant dix ans.
Sie haben zehn Jahre in Japan gelebt.
▷ Nous sommes passés par Amsterdam pour aller au Japon.
Wir sind über Amsterdam nach Japan geflogen.
▷ Guillaume est déjà allé au Japon.
Guillaume war schon in Japan.

Japan
► **le Japon : Japan**
ℹ *Ne prend l'article neutre que précédé d'un adjectif :* ***das traditionelle Japan*** (le Japon traditionnel).

► **au Japon** (= dans le pays) **: in Japan**
► **au Japon** (= vers le pays) **: nach Japan**

Attention : pour dire que quelqu'un est déjà allé quelque part, *on emploie une expression avec le prétérit du verbe* ***sein*** + ***schon****.*

japonais, japonaise

1 ▷ J'adore la cuisine japonaise.
Ich liebe die japanische Küche.
2 ▷ Un groupe de Japonais visitait l'église en même temps que nous.
Eine Gruppe von Japanern hat die Kirche zur selben Zeit wie wir besichtigt.
3 ▷ Il faut connaître le japonais pour travailler dans cette société.
Man muss Japanisch können, um in dieser Firma zu arbeiten.

1 (adjectif) **japanisch**

2 (= personne) der **Japaner** (pluriel : Japaner), die **Japanerin** (pluriel : Japanerinnen)

3 (= langue) **Japanisch**

jardin

1 ▷ Mon père est dans le jardin, il tond la pelouse.
Mein Vater ist im Garten, er mäht den Rasen.

2 ▷ On a passé l'après-midi au jardin public.
Wir haben den Nachmittag im Park verbracht.

1 der **Garten** (pluriel : Gärten)

2 ► **jardin public :** der Park (pluriel : Parks)

jardinage

▷ J'ai fait un peu de jardinage ce week-end.
Ich habe am Wochenende etwas Gartenarbeit gemacht.

die **Gartenarbeit**

jardinier, jardinière

▷ Les parents de Sam ont un jardinier.
Sams Eltern haben einen Gärtner.
▷ Marc est jardinier.
Marc ist Gärtner.

der **Gärtner** (pluriel : Gärtner), die **Gärtnerin** (pluriel : Gärtnerinnen)

jaune

1 ▷ Passe-moi le surligneur jaune.
Gib mir mal den gelben Textmarker.

2 ▷ Le jaune est une couleur gaie.
Gelb ist eine fröhliche Farbe.

3 ▷ J'ai besoin de trois jaunes d'œufs pour cette recette.
Ich brauche drei Eigelb für dieses Rezept.

1 (= couleur) **gelb**

2 ► **le jaune** (= la couleur jaune) : Gelb

Remarquez qu'il n'y a pas d'article en allemand.

3 ► **jaune d'œuf :** das Eigelb

Ce mot s'emploie uniquement au singulier.

Javel

▷ L'eau de Javel a laissé une marque blanche sur ma chemise.
Die Chlorbleiche hat einen weißen Fleck auf meinem Hemd hinterlassen.

die **Chlorbleiche**

L'eau de Javel ne s'utilise pas en Allemagne, où on prend plutôt des produits spécifiques.

jazz

▷ Mes parents écoutent souvent du jazz.
Meine Eltern hören oft Jazz.

der **Jazz** /dʒæs/

Notez la prononciation.

je

▷ Je préfère le chocolat noir.
Ich mag Zartbitterschokolade lieber.

ich

jean

▷ Ce jean est trop petit pour moi.
Diese Jeans ist zu klein für mich.

die Jeans /dʒi:nz/

ℹ *Ce mot peut s'employer au singulier et au pluriel.*

🔊 *Notez la prononciation.*

jetable

▷ Est-ce que tu as déjà essayé les lentilles jetables ?
Hast du schon mal die Einweglinsen probiert?

▷ Mes parents m'ont acheté un appareil photo jetable pour la colo.
Meine Eltern haben mir fürs Ferienlager eine Wegwerfkamera gekauft.

Pour dire que quelque chose est **jetable** en allemand, on forme des mots composés avec **Einweg-** ou **Wegwerf-** : die **Einwegspritze** (seringue jetable), die **Wegwerfwindel** (couche jetable), etc.

jet d'eau

▷ Les jets d'eau dans le parc ne marchent pas.
Die Fontänen im Park funktionieren nicht.

(= fontaine) die **Fontäne** (pluriel : Fontänen)

jetée

▷ On s'est promenés sur la jetée.
Wir sind auf der Mole spazierengegangen.

die **Mole** (pluriel : Molen)

jeter

1 ▷ Bill a jeté la balle à travers le salon.
Bill hat den Ball durchs Wohnzimmer geworfen.

▷ Jette-moi la balle !
Wirf mir den Ball zu!

1 (= lancer) **werfen** (wirft, warf, geworfen)

► **jeter** quelque chose **à** quelqu'un (qui doit attraper): jemandem (datif) etwas **zuwerfen**

ℹ ***zu•werfen*** *est un verbe à particule séparable et se conjugue comme* ***werfen***.

▷ Ils m'ont jeté des cailloux.
Sie haben mit Steinen nach mir geworfen.

► **jeter** quelque chose **à** quelqu'un (= l'agresser) : **mit** etwas **nach** jemandem **werfen**

2 ▷ Je vais jeter ces vieilles affaires.
Ich werde diese alten Sachen wegwerfen.

▷ Jette ce jus d'orange, il n'est plus bon.
Gieß den Orangensaft weg, er ist nicht mehr gut.

2 ► **jeter** quelque chose (= s'en débarrasser) : etwas **wegwerfen**

ℹ ***weg•werfen*** *est un verbe à particule séparable et se conjugue comme* ***werfen***.

ℹ *Quand on jette un liquide, on dit plutôt* ***weggießen***.

3 ▷ C'est dangereux de se jeter à l'eau quand elle est froide.
Es ist gefährlich, in kaltes Wasser zu springen.
▷ J'ai décidé de me jeter à l'eau et je lui ai tout dit.
Ich habe beschlossen ins kalte Wasser zu springen und habe ihm alles gesagt.

3 Les deux sens littéral et figuré de se jeter à l'eau se traduisent par **ins kalte Wasser springen**.

4 ▷ Le voleur s'est jeté sur moi.
Der Dieb hat sich auf mich gestürzt.
▷ Elle s'est jetée sur le pain comme si elle mourait de faim.
Sie hat sich auf das Brot gestürzt als wäre sie am Verhungern.

4 ► **se jeter sur** quelqu'un *ou* quelque chose : **sich auf** jemanden *ou* etwas (accusatif) **stürzen**

ℹ *Les deux sens illustrés par les exemples à gauche se traduisent de la même façon.*

5 ▷ Le Main se jette dans le Rhin.
Der Main mündet in den Rhein.

5 ► **se jeter dans...** (en parlant d'un cours d'eau) : **in** + accusatif + **münden**

jeton

1 ▷ J'ai besoin d'un jeton pour le caddie.
Ich brauche eine Pfandmünze für den Einkaufswagen.
2 ▷ Tu as encore des jetons pour la machine à sous ?
Hast du noch Spielmarken für den Spielautomaten?

1 (pour le caddie) die **Pfandmünze** (pluriel : -münzen)
2 (pour les jeux) die **Spielmarke** (pluriel : -marken)

jeu

1 ▷ Nous avons inventé un nouveau jeu.
Wir haben ein neues Spiel erfunden.
▷ On pourrait faire un jeu.
Wir könnten ein Spiel spielen.
▷ Tu connais ce jeu de cartes ?
Kennst du dieses Kartenspiel?
▷ Matthias passe ses journées à jouer à des jeux électroniques.
Matthias spielt den ganzen Tag über Computerspiele.
▷ Tu connais ce jeu de société ?
Kennst du dieses Gesellschaftsspiel?
▷ C'est un jeu vidéo de football.
Das ist ein Fußball-Videospiel.

1 (pour jouer) das **Spiel** (pluriel : Spiele)
► **faire un jeu : ein Spiel spielen**
► **jeu de cartes :** das **Kartenspiel** (pluriel : -spiele)
► **jeu électronique :** das **Computerspiel** (pluriel : -spiele)
► **jeu de société :** das **Gesellschaftsspiel** (pluriel : -spiele)
► **jeu vidéo :** das **Videospiel** (pluriel : -spiele)

2 ▷ Il nous faut un nouveau jeu de cartes.
Wir brauchen einen neuen Satz Karten.
▷ Tu peux garder un jeu de clés.
Du kannst einen Satz Schlüssel behalten.

2 (= ensemble) der **Satz**

3 ▷ Nous avons organisé un jeu de piste.
Wir haben eine Schnitzeljagd organisiert.

3 ► **jeu de piste :** die **Schnitzeljagd** (pluriel : -jagden)

4 ▷ J'en ai assez de tes jeux de mots idiots !
Ich hab jetzt aber genug von deinen dummen Wortspielen!

4 ► **jeu de mots :** das Wortspiel (pluriel : –spiele)

jeudi

▷ Aujourd'hui, c'est jeudi.
Heute ist Donnerstag.
▷ Nous viendrons jeudi.
Wir kommen am Donnerstag.
▷ Le jeudi, Sandra va à son cours de piano.
Donnerstags hat Sandra Klavierunterricht.

der Donnerstag

► **faire** quelque chose **jeudi :** etwas am Donnerstag tun
► **le jeudi** (= tous les jeudis) **:** donnerstags

jeune

1 ▷ Quand elle était jeune, ma grand-mère était très sportive.
Als sie jung war, war meine Großmutter sehr sportlich.
2 ▷ Les jeunes d'aujourd'hui savent tous utiliser Internet.
Die heutige Jugend weiß, wie man mit Internet umgeht.

1 (= qui n'est pas âgé) jung (**plus jeune** jünger ; **le plus jeune** der jüngste)

2 ► **les jeunes** (= les jeunes en général) **:** die Jugend
ℹ *Ce mot s'emploie uniquement au singulier.*

jeunesse

▷ Dans sa jeunesse, mon grand-père a beaucoup voyagé.
In seiner Jugend ist mein Großvater viel gereist.

die Jugend
ℹ *Ce mot s'emploie uniquement au singulier.*

jogging

1 ▷ Le jogging est un sport que tout le monde peut pratiquer.
Jogging ist ein Sport, den alle betreiben können.
▷ Le jogging m'a fatigué.
Das Jogging hat mich müde gemacht.
▷ Christian fait du jogging avec son père.
Christian joggt mit seinem Vater.
2 ▷ Ludmila a un jogging tout neuf.
Ludmila hat einen ganz neuen Jogginganzug.

1 ► **le jogging** (= le sport) **:** das Jogging /'dʒɔgɪŋ/
ℹ *L'article neutre n'est pas employé quand on parle du sport en général.*
🔊 *Notez la prononciation.*

► **faire du jogging :** joggen

2 (= survêtement) der Jogginganzug (pluriel : –anzüge)

joie

▷ Philippe était fou de joie de la revoir.
Philippe war außer sich vor Freude sie wiederzusehen.

► **fou de joie** *ou* **folle de joie :** außer sich vor Freude
ℹ *Le pronom personnel allemand s'emploie au datif : außer **mir**, außer **dir**, außer **sich**, außer **uns**, außer **euch**, außer **sich**.*

joindre

▻ Je n'arrive pas à joindre Mélanie, elle doit être en vacances.
Ich kann Mélanie nicht erreichen, sie muss wohl in den Ferien sein.

► **joindre** quelqu'un (= lui parler au téléphone) : **jemanden** (accusatif) **erreichen**

joli, jolie

▻ C'est une très jolie fille.
Sie ist ein sehr hübsches Mädchen.
▻ Ils ont un joli appartement.
Sie haben eine angenehme Wohnung.
▻ Quelle jolie voiture !
So ein schönes Auto!

hübsch, angenehm, schön

ℹ *Hübsch s'emploie quand on parle d'une personne. Pour dire que quelque chose est agréable, on dit plutôt* ***angenehm****. Quand on parle d'une chose qu'on trouve jolie, on dit plutôt* ***schön****.*

jongler

▻ Jérémie sait jongler avec quatre balles.
Jérémie kann mit vier Bällen jonglieren.

jonglieren /ʒɔŋ'liːrən/

🔊 *Notez la prononciation.*

ℹ *Les verbes se terminant en* ***-ieren*** *ne prennent pas* ***ge-*** *au participe passé.*

jongleur, jongleuse

▻ Il y a des jongleurs sur la place du marché.
Auf dem Marktplatz sind Jongleure.

der **Jongleur** /ʒɔŋ'lø:ɐ/ (pluriel : **Jongleure**), die **Jongleurin** (pluriel : **Jongleurinnen**)

joue

▻ Ce bébé a de jolies joues roses.
Dieses Baby hat schöne rosa Backen.

die **Backe** (pluriel : **Backen**)

ℹ *On dit aussi* ***die Wange*** *(pluriel :* ***Wangen****).*

jouer

1 ▻ Viens jouer avec nous !
Komm, spiel mit uns!
▻ Cette actrice jouait dans « Titanic ».
Diese Schauspielerin hat in „Titanic" gespielt.
▻ Jérôme joue au foot dans l'équipe du collège.
Jérôme spielt in der Schulmannschaft Fußball.
▻ Lisa joue du saxophone.
Lisa spielt Saxophon.

1 (= s'amuser, tenir un rôle, interpréter) **spielen**

► **jouer à** (en parlant d'un sport) : **spielen**

ℹ *En allemand, on ne met pas d'article devant le sport en question.*

► **jouer de** (en parlant d'un instrument) : **spielen**

ℹ *En allemand, on ne met pas d'article devant l'instrument en question.*

2 ▻ Il joue aux courses tous les dimanches.
Er setzt jeden Sonntag auf Pferde.

2 ► **jouer aux courses** (de chevaux) : **auf Pferde setzen**

jouet

▷ La chambre de mon petit frère est remplie de jouets.
Das Zimmer meines kleinen Bruders ist voll von Spielzeug.

das **Spielzeug**
ℹ *Ce mot s'emploie au singulier.*

jour

1 ▷ Le voyage en train dure deux jours.
Die Zugreise dauert zwei Tage.
▷ Isa va à la piscine tous les jours.
Isa geht jeden Tag ins Schwimmbad.
▷ Un jour, il comprendra qu'il a tort.
Eines Tages wird er verstehen, dass er unrecht hat.
▷ Le jour de l'An, toute la famille fait une promenade.
Am Neujahrstag geht die ganze Familie spazieren.
▷ De nos jours, on prend de plus en plus l'avion.
Heutzutage fliegt man immer mehr.
▷ Je cours cinq kilomètres par jour.
Ich laufe fünf Kilometer täglich.

2 ▷ Le jour entre dans la chambre.
Das Tageslicht dringt ins Zimmer.
▷ Il fait encore jour à neuf heures du soir.
Abends um neun ist es noch hell.

3 ▷ Cette liste n'est pas à jour.
Diese Liste ist nicht auf dem neuesten Stand.
▷ Je dois mettre mon journal à jour.
Ich muss mein Tagebuch auf den neuesten Stand bringen.

1 (= durée de vingt-quatre heures) der **Tag** (pluriel : Tage)
► **tous les jours : jeden Tag**
► **un jour : eines Tages**
► **le jour de l'An : der Neujahrstag**
► **de nos jours : heutzutage**
► **par jour : täglich**

2 (= la lumière) das **Tageslicht**
► **faire jour : hell sein**

3 ► **être à jour : auf dem neuesten Stand sein**
► **mettre** quelque chose **à jour :** etwas (accusatif) **auf den neuesten Stand bringen**

journal

1 ▷ Anne lit le journal au salon.
Anne liest im Wohnzimmer die Zeitung.

2 ▷ Est-ce que tu tiens un journal ?
Führst du ein Tagebuch?

3 ▷ Mes parents ne manquent jamais le journal télévisé.
Mein Eltern verpassen nie die Fernsehnachrichten.

1 (= quotidien) die **Zeitung** (pluriel : Zeitungen)

2 (= journal intime) das **Tagebuch** (pluriel : -bücher)
► **tenir un journal : ein Tagebuch führen**

3 (= informations à la télévision ou à la radio) die **Nachrichten**
ℹ *Ce mot est un pluriel.*

journaliste

▻ Les journalistes posaient des questions au ministre.
Die Journalisten stellten Fragen an den Minister.

der **Journalist** (pluriel : Journalisten), die **Journalistin** (pluriel : Journalistinnen)

Se prononce comme en français.

journée

▻ On a passé une journée très agréable.
Wir haben eine sehr angenehmen Tag verbracht.
▻ Je t'appellerai dans la journée.
Ich rufe dich tagsüber an.

der **Tag** (pluriel : Tage)

► **dans la journée : tagsüber**

joyeux, joyeuse

1 ▻ Tu as l'air bien joyeux aujourd'hui !
Du siehst heute ja fröhlich aus!
▻ Joyeux Noël !
Fröhliche Weihnachten!

1 (= gai) **fröhlich**

► **joyeux Noël ! : fröhliche Weihnachten!**

De même, on dit ***fröhliche Ostern*** (joyeuses Pâques).

2 ▻ Joyeux anniversaire !
Herzlichen Glückwunsch zum Geburtstag!

2 Pour souhaiter un **joyeux** anniversaire à quelqu'un, en emploie la formule **Herzlichen Glückwunsch zum Geburtstag!**

judo

▻ Le judo est un sport japonais.
Judo ist ein japanischer Sport.
▻ Après le judo, je rentre à la maison.
Nach dem Judo gehe ich nach Hause.
▻ Milou fait du judo tous les jeudis.
Milou macht donnerstags Judo.

► **le judo** (= le sport) **: das Judo**

L'article neutre n'est pas utilisé quand on parle du sport en général.

► **faire du judo : Judo machen**

juge

▻ Le juge a déclaré la sentence.
Der Richter hat das Urteil bekanntgegeben.

der **Richter** (pluriel : Richter), die **Richterin** (pluriel : Richterinnen)

juger

1 ▻ Tu ne devrais pas juger les gens d'après leur apparence.
Du solltest die Leute nicht nach dem Aussehen beurteilen.

1 (= avoir une opinion) **beurteilen**

Les verbes commençant par le préfixe ***be-*** *ne prennent pas* ***ge-*** *au participe passé.*

2 ▷ Le prof a jugé que Samia méritait des félicitations.
Der Lehrer war der Meinung, dass Samia eine Auszeichnung verdiene.

2 ► **juger que... : der Meinung sein, dass...**

juif, juive

1 ▷ Hanoukka est une fête juive.
Chanukka ist ein jüdischer Feiertag.

2 ▷ Les juifs prient dans une synagogue.
Juden beten in einer Synagoge.

1 (adjectif = de religion juive) **jüdisch**

2 (= personne de religion juive) der **Jude** (pluriel : die Juden), die **Jüdin** (pluriel : Jüdinnen)

juillet

▷ En juillet, il fait très chaud ici.
Im Juli ist es hier sehr warm.

▷ Que faites-vous le 14 juillet ?
Was macht ihr am vierzehnten Juli?

der **Juli**

► **en juillet, au mois de juillet : im Juli**

ℹ *On écrit **am 14. Juli**.*

juin

▷ Les cours finissent en juin.
Die Schule ist im Juni aus.

▷ Nous partons le quinze juin.
Wir fahren am fünfzehnten Juni.

der **Juni**

► **en juin, au mois de juin : im Juni**

ℹ *On écrit **am 15. Juni**.*

jumeau, jumelle

▷ Ma cousine a eu des jumeaux.
Meine Cousine hat Zwillinge zur Welt gebracht.

▷ C'est Charles, mon frère jumeau.
Das ist Charles, mein Zwillingsbruder.

▷ La sœur jumelle d'Eva est prof.
Evas Zwillingsschwester ist Lehrerin.

der **Zwilling** (pluriel : Zwillinge)

► **des jumeaux, des jumelles** (= personnes) **: Zwillinge**

► **frère jumeau : der Zwillingsbruder** (pluriel : -brüder)

► **sœur jumelle : die Zwillingsschwester** (pluriel : -schwestern)

jumelles

▷ Nous avons pu voir l'aigle avec nos jumelles.
Wir konnten den Adler mit dem Fernglas sehen.

(pour regarder loin) das **Fernglas**

ℹ *Le pluriel **Ferngläser** ne s'emploie que quand on parle de plusieurs paires de jumelles.*

jument

▷ Le fermier a mis une jument avec son poulain dans le pré.
Der Bauer hat eine Stute mit ihrem Fohlen auf die Weide geführt.

die **Stute** (pluriel : Stuten)

jungle

▷ J'ai vu un reportage sur la jungle amazonienne.
Ich habe eine Reportage über den amazonischen Dschungel gesehen.

der **Dschungel** (pluriel : Dschungel)

jupe

▷ Sonia a une jolie jupe rouge.
Sonia hat einen schönen roten Rock.

der **Rock** (pluriel : Röcke)

jurer

1 ▷ Fabrice a été renvoyé du cours parce qu'il jure tout le temps.
Fabrice ist vom Unterricht ausgeschlossen worden, weil er die ganze Zeit flucht.

2 ▷ Je te jure que c'est vrai !
Ich schwöre dir, dass es wahr ist!

1 (= dire des jurons) **fluchen**

2 (= promettre) **schwören**

jus

▷ Ces oranges donnent beaucoup de jus.
Diese Apfelsinen geben viel Saft ab.

▷ Il y a du vin et du jus de fruit.
Es gibt Wein und Fruchtsaft.

▷ Ils prennent du jus d'orange le matin.
Morgens trinken sie Orangensaft.

der **Saft** (pluriel : Säfte)

► **jus de fruit :** der Fruchtsaft (pluriel : -säfte)

► **jus d'orange :** der Orangensaft

ℹ *Pour traduire les différentes sortes de jus, on forme des mots composés avec Saft : Apfelsaft* (jus de pomme), *Traubensaft* (jus de raisin), *etc.*

jusque

▷ Allez jusqu'à l'église et tournez à droite.
Gehen Sie bis zur Kirche und biegen Sie rechts ab.

▷ Ne va pas jusqu'à la rivière.
Geh nicht bis zum Fluss.

▷ Jusqu'où est-ce que je dois aller ?
Bis wohin muss ich gehen?

▷ J'ai habité là jusqu'en 2001.
Ich habe bis 2001 dort gewohnt.

▷ Jusqu'ici il n'y a pas eu de problèmes.
Bis jetzt hat es keine Probleme gegeben.

► **jusqu'à :** bis

► **jusqu'où... ? :** bis wohin ...?

► **jusqu'en** (dans le temps) **:** bis

► **jusqu'ici :** bis jetzt

▷ Marche jusqu'à ce que je te dise d'arrêter.
Geh weiter, bis ich dir sage, dass du anhalten kannst.

► **jusqu'à ce que** : bis

juste

1 ▷ Ce n'est pas juste ! Je n'ai rien fait !
Das ist nicht gerecht! Ich hab nichts getan!

1 (= équitable) **gerecht**

2 ▷ Ma montre donne l'heure juste.
Meine Uhr gibt die genaue Zeit.

2 (= exact) **genau**

3 ▷ Est-ce que mon résultat est juste ?
Ist mein Ergebnis richtig?

3 (= correct) **richtig**
ℹ *On dit aussi* ***Stimmt mein Ergebnis?***

4 ▷ Ce jean est un peu juste.
Diese Jeans ist ein bisschen eng.

4 (= étroit) **eng**

5 ▷ 50 euros, c'est trop juste.
50 Euro, das ist knapp.

5 (= pas assez) **knapp**

6 ▷ Corinne chante juste.
Corinne singt richtig.

6 ► **chanter juste** : richtig singen (sang, gesungen)

7 ▷ On est arrivés juste quand le film commençait.
Wir sind gerade am Anfang des Films gekommen.

7 (= presque à l'instant) **gerade**

8 ▷ Je veux juste te parler deux minutes.
Ich will nur zwei Minuten mit dir sprechen.
▷ C'est juste un petit cadeau pour te dire merci.
Das ist nur ein kleines Geschenk, um dir zu danken.

8 (= seulement) **nur**

9 ▷ Qu'est-ce qu'elle a dit au juste ?
Was hat sie denn genau gesagt?

9 ► **au juste** : genau

de justesse

▷ On a évité le camion de justesse.
Wir haben den Lastwagen ganz knapp vermieden.

ganz knapp
ℹ *On dit aussi* ***gerade noch.***

justifier

1 ▷ Tu dois justifier ce que tu dis.
Du musst beweisen können, was du sagst.

1 (= prouver) **beweisen** (bewies, bewiesen)
ℹ *Les verbes commençant par le préfixe* ***be-*** *ne prennent pas* ***ge-*** *au participe passé.*

2 ▷ N'essaie pas de te justifier !
Versuch nicht, dich zu rechtfertigen!

2 ► **se justifier** : sich rechtfertigen
ℹ *Le pronom personnel allemand s'emploie à l'accusatif : ich rechtfertige* ***mich****, du rechtfertigst* ***dich****, er/sie rechtfertigt* ***sich****, wir rechtfertigen* ***uns****, ihr rechtfertigt* ***euch****, sie rechtfertigen* ***sich****.*

K

FRANÇAIS — **ALLEMAND**

kaki

▷ Les pantalons kaki sont à la mode cet été.
Kakifarbene Hosen sind in diesem Sommer in Mode.

(= de couleur kaki) **kakifarben**

On dit aussi ***khakifarben****.*

kangourou

▷ Est-ce que tu as vu des kangourous quand tu étais en Australie ?
Hast du Kängurus gesehen, als du in Australien warst?

das **Känguru** (pluriel : Kängurus)

karaoké

▷ Il y a parfois du karaoké dans les pubs.
Es gibt manchmal Karaoke in den Pubs.

das **Karaoke**

karaté

▷ Le karaté est un art martial japonais.
Karate ist ein japanischer Kampfsport.
▷ Après le karaté, je vais chez Manu.
Nach dem Karate gehe ich zu Manu.
▷ Andreas fait du karaté tous les mercredis.
Andreas macht mittwochs Karate.

► **le karaté** : das Karate

L'article neutre n'est pas employé quand on parle du sport en général.

► **faire du karaté** : Karate machen

kermesse

▷ La kermesse de l'école a eu beaucoup de succès.
Das Schulfest hatte großen Erfolg.

(= fête) das **Fest** (pluriel : Feste)

ketchup

▷ Tu me passes le ketchup, s'il te plaît ?
Kannst du mir bitte das Ketschup geben?

das *ou* der **Ketschup**

Se prononce comme en français.

kilo

▷ Deux kilos de carottes, s'il vous plaît.
Zwei Kilo Möhren, bitte.

das **Kilo** (pluriel : Kilos)
ℹ *Quand* ***Kilo*** *est précédé d'un nombre, on n'emploie pas le pluriel.*

kilomètre

▷ Le village est à trois kilomètres.
Das Dorf ist drei Kilometer weit entfernt.
▷ Le terrain fait deux kilomètres carrés.
Das Grundstück ist zwei Quadratkilometer groß.

der **Kilometer** (pluriel : Kilometer)

► **kilomètre carré :** der Quadratkilometer

kiosque

1 ▷ J'ai acheté un magazine au kiosque à journaux.
Ich habe eine Zeitschrift am Zeitungskiosk gekauft.

2 ▷ On peut se retrouver dans le parc, devant le kiosque à musique.
Wir können uns im Park vor dem Musikpavillon treffen.

1 ► **kiosque à journaux :** der Zeitungskiosk (pluriel : -kioske)
ℹ *On dit aussi* ***der Zeitungsstand*** *(pluriel : -stände)*

2 ► **kiosque à musique :** der Musikpavillon (pluriel : -pavillons)
🔊 ***Pavillon*** *se prononce comme en français.*

kiwi

1 ▷ Les kiwis sont pleins de vitamine C.
Kiwis enthalten viel Vitamin C.
2 ▷ Le kiwi est un oiseau de Nouvelle-Zélande.
Der Kiwi ist ein neuseeländischer Vogel.

1 (= fruit) die **Kiwi** (pluriel : Kiwis)

2 (= oiseau) der **Kiwi** (pluriel : Kiwis)
ℹ *Attention à la différence de genre.*

klaxon®

▷ Où est le klaxon dans cette voiture ?
Wo ist die Hupe in diesem Auto?

die **Hupe** (pluriel : Hupen)

klaxonner

▷ Ce n'est pas la peine de klaxonner comme ça !
Es ist doch nicht notwendig, so zu hupen!

hupen

kleenex®

▷ Tu as un kleenex, s'il te plaît ? J'ai le nez qui coule.
Hast du ein Tempo®, bitte? Meine Nase läuft.

das **Tempo®** (pluriel : Tempos)
ℹ *® signifie que* ***Tempo*** *est un nom déposé. Vous n'avez pas besoin de l'écrire.*

L

FRANÇAIS — **ALLEMAND**

la ou l'

▻ C'est la copine de Frédéric. Tu la connais ?
Das ist Frederics Freundin. Kennst du sie?

▻ J'aime bien cette télé. Tu la trouves assez grande ?
Ich mag diesen Fernseher. Findest du ihn groß genug?
▻ Viens dans la maison, je te la fais visiter.
Komm mit ins Haus, ich zeig es dir.

Seul le pronom personnel **la** est traité ici. Pour l'article défini, allez à l'entrée **le**.
Selon le genre du mot en allemand, on traduit **la** par **sie** (pour le féminin), **ihn** (pour le masculin) *ou* **es** (pour le neutre).

là

1 ▻ Ta montre est là, sur la table.
Deine Uhr ist da, auf dem Tisch.
2 ▻ Je suis là si tu as besoin de moi.
Ich bin hier, falls du mich brauchst.
3 ▻ Tu préfères cette couleur-là ?
Magst du diese Farbe lieber?
▻ Regarde ce lion-là !
Schau dir mal diesen Löwen an!
▻ J'ai visité cette maison-là avant-hier.
Ich habe dieses Haus vorgestern besichtigt.

1 (= à cet endroit-là) **da** *ou* **dort**

2 (= ici) **hier**

3 Quand **là** est relié à un nom par un tiret, la traduction est **diese** (pour le féminin et le pluriel), **diesen** (pour le masculin), **dieses** (pour le neutre).
ℹ *On met l'accent sur ce mot.*

là-bas

▻ Sylvain est là-bas, au coin de la rue.
Sylvain steht dort, an der Straßenecke.

dort

laboratoire

▻ Je vais chercher les résultats au laboratoire.
Ich gehe die Ergebnisse im Labor abholen.

das **Labor** (pluriel : **Labors** *ou* **Labore**)

labyrinthe

▷ Il y a un labyrinthe dans le parc du château.
Im Schlossgarten gibt es ein Labyrinth.

das **Labyrinth**
(pluriel : Labyrinthe)
i *N'oubliez pas que le* ***y*** *allemand se prononce comme un* **u**.

lac

▷ Ce lac est trop froid pour s'y baigner.
Dieser See ist zu kalt um darin zu baden.

der **See** (pluriel : Seen)
Attention à ne pas confondre avec ***die See*** = **la mer**, *dont le pluriel est aussi* ***Seen***.

lacet

▷ Tes lacets sont défaits.
Deine Schnürsenkel sind auf.

(= lacet de chaussure) der **Schnürsenkel**
(pluriel : Schnürsenkel)

lâche

1 ▷ Aurélien est lâche, il n'a rien fait pour m'aider.
Aurélien ist feige, er hat nichts getan um mir zu helfen.

1 (= peureux) **feige**

2 ▷ Espèce de lâche !
Du Feigling!

2 (= personne peureuse) der **Feigling** (pluriel : Feiglinge)
i *C'est un nom masculin mais il s'emploie aussi pour des filles ou des femmes.*

3 ▷ Ce nœud est lâche, il va se défaire.
Dieser Knoten ist locker, er geht gleich auf.

3 (= pas serré) **locker**

lâcher

1 ▷ Ne me lâche pas, sinon je vais tomber !
Lass mich nicht los, sonst fall ich!

1 (= arrêter de tenir) **loslassen**
i ***los•lassen*** *est un verbe à particule séparable et se conjugue comme* ***lassen*** *(lässt, ließ, gelassen).*

2 ▷ Marianne a lâché le verre et il s'est cassé.
Marianne ließ das Glas fallen und es ist zerbrach.

2 (= laisser tomber) **fallenlassen**
i ***fallen•lassen*** *est un verbe à particule séparable et se conjugue comme* ***lassen*** *(lässt, ließ, gelassen).*

3 ▷ J'espère que cette corde ne va pas lâcher.
Ich hoffe, dass das Seil nicht reißt.

3 (= se rompre) **reißen** (riss, gerissen)

4 ▷ Elle lâche la fac et prend un emploi de secrétaire.
Sie gibt die Uni auf und nimmt eine Stelle als Sekretärin an.

4 (= abandonner, sens familier) **aufgeben**
i ***auf•geben*** *est un verbe à particule séparable et se conjugue comme* ***geben*** *(gibt, gab, gegeben).*

là-dedans

▷ Tes affaires sont là-dedans.
Deine Sachen sind da drin.

(= dans cet endroit) **da drin**

ℹ *L'accent est mis sur* ***da****.*

là-dessous

▷ Cache-toi là-dessous, vite !
Versteck dich darunter, schnell!

(= sous cette chose) **darunter**

ℹ *On dit aussi* ***da drunter*** *qui est plus familier.*

là-dessus

▷ Monte là-dessus, tu verras mieux.
Steig hier hinauf, da siehst du besser.

(= sur cette chose) **hier hinauf**

ℹ *On dit aussi* ***hier rauf*** *qui est plus familier.*

ℹ *L'accent est mis sur* ***hier****.*

là-haut

1 ▷ Tu vois le livre, là-haut sur l'étagère ?
Siehst du das Buch da oben auf dem Regal?

2 ▷ Oliver est là-haut, il fait ses devoirs.
Oliver ist oben, er macht seine Hausaufgaben.

1 (= en hauteur) **da oben**

2 (= à l'étage) **oben**

laid, laide

▷ Ce tableau est vraiment très laid.
Dieses Bild ist wirklich sehr hässlich.

hässlich

laine

▷ Les moutons sont élevés surtout pour la laine.
Schafe werde vor allem wegen der Wolle gezüchtet.

▷ Les chaussettes en laine sont très chaudes.
Wollsocken sind sehr warm.

die **Wolle**

ℹ *Pour dire que quelque chose est* en laine *ou* de laine, *on forme des mots composés avec* ***Woll-*** : ***die Wolldecke*** (la couverture en laine), ***das Wollknäuel*** (la pelote de laine).

▷ Est-ce que ce pull est en laine ?
Ist der Pullover aus Wolle?

► **être en laine : aus Wolle sein**

laisse

▷ J'ai égaré la laisse du chien.
Ich habe die Hundeleine verlegt.

die **Leine** (pluriel : Leinen)

laisser

1 ▷ J'ai laissé le chien à la maison.
Ich habe den Hund zu Hause gelassen.

1 **lassen** (lässt, ließ, gelassen)

▷ Ne sois pas égoïste, laisse-moi du chocolat.
Sei nicht so egoistisch, lass mir Schokolade übrig.
▷ Il m'a simplement laissé là.
Er hat mich einfach stehenlassen.
▷ Laisse ce livre !
Lass das Buch liegen!
▷ Le prof m'a laissé partir parce que j'avais de la fièvre.
Der Lehrer hat mich gehenlassen, weil ich Fieber hatte.
▷ Nous les avons laissés loin derrière.
Wir haben sie weit zurückgelassen.

ℹ *Selon la situation, on forme des verbes à particule avec le verbe* ***lassen*** *:* ***übriglassen*** (laisser un reste), ***stehenlassen*** (laisser debout, laisser là), ***liegenlassen*** (laisser là, *en parlant de quelque chose ou de quelqu'un qui est couché*), ***gehenlassen*** (laisser partir), ***zurücklassen*** (laisser derrière), *etc.*

2 ▷ Il a tout laissé derrière lui.
Er hat alles hinter sich gelassen.

2 ► **laisser derrière soi** (= abandonner) **:** **hinter sich lassen**

ℹ *L'expression allemande s'emploie avec le datif : ich lasse* ***hinter mir****, du lässt* ***hinter dir****, er/sie lässt* ***hinter sich****, wir lassen* ***hinter uns****, ihr lasst* ***hinter euch****, sie lassen* ***hinter sich****.*

3 ▷ Les parents d'Anna la laissent sortir le samedi.
Annas Eltern lassen sie samstags ausgehen.

3 ► **laisser** quelqu'un + infinitif (= autoriser) **:** jemanden (accusatif) + infinitif + **lassen**

4 ▷ Ma tante m'a laissé ses bijoux.
Meine Tante hat mir ihren Schmuck hinterlassen.

4 ► **laisser** quelque chose **à** quelqu'un (= léguer) **:** **hinterlassen** (**hinterlässt, hinterließ, hinterlassen**)

lait

1 ▷ Chez moi, on boit du lait le matin.
Bei mir zu Hause trinken wir morgens Milch.
2 ▷ Je n'ai plus de lait démaquillant.
Ich habe keine Reinigungsmilch mehr.
3 ▷ Mets ce lait solaire, sinon tu vas attraper un coup de soleil.
Nimm von dieser Sonnenmilch, sonst bekommst du einen Sonnenbrand.

1 (= le lait qu'on boit) die **Milch**

2 ► **lait démaquillant :** die **Reinigungsmilch**

3 ► **lait solaire :** die **Sonnenmilch**

laitue

▷ Mon père a planté des laitues dans le jardin.
Mein Vater hat im Garten Kopfsalate angebaut.

der **Kopfsalat** (pluriel : **-salate**)

ℹ *On dit aussi* ***der grüne Salat****.*

lame

▷ Attention à la lame, ne te fais pas mal !
Sei vorsichtig mit der Klinge, tu dir nicht weh!

die **Klinge** (pluriel : **Klingen**)

lampadaire

1 ▷ Tu pourrais allumer le lampadaire, s'il te plaît ?
Könntest du bitte die Stehlampe anmachen?

2 ▷ La voiture est rentrée dans un lampadaire.
Das Auto ist gegen die Straßenlaterne geprallt.

1 (dans une pièce) die **Stehlampe** (pluriel : -lampen)

2 (dans la rue) die **Straßenlaterne** (pluriel : -laternen)

lampe

▷ Cette lampe donne une jolie lumière.
Diese Lampe gibt ein angenehmes Licht ab.

▷ Ma lampe de chevet est cassée.
Meine Nachttischlampe ist kaputt.

▷ Sébastien a utilisé sa lampe de poche pour trouver ses clés.
Sébastien hat seine Taschenlampe benutzt, um seine Schlüssel zu finden.

die **Lampe** (pluriel : Lampen)

► **lampe de chevet :** die Nachttischlampe (pluriel : -lampen)

ℹ *Décomposez ce mot : **Nacht*** **(nuit) +** ***Tisch*** **(table) +** ***Lampe*** **(lampe).**

► **lampe de poche :** die Taschenlampe (pluriel : -lampen)

lancer

▷ Bill a lancé la balle à travers le salon.
Bill hat den Ball durchs Wohnzimmer geworfen.

▷ Lance-moi la balle !
Wirf mir den Ball zu!

▷ Ils lui ont lancé des cailloux.
Sie haben mit Steinen nach ihm geworfen.

(= jeter) **werfen** (wirft, warf, geworfen)

► **lancer** quelque chose à quelqu'un (qui doit attraper) : jemandem (datif) etwas **zuwerfen**

ℹ ***zu•werfen*** *est un verbe à particule séparable et se conjugue comme* ***werfen.***

► **lancer** quelque chose à quelqu'un (= l'agresser) : **mit** etwas **nach** jemandem **werfen**

landau

▷ J'ai vu un bébé dans un landau devant la boulangerie.
Ich habe ein Baby im Kinderwagen vor der Bäckerei gesehen.

der **Kinderwagen** (pluriel : -wagen)

langue

1 ▷ Qu'est-ce que tu as mangé ? Ta langue est toute bleue !
Was hast du denn gegessen? Deine Zunge ist ganz blau!

▷ Mon petit frère tire la langue à tout le monde.
Mein kleiner Bruder streckt allen die Zunge heraus.

1 (= la partie de la bouche) die **Zunge** (pluriel : Zungen)

► **tirer la langue à** quelqu'un : jemandem (datif) **die Zunge herausstrecken**

▷ Je donne ma langue au chat.
Ich geb's auf.

► **donner sa langue au chat :** es aufgeben

auf•geben est un verbe à particule séparable et se conjugue comme geben (gibt, gab, gegeben)

2 ▷ Laetitia parle quatre langues.
Laetitia spricht vier Sprachen.
▷ C'est intéressant d'apprendre des langues étrangères.
Es ist interessant, Fremdsprachen zu lernen.
▷ L'allemand est sa langue maternelle.
Deutsch ist ihre Muttersprache.

2 (= la langue qu'on parle) die **Sprache** (pluriel : Sprachen)
► **langue étrangère :** die Fremdsprache (pluriel : -sprachen)
► **langue maternelle :** die Muttersprache

lapin

▷ Quel joli petit lapin !
Das ist ja ein süßes Kaninchen!
▷ Ma petite sœur a un lapin nain.
Meine kleine Schwester hat ein Zwergkaninchen.

das **Kaninchen** (pluriel : Kaninchen)
► **lapin nain :** das Zwergkaninchen

laque

▷ Ma mère utilise de la laque.
Meine Mutter benutzt Haarspray.

(pour les cheveux) das **Haarspray** /'hɐːrʃpreː/

Notez la prononciation.

laquelle

Regardez au mot **lequel**.

large

1 ▷ La rue n'est pas très large, il n'y a pas assez de place pour deux voitures.
Die Straße ist nicht sehr breit, es ist nicht genug Platz für zwei Autos da.
▷ Mathieu a les épaules larges.
Mathieu hat breite Schultern.
▷ Le salon fait six mètres de large.
Das Wohnzimmer ist sechs Meter breit.

1 (= grand) **breit**

*Quand on veut parler de la largeur exacte de quelque chose, on emploie l'expression **...breit sein**.*

2 ▷ J'ai mis une jupe large pour danser.
Ich habe zum Tanzen einen weiten Rock angezogen.

2 (= ample) **weit**

largement

▷ Ne te presse pas, tu as largement le temps.
Beeil dich nicht so, du hast reichlich Zeit.

► **avoir largement le temps :** reichlich Zeit haben (hat, hatte, gehabt)

▷ Il y en a largement assez pour tout le monde.
Es ist weitaus genug für alle da.

► **largement assez** : weitaus genug

largeur

▷ Nous avons mesuré la largeur du bureau.
Wir haben die Breite des Arbeitszimmers gemessen.

▷ La rivière fait trente mètres de largeur ici.
Der Fluß ist hier dreißig Meter breit.

▷ Quelle est la largeur de la table ?
Wie breit ist der Tisch?

(= dimension) die **Breite** (pluriel : Breiten)

ℹ *Quand on veut parler de la largeur exacte de quelque chose, on emploie l'expression* ***...breit sein****.*

ℹ *Pour demander la largeur de quelque chose, on dit* ***wie breit...?***

larme

▷ Viens, sèche tes larmes !
Komm, trockne deine Tränen!

▷ Sandra était très émue, elle avait les larmes aux yeux.
Sandra war sehr bewegt, sie hatte Tränen in den Augen.

▷ Amélie fondit en larmes.
Amélie brach in Tränen aus.

▷ On l'a trouvé en larmes dans la cour.
Wir fanden sie in Tränen aufgelöst im Hof.

▷ Ce sont des larmes de crocodile !
Das sind Krokodilstränen!

die **Träne** (pluriel : Tränen)

► **avoir les larmes aux yeux** : Tränen in den Augen haben

► **fondre en larmes** : in Tränen ausbrechen

ℹ ***aus•brechen*** *est un verbe à particule séparable et se conjugue comme* ***brechen*** *(bricht, brach, gebrochen).*

► **en larmes** : in Tränen aufgelöst

► **larmes de crocodile** : Krokodilstränen

lasagnes

▷ J'adore les lasagnes.
Ich liebe Lasagne.

die **Lasagne**

latin

▷ Nous apprenons le latin à l'école.
Wir lernen Latein in der Schule.

(= la langue) **Latein**

lavabo

▷ Il y a deux lavabos dans la salle de bains.
Im Badezimmer sind zwei Waschbecken.

das **Waschbecken** (pluriel : –becken)

lavande

▷ La lavande en fleurs est un beau spectacle.
Blühender Lavendel ist ein schönes Schauspiel.

der **Lavendel**

laver

▷ Nos voisins lavent leur voiture tous les dimanches.
Unsere Nachbarn waschen ihr Auto jeden Sonntag.
▷ Ce garçon ne se lave pas assez souvent.
Dieser Junge wäscht sich nicht oft genug.

(= nettoyer) **waschen** (wäscht, wusch, gewaschen)

► **se laver : sich waschen**

ℹ *Le pronom personnel allemand s'emploie à l'accusatif : ich wasche **mich**, du wäschst **dich**, er/sie wäscht **sich**, wir waschen **uns**, ihr wascht **euch**, sie waschen **sich**.*

▷ Je me laverai les cheveux avant de sortir.
Ich werde mir vor dem Ausgehen die Haare waschen.

ℹ *Avec un complément, le verbe réfléchi allemand s'emploie au datif : ich wasche **mir**..., du wäschst **dir**..., er/sie wäscht **sich**..., wir waschen **uns**..., ihr wascht **euch**..., sie waschen **sich**.*

lave-vaisselle

▷ Nous avons un lave-vaisselle à la maison.
Wir haben eine Geschirrspülmaschine zu Hause.

die **Geschirrspülmaschine** (pluriel : –maschinen)

ℹ *On dit aussi **der Geschirrspüler**.*

le, la, les (article)

▷ Le garçon là-bas est dans ma classe.
Der Junge da drüben ist in meiner Klasse.
▷ La maison est très grande.
Das Haus ist sehr groß.
▷ Je trouve que le parfum de ma mère sent très bon.
Ich finde, dass das Parfum meiner Mutter sehr gut riecht.

Selon le genre du mot en allemand, on traduit l'article défini par **der** *(pour le masculin)*, **die** *(pour le féminin) ou* **das** *(pour le neutre).*

▷ J'adore la glace.
Ich liebe Eis.
▷ Le chocolat que j'ai acheté n'est pas très bon.
Die Schokolade, die ich gekauft habe, schmeckt nicht gut.

ℹ *Quand on parle d'une chose* **en général**, *on ne met pas l'article. Quand on parle de quelque chose* **en particulier**, *on met l'article correspondant.*

le, l' (pronom)

▷ C'est le frère de Paul. Tu le connais ?
Das ist Pauls Bruder. Kennst du ihn?
▷ Mon chemisier ? Tu peux le garder si tu veux.
Meine Bluse? Wenn du willst, kannst du sie behalten.
▷ C'est un livre super, je l'ai lu en deux jours.
Das ist ein tolles Buch, ich habe es in zwei Tagen gelesen.

Selon le genre du mot en allemand, on traduit le par **ihn** *(pour le masculin)*, **sie** *(pour le féminin) ou* **es** *(pour le neutre).*

lécher

▷ Le chien me lèche toujours la figure.
Der Hund leckt mir dauernd das Gesicht ab.
▷ Je peux lécher la cuillère ?
Darf ich den Löffel ablecken?

ablecken

ℹ *ab•lecken est un verbe à particule séparable.*

lèche-vitrine

▷ Mercredi, j'ai fait du lèche-vitrine avec mes copines.
Am Mittwoch habe ich mit meinen Freundinnen einen Schaufensterbummel gemacht.

► **faire du lèche-vitrine : einen Schaufensterbummel machen**

leçon

1 ▷ Kenji aime bien les leçons de maths.
Kenji mag gern die Mathestunden.

1 (= cours, classe) die **Stunde** (pluriel : Stunden)

ℹ *Pour dire de quel cours il s'agit, on forme des mots composés avec* ***Stunde*** *:* ***die Französischstunde, die Lateinstunde,*** *etc.*

2 ▷ J'ai une leçon de grammaire à apprendre pour demain.
Für morgen muss ich eine Grammatiklektion lernen.

2 (= devoir) die **Lektion** (pluriel : Lektionen)

3 ▷ Ma mère m'a fait la leçon parce que j'ai refusé d'aider ma grand-mère.
Meine Mutter hat mir eine Strafpredigt gehalten, weil ich meiner Großmutter nicht helfen wollte.

3 ► **faire la leçon à quelqu'un : jemandem (datif) eine Strafpredigt halten (hält, hielt, gehalten)**

lecteur, lectrice

1 ▷ Ce livre est pour les jeunes lecteurs.
Dieses Buch ist für junge Leser.

1 (= personne qui lit) der **Leser** (pluriel : Leser), die **Leserin** (pluriel : Leserinnen)

2 ▷ Mon lecteur de CD ne marche pas.
Mein CD-Player funktioniert nicht.

2 ► **lecteur de CD : der CD-Player** /tse:'de:pleɐ/

🔊 *Notez la prononciation.*

3 ▷ Le lecteur « C » ne fonctionne pas.
Das Laufwerk „C" funktioniert nicht.
▷ Est-ce qu'il y a un lecteur de CD-ROM sur ton ordinateur ?
Hat dein Computer ein CD-ROM-Laufwerk?

3 ► **lecteur** (sur un ordinateur) **: das Laufwerk** (pluriel : -werke)
► **lecteur de CD-ROM : das CD-ROM-Laufwerk**

lecture

1 ▷ Ma petite sœur a des problèmes avec la lecture.
Meine kleine Schwester hat Probleme beim Lesen.

1 (= le fait de lire) das **Lesen**

ℹ ***Lesen*** *est un verbe substantivé.*

▷ Joachim aime la lecture.
Joachim liest gern.

*Pour dire qu'on aime ou qu'on n'aime pas la lecture, on emploie le verbe **lesen** : **gern lesen** ou **nicht gern lesen** (liest, las, gelesen).*

▷ Tous les soirs, Papa fait la lecture à mon petit frère.
Jeden Abend liest Papa meinem kleinen Bruder vor.

► **faire la lecture à** quelqu'un : jemandem (datif) **vorlesen**

*__vor•lesen__ est un verbe à particule séparable et se conjugue comme **lesen** (liest, las, gelesen).*

2 ▷ J'emporte toujours de la lecture en vacances.
Ich nehme immer Lektüre in die Ferien mit.

2 ► **de la lecture** (= des livres) : **die Lektüre**

*On dit aussi **der Lesestoff**.*

légal, légale

▷ Est-ce que c'est légal de faire ça ?
Ist es denn gesetzlich, das zu tun?

gesetzlich

*On dit aussi **legal**.*

léger, légère

1 ▷ Emporte des vêtements légers, il va faire chaud.
Nimm leichte Kleidung mit, es wird warm.

2 ▷ J'entends un léger bruit dans l'appareil.
Ich höre ein schwaches Geräusch im Gerät.

1 (= qui ne pèse pas beaucoup, qui est fin) **leicht**

2 (= pas très fort, en parlant d'un bruit, d'un accent) **schwach**

légèrement

▷ Celui-ci est légèrement plus grand que l'autre.
Dieser ist etwas grösser als der andere.

(= un peu) **etwas**

légume

▷ Il faudrait que tu manges plus de légumes.
Du solltest mehr Gemüse essen.

▷ Tu peux choisir une viande et un légume.
Du kannst dir eine Fleischsorte und eine Gemüsesorte auswählen.

das Gemüse

Ce mot s'emploie uniquement au singulier.

*Quand on parle d'un seul légume, on traduit par **die Gemüsesorte**.*

lendemain

▷ Jules est arrivé le lendemain.
Jules ist am Tag darauf angekommen.

▷ Le lendemain de la fête on est allés à la mer.
Am Tag nach der Party sind wir ans Meer gefahren.

▷ Elle m'a téléphoné le lendemain matin.
Sie hat mich am nächsten Morgen angerufen.

► **le lendemain** : **am Tag darauf**

*On dit aussi **am folgenden Tag**.*

► **le lendemain de...** : **am Tag nach...**

► **le lendemain matin** : **am nächsten Morgen**

*De même, le lendemain soir = **am nächsten Abend**.*

lent, lente

1 ▷ On n'avance pas, tu est trop lent !
Wir kommen nicht voran, du bist zu langsam!
2 ▷ Ce film est un peu lent.
Der Film ist etwas langatmig.

1 (= qui manque de rapidité)
langsam
2 (en parlant d'un film, d'une histoire)
langatmig

lentement

▷ Tu marches trop lentement.
Du gehst zu langsam.

langsam

lentilles

▷ Ma mère a préparé des lentilles avec des saucisses.
Meine Mutter hat Linsen mit Würstchen gekocht.
▷ Rachel porte des lentilles de contact.
Rachel trägt Kontaktlinsen.

die **Linse** (pluriel : Linsen)

► **lentilles de contact :**
Kontaktlinsen

léopard

▷ Les léopards sont des animaux très puissants.
Leoparden sind sehr starke Tiere.

der **Leopard** (pluriel : Leoparden)

lequel, laquelle

1 ▷ Lequel te plaît le plus ?
Welcher gefällt dir besser?

▷ Je ne sais pas laquelle des deux maisons ils vont acheter.
Ich weiß nicht, welches der beiden Häuser sie kaufen werden.

2 ▷ C'est la fille avec laquelle sort Sammy.
Das ist das Mädchen, mit dem Sammy geht.
▷ La société pour laquelle travaille ma mère est à Roubaix.
Die Firma, für die meine Mutter arbeitet, ist in Roubaix.
▷ L'école à laquelle je vais est à côté de chez moi.
Die Schule, in die ich gehe, ist ganz in meiner Nähe.
▷ La chaise sur laquelle tu es assise est cassée.
Der Stuhl auf dem du sitzt, ist kaputt.

1 (quand il y a un choix) **welcher** (pour le masculin), **welche** (pour le féminin), **welches** (pour le neutre)
► **lequel des..., laquelle des... :**
welcher/welche/welches + génitif

2 Quand **lequel** suit une préposition, on traduit par **der** (pour le masculin), **die** (pour le féminin) *ou* **das** (pour le neutre), décliné en fonction de la préposition : **mit** + datif, **für** + accusatif, **in** + datif *ou* accusatif (avec verbe de mouvement), **auf** + datif *ou* accusatif (avec verbe de mouvement), etc.

les (pronom)

▷ Carole et Pierre m'ont invité. – Je ne savais pas que tu les connaissais.
Carole und Pierre haben mich eingeladen. – Ich wusste nicht, dass du sie kennst.

sie

ℹ *Seul le pronom* **les** *est traité ici. Pour l'article défini, allez à l'entrée* **le**.

lessive

1 ▷ Il y a de la lessive dans le placard là-bas.
In dem Schrank dort ist Waschmittel.

1 (= produit) das **Waschmittel** (pluriel : Waschmittel)

ℹ *Quand la lessive est en poudre, on dit aussi* ***das Waschpulver****. Quand elle est liquide, on dit* ***das flüssige Waschmittel****.*

2 ▷ La lessive est en train de sécher.
Die Wäsche trocknet gerade.
▷ Je fais la lessive le lundi.
Ich wasche montags die Wäsche.

2 (= le linge qu'on lave) die **Wäsche**

► **faire la lessive :** die Wäsche waschen

ℹ *On dit aussi* ***waschen*** *tout court.*

lettre

1 ▷ Bruno m'a écrit une lettre le mois dernier.
Bruno hat mir letzten Monat einen Brief geschrieben.

1 (= la lettre qu'on écrit) der **Brief** (pluriel : Briefe)

2 ▷ Ma petite sœur connaît déjà toutes les lettres.
Meine kleine Schwester kennt schon alle Buchstaben.

2 (= la lettre de l'alphabet) der **Buchstabe** (pluriel : Buchstaben)

leur, leurs

1 ▷ C'est leur voiture.
Das ist ihr Auto.
▷ Tu connais leur fille ?
Kennst du ihre Tochter?
▷ Leurs enfants ont notre âge.
Ihre Kinder sind so alt wie wir.

1 ► **leur** *ou* **leurs** (= possessif) **: ihr** (masculin et neutre), **ihre** (féminin et pluriel)

2 ▷ Notre maison n'est pas mal, mais je préfère la leur.
Unser Haus ist nicht schlecht, aber mir gefällt das ihre besser.

2 ► **la leur** *ou* **la leur** *ou* **les leurs :** der/die/das ihre

3 ▷ Est-ce que tu leur as écrit ?
Hast du ihnen geschrieben?

3 ► **leur** (= à eux) **: ihnen**

lever

1 ▷ Lève la tête quand tu parles.
Heb den Kopf beim Sprechen.

1 (= monter, en parlant des bras, de la main, de la tête) **heben** (hob, gehoben)

2 ▷ Lève les pieds pour que je puisse passer l'aspirateur.
Heb die Füße hoch, damit ich staubsaugen kann.

2 (= soulever) **hochheben**

ℹ ***hoch•heben*** *est un verbe à particule séparable et se conjugue comme* ***heben****.*

3 ▷ Les élèves se lèvent quand le proviseur entre dans la classe.
Die Schüler stehen auf, wenn der Schulleiter in die Klasse kommt.
▷ Il est onze heures, lève-toi !
Es ist elf Uhr, steh auf!

3 ► **se lever** (= se mettre debout, sortir du lit) : **aufstehen**

ℹ *auf•stehen est un verbe à particule séparable et se conjugue comme stehen (stand, gestanden).*

ℹ *Notez que le verbe pronominal français est traduit par un verbe intransitif en allemand.*

4 ▷ Le soleil se lève très tôt.
Die Sonne geht früh auf.

4 ► **se lever** (en parlant du soleil) : **aufgehen**

ℹ *auf•gehen est un verbe à particule séparable et se conjugue comme gehen (ging, gegangen).*

5 ▷ Le jour se lève.
Der Tag bricht an.

5 ► **se lever** (en parlant du jour) : **anbrechen**

ℹ *an•brechen est un verbe à particule séparable et se conjugue comme brechen (bricht, brach, gebrochen).*

levier

▷ Le levier de vitesse est bloqué.
Der Schalthebel ist blockiert.

der **Hebel** (pluriel : Hebel)

lèvre

▷ Je me suis mordu la lèvre.
Ich habe mich in die Lippe gebissen.

die **Lippe** (pluriel : Lippen)

ℹ *On distingue la* **lèvre supérieure** = ***die Oberlippe*** *et la* **lèvre inférieure** = ***die Unterlippe***.

lézard

▷ Il y a des lézards dans notre jardin.
In unserem Garten gibt es Eidechsen.

die **Eidechse** /'aɪdɛksə/ (pluriel : Eidechsen)

🔊 *Notez la prononciation du ch.*

libellule

▷ Regarde, une libellule !
Schau mal, eine Libelle!

die **Libelle** (pluriel : Libellen)

libérer

1 ▷ Nous avons acheté une colombe et nous l'avons libérée.
Wir haben eine Taube gekauft und sie freigelassen.

1 (= relâcher) **freilassen**

ℹ *frei•lassen est un verbe à particule séparable et se conjugue comme lassen (lässt, ließ, gelassen).*

2 ▷ L'armée a réussi à libérer les otages.
Die Armee konnte die Geiseln befreien.

2 (= délivrer) **befreien**

ℹ *Les verbes commençant par le préfixe* ***be-*** *ne prennent pas* ***ge-*** *au participe passé.*

3 ▷ Le chien s'est libéré et il a disparu.
Der Hund hat sich befreit und ist verschwunden.

3 ► **se libérer** (= se délivrer) **:** sich befreien

ℹ *Le pronom personnel allemand s'emploie à l'accusatif : ich befreie* ***mich****, du befreist* ***dich****, er/sie befreist* ***sich****, wir befreien* ***uns****, ihr befreit* ***euch****, sie befreien* ***sich****.*

4 ▷ Je vais voir si je peux me libérer.
Ich seh mal, ob ich mich freimachen kann.

4 ► **se libérer** (= se rendre disponible) **:** sich freimachen

ℹ ***frei•machen*** *est un verbe à particule séparable.*

ℹ *Le pronom personnel allemand s'emploie à l'accusatif.*

5 ▷ Attends, il y a une place qui se libère.
Warte mal, da wird ein Platz frei.

5 ► **se libérer** (= devenir disponible) **:** frei werden (wird, wurde, geworden)

liberté

▷ Ses parents lui laissent pas mal de liberté.
Seine Eltern lassen ihm ziemlich viel Freiheit.

▷ Il a passé un an en prison, mais il est maintenant en liberté.
Er war ein Jahr lang im Gefängnis, aber jetzt ist er wieder frei.

▷ Les animaux sont en liberté dans ce parc.
Die Tiere sind in dem Park in Freiheit.

die **Freiheit**

► **être en liberté** (en parlant d'une personne) **:** frei sein (ist, war, gewesen)

► **être en liberté** (en parlant d'un animal sauvage) **:** in Freiheit sein

librairie

▷ Une nouvelle librairie s'est ouverte près de l'école.
Eine neue Buchhandlung hat in der Nähe der Schule geöffnet.

die **Buchhandlung**
(pluriel : Buchhandlungen)

Attention à ne pas confondre avec ***Bücherei*** = bibliothèque.

libre

▷ Tu peux faire ce que tu veux, tu es libre.
Du kannst machen, was du willst, du bist ja frei.

▷ Est-ce que tu es libre ce soir ?
Bist du heute abend frei?

frei

licencier

▻ Ils ont licencié 300 personnes.
Sie haben 300 Leute entlassen.

▻ Le père de Samantha a été licencié.
Samanthas Vater ist entlassen worden.

► **licencier** quelqu'un : jemanden (accusatif) entlassen (entlässt, entließ, entlassen)
► **être licencié** : entlassen werden (wird, wurde, geworden)

lié, liée

1 ▻ Mon frère et moi, nous sommes très liés.
Mein Bruder und ich stehen uns sehr nahe.
▻ Est-ce que vous êtes liés ?
Steht ihr euch nahe?

2 ▻ Les deux incidents ne sont pas liés.
Die zwei Vorfälle hängen nicht zusammen.

1 ► **être lié** (= être proche) : sich (datif) nahestehen
ℹ *nahe•stehen est un verbe à particule séparable et se conjugue comme stehen (stand, gestanden).*

2 ► **être lié** (= en relation) : zusammenhängen
ℹ *zusammen•hängen est un verbe à particule séparable et se conjugue comme hängen au sens intransitif (hing, gehangen).*

lien

▻ Il n'y aucun lien entre les deux histoires.
Es gibt keinen Zusammenhang zwischen den zwei Geschichten.

(= relation) der **Zusammenhang** (pluriel : –hänge)

lier

1 ▻ Aucun indice ne nous permet de lier les deux événements.
Kein Indiz erlaubt es uns, die zwei Ereignisse miteinander zu verbinden.

2 ▻ Nous avons lié connaissance dans le train.
Wir haben im Zug Bekanntschaft geschlossen.

3 ▻ En attendant, ils ont lié conversation.
In der Zwischenzeit knüpften sie eine Unterhaltung an.

1 (= établir un lien) **verbinden** (verband, verbunden)
ℹ *Les verbes commençant par le préfixe ver- ne prennent pas ge- au participe passé.*

2 ► **lier connaissance** : Bekanntschaft schließen (schloss, geschlossen)

3 ► **lier conversation** : eine Unterhaltung anknüpfen
ℹ *an•knüpfen est un verbe à particule séparable.*

lieu

1 ▻ Ce bar est un lieu très populaire.
Diese Kneipe ist ein sehr beliebter Ort.

2 ▻ Il a utilisé un crayon au lieu d'un stylo.
Er hat einen Bleistift anstatt eines Kullis benutzt.
▻ Aide-moi au lieu de regarder la télé !
Hilf mir doch anstatt fernzusehen!

1 (= endroit) der **Ort** (pluriel : Orte)

2 ► **au lieu de** : anstatt + génitif
On dit aussi anstelle + génitif
► **au lieu de** + infinitif : anstatt zu + infinitif

3 ▷ Le match aura lieu samedi.
Das Spiel findet am Samstag statt.

3 ► **avoir lieu** (= se tenir) : stattfinden

statt•finden est un verbe à particule séparable et se conjugue comme finden (fand, gefunden).

4 ▷ Quand est-ce que l'accident a eu lieu ?
Wann hat sich der Unfall ereignet?

4 ► **avoir lieu** (= se produire) : sich ereignen

Les verbes commençant par le préfixe er- ne prennent pas ge- au participe passé.

lièvre

▷ Nous avons vu un lièvre dans le champ.
Wir haben einen Hasen auf dem Feld gesehen.

der **Hase** (pluriel : Hasen)

ligne

1 ▷ La première ligne est illisible.
Die erste Zeile ist unleserlich.

1 (en parlant d'un texte) die **Zeile** (pluriel : Zeilen)

2 ▷ On s'est tous mis en ligne pour commencer le jeu.
Wir haben uns alle in die Reihe gestellt, um mit dem Spiel anzufangen.

2 (= rangée) die **Reihe** (pluriel : Reihen)
► **se mettre en ligne** : sich (accusatif) in die Reihe stellen

3 ▷ Il y a deux vols par jour sur la ligne Londres-Biarritz.
Es gibt zwei Flüge täglich auf der Strecke London-Biarritz.

3 (= route aérienne, de chemin de fer, etc.) die **Strecke** (pluriel : Strecken)

4 ▷ Plusieurs lignes aériennes sont en grève.
Mehrere Fluglinien streiken.
▷ Les lignes de banlieue ne fonctionnent pas très bien en ce moment.
Die Vorortslinien gehen im Moment nicht gut.

4 (= compagnie, service) die **Linie** (pluriel : Linien)

limace

▷ Les limaces ont mangé les laitues.
Die Wegschnecken haben den Kopfsalat gefressen.

die **Wegschnecke** (pluriel : -schnecken)

limitation de vitesse

▷ La limitation de vitesse sur l'autoroute est de 130 km/h.
Die Geschwindigkeitsbegrenzung auf der Autobahn ist 130 km/h.

die **Geschwindigkeitsbegrenzung** (pluriel : -begrenzungen)

limite

1 ▻ Il y a une limite de trois places par personne.
Es gibt höchstens drei Plätze pro Person.

2 ▻ La limite entre les deux quartiers est ici.
Hier ist die Grenze zwischen den beiden Bezirken.

3 ▻ À la limite, on pourrait prendre un taxi.
Im äußersten Fall könnten wir ein Taxi nehmen.

1 Pour dire qu'il y a un maximum autorisé, on emploie l'expression **höchstens** + nombre + substantif.

2 (= frontière) die **Grenze** (pluriel : Grenzen)

3 ► **à la limite** (= s'il le faut vraiment) : **im äußersten Fall**

ℹ *On dit aussi **notfalls**.*

limonade

▻ Je peux avoir de la limonade, s'il te plaît ?
Kann ich bitte Limonade haben?

die **Limonade**

linge

▻ Ma mère m'a demandé d'étendre le linge.
Meine Mutter hat mich gebeten, die Wäsche aufzuhängen.

▻ On doit emporter notre propre linge de maison au gîte.
Wir müssen unsere eigene Haushaltswäsche ins Ferienhaus mitnehmen.

(= lessive) die **Wäsche**

ℹ *Ce mot s'emploie uniquement au singulier.*

► **linge de maison** (= draps, torchons, etc.) : die **Haushaltswäsche**

lingette

▻ Tu pourrais acheter des lingettes nettoyantes ?
Könntest du Reinigungstücher kaufen?

▻ J'utilise des lingettes démaquillantes, et toi ?
Ich benutz Abschminktücher, und du?

► **lingette nettoyante** : das **Reinigungstuch** (pluriel : -tücher)

► **lingette démaquillante** : das **Abschminktuch** (pluriel : -tücher)

lion, lionne

▻ Dominique a photographié des lions au Kenya.
Dominique hat in Kenia Löwen fotografiert.

der **Löwe** (pluriel : Löwen), die **Löwin** (pluriel : Löwinnen)

liquide

1 ▻ Achète du savon liquide.
Kauf flüssige Seife.

2 ▻ Il n'y a plus de liquide vaisselle.
Es ist kein Spülmittel mehr da.

3 ▻ Je n'avais pas de liquide pour payer le pain.
Ich hatte kein Bargeld, um das Brot zu bezahlen.

▻ Je peux payer en liquide.
Ich kann in bar bezahlen.

1 (adjectif) **flüssig**

2 ► **liquide vaisselle** : das **Spülmittel** (pluriel : -mittel)

3 (= de l'argent liquide) das **Bargeld**

► **payer en liquide** : **in bar bezahlen**

lire

▷ Quand je suis rentrée, mon père lisait le journal.
Als ich nach Hause kam, las mein Vater die Zeitung.

lesen (liest, las, gelesen)

lisse

▷ Paula a la peau très lisse.
Paula hat ganz glatte Haut.

glatt (plus lisse glatter *ou* glätter ; le plus lisse der glatteste *ou* der glätteste)

liste

▷ Zut, j'ai perdu la liste des courses !
Mist, ich habe die Einkaufsliste verloren!

▷ Fais une liste, sinon tu vas oublier quelque chose.
Mach eine Liste, sonst vergisst du etwas.

▷ Raphaël est sur la liste d'attente pour le vol Paris-New York.
Raphaël steht auf der Warteliste für den Flug Paris-New York.

die Liste (pluriel : Listen)

► faire une liste : eine Liste machen

► liste d'attente : die Warteliste

lit

▷ Ce lit est très dur.
Dieses Bett ist sehr hart.

▷ Je voudrais une chambre avec un lit de deux personnes et un lit d'une personne.
Ich hätte gern ein Zimmer mit einem Doppelbett und einem Einzelbett.

▷ J'ai dû dormir sur un lit de camp.
Ich musste auf einem Feldbett schlafen.

▷ Il est midi et Caroline est encore au lit !
Es ist Mittag und Caroline ist noch im Bett!

▷ À quelle heure est-ce que tu vas au lit d'habitude ?
Um wieviel Uhr gehst du normalerweise ins Bett?

▷ Mon père m'a grondé parce que je n'avais pas fait mon lit.
Mein Vater hat geschimpft, weil ich mein Bett nicht gemacht habe.

das Bett (pluriel : Betten)

► lit de deux personnes : das Doppelbett (pluriel : -betten)

► lit d'une personne : das Einzelbett (pluriel : -betten)

► lit de camp : das Feldbett (pluriel : -betten)

► être au lit : im Bett sein

► aller au lit : ins Bett gehen

► faire son lit : sein Bett machen

ℹ *Le pronom possessif s'emploie de la façon suivante : ich mache **mein** Bett, du machst **dein** Bett, er/sie macht **sein/ihr** Bett, wir machen **unsere** Betten, ihr macht **eure** Betten, sie machen **ihre** Betten.*

litre

▷ J'ai emporté un litre d'eau pour la randonnée.
Ich habe einen Liter Wasser für die Wanderung mitgenommen.

der **Liter** (pluriel : Liter)

littérature

▷ Nous avons commencé à étudier la littérature du dix-neuvième siècle.
Wir haben begonnen, die Literatur des neunzehnten Jahrhunderts zu studieren.

die **Literatur**

ℹ *Attention à l'orthographe du mot allemand.*

livre

1 ▷ Tu as lu ce livre ?
Hast du das Buch gelesen?

▷ Quelqu'un a vu mon livre de maths ?
Hat jemand mein Mathebuch gesehen?

1 (= un livre qu'on lit) das **Buch** (pluriel : Bücher)

ℹ *Pour préciser la matière scolaire d'un livre, on forme des mots composés avec* ***Buch*** *:* ***das Englischbuch*** (le livre d'anglais), *etc.*

▷ Les livres de classe pèsent très lourd.
Schulbücher sind sehr schwer.

▷ Ma mère a beaucoup de livres de cuisine.
Meine Mutter hat viele Kochbücher.

▷ Je n'achète que des livres de poche, c'est moins cher.
Ich kaufe nur Taschenbücher, das ist billiger.

► **livre de classe** : das **Schulbuch** (pluriel : -bücher)

► **livre de cuisine** : das **Kochbuch** (pluriel : -bücher)

► **livre de poche** : das **Taschenbuch** (pluriel : -bücher)

2 ▷ Trois livres de cerises, s'il vous plaît.
Drei Pfund Kirschen, bitte.

▷ La livre vaut environ un euro et demi.
Ein Pfund ist ungefähr anderthalb Euro wert.

2 (= la mesure de poids, la monnaie) das **Pfund** (pluriel : Pfunde)

ℹ *Précédé d'un nombre,* ***Pfund*** *est employé au singulier.*

livrer

▷ Le facteur nous a livré un colis.
Der Briefträger hat uns ein Paket geliefert.

▷ On pourrait se faire livrer une pizza ce soir.
Wir könnten uns heute Abend eine Pizza liefern lassen.

▷ Ils se fait livrer sa nouvelle machine à laver.
Er läßt sich seine neue Waschmaschine liefern.

► **livrer** quelque chose à quelqu'un : **jemandem** (datif) **etwas liefern**

► **se faire livrer** quelque chose : **sich etwas liefern lassen** (lässt, ließ, gelassen)

ℹ *Le pronom personnel allemand s'emploie au datif : ich lasse* ***mir*** *etwas liefern, du lässt* ***dir*** *etwas liefern, er/sie lässt* ***sich*** *etwas liefern, wir lassen* ***uns*** *etwas liefern, ihr lasst* ***euch*** *etwas liefern, sie lassen* ***sich*** *etwas liefern.*

livret

1 ▷ J'ai perdu mon livret de caisse d'épargne.
Ich habe mein Sparbuch verloren.

2 ▷ Vous avez besoin de votre livret de famille pour obtenir un passeport.
Sie brauchen Ihr Familienbuch, um sich einen Pass ausstellen zu lassen.

3 ▷ Natacha a un très bon livret scolaire.
Natacha hat ein sehr gutes Zeugnis.

1 ► **livret de caisse d'épargne :** das **Sparbuch** (pluriel : **-bücher**)

2 ► **livret de famille :** das **Familienbuch**

3 ► **livret scolaire :** das **Zeugnis** (pluriel : **Zeugnisse**)

ℹ *On dit aussi* ***das Zeugnisheft*** (pluriel : ***-hefte***).

locataire

▷ Les locataires du troisième étage sont très sympas.
Die Mieter im dritten Stock sind sehr nett.

der **Mieter** (pluriel : **Mieter**), die **Mieterin** (pluriel : **Mieterinnen**)

location

1 ▷ Combien coûte la location des skis ?
Wieviel kostet das Mieten der Skier?

2 ▷ La location de cette cassette est interdite.
Das Vermieten dieser Kassette ist verboten.

3 ▷ Nous avons pris une voiture de location.
Wir haben einen Mietwagen genommen.

1 (par le locataire) das **Mieten**

ℹ *C'est un verbe substantivé ; il ne s'emploie qu'au singulier.*

2 (par le propriétaire) das **Vermieten**

ℹ *C'est un verbe substantivé ; il ne s'emploie qu'au singulier.*

3 Pour dire **...de location**, on forme des mots composés avec **Miet- :** der **Mietvertrag** (contrat de location), das **Mietboot** (bateau de location).

locomotive

▷ La locomotive est tombée en panne dix minutes après le départ.
Die Lokomotive hatte zehn Minuten nach der Abfahrt eine Panne.

die **Lokomotive** (pluriel : **Lokomotiven**)

ℹ *L'abréviation familière* **loco** *se traduit par* ***Lok***.

logement

▷ Il est difficile de trouver un logement dans le centre-ville.
Es ist schwierig, in der Stadtmitte eine Wohnung zu finden.

▷ On construit des logements juste à côté.
Nebenan werden Wohnungen gebaut.

(= appartement, endroit où vivre en général) die **Wohnung** (pluriel : **Wohnungen**)

loger

1 ▷ Quand nous allons en vacances, nous logeons à l'hôtel.
In den Ferien übernachten wir im Hotel.

1 (= habiter temporairement) übernachten

2 ▷ Comment pouvons-nous loger cinq personnes ?
Wie bringen wir fünf Personen unter?

2 ► **loger** quelqu'un (= accueillir quelqu'un chez soi) : jemanden (accusatif) unterbringen

*ℹ **unter•bringen** est un verbe à particule séparable et se conjugue comme **bringen** (brachte, gebracht).*

logiciel

▷ Ce logiciel est très bien pour travailler sur des photos.
Diese Software eignet sich gut zum Bearbeiten von Fotos.

die **Software** /'sɔftvɛːɐ/ (pluriel : Softwares)

🔊 Notez la prononciation.

logique (adjectif)

▷ Ton argument est logique.
Dein Argument ist logisch.

logisch

loi

▷ C'est la loi, tu dois la respecter.
Es ist das Gesetz, du musst es einhalten.

das **Gesetz** (pluriel : Gesetze)

loin

1 ▷ C'est encore loin ?
Ist es noch weit?
▷ Ce n'est pas loin.
Es ist nicht weit.

1 (= loin dans l'espace) **weit**

▷ La piscine n'est pas loin d'ici.
Das Schwimmbad ist nicht weit von hier.

► **pas loin de...** : nicht weit von...

▷ Les autres sont encore loin derrière.
Die andern sind noch weit hinten.

► **loin derrière** : weit hinten

▷ Élise est loin devant.
Élise ist weit vorne.

► **loin devant** : weit vorne

2 ▷ Les vacances sont encore loin.
Die Ferien sind noch weit weg.

2 (= loin dans l'avenir) **weit weg**

3 ▷ Noël est déjà loin.
Weihnachten ist schon lange her.

3 (= loin dans le passé) **lange her**

4 ▷ Je vois mal de loin.
Ich sehe von weitem schlecht.

4 ► **de loin** (= depuis une certaine distance) : von weitem

*ℹ On dit aussi **aus der Ferne**.*

5 ▷ Julien est de loin le meilleur élève de la classe.
Julien ist bei weitem der beste Schüler der Klasse.

5 ► **de loin** (= de beaucoup) : bei weitem

loisir

1 ▷ Qu'est-ce que tu fais pendant tes loisirs ?
Was machst du in deiner Freizeit?

1 (= temps libre) **die Freizeit**

ℹ *Ce mot s'emploie uniquement au pluriel.*

2 ▷ Ce club propose des loisirs très variés.
Dieser Klub bietet sehr verschiedene Freizeitbeschäftigungen an.

2 (= activité) **die Freizeitbeschäftigung** (pluriel : **-beschäftigungen**)

long, longue

▷ Cette robe est un peu longue pour toi.
Dieses Kleid ist etwas lang für dich.

▷ La pièce fait dix mètres de long.
Das Zimmer ist zehn Meter lang.

lang (plus long **länger** ; le plus long **der längste**)

ℹ *Pour préciser la longueur de quelque chose en allemand, on emploie l'expression **... lang sein**.*

▷ Il y a des arbres le long de la rivière.
Bäume wachsen am Flussufer entlang.

► **le long de : am/an der...** (datif) **entlang**

longtemps

▷ J'ai dû attendre longtemps.
Ich musste lange warten.

▷ Ça a pris longtemps.
Es hat lange gedauert.

▷ Je n'attendrai pas plus longtemps.
Ich werde nicht länger warten.

lange (plus longtemps **länger** ; le plus longtemps **am längsten**)

▷ Sonia a été malade pendant longtemps.
Sonia war lange krank.

► **pendant longtemps : lange**

ℹ *On dit aussi **lange Zeit**.*

▷ Il y a longtemps, nous sommes allés à Dijon.
Vor langer Zeit waren wir in Dijon.

► **il y a longtemps, ... : vor langer Zeit...**

▷ Il y a longtemps que je connais Cédric.
Ich kenne Cédric seit langem.

► **il y a longtemps que : seit langem**

▷ J'ai déménagé il n'y a pas longtemps.
Ich bin vor kurzem umgezogen.

Attention : **il n'y a pas longtemps** *se dit **vor kurzem**.*

▷ J'habite ici depuis longtemps.
Ich wohne schon lange hier.

► **depuis longtemps : schon lange**

▷ Tu en as pour longtemps ?
Brauchst du lange?

► **en avoir pour longtemps : lange brauchen**

longueur

▷ Nous avons mesuré la longueur de la pièce.
Wir haben die Länge des Zimmers gemessen.

die Länge (pluriel : **Längen**)

▷ Le couloir fait six mètres de longueur.
Der Gang ist sechs Meter lang.

ℹ *Pour préciser la longueur de quelque chose en allemand, on emploie l'expression **... lang sein**.*

▷ Quelle est la longueur de la table ?
Wie lang ist der Tisch?

ℹ *Pour demander la longueur de quelque chose, on dit **wie lang…?***

lot

▷ C'est Lucile qui a gagné le plus beau lot.
Lucile hat den schönsten Preis gewonnen.

▷ Rachid a gagné le gros lot à la tombola de l'école.
Rachid hat das große Los bei der Schultombola gewonnen.

▷ Les autres ont eu des lots de consolation.
Die anderen bekamen Trostpreise.

(= prix) der **Preis** (pluriel : Preise)

► **le gros lot :** das große Los

► **lot de consolation :** der Trostpreis (pluriel : -preise)

loterie

▷ Les commerçants ont donné des lots pour la loterie de l'école.
Die Händler haben Preise für die Schullotterie gestiftet.

(= une loterie dans une kermesse) die **Lotterie**

ℹ *Attention à l'ortographe du mot allemand.*

lotion

▷ Cette lotion est bonne pour la peau.
Diese Lotion ist gut für die Haut.

▷ Ta lotion après-rasage sent bon.
Dein Rasierwasser riecht gut.

die **Lotion** (pluriel : Lotionen)

ℹ *Quand il s'agit d'une lotion pour le visage, on dit aussi **das Gesichtswasser**.*

► **lotion après-rasage :** das Rasierwasser

lotissement

▷ Mélanie habite dans un lotissement en banlieue.
Mélanie wohnt in einer Siedlung in der Umgebung.

die **Siedlung** (pluriel : Siedlungen)

Loto

▷ Apparemment, ils ont gagné un million au Loto.
Anscheinend haben sie eine Million im Lotto gewonnen.

das **Lotto**

louche

1 ▷ J'ai laissé tomber la louche dans la casserole.
Ich habe die Kelle in den Topf fallen lassen.

2 ▷ Il y a un homme louche qui cherche Roland.
Da ist ein zweifelhafter Mann, der Roland sucht.

1 (= ustensile de cuisine) die **Kelle** (pluriel : Kellen)

ℹ *On dit aussi **der Schöpflöffel**.*

2 (adjectif = douteux) **zweifelhaft**

loucher

▷ Il louche.
Er schielt.

schielen

louer

1 ▻ On pourrait louer une maison pour les vacances.
Wir könnten ein Ferienhaus mieten.
▻ J'ai loué une voiture pour la semaine.
Ich habe für die Woche ein Auto gemietet.

1 (= prendre en location) **mieten**

2 ▻ Nous louons notre maison de campagne pendant le mois de juillet.
Wir vermieten unser Landhaus im Juli.

2 (donner en location) **vermieten**
ℹ *Les verbes commençant par le préfixe* ***ver-*** *ne prennent pas* ***ge-*** *au participe passé.*

loup

▻ Il y a de nouveau des loups en France.
Es gibt in Frankreich wieder Wölfe.

der **Wolf** (pluriel : Wölfe)

loupe

▻ Ma grand-mère a besoin d'une loupe pour lire le journal.
Meine Großmutter braucht zum Zeitunglesen eine Lupe.
▻ On a regardé l'insecte à la loupe.
Wir haben das Insekt mit der Lupe angeschaut.
▻ Le prof a regardé ma rédaction à la loupe.
Der Lehrer hat meinen Aufsatz unter die Lupe genommen.

die **Lupe** (pluriel : Lupen)
ℹ *On dit aussi* ***das Vergrößerungsglass*** (pluriel : *–gläser*)

► **à la loupe :** mit der Lupe *ou* mit dem Vergrößerungsglass
► **regarder** quelque chose **à la loupe** (sens familier)**:** etwas (accusatif) **unter die Lupe nehmen** (nimmt, nahm, genommen)

louper

1 ▻ Dépêchez-vous, vous allez louper le train !
Beeilt euch, sonst verpasst ihr den Zug!

1 (= manquer, en parlant d'un train, d'un rendez-vous) **verpassen**
ℹ *Les verbes commençant par le préfixe* ***ver-*** *ne prennent pas* ***ge-*** *au participe passé.*

2 ▻ J'ai loupé ma tarte aux cerises.
Meine Kirschtorte ist mir missglückt.

2 ► quelqu'un **loupe** quelque chose (en parlant d'un gâteau, d'un dessin) **:** jemandem (datif) **missglückt** etwas.
ℹ *Le verbe transitif français est traduit par un verbe intransitif en allemand.*

3 ▻ Jonathan dit qu'il a loupé son examen.
Jonathan meint, er hätte seine Prüfung verhauen.

3 (= rater, en parlant d'un examen) **verhauen**
ℹ *Les verbes commençant par le préfixe* ***ver-*** *ne prennent pas* ***ge-*** *au participe passé.*
ℹ *Ce verbe allemand est familier.*

4 ▻ On se loupe à chaque fois qu'il vient à Paris.
Jedes Mal, wenn er nach Paris kommt, verpassen wir uns.

4 ► **se louper** (= ne pas se voir) **:** **sich** (accusatif) **verpassen**

loup-garou

▷ Il nous a raconté une histoire de loup-garou.
Er hat uns eine Geschichte von einem Werwolf erzählt.

der **Werwolf** (pluriel : -wölfe)

lourd, lourde

1 ▷ Qu'est-ce que ta valise est lourde !
Dein Koffer ist ja schwer!

2 ▷ Arrête, tu es vraiment lourd !
Hör auf, du bist wirklich lästig!

3 ▷ Il fait lourd aujourd'hui.
Es ist schwül heute.

1 (= qui pèse beaucoup) **schwer**

2 (= agaçant) **lästig**

3 (en parlant du temps) **schwül**

louve

▷ Au Zoo, la louve a eu des petits.
Im Zoo hat die Wölfin Kleine bekommen.

die **Wölfin** (pluriel : Wölfinnen)

loyer

▷ As-tu déjà payé ton loyer ce mois-ci ?
Hast du diesen Monat schon die Miete bezahlt?

die **Miete**

luge

▷ Mes parents m'ont acheté une luge pour mon anniversaire.
Meine Eltern haben mir zum Geburtstag einen Schlitten gekauft.

▷ On a fait de la luge chez mon cousin.
Bei meinem Cousin sind wir Schlitten gefahren.

der **Schlitten** (pluriel : Schlitten)

► **faire de la luge : Schlitten fahren** (fährt, fuhr, gefahren)

lui

1 ▷ Christelle n'a pas voulu aller au cinéma avec lui.
Christelle wollte nicht mit ihm ins Kino gehen.

▷ J'ai fait des courses pour lui.
Ich bin für ihn einkaufen gegangen.

1 Quand **lui** suit une préposition, en parlant d'une personne ou d'un animal mâle, on traduit par **ihm** *ou* **ihn**, en fonction de la préposition : **mit** + datif, **für** + accusatif, **auf** + datif *ou* accusatif (avec verbe de mouvement), etc.

2 ▷ Raoul était là, mais je ne lui ai pas parlé.
Raoul war da, aber ich habe nicht mit ihm gesprochen.

▷ J'ai vu Mélanie hier. – Et tu lui as parlé ?
Ich habe Mélanie gestern gesehen. – Und hast du mit ihr gesprochen?

2 Quand **lui** est complément d'objet indirect, on traduit par **mit ihm** (pour le masculin et le neutre) *ou* **mit ihr** (pour le féminin).

3 ▷ C'est lui qui me l'a dit.
Er hat es mir gesagt.

3 Pour dire **c'est lui qui...**, on traduit simplement par **er**, en mettant l'accent sur ce mot.

4 ▷ Elle a accepté, mais lui a refusé.
Sie hat angenommen, aber er hat abgelehnt.

4 Quand **lui** est sujet (c'est-à-dire, quand **lui** signifie **il**), on traduit par **er**, en mettant l'accent sur ce mot.

lui-même

1 ▷ Il me l'a dit lui-même, alors ça doit être vrai.
Er selbst hat es mir gesagt, also muss es wahr sein.

1 (= personnellement) **er selbst**

2 ▷ L'antenne est un peu tordue, mais l'appareil lui-même n'a rien.
Die Antenne ist ein bisschen verbogen, aber das Gerät selbst hat nichts.

2 (= la chose en question) **selbst**

lumière

▷ Il y a beaucoup de lumière dans ce bureau.
Es kommt viel Licht in dieses Büro.
▷ Éteins la lumière, s'il te plaît.
Mach bitte das Licht aus.

das **Licht** (pluriel : **Lichter**)

lundi

▷ Aujourd'hui c'est lundi.
Heute ist Montag.
▷ Nous partirons lundi.
Wir fahren am Montag.
▷ Le lundi, on va à la piscine.
Montags gehen wir ins Schwimmbad.

der **Montag**

► **faire** quelque chose **lundi:** etwas **am Montag tun**

► **le lundi** (= tous les lundis) **:** **montags**

lune

▷ La lune s'est levée.
Der Mond ist aufgegangen.
▷ Aujourd'hui, c'est la pleine lune.
Heute ist Vollmond.

der **Mond**

► **la pleine lune : Vollmond**

lunette, lunettes

1 ▷ Mon oncle a une lunette pour regarder les étoiles.
Mein Onkel hat ein Fernrohr, um die Sterne zu beobachten.

1 (= longue-vue) das **Fernrohr** (pluriel : **–rohre**)

2 ▷ Lisa doit porter des lunettes.
Lisa muss eine Brille tragen.

2 ► **lunettes :** die **Brille** (pluriel : **Brillen**)

ℹ *Le pluriel signifie* **paire de lunettes.**

▷ À qui sont ces lunettes de soleil ?
Wem gehört diese Sonnenbrille?

► **lunettes de soleil :** die **Sonnenbrille**

luxe

▷ Ils sont habitués au luxe.
Sie sind an Luxus gewöhnt.
▷ Il y a plusieurs hôtels de luxe dans ce quartier.
In diesem Bezirk gibt es mehrere Luxushotels.

der Luxus

Pour dire **de luxe** *en allemand, on emploie des mots composés avec* ***Luxus*** *:* ***ein Luxusauto*** (une voiture de luxe), ***der Luxusdampfer*** (paquebot de luxe), *etc.*

▷ Une douche par cette chaleur, ce n'est vraiment pas du luxe !
Eine Dusche bei dieser Hitze ist wirklich nicht überflüssig!

► **ce n'est pas du luxe : das ist nicht überflüssig**

Luxembourg

▷ Le Luxembourg est voisin de la France et de l'Allemagne.
Luxemburg grenzt an Frankreich und Deutschland.

Luxemburg
► **le Luxembourg : Luxemburg**

L'article neutre s'emploie uniquement précédé d'un adjectif : ***das europäische Luxemburg*** (le Luxembourg européen).

▷ Ma tante habite au Luxembourg.
Meine Tante wohnt in Luxemburg.
▷ Samia voyage souvent au Luxembourg.
Samia reist oft nach Luxemburg.
▷ Je suis déjà allé plusieurs fois au Luxembourg.
Ich war schon mehrmals in Luxemburg.

► **au Luxembourg** (= dans le pays) **: in Luxemburg**
► **au Luxembourg** (= vers le pays) **: nach Luxemburg**

Attention : pour dire que quelqu'un **est déjà allé quelque part**, *on emploie une expression avec le prétérit du verbe* ***sein*** + ***schon***.

luxembourgeois, luxembourgeoise

1 ▷ Le week-end dernier, nous avons reçu ma correspondante luxembourgeoise.
Am letzten Wochenende haben wir meine luxemburgische Brieffreundin empfangen.

1 (adjectif) **luxemburgisch**

2 ▷ J'ai fait la connaissance de plusieurs Luxembourgeois au stage de karaté.
Beim Karatekurs habe ich mehrere Luxemburger kennengelernt.

2 (= personne) **der Luxemburger** (pluriel : **Luxemburger**), **die Luxemburgerin** (pluriel : **Luxemburgerinnen**)

luxueux, luxueuse

▷ L'hôtel était très luxueux.
Das Hotel war sehr luxuriös.

luxuriös

Attention : ***luxuriös*** *ne signifie pas* **luxurieux**.

lycée

▷ Le frère de Jeanne va au lycée.
Jeannes Bruder geht aufs Gymnasium.

das **Gymnasium**
(pluriel : **Gymnasien**)

ℹ *N'oubliez pas que le **y** allemand se prononce comme un u.*

M

FRANÇAIS — ALLEMAND

ma

▷ Ma sœur s'appelle Romane.
Meine Schwester heißt Romane.

▷ Je te montre ma maison ?
Soll ich dir mein Haus zeigen?

En fonction du genre du substantif allemand, ma est traduit par **meine** (pour le féminin), **mein** (pour le masculin et le neutre).

mâcher

▷ Mâche avant d'avaler !
Kau bevor du schluckst!

kauen

machin

▷ Qu'est-ce que c'est que ce machin ?
Was ist das denn für ein Ding?

(= objet) das **Ding** (pluriel : Dinge)

machinalement

▷ J'ai fait ça machinalement.
Ich habe das ganz automatisch gemacht.

automatisch

machine

▷ Avec cette machine, on coupe le papier.
Mit dieser Maschine schneidet man das Papier.

▷ Tu as mis la machine à laver en marche ?
Hast du die Waschmaschine angestellt?

▷ Cédric a gagné cinquante euros aux machines à sous.
Cédric hat fünfzig Euro an den Spielautomaten gewonnen.

die **Maschine** (pluriel : Maschinen)

► **machine à laver :** die Waschmaschine (pluriel : -maschinen)

► **machine à sous :** der Spielautomat (pluriel : -automaten)

mâchoire

▷ Laurent lui a donné un coup sur la mâchoire.
Laurent hat ihm eine auf den Kiefer geschlagen.

der **Kiefer** (pluriel : Kiefer)

ℹ **mâchoire supérieure** *se dit* ***Oberkiefer***, **mâchoire inférieure** *se dit* ***Unterkiefer***.

maçon

▷ Le maçon a fini de construire le mur.
Der Maurer ist mit dem Mauerbau fertig.

der **Maurer** (pluriel : Maurer), die **Maurerin** (pluriel : Maurerinnen)

madame

1 ▷ Bonjour madame, je voudrais un kilo de pommes, s'il vous plaît.
Guten Tag, ich hätte gern ein Kilo Äpfel, bitte.

2 ▷ Madame Martin est venue nous chercher à la gare.
Frau Martin hat uns am Bahnhof abgeholt.

1 Quand on s'adresse directement à quelqu'un, il n'y a pas d'équivalent de **madame** en allemand.

2 Quand on parle de quelqu'un en l'appelant par son nom de famille, **madame** se traduit par **Frau**.

mademoiselle

1 ▷ Bonjour mademoiselle, je voudrais un kilo de poires, s'il vous plaît.
Guten Tag, ich hätte gern ein Kilo Birnen, bitte.

2 ▷ Mademoiselle Barker est venue nous chercher à l'aéroport.
Frau Barker hat uns am Flughafen abgeholt.

1 Quand on s'adresse directement à quelqu'un, il n'y a pas d'équivalent de **mademoiselle** en allemand.

2 Quand on parle de quelqu'un en l'appelant par son nom de famille, on emploie **Frau...**, car **Fräulein...** n'est presque plus utilisé en allemand.

magasin

▷ Il n'y a pas de magasins près de l'hôtel.
In der Nähe des Hotels gibt es keine Geschäfte.

das **Geschäft** (pluriel : Geschäfte)

ℹ *On dit aussi* ***der Laden*** (pluriel : *Läden*)

▷ Hier j'ai fait les magasins avec ma mère.
Gestern bin ich mit meiner Mutter einkaufen gegangen.

► **faire les magasins :** einkaufen gehen (ging, gegangen)

▷ On peut tout trouver dans les grands magasins.
In den Kaufhäusern findet man alles.

► **grand magasin :** das Kaufhaus (pluriel : -häuser)

magazine

▷ J'ai lu ça dans un magazine.
Ich habe das in einer Zeitschrift gelesen.

die **Zeitschrift** (pluriel : -schriften)

magicien, magicienne

▷ C'est l'histoire d'un magicien.
Es ist die Geschichte von einem Zauberer.

der **Zauberer** (pluriel : Zauberer), die **Zauberin** (pluriel : Zauberinnen)

magie

▻ Comment est-ce qu'il a deviné ? C'est de la magie !
Wie hat er das denn erraten? Das ist ja Zauberei!

▻ Léonie sait faire de la magie.
Léonie kann zaubern.

die **Zauberei**

ℹ *On dit aussi die Magie.*

► **faire de la magie :** zaubern

magique

▻ Il suffit de dire la formule magique.
Es reicht, die Zauberformel zu sagen.

Quand on emploie **magique** avec un substantif, on utilise des mots composés avec **Zauber** : der **Zauberstab** (**baguette magique**), der **Zaubertrank** (**potion magique**).

magnétique

▻ Mon père a une carte magnétique pour entrer dans son bureau.
Mein Vater hat eine Magnetkarte für sein Büro.

Quand on emploie **magnétique** avec un substantif, on utilise des mots composés avec **Magnet** : der **Magnetpol** (**pôle magnétique**).

magnétophone

▻ Chaque groupe a un magnétophone pour interviewer les gens dans la rue.
Jede Gruppe hat einen Kassettenrecorder, um die Leute auf der Straße zu interviewen.

der **Kassettenrecorder**
(pluriel : –recorder)

magnétoscope

▻ Maria a gagné un magnétoscope dans un concours.
Maria hat bei einem Wettbewerb einen Videorecorder gewonnen.

der **Videorecorder**
(pluriel : –recorder)

magnifique

▻ Ce garçon a des yeux magnifiques.
Dieser Junge hat wunderschöne Augen.

(= très beau) **wunderschön**

mai

▻ Il fait souvent doux en mai.
Im Mai ist es oft warm.

▻ L'anniversaire de Stéphanie est le trois mai.
Stéphanies Geburtstag ist am dritten Mai.

der **Mai**

► **en mai, au mois de mai :** im Mai

ℹ *On écrit am 3. Mai.*

maigre

1 ▻ Bruno est très maigre.
Bruno ist sehr mager.

1 (= très mince) **mager**

2 ▷ Damien mange des yaourts maigres.
Damien isst Magerjogurt.

2 Pour dire qu'un aliment est **maigre**, on emploie des mots composés avec **Mager-** : der Magerkäse (fromage maigre).

maigrir

▷ Si tu veux maigrir, tu devrais faire du sport.
Wenn du abnehmen willst, solltest du Sport treiben.

▷ Laïla a déjà maigri de trois kilos.
Laïla hat schon drei Kilo abgenommen.

abnehmen

ℹ *ab•nehmen est un verbe à particule séparable et se conjugue comme **nehmen** (nimmt, nahm, genommen).*

► **maigrir de... :** ...abnehmen

mail

▷ Je t'enverrai un mail pour confirmer.
Ich schick dir eine E-Mail zur Bestätigung.

die **E-Mail** (pluriel : E-Mails)

ℹ *E-Mail vient de l'anglais. C'est la contraction de **electronic mail*** (= courrier électronique).

maillot

1 ▷ Stéphane est fier de son maillot du Bayern de Munich.
Stéphane ist ganz stolz auf sein Trikot vom Bayern München.

2 ▷ Mélissa a un joli maillot de bain.
Mélissa hat einen schönen Badeanzug.

3 ▷ Le maillot de bain de Christophe est un peu petit !
Christophes Badehose ist etwas klein!

4 ▷ Mets un maillot de corps, il fait très froid.
Zieh ein Unterhemd an, es ist sehr kalt.

1 (= maillot pour faire du sport) das **Trikot** (pluriel : Trikots)

🔊 *Se prononce comme en français.*

2 ► **maillot de bain** (de femme) : der Badeanzug (pluriel : -anzüge)

3 ► **maillot de bain** (d'homme) : die Badehose (pluriel : -hosen)

4 ► **maillot de corps :** das Unterhemd (pluriel : -hemden)

main

▷ Tes mains sont glacées.
Deine Hände sind eiskalt.

▷ Je les ai vus ensemble, il la tenait par la main.
Ich habe sie zusammen gesehen, er hielt sie an der Hand.

die **Hand** (pluriel : Hände)

► **tenir par la main :** an der Hand halten

▷ Jérôme m'a donné un coup de main pour déplacer l'armoire.
Jérôme hat mir geholfen, den Schrank umzustellen.

▷ Ce pull est fait à la main.
Dieser Pullover ist handgemacht.

► **donner un coup de main à** quelqu'un : jemandem (datif) **helfen**

► **fait à la main** *ou* **fait main :** **handgemacht**

maintenant

▷ Et maintenant, qu'est-ce que tu vas faire ?
Und was machst du jetzt?

▷ Maintenant que j'ai un peu d'argent, j'aimerais aller au Maroc.
Jetzt, da ich ein bisschen Geld habe, würde ich gerne nach Marokko reisen.

jetzt

ℹ *On dit aussi* ***nun.***

► **maintenant que :** **jetzt, da...**

maintenir

▷ Jean maintient que ce n'est pas de sa faute.
Jean bleibt dabei, dass es nicht seine Schuld sei.

► **maintenir que...** (= dire, soutenir) **: dabei bleiben, dass...** (blieb, geblieben)

maire

▷ Le maire a inauguré le nouveau cinéma.
Der Bürgermeister hat das neue Kino eingeweiht.

der **Bürgermeister** (pluriel : -meister), die **Bürgermeisterin** (pluriel : Bürgermeisterinnen)

ℹ *La flexion féminine existe en allemand.*

mairie

▷ L'office du tourisme est dans la mairie.
Das Fremdenverkehrsamt ist im Rathaus.

das **Rathaus** (pluriel : -häuser)

mais

1 ▷ Je savais la réponse, mais je n'ai pas osé la dire.
Ich wusste die Antwort, aber ich habe mich nicht getraut, sie zu sagen.

2 ▷ Je ne prends pas la ligne 34 mais la 38.
Ich nehme nicht die Linie 34, sondern die 38.

1 (= pourtant) **aber**

2 (après une négation = au contraire) **sondern**

maïs

▷ J'adore le maïs.
Ich liebe Mais.

der **Mais**

maison

1 ▷ Leur maison est très grande.
Ihr Haus ist sehr groß.

▷ Les Robert ont une maison de campagne.
Roberts haben ein Haus auf dem Land.

1 das **Haus** (pluriel : Häuser)

► **maison de campagne :** das **Haus auf dem Land**

2 ▷ Je suis restée à la maison hier.
Gestern bin ich zu Hause geblieben.

2 ► **à la maison** (= dans la maison) **:** zu Hause

*En Suisse et en Autriche, on écrit aussi **zuhause**.*

▷ Rentre tout de suite à la maison !
Komm sofort nach Hause!

► **à la maison** (= vers la maison) **:** nach Hause

3 ▷ Le grand-père de Mathilde est dans une maison de retraite.
Mathildes Großvater ist in einem Altersheim.

3 ► **maison de retraite :** das Altersheim (pluriel : -heime)

maître

1 ▷ Ma petite sœur adore son maître.
Meine kleine Schwester mag ihren Lehrer sehr.

1 (= instituteur) der **Lehrer** (pluriel : Lehrer)

2 ▷ Ce chien a l'air perdu, où est son maître ?
Dieser Hund sieht verloren aus, wo ist denn sein Herrchen?

2 (= propriétaire d'un animal) das **Herrchen** (pluriel : Herrchen)

3 ▷ Le maître nageur nous a interdit de sauter.
Der Bademeister hat uns verboten zu springen.

3 ► **maître nageur :** der Bademeister (pluriel : -meister), die Bademeisterin (pluriel : -meisterinnen)

maîtresse

1 ▷ Notre maîtresse est très gentille.
Unsere Lehrerin ist sehr nett.

1 (= institutrice) die **Lehrerin** (pluriel : Lehrerinnen)

2 ▷ Notre chat nous a été donné, sa maîtresse ne pouvait plus s'occuper de lui.
Unsere Katze wurde uns geschenkt, ihr Frauchen konnte sich nicht mehr um sie kümmern.

2 (= propriétaire d'un animal) das **Frauchen** (pluriel : Frauchen)

majeur, majeure

1 ▷ Il me tarde d'être majeur.
Ich kann es kaum erwarten, volljährig zu werden.

1 (= avoir dix-huit ans ou plus) **volljährig**

2 ▷ La majeure partie des élèves était là.
Der größte Teil der Schüler war anwesend.

2 ► **la majeure partie de... :** der größte Teil + génitif

3 ▷ Judith porte une bague au majeur.
Judith trägt einen Ring am Mittelfinger.

3 (= doigt) der **Mittelfinger** (pluriel : -finger)

majorité

1 ▷ Pour ma majorité, je donnerai une mégafête.
Für meine Volljährigkeit mache ich eine Superparty.

1 (= l'âge de dix-huit ans) die **Volljährigkeit**

2 ▷ La majorité des gens sont d'accord.
Die Mehrheit der Leute ist damit einverstanden.

2 (= la plupart) die **Mehrheit**

majuscule

▷ Il a tout écrit en majuscules.
Er hat alles in Großbuchstaben geschrieben.
▷ C'est un n majuscule.
Das ist ein großes n.

(= lettre) der **Großbuchstabe**

Quand on parle d'une lettre en particulier, on dit ***ein großes*** *suivi de la lettre.*

▷ N'oublie pas de mettre une majuscule à « August ».
Vergiss nicht, „August" groß zu schreiben.

► **mettre une majuscule à** quelque chose : etwas **groß schreiben** (schrieb, geschrieben)

mal

1 ▷ Tu as mal écrit mon nom.
Du hast meinen Namen falsch geschrieben.

1 (adverbe = de façon erronée)
falsch

2 ▷ La porte est mal fermée.
Die Tür ist nicht richtig geschlossen.

2 (adverbe = pas correctement)
nicht richtig

3 ▷ C'est mal ce que tu as fait !
Was du da getan hast, war schlecht!

3 (adjectif = pas bien moralement)
schlecht

4 ▷ Tu as mal ?
Tut es dir weh?
▷ J'ai mal au bras.
Mir tut der Arm weh.

▷ Mon père a mal au dos.
Mein Vater hat Rückenschmerzen.
▷ Mélanie avait mal à la tête.
Mélanie hatte Kopfschmerzen.

4 Pour dire qu'on a **mal** en allemand, on emploie l'expression **weh tun** (tat, getan).

Attention : dans cette construction, la partie du corps devient sujet.

Quand on parle de certaines parties du corps, on forme des mots composés avec ***Schmerzen*** *(= douleur) :* ***die Zahnschmerzen*** (mal aux dents), ***die Halsschmerzen*** (mal à la gorge), *etc.*

5 ▷ Je lui ai fait mal au bras.
Ich habe ihm am Arm weh getan.
▷ Ne lui faites pas de mal !
Tut ihm nicht weh!
▷ Dounia s'est fait mal au genou.
Dounia hat sich am Knie weh getan.

5 ► **faire mal à** quelqu'un, **faire du mal à** quelqu'un : jemandem (datif) **weh tun**

► **se faire mal** : **sich weh tun**

Le pronom personnel allemand s'emploie au datif : ich tue ***mir*** *weh, du tust* ***dir*** *weh, er/sie tut* ***sich*** *weh, wir tun* ***uns*** *weh, ihr tut* ***euch*** *weh, sie tun* ***sich*** *weh.*

6 ▷ Nous avons eu du mal à déplacer le piano.
Wir hatten Mühe, das Klavier zu verschieben.

6 ► **avoir du mal à** + infinitif :
Mühe haben, zu + infinitif

7 ▷ Barnabé dit toujours du mal des gens.
Barnabé spricht immer schlecht über Leute.

7 ► **dire du mal de** quelqu'un :
schlecht über jemanden (accusatif) **sprechen** (spricht, sprach, gesprochen)

8 ▷ Comment était le film ? – Pas mal.
Wie war der Film? – Nicht schlecht.

8 ► **pas mal** (= pas mauvais) :
nicht schlecht

9 ▷ Daniel ne chante pas mal.
Daniel singt ganz gut.

9 ► **pas mal** (= assez bien) **:** ganz gut

10 ▷ Ils gagnent pas mal d'argent.
Sie verdienen ziemlich viel Geld.

10 ► **pas mal de :** ziemlich viel

11 ▷ Ils ne savent pas distinguer le bien du mal.
Sie können das Gute vom Bösen nicht unterscheiden.

11 ► **le mal** (= la méchanceté) **:** das Böse

12 ▷ Je n'aime pas prendre le bateau, j'ai le mal de mer.
Ich fahre nicht gern mit dem Schiff, ich bin seekrank.

12 ► **avoir le mal de mer :** seekrank sein

malade

1 ▷ Ahmed n'est pas à l'école parce qu'il est malade.
Ahmed ist nicht in der Schule, weil er krank ist.

1 ► **être malade** (= être souffrant) **:** krank sein (**plus malade** kränker ; **le plus malade** der kränkste)

2 ▷ Tu es malade en voiture ?
Wird dir im Auto schlecht?

2 ► quelqu'un **est malade** (= quelqu'un vomit) **:** jemandem (datif) wird schlecht

3 ▷ Il veut plonger de là ? Il est malade !
Er will von dort einen Kopfsprung machen? Der ist wohl verrückt!

3 (= fou) verrückt

4 ▷ Les infirmières s'occupent des malades.
Die Krankenschwestern kümmern sich um die Kranken.

4 (= patient) der/die Kranke (pluriel : Kranken)

ℹ *C'est un adjectif substantivé : on dit* ***ein Kranker****.*

maladie

▷ C'est une maladie très grave.
Es ist eine sehr schwere Krankheit.

die Krankheit (pluriel : Krankheiten)

maladroit, maladroite

▷ Qu'est-ce que tu es maladroit aujourd'hui !
Du bist aber ungeschickt heute!

ungeschickt

malaise

▷ J'ai eu un malaise pendant le cours.
Ich habe mich während des Unterrichts unwohl gefühlt.

► **avoir un malaise :** sich unwohl fühlen

mâle

▻ J'ai eu un chat pour mon anniversaire. – Un mâle ou une femelle ?
Ich habe zum Geburtstag eine Katze bekommen. – Ein Männchen oder ein Weibchen?

(en parlant d'un animal) das **Männchen** (pluriel : Männchen)

malentendu

▻ Ne te fâche pas, c'est juste un malentendu.
Reg dich nicht auf, es ist ja nur ein Missverständnis.

das **Missverständnis** (pluriel : Missverständnisse)

malgré

▻ Ils sont partis malgré la pluie.
Sie sind trotz des Regens gegangen.

trotz + génitif

malheur

1 ▻ Leur maison a brûlé. – Quel malheur !
Ihr Haus ist abgebrannt. – So ein Unglück!

1 (= catastrophe) das **Unglück**

2 ▻ J'espère qu'il ne leur est pas arrivé de malheur.
Ich hoffe, ihnen ist nichts zugestoßen.

2 Pour dire qu'il **arrive malheur à quelqu'un**, en parlant d'un accident, on emploie l'expression jemandem (datif) **zustoßen**.

__zu•stoßen__ est un verbe à particule séparable et se conjugue comme __stoßen__ (stößt, stieß, gestoßen)

3 ▻ Tu me portes malheur !
Du bringst mir Unglück!

3 ► **porter malheur à** quelqu'un : jemandem (datif) **Unglück bringen** (brachte, gebracht)

4 ▻ Si par malheur je le rencontrais, je ne lui adresserais pas la parole.
Sollte ich ihn unglücklicherweise treffen, werde ich nicht mit ihm reden.

4 ► **par malheur :** unglücklicherweise

5 ▻ Son nouveau CD fait un malheur.
Seine neue CD hat einen Riesenerfolg.

5 ► **faire un malheur** (= avoir du succès) : **einen Riesenerfolg haben** (hat, hatte, gehabt)

malheureusement

▻ Malheureusement, mes cousins n'ont pas pu venir.
Leider konnten meine Cousins nicht kommen.

leider

malheureux, malheureuse

▻ Alexandra avait l'air malheureuse.
Alexandra sah unglücklich aus.

unglücklich

malhonnête

▷ Robert est malhonnête, il ne veut pas rembourser ce qu'il a emprunté.
Robert ist unehrlich, er will nicht zurückzahlen, wass er sich geliehen hat.

unehrlich

malin, maligne

1 ▷ Il est malin, il trouvera un moyen.
Er ist schlau, er wird schon einen Weg finden.

1 (= rusé, intelligent) schlau

2 ▷ Arrête de faire le malin !
Hör auf, so anzugeben!

2 ► faire le malin : angeben

ℹ *an•geben est un verbe à particule séparable et se conjugue comme geben (gibt, gab, gegeben).*

ℹ *On dit aussi sich aufspielen.*

3 ▷ C'est malin, ça !
Das ist ja intelligent!

3 ► c'est malin ! : das ist ja intelligent!

malle

▷ Ils sont partis avec plusieurs malles.
Sie sind mit mehreren Reisekoffern gefahren.

(= grande valise) der Reisekoffer (pluriel : -koffer)

mallette

▷ Quelqu'un a oublié une mallette sur le banc.
Jemand hat einen Aktenkoffer auf der Bank vergessen.

(= porte-documents) der Aktenkoffer (pluriel : -koffer)

maman

▷ La maman de Suzanne est malade.
Suzannes Mutti ist krank.

die Mutti

ℹ *On dit aussi die Mama ou die Mami.*

mamie

▷ La mamie de Loïc a soixante ans.
Loïcs Oma ist sechzig.

die Oma (pluriel : Omas)

ℹ *On dit aussi die Omi.*

manche (nom féminin)

1 ▷ Tu as taché ta manche.
Du hast deinen Ärmel schmutzig gemacht.

1 (= la manche d'un vêtement) der Ärmel (pluriel : Ärmel)

▷ Tu aurais moins chaud avec une chemise à manches courtes.
Mit einem kurzärmeligen Hemd wäre dir nicht so warm.

► à manches courtes : kurzärmelig

▷ Je n'ai pas de T-shirts à manches longues.
Ich habe keine langärmeligen T-Shirts.

► à manches longues : langärmelig

▷ Il portait un T-shirt sans manches.
Er trug ein ärmelloses T-Shirt.

► sans manches : ärmellos

2 ▷ Nous avons traversé la Manche en ferry.
Wir haben den Ärmelkanal mit der Fähre überquert.

2 ► **la Manche** (= la mer) **:** der Ärmelkanal

3 ▷ Simon a gagné la première manche.
Simon hat die erst Runde gewonnen.

3 (= la partie d'un jeu) die **Runde** (pluriel : Runden)

manche (nom masculin)

▷ Le manche de la casserole est très chaud.
Der Topfstiel ist heiß.

der **Stiel** (pluriel : Stiele)

mandarine

▷ Ces mandarines sont délicieuses.
Diese Mandarinen sind köstlich.

die **Mandarine** (pluriel : Mandarinen)

manège

▷ Il y a trois manèges dans le parc.
Im Park gibt es drei Karussells.

▷ Ma petite sœur a fait un tour de manège.
Meine kleine Schwester ist Karussell gefahren.

(= pour les enfants) das **Karussell** (pluriel : Karussells *ou* Karusselle)

► **faire un tour de manège :** Karussell fahren *ou* mit dem Karussell fahren (fährt, fuhr, gefahren)

manger

1 ▷ On mange très bien dans ce restaurant.
In diesem Restaurant isst man sehr gut.

1 (en parlant d'une personne) **essen** (isst, aß, gegessen)

2 ▷ Les lapins mangent-ils de la salade ?
Fressen Kaninchen Salat?

2 (en parlant d'un animal) **fressen** (frisst, fraß, gefressen)

3 ▷ Est-ce que tu as donné à manger au chien ?
Hast du den Hund gefüttert?

3 ► **donner à manger à :** füttern

manie

▷ Il a la manie de laisser toutes les lumières allumées.
Er hat die Eigenheit, immer alle Lichter brennen zu lassen.

die **Eigenheit** (pluriel : Eigenheiten)

manière

1 ▷ De quelle manière veux-tu calculer ça ?
Auf welche Art und Weise willst du das ausrechnen?

1 (= façon) **Weise** (pluriel : Weisen)

2 ▷ Il se comporte d'une manière bizarre.
Er benimmt sich seltsam.

2 Quand on veut dire **de manière** + adjectif en allemand, on traduit simplement par l'adjectif.

3 ▷ D'une manière ou d'une autre, j'y arriverai.
Ich bringe es so oder so fertig.

3 ► **d'une manière ou d'une autre :** so oder so

4 ▷ De toute manière, ça m'est égal.
Es ist mir sowieso egal.

4 ► **de toute manière :** sowieso

5 ▷ De quelle manière est-ce que tu vas t'y prendre?
Wie willst du das machen?

5 ► **de quelle manière...? :** wie... ?

manifestation

▷ Tu es allé à la manifestation samedi ?
Warst du am Samstag auf der Demonstration?

(= marche) die **Demonstration**
(pluriel : Demonstrationen)

ℹ *En allemand,* ***Demo*** *est l'abréviation familière de* ***Demonstration****, comme* **manif** *est celle de* **manifestation** *en français.*

mannequin

1 ▷ Le mannequin dans la vitrine était très ressemblant.
Die Schaufensterpuppe sah sehr echt aus.

2 ▷ Les mannequins les plus célèbres gagnent beaucoup d'argent.
Die berühmtesten Mannequins verdienen viel Geld.

1 (= statue dans une vitrine) die **Schaufensterpuppe**
(pluriel : -puppen)

2 (= personne) das **Mannequin**
(pluriel : Mannequins)

Se prononce comme en français.

ℹ *On dit aussi* ***das Model*** (pluriel : *Models*)

manquer

1 ▷ Chris a manqué son train.
Chris hat seinen Zug verpasst.

1 (= rater) **verpassen**

ℹ *Les verbes commençant par le préfixe* ***ver-*** *ne prennent pas* ***ge-*** *au participe passé.*

2 ▷ Valérie manque d'imagination.
Valérie fehlt es an Fantasie.

2 ► quelqu'un **manque de** quelque chose (en parlant d'une qualité) **:** jemandem (datif) **fehlt es an** etwas

3 ▷ On va manquer de boissons.
Wir werden nicht genug Getränke haben.

3 ► **manquer de...** (en parlant d'argent, de nourriture, etc.) **:** nicht genug... haben

4 ▷ Il manque une assiette.
Es fehlt ein Teller.
▷ Il manque trois fourchettes.
Es fehlen drei Gabeln.

4 Pour dire qu'il **manque** quelque chose en allemand, on emploie l'expression **es fehlt** (si le nom qui suit est un singulier) *ou* **es fehlen** (si le nom qui suit est un pluriel).

5 ▷ Tu me manques !
Du fehlst mir!
▷ Il m'a écrit souvent, je crois que je lui manque.
Er hat mir oft geschrieben, ich glaube, er vermisst mich.

5 ► **manquer à** quelqu'un **:** jemandem (datif) **fehlen**

ℹ *Il est aussi possible de traduire par jemanden* (accusatif) ***vermissen****. Dans ce cas, le sujet et le complément sont inversés.*

manteau

▷ Mets ton manteau, il fait froid.
Zieh deinen Mantel an, es ist kalt.

der **Mantel** (pluriel : Mäntel)

manuel, manuelle

1 ▷ Bruno préférerait faire un métier manuel.
Bruno würde lieber einen handwerklichen Beruf ausüben.

2 ▷ J'ai perdu le manuel du magnétoscope.
Ich habe das Handbuch des Videorecorders verloren.

3 ▷ L'école nous prête des manuels scolaires.
Die Schule leiht uns Schulbücher.

1 (adjectif = non intellectuel) **handwerklich**

2 ► **un manuel** (= un mode d'emploi) : ein Handbuch (pluriel : -bücher)

3 ► **manuel scolaire** : das Schulbuch (pluriel : -bücher)

maquette

▷ C'est seulement une maquette.
Das ist nur ein Modell.

(= modèle réduit) das **Modell** (pluriel : Modelle)

L'accent est sur la deuxième syllabe.

▷ J'ai eu une maquette d'avion pour mon anniversaire.
Ich habe ein Flugzeugmodell zum Geburtstag bekommen.

► **maquette d'avion** (à monter) : das Flugzeugmodell

▷ Samuel fait la collection de maquettes d'avion.
Samuel sammelt Modellflugzeuge.

► **maquette d'avion** (= jouet) : das Modellflugzeug

maquillage

1 ▷ Ton maquillage est très discret.
Dein Make-up ist sehr diskret.

2 ▷ Où est la boîte de maquillage ?
Wo ist die Schachtel mit der Schminke?

1 (d'une femme, d'une jeune fille) das **Make-up**

2 (pour les enfants, au théâtre) die **Schminke**

maquiller

▷ Ils ont mis une heure à la maquiller.
Sie haben eine Stunde gebraucht, um sie zu schminken.

► **maquiller** quelqu'un : jemanden (accusatif) schminken

▷ Élodie est en train de se maquiller.
Élodie schminkt sich gerade.

► **se maquiller** (= mettre, porter du maquillage) : sich schminken

*Le pronom personnel réfléchi allemand s'emploie à l'accusatif : ich schminke **mich**, du schminkst **dich**, er/sie schminkt **sich**, wir schminken **uns**, ihr schminkt **euch**, sie schminken **sich**.*

marbre

▷ Le marbre est un matériau de luxe.
Marmor ist ein Luxusmaterial.

▷ L'escalier est en marbre.
Die Treppe ist aus Marmor.

▷ Ma table de chevet a une plaque en marbre.
Mein Nachttisch hat eine Marmorplatte.

der **Marmor**

► **être en marbre :** aus Marmor sein

ℹ *Pour dire que quelque chose est fait* **en marbre** *en allemand, on forme des mots composés avec* ***Marmor*** *:* ***der Marmortisch*** **(table en marbre).**

marchand, marchande

1 ▷ Chaque fois que je passe devant le magasin, le marchand me dit bonjour.
Jedes Mal, wenn ich an dem Geschäft vorbeigehe, grüßt mich der Händler.

▷ Où est-ce que je peux trouver un marchand de meubles ?
Wo kann ich einen Möbelhändler finden?

▷ Tu pourrais aller chez le marchand de fruits et légumes ?
Könntest du zum Obst- und Gemüsehändler gehen?

1 (= personne) der **Händler** (pluriel : Händler), die **Händlerin** (pluriel : Händlerinnen)

ℹ *Pour dire que quelqu'un est* **marchand** *de quelque chose, on forme des mots composés avec* ***Händler*** *:* ***der Eishändler*** **(marchand de glace),** ***Zeitungshändler*** **(marchand de journaux).**

ℹ *Quand plusieurs mots composés du même radical se suivent, on abrège le premier ou les premiers par un trait d'union. Autre exemple :* ***der Sandwich- und Getränkehändler*** **(le marchand de sandwichs et de boissons).**

2 ▷ Il faut que tu traverses la rue marchande pour arriver à la mairie.
Du musst die Geschäftsstraße überqueren, um zum Rathaus zu kommen.

2 ► **rue marchande :** die Geschäftsstraße (pluriel : -straßen)

marche

1 ▷ La marche est bonne pour la santé.
Laufen ist gut für die Gesundheit.

▷ Mes grands-parents aiment faire de la marche.
Meine Großeltern laufen gern.

1 ► la marche (= la randonnée) : das Laufen

ℹ *C'est un verbe substantivé, il ne s'emploie qu'au singulier.*

► **faire de la marche :** laufen (läuft, lief, gelaufen)

2 ▷ Attention, la dernière marche est un peu plus haute.
Vorsicht, die letzt Stufe ist etwas höher.

2 (= la marche d'un escalier) die **Stufe** (pluriel : Stufen)

3 ▷ La machine à laver est en marche.
Die Waschmaschine läuft.

3 ► **être en marche** (en parlant d'un appareil, d'un moteur) **:** laufen

4 ▷ Qui a mis la radio en marche ?
Wer hat das Radio angestellt?
▷ Mets le grille-pain en marche, s'il te plaît.
Stell bitte den Toaster an.

4 ► **mettre en marche** (en parlant d'un appareil, d'un téléviseur) : anstellen

an•stellen est un verbe à particule séparable.

5 ▷ D'abord on met le moteur en marche.
Zuerst lässt man den Motor an.

5 ► **mettre en marche** (en parlant d'un moteur) : anlassen

an•lassen est un verbe à particule séparable et se conjugue comme lassen (lässt, ließ, gelassen).

6 ▷ Fais marche arrière, il n'y pas assez de place.
Fahr rückwärts, es ist nicht genug Platz da.

6 ► **faire marche arrière** (en voiture) : rückwärts fahren (fährt, fuhr, gefahren)

On dit aussi zurück•setzen, qui est un verbe à particule séparable.

marché

1 ▷ Ma mère achète le poisson sur le marché.
Meine Mutter kauft Fisch auf dem Markt.

2 ▷ Ces fleurs sont bon marché.
Diese Blumen sind billig.

1 der Markt (pluriel : Märkte)

2 ► **bon marché** : billig

marcher

1 ▷ On a marché jusqu'au village.
Wir sind bis zum Dorf gelaufen.

2 ▷ Oh non, j'ai marché dans une crotte !
Oh je, ich bin in einen Haufen getreten!

3 ▷ L'ordinateur de Jackie ne marche pas très bien.
Jackies Computer funktioniert nicht richtig.

4 ▷ Tu me fais marcher !
Du nimmst mich auf den Arm!

1 (= aller à pied) laufen (läuft, lief, gelaufen)

2 ► **marcher dans** quelque chose : in etwas treten (tritt, trat, getreten)

3 (= fonctionner) funktionieren

4 ► **faire marcher** quelqu'un (= taquiner quelqu'un) : jemanden (accusatif) auf den Arm nehmen (nimmt, nahm, genommen)

mardi

▷ Aujourd'hui c'est mardi.
Heute ist Dienstag.
▷ Nous viendrons mardi.
Wir kommen am Dienstag.
▷ Le mardi, Sandra va à son cours de piano.
Dienstags hat Sandra Klavierunterricht.

der Dienstag

► **faire** quelque chose **mardi** : etwas am Dienstag tun

► **le mardi** (= tous les mardis) : dienstags

mare

▷ À côté de l'église il y a une mare avec des canards.
Neben der Kirche ist ein Tümpel mit Enten.

der **Tümpel** (pluriel : Tümpel)

marée

1 ▷ Nous pourrons ramasser des coquillages à marée basse.
Bei Ebbe können wir Muscheln sammeln.
▷ À marée haute, la route est sous l'eau.
Bei Flut steht die Straße unter Wasser.
▷ La marée descend ou monte ?
Ist es Ebbe oder Flut?

1 ► **marée basse** : die Ebbe

► **marée haute** : die Flut

Il n'y a pas de traduction pour **marée** *tout court en allemand. Quand la marée descend ou monte, on parle aussi de* ***Ebbe*** *ou de* ***Flut***.

2 ▷ Il y a eu une nouvelle marée noire en Bretagne.
Es hat eine neue Ölpest in der Bretagne gegeben.

2 ► **marée noire** : die Ölpest

margarine

▷ Je fais la pâtisserie avec de la margarine.
Ich backe mit Margarine.

die **Margarine** (pluriel : Margarinen)

marge

▷ N'oublie pas de laisser une marge pour les corrections.
Vergiss nicht, einen Rand für die Korrekturen zu lassen.

der **Rand** (pluriel : Ränder)

marguerite

▷ Léa a cueilli des marguerites pour sa mère.
Léa hat für ihre Mutter Margeriten gepflückt.

die **Margerite** (pluriel : Margeriten)

Attention à l'orthographe du mot allemand.

mari

▷ Le mari de Catherine est très grand.
Catherines Mann ist sehr groß.

der **Mann** (pluriel : Männer)

On dit aussi parfois ***der Ehemann***.

mariage

▷ Tania nous a invités à son mariage.
Tania hat uns zu ihrer Hochzeit eingeladen.

(= fête, cérémonie) die **Hochzeit** /'hɔxtsait/

Le ***o*** *de* ***Hochzeit*** *est court et ouvert comme dans* ***hoffen***.

marié, mariée

1 ▷ Ils vivent ensemble, mais ils ne sont pas mariés.
Sie leben miteinander aber sie sind nicht verheiratet.

2 ▷ Le marié est arrivé en retard à l'église.
Der Bräutigam kam zu spät zur Kirche.

3 ▷ Le père de la mariée a fait un discours.
Der Vater der Braut hat eine Rede gehalten.

4 ▷ Les mariés ont reçu beaucoup de cadeaux.
Das Brautpaar erhielt viele Geschenke.

1 ► **être marié :** verheiratet sein

2 ► **le marié :** der Bräutigam

3 ► **la mariée :** die Braut

4 ► **les mariés :** das Brautpaar

se marier

▷ Ils se marieront en été.
Sie heiraten im Sommer.

▷ Céline va se marier avec Antoine la semaine prochaine.
Céline heiratet Antoine nächste Woche.

heiraten

► **se marier avec** quelqu'un : jemanden (accusatif) heiraten

marin, marine (adjectif)

▷ L'air marin est bon pour la santé.
Seeluft ist gut für die Gesundheit.

▷ Nous avons vu des animaux marins très bizarres.
Wir haben sehr seltsame Meerestiere gesehen.

Pour traduire l'adjectif **marin, marine**, on forme des mots composés avec **See-** *ou* **Meeres-** *:* die Seemeile (mile marin) ; die Seekarte (carte marine) ; die Meeresflora (flore marine), die Meeresströmung (courant marin).

marin

▷ Les marins chantaient des chansons dans le bar.
Die Seemänner sangen Lieder in der Kneipe.

(= personne) : der **Seemann** (pluriel : Seemänner)

marine

▷ Mon grand frère est dans la marine.
Mein großer Bruder ist in der Marine.

► **la marine :** die Marine

marionnette

▷ Il y avait un spectacle de marionnettes dans le parc.
Im Park gab es eine Marionettenvorstellung.

die **Marionette** (pluriel : Marionetten)

ℹ *Attention à l'orthographe du mot allemand.*

marmite

▷ Attention, la marmite est brûlante.
Pass auf, der Topf ist heiß.

der **Topf** (pluriel : Töpfe)

marmotte

▷ Pendant la randonnée, nous avons vu des marmottes.
Auf der Wanderung haben wir Murmeltiere gesehen.

die **Murmeltier**
(pluriel : Murmeltiere)

Maroc

▷ Le Maroc est un pays passionnant.
Marokko ist ein faszinierendes Land.

Marokko
► **le Maroc :** Marokko
ℹ *Ne prend l'article neutre que précédé d'un adjectif :* ***das farbenfrohe Marokko*** (le Maroc bigarré).

▷ La famille de Lalia vit au Maroc.
Lalias Familie lebt in Marokko.

▷ Si on veut aller au Maroc en voiture, on doit prendre le ferry à Gibraltar.
Wenn man kann mit dem Auto nach Marokko fahren will, muss man die Fähre in Gibraltar nehmen.

▷ Je suis allé souvent au Maroc.
Ich war schon oft in Marokko.

► **au Maroc** (= dans le pays) **:** in Marokko
► **au Maroc** (= vers le pays) **:** nach Marokko

Attention : pour dire que quelqu'un **est déjà allé quelque part**, *on emploie une expression avec le prétérit du verbe* ***sein*** *+* ***schon***.

marocain, marocaine

1 ▷ Dans ce restaurant marocain, on mange un excellent couscous.
In diesem marokkanischen Restaurant isst man einen ausgezeichneten Couscous.

1 (adjectif) **marokkanisch**

2 ▷ Beaucoup de Marocains parlent français.
Viele Marokkaner sprechen Französisch.

2 (= personne) der **Marokkaner**
(pluriel : Marokkaner),
die **Marokkanerin**
(pluriel : Marokkanerinnen)

marque

1 ▷ Fais une marque sur ton livre pour qu'on sache que c'est le tien.
Mach ein Zeichen auf dein Buch, damit man weiß, dass es dir gehört.

1 (= signe) das **Zeichen**
(pluriel : Zeichen)

2 ▷ On voit encore les marques de ses doigts sur le verre.
Man kann noch die Spuren von seinen Fingern auf dem Glas sehen.

2 (= trace) die **Spur**
(pluriel : Spuren)

3 ▷ C'est une marque de jean célèbre.
Das ist eine berühmte Jeansmarke.

3 (= nom de produit) die **Marke**
(pluriel : Marken)

▷ Ma mère n'achète que des yaourts de marque.
Meine Mutter kauft nur Markenjoghurt.

ℹ *Pour dire que quelque chose est* **de marque** *en allemand, on forme des mots composés avec* ***Marken-* : *die Markenjeans*** **(jean de marque)**, ***der Markenname*** **(nom de marque)**, *etc.*

marquer

1 ▷ Marque ton adresse sur ce papier.
Schreib deine Adresse auf dieses Papier.

1 (= écrire) **schreiben** (schrieb, geschrieben)

2 ▷ Nous avons marqué deux points.
Wir haben zwei Punkte erzielt.

2 (en parlant d'un score) **erzielen**

ℹ *Les verbes commençant par le préfixe* ***er-*** *ne prennent pas* ***ge-*** *au participe passé.*

marqueur

▷ Tu peux me prêter ton marqueur noir ?
Kannst du mir deinen schwarzen Marker leihen?

(= feutre) der **Marker** (pluriel : Marker)

marraine

▷ Julie est ma marraine.
Julie ist meine Patin.

die **Patin** (pluriel : Patinnen)

ℹ *On dit aussi* ***die Patentante*** (pluriel : *-tanten*)

marrant, marrante

▷ Ton frère est très marrant.
Dein Bruder ist sehr witzig.

witzig

marre

▷ Tu n'en as pas marre de cette musique ?
Hast du diese Musik nicht satt?

► **en avoir marre de** quelque chose *ou* **de** quelqu'un **:** etwas *ou* jemanden (accusatif) **satt haben**

ℹ *On dit aussi* ***von*** *etwas ou jemandem* (datif) ***die Nase voll haben.***

▷ J'en ai marre d'attendre.
Ich habe es satt zu warten.

► **en avoir marre de** + infinitif **:** **es satt haben, zu** + infinitif

se marrer

1 ▷ Quand ils m'ont vu, ils se sont marrés.
Als sie mich gesehen haben, haben sie gelacht.

1 (= rire) **lachen**

2 ▷ On s'est bien marrés à la fête de Sylvia.
Wir haben uns auf Sylvias Party gut amüsiert.

2 (= s'amuser) **sich amüsieren**

ℹ *Les verbes se terminant en* ***-ieren*** *ne prennent pas* ***ge-*** *au participe passé.*

marron

1 ▷ Elle portait une robe marron.
Sie trug ein braunes Kleid.

1 (adjectif = couleur) **braun**

▷ Le marron est une couleur triste.
Braun ist eine trübselige Farbe.

► **le marron :** Braun

2 ▷ Viens, on va ramasser des marrons.
Komm, wir sammeln Maronen.

2 (= châtaigne) die Marone (pluriel : Maronen)

ℹ *On dit aussi* ***die Esskastanie*** (pluriel : *-kastanien*)

▷ Nous avons acheté des marrons chauds.
Wir haben heiße Maronen gekauft.

► **marrons chauds :** heiße Maronen *ou* heiße Maroni

mars

▷ Il fait souvent froid en mars.
Im März ist es oft kalt.

▷ Mireille est née le quinze mars.
Mireille wurde am fünfzehnten März geboren.

der März

► **en mars, au mois de mars :** im März

ℹ *On écrit* ***an 15. März.***

marteau

▷ Est-ce que tu as vu le marteau ?
Hast du den Hammer gesehen?

der Hammer (pluriel : Hämmer)

martien

▷ Il y a des gens qui croient aux Martiens.
Es gibt Leute, die an Marsmenschen glauben.

der Marsmensch (pluriel : -menschen)

masque

▷ Philippe ne quitte plus son masque de Zorro.
Philippe nimmt seine Zorromaske nicht mehr ab.

die Maske (pluriel : Masken)

massacre

1 ▷ Il y a eu un terrible massacre.
Es gab ein furchtbares Massaker.

1 (= tuerie) das Massaker (pluriel : Massaker)

2 ▷ Regarde ce que tu as fait ! Quel massacre !
Schau mal, was du da getan hast! So eine Schweinerei!

2 (= gâchis) die Schweinerei (pluriel : Schweinereien)

massacrer

▷ Les soldats massacraient des familles entières.
Die Soldaten metzelten ganze Familien nieder.

(= tuer) niedermetzeln

ℹ ***nieder•metzeln*** *est un verbe à particule séparable.*

massage

▷ Les massages me font beaucoup de bien.
Die Massagen tun mir gut.

▷ Tu peux me faire un massage ?
Kannst du mich mal massieren?

die Massage /ma'saːʒə/ (pluriel : Massagen)

► **faire un massage à** quelqu'un **:** jemanden (accusatif) massieren

*Les verbes se terminant en **-ieren** ne prennent pas **ge-** au participe passé.*

masse

1 ▷ J'ai une masse de livres à lire.
Ich habe eine Menge Bücher zu lesen.

2 ▷ Ils sont venus en masse.
Sie sind in Scharen gekommen.

1 ► **une masse de** (= beaucoup de) : **eine Menge** + génitif

2 ► **en masse : in Scharen** *ou* **in Massen** *ou* **massenweise**

masser

▷ Elle m'a massé les épaules.
Sie hat mir die Schultern massiert.

massieren

*Les verbes se terminant en **-ieren** ne prennent pas **ge-** au participe passé.*

match

▷ Ce n'était pas un très bon match.
Es war kein sehr gutes Spiel.

▷ Le match de tennis a commencé à quinze heures.
Das Tennismatch hat um fünfzehn Uhr angefangen.

▷ Lyon et Strasbourg on fait match nul.
Lyon und Straßburg haben unentschieden gespielt.

das **Spiel** (pluriel : **Spiele**)

*Quand il s'agit d'un match de tennis, on traduit par **das Match** /mætʃ/.*

► **faire match nul : unentschieden spielen**

matelas

▷ Mon matelas est très confortable.
Meine Matratze ist sehr bequem.

▷ J'ai emporté un matelas pneumatique.
Ich habe eine Luftmatratze mitgenommen.

die **Matratze** (pluriel : **Matratzen**)

► **matelas pneumatique : die Luftmatratze**

matériel

▷ Ils vendent du matériel scolaire.
Sie verkaufen Schulmaterial.

▷ Je réunis le matériel de camping.
Ich stelle meine Campingausrüstung zusammen.

das **Material**

*Quand on parle d'un matériel nécessaire pour une activité, on traduit par **die Ausrüstung**.*

maternelle

▷ Ma petite sœur est à la maternelle.
Meine kleine Schwester geht in den Kindergarten.

der **Kindergarten** (pluriel : **-gärten**)

*La **maternelle** en tant qu'école n'existe pas en Allemagne. Tous les enfants ne vont pas au **Kindergarten**, qui veut dire **jardin d'enfants**.*

mathématiques

▷ Les mathématiques sont mon point faible.
Mathematik ist mein schwacher Punkt.

die **Mathematik**

ℹ *Ce mot s'emploie uniquement au singulier.*

maths

▷ Raoul est très bon en maths.
Raoul ist in Mathe sehr gut.

die **Mathe**

ℹ *Ce mot s'emploie uniquement au singulier.*

matière

1 ▷ L'anglais est ma matière préférée.
Englisch ist mein Lieblingsfach.

1 (= sujet qu'on étudie) das **Fach** (pluriel : Fächer)

ℹ *Ne confondez pas le pluriel avec le mot* ***der Fächer*** = éventail.

2 ▷ Ce yaourt contient 40 % de matière grasse.
Dieser Jogurt enthält 40 % Fett.

2 ► **matière grasse** : das Fett

matin

1 ▷ Le matin est le moment de la journée que je préfère.
Der Morgen ist die Tageszeit, die ich am liebsten mag.
▷ J'ai un examen mardi matin.
Ich habe Dienstagmorgen eine Prüfung.
▷ C'est un beau matin de janvier.
Es ist ein schöner Januarmorgen.
▷ Le facteur passe tous les matins.
Der Briefträger kommt jeden Morgen.
▷ Tu veux que je vienne le matin ?
Willst du, dass ich morgens komme?
▷ Il court du matin au soir.
Er rennt von morgens bis abends.

1 der **Morgen** (pluriel : Morgen)

ℹ *Quand* ***Morgen*** *est employé avec un jour ou un mois précis, les deux sont liés.*

► **tous les matins** : jeden Morgen

► **le matin** (= dans la matinée) : morgens

► **du matin au soir** : von morgens bis abends

2 ▷ Viens demain matin.
Komm morgen früh.

2 **Demain matin** se traduit par **morgen früh**.

matinée

1 ▷ J'ai passé la matinée à faire mes devoirs.
Ich habe den Vormittag mit meinen Hausaufgaben verbracht.
▷ Je t'appellerai dans la matinée.
Ich rufe dich am Vormittag an.

1 (= moment de la journée) der **Vormittag**

► **dans la matinée** : am Vormittag

ℹ *On dit aussi* ***vormittags****.*

▷ J'ai un rendez-vous dans la matinée de mercredi.
Ich habe am Mittwochvormittag einen Termin.

▷ Le dimanche, je fais la grasse matinée.
Sonntags schlafe ich aus.

*Quand **Vormittag** est employé avec un jour précis, les deux sont liés.*

► **faire la grasse matinée :** ausschlafen

***aus•schlafen** est un verbe à particule séparable et se conjugue comme **schlafen** (schläft, schlief, geschlafen).*

2 ▷ Nous sommes allés au théâtre en matinée.
Wir sind ins Theater in die Frühvorstellung gegangen.

2 (= représentation, séance de cinéma) die **Frühvorstellung** (pluriel : –vorstellungen)

mauvais, mauvaise

1 ▷ Ne mange pas ça, c'est mauvais.
Iss das nicht, das ist schlecht.
▷ Je suis mauvais en maths.
Ich bin schlecht in Mathe.

1 (= pas bon) **schlecht**

2 ▷ C'était la mauvaise réponse.
Das war die falsche Antwort.

2 (= incorrect) **falsch**

mauve

▷ Sophie a un joli foulard mauve.
Sophie hat ein hübsches malvenfarbiges Halstuch.

malvenfarbig

maximum

1 ▷ Le maximum est cent euros.
Das Maximum ist hundert Euro.

1 ► **le maximum :** das Maximum

2 ▷ Quelle est la vitesse maximum autorisée ?
Was ist die zulässige Höchstgeschwindigkeit?

2 Pour traduire l'adjectif, on forme des mots composés avec **Höchst** : der Höchstpreis (prix maximum), die Höchststrafe (peine maximum).

mayonnaise

▷ En entrée, il y avait des œufs durs avec de la mayonnaise.
Als Vorspeise gab es harte Eier mit Mayonnaise.

die **Mayonnaise**

*Se prononce **Majonäse**.*

me ou m'

1 ▷ Est-ce que tu m'entends ?
Hörst du mich?
▷ Ma mère m'a donné de l'argent de poche.
Meine Mutter hat mir Taschengeld gegeben.

1 En fonction du verbe employé, le complément d'objet direct s'emploie soit à l'accusatif : **mich**, soit au datif : **mir**.

2 ▷ Je me gratte parce que j'ai des piqûres de moustique.
Ich kratze mich, weil ich Mückenstiche habe.
▷ Tu peux me gratter le dos ?
Kannst du mir den Rücken kratzen?

2 Si le verbe réfléchi allemand ne comporte pas de complément direct, il s'emploie à l'accusatif : **mich**. Si le verbe réfléchi comporte un complément direct, il s'emploie au datif : **mir**.

mec

1 ▷ Ce mec est vraiment idiot !
Dieser Typ ist wirklich dumm!

1 (= garçon, homme) der **Typ** (pluriel : Typen)
ℹ *N'oubliez pas que le* y *allemand se prononce comme un* **u**.

2 ▷ Vous connaissez le nouveau mec d'Élise ?
Kennt ihr Élises neuen Freund?

2 (= copain) der **Freund** (pluriel : Freunde)
ℹ *Le mot allemand n'est pas familier.*

mécanicien, mécanicienne

▷ Le mécanicien du garage a dit que la panne n'était pas grave.
Der Werkstattmechaniker hat gesagt, die Panne wäre nicht schlimm.

(qui répare les voitures) der **Mechaniker** (pluriel : Mechaniker), die **Mechanikerin** (pluriel : Mechanikerinnen)

mécanique

▷ Ludovic fait des études de mécanique.
Ludovic studiert Mechanik.

(= matière, technique) die **Mechanik**

méchamment

▷ Pourquoi tu lui parles méchamment ?
Warum sprichst du so bösartig zu ihr?

bösartig

méchant, méchante

1 ▷ Aurélien est méchant avec sa sœur.
Aurélien ist böse zu seiner Schwester.

1 (= désagréable) **böse**
ℹ *Notez la préposition en allemand :* méchant avec = *böse* ***zu***.

2 ▷ Ne sois pas méchant, fais ce qu'on te dit.
Sei doch nicht ungezogen, tu was man dir sagt.

2 (= désobéissant, en parlant d'un enfant) **ungezogen**

3 ▷ Ils ont deux gros chiens méchants.
Sie haben zwei große bösartige Hunde.
▷ Attention, chien méchant !
Vorsicht, bissiger Hund!

3 (= féroce, en parlant d'un animal) **bösartig**
► **chien méchant** (sur un panneau) : bissiger Hund

mèches

▷ J'aime beaucoup ses mèches.
Ich mag ihre Strähnchen sehr.
▷ Tu t'es fait faire des mèches ?
Hast du dir Strähnchen machen lassen?

(=mèches colorées) die **Strähnchen**
► **se faire faire des mèches :** sich (datif) Strähnchen machen lassen (lässt, ließ, gelassen)

ℹ Une mèche *au sens de* touffe de cheveux *se dit* ***die Strähne*** (pluriel : *Strähnen*) *en allemand.*

médaille

1 ▷ Les Français ont remporté la médaille d'or.
Die Franzosen haben die Goldmedaille gewonnen.

1 (= décoration, prix) die **Medaille** /me'daljə/ (pluriel : Medaillen)
🔊 *Notez la prononciation.*

2 ▷ La grand-mère de Saskia lui a offert une médaille.
Saskias Großmutter hat ihr ein Medaillon geschenkt.

2 (= bijou) das **Medaillon** /medal'jõ:/ (pluriel : Medaillons)
🔊 *Notez la prononciation.*

médecin

▷ Le médecin a dit que je devais me reposer.
Der Arzt hat gesagt, ich solle mich ausruhen.

der **Arzt** (pluriel : Ärzte), die **Ärztin** (pluriel : Ärztinnen)
ℹ *La flexion féminine existe en allemand.*

médecine

▷ Loïc fait des études de médecine.
Loïc studiert Medizin.

die **Medizin**
ℹ *L'article est rarement employé.*
ℹ *Attention à l'orthographe du mot allemand.*

médias

▷ Les médias ont largement commenté le procès.
Die Medien haben das Gerichtsverfahren umfassend kommentiert.

► **les médias** (= presse, télévision, etc.) **:** die Medien
ℹ ***Medien*** *est le pluriel de* ***Medium.***

médicament

▷ Jean-Jacques doit prendre des médicaments pour l'estomac.
Jean-Jacques muss Medikamente für den Magen nehmen.

das **Medikament** (pluriel : Medikamente)

médiéval, médiévale

▷ Carcassonne est une ville médiévale.
Carcassonne ist eine mittelalterliche Stadt.

mittelalterlich

médire

▻ Arrête de médire !
Hör auf zu lästern!
▻ Elle est toujours en train de médire de ses copines.
Sie zieht dauernd über ihre Freundinnen her.

lästern

► **médire de** quelqu'un **:** über jemanden (accusatif) herziehen

ℹ ***her•ziehen*** *est un verbe à particule séparable et se conjugue comme* ***ziehen*** *(zog, gezogen).*

Méditerranée

▻ La Méditerranée est plus chaude que l'océan.
Das Mittelmeer ist wärmer als der Ozean.

das Mittelmeer

méduse

▻ Je ne vais pas me baigner, il y a plein de méduses !
Ich gehe nicht baden, da sind ja lauter Quallen!

die Qualle (pluriel : Quallen)

se méfier

1 ▻ Méfie-toi, ça glisse.
Pass auf, es ist glatt.

1 (= faire attention) aufpassen

ℹ ***auf•passen*** *est un verbe à particule séparable.*

2 ▻ Je me méfie de lui, je crois qu'il est malhonnête.
Ich misstraue ihm, ich glaube, er ist unehrlich.

2 ► **se méfier de** quelqu'un **:** jemandem (datif) misstrauen

mégot

▻ Il y avait des mégots par terre.
Auf dem Boden lagen Kippen.

die Kippe (pluriel : Kippen)

ℹ *On dit aussi* ***der Zigarettenstummel*** (pluriel : *-stummel*).

meilleur, meilleure

1 ▻ Paul est meilleur que moi en anglais.
Paul ist in Englisch besser als ich.

1 (= plus doué, plus savoureux, etc.) besser

2 ▻ Jeanne a le meilleur résultat.
Jeanne hat das beste Ergebnis.
▻ Latifa est la meilleure élève de la classe.
Latifa ist die beste Schülerin der Klasse.
▻ C'est elle la meilleure.
Sie ist die Beste.

2 ► **le meilleur** *ou* **la meilleure** + substantif **:** der/die/das beste + substantif

ℹ *Quand* le meilleur *ou* la meilleure *est un nom, on traduit par* ***der/die/das Beste.***

3 ▻ Il fait meilleur qu'hier.
Es ist wärmer als gestern.
▻ Il fera meilleur demain.
Morgen wird es schöner.

3 ► **il fait meilleur** (= il fait plus chaud) **:** es ist wärmer
► **il fait meilleur** (= il fait plus beau) **:** es ist schöner

mélange

▻ C'est un mélange d'eau et de lait.
Das ist eine Mischung aus Wasser und Milch.

die **Mischung**
(pluriel : Mischungen)

mélanger

1 ▻ Mélange bien les ingrédients.
Misch die Zutaten gut.

2 ▻ Ma grand-mère mélange les prénoms.
Meine Großmutter bringt die Vornamen durcheinander.

1 (= combiner) **mischen**
ℹ *On dit aussi **vermischen**.*

2 (= confondre)
durcheinanderbringen
ℹ ***durcheinander•bringen** est un verbe à particule séparable et se conjugue comme **bringen** (brachte, gebracht).*
ℹ *On dit aussi **verwechseln**.*

se mêler

1 ▻ Ne te mêle pas de ça !
Kümmere dich nicht darum!
▻ Mêle-toi de ce qui te regarde !
Kümmere dich um deine eigenen Angelegenheiten!

2 ▻ De quoi il se mêle ?
Was geht ihn das an?

1 ► **se mêler de** quelque chose :
sich um etwas **kümmern**

2 ► **de quoi tu te mêles ?** *ou* **de quoi il se mêle ?**, *etc.* : was geht dich das an? *ou* was geht ihn das an?, *etc.*

melon

▻ Tu pourrais acheter un melon, s'il te plaît ?
Könntest du bitte eine Melone kaufen?

die **Melone** (pluriel : Melonen)

membre

▻ Tous les membres du club étaient là.
Alle Klubmitglieder waren da.

das **Mitglied** (pluriel : -glieder)

même

1 ▻ J'ai vu le même vélo sur le catalogue.
Ich habe dasselbe Fahrrad im Katalog gesehen.
▻ C'est le même.
Das ist derselbe.
▻ Il a le même blouson qu'hier.
Er hat dieselbe Jacke wie gestern.

2 ▻ Ils ont tous les deux la même voiture.
Sie haben beide das gleiche Auto.

1 (= identique)
derselbe/dieselbe/dasselbe
► **le même** *ou* **la même** :
derselbe/dieselbe/dasselbe
► **le même** *ou* **la même... que** :
derselbe/dieselbe/dasselbe... wie

2 (= semblable) **gleich**

3 ▷ Nous avons la même taille.
Wir sind gleich groß.
▷ Ils ont le même âge.
Sie sind gleich alt.
▷ Les deux sont de la même couleur.
Beide sind gleichfarbig.

3 Quand la phrase allemande comporte un adjectif à la place du nom, on traduit **même** par **gleich**.

4 ▷ Joachim et Marie sont arrivés en même temps.
Joachim und Marie sind gleichzeitig angekommen.

4 ► **en même temps :** gleichzeitig

ℹ *On dit aussi **zur gleichen Zeit**.*

5 ▷ Même Sarah est venue à la soirée.
Sogar Sarah ist zur Party gekommen.

5 (= y compris) **sogar**

6 ▷ Rupert n'a même pas voulu me parler.
Rupert wollte nicht einmal mit mir reden.

6 ► **même pas :** nicht einmal

mémé

1 ▷ La mémé de Claire a soixante ans.
Claires Oma ist sechzig Jahre alt.

1 (= grand-mère) die **Oma** (pluriel : Omas)

ℹ *On dit aussi die **Omi**.*

2 ▷ J'ai encore ma mémé, mais elle est très vieille.
Ich habe noch meine Uroma, aber sie ist sehr alt.

2 (= arrière-grand-mère) die **Uroma**

ℹ *On dit aussi die **Uromi**.*

mémoire

1 ▷ J'ai une mauvaise mémoire.
Ich habe ein schlechtes Gedächtnis.
▷ Lucas a de la mémoire.
Lucas hat ein gutes Gedächtnis.

1 (= la mémoire d'une personne) das **Gedächtnis**
► **avoir de la mémoire :** ein gutes Gedächtnis haben

2 ▷ La mémoire de mon ordinateur n'est pas suffisante.
Der Speicher meines Computers ist nicht ausreichend.

2 (= la mémoire d'un ordinateur) der **Speicher**

menacer

▷ L'homme m'a menacé avec un couteau.
Der Mann hat mich mit einem Messer bedroht.

bedrohen

ℹ *Les verbes commençant par le préfixe **be-** ne prennent pas **ge-** au participe passé.*

ménage

▷ Quelquefois j'aide ma mère à faire le ménage.
Manchmal helfe ich meiner Mutter, den Haushalt zu machen.

► **faire le ménage :** den Haushalt machen

mendiant, mendiante

▷ J'ai donné de l'argent à un mendiant.
Ich habe einem Bettler Geld gegeben.

der **Bettler** (pluriel : Bettler), die **Bettlerin** (pluriel : Bettlerinnen)

mendier

▷ Il y a des gens qui mendient dans le métro.
Es gibt Leute, die in der U-Bahn betteln.

betteln

mener

▷ Marseille mène deux à un.
Marseille führt zwei zu eins.

▷ Ce chemin mène à la rivière.
Dieser Weg führt zum Fluss.

führen

► **mener à** (= déboucher sur) : zu + datif + führen

mensonge

▷ Je ne te crois pas, c'est un mensonge !
Ich glaube dir nicht, das ist eine Lüge!

▷ Arrête de dire des mensonges !
Hör auf zu lügen!

die **Lüge** (pluriel : Lügen)

► **dire des mensonges :** lügen

ℹ *L'expression française est traduite par un verbe en allemand.*

mensuel, mensuelle

1 ▷ Nous avons une réunion mensuelle.
Wir haben eine monatliche Versammlung.

2 ▷ Je suis abonné à un mensuel.
Ich habe eine Monatszeitschrift abonniert.

1 (adjectif = une fois par mois) **monatlich**

2 (= revue mensuelle) die **Monatszeitschrift** (pluriel : -zeitschriften)

mentalité

▷ Il a la mentalité d'un enfant de cinq ans.
Er hat die Mentalität eines fünfjährigen Kindes.

die **Mentalität**

menteur, menteuse

▷ Méfie-toi de lui, c'est un menteur !
Nimm dich vor ihm in Acht, er ist ein Lügner!

der **Lügner** (pluriel : Lügner), die **Lügnerin** (pluriel : Lügnerinnen)

menthe

▷ Mon père a planté de la menthe dans le jardin.
Mein Vater hat im Garten Pfefferminze gepflanzt.

▷ J'aime mieux le sirop à la menthe.
Ich mag Pfefferminzsirup lieber.

die **Pfefferminze**

ℹ *Pour dire que quelque chose est* à la menthe *en allemand, on forme des mots composés avec* ***Pfefferminz-*** *:* ***das Pfefferminzbonbon*** (bonbon à la menthe), ***der Pfefferminztee*** (thé à la menthe).

mentir

▷ Je sais que tu mens.
Ich weiß, dass du lügst.

lügen (log, gelogen)

▷ Thierry m'a menti.
Thierry hat mich angelogen.

► **mentir à** quelqu'un **:** jemanden (accusatif) anlügen

ℹ *On dit aussi jemanden* ***belügen****.*

menton

▷ Tu as de la tomate sur le menton.
Du hast Tomate auf dem Kinn.

das **Kinn** (pluriel : Kinne)

menu

▷ Passe-moi le menu, s'il te plaît.
Gib mir mal die Speisekarte, bitte.

(au restaurant) die **Speisekarte** (pluriel : -karten)

menuisier, menuisière

▷ Le menuisier est venu réparer l'escalier.
Der Tischler ist gekommen, um die Treppe zu reparieren.

der **Tischler** (pluriel : Tischler), die **Tischlerin** (pluriel : Tischlerinnen)

ℹ *Dans le sud de l'Allemagne, on dit aussi der* ***Schreiner*** (pluriel : *Schreiner*).

méprisant, méprisante

▷ Son sourire était méprisant.
Sein Lächel war verächtlich.

verächtlich

mer

▷ La mer est calme aujourd'hui.
Das Meer *ou* die See ist ruhig heute.
▷ Nous allons à la mer chaque été.
Wir fahren jeden Sommer ans Meer *ou* an die See.
▷ Nous nous sommes baignés dans la mer Morte.
Wir haben im Toten Meer gebadet.
▷ Rostock est sur la mer Baltique.
Rostock liegt an der Ostsee.

Mer se dit de deux façons différentes en allemand **:** das **Meer** (pluriel : Meere) *ou* die **See** (pluriel : Seen)

ℹ *Attention à ne pas confondre avec* ***der See*** = le lac.

ℹ *Les noms propres se forment le plus souvent avec* ***Meer*** *:* ***das Rote Meer*** (la mer Rouge), ***das Schwarze Meer*** (la mer Noire). *Seules exceptions :* ***die Nordsee*** (la mer du Nord), ***die Ostsee*** (la mer Baltique).

merci

▷ Merci, c'était très bon.
Danke, das war sehr gut.
▷ Merci beaucoup pour le cadeau.
Vielen Dank für das Geschenk.

danke

► **merci beaucoup :** vielen Dank

▻ Merci de ton aide.
Danke für deine Hilfe.
▻ Merci d'être venu.
Danke für dein (*ou* euer *ou* Ihr) Kommen.
▻ Reprends du gâteau. – Non merci, je n'ai plus faim.
Nimm noch ein bisschen Kuchen. – Nein danke, ich bin satt.
▻ Tu veux du chocolat ? – Oui, merci.
Willst du Schokolade? – Ja, bitte.

► **merci de... :** danke für...

► **non merci :** nein danke

► **oui, merci :** ja, bitte

mercredi

▻ Aujourd'hui c'est mercredi.
Heute ist Mittwoch.
▻ Nous partirons mercredi.
Wir fahren am Mittwoch.
▻ Le mercredi, Sandra va à son cours de piano.
Mittwochs hat Sandra Klavierunterricht.

der Mittwoch

► **faire** quelque chose **mercredi :** etwas am Mittwoch tun
► **le mercredi** (= tous les mercredis) **:** mittwochs

mère

▻ La mère de Thibault est infirmière.
Thibaults Mutter ist Krankenschwester.

die Mutter (pluriel : Mütter)

mériter

▻ Mes parents m'ont puni. – Tu l'as mérité !
Meine Eltern haben mich bestraft. – Du hast es verdient!

verdienen

ℹ *Les verbes commençant par le préfixe ver- ne prennent pas ge- au participe passé.*

mes

▻ Mes parents vont au cinéma ce soir.
Meine Eltern gehen heute Abend ins Kino.

meine

mesdames

▻ Bonjour mesdames, comment allez-vous ?
Guten Tag, wie geht es Ihnen?

Quand on s'adresse directement à quelqu'un, il n'y a pas d'équivalent courant de **mesdames** en allemand. La formule meine Damen est très formelle.

mesdemoiselles

▻ Bonjour mesdemoiselles, je peux vous aider ?
Guten Tag, kann ich Ihnen helfen?

Quand on s'adresse directement à quelqu'un, il n'y a pas d'équivalent courant de **mesdemoiselles** en allemand. La formule meine Damen est très formelle.

message

▷ Quand je suis rentré, il y avait un message sur le répondeur.
Als ich nach Hause kam, war eine Nachricht auf dem Anrufbeantworter.

die **Nachricht**
(pluriel : Nachrichten)

messe

▷ La messe commence à dix heures.
Die Messe fängt um zehn Uhr an.
▷ Mes grands-parents vont à la messe tous les dimanches.
Meine Großeltern gehen jeden Sonntag in die Kirche.

die **Messe** (pluriel : Messen)

► **aller à la messe :** in die Kirche gehen (ging, gegangen)

messieurs

1 ▷ Bonjour messieurs, comment allez-vous ?
Guten Tag, wie geht es Ihnen?

1 Quand on s'adresse directement à quelqu'un, il n'y a pas d'équivalent courant de **messieurs** en allemand. La formule **meine Herren** est très formelle.

2 ▷ Il y a deux messieurs qui attendent dehors.
Zwei Herren warten draußen.

2 (= hommes) die **Herren**
ℹ *Herren est le pluriel de Herr.*

mesurer

1 ▷ David mesure un mètre quatre-vingts.
David ist ein Meter achtzig groß.
▷ Cette tour mesure cent vingt mètres.
Dieser Turm ist hundertzwanzig Meter hoch.
▷ Combien est-ce que tu mesures ?
Wie groß bist du?

1 Pour donner la taille d'une personne en allemand, on emploie l'expression **... groß sein.**
ℹ *Pour donner la hauteur d'une chose, on dit* ***... hoch sein****. Pour donner la largeur, on dit* ***... breit sein****. Pour donner la longueur, on dit* ***... lang sein****.*
ℹ *Pour demander combien mesure quelqu'un, on dit* ***wie groß bist du?****,* ***wie groß ist er?****, etc. Pour demander la hauteur, largeur ou longueur d'une chose, on dit* ***wie hoch...?****,* ***wie breit...?****,* ***wie lang...?***

2 ▷ Mesurons la pièce pour voir si le canapé rentre.
Messen wir das Zimmer aus, um zu sehen, ob das Sofa hineinpasst.

2 (= prendre les dimensions de) **ausmessen**
ℹ ***aus•messen*** *est un verbe à particule séparable et se conjugue comme* ***messen*** *(misst, maß, gemessen).*

métal

▷ Le plomb est un métal lourd.
Blei ist ein schweres Metall.

das **Metall** (pluriel : Metalle)

▷ Ces chaises sont en métal.
Diese Stühle sind aus Metall.

▷ Ce sont des tasses en métal.
Das sind Metalltassen.

► **être en métal :** aus Metall sein

ℹ *Pour dire que quelque chose est fait* **en métal** *en allemand, on forme des mots composés avec* ***Metall*** *:* ***der Metalltisch*** (table en métal), ***die Metallplatte*** (plaque en métal), *etc.*

métallique

1 ▷ Tu peux me passer ce tube métallique ?
Kannst du mir dieses Metallrohr geben?

1 Quand on veut dire que quelque chose est **métallique**, on forme des mots composés avec Metall : die Metallstange **(barre métallique).**

2 ▷ Ça a un son métallique.
Das hat einen metallischen Klang.

2 (= qui fait penser au métal) metallisch

météo

▷ Que dit la météo pour demain ?
Was ist die Wettervorhersage für morgen?

► **la météo** (= le bulletin météorologique) **:** die Wettervorhersage

ℹ *On dit aussi* ***der Wetterbericht.***

méthode

1 ▷ Ses méthodes sont très intéressantes.
Seine Methoden sind sehr interessant.

2 ▷ J'ai une bonne méthode d'allemand.
Ich habe ein gutes Deutschlehrbuch.

1 (= moyen) die Methode (pluriel : Methoden)

2 (= manuel) das Lehrbuch (pluriel : –bücher)

métier

▷ Pascal est sismologue, c'est un chouette métier.
Pascal ist Seismologe, das ist ein toller Beruf.

▷ Qu'est-ce qu'elle fait comme métier ?
Was macht sie von Beruf?

der Beruf (pluriel : Berufe)

► **faire** quelque chose **comme métier :** etwas von Beruf machen

mètre

▷ Il y a deux mètres d'eau ici.
Hier stehen zwei Meter Wasser.

▷ La cuisine fait quinze mètres carrés.
Die Küche ist fünfzehn Quadratmeter groß.

der Meter (pluriel : Meter)

► **mètre carré :** der Quadratmeter

métro

▻ On prend le métro ou le bus ?
Nehmen wir den Bus oder die U-Bahn?

die **U-Bahn**

ℹ *U-Bahn est l'abréviation de Untergrundbahn.*

ℹ *Pour le métro parisien, on dit Metro en allemand.*

mettre

1 ▻ Mets ta valise dans le couloir.
Stell deinen Koffer in den Gang.

1 (= poser, placer debout) **stellen**

2 ▻ J'ai mis le livre sur la table.
Ich habe das Buch auf den Tisch gelegt.

2 (= poser, placer à plat) **legen**

3 ▻ Tu ne mets pas souvent cette veste.
Du trägst diese Jacke nicht oft.

3 (= porter) **tragen** (trägt, trug, getragen)

4 ▻ Mets ton anorak, il pleut.
Zieh deinen Anorak an, es regnet.

4 (= mettre sur soi, en parlant d'un vêtement) **anziehen**

ℹ *an•ziehen est un verbe à particule séparable et se conjugue comme ziehen (zog, gezogen).*

5 ▻ Je mets mes lunettes pour lire.
Ich setze meine Brille zum Lesen auf.

5 (= mettre sur soi, en parlant de lunettes, d'un chapeau) **aufsetzen**

ℹ *auf•setzen est un verbe à particule séparable.*

6 ▻ Elle a mis du rouge à lèvres.
Sie hat Lippenstift aufgetragen.

6 (= mettre sur soi, en parlant de maquillage) **auftragen**

ℹ *auf•tragen est un verbe à particule séparable et se conjugue comme tragen (trägt, trug, getragen).*

7 ▻ Lucie a mis deux heures pour faire ses devoirs.
Lucie hat zwei Stunden für ihre Hausaufgaben gebraucht.

7 (pour parler du temps qu'il faut pour faire quelque chose) **brauchen**

8 ▻ Je peux mettre la radio ?
Kann ich das Radio anschalten?

8 (= allumer) **anschalten**

ℹ *an•schalten est un verbe à particule séparable.*

9 ▻ Matthias s'est mis au premier rang pour mieux voir.
Matthias hat sich in die erste Reihe gesetzt, um besser zu sehen.

9 ► **se mettre** (= s'asseoir) **:** sich setzen

10 ▻ Mets-toi près de la porte.
Stell dich neben die Tür.

10 ► **se mettre** (= se tenir debout) **:** sich stellen

11 ▻ Il s'est mis à pleuvoir dès qu'on est sortis.
Sobald wir draußen waren, fing es an zu regnen.

11 ► **se mettre à** + infinitif **:** anfangen zu + infinitif

ℹ *an•fangen est un verbe à particule séparable et se conjugue comme fangen (fängt, fing, gefangen).*

meuble

▷ C'est un meuble très ancien.
Das ist ein sehr altes Möbel.
▷ Il y a des meubles dans le garage.
In der Garage stehen Möbel.

das **Möbel** (pluriel : Möbel)

meurtre

▷ Tu as lu l'histoire du meurtre dans le journal ?
Hast du die Geschichte über den Mord in der Zeitung gelesen?

der **Mord** (pluriel : Morde)

meurtrier, meurtrière

▷ La police recherche le meurtrier.
Die Polizei sucht nach dem Mörder.

der **Mörder** (pluriel : Mörder), die **Mörderin** (pluriel : Mörderinnen)

mexicain, mexicaine

1 ▷ Nous avons vu un groupe de musiciens mexicains.
Wir haben eine Gruppe von mexikanischen Musikern gesehen.

1 (adjectif) **mexikanisch**

2 ▷ Beaucoup de Mexicains ont des parents aux États-Unis.
Viele Mexikaner haben Verwandtschaft in den Vereinigten Staaten.

2 (= personne) der **Mexikaner** (pluriel : Mexikaner), die **Mexikanerin** (pluriel : Mexikanerinnen)

Mexique

▷ Le Mexique produit du pétrole.
Mexiko produziert Erdöl.

Mexiko

► **le Mexique :** Mexiko

ℹ *Ne prend l'article neutre que précédé d'un adjectif :* ***das aztekische Mexiko*** (le Mexique aztèque).

▷ Il y a des ruines mayas au Mexique.
In Mexiko gibt es Mayaruinen.
▷ Ils sont partis au Mexique.
Sie sind nach Mexiko geflogen.
▷ Nous sommes déjà allés au Mexique il y a deux ans.
Wir waren schon vor zwei Jahren in Mexiko.

► **au Mexique** (= dans le pays) **:** in Mexiko

► **au Mexique** (= vers le pays) **:** nach Mexiko

Attention : pour dire que quelqu'un **est déjà allé quelque part**, *on emploie une expression avec le prétérit du verbe* ***sein*** *+* ***schon***.

miauler

▷ Je ne sais pas pourquoi le chat miaule comme ça.
Ich weiß nicht, warum die Katze so miaut.

miauen

micro

▷ Parle dans le micro, on n'entend rien !
Sprich ins Mikrofon, man hört nichts!

(= microphone) das **Mikrofon** (pluriel : Mikrofone)

microbe

▷ Va-t'en, tu vas me passer tous tes microbes !
Geh weg, sonst überträgst du mir all deine Mikroben!

die **Mikrobe** (pluriel : Mikroben)

microscope

▷ Le microscope du laboratoire est cassé.
Das Labormikroskop ist kaputt.
▷ Nous avons observé l'araignée au microscope.
Wir haben die Spinne unter dem Mikroskop beobachtet.

das **Mikroskop** (pluriel : Mikroskope)
► **au microscope** : unter dem Mikroskop

midi

1 ▷ Il est midi et quart.
Es ist Viertel nach zwölf.
2 ▷ Ce midi, ma mère va au restaurant avec ses collègues.
Heute Mittag geht meine Mutter mit ihren Kollegen ins Restaurant.
▷ À midi, je mange à la cantine.
Mittags esse ich in der Kantine.
3 ▷ Est-ce que vous connaissez le Midi ?
Kennen Sie Südfrankreich?

1 (= pour dire l'heure) **zwölf**

2 (= l'heure du déjeuner) : der **Mittag**

Quand on parle de tous les jours à midi, on dit ***mittags****.*

3 ► **le Midi** (de la France) : Südfrankreich

miel

▷ Pour le petit-déjeuner, il y avait du pain grillé, du beurre et du miel.
Zum Frühstück gab es Toast mit Butter und Honig.

der **Honig**

mien, mienne

▷ Ses parents sont plus jeunes que les miens.
Seine Eltern sind jünger als meine.
▷ Ton parapluie est cassé ? Viens sous le mien.
Dein Regenschirm ist kaputt? Komm unter meinen.

En fonction du genre du sujet en question, on traduit par **mein** (pour le masculin et le neutre) ou **meine** (pour le féminin et le pluriel).

miette

▷ Mon lit est plein de miettes.
Mein Bett ist voller Krümel.

der **Krümel** (pluriel : Krümel)

mieux

1 ▷ Tu te sens mieux ?
Fühlst du dich besser?

▷ Ce CD est mieux que le précédent.
Diese CD ist besser als die vorige.

1 (= plus en forme, de meilleure qualité, de façon plus satisfaisante) **besser**
► **mieux que :** besser als

2 ▷ Michael est mieux que son frère.
Michael sieht besser aus als sein Bruder.

2 ► **être mieux** (= plus séduisant) **:** besser aussehen
ℹ *aus•sehen est un verbe à particule séparable et se conjugue comme sehen (sieht, sah, gesehen).*

3 ▷ Celle-ci est la mieux de toutes.
Diese ist die Beste von allen.
▷ Le mieux serait que tu viennes.
Das Beste wäre, du kämst.

3 **Le mieux** *ou* **la mieux** se traduit par der/die/das **Beste**, en fonction du genre du sujet en allemand.

4 ▷ C'est Amélie qui chante le mieux.
Amélie singt am besten.

4 ► **le mieux** (après un verbe) **:** am besten

5 ▷ Tu ferais mieux de te dépêcher.
Es wäre besser, du würdest dich beeilen.

5 Pour donner un conseil à quelqu'un on emploie la formule **es wäre besser** (subjonctif II).

6 ▷ Ma tante va de mieux en mieux.
Meiner Tante geht es immer besser.

6 ► **de mieux en mieux :** immer besser

mignon, mignonne

▷ Ce petit chien est vraiment mignon.
Dieses Hündchen ist wirklich süß.

(= joli) **süß**
ℹ *On dit aussi goldig.*

migraine

▷ J'ai la migraine depuis ce matin.
Seit heute Morgen habe ich Migräne.

► **avoir la migraine** (= avoir mal à la tête) **:** Migräne haben
ℹ *Remarquez l'absence d'article en allemand.*

milieu

1 ▷ Le milieu de la piscine est ici.
Die Mitte des Schwimmbeckens ist hier.
▷ Je voudrais celui du milieu.
Ich hätte gern den mittleren.
▷ Mets-toi au milieu, tu verras mieux.
Setz dich in die Mitte, da siehst du besser.
▷ J'étais debout au milieu et je voyais très bien.
Ich stand in der Mitte und sah sehr gut.
▷ Rachid s'est assis par terre au milieu de la cour.
Rachid hat sich mitten im Hof auf den Boden gesetzt.

1 (= centre) die **Mitte**
► **...du milieu :** der/die/das mittlere...
► **au milieu** (avec mouvement) **:** in die Mitte, (sans mouvement) in der Mitte
► **au milieu de :** mitten in

2 ▷ Clémentine vient d'un milieu riche.
Clémentine stammt aus reichen Verhältnissen.

2 (= origine familiale) die Verhältnisse

Ce mot est un pluriel.

militaire

1 ▷ Les militaires défilaient dans la rue.
Die Soldaten marschierten auf der Straße vorbei.

2 ▷ L'intervention militaire n'est pas nécessaire.
Eine militärische Intervention ist nicht nötig.

1 (= soldat) der **Soldat** (pluriel : Soldaten)

2 (adjectif = relatif à l'armée) **militärisch**

mille

▷ Il y avait plus de mille spectateurs.
Es waren über tausend Zuschauer da.

▷ Ça vaut deux mille euros.
Das ist zweitausend Euro wert.

▷ Je suis allée en Angleterre en deux mille trois.
Ich war zweitausenddrei in England.

tausend

Quand ***tausend*** *est précédé ou suivi d'un chiffre, les deux sont liés :* ***dreißigtausend*** (trente mille) *;* ***tausend*** *ne prend jamais de* ***s****.*

milliard

▷ Ça vaut un milliard de dollars.
Das ist eine Milliarde Dollar wert.

▷ Plus de six milliards de personnes vivent dans le monde.
Mehr als sechs Milliarden Menschen leben auf der Welt.

▷ Il y a des milliards d'insectes dans ce champ.
Es gibt Milliarden von Insekten auf diesem Feld.

die **Milliarde** (pluriel : Milliarden)

Remarquez l'absence de préposition en allemand : six milliards de... = ***sechs Milliarden...***

► **des milliards de... :** Milliarden von...

millier

▷ Il y avait un millier de personnes dans le stade.
Es waren ungefähr tausend Menschen im Stadium.

▷ Des milliers de gens ont téléphoné.
Tausende von Leuten haben angerufen.

► **un millier de... :** ungefähr tausend

► **des milliers de... :** Tausende von...

millimètre

▷ Le métal fait deux millimètres d'épaisseur.
Das Metall ist zwei Millimeter dick.

der **Millimeter** (pluriel : Millimeter)

million

▷ Ils ont gagné un million au loto.
Sie haben eine Million im Lotto gewonnen.

▷ La France a plus de soixante millions d'habitants.
Frankreich hat über sechzig Millionen Einwohner.

die **Million** (pluriel : Millionen)

Remarquez l'absence de préposition en allemand : soixante millions de... = ***sechzig Millionen...***

▷ On voit des millions d'étoiles ce soir !
Heute Abend sieht man ja Millionen von Sternen!

► **des millions de... :** Millionen von...

mimer

▷ Dans ce jeu il faut mimer un titre de film.
Bei diesem Spiel muss man einen Filmtitel mimen.

mimen

mince

1 ▷ Sylviane est très mince.
Sylviane ist sehr schlank.

1 (= svelte) **schlank**

2 ▷ Coupe-moi une tranche mince.
Schneid mir eine dünne Scheibe ab.

2 (= fin) **dünn**

3 ▷ Mince, j'ai oublié le lait !
Mist, ich habe die Milch vergessen!

3 ► **mince ! :** Mist!

mine

1 ▷ La mine de mon crayon est cassée.
Meine Bleistiftmine ist kaputt.

1 (= mine d'un crayon) die **Mine** (pluriel : Minen)

*Le **i** est long, il se prononce comme **ie**.*

2 ▷ Beaucoup de mines ont fermé.
Viele Bergwerke haben zugemacht.

2 (d'où on extrait les métaux, le charbon) das **Bergwerk** (pluriel : –werke)

3 ▷ Tu as bonne mine aujourd'hui.
Du siehst heute gut aus.
▷ Sébastien a mauvaise mine, il est peut-être malade.
Sébastien sieht schlecht aus, vielleicht ist er krank.

3 ► **avoir bonne mine :** gut aussehen
► **avoir mauvaise mine :** schlecht aussehen

mineur, mineure

1 ▷ Tu es mineure, tu ne peux pas entrer.
Du bist minderjährig, du darfst nicht hinein.

1 (adjectif : de moins de 18 ans) **minderjährig**

2 ▷ Les mineurs n'ont pas le droit d'acheter de l'alcool.
Minderjährige dürfen keinen Alkohol kaufen.

2 (= personne de moins de 18 ans) der/die **Minderjährige** (pluriel : Minderjährigen)

*C'est un adjectif substantivé : on dit **ein Minderjähriger**.*

3 ▷ Les mineurs sont en grève.
Die Bergarbeiter streiken.

3 (= personne qui travaille dans une mine) der **Bergarbeiter** (pluriel : –arbeiter)

minimum

▷ Le minimum est cent euros.
Das Minimum ist hundert Euro.

das **Minimum**

ministre

▷ La ministre de l'Intérieur est très jeune.
Die Innenministerin ist sehr jung.

▷ Comment s'appelle le Premier ministre ?
Wie heißt der Premierminister?

der **Minister** (pluriel : Minister), die **Ministerin** (pluriel : Ministerinnen)

► **Premier ministre :** der Premierminister, die Premierministerin

minuit

1 ▷ Il est minuit vingt.
Es ist zwanzig nach zwölf.

2 ▷ Les filles sont rentrées après minuit.
Die Mädchen sind nach Mitternacht nach Hause gekommen.

1 (pour dire l'heure) **zwölf**

2 (= le moment de la nuit) **Mitternacht**

ℹ *Tout comme* **minuit**, ***Mitternacht*** *ne prend pas d'article.*

minuscule

1 ▷ Ton écriture est minuscule !
Deine Handschrift ist ja winzig!

2 ▷ Il a tout écrit en minuscules.
Er hat alles in Kleinbuchstaben geschrieben.

▷ Je mets un a majuscule ou un a minuscule ?
Soll ich das mit einem großen oder einem kleinen a schreiben?

1 (= tout petit) **winzig**

2 (= lettre) der **Kleinbuchstabe** (pluriel : -buchstaben)

ℹ *Quand on parle d'une lettre en particulier, on dit* ***ein kleines*** *suivi de la lettre.*

minute

▷ Le film dure quarante minutes.
Der Film dauert vierzig Minuten.

▷ Une minute, j'arrive !
Augenblick mal, ich komme gleich!

die **Minute** (pluriel : Minuten)

► **une minute !** (pour faire patienter quelqu'un) **:** Augenblick mal!

ℹ *On dit aussi* ***Moment mal!***

miracle

▷ C'est un miracle que personne n'ait été blessé.
Es ist ein Wunder, das niemand verletzt wurde.

das **Wunder** (pluriel : Wunder)

miroir

▷ J'ai cassé le miroir !
Ich habe den Spiegel kaputtgemacht!

der **Spiegel** (pluriel : Spiegel)

misère

▷ Même dans les pays riches, beaucoup de gens vivent dans la misère.
Selbst in den reichen Ländern leben viele Menschen im Elend.

(= pauvreté) das **Elend**

mi-temps

1 ▷ La seconde mi-temps était plus intéressante que la première.
Die zweite Halbzeit war interessanter als die erste.

2 ▷ Ma mère travaille à mi-temps.
Meine Mutter arbeitet halbtags.

▷ J'ai trouvé un job de vendeuse à mi-temps.
Ich habe eine Halbtagsstelle als Verkäuferin gefunden.

1 (= moitié d'un match) die **Halbzeit** (pluriel : -zeiten)

2 ► **travailler à mi-temps :** halbtags arbeiten

ℹ *Pour dire que quelque chose est à* **mi-temps**, *on forme des mots composés avec* ***Halbtags-*** *: die* ***Halbtagsbeschäftigung*** (emploi à **mi-temps**).

mixte

▷ Certaines écoles anglaises ne sont pas mixtes.
Manche englische Schulen sind nicht gemischt.

gemischt

moche

▷ Ce bâtiment est vraiment moche.
Dieses Gebäude ist wirklich hässlich.

(= laid) **hässlich**

mode

▷ Je ne suis pas spécialement la mode.
Ich folge nicht unbedingt der Mode.

▷ Le rose est à la mode.
Rosa ist in Mode.

die **Mode** (pluriel : Moden)

► **à la mode :** in Mode

ℹ *On peut dire aussi simplement* ***Mode*** *:* ***Rosa ist Mode.***

modèle

1 ▷ Le modèle est plus petit que la vraie statue.
Das Modell ist kleiner als die echte Statue.

2 ▷ Marcus a toujours été un modèle pour Loïc.
Marcus war schon immer ein Vorbild für Loïc.

1 (= reproduction) das **Modell** (pluriel : Modelle)

🔊 *L'accent est sur la deuxième syllabe.*

2 (= personne à qui on voudrait ressembler) das **Vorbild**

moderne

▷ Je préfère les meubles modernes.
Ich mag moderne Möbel lieber.

modern

modeste

▷ Tu es trop modeste !
Du bist zu bescheiden!

bescheiden

modifier

▷ Tu devrais modifier un peu l'introduction.
Du solltest die Einleitung etwas ändern.

ändern

moi

1 ▷ Ces cadeaux sont pour moi ?
Sind diese Geschenke für mich?
▷ Cette blague est de moi.
Dieser Witz stammt von mir.

1 Quand **moi** suit une préposition, on traduit par **mich** *ou* **mir**, en fonction de la préposition : **mit** + datif, **für** + accusatif, **auf** + datif *ou* accusatif (avec verbe de mouvement), etc.

2 ▷ Qui veut du gâteau ? – Moi !
Wer will Kuchen haben? – Ich!
▷ Moi je trouve que ce n'est pas juste.
Ich finde, dass das ungerecht ist.

2 Quand **moi** est sujet, il se traduit par **ich**.

ℹ *Quand* **moi** *sert à insister, on met l'accent sur* ***ich***.

moi-même

1 ▷ Puisque tu ne veux pas m'aider, je vais le faire moi-même.
Da du mir nicht helfen willst, werde ich es selbst tun.

1 (quand moi-même est sujet) **ich selbst**

2 ▷ Je ne peux parler que pour moi-même.
Ich kann nur für mich selbst sprechen.
▷ Je me suis dit à moi-même : « Ça suffit ! »
Ich habe zu mir selbst gesagt : „Es reicht!"

2 Quand **moi-même** est complément, on traduit soit par **mich selbst** (accusatif), soit par **mir selbst** (datif), en fonction de la préposition : **mit mir selbst** (datif), **für mich selbst** (accusatif), **zu mir selbst** (datif), etc.

moineau

▷ Donne les miettes aux moineaux.
Gib die Krümel den Spatzen.

der **Spatz** (pluriel : Spatzen)

ℹ *On dit aussi* ***der Sperling*** (pluriel : *Sperlinge*).

moins

1 ▷ J'aime moins celui-ci.
Ich mag diesen weniger.

1 (avec un verbe, un adjectif, un adverbe) **weniger**

2 ▷ Adrien est moins sympa que son frère.
Adrien ist nicht so nett wie sein Bruder.
▷ J'ai moins mangé que lui.
Ich habe nicht so viel gegessen wie er.

2 ► **moins... que** (avec un adjectif ou un adverbe) : **nicht so... wie**
► **moins... que** (avec un verbe) : **nicht so viel... wie**

▻ Il a encore moins travaillé que moi.
Er hat noch weniger gearbeitet als ich.

Quand **moins que** *est employé avec un verbe, on dit aussi* ***weniger… als.***

3 ▻ C'est le moins cher de tous.
Das ist der (*ou* die *ou* das) billigste von allen.

3 Pour dire **le moins…** *ou* **la moins…** + adjectif, on emploie, quand c'est possible, le superlatif du contraire : der schlauste (le moins bête), die kleinste (la moins grande).

▻ Elle est la personne la moins timide que je connaisse !
Sie ist der am wenigsten schüchterne Mensch, den ich kenne!

Quand il n'existe pas de contraire direct, on emploie l'expression ***der/die/das am wenigsten…***

4 ▻ C'est moi qui ai le moins de devoirs.
Ich habe die wenigsten Hausaufgaben.

4 Quand **le moins** est utilisé avec un nom, on traduit par der/die/das wenigste… (pluriel : die wenigsten…)

5 ▻ C'est elle qui travaille le moins.
Sie ist es, die am wenigsten arbeitet.

5 Quand **le moins** est utilisé avec un verbe, on traduit par am wenigsten.

6 ▻ C'est le moins qu'il puisse faire.
Das ist das Mindeste, was er tun kann.

6 ► **le moins** (= le minimum) **:** das Mindeste

7 ▻ Tu devrais boire moins de café.
Du solltest weniger Kaffee trinken.

7 ► **moins de :** weniger

▻ Ça coûte moins de dix euros.
Es kostet weniger als zehn Euro.

► **moins de** + prix, dimension **:** weniger als

8 ▻ Nous avons trois profs de moins que l'année dernière.
Wir haben drei Lehrer weniger als letztes Jahr.

8 ► **…de moins que :** …weniger als

▻ Yann a un an de moins que moi.
Yann ist ein Jahr jünger als ich.

Quand **de moins que** *s'applique à l'âge, on emploie le comparatif* ***jünger als.***

9 ▻ Moins on mange, moins on a envie de manger.
Je weniger man isst, desto weniger Hunger hat man.

9 ► **moins… moins… :** je weniger… desto weniger…

▻ Moins tu feras d'exercice, plus tu auras de problèmes.
Je weniger du übst, desto mehr Probleme bekommst du.

► **moins… plus… :** je weniger… desto mehr…

10 ▻ Il fait au moins trente degrés.
Wir haben mindestens dreißig Grad.

10 ► **au moins :** mindestens

11 ▻ Alban devrait venir, à moins que ses parents ne le laissent pas sortir.
Alban müsste kommen, es sei denn, seine Eltern lassen ihn nicht ausgehen.

11 ► **à moins que :** es sei denn

12 ▻ Douze moins cinq égale sept.
Zwölf minus fünf gleich sieben.

12 (dans une opération, avant une température) minus

13 ▷ Il est huit heures moins dix.
Es ist zehn vor acht.

13 (pour dire l'heure) **vor**

N'oubliez pas que l'ordre des chiffres est inversé en allemand par rapport au français quand on dit l'heure.

mois

▷ Adèle aura quinze ans dans deux mois.
Adèle wird in zwei Monaten fünfzehn.

▷ Je pars en Grèce au mois de juillet.
Ich fahre im Juli nach Griechenland.

der **Monat** (pluriel : Monate)

► **au mois de** + nom du mois : im + nom du mois

N'oubliez pas que les noms des mois s'écrivent avec une majuscule en allemand.

moitié

1 ▷ Il y a plus d'olives sur cette moitié.
Auf dieser Hälfte sind mehr Oliven.

▷ La moitié des élèves était là.
Die Hälfte der Schüler war da.

2 ▷ Sarah est à moitié française, à moitié australienne.
Sarah ist halb französisch, halb australisch.

▷ Tu veux faire moitié-moitié ?
Willst du halbe-halbe machen?

1 die **Hälfte** (pluriel : Hälften)

► **la moitié de... :** die Hälfte + génitif

2 ► **à moitié :** halb

► **faire moitié-moitié :** halbe-halbe machen

molle

Regardez le mot mou.

mollet

▷ J'ai trop marché, j'ai mal aux mollets.
Ich bin zu viel gelaufen, meine Waden tun mir weh.

die **Wade** (pluriel : Waden)

moment

1 ▷ Je ne resterai qu'un moment.
Ich bleibe nur einen Moment da.

2 ▷ Il habitera un moment chez nous.
Er wird eine Weile bei uns wohnen.

3 ▷ Un moment, j'arrive !
Einen Moment, ich komme!

1 (= peu de temps) der **Moment** (pluriel : Momente)

On dit aussi ***der Augenblick*** (pluriel : *-blicke*).

2 (= quelque temps) die **Weile**

3 ► **un moment !** (pour faire patienter quelqu'un) : einen Moment! *ou* Moment!

4 ▷ C'est le bon moment pour lui parler.
Das ist der richtige Zeitpunkt, um mit ihm zu reden.
▷ Tu as choisi le mauvais moment.
Das ist ein ungünstiger Zeitpunkt.

4 (= occasion) der **Zeitpunkt**
► **le bon moment :** der richtige Zeitpunkt
► **le mauvais moment :** ein ungünstiger Zeitpunkt

5 ▷ Lise passait juste à ce moment-là.
Lise kam gerade in dem Moment vorbei.

5 ► **à ce moment-là :** in dem Moment

6 ▷ Au moment de partir, elle ne trouvait pas ses clés.
Als sie gehen wollte, fand sie ihre Schlüssel nicht.
▷ Il est parti au moment où j'allais lui poser une question.
Er ging in dem Moment, als ich ihm eine Frage stellen wollte.

6 ► **au moment de... :** als...
► **au moment où... :** in dem Moment, als...

7 ▷ Nicolas ne va pas très bien en ce moment.
Nicolas geht es im Moment nicht sehr gut.

7 ► **en ce moment :** im Moment

8 ▷ Par moments, je me demande pourquoi je fais ça.
Manchmal frage ich mich ja, warum ich das mache.

8 ► **par moments :** manchmal
ℹ *On dit aussi* ***ab und zu.***

9 ▷ Pour le moment, tout le monde est content.
Im Moment sind alle zufrieden.

9 ► **pour le moment :** im Moment

10 ▷ C'est le moment ou jamais !
Jetzt oder nie!

10 L'expression **c'est le moment ou jamais !** se dit **jetzt oder nie!** en allemand.

mon

▷ Mon vélo est cassé.
Mein Fahrrad ist kaputt.
▷ Mon violon est d'occasion.
Meine Geige ist aus zweiter Hand.

ℹ *En fonction du genre du substantif allemand,* **mon** *est traduit par* ***mein*** *(pour le masculin et le neutre),* ***meine*** *(pour le féminin).*

monde

1 ▷ Il existe beaucoup trop de pauvreté dans le monde.
Es gibt viel zu viel Armut auf der Welt.
▷ C'est le coureur le plus rapide du monde.
Er ist der schnellste Läufer der Welt.

1 (= Terre) die **Welt**
► **... du monde :** ... der Welt

2 ▷ Il y avait beaucoup de monde à la fête.
Es waren viele Leute auf der Party.

2 (= gens) die **Leute**

mondial, mondiale

1 ▷ La population mondiale ne cesse d'augmenter.
Die Weltbevölkerung steigt immer weiter.

1 Quand on parle d'une guerre, d'une compétition, de la population, etc., on forme des mots composés avec **Welt** : der **Weltkrieg** (la guerre mondiale), der **Weltfrieden** (paix mondiale), etc.

2 ▷ C'est un phénomène mondial.
Das ist ein weltweites Phänomen.

2 (= qui s'étend au monde entier) **weltweit**

moniteur, monitrice

1 ▷ Est-ce que les moniteurs étaient sympas au camp ?
Waren die Betreuer im Ferienlager nett?

1 (en colonie de vacances, en camp) der **Betreuer** (pluriel : Betreuer), die **Betreuerin** (pluriel : Betreuerinnen)

2 ▷ Le moniteur d'auto-école n'est pas venu aujourd'hui.
Der Fahrlehrer ist heute nicht gekommen.

2 Quand **moniteur** signifie **enseignant**, on forme des mots composés avec **Lehrer** : der **Skilehrer** (moniteur de ski), der **Tauchlehrer** (moniteur de plongée).

monnaie

1 ▷ La monnaie britannique est la livre.
Die britische Währung ist das Pfund.

1 (= argent d'un pays) die **Währung** (pluriel : Währungen)

2 ▷ Est-ce que tu as de la monnaie ?
Hast du Kleingeld?

2 (= pièces) das **Kleingeld**

3 ▷ Tu oublies la monnaie !
Du vergisst dein Wechselgeld!
▷ Passe-moi le billet, je vais faire de la monnaie.
Gib mir den Schein, ich gehe ihn wechseln.

3 (= argent rendu) das **Wechselgeld**
► **faire de la monnaie** : Geld wechseln

monotone

▷ Les cours de latin sont un peu monotones.
Die Lateinstunden sind ein bisschen monoton.

monoton

monsieur

1 ▷ Bonjour monsieur, je voudrais un kilo de pommes, s'il vous plaît.
Guten Tag, ich hätte gern ein Kilo Äpfel, bitte.

1 Quand on s'adresse directement à quelqu'un, il n'y a pas d'équivalent de **monsieur** en allemand.

2 ▷ Monsieur Müller est venu nous chercher à la gare.
Herr Müller hat uns am Bahnhof abgeholt.

2 Quand on parle de quelqu'un en l'appelant par son nom de famille, **monsieur** se traduit par **Herr**.

3 ▷ Ce monsieur voudrait vous parler.
Dieser Herr möchte mit Ihnen sprechen.

3 (= homme) der **Herr** (pluriel : Herren)

▷ C'est Monsieur Tout-le-monde.
Das ist Herr Jedermann.

► **Monsieur Tout-le-monde :** Herr Jedermann

monstre

▷ J'ai rêvé d'un monstre horrible qui me poursuivait.
Ich habe von einem furchtbaren Monster geträumt, das hinter mir her war.

das **Monster** (pluriel : Monster)

montagne

1 ▷ La plus haute montagne du monde est l'Everest.
Der höchste Berg der Welt ist der Everest.
▷ J'aimerais vivre à la montagne.
Ich würde gern in den Bergen leben.
▷ Cet été, je pars à la montagne.
Diesen Sommer fahre ich in die Berge.

2 ▷ J'ai eu peur sur les montagnes russes.
In der Achterbahn hatte ich Angst.

1 (= sommet) der **Berg** (pluriel : Berge)
► **à la montagne** (= dans la montagne) **:** in den Bergen
► **à la montagne** (= vers la montagne) **:** in die Berge

2 ► **montagnes russes :** die Achterbahn (pluriel : -bahnen)

monter

1 ▷ Monte, s'il te plaît, j'ai quelque chose à te dire.
Komm bitte herauf, ich muss dir etwas sagen.

1 (= venir vers le haut, quand la personne qui parle est déjà en haut) **heraufkommen**

ℹ ***herauf•kommen*** *est un verbe à particule séparable et se conjugue comme* ***kommen*** *(kam, gekommen).*

2 ▷ Monte, j'arrive tout de suite !
Geh schon hinauf, ich komme gleich!

▷ Nous montons à Paris, tu veux venir avec nous ?
Wir fahren nach Paris hinauf, willst du mitkommen?

2 (= aller vers le haut, quand la personne qui parle est en bas) **hinaufgehen**

ℹ ***hinauf•gehen*** *est un verbe à particule séparable qui se conjugue comme* ***gehen*** *(ging, gegangen).*

ℹ *Quand on va en voiture, en train ou en bus depuis un endroit qui est plus au sud, on dit* ***hinauffahren****. Quand on va en avion, on dit* ***hinauffliegen****.*

3 ▷ Tu montes par l'ascenseur ?
Fährst du mit dem Aufzug hoch?

3 (= monter par l'ascenseur) **hochfahren**

4 ▷ Ils sont montés à la Bastille.
Sie sind an der Bastille eingestiegen.
▷ Monte en voiture !
Steig ein!

4 (en parlant du train, du métro, du bus, d'une voiture) **einsteigen**

ℹ ***ein•steigen*** *est un verbe à particule séparable et se conjugue comme* ***steigen*** *(stieg, gestiegen).*

5 ▷ La route monte après le tournant.
Nach der Kurve steigt die Straße an.

5 (en parlant d'une route, d'un chemin) **ansteigen**

ℹ *an•steigen est un verbe à particule séparable et se conjugue comme steigen (stieg, gestiegen).*

6 ▷ Ne restez pas sur la plage, la mer monte.
Bleibt nicht am Strand, das Meer steigt.

6 (en parlant de la mer, de la marée, d'un niveau) **steigen**

7 ▷ Monte sur le mur, tu verras mieux.
Kletter auf die Mauer, da siehst du besser.

7 ► **monter sur** quelque chose (= grimper sur) : **auf** etwas (accusatif) **klettern**

8 ▷ Clémence est montée sur son vélo et elle est partie.
Clémence ist auf ihr Fahrrad gestiegen und weggefahren.

8 ► **monter sur** quelque chose (en parlant d'un vélo, d'un cheval) : **auf** etwas (accusatif) **steigen**

9 ▷ Tu me montes les valises, s'il te plaît ?
Trägst du mir bitte die Koffer hinauf?

9 (= porter en haut) **hinauftragen**

ℹ *hinauf•tragen est un verbe à particule séparable et se conjugue comme tragen (trägt, trug, getragen).*

10 ▷ Tu peux monter le son, s'il te plaît ?
Kannst du ein bisschen lauter stellen, bitte?

10 (= augmenter) **lauter stellen**

11 ▷ On a monté la tente en vingt minutes.
Wir haben das Zelt in zwanzig Minuten aufgestellt.

11 (= monter une tente) **aufstellen**

ℹ *auf•stellen est un verbe à particule séparable.*

12 ▷ Cette armoire est difficile à monter.
Dieser Schrank ist schwer zu montieren.

12 (= monter un meuble en kit) **montieren**

ℹ *Les verbes se terminant par -ieren ne prennent pas ge- au participe passé.*

13 ▷ Avec ses histoires, il les a montées l'une contre l'autre.
Mit seinen Geschichten hat er sie gegeneinander aufgebracht.

13 ► **monter** quelqu'un **contre** quelqu'un : jemanden **gegen** jemanden **aufbringen**

ℹ *auf•bringen est un verbe à particule séparable et se conjugue comme bringen (brachte, gebracht).*

montre

▷ Ma montre retarde.
Meine Uhr geht nach.

die **Uhr** (pluriel : Uhren)

montrer

▷ Le marin nous a montré comment faire des nœuds.
Der Seemann hat uns gezeigt, wie man Knoten macht.

zeigen

▻ Montre-le-moi.
Zeig's mir.
▻ Montre la photo à ton père.
Zeig das Foto deinem Vater.

► **montrer** quelque chose à quelqu'un : jemandem (datif) etwas zeigen

monument

▻ Nous avons visité les monuments de Munich.
Wir haben Münchens Monumente besichtigt.

das **Monument** (pluriel : Monumente)

se moquer

▻ Ils se sont tous moqués de moi.
Sie haben sich alle über mich lustig gemacht.
▻ Pourquoi tu te moques de lui ?
Warum machst du dich über ihn lustig?

► **se moquer de** quelqu'un : **sich über** jemanden **lustig machen**

ℹ *Le pronom personnel allemand s'emploie à l'accusatif : ich mache **mich** lustig, du machst **dich** lustig, er/sie macht **sich** lustig, wir machen **uns** lustig, ihr macht **euch** lustig, sie machen **sich** lustig.*

moquette

▻ J'ai de la moquette grise dans ma chambre.
Ich habe grauen Teppichboden in meinem Zimmer.

der **Teppichboden** (pluriel : -böden)

moral

▻ Je vois que tu as le moral, Pierre !
Ich sehe, dass du in guter Stimmung bist, Pierre!
▻ Adeline n'a pas trop le moral en ce moment.
Adeline ist im Moment ziemlich niedergeschlagen.

► **avoir le moral** : **in guter Stimmung sein**

► **ne pas avoir le moral** : **niedergeschlagen sein**

morceau

▻ Tu veux un morceau de fromage ?
Möchtest du ein Stück Käse?
▻ Je vais vous jouer un morceau de Bach.
Ich werde ein Stück von Bach spielen.

das **Stück** (pluriel : Stücke)

mordre

▻ Un chien l'a mordu à la jambe.
Ein Hund hat ihn ins Bein gebissen.
▻ Manon s'est fait mordre par un cheval.
Manon ist von einem Pferd gebissen worden.
▻ Fabrice a mordu dans une pomme et s'est cassé une dent.
Fabrice hat in einen Apfel gebissen und sich einen Zahn gebrochen.

beißen (biss, gebissen)

► **se faire mordre** : **gebissen werden**

► **mordre dans** quelque chose : **in** etwas **beißen**

mort, morte

1 ▷ Il ne bougeait plus, on a cru qu'il était mort.
Er bewegte sich nicht mehr, wir glaubten, er wäre tot.

1 (= sans vie) **tot**

2 ▷ On était morts de rire !
Wir haben uns totgelacht.
▷ J'étais morte de rire pendant le spectacle.
Ich habe mich während der Vorstellung totgelacht.

2 ► **être mort de rire :** sich totlachen

*L'emploi adjectival est traduit par un verbe réfléchi à particule séparable en allemand, dont le pronom personnel s'emploie à l'accusatif : ich lache **mich** tot, du lachst **dich** tot, er/sie lacht **sich** tot, wir lachen **uns** tot, ihr lacht **euch** tot, sie lachen **sich** tot.*

3 ▷ Je suis morte de faim !
Ich sterbe vor Hunger!

3 ► **être mort de faim :** vor Hunger sterben (stirbt, starb, gestorben)

4 ▷ Christine était morte de peur.
Christine ist fast vor Angst gestorben.

4 ► **être mort de peur :** fast vor Angst sterben

5 ▷ Tu as déjà vu un mort ?
Hast du schon einmal einen Toten gesehen?

5 (= personne morte) der/die **Tote** (pluriel : Toten)

*C'est un adjectif substantivé : on dit **ein Toter**.*

mort

▷ Samir n'est plus pareil depuis la mort de son père.
Samir ist nicht mehr derselbe seit dem Tod seines Vaters.

► **la mort :** der Tod

mortel, mortelle

▷ Il y a beaucoup d'accidents mortels sur la route.
Es geschehen viele tödliche Unfälle auf den Straßen.

(= qui tue) **tödlich**

Pour qualifier quelque chose ou quelqu'un **qui meurt**, *on dit* ***sterblich***.

mosquée

▷ La mosquée est près de notre immeuble.
Die Moschee ist in der Nähe von unserem Haus.

die **Moschee** (pluriel : Moscheen)

mot

1 ▷ Que veut dire ce mot ?
Was bedeutet dieses Wort?

1 (= terme) das **Wort** (pluriel : Wörter)

2 ▷ Il y avait un mot sur la porte.
An der Tür hing eine Nachricht.

2 (= message) die **Nachricht**

3 ▷ Pour terminer, je voudrais dire quelques mots.
Zum Schluss würde ich gern noch ein paar Worte sagen.

3 (= parole) das Wort (pluriel : Worte)

▷ C'est mot pour mot ce qu'il m'a dit.
Das ist wortwörtlich, was er mir gesagt hat.

► **mot pour mot** (= exactement) : wortwörtlich

ℹ *On dit aussi Wort für Wort.*

▷ Ne t'inquiète pas, je vais lui dire deux mots.
Keine Angst, ich werde mal ein Wörtchen mit ihm reden.

► **dire deux mots** à quelqu'un (= réprimander quelqu'un) : mit jemandem (datif) ein Wörtchen reden

4 ▷ J'ai oublié d'apporter un mot d'excuse.
Ich habe vergessen, einen Entschuldigungsbrief mitzubringen.

4 ► **mot d'excuse** : der Entschuldigungsbrief (pluriel : –briefe)

5 ▷ Parfois, je fais des mots croisés avec ma sœur.
Ab und zu löse ich mit meiner Schwester Kreuzworträtsel.

5 ► **les mots croisés** (= une grille de mots croisés) : das Kreuzworträtsel (pluriel : –rätsel)

► **faire des mots croisés** : Kreuzworträtsel lösen

moteur

▷ Le mécanicien m'a dit que le moteur était cassé.
Der Mechaniker hat gesagt, dass der Motor kaputt ist.

der Motor (pluriel : Motoren)

motif

▷ Le tissu avait un très joli motif.
Der Stoff hatte ein schönes Muster.

das Muster (pluriel : Muster)

ℹ *On dit aussi das Motiv* (pluriel : *Motive*)

▷ Caroline portait une robe bleue à motifs.
Caroline trug ein blaues, gemustertes Kleid.

► **à motifs** : gemustert

moto

▷ La moto nous a doublés.
Das Motorrad hat uns überholt.

das Motorrad (pluriel : –räder)

▷ Mon frère fait de la moto.
Mein Bruder fährt Motorrad.

► **faire de la moto** : Motorrad fahren (fährt, fuhr, gefahren)

mou, molle

▷ Ce lit est trop mou.
Dieses Bett ist zu weich.

(= moelleux) weich

mouche

▷ Fermez la porte, toutes les mouches rentrent !
Macht die Tür zu, alle Fliegen kommen rein!

die Fliege (pluriel : Fliegen)

se moucher

▷ Je n'arrête pas de me moucher !
Ich schnäutze mich unaufhörlich!
▷ Mouche-toi au lieu de renifler !
Schnäutz dich, anstatt zu schnüffeln!
▷ Pourquoi est-ce que tu ne te mouches pas ?
Warum putzt du dir nicht die Nase?

sich schnäutzen

ℹ *Le pronom personnel allemand s'emploie à l'accusatif : ich schnäutze **mich**, du schnäutzt **dich**, er/sie schnäutzt **sich**, wir schnäutzen **uns**, ihr schnäutzt **euch**, sie schnäutzen **sich**.*

ℹ *On dit aussi **sich die Nase putzen**, dont le pronom personnel s'emploie au datif : ich putze **mir** die Nase, du putzt **dir**..., er/sie putzt **sich**..., wir putzen **uns**..., ihr putzt **euch**..., sie putzen **sich**...*

mouchoir

▷ J'ai prêté un mouchoir à Mathias.
Ich habe Mathias ein Taschentuch geliehen.
▷ Tu as emmené des mouchoirs en papier ?
Hast du Papiertaschentücher mitgenommen?

das **Taschentuch** (pluriel : -tücher)
► **mouchoir en papier :** das Papiertaschentuch

moue

▷ Hélène a fait la moue quand j'ai proposé d'aller au cinéma.
Hélène zog ein schiefes Gesicht, als ich ihr vorschlug, ins Kino zu gehen.

► **faire la moue :** ein schiefes Gesicht ziehen (zog, gezogen)

mouette

▷ Ce sont les mouettes qui nous ont réveillés.
Wir wurden von den Möwen geweckt.

die **Möwe** (pluriel : Möwen)

moufles

▷ Il est difficile de faire des boules de neige avec des moufles.
Es ist schwierig, mit Fausthandschuhen Schneebälle zu machen.

der **Fausthandschuh** (pluriel : -handschuhe)

mouillé, mouillée

▷ Ton pantalon est tout mouillé ; qu'est-ce qui t'est arrivé ?
Deine Hose ist ganz nass; was ist dir denn passiert?

nass (**plus mouillé** nasser *ou* nässer ; **le plus mouillé** der nasseste *ou* der nässeste)

mouiller

1 ▷ Attention, tu mouilles tes chaussures.
Vorsicht, du machst deine Schuhe nass.

1 ► **mouiller** quelque chose (par accident) : etwas (accusatif) nass machen

2 ▷ Mouille l'éponge et frotte doucement.
Befeuchte den Schwamm und reib sanft.

2 (volontairement) **befeuchten**

ℹ *Les verbes commençant par le préfixe **be-** ne prennent pas **ge-** au participe passé.*

3 ▷ J'emporte un parapluie, je déteste me mouiller.
Ich nehme einen Regenschirm mit, ich hasse es, nass zu werden.

3 ► **se mouiller** : nass werden (wird, wurde, geworden)

4 ▷ Je nage sans me mouiller les cheveux.
Ich schwimme, ohne mir die Haare nass zu machen.

4 ► **se mouiller** quelque chose : sich (datif) etwas nass machen

moulant, moulante

▷ Nathalie aime bien porter des pantalons moulants.
Nathalie trägt gern eng anliegende Hosen.

eng anliegend

moule

1 ▷ Ils utilisent des moules pour faire les œufs en chocolat.
Sie benutzen Gussformen, um Schokoladeneier zu machen.

▷ Ce moule à gâteau est trop petit.
Diese Kuchenform ist zu klein.

1 ► **le moule** (pour fabriquer des objets) : die Gussform (pluriel : –formen)

ℹ *On dit aussi **die Form** tout court.*

ℹ *Quand le moule sert à quelque chose de particulier, on forme des mots composés avec **Form** : **die Kastenform*** (moule à cake), ***die Puddingform*** (moule à charlotte).

2 ▷ Plusieurs moules étaient avariées.
Mehrere Muscheln waren verdorben.

2 ► **la moule** (= le coquillage) : die Muschel (pluriel : Muscheln)

moulin

▷ Ils habitent dans un vieux moulin.
Sie wohnen in einer alten Mühle.
▷ Passe-moi le moulin à poivre, s'il te plaît.
Gib mir bitte die Pfeffermühle.

die Mühle

ℹ *Pour dire de quel genre de moulin il s'agit, on forme des mots composés avec **Mühle** : **die Wassermühle*** (moulin à eau), ***die Windmühle*** (moulin à vent).

mourir

1 ▷ L'arrière-grand-mère de Sylvie est morte hier.
Sylvies Urgroßmutter ist gestern gestorben.
▷ De quoi est-ce qu'il est mort ?
Woran ist er gestorben?

1 (en parlant d'une personne) **sterben** (stirbt, starb, gestorben)
► **mourir de** quelque chose : an etwas sterben

ℹ *Notez le pronom interrogatif : on ne dit pas **an was?** mais **woran?***

2 ▷ Les prisonniers sont morts de faim.
Die Gefangenen sind verhungert.

2 ► **mourir de faim :** verhungern

ℹ *Les verbes commençant par le préfixe* ***ver-*** *ne prennent pas* ***ge-*** *au participe passé.*

3 ▷ Au secours, je meurs de soif !
Hilfe, ich verdurste!

3 ► **mourir de soif :** verdursten

ℹ *Les verbes commençant par le préfixe* ***ver-*** *ne prennent pas* ***ge-*** *au participe passé.*

mousse

1 ▷ Le tronc d'arbre est recouvert de mousse.
Der Baumstamm ist von Moos bedeckt.

1 (= végétal) das **Moos** (pluriel : Moose)

2 ▷ Mon matelas est en mousse.
Meine Matratze ist aus Schaumstoff.

▷ Ma petite sœur joue beaucoup avec sa poupée en mousse.
Meine kleine Schwester spielt viel mit ihrer Schaumstoffpuppe.

2 (= matière) der **Schaumstoff**
► **être en mousse :** aus Schaumstoff sein

ℹ *Pour dire que quelque chose est* **en mousse**, *on forme des mots composés avec* ***Schaumstoff*** *:* ***das Schaumstoffsofa*** (canapé en mousse), ***das Schaumstofftier*** (animal en mousse), *etc.*

3 ▷ Tu pourrais acheter de la mousse à raser ?
Könntest du Rasierschaum kaufen?

3 ► **mousse à raser :** der Rasierschaum

4 ▷ J'adore la mousse au chocolat.
Ich liebe Schokolademousse.

4 (= la mousse qu'on mange) die **Mousse**

🔊 *Se prononce comme en français.*

mousseux, mousseuse

1 ▷ La crème était bien mousseuse.
Die Creme war schön schaumig.

1 (adjectif = qui mousse) **schaumig**

2 ▷ Nous avons bu du mousseux pour fêter ça.
Zum Feiern haben wir Schaumwein getrunken.

2 (= boisson) der **Schaumwein** (pluriel : -weine)

ℹ *On dit aussi* ***der Sekt*** (pluriel : *Sekte*).

moustache

1 ▷ Denis se laisse pousser la moustache.
Denis lässt sich einen Schnurrbart wachsen.

1 (d'un homme) der **Schnurrbart** (pluriel : -bärte)

2 ▷ Notre chat a des moustaches très longues.
Unsere Katze hat sehr lange Schnurrhaare.

2 ► **moustaches** (d'un animal) **:** die Schnurrhaare

moustique

▷ Je me suis fait piquer par un moustique.
Ich bin von einer Mücke gestochen worden.

die **Mücke** (pluriel : Mücken)

moutarde

der **Senf**

▷ Elle est forte, cette moutarde !
Dieser Senf ist ja stark!

mouton

1 (= animal) das **Schaf** (pluriel : Schafe)

1 ▷ Un troupeau de moutons traversait la route.
Eine Schafherde überquerte die Straße.

2 (= viande) das **Hammelfleisch**

2 ▷ Nous avons mangé du mouton avec des haricots.
Wir haben Hammelfleisch und Bohnen gegessen.

mouvement

die **Bewegung** (pluriel : Bewegungen)

▷ Joachim a fait un mouvement brusque.
Joachim hat eine plötzliche Bewegung gemacht.

moyen, moyenne

1 (= entre deux) **mittlere**

1 ▷ Marie est de taille moyenne.
Marie ist von mittlerer Größe.

2 (= passable) **mittelmäßig**

2 ▷ Je suis moyen en allemand.
In Deutsch bin ich mittelmäßig.

moyen

1 (= méthode) das **Mittel** (pluriel : Mittel)

1 ▷ C'est un bon moyen pour apprendre le vocabulaire.
Das ist ein gutes Mittel zum Vokabellernen.
▷ Pour lui, tous les moyens sont bons.
Alle Mittel sind ihm recht.
▷ Stéphane a trouvé un moyen pour avoir des billets gratuits.
Stéphane hat es geschafft, Gratiskarten zu bekommen.

► **trouver un moyen de faire quelque chose : es schaffen,** etwas zu tun

2 Quand on parle des moyens qu'on a d'acheter quelque chose en allemand, on emploie l'expression **sich ... leisten können**.

2 ▷ Il n'ont pas les moyens de s'acheter une voiture.
Sie können sich kein Auto leisten.
▷ Tu a les moyens d'acheter ça ?
Kannst du dir das leisten?

ℹ *Le pronom personnel allemand s'emploie au datif : ich kann **mir**... leisten, du kannst **dir**... leisten, er/sie kann **sich**... leisten, wir können **uns**... leisten, ihr könnt **euch**... leisten, sie können **sich**... leisten.*

moyenne

1 (= chiffre ou note intermédiaire) der **Mittelwert** (pluriel : -werte)

1 ▷ Ce n'est pas le maximum, c'est juste une moyenne.
Das ist nicht der Höchstwert, das ist nur ein Mittelwert.

2 ▷ Je suis content, j'ai eu la moyenne en géo.
Ich bin zufrieden, in Geografie habe ich den Durchschnitt.

2 ► **avoir la moyenne :** den Durchschnitt haben

muet, muette

▷ Il y a un garçon muet dans ma classe.
In meiner Klasse ist ein stummer Junge.

stumm

multiplication

▷ Ta multiplication est fausse.
Deine Multiplikation ist falsch.

die **Multiplikation**
(pluriel : Multiplikationen)

Attention à l'orthographe en allemand.

multiplier

▷ Sept multiplié par huit égale cinquante-six.
Sieben multipliziert mit acht gleich sechsundfünfzig.

multiplizieren

*Les verbes se terminant par **-ieren** ne prennent pas **ge-** au participe passé.*

mur

1 ▷ Notre voisin fait construire un mur.
Unser Nachbar lässt eine Mauer bauen.

2 ▷ J'ai fini de peindre les murs.
Ich bin mit dem Streichen der Wände fertig.

1 (= enceinte) die **Mauer**
(pluriel : Mauern)

2 (= cloison) die **Wand**
(pluriel : Wände)

mûr, mûre (adjectif)

▷ Choisis un melon mûr.
Such eine reife Melone aus.

▷ Elle est très mûre pour son âge.
Sie ist sehr reif für ihr Alter.

reif

mûre (nom)

▷ Nous avons ramassé des mûres pour faire de la confiture.
Wir haben Brombeeren gepflückt, um Marmelade zu machen.

die **Brombeere** (pluriel : -beeren)

mûrir

▷ Attends que les pêches mûrissent.
Warte, dass die Pfirsiche reif werden.

(en parlant d'un fruit) **reif werden**
(wird, wurde, geworden)

*On dit aussi **reifen**.*

muscle

▷ J'ai mal aux muscles des bras.
Die Armmuskeln tun mir weh.

der **Muskel** (pluriel : Muskeln)

musclé, musclée

▷ Lucas a des mollets très musclés.
Lucas hat sehr muskulöse Waden.

muskulös

musculation

▷ Alain fait de la musculation avec son père.
Alain macht mit seinem Vater Muskeltraining.

► **faire de la musculation :** Muskeltraining machen

museau

▷ Le chien a fourré son museau dans ma main.
Der Hund hat seine Schnauze in meine Hand gesteckt.

ℹ *Le* museau du chien *se dit* ***die Schnauze*** (pluriel : *Schnauzen*). *Pour une* vache, *on dit* ***das Maul*** (pluriel : *Mäuler*).

musée

▷ Notre classe va visiter le musée d'art moderne cet après-midi.
Heute Nachmittag geht meine Klasse ins Museum für moderne Kunst.

das **Museum** (pluriel : Museen)

musicien, musicienne

▷ Ce sont d'excellents musiciens.
Das sind ausgezeichnete Musiker.

der **Musiker** (pluriel : Musiker), die **Musikerin** (pluriel : Musikerinnen)

musique

▷ On a écouté de la musique toute la soirée.
Wir haben den ganzen Abend über Musik gehört.

▷ Je n'aime pas tellement la musique classique.
Ich mag klassische Musik nicht so gern.

die **Musik**

► **musique classique :** klassische Musik

musulman, musulmane

1 ▷ La Mecque est un lieu de pèlerinage musulman.
Mekka ist eine moslemische Wallfahrtsstätte.

2 ▷ Les musulmans n'ont pas le droit de manger du porc.
Moslems dürfen kein Schweinefleisch essen.

1 (adjectif) **moslemisch**

ℹ *On dit aussi* ***mohammedanisch****.*

2 (= personnes) der **Moslem** *ou* **Muslim** (pluriel : Moslems *ou* Muslime), die **Moslemin** *ou* **Muslimin** (pluriel : Mosleminnen *ou* Musliminnen)

ℹ *Le terme* ***Moslem*** *est uniquement masculin.*

myope

▷ Céline doit porter des lunettes parce qu'elle est myope.
Céline muss eine Brille tragen, weil sie kurzsichtig ist.

kurzsichtig

myrtille

▷ Nous avons ramassé presque un kilo de myrtilles.
Wir haben fast ein Kilo Heidelbeeren gesammelt.

▷ J'adore la tarte aux myrtilles.
Ich liebe Heidelbeertorte.

die **Heidelbeere**
(pluriel : Heidelbeeren)

ℹ *On dit aussi* ***die Blaubeere.***

ℹ *Pour dire que quelque chose est* **aux myrtilles**, *on forme des mots composés avec* ***Heidelbeer-*** *:* ***der Heidelbeersirup*** (sirop aux myrtilles), ***das Heidelbeersorbet*** (sorbet aux myrtilles), *etc.*

mystère

▷ Personne ne sait où il est, c'est un mystère.
Niemand weiß, wo er ist, das ist ein Rätsel.

das **Rätsel** (pluriel : Rätsel)

N

FRANÇAIS — ALLEMAND

nage

1 ▷ La nage est un sport que tout le monde peut pratiquer.
Schwimmen ist ein Sport, den jeder ausüben kann.

2 ▷ Ma nage préférée est le crawl.
Mein Lieblingsschwimmstil ist das Kraul.

3 ▷ Ils étaient en nage quand ils sont arrivés en haut.
Als sie oben ankamen, waren sie schweißgebadet.

1 das **Schwimmen**

2 (= style) der **Schwimmstil** (pluriel : -stile)

3 ► **être en nage :** schweißgebadet sein

nager

1 ▷ Lola nage très bien.
Lola schwimmt sehr gut.

2 ▷ Bruno a maigri, il nage dans son jean.
Bruno hat abgenommen, seine Jeans sind zu groß für ihn.

3 ▷ Je nage complètement en maths.
In Mathe blick ich überhaupt nicht durch.

1 (dans l'eau) **schwimmen** (schwamm, geschwommen)

2 Pour dire qu'on nage dans ses vêtements en allemand, on dit simplement que le vêtement est trop grand : **zu groß**.

3 (= ne rien comprendre) **nicht durchblicken**

ℹ *__durch•blicken__ est un verbe à particule séparable.*

ℹ *L'expression allemande est familière.*

naïf, naïve

▷ Marius est vraiment naïf, il croit tout ce qu'on lui dit.
Marius ist wirklich naiv, er glaubt alles, was man ihm sagt.

naiv

🔊 *Se prononce comme* **naïf**, *sauf les formes déclinées qui se prononcent comme* **naïve**.

nain, naine

▷ Comment s'appellent les sept nains de Blanche-Neige ?
Wie heißen Schneewittchens sieben Zwerge?

(= personne toute petite) der **Zwerg** (pluriel : Zwerge), die **Zwergin** (pluriel : Zwerginnen)

naissance

▷ Mon père m'a dit que je pesais trois kilos et demi à ma naissance.
Mein Vater hat mir gesagt, dass ich bei meiner Geburt dreieinhalb Kilo wog.

die **Geburt** (pluriel : Geburten)

naître

▷ Chloé est née au Canada, mais elle vit en France.
Chloé ist in Kanada geboren, aber sie lebt in Frankreich.

▷ Mozart est né à Salzbourg en 1756.
Mozart wurde 1756 in Salzburg geboren.

geboren sein

ℹ *De façon plus formelle, on dit aussi* ***geboren werden*** (wird, wurde, worden) *qui s'emploie au prétérit à la voix passive.*

nappe

▷ Tu peux aller chercher la nappe dans l'armoire ?
Kannst du das Tischtuch aus dem Schrank holen?

das **Tischtuch** (pluriel : -tücher)

ℹ *On dit aussi* ***die Tischdecke*** (pluriel : *-decken*).

natation

▷ La natation est un sport que tout le monde peut pratiquer.
Schwimmen ist ein Sport, den jeder ausüben kann.

das **Schwimmen**

national, nationale

1 ▷ Il existe des élections nationales, régionales et municipales.
Es gibt nationale, regionale und kommunale Wahlen.

▷ Loïc a été sélectionné pour l'équipe nationale.
Loïc wurde für die Nationalmannschaft aufgestellt.

1 (= du pays) **national**

ℹ *Pour dire que quelque chose est* national, *on forme des mots composés avec* ***National-*** *:* ***der Nationalfeiertag*** (fête nationale), ***die Nationalhymne*** (hymne national), *etc.*

2 ▷ On va prendre la nationale plutôt que l'autoroute.
Wir fahren eher über die Bundesstraße als über die Autobahn.

2 ► **une nationale** *ou* **une route nationale :** eine Bundesstraße

nationalité

▷ Mourad est de nationalité française.
Mourad ist französischer Staatsangehörigkeit.

die Staatsangehörigkeit
► être de nationalité ... : génitif + Staatsangehörigkeit sein

*On dit aussi **die ... Staatsangehörigkeit haben**.*

natte

▷ Les nattes de Lisa vont jusqu'au milieu du dos.
Lisas Zöpfe reichen bis zur Rückenmitte.
▷ Est-ce que tu veux que je te fasse une natte ?
Soll ich dir einen Zopf flechten?

(= tresse) der Zopf (pluriel : Zöpfe)

► **se faire une natte, se faire des nattes :** sich einen Zopf flechten, sich Zöpfe flechten (flicht, flocht, geflochten)

*Le pronom personnel allemand s'emploie au datif : ich flechte **mir**..., du flichtst **dir**..., er/sie flicht **sich**..., wir flechten **uns**..., ihr flechtet **euch**..., sie flechten **sich**...*

naturaliser

▷ Mehmet a été naturalisé français.
Mehmet wurde als Franzose eingebürgert.

► **naturaliser** quelqu'un + adjectif : jemanden als + substantif + einbürgern

***ein•bürgen** est un verbe à particule séparable.*

nature

1 ▷ Cette forme n'existe pas dans la nature.
Diese Form gibt es in der Natur nicht.
▷ Je n'aime pas vivre en ville, la nature me manque.
Ich lebe ungern in der Stadt, die Natur fehlt mir.
▷ Tu veux un yaourt nature ou un yaourt aux fruits ?
Möchtest du ein Naturjogurt oder ein Fruchtjogurt?

2 ▷ Anne prend son thé nature.
Anne nimmt ihren Tee ohne alles.

1 (= le monde naturel, la campagne) die Natur

*Quand on parle d'un **yaourt nature**, on forme le mot composé avec **Natur**.*

2 (en parlant du thé) ohne alles

naturel, naturelle

▷ Est-ce que c'est ta couleur de cheveux naturelle ?
Ist das deine natürliche Haarfarbe?

natürlich

nausée

▷ C'est un médicament contre la nausée.
Das ist ein Medikament gegen Übelkeit.

▷ J'ai la nausée, je veux rentrer.
Mir ist übel, ich will nach Hause.

die **Übelkeit**

ℹ *Pour dire que quelqu'un* **a la nausée** *en allemand, on emploie l'expression* ***jemandem*** (datif) ***ist übel****.*

navet

1 ▷ Tu as oublié d'acheter des navets.
Du hast vergessen, weiße Rüben zu kaufen.

2 ▷ Ce film est un navet.
Das ist ja ein Schundfilm.

1 (= légume) die **weiße Rübe** (pluriel : Rüben)

2 (= en parlant d'un film) der **Schundfilm**

ℹ *On peut aussi employer l'expression familière* ***dieser Film ist Mist****.*

navette

▷ Nous avons pris la navette pour l'aéroport.
Wir haben den Pendelbus zum Flughafen genommen.

▷ Mon père fait la navette entre Paris et Orléans.
Mein Vater pendelt zwischen Paris und Orléans.

(= autobus) der **Pendelbus** (pluriel : -busse)

► **faire la navette** (pour le travail) : **pendeln**

naviguer

▷ Nadine passe des heures à naviguer sur Internet.
Nadine surft stundenlang im Internet.

► **naviguer sur Internet : im Internet surfen** /'sœːɐfən/

🔊 *Notez la prononciation.*

ne ou n'

1 ▷ Je ne sais pas.
Ich weiß nicht.

▷ Ce n'est pas très sympa de ta part.
Das ist nicht sehr nett von dir.

▷ Je ne peux pas venir.
Ich kann nicht kommen.

2 ▷ Je n'ai eu qu'un bonbon !
Ich habe nur ein Bonbon bekommen!

1 On forme le négatif en allemand en faisant suivre le verbe de **nicht**.

ℹ *Pour* **ne** *en corrélation avec* **aucun, jamais, pas, personne, plus, rien,** *regardez ces mots.*

2 ► **ne... que** (= seulement) : **nur**

nécessaire

▷ Il n'est pas nécessaire de prendre ton cartable.
Es ist nicht nötig, deine Schultasche zu nehmen.

nötig

nectarine

▷ Un kilo de nectarines, s'il vous plaît.
Ein Kilo Nektarinen, bitte.

die **Nektarine**
(pluriel : Nektarinen)
Attention à l'orthographe allemande.

néerlandais, néerlandaise

1 ▷ L'ancienne monnaie néerlandaise était le florin.
Die ehemalige niederländische Währung war der Gulden.

2 ▷ Nous avons rencontré un Néerlandais en Bretagne.
In der Bretagne haben wir einen Niederländer kennengelernt.

3 ▷ Je parle un peu le néerlandais.
Ich spreche ein bisschen Niederländisch.

1 (adjectif) **niederländisch**

2 (= personne) der **Niederländer** (pluriel : Niederländer), die **Niederländerin** (pluriel : Niederländerinnen)

3 (= langue) **Niederländisch**

négatif, négative

1 ▷ Ne sois pas si négatif !
Sei doch nicht so negativ!

2 ▷ Où sont les négatifs ? Je voudrais faire faire des retirages.
Wo sind die Negative? Ich will neue Abzüge machen lassen.

1 (adjectif = contraire de positif) **negativ**

2 ► **le négatif** (= photo) **:** das **Negativ** (pluriel : Negative)

neige

1 ▷ Nous avons trente centimètres de neige.
Wir haben dreißig Zentimeter Schnee.

2 ▷ Monica a de la chance, elle va à la neige en février.
Monica hat Glück, sie fährt im Februar in Skiurlaub.

1 der **Schnee**

2 ► **aller à la neige** (= au ski) **:** in **Skiurlaub fahren** (fährt, fuhr, gefahren)

neiger

▷ Regarde, il neige !
Schau mal, es schneit!

schneien
► **il neige :** es schneit

néo-zélandais, néo-zélandaise

1 ▷ Le kiwi est un oiseau néo-zélandais.
Der Kiwi ist ein neuseeländischer Vogel.

2 ▷ Je trouve les Néo-Zélandais très sympathiques.
Ich finde die Neuseeländer sehr nett.

1 (adjectif) **neuseeländisch**

2 (= personne) der **Neuseeländer** (pluriel : Neuseeländer), die **Neuseeländerin** (pluriel : Neuseeländerinnen)

nerf

1 ▷ Le nerf est coincé.
Der Nerv ist eingeklemmt.

2 ▷ Il y a trop de nerfs dans cette viande.
In diesem Fleisch sind zu viele Sehnen.

1 (dans le corps) der **Nerv** (pluriel : Nerven)

2 (dans la viande) die **Sehne** (pluriel : Sehnen)

nerveux, nerveuse

1 ▷ C'est un garçon très nerveux.
Er ist ein sehr unruhiger Junge.

2 ▷ Je suis toujours nerveuse avant un examen.
Ich bin vor einer Prüfung immer nervös.

1 (= agité) **unruhig**

2 (= inquiet) **nervös**

n'est-ce pas

▷ Tu es d'accord, n'est-ce pas ?
Du bist doch einverstanden, oder?

▷ Elle viendra, n'est-ce pas ?
Sie kommt, oder?

oder

ℹ *Une façon un peu plus formelle de dire* **n'est-ce pas ?** *est* ***nicht wahr?***

net, nette

1 ▷ L'image n'est pas assez nette.
Das Bild ist nicht deutlich genug.

2 ▷ Ces draps ne sont pas très nets.
Die Laken sind nicht sehr sauber.

3 ▷ Il s'est arrêté net quand il m'a vue.
Als er mich sah, blieb er plötzlich stehen.

4 ▷ Maintenant, tu mets tout au net.
Und nun schreibst du alles ins Reine.

1 (= clair, évident) **deutlich**

2 (= propre) **sauber**

3 ► **s'arrêter net : plötzlich stehen bleiben** (blieb, geblieben)

4 ► **mettre au net** (en parlant d'un texte, d'un devoir) **: ins Reine schreiben** (schrieb, geschrieben)

nettement

1 ▷ J'ai vu la marmotte très nettement.
Ich habe das Murmeltier ganz deutlich gesehen.

2 ▷ Bruno est nettement plus sympa que son frère.
Bruno ist eindeutig netter als sein Bruder.

1 (= de façon claire) **deutlich**

2 (= largement) **eindeutig**

nettoyer

▷ Tu devrais nettoyer tes chaussures, elles sont pleines de boue.
Du solltest mal deine Schuhe putzen, sie sind ganz schlammig.

putzen

neuf, neuve

▷ Lucie a un manteau neuf.
Lucie hat einen neuen Mantel.

▷ L'écran est tout neuf.
Der Bildschirm ist nagelneu.

neu

► **tout neuf : nagelneu**

▷ Alors, quoi de neuf ?
Und, was gibt's Neues?

► **quoi de neuf ? :** was gibt's Neues?

neuf

▷ Il reste neuf jours jusqu'aux vacances.
Es bleiben noch neun Tage bis zu den Ferien.
▷ Aujourd'hui nous sommes le neuf juillet.
Heute ist der neunte Juli.
▷ Nous partirons le neuf septembre.
Wir fahren am neunten September.

neun

ℹ *Quand on dit la date, on emploie* ***der neunte****.*
ℹ *Quand on dit que quelque chose a eu lieu ou aura lieu à cette date, on emploie* ***am neunten****.*
ℹ *On écrit* ***am 9. September****.*

neutre

▷ Je ne défends personne, je reste neutre.
Ich verteidige niemanden, ich bleibe neutral.

neutral

neuvième

▷ C'est le neuvième match que gagne notre équipe.
Das ist das neunte Spiel, das unsere Mannschaft gewinnt.
▷ Marc est le neuvième de la classe.
Marc ist der Neunte der Klasse.
▷ Elle est arrivée neuvième.
Sie ist Neunte geworden.

neunte

► **le** *ou* **la neuvième :** der/die/das Neunte

neveu

▷ Son neveu Frank habite à Rostock.
Ihr Neffe Frank wohnt in Rostock.

der Neffe (pluriel : Neffen)

nez

▷ Camille a un joli petit nez.
Camille hat eine hübsche kleine Nase.

die Nase (pluriel : Nasen)

ni... ni

▷ Je ne connais ni sa sœur ni son frère.
Ich kenne weder seine Schwester noch seinen Bruder.
▷ Elle n'est ni grande ni petite.
Sie ist weder groß noch klein.

weder... noch

niche

▷ Le chien ne veut pas aller dans sa niche, il préfère rester dans la maison.
Der Hund will nicht in seine Hundehütte gehen, er bleibt lieber im Haus.

die Hundehütte (pluriel : -hütten)

nid

▷ Le pauvre oiseau est tombé du nid.
Der arme Vogel ist aus dem Nest gefallen.

das **Nest** (pluriel : Nester)

nièce

▷ Sa nièce étudie à Heidelberg.
Seine Nichte studiert in Heidelberg.

die **Nichte** (pluriel : Nichten)

n'importe

1 ▷ Tu as fait ça n'importe comment !
Das hast du ganz schlampig gemacht!

1 ► **n'importe comment** (= mal) : schlampig

2 ▷ N'importe comment j'y arriverai.
Irgendwie schaffe ich das schon.

2 ► **n'importe comment** (= de toute façon) : irgendwie

3 ▷ Prends n'importe lequel, ça m'est égal.
Nimm irgendeinen, mir ist es egal.

3 ► **n'importe lequel, n'importe laquelle** (= l'un ou l'autre) : irgendeiner, irgendeine

4 ▷ Tu peux aller n'importe où, tout le monde te dira la même chose.
Überall wo du hingehst, wird man dir dasselbe sagen.

4 ► **n'importe où** (= partout) : überall

5 ▷ Achète n'importe quelle marque.
Kauf irgendeine Marke.

5 ► **n'importe quel, n'importe quelle** (= l'un ou l'autre) : irgendeiner, irgendeine

6 ▷ N'importe quel enfant de trois ans ferait ça mieux.
Jedes dreijährige Kind würde das besser machen.

6 ► **n'importe quel, n'importe quelle** (= quel qu'il soit) : jeder + substantif masculin, jede + substantif féminin, jedes + substantif neutre

7 ▷ N'importe qui pourrait faire ça.
Das könnte jeder machen.

7 ► **n'importe qui** (= quiconque) : jeder

8 ▷ Raconte-lui n'importe quoi, mais ne lui dis pas où on va !
Erzähl ihm irgendwas, aber sag ihm nicht, wohin wir gehen.

8 ► **n'importe quoi** (= une chose ou une autre) : irgendwas

9 ▷ Cette histoire, c'est vraiment n'importe quoi !
Diese Geschichte ist doch Unsinn!
▷ Je crois que tu lui plais. – N'importe quoi !
Ich glaube, du gefällst ihm. – Unsinn!

9 ► **n'importe quoi** (= des bêtises) : Unsinn

niveau

1 ▷ C'est difficile à tous les niveaux.
Auf allen Ebenen ist es schwierig.

1 die **Ebene** (pluriel : Ebenen)

2 ▷ C'est juste au-dessus du niveau de la mer.
Es liegt gerade über dem Meerespiegel.

2 ► **le niveau de la mer** : der Meeresspiegel

3 ▷ Suzie a un bon niveau en maths.
Suzie hat ein gutes Niveau in Mathe.

3 ► **avoir un bon niveau en ...** : ein gutes Niveau in ... haben

noce

1 ▷ Tu t'es bien amusé à la noce ?
Hast du dich auf der Hochzeit gut amüsiert?

1 (= fête) die **Hochzeit**

2 ▷ Dimanche, on a fêté les noces d'argent de mes parents.
Am Sonntag haben wir die Silberne Hochzeit meiner Eltern gefeiert.

2 ► **noces d'argent** (= vingt-cinq ans de mariage) : die Silberne Hochzeit

ℹ *De la même façon on dit* ***die Goldene Hochzeit*** **(noces d'or).**

Noël

▷ Qu'est-ce que tu as eu pour Noël ?
Was hast du zu Weihnachten bekommen?

▷ Joyeux Noël !
Fröhliche Weihnachten!

Weihnachten

► **Joyeux Noël ! :** Fröhliche Weihnachten!

nœud

1 ▷ Le nœud n'est pas assez serré.
Der Knoten ist nicht fest genug.

1 (= lien) der **Knoten**
(pluriel : Knoten)

2 ▷ Marielle avait un nœud dans les cheveux.
Marielle trug eine Haarschleife.

2 (pour faire joli) die **Schleife**
(pluriel : Schleifen)

3 ▷ Où as-tu mis mon nœud papillon ?
Wo hast du meine Fliege hingelegt?

3 ► **nœud papillon :** die Fliege
(pluriel : Fliegen)

noir, noire

1 ▷ Le pantalon noir te va mieux.
Die schwarze Hose steht dir besser.

1 (= couleur) **schwarz**

2 ▷ Il fait noir dans la cave.
Es ist dunkel im Keller.

2 ► **il fait noir :** es ist dunkel

3 ▷ Ma grand-mère ne porte que du noir.
Meine Großmutter trägt nur Schwarz.

3 ► **le noir** (= la couleur noire) : Schwarz

ℹ *Remarquez qu'il n'y a pas d'article en allemand.*

4 ▷ Ma petite sœur a peur du noir.
Meine kleine Schwester hat im Dunkeln Angst.

4 ► **le noir** (= l'obscurité) **:** das Dunkel

5 ▷ Arnaud prend des photos en noir et blanc.
Arnaud macht Schwarzweißfotos.

5 ► **noir et blanc, en noir et blanc :** schwarzweiß

6 ▷ Depuis 1991, les Noirs ont les mêmes droits que les Blancs en Afrique du Sud.
Seit 1991 haben die Schwarzen dieselben Rechte wie die Weißen in Südafrika.

6 (= personne) der/die **Schwarze**
(pluriel : Schwarzen)

ℹ *C'est un adjectif substantivé : on dit* ***ein Schwarzer***.

noisette

1 ▷ C'est du chocolat avec des raisins secs et des noisettes.
Das ist Schokolade mit Rosinen und Haselnüssen.

1 (= fruit) die **Haselnuss**
(pluriel : –nüsse)

2 ▷ Monique a des yeux noisette.
Monique hat haselnussbraune Augen.

2 (= couleur) haselnussbraun

noix

1 ▷ J'adore les noix.
Ich liebe Walnüsse.

2 ▷ Ma mère a fait un gâteau à la noix de coco.
Meine Mutter hat einen Kokosnusskuchen gebacken.

1 (= fruit) die Walnuss (pluriel : -nüsse)

2 ► **noix de coco :** die Kokosnuss

ℹ *D'autres sortes de noix sont traduites en formant des mots composés avec* Nuss : ***die Muskatnuss*** **(noix de muscade),** ***die Cashewnuss*** **(noix de cajou).**

nom

1 ▷ Rodolphe, c'est un drôle de nom pour un chien !
Rodolphe ist ja ein seltsamer Name für einen Hund!

▷ Quel est ton nom ?
Wie heißt du?

▷ Je la connais de nom seulement.
Ich kenne sie nur dem Namen nach.

▷ J'ai dû noter mon nom de famille et ma date de naissance.
Ich musste meinen Nachnamen und mein Geburtsdatum aufschreiben.

▷ Quel est le nom de jeune fille de ta mère ?
Was ist der Mädchenname deiner Mutter?

2 ▷ Reliez l'adjectif au nom correspondant.
Verbindet das Adjektiv mit dem entsprechenden Substantiv.

1 der Name (pluriel : Namen)

ℹ *Pour demander son nom à quelqu'un, on emploie l'expression* ***wie heißt ...?*** *ou* ***wie heißen ...?***

► **connaître** quelqu'un **de nom :** jemanden (accusatif) dem Namen nach kennen

► **nom de famille :** der Nachname

► **nom de jeune fille :** der Mädchenname

2 (= terme) das Substantiv (pluriel : Substantive)

ℹ *On dit aussi* ***das Hauptwort.***

nombre

▷ Dis un nombre entre dix et trente.
Sag eine Zahl zwischen zehn und dreißig.

die Zahl (pluriel : Zahlen)

nombreux, nombreuses

▷ Il sont trop nombreux pour s'asseoir autour de la table.
Sie sind zu zahlreich, um sich um den Tisch zu setzen.

▷ Il y a eu de nombreux accidents à cet endroit.
An dieser Stelle sind schon zahlreiche Unfälle passiert.

zahlreich

► **de nombreux ...** (= beaucoup de) : zahlreiche ...

nombril

▷ Sarah a un anneau dans le nombril.
Sarah hat einen Ring im Bauchnabel.

der **Bauchnabel** (pluriel : -nabel)
ℹ *On dit aussi* ***der Nabel*** *tout court.*

nommer

▷ C'est Charles qui a été nommé délégué de classe.
Charles wurde zum Klassensprecher ernannt.

(= désigner à un poste) **ernennen** (ernannte, ernannt)
ℹ *Les verbes commençant par le préfixe* ***er-*** *ne prennent pas* ***ge-*** *au participe passé.*
ℹ *Notez l'emploi de la préposition en allemand :* **être nommé ... =** ***zu ... ernannt werden.***

non

1 ▷ Tu as faim ? – Non, pas encore.
Hast du Hunger? – Nein, noch nicht.

2 ▷ Tu aimes ça ? Moi non.
Magst du das? Ich nicht.
▷ Moi je suis prête, mais lui non.
Ich bin fertig, aber er nicht.

3 ▷ Ils m'ont demandé si je pouvais le faire, j'ai dit que non.
Sie haben mich gefragt, ob ich das tun könnte, ich habe nein gesagt.

4 ▷ Tu viens ou non ?
Kommst du oder nicht?

5 ▷ C'est joli, non ?
Das ist hübsch, oder?
▷ Elle chante bien, non ?
Sie singt gut, oder?

6 ▷ Audrey n'est pas venue non plus.
Audrey ist auch nicht gekommen.
▷ Je ne vois rien ! – Moi non plus.
Ich sehe nichts! – Ich auch nicht.

1 (pour refuser) **nein**

2 Quand **non** remplace une proposition, on traduit en allemand en faisant suivre le pronom personnel par **nicht**.

3 ► **dire que non :** nein sagen

4 ► **... ou non ? :** ... oder nicht?

5 ► **... non ?** (= n'est-ce pas) **:** oder?
ℹ *Une façon un peu plus formelle de dire* ***oder?*** *est* ***nicht wahr?***

6 ► **non plus :** auch nicht

non-fumeur

▷ Nous voudrions des places non-fumeurs.
Wir hätten gern Nichtraucherplätze.

Pour parler d'un endroit **où on ne fume pas**, on forme des mots composés avec **Nichtraucher** : ein Nichtraucherrestaurant (**un restaurant non-fumeurs**).

nord

▷ Le nord est dans cette direction.
Der Norden liegt in dieser Richtung.

der **Norden**

▷ Ils habitent dans le Nord.
Sie wohnen im Norden.
▷ Mon village est au nord de Mannheim.
Mein Dorf liegt nördlich von Mannheim.

► **dans le Nord :** im Norden

► **au nord de... :** nördlich von...

normal, normale

▷ Tout semble normal.
Alles scheint normal zu sein.
▷ C'est normal de vouloir réussir dans la vie.
Es ist normal, dass man es im Leben zu etwas bringen will.

(= sans incidents, compréhensible) **normal**

L'accent est sur la deuxième syllabe.

normalement

1 ▷ Normalement, je me couche à neuf heures.
Normalerweise gehe ich um neun Uhr ins Bett.

1 (= d'habitude) **normalerweise**

2 ▷ Normalement, on devrait arriver vers sept heures.
Eigentlich sollten wir um sieben Uhr ankommen.

2 (= s'il n'y a pas de problème) **eigentlich**

Norvège

Norwegen

▷ La Norvège ne fait pas partie de l'Union européenne.
Norwegen gehört nicht zur Europäischen Union.

► **la Norvège :** Norwegen

i *Ne prend l'article neutre que précédé d'un adjectif :* ***das lappische Norwegen*** (la Norvège laponne).

▷ Nous avons vu des fjords magnifiques en Norvège.
Wir haben in Norwegen wunderschöne Fjorde gesehen.

► **en Norvège** (= dans le pays) **:** in Norwegen

▷ Simone est allée en Norvège en voiture.
Simone ist mit dem Auto nach Norwegen gefahren.

► **en Norvège** (= vers le pays) **:** nach Norwegen

▷ Mon père est déjà allé deux fois en Norvège.
Mein Vater war schon zweimal in Norwegen.

Attention : pour dire que quelqu'un est déjà allé quelque part, *on emploie une expression avec le prétérit du verbe* ***sein*** *+* ***schon****.*

norvégien, norvégienne

1 ▷ La monnaie norvégienne est la couronne.
Die norwegische Währung ist die Krone.

1 (adjectif) **norwegisch**

2 ▷ Aurélien sort avec une Norvégienne.
Aurélien geht mit einer Norwegerin.

2 (= personne) der **Norweger** (pluriel : Norweger), die **Norwegerin** (pluriel : Norwegerinnen)

3 ▷ J'ai appris le norvégien.
Ich habe Norwegisch gelernt.

3 (= langue) **Norwegisch**

nos

▷ Tous nos profs sont en grève.
Alle unsere Lehrer streiken.

unsere

notamment

▷ J'ai beaucoup aimé le livre, notamment le début.
Das Buch hat mir sehr gefallen, vor allem der Anfang.

vor allem
ℹ *On dit aussi* ***besonders****.*

note

1 ▷ J'ai eu une mauvaise note en géographie.
Ich habe eine schlechte Note in Geografie bekommen.
▷ Avant de jouer d'un instrument, il faut savoir lire les notes.
Bevor man ein Instrument spielt, muss man Noten lesen können.

1 (à l'école, = note de musique) die **Note** (pluriel : Noten)

2 ▷ Nous avons demandé la note et nous avons quitté l'hôtel.
Wir haben die Rechnung verlangt und das Hotel verlassen.

2 (= facture) die **Rechnung** (pluriel : Rechnungen)

3 ▷ Tu prends des notes, j'espère ?
Du machst doch hoffentlich Notizen, oder?
▷ Je prends toujours des notes.
Ich mache mir immer Notizen.

3 ► **prendre des notes :** Notizen machen
ℹ *Le pronom personnel allemand s'emploie au datif : ich mache* ***mir*** *Notizen, du machst* ***dir*** *Notizen, er/sie macht* ***sich*** *Notizen, wir machen* ***uns*** *Notizen, ihr macht* ***euch*** *Notizen, sie machen* ***sich*** *Notizen.*

noter

1 ▷ Note l'adresse sur ce bout de papier.
Schreib die Adresse auf dieses Stück Papier.

1 (= écrire) **schreiben** (schrieb, geschrieben)

2 ▷ Les devoirs seront notés.
Die Hausaufgaben werden benotet.

2 (= mettre une note) **benoten**
ℹ *Les verbes commençant par le préfixe* ***be-*** *ne prennent pas* ***ge-*** *au participe passé.*

3 ▷ J'ai noté qu'elle était souvent absente.
Ich habe bemerkt, dass sie oft abwesend ist.

3 (= remarquer) **bemerken**
ℹ *Les verbes commençant par le préfixe* ***be-*** *ne prennent pas* ***ge-*** *au participe passé.*

notre

▷ Notre voyage scolaire s'est bien passé.
Unsere Schulreise ist gut verlaufen.

unser (pour le masculin et le neutre), **unsere** (pour le féminin)

le nôtre, la nôtre, les nôtres

▷ Leur prof est sympa, mais le nôtre est plus intéressant.
Ihr Lehrer ist nett, aber unserer ist interessanter.
▷ Je crois que ces places sont les nôtres.
Ich glaube, das sind unsere Plätze.

unserer (pour le masculin), **unsere** (pour le féminin et le pluriel), **unseres** (pour le neutre)

nouer

▷ Alix a du mal à nouer sa cravate.
Alix hat Schwierigkeiten, seine Krawatte zu binden.

binden (band, gebunden)

nouille

▷ Encore des nouilles ! Il n'y a pas autre chose ?
Schon wieder Nudeln! Gibt's denn nichts anderes?

die **Nudel** (pluriel : Nudeln)

nourrice

▷ Ma petite sœur est gardée par une nourrice.
Meine kleine Schwester wird von einer Tagesmutter betreut.

die **Tagesmutter** (pluriel : -mütter)

nourrir

1 ▷ Ils ont cinq enfants à nourrir.
Sie müssen fünf Kinder ernähren.

1 (= donner à manger à une personne) **ernähren**

ℹ *Les verbes commençant par le préfixe **er-** ne prennent pas **ge-** au participe passé.*

2 ▷ Tu as nourri le chien ?
Hast du den Hund gefüttert?

2 (= donner à manger à un animal) **füttern**

3 ▷ Il refuse de se nourrir.
Er weigert sich, sich zu ernähren.

3 ► **se nourrir :** sich ernähren

ℹ *Le pronom personnel allemand s'emploie à l'accusatif : ich ernähre **mich**, du ernährst **dich**, er/sie ernährt **sich**, wir ernähren **uns**, ihr ernährt **euch**, sie ernähren **sich**.*

▷ Emily ne se nourrit que de chips et de chocolat.
Emily ernährt sich nur von Chips und Schokolade.

► **se nourrir de** quelque chose : sich von etwas (datif) ernähren

nourriture

▷ Nous n'avons pas préparé assez de nourriture.
Wir haben nicht genug Nahrung zubereitet.

die **Nahrung**

nous

1 ▷ Nous avons décidé d'accepter.
Wir haben beschlossen, anzunehmen.

1 (quand **nous** est sujet) **wir**

2 ▷ Ne nous attends pas.
Warte nicht auf uns.
▷ Le prof nous a donné les résultats.
Der Lehrer hat uns die Ergebnisse gegeben.

3 ▷ Nous nous sommes fait mal en jouant au foot.
Wir haben uns beim Fußballspielen weh getan.
▷ Nous nous levons à sept heures.
Wir stehen um sieben Uhr auf.

2 (quand **nous** est complément) **uns**

3 Le pronom réfléchi est traduit par **uns**, sauf dans les cas où le verbe réfléchi français est traduit par un verbe intransitif allemand.

nous-mêmes

1 ▷ Nous-mêmes pourrions lui parler.
Wir selbst könnten mit ihm reden.

2 ▷ Nous sommes responsables de nous-mêmes.
Wir sind für uns selbst verantwortlich.

1 (quand **nous-mêmes** est sujet) **wir selbst**

2 (quand **nous-mêmes** est complément) **uns selbst**

nouveau, nouvel, nouvelle

1 ▷ Nous avons une nouvelle prof d'espagnol.
Wir haben eine neue Spanischlehrerin.
▷ Ce sera bientôt le nouvel An.
Bald ist Neujahr.

2 ▷ La nouvelle a l'air sympa.
Die Neue scheint ganz nett zu sein.
▷ Il y a un nouveau dans la classe de Mathilde.
In Mathildes Klasse ist ein Neuer.

3 ▷ Le chien s'est de nouveau échappé.
Der Hund ist wieder ausgerissen.

1 **neu**

► **le nouvel An** : Neujahr

2 (= personne) der/die **Neue** (pluriel : Neuen)

ℹ *C'est un adjectif substantivé : on dit ein Neuer* (pluriel : Neue).

3 ► **de nouveau** : wieder

nouvelle

1 ▷ La nouvelle est toute fraîche.
Die Neuigkeit ist noch ganz warm.

2 ▷ J'ai une bonne nouvelle à vous annoncer.
Ich habe euch eine gute Nachricht mitzuteilen.

3 ▷ J'aimerais bien regarder les nouvelles.
Ich würde mir gerne die Nachrichten ansehen.

4 ▷ Est-ce que tu as des nouvelles de Charlotte ?
Hast du etwas von Charlotte gehört?

▷ Donne de tes nouvelles de temps en temps !
Lass ab und zu von dir hören!

5 ▷ J'ai pris des nouvelles de Maya, elle est toujours à l'hôpital.
Ich habe mich nach Maya erkundigt, sie ist immer noch im Krankenhaus.

1 (événement) die **Neuigkeit** (pluriel : Neuigkeiten)

2 (= information) die **Nachricht** (pluriel : Nachrichten)

3 (= les informations à la télé ou à la radio) die **Nachrichten**

4 ► **avoir des nouvelles de quelqu'un** : etwas von jemandem (datif) hören

► **donner de ses nouvelles** : von sich (datif) hören lassen

5 ► **prendre des nouvelles de quelqu'un** : sich nach jemandem (datif) erkundigen

ℹ *Les verbes commençant par le préfixe er- ne prennent pas ge- au participe passé.*

Nouvelle-Zélande

▷ La capitale de la Nouvelle-Zélande est Wellington.
Die Hauptstadt von Neuseeland ist Wellington.

Neuseeland
► **la Nouvelle-Zélande :** Neuseeland
ℹ *Ne prend l'article neutre que précédé d'un adjectif :* ***das vulkanische Neuseeland*** (la Nouvelle-Zélande volcanique).

▷ Les kiwis vivent uniquement en Nouvelle-Zélande.
Kiwis leben nur in Neuseeland.

► **en Nouvelle-Zélande** (= dans le pays) **:** in Neuseeland

▷ L'année prochaine, je vais en Nouvelle-Zélande.
Nächstes Jahr fliege ich nach Neuseeland.
▷ Es-tu déjà allé en Nouvelle-Zélande ?
Warst du schon in Neuseeland?

► **en Nouvelle-Zélande** (= vers le pays) **:** nach Neuseeland
Attention : pour dire que quelqu'un **est déjà allé quelque part**, *on emploie une expression avec le prétérit du verbe* ***sein*** + ***schon***.

novembre

▷ Il a fait très doux en novembre.
Es war ziemlich warm im November.
▷ L'anniversaire de Raphaël est le dix novembre.
Raphaëls Geburtstag ist am zehnten November.

der **November**
► **en novembre, au mois de novembre:** im November
ℹ *On écrit* ***am 10. November***.

noyau

▷ Aïe ! j'ai mordu sur un noyau d'olive !
Au! Ich habe auf einen Olivenkern gebissen!

(d'un fruit) der **Kern**
(pluriel : Kerne)

se noyer

▷ Quelqu'un s'est noyé hier à Biarritz.
Gestern ist jemand in Biarritz ertrunken.

ertrinken (ertrank, ertrunken)
ℹ *Les verbes commençant par le préfixe* ***er-*** *ne prennent pas* ***ge-*** *au participe passé.*
ℹ *Notez que le verbe réfléchi allemand se traduit en allemand par un verbe intransitif.*

nu, nue

1 ▷ Ça me gêne d'être nue devant le médecin.
Es geniert mich, vor dem Arzt nackt zu sein.
▷ Il se promenait tout nu dans le salon !
Er spazierte splitternackt im Wohnzimmer herum!

1 **nackt**
► **tout nu :** splitternackt

2 ▷ Les enfants couraient pieds nus sur la plage.
Die Kinder rannten barfuß über den Strand.

2 **pieds nus :** barfuß

nuage

▷ Regarde ces nuages noirs, il va y avoir un orage.
Schau dir mal diese schwarzen Wolken an, es kommt ein Gewitter.

die Wolke (pluriel : Wolken)

nucléaire

▷ Il y a une centrale nucléaire près de chez eux.
In ihrer Nähe ist ein Kernkraftwerk.

Pour dire que quelque chose est nucléaire ou du domaine nucléaire, on forme des mots composés avec *Kern* = noyau : *die Kernkraft* (énergie nucléaire), *die Kernforschung* (recherche nucléaire), *etc.*

nuit

1 ▷ Nous avons passé la nuit à jouer de la guitare et à chanter.
Wir haben die ganze Nacht über Gitarre gespielt und gesungen.
▷ Je prends l'avion dans la nuit de jeudi.
Ich fliege Donnerstagnacht.
▷ J'ai entendu du bruit cette nuit.
Ich habe gestern Nacht Lärm gehört.
▷ J'espère que tu dormiras mieux cette nuit.
Ich hoffe, dass du heute Nacht besser schläfst.
▷ Toutes les nuits, il se réveille au moins une fois.
Jede Nacht wacht er mindestens einmal auf.
▷ Le père d'Agathe travaille la nuit.
Agathes Vater arbeitet nachts.
▷ Bonne nuit !
Gute Nacht!

2 ▷ Il fait nuit.
Es ist dunkel.
▷ Il commence déjà à faire nuit !
Es wird schon dunkel!

1 (= période où il fait noir) die Nacht (pluriel : Nächte)

ℹ *Quand Nacht est employé avec un jour, les deux sont liés.*

► **cette nuit** (= la nuit dernière) **:** gestern Nacht
► **cette nuit** (= la nuit prochaine) **:** heute Nacht
► **toutes les nuits :** jede Nacht
► **la nuit** (= pendant la nuit) **:** nachts
► **bonne nuit ! :** gute Nacht!

2 ► **il fait nuit** (= la nuit est déjà tombée) **:** es ist dunkel

nul, nulle

1 ▷ Cette chanson est vraiment nulle.
Dieses Lied ist wirklich das Letzte.

2 ▷ Je suis nul en maths.
In Mathe bin ich eine Null.

1 Pour dire en allemand que quelque chose est **nul**, on traduit l'adjectif français par le substantif das Letzte.

2 ► **être nul en... :** in ... eine Null sein

ℹ *On dit aussi eine Niete sein.*

nulle part

▷ Où es-tu allé ? – Nulle part !
Wo warst du denn? – Nirgends!
▷ Je ne trouve mes lunettes nulle part.
Ich finde nirgends meine Brille.

nirgends

numérique

▷ Mon père a acheté un appareil photo numérique.

digital

ℹ *Pour dire que quelque chose est* **numérique**, *on forme des mots composés avec* ***Digital***.

numéro

1 ▷ Il habite au numéro dix.
Er wohnt Nummer zehn.
▷ J'ai adoré le numéro de magie.
Ich fand die Zaubernummer einfach klasse.
▷ Donne-moi ton numéro de téléphone.
Gib mir deine Telefonnummer.
▷ J'ai fait le numéro, mais ça ne répond pas.
Ich habe die Nummer gewählt, aber es antwortet niemand.

1 (= chiffre, spectacle) die Nummer (pluriel : Nummern)

► **numéro de téléphone :** die Telefonnummer

► **faire** *ou* **composer un numéro :** eine Nummer wählen

2 ▷ Le premier numéro du magazine était super.
Die erste Ausgabe der Zeitschrift war toll.

2 (= exemplaire) die Ausgabe (pluriel : Ausgaben)

nuque

▷ J'ai la nuque toute raide.
Mein Nacken ist ganz steif.

der Nacken (pluriel : Nacken)

O

FRANÇAIS — ALLEMAND

obéir

▷ Mon petit frère n'obéit jamais à ma grand-mère.
Mein kleiner Bruder gehorcht nie meiner Großmutter.

► **obéir à** quelqu'un : jemandem (datif) gehorchen

obéissant, obéissante

▷ Cette petite fille n'est pas très obéissante.
Dieses kleine Mädchen ist nicht sehr gehorsam.

gehorsam

obèse

1 ▷ Tu vas devenir obèse si tu continues à manger comme ça !
Du wirst fettleibig werden, wenn du weiter so viel isst!

2 ▷ Le nombre d'obèses augmente en France.
Die Zahl der Fettleibigen in Frankreich nimmt zu.

1 (adjectif) **fettleibig**

ℹ *On dit aussi* ***übergewichtig****.*

2 (= personne) der/die **Fettleibige** (pluriel : Fettleibigen)

ℹ *C'est un adjectif substantivé : on dit* ***ein Fettleibiger*** (pluriel : *Fettleibige*)

objet

1 ▷ Attention, ces objets sont fragiles.
Vorsicht, diese Gegenstände sind zerbrechlich.

2 ▷ Je suis allé aux objets trouvés, mais ils n'avaient pas mon portefeuille.
Ich bin zum Fundbüro gegangen, aber sie hatten meine Brieftasche nicht.

1 der **Gegenstand** (pluriel : Gegenstände)

2 ► **les objets trouvés** (= bureau) : das Fundbüro

obligatoire

▷ La visite médicale est obligatoire.
Die ärztliche Untersuchung ist Pflicht.

Pour dire que quelque chose est **obligatoire** en allemand, on traduit par le substantif **Pflicht**, sans l'article féminin. L'adjectif **obligatorisch** est moins employé.

obliger

▷ Ils m'ont obligé à leur donner de l'argent.
Sie haben mich gezwungen, ihnen Geld zu geben.

▷ Tu n'es pas obligé de venir.
Du bist nicht gezwungen zu kommen.

► **obliger** quelqu'un **à** + infinitif : jemanden (accusatif) **zwingen,** etwas **zu tun** (zwang, gezwungen)

► **être obligé de** + infinitif : **gezwungen sein, zu** + infinitif

ℹ *On dit aussi* ***verpflichtet sein, zu...***

obscur, obscure

▷ Cette pièce est trop obscure.
Dieser Raum ist zu dunkel.

(= foncé) **dunkel**

obscurité

▷ L'obscurité me fait peur.
Die Dunkelheit macht mir Angst.
▷ Les chats voient bien dans l'obscurité.
Katzen sehen im Dunkeln gut.

die **Dunkelheit**

► **dans l'obscurité :** im **Dunkeln**

observation

▷ Les observations du prof sont dans la marge.
Die Bemerkungen des Lehrers stehen am Rand.
▷ Personne n'a fait d'observations sur les résultats.
Niemand hat über die Ergebnisse Bemerkungen gemacht.

(= remarque) die **Bemerkung** (pluriel : Bemerkungen)

► **faire des observations sur** quelque chose : **über** etwas (accusatif) **Bemerkungen machen**

observer

▷ Pourquoi est-ce qu'il nous observe comme ça ?
Warum beobachtet der uns denn so?
▷ Le professeur de biologie nous a emmenés près de la rivière pour observer les animaux.
Der Lehrer hat uns zum Fluss mitgenommen, um die Tiere zu beobachten.

(= regarder avec attention, considérer d'un point de vue scientifique) **beobachten**

ℹ *Les verbes commençant par le préfixe* ***be-*** *ne prennent pas* ***ge-*** *au participe passé.*

obstacle

▷ Je ne vois pas d'obstacle à son projet.
Ich sehe kein Hindernis für sein Projekt.
▷ Le cheval a refusé de sauter l'obstacle.
Das Pferd hat sich geweigert, das Hindernis zu nehmen.

das **Hindernis** (pluriel : Hindernisse)

► **sauter un obstacle** (en parlant d'un cheval) : **ein Hindernis nehmen** (nimmt, nahm, genommen)

obtenir

▷ Tu n'obtiendras rien si tu ne le demandes pas !
Du bekommst nichts, wenn du nicht danach fragst!

bekommen (bekam, bekommen)

ℹ *Les verbes commençant par le préfixe* ***be-*** *ne prennent pas* ***ge-*** *au participe passé.*

occasion

1 ▷ Tu as manqué une bonne occasion.
Du hast eine gute Gelegenheit verpasst.
▷ Je n'ai pas eu l'occasion de lui parler.
Ich hatte keine Gelegenheit, mit ihm zu sprechen.

1 (= possibilité) die **Gelegenheit** (pluriel : Gelegenheiten)

► **avoir l'occasion de** + infinitif : die Gelegenheit haben, zu + infinitif

2 ▷ C'est une robe que je garde pour les grandes occasions.
Dieses Kleid hebe ich mir für besondere Anlässe auf.

2 (= événement) der **Anlass** (pluriel : Anlässe)

ℹ *Notez la traduction de* **grande occasion** *: en allemand, on dit* ***der besondere Anlass.***

3 ▷ Cécile a acheté un blouson en cuir d'occasion.
Cécile hat eine Lederjacke aus zweiter Hand gekauft.

3 ► **d'occasion** : aus zweiter Hand

ℹ *On dit aussi* ***gebraucht.***

Attention : on achète des vêtements d'occasion dans un ***Secondhandladen.***

occupation

▷ La lecture est mon occupation préférée.
Lesen ist meine Lieblingsbeschäftigung.

(= passe-temps) die **Beschäftigung** (pluriel : Beschäftigungen)

occupé, occupée

1 ▷ Désolée, je suis occupée, je ne peux pas vous parler.
Es tut mir leid, ich bin beschäftigt, ich kann nicht mit Ihnen sprechen.
▷ Il est très occupé à rédiger son exposé.
Er ist sehr damit beschäftigt, sein Referat zu schreiben.

1 (quand on a beaucoup à faire) **beschäftigt**

► **être occupé à faire** quelque chose : damit beschäftigt sein, etwas zu tun

ℹ *On dit aussi* ***mit*** *etwas* (datif) ***beschäftigt sein.***

2 ▷ Les toilettes sont occupées.
Die Toilette ist besetzt.
▷ La ligne est occupée.
Die Leitung ist besetzt.

2 (= pris) **besetzt**

occuper

1 ▷ Ils ont occupé le nord du pays.
Sie haben den Norden des Landes besetzt.

1 (= occuper par la force, militairement) **besetzen**

*Les verbes commençant par le préfixe **be-** ne prennent pas **ge-** au participe passé.*

2 ▷ Ça occupe trop de place.
Das nimmt zu viel Platz ein.

2 (= prendre de la place) **einnehmen**

***ein•nehmen** est un verbe à particule séparable et se conjugue comme **nehmen** (nimmt, nahm, genommen).*

3 ▷ Le travail à l'association occupe tout mon temps libre.
Die Arbeit für den Verein nimmt meine ganze Freizeit in Anspruch.

3 (= prendre du temps) **in Anspruch nehmen** (nimmt, nahm, genommen)

4 ▷ Quand on garde des enfants, il faut les occuper.
Wenn man Kinder hütet, muss man sie beschäftigen.

4 (= donner une activité à) **beschäftigen**

*Les verbes commençant par le préfixe **be-** ne prennent pas **ge-** au participe passé.*

5 ▷ Il faut que je m'occupe, sinon je ne me sens pas bien.
Ich muss mich beschäftigen, sonst fühle ich mich nicht wohl.

5 ► **s'occuper** (= s'activer) : **sich beschäftigen**

*Le pronom personnel allemand s'emploie à l'accusatif : ich beschäftige **mich**, du beschäftigst **dich**, er/sie beschäftigt **sich**, wir beschäftigen **uns**, ihr beschäftigt **euch**, sie beschäftigen **sich**.*

6 ▷ Je m'en occuperai demain.
Ich kümmere mich morgen darum.
▷ Occupe-toi de tes affaires !
Kümmere dich um deine eigenen Angelegenheiten!
▷ Qui s'occupe des réclamations ici ?
Wer kümmert sich hier um die Beschwerden?
▷ Adrien s'occupe très bien de sa petite sœur.
Adrien kümmert sich sehr gut um seine kleine Schwester.

6 ► **s'occuper de** quelque chose *ou* **de** quelqu'un : **sich um** etwas *ou* jemanden (accusatif) **kümmern**

*Le pronom personnel allemand s'emploie à l'accusatif : ich kümmere **mich** um..., du kümmerst **dich** um..., er/sie kümmert **sich** um..., wir kümmern **uns** um..., ihr kümmert **euch** um..., sie kümmern **sich** um...*

océan

▷ Il a traversé l'océan à la rame.
Er hat den Ozean mit dem Ruderboot überquert.
▷ Nous passerons nos vacances au bord de l'océan Atlantique.
Wir verbringen unsere Ferien am Atlantischen Ozean.

der **Ozean** (pluriel : Ozeane)

► **océan Atlantique** : der **Atlantische Ozean**, der **Atlantik**

▷ C'est une île de l'océan Pacifique.
Das ist eine Insel im Pazifischen Ozean.
▷ Madagascar se trouve dans l'océan Indien.
Madagaskar liegt im Indischen Ozean.

► **océan Pacifique :** der Pazifische Ozean, der Stille Ozean
► **océan Indien :** der Indische Ozean

octobre

▷ Il a fait très doux en octobre.
Es war ziemlich warm im Oktober.

▷ L'anniversaire de Susan est le seize octobre.
Susans Geburtstag ist am sechzehnten Oktober.

der **Oktober**
► **en octobre, au mois d'octobre :** im Oktober
ℹ *On écrit* ***am 16. Oktober.***

oculiste

▷ L'oculiste a dit que je devais porter des lunettes.
Der Augenarzt hat gesagt, ich müsste eine Brille tragen.
▷ André est encore chez l'oculiste.
André ist noch beim Augenarzt.
▷ Ma mère m'a envoyé chez l'oculiste.
Meine Mutter hat mich zum Augenarzt geschickt.

der **Augenarzt** (pluriel : Augenärzte), die **Augenärztin** (pluriel : Augenärztinnen)
► **chez l'oculiste** (= dans son cabinet) **:** beim Augenarzt
► **chez l'oculiste** (= vers son cabinet) **:** zum Augenarzt

odeur

▷ Tu as remarqué cette odeur bizarre ?
Hast du diesen komischen Geruch bemerkt?

der **Geruch** (pluriel : Gerüche)

odieux, odieuse

▷ Camille a été odieuse avec Raoul.
Camille war gemein zu Raoul.

gemein
ℹ *Notez la préposition utilisée en allemand :* odieux avec quelqu'un : *gemein* ***zu*** *jemandem* (datif).

œil

1 ▷ Lisa a les yeux bleus.
Lisa hat blaue Augen.

1 das **Auge** (pluriel : Augen)

2 ▷ Tu pourrais juste jeter un coup d'œil à ma rédaction ?
Könntest du gerade mal einen Blick auf meinen Aufsatz werfen?

2 ► **jeter un coup d'œil à ... :** einen Blick auf ... werfen (wirft, warf, geworfen)

œuf

▷ Achète une douzaine d'œufs.
Kauf ein Dutzend Eier.
▷ La dame nous a servi des œufs brouillés au petit-déjeuner.
Die Dame hat uns zum Frühstück Rührei serviert.

das **Ei** (pluriel : Eier)
► **œufs brouillés :** Rührei
ℹ *Ce mot s'emploie au singulier.*

▷ Tu préfères un œuf à la coque ou un œuf au plat ?
Hättest du lieber ein weiches Ei oder ein Spiegelei?

► **œuf à la coque :** das weiche Ei (pluriel : weiche Eier)
ℹ *On dit aussi **das weichgekochte Ei**.*

► **œuf au plat :** das Spiegelei (pluriel : -eier)

▷ Nous avons emporté des œufs durs, du fromage et du pain.
Wir haben harte Eier, Käse und Brot mitgenommen.

► **œuf dur :** das harte Ei (pluriel : harte Eier)
ℹ *On dit aussi **das hartgekochte Ei**.*

▷ Les enfants ont cherché les œufs de Pâques dans le jardin.
Die Kinder haben im Garten Ostereier gesucht.

► **œuf de Pâques :** das Osterei (pluriel : -eier)

office du tourisme

▷ J'ai trouvé cette carte à l'office du tourisme.
Ich habe diese Karte im Fremdenverkehrsamt gefunden.

das **Fremdenverkehrsamt** (pluriel : -ämter)

officiel, officielle

▷ Ce document a l'air officiel.
Dieses Dokument sieht amtlich aus.

amtlich

officier

▷ Mon cousin est officier dans la marine.
Mein Cousin ist Marineoffizier.

der **Offizier** (pluriel : Offiziere), die **Offizierin** (pluriel : Offizierinnen)
ℹ *La flexion féminine existe en allemand.*

offre

▷ C'est une offre intéressante.
Das ist ein interessantes Angebot.

das **Angebot** (pluriel : Angebote)

▷ Il y a une offre spéciale sur le chocolat.
Die Schokolade ist im Sonderangebot.

► **offre spéciale :** das Sonderangebot

▷ Regarde les offres d'emploi dans le journal.
Sieh dir die Stellenangebote in der Zeitung an.

► **offre d'emploi** (= petite annonce) **:** das Stellenangebot

offrir

1 ▷ Il m'a offert de me déposer à la gare.
Er bot mir an, mich am Bahnhof abzusetzen.

1 ► **offrir à** quelqu'un **de...** (= proposer) **:** jemandem (datif) **anbieten, zu...**
ℹ ***an•bieten** est un verbe à particule séparable et se conjugue comme **bieten** (bot, geboten).*

2 ▷ On pourrait offrir un CD à Kamal pour son anniversaire.
Wir könnten Kamal zum Geburtstag eine CD schenken.

2 ► **offrir** quelque chose **à** quelqu'un (= lui faire un cadeau) **:** jemandem (datif) etwas **schenken**

3 ▷ Viens, je t'offre une glace.
Komm, ich spendiere dir ein Eis.

3 ► **offrir** quelque chose à quelqu'un (= payer) : jemandem (datif) etwas **spendieren**

ℹ *Les verbes se terminant en* ***-ieren*** *ne prennent pas* ***ge-*** *au participe passé.*

oie

▷ Les oies de la ferme m'attaquent chaque fois que j'y passe.
Die Gänse auf dem Bauernhof greifen mich jedes Mal an, wenn ich vorbeigehe.

die **Gans** (pluriel : Gänse)

oignon

▷ Ne mets pas d'oignon dans la salade, je n'aime pas ça.
Tu keine Zwiebel in den Salat, das schmeckt mir nicht.

(= légume) die **Zwiebel** (pluriel : Zwiebeln)

oiseau

▷ Un oiseau s'est posé juste devant la fenêtre.
Ein Vogel hat sich genau vors Fenster gesetzt.

▷ Le faucon est un oiseau de proie.
Der Falke ist ein Raubvogel.

der **Vogel** (pluriel : Vögel)

► **oiseau de proie** : der **Raubvogel** (pluriel : -vögel)

O.K.

▷ O.K., j'arrive !
O.K., ich komme!

O.K. /okej/

olive

▷ Je préfère les olives noires aux olives vertes.
Ich mag schwarze Oliven lieber als grüne.

die **Olive** (pluriel : Oliven)

ℹ *Notez que, dans les comparaisons, le substantif n'est pas répété en allemand.*

olympique

▷ La ville se prépare pour les jeux Olympiques.
Die Stadt bereitet sich auf die Olympischen Spiele vor.

► **les jeux Olympiques** : die **Olympischen Spiele**

ℹ *On dit aussi* ***die Olympiade*** (pluriel : *Olympiaden*)

🔊 *N'oubliez pas que le* **y** *allemand se prononce* **u**.

ombre

▷ Regarde, le chien a peur de son ombre !
Schau mal, der Hund hat vor seinem Schatten Angst!

der **Schatten** (pluriel : Schatten)

▷ Il fait meilleur à l'ombre.
Im Schatten ist es kühler.
▷ J'ai acheté de l'ombre à paupières bleue.
Ich habe blauen Lidschatten gekauft.

► **à l'ombre :** im Schatten

► **ombre à paupières :** der Lidschatten

omelette

▷ Je vais te faire une omelette aux champignons.
Ich mach dir ein Pilzomelett.

das **Omelett** (pluriel : Omeletts)

Se prononce comme en français. Le s du pluriel se prononce en allemand.

on

1 ▷ On m'a demandé de remplacer le délégué de classe.
Man hat mich gebeten, den Klassensprecher zu vertreten.
▷ En Allemagne, on dîne tôt.
In Deutschland isst man früh zu Abend.

1 Quand **on** représente une personne indéterminée ou quand il a un sens général, il se traduit par **man**.

2 ▷ On a passé une bonne soirée chez Sébastien.
Wir haben einen angenehmen Abend bei Sebastien verbracht.

2 Quand **on** signifie **nous**, il se traduit par **wir**.

oncle

▷ L'oncle de Sybille est chauffeur de taxi.
Sybilles Onkel ist Taxifahrer.

der **Onkel** (pluriel : Onkel)

ongle

▷ La prof de musique a les ongles très longs.
Die Musiklehrerin hat sehr lange Fingernägel.
▷ Je vais me faire les ongles avant de sortir.
Ich werde mich vor dem Ausgehen maniküren.

der **Fingernagel** (pluriel : -nägel)

► **se faire les ongles :** sich (accusatif) maniküren

onze

▷ Il n'y a que onze élèves dans ma classe.
In meiner Klasse sind nur elf Schüler.
▷ Aujourd'hui nous sommes le onze août.
Heute ist der elfte August.
▷ Le festival commence le onze octobre.
Das Festival fängt am elften Oktober an.

elf

i *Quand on dit la date, on emploie **der elfte**.*

i *Quand on dit que quelque chose a eu lieu ou aura lieu à cette date, on emploie **am elften**.*

i *On écrit **am 11. Oktober**.*

onzième

▷ Je ne connaissais pas la réponse à la onzième question.
Ich kannte die Antwort auf die elfte Frage nicht.

elfte

▷ Il est arrivé onzième.
Er ist Elfter geworden.

► **le** *ou* **la onzième :** der/die/das Elfte

opéra

▷ Je ne suis jamais allée à l'Opéra.
Ich war noch nie in der Oper.
▷ Margot n'écoute que des opéras.
Margot hört sich nur Opern an.

die **Oper** (pluriel : Opern)

opération

1 ▷ L'opération a duré deux heures.
Die Operation hat zwei Stunden gedauert.
2 ▷ Le résultat de l'opération est faux.
Das Ergebnis der Rechenoperation ist falsch.

1 (= intervention chirurgicale) die **Operation** (pluriel : Operationen)
2 (= calcul) die **Rechenoperation** (pluriel : -operationen)

On dit aussi die Operation tout court.

opérer

▷ Lucien s'est fait opérer hier.
Lucien ist gestern operiert worden.
▷ Mon grand-père s'est fait opérer de la jambe.
Mein Großvater wurde am Bein operiert.

► **se faire opérer :** operiert werden (wird, wurde, geworden)
► **se faire opérer de... :** an... operiert werden

ophtalmologiste

▷ Ma tante est ophtalmologiste.
Meine Tante ist Augenärztin.

▷ Il a rendez-vous chez l'ophtalmologiste.
Er hat einen Termin beim Augenarzt.
▷ Quand est-ce que tu vas chez l'ophtalmologiste ?
Wann gehst du zum Augenarzt?

der **Augenarzt** (pluriel : -ärzte), die **Augenärztin** (pluriel : -ärztinnen)
► **chez l'ophtalmologiste** (= dans son cabinet) **:** beim Augenarzt
► **chez l'ophtalmologiste** (= vers son cabinet) **:** zum Augenarzt

opinion

1 ▷ Personne ne t'a demandé ton opinion !
Niemand hat dich nach deiner Meinung gefragt!
2 ▷ Nous avons des opinions politiques différentes.
Wir haben verschiedene politischen Anschauungen.

1 (= avis) die **Meinung** (pluriel : Meinungen)
2 (= conviction) die **Anschauung** (pluriel : Anschauungen)

opposé, opposée

▷ Il venait en sens opposé.
Er kam aus der entgegengesetzten Richtung.

entgegengesetzt

opticien, opticienne

▷ Mon oncle est opticien.
Mein Onkel ist Optiker.

▷ J'ai dû attendre une demi-heure chez l'opticien.
Ich musste eine halbe Stunde beim Optiker warten.

▷ N'oublie pas d'aller chez l'opticien ce soir.
Vergiss nicht, heute Abend zum Optiker zu gehen.

der **Optiker** (pluriel : Optiker), die **Optikerin** (pluriel : Optikerinnen)

► **chez l'opticien** (= dans le magasin) **:** beim Optiker

► **chez l'opticien** (= vers le magasin) **:** zum Optiker

optimiste

1 ▷ Tu pourrais être un peu plus optimiste !
Du könntest ein bisschen optimistischer sein!

2 ▷ C'est une grande optimiste.
Sie ist eine große Optimistin.

1 (adjectif) **optimistisch**

2 (= personne optimiste) der **Optimist** (pluriel : Optimisten), die **Optimistin** (pluriel : Optimistinnen)

option

▷ J'ai choisi le latin comme option.
Ich habe Latein als Wahlfach genommen.

(= matière) das **Wahlfach** (pluriel : -fächer)

or

▷ L'or est cher.
Gold ist teuer.

▷ Est-ce que ton bracelet est en or ?
Ist dein Armband aus Gold?

▷ Mes grands-parents m'ont offert des boucles d'oreille en or.
Meine Großeltern haben mir goldene Ohrringe geschenkt.

das **Gold**

► **être en or :** aus Gold sein

► **en or :** golden

orage

▷ Il y eu un orage terrible hier soir.
Gestern Abend hat es ein furchtbares Gewitter gegeben.

das **Gewitter** (pluriel : Gewitter)

oral

▷ Yves a eu la meilleure note à l'oral.
Bei der mündlichen Prüfung hat Yves die beste Note bekommen.

► **l'oral** (à l'école) **:** die mündliche Prüfung

orange

1 ▷ Tu veux une orange ?
Willst du eine Orange?

1 die **Orange** (pluriel : Orangen)

ℹ *On dit aussi* ***die Apfelsine*** (pluriel : *Apfelsinen*).

2 ▷ L'orange est une couleur gaie.
Orange ist eine fröhliche Farbe.

▷ Il est passé à l'orange.
Er ist bei Gelb über die Ampel gefahren.

2 ► **l'orange** (= la couleur orange) : Orange

ℹ *L'article neutre est rarement employé.*

ℹ *Attention, quand il s'agit des feux de signalisation, on dit* ***Gelb****.*

3 ▷ Le ballon de basket est orange.
Der Basketball ist orangefarben.

▷ Le feu est orange.
Die Ampel ist gelb.

3 (= de couleur orange) orangefarben

ℹ *On dit aussi* ***orange*** *tout court.*

ℹ *Attention, quand il s'agit des feux de signalisation, on dit* ***gelb****.*

orangeade

▷ Une orangeade, s'il vous plaît.
Eine Orangenlimonade, bitte.

die **Orangenlimonade** (pluriel : -limonaden)

orchestre

▷ L'orchestre de l'école va donner un concert la semaine prochaine.
Das Schulorchester gibt nächste Woche ein Konzert.

▷ J'ai vu un super orchestre de jazz.
Ich habe eine super Jazzband gesehen.

das **Orchester** /ɔr'kɛstɐ/ (pluriel : Orchester)

🔊 *Notez la prononciation.*

ℹ *Pour les orchestres de jazz, on emploie le mot anglais* ***Band*** /bænt/.

ordinaire

▷ Prends du vin ordinaire, ça suffira.
Nimm einfachen Wein, das genügt.

(= de qualité courante) **einfach**

ordinateur

▷ L'école a acheté dix ordinateurs neufs.
Die Schule hat zehn neue Computer gekauft.

der **Computer** /kɔm'pjuːtɐ/ (pluriel : Computer)

🔊 *Notez la prononciation.*

▷ Mon père a un ordinateur portable.
Mein Vater hat einen Laptop.

► **ordinateur portable :** der Laptop /'læptɔp/

🔊 *Notez la prononciation.*

ordonnance

▷ J'ai perdu l'ordonnance.
Ich habe das Rezept verloren.

▷ Le médecin m'a fait une ordonnance.
Der Arzt hat mir ein Rezept ausgestellt.

das **Rezept** (pluriel : Rezepte)

► **faire une ordonnance à quelqu'un :** jemandem (datif) ein Rezept ausstellen

ℹ ***aus•stellen*** *est un verbe à particule séparable.*

ordonné, ordonnée

▷ Sylvain est un garçon très ordonné.
Sylvain ist ein sehr ordentlicher Junge.

(= qui range bien) **ordentlich**

ordonner

▷ Le directeur leur a ordonné de se calmer.
Der Direktor hat ihnen befohlen, sich zu beruhigen.

► **ordonner à** quelqu'un **de** + infinitif : jemandem (datif) **befehlen, zu** + infinitif (**befiehlt, befahl, befohlen**)

ordre

1 ▷ Elle adore donner des ordres aux gens.
Sie gibt anderen gern Befehle.

1 (= commandement) der **Befehl** (pluriel : **Befehle**)

2 ▷ Dans quel ordre as-tu classé les cartes ?
In welcher Reihenfolge hast du die Karten geordnet?

▷ Les chanteurs sont classés par ordre alphabétique.
Die Sänger sind alphabetisch geordnet.

2 (= classement) die **Reihenfolge**

► **par ordre alphabétique : alphabetisch**

3 ▷ Ma mère m'a dit de mettre de l'ordre dans ma chambre.
Meine Mutter hat gesagt, ich solle mein Zimmer in Ordnung bringen.

3 ► **mettre de l'ordre dans** quelque chose : etwas (accusatif) **in Ordnung bringen**

ℹ *On dit aussi etwas* ***aufräumen***.

ordures

▷ Il y a des gens qui jettent leurs ordures dans la rue !
Es gibt Leute, die werfen ihren Müll einfach auf die Straße!

der **Müll**

ℹ *Ce mot s'emploie uniquement au singulier.*

ℹ *On dit aussi* ***der Abfall***.

oreille

▷ Tu devrais te laver les oreilles !
Du solltest dir mal die Ohren waschen!

▷ Attention, elle a l'oreille fine !
Pass auf, sie hat gute Ohren!

▷ Je n'en croyais pas mes oreilles.
Ich traute meinen Ohren nicht.

das **Ohr** (pluriel : **Ohren**)

► **avoir l'oreille fine** (= bien entendre) **: gute Ohren haben**

► **ne pas en croire ses oreilles : seinen Ohren nicht trauen**

oreiller

▷ Je pourrais avoir un deuxième oreiller ?
Könnte ich ein zweites Kopfkissen haben?

das **Kopfkissen** (pluriel : **-kissen**)

organisé, organisée

▷ Claire n'est pas du tout organisée.
Claire ist überhaupt nicht methodisch.

methodisch

organiser

1 ▷ Notre prof d'allemand organise un voyage à Karlsruhe.
Unser Deutschlehrer organisiert eine Reise nach Karlsruhe.

2 ▷ Tu pourrais t'organiser un peu mieux !
Du könntest dir deine Zeit wohl besser einteilen!

▷ Il faudrait qu'on s'organise très bien pour tout visiter.
Wir müssen uns unsere Zeit sehr gut einteilen, um alles zu besichtigen.

1 (= préparer) organisieren

ℹ *Les verbes se terminant en **-ieren** ne prennent pas **ge-** au participe passé.*

2 ► **s'organiser** (= organiser son temps) : sich seine Zeit einteilen

ℹ ***ein•teilen** est un verbe à particule séparable.*

ℹ *Le pronom personnel allemand s'emploie au datif : ich teile **mir** meine Zeit ein, du teilst **dir** deine Zeit ein, er/sie teilt **sich** seine/ihre Zeit ein, wir teilen **uns** unsere Zeit ein, ihr teilt **euch** eure Zeit ein, sie teilen **sich** ihre Zeit ein.*

organisme

1 ▷ C'est un organisme qui aide les enfants en Afrique.
Das ist eine Organisation, die Kindern in Afrika hilft.

2 ▷ Fumer est très mauvais pour l'organisme.
Rauchen ist sehr schlecht für den Organismus.

1 (= association) die Organisation (pluriel : Organisationen)

2 (= corps) der Organismus

orgue

▷ L'orgue de la cathédrale est magnifique.
Die Orgel der Kathedrale ist sehr schön.

die Orgel (pluriel : Orgeln)

orgueilleux, orgueilleuse

1 ▷ Il est très orgueilleux de son fils.
Er ist sehr stolz auf seinen Sohn.

2 ▷ Sabine est très orgueilleuse.
Sabine ist sehr hochmütig.

1 (= fier) stolz
► **orgueilleux de... :** stolz auf...

2 (= prétentieux) hochmütig

orientation

▷ Tu as le sens de l'orientation !
Du hast ja einen guten Orientierungssinn!

▷ Je n'ai aucun sens de l'orientation.
Ich habe überhaupt keinen Orientierungssinn.

► **avoir le sens de l'orientation :** einen guten Orientierungssinn haben
► **ne pas avoir le sens de l'orientation :** keinen Orientierungssinn haben

ℹ *Regardez aussi le mot* conseiller.

s'orienter

▷ Je n'arrive pas à m'orienter dans cette ville.
Ich kann mich in dieser Stadt einfach nicht orientieren.

► **s'orienter** (= se repérer) **:** sich orientieren

ℹ *Le pronom personnel allemand s'emploie à l'accusatif : ich orientiere **mich**, du orientierst **dich**, er/sie orientiert **sich**, wir orientieren **uns**, ihr orientiert **euch**, sie orientieren **sich**.*

original, originale

1 ▷ Cette musique est très originale.
Diese Musik ist sehr originell.

1 (adjectif = particulier) originell

2 ▷ Garde l'original et envoie une photocopie.
Behalte das Original und schicke eine Fotokopie.

2 (= exemplaire d'origine) das Original (pluriel : Originale)

origine

1 ▷ Personne ne connaît l'origine de ce mot.
Niemand kennt die Herkunft dieses Wortes.

1 (= provenance) die Herkunft

ℹ *On dit aussi **die Abstammung**.*

▷ Lise est d'origine danoise.
Lise ist dänischer Herkunft.

► **d'origine** + adjectif de nationalité **:** génitif de l'adjectif de nationalité + Herkunft

2 ▷ À l'origine, on devait rester quatre jours.
Ursprünglich sollten wir vier Tage bleiben.

2 ► **à l'origine** (= au départ) **:** ursprünglich

orphelin, orpheline

▷ Robert est orphelin.
Robert ist Waise.

L'adjectif et le substantif (masculin ou féminin) français se traduisent tous deux par le substantif allemand die Waise (pluriel : Waisen).

▷ Ils ont adopté une orpheline.
Sie haben eine Waise adoptiert.

ℹ *Quand il s'agit d'un enfant, on dit aussi **das Waisenkind**.*

ℹ *Attention à ne pas confondre avec **die Weise*** = la façon.

orteil

▷ Je me suis cassé un orteil.
Ich habe mir einen Zeh gebrochen.

▷ Mon gros orteil est gonflé.
Meine große Zehe ist angeschwollen.

der Zeh *ou* die Zehe (pluriel : Zehen)

► **gros orteil :** der große Zeh *ou* die große Zehe

► **petit orteil :** der kleine Zeh *ou* die kleine Zehe

orthographe

▷ Érica est nulle en orthographe.
Érica ist in Rechtschreibung eine Null.

die Rechtschreibung

▷ Quelle est l'orthographe de son nom ?
Wie schreibt man seinen Namen?

ℹ *Pour demander quelle est l'orthographe d'un mot, on emploie l'expression* ***wie schreibt man ...?***

os

▷ Notre chien enterre ses os dans le jardin.
Unser Hund vergräbt seine Knochen im Garten.

der **Knochen** (pluriel : Knochen)

oser

▷ Je n'ose pas en parler à mes parents.
Ich wage es nicht, mit meinen Eltern darüber zu reden.

▷ Est-ce que tu oserais faire ça ?
Würdest du dich trauen, das zu tun?

wagen

► **oser faire** quelque chose : **es wagen, etwas zu tun**

ℹ *On dit aussi* ***sich trauen****, qui est employé à l'accusatif : ich traue* ***mich****, du traust* ***dich****, er/sie traut* ***sich****, wir trauen* ***uns****, ihr traut* ***euch****, sie trauen* ***sich****.*

ôter

1 ▷ Tu peux ôter ton manteau maintenant.
Du kannst deinen Mantel jetzt ausziehen.

1 (= enlever, en parlant d'un vêtement) **ausziehen**

ℹ ***aus•ziehen*** *est un verbe à particule séparable et se conjugue comme* ***ziehen*** *(zog, gezogen).*

2 ▷ Ôte tes pieds de là !
Nimm deine Füße da weg!

2 (= enlever, en parlant des mains, des pieds, d'un objet) **wegnehmen**

ℹ ***weg•nehmen*** *est un verbe à particule séparable et se conjugue comme* ***nehmen*** *(nimmt, nahm, genommen).*

▷ Ôte tes mains de mon journal !
Nimm deine Hände von meinem Tagebuch!

ℹ *Quand* **ôter... de** *est suivi d'un objet, la particule* ***weg-*** *est omise :* ***ich nehme meine Füße vom Tisch*** (j'ôte mes pieds de la table).

ou

1 ▷ Tu veux le bleu ou le vert ?
Willst du den blauen oder den grünen?

▷ Je peux venir lundi ou bien mardi.
Ich kann am Montag oder am Dienstag kommen.

▷ Arrête ou je crie !
Hör auf oder ich schreie!

1 (pour exprimer un choix, une menace) **oder**

► **ou bien** : oder

2 ▷ Ou tu viens ou tu restes, tu ne peux pas faire les deux !
Entweder du kommst oder du bleibst da, du kannst nicht beides tun!

2 ► **ou ... ou ...** : entweder ... oder ...

où

1 (= à quel endroit, sans déplacement) **wo**

1 ▷ Où étais-tu ?
Wo warst du?

2 (= à quel endroit, avec déplacement) **wohin**

2 ▷ Où vas-tu ?
Wohin gehst du? ou Wo gehst du hin?

3 ► **où ça ? :** wo denn?

3 ▷ On va acheter un maison. – Où ça ?
Wir kaufen ein Haus. – Wo denn?

4 (= dans lequel ou dans laquelle, sans déplacement) **in dem** (pour le masculin et le neutre), **in der** (pour le féminin), **in denen** (pour le pluriel)

4 ▷ Tu connais la ville où il habite ?
Kennst du die Stadt, in der er wohnt?
▷ Le village où nous habitons est très petit.
Das Dorf, in dem wir wohnen, ist ganz klein.
▷ Je te raconterai tous les pays où j'ai vécu.
Ich erzähl dir von den Ländern, in denen ich gelebt habe.

5 (= dans lequel ou dans laquelle, avec déplacement) **in den** (pour le masculin), **in die** (pour le féminin et le pluriel), **in das** (pour le neutre)

5 ▷ Le pays où il est allé est à trois heures de vol.
Das Land, in das er gereist ist, ist drei Flugstunden entfernt.

6 ► **d'où** (= de quel endroit) **:** woher

6 ▷ D'où viens-tu ?
Woher kommst du? *ou* Wo kommst du her?

7 ► **d'où** (= duquel ou de laquelle) **:** aus dem (pour le masculin et le neutre), aus der (pour le féminin), aus denen (pour le pluriel)

7 ▷ L'Indonésie est le pays d'où il vient.
Indonesien ist das Land, aus dem er stammt.

8 (dans le temps) **als**

8 ▷ Au moment où j'allais sortir, le téléphone a sonné.
Gerade als ich gehen wollte, klingelte das Telefon.
▷ Tu te souviens du jour où on s'est rencontrés ?
Erinnerst du dich an den Tag, als wir uns kennengelernt haben?

oublier

1 (= ne pas se souvenir, négliger) **vergessen** (vergisst, vergaß, vergessen)

ℹ *Les verbes commençant par le préfixe* ***ver-*** *ne prennent pas* ***ge-*** *au participe passé.*

1 ▷ J'ai oublié son nom.
Ich habe seinen Namen vergessen.
▷ N'oublie pas de fermer la porte à clé.
Vergiss nicht, die Tür abzuschließen.

2 Pour dire qu'on a laissé quelque chose ou quelqu'un quelque part, on emploie le verbe **lassen** avec le verbe complémentaire qui convient : **liegen** (l'objet est posé), **hängen** (l'objet est accroché), **sitzen** (assis), etc.

2 ▷ Lionel a oublié son blouson dans le train.
Lionel hat seine Jacke im Zug liegenlassen.
▷ Nous avons oublié le chien dans la voiture !
Wir haben den Hund im Auto sitzenlassen!

Quand le verbe **lassen** *est précédé d'un infinitif, il ne prend pas* **ge-** *au participe passé :* ***er lässt liegen, er ließ liegen, er hat liegenlassen.***

ouest

▷ L'ouest est dans cette direction.
Der Westen liegt in dieser Richtung.
▷ Ils habitent dans l'Ouest.
Sie wohnen im Westen.
▷ Mon village est à l'ouest de Lunéville.
Mein Dorf liegt westlich von Lunéville.

der **Westen**

► **dans l'Ouest :** im Westen

► **à l'ouest de... :** westlich von...

oui

▷ Tu veux du riz ? – Oui, s'il te plaît.
Willst du Reis? – Ja, bitte.
▷ Je pense que oui.
Ich denke ja.

ja

ouragan

▷ L'ouragan a détruit les toits dans tout le voisinage.
Der Orkan hat alle Dächer in der Nachbarschaft weggerissen.

der **Orkan** (pluriel : Orkane)

ours

▷ Les ours aiment le miel.
Bären lieben Honig.

der **Bär** (pluriel : Bären)

Notez que **Bär** *est un masculin faible, c'est-à-dire qu'il prend* **-en** *à tous les cas sauf au nominatif singulier.*

ourse

▷ L'ourse défendait son petit.
Die Bärin verteidigte ihr Kleines.
▷ Tu vois la Grande Ourse ?
Siehst du den Großen Bären?

die **Bärin** (pluriel : Bärinnen)

Les constellations **Grande Ourse** *et* **Petite Ourse** *sont traduites par les masculins* ***der Große Bär*** *et* ***der Kleine Bär****. On dit aussi* ***der Große Wagen*** *et* ***der Kleine Wagen****. Notez les majuscules aux adjectifs.*

outil

▷ Mon père a prêté ses outils au voisin.
Mein Vater hat sein Werkzeug dem Nachbarn geliehen.

das **Werkzeug** (pluriel : -zeuge)

Quand on parle des outils dans leur ensemble, on utilise le singulier en allemand.

ouvert, ouverte

▻ Est-que le musée est ouvert le mardi ?
Ist das Museum dienstags offen?
▻ Elle est ouverte et tolérante.
Sie ist offen und tolerant.

offen

ouverture

▻ Il y a une ouverture dans le mur.
In der Mauer ist eine Öffnung.
▻ Les heures d'ouverture sont affichées sur la porte.
Die Öffnungszeiten sind an der Tür angeschlagen.

die Öffnung (pluriel : Öffnungen)

► **heures d'ouverture :** die Öffnungszeiten

ouvre-boîte

▻ Passe-moi l'ouvre-boîte, s'il te plaît.
Gib mir bitte den Dosenöffner.

der Dosenöffner (pluriel : -öffner)

ouvrier, ouvrière

▻ Les ouvriers sont en grève.
Die Arbeiter streiken.

der Arbeiter (pluriel : Arbeiter), die Arbeiterin (pluriel : Arbeiterinnen)

ouvrir

1 ▻ Ouvre la fenêtre, il fait chaud.
Mach das Fenster auf, es ist warm.
▻ Tu peux ouvrir les yeux.
Du darfst die Augen aufmachen.

1 La traduction la plus courante de ouvrir est aufmachen.

ℹ *auf•machen est un verbe à particule séparable.*

2 ▻ Tu as ouvert le radiateur ?
Hast du die Heizung aufgedreht?

2 Quand on ouvre un robinet ou un radiateur, on dit aufdrehen.

ℹ *auf•drehen est un verbe à particule séparable.*

3 ▻ L'exposition ouvre après-demain.
Die Ausstellung öffnet übermorgen.

3 Quand on parle d'une exposition, d'un événement, on dit öffnen.

4 ▻ Tout d'un coup, la porte s'est ouverte.
Plötzlich ging die Tür auf.

4 ► **s'ouvrir :** aufgehen

ℹ *auf•gehen est un verbe à particule séparable et se conjugue comme gehen (ging, gegangen).*

5 ▻ Léa s'est ouvert le front.
Léa hat sich die Stirn aufgeschlagen.

5 Quand **s'ouvrir** signifie **blesser**, on emploie le préfixe auf avec le verbe qui convient : aufbeißen (ouvrir en mordant), aufschneiden (ouvrir en coupant), aufschlagen (ouvrir en donnant un coup).

ovale

oval

▷ Je cherche le plat ovale.
Ich suche die ovale Platte.

oxygène

der Sauerstoff

▷ On ne peut pas vivre sans oxygène.
Ohne Sauerstoff kann man nicht leben.

ozone

das Ozon

▷ La couche d'ozone devient de plus en plus mince.
Die Ozonschicht wird immer dünner.

P

FRANÇAIS — ALLEMAND

pagaille

▷ Comment tu fais pour mettre une telle pagaille ?
Wie schaffst du es denn, so ein Durcheinander zu machen?

(= désordre) das **Durcheinander**

page

▷ Le livre fait trois cents pages.
Das Buch ist dreihundert Seiten lang.

die **Seite** (pluriel : Seiten)

paillasson

▷ Je laisserai la clé sous le paillasson.
Ich werde den Schlüssel unter der Fußmatte lassen.

die **Fußmatte** (pluriel : -matten)

paille

▷ Tu as de la paille dans les cheveux.
Du hast Stroh im Haar.

▷ Lucien boit toujours avec une paille.
Lucien trinkt immer mit einem Strohhalm.

das **Stroh**

► **une paille** (pour boire) **:** ein Strohhalm (pluriel : -halme)

paillette

▷ Il y a des paillettes dans cette ombre à paupières.
In diesem Lidschatten sind Pailletten.

▷ La chanteuse portait une robe à paillettes.
Die Sängerin trug ein mit Pailletten besetztes Kleid.

die **Paillette** /pai'jɛtə/ (pluriel : Pailletten)

Notez la prononciation.

pain

▷ Il ne reste plus de pain, je vais en acheter.
Es ist kein Brot mehr da, ich geh welches kaufen.

▷ Je préfère le pain complet.
Ich mag Vollkornbrot lieber.

das **Brot** (pluriel : Brote)

► **pain complet :** das Vollkornbrot

▷ Il y avait des biscuits et du pain d'épices.
Es gab Kekse und Lebkuchen.

► **pain d'épices :** der Lebkuchen (pluriel : -kuchen)

Le pain d'épices français ne ressemble pas au pain d'épices allemand. La forme et les ingrédients ne sont pas les mêmes.

▷ Je prendrais bien du pain grillé au petit-déjeuner.
Ich hätte gern Toast zum Frühstück.

► **pain grillé :** der Toast /toːst/

Notez la prononciation.

On dit aussi ***getoastetes Brot.***

▷ Les Britanniques mangent du pain de mie.
Die Briten essen vor allem Toastbrot.

► **pain de mie :** das Toastbrot

▷ Il y avait quatre sortes différentes de petits pains.
Es gab vier verschiedene Sorten von Brötchen.

► **petit pain :** das Brötchen (pluriel : Brötchen)

pair

▷ Les numéros pairs sont de l'autre côté de la rue.
Die geraden Hausnummern sind auf der anderen Straßenseite.

(en parlant d'un chiffre, d'un numéro) gerade

paire

1 ▷ Il a au moins vingt paires de chaussettes !
Er hat mindestens zwanzig Paar Strümpfe!

1 Quand on parle de choses qui vont ensemble, das Paar ne s'emploie qu'au singulier.

2 ▷ Ils font une jolie paire.
Sie bilden ein hübsches Paar.

2 (= couple) das Paar (pluriel : Paare)

paix

1 ▷ La paix règne à nouveau.
Es herrscht wieder Frieden.
▷ Je suis allée à la manifestation pour la paix.
Ich war auf der Friedensdemonstration.
▷ Nous avons finalement fait la paix.
Wir haben endlich Frieden geschlossen.

1 der Frieden

► **faire la paix** (= se réconcilier) **:** Frieden schließen (schloss, geschlossen)

2 ▷ Fiche-moi la paix !
Lass mich in Ruhe!

2 ► **ficher la paix** à quelqu'un **:** jemanden (accusatif) in Ruhe lassen (lässt, ließ, gelassen)

palais

1 ▷ Nous avons visité le palais de la reine.
Wir haben den Palast der Königin besichtigt.

1 (= château) der Palast (pluriel : Paläste)

2 ▷ Le concert aura lieu au palais des sports.
Das Konzert findet in der Sporthalle statt.

2 ► **palais des sports :** die Sporthalle (pluriel : -hallen)

3 ▷ Je me suis brûlé le palais avec du café.
Ich habe mir den Gaumen mit Kaffee verbrannt.

3 (= le palais dans la bouche) der Gaumen

pâle

▷ Tu es toute pâle, tu ne te sens pas bien ?
Du bist ganz blass, fühlst du dich nicht wohl?

blass

palier

▷ J'ai rencontré les voisins sur le palier.
Ich habe die Nachbarn auf dem Treppenabsatz getroffen.

der **Treppenabsatz**

pâlir

▷ Tout d'un coup Georgina a pâli.
Georgina ist plötzlich blass geworden.

blass werden (wird, wurde, geworden)

palme

▷ Rachida nage avec des palmes.
Rachida schwimmt mit Schwimmflossen.

(pour nager) die **Schwimmflosse** (pluriel : –flossen)

palmier

▷ Il y a des palmiers partout en Floride.
In Florida stehen überall Palmen.

(= arbre) die **Palme** (pluriel : Palmen)

pamplemousse

▷ J'aime bien le pamplemousse.
Ich mag Pampelmuse.

die **Pampelmuse** (pluriel : Pampelmusen)

ℹ *On dit aussi* ***die Grapefruit****, qui vient de l'anglais.*

panaché

▷ Je prendrai un panaché, s'il vous plaît.
Für mich einen Radler *ou* ein Alsterwasser, bitte.

(= une bière avec de la limonade) der **Radler** (dans le sud de l'Allemagne ; pluriel : Radler) *ou* das **Alsterwasser** (dans le nord de l'Allemagne ; pluriel : –wasser)

pancarte

▷ Tu as vu la pancarte ? C'est marqué « Fermé ».
Hast du das Schild gesehen? Da steht „Geschlossen".

das **Schild** (pluriel : Schilder)

Attention à ne pas confondre avec ***der Schild*** (= bouclier) *dont le pluriel est Schilde.*

pané, panée

▷ Mon frère n'aime pas le poisson frais, seulement le poisson pané.
Mein Bruder mag keinen frischen Fisch, nur panierten.

paniert

panier

▷ Mets les courses dans le panier.
Leg die Einkäufe in den Korb.
▷ Où est mon T-shirt bleu ? – Dans le panier à linge.
Wo ist mein blaues T-Shirt? – Im Wäschekorb.
▷ Emmanuel a marqué un panier magnifique.
Emmanuel hat einen fantastischen Korb geworfen.

der **Korb** (pluriel : Körbe)

► **panier à linge :** der Wäschekorb (pluriel : -körbe)

► **marquer un panier** (au basket) **:** einen Korb werfen (wirft, warf, geworfen)

paniquer

▷ Ne paniquez pas, j'ai appelé la police !
Jetzt geratet nicht in Panik, ich habe die Polizei gerufen!

Pour dire que quelqu'un panique, on emploie l'expression **in Panik geraten** (gerät, geriet, geraten).

panne

1 ▷ Mon père a trouvé la panne de la machine à laver.
Mein Vater hat die Panne der Waschmaschine gefunden.
▷ Nous sommes tombés en panne sur l'autoroute.
Wir hatten auf der Autobahn eine Panne.

1 (en parlant d'une voiture, d'une machine qui ne fonctionne plus) die **Panne** (pluriel : Pannen)

► **être en panne** *ou* **tomber en panne :** eine Panne haben (hat, hatte, gehabt)

2 ▷ Nous sommes tombés en panne d'essence.
Wir hatten kein Benzin mehr.

2 ► **être** *ou* **tomber en panne d'essence :** kein Benzin mehr haben

3 ▷ Il y a eu une panne de courant pendant l'orage.
Während des Gewitters gab es einen Stromausfall.

3 ► **panne de courant** *ou* **panne d'électricité :** der Stromausfall

panneau

1 ▷ On a raté le panneau « Toulouse ».
Wir haben das Schild „Toulouse" verpasst.

1 (= pancarte, direction sur la route) das **Schild** (pluriel : Schilder)

Attention à ne pas confondre avec ***der Schild*** (= **bouclier**), *dont le pluriel est Schilde.*

2 ▷ Les résultats sont sur le panneau d'affichage.
Der Ergebnisse stehen auf der Anschlagtafel.

2 ► **panneau d'affichage :** die Anschlagtafel (pluriel : -tafeln)

On dit aussi ***das Anschlagbrett*** (pluriel : *-bretter*).

panoplie

▷ Agnès a eu une panoplie d'elfe pour Noël.
Agnès hat eine Elfenausrüstung zu Weihnachten bekommen.

die **Ausrüstung** (pluriel : Ausrüstungen)

pansement

▷ Viens, je vais te donner un pansement.
Komm, ich geb dir ein Pflaster.

(= sparadrap) das **Pflaster** (pluriel : Pflaster)

pantalon

▷ Je me suis acheté un nouveau pantalon.
Ich habe mir eine neue Hose gekauft.

die **Hose** (pluriel : Hosen)

panthère

▷ Nous avons vu des panthères au zoo.
Im Zoo haben wir Leoparden gesehen.

der **Leopard** (pluriel : Leoparden)

ℹ *On dit **der Panther** uniquement pour désigner* **la panthère noire** *(**der schwarze Panther**).*

pantoufle

▷ Mets tes pantoufles, tu vas attraper un rhume !
Zieh dir Pantoffeln an, sonst kriegst du einen Schnupfen!

der **Pantoffel** (pluriel : Pantoffeln)

paon

▷ J'ai trouvé une plume de paon dans le parc.
Ich habe eine Pfauenfeder im Park gefunden.

der **Pfau** (pluriel : Pfauen)

papa

▷ Le papa de Ludo est agriculteur.
Ludos Papa ist Landwirt.

der **Papa**

ℹ *On dit aussi **der Vati** ou **der Papi**.*

pape

▷ Le pape a fait un voyage au Mexique.
Der Papst ist nach Mexiko gereist.

der **Papst** (pluriel : Päpste)

papeterie

▷ La papeterie est près de la mairie.
Die Schreibwarenhandlung ist in der Nähe des Rathauses.

(= magasin) die **Schreibwarenhandlung** (pluriel : -handlungen)

ℹ *On dit aussi **das Schreibwarengeschäft*** (pluriel : *-geschäfte*).

papi

▷ Mon papi a soixante-quinze ans.
Mein Opa ist fünfundsiebzig.

der **Opa** (pluriel : Opas)

ℹ *On dit aussi **der Opi**.*

papier

1 ▷ Je n'ai plus de papier pour l'imprimante.
Ich habe kein Papier für den Drucker mehr.

1 (= la matière) das **Papier**

▷ Cet éventail est en papier.
Dieser Fächer ist aus Papier.
▷ Raphaëlle a fabriqué un bateau en papier.
Raphaëlle hat ein Papierboot angefertigt.

► être en papier : aus Papier sein

ℹ *Pour dire que quelque chose* est en papier, *on forme des mots composés avec* ***Papier : die Papierblume*** (fleur en papier), ***die Papierserviette*** (serviette en papier), *etc.*

▷ Est-ce qu'il te reste du papier cadeau ?
Hast du noch Geschenkpapier?

► papier cadeau : das Geschenkpapier

▷ Il n'y a plus de papier hygiénique.
Es ist kein Toilettenpapier mehr da.

► papier hygiénique : das Toilettenpapier

▷ Tu peux utiliser du papier journal pour boucher le trou.
Du kannst Zeitungspapier nehmen, um das Loch zu stopfen.

► papier journal : das Zeitungspapier

▷ Elle m'a écrit sur du papier à lettres rose.
Sie hat mir auf rosa Briefpapier geschrieben.

► papier à lettres : das Briefpapier

2 ▷ Je vais emballer le poulet dans du papier alu.
Ich werde das Hähnchen in Alufolie wickeln.

2 ► papier alu : die Alufolie

3 ▷ Ce papier peint est affreux !
Diese Tapete ist schrecklich!

3 ► papier peint : die Tapete (pluriel : Tapeten)

4 ▷ Passe-moi un papier, je vais noter l'adresse.
Gib mir mal einen Zettel, ich schreibe die Adresse auf.

4 (= morceau de papier) der Zettel (pluriel : Zettel)

5 ▷ Le policier voulait voir nos papiers.
Der Polizist wollte unsere Ausweispapiere sehen.

5 ► papiers (d'identité) : die Ausweispapiere

papillon

▷ Regarde ce joli papillon !
Schau mal, der schöne Schmetterling!

der Schmetterling (pluriel : Schmetterlinge)

papoter

▷ On a papoté pendant une heure au téléphone.
Wir haben eine Stunde am Telefon geschwatzt.

schwatzen

papy

▷ Le papy de Léonie est très sportif.
Léonies Opa ist sehr sportlich.

der Opa (pluriel : Opas)

ℹ *On dit aussi* ***der Opi***.

pâquerette

▷ La pelouse est couverte de pâquerettes.
Der Rasen ist voller Gänseblümchen.

(= fleur) das Gänseblümchen (pluriel : -blümchen)

Pâques

▷ À Pâques nous sommes partis à la montagne.
Zu Ostern sind wir in die Berge gefahren.

Ostern

paquet

1 ▷ Achète deux paquets de café.
Kauf zwei Päckchen Kaffee.

2 ▷ Lydie a reçu un paquet du Canada.
Lydie hat ein Paket aus Kanada erhalten.

1 (= sachet) das Päckchen (pluriel : Päckchen)

2 (= colis) das Paket (pluriel : Pakete)

par

1 ▷ Ce roman a été écrit par Victor Hugo.
Dieser Roman wurde von Victor Hugo geschrieben.

2 ▷ Vous êtes venus par la rue du Moulin ?
Seid ihr durch die rue du Moulin gekommen?
▷ On a dû passer par la forêt.
Wir mussten durch den Wald gehen.

3 ▷ C'est plus rapide par Cologne.
Über Köln ist es schneller.

4 ▷ Il est arrivé par le train de nuit.
Er ist mit dem Nachtzug gekommen.
▷ Est-ce que je peux payer par chèque ?
Kann ich mit einem Scheck bezahlen?

5 ▷ Il a fait ça par jalousie.
Er hat das aus Eifersucht getan.

6 ▷ Ils gagnent deux mille euros par mois.
Sie verdienen zweitausend Euro pro Monat.

7 ▷ La vitesse est limitée par temps de pluie.
Die Geschwindigkeit ist bei Regenwetter begrenzt.

8 ▷ Passez par ici, s'il vous plaît.
Kommen sie hier entlang, bitte.
▷ Il n'y a pas de magasins par ici.
Hier in der Gegend gibt es keine Geschäfte.

9 ▷ Carcassonne ? On est passés par là !
Carcassonne? Dort sind wir durchgefahren!
▷ Elle habite quelque part par là.
Sie wohnt irgendwo dort in der Gegend.

1 (complément d'agent) von

2 (= en passant par, à travers) durch

3 (avant un nom de ville ou de pays) über

4 (pour indiquer le moyen par lequel on fait quelque chose) mit

5 (pour indiquer le motif d'une action) aus

6 (= chaque) pro

7 (en parlant du temps) bei

8 ► **par ici** (= par ce chemin) **:** hier
► **par ici** (= dans ce coin) **:** hier in der Gegend

9 ► **par là** (= par ce chemin) **:** dort
► **par là** (= dans ce coin) **:** dort in der Gegend

parachute

▷ Le parachute ne s'est pas ouvert.
Der Fallschirm hat sich nicht geöffnet.

der Fallschirm (pluriel : -schirme)

paradis

▷ La plage, les palmiers : c'est le paradis !
Der Strand, die Palmen: das Paradies!

das **Paradies**

paragraphe

▷ Le troisième paragraphe est très compliqué.
Der dritte Absatz ist sehr kompliziert.

der **Absatz** (pluriel : Absätze)

ℹ *On dit aussi* ***der Abschnitt*** (pluriel : *Abschnitte*).

paraître

1 ▷ Il paraît s'éloigner, mais en fait il se rapproche.
Er scheint sich zu entfernen, aber tatsächlich kommt er näher.

▷ Ça paraît simple, mais ça ne l'est pas.
Das scheint ganz einfach zu sein, ist es aber nicht.

2 ▷ Il paraît que Lise sort avec Matthieu.
Angeblich geht Lise mit Matthieu.

1 Quand **paraître** est suivi d'un verbe, on traduit par **scheinen** + **zu**.

ℹ *Quand* **paraître** *est suivi d'un adjectif, on traduit par* ***scheinen*** + ***zu sein***.

2 ► **il paraît que... :** angeblich...

parallèle

▷ Les deux rues sont parallèles.
Die beiden Straßen liegen parallel.

▷ L'avenue est parallèle à la rivière.
Die Avenue liegt parallel zum Fluss.

parallel /paraleːl/

🔊 *Notez la prononciation.*

ℹ *Notez la préposition employée en allemand :* parallèle à = *parallel* ***zu***.

paralysé, paralysée

▷ Elle est paralysée depuis l'accident.
Seit dem Unfall ist sie gelähmt.

gelähmt

parapluie

▷ J'ai laissé mon parapluie dans le train !
Ich habe meinen Regenschirm im Zug liegenlassen!

der **Regenschirm** (pluriel : -schirme)

parasol

▷ Nous aurons besoin d'un parasol à la plage.
Am Strand werden wir einen Sonnenschirm brauchen.

der **Sonnenschirm** (pluriel : -schirme)

parc

▷ Barnabé promène son chien dans le parc tous les soirs.
Barnabé führt jeden Abend seinen Hund im Park spazieren.

(= jardin) der **Park** (pluriel : Parks)

▷ On s'est bien amusés au parc d'attractions.
Wir haben uns im Vergnügungspark gut amüsiert.

► **parc d'attractions :** der Vergnügungspark

parce que

▷ Lena est absente parce qu'elle a la grippe.
Lena ist nicht da, weil sie Grippe hat.

weil

parcmètre

▷ Tu as une carte pour le parcmètre ?
Hast du eine Karte für die Parkuhr?

die Parkuhr (pluriel : -uhren)

parcours

1 ▷ Le bus suit un parcours compliqué.
Der Bus folgt einer komplizierten Fahrstrecke.
▷ Nous avons fait le parcours en deux heures.
Wir haben die Strecke in zwei Stunden zurückgelegt.

1 (= itinéraire, trajet) die Strecke (pluriel : Strecken)

2 ▷ Il y a un parcours de golf près d'ici.
Hier in der Nähe ist ein Golfplatz.

2 ► **parcours de golf :** der Golfplatz

par-derrière

1 ▷ On va passer par-derrière pour qu'ils ne nous voient pas.
Wir gehen hinten herum, damit sie uns nicht sehen.

1 (= derrière quelque chose) hinten herum

2 ▷ Il critique les gens par-derrière.
Er kritisiert die Leute hinter deren Rücken.

2 (= sournoisement) hinter jemandes (génitif) Rücken

par-dessous

▷ Passez par-dessous la clôture.
Kriecht unter dem Zaun durch.

unter + datif

par-dessus

▷ Grimpez par-dessus la clôture.
Klettert über den Zaun.

über + accusatif

pardon

1 ▷ Pardon, je ne vous avais pas vu.
Entschuldigung, ich hatte Sie nicht gesehen.

1 (= pour s'excuser) Entschuldigung

ℹ *On dit aussi Verzeihung.*

2 ▷ Pardon ? Vous pouvez répéter ?
Wie bitte? Könnten Sie das bitte wiederholen?

2 (quand on a mal entendu) wie bitte?

3 ▷ Il devrait te demander pardon.
Er sollte dich um Verzeihung bitten.

3 ► **demander pardon à quelqu'un :** jemanden (accusatif) um Verzeihung bitten (bat, gebeten)

pardonner

▷ Je ne te le pardonnerai jamais !
Das verzeih ich dir nie!

verzeihen (verzieh, verziehen)

ℹ *Les verbes commençant par le préfixe* ***ver-*** *ne prennent pas* ***ge-*** *au participe passé.*

pare-brise

▷ Le pare-brise est tout sale.
Die Windschutzscheibe ist ganz dreckig.

die **Windschutzscheibe** (pluriel : -scheiben)

pareil, pareille

1 ▷ Nos cartables sont pareils.
Unsere Schultaschen sind gleich.
▷ Ta méthode marche bien, je vais faire pareil.
Deine Methode funktioniert gut, ich werde das Gleiche machen.

2 ▷ Ma jupe est pareille que la tienne.
Mein Rock ist genauso wie deiner.

1 (= identique) **gleich**

► **faire pareil :** das Gleiche machen

2 ► **pareil que ... :** genauso wie ...

parent

1 ▷ Les parents de Karim sont Algériens.
Karims Eltern sind Algerier.

2 ▷ Tous les parents de la mariée étaient là.
Alle Verwandten der Braut waren da.

1 ► **parents** (= père et mère) **:** die Eltern

2 (= membre de la famille) der/die **Verwandte** (pluriel : Verwandten)

ℹ *C'est un adjectif substantivé : on dit* ***ein Verwandter****.*

parenthèse

▷ La date est entre parenthèses.
Das Datum steht in Klammern.

► **entre parenthèses :** in Klammern

ℹ *Notez la préposition en allemand.*

paresseux, paresseuse

▷ Qu'est-ce que tu es paresseux ! Lève-toi !
Du bist vielleicht faul! Steh auf!

faul

parfait, parfaite

▷ Thomas se croit parfait.
Thomas hält sich für perfekt.

perfekt

parfois

▷ Parfois, ça me donne envie de crier !
Manchmal hab ich einfach Lust zu schreien!

manchmal

parfum

1 ▷ Mmm, quel bon parfum ! C'est quoi ?
Mmm, so ein tolles Parfüm! Was ist das?

1 (= eau de toilette) das **Parfüm**

2 ▷ Le parfum de ces roses est merveilleux.
Der Duft dieser Rosen ist wunderbar.

▷ Ces fleurs ont un parfum très fort.
Diese Blumen duften sehr stark.

2 (= bonne odeur) der **Duft**

ℹ *Pour dire que quelque chose* **a un parfum**, *suivi d'un adjectif, on emploie le verbe* ***duften***, *suivi de l'adjectif. Pour dire que quelque chose* **a un parfum de...**, *on emploie* ***nach ... duften***.

3 ▷ Quel est ce parfum, cassis ou mûre ?
Welcher Geschmack ist das, schwarze Johannisbeere oder Erdbeere?

3 (= goût d'une glace, d'un bonbon) der **Geschmack**

pari

▷ Ludovic a gagné son pari.
Ludovic hat seine Wette gewonnen.

▷ Nous avons fait un pari et j'ai perdu.
Wir haben gewettet, und ich habe verloren.

die **Wette** (pluriel : Wetten)

► **faire un pari :** wetten

parier

▷ On a parié dix euros.
Wir haben um zehn Euro gewettet.

▷ Tu n'arriveras jamais avant moi. – Tu paries ?
Du kommst niemals vor mir an. – Wetten, dass?

wetten

► **parier** quelque chose **:** um etwas wetten

► **tu paries ? :** wetten, dass?

Paris

▷ J'habite à Paris depuis quatre ans.
Ich lebe seit vier Jahren in Paris.

Paris /pa'riːs/

ℹ *Notez qu'en allemand, les noms de ville ne prennent l'article neutre que précédés d'un adjectif :* ***das touristische Paris*** (le Paris touristique).

parisien, parisienne

1 ▷ Mes amies parisiennes sont venues me voir.
Meine Pariser Freundinnen haben mich besucht.

1 (adjectif) **Pariser**

2 ▷ C'est un vrai Parisien.
Er ist ein echter Pariser.

2 (= personne) der **Pariser** (pluriel : Pariser), die **Pariserin** (pluriel : Pariserinnen)

parking

▷ Le parking est plein.
Der Parkplatz ist voll.

der **Parkplatz** (pluriel : -plätze)

▷ On se garera au parking, c'est plus simple.
Wir werden auf dem Parkplatz parken, das ist einfacher.

ℹ *Quand il s'agit d'un* **parking souterrain**, *on dit aussi* ***die Tiefgarage***. *Quand il s'agit d'un* **parking à étages**, *on dit aussi* ***das Parkhaus***.

parler

1 ▷ Parle plus doucement.
Sprich langsamer.
▷ Nous avons parlé pendant une heure au téléphone.
Wir haben eine Stunde lang am Telefon geredet.
▷ J'ai parlé au professeur de mon problème.
Ich habe mit dem Lehrer über mein Problem gesprochen.
▷ Laisse-le parler, à la fin !
Jetzt lass ihn doch mal reden!
▷ Ralf parle très bien français.
Ralf spricht sehr gut Französisch.

1 (= s'exprimer, discuter) **sprechen** (spricht, sprach, gesprochen) *ou* **reden**

► **parler de** quelque chose (= discuter de quelque chose) **:** über etwas (accusatif) sprechen *ou* reden
► **laisser parler** quelqu'un **:** jemanden (accusatif) reden lassen
► **parler une langue :** eine Sprache sprechen

2 ▷ Ce livre parle de la guerre.
Dieses Buch handelt vom Krieg.

2 ► **parler de** quelque chose (= avoir pour sujet) **:** von etwas (datif) handeln

3 ▷ Ils ne se parlent plus.
Sie sprechen nicht mehr miteinander *ou* Sie reden nicht mehr miteinander.

3 ► **se parler :** miteinander sprechen *ou* miteinander reden

parmi

▷ Qui parmi vous connaît la réponse ?
Wer unter euch kennt die Antwort?

unter + datif
ℹ *On dit aussi* ***von*** + datif.

parole

1 ▷ Ce ne sont que des paroles, tu dois le prouver.
Das sind nur Worte, du musst es beweisen.

1 (= mot prononcé) das **Wort** (pluriel : Worte)
Ne confondez pas avec ***das Wort*** *= mot au sens* **terme**, *dont le pluriel est* ***Wörter***.

2 ▷ Il m'a donné sa parole.
Er hat mir sein Ehrenwort gegeben.
▷ Elle a tenu parole.
Sie hat Wort gehalten.

2 ► **donner sa parole à** quelqu'un **:** jemandem (datif) sein Ehrenwort geben (gibt, gab, gegeben)
► **tenir parole :** Wort halten (hält, hielt, gehalten)

3 ▷ Arrête de me couper la parole !
Hör auf, mich zu unterbrechen!

3 ► **couper la parole à** quelqu'un **:** jemanden (accusatif) unterbrechen (unterbricht, unterbrach, unterbrochen)

4 ▷ Le professeur a donné la parole à Djamel.
Der Lehrer hat Djamel das Wort erteilt.

4 ► **donner la parole à quelqu'un :** jemandem (datif) das Wort erteilen

Les verbes commençant par le préfixe ***er-*** *ne prennent pas* ***ge-*** *au participe passé.*

5 ▷ Il voulait prendre la parole, mais il n'arrivait pas à se faire entendre.
Er wollte das Wort ergreifen, aber er konnte sich kein Gehör verschaffen.

5 ► **prendre la parole :** das Wort ergreifen (ergriff, ergriffen)

Les verbes commençant par le préfixe ***er-*** *ne prennent pas* ***ge-*** *au participe passé.*

6 ▷ Tu connais les paroles de cette chanson ?
Kennst du den Texte dieses Lieds?

6 (= texte d'une chanson) der **Text** (pluriel : Texte)

parquet

▷ J'ai prévu de cirer le parquet.
Ich habe vorgesehen, das Parkett zu bohnern.

das **Parkett** /par'kɛt/ (pluriel : Parkette)

part

1 ▷ Tu as pris la plus grosse part du gâteau !
Du hast den größten Teil des Kuchens genommen!

1 (= morceau) der **Teil** (pluriel : Teile)

2 ▷ Chacun doit payer sa part.
Jeder muss seinen Anteil bezahlen.

2 (dans un partage) der **Anteil** (pluriel : Anteile)

3 ▷ Le prof a traité ce cas à part.
Der Lehrer hat diesen Fall getrennt behandelt.

3 ► **à part** (= séparément) **:** getrennt

4 ▷ Qui est venu à part Charlie ?
Wer, außer Charlie, ist gekommen?

4 ► **à part** (= en dehors de) **:** außer + datif

5 ▷ Donne-lui cette lettre de ma part.
Gib ihm diesen Brief von mir.

5 ► **de la part de** (= au nom de) **:** von + datif

6 ▷ C'est de la part de qui ?
Wer ist am Apparat?

6 Pour demander qui est au téléphone, on dit ***wer ist am Apparat?***

7 ▷ Les élèves ont tous pris part à l'exposition.
Die Schüler nahmen alle an der Ausstellung teil.

7 ► **prendre part à ... :** an ... teilnehmen

teil•nehmen *est un verbe à particule séparable et se conjugue comme* ***nehmen*** *(nimmt, nahm, genommen).*

8 ▷ Je ne la vois nulle part !
Ich sehe sie nirgends!

8 ► **nulle part :** nirgends

partager

1 ▷ Nous partageons l'argent entre tous.
Wir teilen das Geld unter allen auf.

1 (= répartir) **aufteilen**

auf•teilen *est un verbe à particule séparable.*

2 ▷ J'ai dû partager une chambre avec mon frère.
Ich musste ein Zimmer mit meinem Bruder teilen.

2 (= avoir en commun) **teilen**

3 ▷ Nous nous sommes partagé le travail.
Wir haben uns die Arbeit geteilt.

3 ► **se partager** quelque chose : sich etwas teilen

parti

▷ Chaque parti a un candidat.
Jede Partei hat einen Kandidaten.

(= organisation politique) die **Partei** (pluriel : Parteien)

participer

1 ▷ Est-ce que tu participes au concours ?
Nimmst du am Wettbewerb teil?

1 ► **participer à** (= prendre part à) : an + datif + teilnehmen

*teil•nehmen est un verbe à particule séparable et se conjugue comme **nehmen** (nimmt, nahm, genommen).*

2 ▷ Qui veut participer au cadeau ?
Wer will sich am Geschenk beteiligen?
▷ Nous avons tous participé à l'achat du DVD.
Wir haben uns alle am Kauf der DVD beteiligt.

2 ► **participer à** (financièrement) : sich an + datif + beteiligen

*Les verbes commençant par le préfixe **be-** ne prennent pas **ge-** au participe passé.*

*Le pronom personnel allemand s'emploie à l'accusatif : ich beteilige **mich**, du beteiligst **dich**, er/sie beteiligt **sich**, wir beteiligen **uns**, ihr beteiligt **euch**, sie beteiligen **sich**.*

particulier, particulière

1 ▷ C'est un cas très particulier.
Das ist ein ganz besonderer Fall.

1 (= spécial) **besondere**

2 ▷ Est-ce que tu pensais à un problème particulier ?
Dachtest du an ein bestimmtes Problem?

2 (= précis) **bestimmt**

3 ▷ Jérôme a des habitudes assez particulières.
Jérôme hat ganz eigenartige Gewohnheiten.

3 (= bizarre) **eigenartig**

4 ▷ C'est vrai, en particulier en France.
Das ist wahr, besonders in Frankreich.

4 ► **en particulier** : besonders

*On dit aussi **vor allem**.*

particulièrement

▷ Raïssa a été particulièrement désagréable.
Raïssa war besonders unangenehm.
▷ Tu as aimé le film ? – Pas particulièrement.
Hat dir der Film gefallen? – Nicht besonders.

besonders

► **pas particulièrement** : nicht besonders

partie

1 ▷ Vous voulez faire une autre partie ?
Wollt ihr noch eine Partie machen?

1 (= jeu) die **Partie** (pluriel : Partien /par'tiːən/)

Notez la prononciation du pluriel.

2 ▷ La première partie du texte est plus facile.
Der erste Teil des Textes ist einfacher.

2 (= section, élément) der **Teil** (pluriel : Teile)

3 ▷ Ce jardin fait partie du musée.
Dieser Garten gehört zum Museum.

3 ► **faire partie de** (= être une partie de) **:** zu + datif + gehören

4 ▷ Je fais partie du club de voile.
Ich gehöre dem Segelklub an.

4 ► **faire partie de** (= être membre de) **:** datif + angehören

partir

1 ▷ Il est tard, je dois partir.
Es ist spät, ich muss gehen.
▷ Nous partirons très tôt demain matin.
Wir werden morgen sehr früh fahren.

1 Quand partir signifie **aller**, et si aucun moyen de locomotion n'est indiqué, on traduit par gehen (ging, gegangen). S'il est sous-entendu que la personne **part en voiture**, on traduit par fahren (fährt, fuhr, gefahren).

2 ▷ Nous sommes partis de la maison à huit heures.
Wir gingen um acht Uhr vom Haus weg.

2 ► **partir de** + lieu **:** von (datif) + lieu + weggehen

ℹ *weg•gehen est un verbe à particule séparable et se conjugue comme gehen.*

3 ▷ Cédric part en Espagne en août.
Cédric fährt im August nach Spanien.
▷ Dans un mois ils partent en Australie.
In einem Monat fliegen sie nach Australien.

3 Quand aucun moyen de locomotion n'est indiqué, **partir à** *ou* **partir en** + lieu se traduit par nach + lieu + gehen. S'il est sous-entendu que la personne **part en voiture, en train, en avion**, etc., on traduit par nach ... fahren *ou* nach ... fliegen.

4 ▷ Le moteur ne veut pas partir.
Der Motor will nicht anspringen.

4 (= démarrer, en parlant d'une machine, d'un moteur) anspringen

ℹ *an•springen est un verbe à particule séparable et se conjugue comme springen (sprang, gesprungen).*

5 ▷ La tache a fini par partir.
Der Fleck ging letzten Endes weg.

5 (= disparaître, en parlant d'une tache) weggehen

ℹ *weg•gehen est un verbe à particule séparable et se conjugue comme gehen.*

6 ▷ Je serai libre à partir de mardi.
Ab Dienstag bin ich frei.

6 ► **à partir de :** ab

partout

▷ On t'a cherché partout !
Wir haben überall nach dir gesucht!

überall

pas (nom masculin)

▷ Raoul fait de grands pas.
Raoul macht große Schritte.
▷ J'entends des pas dehors.
Ich hör Schritte draußen.

(= enjambée ; bruit) der Schritt (pluriel : Schritte)

pas (adverbe)

1 ▷ Je ne suis pas prêt.
Ich bin nicht fertig.
▷ Sabine ne viendra pas à la fête.
Sabine wird nicht zur Party kommen.
▷ Je t'ai demandé de ne pas jouer avec ça.
Ich habe dich gebeten, nicht damit zu spielen.

1 Quand le verbe allemand est suivi d'un complément adjectival ou prépositionnel, la négative est traduite par le verbe suivi de **nicht**.

2 ▷ Peter n'a pas de frères et sœurs.
Peter hat keine Geschwister.
▷ Je n'ai pas d'ordinateur.
Ich habe keinen Computer.
▷ Est-ce que tu as un animal de compagnie ? – Non, je n'en ai pas.
Hast du ein Haustier? – Nein, ich habe keins.

2 Quand le verbe allemand est suivi d'un substantif, la négative est traduite par **kein** (pour le masculin et le neutre) ou **keine** (pour le féminin et le pluriel), employé à l'accusatif.

3 ▷ Tu viens ou pas ?
Kommst du oder nicht?
▷ Qui veut faire la vaisselle ? – Pas moi !
Wer will Geschirr spülen? – Ich nicht!
▷ Ça te dérange ? – Non, pas du tout.
Stört es dich? – Nein, überhaupt nicht.

3 (employé sans ne) **nicht**

► **pas du tout :** überhaupt nicht

passable

▷ Le prof a dit que mon devoir était passable.
Der Lehrer hat gesagt, meine Hausarbeit sei ausreichend.

(= moyen) **ausreichend**

passage

1 ▷ Il y a un passage difficile dans ce morceau.
In diesem Stück ist eine schwierige Passage.

1 (= partie d'un morceau, d'un texte, etc.) die **Passage** (pluriel : Passagen)

2 ▷ Jochen est seulement de passage, il repart après-demain.
Jochen ist nur auf der Durchreise, er fährt übermorgen wieder.

2 ► **être de passage :** auf der Durchreise sein

3 ▷ Au passage on pourrait s'arrêter à Lascaux.
Auf dem Weg könnten wir in Lascaux halten.

3 ► **au passage** (= en route) **:** auf dem Weg

4 ▷ Je traverse seulement aux passages piétons.
Ich überquere nur auf dem Fußgängerüberweg.

4 ► **passage piétons** *ou* **passage clouté :** der Fußgängerüberweg (pluriel : -wege)

ℹ *Lorsqu'il s'agit d'un passage à bandes noires et blanches, on dit aussi* ***der Zebrastreifen****.*

5 ▷ Ralentis, il y a un passage à niveau.
Fahr langsamer, da ist ein Bahnübergang.

5 ► **passage à niveau :** der Bahnübergang (pluriel : -gänge)

6 ▷ Prenez le passage souterrain pour piétons.
Nehmen Sie die Fußgängerunterführung.

6 ► **passage souterrain :** die Unterführung (pluriel : Unterführungen)

passager

▷ Tous les passagers sont descendus.
Alle Passagiere sind ausgestiegen.

der **Passagier** /pasa'ʒiːɐ/ (pluriel : Passagiere)

Notez la prononciation.

▷ Ils ont trouvé des passagers clandestins sur le bateau.
Sie haben blinde Passagiere auf dem Schiff gefunden.

► **passager clandestin :** der blinde Passagier

passant, passante

▷ Plusieurs passants se sont arrêtés pour regarder.
Mehrere Passanten hielten an um zuzuschauen.

der **Passant** /pa'sant/ (pluriel : Passanten), die **Passantin** (pluriel : Passantinnen)

Notez la prononciation.

passe

▷ Quelle belle passe !
Ein toller Pass!

(en sport) der **Pass** (pluriel : Pässe)

▷ Luc a fait la passe à Nouredine.
Luc spielt Nouredine zu.

► **faire la passe à** quelqu'un **:** jemandem **zuspielen**

i *zu•spielen est un verbe à particule séparable.*

passé, passée

1 ▷ Ça a commencé l'année passée.
Es fing im vergangenen Jahr an.

1 (adjectif = dernier, écoulé) **vergangen**

i *On dit aussi **letzte**.*

2 ▷ Ne pense pas au passé.
Denk nicht an die Vergangenheit.

2 ► **le passé** (= ce qui est fini) **:** die Vergangenheit

passeport

▷ Tu dois présenter ton passeport à la douane.
Am Zoll musst du deinen Reisepass vorweisen.

der **Reisepass** (pluriel : –pässe)

i *On dit aussi **der Pass** tout court.*

passer

1 ▷ J'ai vu passer Lisa et sa mère.
Ich sah Lisa und ihre Mutter vorbeigehen.
▷ Je passe toujours par le jardin public.
Ich gehe immer durch den Park.
▷ Passe par-dessus la clôture.
Geh über den Zaun.

1 Quand passer signifie **aller d'un endroit à un autre**, on emploie le verbe **gehen** (ging, gegangen) avec la préposition appropriée : **vorbeigehen** (passer à côté), **durchgehen** (passer en traversant), **über ... gehen** (passer par-dessus).

▷ Par où êtes-vous passés ?
Wie seid ihr gegangen?

ℹ *Pour demander* **par où quelqu'un est passé** *en allemand, on dit* ***wie bist du*** *(****ist er/sie, seid ihr, sind sie****)* ***gegangen*** *(ou* ***gefahren*** *ou* ***geflogen****)?*

2 ▷ Je passerai ce soir si tu veux.
Ich komme heute Abend vorbei, wenn du willst.
▷ Quand penses-tu passer ?
Wann denkst du vorbeizukommen?

2 (= faire une visite rapide) **vorbeikommen**

ℹ ***vorbei•kommen*** *est un verbe à particule séparable et se conjugue comme* ***kommen*** *(kam, gekommen).*

3 ▷ Laissez-moi passer !
Lasst mich vorbei!

3 ► **laisser passer : vorbeilassen**

ℹ ***vorbei•lassen*** *est un verbe à particule séparable et se conjugue comme* ***lassen*** *(lässt, ließ, gelassen).*

4 ▷ Le temps passe très vite.
Die Zeit vergeht sehr schnell.

4 (en parlant du temps qui passe) **vergehen**

ℹ *Les verbes commençant par le préfixe* ***ver-*** *ne prennent pas* ***ge-*** *au participe passé.*

5 ▷ Je passerai en cinquième en septembre.
Im September komme ich in die siebte Klasse.

5 (= aller dans la classe supérieure, la division supérieure, etc.) **in ... kommen**

6 ▷ Ce film est déjà passé à la télé.
Dieser Film kam schon im Fernsehen.

6 ► **passer à la télé : im Fernsehen kommen**

7 ▷ Ce n'est qu'un mal de tête, ça passera.
Das sind nur Kopfschmerzen, das wird schon vergehen.

7 (en parlant d'une douleur) **vergehen**

ℹ *On dit aussi* ***vorbeigehen****.*

8 ▷ Personne ne nous a arrêtés quand nous avons passé la frontière.
Niemand hat uns angehalten, als wir die Grenze überquert haben.

8 (en parlant d'une frontière) **überqueren**

9 ▷ Passe-moi un bonbon, s'il te plaît.
Gir mir bitte ein Bonbon.

9 (= donner) **geben** (gibt, gab, gegeben)

10 ▷ Tu peux me passer Érika ?
Kannst du mir Érika geben?

10 Quand on parle de **passer** quelqu'un au téléphone, on utilise **geben** pour les gens qu'on connaît.

▷ Je vous passe le directeur.
Ich verbinde Sie mit dem Direktor.

ℹ *Quand l'appel téléphonique est plus officiel, on dit* ***mit*** *jemandem* (datif) ***verbinden****.*

11 ▷ Passe la balle !
Gib den Ball ab!
▷ Je n'aime pas jouer avec lui, il ne veut jamais passer le ballon.
Ich spiele nicht gern mit ihm, er will nie den Ball abgeben.

11 (en parlant d'un ballon) **abgeben**

ℹ *ab•geben est un verbe à particule séparable et se conjugue comme geben (gibt, gab, gegeben).*

ℹ *On dit aussi abspielen.*

12 ▷ Je dois passer l'aspirateur.
Ich muss staubsaugen.
▷ Tu pourrais passer l'éponge sur la table ?
Kannst du den Tisch mit dem Schwamm abwischen?

12 Quand passer quelque chose signifie **nettoyer**, on emploie le verbe qui convient en allemand : **fegen** **(passer le balai)**, **Staub wischen** **(passer un chiffon à poussière)**.

13 ▷ La sœur de Marc a passé son permis de conduire.
Marcs Schwester hat ihren Führerschein gemacht.

13 (en parlant d'un examen, du permis de conduire) **machen**

14 ▷ Tu devrais passer une veste, il ne fait pas chaud.
Du solltest dir eine Jacke überziehen, es ist nicht warm.

14 (en parlant d'un vêtement) **überziehen**

ℹ *über•ziehen est un verbe à particule séparable et se conjugue comme ziehen (zog, gezogen).*

15 ▷ On a passé l'après-midi ensemble.
Wir haben den Nachmittag miteinander verbracht.

15 (en parlant d'une période de temps) **verbringen** (verbrachte, verbracht)

ℹ *Les verbes commençant par le préfixe ver- ne prennent pas ge- au participe passé.*

16 ▷ Qu'est-ce qui s'est passé ?
Was ist passiert?
▷ Qu'est-ce qui se passe ? Il y a un problème ?
Was ist los? Gibt's ein Problem?

16 ► **se passer** (= se produire) : **passieren**

ℹ *Les verbes se terminant en –ieren ne prennent pas ge- au participe passé.*

ℹ *Quand on s'inquiète d'une situation, on dit was ist los?*

17 ▷ Comment se sont passées tes vacances ?
Wie sind deine Ferien verlaufen?
▷ Tout se passait très bien.
Alles verlief sehr gut.

17 ► **se passer** (= se dérouler) : **verlaufen** (verläuft, verlief, verlaufen)

ℹ *Les verbes commençant par le préfixe ver- ne prennent pas ge- au participe passé.*

18 ▷ Tu devras te passer de douche pendant quelques jours.
Du wirst für ein paar Tage auf die Dusche verzichten müssen.

18 ► **se passer de** quelque chose : **auf** etwas (accusatif) **verzichten**

passe-temps

▷ Quel est ton passe-temps préféré ?
Was ist dein Lieblingszeitvertreib?

der **Zeitvertreib** (pluriel : Zeitvertreibe)

passion

▷ Aurélien a une passion pour les motos.
Aurélien hat eine Leidenschaft für Motorräder.

die **Leidenschaft** (pluriel : Leidenschaften)

passionnant, passionnante

▷ J'ai trouvé le livre passionnant.
Ich fand das Buch faszinierend.

faszinierend

passoire

▷ Où est la passoire ? J'en ai besoin pour les pâtes.
Wo ist das Sieb? Ich brauch es für die Nudeln.

das **Sieb** (pluriel : Siebe)

pastille

▷ Je voudrais des pastilles pour la gorge, s'il vous plaît.
Ich hätte gern Halspastillen, bitte.

(= médicament) die **Pastille** (pluriel : Pastillen)

patate

▷ Il y a du poulet et des patates pour le déjeuner.
Zum Mittagessen gibt's Hähnchen mit Kartoffeln.

die **Kartoffel** (pluriel : Kartoffeln)

ℹ *Le mot français est familier, mais sa traduction allemande ne l'est pas.*

pâte

1 ▷ La pâte est trop liquide.
Der Teig ist zu flüssig.
▷ Pour ce gâteau, il faut de la pâte feuilletée.
Für diesen Kuchen braucht man Blätterteig.

1 (= mélange pour pâtisserie) der **Teig** (pluriel : Teige)

ℹ *Pour dire les différentes sortes de pâtes en allemand, on forme des mots composés avec **Teig** : **der Mürbteig*** (pâte brisée), ***der Pizzateig*** (pâte à pizza), *etc.*

2 ▷ Madame Michels fait des pâtes au fromage.
Frau Michels kocht Käsenudeln.

2 ► **pâtes** (= nouilles) **:** die **Nudeln**

3 ▷ J'adore la pâte d'amandes.
Ich liebe Marzipan.

3 ► **pâte d'amandes :** das **Marzipan**

4 ▷ Nous lui avons offert une boîte de pâtes de fruits.
Wir haben ihm eine Schachtel Geleefrüchte geschenkt.

4 ► **pâte de fruits :** die **Geleefrucht** (pluriel : -früchte)

5 ▷ Il y avait de la pâte à modeler partout sur le tapis.
Überall auf dem Teppich klebte Knetmasse.

5 ► **pâte à modeler :** die **Knetmasse**

ℹ *On dit aussi **die Knete**.*

pâté

1 ▷ Tu veux un sandwich au pâté ?
Willst du ein Pastetesandwich?

1 (= charcuterie) die **Pastete** (pluriel : Pasteten)

2 ▷ Ma petite sœur a fait des pâtés de sable pendant une heure.
Meine kleine Schwester hat eine Stunde lang Sandkuchen gemacht.

2 ► **pâté de sable :** der **Sandkuchen** (pluriel : -kuchen)

3 ▷ C'est à deux pâtés de maisons.
Es ist nur zwei Häuserblöcke weit entfernt.

3 ► **pâté de maisons :** der **Häuserblock** (pluriel : -blöcke)

patiemment

▷ Nous avons patiemment attendu.
Wir haben geduldig gewartet.

geduldig

patience

▷ Tu n'as aucune patience !
Du hast überhaupt keine Geduld!

die **Geduld**

patient, patiente

▷ Sois patient, ce sera bientôt ton tour.
Sei geduldig, bald bis du dran.

(adjectif) **geduldig**

patin

1 ▷ J'ai acheté une nouvelle paire de patins à glace.
Ich habe ein neues Paar Schlittschuhe gekauft.

▷ Tu viens faire du patin à glace ?
Kommst du Schlittschuh laufen?

1 ► **patin à glace :** der **Schlittschuh** (pluriel : -schuhe)

► **faire du patin à glace : Schlittschuh laufen** (läuft, lief, gelaufen)

2 ▷ Où sont mes patins à roulettes ?
Wo sind meine Rollschuhe?

▷ Je ne sais pas très bien faire du patin à roulettes.
Ich laufe nicht sehr gut Rollschuh.

2 ► **patin à roulettes :** der **Rollschuh** (pluriel : -schuhe)

► **faire du patin à roulettes : Rollschuh laufen** (läuft, lief, gelaufen)

patinage

▷ J'aime le patinage.
Ich mag Eislaufen.

▷ Mélodie fait du patinage artistique.
Mélodie macht Eiskunstlauf.

▷ Andreas fait du patinage de vitesse.
Andreas macht Eisschnelllauf.

das **Eislaufen**

ℹ *On dit aussi* ***das Schlittschuhlaufen.***

► **patinage artistique :** der **Eiskunstlauf**

► **patinage de vitesse :** der **Eisschnelllauf**

ℹ *Attention à l'orthographe : il y a trois* ***l*** *dans ce mot.*

patinoire

▷ Tu viens avec nous à la patinoire ?
Kommst du mit zur Eisbahn?

die **Eisbahn** (pluriel : -bahnen)

pâtisserie

1 ▷ Est-ce qu'il y a une bonne pâtisserie dans ce quartier ?
Gibt es in diesem Viertel eine gute Konditorei?

2 ▷ Tu manges trop de pâtisseries.
Du isst zuviel Gebäck.

1 (= magasin) die **Konditorei** (pluriel : Konditoreien)

2 (= gâteau) das **Gebäck**
ℹ *Ce mot s'emploie uniquement au singulier.*

patron, patronne

1 ▷ Le patron du magasin est venu voir ce qui se passait.
Der Geschäftsbesitzer kam, um zu sehen was los war.

2 ▷ Les patrons se sont réunis pour parler des salaires.
Die Arbeitgeber haben sich getroffen, um über die Gehälter zu sprechen.

1 (= propriétaire) der **Besitzer** (pluriel : Besitzer), die **Besitzerin** (pluriel : Besitzerinnen)

2 (= employeur) der **Arbeitgeber** (pluriel : –geber)

patte

▷ Le cheval s'est blessé à la patte.
Das Pferd hat sich am Bein verletzt.

▷ Il faisait tellement chaud que même le chat s'est mouillé les pattes.
Es war so heiß, dass sich sogar die Katze die Pfoten nass machte.

das **Bein** (pluriel : Beine)
ℹ *Bein est un terme qui s'applique à tous les animaux. Quand on parle* des chiens *ou* des chats, *on dit aussi* ***die Pfote*** (pluriel : *Pfoten*). *Quand on parle* des fauves *ou* des ours, *on dit aussi* ***die Tatze*** (pluriel : *Tatzen*).

paume

▷ Il avait une grosse coupure dans la paume de sa main.
Er hatte einen großen Schnitt in seiner Handfläche.

die **Handfläche** (pluriel : –flächen)

paupière

▷ Une guêpe m'a piqué sur la paupière.
Eine Wespe hat mich am Lid gestochen.

das **Lid** (pluriel : Lider)
Attention à ne pas confondre avec ***das Lied*** = la chanson.

pause

▷ On a pris un café pendant la pause.
Während der Pause haben wir einen Kaffee getrunken.

▷ Bon, faisons une pause !
Gut, machen wir eine Pause!

(= repos) die **Pause** /'paʊzə/ (pluriel : Pausen)
🔊 *Notez la prononciation.*

► **faire une pause :** eine Pause machen

pauvre

▻ Ce sont des gens très pauvres.
Das sind ganz arme Leute.
▻ Pauvre Jean, il a eu deux en histoire !
Armer Jean, er hat nur zwei Punkte in Geschichte bekommen!
▻ La pauvre, elle doit avoir très peur !
Die Arme, sie muss ja große Angst haben!

arm (plus pauvre ärmer ; le plus pauvre der ärmste)

► **le pauvre !** *ou* **la pauvre !** : der *ou* die Arme!

pavillon

▻ Ils habitent dans un pavillon.
Sie wohnen in einem Haus.

(= maison) das **Haus** (pluriel : Häuser)

payant, payante

▻ Est-ce que le concert est payant ?
Muss man für das Konzert Eintritt bezahlen?

Pour dire que **quelque chose est payant** en allemand, on emploie l'expression **man muss Eintritt bezahlen** (= on doit payer l'entrée)

payer

1 ▻ C'est Sandrine qui a payé les glaces.
Sandrine hat das Eis gezahlt.

2 ▻ J'ai payé dix euros pour ce livre.
Ich habe für dieses Buch zehn Euro bezahlt.
▻ Ma mère est mieux payée que mon père.
Meine Mutter wird besser bezahlt als mein Vater.

3 ▻ Viens, je te paie un café.
Komm, ich spendiere dir einen Kaffee.
▻ Il m'a payé une limonade.
Er hat mir eine Limonade spendiert.

4 ▻ Je vais me payer une nouvelle robe pour la fête.
Für die Party werde ich mir ein neues Kleid leisten.
▻ Je ne peux pas me payer ça, je n'ai plus d'argent.
Das kann ich mir nicht leisten, ich habe kein Geld mehr.

1 (= acheter) **zahlen**

2 (= payer une somme, payer quelqu'un) **bezahlen**

ℹ *Les verbes commençant par le préfixe **be-** ne prennent pas **ge-** au participe passé.*

3 ► **payer** quelque chose **à** quelqu'un (= lui offrir quelque chose) : jemandem (datif) etwas **spendieren**

ℹ *Les verbes se terminant en **–ieren** ne prennent pas **ge-** au participe passé.*

4 ► **se payer** quelque chose : **sich** etwas (accusatif) **leisten**

ℹ *Le pronom personnel allemand s'emploie au datif : ich leiste **mir**..., du leistest **dir**..., er/sie leistet **sich**..., wir leisten **uns**..., ihr leistet **euch**..., sie leisten **sich**...*

ℹ *L'expression française est familière, mais sa traduction allemande ne l'est pas.*

pays

▻ Malika voudrait vivre dans un autre pays.
Malika würde gern in einem anderen Land leben.

das **Land** (pluriel : Länder)

paysage

▷ Quel beau paysage !
Was für eine schöne Landschaft!

die **Landschaft**
(pluriel : Landschaften)

paysan, paysanne

▷ Les paysans français sont mécontents.
Die französischen Bauern sind unzufrieden.

der **Bauer** (pluriel : Bauern), die **Bäuerin** (pluriel : Bäuerinnen)

Pays-Bas

▷ Les Pays-Bas sont en demi-finale.
Die Niederlande sind im Halbfinale.
▷ On cultive la tulipe aux Pays-Bas.
In den Niederlanden werden Tulpen angebaut.
▷ Quentin est allé en train aux Pays-Bas.
Quentin ist mit dem Zug in die Niederlande gefahren.
▷ Je suis déjà allé aux Pays-Bas l'année dernière.
Ich war letztes Jahr schon in den Niederlanden.

die **Niederlande**

ℹ *Ce mot est un pluriel.*

► **aux Pays-Bas** (= dans le pays) : in den Niederlanden

► **aux Pays-Bas** (= vers le pays) : in die Niederlande

Attention : pour dire que quelqu'un **est déjà allé quelque part**, *on emploie une expression avec le prétérit du verbe* ***sein*** *+* ***schon***.

péage

1 ▷ On ne paie pas de péage sur les autoroutes allemandes.
Man zahlt keine Maut auf deutschen Autobahnen.

2 ▷ Le péage est juste après Bayonne.
Die Mautstelle liegt gleich hinter Bayonne.

1 (= somme d'argent) die **Maut**

2 (= endroit où on paie) die **Mautstelle** (pluriel : -stellen)

peau

1 ▷ Sophie a la peau toute douce.
Sophie hat ganz weiche Haut.

2 ▷ Il a glissé sur une peau de banane.
Er ist auf einer Bananenschale ausgerutscht.
▷ Tu dois enlever la peau des raisins.
Du musst die Haut von den Trauben abziehen.

3 ▷ Les jupes en peau sont à la mode.
Lederröcke sind in Mode.
▷ J'ai eu un manteau en peau à Noël.
Zu Weihnachten habe ich einen Ledermantel bekommen.

1 (= peau d'une personne) die **Haut**

2 Quand on parle de la **peau d'un fruit**, on dit die **Schale** (pluriel : Schalen) pour les fruits à peau épaisse comme les bananes ou les oranges et die **Haut** pour les fruits à peau fine comme les tomates ou les pêches.

3 Pour dire que quelque chose est en peau (= en cuir) en allemand, on forme des mots composés avec **Leder** : die **Lederjacke** (veste *ou* blouson en peau), die **Lederhose** (pantalon en peau), etc.

pêche

1 ▷ Ces pêches sont délicieuses.
Diese Pfirsiche sind köstlich.

1 (= fruit) der **Pfirsich** (pluriel : Pfirsiche)

2 ▷ Marc lit un article sur la pêche.
Marc liest einen Artikel über Angeln.

▷ Dimanche, j'irai à la pêche avec mon père.
Am Sonntag gehe ich mit meinem Vater angeln.

2 (= pêche à la ligne) das **Angeln**

► **aller à la pêche** : angeln gehen (ging, gegangen)

3 ▷ Ce village vit de la pêche.
Dieses Dorf lebt von der Fischerei.

3 (= pêche en mer) die **Fischerei**

4 ▷ J'ai la pêche aujourd'hui !
Ich bin heute topfit!

4 ► **avoir la pêche** (= être en forme) : **topfit sein**

pêcher

1 ▷ Je vais souvent pêcher avec mon grand-père.
Ich gehe oft mit meinem Großvater angeln.

▷ Karim a pêché trois truites.
Karim hat drei Forellen geangelt.

1 (= pêcher à la ligne) **angeln**

2 ▷ Ils pêchent le hareng dans cette région.
In dieser Gegend fischen sie Heringe.

2 (= pêcher en mer) **fischen**

pêcheur, pêcheuse

1 ▷ Il y avait des pêcheurs au bord de la rivière.
Am Fluss standen Angler.

1 (= pêcheur à la ligne) der **Angler** (pluriel : Angler), die **Anglerin** (pluriel : Anglerinnen)

2 ▷ Sur le port, les pêcheurs vendent leurs poissons.
Am Hafen verkaufen die Fischer ihre Fische.

2 (= pêcheur en mer) der **Fischer** (pluriel : Fischer), die **Fischerin** (pluriel : Fischerinnen)

pédale

▷ La pédale gauche de mon vélo est cassée.
Mein linkes Fahrradpedal ist kaputt.

das **Pedal** (pluriel : Pedale)

pédaler

▷ Allez, pédalez plus vite !
Los, tretet mal in die Pedale!

in die Pedale treten (tritt, trat, getreten)

peigne

▷ Qui a pris mon peigne ?
Wer hat meinen Kamm genommen?

der **Kamm** (pluriel : Kämme)

peigner

1 ▷ Ma mère ne veut pas que ma petite sœur la peigne.
Meine Mutter will nicht, dass meine kleine Schwester sie kämmt.

1 ► **peigner** quelqu'un : jemanden (accusatif) **kämmen**

2 ▷ En deux minutes je me suis lavé et peigné.
In zwei Minuten habe ich mich gewaschen und gekämmt.

2 ► **se peigner :** sich kämmen

ℹ *Le pronom personnel allemand s'emploie à l'accusatif : ich kämme* ***mich****, du kämmst* ***dich****, er/sie kämmt* ***sich****,* ***wir*** *kämmen* ***uns****, ihr kämmt* ***euch****, sie kämmen* ***sich****.*

peignoir

1 ▷ Karine était encore en peignoir quand je suis arrivée.
Karine war noch im Morgenmantel, als ich ankam.

1 (= robe de chambre) der **Morgenmantel** (pluriel : -mäntel)

2 ▷ Sèche-toi, mets ton peignoir et viens à table.
Trockne dich ab, zieh dir den Bademantel über und komm essen.

2 (= peignoir en éponge) der **Bademantel** (pluriel : -mäntel)

peindre

1 ▷ Cécile peint très bien.
Cécile malt sehr gut.

1 (= peindre des tableaux) **malen**

⚠ *Attention à ne pas confondre avec* ***mahlen*** = moudre.

2 ▷ J'ai déjà peint tous les plafonds.
Ich habe schon alle Decken gestrichen.

2 (= peindre des murs, des plafonds, etc.) **streichen** (strich, gestrichen)

peine

1 ▷ Léa a eu beaucoup de peine quand son chien est mort.
Léa war sehr traurig, als ihr Hund starb.

1 ► **avoir de la peine :** traurig sein

2 ▷ Je crois que tu lui as fait de la peine.
Ich glaube, du hasst ihn verletzt.

2 ► **faire de la peine à** quelqu'un (= blesser quelqu'un) **:** jemanden (accusatif) verletzen

ℹ *On dit aussi jemandem* (datif) ***weh tun****.*

3 ▷ Il me fait de la peine.
Er tut mir Leid.

3 ► **faire de la peine à** quelqu'un (= faire pitié à quelqu'un) **:** jemandem (datif) Leid tun

4 ▷ Est-ce que ça vaut la peine d'aller voir ce film ?
Lohnt es sich, diesen Film zu sehen?

4 ► **valoir la peine de** + infinitif **:** sich lohen, zu + infinitif

5 ▷ Tu veux que je t'aide ? – Non, ce n'est pas la peine.
Soll ich dir helfen? – Nein, es ist nicht nötig.

5 ► **ce n'est pas la peine** (= ne te dérange pas, ne vous dérangez pas) **:** es ist nicht nötig

6 ▷ Ce n'est pas la peine de se presser.
Wir brauchen uns nicht zu beeilen.

6 Pour dire que ce n'est pas la peine de faire quelque chose, on emploie la forme négative de **brauchen** + base verbale.

7 ▷ Elle a à peine mangé, elle doit être malade.
Sie hat kaum etwas gegessen, sie muss wohl krank sein.

7 ► **à peine** (= presque pas) : kaum

peinture

1 ▷ Cette peinture est du dix-septième siècle.
Dieses Gemälde stammt aus dem siebzehnten Jahrhundert.

1 (= tableau) das **Gemälde** (pluriel : Gemälde)

2 ▷ Nous avons choisi la peinture pour ma chambre.
Wir haben die Farbe für mein Zimmer ausgesucht.

2 (= substance) die **Farbe** (pluriel : Farben)

3 ▷ Je fais de la peinture pendant mes loisirs.
In meiner Freizeit male ich.

3 ► **faire de la peinture** (= peindre des tableaux) : **malen**

4 ▷ Demain, je ne peux pas, je dois faire la peinture de la cuisine.
Morgen kann ich nicht, ich muss die Küche streichen.

▷ Attention, peinture fraîche !
Vorsicht, frisch gestrichen!

4 ► **faire la peinture de** quelque chose : etwas **streichen** (strich, gestrichen)

► **peinture fraîche !** (sur un panneau) : **frisch gestrichen!**

peler

1 ▷ Benoît mange les pêches sans les peler.
Benoît isst Pfirsiche, ohne sie zu schälen.

1 (= enlever la peau de) **schälen**

2 ▷ Mon nez pèle.
Meine Nase schält sich.

2 (après un coup de soleil) **sich schälen**

ℹ *Notez que le verbe intransitif français est traduit par un verbe réfléchi allemand.*

pelle

▷ Tu peux prendre la pelle dans le garage, s'il te plaît ?
Kannst du bitte die Schaufel aus der Garage holen?

(= outil) die **Schaufel** (pluriel : Schaufeln)

pellicule

1 ▷ J'ai utilisé six pellicules pendant les vacances !
Ich habe während der Ferien sechs Filme verbraucht!

1 (= rouleau pour appareil photo) der **Film** (pluriel : Filme)

2 ▷ Il a des pellicules.
Er hat Schuppen.

2 ► **des pellicules** (dans les cheveux) : **Schuppen**

pelouse

▻ Monsieur Hébert tond sa pelouse tous les samedis.
Herr Hébert mäht jeden Samstag seinen Rasen.

der **Rasen** (pluriel : Rasen)

peluche

1 ▻ Le lit d'Estelle est couvert de peluches.
Estelles Bett ist mit Plüschtieren besetzt.

▻ Ce canard en peluche est adorable !
Diese Plüschente ist süß!

▻ J'ai vu un cochon en peluche rigolo.
Ich habe ein lustiges Plüschschwein gesehen.

2 ▻ J'ai quatre ours en peluche !
Ich habe vier Teddybären!

1 (= jouet) das **Plüschtier** (pluriel : -tiere)

On dit aussi ***das Stofftier****.*

Pour dire que quelque chose est **en peluche**, *on forme des mots composés avec* ***Plüsch*** *:* ***der Plüschelefant*** **(éléphant en peluche)**, ***die Plüschkatze*** **(chat en peluche)**, *etc.*

2 ► **ours en peluche :** der **Teddybär** (pluriel : -bären)

pencher

1 ▻ Il a penché le verre et il a tout renversé.
Er hat das Glas geneigt und alles verschüttet.

2 ▻ Ce tableau penche complètement.
Dieses Bild hängt völlig schief.

3 ▻ L'armoire penche, il faut la caler.
Der Schrank steht schief, man muss einen Keil darunterlegen.

4 ▻ L'arbre penche, on dirait qu'il va tomber.
Der Baum biegt sich, man könnte meinen, er wird umfallen.

5 ▻ Ne te penche pas trop, c'est dangereux.
Beug dich nicht so, das ist gefährlich.

▻ Martine m'a fait très peur quand elle s'est penchée par la fenêtre.
Martine hat mir Angst gemacht, als sie sich aus dem Fenster gebeugt hat.

6 ▻ Louise s'est penchée pour ramasser son crayon.
Louise hat sich gebückt, um ihren Bleistift aufzuheben.

▻ Je ne peux pas me pencher, j'ai mal au dos.
Ich kann mich nicht bücken, ich habe Rückenschmerzen.

1 (= incliner, en parlant d'un objet) **neigen**

2 (= être incliné, en parlant de quelque chose qui est accroché) **schief hängen**

3 (= être incliné, en parlant de quelque chose qui est debout) **schief stehen**

4 (= être incliné, en parlant d'un arbre) **sich biegen**

5 ► **se pencher** (= s'incliner) **:** sich **beugen**

La plupart du temps, on précise la direction dans laquelle on se penche : sich ***vor*** *beugen* **(se pencher en avant)**, *sich* ***nach hinten*** *beugen* **(se pencher en arrière)**, *sich* ***hinaus*** *beugen* **(se pencher au-dehors)**, *etc.*

6 ► **se pencher** (= se baisser) **:** **sich bücken**

Le pronom personnel allemand s'emploie à l'accusatif : ich bücke ***mich****, du bückst* ***dich****, er/sie bückt* ***sich****, wir bücken* ***uns****, ihr bückt* ***euch****, sie bücken* ***sich****.*

pendant

1 ▷ Il a rencontré Adèle pendant les vacances.
Er hat Adèle während der Ferien kennengelernt.
▷ Pendant la semaine je n'ai pas le droit de sortir le soir.
Während der Woche darf ich abends nicht ausgehen.

1 Quand **pendant** est suivi du nom d'une activité, d'un événement, d'un moment (pendant la réunion, pendant le festival, etc.), on traduit par **während** + génitif.

2 ▷ Je ne la vois pas beaucoup pendant la journée.
Tagsüber sehe ich sie nicht viel.

2 ► **pendant la journée :** tagsüber

3 ▷ Je vais travailler pendant trois semaines cet été.
Im Sommer arbeite ich drei Wochen lang.
▷ Nous sommes restés pendant quatre jours à Londres.
Wir sind vier Tage lang in London geblieben.

3 Quand **pendant** est suivi d'une expression de durée (**pendant un mois, pendant cinq heures, etc.**), on traduit par la durée + **lang**.

4 ▷ J'irai à la bibliothèque pendant que tu fais les courses.
Ich gehe in die Bücherei, während du einkaufen gehst.

4 ► **pendant que :** während

5 ▷ Pendant ce temps, le travail n'est pas fait.
Währenddessen wird die Arbeit nicht erledigt.

5 ► **pendant ce temps :** währenddessen

pendre

1 ▷ Ta veste pend au portemanteau.
Deine Jacke hängt an der Garderobe.

1 (= être accroché) **hängen**

2 ▷ Le cousin de Nathan s'est pendu.
Nathans Cousin hat sich erhängt.

2 ► **se pendre** (= se suicider) **:** sich erhängen

pendule

▷ Cette pendule ne marche pas.
Diese Uhr geht nicht.

die **Uhr** (pluriel : Uhren)

pénible

1 ▷ C'est un métier très pénible.
Das ist ein sehr anstrengender Beruf.

1 (= fatigant) **anstrengend**

2 ▷ Tu es vraiment pénible !
Du bist wirklich unerträglich!

2 (= agaçant, en parlant d'une personne) **unerträglich**

péniche

▷ Nous avons vu passer les péniches sur le Rhin.
Wir sahen die Lastkähne auf dem Rhein vorbeifahren.

der **Lastkahn** (pluriel : -kähne)

penser

1 ▷ Je pense souvent à lui.
Ich denke oft an ihn.

1 **denken** (dachte, gedacht)
► **penser à ... :** an + accusatif + denken

▷ Je n'y avais pas pensé.
Ich hatte nicht daran gedacht.
▷ Je pense qu'il a tout essayé.
Ich denke, dass er alles versucht hat.
▷ Je pense que oui.
Ich denke ja.
▷ Je pense que non.
Ich denke nicht.
2 ▷ Nous pensons partir demain.
Wir haben vor, morgen zu fahren.

► **y penser :** daran denken

► **penser que :** denken, dass

i *Pour dire que quelqu'un* **pense que oui** *ou* **que non**, *on emploie* ***denken*** *suivi de* ***ja*** *ou de* ***nicht***.

2 ► **penser** + infinitif (= envisager) vorhaben zu + infinitif

i ***vor•haben*** *est un verbe à particule séparable et se conjugue comme* ***haben*** *(hat, hatte, gehabt).*

pente

1 ▷ La pente était très raide.
Der Hang war sehr steil.
2 ▷ La route est en pente.
Die Straße fällt steil ab.

1 (= montée) der **Hang**
(pluriel : Hänge)

2 ► **être en pente :** steil *ou* stark abfallen

i ***ab•fallen*** *est un verbe à particule séparable et se conjugue comme* ***fallen*** *(fällt, fiel, gefallen).*

pépin

1 ▷ Sur le marché, ma mère a acheté du raisin sans pépins.
Auf dem Markt hat meine Mutter Trauben ohne Kerne gekauft.
2 ▷ On a eu un pépin avec la voiture, c'est pour ça qu'on est en retard.
Wir hatten ein Problem mit dem Auto, deswegen kommen wir zu spät.

1 (= graine) der **Kern**
(pluriel : Kerne)

2 (= ennui) das **Problem**
(pluriel : Probleme)

percer

1 ▷ Je vais me faire percer les oreilles.
Ich werde mir die Ohren durchstechen lassen.
▷ Elle a essayé de se percer le nez toute seule !
Sie hat versucht, sich die Nase allein durchzustechen!
2 ▷ Tu dois percer trois trous dans le mur.
Du musst drei Löcher in die Wand bohren.

1 (= perforer) **durchstechen**

i ***durch•stechen*** *est un verbe à particule séparable et se conjugue comme stechen (sticht, stach, gestochen).*

2 ► **percer un trou :** ein Loch bohren

perceuse

▷ Nous avons emprunté la perceuse du voisin.
Wir haben uns die Bohrmaschine von unserem Nachbarn ausgeliehen.

die **Bohrmaschine** (pluriel : -maschinen)

perdre

1 ▷ Je suis sûr qu'ils vont perdre.
Ich bin sicher, dass sie verlieren werden.

1 (= être vaincu) **verlieren** (verlor, verloren)

*Les verbes commençant par le préfixe **ver-** ne prennent pas **ge-** au participe passé.*

2 ▷ J'ai perdu mon portefeuille.
Ich habe meine Brieftasche verloren.

2 ► **perdre** quelque chose : etwas (accusatif) verlieren

3 ▷ Nous avons perdu assez de temps.
Wir haben genug Zeit vergeudet.

3 ► **perdre du temps** : Zeit vergeuden

*Les verbes commençant par le préfixe **ver-** ne prennent pas **ge-** au participe passé.*

4 ▷ C'est facile de se perdre dans Francfort.
Es ist leicht, sich in Frankfurt zu verirren.
▷ Nous nous sommes perdus dans la forêt et nous avons entendu des chasseurs.
Wir haben uns im Wald verirrt und wir haben Jäger gehört.

4 ► **se perdre** (= s'égarer) : sich verirren

*Quand on se perd en voiture, on dit **sich verfahren** (verfährt, verfuhr, verfahren).*

*Le pronom personnel allemand s'emploie à l'accusatif : ich verirre **mich**, du verirrst **dich**, er verirrt **sich**, wir verirren **uns**, ihr verirrt **euch**, sie verirren **sich**.*

père

1 ▷ Comment s'appelle ton père ?
Wie heißt dein Vater?

1 der **Vater** (pluriel : Väter)

2 ▷ Mon petit frère croit encore au père Noël.
Mein kleiner Bruder glaubt noch an den Weihnachtsmann.

2 ► **le père Noël** : der Weihnachtsmann

périmé, périmée

▷ Apparemment, ma carte était périmée.
Anscheinend war meine Karte abgelaufen.

(= non valable) **abgelaufen**

période

▷ C'est une période difficile pour elle.
Es ist eine schwierige Zeit für sie.
▷ En cette période de l'année, la mer est déjà chaude.
Zu dieser Jahreszeit ist das Meer schon warm.

die **Zeit** (pluriel : Zeiten)

perle

▷ Claire a fait un collier avec des perles de verre.
Claire hat eine Halskette mit Glasperlen angefertigt.

die **Perle** (pluriel : Perlen)

permettre

1 ▷ Ce n'est pas permis.
Das ist nicht erlaubt.

1 (= donner la permission) **erlauben**

ℹ *Les verbes commençant par le préfixe* ***er-*** *ne prennent pas* ***ge-*** *au participe passé.*

2 ▷ J'espère que mes parents vont me permettre de sortir ce soir.
Ich hoffe, meine Eltern werden mir erlauben, heute Abend auszugehen.

2 ► **permettre à** quelqu'un **de faire** quelque chose **:** jemandem (datif) **erlauben**, etwas **zu tun**

3 ▷ Ses études lui ont permis de trouver un bon poste.
Sein Studium hat ihm ermöglicht, eine gute Stelle zu finden.

3 (= rendre possible) **ermöglichen**

▷ Ils peuvent se permettre d'aller en vacances en Afrique.
Sie können sich Ferien in Afrika erlauben.

► **se permettre** (= avoir les moyens financiers) **: sich erlauben**

ℹ *Le pronom personnel allemand s'emploie au datif : ich erlaube* ***mir****, du erlaubst* ***dir****, er/sie erlaubt* ***sich****, wir erlauben* ***uns****, ihr erlaubt* ***euch****, sie erlauben* ***sich****.*

permis

1 ▷ Il faut un permis pour camper ici.
Man braucht eine Genehmigung, um hier zu campen.

1 (= permission) die **Genehmigung** (pluriel : Genehmigungen)

2 ▷ J'ai perdu mon permis de conduire.
Ich habe meinen Führerschein verloren.

2 Quand on parle du document, on forme des mots composés avec **Schein** (pluriel : Scheine) en allemand : der **Führerschein** (permis de conduire), der **Angelschein** (permis de pêche).

▷ Il me tarde de passer mon permis de conduire.
Ich habe es eilig, meinen Führerschein zu machen.

► **passer le permis de conduire : den Führerschein machen**

3 ▷ Moussa a eu un permis de travail.
Moussa hat eine Arbeitserlaubnis bekommen.

3 ► **permis de travail :** die **Arbeitserlaubnis**

ℹ *De même, on dit* ***die Aufenthaltserlaubnis*** (permis de séjour).

permission

▷ Mes parents m'ont donné leur permission.
Meine Eltern haben mir ihre Erlaubnis gegeben.

▷ Je vais demander la permission au professeur.
Ich werde den Lehrer um Erlaubnis bitten.

die **Erlaubnis**

► **demander la permission à quelqu'un :** jemanden (accusatif) **um Erlaubnis bitten**

perpendiculaire

▷ Maintenant tirez un trait perpendiculaire à la droite.
Jetzt zieht einen Strich, der rechtwinklig zu der Geraden steht.

rechtwinklig

perroquet

▷ Sandrine a un perroquet vert.
Sandrine hat einen grünen Papagei.

der **Papagei** (pluriel : Papageien)

perruque

▷ Alain a acheté une perruque bleue pour son déguisement.
Alain hat eine blaue Perücke für seine Verkleidung gekauft.

die **Perücke** (pluriel : Perücken)

Notez qu'il n'y a qu'un seul ***r*** *en allemand.*

persil

▷ Rajoute encore un peu de persil.
Tu noch etwas Petersilie dazu.

die **Petersilie**

personnage

▷ Le personnage principal est un médecin.
Die Hauptfigur ist ein Arzt.

(dans un livre, un film, une pièce) die **Figur** (pluriel : Figuren)

personnalité

▷ Elle a une personnalité assez désagréable.
Sie hat eine unangenehme Persönlichkeit.

die **Persönlichkeit** (pluriel : Persönlichkeiten)

personne

1 ▷ Une seule personne est venue.
Es kam nur eine Person.

2 ▷ Plusieurs personnes sont parties avant la fin.
Mehrere Leute sind vor dem Ende gegangen.

3 ▷ Dans mon quartier habitent beaucoup de personnes âgées.
In meinem Viertel wohnen viele ältere Menschen.

▷ L'entrée est gratuite pour les personnes âgées.
Für Senioren ist der Eintritt frei.

1 (= individu) die **Person** (pluriel : Personen)

2 Quand on parle de plusieurs personnes, on traduit par die **Leute**.

3 ► **personne âgée :** der ältere **Mensch** (pluriel : Menschen)

Quand on parle des personnes âgées en tant que groupe d'âge, on emploie plutôt ***die Senioren****.*

4 ▷ Les grandes personnes ne nous comprennent pas.
Die Erwachsenen verstehen uns nicht.
▷ Ma sœur a fait une fête sans grandes personnes.
Meine Schwester hat eine Party ohne Erwachsene gemacht.

4 ► **grande personne :** der/die Erwachsene /ɛrˈvaksənə/ (pluriel : Erwachsenen)

Notez la prononciation.

*C'est un adjectif substantivé : on dit **ein Erwachsener** (pluriel : Erwachsene)*

5 ▷ Personne n'a voulu m'aider.
Niemand wollte mir helfen.

5 (= aucun) niemand

personnel, personnelle

1 ▷ C'est un problème personnel.
Das ist ein persönliches Problem.

1 (= privé) persönlich

2 ▷ L'entreprise n'a pas assez de personnel.
Die Firma hat nicht genügend Personal.

2 ► **le personnel** (= les employés) **:** das Personal

personnellement

▷ Personnellement, je préférerais mardi.
Persönlich wäre mir Dienstag lieber.

persönlich

persuader

1 ▷ On l'a persuadé d'aller au cinéma avec nous.
Wir haben ihn dazu überredet, mit uns ins Kino zu gehen.

1 ► **persuader** quelqu'un **de faire** quelque chose **:** jemanden (accusatif) dazu überreden, etwas zu tun

2 ▷ Elle essaie toujours de nous persuader de sa générosité.
Sie will uns immer von ihrer Großzügigkeit überzeugen.
▷ Il nous a persuadés qu'il avait raison.
Er hat uns überzeugt, dass er Recht hatte.

2 ► **persuader** quelqu'un **de** quelque chose **:** jemanden (accusatif) von etwas überzeugen

► **persuader** quelqu'un **que ... :** jemanden (accusatif) überzeugen, dass ...

perturber

▷ Il y a deux garçons qui n'arrêtent pas de perturber les cours.
Da sind zwei Jungen, die dauernd den Unterricht stören.

(= déranger) stören

peser

▷ Le médecin m'a pesé et mesuré.
Der Arzt hat mich gewogen und gemessen.
▷ Sally pèse quarante-cinq kilos.
Sally wiegt fünfundvierzig Kilo.

wiegen (wog, gewogen)

▻ Lazlo se pèse tous les matins.
Lazlo wiegt sich jeden Morgen.
▻ Arrête de te peser tout le temps !
Hör auf, dich ständig zu wiegen!

► **se peser :** sich wiegen
ℹ *Le pronom personnel allemand s'emploie à l'accusatif : ich wiege **mich**, du wiegst **dich**, er wiegt **sich**, wir wiegen **uns**, ihr wiegt **euch**, sie wiegen **sich**.*

pessimiste

1 ▻ Ne sois pas si pessimiste !
Sei doch nicht so pessimistisch!

1 (adjectif) **pessimistisch**

2 ▻ C'est une pessimiste, elle voit des problèmes partout.
Sie ist eine Pessimistin, sie sieht überall Probleme.

2 (= personne) der **Pessimist** (pluriel : Pessimisten), die **Pessimistin** (pluriel : Pessimistinnen)

pétale

▻ Les roses ont perdu tous leurs pétales.
Die Rosen haben alle ihre Blütenblätter verloren.

das **Blütenblatt** (pluriel : -blätter)

pétard

▻ Ils lançaient des pétards dans la rue.
Sie haben auf der Straße Knaller geworfen.

(lors des fêtes) der **Knaller** (pluriel : Knaller)

péter

1 ▻ Qui a pété ?
Wer hat gefurzt?

1 (= avoir des gaz) **furzen**
ℹ *Le verbe français et sa traduction allemande sont très familiers.*

2 ▻ Tous les ballons ont pété.
Alle Luftballons sind geplatzt.

2 (= exploser) **platzen**

3 ▻ La corde a pété et tout s'est écroulé.
Der Strick ist gerissen und alles ist zusammengefallen.

3 (= casser) **reißen** (riss, gerissen)

pétillant, pétillante

▻ J'aime bien les boissons pétillantes.
Ich mag prickelnde Getränke gern.
▻ Lisa n'aime pas l'eau pétillante.
Lisa mag Sprudel nicht.

(= avec des bulles) **prickelnd**

► **eau pétillante :** der Sprudel

petit, petite

1 ▻ Lucas est petit pour son âge.
Lucas ist klein für sein Alter.
▻ Quand j'étais petite, je jouais à la poupée.
Als ich klein war, spielte ich mit Puppen.
▻ Ma petite sœur s'appelle Barbara.
Meine kleine Schwester heißt Barbara.

1 **klein**

2 ▷ Cette cour est pour les petits.
Dieser Hof ist für die Kleinen.

2 ► **les petits** (= élèves des petites classes) **:** die Kleinen

3 ▷ La chatte a eu des petits.
Die Katze hat Junge gekriegt.

3 (= bébé animal) das **Junge** (pluriel : Jungen)

ℹ *C'est un adjectif substantivé : on dit* ***ein Junges*** (pluriel : *Junge*).

4 ▷ Je m'y suis habitué petit à petit.
Ich habe mich nach und nach daran gewöhnt.

4 ► **petit à petit :** nach und nach

5 ▷ Je bois toujours un jus d'orange au petit-déjeuner.
Zum Frühstück trinke ich immer einen Orangensaft.

5 ► **petit-déjeuner :** das **Frühstück**

ℹ *Notez la préposition en allemand :* au petit-déjeuner = ***zum*** *Frühstück*.

6 ▷ Il y a des petits pois avec le poulet.
Zum Hähnchen gibt es Erbsen.

6 ► **petit pois :** die **Erbse** (pluriel : Erbsen)

petite-fille

▷ La petite-fille de Mme Haudouin a le même âge que moi.
Frau Haudouins Enkelin ist genauso alt wie ich.

die **Enkelin** (pluriel : Enkelinnen)

ℹ *On dit aussi* ***die Enkeltochter*** (pluriel : *-töchter*).

petit-fils

▷ Mes voisins gardent souvent leur petit-fils.
Meine Nachbarn hüten oft ihren Enkel.

der **Enkel** (pluriel : Enkel)

ℹ *On dit aussi* ***der Enkelsohn*** (pluriel : *-söhne*).

petits-enfants

▷ M. et Mme Parker passent beaucoup de temps avec leurs petits-enfants.
Herr und Frau Parker verbringen viel Zeit mit ihren Enkeln.

die **Enkel**

ℹ *On dit aussi* ***die Enkelkinder***.

peu

1 ▷ Elle mange peu, c'est pour ça qu'elle est mince.
Sie isst wenig, darum ist sie so schlank.

▷ Il pleut assez peu dans cette région.
In dieser Gegend regnet es ziemlich wenig.

▷ Sébastien parle très peu.
Sébastien redet sehr wenig.

▷ Ils ont peu d'argent mais ils se débrouillent.
Sie haben wenig Geld, aber sie kommen zurecht.

1 (= pas beaucoup) **wenig**

► **assez peu :** ziemlich wenig

► **très peu :** sehr wenig

► **peu de** + nom **:** wenig (pluriel : wenige) + nom

2 ▷ Je les vois peu.
Ich sehe sie selten.

2 (= pas souvent) **selten**

3 ▷ Il faut à peu près une heure.
Man braucht ungefähr eine Stunde.

3 ► **à peu près :** ungefähr

4 ▻ Je m'y suis habitué peu à peu.
Ich habe mich nach und nach daran gewöhnt.

4 ► **peu à peu** : nach und nach

5 ▻ Peu avant, il voulait aller au cinéma.
Kurz davor wollte er ins Kino gehen.

5 ► **peu avant** : kurz davor
ℹ *De même,* **peu après** *se dit* ***kurz darauf*** *ou* ***kurz danach****.*

▻ Peu avant notre rendez-vous, elle a téléphoné pour annuler.
Kurz vor unserem Termin hat sie angerufen und abgesagt.

► **peu avant ...** : kurz vor ...
ℹ *De même,* **peu après...** *se dit* ***kurz nach...***

6 ▻ Mange un peu avant de partir.
Iss etwas bevor du gehst.

6 ► **un peu** : etwas
ℹ *On dit aussi* ***ein bisschen****.*

7 ▻ Il reste un peu de lait.
Es ist noch etwas Milch da.

7 ► **un peu de** + nom : etwas + nom
ℹ *On dit aussi* ***ein bisschen*** + nom.

8 ▻ Je voudrais un petit peu de glace.
Ich hätte gern ein kleines bisschen Eis.

8 ► **un petit peu de ...** : ein kleines bisschen ...

peur

▻ De peur, j'ai fermé les yeux.
Aus Angst habe ich die Augen zugedrückt.

die **Angst** (pluriel : Ängste)
ℹ *Notez la préposition en allemand :* de peur = ***aus*** *Angst.*

▻ N'aie pas peur, ce n'est rien.
Hab keine Angst, es ist nichts.

▻ Ma petite sœur a peur des guêpes.
Meine kleine Schwester hat Angst vor Wespen.

▻ Pierre adore nous faire peur avec ses histoires de fantômes.
Pierre macht uns liebend gern Angst mit seinen Geistergeschichten.

► **avoir peur** : Angst haben

► **avoir peur de** quelqu'un *ou* **de** quelque chose : vor jemandem *ou* etwas (datif) Angst haben

► **faire peur à** quelqu'un : jemandem (datif) Angst machen

peut-être

▻ Tu vas chez Nicolas ? – Peut-être.
Gehst du zu Nicolas? – Vielleicht.

▻ Ils sont peut-être déjà arrivés.
Vielleicht sind sie schon angekommen.

▻ Peut-être qu'il est sympa.
Vielleicht ist er nett.

vielleicht

► **peut-être que ...** : vielleicht ...

phare

1 ▻ Il nous a éblouis avec ses phares.
Er hat uns mit seinen Scheinwerfern geblendet.

1 (sur une voiture) der **Scheinwerfer** (pluriel : Scheinwerfer)

2 ▻ Nous avons fait une promenade jusqu'au phare.
Wir sind bis zum Leuchtturm spazierengegangen.

2 (pour les bateaux) der **Leuchtturm** (pluriel : –türme)

pharmacie

▷ Où est la pharmacie la plus proche ?
Wo ist die nächste Apotheke?

(= magasin) die **Apotheke** (pluriel : Apotheken)

pharmacien, pharmacienne

▷ La pharmacienne a désinfecté ma plaie.
Die Apothekerin hat meine Wunde desinfiziert.

der **Apotheker** (pluriel : Apotheker), die **Apothekerin** (pluriel : Apothekerinnen)

phénomène

▷ Mon cousin étudie les phénomènes naturels.
Mein Cousin studiert die Naturphänomene.

das **Phänomen** (pluriel : Phänomene)

phoque

▷ Le gardien du zoo donne des poissons aux phoques.
Der Zoowärter gibt den Seehunden Fische.

der **Seehund** (pluriel : -hunde)

photo

1 ▷ Montre-moi les photos de tes vacances.
Zeig mir deine Ferienfotos.

▷ Est-ce que vous avez fait des photos ?
Habt ihr Fotos gemacht?

2 ▷ Lulu prend des cours de photo.
Lulu nimmt Fotografiestunden.

▷ Le week-end, je fais de la photo.
Am Wochenende fotografiere ich.

1 (= image) das **Foto** (pluriel : Fotos)

► **faire une photo** *ou* **prendre une photo :** ein Foto machen

2 (= activité) die **Fotografie**

► **faire de la photo :** fotografieren

ℹ *Les verbes se terminant en* ***–ieren*** *ne prennent pas* ***ge-*** *au participe passé.*

photocopie

▷ Tu peux me faire une photocopie ?
Kannst du mir eine Fotokopie machen?

die **Fotokopie** (pluriel : Fotokopien)

photocopier

▷ Je vais photocopier cet article.
Ich werde diesen Artikel fotokopieren.

fotokopieren

ℹ *Les verbes se terminant en* ***–ieren*** *ne prennent pas* ***ge-*** *au participe passé.*

ℹ *On dit aussi* ***kopieren*** *tout court.*

photocopieuse

▷ La photocopieuse est encore en panne !
Der Kopierer geht schon wieder nicht!

der **Kopierer** (pluriel : Kopierer)

ℹ *Ce mot est plus fréquent que* ***Fotocopierer****.*

▷ Mon père a une photocopieuse couleur au bureau.
Mein Vater hat einen Farbkopierer im Büro.

► **photocopieuse couleur :** der Farbkopierer

photographe

▷ Un photographe est venu faire une photo de toute la classe.
Ein Fotograf ist gekommen und hat ein Klassenfoto gemacht.

(= personne qui prend des photos) der **Fotograf** (pluriel : Fotografen), die **Fotografin** (pluriel : Fotografinnen)

photographie

▷ J'aimerais faire un stage de photographie cet été.
Diesen Sommer würde ich gern einen Fotografiekurs machen.

(= activité) die **Fotografie**

photographier

▷ On a tous photographié la cathédrale.
Wir haben alle die Kathedrale fotografiert.

fotografieren

ℹ *Les verbes se terminant en* ***–ieren*** *ne prennent pas* ***ge-*** *au participe passé.*

phrase

▷ Il manque le verbe dans cette phrase.
In diesem Satz fehlt das Verb.

der **Satz** (pluriel : Sätze)

physique

1 ▷ Léa a eu la meilleure note en physique.
Léa hat die beste Note in Physik bekommen.

2 ▷ Ce garçon a un physique impressionnant.
Dieser Junge hat eine beeindruckende Statur.

1 (= matière) die **Physik**

ℹ *N'oubliez pas que le* ***y*** *allemand se prononce* **u**.

2 (= corps) die **Statur**

pianiste

▷ La pianiste portait une longue robe noire.
Die Pianistin trug ein langes schwarzes Kleid.

der **Pianist** (pluriel : Pianisten), die **Pianistin** (pluriel : Pianistinnen)

piano

1 ▷ La famille m'a offert un piano.
Die Familie hat mir ein Klavier geschenkt.

▷ Clément joue très bien du piano.
Clément spielt sehr gut Klavier.

2 ▷ Il n'y a pas assez de place pour un piano à queue.
Es ist nicht genug Platz für einen Flügel da.

1 das **Klavier** (pluriel : Klaviere)

► **jouer du piano :** Klavier spielen

2 ► **piano à queue :** der Flügel (pluriel : Flügel)

pic

▻ C'est le plus haut pic des Pyrénées.
Es ist der höchste Gipfel der Pyrenäen.

(= sommet) der **Gipfel**
(pluriel : Gipfel)

pièce

1 ▻ Le salon est la plus grande pièce de la maison.
Das Wohnzimmer ist der größte Raum des Hauses.

1 (dans une maison) der **Raum**
(pluriel : Räume)

ℹ *On dit aussi* ***das Zimmer***
(pluriel : *Zimmer*).

2 ▻ Est-ce que tu as des pièces pour le distributeur de boissons ?
Hast du Münzen für den Getränkeautomaten?
▻ Il me faut une pièce de deux euros.
Ich brauche ein Zweieurostück.

2 (= monnaie) die **Münze**
(pluriel : Münzen)

ℹ *Quand on parle d'une pièce d'une valeur particulière, on dit* ***Stück*** *précédé de la valeur.*

3 ▻ Le garagiste a changé une pièce du moteur.
Der Mechaniker hat ein Motorteil ausgewechselt.

3 (= composant) das **Teil**
(pluriel : Teile)

4 ▻ J'ai vu une très bonne pièce de théâtre hier soir.
Gestern Abend habe ich ein sehr gutes Theaterstück gesehen.

4 ► **pièce de théâtre :** das **Theaterstück** (pluriel : -stücke)

pied

1 ▻ Esther a de grands pieds.
Esther hat große Füße.
▻ On vous attendra au pied de la colline.
Wir warten am Fuß des Hügels auf euch.

1 (= le pied d'une personne, d'un escalier, d'un lit, d'un sommet) der **Fuß** (pluriel : Füße)

2 ▻ Tu as cassé le pied de la table.
Du hast das Tischbein kaputtgemacht.

2 (= le pied d'une table) das **Bein**
(pluriel : Beine)

3 ▻ Je vais à l'école à pied avec Lise.
Ich gehe mit Lise zu Fuß zur Schule.

3 ► **aller à pied :** zu Fuß gehen
(ging, gegangen)

4 ▻ Samuel a donné un coup de pied à Hugo.
Samuel hat Hugo einen Fußtritt gegeben.

4 ► **coup de pied :** der **Fußtritt**
(pluriel : Fußtritte)

piège

▻ N'y va pas, c'est un piège !
Geh nicht hin, das ist eine Falle!

die **Falle** (pluriel : Fallen)

pierre

▻ Ils ont jeté des pierres sur la maison.
Sie haben das Haus mit Steinen beworfen.
▻ La mairie est en pierre.
Das Rathaus ist aus Stein.

der **Stein** (pluriel : Steine)

► **être en pierre :** aus Stein sein

▷ Il y a un mur en pierre autour du champ.
Um das Feld geht eine Steinmauer.

ℹ *Pour dire que quelque chose est* **en pierre** *ou* **de pierre**, on forme des mots composés avec ***Stein*** : ***die Steinplatte*** (plaque en pierre), ***die Steinstufen*** (marches en pierre), etc.

piéton, piétonne

1 ▷ Ce pont est seulement pour les piétons et les vélos.
Diese Brücke ist nur für Fußgänger und Fahrräder.

2 ▷ Le magasin se trouve dans la rue piétonne.
Das Geschäft befindet sich in der Fußgängerstraße.

1 (= personne) der **Fußgänger** (pluriel : Fußgänger), die **Fußgängerin** (pluriel : Fußgängerinnen)

2 Pour traduire l'adjectif **piéton, piétonne**, on forme des mots composés avec **Fußgänger** : die **Fußgängerzone** (**zone piétonne**), die **Fußgängerbrücke** (**pont piéton**), etc.

pigeon

▷ La vieille dame donnait du pain aux pigeons.
Die alte Dame fütterte die Tauben mit Brot.

▷ L'oncle de Matthieu élève des pigeons voyageurs.
Matthieus Onkel züchtet Brieftauben.

die **Taube** (pluriel : Tauben)

► **pigeon voyageur** : die **Brieftaube** (pluriel : -tauben)

pile

1 ▷ Je dois changer les piles de la radio.
Ich muss die Radiobatterien auswechseln.

2 ▷ Il y avait une pile de vêtements dans un coin.
In einer Ecke lag ein Stapel Kleidung.

▷ Tu n'as qu'à mettre les livres en pile.
Du kannst die Bücher einfach stapeln.

3 ▷ D'accord, on parie trois euros. Pile ou face ?
Gut, wir wetten um drei Euro. Kopf oder Zahl?

4 ▷ Il est trois heures pile.
Es ist Punkt drei Uhr.

5 ▷ Tu arrives pile à l'heure.
Du kommst gerade rechtzeitig.

1 (= pile électrique) die **Batterie** (pluriel : Batterien)

2 (= tas) der **Stapel** (pluriel : Stapel)

► **mettre en pile** : stapeln

3 ► **pile ou face ?** : Kopf oder Zahl?

4 (= exactement, en disant l'heure) **Punkt**

5 ► **pile à l'heure** : gerade rechtzeitig

pilote

1 ▷ Le pilote m'a montré le cockpit.
Der Pilot hat mir das Cockpit gezeigt.

2 ▷ Le capitaine doit suivre les instructions du pilote.
Der Kapitän muss den Anweisungen des Lotsen folgen.

1 (= pilote d'un avion) der **Pilot** (pluriel : Piloten), die **Pilotin** (pluriel : Pilotinnen)

2 (= pilote d'un bateau) der **Lotse** (pluriel : Lotsen), die **Lotsin** (pluriel : Lotsinnen)

3 ▷ C'est un célèbre pilote automobile.
Er ist ein berühmter Rennfahrer.

3 ► **pilote automobile :** der Rennfahrer (pluriel : -fahrer), die Rennfahrerin (pluriel : -fahrerinnen)

pilule

▷ Je dois prendre trois différentes sortes de pilules.
Ich muss drei verschiedene Arten Pillen nehmen.

▷ Kathy prend la pilule.
Kathy nimmt die Pille.

die **Pille** (pluriel : Pillen)

► **prendre la pilule :** die Pille nehmen

piment

▷ Il y a trop de piment dans ce plat.
In diesem Gericht ist zu viel Peperoni.

die **Peperoni** (pluriel : Peperonis)

pin

1 ▷ Il y a des pins dans notre jardin.
In unserem Garten stehen Kiefern.

2 ▷ Mon lit est en pin.
Mein Bett ist aus Kiefernholz.

1 (= arbre) die **Kiefer** (pluriel : Kiefern)

2 (= bois) das **Kiefernholz**

pince

1 ▷ Coupe le fil de fer avec la pince.
Trenn den Draht mit der Zange durch.

2 ▷ Tu peux me prêter ta pince à épiler ?
Kannst du mir deine Pinzette leihen?

3 ▷ Je ne trouve pas les pinces à linge.
Ich finde die Wäscheklammern nicht.

1 (= outil) die **Zange** (pluriel : Zangen)

2 ► **pince à épiler :** die Pinzette (pluriel : Pinzetten)

3 ► **pince à linge :** die Wäscheklammer (pluriel : -klammern)

pinceau

▷ J'ai besoin d'un plus gros pinceau.
Ich brauche einen dickeren Pinsel.

der **Pinsel** (pluriel : Pinsel)

pincée

▷ Rajoute encore une pincée de sel.
Tu noch eine Prise Salz dazu.

die **Prise** (pluriel : Prisen)

pincer

1 ▷ Benjamin m'a pincé !
Benjamin hat mich gekniffen!

2 ▷ Je me suis pincé le doigt dans la porte, ça fait vraiment mal.
Ich habe mir den Finger in der Tür eingeklemmt, das tut wirklich weh.

1 (= serrer la peau) **kneifen** (kniff, gekniffen)

2 ► **se pincer le doigt :** sich den Finger einklemmen

ℹ *ein•klemmen est un verbe à particule séparable.*

▷ Il s'est pincé le pouce en fermant la fenêtre.
Er hat sich den Daumen eingeklemmt, als er das Fenster zumachte.

ℹ *Le pronom personnel allemand s'emploie au datif : ich klemme **mir**... ein, du klemmst **dir**... ein, er/sie klemmt **sich**... ein, wir klemmen **uns**... ein, ihr klemmt **euch**... ein, sie klemmen **sich**... ein.*

pingouin

▷ Les pingouins sont vraiment rigolos !
Pinguine sind wirklich lustig!

der **Pinguin** (pluriel : Pinguine)

ping-pong

▷ Alicia a entraînement de ping-pong cet après-midi.
Alicia hat heute Nachmittag Tischtennistraining.

▷ On pourrait jouer au ping-pong.
Wir könnten Tischtennis spielen.

Tischtennis

► **jouer au ping-pong :** Tischtennis spielen

pion, pionne

1 ▷ La pionne m'a donné deux heures de colle.
Die Aufseherin hat mich zwei Stunden nachsitzen lassen.

2 ▷ Je joue avec les pions blancs.
Ich spiele mit den weißen Steinen.

1 (= surveillant) der **Aufseher** (pluriel : Aufseher), die **Aufseherin** (pluriel : Aufseherinnen)

2 (au jeu de dames) der **Stein** (pluriel : Steine)

ℹ *Aux échecs, on dit **der Bauer*** (pluriel : *Bauern*).

pipe

▷ Mon grand-père fume la pipe.
Mein Großvater raucht Pfeife.

die **Pfeife** (pluriel : Pfeifen)

ℹ *Notez l'absence d'article en allemand pour l'expression* **fumer la pipe** : ***Pfeife rauchen***.

pipi

▷ On peut s'arrêter ? J'ai envie de faire pipi.
Können wir anhalten? Ich muss mal Pipi machen.

► **faire pipi :** Pipi machen

piquant, piquante

▷ Cette saucisse est trop piquante.
Diese Wurst ist zu scharf.

(= épicé) **scharf**

pique-nique

▷ S'il fait beau dimanche, on fera un pique-nique.
Wenn es am Sonntag schön ist, machen wir ein Picknick.

das **Picknick** (pluriel : Picknicks)

► **faire un pique-nique :** ein Picknick machen

pique-niquer

▷ Et si on allait pique-niquer ?
Wie wär's, wenn wir picknicken?

picknicken
ℹ *On dit aussi* ***ein Picknick machen.***

piquer

1 ▷ Cette moutarde pique !
Dieser Senf ist ja scharf!

1 (= être épicé) **scharf sein**

2 ▷ J'ai les yeux qui piquent.
Meine Augen brennen.
▷ Aïe, ça pique !
Au, das brennt!

2 (en parlant des yeux ou de la peau) **brennen** (brannte, gebrannt)

3 ▷ Isabelle m'a piqué avec une aiguille !
Isabelle hat mich mit einer Nadel gestochen!

▷ Jérémie s'est fait piquer par une guêpe.
Jérémie wurde von einer Wespe gestochen.

▷ Fais attention à ne pas te piquer avec l'aiguille.
Pass auf und stich dich nicht mit der Nadel.

▷ Je me suis piqué les jambes dans les orties.
Ich habe mir die Beine in den Brennesseln verbrannt.

3 (= blesser quelqu'un avec un objet pointu ou un dard) **stechen** (sticht, stach, gestochen)
► **se faire piquer** (par un insecte) **:** gestochen werden (wird, wurde, geworden)
► **se piquer** (avec un objet pointu) **:** sich stechen (sticht, stach, gestochen)
► **se piquer** (avec des orties) **:** sich verbrennen (verbrannte, verbrannt)
ℹ *Les verbes commençant par le préfixe* ***ver-*** *ne prennent pas* ***ge-*** *au participe passé.*

4 ▷ Qui m'a piqué mon stylo ?
Wer hat meinen Kugelschreiber geklaut?

4 (= voler) **klauen**
ℹ *Dans ce sens, le mot français et sa traduction allemande sont familiers.*

piqûre

1 ▷ Les piqûres de guêpe peuvent être très douloureuses.
Wespenstiche können sehr schmerzhaft sein.

1 (d'insecte) der **Stich** (pluriel : Stiche)
ℹ *Pour dire la piqûre de quelque chose, on forme des mots composés avec* ***Stich*** *:* ***der Bienenstich*** (piqûre d'abeille), ***der Nadelstich*** (piqûre d'aiguille).

2 ▷ Le médecin m'a fait une piqûre dans l'épaule.
Der Arzt hat mir eine Spritze in den Arm gegeben.

2 ► **faire une piqûre à quelqu'un :** jemandem (datif) eine Spritze geben (gibt, gab, gegeben)
ℹ *On dit aussi jemandem* ***eine Spritze setzen.***

pire

1 ▷ Il est encore pire que son frère !
Er ist noch schlimmer als sein Bruder!

1 (= plus mauvais) **schlimmer**

▷ Ils ne s'entendent pas du tout, c'est de pire en pire.
Sie verstehen sich überhaupt nicht, es wird immer schlimmer.

► c'est de pire en pire : es wird immer schlimmer

2 ▷ De tous les films que j'ai vus, c'est le pire.
Von allen Filmen, die ich gesehen habe, ist es der Schlimmste.

▷ Ce sont les pires vacances que j'aie jamais passées.
Das sind die schlimmsten Ferien, die ich je verbracht habe.

▷ Le pire c'est que Jonathan n'est pas au courant.
Das Schlimmste ist, dass Jonathan nichts davon weiß.

2 ► le pire, la pire, les pires : der/die/das Schlimmste (pluriel : die Schlimmsten)
► le pire ..., la pire ..., les pires ... : der/die/das schlimmste ... (pluriel : die schlimmsten ...)
► le pire c'est ... : das Schlimmste ist ...

piscine

▷ Tu viens à la piscine avec nous ?
Kommst du mit uns ins Schwimmbad?

das Schwimmbad (pluriel : -bäder)

pistache

▷ J'ai acheté des pistaches salées pour l'apéritif.
Ich habe gesalzene Pistazien für den Aperitif gekauft.

die Pistazie /pis'taːtsiə/ (pluriel : Pistazien)

piste

1 ▷ La piste noire est la plus difficile.
Die schwarze Piste ist die schwierigste.

1 (= parcours de ski) die Piste (pluriel : Pisten)

2 ▷ Adèle s'entraîne à courir sur la piste du stade.
Adèle trainiert sich im Laufen auf der Stadionbahn.

2 (= piste d'athlétisme ou de course automobile) die Bahn (pluriel : Bahnen)

3 ▷ L'avion a dû attendre un quart d'heure sur la piste.
Das Flugzeug musste eine Viertelstunde auf der Rollbahn warten.

▷ Le pilote a manqué la piste d'atterrissage.
Der Pilot hat die Landebahn verfehlt.

3 (dans un aéroport) die Rollbahn (pluriel : -bahnen)
► piste d'atterrissage : die Landebahn

4 ▷ Reste sur la piste cyclable.
Bleib auf dem Radfahrweg.

4 ► piste cyclable : der Radfahrweg (pluriel : -wege)

5 ▷ On était les premières sur la piste de danse.
Wir waren die Ersten auf der Tanzfläche.

5 ► piste de danse : die Tanzfläche (pluriel : -flächen)

pistolet

▷ Le cambrioleur avait un pistolet.
Der Einbrecher hatte eine Pistole.

die Pistole (pluriel : Pistolen)

pitié

▷ Elle était si malheureuse, j'ai vraiment eu pitié d'elle.
Sie war so unglücklich, ich hatte wirklich Mitleid mit ihr.

▷ Ces pauvres enfants me font pitié.
Diese armen Kinder tun mir Leid.

► **avoir pitié de** quelqu'un : **Mitleid mit** jemandem **haben**

ℹ *Pour dire que quelqu'un ou quelque chose* **fait pitié à** *quelqu'un, on emploie l'expression* ***Leid tun*** *au datif.*

pizza

▷ Tu prends une pizza ? – Non, je prendrai une escalope.
Nimmst du eine Pizza? – Nein, ich nehme ein Schnitzel.

die **Pizza** (pluriel : Pizzas *ou* Pizzen)

pizzeria

▷ Il y a une très bonne pizzeria près de chez moi.
Bei mir in der Nähe ist eine sehr gute Pizzeria.

die **Pizzeria** (pluriel : Pizzerias)

placard

▷ L'aspirateur est dans le placard.
Der Staubsauger ist im Wandschrank.

der **Wandschrank** (pluriel : -schränke)

place

1 ▷ Il y a une belle fontaine sur la place.
Auf dem Platz steht ein schöner Brunnen.

▷ Est-ce que cette place est libre ?
Ist dieser Platz frei?

▷ On a fini par trouver une place de parking.
Am Ende haben wir doch eine Parkplatz gefunden.

1 (= esplanade ; siège) der **Platz** (pluriel : Plätze)

► **place de parking** : der **Parkplatz** (pluriel : -plätze)

2 ▷ On a eu deux places gratuites.
Wir haben zwei Gratiskarten bekommen.

2 (= billet de spectacle) die **Karte** (pluriel : Karten)

3 ▷ Ma mère n'arrête pas de changer mes CD de place.
Meine Mutter stellt dauernd meine CDs weg.

3 ► **changer** quelque chose **de place** : etwas **wegstellen**

ℹ ***weg•stellen*** *est un verbe à particule séparable.*

4 ▷ Tu veux qu'on change de place ?
Willst du Plätze tauschen?

4 ► **changer de place avec** quelqu'un : **mit** jemandem **Plätze tauschen**

5 ▷ Remets ce livre à sa place !
Stell das Buch zurück!

5 ► **remettre** quelque chose **à sa place** : etwas **zurückstellen** *ou* **zurücklegen**

6 ▷ Il n'y a pas assez de place pour tout le monde dans la voiture.
Es ist nicht genug Platz im Auto für alle.

6 (= espace) der **Platz**

7 ▷ J'ai acheté une jupe à la place d'une robe.
Ich habe einen Rock an Stelle eines Kleides gekauft.
▷ À ta place, je dirais non.
An deiner Stelle würde ich nein sagen.

7 ► **à la place** (= en remplacement) : **an Stelle** + génitif

► **à ta place** (= si j'étais toi) : **an deiner Stelle**

ℹ *De même, on dit an **meiner** Stelle (à ma place), an **seiner/ihrer** Stelle (à sa place), etc.*

8 ▷ Qu'est-ce que j'aurais pu faire ? Mets-toi à ma place !
Was hätte ich tun sollen? Versetz dich mal in meine Lage!

8 ► **se mettre à la place de quelqu'un** (= s'imaginer à sa place) : **sich in** jemandes (génitif) **Lage versetzen**

ℹ *Les verbes commençant par le préfixe **ver-** ne prennent pas **ge-** au participe passé.*

placer

1 ▷ Il ne faut pas placer les plantes près du radiateur.
Du darfst die Pflanzen nicht neben die Heizung stellen.
▷ Place les cartes l'une à côté de l'autre.
Leg die Karten nebeneinander.

1 Quand **placer** signifie **mettre**, il se traduit par **stellen** quand la position est verticale et par **legen** quand la position est horizontale.

2 ▷ Vous pouvez vous placer comme vous voulez autour de la table.
Ihr könnt euch um den Tisch sezten, wie ihr wollt.

2 ► **se placer** (= s'asseoir) : **sich setzen**

3 ▷ Andreas et Jürgen se sont placés près de la porte.
Andreas und Jürgen haben sich neben die Tür gestellt.
▷ Place-toi ici, tu verras mieux.
Stell dich hier hin, da siehst du besser.

3 ► **se placer** (= se mettre debout) : **sich stellen**

ℹ *Ces pronoms personnels allemands s'emploient à l'accusatif : ich stelle/setze **mich**, du stellst/setzt **dich**, er/sie stellt/setzt **sich**, wir stellen/setzen **uns**, ihr stellt/setzt **euch**, sie stellen/setzen **sich**.*

plafond

▷ Mon père a repeint le plafond.
Mein Vater hat die Decke neu gestrichen.

die **Decke** (pluriel : Decken)

plage

1 ▷ La plage est à cinq minutes d'ici.
Der Strand liegt nur fünf Minuten von hier.

1 (au bord de la mer) der **Strand** (pluriel : Strände)

2 ▷ Pose les vestes sur la plage arrière.
Leg die Jacken auf die Heckablage.

2 ► **plage arrière** (d'une voiture) : **die Heckablage**

plaie

1 ▷ Ta plaie s'est infectée.
Deine Wunde hat sich infiziert.

2 ▷ Quelle plaie, ces moustiques !
Welch eine Plage, diese Mücken!

1 (= blessure) die **Wunde** (pluriel : Wunden)

2 (= personne ou chose pénible) die **Plage** (pluriel : Plagen)

plaindre

1 ▷ Ne la plains pas, elle fait semblant.
Bemitleide sie nicht, sie tut nur so.

1 ► **plaindre** quelqu'un (= avoir pitié) : jemanden (accusatif) bemitleiden

ℹ *Les verbes commençant par le préfixe* **be-** *ne prennent pas* **ge-** *au participe passé.*

2 ▷ Arrête de te plaindre !
Hör auf zu jammern!

2 ► **se plaindre** (= geindre) : jammern

3 ▷ Astrid s'est plainte du prof d'histoire au directeur.
Astrid hat sich beim Schulleiter über den Geschichtslehrer beschwert.

▷ Mes parents se sont plaints des repas au restaurant de l'hôtel.
Meine Eltern haben sich über das Essen im Hotel restaurant beschwert.

3 ► **se plaindre** (= protester) : sich beschweren

ℹ *Les verbes commençant par le préfixe* **be-** *ne prennent pas* **ge-** *au participe passé.*

ℹ *Notez les prépositions utilisées en allemand :* se plaindre **de** quelque chose/quelqu'un = *sich* ***über*** etwas/jemanden (accusatif) *beschweren* ; se plaindre **à** quelqu'un = *sich* ***bei*** *jemandem* (datif) *beschweren.*

plaine

▷ La plaine s'étendait sur des kilomètres.
Die Ebene zog sich kilometerweit hin.

die **Ebene** (pluriel : Ebenen)

plaire

1 ▷ Je crois que tu lui plais.
Ich glaube, du gefällst ihm.

2 ▷ Tu t'es plu en Allemagne ?
Hat es dir in Deutschland gefallen?

3 ▷ Prête-moi ton stylo, s'il te plaît.
Leih mir deinen Stift, bitte.

1 (= agréer) **gefallen** (gefällt, gefiel, gefallen)

2 ► quelqu'un **se plaît** (dans un endroit) : jemandem (datif) **gefällt es**

3 ► **s'il te plaît** *ou* **s'il vous plaît** : bitte

plaisanter

▷ Je crois qu'il plaisantait quand il a dit qu'il n'allait pas payer.
Ich glaube, er hat Spaß gemacht, als er sagte, er würde nicht zahlen.

Spaß machen

▻ Tu plaisantes ! Ce n'est pas possible !
Du machst wohl Spaß! Das ist doch nicht möglich!

► **tu plaisantes !** (quand on ne croit pas quelqu'un) : du machst wohl Spaß!

ℹ *On dit aussi das soll wohl ein Witz sein!*

plaisanterie

1 ▻ Je n'ai pas trouvé la plaisanterie très drôle !
Ich fand den Witz nicht sehr lustig!

2 ▻ Il aime bien faire des plaisanteries.
Er macht gern Scherze.

1 (= blague) der Witz (pluriel : Witze)

2 (= farce) der Scherz (pluriel : Scherze)
► **faire une plaisanterie :** einen Scherz machen

plaisir

1 ▻ Ça m'a fait plaisir de te voir.
Es hat mich gefreut, dich zu sehen.
▻ Ça te fait plaisir d'aller voir cette pièce de théâtre ?
Freut es dich, dieses Theaterstück zu sehen?

2 ▻ Je fais de la natation pour le plaisir.
Ich schwimme zum Vergnügen.

1 ► **ça me fait plaisir :** es freut mich

ℹ *De même :* ça te fait plaisir = *es freut dich;* ça lui fait plaisir = *es freut ihn/sie;* ça nous fait plaisir = *es freut uns;* ça vous fait plaisir = *es freut euch;* ça leur fait plaisir = *es freut sie.*

2 ► **pour le plaisir :** zum Vergnügen

plan

1 ▻ Sur le plan de la maison, on voit les dimensions des pièces.
Auf dem Plan des Hauses sieht man die Abmessungen der Räume.
▻ On devrait acheter un plan de la ville.
Wir sollten einen Stadtplan kaufen.

2 ▻ J'ai un super plan pour avoir des places moins chères.
Ich habe eine Superidee, um billigere Plätze zu kriegen.

3 ▻ Il veut toujours être au premier plan.
Er will immer im Vordergrund stehen.
▻ Tu ne peux pas toujours être au dernier plan.
Du kannst nicht immer im Hintergrund stehen.

1 (= dessin, carte) der Plan (pluriel : Pläne)

2 (= idée) die Idee (pluriel : Ideen)

3 ► **être au premier plan :** im Vordergrund stehen (stand, gestanden)
► **être au dernier plan :** im Hintergrund stehen

planche

1 ▷ On a construit une cabane avec de vieilles planches.
Wir haben eine Hütte aus alten Brettern gebaut.

1 (= bout de bois) das **Brett** (pluriel : Bretter)

2 ▷ Tu peux sortir la planche à repasser ?
Kannst du das Bügelbrett herausholen?

2 ► **planche à repasser :** das Bügelbrett

3 ▷ Luc a une planche de surf bleue et blanche.
Luc hat ein blauweißes Surfbrett.

3 ► **planche de surf :** das Surfbrett

4 ▷ C'est difficile de rester debout sur une planche à voile.
Es ist schwer, sich auf einem Windsurfbrett auf den Beinen zu halten.

4 ► **planche à voile :** das Windsurfbrett

ℹ *On dit aussi* **das Surfbrett**.

▷ Lise fait de la planche à voile à Biarritz.
Lise geht in Biarritz windsurfen.

► **faire de la planche à voile :** windsurfen

5 ▷ J'adore faire la planche.
Ich mache liebend gern den toten Mann.

5 ► **faire la planche** (dans l'eau) **:** den toten Mann machen

ℹ *Littéralement, cette expression signifie* **faire l'homme mort**.

plancher

▷ Ma mère ne cire pas souvent le plancher.
Meine Mutter bohnert den Fußboden nicht oft.

der **Fußboden** (pluriel : -böden)

planer

▷ L'aigle planait très haut.
Der Adler schwebte weit oben.

(= flotter dans l'air) **schweben**

planète

▷ Aziz connaît le nom de toutes les planètes.
Aziz kennt die Namen aller Planeten.

der **Planet** (pluriel : Planeten)

▷ Ils ont voyagé sur toute la planète.
Sie sind durch die ganze Welt gereist.

► **la planète** (= la Terre) **:** die Welt

planquer

▷ Je ne sais pas où il a planqué mon livre.
Ich weiß nicht, wo er mein Buch versteckt hat.
▷ Viens, on va planquer son vélo.
Komm, wir verstecken sein Fahrrad.

(= cacher) **verstecken**

ℹ *Les verbes commençant par le préfixe* **ver-** *ne prennent pas* **ge-** *au participe passé.*

ℹ *Le verbe français est familier, mais sa traduction allemande ne l'est pas.*

▷ Planque-toi, ils arrivent !
Versteck dich, sie kommen!
▷ Où est-ce qu'ils se sont planqués ?
Wo haben sie sich versteckt?

► **se planquer :** sich verstecken

ℹ *Le pronom personnel allemand s'emploie à l'accusatif :* ich verstecke **mich**, du versteckst **dich**, er/sie versteckt **sich**, wir verstecken **uns**, ihr versteckt **euch**, sie verstecken **sich**.

plante

1 ▷ On lui a offert une jolie plante pour son anniversaire.
Wir haben ihr eine schöne Pflanze zum Geburtstag geschenkt.

1 (= végétal) die **Pflanze** (pluriel : Pflanzen)

2 ▷ J'ai une ampoule sur la plante du pied.
Ich habe eine Blase auf der Fußsohle.

2 ► **la plante du pied :** die **Fußsohle** (pluriel : -sohlen)

planter

1 ▷ Nous avons planté des arbres dans le jardin.
Wir haben im Garten Bäume gepflanzt.

1 (= planter des arbres, des fleurs, etc.) **pflanzen**

2 ▷ J'ai mal à la main, j'ai planté des clous pendant deux heures.
Meine Hand tut mir weh, ich habe zwei Stunden lang Nägel eingeschlagen.
▷ Tu peux planter les piquets de tente ?
Kannst du die Heringe einschlagen?

2 (= planter un clou, un piquet, un pieu) **einschlagen**

ℹ *__ein•schlagen__ est un verbe à particule séparable et se conjugue comme __schlagen__ (schlägt, schlug, geschlagen).*

3 ▷ Zut, je me suis encore planté !
Mist, ich hab mich wieder vertan!

3 ► **se planter** (= se tromper) **:** **sich vertun** (vertut, vertat, vertan)

ℹ *Les verbes commençant par le préfixe __ver-__ ne prennent pas __ge-__ au participe passé.*

4 ▷ Romy s'est planté une épine dans le doigt.
Romy hat sich einen Dorn in den Finger gebohrt.

▷ En marchant pieds nus dans le jardin, je me suis planté un clou rouillé dans le pied.
Als ich barfuß durch den Garten gelaufen bin, habe ich mir einen verrosteten Nagel in den Fuß gebohrt.

4 ► **se planter** quelque chose **dans le doigt** *ou* **dans le pied :** **sich** etwas **in den Finger** *ou* **in den Fuß bohren**

ℹ *Le pronom personnel allemand s'emploie au datif : ich bohre __mir__..., du bohrst __dir__..., er/sie bohrt __sich__..., wir bohren __uns__..., ihr bohrt __euch__..., sie bohren __sich__...*

plaque

1 ▷ Les murs du musée sont couverts de plaques de métal.
Die Museumswände sind mit Metallplatten bedeckt.

1 (= plaque de métal ou de verre) die **Platte** (pluriel : Platten)

2 ▷ Bénédicte a mangé toute la plaque de chocolat !
Bénédicte hat die ganze Tafel Schokolade gegessen!

2 (= plaque de chocolat) die **Tafel** (pluriel : Tafeln)

ℹ *Notez qu'on ne dit pas __die Schokoladetafel__ mais __die Tafel Schokolade__.*

3 ▷ Tu pourrais acheter une plaque de beurre, s'il te plaît ?
Könntest du bitte ein Paket Butter kaufen?

3 (= plaque de beurre) das **Paket** (pluriel : Packete)

4 ▷ Il a une drôle de plaque d'immatriculation.
Er hat ein komisches Nummernschild.

4 ► **plaque d'immatriculation :** das Nummernschild (pluriel : -schilder)

plaqué

▷ C'est en or ? – Non, c'est en plaqué or.
Ist das aus Gold? – Nein, es ist vergoldet.

► **en plaqué or :** vergoldet

plaquette

1 ▷ Bénédicte a mangé toute la plaquette de chocolat !
Bénédicte hat die ganze Tafel Schokolade gegessen!

1 (= plaquette de chocolat) die Tafel (pluriel : Tafeln)

ℹ *Notez qu'on ne dit pas* ***die Schokoladetafel*** *mais* ***die Tafel Schokolade****.*

2 ▷ Tu pourrais acheter une plaquette de beurre, s'il te plaît ?
Könntest du bitte ein Paket Butter kaufen?

2 (= plaquette de beurre) das Paket (pluriel : Pakete)

3 ▷ Il faut que j'aille chez le médecin, il ne me reste plus qu'une plaquette de pilules.
Ich muss bald zum Arzt, ich habe nur noch eine Pillenpackung.

3 (= plaquette de pilules) die Packung

plastique

▷ C'est du plastique très dur.
Das ist sehr hartes Plastik.

das Plastik

ℹ *On dit aussi* ***der Kunststoff*** (pluriel : *-stoffe*)

▷ Cette chaise est en plastique.
Dieser Stuhl ist aus Plastik.

▷ Je préférerais des lunettes en plastique.
Ich hätte lieber eine Plastikbrille.

▷ Passe-moi un sac en plastique, s'il te plaît.
Gib mir bitte ein Plastiktüte.

► **être en plastique :** aus Plastik sein

ℹ *Pour dire que quelque chose est* **en plastique** *en allemand, on forme des mots composés avec* ***Plastik*** *:* ***der Plastikbecher*** (gobelet en plastique), ***der Plastikteller*** (assiette en plastique), *etc.*

plat, plate (adjectif)

1 ▷ La surface n'est pas tout à fait plate.
Die Oberfläche ist nicht ganz flach.

▷ Mets la carte à plat sur la table.
Leg die Karte flach auf den Tisch.

1 (= sans bosses) flach

► **mettre** quelque chose **à plat sur ... :** etwas flach auf ... legen

2 ▷ Les quatre pneus étaient à plat.
Die vier Reifen waren platt.

2 ► **être à plat** (= dégonflé) **:** platt sein

plat

1 ▷ Mets la viande sur le plat blanc.
Tu das Fleisch auf die weiße Platte.
▷ Le plat rouge est pour la mousse au chocolat.
Die rote Schüssel ist für die Schokoladenmousse.

1 Quand **le plat de service est plat**, on traduit par die **Platte** (pluriel : Platten). Quand **le plat de service est creux**, on traduit par die **Schüssel** (pluriel : Schüsseln).

2 ▷ La ratatouille est un de mes plats préférés.
Ratatouille ist eins meiner Lieblingsgerichte.
▷ Comme plat principal, je prendrai le poisson.
Als Hauptgericht nehme ich den Fisch.
▷ Quel est le plat du jour ?
Was ist das Tagesgericht?

2 (= nourriture) das **Gericht** (pluriel : Gerichte)
► **plat principal** (au restaurant) **:** das Hauptgericht
► **plat du jour** (au restaurant) **:** das Tagesgericht

platane

▷ Il y a des platanes tout le long de la route.
Die ganze Straße entlang stehen Platanen.

die **Platane** (pluriel : Platanen)

plateau

1 ▷ À l'hôtel, on nous a servi le petit-déjeuner au lit, sur un plateau.
Im Hotel bekamen wir das Frühstück auf einem Tablett ans Bett serviert.

1 (pour servir) das **Tablett** (pluriel : Tabletts *ou* Tablette)
Attention à ne pas confondre avec ***die Tablette*** = cachet, pilule.

2 ▷ Tu as vu ce plateau de fromages ?
Hast du diese Käseplatte gesehen?

2 ► **plateau à fromages, plateau de fromages :** die Käseplatte (pluriel : -platten)

3 ▷ Nous avons mangé un excellent plateau de fruits de mer.
Wir haben eine ausgezeichnete Platte mit Meeresfrüchten gegessen.

3 ► **plateau de fruits de mer :** Platte mit Meeresfrüchten

platine

▷ J'ai acheté la platine laser et la platine cassettes séparément.
Ich habe den CD-Player und das Kassettendeck einzeln gekauft.

► **platine laser :** der CD-Player
► **platine cassettes :** das Kassettendeck

plâtre

▷ Le plâtre n'est pas encore sec.
Der Gips ist noch nicht trocken.
▷ Tous ses copains ont écrit quelque chose sur son plâtre.
Alle seine Freunde haben etwas auf seinen Gips geschrieben.

der **Gips** (pluriel : Gipse)

plein, pleine

1 ▷ Le placard est plein, on va mettre le reste dans le garage.
Der Schrank ist voll, wir stellen den Rest in die Garage.

1 (= rempli) voll

2 ▷ Ton devoir est plein de fautes.
Deine Aufgabe ist voller Fehler.
▷ Mon pantalon est plein de boue.
Meine Hose ist voller Schlamm.

2 ► **plein de** (= rempli de, couvert de) : voller + génitif

3 ▷ On s'est arrêtés pour faire le plein.
Wir haben gehalten, um vollzutanken.

3 ► **faire le plein :** volltanken

ℹ *voll•tanken est un verbe à particule séparable.*

4 ▷ Suzie a plein de copains à l'école.
Suzie hat viele Freunde in der Schule.

4 ► **plein de** (= beaucoup de) : viele

5 ▷ Il a frappé à la porte en pleine nuit.
Er hat mitten in der Nacht an der Tür geklopft.
▷ Ils ont cambriolé la maison en plein jour.
Sie sind am helllichten Tag ins Haus eingebrochen.
▷ On ne peut pas prendre cette nappe, il y a une tache en plein milieu.
Diese Tischdecke können wir nicht nehmen, da ist voll in der Mitte ein Fleck.

5 ► **en plein ...** *ou* **en pleine ...** (+ nuit, hiver, été, réunion, etc.) : mitten in ... (datif)
► **en plein jour :** am helllichten Tag
► **en plein milieu :** voll in der Mitte

pleurer

▷ Ne pleure pas, ça va s'arranger.
Wein nicht, es wird schon wieder gut.
▷ Ils ont pleuré de joie quand ils se sont vus.
Sie haben Freudentränen vergossen, als sie sich wiedersahen.

weinen

► **pleurer de joie :** Freudentränen vergießen (vergoss, vergossen)

ℹ *Les verbes commençant par le préfixe **ver-** ne prennent pas **ge-** au participe passé.*

pleuvoir

▷ Il pleut, va rentrer le linge !
Es regnet, hol die Wäsche herein!
▷ Il a plu pendant toutes les vacances.
Es hat die ganzen Ferien über geregnet.

regnen
► **il pleut :** es regnet

pli

1 ▷ Il faut d'abord faire un pli vertical, ensuite un pli horizontal.
Man muss erst eine senkrechte Falte machen und dann eine waagerechte.

1 (= pliure) die Falte (pluriel : Falten)

2 ▷ Ma robe est pleine de plis.
Mein Kleid ist voller Knitter.

2 (= froissure) der **Knitter** (pluriel : Knitter)

ℹ *On dit aussi* ***die Knitterfalte*** (pluriel : *-falten*).

pliant, pliante

▷ Thomas dormira sur le lit pliant.
Thomas wird auf dem Klappbett schlafen.

ℹ *Pour dire que quelque chose est* **pliant** *en allemand, on forme des mots composés avec* ***Klapp-*** *:* ***der Klappstuhl*** (chaise pliante), ***der Klapptisch*** (table pliante).

plier

1 ▷ Aide-moi à plier les draps.
Hilf mir, die Laken zu falten.

1 (= mettre en plusieurs épaisseurs) **falten**

2 ▷ Plie les genoux ou tu vas te faire mal au dos.
Beug die Knie, sonst tust du dir am Rücken weh.

2 (en parlant d'une partie du corps) **beugen**

3 ▷ On était pliés de rire !
Wir krümmten uns vor Lachen!

3 ► **être plié de rire :** sich vor Lachen krümmen

plomb

1 ▷ Le plomb est un métal lourd.
Blei ist ein schweres Metall.

das **Blei**

▷ Les gouttières sont en plomb.
Die Regenrinnen sind aus Blei.

► **être en plomb :** aus Blei sein

▷ Les tuyaux en plomb ont été remplacés par des tuyaux en matériaux synthétiques.
Die Bleiröhren wurden durch Kunststoffröhren ersetzt.

ℹ *Pour dire que quelque chose est* **en plomb** *ou* **de plomb** *en allemand, on forme des mots composés avec* ***Blei*** *:* ***die Bleikugel*** (balle en plomb).

ℹ *On emploie aussi l'adjectif* ***bleiern***.

▷ Notre tondeuse marche avec de l'essence sans plomb.
Unser Rasenmäher läuft mit bleifreiem Benzin.

► **sans plomb** (en parlant de l'essence) **:** bleifrei

2 ▷ Les plombs ont encore sauté.
Die Sicherungen sind schon wieder durchgebrannt.

2 (= fusible) die **Sicherung** (pluriel : Sicherungen)

plombage

▷ J'ai perdu mon plombage.
Ich habe meine Füllung verloren.

(sur une dent) die **Füllung** (pluriel : Füllungen)

plombier

▷ Le plombier a rapidement réparé la fuite.
Der Klempner hat das Leck schnell repariert.

der **Klempner** (pluriel : Klempner), die **Klempnerin** (pluriel : Klempnerinnen)

plongée

▷ Éric va faire de la plongée pendant les vacances de Pâques.
Éric geht während der Osterferien tauchen.

► **faire de la plongée :** tauchen

plongeoir

▷ Ce plongeoir est trop haut pour moi.
Dieses Sprungbrett ist zu hoch für mich.

das **Sprungbrett** (pluriel : -bretter)

plonger

1 ▷ Hélène a plongé du rocher.
Hélène hat vom Felsen eine Kopfsprung gemacht.

2 ▷ Il faut plonger les frites dans l'huile très chaude.
Die Pommes frites muss man in sehr heißes Öl tauchen.

1 (= faire un plongeon) **einen Kopfsprung machen**

2 ► **plonger** quelque chose **dans ... :** etwas **in** + accusatif + **tauchen**

pluie

▷ Nous avons dû marcher sous la pluie pendant deux heures.
Wir mussten zwei Stunden lang im Regen laufen.

der **Regen**

plume

▷ J'ai trouvé une belle plume dans la forêt.
Ich habe im Wald eine schöne Feder gefunden.

die **Feder** (pluriel : Federn)

plupart

▷ La plupart de ses jouets sont cassés.
Die meisten seiner Spielzeuge sind kaputt.

▷ La plupart du temps ça se passe bien.
Die meiste Zeit geht alles gut.

► **la plupart de :** die meisten

► **la plupart du temps :** die meiste Zeit

ℹ *On dit aussi* ***meistens****.*

pluriel

▷ Quel est le pluriel de « Storch » ?
Was ist der Plural von „Storch"?

▷ Cet adjectif est au pluriel.
Dieses Adjektiv ist im Plural.

▷ Mettez ces mots au pluriel.
Setzt diese Wörter in den Plural.

der **Plural**

► **au pluriel :** im Plural

► **mettre au pluriel :** in den Plural setzen

plus

1 ▷ J'en voudrais plus.
Ich hätte gern mehr.

1 (avec un verbe) **mehr**

▷ Je travaille plus que Lucille.
Ich arbeite mehr als Lucille.

► plus que ... : mehr als ...

2 ▷ Marchez plus vite !
Geht schneller!

2 Le comparatif plus... est traduit en allemand par le comparatif de l'adjectif/adverbe : plus beau = schöner, plus jolie = hübscher, etc.

▷ Ce pull est plus cher que l'autre.
Dieser Pullover ist teurer als der andere.

► plus... que : comparatif + als

3 ▷ C'est Jean qui mange le plus.
Jean isst am meisten.

3 ► le plus (avec un verbe) : am meisten

4 ▷ C'est le film le plus ennuyeux que j'aie jamais vu !
Das ist der langweiligste Film, den ich je gesehen habe!
▷ Les plus belles maisons de la ville sont dans notre rue.
Die schönsten Häuser der Stadt stehen in unserer Straße.

4 Le superlatif le plus... est traduit en allemand par le superlatif de l'adjectif/adverbe : le plus petit = der/die/das kleinste, la plus chère = der/die/das teuerste, les plus grands = die größten, etc.

5 ▷ Suzanne est la plus sympa.
Suzanne ist die Netteste.
▷ Bruno est le plus intelligent du groupe.
Bruno ist der Intelligenteste der Gruppe.

5 Quand le plus ... est un complément direct, le superlatif en allemand est substantivé, c'est-à-dire qu'il est transformé en nom.

6 ▷ Il me faut plus de farine.
Ich brauche mehr Mehl.

6 ► plus de (= davantage de) : mehr

7 ▷ J'ai économisé plus de cent euros.
Ich habe über hundert Euro gespart.

7 ► plus de + nombre : über + nombre

8 ▷ Nous avons besoin de dix personnes de plus.
Wir brauchen zehn Leute mehr.
▷ Il a trois points de plus que moi.
Er hat drei Punkte mehr als ich.

8 ► de plus (= supplémentaire) : mehr
► ... de plus que : ... mehr als

9 ▷ Mes parents restent trois jours de plus en Italie.
Meine Eltern bleiben drei Tage länger in Italien.

9 ► ... de plus (avec une durée) : länger

10 ▷ Emma travaille de plus en plus, mais ses notes restent mauvaises.
Emma übt immer mehr, aber ihre Noten bleiben schlecht.

10 ► de plus en plus (avec un verbe) : immer mehr

11 ▷ C'est de plus en plus difficile.
Es wird immer schwieriger.
▷ Il roulait de plus en plus vite.
Er fuhr immer schneller.

11 ► de plus en plus ... (avec un adjectif ou un adverbe) : immer + comparatif

12 ▷ Tu mens et en plus tu trouves ça drôle !
Du lügst und außerdem findest du es noch lustig!

12 ► en plus (= par-dessus le marché) : außerdem

13 ▷ Plus je mange, plus j'ai envie de manger !
Je mehr ich esse, desto mehr Hunger habe ich!

13 ► plus ... plus ... : je mehr ..., desto mehr ...

▷ Plus tu réfléchiras, moins tu y arriveras.
Je mehr du nachdenkst, desto weniger wirst du es schaffen.

► **plus ... moins ... :** je mehr ..., desto weniger ...

14 ▷ Je ne veux plus le voir !
Ich will ihn nicht mehr sehen!

14 ► **ne... plus :** nicht mehr

15 ▷ Tu ne veux plus de gâteau ?
Willst du keinen Kuchen mehr?
▷ Il n'y a plus de lait.
Es ist keine Milch mehr da.

15 ► **ne... plus de :** kein/keine ... mehr

16 ▷ Dix plus trois égale treize.
Zehn plus drei gleich dreizehn.

16 (dans une opération) plus

17 ▷ C'est un plus d'avoir une mère qui est prof de français.
Es ist ein Plus, eine Mutter zu haben, die Französischlehrerin ist.

17 ► **un plus** (= avantage) **:** ein Plus

plusieurs

▷ Margot a plusieurs copines allemandes.
Margot hat mehrere deutsche Freundinnen.
▷ On y va à plusieurs.
Wir gehen zu mehreren.

mehrere

► **à plusieurs :** zu mehreren

plutôt

1 ▷ Viens plutôt mardi.
Komme eher am Dienstag.
▷ C'est plutôt loin, non ?
Das ist eher weit entfernt, oder?

1 (= de préférence, assez) eher

2 ▷ Aide-moi plutôt que de me regarder !
Hilf mir, anstatt mir zuzusehen!

2 (= à la place) anstatt

3 ▷ C'est un ami, ou plutôt une connaissance.
Er ist ein Freund, oder besser gesagt, ein Bekannter.

3 ► **ou plutôt** (pour rectifier ce qu'on vient de dire) **:** oder besser gesagt

pneu

▷ Il faut que je change les pneus de mon vélo.
Ich muss meine Fahrradreifen auswechseln.

der Reifen (pluriel : Reifen)

poche

▷ J'ai regardé dans toutes mes poches.
Ich habe in all meinen Taschen nachgesehen.
▷ Où est ma lampe de poche ?
Wo ist meine Taschenlampe?
▷ Julien a pris un couteau de poche pour la randonnée.
Julien hat zur Wanderung ein Taschenmesser mitgenommen.

(dans un vêtement) die Tasche (pluriel : Taschen)

ℹ *Pour dire que quelque chose est au format* de poche *en allemand, on forme des mots composés avec* ***Taschen- :*** ***das Taschengeld*** (argent de poche), ***das Taschenbuch*** (livre de poche).

poêle

1 ▷ Mets un peu plus d'huile dans la poêle.
Gib etwas mehr Öl in die Pfanne.

2 ▷ Il n'y a plus de bois pour le poêle.
Es ist kein Holz für den Ofen mehr da.

1 (nom féminin) die **Pfanne** (pluriel : Pfannen)

2 (nom masculin) der **Ofen** (pluriel : Öfen)

poème

▷ Je connais ce poème par cœur.
Dieses Gedicht kenne ich auswendig.

das **Gedicht** (pluriel : Gedichte)

poésie

1 ▷ Nous étudions la poésie du dix-neuvième siècle.
Wir studieren die Poesie des neunzehnten Jahrhunderts.

2 ▷ J'ai une poésie de Prévert à apprendre pour demain.
Ich muss bis morgen ein Gedicht von Prévert lernen.

1 ► **la poésie** (= les œuvres) **:** die Poesie

Se prononce comme en français.

2 (= poème) das **Gedicht** (pluriel : Gedichte)

poète

▷ Qui est ton poète préféré ?
Wer ist dein Lieblingsdichter?

der **Dichter** (pluriel : Dichter), die **Dichterin** (pluriel : Dichterinnen)

poids

1 ▷ Barbara parle tout le temps de ses problèmes de poids.
Barbara redet die ganze Zeit über ihre Gewichtsprobleme.

2 ▷ J'ai pris du poids pendant les vacances.
Ich habe während der Ferien zugenommen.

▷ Depuis qu'elle fait du sport, elle a perdu du poids.
Seit sie Sport treibt, hat sie abgenommen.

3 ▷ Il y a beaucoup de poids lourds sur l'autoroute.
Es sind viele Lastwagen auf der Autobahn.

1 (= masse) das **Gewicht**

2 ► **prendre du poids :** zunehmen

i ***zu•nehmen*** *est un verbe à particule séparable et se conjugue comme* ***nehmen*** *(nimmt, nahm, genommen).*

► **perdre du poids :** abnehmen

i ***ab•nehmen*** *est un verbe à particule séparable et se conjugue comme* ***nehmen*** *(nimmt, nahm, genommen).*

3 ► **poids lourd** (= camion) **:** der Lastwagen (pluriel : –wagen)

poignarder

▷ Le ministre a été poignardé dans la rue.
Der Minister wurde auf der Straße erdolcht.

erdolchen

i *Les verbes commençant par le préfixe* ***er-*** *ne prennent pas* ***ge-*** *au participe passé.*

poignée

1 ▷ La poignée de la porte est coincée.
Der Türgriff klemmt.

1 (= poignée d'une porte, d'une valise, etc.) der **Griff** (pluriel : Griffe)

Quand il s'agit d'une poignée de porte, on dit aussi ***die Türklinke****.*

2 ▷ Prenez chacun une poignée de bonbons.
Nehmt euch jeder eine Handvoll Bonbons.

2 (= contenu d'une main) die **Handvoll**

Ce mot s'emploie uniquement au singulier.

3 ▷ Sa poignée de main était ferme.
Sein Händedruck war fest.

3 ► **poignée de main :** der Händedruck

poignet

1 ▷ Aurélien s'est cassé le poignet.
Aurélien hat sich das Handgelenk gebrochen.

1 (= partie du bras) das **Handgelenk** (pluriel : -gelenke)

2 ▷ Les poignets de ta chemise sont tout noirs.
Deine Manschetten sind ganz schwarz.

2 (= partie d'un vêtement) die **Manschette** (pluriel : Manschetten)

poil

▷ Le canapé est couvert de poils de chat.
Das Sofa ist mit Katzenhaaren bedeckt.

(sur le corps des gens ou des animaux) das **Haar** (pluriel : Haare)

poilu, poilue

▷ Il a les bras très poilus.
Er hat sehr behaarte Arme.

behaart

poinçonner

▷ Le contrôleur a poinçonné nos billets.
Der Schaffner hat unsere Fahrscheine gelocht.

(faire un trou dans un billet) **lochen**

poing

▷ Lucas tapait des poings sur la table.
Lucas haute mit den Fäusten auf den Tisch.

die **Faust** (pluriel : Fäuste)

point

1 ▷ Tu as oublié le point sur le i.
Du hast den Punkt auf dem i vergessen.
▷ L'équipe de Mannheim a marqué cinquante points.
Die Mannheimer Mannschaft hat fünfzig Punkte erzielt.
▷ Le prof a enlevé deux points pour chaque faute.
Der Lehrer hat für jeden Fehler zwei Punkte abgezogen.

1 (= ponctuation, score) der **Punkt** (pluriel : Punkte)

2 ▷ Le médecin m'a fait trois points de suture.
Der Arzt hat mich mit drei Stichen zugenäht.

2 ► **point de suture :** der Stich (pluriel : Stiche)

3 ▷ On était sur le point de partir quand Luc a appelé.
Wir waren im Begriff zu gehen, als Luc anruf.

3 ► **être sur le point de** + infinitif **:** im Begriff sein zu + infinitif

4 ▷ Nous avons beaucoup de points communs.
Wir haben viel gemeinsam.

4 ► **avoir des points communs avec** quelqu'un **:** etwas mit jemandem gemeinsam haben

5 ▷ Tu mets trop de points d'exclamation dans ton texte.
Du setzt zu viele Ausrufezeichen in deinen Text.

5 ► **point d'exclamation :** das Ausrufezeichen (pluriel : -zeichen)

6 ▷ N'oublie pas le point d'interrogation.
Vergiss das Fragezeichen nicht.

6 ► **point d'interrogation :** das Fragezeichen (pluriel : -zeichen)

7 ▷ Ici il faut mettre des points de suspension.
Hier kommen Auslassungspunkte hin.

7 ► **points de suspension :** die Auslassungspunkte

8 ▷ J'ai plusieurs points faibles.
Ich habe mehrere Schwachpunkte.

8 ► **point faible :** der Schwachpunkt (pluriel : -punkte)

9 ▷ Son point fort, c'est les maths.
Sein Stärke ist Mathe.

9 ► **point fort :** die Stärke (pluriel : Stärken)

10 ▷ Ralentis, j'ai un point de côté.
Lauf langsamer, ich habe Seitenstechen.

10 ► **point de côté :** das Seitenstechen

11 ▷ J'ai un bon savon contre les points noirs.
Ich habe eine gute Seife gegen Mitesser.

11 ► **point noir** (sur le visage) **:** der Mitesser

12 ▷ C'est mon point de vue.
Das ist meine Meinung.

12 ► **point de vue** (= opinion) **:** die Meinung (pluriel : Meinungen)

ℹ *On dit aussi **die Ansicht*** (pluriel : *Ansichten*)

13 ▷ Du point de vue des résultats, c'est moyen.
Was die Ergebnisse angeht, sind sie mittelmäßig.

13 ► **du point de vue de ... :** was ... angeht

pointe

▷ Rémy s'est piqué avec la pointe du couteau.
Rémy hat sich mit der Messerspitze gestochen.
▷ Ils sont entrés sur la pointe des pieds.
Sie sind auf Zehenspitzen hereingekommen.

(= bout) die **Spitze** (pluriel : Spitzen)

► **sur la pointe des pieds :** auf Zehenspitzen

pointillé

▷ Écris ton nom sur le pointillé.
Schreib deinen Namen auf die gepunktete Linie.

(= série de points) die **gepunktete Linie** (pluriel : Linien)

pointu, pointue

▷ Le toit de la maison est pointu.
Das Dach des Hauses ist spitz.
▷ Attention avec ce crayon, il est pointu.
Vorsicht mit dem Bleistift, er ist spitz.

(= en forme de pointe) **spitz**

pointure

▻ Les pointures sont différentes en Grande-Bretagne.
Die Größen in Großbritannien sind verschieden.
▻ Quelle est ta pointure ?
Welche Größe hast du?

die **Größe** (pluriel : Größen)

ℹ *Pour demander sa pointure à quelqu'un, on emploie l'expression **welche Größe hast du?** ou **welche Größe haben Sie?***

poire

▻ J'aime les poires très juteuses.
Ich mag sehr saftige Birnen.
▻ Une glace à la poire, s'il vous plaît.
Ein Birneneis, bitte.

die **Birne** (pluriel : Birnen)

poireau

▻ J'espère qu'il n'y a pas de poireau dans la soupe.
Ich hoffe, es ist kein Lauch in der Suppe.

der **Lauch** (pluriel : Lauche)

ℹ *On dit aussi **der Porree.***

pois chiche

▻ Ce que je préfère dans le couscous, ce sont les pois chiches.
Was ich im Couscous am meisten mag, sind die Kichererbsen.

die **Kichererbse** (pluriel : -erbsen)

poison

▻ Ne touche pas à ça, c'est du poison pour les rats !
Fass das nicht an, das ist Gift gegen Ratten!

das **Gift** (pluriel : Gifte)

poisson

1 ▻ Mon père a attrapé deux gros poissons.
Mein Vater hat zwei große Fische gefangen.
▻ À la maison on mange du poisson deux fois par semaine.
Zu Hause essen wir zweimal in der Woche Fisch.
▻ Mathias a plus de vingt poissons rouges.
Mathias hat über zwanzig Goldfische.

2 ▻ Poisson d'avril !
April, April!
▻ Viens, on va lui faire un poisson d'avril.
Komm, wir schicken ihn in den April.

1 der **Fisch** (pluriel : Fische)

ℹ *Quand on parle du **plat**, on emploie **Fisch** uniquement au singulier et sans article.*

► **poisson rouge :** der **Goldfisch**

2 Le premier avril, on dit **April, April!** en Allemagne.

► **faire un poisson d'avril à quelqu'un :** jemanden **in den April schicken**

poissonnerie

▷ La poissonnerie est fermée le lundi.
Das Fischgeschäft hat montags zu.

das **Fischgeschäft** (pluriel : -geschäfte)

poissonnier, poissonnière

▷ S'il te plaît, va chez le poissonnier acheter des moules.
Geh bitte zum Fischhändler und kauf Muscheln.

der **Fischhändler** (pluriel : -händler), die **Fischhändlerin** (pluriel : -händlerinnen)

poitrine

▷ Quentin a une cicatrice sur la poitrine.
Quentin hat eine Narbe auf der Brust.

die **Brust** (pluriel : Brüste)

poivre

▷ Tu as mis trop de poivre !
Du hast zu viel Pfeffer hineingetan!

der **Pfeffer**

poivron

▷ J'ai une recette avec des poivrons rouges et des poivrons verts.
Ich habe ein Rezept mit rotem und grünem Paprika.

der **Paprika** (pluriel : Paprikas)

pôle

▷ L'avion est passé au-dessus du pôle Nord.
Das Flugzeug ist über den Nordpol geflogen.
▷ Personne n'habite au pôle Sud sauf les scientifiques.
Außer Wissenschaftlern lebt niemand am Südpol.

► le pôle Nord : der **Nordpol**

► le pôle Sud : der **Südpol**

poli, polie

▷ Il pourrait au moins être poli !
Er könnte zumindest höflich sein!

(= bien élevé) **höflich**

police

▷ La police est arrivée tout de suite.
Die Polizei ist sofort gekommen.

die **Polizei**

policier

1 ▷ Il y avait des policiers partout.
Überall waren Polizisten.

2 ▷ C'est un très bon film policier.
Das ist ein ausgezeichneter Krimi.

1 der **Polizist** (pluriel : Polizisten), die **Polizistin** (pluriel : Polizistinnen)

2 ► film policier, roman policier : der **Krimi** (pluriel : Krimis)

poliment

▷ La fille a répondu très poliment.
Das Mädchen hat sehr höflich geantwortet.

höflich

politique

1 ▷ C'est un problème politique.
Es ist ein politisches Problem.

2 ▷ Bien sûr que je m'intéresse à la politique !
Natürlich interessiere ich mich für Politik!
▷ Tout le monde n'est pas d'accord avec la politique de subventions.
Es sind nicht alle mit der Subventionspolitik einverstanden.

1 (adjectif) politisch

2 (= affaires publiques, mesures) die Politik

pollution

▷ La pollution est un grand problème dans les villes.
Die Umweltverschmutzung ist ein großes Problem in den Städten.

die Umweltverschmutzung

Pologne

▷ La Pologne est un pays très intéressant.
Polen ist ein sehr interessantes Land.

Polen
► la Pologne : Polen

ℹ *Ne prend l'article neutre que précédé d'un adjectif :* ***das katholische Polen*** (la Pologne catholique).

▷ Le président est en visite officielle en Pologne.
Der Präsident ist auf Staatsreise in Polen.
▷ Pour aller de France en Pologne, on doit traverser l'Allemagne.
Um von Frankreich nach Polen zu kommen, muss man Deutschland durchqueren.

► en Pologne (= dans le pays) : in Polen
► en Pologne (= vers le pays) : nach Polen

▷ Je suis déjà allée en Pologne.
Ich war schon in Polen.

Attention : pour dire que quelqu'un est déjà allé quelque part, *on emploie une expression avec le prétérit du verbe* ***sein*** + ***schon***.

polonais, polonaise

1 ▷ C'est un grand réalisateur de cinéma polonais.
Er ist ein großer polnischer Regisseur.

2 ▷ Les Polonais ont voté massivement.
Die Polen haben massenhaft gewählt.

3 ▷ J'apprends le polonais.
Ich lerne Polnisch.

1 (adjectif) polnisch

2 (= personne) der Pole (pluriel : Polen), die Polin (pluriel : Polinnen)

3 (= langue) Polnisch

pomélo

▷ Tu me donnes ton pomélo ?
Gibst du mir deine Pampelmuse?

die **Pampelmuse** (pluriel : Pampelmusen)

On dit aussi ***die Grapefruit****, qui vient de l'anglais.*

pommade

▷ Cette pommade te fera du bien.
Diese Salbe wird dir gut tun.

die **Salbe** (pluriel : Salben)

pomme

▷ Nous avons ramassé des pommes dans le jardin.
Wir haben im Garten Äpfel eingesammelt.

der **Apfel** (pluriel : Äpfel)

pomme de terre

▷ Je préfère les pommes de terre sautées.
Ich mag Bratkartoffeln lieber.

die **Kartoffel** (pluriel : Kartoffeln)
► **pommes de terre sautées :** die Bratkartoffeln

pompe

1 ▷ J'ai perdu ma pompe à vélo.
Ich habe meine Fahrradpumpe verloren.

2 ▷ Baptiste fait cinquante pompes tous les matins.
Baptiste macht jeden Morgen fünfzig Liegestütze.

1 (pour aspirer ou souffler) die **Pumpe** (pluriel : Pumpen)

2 ► **faire des pompes :** Liegestütze machen

pompier

▷ Jean-Luc veut devenir pompier.
Jean-Luc will Feuerwehrmann werden.

▷ Les pompiers sont arrivés tout de suite.
Die Feuerwehr ist sofort gekommen.

der **Feuerwehrmann** (pluriel : -männer)
► **les pompiers :** die Feuerwehr

C'est un singulier.

pompon

▷ Marion a un bonnet avec un pompon.
Marion hat eine Mütze mit einer Bommel.

die **Bommel** (pluriel : Bommeln)

pondre

▷ La poule pond un œuf tous les matins.
Die Henne legt jeden Morgen ein Ei.

legen

poney

▷ J'aimerais bien avoir un poney.
Ich hätte gern ein Pony.

das **Pony** (pluriel : Ponys)

Attention à ne pas confondre avec ***der Pony*** = frange *(de cheveux).*

pont

1 ▷ Pour aller au parc, il faut traverser le pont.
Um in den Park zu kommen, muss man die Brücke überqueren.

2 ▷ Est-ce que vous faites le pont pour l'Ascension ?
Macht ihr über Himmelfahrt ein verlängertes Wochenende?

1 (sur une rivière) die **Brücke** (pluriel : Brücken)

2 ► **faire le pont :** ein verlängertes Wochenende machen

pop-corn

▷ J'adore manger du pop-corn quand je vais au cinéma.
Ich esse gern Popcorn, wenn ich ins Kino gehe.

das **Popcorn**

populaire

1 ▷ Cette chanson est très populaire en ce moment.
Dieses Lied ist im Moment sehr beliebt.

2 ▷ C'est un quartier populaire.
Es ist ein Arbeiterviertel.

1 (= qui a du succès) **beliebt**

2 Quand **populaire** signifie **ouvrier**, on forme des mots composés avec **Arbeiter** : die Arbeitersiedlung (cité ouvrière), die Arbeiterfamilie (famille ouvrière), etc.

porc

1 ▷ Mes parents élèvent des porcs.
Meine Eltern züchten Schweine.

2 ▷ Les juifs et les musulmans ne mangent pas de porc.
Juden und Moslems essen kein Schweinefleisch.

1 (= animal) das **Schwein** (pluriel : Schweine)

2 (= viande) das **Schweinefleisch**

porcelaine

▷ La porcelaine est très fragile.
Porzellan ist sehr zerbrechlich.

▷ Est-ce que c'est en porcelaine ?
Ist das aus Porzellan?

▷ J'ai acheté une vieille soupière en porcelaine au marché aux puces.
Ich habe eine alte Porzellansuppenschüssel auf dem Flohmarkt gekauft.

das **Porzellan**

► **être en porcelaine :** aus Porzellan sein

ℹ *Pour dire que quelque chose est* **en porcelaine** *ou* **de porcelaine** *en allemand, on forme des mots composés avec* ***Porzellan*** *:* ***der Porzellanelefant*** (éléphant en porcelaine), ***die Porzellantasse*** (tasse en porcelaine).

port

1 ▷ Nous allons souvent sur le port regarder les bateaux.
Wir gehen oft zum Hafen, um uns die Schiffe anzuschauen.

1 (= bassin) der **Hafen** (pluriel : Häfen)

2 ▷ Hambourg est un grand port.
Hamburg ist eine große Hafenstadt.

2 (= ville) die **Hafenstadt** (pluriel : -städte)

portable

1 ▷ Mon père emmène son portable partout, même en vacances.
Mein Vater nimmt seinen Laptop überallhin mit, selbst in den Urlaub.

2 ▷ Je t'appellerai sur ton portable.
Ich ruf dich auf deinem Handy an.

1 (= ordinateur) der **Laptop** /'læptɔp/ (pluriel : Laptops)

Notez la prononciation.

2 (= téléphone) das **Handy** /'hɛndi/ (pluriel : Handys)

Notez la prononciation.

portail

▷ Le portail était ouvert, alors je suis entré.
Das Portal war offen, also bin ich hineingegangen.

das **Portal** (pluriel : Portale)

porte

1 ▷ Ferme la porte à clé.
Schließ die Tür zu.

2 ▷ La porte du garage est restée ouverte.
Das Garagentor ist aufgeblieben.

3 ▷ Le prof a mis Raphaëlle à la porte parce qu'elle était insolente.
Der Lehrer schmiss Raphaëlle raus, weil sie unverschämt war.

4 ▷ Veuillez vous rendre à la porte d'embarquement numéro trois.
Begeben Sie sich bitte zu Flugsteig Nummer drei.

1 (d'une maison, d'une voiture, du frigo) die **Tür** (pluriel : Türen)

2 (d'un garage, d'un château) das **Tor** (pluriel : Tore)

3 ► **mettre** quelqu'un **à la porte :** jemanden **rausschmeißen**

ℹ *raus•schmeißen est un verbe à particule séparable et se conjugue comme schmeißen (schmiss, geschmissen).*

ℹ *C'est un mot familier.*

4 ► **porte d'embarquement :** der **Flugsteig**

ℹ *On dit aussi das Gate /geɪt/ qui vient de l'anglais.*

porte-bagages

▷ Mon vélo n'a pas de porte-bagages.
Mein Fahrrad hat keinen Gepäckträger.

der **Gepäckträger** (pluriel : -träger)

porte-bonheur

▷ La médaille d'Aline est son porte-bonheur.
Alines Medaillon ist ihr Glücksbringer.

der **Glücksbringer** (pluriel : -bringer)

porte-clés

▷ Tarek a un porte-clés en forme de pyramide.
Tarek hat einen pyramidenförmigen Schlüsselanhänger.

der **Schlüsselanhänger** (pluriel : -anhänger)

portefeuille

▷ Lucie n'a jamais retrouvé son portefeuille.
Lucie hat ihre Brieftasche nie wiedergefunden.

(= porte-monnaie) die **Brieftasche** (pluriel : -taschen)

portemanteau

▷ Accroche ta veste au portemanteau.
Häng deine Jacke an die Garderobe.

(sur le mur) die **Garderobe** (pluriel : Garderoben)

porte-monnaie

▷ Tu as vu mon porte-monnaie ?
Hast du meinen Geldbeutel gesehen?

der **Geldbeutel** (pluriel : -beutel)

ℹ *On dit aussi **das Portemonnaie** ou **Portmonee**.*

porter

1 ▷ Je ne peux pas te porter, tu es trop lourd !
Ich kann dich nicht tragen, du bist zu schwer!
▷ Aziz porte toujours des pantalons noirs.
Aziz trägt immer schwarze Hosen.

1 (= transporter, avoir sur soi) **tragen** (trägt, trug, getragen)

2 ▷ Porte-lui ce plateau.
Bring ihm dieses Tablett.
▷ Cette peluche me porte chance.
Dieses Plüschtier bringt mir Glück.

2 (= apporter) **bringen** (brachte, gebracht)

3 ▷ La discussion portait sur l'histoire de l'Espagne.
Die Diskussion drehte sich um die spanische Geschichte.

3 ► **porter sur** quelque chose : sich um etwas drehen

4 ▷ Laura se porte très bien maintenant.
Laura geht es jetzt sehr gut.

4 Pour dire que quelqu'un se **porte bien** en allemand, on emploie l'expression **gut gehen** (ging, gegangen).

portière

▷ La portière est verrouillée.
Die Tür ist abgeschlossen.

(de la voiture) die **Tür** (pluriel : Türen)

portillon

▷ Simon est passé par-dessus le portillon.
Simon ist über die Sperre gestiegen.

(dans le métro) die **Sperre** (pluriel : Sperren)

portion

▷ Les portions sont minuscules ici !
Die Portionen sind ja winzig hier!

die **Portion** /pɔrtsi'oːn/ (pluriel : Portionen)

🔊 *Notez la prononciation.*

portrait

▷ Benoît a fait un beau portrait de ses parents.
Benoît hat ein schönes Porträt von seinen Eltern gemacht.

(= peinture, dessin, photo) das **Porträt** (pluriel : Porträts)

*Se prononce comme en français. Le **s** du pluriel se prononce en allemand.*

portugais, portugaise

1 ▷ Les paysages portugais sont magnifiques.
Die portugiesischen Landschaften sind wunderschön.

1 (adjectif) **portugiesisch**

2 ▷ C'est un Portugais qui a remporté le mille mètres.
Ein Portugiese hat den Tausendmeterlauf gewonnen.

2 (= personne) der **Portugiese** (pluriel : Portugiesen), die **Portugiesin** (pluriel : Portugiesinnen)

3 ▷ J'apprends le portugais.
Ich lerne Portugiesisch.

3 (= langue) **Portugiesisch**

Portugal

▷ Le Portugal est un pays très accueillant.
Portugal ist ein sehr gastfreundliches Land.

Portugal
► **le Portugal** : Portugal

Ne prend l'article neutre que précédé d'un adjectif : ***das sonnige Portugal*** (le Portugal ensoleillé).

▷ Sarah est au Portugal.
Sarah ist in Portugal.

▷ Nous irons au Portugal en voiture.
Wir fahren mit dem Auto nach Portugal.

▷ Quand on est déjà allé au Portugal, on veut y retourner.
Wenn man schon einmal in Portugal war, möchte man wieder hin.

► **au Portugal** (= dans le pays) : in Portugal
► **au Portugal** (= vers le pays) : nach Portugal

Attention : pour dire que quelqu'un **est déjà allé quelque part**, *on emploie une expression avec le prétérit du verbe* ***sein*** *+* ***schon***.

poser

1 ▷ Pose tes valises là.
Stell deine Koffer dort hin.
▷ J'ai posé l'atlas sur la table.
Ich habe den Atlas auf den Tisch gelegt.

1 Quand **poser** signifie **placer**, il se traduit par **stellen** quand la position est verticale et par **legen** quand la position est horizontale.

2 ▷ Le prof nous a posé une question difficile.
Der Lehrer hat uns eine schwierige Frage gestellt.

2 ► **poser une question à quelqu'un** : jemandem (datif) eine Frage stellen

3 ▷ Quelqu'un est venu poser de la moquette dans les chambres.
Jemand ist gekommen, um den Teppichboden in den Schlafzimmern zu verlegen.

3 (= installer) **verlegen**

4 ▷ Sylvie nous a demandé de poser pour la photo.
Sylvie hat uns gebeten, für das Foto zu posieren.

4 (= prendre la pose) **posieren**
Les verbes se terminant en **-ieren** *ne prennent pas* **ge-** *au participe passé.*

5 ▷ L'avion s'est posé à Düsseldorf au lieu de Cologne.
Das Flugzeug ist in Düsseldorf gelandet anstatt in Köln.

5 ► **se poser** (= atterrir) **:** landen

position

1 ▷ J'ai dormi dans une position bizarre, maintenant j'ai mal à la nuque.
Ich habe in einer komischen Stellung geschlafen, jetzt tut mir der Nacken weh.

1 (= posture) die **Stellung**
(pluriel : Stellungen)

2 ▷ On est en troisième position dans le championnat.
Wir stehen auf dem dritten Platz in der Meisterschaft.

2 (= place) der **Platz**
(pluriel : Plätze)

3 ▷ Qui est arrivé en première position ?
Wer ist als Erster angekommen?

▷ Sophie est arrivée en dernière position.
Sophie ist als Letzte angekommen.

3 ► **arriver en première position :** als Erster/Erste ankommen
► **arriver en dernière position :** als Letzter/Letzte ankommen

posséder

▷ Les parents de Nadia possèdent une maison avec piscine dans le Périgord.
Nadias Eltern besitzen ein Haus mit Schwimming-Pool im Périgord.

besitzen (besaß, besessen)

possibilité

▷ Il y a plusieurs possibilités.
Es gibt mehrere Möglichkeiten.

die **Möglichkeit**
(pluriel : Möglichkeiten)

possible

▷ Je ne crois pas que ce soit possible.
Ich glaube nicht, dass das möglich ist.
▷ C'est pas possible ! J'ai encore oublié ma clé !
Das darf doch nicht wahr sein! Ich habe schon wieder meinen Schlüssel vergessen!

möglich

► **c'est pas possible !** (pour exprimer l'étonnement ou l'agacement) **:** das darf doch nicht wahr sein!

poste

1 ▷ La poste est fermée le samedi après-midi.
Die Post ist samstagnachmittags geschlossen.
▷ N'envoie jamais d'argent par la poste.
Schick nie Geld mit der Post.

1 (= le bureau de poste) die **Post**

► **par la poste :** mit der Post

▷ Est-ce que tu pourrais mettre cette lettre à la poste pour moi ?
Könntest du diesen Brief für mich zur Post bringen?

► **mettre** quelque chose **à la poste :** etwas (accusatif) zur Post bringen

*On dit aussi **auf die Post bringen**.*

2 ▷ La mère de Pascal a un très bon poste.
Pascals Mutter hat eine sehr gute Stelle.

2 (= emploi) die **Stelle** (pluriel : Stellen)

3 ▷ Ils réparent les postes de télé.
Sie reparieren Fernseher.

3 ► **poste de télé :** der Fernseher (pluriel : Fernseher)

4 ▷ Mon poste de radio ne marche pas.
Mein Radio geht nicht.

4 ► **poste de radio :** das Radio (pluriel : Radios)

5 ▷ Ils l'ont emmené au poste de police.
Sie haben ihn auf die Polizeiwache gebracht.

5 ► **poste de police :** die Polizeiwache (pluriel : -wachen)

*On dit aussi **die Wache** tout court.*

poster (verbe)

▷ Donne-moi ta lettre, je vais la poster.
Gib mir deinen Brief, ich werfe ihn ein.

(= mettre dans une boîte aux lettres) **einwerfen**

***ein•werfen** est un verbe à particule séparable et se conjugue comme **werfen** (wirft, warf, geworfen).*

poster (nom)

▷ Fais attention à mon poster !
Pass auf mein Poster auf!

(= affiche) das **Poster** /ˈpoːstɐ/ (pluriel : Poster *ou* Posters)

pot

1 ▷ Ma mère garde les pots vides pour y mettre de la confiture.
Meine Mutter hebt die leeren Gläser auf, um Marmelade hineinzutun.

1 (= récipient en verre) das **Glas** (pluriel : Gläser)

2 ▷ Tu peux mettre la plante dans un pot ou directement dans le sol.
Du kannst die Planze in einen Topf pflanzen oder direkt in die Erde.

2 (= récipent en terre ou en céramique) der **Topf** (pluriel : Töpfe)

▷ Un pot de fleurs est tombé du troisième étage, heureusement personne n'a été blessé.
Ein Blumentopf ist vom dritten Stock gefallen, glücklicherweise wurde niemand verletzt.

► **pot de fleurs** (= récipient) **:** der Blumentopf (pluriel : -töpfe)

▷ On pourrait lui offrir un pot de fleurs.
Wir könnten ihr eine Topfpflanze schenken.

► **pot de fleurs** (= ensemble pot et fleurs) **:** die Topfpflanze (pluriel : -pflanzen)

3 ▷ Tu veux aller boire un pot ?
Willst du einen trinken gehen?

3 ► **boire un pot** *ou* **prendre un pot :** einen trinken (trank, getrunken)

4 ▷ Tu as vraiment eu du pot !
Du hast wirklich Glück gehabt!

4 ► **avoir du pot** (= avoir de la chance) : Glück haben

L'expression française est familière, mais sa traduction allemande ne l'est pas.

5 ▷ Le pot d'échappement est rouillé.
Der Auspuff ist verrostet.

5 ► **pot d'échappement** : der Auspuff (pluriel : Auspuffe)

potable

▷ L'eau dans le train n'est pas potable.
Das Wasser im Zug ist nicht trinkbar.

(= bon à boire) **trinkbar**

▷ Il n'y a pas d'eau potable ici.
Hier gibt es kein Trinkwasser.

► **eau potable** : das Trinkwasser

potage

▷ J'adore le potage à la tomate.
Ich liebe Tomatensuppe.

die **Suppe** (pluriel : Suppen)

En allemand, **soupe** *et* **potage** *se traduisent tous deux par* ***Suppe***.

poteau

1 ▷ La voiture est rentrée dans un poteau électrique.
Das Auto ist gegen einen Leitungsmast gefahren.

1 ► **poteau électrique** : der Leitungsmast (pluriel : -masten)

2 ▷ Nous n'avons pas vu le poteau indicateur.
Wir haben den Wegweiser nicht gesehen.

2 ► **poteau indicateur** : der Wegweiser (pluriel : Wegweiser)

poterie

1 ▷ Michael fait de la poterie le samedi.
Michael macht samstags Töpferei.

1 (= activité) die **Töpferei**

2 ▷ À l'exposition, nous avons vu des poteries assyriennes.
In der Ausstellung haben wir assyrische Töpferwaren gesehen.

2 (= objet en terre) die **Töpferware** (pluriel : -waren)

potiron

▷ Ma mère a fait de la soupe au potiron.
Meine Mutter hat Kürbissuppe gekocht.

der **Kürbis** (pluriel : Kürbisse)

pou

▷ Ma petite sœur a des poux.
Meine kleine Schwester hat Läuse.

die **Laus** (pluriel : Läuse)

poubelle

1 ▷ La poubelle est pleine.
Der Mülleimer ist voll.

1 (dans une cuisine) der **Mülleimer** (pluriel : -eimer)

On dit aussi ***der Abfalleimer***.

2 ▷ Le gardien lave les poubelles toutes les semaines.
Der Hausmeister wäscht die Mülltonnen jede Woche aus.

2 (dans un immeuble) die **Mülltonne** (pluriel : -tonnen)

pouce

▷ Lucien s'est cassé le pouce en jouant au volley.
Lucien hat sich beim Volleyballspielen den Daumen gebrochen.

der **Daumen** (pluriel : Daumen)

poudre

▷ Tu dois diluer la poudre dans un verre d'eau.
Du musst das Pulver in einem Glas Wasser auflösen.

das **Pulver** (pluriel : Pulver)

poulain

▷ La jument et son poulain nous regardaient.
Die Stute und ihr Fohlen sahen uns an.

das **Fohlen** (pluriel : Fohlen)

poule

▷ Les poules pondent des œufs tous les matins.
Die Hennen legen jeden Morgen Eier.

die **Henne** (pluriel : Hennen)

poulet

1 ▷ Nous avons visité un élevage de poulets.
Wir haben eine Hühnerfarm besichtigt.

1 (= animal) das **Huhn** (pluriel : Hühner)

2 ▷ J'aime bien le poulet avec des frites.
Ich mag Hähnchen mit Pommes frites gerne.

2 (= viande) das **Hähnchen** (pluriel : Hähnchen)

pouls

▷ Le médecin a pris mon pouls.
Der Arzt hat mir den Puls gefühlt.

der **Puls**

► **prendre le pouls de** quelqu'un : jemandem (datif) **den Puls fühlen**

poumon

▷ Paul a un problème aux poumons.
Paul hat ein Problem an der Lunge.

die **Lunge**

ℹ *Ce mot s'emploie au singulier.*

ℹ *Quand on parle d'un seul poumon, on dit **der Lungenflügel**.*

poupée

▷ Ma petite sœur a une poupée qui parle et qui pleure.
Meine kleine Schwester hat eine Puppe, die spricht und weint.
▷ Elle joue encore à la poupée ?
Sie spielt noch mit Puppen?

die **Puppe** (pluriel : Puppen)

► **jouer à la poupée** : mit Puppen spielen

pour

1 ▷ C'est pour moi ?
Ist das für mich?
▷ Je ne pars que pour trois jours.
Ich fahre nur für drei Tage.

1 La traduction la plus courante de **pour** est **für**, notamment pour exprimer l'attribution ou une période de temps.

2 ▷ Je dois finir ma rédaction pour demain.
Ich muss meinen Aufsatz bis morgen fertigschreiben.

2 Quand **pour** exprime un délai, on traduit par **bis**.

3 ▷ Nous partons demain pour Londres.
Morgen fahren wir nach London.

3 Quand **pour** exprime une destination, on traduit par **nach**.

4 ▷ Pour le Nouvel An, mes parents invitent toujours des amis.
Zu Neujahr laden meine Eltern immer Freunde ein.

4 (= à l'occasion de) **zu**

5 ▷ Anaïs a dû pousser pour ouvrir la porte.
Anaïs musste drücken, um die Tür aufzubekommen.

5 ► **pour** + infinitif : **um zu** + infinitif

6 ▷ J'ai acheté un plan de la ville pour ne pas me perdre.
Ich habe einen Stadtplan gekauft, um mich nicht zu verirren.

6 ► **pour ne pas** + infinitif : **um nicht zu** + infinitif

7 ▷ Il a fait ça pour que tu le remarques.
Er hat das getan, damit du ihn bemerkst.

7 ► **pour que** (= dans le but de) : **damit**

8 ▷ C'est pour ça que je suis fâchée.
Deshalb bin ich verärgert.

8 ► **c'est pour ça que ... : deshalb ...**

ℹ *On dit aussi* ***deswegen***.

9 ▷ Je propose qu'on aille au cinéma. Qui est pour ?
Ich schlage vor, wir gehen ins Kino. Wer ist dafür?

9 ► **être pour** (= être d'accord) : **dafür sein**

pourboire

▷ D'habitude je laisse un pourboire.
Normalerweise gebe ich Trinkgeld.
▷ Est-ce que le pourboire est compris ?
Ist das Trinkgeld inbegriffen?

das **Trinkgeld**

En Allemagne, on donne le plus souvent le pourboire directement à la serveuse ou au serveur.

pourquoi

1 ▷ Pourquoi tu ne veux pas venir ?
Warum willst du nicht kommen?
▷ Ça te dit d'y aller ? – Pourquoi pas !
Willst du hingehen? – Warum nicht?

1 **warum**

► **pourquoi pas : warum nicht**

2 ▷ C'est pourquoi je ne t'ai pas appelé.
Deshalb habe ich dich nicht angerufen.

2 ► **c'est pourquoi ... : deshalb ...**

ℹ *On dit aussi* ***deswegen***.

pourri, pourrie

1 ▻ La pêche est pourrie, prends un abricot.
Der Pfirsich ist faul, nimm eine Aprikose.

1 (en parlant d'un fruit, d'un légume) **faul**

2 ▻ Le bois était pourri, c'est pour ça que la maison s'est effondrée.
Das Holz war morsch, deswegen ist das Haus zusammengebrochen.

2 (en parlant du bois) **morsch**

3 ▻ Quel temps pourri !
So ein mieses Wetter!

3 (en parlant du temps) **mies**

poursuivre

▻ Sylvain poursuivait Benoît dans la cour.
Sylvain verfolgte Benoît auf dem Schulhof.

(= courir après quelqu'un) **verfolgen**

ℹ *Les verbes commençant par le préfixe* ***be-*** *ne prennent pas* ***ge-*** *au participe passé.*

pourtant

▻ Il est sympa, et pourtant il n'a pas d'amis.
Er ist nett, aber er hat trotzdem keine Freunde.

(= malgré tout) **trotzdem**

pourvu que

▻ Mes parents me laissent sortir pourvu que je rentre avant minuit.
Meine Eltern lassen mich ausgehen, wenn ich vor Mitternacht nach Hause komme.

(= à condition que) **wenn**

pousser

1 ▻ Ne me pousse pas !
Stoß mich nicht!

1 (= bousculer) **stoßen** (stößt, stieß, gestoßen)

2 ▻ Tu peux m'aider à pousser la table de l'autre côté ?
Kannst du mir helfen, den Tisch auf die andere Seite zu schieben?

2 (= déplacer) **schieben** (schob, geschoben)

3 ▻ Il a poussé le mauvais bouton.
Er hat auf den falschen Knopf gedrückt.

3 (= appuyer sur) **auf ... drücken**

4 ▻ Les parents de Marina l'ont poussé à faire du latin.
Marinas Eltern haben sie dazu getrieben, Latein zu lernen.

4 ► **pousser** quelqu'un **à faire** quelque chose : **jemanden** (accusatif) **dazu treiben,** etwas **zu tun**

5 ▻ Marc a poussé un cri.
Marc schrie auf.

5 ► **pousser un cri : aufschreien**

ℹ ***auf•schreien*** *est un verbe à particule séparable et se conjugue comme* ***schreien*** *(schrie, geschrien).*

6 ▷ Ma mère a regardé ma chambre et a poussé un grand soupir.
Meine Mutter hat mein Zimmer angeschaut und einen großen Seufzer ausgestoßen.

6 ► **pousser un soupir :** einen Seufzer ausstoßen

ℹ *aus•stoßen est un verbe à particule séparable et se conjugue comme stoßen (stößt, stieß, gestoßen).*

7 ▷ Ta plante pousse bien.
Deine Pflanze wächst gut.

7 (= grandir) **wachsen** /ˈvaksən/ (wächst, wuchs, gewachsen)

🔊 *Notez la prononciation.*

▷ Tu te laisses pousser les cheveux ?
Lässt du deine Haare wachsen?

► **se laisser pousser les cheveux :** sich die Haare wachsen lassen (lässt, ließ, gelassen)

▷ Je veux me laisser pousser les cheveux jusqu'au bas du dos.
Ich will mir die Haare bis unten am Rücken wachsen lassen.

ℹ *Le pronom personnel allemand s'emploie au datif : ich lasse **mir** die Haare wachsen, du lässt **dir** die Haare wachsen, er lässt **sich** die Haare wachsen, wir lassen **uns** die Haare wachsen, ihr lasst **euch** die Haare wachsen, sie lassen **sich** die Haare wachsen.*

poussette

▷ La petite fille s'est endormie dans la poussette.
Das kleine Mädchen ist im Sportwagen eingeschlafen.

der **Sportwagen** (pluriel : -wagen)

poussin

▷ Ces petits poussins sont très mignons.
Diese kleinen Küken sind ganz süß.

das **Küken** (pluriel : Küken)

pouvoir

1 ▷ Est-ce que tu peux m'aider ?
Kannst du mir helfen?

1 Quand le verbe **pouvoir** exprime une possibilité ou une capacité, il est presque toujours traduit par **können** (kann, konnte, gekonnt).

▷ Est-ce que je pourrais vous parler, s'il vous plaît ?
Könnte ich bitte mit Ihnen sprechen?

ℹ *Au conditionnel, on emploie le subjonctif II au présent de **können** (ich **könnte**, du **könntest**, er/sie **könnte**, wir **könnten**, ihr **könntet**, sie **könnten**).*

▷ Tu aurais pu m'en parler avant !
Du hättest es mir vorher sagen können!

ℹ *Pour le conditionnel passé, on emploie le subjonctif II au passé de **haben** + **können**.*

2 ▷ Tu peux aller jouer dehors.
Du darfst draußen spielen.
▷ Je peux t'emprunter le journal ?
Darf ich die Zeitung ausleihen?

2 Quand le verbe **pouvoir** exprime une autorisation, on traduit par **dürfen** (darf, durfte, gedurft ou dürfen après infinitif).

3 ▷ Il se peut qu'on ait un examen demain.
Es kann sein, dass wir morgen eine Prüfung haben.

3 ► il se peut que ... : es kann sein, dass ...

4 ▷ Cette randonnée était difficile, je n'en peux plus !
Dieses Wanderung war schwierig, ich kann nicht mehr!

4 ► ne plus en pouvoir : nicht mehr können

prairie

▷ Nous avons cueilli des fleurs dans la prairie.
Wir haben auf der Wiese Blumen gepflückt.

die **Wiese** (pluriel : Wiesen)

pratique

▷ Je peux aller à pied à l'école, c'est très pratique.
Ich kann zu Fuß zur Schule gehen, das ist sehr praktisch.
▷ C'est un ustensile de cuisine pratique.
Das ist ein praktisches Küchengerät.

(= commode, utile) **praktisch**

pratiquement

▷ Moussa a pratiquement tout mangé.
Moussa hat so gut wie alles gegessen.

(= presque) **so gut wie**

pratiquer

▷ Quel sport est-ce que tu pratiques ?
Welchen Sport übst du aus?

(= pratiquer un sport) **ausüben**

ℹ *__aus•üben__ est un verbe à particule séparable.*

ℹ *On dit aussi __treiben__ (trieb, getrieben).*

pré

▷ Nous avons pique-niqué dans le pré.
Wir haben auf der Wiese gepicknickt.

die **Wiese** (pluriel : Wiesen)

préau

▷ Quand il pleut, nous jouons sous le préau.
Wenn es regnet, spielen wir auf dem überdachten Schulhof.

der **überdachte Schulhof** (pluriel : -höfe)

précaution

1 ▷ Vous devriez prendre des précautions et réserver.
Ihr solltet Vorkehrungen treffen und reservieren.

1 ► prendre des précautions (= des mesures préventives) : Vorkehrungen treffen (trifft, traf, getroffen)

2 ▷ Par précaution, j'emmène un sac de couchage.
Vorsichtshalber nehme ich einen Schlafsack mit.

2 ► par précaution : vorsichtshalber

3 ▷ Thomas a ouvert la porte avec précaution.
Thomas öffnete vorsichtig die Tür.

3 ► avec précaution (= prudemment) : vorsichtig

précédent, précédente

▷ L'année précédente, nous étions en Italie.
Im vorhergehenden Jahr waren wir in Italien.

vorhergehend

précieux, précieuse

▷ C'est un bijou très précieux.
Es ist ein sehr wertvolles Schmuckstück.

(= de valeur) wertvoll

se précipiter

▷ Tout le monde s'est précipité dans l'eau.
Alle haben sich ins Wasser gestürzt.

▷ Malika s'est précipitée sur lui pour lui demander un autographe.
Malika hat sich auf ihn gestürzt, um ihn um ein Autogramm zu beten.

(= courir) sich stürzen

► **se précipiter sur** quelqu'un : sich auf jemanden stürzen

ℹ *Le pronom personnel allemand s'emploie à l'accusatif : ich stürze **mich**, du stürzt **dich**, et stürzt **sich**, wir stürzen **uns**, ihr stürzt **euch**, sie stürzen **sich**.*

précis, précise

1 ▷ Le professeur voulait une réponse précise.
Der Lehrer wollte eine präzise Antwort.
▷ Cette balance n'est pas précise.
Diese Waage ist nicht präzise.

2 ▷ La photo était très précise.
Das Foto war sehr deutlich.

3 ▷ Je n'ai pas de raison précise.
Ich habe keinen bestimmten Grund.

1 (= détaillé, fiable) präzise

ℹ *On dit aussi **genau**.*

2 (= clair) deutlich

3 (= particulier) bestimmt

préciser

▷ Ma mère n'a pas précisé à quelle heure je devais rentrer.
Meine Mutter hat nicht genau gesagt, um wieviel Uhr ich nach Hause kommen solle.

(= dire clairement) genau sagen

prédire

▷ Je ne peux pas prédire l'avenir !
Ich kann die Zukunft nicht vorhersagen!

▷ Elle m'a prédit beaucoup de bonheur.
Sie hat mir viel Glück vorhergesagt.

vorhersagen

ℹ ***vorher•sagen** est un verbe à particule séparable.*

► **prédire** quelque chose **à quelqu'un :** jemandem (datif) etwas vorhersagen

préface

▷ Il faut toujours lire la préface d'un dictionnaire.
Man muss immer das Vorwort eines Wörterbuchs lesen.

das Vorwort (pluriel : -worte)

préféré, préférée

▷ Quel est ton chanteur préféré ?
Wer ist dein Lieblingssänger?
▷ Ma couleur préférée est le rouge.
Rot ist meine Lieblingsfarbe.

Pour dire en allemand que quelque chose ou quelqu'un est **préféré**, on forme des mots composés avec **Lieblings-** : der **Lieblingslehrer** (professeur préféré), das **Lieblingsbuch** (livre préféré).

préférence

▷ Est-ce que tu as une préférence ?
Hast du eine Vorliebe?
▷ Soyez là de préférence avant huit heures.
Seid lieber vor acht Uhr da.

die **Vorliebe** (pluriel : -lieben)

► **de préférence** : lieber

préférer

▷ Je préfère la géo à l'histoire.
Ich mag Geografie lieber als Geschichte.
▷ Je préfère aller au cinéma.
Ich gehe lieber ins Kino.

lieber mögen

► **préférer** + verbe : verbe + **lieber**

préhistorique

▷ Les dinosaures étaient des animaux préhistoriques.
Dinosaurier waren prähistorische Tiere.

prähistorisch

préjugé

▷ Ils ont des préjugés.
Sie haben Vorurteile.

das **Vorurteil** (pluriel : -urteile)

premier, première

1 ▷ J'ai seulement fait le premier exercice.
Ich habe nur die erste Übung gemacht.
▷ Je ne comprends pas la première phrase.
Ich verstehe den ersten Satz nicht.

1 (= qui vient d'abord) **erste**

2 ▷ Sabrina est encore la première.
Sabrina ist wieder die Erste.

▷ Ils sont partis les premiers.
Sie gingen als Erste weg.
▷ Il a vu les photos le premier.
Er hat die Fotos als Erster gesehen.

2 ► **le premier, la première** (opposé à dernier) : der/die/das **Erste** (pluriel : Ersten)

► **faire** quelque chose **le premier** *ou* **la première** *ou* **les premiers** : etwas als Erster *ou* Erste tun

3 ▷ Mouloud est toujours le premier en physique.
Mouloud ist immer der Beste in Physik.

3 ► **le premier, la première** (= le meilleur) : der/die/das **Beste** (pluriel : Besten)

4 ▷ Cécile habite au premier.
Cécile wohnt im ersten Stock.

4 (= le premier étage) der **erste Stock**

5 ▷ Les invités sont toujours servis en premier.
Die Gäste werden immer zuerst bedient.

5 ► **en premier** (= avant les autres) : zuerst

6 ▷ Le frère de Nadia est en première.
Nadias Bruder ist in der elften Klasse.

6 La classe qui correspond à **la première** en Allemagne est die **elfte Klasse**. Le système scolaire allemand compte treize années jusqu'au Abitur.

7 ▷ Qu'est-ce que vous faites le premier de l'an ?
Was macht ihr am Neujahrstag?

7 ► **le premier de l'an :** der Neujahrstag

prendre

1 ▷ Prends mon stylo, j'en ai un autre.
Nimm meinen Kugelschreiber, ich habe noch einen.
▷ Tu prends le train pour aller à Heidelberg ?
Nimmst du den Zug nach Heidelberg?
▷ Il a pris le parapluie avant de sortir.
Er hat den Regenschirm genommen, bevor er aus dem Haus ging.

1 La traduction la plus courante de **prendre** est **nehmen** (nimmt, nahm, genommen). Attention toutefois aux autres traductions présentées plus bas.

2 ▷ Voulez-vous prendre un apéritif ?
Wollen Sie einen Aperitif trinken?

2 (= boire) **trinken** (trank, getrunken)

3 ▷ Elle n'a rien pris de toute la journée.
Sie hat den ganzen Tag über nichts gegessen.

3 (= manger) **essen** (isst, aß, gegessen)

4 ▷ Prends une baguette et deux croissants.
Kauf ein Baguette und zwei Croissants.

4 (= acheter) **kaufen**

5 ▷ Le voyage a pris cinq heures.
Die Reise hat fünf Stunden gedauert.

5 (= durer) **dauern**

6 ▷ La réparation nous prendra trois heures.
Wir brauchen drei Stunden für die Reparatur.

6 Pour dire que quelque chose **prend un certain temps** à quelqu'un en allemand, on emploie le verbe **brauchen** + le temps + **für**.

7 ▷ Mon père m'a pris à regarder la télé à minuit.
Mein Vater hat mich um Mitternacht beim Fernsehen ertappt.

7 ► **prendre** quelqu'un **à faire** quelque chose (= le surprendre) : jemanden **bei** etwas **ertappen**

8 ▷ Le prof m'a prise pour ma sœur.
Der Lehrer hielt mich für meine Schwester.
▷ Tu me prends pour un imbécile ?
Hälst du mich für einen Idioten?

8 ► **prendre pour ...** (= se tromper, considérer comme) : für ... halten (hält, hielt, gehalten)

9 ▷ Adam se prend pour un grand intellectuel.
Adam hält sich für einen großen Intellektuellen.
▷ Mais pour qui elle se prend ?
Für wen hält sie sich denn?

9 ► **se prendre pour ... :** sich für ... halten

10 ▷ Comment est-ce que tu t'y prends ?
Wie stellst du das an?

10 ► **s'y prendre** (= faire quelque chose) : anstellen

ℹ *an•stellen est un verbe à particule séparable.*

prénom

der **Vorname** (pluriel : -namen)

▷ Quel est votre prénom ?
Was ist Ihr Vorname?

préoccuper

1 (= inquiéter) **Sorgen machen**

1 ▷ Est-ce que quelque chose te préoccupe ?
Macht dir etwas Sorgen?

2 ► **se préoccuper de ...** (= penser à) : sich um ... kümmern

2 ▷ Martial ne se préoccupe pas beaucoup de nous.
Martial kümmert sich nicht viel um uns.

préparer

1 **vorbereiten**

vor•bereiten est un verbe à particule séparable.

1 ▷ Je vais préparer le dîner.
Ich bereite das Abendessen vor.

2 ► **se préparer** (= s'habiller, se maquiller, etc.) : sich zurechtmachen

*Le pronom personnel allemand s'emploie à l'accusatif : ich mache **mich** zurecht, du machst **dich** zurecht, er/sie macht **sich** zurecht, wir machen **uns** zurecht, ihr macht **euch** zurecht, sie machen **sich** zurecht.*

2 ▷ Prépare-toi vite, on est en retard !
Mach dich schnell zurecht, wir haben Verspätung!
▷ Elle a pris une heure pour se préparer.
Sie brauchte eine Stunde, um sich zurechtzumachen.

3 ► **se préparer à** + infinitif : im Begriff sein, zu + infinitif

3 ▷ On se préparait à manger quand Henri est arrivé.
Wir waren im Begriff zu essen, als Henri kam.

près

1 (= à une petite distance) **nah** (plus près näher ; le plus près der näheste)

1 ▷ Le chevreuil est venu très près.
Das Reh kam ganz nah heran.
▷ C'est plus près par ce chemin.
Über diesen Weg ist es näher.

2 ► **tout près** : ganz in der Nähe

► **près de** : in der Nähe + génitif

2 ▷ J'habite tout près.
Ich wohne ganz in der Nähe.
▷ Il y a une pharmacie près de la gare.
In der Nähe des Bahnhofs ist eine Apotheke.

présent, présente

1 ► **le présent** : die Gegenwart

1 ▷ Pense plutôt au présent.
Denk eher an die Gegenwart.

2 ► **être présent** : anwesend sein

2 ▷ Tout le monde était présent.
Alle waren anwesend.

3 ► **à présent** : jetzt

3 ▷ On peut partir à présent.
Jetzt können wir gehen.

présentateur, présentatrice

1 ▻ Le présentateur a fait un résumé de l'actualité.
Der Nachrichtensprecher hat die Nachrichten zusammengefasst.

1 (aux informations) der **Nachrichtensprecher** (pluriel : -sprecher), die **Nachrichtensprecherin** (pluriel : -sprecherinnen)

2 ▻ La présentatrice a remercié le chanteur.
Die Moderatorin hat dem Sänger gedankt.

2 (dans un jeu ou une émission) der **Moderator** (pluriel : Moderatoren), die **Moderatorin** (pluriel : Moderatorinnen)

présentation

▻ J'ai trouvé sa présentation très intéressante.
Ich fand seine Vorstellung sehr interessant.

▻ Bon, je vais faire les présentations.
Gut, ich stelle jetzt vor.

(= exposé, manière de présenter) die **Vorstellung** (pluriel : Vorstellungen)
► **faire les présentations :** **vorstellen**

ℹ *vor•stellen est un verbe à particule séparable.*

présenter

1 ▻ Je lui ai présenté Sandrine.
Ich habe ihm Sandrine vorgestellt.

1 ► **présenter** une personne **à** quelqu'un **:** jemandem (datif) eine Person **vorstellen**

2 ▻ Je vous présente ma sœur, Jeanne.
Das ist meine Schwester, Jeanne.
▻ Je te présente mes parents.
Das sind meine Eltern.

2 Pour présenter quelqu'un en allemand, on dit **das ist...** *ou* **das sind...** selon qu'il s'agit d'une ou de plusieurs personnes.

3 ▻ Tu dois présenter ton passeport à la douane.
Du musst deinen Pass am Zoll vorzeigen.

3 (= montrer) **vorzeigen**

4 ▻ Je n'aime pas celui qui présente les informations.
Ich mag den nicht, der die Nachrichten spricht.

4 (à la télé, à la radio, en parlant des informations) **sprechen** (spricht, sprach, gesprochen)

5 ▻ Loïc est entré et s'est présenté.
Loïc ist hereingekommen und hat sich vorgestellt.
▻ Je me présente : je m'appelle Anna.
Ich stelle mich vor: Ich heiße Anna.

5 ► **se présenter** (= annoncer son nom) **:** **sich vorstellen**

ℹ *Le pronom personnel allemand s'emploie à l'accusatif : ich stelle **mich** vor, du stellst **dich** vor, er/sie stellt **sich** vor, wir stellen **uns** vor, ihr stellt **euch** vor, sie stellen **sich** vor.*

6 ▻ Le frère de Mario se présente au bac en juin.
Marios Bruder nimmt im Juni am Abitur teil.

6 ► **se présenter à** (un examen, un concours) **:** **an** + datif + **teilnehmen**

ℹ *teil•nehmen est un verbe à particule séparable et se conjugue comme **nehmen** (nimmt, nahm, genommen).*

7 ▷ Julien se présente à l'élection des délégués de classe.
Julien kandidiert bei der Klassensprecherwahl.

7 ► **se présenter à** (une élection) : bei + datif + kandidieren

ℹ *Les verbes se terminant en* ***–ieren*** *ne prennent pas* ***ge-*** *au participe passé.*

préservatif

▷ Il faut prendre ses précautions et utiliser un préservatif.
Man muss Vorkehrungen treffen und ein Kondom benützen.

das **Kondom** (pluriel : Kondome)

président, présidente

1 ▷ Le président a fait un discours.
Der Präsident hat eine Rede gehalten.

1 (= chef d'État) der **Präsident** (pluriel : Präsidenten), die **Präsidentin** (pluriel : Präsidentinnen)

2 ▷ Ma mère est présidente de l'association.
Meine Mutter ist Vorsitzende des Vereins.
▷ Qui est le président du club ?
Wer ist der Klubvorsitzende?

2 (= qui préside une association, un club, un comité, etc.) der/die **Vorsitzende** (pluriel : Vorsitzenden)

ℹ *C'est un adjectif substantivé : on dit* ***ein Vorsitzender***.

presque

1 ▷ J'ai presque fini.
Ich bin fast fertig.

1 (= pas tout à fait) **fast**

2 ▷ Nous n'avons presque pas dormi.
Wir haben kaum geschlafen.
▷ Je ne les vois presque plus.
Ich sehe sie kaum noch.

2 ► **presque pas :** kaum

► **presque plus :** kaum noch

presse

▷ La presse a critiqué sa décision.
Die Presse hat seine Entscheidung kritisiert.

(= journaux) die **Presse**

pressé, pressée

1 ▷ Tu es pressé ? Tu ne peux pas rester ?
Hast du es eilig? Kannst du nicht bleiben?
▷ Léa est pressée de voir sa copine.
Léa hat es eilig, ihre Freundin zu sehen.

1 ► **être pressé :** es eilig haben

► **être pressé de** + infinitif **:** es eilig haben, zu + infinitif

2 ▷ Il faut que tu m'aides. – C'est pressé ?
Du must mir helfen. – Ist es dringend?

2 (= urgent) **dringend**

3 ▷ Un citron pressé, s'il vous plaît.
Einen Zitronensaft, bitte.

3 ► **citron pressé :** der Zitronensaft

presser

1 ▷ Je presse deux oranges tous les matins.
Jeden Morgen presse ich zwei Orangen.

2 ▷ Ce n'est pas la peine de se presser, le film commence à neuf heures.
Wir brauchen uns nicht zu beeilen, der Film fängt um neun an.
▷ Presse-toi un peu, nous sommes en retard !
Beeil dich ein bisschen, wir sind spät dran!

1 (= presser des fruits) **pressen**

2 ► **se presser : sich beeilen** /bə'ailən/

ℹ *Le pronom personnel allemand s'emploie à l'accusatif : ich beeile* ***mich****, du beeilst* ***dich****, er/sie beeilt* ***sich****, wir beeilen* ***uns****, ihr beeilt* ***euch****, sie beeilen* ***sich****.*

ℹ *Les verbes commençant par le préfixe* ***be-*** *ne prennent pas* ***ge-*** *au participe passé.*

pressing

▷ J'ai apporté ma veste au pressing.
Ich habe meine Jacke zur Reinigung gebracht.

die **Reinigung** (pluriel : Reinigungen)

prêt, prête

1 ▷ Tu es prêt ? C'est l'heure de partir.
Bist du fertig? Es ist Zeit zum Gehen.

2 ▷ Elle est prête à m'aider pour le déménagement.
Sie ist bereit, mir beim Umzug zu helfen.

1 (= préparé) **fertig**

2 (= disposé) **bereit**

prêt

▷ Ils vont demander un prêt.
Sie werden um einen Kredit bitten.

(= chose ou somme qu'on prête) der **Kredit** (pluriel : Kredite)

prétentieux, prétentieuse

▷ Sonia est vraiment prétentieuse.
Sonia ist wirklich eingebildet.

eingebildet

prêter

▷ Tu peux me prêter dix euros ?
Kannst du mir zehn Euro leihen?

► **prêter** quelque chose à quelqu'un : jemandem (datif) etwas **leihen** (lieh, geliehen)

prétexte

▷ Il n'est pas vraiment malade, c'est seulement un prétexte.
Er ist nicht wirklich krank, es ist nur eine Ausrede.

die **Ausrede** (pluriel : Ausreden)

prêtre

▷ Je connais bien le prêtre.
Ich kenne den Priester gut.

der **Priester** (pluriel : Priester)

preuve

der **Beweis** (pluriel : Beweise)

▷ Tu as besoin d'autres preuves ?
Brauchst du noch mehr Beweise?

▷ C'est bien la preuve qu'il m'a menti.
Das ist der Beweis dafür, dass er gelogen hat.

► **la preuve que ... : der Beweis dafür, dass ...**

prévenir

1 (= avertir) **warnen**

1 ▷ Heureusement, Michael nous a prévenus que le prof arrivait.
Zum Glück hat uns Michael gewarnt, dass der Lehrer kam.

2 (= informer) **benachrichtigen**

ℹ *Les verbes commençant par le préfixe **be-** ne prennent pas **ge-** au participe passé.*

2 ▷ Personne ne nous a avertis que la réunion était annulée.
Niemand hat uns benachrichtigt, dass die Versammlung abgesagt war.

3 (= appeler le médecin ou la police) **anrufen**

ℹ ***an•rufen** est un verbe à particule séparable et se conjugue comme **rufen** (rief, gerufen).*

3 ▷ Va prévenir le médecin, vite !
Ruf den Arzt an, schnell!

▷ Tu as prévenu la police ?
Hast du die Polizei angerufen?

prévoir

1 (= prédire) **vorhersehen**

ℹ ***vorher•sehen** est un verbe à particule séparable et se conjugue comme **sehen** (sieht, sah, gesehen).*

1 ▷ Personne n'a prévu ce problème.
Niemand hat dieses Problem vorhergesehen.

2 (en parlant de la météo) **voraussagen**

ℹ ***voraus•sagen** est un verbe à particule séparable.*

2 ▷ Un orage est prévu pour ce soir.
Für heute Abend sagt man einen Sturm voraus.

3 (= projeter, préparer) **vorsehen**

ℹ ***vor•sehen** est un verbe à particule séparable et se conjugue comme **sehen** (sieht, sah, gesehen).*

3 ▷ Qu'est-ce que vous prévoyez pour ce week-end ?
Was seht ihr für dieses Wochenende vor?

▷ Caro est arrivée plus tôt que prévu.
Caro kam früher als vorgesehen an.

▷ Prévoyez cinquante euros d'argent de poche.
Sehen Sie fünfzig Euro Taschengeld vor.

▷ Nous avions prévu de pique-niquer, mais il s'est mis à pleuvoir.
Wir hatten vorgesehen zu picknicken, aber es fing an zu regnen.

► **prévoir de** + infinitif **: vorsehen zu** + infinitif

prier

1 (= faire une prière) **beten**

1 ▷ Isabelle prie tous les soirs avant de se coucher.
Isabelle betet jeden Abend vor dem Schlafengehen.

2 ▷ Merci. – Je t'en prie.
Danke. – Bitte.

2 ► **je t'en prie** *ou* **je vous en prie :** bitte

prière

▷ C'est une prière en latin.
Das ist ein Gebet auf Latein.

▷ Elle fait sa prière tous les soirs.
Sie betet jeden Abend.

das **Gebet** (pluriel : Gebete)

► **faire sa prière :** beten

primaire

▷ Ma petite sœur va a l'école primaire.
Meine kleine Schwester geht in die Grundschule.

▷ Sa tante enseigne dans le primaire.
Seine Tante lehrt in der Grundschule.

► **l'école primaire, le primaire :** die Grundschule

► **dans le primaire :** in der Grundschule

principal, principale

1 ▷ Le foot est leur activité principale.
Fußball ist ihre wichtigste Betätigung.

2 ▷ Le principal, c'est que tu ne sois pas blessé.
Die Hauptsache ist, dass du unverletzt bist.

3 ▷ Le principal a convoqué Steven dans son bureau.
Der Schuldirektor hat Steven in sein Büro bestellt.

1 (adjectif = le plus important) **wichtigste**

2 ► **le principal** (= l'essentiel) **:** die Hauptsache

3 (= directeur, directrice d'école) der **Schuldirektor** (pluriel : -direktoren), die **Schuldirektorin** (pluriel : -direktorinnen)

principe

1 ▷ C'est une fille qui a des principes.
Sie ist ein Mädchen mit Prinzipen.

▷ En principe, ça devrait fonctionner.
Im Prinzip müsste es funktionieren.

2 ▷ En principe, je me couche à dix heures.
Normalerweise gehe ich um zehn Uhr ins Bett.

1 das **Prinzip** (pluriel : Prinzipe)

► **en principe** (= théoriquement) **:** im Prinzip

2 ► **en principe** (= normalement) **:** normalerweise

printemps

▷ Le printemps est ma saison préférée.
Der Frühling ist meine Lieblingsjahreszeit.

der **Frühling** (pluriel : Frühlinge)

priorité

1 ▷ Il donne la priorité aux problèmes des jeunes.
Er gibt den Problemen der Jugendlichen den Vorrang.

2 ▷ Qui a la priorité aux ronds-points ?
Wer hat im Kreisverkehr Vorfahrt?

1 (= qui passe en premier) der **Vorrang**

ℹ *Ce mot s'emploie uniquement au singulier.*

2 (sur la route) die **Vorfahrt**

pris, prise

1 ▷ Est-ce que ce siège est pris ?
Ist dieser Platz besetzt?

2 ▷ Lundi je ne peux pas, je suis pris.
Ich kann am Montag nicht, ich bin beschäftigt.

3 ▷ J'ai le nez pris.
Meine Nase ist verstopft.

1 (= occupé, en parlant d'une place) **besetzt**

2 (= occupé, en parlant d'une personne) **beschäftigt**

3 (= bouché) **verstopft**

prise

1 ▷ Ne joue pas avec la prise, c'est dangereux !
Spiel nicht mit dem Stecker, das ist gefährlich!

2 ▷ Cette prise ne fonctionne pas.
Diese Steckdose geht nicht.

3 ▷ Je déteste les prises de sang.
Ich hasse Blutabnahmen.

▷ L'infirmière m'a fait une prise de sang.
Die Krankenschwester hat mir Blut abgenommen.

1 (au bout d'un fil électrique) der **Stecker** (pluriel : Stecker)

2 (au mur) die **Steckdose** (pluriel : -dosen)

3 ► **prise de sang :** die Blutabnahme (pluriel : -abnahmen)

► **faire une prise de sang :** Blut abnehmen

ℹ ***ab•nehmen*** *est un verbe à particule séparable et se conjugue comme* ***nehmen*** *(nimmt, nahm, genommen).*

prison

▷ Jean-Marie habite près de la prison.
Jean-Marie wohnt in der Nähe des Gefängnisses.

▷ Le frère de Carmen est en prison.
Carmens Bruder ist im Gefängnis.

das **Gefängnis** (pluriel : Gefängnisse)

► **être en prison :** im Gefängnis sein

prisonnier, prisonnière

▷ Deux prisonniers se sont évadés.
Zwei Gefangene sind ausgebrochen.

der/die **Gefangene** (pluriel : Gefangenen)

ℹ *C'est un adjectif substantivé : on dit* ***ein Gefangener***.

privé, privée

▷ Ça ne te regarde pas, c'est privé.
Das geht dich nichts an, das ist privat.

▷ Nous avions une chambre avec salle de bains privée.
Wir hatten ein Zimmer mit Privatbad.

privat

ℹ *Pour dire que quelque chose est* **privé** *en allemand, on forme des mots composés avec* ***Privat-*** *:* ***das Privatleben*** (vie privée), ***Privateigentum*** (propriété privée).

priver

▷ Mes parents m'ont privé d'argent de poche.
Meine Eltern haben mir das Taschengeld gestrichen.

► **priver** quelqu'un **de** quelque chose (= supprimer) : jemandem (datif) etwas **streichen** (strich, gestrichen)

prix

1 ▷ Les prix sont bas ici.
Die Preise sind hier niedrig.
▷ Romain a gagné le premier prix.
Romain hat den ersten Preis gewonnen.

2 ▷ Annelise veut à tout prix devenir hôtesse de l'air.
Annelise will um jeden Preis Stewardess werden.

3 ▷ Cette robe est hors de prix !
Dieses Kleid ist ja wahnsinnig teuer!

1 (= coût, récompense) der **Preis** (pluriel : Preise)

2 ► **à tout prix :** um jeden Preis
ℹ *On dit aussi* ***unbedingt***.

3 ► **hors de prix :** wahnsinnig teuer

probable

▷ Tu crois qu'il viendra ? – C'est probable.
Glaubst du, dass er kommt? – Wahrscheinlich.

wahrscheinlich

probablement

▷ Ils ont probablement raté leur train.
Sie haben wahrscheinlich ihren Zug verpasst.

wahrscheinlich

problème

▷ Mylène a beaucoup de problèmes.
Mylène hat viele Probleme.
▷ Tu peux m'aider ? – Pas de problème !
Kannst du mir helfen? – Kein Problem!

das **Problem** (pluriel : Probleme)

► **pas de problème ! :** kein Problem!

procès

▷ Le procès a duré plusieurs semaines.
Der Prozess hat mehrere Wochen gedauert.
▷ Ils font un procès à leurs voisins.
Sie strengen einen Prozesse gegen ihre Nachbarn an.

der **Prozess** (pluriel : Prozesse)

► **faire un procès à** quelqu'un **:** einen Prozess gegen jemanden (accusatif) anstrengen
ℹ ***an•strengen*** *est un verbe à particule séparable.*

prochain, prochaine

1 ▷ On descend au prochain arrêt.
Wir steigen an der nächsten Haltestelle aus.
▷ Nous avons rendez-vous lundi prochain.
Wir sind nächsten Montag verabredet.

1 **nächste**

2 ▻ Merci beaucoup, et à la prochaine !
Vielen Dank, und bis dann!

2 ► **à la prochaine ! :** bis dann!

proche

1 ▻ La pharmacie est proche de la poste.
Die Apotheke ist nah an der Poste.

2 ▻ Anne et Valérie sont très proches.
Anne und Valérie stehen sich sehr nahe.

1 ► **proche de :** in der Nähe + génitif

2 ► **être proche de** quelqu'un : jemandem (datif) nahe stehen (stand, gestanden)

procurer

▻ Je peux vous procurer des billets si vous voulez.
Ich kann euch Eintrittskarten verschaffen, wenn ihr wollt.

► **procurer** quelque chose à quelqu'un : jemandem (datif) etwas verschaffen

Les verbes commençant par le préfixe ***ver-*** *ne prennent pas* ***ge-*** *au participe passé.*

▻ Où est-ce que tu t'es procuré ça ?
Wo hast du dir denn das verschafft?

▻ Il s'est procuré un lecteur de CD neuf à moitié prix.
Er hat sich einen neuen CD-Player zum halben Preis verschafft.

► **se procurer** quelque chose : sich etwas verschaffen

Le pronom personnel réfléchi allemand s'emploie au datif : ich verschaffe ***mir****, du verschaffst* ***dir****, er/sie verschafft* ***sich****, wir verschaffen* ***uns****, ihr verschafft* ***euch****, sie verschaffen* ***sich****.*

produire

▻ Cette région produit du vin.
Diese Region produziert Wein.

produzieren

Les verbes se terminant en ***–ieren*** *ne prennent pas* ***ge-*** *au participe passé.*

produit

1 ▻ Certains produits sont plus chers ici.
Gewisse Produkte sind hier teurer.

2 ▻ Elle dépense beaucoup d'argent pour des produits de beauté.
Sie gibt viel Geld für Kosmetika aus.

3 ▻ Je dois acheter des produits d'entretien.
Ich muss Reinigungsmittel kaufen.

1 das Produkt (pluriel : Produkte)

2 ► **produit de beauté :** das Kosmetikum (pluriel : Kosmetika)

3 ► **produit d'entretien :** das Reinigungsmittel (pluriel : –mittel)

prof

1 ▻ J'aime bien le prof de maths.
Ich mag den Mathelehrer gern.

1 (au collège, au lycée) der Lehrer (pluriel : Lehrer), die Lehrerin (pluriel : Lehrerinnen)

2 ▻ La mère de Nadia est prof à la fac.
Nadias Mutter ist Professorin an der Uni.

2 (à l'université) der **Professor** (pluriel : Professoren), die **Professorin** (pluriel : Professorinnen)

professeur

1 ▻ Les professeurs sont en grève.
Die Lehrer streiken.

1 (au collège, au lycée) der **Lehrer** (pluriel : Lehrer), die **Lehrerin** (pluriel : Lehrerinnen)

2 ▻ La sœur de Karim est professeur à la fac.
Karims Schwester ist Professorin an der Uni.

2 (à l'université) der **Professor** (pluriel : Professoren), die **Professorin** (pluriel : Professorinnen)

profession

▻ On nous a demandé la profession de nos parents.
Wir wurden nach dem Beruf unserer Eltern gefragt.

der **Beruf** (pluriel : Berufe)

professionnel, professionnelle

1 ▻ Ils ne l'ont pas embauché parce qu'il n'avait pas d'expérience professionnelle.
Er wurde nicht angestellt, weil er keine Berufserfahrung hatte.

1 L'adjectif **professionnel(le)** est traduit en formant des mots composés avec **Berufs-** : die Berufskleidung (**vêtement professionnel**), das Berufsleben (**vie professionnelle**).

2 ▻ Hocine rêve de devenir footballeur professionnel.
Hocine träumt davon, Fußballprofi zu werden.
▻ Frank aurait voulu être hockeyeur professionnel.
Frank wäre gern Hockeyprofi geworden.

2 Quand on parle d'un sportif ou d'une sportive, **professionnel** se traduit en ajoutant le mot **Profi** à la discipline : der Rugbyprofi (**rugbyman professionnel**), der Handballprofi (**joueur de handball professionnel**).

3 ▻ On a besoin d'un professionnel pour réparer ça.
Wir brauchen einen Fachmann, um das zu reparieren.

3 (= qui est du métier) der **Fachmann** (pluriel : -männer), die **Fachfrau** (pluriel : -frauen)

profil

▻ Lisa a un joli profil.
Lisa hat ein schönes Profil.
▻ Je vais te dessiner de profil.
Ich werde dich im Profil zeichnen.

das **Profil** (pluriel : Profile)

► **de profil** : im Profil

profiter de

▻ On profite au mieux de la piscine.
Wir nützen den Schwimming-Pool bestens aus.

(= tirer le meilleur parti de, utiliser) **ausnützen**

▷ J'ai profité de l'occasion pour lui parler.
Ich habe die Gelegenheit ausgenützt, um mit ihm zu reden.

ℹ *aus•nützen est un verbe à particule séparable.*
ℹ *On dit aussi ausnutzen.*

profond, profonde

▷ L'eau est trop profonde ici, c'est dangereux.
Das Wasser ist zu tief hier, das ist gefährlich.
▷ Le puits est profond de dix mètres.
Der Brunnen ist zehn Meter tief.

tief

ℹ *Quand on veut parler de la profondeur exacte de quelque chose, on emploie l'expression ... tief sein.*

profondeur

▷ La profondeur du lac n'a pas encore été mesurée.
Die Tiefe des Sees ist noch nicht gemessen worden.
▷ Quelle est la profondeur du trou ?
Wie tief ist das Loch?
▷ L'eau est à deux mètres de profondeur ici.
Das Wasser ist hier zwei Meter tief.

die **Tiefe** (pluriel : Tiefen)

ℹ *Pour demander la profondeur de quelque chose, on dit wie tief...?*
ℹ *Quand on veut parler de la profondeur exacte de quelque chose, on emploie l'expression ... tief sein.*

programme

1 ▷ Je veux acheter le programme du concert.
Ich will das Konzertprogramm kaufen.
▷ Quelqu'un a-t-il vu le programme de télé ?
Hat jemand das Fernsehprogramm gesehen?
▷ Avec ce programme tu peux faire du dessin sur ton ordinateur.
Mit diesem Programm kannst du auf deinem Computer zeichnen.

1 (= spectacles, activités programmées, programme d'ordinateur, de télévision) das **Programm** (pluriel : Programme)

2 ▷ Le programme de français est dur cette année.
Der Französischlehrplan ist dieses Jahr schwierig.

2 (= choses à étudier dans une matière) der **Lehrplan** (pluriel : -pläne)

3 ▷ Est-ce que Molière est au programme ?
Steht Molière auf dem Programm?

3 ► **être au programme** : auf dem Programm stehen (stand, gestanden)

programmer

1 ▷ J'apprends à programmer dans mon cours d'informatique.
In meinem Computerkurs lerne ich zu programmieren.

1 (avec un ordinateur) **programmieren**

ℹ *Les verbes se terminant en -ieren ne prennent pas ge- au participe passé.*

2 ▻ Tu as pensé à programmer le magnétoscope ?
Hast du daran gedacht, den Videorecorder vorzuprogrammieren?

2 (= régler un magnétoscope) **vorprogrammieren**

ℹ *vor•programmieren est un verbe à particule séparable.*

progrès

▻ Jeanne a fait des progrès en allemand.
Jeanne hat Fortschritte in Deutsch gemacht.

der **Fortschritt** (pluriel : -schritte)
► **faire des progrès : Fortschritte machen**

progresser

▻ Le professeur a dit que j'ai progressé ce trimestre.
Der Lehrer hat gesagt, dass ich in diesem Trimester Fortschritte gemacht habe.

Fortschritte machen

projecteur

1 ▻ Je ne peux pas te montrer mes diapositives, mon projecteur est cassé.
Ich kann dir meine Dias nicht zeigen, mein Projektor ist kaputt.

1 (pour montrer des diapos ou des films) der **Projektor** (pluriel : Projektoren)

2 ▻ Deux des projecteurs du stade ne fonctionnaient pas.
Zwei Scheinwerfer des Stadions gingen nicht.

2 (= lumière) der **Scheinwerfer** (pluriel : Scheinwerfer)

projet

▻ Vous avez des projets pour les vacances ?
Habt ihr Pläne für die Ferien?
▻ C'est chouette de faire des projets.
Es ist toll, Pläne zu machen.

(= intention) der **Plan** (pluriel : Pläne)
► **faire des projets : Pläne machen**

prolonger

▻ Nous aurions aimé prolonger nos vacances.
Wir hätten unsere Ferien gern verlängert.

verlängern

ℹ *Les verbes commençant par le préfixe **ver-** ne prennent pas **ge-** au participe passé.*

promenade

▻ Cette promenade nous a fait du bien.
Dieser Spaziergang hat uns gut getan.
▻ Gisela m'a invité à une promenade en voiture.
Gisela hat mich zu einer Spazierfahrt eingeladen.

▻ Tu veux faire une promenade ?
Willst du einen Spaziergang machen?

(à pied) der **Spaziergang** (pluriel : -gänge)

ℹ *Quand il s'agit d'une promenade avec un véhicule, on traduit par **die Spazierfahrt** (pluriel : -fahrten)*

► **faire une promenade** (à pied) **: einen Spaziergang machen**

ℹ *On dit aussi **spazieren gehen** (ging, gegangen).*

▷ Demain, nous irons faire une promenade en voiture.
Morgen machen wir eine Spazierfahrt.

Quand on fait une promenade avec un véhicule, on traduit par ***eine Spazierfahrt machen*** *ou* ***spazieren fahren***.

promener

1 ▷ Je promène souvent ma petite sœur.
Ich führe oft meine kleine Schwester spazieren.
▷ Qui va promener le chien ?
Wer führt den Hund spazieren?

2 ▷ On pourrait se promener dans les bois.
Wir könnten im Wald spazierengehen.
▷ Ils se promènent en vélo tous les dimanches.
Sie fahren jeden Sonntag mit dem Fahrrad spazieren.

1 ► **promener** quelqu'un : jemanden **spazierenführen**

spazieren•führen *est un verbe à particule séparable.*

2 ► **se promener** : **spazieren gehen** (ging, gegangen)

Quand on se promène avec un véhicule, on traduit par ***spazieren fahren*** *(fährt, fuhr, gefahren).*

promesse

▷ Encore une promesse !
Wieder eine Versprechung!
▷ Tu fais des promesses mais tu ne les tiens jamais !
Du machst immer Versprechungen, aber du hältst sie nie!

die **Versprechung**
(pluriel : Versprechungen)
► **faire une promesse** : eine Versprechung machen
► **tenir une promesse** : eine Versprechung halten (hält, hielt, gehalten)

promettre

▷ Nathan a promis de nous aider.
Nathan hat versprochen, uns zu helfen.

versprechen (verspricht, versprach, versprochen)

prononcer

▷ Tu prononces mal ce mot.
Du sprichst dieses Wort falsch aus.

aussprechen

aus•sprechen *est un verbe à particule séparable et se conjugue comme* ***sprechen*** *(spricht, sprach, gesprochen).*

▷ Comment ça se prononce ?
Wie wird das ausgesprochen?

► **se prononcer** : ausgesprochen werden (wird, wurde, geworden)

prononciation

▷ La prononciation allemande est assez difficile.
Die deutsche Aussprache ist ziemlich schwierig.

die **Aussprache**
(pluriel : -sprachen)

proposer

1 ▷ Qu'est-ce que tu proposes ?
Was schlägst du vor?

1 (= suggérer) **vorschlagen**

vor•schlagen *est un verbe à particule séparable et se conjugue comme* ***schlagen*** *(schlägt, schlug, geschlagen).*

2 ▷ Samia m'a proposé de m'accompagner.
Samia hat mir angeboten, mich zu begleiten.

2 (= offrir) **anbieten**

ℹ ***an•bieten*** *est un verbe à particule séparable et se conjugue comme* ***bieten*** *(bot, geboten).*

proposition

1 ▷ J'ai une proposition à faire.
Ich habe einen Vorschlag zu machen.

2 ▷ C'est une proposition intéressante, tu ne peux pas la refuser.
Das ist ein interessantes Angebot, das kannst du nicht ablehnen.

1 (= suggestion) der **Vorschlag** (pluriel : -schläge)

2 (= offre) das **Angebot** (pluriel : Angebote)

propre

1 ▷ Est-ce que la table est propre ?
Ist der Tisch sauber?

2 ▷ Vous devez apporter votre propre repas.
Ihr müsst eurer eigenes Essen mitbringen.

1 (= pas sale) **sauber**

2 (= à soi) **eigen**

propriétaire

1 ▷ Qui est le propriétaire de cette maison ?
Wer ist der Besitzer dieses Hauses?

2 ▷ Notre propriétaire a fait réparer la porte.
Unser Vermieter hat die Tür reparieren lassen.

1 der **Besitzer** (pluriel : Besitzer), die **Besitzerin** (pluriel : Besitzerinnen)

2 (pour un locataire) der **Vermieter** (pluriel : Vermieter), die **Vermieterin** (pluriel : Vermieterinnen)

protéger

▷ Julien protège toujours sa petite sœur.
Julien beschützt immer seine kleine Schwester.

beschützen

ℹ *Les verbes commençant par le préfixe* ***be-*** *ne prennent pas* ***ge-*** *au participe passé.*

protester

▷ Ne proteste pas, fais-le !
Protestiere nicht, tu es!

protestieren

ℹ *Les verbes se terminant en* ***-ieren*** *ne prennent pas* ***ge-*** *au participe passé.*

prouver

▷ Tu dois prouver ce que tu dis !
Du musst beweisen, was du sagst!

beweisen (bewies, bewiesen)

ℹ *Les verbes commençant par le préfixe* ***be-*** *ne prennent pas* ***ge-*** *au participe passé.*

province

▷ Ma grande sœur déménage en province.
Meine große Schwester zieht in die Provinz.

► **la province** (= région hors de Paris) : die Provinz

proviseur

▷ Le proviseur est venu dans notre classe.
Der Schulleiter ist in unsere Klasse gekommen.

der **Schulleiter** (pluriel : -leiter), die **Schulleiterin** (pluriel : -leiterinnen)

provision

1 ▷ Bérénice a une provision de bonbons dans son tiroir.
Bérénice hat einen Vorrat an Bonbons in ihrer Schublade.

1 (= stock) der **Vorrat** (pluriel : Vorräte)

2 ▷ Nous avons fait nos provisions au supermarché.
Wir haben im Supermarkt eingekauft.

2 ► **faire ses provisions** (= acheter de la nourriture) : einkaufen

provisoire

▷ Tu dormiras sur le canapé, mais c'est provisoire.
Du schläfst auf dem Sofa, aber das ist nur provisorisch.

provisorisch

prudemment

▷ Léna a traversé la route très prudemment.
Léna hat die Straße ganz vorsichtig überquert.
▷ Conduisez prudemment.
Fahrt vorsichtig.

vorsichtig

prudent, prudente

▷ Sois prudent, regarde avant de traverser.
Sei vorsichtig, schau bevor du überquerst.

vorsichtig

prune

▷ Ma mère fait de la confiture avec les prunes du jardin.
Meine Mutter kocht Marmelade mit den Pflaumen aus dem Garten.

die **Pflaume** (pluriel : Pflaumen)

pruneau

▷ Il y a des pruneaux dans ce gâteau.
In diesem Kuchen sind Backpflaumen.

die **Backpflaume** (pluriel : -pflaumen)

pub

1 ▷ Le père de Gwen travaille dans la pub.
Gwens Vater arbeitet in der Werbung.

1 (= l'activité, le métier) die **Werbung**

2 ▷ La musique dans cette pub est super.
Die Musik in diesem Werbespot ist toll.

2 (= annonce) der **Werbespot** (pluriel : -spots)

public, publique

1 ▷ Il est interdit de fumer dans les endroits publics.
Rauchen ist an öffentlichen Orten verboten.

1 (= qui appartient à tous, qui est ouvert à tous) **öffentlich**

2 ▷ Mon père travaille pour une entreprise publique.
Mein Vater arbeitet für ein staatliches Unternehmen.

2 (= géré par l'État, en parlant d'une entreprise, d'une administration) **staatlich**

ℹ *Même si les écoles publiques sont gérées par les pouvoirs publics, on dit* ***die öffentliche Schule****.*

3 ▷ Le public était enchanté.
Das Publikum war begeistert.

3 ► **le public** (= les spectateurs) : das Publikum

publicité

1 ▷ Le père de Gwen travaille dans la publicité.
Gwens Vater arbeitet in der Werbung.

1 (= l'activité, le métier) die **Werbung**

2 ▷ La musique dans cette publicité est super.
Die Musik in diesem Werbespot ist toll.

2 (= annonce) der **Werbespot** (pluriel : -spots)

puce

1 ▷ Le chien a des puces.
Der Hund hat Flöhe.
▷ Samedi j'irai au marché aux puces.
Samstag gehe ich auf den Flohmarkt.

1 (= l'insecte) der **Floh** (pluriel : Flöhe)
► **marché aux puces** : der Flohmarkt (pluriel : -märkte)

2 ▷ Cette carte fonctionne avec une puce.
Diese Karte funktioniert mit einem Chip.

2 (= puce électronique) der **Chip** /tʃip/ (pluriel : Chips)

Notez la prononciation.

puer

▷ Ce fromage pue !
Dieser Käse stinkt!
▷ Ça pue l'ail ici.
Es stinkt hier nach Knoblauch.

stinken (stank, gestunken)
► **puer** quelque chose : nach etwas stinken

puis

▷ Vous tournez à gauche, puis à droite.
Sie biegen nach links ab, dann nach rechts.

dann

puisque

▷ Puisque tu restes à la maison, tu pourrais faire la vaisselle.
Da du zu Hause bleibst, kannst du ja das Geschirr spülen.

da

puissant, puissante

▷ Cette moto a un moteur très puissant.
Dieses Motorrad hat einen sehr starken Motor.

stark (plus puissant stärker ; le plus puissant der stärkste)

puits

▷ Le puits est assez profond.
Der Brunnen ist ziemlich tief.

der **Brunnen** (pluriel : Brunnen)

pull

▷ Tu peux me prêter ton pull ? J'ai froid.
Kannst du mir deinen Pullover leihen? Mir ist kalt.

der **Pullover** (pluriel : Pullover)

i *L'abréviation plus familière de* ***Pullover*** *est* ***Pulli*** (pluriel : *Pullis*).

punaise

▷ Où sont les punaises ? Je voudrais accrocher mon affiche.
Wo sind die Reißzwecken? Ich würde gern mein Poster aufhängen.

(= clou) die **Reißzwecke** (pluriel : Reißzwecken)

punir

▷ Mes parents m'ont puni.
Meine Eltern haben mich bestraft.

bestrafen

i *Les verbes commençant par le préfixe* ***be-*** *ne prennent pas* ***ge-*** *au participe passé.*

punition

▷ Tu as eu une punition ?
Hast du eine Strafe bekommen?

▷ Le prof lui a donné une punition.
Der Lehrer hat ihm eine Strafarbeit aufgegeben.

die **Strafe** (pluriel : Strafen)

i *Quand il s'agit d'un travail supplémentaire de punition à l'école, on dit* ***die Strafarbeit*** (pluriel : *-arbeiten*).

pur, pure

▷ L'air est très pur ici.
Die Luft ist ganz rein hier.

rein

purée

▷ Tu dois ajouter de la purée de tomates.
Du musst Tomatenpüree dazugeben.

▷ J'adore la purée de pommes de terres.
Ich liebe Kartoffelpüree.

das **Püree** (pluriel : Pürees)

i *On dit aussi* ***der Brei*** (pluriel : *Breie*).

i *Pour dire* **purée de quelque chose**, *on forme des mots composés avec* ***Püree*** *ou* ***Brei*** : ***das Gemüsepüree*** *ou* ***der Gemüsebrei*** (purée de légumes).

puzzle

▷ Ce puzzle m'a pris une journée.
Ich habe einen Tag für dieses Puzzle gebraucht.

das **Puzzle** /'pazl/ (pluriel : Puzzles)

Notez la prononciation.

*On dit aussi **das Puzzlespiel*** (pluriel : *-spiele*)

P.-V.

▷ Mon frère a eu un P.-V.
Mein Bruder hat einen Strafzettel bekommen.

der **Strafzettel** (pluriel : -zettel)

pyjama

▷ Ton pyjama est dans l'armoire.
Dein Schlafanzug ist im Schrank.

▷ Lucille était encore en pyjama.
Lucille war noch im Schlafanzug.

der **Schlafanzug** (pluriel : -anzüge)

► **en pyjama :** im Schlafanzug

pylône

▷ La voiture est rentrée dans un pylône.
Das Auto ist gegen einen Leitungsmast gefahren.

der **Leitungsmast** (pluriel : -masten)

pyramide

▷ Un jour, j'aimerais bien voir les pyramides en Égypte.
Eines Tages würde ich gern die ägyptischen Pyramiden sehen.

die **Pyramide** (pluriel : Pyramiden)

*N'oubliez pas que le **y** allemand se prononce **u**.*

Pyrénées

▷ Nous avons passé nos vacances dans les Pyrénées.
Wir haben unsere Ferien in den Pyrenäen verbracht.

► **les Pyrénées :** die Pyrenäen

*N'oubliez pas que le **y** allemand se prononce **u**.*

Q

FRANÇAIS — ALLEMAND

quai

1 ▻ Le train part du quai douze.
Der Zug fährt vom Bahnsteig zwölf ab.

2 ▻ On voit les bateaux depuis le quai.
Vom Kai aus sieht man die Schiffe.

1 (dans une gare) der **Bahnsteig** (pluriel : -steige)

2 (dans un port) der **Kai** (pluriel : Kaie *ou* Kais)

qualité

▻ La qualité est plus importante que la quantité.
Qualität ist wichtiger als Quantität.

▻ C'est un manteau de bonne qualité.
Das ist ein Mantel von guter Qualität.

die **Qualität**

► **de bonne qualité :** von guter Qualität

De même : de mauvaise qualité = ***von schlechter Qualität.***

quand

1 ▻ Quand est-ce que vous arrivez ?
Wann kommt ihr an?

2 ▻ Quand ma grand-mère s'est cassé la jambe, j'allais la voir tous les jours.
Als meine Großmutter sich das Bein gebrochen hat, habe ich sie jeden Tag besucht.

3 ▻ Qu'est-ce que tu fais quand tu rentres le soir ?
Was machst du, wenn du abends nach Hause kommst?

▻ Quand tu le verras, dis-lui de m'appeler.
Wenn du ihn siehst, sag ihm, er soll mich anrufen.

▻ Quand on se rencontrait, on se disputait toujours.
Immer wenn wir uns trafen, stritten wir uns.

1 (dans une question) **wann**

2 Lorsque **quand** signifie **au moment où** et se situe dans le passé, on traduit par **als** en allemand.

3 Lorsque **quand** se situe dans le présent ou le futur, ou lorsqu'il fait référence à un événement qui se répète, on traduit par **wenn** en allemand.

quand même

▷ Mes parents ne veulent pas que j'y aille, mais j'irai quand même.
Meine Eltern wollen nicht, dass ich hingehe, aber ich gehe trotzdem.

(= de toute façon) **trotzdem**

quantité

1 ▷ On a acheté une grande quantité de boissons.
Wir haben eine große Menge Getränke gekauft.

2 ▷ La quantité est moins importante que la qualité.
Quantität ist nicht so wichtig wie Qualität.

1 die **Menge** (pluriel : Mengen)

2 Quand **quantité** est opposé à **qualité** dans une phrase, on traduit par die **Quantität**.

quarante

▷ Tu peux me prêter quarante centimes ?
Kannst du mir vierzig Cent leihen?

▷ Le père de Lisa a quarante ans.
Lisas Vater ist vierzig Jahre alt.

vierzig

i *Quand on parle de l'âge de quelqu'un, on peut dire simplement le chiffre : **Lisas Vater ist vierzig**.*

quart

▷ Un quart de cinquante, ça fait combien ?
Wieviel ist ein Viertel von fünfzig?

▷ Ça me prendra un quart d'heure.
Dazu brauche ich eine Viertelstunde.

▷ Julie est revenue trois quarts d'heure plus tard.
Julie ist nach einer Dreiviertelstunde zurückgekommen.

▷ Il est cinq heures moins le quart.
Es ist Viertel vor fünf.

▷ On doit y être à deux heures et quart.
Wir müssen um Viertel nach zwei dort sein.

das **Viertel** (pluriel : Viertel)

► **un quart d'heure :** eine Viertelstunde

► **trois quarts d'heure :** die Dreiviertelstunde

► **... moins le quart :** Viertel vor ...

i *Notez que la position de l'heure est inversée en allemand.*

► **... et quart :** Viertel nach ...

i *Notez que la position de l'heure est inversée en allemand.*

quartier

1 ▷ C'est un quartier très calme.
Es ist ein sehr ruhiges Viertel.

2 ▷ Tu veux un quartier de mon orange ?
Willst du ein Stück von meiner Orange?

1 (= partie d'une ville) das **Viertel** (pluriel : Viertel)

2 (= morceau) das **Stück** (pluriel : Stücke)

quatorze

▷ On doit répondre à quatorze questions.
Man muss vierzehn Fragen beantworten.

vierzehn

▷ Julien a quatorze ans.
Julien ist vierzehn Jahre alt.

ℹ *Quand on dit l'âge de quelqu'un, on peut dire simplement le nombre :* ***Julien ist vierzehn.***

▷ Aujourd'hui, c'est le quatorze septembre.
Heute ist der vierzehnte September.

ℹ *Quand on dit la date, on emploie* ***der vierzehnte.***

▷ La fête aura lieu le quatorze mai.
Die Party findet am vierzehnten Mai statt.

ℹ *Quand on dit que quelque chose a eu lieu ou aura lieu à cette date, on emploie* ***am vierzehnten.***

ℹ *On écrit* ***der 14. Mai, am 14. September.***

quatre

vier

▷ J'ai quatre paires de tennis.
Ich habe vier Paar Sportschuhe.

ℹ *Quand on dit l'âge de quelqu'un, on peut dire simplement le nombre :* ***Er ist vier.***

▷ Le petit frère de Marc a quatre ans.
Marcs kleiner Bruder ist vier Jahre alt.

▷ Aujourd'hui, c'est le quatre juin.
Heute ist der vierte Juni.

ℹ *Quand on dit la date, on emploie* ***der vierte.***

▷ Nous partons le quatre décembre.
Wir fahren am vierten Dezember.

ℹ *Quand on dit que quelque chose a eu lieu ou aura lieu à cette date, on emploie* ***am vierten.***

ℹ *On écrit* ***der 4. Juni, am 4. Dezember.***

quatre-vingt ou quatre-vingts

achtzig

▷ Ça coûte quatre-vingts euros.
Das kostet achtzig Euro.

▷ C'était en dix-neuf cent quatre-vingt-deux.
Das war neunzehnhundertzweiundachtzig.

▷ Mon grand-père aura quatre-vingts ans.
Mein Großvater wird achtzig Jahre alt.

ℹ *Quand on dit l'âge de quelqu'un, on peut dire simplement le nombre :* ***Er wird achtzig.***

quatre-vingt-dix

neunzig

▷ L'arrière-grand-mère de Sylvia a quatre-vingt-dix ans.
Sylvias Urgroßmutter ist neunzig Jahre alt.

ℹ *Quand on dit l'âge de quelqu'un, on peut dire simplement le nombre :* ***Er wird neunzig.***

quatrième

1 (pour compter) vierte

1 ▷ C'est la quatrième fois que je t'appelle.
Das ist das vierte Mal, dass ich dich rufe.

2 (= quatrième étage) der vierte Stock

2 ▷ Martin habite au quatrième.
Martin wohnt im vierten Stock.

3 ▷ Je ferai du latin en quatrième.
In der achten Klasse mache ich Latein.

3 (= niveau scolaire) die **achte Klasse**

que

1 ▷ Tu crois qu'elle viendra ?
Glaubst du, dass sie kommt?
▷ J'aimerais qu'il me téléphone.
Ich hätte gern, dass er mich anruft.

1 (introduit un complément, à l'indicatif ou au subjonctif) **dass**

2 ▷ C'est un garçon que je connais.
Das ist ein Junge, den ich kenne.
▷ La femme que tu vois là est la mère d'Andrea.
Die Frau, die du da siehst, ist Andreas Mutter.
▷ La robe que Sarah a choisie est rouge.
Das Kleid, das Sarah sich ausgewählt hat, ist rot.

2 Le pronom relatif **que** est traduit par **den** (pour le masculin), **die** (pour le féminin et le pluriel), **das** (pour le neutre) selon le genre du sujet en allemand.

3 ▷ Que tu es jolie !
Wie hübsch du bist!

3 (dans les exclamations) **wie**

4 ▷ Que s'est-il passé ?
Was ist passiert?

4 (interrogatif) **was**

Québec

▷ Le Québec est une province canadienne.
Quebec ist eine kanadische Provinz.

Quebec
► **le Québec : Quebec**

i *Ne prend l'article neutre que précédé d'un adjectif : **das französischsprachige Quebec*** (le Québec francophone).

▷ Céline a passé deux mois au Québec chez son oncle.
Céline hat zwei Monate in Quebec bei ihrem Onkel verbracht.

► **au Québec** (= dans le pays) **: in Quebec**

▷ J'aimerais aller au Québec un jour.
Eines Tages würde ich gern nach Quebec reisen.

► **au Québec** (= vers le pays) **: nach Quebec**

▷ Est-ce que tu es déjà allé au Québec ?
Warst du schon in Quebec?

Attention : pour demander si quelqu'un **est déjà allé quelque part**, *on emploie une expression avec le prétérit du verbe **sein** + **schon**.*

québécois, québécoise

1 ▷ Il travaille pour le gouvernement québécois.
Er arbeitet für die Regierung von Quebec.
▷ J'ai une amie québécoise.
Ich habe eine Freundin aus Quebec.

1 (adjectif = qui appartient au Québec) **von Quebec**
(= originaire du Québec) **aus Quebec**

2 ▷ Les Québécois parlent français.
Die Bewohner von Quebec sprechen französisch.

2 (= personne) der **Bewohner von Quebec** (pluriel : Bewohner), die **Bewohnerin von Quebec** (pluriel : Bewohnerinnen)

quel, quelle

1 ▻ Quel jour sommes-nous ?
Welcher Tag ist heute?
▻ Quelle couleur est-ce que tu préfères ?
Welche Farbe magst du am liebsten?
▻ Quelle serviette as-tu utilisée ?
Welches Handtuch hast du benutzt?

2 ▻ Quel imbécile !
So ein Dummkopf!
▻ Quelle belle maison !
So ein schönes Haus!
▻ Quels raseurs !
Solche Langweiler!

1 Dans les questions, **quel/quelle** est traduit par **welcher** (pour le masculin), **welche** (pour le féminin et le pluriel), **welches** (pour le neutre), selon le mot auquel il se réfère.

2 Dans les exclamations, **quel/quelle** est traduit par **so ein** (pour le masculin et le neutre), **so eine** (pour le féminin), **solche** (pour le pluriel), selon le mot auquel il se réfère.

quelque chose

▻ Viens ici, j'ai quelque chose à te dire.
Komm her, ich muss dir etwas sagen.
▻ Je cherche quelque chose de plus grand.
Ich suche etwas Größeres.

etwas

quelquefois

▻ Tu lui parles ? – Quelquefois.
Redest du mit ihm? – Manchmal.

manchmal

quelque part

1 ▻ Ces lunettes doivent bien être quelque part !
Diese Brille muss doch irgendwo sein!

2 ▻ Elle est allée quelque part, mais je ne sais pas où.
Sie ist irgendwohin gegangen, aber ich weiß nicht wohin.

1 (sans déplacement) **irgendwo**

2 (avec déplacement) **irgendwohin**

quelques

▻ On a eu quelques problèmes au début.
Am Anfang hatten wir einige Probleme.

einige

quelques-uns

▻ Il en reste quelques-uns.
Es sind noch einige da.

einige

quelqu'un

▻ Quelqu'un va venir pour réparer le toit.
Jemand kommt, um das Dach zu reparieren.
▻ C'est quelqu'un de patient.
Er ist jemand Geduldiges.
▻ Il y a quelqu'un de plus.
Da ist noch jemand.

jemand

ℹ *Notez que l'adjectif suivant* ***jemand*** *est substantivé et s'écrit avec une majuscule.*

► **quelqu'un de plus : noch jemand**

qu'est-ce que

▷ Qu'est-ce que tu veux ?
Was willst du?

was

qu'est-ce qui

▷ Qu'est-ce qui s'est passé ?
Was ist passiert?

was

question

▷ Il m'a posé une question gênante.
Er hat mir eine peinliche Frage gestellt.
▷ C'est une question d'argent.
Es ist eine Geldfrage.

(= demande, problème) die **Frage** (pluriel : Fragen)

questionnaire

▷ Est-ce que tu as rempli le questionnaire ?
Hast du den Fragebogen ausgefüllt?

der **Fragebogen** (pluriel : -bogen)

queue

1 ▷ Le chien essaie de se mordre la queue.
Der Hund versucht, sich in den Schwanz zu beißen.

1 (d'un animal) der **Schwanz** (pluriel : Schwänze)

2 ▷ Attention, la queue de la casserole est brûlante !
Vorsicht, der Topfstiel ist heiß!
▷ Tu peux laver les cerises sans enlever les queues.
Du kannst die Kirschen waschen, ohne die Stiele abzumachen.

2 (d'une poêle, d'une casserole, d'un fruit, d'une fleur) der **Stiel** (pluriel : Stiele)

3 ▷ Il y a au moins cinquante personnes dans la queue.
Es stehen mindestens fünfzig Leute in der Schlange.
▷ Les gens font la queue depuis ce matin pour acheter des billets.
Die Leute stehen seit heute Morgen Schlange, um Eintrittskarten zu kaufen.

3 (= file d'attente) die **Schlange** (pluriel : Schlangen)

► **faire la queue** : Schlange stehen (stand, gestanden)

4 ▷ Lambert a une queue de cheval.
Lambert trägt einen Pferdeschwanz.

4 ► **queue de cheval** : der Pferdeschwanz

qui

1 ▷ Qui a dit que c'était fini ?
Wer hat gesagt, es sei zu Ende?
▷ À qui est-ce qu'elle parle ?
Mit wem redet sie?
▷ Pour qui est cette bouteille de vin ?
Für wen ist diese Flasche Wein?

1 Dans les phrases interrogatives, la traduction de **qui** est **wer**. Il est décliné en fonction de sa préposition : **mit** + datif, **für** + accusatif, **zu** + datif, etc.

2 ▷ Les bonbons qui sont sur la table sont pour toi.
Die Bonbons, die auf dem Tisch liegen, sind für dich.
▷ Le garçon qui est assis à côté de Thomas est son cousin.
Der Junge, der neben Thomas sitzt, ist sein Cousin.
▷ Passe-moi le livre qui est sur la table.
Gib mir das Buch, das auf dem Tisch liegt.

2 Le pronom relatif **qui** est traduit par **der** (pour le masculin), **die** (pour le féminin et le pluriel), **das** (pour le neutre) selon le genre du sujet en allemand.

quiche

▷ Ta quiche est très bonne !
Deine Quiche Lorraine schmeckt sehr gut!

die **Quiche Lorraine**

Se prononce comme en français.

Notez l'emploi des majuscules en allemand.

quincaillerie

▷ Tu pourrais m'acheter des clous à la quincaillerie ?
Könntest du mir im Haushaltswarengeschäft Nägel kaufen?

(= magasin) das **Haushaltswarengeschäft** (pluriel : -geschäfte)

quinze

▷ Il y a quinze joueurs dans une équipe de rugby.
In einer Rugbymannschaft spielen fünfzehn Spieler.
▷ J'ai quinze ans.
Ich bin fünfzehn Jahre alt.

▷ Aujourd'hui, c'est le quinze septembre.
Heute ist der fünfzehnte September.
▷ Nous partons le quinze février.
Wir fahren am fünfzehnten Februar.

fünfzehn

Quand on dit l'âge de quelqu'un, on peut dire simplement le nombre : ***Ich bin fünfzehn****.*

Quand on dit la date, on emploie ***der fünfzehnte****.*

Quand on dit que quelque chose a eu lieu ou aura lieu à cette date, on emploie ***am fünfzehnten****.*

On écrit ***der 15. September****,* ***am 15. Februar****.*

quitter

▷ Monsieur Marchand a quitté sa femme.
Herr Marchand hat seine Frau verlassen.

verlassen (verlässt, verließ, verlassen)

Les verbes commençant par le préfixe ***ver-*** *ne prennent pas* ***ge-*** *au participe passé.*

quoi

1 ▷ Quoi ? Qu'est-ce que tu as dit ?
Was? Was hast du gesagt?
▷ Je ne sais pas quoi lui offrir.
Ich weiß nicht, was ich ihm schenken soll.

2 ▷ Quoi que tu dises, je la trouve sympa.
Ganz gleich, was du sagst, ich finde sie nett.

3 ▷ Merci ! – Il n'y a pas de quoi !
Danke! – Keine Ursache!

1 (pour poser une question directe ou indirecte sans préposition) was

2 ► **quoi que ...** : ganz gleich, was ...

3 ► **il n'y a pas de quoi** (en réponse à un remerciement) : keine Ursache

quoique

▷ Elle est très généreuse quoiqu'elle n'ait pas beaucoup d'argent.
Sie ist sehr großzügig, obwohl sie nicht viel Geld hat.

obwohl

R

FRANÇAIS — ALLEMAND

rabais

▷ Il nous a fait un rabais de dix pour cent.
Er hat uns zehn Prozent Rabatt gegeben.

der **Rabatt** (pluriel : Rabatte)
► **faire un rabais à** quelqu'un : jemandem (datif) **einen Rabatt geben** (gibt, gab, gegeben)

rabat-joie

▷ Quel rabat-joie !
So ein Spielverderber!

der **Spielverderber** (pluriel : -verderber), die **Spielverderberin** (pluriel : -verderberinnen)

raccompagner

▷ Si tu veux, je te raccompagne.
Wenn du willst, bringe ich dich zurück.

► **raccompagner** quelqu'un : jemanden (accusatif) **zurückbringen**

ℹ *__zurück•bringen__ est un verbe à particule séparable et se conjugue comme __bringen__ (brachte, gebracht).*

▷ Le père de Charlotte nous a raccompagnés en voiture.
Charlottes Vater fuhr uns zurück.

► **raccompagner** quelqu'un **en voiture :** jemanden **zurückfahren**

ℹ *__zurück•fahren__ est un verbe à particule séparable et se conjugue comme __fahren__ (fährt, fuhr, gefahren).*

raccourci

▷ Je connais un raccourci.
Ich kenne eine Abkürzung.

(= chemin plus court) die **Abkürzung** (pluriel : Abkürzungen)

raccourcir

1 ▷ Cette jupe est trop longue, ma mère va la raccourcir.
Dieser Rock ist zu lang, meine Mutter wird ihn kürzen.

1 (= rendre plus court, couper) **kürzen**

2 ▷ Les jours raccourcissent.
Die Tage werden kürzer.

2 (= devenir plus court) **kürzer werden** (wird, wurde, geworden)

kürzer est le comparatif de kurz.

raccrocher

1 ▷ Ne raccroche pas !
Leg nicht auf!

1 (au téléphone) **auflegen**

auf•legen est un verbe à particule séparable.

2 ▷ Le petit garçon se raccrochait à son père.
Der kleine Junge klammerte sich an seinen Vater.
▷ Raccroche-toi à la corde.
Klammer dich an das Seil.

2 ► **se raccrocher à** quelqu'un *ou* quelque chose : **sich an** etwas *ou* jemanden (accusatif) **klammern**

*Le pronom personnel allemand s'emploie à l'accusatif : ich klammer **mich**, du klammerst **dich**, er/sie klammert **sich**, wir klammern **uns**, ihr klammert **euch**, sie klammern **sich**.*

race

▷ De quelle race est ton chien ?
Zu welcher Rasse gehört dein Hund?

die **Rasse** (pluriel : Rassen)

racine

▷ Au jardin botanique, j'ai vu un chêne avec des racines immenses.
Im botanischen Garten habe ich eine Eiche mit riesigen Wurzeln gesehen.

die **Wurzel** (pluriel : Wurzeln)

racisme

▷ Nous avons étudié un article sur le racisme en France.
Wir haben einen Artikel über Rassismus in Frankreich studiert.

der **Rassismus**

raciste

1 ▷ Charles a fait une remarque raciste.
Charles hat eine rassistische Bemerkung gemacht.

1 (adjectif) **rassistisch**

2 ▷ Je ne lui parle pas, c'est un raciste !
Mit ihm spreche ich nicht, er ist ein Rassist!

2 (= personne) der **Rassist** (pluriel : Rassisten), die **Rassistin** (pluriel : Rassistinnen)

racler

1 ▷ Ne racle pas la poêle, tu vas l'abîmer.
Scheuer die Pfanne nicht so, du wirst sie kaputtmachen.

1 (pour nettoyer) **scheuern**

2 ▷ Sa soupe était si bonne que j'ai raclé la casserole.
Ihre Suppe war so gut, dass ich den Topf ausgekratzt habe.

2 (pour récupérer des restes) auskratzen
ℹ *aus•kratzen est un verbe à particule séparable.*

raconter

1 ▷ Mon père raconte très bien les histoires.
Mein Vater erzählt sehr gut Geschichten.

1 (= narrer) erzählen
ℹ *Les verbes commençant par le préfixe er- ne prennent pas ge- au participe passé.*

2 ▷ Raconte-nous ton voyage !
Erzähl uns von deiner Reise!

2 (= décrire) von ... erzählen

radiateur

▷ Tu peux éteindre le radiateur, s'il te plaît ?
Kannst du bitte die Heizung ausschalten?

die Heizung (pluriel : Heizungen)

radin, radine

1 ▷ Elle est radine, elle achète toujours des cadeaux bon marché.
Sie ist knauserig, sie kauft immer ganz billige Geschenke.

1 (adjectif) knauserig

2 ▷ Ton cousin est un vrai radin !
Dein Cousin ist ein echter Geizkragen!

2 (= personne) der Geizkragen
ℹ *Le mot français et ses traductions allemandes sont familiers.*

radio

1 ▷ Ma radio est cassée.
Mein Radio ist kaputt.
▷ Élise l'a entendu à la radio.
Élise hat es im Radio gehört.

1 (= appareil) das Radio (pluriel : Radios)
► à la radio : im Radio

2 ▷ Quelle radio est-ce que tu écoutes ?
Welchen Sender hörst du?

2 (= station) der Sender (pluriel : Sender)

3 ▷ On voit bien l'os cassé sur la radio.
Auf der Röntgenaufnahme sieht man den gebrochenen Knochen gut.

3 (= examen médical) die Röntgenaufnahme (pluriel : –aufnahmen)
ℹ *On dit aussi das Röntgenbild (pluriel : –bilder)*

▷ Rachid a dû passer une radio pour son dos.
Rachid musste wegen seinem Rücken geröntgt werden.

► passer une radio : geröntgt werden (wird, wurde, geworden)

radio-réveil

▷ Il y avait un radio-réveil dans la chambre d'hôtel.
Im Hotelzimmer gab es einen Radiowecker.

der Radiowecker (pluriel : –wecker)

radis

▷ J'aime les radis avec du sel et du beurre.
Ich mag Radieschen mit Salz und Butter.

das **Radieschen** /ra'di:sçən/ (pluriel : Radieschen)
Notez la prononciation.

rafraîchir

1 ▷ Mets la limonade au frigo pour la rafraîchir.
Stell die Limonade in den Kühlschrank, um sie zu kühlen.

1 ► **rafraîchir** quelque chose : etwas **kühlen**

2 ▷ Cette douche m'a rafraîchi.
Die Dusche hat mich erfrischt.

2 ► **rafraîchir** quelqu'un : jemanden (accusatif) **erfrischen**
Les verbes commençant par le préfixe ***er-*** *ne prennent pas* ***ge-*** *au participe passé.*

3 ▷ Je vais me rafraîchir avant le dîner.
Ich werde mich vor dem Abendessen frisch machen.

3 ► **se rafraîchir** (= se laver) : **sich frisch machen**

4 ▷ Ça se rafraîchit, on devrait rentrer.
Es wird kühl, wir sollten hineingehen.

4 ► **se rafraîchir** (en parlant du temps) : **kühl werden**

ragoût

▷ Madame Miles a fait un bon ragoût d'agneau.
Frau Miles hat ein gutes Lammragout gekocht.

das **Ragout** (pluriel : Ragouts)
Se prononce comme en français. Le ***s*** *du pluriel se prononce en allemand.*

raide

1 ▷ Je suis un peu raide, il faudrait que je fasse du sport.
Ich bin etwas steif, ich müsste Sport treiben.

1 (= pas souple, en parlant d'une personne) **steif**

2 ▷ J'aimerais bien avoir les cheveux raides.
Ich hätte gern glatte Haare.

2 (en parlant des cheveux) **glatt** (plus raide glatter *ou* glätter ; le plus raide der glatteste *ou* der glätteste)

3 ▷ Je n'ai jamais vu une pente aussi raide !
Ich habe noch nie einen so steilen Abhang gesehen!

3 (= très incliné) **steil**

raie

1 ▷ Nadia portait un pull vert avec des raies rouges.
Nadia trug einen grünen Pullover mit roten Streifen.

1 (= rayure) der **Streifen** (pluriel : Streifen)

2 ▷ Rachel a une raie sur le côté.
Rachel hat einen Seitenscheitel.

2 (dans les cheveux) der **Scheitel**
► **raie sur le côté** *ou* **raie de côté** : der **Seitenscheitel**
► **raie au milieu** : der **Mittelscheitel**

rail

▷ C'est dangereux de marcher sur les rails.
Es ist gefährlich, auf den Schienen zu laufen.

die **Schiene** (pluriel : Schienen)

raisin

1 ▷ Tu préfères du raisin blanc ou du raisin noir ?
Magst du lieber weiße oder rote Trauben?

2 ▷ Il y a trop de raisins secs dans ce gâteau.
In diesem Kuchen sind zu viele Rosinen.

1 (= fruit) die **Traube** (pluriel : Trauben)

2 ► **raisin sec :** die Rosine (pluriel : Rosinen)

raison

1 ▷ Il n'y a pas de raison de le leur dire.
Es gibt keinen Grund, es ihnen zu sagen.

2 ▷ Cette fois, tu as raison.
Diesmal hast du Recht!

1 (= motif) der **Grund** (pluriel : Gründe)

2 ► **avoir raison :** Recht haben

raisonnable

1 ▷ Henri n'est pas très raisonnable pour son âge.
Henri ist nicht sehr vernünftig für sein Alter.

2 ▷ Il a un salaire raisonnable.
Er hat ein angemessenes Gehalt.

1 (= qui a du bon sens) **vernünftig**

2 (= acceptable) **angemessen**

raisonnement

▷ Je ne comprends pas ton raisonnement.
Ich verstehe deine Gedankenführung nicht.

(= arguments) die **Gedankenführung**

rajouter

▷ Rajoute un peu de sel.
Gib noch etwas Salz hinzu.

hinzugeben

ℹ *hinzu•geben est un verbe à particule séparable et se conjugue comme geben (gibt, gab, gegeben).*

ralentir

1 ▷ La voiture n'a pas ralenti.
Das Auto hat nicht gebremst.

2 ▷ Ralentis, tu vas trop vite pour moi !
Geh langsamer, du bist zu schnell für mich!

1 (en parlant d'une voiture) **bremsen**

2 Pour dire que quelqu'un **ralentit** dans une action, on emploie **langsamer** avec le verbe qui correspond.

râler

▷ Pourquoi tu râles tout le temps ?
Warum meckerst du die ganze Zeit?

(= ronchonner) **meckern**

rallonger

1 ▷ On a rallongé nos vacances de trois jours.
Wir haben unseren Urlaub um drei Tage verlängert.

1 (en parlant d'une durée) **verlängern**

ℹ *Les verbes commençant par le préfixe* ***ver-*** *ne prennent pas* ***ge-*** *au participe passé.*

2 ▷ Ma mère a rallongé ma jupe.
Meine Mutter hat meinen Rock länger gemacht.

2 (en parlant d'un vêtement) **länger machen**

ℹ ***länger*** *est le comparatif de* ***lang****.*

rallumer

▷ J'ai froid, est-ce que je peux rallumer le chauffage ?
Mir ist kalt, kann ich die Heizung wieder anmachen?

► **rallumer** quelque chose : etwas wieder anmachen

ramasser

1 ▷ Est-ce que tu pourrais ramasser ma gomme ? Elle est sous ta table.
Kannst du bitte mein Radiergummi aufheben? Es liegt unter deinem Tisch.

1 (= prendre quelque chose qui est tombé) **aufheben**

ℹ ***auf•heben*** *est un verbe à particule séparable et se conjugue comme* ***heben*** *(hob, gehoben).*

2 ▷ Le prof va ramasser les copies.
Der Lehrer sammelt die Arbeiten ein.

2 (= rassembler, en parlant des copies) **einsammeln**

ℹ ***ein•sammeln*** *est un verbe à particule séparable.*

3 ▷ Nous avons ramassé des champignons dans la forêt.
Wir haben im Wald Pilze gesammelt.

3 (= cueillir) **sammeln**

rame

1 ▷ Paul a laissé tomber la rame dans l'eau.
Paul hat das Ruder ins Wasser fallen lassen.

1 (= aviron) das **Ruder** (pluriel : Ruder)

2 ▷ La rame de métro est passée sans s'arrêter.
Der U-Bahnzug fuhr vorbei, ohne anzuhalten.

2 ► **rame de métro :** der U-Bahnzug (pluriel : -züge)

ramener

1 ▷ Sébastien a ramené un copain pour dîner.
Sébastien hat einen Freund zum Abendessen mitgebracht.

1 (= amener avec soi) **mitbringen**

ℹ ***mit•bringen*** *est un verbe à particule séparable et se conjugue comme* ***bringen*** *(brachte, gebracht).*

2 ▷ La mère de Luc nous a ramenés à l'école.
Lucs Mutter hat uns zur Schule zurückgebracht.

2 (= raccompagner) **zurückbringen**

ℹ ***zurück•bringen*** *est un verbe à particule séparable et se conjugue comme* ***bringen****.*

ramer

▷ Nous avons ramé pendant trois heures.
Wir haben drei Stunden lang gerudert.

rudern

ℹ *Le verbe intransitif allemand s'emploie avec les auxiliaires **haben** ou **sein** au participe passé.*

se ramollir

▷ Laisse le beurre se ramollir.
Lass die Butter weich werden.

(en parlant d'un aliment, de la cire) **weich werden** (wird, wurde, geworden)

rampe

1 ▷ Tiens bien la rampe, les marches sont glissantes.
Halt dich gut am Geländer fest, die Stufen sind glatt.

2 ▷ Ce cinéma a une rampe d'accès pour les personnes en fauteuil roulant.
Dieses Kino hat eine Rampe für Personen im Rollstuhl.

1 (= main courante d'un escalier) das **Geländer** (pluriel : Geländer)

2 (= plan incliné) die **Rampe** (pluriel : Rampen)

ramper

▷ J'ai rampé sous le lit pour me cacher.
Ich bin unter das Bett gekrochen, um mich zu verstecken.

(= avancer sur le ventre) **kriechen** (kroch, gekrochen)

randonnée

1 ▷ La randonnée est un loisir très chouette.
Wandern ist eine tolle Freizeitbeschäftigung.

2 ▷ Hier nous avons fait une longue randonnée.
Gestern haben wir eine lange Wanderung gemacht.

3 ▷ Rose fait de la randonnée dans un club.
Rose wandert in einem Klub.

1 ► **la randonnée :** das Wandern

2 ► **une randonnée :** eine Wanderung (pluriel : Wanderungen)

3 ► **faire de la randonnée :** wandern

rang

▷ On a des places au premier rang.
Wir haben Sitzplätze in der ersten Reihe.

▷ Mettez-vous en rang.
Stellt euch in einer Reihe auf.

(= rangée) die **Reihe** (pluriel : Reihen)

► **se mettre en rang :** sich in einer Reihe aufstellen

ℹ ***auf•stellen** est un verbe à particule séparable.*

rangé, rangée (adjectif)

▷ Ma chambre est bien rangée.
Mein Zimmer ist ordentlich.

(= ordonné) **ordentlich**

ℹ *On dit aussi **aufgeräumt**.*

▷ Son bureau n'est pas bien rangé.
Sein Büro ist unordentlich.

*Le contraire de **ordentlich** est **unordentlich**.*

rangée (nom)

▷ Il y avait au moins dix rangées de CD.
Da standen mindestens zehn Reihen CDs.

die **Reihe** (pluriel : Reihen)

rangement

1 ▷ J'ai fait du rangement dans ma chambre.
Ich habe mein Zimmer aufgeräumt.

1 ► **faire du rangement** (= mettre de l'ordre dans une pièce) : aufräumen

***auf•räumen** est un verbe à particule séparable.*

2 ▷ J'ai fait du rangement dans les factures.
Ich habe die Rechnungen in Ordnung gebracht.

2 ► **faire du rangement** (= mettre de l'ordre dans des papiers) : in Ordnung bringen (brachte, gebracht)

ranger

1 ▷ Tu ranges mes affaires et je ne retrouve rien !
Du räumst meine Sachen weg und ich finde nichts mehr!

1 (= mettre à sa place) **wegräumen**

***weg•räumen** est un verbe à particule séparable.*

2 ▷ Je dois ranger avant de sortir.
Bevor ich ausgehe, muss ich aufräumen.

2 (= mettre de l'ordre dans une pièce) **aufräumen**

râpé, râpée

▷ Il te faut deux cents grammes de fromage râpé.
Du brauchst zweihundert Gramm geriebenen Käse.

(= coupé très fin) **gerieben**

râper

▷ Est-ce que tu pourrais râper le fromage ?
Könntest du den Käse reiben?

(= couper très fin) **reiben** (rieb, gerieben)

rapide

▷ Nous avons pris un repas rapide avant de partir.
Wir haben eine schnelle Mahlzeit eingenommen, bevor wir gingen.
▷ C'est le coureur le plus rapide de l'école.
Er ist der schnellste Läufer der Schule.

schnell

rappeler

1 ▷ Il n'est pas là ? Dommage, je rappellerai.
Er ist nicht da? Schade, ich rufe noch einmal an.

1 (quand celui qui a appelé rappelle) **noch einmal anrufen**

i *an•rufen est un verbe à particule séparable et se conjugue comme rufen (rief, gerufen).*

2 ▷ Dis-lui de me rappeler ce soir.
Sag ihm, er soll mich heute Abend zurückrufen.

2 (quand celui qui a été appelé rappelle) **zurückrufen**

3 ▷ Rappelle-moi d'acheter du pain.
Erinner mich daran, Brot zu kaufen.

3 ► **rappeler à** quelqu'un **de faire** quelque chose : jemanden (accusatif) **daran erinnern**, etwas **zu tun**

i *Les verbes commençant par le préfixe er- ne prennent pas ge- au participe passé.*

▷ Ça me rappelle mes vacances en Espagne.
Das erinnert mich an meine Ferien in Spanien.

► **rappeler** quelque chose **à** quelqu'un : jemanden **an** etwas **erinnern**

▷ Je ne me rappelle plus son nom.
Ich erinnere mich nicht mehr an seinen Namen.

► **se rappeler** quelque chose : **sich an** etwas **erinnern**

i *Le pronom personnel allemand s'emploie à l'accusatif : ich erinnere **mich**, du erinnerst **dich**, er/sie erinnert **sich**, wir erinnern **uns**, ihr erinnert **euch**, sie erinnern **sich**.*

rapport

1 ▷ Il n'y a aucun rapport entre les deux.
Es besteht kein Zusammenhang zwischen den beiden.

1 (= lien) der **Zusammenhang** (pluriel : –hänge)

2 ▷ Andrea et Sabine ont de bons rapports avec leur mère.
Andrea und Sabine haben eine gute Beziehung zu ihrer Mutter.

2 (= relation) die **Beziehung** (pluriel : Beziehungen)

i *Lorsque les rapports sont personnels, ce mot s'emploie au singulier.*

3 ▷ Il est important de se protéger quand on a des rapports sexuels.
Es ist wichtig, sich zu schützen, wenn man Geschlechtsverkehr hat.

3 ► **avoir des rapports sexuels** : **Geschlechtsverkehr haben** (hat, hatte, gehabt)

4 ▷ Susie est grande par rapport à sa sœur.
Im Vergleich zu ihrer Schwester ist Susie groß.

4 ► **par rapport à** (= comparé à) : **im Vergleich zu** + datif

rapporter

1 ▷ Mes parents ont rapporté des souvenirs de Grèce.
Meine Eltern haben Andenken aus Griechenland mitgebracht.

1 (= apporter avec soi) **mitbringen**

i *mit•bringen est un verbe à particule séparable et se conjugue comme bringen (brachte, gebracht).*

2 ▷ Rapporte cette jupe au magasin, elle a un défaut.
Bring diesen Rock ins Geschäft zurück, er hat einen Fehler.

2 (= rendre) zurückbringen

3 ▷ Ce n'est pas bien de rapporter.
Es ist nicht recht zu petzen.

3 (= dénoncer quelqu'un) petzen

rapprocher

1 ▷ Rapproche ton fauteuil de la lampe.
Rück deinen Sessel näher an die Lampe.
▷ Rapproche-toi encore un peu.
Komm noch ein bisschen näher.

1 Pour dire qu'on **rapproche quelque chose** en allemand, on emploie **näher** (plus près) avec le verbe qui convient : näher rücken (pousser plus près), näher kommen (venir plus près).

2 ▷ Le bateau se rapprochait lentement de la côte.
Das Schiff näherte sich langsam der Küste.

2 ► **se rapprocher de** quelque chose : sich etwas (datif) nähern

raquette

▷ J'ai besoin d'une nouvelle raquette de tennis.
Ich brauche einen neuen Tennisschläger.

der Schläger (pluriel : Schläger)

rare

▷ Mathilde collectionne les timbres rares.
Mathilde sammelt seltene Briefmarken.

selten

rarement

▷ Nous allons rarement au cinéma.
Wir gehen selten ins Kino.

selten

se raser

▷ Mathieu se rase tous les jours.
Mathieu rasiert sich jeden Tag.

sich rasieren

ℹ *Le pronom personnel allemand s'emploie à l'accusatif : ich rasiere **mich**, du rasierst **dich**, er rasiert **sich**, wir rasieren **uns**, ihr rasiert **euch**, sie rasieren **sich**.*

▷ Elle est folle, elle veut se raser la tête !
Sie ist verrückt, sie will sich glattrasieren!

► **se raser la tête** : sich glattrasieren

rasoir

1 ▷ J'ai dû prêter mon rasoir à Thomas.
Ich musste Thomas meinen Rasierapparat leihen.

1 (pour se raser) der Rasierapparat (pluriel : -apparate)

ℹ *La traduction allemande est la même pour les rasoirs électriques et les rasoirs mécaniques.*

2 ▻ Qu'est-ce qu'il est rasoir !
Er ist ja so langweilig!

2 (adjectif = ennuyeux) langweilig

se rassembler

▻ Tous les élèves se sont rassemblés dans la cour.
Alle Schüler haben sich im Schulhof versammelt.

sich versammeln

*Les verbes commençant par le préfixe **ver-** ne prennent pas **ge-** au participe passé.*

se rasseoir

▻ Le proviseur nous a dit de nous rasseoir.
Der Schulleiter hat uns gebeten, uns wieder zu setzen.

sich wieder setzen

*Le pronom personnel allemand s'emploie à l'accusatif : ich setze **mich** wieder, du setzt **dich** wieder, er/sie setzt **sich** wieder, wir setzen **uns** wieder, ihr setzt **euch** wieder, sie setzen **sich** wieder.*

rassurer

1 ▻ J'ai essayé de rassurer Charlotte.
Ich habe versucht, Charlotte zu beruhigen.

1 beruhigen

*Les verbes commençant par le préfixe **be-** ne prennent pas **ge-** au participe passé.*

2 ▻ Rassure-toi, je rentrerai tôt.
Mach dir keine Sorgen, ich komme früh nach Hause.

2 Pour dire à quelqu'un de **ne pas s'inquiéter**, on dit **mach dir** (*ou* **macht euch** *ou* **machen Sie sich**) **keine Sorgen**.

rat

▻ J'ai vu un énorme rat noir !
Ich habe eine riesige schwarze Ratte gesehen!

die **Ratte** (pluriel : Ratten)

râteau

▻ Alex s'est blessé avec le râteau.
Alex hat sich mit der Harke wehgetan.

Dans le nord de l'Allemagne, **râteau** se traduit par die **Harke** (pluriel : Harken). Dans le sud de l'Allemagne, on dit der **Rechen** (pluriel : Rechen).

rater

1 ▻ Dépêche-toi, on va rater le train !
Beeil dich, wir werden den Zug verpassen!

1 (= manquer) verpassen

*Les verbes commençant par le préfixe **ver-** ne prennent pas **ge-** au participe passé.*

2 ▻ Mon père a raté le gâteau.
Meinem Vater ist der Kuchen missglückt.

2 Pour dire que quelqu'un a **mal fait** quelque chose, on traduit par jemandem (datif) **ist** etwas **missglückt**.

3 ▷ Maya a raté son permis de conduire.
Maya ist bei ihrer Fahrprüfung durchgefallen.

3 (en parlant d'un examen) **bei... durchfallen**

ℹ *durch•fallen est un verbe à particule séparable et se conjugue comme fallen (fällt, fiel, gefallen).*

rattrapage

▷ J'ai des cours de rattrapage en allemand le mardi.
Dienstags habe ich Nachhilfeunterricht in Deutsch.

► **cours de rattrapage :** der Nachhilfeunterricht

ℹ *Ce mot s'emploie uniquement au singulier.*

rattraper

1 ▷ Heureusement que j'ai rattrapé le vase !
Zum Glück habe ich die Vase aufgefangen!

1 (= saisir quelque chose qui tombe) **auffangen**

ℹ *auf•fangen est un verbe à particule séparable et se conjugue comme fangen (fängt, fing, gefangen).*

2 ▷ Je pars et vous me rattraperez.
Ich gehe und ihr holt mich ein.

2 ► **rattraper** quelqu'un (= le rejoindre) **:** jemanden (accusatif) einholen

ℹ *ein•holen est un verbe à particule séparable.*

3 ▷ Hubert rattrape son retard en maths.
Hubert holt seinen Rückstand in Mathe wieder auf.

3 ► **rattraper son retard** (dans une matière) **:** seinen Rückstand aufholen

ℹ *auf•holen est un verbe à particule séparable.*

rature

▷ Tu ne peux pas rendre ta copie comme ça, elle est pleine de ratures.
Du kannst deine Aufgabe so nicht zurückgeben, sie ist voller Streichungen.

die **Streichung**
(pluriel : Streichungen)

rayé, rayée

1 ▷ C'est le garçon avec la cravate rayée.
Es ist der Junge mit der gestreiften Krawatte.

1 (= avec des bandes) **gestreift**

2 ▷ Mes lunettes sont rayées.
Meine Brille ist zerkratzt.

2 (= éraflé) **zerkratzt**

rayon

1 ▷ Enfin un rayon de soleil !
Endlich ein Sonnenstrahl!

1 (= lumière) der **Strahl**
(pluriel : Strahlen)

► **rayon de soleil :** der Sonnenstrahl

2 ▷ Le vendeur nous a envoyés au rayon vidéo.
Der Verkäufer hat uns in die Videoabteilung geschickt.

2 (= partie d'un magasin) die **Abteilung** (pluriel : Abteilungen)

rayure

1 ▷ J'aime bien ton pull, il a des rayures fines.
Ich mag deinen Pullover, er hat dünne Streifen.
▷ Où est mon T-shirt à rayures ?
Wo ist mein gestreiftes T-Shirt?

1 (= bande) der **Streifen** (pluriel : Streifen)
► **à rayures** : gestreift

2 ▷ Il y a une grande rayure sur la portière.
Die Autotür hat einen großen Kratzer.

2 (= éraflure) der **Kratzer** (pluriel : Kratzer)

réaction

▷ Je n'ai pas compris sa réaction.
Ich habe seine Reaktion nicht verstanden.

die **Reaktion** (pluriel : Reaktionen)

réagir

▷ Elle a très bien réagi.
Sie hat sehr gut reagiert.

reagieren
ℹ *Les verbes se terminant en* ***–ieren*** *ne prennent pas* ***ge-*** *au participe passé.*

réaliser

1 ▷ Tout d'un coup j'ai réalisé qu'il était cinq heures.
Plötzlich habe ich begriffen, dass es schon fünf Uhr war.

1 (= se rendre compte) **begreifen** (begriff, begriffen)
ℹ *Les verbes commençant par le préfixe* ***be-*** *ne prennent pas* ***ge-*** *au participe passé.*

2 ▷ Qui a réalisé ce film ?
Wer hat diesen Film gemacht ?

2 (= faire) **machen**

réalité

▷ Parfois, la réalité est dure à accepter.
Manchmal ist es schwer, die Wirklichkeit zu akzeptieren.

► **la réalité** : die Wirklichkeit

▷ En réalité, ce n'est pas si difficile que ça.
Es scheint schwierig zu sein, aber in Wirklichkeit ist es nicht.

► **en réalité** : in Wirklichkeit

rebondir

▷ Le ballon a rebondi et a atterri sur le toit.
Der Ball ist aufgesprungen und auf dem Dach gelandet.

aufspringen
ℹ ***auf•springen*** *est un verbe à particule séparable et se conjugue comme* ***springen*** *(sprang, gesprungen).*

rebord

▷ Ma mère a posé le gâteau sur le rebord de la fenêtre et le chien l'a mangé !
Meine Mutter hat den Kuchen auf den Fenstersims gestellt und der Hund hat ihn gefressen!

► **le rebord de la fenêtre :** der *ou* das Fenstersims (pluriel : -simse)

récemment

1 ▷ Je ne t'ai pas beaucoup vu récemment.
Ich habe dich in letzter Zeit nicht viel gesehen.

2 ▷ Raoul a récemment passé son permis de conduire.
Raoul hat vor kurzem seinen Führerschein gemacht.

1 (= ces derniers temps) **in letzter Zeit**

2 (= il y a peu de temps) **vor kurzem**

ℹ *On dit aussi* ***neulich****.*

récent, récente

▷ Cette modification est récente.
Diese Änderung ist neu.

neu

recette

▷ Cette recette est très facile à suivre.
Dieses Rezept kann man leicht befolgen.

das **Rezept** (pluriel : Rezepte)

recevoir

1 ▷ Est-ce que tu a reçu le colis ?
Hast du das Paket bekommen?
▷ Mehdi a reçu un coup de pied dans la cuisse.
Mehdi hat einen Fußtritt in den Schenkel bekommen.

2 ▷ Les parents de mon correspondant m'ont bien reçu.
Die Eltern meines Brieffreundes haben mich freundlich empfangen.

1 (en parlant d'une lettre, d'un cadeau, d'un coup) **bekommen** (bekam, bekommen)

ℹ *Les verbes commençant par le préfixe* ***be-*** *ne prennent pas* ***ge-*** *au participe passé.*

2 (= accueillir) **empfangen** (empfängt, empfing, empfangen)

ℹ *Les verbes commençant par le préfixe* ***emp-*** *ne prennent pas* ***ge-*** *au participe passé.*

de rechange

1 ▷ J'ai des piles de rechange.
Ich habe Ersatzbatterien.

2 ▷ Emporte des habits de rechange au cas où il pleuvrait.
Nimm Kleidung zum Wechseln mit, falls es regnet.

1 Pour dire qu'on a quelque chose **de rechange**, on forme des mots composés avec **Ersatz** : das Ersatzheft (cahier de rechange), der Ersatzreifen (roue de rechange), etc.

2 Quand il s'agit de vêtements, on dit **zum Wechseln**.

réchauffer

1 ▷ On réchauffera juste les restes.
Wir wärmen einfach die Reste auf.

▷ Bois ça, ça te réchauffera.
Trink das, das wird dich aufwärmen.

1 **aufwärmen**

auf•wärmen est un verbe à particule séparable.

2 ▷ Sacha courait pour se réchauffer.
Sacha rannte, um sich aufzuwärmen.

2 ► **se réchauffer** (soi-même) : sich aufwärmen

*Le pronom personnel allemand s'emploie à l'accusatif : ich wärme **mich** auf, du wärmst **dich** auf, er/sie wärmt **sich** auf, wir wärmen **uns** auf, ihr wärmt **euch** auf, sie wärmen **sich** auf.*

3 ▷ Le temps se réchauffe enfin !
Es wird endlich warm!

3 ► **se réchauffer** (= devenir plus chaud) : warm werden (wird, wurde, geworden)

recherche

1 ▷ Il a donné une conférence sur la recherche scientifique.
Er hat einen Vortrag über wissenschaftliche Forschung gehalten.

▷ La sœur de Malek fait de la recherche en physique.
Maleks Schwester forscht auf dem Gebiet der Physik.

1 (= activité scientifique) die **Forschung**

► **faire de la recherche en ...** : auf dem Gebiet + génitif + forschen

2 ▷ La police a fait des recherches mais n'a pas retrouvé l'enfant.
Die Polizei hat Nachforschungen angestellt, aber sie hat das Kind nicht wiedergefunden.

2 ► **faire des recherches** (= faire une enquête, dans une bibliothèque) : Nachforschungen anstellen

3 ▷ La recherche d'un appartement est très fatigante.
Die Suche nach einer Wohnung ist sehr ermüdend.

3 (= fait de chercher quelque chose) die **Suche**

rechercher

1 ▷ Louise veut rechercher son vrai père.
Louise will ihren wahren Vater suchen.

1 (en parlant d'un objet ou d'une personne qu'on a perdu) **suchen**

2 ▷ Apparemment, il est recherché par la police.
Anscheinend fahndet die Polizei nach ihm.

2 Pour dire que quelqu'un est recherché par la police, on dit **nach** jemandem **fahnden** en inversant le sujet.

récipient

▷ Prends un récipient et pose-le sous la fuite.
Nimm einen Behälter und stell ihn unter das Leck.

der **Behälter** (pluriel : Behälter)

récitation

▷ Tu ne sais pas bien ta récitation.
Du kannst deinen Text nicht gut.

▷ Nous devons apprendre une récitation pour demain.
Wir müssen bis morgen einen Text auswendig lernen.

(= texte) der **Text** (pluriel : Texte)

► **apprendre une récitation :** einen Text auswendig lernen

réciter

▷ Le prof lui a fait réciter le poème.
Der Lehrer ließ ihn das Gedicht aufsagen.

aufsagen

ℹ *auf•sagen est un verbe à particule séparable.*

réclamation

▷ Il y a eu beaucoup de réclamations.
Es gab viele Beschwerden.

▷ Mes parents ont fait une réclamation parce que la chambre d'hôtel était sale.
Meine Eltern haben sich beschwert, weil das Hotelzimmer schmutzig war.

(= plainte) die **Beschwerde** (pluriel : Beschwerden)

► **faire une réclamation** (= se plaindre) **:** sich beschweren

réclamer

▷ Mon correspondant a réclamé des frites à tous les repas !
Mein Brieffreund verlangte Pommes frites zu jeder Mahlzeit!

verlangen

ℹ *Les verbes commençant par le préfixe ver- ne prennent pas ge- au participe passé.*

récolte

▷ La récolte est très bonne cette année.
Die Ernte ist dieses Jahr sehr gut.

die **Ernte** (pluriel : Ernten)

récolter

▷ Nous avons aidé notre voisin à récolter les pommes de terre.
Wir haben unserm Nachbarn geholfen, die Kartoffeln zu ernten.

(= ramasser) **ernten**

recommander

1 ▷ Mon oncle nous a recommandé un restaurant.
Mein Onkel hat uns ein Restaurant empfohlen.

1 (= conseiller) **empfehlen** (empfiehlt, empfohl, empfohlen)

Les verbes commençant par le préfixe ***emp-*** *ne prennent pas* ***ge-*** *au participe passé.*

2 ▷ Le médecin a recommandé à Paul de se reposer.
Der Arzt hat Paul geraten sich auszuruhen.

2 ► **recommander à** quelqu'un **de** + infinitif : jemandem (datif) **raten, zu** + infinitif

recommencer

1 ▷ L'école recommence en septembre.
Die Schule fängt im September wieder an.

1 (= reprendre) **wieder anfangen**

an•fangen *est un verbe à particule séparable et se conjugue comme* ***fangen*** *(fängt, fing, gefangen).*

2 ▷ Ne recommence pas ou je me fâche !
Mach das nicht wieder oder ich werde böse!

2 (= faire la même chose) **wieder machen**

On dit aussi ***wieder tun.***

récompenser

▷ Mon père m'a donné cinq euros pour me récompenser.
Mein Vater mir fünf Euro gegeben, um mich zu belohnen.

belohnen

Les verbes commençant par le préfixe ***be-*** *ne prennent pas* ***ge-*** *au participe passé.*

se réconcilier

▷ Gilles et Mathieu se sont réconciliés.
Gilles und Mathieu haben sich versöhnt.

sich versöhnen

Les verbes commençant par le préfixe ***ver-*** *ne prennent pas* ***ge-*** *au participe passé.*

reconnaître

1 ▷ Oh ! Pardon, je ne t'ai pas reconnu !
Oh! Entschuldigung, ich habe dich nicht erkannt!

1 (= identifier) **erkennen** (erkannte, erkannt)

Les verbes commençant par le préfixe ***er-*** *ne prennent pas* ***ge-*** *au participe passé.*

2 ▷ Reconnais que tu as eu tort.
Gib zu, dass du Unrecht hattest.

2 (= admettre) **zugeben**

zu•geben *est un verbe à particule séparable et se conjugue comme* ***geben*** *(gibt, gab, gegeben).*

recopier

▻ Recopie le poème, tu t'en souviendras mieux.
Schreib das Gedicht ab, dann erinnerst du dich besser daran.

abschreiben
ℹ *ab•schreiben est un verbe à particule séparable et se conjugue comme schreiben (schrieb, geschrieben).*

record

▻ Ludmila a battu le record de l'école en saut en longueur.
Ludmila hat den Schulrekord im Weitsprung gebrochen.

der **Rekord** (pluriel : Rekorde)
► **battre le record :** den Rekord brechen (bricht, brach, gebrochen)

recouvert de

▻ Le mur est recouvert de lierre.
Die Mauer ist mit Efeu bedeckt.

mit ... bedeckt

récré ou récréation

▻ On se retrouve à la récré.
Wir sehen uns in der Pause.
▻ Nous nous sommes rassemblés dans la cour de récréation.
Wir haben uns im Pausenhof versammelt.

die **Pause** (pluriel : Pausen)

► **cour de récré** *ou* **cour de récréation :** der Pausenhof (pluriel : -höfe)

rectangle

▻ Ton rectangle est mal dessiné.
Dein Rechteck ist schlecht gezeichnet.

das **Rechteck** (pluriel : -ecke)
Attention à l'orthographe : en allemand, die Ecke = **angle, coin** (pluriel : *Ecken*) *peut ici prêter à confusion.*

rectifier

▻ J'ai rectifié mon calcul et je l'ai montré à la prof.
Ich habe meine Rechnung korrigiert und sie der Lehrerin gezeigt.

korrigieren
ℹ *Les verbes se terminant en -ieren ne prennent pas ge- au participe passé.*

reçu, reçue

1 ▻ Nicolas a été reçu à son examen.
Nicolas hat seine Prüfung bestanden.

2 ▻ Est-ce que tu as gardé le reçu ?
Hast du die Quittung behalten?

1 ► **être reçu** (= réussir) **:** bestehen (bestand, bestanden)
ℹ *Les verbes commençant par le préfixe be- ne prennent pas ge- au participe passé.*

2 (= preuve d'achat) die **Quittung** (pluriel : Quittungen)

reculer

1 ▷ Recule d'un pas, tu es trop près pour la photo.
Geh einen Schritt zurück, du stehst zu nah für das Foto.

1 ► **reculer** (= s'éloigner) : zurückgehen

ℹ *zurück•gehen est un verbe à particule séparable et se conjugue comme gehen (ging, gegangen).*

2 ▷ La voiture a reculé pour nous laisser passer.
Das Auto ist rückwärts gefahren, um uns durchzulassen.

2 ► **reculer** (en voiture) : rückwärts fahren (fährt, fuhr, gefahren)

3 ▷ Recule un peu ta chaise.
Schieb deinen Stuhl etwas zurück.

3 ► **reculer** quelque chose (= le mettre plus loin) : zurückschieben

ℹ *zurück•schieben est un verbe à particule séparable et se conjugue comme schieben (schob, geschoben).*

à reculons

▷ Lucas a traversé la pièce à reculons.
Lucas hat das Zimmer rückwärts durchquert.

rückwärts

récupérer

1 ▷ Si tu ne réclames pas ton livre, tu ne le récupéreras jamais.
Wenn du dein Buch nicht verlangst, bekommst du es nie wieder.

1 ► **récupérer** quelque chose (= le retrouver) : etwas wieder bekommen (bekam, bekommen)

2 ▷ Ma mère nous récupérera après les cours.
Meine Mutter holt uns nach der Schule ab.

2 ► **récupérer** quelqu'un (= aller le chercher) : jemanden (accusatif) abholen

ℹ *ab•holen est un verbe à particule séparable.*

3 ▷ Ça va mieux ? Tu as récupéré ?
Geht es dir besser? Hast du dich erholt?

3 ► **récupérer** (= se remettre d'une maladie, de la fatigue) : sich erholen

ℹ *Le pronom personnel allemand s'emploie à l'accusatif : ich erhole **mich**, du erholst **dich**, er/sie erholt **sich**, wir erholen **uns**, ihr erholt **euch**, sie erholen **sich**.*

recycler

▷ Nous recyclons les bouteilles en plastique.
Wir recyceln die Plastikflaschen.

recyceln /ri'saikln/

🔊 *Notez la prononciation.*

rédaction

▷ Sabine a eu une bonne note pour sa rédaction.
Sabine hat für ihren Aufsatz eine gute Note bekommen.

(= devoir) der **Aufsatz** (pluriel : Aufsätze)

rédiger

▷ Le professeur m'a dit que mon devoir était bien rédigé.
Der Lehrer hat mir gesagt, meine Hausaufgabe sei gut geschrieben.

schreiben (schrieb, geschrieben)

redoubler

▷ Martin va redoubler sa sixième.
Martin wiederholt die sechste Klasse.

(= refaire une année) **wiederholen**

redresser

1 ▷ Lucille porte un appareil pour redresser ses dents.
Lucille trägt eine Zahnspange, um ihre Zähne geradezurichten.

1 (= remettre droit quelque chose de tordu) **geraderichten**

ℹ *gerade•richten est un verbe à particule séparable.*

2 ▷ Tu peux m'aider à redresser ce piquet ?
Kannst du mir helfen, diesen Pflock wieder aufzurichten?

2 (= remettre debout quelque chose qui est tombé) **wieder aufrichten**

ℹ *auf•richten est un verbe à particule séparable.*

3 ▷ Il n'a même pas redressé la tête quand nous sommes entrés.
Er hat nicht mal den Kopf gehoben, als wir eintraten.

3 ► **redresser la tête : den Kopf heben** (hob, gehoben)

4 ▷ Je me suis fait mal au dos, je ne peux pas me redresser.
Ich habe mir am Rücken weh getan, ich kann mich nicht aufrichten.

4 ► **se redresser : sich aufrichten**

ℹ *auf•richten est un verbe à particule séparable.*

ℹ *Le pronom personnel allemand s'emploie à l'accusatif : ich richte **mich** auf, du richtest **dich** auf, er/sie richtet **sich** auf, wir richten **uns** auf, ihr richtet **euch** auf, sie richten **sich** auf.*

réduction

▷ Est-ce que tu as eu une réduction sur les billets ?
Hast du eine Ermäßigung für die Eintrittskarten bekommen?

(= rabais) **die Ermäßigung** (pluriel : Ermäßigungen)

ℹ *On dit aussi **der Nachlass** (pluriel : Nachlässe).*

refaire

1 ▷ Si tu refais ça, je ne te parle plus !
Wenn du das noch einmmal machst, rede ich nicht mehr mit dir!

1 (= recommencer) **noch einmal machen**

2 ▷ Le toit de l'école a été refait.
Das Schuldach wurde instand gesetzt.

2 (= réparer) **instand setzen**

réfléchir

1 ▷ Réfléchis avant de parler !
Denk nach, bevor du sprichst!

1 (= penser) **nachdenken**

ℹ *__nach•denken__ est un verbe à particule séparable et se conjugue comme __denken__ (dachte, gedacht).*

2 ▷ Le blanc réfléchit les rayons du soleil.
Weiß reflektiert die Sonnenstrahlen.

▷ L'eau du lac réfléchissait les nuages.
Das Wasser des Sees spiegelte die Wolken wieder.

2 ► **réfléchir** quelque chose : etwas **reflektieren**

ℹ *Les verbes se terminant en __–ieren__ ne prennent pas __ge-__ au participe passé.*

ℹ *Quand c'est l'eau ou un miroir qui réfléchit, on dit aussi __wiederspiegeln__.*

refléter

▷ La mer reflète la couleur du ciel.
Das Meer spiegelt die Farbe des Himmels wieder.

wiederspiegeln

ℹ *__wieder•spiegeln__ est un verbe à particule séparable.*

réflexe

1 ▷ Il faut avoir de bons réflexes pour conduire.
Man muss gute Reflexe haben, um Auto zu fahren.

1 (= mouvement) der **Reflex** (pluriel : Reflexe)

2 ▷ Mon premier réflexe était d'appeler mon père.
Meine erste Reaktion war, meinen Vater zu rufen.

2 (= réaction) die **Reaktion** (pluriel : Reaktionen)

réflexion

▷ Suzie a fait une réflexion sur ma façon de parler.
Suzie hat eine Bemerkung über meine Redeweise gemacht.

(= remarque) die **Bemerkung** (pluriel : Bemerkungen)

refrain

▷ Je ne connais que le refrain de cette chanson.
Ich kenne nur den Refrain dieses Lieds.

der **Refrain** (pluriel : Refrains)

🔊 *Se prononce comme en français. Le __s__ du pluriel se prononce en allemand.*

réfrigérateur

▷ Qui a oublié de fermer le réfrigérateur ?
Wer hat vergessen, den Kühlschrank zu schließen?

der **Kühlschrank** (pluriel : –schränke)

refroidir

1 ▷ Attends que la soupe refroidisse.
Warte, dass die Suppe abkühlt.

1 (en parlant de quelque chose qui était trop chaud) **abkühlen**

ℹ *ab•kühlen est un verbe à particule séparable.*

2 ▷ Mangez ou ça va refroidir.
Esst, sonst wird es kalt.

2 (= devenir trop froid) **kalt werden**

3 ▷ Le temps s'est encore refroidi.
Das Wetter ist noch kühler geworden.

3 ► **se refroidir** (en parlant du temps) : kühler werden

réfugié, réfugiée

▷ Les parents de Mourad sont des réfugiés.
Mourads Eltern sind Flüchtlinge.

der **Flüchtling** (pluriel : Flüchtlinge)

ℹ *Il n'y a pas de flexion féminine en allemand.*

se réfugier

▷ Lors de l'inondation, nos voisins se sont réfugiés chez nous.
Als Hochwasser kam, flüchteten unsere Nachbarn zu uns.

flüchten

refuser

1 ▷ Quentin a refusé de nous aider.
Quentin hat sich geweigert, uns zu helfen.

1 ► **refuser de faire** quelque chose : **sich weigern**, etwas **zu tun**

2 ▷ Anaïs voulait aller au conservatoire, mais elle a été refusée.
Anaïs wollte auf das Konservatorium, aber man wies sie ab.

2 ► **refuser** quelqu'un (à une école ou pour un poste) : jemanden **abweisen**

ℹ *ab•weisen est un verbe à particule séparable et se conjugue comme **weisen** (wies, gewiesen).*

se régaler

▷ Je me suis régalé !
Das hat mir gut geschmeckt!

Pour dire que quelqu'un **se régale** en allemand, on dit jemandem (datif) **schmeckt es gut**.

regard

▷ Toby m'a lancé un regard furieux.
Toby hat mir einen wütenden Blick zugeworfen.

(= expression, coup d'œil) der **Blick** (pluriel : Blicke)

regarder

1 ▷ Regarde-moi, je te parle !
Sieh mich an, ich rede mit dir!
▷ Viens regarder les photos.
Komm und sieh dir die Fotos an.

1 ► **regarder** quelqu'un *ou* quelque chose : ansehen

ℹ *On dit aussi* ***anschauen****.*

ℹ ***an•sehen*** *et* ***an•schauen*** *sont des verbes à particule séparable,* ***ansehen*** *se conjugue comme* ***sehen*** *(sieht, sah, gesehen).*

2 ▷ Je l'ai regardé jouer au tennis.
Ich habe ihr beim Tennisspielen zugesehen.
▷ Regarde bien, je te montre comment on fait.
Sieh gut zu, ich zeige dir, wie man es macht.

2 (= observer) zusehen

ℹ *On dit aussi* ***zuschauen****.*

ℹ ***zu•sehen*** *et* ***zu•schauen*** *sont des verbes à particule séparable,* ***zusehen*** *se conjugue comme* ***sehen****.*

3 ▷ Est-ce que tu regardes souvent la télévision ?
Siehst du oft fern?

3 ► **regarder la télévision :** fernsehen

ℹ ***fern•sehen*** *est un verbe à particule séparable et se conjugue comme* ***sehen****.*

4 ▷ J'ai regardé partout.
Ich habe überall nachgesehen.
▷ Regarde dans la cuisine, s'il te plaît.
Sieh bitte in der Küche nach.

4 (= chercher) nachsehen

ℹ *On dit aussi* ***nachschauen****.*

ℹ ***nach•sehen*** *et* ***nach•schauen*** *sont des verbes à particule séparable ;* ***nachsehen*** *se conjugue comme* ***sehen****.*

5 ▷ Cette histoire ne te regarde pas.
Diese Geschichte geht dich nichts an.

5 ► quelque chose **regarde** quelqu'un : etwas **geht** jemanden (accusatif) an

6 ▷ Je me suis regardée dans la glace et j'ai découvert que j'avais une tache noire sur le front.
Ich sah mich im Spiegel an und endeckte, dass ich einen schwarzen Fleck auf der Stirn hatte.
▷ Ils se sont regardés et ils ont éclaté de rire.
Sie haben sich angesehen und sind in Gelächter ausgebrochen.

6 ► **se regarder :** sich ansehen

ℹ *Le pronom personnel allemand s'emploie à l'accusatif : ich sehe* ***mich*** *an, du siehst* ***dich*** *an, er/sie sieht* ***sich*** *an, wir sehen* ***uns*** *an, ihr seht* ***euch*** *an, sie sehen* ***sich*** *an.*

régime

▷ Paul est au régime.
Paul macht eine Diät.

die **Diät** (pluriel : Diäten)
► **être au régime :** eine Diät machen

région

1 ▷ Nous avons traversé une région avec plein de lacs.
Wir sind durch eine Gegend mit vielen Seen gefahren.

1 die **Gegend** (pluriel : Gegenden)

2 ▷ Ils habitent dans la région parisienne.
Sie wohnen im Pariser Raum.

2 ► **la région parisienne :** der Pariser Raum

règle

1 ▷ Utilise ta règle pour tracer les traits.
Nimm dein Lineal, um die Linien zu zeichnen.

2 ▷ C'est un jeu facile : je vais t'expliquer les règles.
Es ist ein einfaches Spiel: Ich erkläre dir die Regeln.

3 ▷ Margot a déjà ses règles.
Margot hat schon ihre Regel.

1 (= instrument) das **Lineal** (pluriel : Lineale)

2 (= loi) die **Regel** (pluriel : Regeln)

3 (pour les filles ou les femmes) die **Regel**

ℹ *Ce mot s'emploie uniquement au singulier.*

ℹ *On dit aussi* ***die Periode****.*

règlement

▷ Le règlement de l'école interdit le chewing-gum pendant les cours.
Die Schulordnung verbietet Kaugummi während des Unterrichts.

Pour dire le **règlement de** quelque chose, on forme des mots composés avec **Ordnung** : die Hausordnung **(règlement intérieur d'un immeuble)**, die Betriebsordnung **(règlement intérieur d'une entreprise)**.

régler

1 ▷ Le proviseur a dit qu'il allait régler le problème.
Der Direktor hat gesagt, er würde das Problem lösen.

2 ▷ J'ai une affaire à régler avant de partir.
Bevor ich gehe, muss ich noch eine Sache erledigen.

3 ▷ Peux-tu régler le son, je n'entends rien.
Kannst du die Lautstärke einstellen, ich höre nichts.

1 (en parlant d'un problème) **lösen**

2 (en parlant d'une affaire) **erledigen**

ℹ *Les verbes commençant par le préfixe* ***er-*** *ne prennent pas* ***ge-*** *au participe passé.*

3 (= mettre au point, moduler) **einstellen**

ℹ ***ein•stellen*** *est un verbe à particule séparable.*

réglisse

▷ Hubert m'a donné des bonbons au réglisse.
Hubert hat mir Lakritzebonbons gegeben.

die **Lakritze**

regretter

1 ▷ Je regrette, je ne peux pas t'aider.
Es tut mir Leid, ich kann dir nicht helfen.

1 Pour exprimer son **regret** en allemand, on emploie l'expression **Leid tun** (**tut, tat, getan**), qui s'emploie au datif : *es tut **mir** Leid, es tut **dir** Leid, es tut **ihm/ihr** Leid, es tut **uns** Leid, es tut **euch** Leid, es tut **ihnen** Leid.*

2 ▷ Personne ne l'a regrettée quand elle est partie.
Niemand hat sie vermisst, als sie ging.

2 (en parlant d'une personne ou d'un endroit qui nous manque) **vermissen**

ℹ *Les verbes commençant par le préfixe **ver-** ne prennent pas **ge-** au participe passé.*

régulier, régulière

▷ Les bus ne sont pas très réguliers.
Die Busse fahren nicht sehr regelmäßig.

regelmäßig

régulièrement

▷ Jean-Loup vient régulièrement nous voir.
Jean-Loup besucht uns regelmäßig.

regelmäßig

rein

1 ▷ Mon oncle s'est fait opérer d'un rein.
Mein Onkel hatte eine Nierenoperation.

1 die **Niere** (pluriel : **Nieren**)

2 ▷ J'ai mal aux reins.
Ich habe Kreuzschmerzen.

2 ► **avoir mal aux reins** (= au dos) : **Kreuzschmerzen haben**

reine

▷ La reine d'Angleterre habite au palais de Buckingham.
Die Königin von England wohnt im Buckinghampalast.

die **Königin** (pluriel : **Königinnen**)

rejoindre

1 ▷ Rejoins-nous après le film.
Triff uns nach dem Film.

1 (= se joindre à) **treffen** (**trifft, traf, getroffen**)

2 ▷ Pascal a couru tellement vite qu'il nous a rejoints.
Pascal ist so schnell gerannt, dass er uns eingeholt hat.

2 (= rattraper) **einholen**

ℹ ***ein•holen** est un verbe à particule séparable.*

relation

1 ▷ Il n'y a aucune relation entre les deux affaires.
Es gibt keinen Zusammenhang zwischen den beiden Angelegenheiten.

1 (= lien) der **Zusammenhang** (pluriel : **-hänge**)

2 ▷ Ils ont de très bonnes relations.
Sie haben eine sehr gute Beziehung.
▷ J'ai de bonnes relations avec mon père.
Ich habe eine gute Beziehung zu meinem Vater.

2 ► **relations** (= rapports personnels) **:** die Beziehung
► **avoir des relations avec quelqu'un :** eine Beziehung zu jemandem haben

3 ▷ Ils ont eu des relations sexuelles.
Sie haben Geschlechtsverkehr gehabt.

3 ► **relations sexuelles :** der Geschlechtsverkehr

se relayer

▷ On s'est relayés pour donner à manger aux animaux.
Wir haben uns abgelöst, um die Tiere zu füttern.

► **se relayer pour** + infinitif **:** sich ablösen, um zu + infinitif

relever

1 ▷ Relève tes manches pour ne pas les salir.
Krempel deine Ärmel hoch, damit sie nicht schmutzig werden.

1 (en parlant des manches ou du bas de son pantalon) **hochkrempeln**
ℹ ***hoch•krempeln*** *est un verbe à particule séparable.*

2 ▷ Anna a dû relever sa jupe pour passer par-dessus la clôture.
Anna musste ihren Rock hochheben, um über den Zaun zu kommen.

2 (en parlant d'une jupe) **hochheben**
ℹ ***hoch•heben*** *est un verbe à particule séparable et se conjugue comme* ***heben*** *(hob, gehoben).*

3 ▷ Le prof va relever les copies dans cinq minutes.
Der Lehrer sammelt die Arbeiten in fünf Minuten ein.

3 (= ramasser) **einsammeln**
ℹ ***ein•sammeln*** *est un verbe à particule séparable.*

4 ▷ Patricia s'est relevée toute seule.
Patricia stand alleine wieder auf.
▷ Allez, relève-toi !
Los, steh auf!

4 ► **se relever** (= se remettre debout) **:** wieder aufstehen
ℹ ***auf•stehen*** *est un verbe à particule séparable et se conjugue comme* ***stehen*** *(stand, gestanden).*

relier

▷ C'est la route qui relie les deux villages.
Das ist die Straße, die die beiden Dörfer verbindet.

verbinden (verband, verbunden)
ℹ *Les verbes commençant par le préfixe* ***ver-*** *ne prennent pas* ***ge-*** *au participe passé.*

religion

▷ Pour lui, la religion est très importante.
Für ihn ist die Religion sehr wichtig.

die **Religion** (pluriel : Religionen)

relire

1 ▷ Est-ce que tu pourrais relire ma rédaction pour voir s'il y a des fautes ?
Könntest du meinen Aufsatz durchlesen, um zu sehen, ob da Fehler sind?

2 ▷ Je suis en train de relire mon roman préféré.
Ich lese gerade noch einmal meinen Lieblingsroman.

1 (= lire pour corriger) **durchlesen**

durch•lesen est un verbe à particule séparable et se conjugue comme lesen (liest, las, gelesen).

2 (= lire à nouveau) **noch einmal lesen**

remarquable

▷ Le prof a dit que Fatima a fait des progrès remarquables.
Der Lehrer hat gesagt, Fatima hätte bemerkenswerte Fortschritte gemacht.

bemerkenswert

remarque

1 ▷ Les remarques du prof sont dans la marge.
Die Anmerkungen des Lehrers stehen am Rand.

2 ▷ Il me fait sans arrêt des remarques !
Er macht mir gegenüber dauernd Bemerkungen!

1 (= commentaire) die **Anmerkung** (pluriel : Anmerkungen)

2 ► **faire des remarques à quelqu'un :** jemandem **gegenüber Bemerkungen machen**

remarquer

1 ▷ Je n'avais pas remarqué qu'Aurélie s'était teint les cheveux.
Ich hatte nicht bemerkt, dass Aurélie sich die Haare gefärbt hatte.

2 ▷ Il fait tout le temps le pitre pour se faire remarquer.
Er spielt immer den Clown, um aufzufallen.

1 (= se rendre compte de) **bemerken**

Les verbes commençant par le préfixe be- ne prennent pas ge- au participe passé.

2 ► **se faire remarquer : auffallen**

auf•fallen est un verbe à particule séparable et se conjugue comme fallen (fällt, fiel, gefallen).

rembourser

▷ Bob a oublié de me rembourser l'argent que je lui ai prêté.
Bob hat vergessen, mir das Geld zurückzuzahlen, das ich ihm geliehen habe.

zurückzahlen

zurück•zahlen est un verbe à particule séparable.

remède

▷ C'est un remède contre le rhume très efficace.
Das ist ein sehr wirksames Mittel gegen Schnupfen.

das **Mittel** (pluriel : Mittel)

remercier

▷ Il aurait pu nous remercier !
Er hätte uns doch danken können!

▷ C'est très gentil, je vous remercie !
Das ist sehr nett, ich danke Ihnen!

(= dire merci à) **danken**

► **je vous remercie** *ou* **je te remercie :** ich danke Ihnen/euch *ou* ich danke dir

remettre

1 ▷ Remets ce livre sur l'étagère, s'il te plaît.
Stell bitte das Buch wieder ins Regal zurück.

▷ J'ai remis la serviette dans l'armoire.
Ich habe das Handtuch wieder in den Schrank zurückgelegt.

1 Quand **remettre** signifie **replacer**, on emploie le mot **wieder** (= à nouveau) + **zurück** + le verbe qui convient : **stellen** (poser debout), **legen** (poser à plat).

2 ▷ Je remets ma veste, j'ai froid.
Ich ziehe mir meine Jacke wieder an, mir ist kalt.

▷ J'ai remis mon anorak quand il a commencé à pleuvoir.
Ich habe meinen Anorak wieder angezogen als es anfing zu regnen.

2 (= remettre un vêtement) **wieder anziehen**

ℹ ***an•ziehen*** *est un verbe à particule séparable et se conjugue comme* ***ziehen*** *(zog, gezogen).*

3 ▷ Je n'ai pas envie de remettre la même robe.
Ich habe keine Lust, noch einmal dasselbe Kleid anzuziehen.

3 (= porter de nouveau) **noch einmal anziehen**

4 ▷ Tu peux remettre la radio, si tu veux.
Wenn du willst, kannst du das Radio wieder einschalten.

4 (= remettre en marche, en parlant de la radio ou de la télévision) **wieder einschalten**

ℹ ***ein•schalten*** *est un verbe à particule séparable.*

5 ▷ Remets le chauffage, s'il te plaît.
Stell bitte die Heizung wieder an.

5 (= remettre en marche, en parlant du chauffage, d'un appareil) **wieder anstellen**

ℹ ***an•stellen*** *est un verbe à particule séparable.*

6 ▷ Je lui ai remis une photocopie de mon passeport.
Ich habe ihm eine Fotokopie meines Passes gegeben.

6 ► **remettre** quelque chose **à** quelqu'un **:** jemandem (datif) etwas **geben** (gibt, gab, gegeben)

7 ▷ La réunion a été remise à lundi.
Die Versammlung wurde auf Montag verschoben.

▷ Désolé, je dois remettre notre rendez-vous.
Es tut mir Leid, ich muss unseren Termin verschieben.

7 (= reporter) **verschieben** (verschob, verschoben)

ℹ *Les verbes commençant par le préfixe* ***ver-*** *ne prennent pas* ***ge-*** *au participe passé.*

ℹ *Notez la préposition en allemand :* **remettre à** ... = ***auf*** ... *verschieben.*

8 ▻ Je ne sais pas si Laurence va se remettre de son accident.
Ich weiß nicht, ob Laurence sich von ihrem Unfall erholen wird.
▻ Est-ce que tu t'es remis de ta chute ?
Hast du dich von deinem Fall erholt?

8 ► **se remettre de** quelque chose : **sich von** etwas **erholen**
Notez la préposition en allemand : **se remettre de** ... = *sich* ***von*** *... erholen.*
Le pronom personnel allemand s'emploie à l'accusatif : ich erhole ***mich****, du erholst* ***dich****, er/sie erholt* ***sich****, wir erholen* ***uns****, ihr erholt* ***euch****, sie erholen* ***sich****.*

9 ▻ Et elle s'est remise à pleurer !
Und sie fing wieder an zu weinen!

9 ► **se remettre à** + infinitif : **wieder anfangen, zu** + infinitif
an•fangen *est un verbe à particule séparable et se conjugue comme* ***fangen*** *(fängt, fing, gefangen).*

remonter

1 ▻ Remonte, tu as oublié ton cartable.
Geh wieder hinauf, du hast deine Schultasche vergessen.

1 (= aller vers le haut) **wieder hinaufgehen**
hinauf•gehen *est un verbe à particule séparable qui se conjugue comme* ***gehen*** *(ging, gegangen).*

2 ▻ Tu pourrais remonter pour m'aider à porter la valise ?
Kannst du wieder heraufkommen, um mir zu helfen, den Koffer zu tragen?

2 (= venir vers le haut) **wieder heraufkommen**
herauf•kommen *est un verbe à particule séparable et se conjugue comme* ***kommen*** *(kam, gekommen).*

3 ▻ Aujourd'hui, nous allons remonter sur la colline.
Heute steigen wir wieder den Hügel hinauf.

3 Quand on remonte une pente, on dit **wieder hinaufsteigen.**
hinauf•steigen *est un verbe à particule séparable et se conjugue comme* ***steigen*** *(stieg, gestiegen).*

4 ▻ Après sa chute, elle est tout de suite remontée sur son vélo.
Nach ihrem Fall ist sie sofort wieder auf ihr Fahrrad gestiegen.

4 ► **remonter sur** quelque chose (en parlant d'un vélo, d'un cheval) : **wieder auf** etwas (accusatif) **steigen**

5 ▻ Tu pourrais remonter la caisse ?
Könntest du die Kiste wieder hinauftragen?
▻ Remonte la valise, s'il te plaît.
Trag bitte den Kaffer wieder hinauf.

5 (= porter en haut) **wieder hinauftragen**
hinauf•tragen *est un verbe à particule séparable et se conjugue comme* ***tragen*** *(trägt, trug, getragen).*

6 ▻ Nous nous sommes dégourdi les jambes avant de remonter en voiture.
Wir haben uns die Beine vertreten, bevor wir wieder eingestiegen sind.

6 (en parlant du train, du métro, du bus, d'une voiture) **wieder einsteigen**

▷ Allez, remontez, on va partir !
Kommt, steigt wieder ein, wir fahren gleich!

ℹ *ein•steigen est un verbe à particule séparable et se conjugue comme steigen (stieg, gestiegen).*

7 ▷ Je n'arrive pas à remonter l'étagère !
Ich schaffe es nicht, das Regal wieder zusammenzubauen.

7 (en parlant d'un meuble) wieder zusammenbauen

ℹ *zusammen•bauen est un verbe à particule séparable.*

8 ▷ Remontez vos manches avant de mélanger la peinture.
Krempelt eure Ärmel hoch, bevor ihr die Farben mischt.

8 (en parlant des manches, du bas d'un pantalon) hochkrempeln

ℹ *hoch•krempeln est un verbe à particule séparable.*

remords

▷ Lucas a eu des remords quand il a vu qu'Isabelle était triste.
Lucas hatte Gewissensbisse, als er sah, dass Isabelle traurig war.

► **avoir des remords :** Gewissensbisse haben

ℹ *Ce mot est un pluriel.*

remorquer

▷ Le garagiste remorquait la voiture.
Der Mechaniker schleppte das Auto ab.

abschleppen

ℹ *ab•schleppen est un verbe à particule séparable.*

remplaçant, remplaçante

▷ On a eu une remplaçante parce que la prof de sport était malade.
Wir hatten eine Vertretung, weil die Sportlehrerin krank war.

En allemand, on traduit **remplaçant** et **remplaçante** par die Vertretung, aussi bien pour les professeurs que pour les autres métiers.

remplacer

1 ▷ Remplace-moi deux minutes, s'il te plaît.
Lös mich bitte zwei Minuten ab.

1 (= prendre le relais de) ablösen

ℹ *ab•lösen est un verbe à particule séparable.*

2 ▷ Monsieur Barbot a remplacé Madame Martin.
Herr Barbot hat Frau Martin vertreten.
▷ Qui remplace le professeur de maths ?
Wer vertritt die Mathe lehrerin?

2 (en parlant d'un professeur, d'un médecin, etc. qu'on remplace temporairement) vertreten (vertritt, vertrat, vertreten)

ℹ *Les verbes commençant par le préfixe ver- ne prennent pas ge- au participe passé.*

3 ▷ Je vais remplacer l'ampoule.
Ich ersetze die Birne.

▷ Ludovic a remplacé sa mobylette par un scooter.
Ludovic hat sein Mofa durch einen Motorroller ersetzt.

3 (= changer) ersetzen

ℹ *Les verbes commençant par le préfixe er- ne prennent pas ge- au participe passé.*

► **remplacer... par... :** ... durch... ersetzen

rempli, remplie

▷ La bouteille est remplie.
Die Flasche ist voll.
▷ Cette rédaction est remplie de fautes !
Dieser Aufsatz ist voller Fehler!

(= plein) voll

► **rempli de ... :** voller ...

remplir

1 ▷ Ne remplis pas le verre.
Füll das Glas nicht.
▷ Valérie a rempli son cahier de petits dessins.
Valérie hat ihr Heft mit kleinen Zeichnungen gefüllt.

2 ▷ Est-ce que tu as rempli le questionnaire ?
Hast du den Fragebogen ausgefüllt?

1 (= combler) füllen

2 (en parlant d'un formulaire) ausfüllen

ℹ *aus•füllen est un verbe à particule séparable.*

remporter

▷ L'équipe de l'école a remporté la compétition.
Die Schulmannschaft hat den Wettkampf gewonnen.

gewinnen (gewann, gewonnen)

remuer

1 ▷ Arrête de remuer !
Beweg dich doch nicht so!

2 ▷ Beurk, j'ai oublié de remuer mon café !
Igitt, ich habe vergessen, meinen Kaffee umzurühren!

3 ▷ Est-ce que quelqu'un a remué la salade ?
Hat jemand den Salat gemischt?

4 ▷ Le chien remue la queue quand il est content.
Der Hund wedelt mit dem Schwanz, wenn er froh ist.

1 (= s'agiter) sich bewegen

2 (en parlant d'un liquide) umrühren

ℹ *um•rühren est un verbe à particule séparable.*

3 (en parlant de la salade) mischen

4 ► **remuer la queue** (en parlant d'un chien) **:** mit dem Schwanz wedeln

ℹ *Notez l'emploi de la préposition en allemand :* **remuer la queue** *=* ***mit*** *dem Schwanz wedeln.*

renard

▷ Un renard a traversé la route juste devant la voiture.
Ein Fuchs hat die Straße direkt vor dem Auto überquert.

der Fuchs /fʊks/ (pluriel : Füchse)

🔊 *Notez la prononciation.*

rencontrer

1 ▷ J'ai rencontré Alex l'année dernière.
Ich habe Alex letztes Jahr kennengelernt.

1 (= faire la connaissance de) **kennenlernen**

ℹ *kennen•lernen est un verbe à particule séparable.*

▷ Mes parents se sont rencontrés en Espagne.
Meine Eltern haben sich in Spanien kennengelernt.

► **se rencontrer** : sich kennenlernen

2 ▷ J'ai rencontré Maya sur la place du marché.
Ich habe Maya auf dem Marktplatz getroffen.

▷ C'est drôle, on n'arrête pas de se rencontrer !
Es ist komisch, wir treffen uns ständig!

2 (= croiser) **treffen** (trifft, traf, getroffen)

► **se rencontrer** : sich treffen

rendez-vous

1 ▷ Christelle est absente, elle a un rendez-vous chez le dentiste.
Christelle fehlt, sie hat einen Termin beim Zahnarzt.

1 (chez le médecin, le coiffeur) der **Termin** (pluriel : Termine)

▷ J'ai voulu prendre rendez-vous chez le coiffeur pour lundi, mais il n'avait plus de place.
Ich wollte mir beim Frisör einen Termin für Montag geben lassen, aber es war nichts mehr frei.

► **prendre rendez-vous** (chez quelqu'un) : sich einen Termin geben lassen (lässt, ließ, gelassen)

ℹ *Le pronom personnel allemand s'emploie au datif : ich lasse **mir**... geben, du lässt **dir**... geben, er/sie lässt **sich**... geben, wir lassen **uns**... geben, ihr lasst **euch**... geben, sie lassen **sich**... geben.*

▷ Nous avons pris un rendez-vous pour mardi.
Wir haben einen Termin für Dienstag ausgemacht.

► **prendre rendez-vous** (avec quelqu'un) : einen Termin ausmachen

2 ▷ J'ai rendez-vous avec Pierre à cinq heures.
Ich bin mit Pierre um fünf Uhr verabredet.

2 ► **avoir rendez-vous** (avec un ami, un proche) : verabredet sein

3 ▷ Mathias est nerveux parce que c'est son premier rendez-vous avec Anna.
Mathias ist nervös, weil es sein erstes Rendezvous mit Anna ist.

3 (= rendez-vous d'amoureux) das **Rendezvous**

🔊 *Se prononce comme en français.*

rendre

1 ▷ Rends-moi mon crayon, j'en ai besoin.
Gib mir bitte meinen Bleistift zurück, ich brauche ihn.

1 ► **rendre** quelque chose à quelqu'un : jemandem (datif) etwas zurückgeben

ℹ ***zurück•geben** est un verbe à particule séparable et se conjugue comme **geben** (gibt, gab, gegeben).*

2 ▷ Rendez les copies maintenant, s'il vous plaît.
Gebt die Arbeiten jetzt ab, bitte.

2 ► **rendre** quelque chose (en parlant de copies) : abgeben

ℹ *ab•geben est un verbe à particule séparable et se conjugue comme geben.*

3 ▷ Ça me rend triste !
Es macht mich traurig!

3 (= faire devenir) machen

4 ▷ Le pauvre Jean-Luc a rendu sur le bateau.
Der arme Jean-Luc musste sich auf dem Schiff übergeben.

4 ► **rendre** (= vomir) : sich übergeben (übergibt, übergab, übergeben)

ℹ *Les verbes commençant par le préfixe über- ne prennent pas ge- au participe passé.*

renfort

▷ Nous aurons besoin de renforts pour bouger l'armoire.
Wir brauchen Verstärkung, um den Schrank umzuschieben.

► **renforts** (en parlant de personnes) : die Verstärkung

ℹ *Ce mot s'emploie uniquement au singulier.*

renifler

▷ Arrête de renifler, mouche-toi !
Hör auf zu schnüffeln, schnäuz dich!

schnüffeln

renoncer

▷ C'est trop dur, je renonce !
Es ist zu schwer, ich geb's auf!

(= abandonner) aufgeben

ℹ *auf•geben est un verbe à particule séparable et se conjugue comme geben (gibt, gab, gegeben).*

rénover

▷ La mairie a été rénovée l'année dernière.
Das Rathaus wurde letztes Jahr renoviert.

renovieren

ℹ *Les verbes se terminant en –ieren ne prennent pas ge- au participe passé.*

renseignement

▷ Ces renseignements sont très utiles.
Diese Auskünfte sind sehr nützlich.

▷ Appelle les renseignements, ils pourront te donner le numéro.
Ruf die Auskunft an, die kann dir die Nummer geben.

(= information) die Auskunft (pluriel : Auskünfte)

► **les renseignements** (= le service des renseignements) : die Auskunft

ℹ *Au sens de service, ce mot s'emploie au singulier.*

renseigner

1 ▷ Il m'a mal renseigné et je me suis perdu.
Er hat mir eine falsche Auskunft gegeben und ich habe mich verirrt.

2 ▷ Je vais me renseigner sur les horaires de train.
Ich erkundige mich nach dem Zugfahrplan.

▷ Nadia s'est renseignée sur le prof de danse, il a l'air pas mal.
Nadia hat sich über den Tanzlehrer erkundigt, er scheint nicht schlecht zu sein.

1 ► **renseigner** quelqu'un : jemandem (datif) eine Auskunft geben

2 ► **se renseigner** : sich erkundigen

ℹ *Le pronom personnel allemand s'emploie à l'accusatif : ich erkundige* ***mich****, du erkundigst* ***dich****, er/sie erkundigt* ***sich****, wir erkundigen* ***uns****, ihr erkundigt* ***euch****, sie erkundigen* ***sich****.*

rentrée

▷ La rentrée est le 6 septembre.
Der Schulbeginn ist am 6. September.

der Schulbeginn

ℹ *On peut aussi employer la forme verbale avec* ***anfangen*** *:* ***Die Schule fängt am 6. September wieder an****.*

rentrer

1 ▷ Rentrez vite, il fait froid.
Kommt schnell herein, es ist kalt.

▷ Veux-tu rentrer un moment ?
Möchtest du einen Moment hereinkommen?

▷ Ils sont rentrés dans le salon.
Sie sind ins Wohnzimmer gekommen.

1 (= venir dedans) hereinkommen

ℹ ***herein•kommen*** *est un verbe à particule séparable et se conjugue comme* ***kommen*** *(kam, gekommen).*

► **rentrer dans...** (= venir dans) : in ... kommen

ℹ *La préposition* ***in*** *est suivi de l'accusatif :* ***in den*** *(masculin),* ***in die*** *(féminin et pluriel),* ***ins*** *=* ***in das*** *(neutre).*

2 ▷ Nous sommes rentrés quand il a commencé à neiger.
Wir gingen hinein, als es anfing zu schneien.

▷ On est rentrés dans le bar pour boire un verre.
Wir sind in die Kneipe gegangen, um einen zu trinken.

2 (= aller dedans) hineingehen

ℹ ***hinein•gehen*** *est un verbe à particule séparable et se conjugue comme* ***gehen*** *(ging, gegangen).*

► **rentrer dans...** (= aller dans) : in... gehen

ℹ *La préposition* ***in*** *est suivi de l'accusatif :* ***in den*** *(masculin),* ***in die*** *(féminin et pluriel),* ***ins*** *=* ***in das*** *(neutre).*

3 ▷ Tu crois qu'on va tous rentrer dans la voiture ?
Glaubst du, dass wir alle ins Auto passen?

▷ Je ne rentre plus dans cette jupe.
Ich passe nicht mehr in diesen Rock.

3 ► **rentrer dans...** (= tenir dans un espace ou dans un vêtement) : in ... passen

ℹ *La préposition* ***in*** *est suivi de l'accusatif :* ***in den*** *(masculin),* ***in die*** *(féminin et pluriel),* ***ins*** *=* ***in das*** *(neutre).*

4 ▷ Je suis fatigué, je rentre.
Ich bin müde, ich geh nach Hause.

4 (= aller chez soi) **nach Hause gehen**

ℹ *On dit aussi* ***heimgehen***.

5 ▷ J'étais déjà au lit quand Caroline est rentrée.
Ich war schon im Bett, als Caroline nach Hause kam.

5 (= arriver chez soi) **nach Hause kommen**

ℹ *On dit aussi* ***heimkommen***.

6 ▷ La voiture est rentrée dans un arbre.
Das Auto ist gegen einen Baum geprallt.

6 ► **rentrer dans** quelque chose (= heurter) : **gegen** etwas (accusatif) **prallen**

7 ▷ Sois gentil, rentre le linge.
Sei so lieb und bring die Wäsche hinein.
▷ J'ai oublié de rentrer les courses !
Ich habe vergessen, die Einkäufe hereinzubringen!

7 (= mettre à l'intérieur) **hineinbringen**

ℹ ***hinein•bringen*** *est un verbe à particule séparable et se conjugue comme* ***bringen*** *(brachte, gebracht).*

renverser

1 ▷ Attention, ne renverse pas la bouteille.
Pass auf, wirf die Flasche nicht um.

1 (= faire tomber) **umwerfen**

ℹ ***um•werfen*** *est un verbe à particule séparable et se conjugue comme* ***werfen*** *(wirft, warf, geworfen).*

2 ▷ Benoît a renversé son café.
Benoît hat seinen Kaffee verschüttet.

2 (= répandre) **verschütten**

ℹ *Les verbes commençant par le préfixe* ***ver-*** *ne prennent pas* ***ge-*** *au participe passé.*

3 ▷ Madame Rainier s'est fait renverser par une voiture.
Frau Rainier ist von einem Auto umgefahren worden.

3 ► **se faire renverser** (en parlant d'un piéton) : **umgefahren werden**

renvoyer

1 ▷ Matthieu a été renvoyé du lycée.
Matthieu wurde vom Gymnasium verwiesen.

1 (= expulser définitivement) **verweisen** (verwies, verwiesen)

ℹ *Les verbes commençant par le préfixe* ***ver-*** *ne prennent pas* ***ge-*** *au participe passé.*

2 ▷ Anne a été renvoyée trois jours.
Anne wurde drei Tage ausgeschlossen.

2 (= expulser provisoirement) **ausschließen**

ℹ ***aus•schließen*** *est un verbe à particule séparable et se conjugue comme* ***schließen*** *(schloss, geschlossen).*

3 ▷ Renvoie-moi la balle !
Wirf mir den Ball zurück!

3 Quand **renvoyer** signifie **lancer**, on peut traduire soit par **zurückwerfen** si on le fait **à la main**, soit par **zurückschießen** si on le fait **avec le pied**.

▷ Mario m'a renvoyé le ballon et j'ai fait une passe à Rachid.
Mario hat mir den Ball zurückgeschossen und ich habe ihn Rachid zugespielt.

ℹ ***zurück•werfen*** *et* ***zurück•schießen*** *sont des verbes à particule séparable et se conjuguent comme* ***werfen*** *(wirft, warf, geworfen) et* ***schießen*** *(schoss, geschossen).*

réparer

▷ La télé a été réparée.
Der Fernseher ist repariert worden.

reparieren

ℹ *Les verbes se terminant en* ***–ieren*** *ne prennent pas* ***ge-*** *au participe passé.*

repartir

▷ Repartons, nous avons encore trois heures de route.
Brechen wir wieder auf, wir haben noch drei Stunden Fahrt.

(= reprendre la route) **wieder aufbrechen**

ℹ ***auf•brechen*** *est un verbe à particule séparable et se conjugue comme* ***brechen*** *(bricht, brach, gebrochen).*

répartir

▷ Le professeur a réparti le travail entre trois équipes.
Der Lehrer hat die Arbeit auf drei Teams verteilt.

(= partager) **verteilen**

ℹ *Les verbes commençant par le préfixe* ***ver-*** *ne prennent pas* ***ge-*** *au participe passé.*

ℹ *Notez l'emploi de la préposition en allemand :* **répartir entre ... = *auf ...* verteilen.**

repas

1 ▷ Les repas à l'hôtel sont très bons.
Das Essen im Hotel ist sehr gut.

1 (= nourriture) **das Essen**

ℹ *Ce mot s'emploie uniquement au singulier.*

2 ▷ On nous a servi quatre repas pendant le vol !
Man hat uns vier Mahlzeiten während des Fluges serviert!

▷ Nous prenons nos repas dans la cuisine.
Wir essen in der Küche.
ou **Wir nehmen unsere Mahlzeiten in der Küche ein.**

2 (= fait de manger) **die Mahlzeit** (pluriel : Mahlzeiten)

► **prendre un repas : essen** (isst, aß, gegessen)

ℹ *On dit aussi* ***eine Mahlzeit einnehmen****, qui est une expression un peu plus formelle.*

repassage

▷ Je déteste le repassage !
Ich hasse das Bügeln!

▷ Ce soir, je dois faire du repassage.
Heute Abend muss ich bügeln.

das Bügeln

ℹ *C'est un verbe substantivé qui ne s'emploie qu'au singulier.*

► **faire du repassage : bügeln**

repasser

1 ▷ Je dois repasser ma chemise.
Ich muss mein Hemd bügeln.

1 ► **repasser** quelque chose (avec un fer à repasser) : etwas (accusatif) bügeln

2 ▷ Pierre a dû repasser son permis de conduire.
Pierre musste seinen Führerschein noch einmal machen.

2 ► **repasser** quelque chose (en parlant d'un examen ou du permis de conduire) : noch einmal machen

3 ▷ Est-ce que tu repasseras devant la boulangerie ?
Gehst noch einmal bei der Bäckerei vorbei?
▷ Je dois repasser à la maison.
Ich muss noch einmal zu Hause vorbeigehen.

3 (= aller de nouveau d'un endroit à un autre) noch einmal vorbeigehen

ℹ *vorbei•gehen est un verbe à particule séparable et se conjugue comme gehen (ging, gegangen).*

4 ▷ Marc repassera ce soir.
Marc kommt heute Abend noch einmal vorbei.
▷ Repassez demain, ce sera prêt.
Kommen Sie morgen noch einmal vorbei, dann ist es fertig.

4 (= revenir) noch einmal vorbeikommen

ℹ *vorbei•kommen est un verbe à particule séparable et se conjugue comme kommen (kam, gekommen).*

repeindre

▷ Mon père a repeint la maison avec un copain.
Mein Vater hat das Haus mit einem Freund neu gestrichen.

neu streichen (strich, gestrichen)

repérer

1 ▷ Ils sont quelque part sur la plage, essaie de les repérer.
Sie sind irgendwo am Strand, versuch, sie ausfindig zu machen.

1 (= trouver, situer) ausfindig machen

2 ▷ Je n'arrive pas à me repérer dans ce centre commercial.
Ich finde mich in diesem Einkaufszentrum nicht zurecht.
▷ Avec un plan de la ville vous vous repérerez mieux.
Mit einem Stadtplan werdet ihr euch besser zurechtfinden.

2 ► **se repérer** (= s'orienter) : sich zurechtfinden

ℹ *zurecht•finden est un verbe à particule séparable et se conjugue comme finden (fand, gefunden).*

ℹ *Le pronom personnel allemand s'emploie à l'accusatif : ich finde **mich** zurecht, du findest **dich** zurecht, er/sie findet **sich** zurecht, wir finden **uns** zurecht, ihr findet **euch** zurecht, sie finden **sich** zurecht.*

répéter

1 ▷ Tu peux répéter, s'il te plaît ? Je n'ai pas compris.
Kannst du bitte wiederholen? Ich habe nicht verstanden.

1 (= redire) wiederholen

2 ▷ On répète tous les mardis.
Wir proben dienstags.

2 (= s'entraîner) **proben**

répétition

1 ▷ Il y a trop de répétitions dans ta rédaction.
In deinem Aufsatz gibt es zu viele Wiederholungen.

1 (= mot ou phrase répété) die **Wiederholung** (pluriel : Wiederholungen)

2 ▷ La répétition est à six heures.
Die Probe ist um sechs.

2 (= séance d'entraînement) die **Probe** (pluriel : Proben)

répondeur

▷ J'avais six messages sur le répondeur.
Ich hatte sechs Nachrichten auf dem Anrufbeantworter.

der **Anrufbeantworter** (pluriel : -beantworter)

répondre

1 ▷ Tu pourrais me répondre quand je te pose une question !
Du könntest mir doch antworten, wenn ich dir eine Frage stelle!

1 ► **répondre à** (une personne) : datif + **antworten**

2 ▷ Je ne veux pas répondre à cette question.
Ich will diese Frage nicht beantworten.

2 ► **répondre à** (une question) : accusatif + **beantworten**

3 ▷ Réponds, s'il te plaît, j'ai les mains sales.
Nimm bitte ab, ich habe schmutzige Hände.

3 ► **répondre** (au téléphone) : **abnehmen**

ℹ *__ab•nehmen__ est un verbe à particule séparable et se conjugue comme __nehmen__ (nimmt, nahm, genommen).*

▷ Ça ne répond pas, ils doivent être déjà partis.
Niemand nimmt ab, sie sind wohl schon gegangen.

► **ça ne répond pas : niemand nimmt ab**

réponse

▷ C'était la mauvaise réponse.
Das war die falsche Antwort.

die **Antwort** (pluriel : Antworten)

reportage

▷ Vous avez vu le reportage sur le Tour de France ?
Habt ihr die Reportage über die Tour de France gesehen?

die **Reportage** (pluriel : Reportagen)

reporter

▷ La réunion parents-profs est reportée à mardi.
Die Eltern-Lehrer-Versammlung wurde auf Dienstag verschoben.

(= remettre à plus tard) **verschieben** (verschob, verschoben)

repos

▷ Le médecin a dit que Christophe avait besoin de repos.
Der Arzt hat gesagt, dass Christophe Ruhe braucht.

(= détente) die **Ruhe**

se reposer

▷ Repose-toi avant de partir.
Ruh dich aus, bevor du gehst.
▷ Ça va mieux, je me suis bien reposée.
Es geht mir besser, ich habe mich gut ausgeruht.
▷ Demain vous pourrez vous reposer.
Morgen könnt ihr euch ausruhen.

(= prendre du repos) **sich ausruhen**

ℹ *aus•ruhen est un verbe à particule séparable.*

ℹ *Le pronom personnel allemand s'emploie à l'accusatif : ich ruhe **mich** aus, du ruhst **dich** aus, er/sie ruht **sich** aus, wir ruhen **uns** aus, ihr ruht **euch** aus, sie ruhen **sich** aus.*

reprendre

1 ▷ Reprends du gâteau si tu veux.
Nimm noch etwas Kuchen, wenn du willst.

1 ► **reprendre** quelque chose (= en prendre encore) : **noch ... nehmen** (nimmt, nahm, genommen)

2 ▷ Il a repris son livre sans me le dire, et moi je l'ai cherché partout.
Er hat sein Buch zurückgenommen, ohne es mir zu sagen, und ich habe es überall gesucht.

2 (= récupérer) **zurücknehmen**

ℹ *zurück•nehmen est un verbe à particule séparable et se conjugue comme nehmen.*

3 ▷ Quand est-ce que vous reprenez l'école ?
Wann müsst ihr wieder in die Schule?

3 ► **reprendre l'école** : **wieder in die Schule müssen**

4 ▷ Le professeur nous reprend quand nous faisons des fautes.
Der Lehrer verbessert uns, wenn wir Fehler machen.

4 ► **reprendre** quelqu'un (= le corriger) : **jemanden** (accusatif) **verbessern**

ℹ *Les verbes commençant par le préfixe ver- ne prennent pas ge- au participe passé.*

5 ▷ Les cours reprennent le 6 septembre.
Die Schule fängt am 6. September wieder an.

5 (= recommencer) **wieder anfangen**

ℹ *an•fangen est un verbe à particule séparable et se conjugue comme fangen (fängt, fing, gefangen).*

représentant, représentante

▷ On devrait choisir un représentant pour parler au proviseur.
Wir sollten einen Vertreter wählen, um mit dem Schulleiter zu sprechen.

der **Vertreter** (pluriel : Vertreter), die **Vertreterin** (pluriel : Vertreterinnen)

représentation

▷ La représentation commence à huit heures.
Die Vorstellung beginnt um acht Uhr.

(= pièce de théâtre) die **Vorstellung** (pluriel : Vorstellungen)

représenter

1 ▷ Amandine a représenté la classe.
Amandine hat die Klasse vertreten.

1 (= être le représentant de) **vertreten** (vertritt, vertrat, vertreten)

*Les verbes commençant par le préfixe **ver-** ne prennent pas **ge-** au participe passé.*

2 ▷ Que représente ce tableau ?
Was stellt dieses Bild dar?

2 (= évoquer, exprimer) **darstellen**

***dar•stellen** est un verbe à particule séparable.*

3 ▷ Cette photo représente beaucoup pour moi.
Dieses Foto bedeutet viel für mich.

3 (= signifier) **bedeuten**

*Les verbes commençant par le préfixe **be-** ne prennent pas **ge-** au participe passé.*

reproche

▷ Ce n'est pas un reproche !
Das ist kein Vorwurf!

▷ Mes parents me font tout le temps des reproches.
Meine Eltern machen mir die ganze Zeit Vorwürfe.

der **Vorwurf** (pluriel : Vorwürfe)

► **faire des reproches à** quelqu'un : jemandem (datif) **Vorwürfe machen**

reprocher

▷ Le professeur reproche à Raoul de ne pas travailler assez.
Der Lehrer Raoul vorwirft, nicht genügend zu lernen.

► **reprocher à** quelqu'un **de** + infinitif : jemandem (datif) **vorwerfen, zu** + infinitif

***vor•werfen** est un verbe à particule séparable et se conjugue comme **werfen** (wirft, warf, geworfen).*

reptile

▷ Au zoo, il y a un bâtiment spécial pour les reptiles.
Im Zoo gibt es ein besonderes Gebäude für die Reptilien.

das **Reptil** (pluriel : Reptilien)

réputation

▷ Ce lycée a une bonne réputation.
Dieses Gymnasium hat einen guten Ruf.

der **Ruf**

Ce mot s'emploie uniquement au singulier.

réputé, réputée

(= connu) **bekannt**

▻ Le cousin d'Emma est un écrivain réputé.
Emmas Cousin ist ein bekannter Schriftsteller.

requin

der **Hai** (pluriel : Haie)

▻ Le documentaire sur les requins était impressionnant.
Der Dokumentarfilm über Haie war beeindruckend.

réserve

der **Vorrat** (pluriel : Vorräte)

ℹ *Notez l'emploi de la préposition en allemand :* **une réserve de** = *ein Vorrat* ***an***.

▻ Nous avons une réserve de bougies en cas de coupure de courant.
Wir haben einen Vorrat an Kerzen für den Fall eines Stromausfalls.

réserver

(= retenir à l'avance, garder) **reservieren**

ℹ *Les verbes se terminant en* ***–ieren*** *ne prennent pas* ***ge-*** *au participe passé.*

▻ Les billets sont moins chers si tu réserves plus tôt.
Die Karten sind billiger, wenn du sie früher reservierst.

▻ Réserve-moi une place.
Reservier mir einen Platz.

résistant, résistante

1 (en parlant d'une personne) **robust**

2 (en parlant d'un matériau) **fest**

1 ▻ Célia est très résistante, elle n'est jamais malade.
Célia ist sehr robust, sie ist nie krank.

2 ▻ C'est un tissu très résistant.
Das ist ein sehr fester Stoff.

résister à

(= ne pas céder à) **widerstehen** (widerstand, widerstanden)

▻ Je n'ai pas pu lui résister, il est si beau !
Ich konnte ihm nicht widerstehen, er sieht so gut aus!

résoudre

lösen

▻ Personne n'a pu résoudre le problème de maths.
Niemand konnte die Matheaufgabe lösen.

respecter

(en parlant d'un personne) **achten**

ℹ *On dit aussi* ***respektieren***.

▻ Il est important de respecter les autres si on veut être respecté soi-même.
Es ist wichtig, andere zu achten, wenn man selbst geachtet werden will.

respiration

▷ Je retiens ma respiration et tu comptes.
Ich halte meinen Atem an und du zählst.

(= souffle) der Atem

respirer

▷ Mon grand-père a du mal à respirer.
Mein Großvater atmet schwer.

atmen

responsable

1 ▷ Chaque équipe est responsable d'une partie du travail.
Jedes Team ist für einen Teil der Arbeit verantwortlich.

2 ▷ On cherche les responsables.
Die Verantwortlichen werden gesucht.

1 ► **responsable de ... :** für + accusatif + verantwortlich

2 (= personne) der/die Verantwortliche (pluriel : Verantwortlichen)

C'est un adjectif substantivé : on dit ***ein Verantwortlicher****.*

ressemblant, ressemblante

▷ Le portrait est très ressemblant.
Das Porträt ist sehr ähnlich.

ähnlich

ressembler

1 ▷ Joël ressemble à sa mère.
Joël sieht seiner Mutter ähnlich.
▷ Je ne comprends pas, ça ne lui ressemble pas du tout !
Ich verstehe das nicht, das sieht ihm überhaupt nicht ähnlich!

2 ▷ Les deux frères ne se ressemblent pas beaucoup.
Die beiden Brüder sehen sich nicht sehr ähnlich.

1 ► **ressembler à** quelqu'un (physiquement ou moralement) : jemandem (datif) ähnlich sehen (sieht, sah, gesehen)

2 ► **se ressembler :** sich ähnlich sehen

ressort

▷ Les ressorts du canapé sont complètement cassés.
Die Federn des Sofas sind ganz kaputt.

(= pièce de métal) die Feder (pluriel : Federn)

ressortir

1 ▷ Lucas est ressorti pour me parler.
Lucas kam noch einmal heraus, um mit mir zu sprechen.

1 (= venir dehors) noch einmal herauskommen

heraus•kommen *est un verbe à particule séparable et se conjugue comme* ***kommen*** *(kam, gekommen).*

2 ▷ Il pleut, je n'ai pas envie de ressortir.
Es regnet, ich habe keine Lust, noch einmal hinauszugehen.
▷ Tout à l'heure, je ressortirai avec le chien.
Ich gehe nachher noch einmal mit dem Hund hinaus.

2 (= aller dehors) **noch einmal hinausgehen**

ℹ *hinaus•gehen est un verbe à particule séparable et se conjugue comme gehen (ging, gegangen).*

restaurant

▷ Mon oncle nous a conseillé un restaurant indien.
Mein Onkel hat uns ein indisches Restaurant empfohlen.

das **Restaurant**
(pluriel : Restaurants)

Se prononce comme en français. Le s du pluriel se prononce en allemand.

reste

1 ▷ On va payer le repas, et avec le reste de l'argent, on ira au musée.
Wir bezahlen das Essen, und von dem Rest des Geldes gehen wir ins Museum.

1 ► **le reste** (= la partie restante) : der Rest

ℹ *On peut aussi employer la forme adjectivale avec **übrig** : **das übrige Geld** =* l'argent restant.

2 ▷ Nous allons manger les restes au dîner.
Zu Abend essen wir Reste.

2 ► **restes** (de nourriture) : die Reste

rester

1 ▷ Reste encore un peu.
Bleib noch ein bisschen.

1 (dans un endroit, dans une position) **bleiben** (blieb, geblieben)

2 ▷ Vous pouvez emporter les bonbons qui restent.
Die Bonbons, die übrig sind, könnt ihr mitnehmen.
▷ Il reste du champagne, qui en veut ?
Es ist noch Champagner übrig, will jemand davon?
▷ Est-ce qu'il reste encore du gâteau ?
Ist noch Kuchen übrig?
▷ Il nous reste cinquante euros.
Wir haben noch fünfzig Euro.
▷ Combien te reste-t-il ?
Wie viel hast du noch?

2 (= subsister) **übrig sein**

ℹ *Pour traduire la tournure impersonnelle* **il reste**, *on emploie* ***es ist*** *(singulier) ou* ***es sind*** (pluriel) ***noch ... übrig*** en allemand.

ℹ *À l'interrogatif, on demande* ***ist noch*** *ou* ***sind noch ... übrig?***

ℹ *Quand* **il reste** *est employé avec un complément d'objet indirect* (**nous** *dans notre exemple), on traduit par* ***noch... haben*** *(hat, hatte, gehabt) en allemand.*

résultat

▷ Nous avons eu de très bons résultats.
Wir hatten sehr gute Ergebnisse.

das **Ergebnis** (pluriel : Ergebnisse)

résumé

▷ Je dois faire un résumé du texte pour demain.
Für morgen muss ich eine Zusammenfassung des Textes machen.

die **Zusammenfassung**
(pluriel : -fassungen)

résumer

▷ Il est très difficile de résumer le film.
Es ist schwierig, den Film zusammenzufassen.

zusammenfassen
ℹ *zusammen•fassen est un verbe à particule séparable.*

retard

1 ▷ Le train avait du retard.
Der Zug hatte Verspätung.

2 ▷ Charlie arrive toujours en retard.
Charlie kommt immer zu spät.

1 ► **avoir du retard :** Verspätung haben (hat, hatte, gehabt)

2 ► **en retard :** zu spät

retarder

1 ▷ Mes grands-parents ont retardé leur départ de deux jours.
Meine Großeltern haben ihre Abreise um zwei Tage verzögert.

2 ▷ Dépêche-toi, tu nous retardes !
Beeil dich, du hältst uns auf!

▷ Désolé, j'ai été retardé.
Es tut mir Leid, ich wurde aufgehalten.

3 ▷ Ma montre retarde de cinq minutes.
Meine Uhr geht fünf Minuten nach.

1 (= remettre à plus tard) **verzögern**
ℹ *Les verbes commençant par le préfixe ver- ne prennent pas ge- au participe passé.*

2 ► **retarder** quelqu'un (= le ralentir) **:** jemanden (accusatif) aufhalten
ℹ *auf•halten est un verbe à particule séparable et se conjugue comme halten (hält, hielt, gehalten).*

3 (en parlant d'une montre, d'une horloge) **nachgehen**
ℹ *nach•gehen est un verbe à particule séparable et se conjugue comme gehen (ging, gegangen).*

retenir

1 ▷ Retiens le chien, je fais sortir le chat.
Halt den Hund zurück, ich lasse die Katze heraus.

2 ▷ Est-ce que cette table est retenue ?
Ist dieser Tisch reserviert?

3 ▷ J'ai du mal à retenir ma leçon.
Ich habe Mühe, meine Lektion zu behalten.

4 ▷ Lydie peut retenir son souffle pendant quarante secondes.
Lydie kann ihren Atem vierzig Sekunden lang anhalten.

5 ▷ J'ai dû me retenir pour ne pas rire.
Ich musste mich beherrschen, um nicht zu lachen.

1 (= maintenir) **zurückhalten**
ℹ *zurück•halten est un verbe à particule séparable et se conjugue comme halten (hält, hielt, gehalten).*

2 (= réserver) **reservieren**
ℹ *Les verbes se terminant en –ieren ne prennent pas ge- au participe passé.*

3 (= se rappeler) **behalten** (behält, behielt, behalten)

4 ► **retenir son souffle :** seinen Atem anhalten
ℹ *an•halten est un verbe à particule séparable et se conjugue comme halten.*

5 ► **se retenir pour ne pas** + infinitif **:** sich beherrschen, um nicht zu + infinitif

retenue

▷ J'ai eu deux heures de retenue.
Ich bekam zwei Stunden Nachsitzen.

(= colle) **Nachsitzen**

ℹ *On peut aussi employer la forme verbale : **Ich musste zwei Stunden nachsitzen.***

retirer

1 ▷ Retire ton manteau, il fait chaud.
Zieh deinen Mantel aus, es ist warm.
▷ Est-ce que je peux retirer mes chaussures ?
Darf ich meine Schuhe ausziehen?

1 (= enlever, en parlant d'un vêtement) **ausziehen**

ℹ ***aus•ziehen** est un verbe à particule séparable et se conjugue comme **ziehen** (zog, gezogen).*

2 ▷ J'ai retiré les allumettes à mon petit frère.
Ich habe meinem kleinen Bruder die Streichhölzer weggenommen.

2 ► **retirer** quelque chose **à** quelqu'un : jemandem (datif) etwas wegnehmen

ℹ ***weg•nehmen** est un verbe à particule séparable et se conjugue comme **nehmen** (nimmt, nahm, genommen).*

3 ▷ Siri s'est brûlée en retirant le plat du four.
Siri hat sich verbrannt, als sie den Topf aus dem Ofen nahm.

3 ► **retirer** quelque chose (= le sortir) : etwas aus + datif + nehmen

4 ▷ Je vais aller à la banque pour retirer de l'argent.
Ich werde zur Bank gehen, um Geld abzuheben.

4 (en parlant d'argent) **abheben**

ℹ ***ab•heben** est un verbe à particule séparable et se conjugue comme **heben** (hob, gehoben).*

retomber

▷ Le ballon est retombé sur le toit.
Der Ball kam auf das Dach auf.

(= atterrir) **aufkommen**

ℹ ***auf•kommen** est un verbe à particule séparable et se conjugue comme **kommen** (kam, gekommen).*

retour

1 ▷ Le retour m'a semblé plus court que l'aller.
Der Rückweg schien mir kürzer als die Hinweg.
▷ C'est ma mère qui a conduit au retour.
Auf dem Rückweg ist meine Mutter gefahren.

1 (= trajet) der **Rückweg** (pluriel : –wege)
► **au retour :** auf dem Rückweg

2 ▷ Appelle-moi à ton retour.
Ruf mich an, wenn du nach Hause kommst.
▷ À notre retour, nous avons trouvé la porte ouverte.
Als wir nach Hause kamen, fanden wir die Tür offen.

2 Pour parler du moment où **on rentre** en allemand, on emploie une phrase avec wenn (pour le présent ou le futur) *ou* als (pour le passé) + nach Hause kommen (kam, gekommen).

retourner

1 ▷ Retourne les escalopes, s'il te plaît.
Dreh bitte die Schnitzel um.

1 (= mettre de l'autre côté) **umdrehen**

ℹ *um•drehen est un verbe à particule séparable.*

2 ▷ Christian retourne en Italie chaque année.
Christian geht jeden Sommer wieder nach Italien.
▷ Nadine retourne en Inde l'année prochaine.
Nadine fliegt nächstes Jahr wieder nach Indien.

2 (= repartir) **wieder gehen** (ging, gegangen)

ℹ *Quand il est évident que la personne se déplace en voiture, en train ou en avion, on dit **wieder fahren** (fährt, fuhr, gefahren) ou **wieder fliegen** (flog, geflogen).*

3 ▷ Ne te retourne pas, il est juste derrière toi.
Dreh dich nicht um, er steht direkt hinter dir.
▷ Il s'est retourné et il m'a regardée.
Er hat sich umgedreht und mich angesehen.

3 ► **se retourner : sich umdrehen**

ℹ *Le pronom personnel allemand s'emploie à l'accusatif : ich drehe **mich** um, du drehst **dich** um, er/sie dreht **sich** um, wir drehen **uns** um, ihr dreht **euch** um, wir drehen **uns** um.*

retraite

▷ Mon oncle est à la retraite.
Mein Onkel ist im Ruhestand.

► **être à la retraite : im Ruhestand sein**

ℹ *On dit aussi **in Rente sein**.*

▷ Mon père veut prendre sa retraite à cinquante ans.
Mein Vater will mit fünfzig Jahren in den Ruhestand gehen.

► **prendre sa retraite : in den Ruhestand gehen** (ging, gegangen)

ℹ *On dit aussi **in Rente gehen**.*

rétrécir

▷ Oh non ! Mon pull a rétréci au lavage !
Oh nein! Mein Pulli ist beim Waschen eingegangen!
▷ Ton T-shirt a bien rétréci !
Dein T-Shirt ist ganz schön eingelaufen!

(en parlant d'un vêtement)
eingehen

ℹ *On dit aussi **einlaufen**.*

ℹ *Ce sont des verbes à particule séparable et se conjuguent comme **gehen** (ging, gegangen) et **laufen** (läuft, lief, gelaufen).*

retrousser

1 ▷ Retrousse tes manches avant de faire la pâte.
Krempel deine Ärmel hoch, bevor du den Teig machst.

1 (en parlant des manches ou du bas d'un pantalon) **hochkrempeln**

ℹ ***hoch•krempeln** est un verbe à particule séparable.*

2 ▷ Cora retroussait sa jupe pour monter sur la moto.
Cora hob ihren Rock hoch, um auf das Motorrad zu steigen.

2 (en parlant d'une jupe ou d'une robe) **hochheben**

ℹ *hoch•heben est un verbe à particule séparable et se conjugue comme heben (hob, gehoben).*

retrouver

1 ▷ Emmanuelle n'a jamais retrouvé son porte-monnaie.
Emmanuelle hat ihren Geldbeutel nie wiedergefunden.

1 (en parlant de quelque chose qu'on avait égaré) **wiederfinden**

ℹ *wieder•finden est un verbe à particule séparable et se conjugue comme finden (fand, gefunden).*

2 ▷ Allez-y, je vous retrouverai au restaurant.
Geht schon, ich treffe euch im Restaurant.

2 (= rejoindre quelqu'un) **treffen** (trifft, traf, getroffen)

3 ▷ Si tu veux, on peut se retrouver devant le cinéma.
Wenn du willst, können wir uns vor dem Kino treffen.

3 ► **se retrouver** (= se rencontrer) : sich treffen

4 ▷ Nous nous sommes perdus et nous nous sommes retrouvés à cinq kilomètres de la maison.
Wir haben uns verirrt und sind fünf Kilometer vom Haus entfernt gelandet.

4 ► **se retrouver** (= finir) : landen

rétroviseur

1 ▷ Le rétroviseur est trop haut, on ne voit rien.
Der Außenspiegel ist zu hoch, man sieht nichts.

1 (sur le côté) der **Außenspiegel** (pluriel : -spiegel)

ℹ *außen signifie* extérieur.

2 ▷ Didier nous a regardés dans le rétroviseur.
Didier sah uns im Rückspiegel an.

2 (au milieu) der **Rückspiegel** (pluriel : -spiegel)

réunion

1 ▷ Ma mère rentrera tard, elle va à une réunion à la mairie.
Meine Mutter kommt spät nach Hause, sie geht zu einer Versammlung ins Rathaus.

1 (= assemblée) die **Versammlung** (pluriel : Versammlungen)

2 ▷ Ton père va-t-il à la réunion de parents d'élèves ?
Geht dein Vater zum Elternabend?

2 ► **réunion de parents d'élèves** : der Elternabend

se réunir

▷ Le club se réunit tous les mercredis après-midi.
Der Klub versammelt sich mittwochnachmittags.

(= se retrouver) **sich versammeln**

réussi, réussie

▷ Merci pour la soirée, c'était très réussi.
Vielen Dank für den Abend, er war sehr gelungen.

(= bien) gelungen

réussir

1 ▷ Pour réussir dans la vie, il faut travailler.
Um im Leben erfolgreich zu sein, muss man arbeiten.

2 ▷ Comment as-tu réussi à la convaincre ?
Wie ist es dir gelungen, sie zu überzeugen?

3 ▷ Le frère d'Angèle a réussi son examen.
Angèles Bruder hat seine Prüfung bestanden.
▷ Je dois absolument réussir à cet examen.
Ich muss diese Prüfung unbedingt bestehen.

1 (= avoir du succès) erfolgreich sein

2 ► quelqu'un **réussit à** + infinitif : jemandem (datif) gelingt es, zu + infinitif (gelang, gelungen)

Notez l'emploi impersonnel du verbe allemand.

3 ► **réussir un examen** *ou* **réussir à un examen** : eine Prüfung bestehen (bestand, bestanden)

Les verbes commençant par le préfixe ***be–*** *ne prennent pas* ***ge–*** *au participe passé.*

réussite

▷ La fête était une grande réussite.
Die Party war ein großer Erfolg.

der Erfolg (pluriel : Erfolge)

revanche

1 ▷ Tu as gagné la première partie, mais je veux une revanche.
Du hast die erste Runde gewonnen, aber ich will Revanche.

2 ▷ Émilie veut prendre sa revanche sur Mathieu.
Émilie will sich bei Mathieu revanchieren.
▷ Ils ont pris leur revanche.
Sie haben sich revanchiert.

1 (= deuxième partie) die Revanche /re'vãːʃə/ (pluriel : Revanchen)

Notez la prononciation.

2 ► **prendre sa revanche sur** quelqu'un : sich bei jemandem (datif) revanchieren

Les verbes se terminant en ***–ieren*** *ne prennent pas* ***ge-*** *au participe passé.*

Le pronom personnel allemand s'emploie à l'accusatif : ich revanchiere ***mich****, du revanchierst* ***dich****, er/sie revanchiert* ***sich****, wir revanchieren* ***uns****, ihr revanchiert* ***euch****, sie revanchieren* ***sich****.*

rêve

▷ J'ai fait un rêve horrible.
Ich hatte einen furchtbaren Traum.

der Traum (pluriel : Träume)

réveil

1 ▷ Le réveil a sonné à sept heures.
Der Wecker hat um sieben Uhr geklingelt.
▷ J'ai mis le réveil à huit heures.
Ich habe den Wecker auf acht Uhr gestellt.

2 ▷ Au réveil j'ai trouvé le chien dans mon lit.
Beim Aufwachen habe ich den Hund in meinem Bett gefunden.

1 (= horloge) der **Wecker** (pluriel : Wecker)
► **mettre le réveil à** + heure **:** den Wecker auf + heure + stellen

2 (= sortie du sommeil) das **Aufwachen**

réveiller

1 ▷ Les cloches de l'église m'ont réveillé.
Die Kirchenglocken haben mich geweckt.

2 ▷ Adeline se réveille tous les matins à six heures et demie.
Adeline wacht jeden Morgen um halb sieben auf.
▷ À quelle heure te réveilles-tu le matin ?
Wann wachst du morgens auf?

1 ► **réveiller** quelqu'un **:** jemanden wecken
ℹ *On dit aussi* ***aufwecken****.*

2 ► **se réveiller :** aufwachen
ℹ ***auf•wachen*** *est un verbe à particule séparable.*
ℹ *Le verbe réfléchi français est traduit par un verbe intransitif en allemand.*

réveillon

1 ▷ Nous avons mangé du foie gras pour le réveillon de Noël.
Zum Weihnachtsessen haben wir Gänseleber gegessen.

2 ▷ Le réveillon du Nouvel An était super.
Die Silvesterparty war ganz toll.
▷ Au réveillon de Noël je me suis couchée à deux heures du matin.
An Heiligabend bin ich um zwei Uhr morgens ins Bett gegangen.

1 Quand on parle du repas, on dit en allemand das **Weihnachtsessen** s'il s'agit de Noël, et das **Silvesteressen** s'il s'agit du Nouvel An.

2 Quand on parle de la soirée, on dit en allemand der **Heiligabend** *ou* die **Weihnachtsfeier** s'il s'agit de Noël, et die **Silvesterparty** s'il s'agit du Nouvel An.

revendre

▷ Sacha a revendu son vélo pour s'acheter des jeux vidéo.
Sacha hat sein Fahrrad verkauft, um sich Videospiele zu kaufen.

verkaufen
ℹ *Les verbes commençant par le préfixe* ***ver-*** *ne prennent pas* ***ge-*** *au participe passé.*

revenir

1 ▷ Notre chien n'est jamais revenu.
Unser Hund kam nie zurück.
▷ Reviens, tu as oublié ton livre !
Komm zurück, du hast dein Buch vergessen!

2 ▷ Ça revient cher d'aller à l'hôtel.
Es kostet viel, im Hotel zu übernachten.

1 (= venir de nouveau) **zurückkommen**
ℹ ***zurück•kommen*** *est un verbe à particule séparable et se conjugue comme* ***kommen*** *(kam, gekommen).*

2 ► **revenir cher :** viel kosten

rêver

▷ J'ai rêvé que tu te mariais !
Ich habe geträumt, dass du heiratest!
▷ J'ai rêvé de toi cette nuit.
Ich habe letzte Nacht von dir geträumt.

träumen

► **rêver de :** von + datif + träumen

réverbère

▷ La voiture est rentrée dans un réverbère.
Das Auto ist gegen eine Straßenlaterne gefahren.

die **Straßenlaterne** (pluriel : -laternen)

réviser

▷ On pourrait réviser notre allemand ensemble.
Wir könnten unser Deutsch zusammen wiederholen.

wiederholen

revoir

1 ▷ Je revois Lulu régulièrement au conservatoire.
Ich sehe Lulu regelmäßig im Konservatorium wieder.
▷ Elle l'a revu plusieurs fois.
Sie hat ihn mehrmals wiedergesehen.
▷ Quand est-ce qu'on se revoit ?
Wann sehen wir uns wieder?
▷ Au revoir, à bientôt !
Auf Wiedersehen, bis bald!
2 ▷ Je dois revoir mon vocabulaire avant de sortir.
Ich muss meine Vokabeln wiederholen, bevor ich ausgehe.

1 (= rencontrer de nouveau) **wiedersehen**

i *wieder•sehen est un verbe à particule séparable et se conjugue comme sehen (sieht, sah, gesehen).*

► **se revoir :** sich wiedersehen

► **au revoir :** auf Wiedersehen

2 (= réviser) **wiederholen**

revolver

▷ L'oncle de Fabien a un revolver chez lui.
Fabiens Onkel hat einen Revolver zu Hause.

der **Revolver** (pluriel : Revolver)

revue

▷ Mon père est abonné à une revue d'architecture.
Mein Vater abonniert eine Architekturzeitschrift.

(= magazine) die **Zeitschrift** (pluriel : Zeitschriften)

rez-de-chaussée

▷ Nous habitons au rez-de-chaussée.
Wir wohnen im Erdgeschoss.

das **Erdgeschoss** (pluriel : -geschosse)

se rhabiller

▷ On s'est rhabillés à toute vitesse.
Wir zogen uns ganz schnell wieder an.

(= remettre ses vêtement) **sich wieder anziehen**

▷ Rhabillez-vous ! On s'en va.
Zieht euch wieder an! Wir gehen.
▷ Je n'ai aucune envie de me rhabiller maintenant !
Ich habe gar keine Lust, mich jetzt wieder anzuziehen!

ℹ ***an•ziehen*** *est un verbe à particule séparable et se conjugue comme* ***ziehen*** *(zog, gezogen).*
ℹ *Le pronom personnel allemand s'emploie à l'accusatif : ich ziehe* ***mich*** *wieder an, du ziehst* ***dich*** *wieder an, er/sie zieht* ***sich*** *wieder an, wir ziehen* ***uns*** *wieder an, ihr zieht* ***euch*** *wieder an, sie ziehen* ***sich*** *wieder an.*

rhinocéros

▷ La chasse au rhinocéros est interdite.
Die Jagd auf Nashörner ist verboten.

das **Nashorn** (pluriel : Nashörner)
ℹ *Littéralement, ce mot veut dire* **corne de nez**.

rhumatismes

▷ Ma grand-mère a des rhumatismes au genou.
Meine Großmutter hat Rheuma im Knie.

das **Rheuma**
ℹ ***Rheuma*** *est une forme abrégée de* ***Rheumatismus****, dont l'emploi est plus formel.*

rhume

▷ J'ai attrapé un rhume.
Ich habe mir einen Schnupfen geholt.
▷ Élodie a le rhume des foins.
Élodie hat Heuschnupfen.

der **Schnupfen**

► **rhume des foins** : der Heuschnupfen

ricaner

▷ Arrêtez de ricaner ! Ce n'est pas drôle !
Hört auf, zu kichern! Das ist nicht lustig!

kichern

riche

1 ▷ Luc rêve de devenir riche.
Luc träumt davon, reich zu werden.
2 ▷ Les riches devraient payer plus d'impôts.
Die Reichen sollten mehr Steuern zahlen.

1 (adjectif = qui a beaucoup d'argent) **reich**
2 (= personne) der/die **Reiche** (pluriel : Reichen)
ℹ *C'est un adjectif substantivé : on dit* ***ein Reicher****.*

ride

▷ Ma grand-mère a plein de rides.
Meine Großmutter hat viele Falten.

die **Falte** (pluriel : Falten)

ridé, ridée

▷ Mon grand-père a le visage très ridé.
Mein Großvater hat ein ganz faltiges Gesicht.

faltig

rideau

▷ Le chat a complètement déchiré les rideaux.
Die Katze hat die Vorhänge völlig zerrissen.

der **Vorhang** (pluriel : Vorhänge)

ridicule

▷ Benjamin a l'air ridicule avec cet imperméable.
Benjamin sieht in diesem Regenmantel lächerlich aus.

lächerlich

rien

1 ▷ Qu'est-ce que tu fais ? – Rien.
Was machst du? – Nichts.

▷ Il n'y a rien de nouveau.
Es gibt nichts Neues.

▷ Je n'ai rien compris.
Ich habe nichts verstanden.

2 ▷ Tu as mal ? – Non, ce n'est rien.
Tut es dir weh? – Nein, es ist nicht schlimm.

3 ▷ Il ne veut pas venir ? Ça ne fait rien, on n'a pas besoin de lui.
Er will nicht kommen? Das macht nichts, wir brauchen ihn nicht.

4 ▷ Merci. – De rien.
Danke. – Keine Ursache.

1 **nichts**

► **rien de** + adjectif : nichts + adjectif substantivé

► **rien** + verbe : nichts + verbe

2 ► **ce n'est rien** (= ce n'est pas grave) : es ist nicht schlimm

3 ► **ça ne fait rien** (= tant pis) : das macht nichts

4 ► **de rien** (en réponse à merci) : keine Ursache

rigoler

▷ J'ai tellement rigolé que j'avais mal aux côtes.
Ich habe so gelacht, dass mir die Rippen wehtaten.

lachen

rigolo, rigolote

▷ J'aime bien Linda, elle est rigolote.
Ich mag Linda gern, sie ist lustig.

(= drôle) **lustig**

rimer

▷ Écoute, ça rime !
Hör mal, das reimt sich!

▷ « Fliege » rime avec « Wiege ».
„Fliege" reimt sich mit „Wiege".

sich reimen

► **rimer avec ... :** sich mit ... reimen *ou* sich auf reimen

rincer

1 ▷ Rince bien les assiettes.
Spül die Teller gut ab.

1 (en parlant des assiettes) **abspülen**

2 ▷ J'ai rincé ma bouche avec un bain de bouche.
Ich habe mir den Mund mit einer Mundspülung ausgespült.

2 (en parlant d'un récipient, des cheveux, de la bouche) **ausspülen**
ℹ *ab•spülen et aus•spülen sont des verbes à particule séparable.*

rire

1 ▷ Tu vas rire quand je te raconterai ce qui s'est passé.
Du wirst lachen, wenn ich dir erzähle, was passiert ist.
2 ▷ Annie a un rire contagieux.
Annies Lachen ist ansteckend.
3 ▷ On entendait des rires dans la classe.
Man hörte Gelächter im Klassenzimmer.

1 (verbe) **lachen**

2 (= action de rire) das **Lachen**

3 ► **des rires :** das **Gelächter**
ℹ *Ce mot s'emploie uniquement au singulier.*

risque

▷ Ne le fais pas, il y a trop de risque.
Tu das nicht, das Risiko ist zu groß.
▷ Mario aime prendre des risques.
Mario geht gern Risiken ein.
▷ Je ne veux pas prendre ce risque.
Dieses Risiko will ich nicht eingehen.

(= danger) das **Risiko**
(pluriel : Risiken)
► **prendre des risques :** Risiken eingehen
ℹ *ein•gehen est un verbe à particule séparable et se conjugue comme gehen (ging, gegangen).*

risqué, risquée

▷ N'y va pas, c'est trop risqué.
Geh nicht hin, es ist zu riskant.

riskant

risquer

1 ▷ Le père de Jérôme a risqué sa vie pour le sauver.
Jérômes Vater hat sein Leben riskiert, um ihn zu retten.
2 ▷ Ça risque de la décourager.
Es könnte sie entmutigen.

1 (= mettre en danger) **riskieren**
ℹ *Les verbes se terminant en* ***–ieren*** *ne prennent pas* ***ge-*** *au participe passé.*

2 Pour dire que quelque chose **risque d'arriver** en allemand, on emploie le subjonctif II présent du verbe **können**.

rive

▷ Il y a une piste cyclable le long de la rive.
Ein Radfahrweg führt am Ufer entlang.

(d'une rivière) das **Ufer**
(pluriel : Ufer)

rivière

▷ La rivière est très sale.
Der Fluss ist sehr schmutzig.

der **Fluss** (pluriel : Flüsse)

riz

▷ On pourrait manger du riz avec le poisson.
Wir könnten Reis zum Fisch essen.

▷ Attention, j'ai renversé des grains de riz.
Vorsicht, ich habe Reiskörner verschüttet.

▷ J'adore le riz au lait !
Ich liebe Milchreis!

der Reis

► **grain de riz :** das Reiskorn (pluriel : -körner)

► **riz au lait :** der Milchreis

robe

1 ▷ Tu ne peux pas la rater, elle porte une robe rouge.
Du kannst sie nicht verpassen, sie trägt ein rotes Kleid.

1 das Kleid (pluriel : Kleider)

▷ Ma mère veut vendre sa robe de mariée.
Meine Mutter will ihr Hochzeitskleid verkaufen.

► **robe de mariée :** das Hochzeitskleid

*On dit aussi **das Brautkleid**.*

▷ Je me suis acheté une très belle robe du soir.
Ich habe mir ein sehr schönes Abendkleid gekauft.

► **robe du soir :** das Abendkleid

2 ▷ Loïc était encore en robe de chambre.
Loïc war noch im Morgenmantel.

2 ► **robe de chambre :** der Morgenmantel (pluriel : -mäntel)

robinet

▷ Le robinet d'eau chaude fuit.
Der Warmwasserhahn leckt.

der Hahn (pluriel : Hähne)

*Attention, **der Hahn** signifie aussi* coq.

robot

1 ▷ Dans le film, les robots attaquaient les humains.
In dem Film griffen Roboter die Menschen an.

1 der Roboter (pluriel : Roboter)

2 ▷ Les robots ménagers sont très pratiques.
Küchenmaschinen sind sehr praktisch.

2 ► **robot ménager :** die Küchenmaschine (pluriel : -maschinen)

rocher

▷ Pierre a plongé depuis un rocher.
Pierre hat von einem Felsen aus einen Kopfsprung gemacht.

(= grosse pierre) der Felsen (pluriel : Felsen)

rock

▷ Tu vas au concert de rock ce soir ?
Gehst du heute Abend auf das Rockkonzert?

der Rock

rôder

▷ Une bande de garçons rôde autour de l'école.
Eine Gruppe von Jungen treibt sich um die Schule herum.
▷ Où est-ce que tu as encore rôdé ?
Wo hast du dich wieder herumgetrieben?
▷ Nous avons vu un renard qui rôdait dans le jardin.
Wir haben einen Fucks gesehen, der sich im Garten herumtrieb.

sich herumtreiben

ℹ *__herum•treiben__ est un verbe à particule séparable et se conjugue comme __treiben__ (trieb, getrieben).*

ℹ *Le pronom personnel allemand s'emploie à l'accusatif : ich treibe __mich__ herum, du treibst __dich__ herum, er/sie treibt __sich__ herum, wir treiben __uns__ herum, ihr treibt __euch__ herum, sie treiben __sich__ herum.*

roi

▷ Les Espagnols ont un roi.
Die Spanier haben einen König.

der **König** (pluriel : Könige)

rôle

1 ▷ Marcus joue le rôle du gangster.
Marcus spielt die Rolle des Gangsters.
2 ▷ Le rôle du délégué de classe est de parler pour les élèves.
Die Aufgabe des Klassensprechers ist, für die Schüler zu sprechen.

1 (dans un film, une pièce) die **Rolle** (pluriel : Rollen)

2 (= fonction, travail) die **Aufgabe** (pluriel : Aufgaben)

roller

▷ Sabrina m'a prêté ses nouveaux rollers.
Sabrina hat mir ihre neuen Inliner geliehen.

► **les rollers :** die Inliner /'inlainɐ/

Notez la prononciation.

Attention : __Roller__ en allemand signifie trotinette.

roman

▷ J'ai beaucoup aimé son dernier roman.
Ich mochte seinen letzten Roman sehr.
▷ Agathe ne lit que des romans d'aventures.
Agathe liest nur Abenteuerromane.
▷ Ma mère adore les romans policiers.
Meine Mutter liebt Kriminalromane.

der **Roman** (pluriel : Romane)

► **roman d'aventures :** der Abenteuerroman

► **roman policier :** der Kriminalroman

ℹ *On dit aussi __der Krimi__* (pluriel : *Krimis*).

romantique

▷ Il m'a offert des roses. – Qu'est-ce qu'il est romantique !
Er hat mir Rosen geschenkt. – Er ist ja so romantisch!

romantisch

rompre

▷ Ils ont rompu au bout d'un mois seulement.
Sie haben nach nur einem Monat Schluss gemacht.

(= se séparer) **Schluss machen**

rond, ronde

1 ▷ Notre table de cuisine est ronde.
Unser Küchentisch ist rund.

2 ▷ Je ne suis pas gros, je suis rond !
Ich bin nicht dick, ich bin rundlich!

3 ▷ Marc dessine des ronds dans le sable.
Marc zeichnet Kreise in den Sand.

▷ Asseyez-vous en rond, on va faire un jeu.
Setzt euch im Kreis hin, wir machen ein Spiel.

1 (= circulaire) **rund**

2 (= enrobé) **rundlich**

i *On dit aussi **mollig**.*

3 (= cercle) der **Kreis** (pluriel : Kreise)

► **en rond :** im Kreis

rondelle

▷ Tu peux me couper quelques rondelles de saucisson ?
Kannst du ein paar Scheiben Wurst schneiden?

die **Scheibe** (pluriel : Scheiben)

rond-point

▷ Qui a priorité aux ronds-points ?
Wer hat im Kreisverkehr Vorfahrt?

der **Kreisverkehr**

i *Ce mot s'emploie uniquement au singulier.*

ronfler

▷ Je ne veux pas dormir dans la même chambre que Christophe, il ronfle !
Ich will nicht im selben Zimmer wie Christophe schlafen, er schnarcht!

(en dormant) **schnarchen**

ronger

1 ▷ Il ne faut pas déranger le chien quand il ronge son os.
Man darf den Hund nicht stören, wenn er an seinem Knochen nagt.

2 ▷ Arrête de te ronger les ongles !
Hör auf, an deinen Nägeln zu kauen!

▷ Vincent se ronge les ongles.
Vincent kaut an seinen Nägeln.

1 ► **ronger** quelque chose (en parlant d'un chien, d'une souris) **:** an etwas (datif) **nagen**

2 ► **se ronger les ongles :** an + possessif au datif + **Nägeln kauen**

i *Les adjectifs possessifs sont les suivants en allemand : **meine** Nägel, **deine** Nägel, **seine** Nägel, **ihre** Nägel, **unsere** Nägel, **eure** Nägel, **ihre** Nägel.*

ronronner

▷ Le chat ronronne quand on le caresse.
Die Katze schnurrt, wenn man sie streichelt.

schnurren

rose

1 ▷ Ma petite sœur adore son T-shirt rose.
Meine kleine Schwester liebt ihr rosa T-Shirt.
▷ Je n'aime pas le rose.
Ich mag Rosa nicht.

1 (= couleur) **rosa**
C'est un adjectif invariable.
► **le rose : Rosa**

2 ▷ Ces roses sont très belles.
Diese Rosen sind sehr schön.

2 (= fleur) die **Rose** (pluriel : Rosen)

rosée

▷ Il y a encore de la rosée sur les feuilles.
Auf den Blättern ist noch Tau.

der **Tau**

roter

▷ Kevin n'arrête pas de roter, c'est dégoûtant !
Kevin rülpst ständig, das ist ja widerlich!

rülpsen

rôti

1 ▷ Encore du rôti !
Schon wieder Braten!
▷ Hier soir, nous avons mangé du rôti de veau.
Gestern Abend haben wir Kalbsbraten gegessen.

1 der **Braten** (pluriel : Braten)
*Pour dire de quel genre de rôti il s'agit, on forme des mots composés avec **Braten** : **der Schweinebraten** (rôti de porc), **der Rinderbraten** (rôti de bœuf), etc.*

2 ▷ J'aime beaucoup le poulet rôti.
Ich mag Brathähnchen sehr gern.

2 ► **poulet rôti : das Brathähnchen**

roue

▷ La roue de mon vélo est tordue.
Das Rad von meinem Fahrrad ist verbogen.
▷ J'ai vraiment eu peur sur la grande roue.
Ich hatte wirklich Angst auf dem Riesenrad.

das **Rad** (pluriel : Räder)
► **la grande roue** (à la fête foraine) **: das Riesenrad**

rouge

1 ▷ L'écharpe rouge te va mieux que la verte.
Der rote Schal steht dir besser als der grüne.
▷ Le rouge est ma couleur préférée.
Rot ist meine Lieblingsfarbe.

1 (= couleur) **rot**
Notez que dans les comparaisons, le substantif n'est pas répété en allemand.
► **le rouge : Rot**

2 ▷ Mes parents m'ont interdit d'utiliser du rouge à lèvres.
Meine Eltern haben mir verboten Lippenstift zu benutzen.

2 ► **rouge à lèvres : der Lippenstift** (pluriel : -stifte)

rougeole

▷ Adeline est au lit, elle a la rougeole.
Adeline liegt im Bett, sie hat Masern.

die **Masern**
Ce mot est un pluriel.

rougir

▷ Lydie a rougi quand Victor lui a souri.
Lydie ist rot geworden, als Victor ihr zugelächelt hat.

▷ D'abord je rougis, puis je pêle.
Erst werde ich rot, dann pelle ich mich.

(= devenir rouge) **rot werden** (wird, wurde, geworden)

rouillé, rouillée

▷ Ton vélo est tout rouillé.
Dein Fahrrad ist völlig verrostet.

verrostet

rouleau

1 ▷ C'est le dernier rouleau de papier hygiénique.
Das ist die letzte Rolle Toilettenpapier.

2 ▷ Où est le rouleau à pâtisserie ?
Wo ist das Nudelholz?

1 (= rouleau de papier, de pellicule) die **Rolle** (pluriel : Rollen)

2 ► **rouleau à pâtisserie :** das Nudelholz (pluriel : -hölzer)

roulement

1 ▷ À la maison, nous avons établi un roulement pour la vaisselle.
Zuhause haben wir zum Geschirrspülen einen Turnus eingeführt.

2 ▷ On a entendu un roulement de tonnerre.
Wir haben das Donnergrollen gehört.

1 (= tour de rôle) der **Turnus** (pluriel : Turnusse)

2 ► **roulement de tonnerre :** das Donnergrollen

ℹ *Ce mot s'emploie uniquement au singulier.*

rouler

1 ▷ Les voitures roulent trop vite dans le village.
Die Autos fahren im Dorf zu schnell.

▷ La moto roulait à au moins cent cinquante.
Das Motorrad fuhr mindestens hundertfünfzig.

2 ▷ Le ballon a roulé sur la route.
Der Ball ist auf die Straße gerollt.

3 ▷ On va rouler le tapis.
Wir rollen den Teppich zusammen.

1 (= avancer, en parlant d'un véhicule) **fahren** (fährt, fuhr, gefahren)

► **rouler à** + vitesse : vitesse + fahren

2 (= avancer, en parlant d'un objet rond) **rollen**

3 (= mettre en rouleau) **zusammenrollen**

ℹ ***zusammen•rollen*** *est un verbe à particule séparable.*

roulette

1 ▷ Le piano est sur roulettes.
Das Klavier steht auf Rollen.

2 ▷ J'ai horreur de la roulette du dentiste.
Ich hasse den Bohrer des Zahnarztes.

1 (= petite roue) die **Rolle** (pluriel : Rollen)

2 (= instrument dentaire) der **Bohrer** (pluriel : Bohrer)

3 ▷ Le père de Marie joue parfois à la roulette.
Maries Vater spielt manchmal Roulett.

3 (au casino) das **Roulett**

Se prononce comme en français.

► **jouer à la roulette : Roulett spielen**

rouspéter

▷ Arrête de rouspéter !
Hör auf zu meckern!

(= se plaindre) **meckern**

route

1 ▷ Fais attention en traversant la route.
Pass auf, wenn du die Straße überquerst.

2 ▷ Je ne sais pas quelle route prendre.
Ich weiß nicht, welchen Weg ich nehmen soll.
▷ Nous avons pris la même route.
Wir sind denselben Weg gegangen.

3 ▷ On s'est arrêtés plusieurs fois en route.
Wir haben unterwegs mehrmals gehalten.

4 ▷ Allez, en route !
Los, auf geht's!

5 ▷ Il y a au moins trois heures de route.
Wir haben mindestens drei Stunden Fahrzeit.

6 ▷ Bonne route, et soyez prudents !
Gute Fahrt, und seid vorsichtig!

7 ▷ Mets la tondeuse en route, on va voir si elle marche maintenant.
Lass den Rasenmäher an, wir werden sehen, ob er jetzt funktioniert.

1 (= voie de circulation) die **Straße** (pluriel : Straßen)

2 (= itinéraire) der **Weg** (pluriel : Wege)

3 ► **en route** (= sur le chemin) **: unterwegs**

4 ► **en route !** (= allons-y) **: auf geht's!**

5 (= durée de trajet) die **Fahrzeit**

6 ► **bonne route ! : gute Fahrt!**

7 ► **mettre en route** (en parlant d'une machine, d'un moteur) **: anlassen**

ℹ ***an•lassen*** *est un verbe à particule séparable et se conjugue comme* ***lassen*** *(lässt, ließ, gelassen).*

roux, rousse

1 ▷ Le garçon roux s'appelle Arnaud.
Der rothaarige Junge heißt Arnaud.

2 ▷ Cynthia aimerait avoir les cheveux roux.
Cynthia hätte gern rote Haare.

1 (en parlant d'une personne) **rothaarig**

2 (en parlant des cheveux) **rot**

royal, royale

▷ Le château royal est magnifique.
Das königliche Schloss ist sehr schön.

königlich

royaume

▷ Autrefois, la France était un royaume.
Früher war Frankreich ein Königreich.

das **Königreich** (pluriel : -reiche)

Royaume-Uni

▷ L'Écosse fait partie du Royaume-Uni.
Schottland ist Teil des Vereinigten Königreiches.

► **le Royaume-Uni :** das Vereinigte Königreich

ruban

▷ Le ruban bleu va mieux avec ma robe.
Das blaue Band passt besser zu meinem Kleid.

das **Band** (pluriel : Bänder)

Attention : ne confondez pas avec ***der Band*** = volume, tome *dont le pluriel est* ***Bände****, ou* ***die Band*** = groupe de musique.

rubis

▷ Ce sont de vrais rubis ?
Sind das echte Rubine?

der **Rubin** (pluriel : Rubine)

ruche

▷ Notre voisin a des ruches dans son jardin.
Unser Nachbar hat Bienenstöcke in seinem Garten.

der **Bienenstock** (pluriel : -stöcke)

rue

▷ Prenez la deuxième rue à droite.
Nehmen Sie die zweite Straße rechts.

die **Straße** (pluriel : Straßen)

ruer

1 ▷ Le poney a rué et Antoine est tombé.
Das Pony schlug aus und Antoine fiel hinunter.

1 (= donner un coup de pied, en parlant d'un cheval) **ausschlagen**

i ***aus•schlagen*** *est un verbe à particule séparable et se conjugue comme* ***schlagen*** *(schlägt, schlug, geschlagen).*

2 ▷ Tout le monde s'est rué sur le buffet.
Alle haben sich auf das Büfett gestürzt.

2 ► **se ruer sur** quelqu'un *ou* quelque chose **:** **sich auf** jemanden *ou* etwas (accusatif) **stürzen**

rugby

▷ Le rugby est un sport assez violent.
Rugby ist ein ziemlich harter Sport.

► **le rugby :** das Rugby /'rakbi/

Notez la prononciation.

i L'article neutre n'est pas employé quand on parle du sport en général.

▷ Marc joue au rugby depuis plusieurs années.
Marc spielt seit mehreren Jahren Rugby.

► **jouer au rugby :** Rugby spielen

rugbyman

▷ L'oncle de Hugo est rugbyman.
Hugos Onkel ist Rugbyspieler.

der **Rugbyspieler** (pluriel : -spieler)

rugir

▷ J'ai sursauté quand le lion a rugi.
Ich bin zusammengezuckt, als der Löwe gebrüllt hat.

brüllen

rugueux, rugueuse

▷ La couverture est rugueuse.
Die Decke ist rau.

rau

ruine

1 ▷ Nous avons visité les ruines romaines.
Wir haben die römischen Ruinen besichtigt.

1 die **Ruine** /ru'iːnə/ (pluriel : Ruinen)

Notez la prononciation.

2 ▷ L'église du village tombe en ruines.
Die Dorfkirche zerfällt.

2 ► **tomber en ruines : zerfallen** (zerfällt, zerfiel, zerfallen)

*Les verbes commençant par le préfixe **zer-** ne prennent pas **ge-** au participe passé.*

3 ▷ La grange est en ruines.
Die Scheune liegt in Trümmern.

3 ► **être en ruines : in Trümmern liegen** (lag, gelegen)

ruiné, ruinée

▷ Si elle perd le procès, l'entreprise sera ruinée.
Wenn sie den Prozess verliert, ist die Firma ruiniert.

(= sans argent) **ruiniert** /rui'niːrt/

Notez la prononciation.

ruisseau

▷ Nous avons enlevé nos chaussures pour traverser le ruisseau.
Wir haben unsere Schuhe ausgezogen, um den Bach zu durchqueren.

der **Bach** (pluriel : Bäche)

*Notez la différence de prononciation du **ch** entre le singulier et le pluriel :* /bax/ – /'bɛçə/.

rumeur

▷ N'écoute pas les rumeurs.
Hör dir die Gerüchte nicht an.

das **Gerücht** (pluriel : Gerüchte)

rusé, rusée

▷ Klaus est très rusé, il évite toujours les punitions.
Klaus ist ganz gerissen, er vermeidet immer die Strafen.

gerissen

*On dit aussi **listig**.*

russe

1 ▷ Connais-tu un bon restaurant russe ?
Kennst du ein gutes russisches Restaurant?

1 (adjectif) **russisch**

2 ▷ Les Russes sont très bons en athlétisme.
Die Russen sind in Leichtathletik sehr gut.

2 (= personne) der **Russe** (pluriel : Russen), die **Russin** (pluriel : Russinnen)

3 ▷ Karine apprend le russe.
Karine lernt Russisch.

3 (= langue) **Russisch**

Russie

▷ La Russie est un pays immense.
Russland ist ein sehr großes Land.

Russland

► **la Russie : Russland**

Ne prend l'article neutre que précédé d'un adjectif : ***das sowjetische Russland*** (la Russie soviétique).

▷ Il peut faire très froid en Russie.
In Russland kann es sehr kalt werden.

▷ J'aimerais bien aller en Russie.
Ich würde gern nach Russland reisen.

▷ Êtes-vous déjà allés en Russie ?
Wart ihr schon in Russland?

► **en Russie** (= dans le pays) **: in Russland**

► **en Russie** (= vers le pays) **: nach Russland**

Attention : pour demander si quelqu'un **est déjà allé quelque part**, *on emploie une expression avec le prétérit du verbe* ***sein*** *+* ***schon***.

rythme

1 ▷ Le rythme de ce morceau est très lent.
Der Rhythmus dieses Stückes ist sehr langsam.

1 (d'une musique) der **Rhythmus** (pluriel : Rhythmen)

Attention à l'orthographe du mot allemand.

N'oubliez pas que le ***y*** *allemand se prononce* **u**.

2 ▷ Le professeur a dit que chacun pouvait travailler à son propre rythme.
Der Lehrer hat gesagt, dass jeder in seinem eigenen Tempo arbeiten kann.

2 (= allure à laquelle on fait quelque chose) das **Tempo** (pluriel : Tempos)

S

FRANÇAIS — ALLEMAND

sa

▷ Hubert est fier de sa moto.
Hubert ist stolz auf sein Auto.
▷ Mario et sa copine viennent ce soir.
Mario und seine Freundin kommen heute Abend.
▷ Marie mettra du temps, sa maison est loin du centre.
Marie wird einige Zeit brauchen, ihr Haus ist weit vom Zentrum.
▷ Aline est sympa, mais sa sœur est désagréable.
Aline ist nett, aber ihre Schwester ist unangenehm.

En allemand, l'adjectif possessif varie en fonction du sexe du possesseur et du genre de la chose possédée : quand le possesseur est masculin, on traduit par **sein** (pour le masculin et le neutre) ou **seine** (pour le féminin) ; quand le possesseur est féminin, on traduit par **ihr** (pour le masculin et le neutre) ou **ihre** (pour le féminin).

sable

▷ Mon petit frère adore jouer dans le sable.
Mein kleiner Bruder spielt liebend gern im Sand.

der **Sand**

sac

1 ▷ Tu pourrais prendre le sac avec mes affaires de piscine ?
Könntest du die Tasche mit meinem Schwimmzeug nehmen?
▷ Est-ce que tu as vu mon sac à main ?
Hast du meine Handtasche gesehen?
▷ Ma mère m'a acheté un nouveau sac de voyage.
Meine Mutter hat mir eine neue Reisetasche gekauft.

2 ▷ Emportez un sac de couchage.
Nehmt einen Schlafsack mit.

3 ▷ Ton sac à dos est très lourd.
Dein Rucksack ist sehr schwer.

1 die **Tasche** (pluriel : Taschen)

► **sac à main :** die **Handtasche** (pluriel : -taschen)

► **sac de voyage :** die **Reisetasche** (pluriel : -taschen)

2 ► **sac de couchage :** der **Schlafsack** (pluriel : -säcke)

3 ► **sac à dos :** der **Rucksack** (pluriel : -säcke)

4 ▷Dans ce magasin, ils ont des sacs en papier à la place des sacs en plastique.
In diesem Geschäft haben sie Papiertüten an Stelle der Plastiktüten.

4 (dans les magasins) die **Tüte** (pluriel : Tüten)

sachet

1 ▷Je pourrais avoir un sachet, s'il vous plaît ?
Könnte ich bitte eine Tüte haben?
▷Il y a six sachets de soupe dans chaque boîte.
In jedem Paket sind sechs Tüten Suppe.

1 (= petit sac) die **Tüte** (pluriel : Tüten)

2 ▷J'utilise un sachet de thé par personne.
Ich nehme einen Teebeutel pro Person.

2 ► **sachet de thé :** der Teebeutel (pluriel : -beutel)

sacrifice

▷C'était un sacrifice de me séparer de ma peluche préférée.
Es war ein Opfer, mich von meinem Lieblingsplüschtier zu trennen.
▷Les parents de Mourad ont fait beaucoup de sacrifices pour acheter leur magasin.
Mourads Eltern haben viel geopfert, um sich ihr Geschäft zu kaufen.

das **Opfer** (pluriel : Opfer)

► **faire des sacrifices :** opfern

sacrifier

1 ▷Vincent a sacrifié son week-end pour m'aider.
Vincent hat sein Wochenende geopfert, um mir zu helfen.

1 (= renoncer à) **opfern**

2 ▷Je me suis sacrifié pour aller faire les courses.
Ich habe mich aufgeopfert, um einkaufen zu gehen.

2 ► **se sacrifier :** sich aufopfern

ℹ *Le pronom personnel allemand s'emploie à l'accusatif : ich opfere* ***mich*** *auf, du opferst* ***dich*** *auf, er/sie opfert* ***sich*** *auf, wir opfern* ***uns*** *auf, ihr opfert* ***euch*** *auf, sie opfern* ***sich*** *auf.*

sage

▷J'ai gardé mon petit frère et il a été très sage.
Ich habe meinen kleinen Bruder gehütet und er war sehr brav.

(= obéissant, en parlant d'un enfant) **brav**

saigner

▷Emmanuelle s'est coupé le doigt, elle saigne.
Emmanuelle hat sich in den Finger geschnitten, sie blutet.
▷Je saigne souvent du nez.
Ich habe oft Nasenbluten.

bluten

► **saigner du nez :** Nasenbluten haben

sain, saine

1 ▷ Ça fait du bien de respirer l'air sain de la campagne !
Es tut gut, die gesunde Landluft einzuatmen!

1 (= bon pour la santé) **gesund** (plus sain gesunder *ou* gesünder ; le plus sain der gesundeste *ou* gesündeste)

2 ▷ Tout le monde est arrivé sain et sauf.
Alle sind heil angekommen.

2 ► **sain et sauf : heil**

saison

▷ Le printemps est ma saison préférée.
Der Frühling ist meine Lieblingsjahreszeit.

die **Jahreszeit** (pluriel : -zeiten)

salade

1 ▷ Achète une salade et des oignons.
Kauf einen Salat und Zwiebeln.
▷ J'adore la salade de fruits !
Ich liebe Obstsalat!

1 (= légume, plat) der **Salat** (pluriel : Salate)

ℹ *Pour préciser le genre de salade, on forme des mots composés avec* ***Salat*** *:* ***der Nudelsalat*** (salade de pâtes), ***der Kartoffelsalat*** (salade de pommes de terre), *etc.*

2 ▷ Il m'a encore raconté des salades !
Ich hat mir wieder Geschichten erzählt!

2 ► **des salades** (= mensonges) **:** Geschichten

saladier

▷ Est-ce que tu as vu le grand saladier ?
Hast du die große Salatschüssel gesehen?

die **Salatschüssel** (pluriel : -schüssel)

salaire

▷ Le frère de Marc est informaticien, il a un bon salaire.
Marcs Bruder ist Informatiker, er hat ein gutes Gehalt.

das **Gehalt** (pluriel : Gehälter)

sale

1 ▷ Ton pantalon est tout sale, qu'est-ce que tu as fait ?
Deine Hose ist ganz schmutzig, was hat du denn gemacht?

1 (= pas propre) **schmutzig**

ℹ *On dit aussi* ***dreckig****.*

2 ▷ J'ai mis mon T-shirt au sale.
Ich habe mein T-Shirt in die Wäsche getan.
▷ Ton pull est au sale.
Dein Pulli ist in der Wäsche.

2 ► **au sale** (= à la lessive) **:** (mettre) in die Wäsche, (être) in der Wäsche

salé, salée

1 ▷ Ta sauce est trop salée.
Deine Soße ist zu salzig.

1 (= qui a un goût de sel) **salzig**

2 ▷ J'aime le beurre salé.
Ich mag gesalzene Butter.

2 (= qui contient du sel) **gesalzen**

saleté

1 ▷ Je ne supporte pas la saleté.
Ich kann Schmutzigkeit nicht ertragen.

1 (= malpropreté) die **Schmutzigkeit**

2 ▷ Les saletés recouvraient les trottoirs.
Der Schmutz überdeckte die Gehsteige.

2 (= crasse) der **Schmutz**

ℹ *On dit aussi **der Dreck***

3 ▷ Attention avec ces peintures, tu vas faire des saletés partout.
Sei vorsichtig mit den Farben, sonst machst du alles schmutzig.

3 ► **faire des saletés :** schmutzig machen

salir

1 ▷ Je suis furieuse, ma sœur a sali ma plus belle robe !
Ich bin so wütend, meine Schwester hat mein schönstes Kleid schmutzig gemacht!

1 ► **salir** quelque chose **:** etwas schmutzig machen

2 ▷ Je me suis sali en jouant au rugby.
Ich bin beim Rugbyspielen schmutzig geworden.

2 ► **se salir :** schmutzig werden (wird, wurde, geworden)

salissant, salissante

1 ▷ Le blanc est très salissant.
Weiß schmutzt sehr schnell.

1 ► **être salissant** (= se salir facilement) **:** schnell schmutzen

2 ▷ Sébastien ne veut pas faire ce travail parce que c'est salissant.
Sébastien will diese Arbeit nicht tun, weil sie schmutzig ist.

2 (en parlant d'un travail) **schmutzig**

salive

▷ J'ai très mal à la gorge, j'arrive à peine à avaler ma salive.
Ich habe solche Halsschmerzen, ich kann kaum meinen Speichel schlucken.

der **Speichel**

salle

1 ▷ J'ai rencontré Sylvain dans la salle d'attente du dentiste.
Ich habe Sylvain im Wartezimmer des Zahnarztes getroffen.

1 Quand la salle est une pièce de taille normale, on traduit par das **Zimmer** (pluriel : Zimmer).

► **salle d'attente** (chez un médecin) **:** das **Wartezimmer**

▷ Nathalie passe des heures dans la salle de bains.
Nathalie bleibt stundenlang im Badezimmer.

► **salle de bains :** das **Badezimmer**

ℹ *On dit aussi **das Bad***

▷ J'ai dormi dans la salle de séjour.
Ich habe im Wohnzimmer geschlafen.

► **salle de séjour :** das **Wohnzimmer**

▷ La salle de classe est fermée à clé.
Das Klassenzimmer ist abgeschlossen.

► salle de classe : das Klassenzimmer

▷ On mange dans la salle à manger quand il y a des invités.
Wir essen im Esszimmer, wenn Gäste kommen.

► salle à manger (dans une maison) : das Esszimmer

▷ Dans leur nouvelle maison, ils ont une salle de jeux.
In ihrem neuen Haus haben sie ein Spielzimmer.

► salle de jeux : das Spielzimmer

2 ▷ On a visité toutes les salles du musée.
Wir haben alle Museumssäle besichtigt.

2 Quand la salle est une très grande pièce, notamment dans les lieux publics, on traduit par der Saal (pluriel : Säle)

▷ À l'hôtel, nous mangions dans la salle à manger.
Im Hotel haben wir im Speisesaal gegessen.

► salle à manger (d'un hôtel), salle de restaurant : der Speisesaal

▷ La salle d'attente de la gare de Lyon était pleine de voyageurs.
Der Wartesaal des Gare de Lyon war voller Reisender.

► salle d'attente (d'une gare, d'un aéroport) : der Wartesaal

▷ La salle de cinéma est climatisée.
Der Kinosaal ist klimatisiert.

► salle de cinéma : der Kinosaal

▷ Francine est encore en salle d'opération.
Francine ist noch im Operationssaal.

► salle d'opération : der Operationssaal

3 ▷ Le concert a lieu dans la salle des fêtes.
Das Konzert findet in der Festhalle statt.

3 ► salle des fêtes : die Festhalle (pluriel : -hallen)

salon

1 ▷ Ils ont un très grand salon et une petite cuisine.
Sie haben ein großes Wohnzimmer und eine kleine Küche.

1 (dans une maison) das Wohnzimmer (pluriel : -zimmer)

2 ▷ Tu vas au Salon du livre ce week-end ?
Gehst du dieses Wochenende auf die Buchmesse?

2 (= exposition) die Messe (pluriel : Messen)

3 ▷ La mère d'Eugénie travaille dans un salon de beauté.
Eugénies Mutter arbeitet in einem Schönheitssalon.

3 ► salon de beauté : der Schönheitssalon (pluriel : -salons)

▷ Étienne a travaillé dans un salon de coiffure.
Étienne hat in einem Frisörsalon gearbeitet.

► salon de coiffure : der Frisörsalon (pluriel : -salons)

4 ▷ J'ai découvert un salon de thé très sympa.
Ich habe eine sehr nette Teestube entdeckt.

4 ► salon de thé : die Teestube (pluriel : -stuben)

salopette

▷ Les salopettes ne sont plus à la mode.
Latzhosen sind nicht mehr in Mode.

(= pantalon à bretelles) die Latzhose (pluriel : -hosen)

saluer

1 ▷ Simon a salué mes parents.
Simon hat meine Eltern gegrüßt.

2 ▷ Carla nous a salués avant de partir.
Carla hat sich vor dem Gehen von uns verabschiedet.

1 (= dire bonjour) **grüßen**

2 (= dire au revoir) **sich verabschieden**

*Les verbes commençant par le préfixe **ver-** ne prennent pas **ge-** au participe passé.*

*Le pronom personnel allemand s'emploie à l'accusatif : ich verabschiede **mich**, du verabschiedest **dich**, er/sie verabschiedet **sich**, wir verabschieden **uns**, ihr verabschiedet **euch**, sie verabschieden **sich**.*

3 ▷ Émilie me saluait de la main dans la rue.
Émilie winkte mir auf der Straße zu.

3 ► **saluer** quelqu'un **de la main :** jemandem (datif) **zuwinken**

***zu•winken** est un verbe à particule séparable.*

4 ▷ Les acteurs ont salué le public à la fin du spectacle.
Die Schauspieler haben sich nach der Vorstellung vor dem Publikum verbeugt.

4 ► **saluer le public** (à la fin d'un spectacle) **: sich vor dem Publikum verbeugen**

*Les verbes commençant par le préfixe **ver-** ne prennent pas **ge-** au participe passé.*

salut !

1 ▷ Salut ! Ça va ?
Hallo! Wie geht's?

2 ▷ Salut, à bientôt !
Tschüss, bis bald!

1 (= bonjour) **hallo!**

2 (= au revoir) **tschüss!**

samedi

▷ Aujourd'hui c'est samedi.
Heute ist Samstag.

▷ Nous viendrons samedi.
Wir kommen am Samstag.

▷ Le samedi, Sandra va à son cours de piano.
Samstags hat Sandra Klavierunterricht.

der **Samstag**

► **faire** quelque chose **samedi :** etwas **am Samstag tun**

► **le samedi** (= tous les samedis) **:** samstags

sandale

▷ En été je préfère porter des sandales.
Im Sommer trage ich lieber Sandalen.

die **Sandale** (pluriel : Sandalen)

sandwich

▷ Veux-tu que je prépare les sandwichs ?
Willst du, dass ich die Sandwichs bereite?

das **Sandwich** /'zɛntvɪtʃ/ (pluriel : Sandwichs)

Notez la prononciation.

sang

▷ Christelle a du sang sur la main.
Christelle hat Blut auf der Hand.

das **Blut**

sanglot

1 ▷ On entendait des sanglots qui venaient du salon.
Aus dem Wohnzimmer hörten wir Schluchzer kommen.

2 ▷ Tout à coup, Émilie a éclaté en sanglots.
Plötzlich brach Émilie in Tränen aus.

1 der **Schluchzer** (pluriel : Schluchzer)

2 ► **éclater en sanglots : in Tränen ausbrechen**

ℹ *__aus•brechen__ est un verbe à particule séparable et se conjugue comme __brechen__ (bricht, brach, gebrochen).*

sangloter

▷ Le pauvre Jérémie sanglotait dans un coin.
Der arme Jérémie schluchzte in einer Ecke.

schluchzen

sans

▷ Anaïs ne va nulle part sans son parapluie.
Anaïs geht nirgends ohne ihren Regenschirm hin.

▷ Ils sont partis sans dire au revoir.
Sie sind gegangen, ohne sich zu verabschieden.

ohne

► **sans** + infinitif : **ohne zu** + infinitif

santé

1 ▷ La santé est plus importante que tout.
Die Gesundheit ist wichtiger als alles andere.

▷ Mes grands-parents sont en bonne santé.
Meine Großeltern sind bei guter Gesundheit.

▷ Le lait est bon pour la santé.
Milch ist gesund.

▷ Fumer est mauvais pour la santé.
Rauchen ist ungesund.

2 ▷ Santé !
Prost!

1 die **Gesundheit**

► **en bonne santé : bei guter Gesundheit**

► **bon pour la santé : gesund**

► **mauvais pour la santé : ungesund**

2 En allemand, quand on trinque, on dit **Prost!**

sapin

1 ▷ Nous avons traversé une forêt de sapins.
Wir haben einen Tannenwald durchquert.

2 ▷ La table du salon est en sapin.
Der Wohnzimmertisch ist aus Tannenholz.

3 ▷ Quel beau sapin de Noël !
So ein schöner Weihnachtsbaum!

1 (= arbre) die **Tanne** (pluriel : Tannen)

2 (= bois) das **Tannenholz**

3 ► **sapin de Noël : der Weihnachtsbaum** (pluriel : -bäume)

ℹ *On dit aussi __der Tannenbaum__.*

sardine

▷ Il ne reste plus qu'une boîte de sardines.
Es ist nur noch eine Büchse Sardinen da.

die **Sardine** (pluriel : Sardinen)

satisfait, satisfaite

▷ La professeur n'est pas très satisfaite de mes résultats.
Die Lehrerin ist mit meinen Ergebnissen nicht sehr zufrieden.

zufrieden

Notez la préposition employée en allemand : satisfait de ... = *mit ... zufrieden*

sauce

▷ Il y a trop de crème dans cette sauce.
Es ist zu viel Sahne in dieser Soße.

▷ J'adore les pâtes à la sauce tomate.
Ich liebe Nudeln mit Tomatensoße.

▷ Il y a du poisson avec de la sauce à l'estragon.
Es gibt Fisch mit Estragonsoße.

die **Soße** (pluriel : Soßen)

Pour préciser le genre de sauce en allemand, on forme des mots composés avec ***Soße*** *:* ***die Pilzsoße*** (sauce aux champignons), ***die Pfeffersoße*** (sauce au poivre), *etc.*

saucisse

▷ Nous avons grillé des saucisses dans le jardin.
Wir haben im Garten Würste gebraten.

die **Wurst** (pluriel : Würste)

En Allemagne, on peut acheter dans la rue des saucisses grillées *qui se disent* ***die Bratwurst***

saucisson

▷ Coupe-nous quelques rondelles de saucisson.
Schneid uns doch ein paar Wurstscheiben ab.

die **Wurst** (pluriel : Würste)

sauf

▷ Tout le monde est venu, sauf Romane.
Alle sind gekommen, bis auf Romane.

(= excepté) **bis auf**

saumon

▷ Mon père a pêché un saumon.
Mein Vater hat einen Lachs geangelt.

▷ Le saumon est mon poisson préféré.
Lachs ist mein Lieblingsfisch.

▷ Est-ce que tu aimes le saumon fumé ?
Magst du Räucherlachs?

der **Lachs** /laks/ (pluriel : Lachse)

Notez la prononciation.

Quand il s'agit d'un plat, on emploie uniquement le singulier sans article.

► **saumon fumé : der Räucherlachs**

saut

1 ▷ Michael a fait un saut quand je suis entré.
Michael zuckte zusammen, als ich eintrat.

2 ▷ J'ai fait un saut très impressionnant.
Ich habe einen sehr beeindruckenden Sprung gemacht.
▷ Alex est bon en saut en hauteur.
Alex ist im Hochsprung gut.
▷ Natacha fait du saut en longueur.
Natacha macht Weitsprung.
▷ Le saut à la perche est un sport difficile.
Stabhochsprung ist ein schwieriger Sport.
▷ Est-ce que tu as vu la compétition du triple saut ?
Hast du den Dreisprungwettkampf gesehen?

3 ▷ As-tu déjà fait du saut à l'élastique ?
Hast du schon Bungee-Jumping gemacht?
▷ Je ne ferai jamais de saut à l'élastique.
Nie werde ich Bungee-Jumping machen.

4 ▷ Ne m'attends pas, je vais faire un saut chez Nicolas.
Warte nicht auf mich, ich gehe auf einen Sprung bei Nicolas vorbei.

1 ► **faire un saut** (= sursauter) : zusammenzucken
ℹ *zusammen•zucken est un verbe à particule séparable.*

2 (= bond) der Sprung (pluriel : Sprünge)
► **saut en hauteur** : der Hochsprung
► **saut en longueur** : der Weitsprung
► **saut à la perche** : der Stabhochsprung
► **triple saut** : der Dreisprung

3 ► **faire du saut à l'élastique** : Bungee-Jumping machen /'bandʒidʒampɪŋ/
ℹ *Le mot Bungee-Springen existe, mais est beaucoup moins utilisé.*

4 ► **faire un saut chez** quelqu'un : auf einen Sprung bei jemandem (datif) vorbeigehen (ging, gegangen)

sauter

1 ▷ Didier a sauté du mur et s'est foulé la cheville.
Didier ist von der Mauer gesprungen und hat sich den Knöchel verstaucht.

2 ▷ L'homme a sauté sur Julie pour lui voler son sac.
Der Mann stürzte sich auf Julie, um ihre Handtasche zu stehlen.

3 ▷ Tout l'immeuble a sauté.
Das ganze Gebäude ist in die Luft gegangen.
▷ Les terroristes ont fait sauter le camion.
Die Terroristen ließen den Lastwagen hochgehen.

1 (= faire un bon) springen (sprang, gesprungen)

2 ► **sauter sur** quelqu'un : sich auf jemanden (accusatif) stürzen
ℹ *Le verbe intransitif français se traduit par un verbe réfléchi en allemand.*

3 (= exploser) in die Luft gehen
► **faire sauter** quelque chose : etwas hochgehen lassen (lässt, ließ, gelassen)
ℹ *Les expressions françaises et leurs traductions allemandes sont familières.*

4 ▷ Tu as sauté une ligne.
Du hast eine Linie übersprungen.
▷ Le traducteur avait sauté tout un paragraphe.
Der übersetzer hatte einen ganzen Absatz übersprungen.

4 (= oublier, ignorer) **überspringen** (übersprang, übersprungen)

ℹ *Les verbes commençant par le préfixe **über-** ne prennent pas **ge-** au participe passé.*

sauterelle

▷ Hubert a réussi à attraper une sauterelle.
Hubert ist es gelungen, eine Heuschrecke zu fangen.

die **Heuschrecke** (pluriel : Heuschrecken)

sauvage

1 ▷ Nous avons vu des animaux sauvages en Tanzanie.
In Tansania haben wir wilde Tiere gesehen.

1 (= à l'état sauvage) **wild**

2 ▷ Emma n'est pas timide, elle est sauvage !
Emma ist nicht schüchtern, sie ist scheu!

2 (= farouche, en parlant d'une personne) **scheu**

sauver

1 ▷ Le petit garçon a été sauvé par les pompiers.
Der kleine Junge wurde von der Feuerwehr gerettet.

1 (= aider quelqu'un qui est en danger) **retten**

2 ▷ Quand ils ont vu le prof arriver, ils se sont sauvés.
Als sie den Lehrer kommen sahen, liefen sie weg.

2 ► **se sauver** (= s'échapper) : **weglaufen**

ℹ ***weg•laufen** est un verbe à particule séparable et se conjugue comme **laufen** (läuft, lief, gelaufen).*

savant, savante

1 ▷ Bénédicte se croit très savante.
Bénédicte glaubt, sehr gelehrt zu sein.

1 (adjectif = qui sait beaucoup de choses) **gelehrt**

2 ▷ Les savants cherchent un vaccin contre le sida.
Die Wissenschaftler suchen nach einem Impfstoff gegen Aids.

2 (= personne, scientifique) der **Wissenschaftler** (pluriel : Wissenschaftler), die **Wissenschaftlerin** (pluriel : Wissenschaftlerinnen)

savoir

1 ▷ Est-ce que tu sais comment il s'appelle ?
Weißt du, wie er heißt?
▷ Nathalie ne viendra pas. – Je le savais !
Nathalie kommt nicht. – Ich wusste es!
▷ Quel âge a-t-elle ? – Je n'en sais rien.
Wie alt ist sie? – Keine Ahnung.

1 **wissen** (weiß, wusste, gewusst)

► **je n'en sais rien** : **keine Ahnung**

▷ Je ne veux rien savoir de vos histoires.
Ich will nichts von euren Geschichten wissen.

2 ▷ Rachel ne sait pas parler espagnol.
Rachel kann nicht Spanisch sprechen.

▷ Est-ce que tu sais utiliser un ordinateur ?
Kannst du mit einem Computer umgehen?

► **ne rien vouloir savoir de ... :** nichts von ... wissen wollen

2 Pour dire qu'on sait faire ou qu'on ne sait pas faire quelque chose, on emploie le verbe **können** + infinitif en allemand.

savon

1 ▷ J'aime bien ce savon, il sent bon.
Ich mag diese Seife gern, sie riecht gut.

2 ▷ Mon père m'a passé un savon parce que je suis rentré tard.
Mein Vater hat mir den Kopf gewaschen, weil ich spät nach Hause gekommen bin.

1 (= produit) die **Seife** (pluriel : Seifen)

2 ► **passer un savon à** quelqu'un **:** jemandem (datif) den Kopf waschen

ℹ *Littéralement, cette expression veut dire* laver la tête à quelqu'un.

saxophone

▷ Le saxophone est un bel instrument.
Das Saxophon ist ein schönes Instrument.

▷ Lisa joue du saxophone.
Lisa spielt Saxophon.

das **Saxophon** (pluriel : Saxophone)

► **jouer du saxophone :** Saxophon spielen

scandale

1 ▷ C'est un scandale !
Das ist ein Skandal!

2 ▷ Alex a fait un scandale parce qu'il y avait une mouche dans sa soupe.
Alex hat Krach geschlagen, weil eine Fliege in seiner Suppe lag.

1 (= chose scandaleuse) der **Skandal** (pluriel : Skandale)

2 ► **faire un scandale** (= se plaindre) **:** Krach schlagen (schlägt, schlug, geschlagen)

scène

1 ▷ Brigitte avait peur quand elle est montée sur scène.
Brigitte hatte Angst, als sie auf die Bühne ging.

2 ▷ On a répété la première scène hier.
Gestern haben wir die erste Szene geprobt.

▷ Elle m'a fait une scène parce que j'avais dix minutes de retard.
Sie hat mir eine Szene gemacht, weil ich zehn Minuten Verspätung hatte.

1 (= estrade) die **Bühne** (pluriel : Bühnen)

2 (= partie d'une pièce de théâtre, d'un film) die **Szene** (pluriel : Szenen)

► **faire une scène à** quelqu'un **:** jemandem eine Szene machen

schéma

▷ Tu comprendras mieux avec un schéma.
Mit einem Schema wirst du es besser verstehen.

(= dessin) das **Schema** (pluriel : Schemen)

scie

▷ Peux-tu m'apporter la scie, s'il te plaît ?
Kannst du mir bitte die Säge bringen?

die Säge (pluriel : Sägen)

science

▷ La science progresse sans arrêt.
Die Wissenschaft macht laufend Fortschritte.
▷ Jérôme a les meilleures notes en sciences naturelles.
Jérôme hat die besten Noten in Naturwissenschaften.

die Wissenschaft (pluriel : Wissenschaften)
► **sciences naturelles** (= matière) : die Naturwissenschaften

science-fiction

▷ Lola adore les films de science-fiction.
Lola liebt Science-Fiction-Filme.

die Science-Fiction /'saiəns'fɪkʃən/
Notez la prononciation.

scientifique

1 ▷ Ta méthode n'est pas très scientifique.
Deine Methode ist nicht sehr wissenschaftlich.
2 ▷ Les scientifiques européens ont fait une découverte importante.
Die europäischen Wissenschaftler haben eine wichtige Entdeckung gemacht.

1 (adjectif) wissenschaftlich
2 (= personne) der Wissenschaftler (pluriel : Wissenschaftler), die Wissenschaftlerin (pluriel : Wissenschaftlerinnen)

scier

▷ J'ai scié du bois tout l'après-midi.
Ich habe den ganzen Nachmittag über Holz gesägt.

sägen

scolaire

▷ Les vacances scolaires commencent le 29 juin.
Die Schulferien fangen am 29. Juni an.
▷ Paul a vu la psychologue scolaire.
Paul hat die Schulpsychologin gesehen.

En allemand, on forme des mots composés avec Schul- das Schulbuch (manuel scolaire), das Schulalter (âge scolaire), etc.

scooter

▷ Mes parents vont m'acheter un scooter.
Meine Eltern werden mir einen Motorroller kaufen.

der Motorroller (pluriel : -roller)

score

1 ▷ Est-ce que quelqu'un connaît le score ?
Kennt jemand den Spielstand?

1 (intermédiaire) der Spielstand

2 ▷ Quel est le score ?
Was ist das Spielergebnis?

2 (final) das **Spielergebnis** (pluriel : -ergebnisse)

scotch

▷ Où est-ce que tu as mis le scotch ?
Wo hast du den Tesafilm hingelegt?

(= ruban adhésif) der **Tesafilm**®

ℹ *Le ®signifie qu'il s'agit d'un nom de marque. Vous ne devez pas l'écrire.*

scout

▷ Nous avons rencontré un groupe de scouts dans la forêt.
Wir sind einer Gruppe Pfadfinder im Wald begegnet.

der **Pfadfinder** (pluriel : -finder), die **Pfadfinderin** (pluriel : -finderinnen)

sculpter

1 ▷ Capucine apprend à sculpter du bois.
Capucine lernt, Holz zu schnitzen.

1 (en parlant du bois) **schnitzen**

2 ▷ Marcus préfère sculpter la pierre.
Marcus behaut lieber Stein.

2 (en parlant de la pierre) **behauen**

ℹ *Les verbes commençant par le préfixe **be-** ne prennent pas **ge-** au participe passé.*

▷ Il a sculpté de jolies fleurs dans la pierre.
Er hat schöne Blumen in Stein gehauen.

► **sculpter** quelque chose **dans la pierre** : etwas **in Stein hauen**

sculpture

1 ▷ Mallaury s'est décidée pour la sculpture.
Mallaury hat sich für Bildhauerei entschieden.

1 (= activité) die **Bildhauerei**

2 ▷ Les sculptures de Rodin sont magnifiques.
Rodins Skulpturen sind wunderschön.

2 (=œuvre) die **Skulptur** (pluriel : Skulpturen)

S.D.F.

▷ Un S.D.F. mendiait devant la station de métro.
Ein Obdachloser bettelte vor der U-Bahnstation.

der/die **Obdachlose** (pluriel : Obdachlosen)

ℹ *C'est un adjectif substantivé : on dit **ein Obdachloser**.*

se, s'

1 ▷ Benoît s'est coupé le doigt.
Benoît hat sich in den Finger geschnitten.
▷ Maria se gratte parce qu'elle a des piqûres de moustique.
Maria kratzt sich, weil sie Mückenstiche hat.
▷ Je me lève à sept heures.
Ich stehe um sieben auf.

1 Quand l'action est vraiment effectuée sur soi, le pronom réfléchi se est traduit par **sich**.

ℹ *Quand le verbe n'est pas vraiment réfléchi, c'est-à-dire s'il n'y a pas d'action effectuée sur soi, le pronom **se** n'est parfois pas traduit.*

2 ▷ Ils se sont regardés.
Sie haben sich angesehen.
▷ Lisa et Martin se voient très souvent.
Lisa und Martin sehen sich oft.

2 Quand se est réciproque, il se traduit la plupart du temps par **sich**.

séance

▷ La séance de l'après-midi est moins chère.
Die Nachmittagsvorstellung ist billiger.

(au cinéma) die **Vorstellung** (pluriel : Vorstellungen)

seau

▷ Peux-tu m'apporter le seau, s'il te plaît ?
Kannst du mir bitte den Eimer bringen?

der **Eimer** (pluriel : Eimer)

sec, sèche

1 ▷ Attention, la peinture n'est pas encore sèche !
Vorsicht, die Farbe ist noch nicht trocken!

1 (= pas mouillé) **trocken**

2 ▷ La professeur a été très sèche avec Steven.
Die Lehrerin war sehr schroff zu Steven.

2 (= brusque, en parlant d'une personne) **schroff**

sèche-cheveux

▷ J'ai apporté un sèche-cheveux.
Ich habe einen Haartrockner mitgebracht.

der **Haartrockner** (pluriel : -trockner)

ℹ *On dit aussi* ***der Föhn****.*

sécher

1 ▷ Sèche les assiettes avant de les mettre dans le placard.
Trockne die Teller ab, bevor du sie in den Schrank stellst.

1 (= rendre sec en essuyant) **abtrocknen**

ℹ ***ab•trocknen*** *est un verbe à particule séparable.*

2 ▷ Mes cheveux sèchent tout seuls.
Meine Haare trocknen ganz allein.
▷ Je fais sécher ces fleurs.
Ich lasse diese Blumen trocknen.

2 (= devenir sec) **trocknen**

► **faire sécher :** trocknen lassen (lässt, ließ, gelassen)

3 ▷ Ma mère m'a demandé de mettre le linge à sécher.
Meine Mutter hat mich gebeten, die Wäsche zum Trocknen aufzuhängen.

3 ► **mettre le linge à sécher :** die Wäsche zum Trocknen aufhängen

4 ▷ Sèche-toi bien avant de mettre ton pyjama.
Trockne dich gut ab, bevor du deinen Schlafanzug anziehst.
▷ Mario ne s'est pas bien séché et il a attrapé un rhume.
Mario hat sich nicht gut abgetrocknet und hat sich einen Schnupfen geholt.

4 ► **se sécher** (en s'essuyant) **:** sich abtrocknen

ℹ *Le pronom personnel allemand s'emploie à l'accusatif : ich trockne* ***mich*** *ab, du trocknest* ***dich*** *ab, er/sie trocknet* ***sich*** *ab, wir trocknen* ***uns*** *ab, ihr trocknet* ***euch*** *ab, sie trocknen* ***sich*** *ab.*

▷ Je voudrais une serviette pour me sécher les mains.
Ich hätte gern ein Handtuch, um mir die Hände abzutrocknen.
▷ Sèche-toi les pieds avant de venir dans le salon.
Trockne dir die Füße ab, bevor du ins Wohnzimmer kommst.

Lorsque **se sécher** *est suivi d'une partie du corps, le verbe réfléchi allemand s'emploie au datif : ich trockne* ***mir****... ab, du trocknest* ***dir****... ab, er/sie trocknet* ***sich****... ab, wir trocknen* ***uns****... ab, ihr trocknet* ***euch****... ab, sie trocknen* ***sich****... ab.*

5 ▷ Les plantes ont séché parce qu'on ne les a pas arrosées.
Die Pflanzen sind vertrocknet, weil wir sie nicht gegossen haben.

5 Quand **sécher** signifie **se déshydrater**, on traduit par **vertrocknen** en allemand.

Les verbes commençant par le préfixe ***ver-*** *ne prennent pas* ***ge-*** *au participe passé.*

6 ▷ Elsa a séché le cours de maths.
Elsa hat die Mathestunde geschwänzt.

6 (= manquer, en parlant de l'école) **schwänzen**

sécheresse

▷ Les agriculteurs sont inquiets à cause de la sécheresse.
Die Landwirte sind wegen der Trockenheit besorgt.

die **Trockenheit**

second, seconde

1 ▷ C'est la seconde fois que je vois ce film.
Es ist das zweite Mal, dass ich diesen Film sehe.
2 ▷ Esther est arrivée seconde.
Esther ist Zweite geworden.
3 ▷ Manu habite au second.
Manu wohnt im zweiten Stock.

1 (adjectif = deuxième) **zweite**

2 (personne) der/die **Zweite**

3 (= deuxième étage) der **zweite Stock**

Regardez aussi **seconde**, *plus bas.*

secondaire

▷ Thérésa voudrait enseigner dans le secondaire.
Thérésa würde gern in der Sekundarstufe lehren.

► **le secondaire** (= le collège et le lycée) : die **Sekundarstufe**

seconde

1 ▷ Ça va me prendre trois secondes.
Dafür brauche ich drei Sekunden.
2 ▷ La sœur de Lionel est en seconde.
Lionels Schwester geht in die zehnte Klasse.

1 (= unité de temps) die **Sekunde** (pluriel : **Sekunden**)

2 La classe qui correspond à **la seconde** en Allemagne est **die zehnte Klasse**. Le système scolaire allemand compte treize années jusqu'au **Abitur**.

secouer

1 ▷ Il faut secouer la bouteille avant de l'ouvrir.
Man muss die Flasche vor dem Öffnen schütteln.
▷ Ma sœur et moi avons secoué le tapis.
Meine Schwester und ich haben den Teppich ausgeschüttelt.

1 (= agiter) **schütteln**

Quand on **secoue** *pour faire tomber quelque chose, on traduit par* ***ausschütteln****.*
aus•schütteln *est un verbe à particule séparable.*

2 ▷ Secoue-toi, fainéant !
Jetzt raff dich auf, du Faulpelz!
▷ Il s'est secoué et il a réussi son examen.
Er hat sich aufgerafft und seine Prüfung bestanden.
▷ Secouez-vous, on va se promener !
Rafft euch auf, wir gehen spazieren!

2 ► **se secouer** (= se bouger) **: sich aufraffen**

auf•raffen *est un verbe à particule séparable.*
Le pronnom personnel allemand s'emploie à l'accusatif : ich raffe ***mich*** *auf, du raffst* ***dich*** *auf, er/sie rafft* ***sich*** *auf, wir raffen* ***uns*** *auf, ihr rafft* ***euch*** *auf, sie raffen* ***sich*** *auf.*

secours

▷ On a entendu quelqu'un qui appelait au secours.
Wir haben jemand gehört, der um Hilfe rief.
▷ Au secours ! Au secours !
Hilfe! Hilfe!

► **appeler au secours** *ou* **crier au secours : um Hilfe rufen** (rief, gerufen)

secret, secrète

1 ▷ Ils se sont rencontrés dans un endroit secret.
Sie haben sich an einem geheimen Ort getroffen.
▷ Il racontait des histoires des services secrets.
Er erzählte Geschichten über den Geheimdienst.

1 (adjectif) **geheim**

Pour dire que quelque chose est **secret** *en allemand, on forme des mots composés avec* ***Geheim-*** *:* ***der Geheimdienstler*** (agent secret), ***das Geheimkonto*** (compte secret), *etc.*

2 ▷ Ne le répète à personne, c'est un secret.
Sag es niemandem weiter, es ist ein Geheimnis.

2 (= information secrète) **das Geheimnis** (pluriel : Geheimnisse)

secrétaire

▷ La secrétaire du collège est très gentille.
Die Schulsekretärin ist sehr nett.

(= métier) **der Sekretär** (pluriel : Sekretäre), **die Sekretärin** (pluriel : Sekretärinnen)

section

▷ Noémie ne sait pas si elle veut choisir une section scientifique ou littéraire.
Noémie weiß nicht, ob sie eine wissenschaftliche oder geisteswissenschaftliche Fachrichtung nehmen will.

(au lycée) **die Fachrichtung** (pluriel : -richtungen)

sécurité

▷ Il y a des problèmes de sécurité dans le quartier.
Es gibt Sicherheitsprobleme im Viertel.
▷ Je me sentais en sécurité avec Joël.
Mit Joël fühlte ich mich in Sicherheit.

die **Sicherheit**

► **en sécurité :** in Sicherheit

ℹ *On dit aussi* ***sicher***.

sein

▷ Les garçons n'ont pas de seins.
Jungen haben keine Brüste.
▷ Ma mère me donnait le sein quand j'étais bébé.
Als ich Baby war, gab mir meine Mutter die Brust.

die **Brust** (pluriel : Brüste)

► **donner le sein à** (= allaiter) : die Brust geben (gibt, gab, gegeben)

ℹ *On dit aussi* ***stillen***.

seize

▷ Il y a seize élèves dans la classe.
In der Klasse sind sechzehn Schüler.
▷ J'ai seize ans.
Ich bin sechzehn Jahre alt.
▷ Aujourd'hui, c'est le seize septembre.
Heute ist der sechzehnte September.
▷ Nous partons le seize mars.
Wir fahren am sechzehnten März.

sechzehn

ℹ *Quand on dit l'âge de quelqu'un, on peut dire simplement le nombre :* ***Ich bin sechzehn***.

ℹ *Quand on dit la date, on emploie* ***der sechzehnte***.

ℹ *Quand on dit que quelque chose a eu lieu ou aura lieu à cette date, on emploie* ***am sechzehnten***.

ℹ *On écrit* ***der 16. September***, ***am 16. März***.

séjour

1 ▷ Merci beaucoup, nous avons passé un séjour très agréable.
Vielen Dank, wir haben einen sehr angenehmen Aufenthalt verbracht.
▷ Charifa va faire un séjour linguistique en Irlande.
Charifa macht eine Sprachreise in Irland.

2 ▷ Nous avons une télé dans le séjour et une dans la chambre de mes parents.
Wir haben einen Fernseher im Wohnzimmer und einen im Schlafzimmer meiner Eltern.

1 (= visite) der **Aufenthalt** (pluriel : Aufenthalte)

► **séjour linguistique :** die Sprachreise (pluriel : -reisen)

2 (= salon) das **Wohnzimmer** (pluriel : -zimmer)

sel

▷ Passe-moi le sel, s'il te plaît.
Gib mir bitte das Salz.

das **Salz**

self-service

▷ On a mangé dans un self-service sur l'autoroute.
Wir haben in einem Selbstbedienungsrestaurant auf der Autobahn gegessen.

▷ Ce self-service est très bon.
Dieses Selbstbedienungsrestaurant ist sehr gut.

(= restaurant) das **Selbstbedienungsrestaurant** (pluriel : -restaurants)

ℹ *Décomposez ce mot :* ***selbst*** (soi-même) + ***Bedienung*** (service) + ***Restaurant.***

selle

▷ J'ai acheté une nouvelle selle pour mon vélo.
Ich habe einen neuen Sattel für mein Fahrrad gekauft.

der **Sattel** (pluriel : Sättel)

selon

1 ▷ Selon les journaux, le ministre est responsable.
Den Zeitungen zufolge ist der Minister verantwortlich.

2 ▷ Selon moi, ce n'est pas vrai.
Meiner Meinung nach ist das nicht wahr.

1 ► **selon ...** (avec un nom) **:** datif + **zufolge**

2 (avec un pronom personnel) pronom personnel génitif (meiner, deiner, seiner, ihrer, unserer, eurer *ou* Ihrer, ihrer) + **Meinung nach**

semaine

▷ J'ai vu Suzanne la semaine dernière.
Ich habe Suzanne letzte Woche gesehen.

▷ Jean-Michel est toujours très occupé en semaine.
Unter der Woche ist Jean-Michel immer sehr beschäftigt.

die **Woche** (pluriel : Wochen)

► **en semaine :** unter der Woche

sembler

1 ▷ Claude semblait calme, mais je pense qu'elle était inquiète.
Claude schien ruhig zu sein, aber ich glaube, dass sie besorgt war.

▷ Il semble travailler sérieusement.
Es scheint so, als ob er ernsthaft arbeiten würde.

2 ▷ Il me semble que je vous connais.
Ich glaube, dass ich Sie kenne.

1 ► **sembler** + adjectif **:** **scheinen** (schien, geschienen) + adjectif + **zu sein**

► **sembler** + verbe **:** **es scheint so, als ob** + verbe au subjonctif II présent

2 ► **il me semble que ... :** **ich glaube, dass ...**

semelle

▷ Les semelles de mes sandales sont en cuir.
Die Sohlen meiner Sandalen sind aus Leder.

die **Sohle** (pluriel : Sohlen)

semer

▷ Mon père a semé des graines, mais les oiseaux les ont mangées.
Mein Vater hat Samen gesät, aber die Vögel haben sie gefressen.

säen

sens

1 ▷ Je crois qu'on va dans le mauvais sens.
Ich glaube, wir gehen in die falsche Richtung.

1 (= direction) die **Richtung** (pluriel : Richtungen)

2 ▷ Ce jeu se joue dans le sens des aiguilles d'une montre.
Dieses Spiel spielt man im Uhrzeigersinn.

2 ► **dans le sens des aiguilles d'une montre :** im Uhrzeigersinn

3 ▷ Le mot « Decke » a plusieurs sens.
Das Wort „Decke" hat mehrere Bedeutungen.
▷ Quel est le sens de ce mot ?
Was bedeutet dieses Wort?

3 (= signification) die **Bedeutung** (pluriel : Bedeutungen)

ℹ *Quand on pose la question* **quel est le sens de ... ?** *en allemand, on dit* ***was bedeutet ...?***

4 ▷ Camille n'a aucun sens de l'humour.
Camille hat keinen Sinn für Humor.

4 (= notion instinctive) der **Sinn**

ℹ *Notez la préposition employée en allemand :* **le sens de ... =** *Sinn für ...*

5 ▷ Ce que tu dis là n'a aucun sens.
Was du da sagst ist unsinnig.

5 ► **n'avoir pas de sens** *ou* **n'avoir aucun sens :** unsinnig sein

6 ▷ Patrice est plein de bon sens.
Patrice hat einen gesunden Menschenverstand.

6 ► **bon sens :** der gesunde Menschenverstand

7 ▷ La pièce était sens dessus dessous.
Das Zimmer war völlig durcheinander.

7 ► **sens dessus dessous :** völlig durcheinander

sensation

1 ▷ C'est une sensation bizarre d'être suspendu dans les airs.
Es ist ein komisches Gefühl, frei in der Luft zu hängen.

1 (= impression) das **Gefühl** (pluriel : Gefühle)

2 ▷ La nouvelle a fait sensation à l'école.
Die Nachricht hat in der Schule Aufsehen erregt.

2 ► **faire sensation :** Aufsehen erregen

ℹ *Les verbes commençant par le préfixe* **er-** *ne prennent pas* **ge-** *au participe passé.*

sensible

1 ▷ Pierrette est quelqu'un de très sensible.
Pierrette ist ein sehr empfindsamer Mensch.

1 (= émotif) **empfindsam**

2 ▷ Élina a la peau sensible.
Élina hat empfindliche Haut.

2 (= fragile) **empfindlich**

Attention à ne pas confondre ces deux adjectifs.

sentier

▷ Prenez ce sentier à gauche.
Nehmen Sie den Pfad links.

der **Pfad** (pluriel : Pfade)

sentiment

▷ Cécile n'aime pas parler de ses sentiments.
Cécile spricht nicht gern über ihre Gefühle.

(= émotion) das **Gefühl** (pluriel : Gefühle)

sentimental, sentimentale

▷ Ce film est trop sentimental.
Dieser Film ist zu sentimental.

sentimental

sentir

1 ▷ Est-ce que tu sens cette odeur bizarre ?
Riechst du diesen komischen Geruch?

1 (= percevoir par le nez) **riechen** (roch, gerochen)

2 ▷ Mmm, ça sent bon !
Mmm, das riecht ja gut!
▷ Ça sent la menthe.
Es riecht nach Minze.

2 (= avoir une odeur) **riechen**

ℹ *Quand* **sentir** *est suivi d'un substantif, on traduit par* ***nach ... riechen*** *en allemand.*

3 ▷ J'ai senti une main dans mon dos.
Ich spürte eine Hand auf meinem Rücken.
▷ J'ai senti que Léa était déçue.
Ich spürte, dass Léa enttäuscht war.
▷ Je sens qu'il va y avoir des problèmes.
Ich spüre, dass es Probleme geben wird.

3 (= percevoir par le toucher) **spüren**
► **sentir que** (= avoir l'impression, pressentir) **: spüren, dass**

4 ▷ Comment te sens-tu ?
Wie fühlst du dich?
▷ Je me sens très bien aujourd'hui.
Ich fühle mich heute sehr gut.

4 ► **se sentir** (= se porter) **: sich fühlen**

ℹ *Le pronom personnel allemand s'emploie à l'accusatif : ich fühle* ***mich*** *..., du fühlst* ***dich*** *..., er/sie fühlt* ***sich*** *..., wir fühlen* ***uns*** *..., ihr fühlt* ***euch*** *..., sie fühlen* ***sich*** *...*

▷ Je me sens mal.
Ich fühle mich nicht wohl.

► **se sentir mal** (= malade) **: sich nicht wohl fühlen**

5 ▷ Élodie s'est sentie mal, on a dû appeler l'infirmière.
Élodie ist ohnmächtig geworden, wir mussten die Krankenschwester rufen.

5 ► **se sentir mal** (= s'évanouir) **: ohnmächtig werden** (wird, wurde, geworden)

6 ▷ Je ne peux simplement pas le sentir.
Ich kann ihn einfach nicht ausstehen.

6 ► **ne pas pouvoir sentir quelqu'un : jemanden** (accusatif) **nicht ausstehen können** (kann, konnte, können)

séparer

1 ▷ D'abord tu dois séparer les blancs des jaunes.
Zuerst musst du das Eigelb vom Eiweiß trennen.

▷ Les parents de Joanna se sont séparés.
Joannas Eltern haben sich getrennt.

2 ▷ Le professeur nous a séparés en trois groupes.
Der Lehrer teilte uns in drei Gruppen auf.

1 (= mettre à part) **trennen**

i *Notez la préposition employée en allemand : **séparer de ... : von ... trennen***

► **se séparer** (= cesser de vivre ensemble) : **sich trennen**

2 (= diviser) **aufteilen**

i ***auf•teilen** est un verbe à particule séparable.*

sept

▷ Le voyage en train a duré sept heures.
Die Zugfahrt hat sieben Stunden gedauert.

▷ Ma petite sœur a sept ans.
Meine kleine Schwester ist sieben Jahre alt.

▷ Aujourd'hui, c'est le sept octobre.
Heute ist der siebte Oktober.

▷ Nous partons le sept juillet.
Wir fahren am siebten Juli.

sieben

i *Quand on dit l'âge de quelqu'un, on peut dire simplement le nombre : **Sie ist sieben**.*

i *Quand on dit la date, on emploie **der siebte**.*

i *Quand on dit que quelque chose a eu lieu ou aura lieu à cette date, on emploie **am siebten**.*

i *On écrit **der 7. Oktober**, **am 7. Juli**.*

septembre

▷ Les cours commencent en septembre.
Die Schule fängt im September an.

▷ Nous rentrons le trois septembre.
Wir kommen am dritten September zurück.

der **September**

► **en septembre, au mois de septembre** : **im September**

i *On écrit **am 3. September**.*

septième

1 ▷ Le septième exercice est le plus difficile.
Die siebte Übung ist die schwierigste.

2 ▷ Anne habite au septième.
Anne wohnt im siebten Stock.

1 **siebte**

2 (= le septième étage) der **siebte Stock**

série

▷ J'ai eu une série de mauvaises notes.
Ich hatte eine Serie von schlechten Noten.

▷ Ma grand-mère aime bien les séries américaines.
Meine Großmutter mag amerikanische Serien gern.

die **Serie** (pluriel : Serien)

sérieusement

1 ▷ Tu dis ça sérieusement ?
Sagst du das im Ernst?

2 ▷ Le prof a dit à Marvin qu'il devait travailler plus sérieusement.
Der Lehrer hat Marvin gesagt, dass er ernsthafter lernen muss.

1 (= sans plaisanter) im Ernst

2 (= consciencieusement) ernsthaft

sérieux, sérieuse

1 ▷ Étienne est beaucoup trop sérieux.
Étienne ist viel zu ernst.

2 ▷ Caro est une élève sérieuse.
Caro ist eine ernsthafte Schülerin.

3 ▷ On a parlé de choses sérieuses.
Wir haben über ernste Dinge geredet.

1 (= qui ne plaisante pas) ernst

2 (= consciencieux) ernsthaft

3 (= important) ernst

seringue

▷ J'ai eu un peu peur quand j'ai vu l'infirmière avec la seringue.
Ich hatte ein bisschen Angst, als ich die Krankenschwester mit der Spritze sah.

die Spritze (pluriel : Spritzen)

serpent

▷ Nous avons trouvé un serpent dans le jardin.
Wir haben eine Schlange im Garten gefunden.

▷ Au zoo, j'ai vu des serpents à sonnette.
Im Zoo habe ich Klapperschlangen gesehen.

die Schlange (pluriel : Schlangen)

► **serpent à sonnette** : die Klapperschlange

serré, serrée

1 ▷ Ma jupe est serrée, j'ai trop mangé !
Mein Rock ist zu eng, ich habe zu viel gegessen!

2 ▷ On était serrés comme des sardines.
Wir standen dicht gedrängt wie Sardinen in der Büchse.

1 (= étroit) eng

2 (= collés les uns contre les autres) dicht gedrängt

serrer

1 ▷ Marion a serré le parapluie pour qu'il ne s'envole pas.
Marion hat den Regenschirm umklammert, damit er nicht fortflog.

2 ▷ Ahmed m'a serrée dans ses bras en me disant au revoir.
Ahmed hat mich an sich gedrückt, als er mir auf Wiedersehen gesagt hat.

3 ▷ Ce jean me serre.
Diese Jeans ist zu eng.

1 (= tenir pressé) umklammern

ℹ *Les verbes non séparables commençant par le préfixe **um-** ne prennent pas **ge-** au participe passé.*

2 ► **serrer** quelqu'un **dans ses bras** : jemanden (accusatif) an sich drücken

3 (= être trop étroit) zu eng sein

4 ▷ Serre bien tes lacets.
Zieh deine Senkel fest.

4 (= tirer sur) **festziehen**

ℹ ***fest•ziehen*** *est un verbe à particule séparable et se conjugue comme* ***ziehen*** *(zog, gezogen).*

5 ▷ L'eau était très froide, mais j'ai serré les dents et j'y suis entré.
Das Wasser war sehr kalt, aber ich habe die Zähne zusammengebissen und bin hineingegangen.

5 ► **serrer les dents** (= prendre sur soi) : die Zähne zusammenbeißen

ℹ ***zusammen•beißen*** *est un verbe à particule séparable et se conjugue comme* ***beißen*** *(biss, gebissen).*

6 ▷ Je lui ai serré la main, et on a repris le match.
Ich habe ihm die Hand geschüttelt, und wir haben weitergespielt.
▷ On s'est serré la main.
Wir haben uns die Hände geschüttelt.

6 ► **serrer la main à** quelqu'un : jemandem die Hand schütteln

► **se serrer la main** : sich die Hände schütteln

7 ▷ Serrez-vous un peu, sinon on ne rentrera pas tous.
Rückt etwas zusammen, sonst passen wir nicht alle hinein.

7 ► **se serrer** (= se comprimer) : zusammenrücken

ℹ ***zusammen•rücken*** *est un verbe à particule séparable.*

serrure

▷ Nous avons dû changer les serrures après le cambriolage.
Nach dem Einbruch mussten wir die Schlösser wechseln.

das **Schloss** (pluriel : Schlösser)

ℹ ***Schloss*** *signifie aussi* **château**.

serveur, serveuse

▷ Demande au serveur de nous apporter du pain.
Bitte den Kellner, uns etwas Brot zu bringen.

(dans un café, un restaurant) der **Kellner** (pluriel : Kellner), die **Kellnerin** (pluriel : Kellnerinnen)

serviable

▷ Nadia est très serviable.
Nadia ist sehr hilfsbereit.

hilfsbereit

service

1 ▷ Est-ce que je peux te demander un service ?
Kann ich dich um einen Gefallen bitten?
▷ Isabelle m'a rendu un grand service.
Isabelle hat mir einen großen Gefallen getan.

1 (= aide, faveur) der **Gefallen** (pluriel : Gefallen)

► **rendre service à** quelqu'un : jemandem (datif) einen Gefallen tun (tat, getan)

2 ▷ On lui a dit de demander au service de presse.
Man hat ihm gesagt, er solle in der Presseabteilung nachfragen.

2 (= département, dans une entreprise ou une administration) die **Abteilung** (pluriel : Abteilungen)

3 ▷ Est-ce que le service est inclus ?
Ist die Bedienung inbegriffen?

3 (au restaurant, au café) die **Bedienung**

4 ▷ Ma grand-mère a un très joli service à thé.
Meine Großmutter hat ein sehr schönes Teeservice.

4 (= vaisselle) das Service (pluriel : Service)

Se prononce comme en français.

serviette

1 ▷ Il manque les petites cuillères et les serviettes.
Es fehlen die Teelöffel und die Servietten.

1 (= serviette de table) die Serviette /zɛrviˈɛtə/ (pluriel : Servietten)

Se prononce presque comme en français.

2 ▷ À l'hôtel, les serviettes sont changées tous les jours.
Im Hotel werden die Handtücher jeden Tag gewechselt.

▷ Peux-tu me donner une serviette de bain ?
Kannst du mir ein Badetuch geben?

2 (= serviette de toilette) das Handtuch (pluriel : -tücher)

► **serviette de bain :** das Badetuch

3 ▷ Il faut que j'achète des serviettes hygiéniques.
Ich muss Binden kaufen.

3 ► **serviette hygiénique :** die Binde (pluriel : Binden)

servir

1 ▷ La dame blonde nous a servis.
Die blonde Dame hat uns bedient.

1 (à table, dans un magasin) bedienen

2 ▷ À quoi sert cet outil ?
Wozu dient dieses Werkzeug?

2 ► **servir à** quelque chose **:** zu etwas (datif) dienen

3 ▷ Ça ne sert à rien de pleurer.
Es nützt nichts, zu weinen.

3 ► **ça ne sert à rien de** + infinitif **:** es nützt nichts, zu + infinitif

4 ▷ Cette pièce sert de bureau.
Dieses Zimmer dient als Büro.

4 ► **servir de ... :** als ... dienen

5 ▷ Vas-y, sers-toi.
Mach schon, bedien dich.

▷ Tout le monde s'est servi ?
Habt ihr euch alle bedient?

▷ Il veut toujours se servir en premier.
Er will sich immer als Erster bedienen.

5 ► **se servir** (à table) **:** sich bedienen

*Le pronom personnel allemand s'emploie à l'accusatif : ich bediene **mich**, du bedienst **dich**, er/sie bedient **sich**, wir bedienen **uns**, ihr bedient **euch**, sie bedienen **sich**.*

▷ Vous vous êtes servi du riz ?
Habt ihr euch Reis genommen?

► **se servir de** quelque chose (à table) **:** sich etwas nehmen *ou* sich von etwas nehmen (nimmt, nahm, genommen)

6 ▷ Je sais comment on sert d'une perceuse.
Ich weiß, wie man eine Bohrer benutzt.

6 ► **se servir de** quelque chose (= utiliser) : etwas **benutzen**

ℹ *Le verbe réfléchi français est traduit par un verbe transitif en allemand.*

ses

▷ Claude s'entend bien avec ses cousins.
Claude versteht sich gut mit seinen Cousins.
▷ J'ai vu Anna et ses parents.
Ich habe Anna und ihre Eltern getroffen.

En allemand, l'adjectif possessif varie en fonction du sexe du possesseur : quand le possesseur est masculin, on traduit par **seine** ; quand le possesseur est féminin, on traduit par **ihre**.

set

1 ▷ Qui a gagné le premier set ?
Wer hat den ersten Satz gewonnen?
2 ▷ Mon père a acheté des sets de table.
Mein Vater hat Sets gekauft.

1 (dans un match) der **Satz** (pluriel : Sätze)

2 ► **set de table :** das Set (pluriel : Sets)

seuil

▷ Sur le seuil, il a fait demi-tour et il est parti.
Auf der Schwelle ist er umgekehrt und weggegangen.

(= entrée) die **Schwelle** (pluriel : Schwellen)

seul, seule

1 ▷ Nous étions seuls dans le restaurant.
Wir waren allein im Restaurant.
2 ▷ Nathalie se sent très seule.
Nathalie fühlt sich sehr einsam.
3 ▷ La seule fois où je l'ai vu, il était avec Caroline.
Das einzige Mal, das ich ihn sah, war er mit Caroline zusammen.
▷ La seule chose que j'attends de toi, c'est que tu ranges ta chambre.
Das Einzige, was ich von dir erwarte, ist, dass du dein Zimmer aufräumst.
4 ▷ Nous devons attendre Michel, il est le seul à savoir y aller.
Wir müssen auf Michel warten, er ist der Einzige, der weiß, wie man dort hinkommt.
5 ▷ Lisa a mis la table toute seule.
Lisa hat ganz allein den Tisch gedeckt.

1 (= sans personne d'autre) **allein**

2 (= solitaire) **einsam**

3 (= unique) **einzig**

► **la seule chose :** das Einzige

4 ► **le seul, la seule :** der/die/das Einzige

5 **tout seul, toute seule :** ganz allein

seulement

▷ On a seulement cinq jours de vacances.
Wir haben nur fünf Tage Ferien.
▷ Si seulement tu m'en avais parlé avant !
Wenn du mir das nur vorher gesagt hättest!

(= uniquement) **nur**

► **si seulement ... : wenn ... nur ...** + subjonctif II passé

sévère

▷ Madame Müller est très sévère.
Frau Müller ist sehr streng.

streng

sexe

▷ Ils ne veulent pas connaître le sexe de leur bébé.
Sie wollen das Geschlecht ihres Babys nicht wissen.

(= catégorie) das **Geschlecht** (pluriel : Geschlechter)

shampoing ou shampooing

▷ Donne-moi le gant, j'ai du shampoing dans les yeux.
Gib mir den Waschlappen, ich habe Shampoo in den Augen.
▷ La coiffeuse m'a d'abord fait un shampoing.
Die Friseurin hat mir zuerst die Haare gewaschen.

das **Shampoo** /ˈʃampu/ (pluriel : Shampoos)

Notez la prononciation.

► **faire un shampoing à quelqu'un : jemandem** (datif) **die Haare waschen** (wäscht, wusch, gewaschen)

short

▷ Je n'aime pas ce short, il est trop juste.
Ich mag diese Shorts nicht, sie sind zu eng.

die **Shorts**

Ce mot est un pluriel.

si

1 ▷ S'il fait beau, on pourrait faire un pique-nique.
Wenn es schön ist, könnten wir ein Picknick machen.

2 ▷ Je ne sais pas si Amélie vient.
Ich weiß nicht, ob Amélie kommt.

3 ▷ Tu n'es pas contente ? – Si !
Freust du dich nicht? – Doch!

4 ▷ Arthur est si malade qu'il ne peut pas se lever.
Arthur ist so krank, dass er nicht aufstehen kann.
▷ C'est une si belle journée !
Es ist so ein schöner Tag!

1 (pour exprimer une hypothèse) **wenn**

2 (dans les interrogations indirectes) **ob**

3 (= oui) **doch**

4 (= tellement) **so**

sida

▷ Il faut se protéger pour ne pas attraper le sida.
Man muss sich schützen, um kein Aids zu bekommen.

das **Aids** /eɪds/
Notez la prononciation.

siècle

▷ Nous sommes au début du vingt et unième siècle.
Wir stehen am Anfang des einundzwanzigsten Jahrhunderts.

das **Jahrhundert**
(pluriel : Jahrhunderte)

siège

▷ Est-ce que ce siège est libre ?
Ist dieser Sitz frei?

(= chaise, fauteuil) der **Sitz**
(pluriel : Sitze)

sien, sienne

▷ Damien dit que ce livre est le sien.
Damien sagt, dass das sein Buch ist.
▷ J'ai retrouvé mes affaires, mais Marc cherche encore les siennes.
Ich habe meine Sachen wiedergefunden, aber Marc sucht seine noch.
▷ Sophie et moi avons fait un échange : elle a pris ma veste et moi j'ai pris la sienne.
Sophie und ich haben getauscht: Sie hat meine Jacke genommen und ich habe ihre genommen.

En allemand, le pronom possessif varie en fonction du sexe du possesseur et du genre de la chose possédée : quand le possesseur est masculin, on traduit par **sein** (pour le masculin et le neutre) ou **seine** (pour le féminin et le pluriel) ; quand le possesseur est féminin, on traduit par **ihr** (pour le masculin et le neutre) ou **ihre** (pour le féminin et le pluriel).

sieste

▷ Où est Lucas ? – Il fait la sieste.
Wo ist Lucas? – Er macht einen Mittagsschlaf.

► **faire la sieste** : einen Mittagsschlaf machen

sifflement

1 ▷ Le sifflement des merles m'a réveillé.
Das Pfeifen der Amseln hat mich geweckt.

2 ▷ J'ai entendu un sifflement : c'était Inga qui appelait son chien.
Ich hörte einen Pfiff: Es war Inga, die ihren Hund rief.

1 (= action de siffler) das **Pfeifen**

2 (= bruit) der **Pfiff** (pluriel : Pfiffe)

siffler

1 ▷ Sylvain siffle très bien.
Sylvain pfeift sehr gut.
▷ Siffle le chien, on doit rentrer.
Pfeif nach dem Hund, wir müssen nach Hause.

1 **pfeifen**

► **siffler un chien** : nach einem Hund pfeifen

2 ▷ Les acteurs se sont fait siffler.
Die Schauspieler wurden ausgepfiffen.

2 ► **se faire siffler** (= se faire huer) : ausgepfiffen werden (wird, wurde, worden)

sifflet

1 ▷ Le berger se sert d'un sifflet pour appeler son chien.
Der Schäfer benutzt eine Pfeife, um seinen Hund zu rufen.

2 ▷ L'arbitre a donné un coup de sifflet.
Der Schiedsrichter hat gepfiffen.

1 (= instrument) die **Pfeife** (pluriel : Pfeifen)

ℹ *Pfeife signifie aussi* pipe.

2 ► **donner un coup de sifflet :** pfeifen (pfiff, gepfiffen)

signal

1 ▷ Le professeur a donné le signal et nous sommes partis.
Der Lehrer hat das Signal gegeben und wir sind losgelaufen.

2 ▷ Quelqu'un a tiré le signal d'alarme.
Jemand hat den Alarm ausgelöst.

1 (= signe) das **Signal** (pluriel : Signale)

2 ► **tirer le signal d'alarme :** den Alarm auslösen

signaler

1 ▷ Bruno m'a signalé une faute dans le premier paragraphe.
Bruno hat mich auf einen Fehler im ersten Abschnitt hingewiesen.

2 ▷ Nous avons signalé le vol à la police.
Wir haben den Diebstahl bei der Polizei gemeldet.

1 ► **signaler** quelque chose **à** quelqu'un (= faire remarquer) : jemanden **auf** etwas (accusatif) **hinweisen**

ℹ ***hin•weisen*** *est un verbe à particule séparable et se conjugue comme* ***weisen*** *(wies, gewiesen).*

2 (= déclarer à la police) **melden**

ℹ *Notez la préposition employée en allemand :* signaler à la police = ***bei*** *der Polizei melden.*

signature

▷ Ta signature est illisible.
Deine Unterschrift ist unleserlich.

die **Unterschrift** (pluriel : -schriften)

signe

▷ Elle sourit, c'est bon signe.
Sie lächelt, das ist ein gutes Zeichen.

▷ Quel est ton signe astrologique ?
Was ist dein Sternzeichen?

das **Zeichen** (pluriel : Zeichen)

► **signe astrologique :** das Sternzeichen

signer

▷ Signe en bas du formulaire.
Unterschreibe am Ende des Formulars.
▷ Nous devons signer en bas de chaque page.
Wir müssen am Ende jeder Seite unterschreiben.

(= écrire son nom)
unterschreiben (unterschrieb, unterschrieben)

*Les verbes à particule non séparable commençant par le préfixe **unter-** ne prennent pas **ge-** au participe passé.*

signification

▷ Je ne comprends pas la signification de ce symbole.
Ich verstehe die Bedeutung dieses Symbols nicht.

die **Bedeutung**
(pluriel : Bedeutungen)

signifier

▷ Que signifie ce mot ?
Was bedeutet dieses Wort?

bedeuten

*Les verbes commençant par le préfixe **be-** ne prennent pas **ge-** au participe passé.*

silence

1 ▷ Un silence total régnait dans la classe.
Im Klassenzimmer herrschte völlige Stille.
2 ▷ Sortez dans la cour en silence.
Geht ohne Lärm in den Hof.

1 (quand personne ne parle) die **Stille**

2 ► **en silence** (= sans bruit) : **ohne Lärm**

silencieux, silencieuse

▷ Les élèves sont restés silencieux.
Die Schüler blieben still.

(qui ne fait pas de bruit) **still**

silhouette

▷ On ne voyait que des silhouettes dans le brouillard.
Man sah nur Umrisse im Nebel.

(= vague forme) der **Umriss**
(pluriel : Umrisse)

s'il te plaît, s'il vous plaît

▷ Un kilo de pommes, s'il vous plaît.
Ein Kilo Äpfel, bitte.
▷ Ouvre la porte, s'il te plaît.
Mach bitte die Tür auf.
▷ Pourriez-vous me déposer ici, s'il vous plaît ?
Könnten Sie mich bitte hier absetzen?

bitte

*Lorsque **bitte** est employé avec un verbe, il suit généralement celui-ci ou le pronom personnel qui l'accompagne : **gib mir bitte das Salz*** = passe-moi le sel, s'il te plaît.

simple

▷ Les règles du jeu sont très simples.
Die Spielregeln sind ganz einfach.

einfach

simplement

1 ▷ Leur maison est meublée très simplement.
Ihr Haus ist sehr einfach ausgestattet.

2 ▷ Je voulais simplement te dire que je viendrai.
Ich wollte dir nur sagen, dass ich komme.

1 (= sans complication) **einfach**

2 (= seulement) **nur**

sincère

▷ Claire souriait, mais ce n'était pas sincère.
Claire lächelte, aber es war nicht aufrichtig.

aufrichtig

singe

1 ▷ Il est interdit de donner à manger aux singes.
Es ist verboten, die Affen zu füttern.

2 ▷ Pourquoi tu fais le singe au lieu de travailler ?
Warum kasperst du herum, anstatt zu lernen?

1 (= animal) **der Affe** (pluriel : **Affen**)

2 ► faire le singe : **herumkaspern**

ℹ ***herum•kaspern*** *est un verbe à particule séparable.*

singulier

1 ▷ Le singulier et le pluriel s'écrivent de la même façon.
Der Singular und der Plural werden gleich geschrieben.

▷ L'adjectif est au singulier.
Das Adjectif steht im Singular.

2 ▷ Mélanie est une fille très singulière.
Mélanie ist ein sehr eigenartiges Mädchen.

1 (= catégorie grammaticale) **der Singular**

► au singulier : **im Singular**

ℹ *Notez le verbe employé en allemand :* être au singulier : *im singular* ***stehen***.

2 (adjectif = particulier) **eigenartig**

sinistre

▷ Ils habitent dans un quartier sinistre.
Sie wohnen in einem schrecklichen Viertel.

(adjectif) **schrecklich**

sinon

▷ Appelle Charlie, sinon il sera fâché.
Ruf Charlie an, sonst ist er böse.

(= autrement) **sonst**

sirène

1 ▷ Tu as entendu la sirène des pompiers ?
Hast du die Sirene der Feuerwehr gehört?

2 ▷ Ma petite sœur croit qu'il y a vraiment des sirènes dans la mer.
Meine kleine Schwester glaubt, dass es wirklich Meerjungfrauen im Meer gibt.

1 (= alarme) **die Sirene**

2 (= être fabuleux) **die Meerjungfrau** (pluriel : **-jungfrauen**)

sirop

▷ J'aime bien le sirop à la framboise.
Ich mag Himbeersirup gern.

der Sirup (pluriel : Sirupe)

site

1 ▷ La ville se trouve dans un très beau site.
Die Stadt liegt in einer sehr schönen Gegend.

2 ▷ Nous avons visité plusieurs sites achéologiques.
Wir haben mehrere Ausgrabungsstätten besichtigt.

3 ▷ Il y a plein de sites touristiques dans cette région.
In dieser Gegend gibt es viele Sehenswürdigkeiten.

1 (= paysage) die Gegend

2 ► **site archéologique :** die Ausgrabungsstätte (pluriel : -stätten)

3 ► **site touristique :** die Sehenswürdigkeit (pluriel : Sehenswürdigkeiten)

situation

▷ La situation est compliquée.
Die Lage ist kompliziert.

(= circonstances) die Lage (pluriel : Lagen)

situé, située

1 ▷ Amiens est situé dans le nord de la France.
Amiens liegt im Norden Frankreichs.

2 ▷ Le château est situé sur une colline.
Das Schloss steht auf einem Hügel.

1 ► **être situé** (en parlant d'une région, d'une ville) **:** liegen (lag, gelegen)

2 ► **être situé** (en parlant d'un bâtiment) **:** stehen (stand, gestanden)

six

▷ Le vol a duré six heures.
Der Flug hat sechs Stunden gedauert.

▷ Mon petit frère a six ans.
Mein kleiner Bruder ist sechs Jahre alt.

▷ Aujourd'hui, c'est le six novembre.
Heute ist der sechste November.

▷ Nous partons le six août.
Wir fahren am sechsten August.

sechs /zɛks/

Notez la prononciation.

Quand on dit l'âge de quelqu'un, on peut dire simplement le nombre : ***Er ist sechs.***

Quand on dit la date, on emploie ***der sechste.***

Quand on dit que quelque chose a eu lieu ou aura lieu à cette date, on emploie ***am sechsten.***

On écrit ***der 6. November, am 6. August.***

sixième

1 ▷ C'est notre sixième interro cette semaine.
Das ist unsere sechste Klassenarbeit diese Woche.

1 sechste /'zɛkstə/

Notez la prononciation.

2 ▷ Éric habite au sixième.
Éric wohnt im sechsten Stock.

2 (= le sixième étage) der **sechste Stock**

3 ▷ Marie entre en sixième cette année.
Marie kommt dieses Jahr in die sechste Klasse.

3 ► **la sixième :** die sechste Klasse

skate-board

▷ Où est-ce que tu as rangé mon skate-board ?
Wo hast du mein Skateboard hingeräumt?

das **Skateboard** /ˈskeːtbɔːd/ (pluriel : Skateboards)

Notez la prononciation.

▷ Je fais du skate-board dans le parc.
Ich fahre im Park Skateboard.

► **faire du skate-board :** Skateboard fahren (fährt, fuhr, gefahren)

sketch

▷ Les élèves ont préparé un sketch pour la fête de l'école.
Die Schüler haben einen Sketch für das Schulfest vorbereitet.

der **Sketch** /skɛtʃ/ (pluriel : Sketche)

ski

1 ▷ On pourra louer des skis là-bas.
Da drüben können wir Skier mieten.

1 (= planche) der **Ski** /ʃiː/ (pluriel : Skier /ʃiːɐ/)

Notez la prononciation.

2 ▷ Le ski est mon sport préféré.
Skifahren ist mein Lieblingssport.

2 ► **le ski** (= sport) **:** Skifahren

On dit aussi ***Skilaufen****.*

▷ J'ai appris à faire du ski dans les Alpes.
Ich habe in den Alpen gelernt, Ski zu fahren.

► **faire du ski :** Ski fahren (fährt, fuhr, gefahren)

On dit aussi ***Ski laufen*** *(läuft, lief, gelaufen).*

▷ Élisabeth va au ski en janvier.
Élisabeth geht im Januar Ski fahren.

► **aller au ski :** Ski fahren gehen (ging, gegangen)

On dit aussi ***Ski laufen gehen****.*

▷ Je préfère le ski de fond au ski de descente.
Ich mag Langlauf lieber als Abfahrtslauf.

► **ski de fond :** der Langlauf
► **ski de descente :** der Abfahrtslauf

skier

▷ Est-ce que tu sais skier ?
Kannst du Ski fahren?

Ski /ʃiː/ **fahren** (fährt, fuhr, gefahren)

Notez la prononciation.

On dit aussi ***Ski laufen*** *(läuft, lief, gelaufen).*

slip

1 ▷ On voit son slip sous son pantalon.
Man sieht seinen (*ou* ihren) Slip unter der Hose.

2 ▷ Est-ce que tu as vu mon slip de bain bleu ?
Hast du meine blaue Badehose gesehen?

1 (= sous-vêtement) der **Slip** (pluriel : Slips)

2 ► **slip de bain :** die Badehose (pluriel : -hosen)

SMS

▷ Manu m'a envoyé un SMS.
Manu hat mir eine SMS geschickt.

die **SMS**

société

1 ▷ Ma mère travaille pour une grosse société.
Meine Mutter arbeitet für ein großes Unternehmen.

2 ▷ Nous vivons dans une société multiculturelle.
Wir leben in einer multikulturellen Gesellschaft.

1 (= entreprise) das **Unternehmen** (pluriel : Unternehmen)

2 (= civilisation) die **Gesellschaft**

socquette

▷ J'ai eu trois paires de socquettes pour dix euros.
Ich habe drei Paar Socken für zehn Euro bekommen.

die **Socke** (pluriel : Socken)

sœur

▷ Ma sœur s'appelle Jeanne.
Meine Schwester heißt Jeanne.

die **Schwester** (pluriel : Schwestern)

soi-disant

▷ Édouard est soi-disant malade.
Édouard ist angeblich krank.

(utilisé comme adverbe) **angeblich**

soie

▷ La soie est un tissu agréable à porter.
Seide ist ein angenehmer zu tragender Stoff.
▷ Mon foulard est en soie.
Mein Halstuch ist aus Seide.
▷ Laure a un pyjama en soie rouge.
Laure hat eine roten Seidenschlafanzug.

die **Seide**

► **être en soie** *ou* **de soie :** aus Seide sein

ℹ *Pour dire que quelque chose est* en soie *ou* de soie, *on forme des mots composés avec* ***Seide : das Seidenpapier*** (papier de soie), ***das Seidenkleid*** (robe en soie), *etc.*

soif

▷ Tu as soif ? Tu veux de l'eau ?
Hast du Durst? Möchtest du Wasser?

► **avoir soif :** Durst haben

ℹ *On dit aussi* ***durstig sein.***

▷ La promenade m'a donné soif.
Der Spaziergang hat mich durstig gemacht.

► **donner soif à** quelqu'un : jemanden (accusatif) **durstig machen**

soigné, soignée

▷ Le travail de Léa est toujours très soigné.
Léas Arbeit ist immer sehr sorgfältig.

(= fait ou tenu avec soin) **sorgfältig**

soigner

1 ▷ Le médecin qui me soigne est très sympa.
Der Arzt, der mich behandelt, ist sehr nett.

1 (= s'occuper de) **behandeln**

Les verbes commençant par le préfixe **be-** *ne prennent pas* **ge-** *au participe passé.*

2 ▷ Tu devrais soigner ton écriture.
Du solltest auf deine Handschrift achten.

2 ► **soigner** quelque chose (= être attentif à) : **auf** + accusatif + **achten**

3 ▷ J'espère que tu te soignes pour ce rhume.
Ich hoffe, dass du dich für diesen Schnupfen pflegst.
▷ J'ai de la fièvre, mais je me soigne.
Ich habe Fieber, aber ich pflege mich.

3 ► **se soigner** : **sich pflegen**

Le pronom personnel allemand s'emploie à l'accusatif : ich pflege **mich**, *du pflegst* **dich**, *er/sie pflegt* **sich**, *wir pflegen* **uns**, *ihr pflegt* **euch**, *sie pflegen* **sich**.

soigneux, soigneuse

1 ▷ Marc n'est pas soigneux, il écrit n'importe comment.
Marc ist nicht sehr sorgfältig, er schreibt irgendwie.

1 (= qui s'applique, qui est propre) **sorgfältig**

2 ▷ Regarde ta chambre ! Tu pourrais être plus soigneuse !
Schau dir dein Zimmer an! Du könntest wohl ordentlicher sein!

2 (= qui est ordonné) **ordentlich**

soin

1 ▷ Léa colle ses fleurs avec soin dans son herbier.
Léa klebt die Blumen sorgfältig in ihr Herbarium.

1 ► **avec soin** : **sorgfältig**

2 ▷ Les soins médicaux sont gratuits ici.
Die ärztliche Behandlung ist hier frei.

2 ► **soins** (= traitement) : **die Behandlung**

soir

▷ Je pourrais me libérer un soir de la semaine.
Einen Abend in der Woche kann ich mir freinehmen.

der Abend (pluriel : **Abende**)

▷ Le soir je suis trop fatigué pour lire.
Abends bin ich zu müde, um zu lesen.

► **le soir** (= tous les soirs) : **abends**

▻ À midi, nous avons mangé chez eux et nous sommes rentrés le soir.
Mittags haben wir bei ihnen gegessen und am Abend sind wir nach Hause gefahren.

► **le soir** (= un soir) **:** am Abend

▻ Qu'est-ce que tu fais ce soir ?
Was machst du heute Abend?

► **ce soir :** heute Abend

ℹ *De même : **gestern Abend*** (hier soir), ***morgen Abend*** (demain soir).

▻ J'ai des devoirs tous les soirs.
Ich habe jeden Abend Hausaufgaben.

► **tous les soirs :** jeden Abend

▻ N'oublie pas la réunion mardi soir.
Vergiss die Versammlung am Dienstagabend nicht.

▻ C'était un beau soir d'été.
Es war ein schöner Sommerabend.

ℹ *Quand **Abend** est employé avec un jour de la semaine, un mois ou une saison, les deux sont liés.*

soirée

1 ▻ Nous avons passé une très bonne soirée.
Wir haben einen schönen Abend verbracht.

▻ Pendant la journée il y a trop de monde, nous irons en soirée.
Tagsüber sind zu viele Leute da, wir gehen abends.

1 (= partie de la journée) der **Abend**

► **en soirée :** abends

2 ▻ Tu vas à la soirée de Patricia ?
Gehst du auf Patricias Party?

2 (= fête) die **Party** (pluriel : Partys)

soit

▻ Soit tu viens tout de suite, soit tu restes.
Entweder kommst du sofort oder du bleibst da.

► **soit ... soit ... :** entweder... oder ...

soixante

▻ Il y a soixante kilomètres jusqu'à la mer.
Es sind sechzig Kilometer bis zum Meer.

▻ Ma grand-mère a soixante ans.
Meine Großmutter ist sechzig Jahre alt.

sechzig

ℹ *Quand on dit l'âge de quelqu'un, on peut dire simplement le nombre : **Sie ist sechzig**.*

▻ Sylvie est née dans les années soixante.
Sylvie wurde in den sechziger Jahren geboren.

► **les années soixante :** die sechziger Jahre

soixante-dix

▻ Nous avons fait soixante-dix kilomètres en vélo.
Wir sind siebzig Kilometer mit dem Fahrrad gefahren.

▻ Son grand-père a soixante-dix ans.
Sein Großvater ist siebzig Jahre alt.

siebzig

ℹ *Quand on dit l'âge de quelqu'un, on peut dire simplement le nombre : **Er ist siebzig**.*

▷ Il est né dans les années soixante-dix.
Er wurde in den siebziger Jahren geboren.

► les années soixante-dix : die siebziger Jahre

soja

▷ Les végétariens mangent du soja pour remplacer la viande.
Vegetarier essen Soja, um das Fleisch zu ersetzen.

das Soja /'zo:ja/

Notez la prononciation.

sol

▷ Il n'a pas plu depuis longtemps, le sol est très sec.
Es hat seit langem nicht geregnet, der Boden ist ganz trocken.

▷ Ma mère lave le sol de la cuisine tous les jours.
Meine Mutter wischt den Küchenboden jeden Tag.

der Boden (pluriel : Böden)

solaire

▷ L'énergie solaire n'est pas assez utilisée en France.
Sonnenenergie wird in Frankreich nicht genügend benutzt.

Pour dire que quelque chose est solaire en allemand, on forme des mots composés avec Sonnen- : der Sonnenkollektor (panneau solaire), die Sonnenuhr (cadran solaire), etc.

▷ N'oublie pas la crème solaire.
Vergiss die Sonnencreme nicht.

► crème solaire : die Sonnencreme

soldat

▷ Les soldats défilent le quatorze juillet.
Am vierzehnten Juli marschieren die Soldaten vorbei.

der Soldat (pluriel : Soldaten)

solde

1 ▷ Les soldes d'été commencent en juin.
Der Sommerschlussverkauf beginnt im Juni.

1 ► les soldes : der Schlussverkauf (pluriel : -verkäufe)

2 ▷ On pourrait faire les soldes samedi.
Wir könnten am Samstag auf Schnäppchenjagd gehen.

2 ► faire les soldes : auf Schnäppchenjagd gehen

Cette expression signifie aller à la chasse aux bonnes affaires (*Schnäppchen* = bonne affaire ; *Jagd* = chasse).

3 ▷ J'ai acheté ce T-shirt en solde.
Ich habe dieses T-Shirt im Sonderangebot gekauft.

3 ► acheter quelque chose en solde (= bradé) : etwas im Sonderangebot kaufen

4 ▷ La jupe était en solde.
Der Rock war reduziert.

4 ► être en solde : reduziert sein

soleil

▻ Ah, enfin, le soleil sort !
Na endlich, die Sonne kommt raus!
▻ Aujourd'hui il y a du soleil.
Heute scheint die Sonne.
▻ Ne reste pas trop au soleil.
Bleib nicht zu lange in der Sonne.
▻ Je vais me mettre au soleil.
Ich setze mich in die Sonne.
▻ Tu vas attraper un coup de soleil.
Du wirst dir einen Sonnenbrand holen.
▻ J'ai attrapé un coup de soleil, ça fait très mal.
Ich habe mir einen Sonnenbrand geholt, das tut sehr weh.

die Sonne

► **il y a du soleil** : die Sonne scheint

ℹ *On dit aussi* ***es ist sonnig.***

► **au soleil** (être, rester) : in der Sonne

► **au soleil** (se mettre, aller) : in die Sonne

► **attraper un coup de soleil** : sich einen Sonnenbrand holen

ℹ *Le pronom personnel allemand s'emploie au datif : ich hole* ***mir***..., *du holst* ***dir***..., *er/sie holt* ***sich***..., *wir holen* ***uns***..., *ihr holt* ***euch***..., *sie holen* ***sich***...

solfège

▻ Lisa apprend le solfège et le saxophone.
Lisa lernt Musiktheorie und Saxophon.

(= règles de la musique) die **Musiktheorie**

solide

1 ▻ Ce tissu est très solide, il ne se déchirera pas.
Dieser Stoff ist sehr solide, er wird nicht zerreißen.
2 ▻ Le cœur de mon grand-père n'est plus très solide.
Das Herz meines Großvaters ist nicht mehr so robust.

1 (en parlant d'un matériau, d'une construction) **solide**

2 (en parlant d'une personne, du corps) **robust**

solution

▻ Le professeur nous a donné la solution du problème.
Der Lehrer hat uns die Lösung des Problems gegeben.

die **Lösung** (pluriel : Lösungen)

sombre

▻ Notre salle de classe est assez sombre.
Unser Klassenzimmer ist ziemlich dunkel.
▻ Mona porte toujours des couleurs sombres.
Mona trägt immer dunkle Farben.
▻ Il fait déjà sombre !
Es ist schon dunkel!

(= obscur, foncé) **dunkel**

ℹ *Notez que lorsque* ***dunkel*** *est décliné, le* ***e*** *est supprimé.*

► **il fait sombre** : es ist dunkel

somme

▷ Mille euros, c'est une grosse somme.
Tausend Euro, das ist eine große Summe.
▷ Lucie a fait la somme de toutes les dépenses.
Lucie rechnete die Summe aller Ausgaben aus.

(= somme d'argent) die **Summe** (pluriel : Summen)
► **faire la somme de :** die Summe + génitif + ausrechnen
*ℹ **aus•rechnen** est un verbe à particule séparable.*

sommeil

▷ J'ai sommeil, je vais me coucher.
Ich bin müde, ich gehe schlafen.

► **avoir sommeil :** müde sein

sommet

▷ On a presque atteint le sommet.
Wir haben den Gipfel fast erreicht.

(d'une montagne) der **Gipfel** (pluriel : Gipfel)

somnambule

▷ J'ai trouvé Michaël en pyjama sur le balcon : il est somnambule !
Ich habe Michaël im Schlafanzug auf dem Balkon gefunden: Er schlafwandelt!

► **être somnambule :** schlafwandeln

somnifère

▷ Mon père prend des somnifères.
Mein Vater nimmt Schlafmittel.

das **Schlafmittel** (pluriel : -mittel)

son (substantif)

1 ▷ Ce piano a un très beau son.
Dieses Klavier hat einen sehr schönen Klang.
2 ▷ Pourrais-tu baisser le son, s'il te plaît ?
Könntest du den Ton bitte leiser stellen?

1 (= sonorité) der **Klang** (pluriel : Klänge)
2 (= volume) der **Ton**

son (adjectif possessif)

▷ Fabrice et son frère viennent aussi.
Fabrice und sein Bruder kommen auch.
▷ Tu as vu son pantalon ?
Hast du seine Hose gesehen?
▷ Maya et son frère fêtent leurs anniversaires ensemble.
Maya und ihr Bruder feiern ihren Geburtstag gemeinsam.

En allemand, l'adjectif possessif varie en fonction du sexe du possesseur et du genre de la chose possédée : quand le possesseur est masculin, on traduit par **sein** (pour le masculin et le neutre) ou **seine** (pour le féminin) ; quand le possesseur est féminin, on traduit par **ihr** (pour le masculin et le neutre) ou **ihre** (pour le féminin).

sonner

1 ▷ Les cloches sonnent.
Die Glocken läuten.

1 (en parlant des cloches) **läuten**

2 ▷ Je crois que le téléphone sonne.
Ich glaube, das Telefon klingelt.

2 (en parlant du téléphone, du réveil) **klingeln**

3 ▷ J'ai sonné plusieurs fois, mais il n'y avait personne.
Ich habe mehrmals geklingelt, aber niemand war da.

3 (= actionner la sonnette) **klingeln**

ℹ *On dit aussi* ***läuten****.*

sonnerie

1 ▷ Tu n'as pas entendu la sonnerie du téléphone ?
Hast du das Telefon nicht klingeln hören?

1 Quand on parle de la sonnerie du téléphone, on emploie une phrase avec le verbe **klingeln**.

2 ▷ La professeur d'espagnol n'entend jamais la sonnerie.
Die Spanischlehrerin hört nie die Klingel.

2 Pour la sonnerie à l'école, on emploie le mot die **Klingel**.

sonnette

▷ La sonnette ne marche pas, tu dois frapper.
Die Klingel geht nicht, du musst klopfen.

die **Klingel** (pluriel : Klingeln)

sorbet

▷ Comme dessert, il y a du sorbet à la poire.
Zum Nachtisch gibt es Birnensorbet.

der ou das **Sorbet** /zɔrˈbɛt *ou* zɔrˈbeː/ (pluriel : Sorbets)

🔊 *Notez la prononciation.*

sorcière

▷ Mon frère me racontait des histoires de sorcières pour me faire peur.
Mein Bruder erzählte mir Hexengeschichten, um mir Angst zu machen.

die **Hexe** (pluriel : Hexen)

sort

▷ Nous n'étions pas d'accord, alors nous avons tiré au sort.
Wir waren uns nicht einig, also haben wir ausgelost.

► **tirer au sort :** auslosen

ℹ ***aus•losen*** *est un verbe à particule séparable.*

sorte

▷ Il y a plusieurs sortes de desserts.
Es gibt mehrere Sorten Nachtisch.

(= type, genre) die **Sorte** (pluriel : Sorten)

ℹ *On dit aussi* ***die Art*** (pluriel : ***Arten***)

▷ C'est une sorte d'écharpe très large.
Es ist eine Art breiter Schal.

► **une sorte de** (= une espèce de) **:** eine Art + substantif sans l'article

sortie

▷ Où est la sortie ?
Wo ist der Ausgang?

der **Ausgang** (pluriel : -gänge)

sortir

1 ▷ Sors jouer avec nous !
Komm heraus und spiel mit uns!

1 (= venir dehors)
herauskommen
ℹ *heraus•kommen est un verbe à particule séparable et se conjugue comme* ***kommen*** *(kam, gekommen).*

▷ Quand je suis arrivée, Caro sortait de la maison.
Als ich ankam, kam Caro aus dem Haus.

► sortir de ... (= venir de) : aus + datif + kommen

2 ▷ Sors si tu veux, moi je reste ici.
Geh hinaus, wenn du willst, ich bleibe hier.

2 (= aller dehors) hinausgehen
ℹ *hinaus•gehen est un verbe à particule séparable et se conjugue comme* ***gehen*** *(ging, gegangen).*

▷ Il est sorti du salon sans dire un mot.
Er ist aus dem Wohnzimmer gegangen, ohne ein Wort zu sagen.

► sortir de ... : aus + datif + gehen

3 ▷ Amila sort avec Steven.
Amila geht mit Steven.

3 ► sortir avec quelqu'un : mit jemandem (datif) gehen

4 ▷ Est-ce que Vincent est là ? – Non, il est sorti.
Ist Vincent da? – Nein, er ist ausgegangen.

4 ► être sorti (= ne pas être là) : ausgegangen sein

5 ▷ Samedi soir, je sors.
Am Samstagabend gehe ich aus.

5 (pour se distraire) ausgehen
ℹ *aus•gehen est un verbe à particule séparable et se conjugue comme* ***gehen***.

6 ▷ Son dernier film vient de sortir.
Sein letzter Film ist gerade herausgekommen.
▷ Quand sortira le prochain numéro ?
Wann kommt die nächste Nummer heraus?

6 ► sortir (= être publié ou montré pour la première fois) : herauskommen
ℹ *heraus•kommen est un verbe à particule séparable et se conjugue comme* ***kommen***.

7 ▷ Sors ton vélo du garage.
Bring dein Fahrrad aus der Garage.

7 ► sortir quelque chose (= le mettre dehors, quand la personne est à l'intérieur) : etwas aus + datif + bringen (brachte, gebracht)

▷ Tu peux sortir l'aspirateur du placard ?
Kannst du den Staubsauger aus dem Schrank holen?

► sortir quelque chose (= le mettre dehors, quand la personne est à l'extérieur) : etwas aus + datif + holen

8 ▷ Ne t'inquiète pas, on s'en sortira.
Mach dir keine Sorgen, wir schaffen es schon.

8 ► s'en sortir (= réussir) : es schaffen

sottise

▷ J'ai dit une sottise ?
Habe ich eine Dummheit gesagt?
▷ Mon petit frère fait beaucoup de sottises.
Mein kleiner Bruder macht viele Dummheiten.

die Dummheit
(pluriel : Dummheiten)

sou

▻ Tu as des sous pour acheter une glace ?
Hast du Geld, um ein Eis zu kaufen?
▻ Je n'ai plus de sous.
Ich habe kein Geld mehr.

► **des sous** (= de l'argent) **:** Geld

souci

▻ Tu as des soucis ? Est-ce que je peux t'aider ?
Hast du Sorgen? Kann ich dir helfen?
▻ Ne te fais pas de souci.
Mach dir keine Sorgen.
▻ Ils se font du souci pour moi.
Sie machen sich um mich Sorgen.

(= inquiétude) die **Sorge** (pluriel : Sorgen)

► **se faire du souci :** sich Sorgen machen

ℹ *Le pronom personnel allemand s'emploie au datif : ich mache* ***mir*** *Sorgen, du machst* ***dir*** *Sorgen, er/sie macht* ***sich*** *Sorgen, wir machen* ***uns*** *Sorgen, ihr macht* ***euch*** *Sorgen, sie machen* ***sich*** *Sorgen.*

soucieux, soucieuse

▻ Elle avait l'air bien soucieuse.
Sie sah ziemlich besorgt aus.

besorgt

soucoupe

▻ Où est-ce que tu ranges les soucoupes ?
Wo räumst du die Untertassen hin?
▻ Tu crois aux soucoupes volantes ?
Glaubst du an fliegenede Untertassen?

die **Untertasse** (pluriel : -tassen)

► **soucoupe volante :** die fliegende Untertasse

soudain

▻ Soudain, l'homme s'est mis à courir.
Plötzlich fing der Mann an zu rennen.

plötzlich

souffle

▻ Il faut du souffle pour courir comme lui.
Man braucht Atem, um so zu laufen wie er.
▻ Arrivé en haut nous étions à bout de souffle.
Oben angekommen waren wir außer Atem.
▻ Clarisse retient son souffle pendant cinquante secondes.
Clarisse hält ihren Atem fünfzig Sekunden lang an.

▻ Je m'entraîne à retenir mon souffle sous l'eau.
Ich übe, meinen Atem unter Wasser anzuhalten.

der **Atem**

► **être à bout de souffle :** außer Atem sein

► **retenir son souffle :** adjectif possessif + Atem anhalten

ℹ ***an•halten*** *est un verbe à particule séparable et se conjugue comme* ***halten*** *(hält, hielt, gehalten).*

ℹ *L'adjectif possessif en allemand est :* ***meinen/deinen/seinen/ihren/unseren/euren/ihren*** *Atem anhalten.*

souffler

1 ▷ Le vent souffle fort aujourd'hui.
Der Wind weht heute stark.

1 (en parlant du vent) **wehen**

2 ▷ Emma a soufflé dans la trompette et tout le monde a sursauté.
Emma hat in die Trompete geblasen und alle sind zusammengezuckt.

2 (en parlant d'une personne) **blasen** (bläst, blies, geblasen)

3 ▷ Claire a soufflé toutes les bougies d'un seul coup.
Claire hat alle Kerzen auf einmal ausgeblasen.

3 ► **souffler une bougie :** eine Kerze ausblasen

ℹ *aus•blasen est un verbe à particule séparable et se conjugue comme blasen.*

4 ▷ Laisse-moi souffler deux minutes !
Lass mich zwei Minuten verschnaufen!

4 (= se reposer) **verschnaufen**

souffrir

▷ Karim a beaucoup souffert après son accident.
Karim hat nach seinem Unfall viel gelitten.

leiden (litt, gelitten)

soufre

▷ Plus on s'approchait du cratère, plus ça sentait le soufre.
Je mehr wir uns dem Krater näherten, desto mehr roch es nach Schwefel.

der **Schwefel**

souhait

▷ Atchoum ! – À tes souhaits !
Hatschi! – Gesundheit!

► **à tes souhaits !** *ou* **à vos souhaits ! :** Gesundheit!

souhaiter

▷ Nos voisins nous ont souhaité la bonne année.
Unsere Nachbarn haben uns ein gutes neues Jahr gewünscht.

► **souhaiter** quelque chose à quelqu'un **:** jemandem (datif) etwas wünschen

soûl, soûle

▷ Elle est complètement soûle, il faut la ramener chez elle.
Sie ist völlig betrunken, wir müssen sie nach Hause bringen.

betrunken

ℹ *Une façon plus familière de dire* soûl *est* ***blau***.

soulager

1 ▷ Le médecin lui a fait une piqûre pour soulager la douleur.
Der Arzt hat ihr eine Spritze gegeben, um die Schmerzen zu lindern.

1 (en parlant d'une douleur) **lindern**

2 ▷ Je suis soulagé de savoir qu'ils vont bien.
Ich bin erleichtert zu wissen, dass es ihnen gut geht.

2 ► **être soulagé** (= rassuré) : erleichtert sein

se soûler

▷ Raphaël s'est soûlé à la fête.
Raphaël hat sich auf der Party betrunken.

▷ Tu peux boire sans te soûler !
Du kannst trinken, ohne dich zu betrinken!

sich betrinken (betrank, betrunken)

*Le pronom personnel allemand s'emploie à l'accusatif : ich betrinke **mich**, du betrinkst **dich**, er/sie betrinkt **sich**, wir betrinken **uns**, ihr betrinkt **euch**, sie betrinken **sich**.*

soulever

▷ Aide-moi à soulever le canapé.
Hilf mir, das Sofa hochzuheben.

▷ Soulève cette caisse, s'il te plaît.
Heb bitte diese Kiste hoch.

hochheben

__hoch•heben__ est un verbe à particule séparable et se conjugue comme __heben__ (hob, gehoben).

soulier

▷ Sophie a mis ses souliers neufs.
Sophie hat ihre neuen Schuhe an.

der **Schuh** (pluriel : Schuhe)

souligner

▷ Soulignez les compléments d'objet direct.
Unterstreicht alle direkten Objekte.

▷ J'ai souligné tous les passages importants.
Ich habe alle wichtigen Passagen unterstrichen.

unterstreichen (unterstrich, unterstrichen)

Les verbes à particule non séparable commençant par le préfixe __unter-__ ne prennent pas __ge-__ au participe passé.

soupçonner

1 ▷ Tout le monde le soupçonne.
Alle verdächtigen ihn.

2 ▷ Je soupçonne Angèle d'avoir copié sur moi.
Ich habe Angèle im Verdacht, bei mir abgeschrieben zu haben.

1 (= suspecter) **verdächtigen**

2 ► **soupçonner** quelqu'un **de** + infinitif : jemanden (accusatif) im Verdacht haben, zu + infinitif

soupe

▷ Ma mère fait de la très bonne soupe.
Meine Mutter kocht sehr gute Suppe.

▷ J'adore la soupe au potiron !
Ich liebe Kürbissuppe!

die **Suppe** (pluriel : Suppen)

Pour préciser de quelle soupe il s'agit, on forme des mots composés avec __Suppe__ : __die Tomatensuppe__ (soupe de tomates), *__die Gemüsesuppe__* (soupe aux légumes), *etc.*

soupir

▷ Mario a poussé un grand soupir quand je lui ai demandé de m'aider.
Mario stieß einen großen Seufzer aus, als ich ihn bat, mir zu helfen.

der **Seufzer** (pluriel : Seufzer)
► **pousser un soupir : einen Seufzer aufstoßen**
ℹ *auf•stoßen est un verbe à particule séparable et se conjugue comme stoßen (stößt, stieß, gestoßen).*

soupirer

▷ Arrête de soupirer comme ça !
Hör auf, so zu seufzen!

seufzen

souple

1 ▷ Sophie est devenue souple depuis qu'elle fait du yoga.
Sophie ist gelenkig geworden, seit sie Yoga macht.

2 ▷ C'est un cuir très souple.
Es ist sehr geschmeidiges Leder.

1 (= pas raide, en parlant d'une personne) **gelenkig**

2 (= doux, en parlant des cheveux, du cuir, du linge) **geschmeidig**

source

1 ▷ Mes grands-parents ont une source dans leur jardin.
Meine Großeltern haben eine Quelle in ihrem Garten.

2 ▷ Quelle est la source de ce problème ?
Was ist die Ursache des Problems?

1 (= eau) die **Quelle** (pluriel : Quellen)

2 (= origine) die **Ursache** (+ génitif)

sourcil

▷ Mado s'épile les sourcils.
Mado zupft sich die Augenbrauen.

die **Augenbraue** (pluriel : -brauen)

sourd, sourde

1 ▷ Il y a un garçon sourd dans notre classe.
In unserer Klasse ist ein tauber Junge.

2 ▷ Il y a des sous-titres pour les sourds et malentendants.
Für Taube und Schwerhörige gibt es Untertitel.

1 (adjectif) **taub**

2 (= personne) der/die **Taube** (pluriel : Tauben)
ℹ *C'est un adjectif substantivé : on dit **ein Tauber**.*

sourire

1 ▷ Coralie a un joli sourire.
Coralie hat ein hübsches Lächeln.

1 (= mouvement de la bouche) das **Lächeln**
ℹ *Ce mot s'emploie uniquement au singulier.*

▻ Chaque fois que je le rencontre, il me fait un sourire.
Jedesmal, wenn ich ihn treffe, lächelt er mir zu.

► **faire un sourire à** quelqu'un : jemandem (datif) **zulächeln**

ℹ *zu•lächeln est un verbe à particule séparable.*

2 ▻ Le prof ne sourit pas souvent.
Der Lehrer lächelt selten.

2 (= faire un sourire) **lächeln**

souris

▻ Nous avons eu des souris dans la maison.
Wir hatten Mäuse im Haus.
▻ La souris de mon ordinateur ne fonctionne plus.
Die Maus meines Computers funktioniert nicht mehr.

die **Maus** (pluriel : Mäuse)

sous

1 ▻ Ta serviette est tombée sous la table.
Deine Serviette ist unter den Tisch gefallen.
▻ Ma sœur se cachait sous la table.
Meine Schwester versteckte sich unter dem Tisch.

1 (= au-dessous de) **unter**

ℹ *Quand le verbe indique une direction ou un déplacement, **unter** est employé avec l'accusatif.*

ℹ *Quand le verbe indique un séjour dans un lieu, **unter** est employé avec le datif.*

2 ▻ Je suis sous antibiotiques.
Ich nehme Antibiotika.

2 ► **être sous** + médicament : médicament + **nehmen** (nimmt, nahm, genommen)

sous-marin

▻ À Toulon, nous avons visité un sous-marin.
In Toulon haben wir ein U-Boot besichtigt.

das **U-Boot** (pluriel : U-Boote)

ℹ *U-Boot est l'abréviation usuelle de Unterseeboot qui est rarement employé.*

sous-sol

▻ Ils ont transformé le sous-sol en chambre.
Sie haben das Kellergeschoss in ein Zimmer verwandelt.

das **Kellergeschoss** (pluriel : -geschosse)

sous-titre

▻ Le film est en version originale avec des sous-titres.
Der Film ist in Originalfassung mit Untertiteln.

der **Untertitel** (pluriel : -titel)

soustraction

▻ Ma petite sœur apprend à faire des soustractions.
Meine kleine Schwester lernt, Subtraktionen zu machen.

die **Subtraktion** (pluriel : Subtraktionen)

soustraire

▷ Tu dois soustraire le prix du repas du total.
Du musst den Preis der Mahlzeit vom Gesamtbetrag subtrahieren.

▷ Pourquoi est-ce que tu soustrais vingt euros ?
Warum ziehst du zwanzig Euro ab?

► **soustraire** quelque chose **de ...** : etwas von ... **subtrahieren**

ℹ *Les verbes se terminant en **-ieren** ne prennent pas **ge-** au participe passé.*

ℹ *On dit aussi **abziehen**, qui est un verbe à particule séparable et se conjugue comme **ziehen** (zog, gezogen).*

sous-vêtement

▷ Je dois acheter des sous-vêtements chauds.
Ich muss warme Unterwäsche kaufen.

die **Unterwäsche**

ℹ *Ce mot s'emploie uniquement au singulier.*

soutenir

1 ▷ Personne ne m'a soutenu quand je me suis plaint au prof.
Niemand hat mich unterstützt, als ich mich beim Lehrer beschwert habe.

1 ► **soutenir** quelqu'un (= appuyer moralement) : jemanden (accusatif) **unterstützen**

ℹ *Les verbes à particule non séparable commençant par le préfixe **unter-** ne prennent pas **ge-** au participe passé.*

2 ▷ Ma grand-mère ne peut pas descendre les escaliers toute seule, il faut la soutenir.
Meine Großmutter kann nicht allein die Treppe hinuntergehen, man muss sie stützen.

2 ► **soutenir** quelqu'un (= aider physiquement) : jemanden (accusatif) **stützen**

3 ▷ Simon soutient que ce n'est pas sa faute.
Simon behauptet, dass es nicht seine Schuld ist.

3 (= dire, prétendre) **behaupten**

ℹ *Les verbes commençant par le préfixe **be-** ne prennent pas **ge-** au participe passé.*

souterrain, souterraine

1 ▷ Nous avons vu des grottes souterraines.
Wir haben unterirdische Höhlen gesehen.

1 (adjectif) **unterirdisch**

2 ▷ Il y a des souterrains sous le château.
Es gibt unterirdische Gänge unter dem Schloss.

2 (= galerie) der **unterirdische Gang** (pluriel : Gänge)

3 ▷ Viens, on va prendre le souterrain.
Komm, wir nehmen die Unterführung.

3 (= passage pour piétons) die **Unterführung** (pluriel : Unterführungen)

soutien-gorge

▷ Aurélie a acheté son premier soutien-gorge.
Aurélie hat ihren ersten Büstenhalter gekauft.

der **Büstenhalter** (pluriel : -halter)

ℹ *Une abréviation très usuelle est **BH** /be'haː/.*

souvenir

1 ▻ Je garde de très bons souvenirs de mon séjour en Écosse.
Ich behalte meinen Aufenthalt in Schottland in sehr guter Erinnerung.

2 ▻ Mes parents m'ont rapporté un souvenir d'Islande.
Meine Eltern haben mir ein Andenken aus Island mitgebracht.

3 ▻ Tu te souviens de Rémi ?
Erinnerst du dich an Rémi?
▻ Je me souviens très bien de lui.
Ich erinnere mich sehr gut an ihn.

▻ Je ne me souviens pas de l'avoir rencontré.
Ich erinnere mich nicht daran, ihn getroffen zu haben.

1 (= impression du passé) die **Erinnerung** (pluriel : Erinnerungen)

2 (= objet) das **Andenken** (pluriel : Andenken)

3 ► **se souvenir de : sich an +** accusatif **+ erinnern**

ℹ *Le pronom personnel allemand s'emploie à l'accusatif : ich erinnere **mich**, du erinnerst **dich**, er/sie erinnert **sich**, wir erinnern **uns**, ihr erinnert **euch**, sie erinnern **sich**.*

► **se souvenir de** + infinitif **: sich erinnern, zu** + infinitif

souvent

1 ▻ Je vais souvent voir mes grands-parents.
Ich gehe oft meine Großeltern besuchen.

2 ▻ Le plus souvent, c'est moi qui fais la vaisselle.
Meistens spüle ich das Geschirr.

3 ▻ Marine n'est pas souvent chez elle.
Marine ist selten zu Hause.

1 (= fréquemment) **oft**

2 ► **le plus souvent : meistens**

3 ► **pas souvent, peu souvent : selten**

spaghetti

▻ Mmm, des spaghettis à la sauce tomate !
Mmm, Spaghetti mit Tomatensoße!

die **Spaghetti**

ℹ *Ce mot est un pluriel.*

sparadrap®

▻ Nathalie a mis du sparadrap sur son doigt.
Nathalie hat ein Pflaster auf ihren Finger getan.

der **Pflaster** (pluriel : Pflaster)

spatial, spatiale

▻ La navette spatiale a atterri.
Die Raumfähre ist gelandet.
▻ Ce que je préfère dans le film, c'est le vaisseau spatial.
Was ich in dem Film am liebsten mag ist das Raumschiff.

Pour dire que quelque chose est **spatial** en allemand, on forme des mots composés avec **Raum : die Raumsonde** (sonde spatiale), **das Raumfahrzeug** (véhicule spatial), etc.

spécial, spéciale

1 ▷ C'est un cas spécial.
Das ist ein besonderer Fall.
▷ Je n'ai rien fait de spécial hier.
Ich habe gestern nichts Besonderes gemacht.
2 ▷ Yves est un peu spécial, mais il est sympa.
Yves ist ein bisschen eigenartig, aber er ist nett.

1 (= exceptionnel) besondere
► rien de spécial : nichts Besonderes
2 (= bizarre) eigenartig

spécialement

1 ▷ Alain est venu spécialement pour nous voir.
Alain ist eigens gekommen, um uns zu sehen.
2 ▷ L'exposition t'a plu ? – Pas spécialement.
Hat dir die Ausstellung gefallen? – Nicht besonders.

1 (= exprès) eigens
2 ► pas spécialement : nicht besonders

spécialiste

1 ▷ Connais-tu un spécialiste qui pourrait réparer l'ordinateur ?
Kennst du einen Fachmann, der den Computer reparieren könnte?
2 ▷ Le généraliste m'a envoyé chez un spécialiste.
Der Allgemeinmediziner hat mich zu einem Facharzt geschickt.

1 (= qui a des compétences) der Fachmann (pluriel : Fachleute), die Fachfrau (pluriel : -frauen)
2 (= médecin) der Facharzt (pluriel : -ärzte), die Fachärztin (pluriel : -ärztinnen)

spécialité

▷ Quelles sont les spécialités de la région ?
Was sind die Spezialitäten dieser Region?

die Spezialität (pluriel : Spezialitäten)

spectacle

▷ Nous répétons pour le spectacle de l'école.
Wir proben für die Schulvorstellung.

(= théâtre, chanson, etc.) die Vorstellung (pluriel : Vorstellungen)

spectateur, spectatrice

1 ▷ Quelques spectateurs ont voulu grimper sur la scène.
Einige Zuschauer wollten auf die Bühne klettern.
2 ▷ Les spectateurs ont beaucoup applaudi.
Das Publikum hat viel geklatscht.

1 der Zuschauer (pluriel : Zuschauer), die Zuschauerin (pluriel : Zuschauerinnen)
2 ► les spectateurs : das Publikum

sphère

▷ La Terre est une sphère.
Die Erde ist eine Kugel.

die Kugel (pluriel : Kugeln)

spirale

▷ On voyait monter une spirale de fumée.
Man sah eine Rauchspirale aufsteigen.

die **Spirale** (pluriel : Spiralen)

splendide

▷ Le paysage est splendide.
Die Landschaft ist wunderschön.

(= très beau) **wunderschön**

spontané, spontanée

▷ J'aime bien Christelle parce qu'elle est très spontanée.
Ich mag Christelle gern, weil sie sehr spontan ist.

spontan

sport

▷ Le karaté est un sport de combat.
Karate ist ein Kampfsport.

▷ Je préfère les sports d'équipe.
Ich mag Mannschaftssportarten lieber.

▷ Tu devrais faire du sport.
Du solltest Sport treiben.

▷ Est-ce que tu pratiques un sport ?
Betreibst du einen Sport?

Quand on parle d'un sport en particulier, on traduit par der **Sport**.

i *Quand on parle d'une catégorie de sport ou de plusieurs sports, on traduit par* ***die Sportarten****, qui est un pluriel.*

► **faire du sport :** Sport treiben (trieb, getrieben)

► **pratiquer un sport :** einen Sport betreiben (betrieb, betrieben)

sportif, sportive

1 ▷ Monique n'est pas très sportive.
Monique ist nicht sehr sportlich.

2 ▷ Les footballeurs sont les sportifs les mieux payés.
Die Fußballspieler sind die bestbezahlten Sportler.

1 (adjectif = qui fait du sport) **sportlich**

2 (= personne) der **Sportler** (pluriel : Sportler), die **Sportlerin** (pluriel : Sportlerinnen)

spot

1 ▷ Martial a plusieurs spots dans sa chambre.
Martial hat mehrere Spots in seinem Zimmer.

2 ▷ Je déteste quand les films sont interrompus par des spots publicitaires.
Ich hasse es, wenn Filme durch Werbespots unterbrochen werden.

1 (= lampe) der **Spot** (pluriel : Spots)

2 ► **spot publicitaire :** der Werbespot (pluriel : -spots)

square

▷ Les enfants jouent au square.
Die Kinder spielen in der Grünanlage.

die **Grünanlage** (pluriel : -anlagen)

squash

▷ Le squash est un sport très énergique.
Squash ist ein sehr energischer Sport.
▷ Après le squash, je rentre à la maison.
Nach dem Squash gehe ich nach Hause.

► **le squash** (= le sport) **:** das Squash /skvɔʃ/

Notez la prononciation.
L'article neutre n'est pas utilisé quand on parle du sport en général.

▷ Pascal joue au squash avec Denis.
Pascal spielt mit Denis Squash.

► **jouer au squash :** Squash spielen

squelette

▷ Il y a un squelette de dinosaure au musée.
Im Museum steht ein Dinosaurierskelett.

das **Skelett** (pluriel : Skelette)

stable

▷ Fais attention, la pile de livres n'est pas très stable.
Sei vorsichtig, der Bücherstapel ist nicht sehr stabil.

stabil

L'accent tonique est sur la deuxième syllabe.

stade

▷ Le nouveau stade est très grand.
Das neue Stadion ist sehr groß.

(= terrain de sport) das **Stadion** (pluriel : Stadien)

stage

1 ▷ Fred fait un stage dans un grand magasin.
Fred macht ein Praktikum in einem Kaufhaus.

1 (en entreprise) das **Praktikum** (pluriel : Praktika)

2 ▷ Julien a fait un stage de tennis cet été.
Julien hat diesen Sommer einen Tenniskurs gemacht.

2 (= cours) der **Kurs** (pluriel : Kurse)

stand

▷ Ma mère avait un stand à la kermesse.
Meine Mutter hatte auf dem Fest einen Stand.

(= dans une fête) der **Stand** (pluriel : Stände)

standard

▷ Appelle le standard et demande à parler à Madame Lancel.
Ruf die Zentrale an und frage nach Frau Lancel.

(= central téléphonique) die **Zentrale** (pluriel : Zentralen)

star

▷ Toutes les stars sont à Cannes.
Alle Stars sind in Cannes.

(= vedette) der **Star** (pluriel : Stars)

station

1 ▷ L'hôtel est près de la station Bastille.
Das Hotel ist in der Nähe der Station Bastille.

2 ▷ J'écoute surtout deux stations de radio.
Ich höre vor allem zwei Radiosender.

3 ▷ Béa va toujours à la même station de sports d'hiver.
Béa fährt immer in denselben Wintersportort.

1 (= station de métro) die **Station** /ʃtatsi'oːn/ (pluriel : Stationen)

2 ► **station de radio :** der Radiosender

3 ► **station de sports d'hiver :** der Wintersportort (pluriel : -orte)

ℹ *Décomposez ce mot : Winter* (hiver) + *Sport* + *Ort* (localité).

stationner

▷ Tu ne peux pas stationner ici.
Du kannst hier nicht parken.

parken

station-service

▷ Où est la station-service la plus proche ?
Wo ist die nächste Tankstelle?

die **Tankstelle** (pluriel : -stellen)

ℹ *En allemand, tanken signifie* prendre de l'essence.

statue

▷ Il y a une statue de Napoléon sur la place.
Auf dem Platz steht eine Statue von Napoleon.

die **Statue** /'ʃtaːtuə/ (pluriel : Statuen)

🔊 *Notez la prononciation.*

steak

▷ Encore du steak frites !
Schon wieder Steak mit Pommes frites!

▷ Tu veux un steak haché ?
Willst du ein Hacksteak?

das **Steak** /steːk/ (pluriel : Steaks)

🔊 *Notez la prononciation.*

► **steak haché :** das Hacksteak

stop

1 ▷ La voiture ne s'est pas arrêtée au stop.
Das Auto hat nicht am Stoppschild gehalten.

2 ▷ Nous avons fait du stop en Allemagne.
In Deutschland sind wir per Anhalter gefahren.
▷ Je vais au Portugal en stop.
Ich fahre per Anhalter nach Portugal.

1 (= panneau) das **Stoppschild** (pluriel : -schilder)

2 ► **faire du stop, aller en stop :** per Anhalter fahren (fährt, fuhr, gefahren)

store

▷ Baisse le store s'il te plaît, il y a trop de soleil.
Lass bitte das Rollo herunter, die Sonne scheint zu stark.

das **Rollo** (pluriel : Rollos)

stressant, stressante

▷ Ma journée a été stressante.
Mein Tag war stressig.

stressig

stressé, stressée

▷ Ma mère doit se reposer, elle est stressée.
Meine Mutter muss sich ausruhen, sie ist im Stress.

► être stressé : im Stress sein

strict, stricte

▷ Le règlement de l'école est très strict.
Die Schulordnung ist sehr streng.

(= sévère) streng

studio

1 ▷ Mon grand frère s'est acheté un studio.
Mein großer Bruder hat sich eine Einzimmerwohnung gekauft.

2 ▷ Nous avons été invités à visiter les studios de télévision.
Wir wurden eingeladen, die Fernsehstudios zu besichtigen.

1 (= appartement) die Einzimmerwohnung (pluriel : -wohnungen)

2 (= lieu où on filme) das Studio (pluriel : Studios)

stupéfait, stupéfaite

▷ Aurélie était stupéfaite de rencontrer Luc à cet endroit.
Aurélie war verblüfft, Luc an diesem Ort zu treffen.

verblüfft

stupide

▷ Arrête avec tes blagues stupides !
Hör auf mit deinen dummen Witzen!

dumm (plus stupide dümmer ; le plus stupide der dümmste)

style

▷ Je n'aime pas son style.
Ich mag seinen Stil nicht.

der Stil (pluriel : Stile)

stylo

1 ▷ Tu peux me prêter ton stylo rouge ?
Kannst du mir deinen roten Kugelschreiber leihen?

2 ▷ Mon stylo n'a plus d'encre.
Mein Füller hat keine Tinte mehr.

1 (= stylo à bille) der Kugelschreiber (pluriel : -schreiber)

ℹ *On dit aussi **der Kuli*** (pluriel : *Kulis*)

2 (= stylo à plume) der Füller (pluriel : Füller)

subtil, subtile

1 ▷ Il y a une différence subtile entre les deux.
Es gibt einen feinen Unterschied zwischen den beiden.

2 ▷ Il est très gentil mais pas très subtil.
Er ist sehr nett aber nicht sehr feinsinnig.

1 (en parlant d'une nuance) **fein**

2 (en parlant d'une personne) **feinsinnig**

succès

▷ Sa nouvelle chanson a beaucoup de succès.
Sein neues Lied hat großen Erfolg.

der **Erfolg** (pluriel : Erfolge)
► **avoir du succès :** Erfolg haben

sucer

▷ Ma petite sœur suce encore son pouce.
Meine kleine Schwester lutscht noch am Daumen.

lutschen
ℹ *Notez la préposition employée en allemand :* sucer quelque chose = ***an** etwas **lutschen**.*

sucette

▷ J'ai acheté une sucette et un chewing-gum par personne.
Ich habe einen Lutscher und ein Kaugummi pro Person gekauft.

der **Lutscher** (pluriel : Lutscher)
ℹ *On dit aussi **der Lolli*** (pluriel : *Lollis*).

sucre

▷ Est-ce que vous prenez du sucre dans votre café ?
Nehmen Sie Zucker in ihren Kaffee?
▷ Un seul sucre, s'il vous plaît.
Nur ein Stück Zucker, bitte.
▷ Achète du sucre en morceaux, s'il te plaît.
Kauf bitte Würfelzucker.
▷ Il te faut cent grammes de sucre en poudre.
Du brauchst hundert Gramm Streuzucker.

▷ On saupoudre de sucre glace.
Man bestreut mit Puderzucker.

der **Zucker**
ℹ ***Zucker** est indénombrable,* on ne dit *pas* ***ein Zucker**. Quand on parle d'un* morceau de sucre, *on dit **ein Stück Zucker**.*
► **sucre en morceaux :** der Würfelzucker
► **sucre en poudre :** der Streuzucker
⚠ *Attention à ne pas traduire par **Puderzucker**.*
► **sucre glace :** der Puderzucker

sucré, sucrée

1 ▷ Ce gâteau est trop sucré pour moi.
Der Kuchen ist zu süß für mich.

2 ▷ Suzanne adore le lait concentré sucré.
Suzanne liebt gesüßte Kondensmilch.

1 (= qui contient du sucre) **süß**

2 (= où on a ajouté du sucre) **gesüßt**

sucrerie

▷ Tu manges beaucoup trop de sucreries !
Du isst viel zu viel Süßigkeiten!

die Süßigkeit
(pluriel : Süßigkeiten)

sud

▷ Le sud est dans cette direction.
Der Süden liegt in dieser Richtung.
▷ Ils habitent dans le Sud.
Sie wohnen im Süden.
▷ Mon village est au sud d'Arles.
Mein Dorf liegt südlich von Arles.

der Süden

► **dans le Sud :** im Süden

► **au sud de ... :** südlich von ...

Suède

▷ Stockholm est la capitale de la Suède.
Stockholm ist die Hauptstadt von Schweden.

Schweden

► **la Suède :** Schweden

ℹ *Ne prend l'article neutre que précédé d'un adjectif :* ***das umweltfreundliche Schweden*** (la Suède écologique).

▷ Le père de Damien a travaillé en Suède.
Damiens Vater hat in Schweden gearbeitet.
▷ Je vais en Suède avec ma sœur.
Ich fahre mit meiner Schwester nach Schweden.
▷ Est-ce que tu es déjà allé en Suède ?
Warst du schon in Schweden?

► **en Suède** (= dans le pays) **:** in Schweden

► **en Suède** (= vers le pays) **:** nach Schweden

Attention : pour dire que quelqu'un **est déjà allé quelque part**, *on emploie une expression avec le prétérit du verbe* ***sein*** + ***schon***.

suédois, suédoise

1 ▷ C'est un grand écrivain suédois.
Er ist ein großer schwedischer Schriftsteller.

1 (adjectif) schwedisch

2 ▷ Sylvain a rencontré une Suédoise.
Sylvain hat eine Schwedin kennengelernt.

2 (= personne) der Schwede (pluriel : Schweden), die Schwedin (pluriel : Schwedinnen)

3 ▷ Est-ce que tu parles suédois ?
Sprichst du Schwedisch?

3 (= langue) Schwedisch

suer

▷ Baisse le chauffage, on sue ici !
Dreh die Heizung herunter, man schwitzt ja hier!

(= transpirer) schwitzen

suffire

1 ▷ Je ne sais pas si deux bouteilles suffiront.
Ich weiß nicht, ob zwei Flaschen reichen werden.
▷ Dix euros, ça te suffit ?
Reichen dir zehn Euro?

1 (= être suffisant) reichen

► **suffire à** quelqu'un **:** jemandem (datif) reichen

▻ Ça suffit ! Tu es pénible !
Jetzt reicht's! Du bist unerträglich!

► **ça suffit ! : jetzt reicht's!**

2 ▻ Il suffit de téléphoner et de réserver.
Es genügt, anzurufen und zu reservieren.

2 ► **il suffit de** + infinitif : **es genügt, zu** + infinitif

suffisamment

▻ J'ai suffisamment mangé, merci.
Ich habe genug gegessen, danke.

▻ Il fait suffisamment chaud maintenant.
Es ist jetzt warm genug.

▻ Est-ce qu'il y a suffisamment de boissons ?
Sind genug Getränke da?

genug

ℹ *Lorsque **genug** est employé avec un verbe, il est placé devant celui-ci.*

ℹ *Lorsque **genug** est employé avec un adjectif ou un adverbe, il est placé derrière celui-ci.*

► **suffisamment de** + nom : **genug** + nom

ℹ *On dit aussi **genügend***

suffisant, suffisante

▻ Deux jours c'est suffisant.
Zwei Tage reichen.

► **être suffisant : reichen**

suggérer

▻ Est-ce que quelqu'un a quelque chose à suggérer ?
Hat jemand etwas vorzuschlagen?
▻ Qu'est-ce que tu suggères ?
Was schlägst du vor?

vorschlagen

ℹ ***vor•schlagen** est un verbe à particule séparable et se conjugue comme **schlagen** (schlägt, schlug, geschlagen).*

suggestion

▻ Ce n'était qu'une suggestion.
Es war nur ein Vorschlag.

der **Vorschlag**
(pluriel : Vorschläge)

se suicider

▻ Il s'est suicidé en prison.
Er hat im Gefängnis Selbstmord begangen.

Selbstmord begehen (beging, begangen)

ℹ *Le verbe réfléchi français se traduit par un verbe intransitif en allemand, qui s'emploie avec l'auxiliaire **haben***

suisse, Suisse

1 ▻ Les fromages suisses sont réputés.
Die Schweizer Käse sind bekannt.

2 ▻ Les Suisses parlent plusieurs langues.
Die Schweizer sprechen mehrere Sprachen.

1 (adjectif) **Schweizer**

2 (= personne) der **Schweizer** (pluriel : Schweizer), die **Schweizerin** (pluriel : Schweizerinnen)

3 ▷ La Suisse est un beau pays.
Die Schweiz ist ein schönes Land.
▷ Mes parents ont vécu en Suisse.
Meine Eltern haben in der Schweiz gelebt.
▷ Nous irons en Suisse en train.
Wir fahren mit dem Zug in die Schweiz.
▷ Je suis déjà allé en Suisse.
Ich war schon in der Schweiz.

3 (= pays) die Schweiz

► **en Suisse** (= dans le pays) **:** in der Schweiz

► **en Suisse** (= vers le pays) **:** in die Schweiz

Attention : pour dire que quelqu'un **est déjà allé quelque part**, *on emploie une expression avec le prétérit du verbe* ***sein*** *+* ***schon****.*

suite

1 ▷ Je te raconterai la suite demain.
Ich erzähle dir den Rest morgen.

2 ▷ Il revient tout de suite.
Er kommt sofort zurück.

1 (= reste) der Rest

2 ► **tout de suite :** sofort

suivant, suivante

1 ▷ La solution est à la page suivante.
Die Lösung steht auf der nächsten Seite.

2 ▷ On décidera suivant le temps qu'il fera.
Wir entscheiden je nach Wetter.

1 (= qui vient après) nächste

2 (= en fonction de) je nach

suivre

1 ▷ Le chien nous suit, dis-lui de partir.
Der Hund folgt uns, schick ihn weg.
▷ L'exemple qui suit illustre bien ce cas.
Das Beispiel, das folgt, veranschaulicht gut diesen Fall.
▷ Les camions se suivaient sur plusieurs kilomètres.
Die Lastwagen folgten aufeinander über mehrere Kilometer.

1 (= aller derrière, venir après) folgen

► **se suivre** (= venir les uns après les autres) **:** aufeinander folgen

2 ▷ Élodie n'a pas suivi notre conseil.
Élodie hat unseren Rat nicht befolgt.

2 (= tenir compte de) befolgen

Les verbes commençant par le préfixe ***be-*** *ne prennent pas* ***ge-*** *au participe passé.*

3 ▷ Nico ne suivait pas et la professeur l'a grondé.
Nicolas passte nicht auf und die Lehrerin hat geschimpft.

3 (= être attentif) aufpassen

auf•passen *est un verbe à particule séparable.*

4 ▷ Je n'arrive pas à suivre en maths.
Ich komme in Mathe nicht mit.

4 (= se maintenir au niveau) mitkommen

mit•kommen *est un verbe à particule séparable et se conjugue comme* ***kommen*** *(kam, gekommen).*

sujet

1 ▷ J'ai trouvé le sujet de la rédaction difficile.
Ich fand das Aufsatzthema schwierig.

2 ▷ Ils se sont disputés au sujet de l'argent que Loïc a prêté à Romaine.
Sie haben sich über das Geld gestritten, das Loïc Romaine geliehen hat.

1 (= thème) das **Thema** (pluriel : Themen)

2 ► **au sujet de :** über + accusatif

super

1 ▷ Tu viens avec nous ? Super !
Du kommst mit? Super!

2 ▷ Le nouveau prof est super sympa.
Der neue Lehrer ist wahnsinnig nett.

1 (= génial) **super**

ℹ *On dit aussi* ***toll***.

2 (= très) **wahnsinnig**

superbe

1 ▷ Les paysages étaient superbes.
Die Landschaften waren wunderschön.

2 ▷ Il a fait un temps superbe.
Das Wetter war herrlich.

3 ▷ Il a tiré un but superbe.
Er hat ein fantastisches Tor geschossen.

1 (= très beau) **wunderschön**

2 (en parlant du temps) **herrlich**

3 (= remarquable) **fantastisch**

superficiel, superficielle

▷ Il m'ennuie, je le trouve très superficiel.
Er langweilt mich, ich finde ihn sehr oberflächlich.

▷ Ne t'inquiète pas, c'est une plaie superficielle.
Keine Sorge, es ist eine oberflächliche Wunde.

oberflächlich

supérieur, supérieure

1 ▷ Les prix sont supérieurs à ceux du supermarché.
Die Preise sind höher als im Supermarkt.

2 ▷ Thomas se croit supérieur aux autres.
Thomas hält sich anderen für überlegen.

1 ► **supérieur à** (= plus grand que, en parlant d'un nombre, d'un prix) : **höher als**

2 (en parlant d'une personne) **überlegen**

supermarché

▷ Ma mère va au supermarché tous les samedis.
Meine Mutter geht jeden Samstag in den Supermarkt.

der **Supermarkt** (pluriel : –märkte)

superposé, superposée

▷ Mon frère et moi dormons dans des lits superposés.
Mein Bruder und ich schlafen in einem Etagenbett.

► **lits superposés :** das **Etagenbett**

superstitieux, superstitieuse

▷ Bénédicte est superstitieuse, elle a peur des chats noirs !
Bénédicte ist abergläubisch, sie hat Angst vor schwarzen Katzen!

abergläubisch

supplément

1 ▷ Il y a un supplément pour les chambres individuelles.
Für Einzelzimmer gibt es einen Aufpreis.

1 (= somme à payer en plus) der **Aufpreis** (pluriel : Aufpreise)

2 ▷ Avec son magazine, mon père a reçu un supplément sur les jeux vidéo.
Zu seiner Zeitschrift hat mein Vater eine Beilage über Videospiele bekommen.

2 (avec un journal, un magazine) die **Beilage** (pluriel : Beilagen)

supplémentaire

1 ▷ Mets une assiette supplémentaire pour Cathy.
Stell noch einen zusätzlichen Teller für Cathy dazu.

1 (= en plus) **zusätzlich**

2 ▷ Mon père fait beaucoup d'heures supplémentaires.
Mein Vater macht viele Überstunden.

2 ► **heure supplémentaire :** die **Überstunde** (pluriel : Überstunden)

supplier

▷ J'ai supplié ma mère de me laisser sortir.
Ich habe meine Mutter angefleht, mich ausgehen zu lassen.

▷ Je t'en supplie, ne lui dis rien !
Ich flehe dich an, sag ihm nichts!

► **supplier** quelqu'un **de** + infinitif : jemanden (accusatif) **anflehen, zu** + infinitif

ℹ *__an•flehen__ est un verbe à particule séparable.*

supporter (verbe)

1 ▷ Il est trop bête, je ne le supporte pas !
Er ist zu dumm, ich kann ihn nicht ausstehen!

1 ► **ne pas supporter** quelqu'un : jemanden (accusatif) **nicht ausstehen können** (kann, konnte, können)

2 ▷ Le chat ne supporte pas le bruit de l'aspirateur.
Die Katze kann den Lärm des Staubsaugers nicht ertragen.

2 ► **ne pas supporter** quelque chose : etwas (accusatif) **nicht ertragen können**

supporter (substantif)

▷ Les supporters de Toulouse criaient et chantaient.
Die Anhänger von Toulouse schrien und sangen.

der **Anhänger** (pluriel : Anhänger), die **Anhängerin** (pluriel : Anhängerinnen)

supposer

▻ Je suppose que Michelle ne viendra pas.
Ich nehme an, dass Michelle nicht kommt.
▻ Supposons qu'il neige : que fait-on ?
Nehmen wir an, es schneit: Was machen wir?

► **supposer que ... :** annehmen, dass ...

ℹ *an•nehmen est un verbe à particule séparable et se conjugue comme **nehmen** (nimmt, nahm, genommen).*

supprimer

1 ▻ Mon nom a été supprimé de la liste.
Mein Name wurde von der Liste gestrichen.
▻ On leur a supprimé toutes les subventions.
Man hat ihnen alle Subventionen gestrichen.

1 (= effacer, enlever) **streichen** (strich, gestrichen)

2 ▻ L'entreprise supprime cent emplois.
Das Unternehmen schafft hundert Arbeitsplätze ab.

2 (en parlant d'emplois, de libertés) **abschaffen**

ℹ *ab•schaffen est un verbe à particule séparable.*

sur

1 ▻ Pose le paquet sur la table, s'il te plaît.
Leg das Paket bitte auf den Tisch.
▻ Tes cahiers sont sur ton bureau.
Deine Hefte liegen auf deinem Schreibtisch.

1 (= au-dessus de) **auf**

ℹ *Quand le verbe indique une direction ou un déplacement, **auf** est employé avec l'accusatif.*

ℹ *Quand le verbe indique un séjour dans un lieu, **auf** est employé avec le datif.*

2 ▻ Lisa a fait un exposé sur la Nouvelle-Zélande.
Lisa hat ein Referat über Neuseeland gehalten.

2 (= au sujet de) **über**

3 ▻ Juliette a encore eu dix-huit sur vingt.
Juliette hat schon wieder achtzehn von zwanzig Punkten.
▻ Deux élèves sur trois étaient absents.
Zwei von drei Schülern waren abwesend.
▻ Un élève sur trois pratique un sport en dehors de l'école.
Jeder dritte Schüler betreibt außerhalb der Schule einen Sport.

3 (pour parler d'une note, d'une proportion) **von**

ℹ *Quand la proportion est de* un sur..., *on traduit par **jeder/jede/jedes*** + adjectif numéral *: **jedes zweite Haus*** (une maison sur deux), ***jedes vierte Jahr*** (une année sur quatre), *etc.*

sûr, sûre

▻ Je suis sûre que Manon a copié sur moi.
Ich bin sicher, dass Manon bei mir abgeschrieben hat.
▻ Ce n'est pas encore sûr que j'irai à la fête.
Es ist noch nicht sicher, dass ich auf die Party gehe.

sicher

sûrement

▷ Chloé viendra sûrement demain.
Chloé kommt sicher morgen.
▷ Tu ne veux pas venir ? – Ah non, sûrement pas !
Willst du nicht kommen? – Oh nein, ganz sicher nicht!

sicher

► **sûrement pas ! :** ganz sicher nicht!

surf

▷ Le surf peut être un sport dangereux.
Surfen kann ein gefährlicher Sport sein.
▷ Après le surf, je me repose.
Nach dem Surfen ruhe ich mich aus.

► **le surf** (= le sport) **:** das Surfen /ˈsɸːɐfən/
Notez la prononciation.
L'article neutre n'est pas utilisé quand on parle du sport en général.

▷ Erwann fait du surf à Biarritz.
Erwann surft in Biarritz.

► **faire du surf :** surfen

surface

1 ▷ La surface du lac était comme un miroir.
Die Oberfläche des Sees war wie ein Spiegel.

1 (= le dessus) die **Oberfläche** (pluriel : -flächen)

2 ▷ Antoine est remonté à la surface trente mètres plus loin.
Antoine tauchte dreißig Meter weiter wieder auf.

2 ► **monter à la surface, faire surface** (en venant du bas) **:** auftauchen
auf•tauchen *est un verbe à particule séparable.*

3 ▷ Quelle est la surface de votre appartement ?
Was ist die Grundfläche eurer Wohnung?

3 (= superficie) die **Grundfläche** (pluriel : -flächen)

surfer

▷ Tu viens surfer avec nous ?
Kommst du mit uns surfen?

(= faire du surf) **surfen** /ˈsɸːɐfən/
Notez la prononciation.

▷ À l'école, nous apprenons à surfer sur Internet.
In der Schule lernen wir, im Internet zu surfen.

► **surfer sur Internet :** im Internet surfen

surgelé, surgelée

1 ▷ Les frites surgelées ne sont pas mauvaises.
Tiefgekühlte Pommes frites sind nicht schlecht.

1 (= adjectif) **tiefgekühlt**

2 ▷ À la maison, nous ne mangeons pas beaucoup de surgelés.
Zu Hause essen wir nicht viel Tiefkühlkost.

2 ► **les surgelés :** die Tiefkühlkost
Ce mot s'emploie uniquement au singulier.

surgir

▷ Un homme a surgi de la haie.
Ein Mann tauchte plötzlich aus der Hecke auf.

auftauchen
auf•tauchen *est un verbe à particule séparable.*

surligneur

▷ Tu peux me prêter ton surligneur jaune ?
Kannst du mir deinen gelben Textmarker leihen?

der **Textmarker**
(pluriel : Textmarker)

surprenant, surprenante

▷ La réaction de Naïma était assez surprenante.
Naïmas Reaktion war ziemlich überraschend.

überraschend
ℹ *Attention à l'orthographe.*

surprendre

▷ Rebecca nous a surpris avec sa nouvelle coupe de cheveux.
Rebecca hat uns mit ihrem neuen Haarschnitt überrascht.

(= étonner) **überraschen**
ℹ *Attention à l'orthographe.*

surpris, surprise

▷ Louis avait l'air surpris de me voir.
Louis schien überrascht zu sein, mich zu sehen.

(= étonné) **überrascht**
ℹ *Attention à l'orthographe.*

surprise

▷ Isabelle ! Quelle belle surprise !
Isabelle! So eine Überraschung!

die **Überraschung**
(pluriel : Überraschungen)
ℹ *Attention à l'orthographe.*

▷ Ne lui dis rien, je veux lui faire une surprise !
Sag ihm nichts, ich will ihm eine Überraschung bereiten!

► **faire une surprise à** quelqu'un : jemandem (datif) **eine Überraschung bereiten**
ℹ *On dit aussi jemanden* (accusatif) ***überraschen.***

sursaut

▷ Je me suis réveillé en sursaut.
Ich fuhr aus dem Schlaf auf.

► **se réveiller en sursaut :** **aus dem Schlaf auffahren**
ℹ ***auf•fahren*** *est un verbe à particule séparable et se conjugue comme* ***fahren*** *(fährt, fuhr, gefahren).*

sursauter

▷ J'ai sursauté quand Simon est entré.
Ich zuckte zusammen, als Simon hereinkam.

zusammenzucken
ℹ ***zusammen•zucken*** *est un verbe à particule séparable.*

surtout

1 ▷ Salvador aime le sport, surtout le foot.
Salvador mag Sport, besonders Fußball.

2 ▷ Elle peint surtout des paysages.
Sie malt vor allem Landschaften.

1 (= en particulier) **besonders**

2 (= avant tout) **vor allem**

3 ▷ N'oublie surtout pas !
Vergiss es bloß nicht!

3 ► **surtout pas** : bloß nicht

surveillant, surveillante

▷ Les surveillants de l'école sont en grève.
Die Schulaufsichten streiken.

(à l'école) die **Aufsicht**
(pluriel : Aufsichten)

Ce mot traduit le masculin et le féminin.

surveiller

1 ▷ La prof nous surveille pendant l'interro.
Die Lehrerin beaufsichtigt uns während der Klassenarbeit.

2 ▷ Je dois surveiller ma petite sœur.
Ich muss auf meine kleine Schwester aufpassen.
▷ Surveille-le bien !
Pass gut auf ihn auf!

1 (= contrôler) **beaufsichtigen**

2 ► **surveiller** quelqu'un (= veiller sur lui) : auf jemanden (accusatif) **aufpassen**

***auf•passen** est un verbe à particule séparable.*

survêtement

▷ Tu as pris ton survêtement pour le sport ?
Hast du deinen Trainingsanzug für den Sportunterricht genommen?

der **Trainingsanzug**
(pluriel : -anzüge)

survivant

▷ Les survivants du crash ont raconté ce qui s'était passé.
Die Überlebenden des Absturzes haben erzählt, was passiert war.

der/die **Überlebende**
(pluriel : Überlebenden)

*C'est un adjectif substantivé : on dit **ein Überlebender**.*

susceptible

▷ Ne sois pas si susceptible !
Sei nicht so empfindlich!

(= qui se vexe facilement)
empfindlich

suspect

▷ La police a arrêté un suspect.
Die Polizei hat einen Verdächtigen verhaftet.

der/die **Verdächtige**
(pluriel : Verdächtigen)

*C'est un adjectif substantivé : on dit **ein Verdächtiger**.*

suspendre

1 ▷ Nous avons réussi à suspendre le tableau.
Wir haben es geschafft, das Bild aufzuhängen.

1 **aufhängen**

***auf•hängen** est un verbe à particule séparable et se conjugue comme **hängen** qui est régulier dans sa forme transitive.*

2 ▷ Matthieu s'est suspendu à la branche et elle s'est cassée.
Matthieu hat sich an den Ast gehängt und der ist abgebrochen.

2 ► **se suspendre à** quelque chose : sich an etwas (accusatif) hängen

Dans sa forme réfléchie, ***hängen*** *est régulier.*

suspense

1 ▷ Il y a un bon suspense dans ce film.
Es gibt gute Spannung in dem Film.

2 ▷ C'est un film à suspense américain.
Es ist ein amerikanischer Thriller.

1 die **Spannung**

2 ► **film à suspense :** der Thriller /'θrɪlɐ/ (pluriel : Thriller)

Notez la prononciation de ce mot anglais.

sweat-shirt

▷ Je me suis acheté un sweat-shirt à capuche.
Ich habe mir ein Sweatshirt mit Kapuze gekauft.

das **Sweatshirt** /'svɛtʃɸ:ɐt/ (pluriel : Sweatshirts)

Notez la prononciation.

syllabe

▷ L'accent est sur la première syllabe.
Der Akzent liegt auf der ersten Silbe.

die **Silbe** (pluriel : Silben)

symbole

▷ La colombe est le symbole de la paix.
Die Taube ist das Symbol des Friedens.

das **Symbol** (pluriel : Symbole)

N'oubliez pas que le y allemand se prononce **u**.

sympa

▷ La sœur d'Antoine est très sympa.
Antoines Schwester ist sehr nett.

nett

sympathique

1 ▷ Je ne le trouve pas très sympathique.
Ich finde ihn nicht sehr nett.

2 ▷ Elle m'est très sympathique.
Sie ist mir sehr sympatisch.

1 (= agréable) **nett**

2 ► **être sympathique à** quelqu'un : jemandem (datif) sympatisch sein

N'oubliez pas que le y allemand se prononce **u**.

synagogue

▷ Samuel et ses parents vont à la synagogue.
Samuel und seine Eltern gehen in die Synagoge.

die **Synagoge** (pluriel : Synagogen)

N'oubliez pas que le y allemand se prononce **u**.

syndicat

▻ Les syndicats réclament de meilleures conditions de travail.
Die Gewerkschaften fordern bessere Arbeitsbedingungen.

(= organisation de travailleurs) die **Gewerkschaft**
(pluriel : Gewerkschaften)

synonyme

▻ « Fast » est un synonyme de « beinahe ».
„Fast" ist ein Synonym für „beinahe".

das **Synonym** (pluriel : Synonyme)
N'oubliez pas que le y allemand se prononce **u**.

synthétique

▻ Le plastique est un matériau synthétique.
Plastik ist ein synthetisches Material.

synthetisch
N'oubliez pas que le y allemand se prononce **u**.

système

▻ Il y aura une réforme du système scolaire.
Es wird eine Reform des Schulsystems geben.

das **System** (pluriel : Systeme)
N'oubliez pas que le y allemand se prononce **u**.

T

FRANÇAIS — ALLEMAND

ta

▷ Ta robe me plaît beaucoup.
Dein Kleid gefällt mir sehr.
▷ Est-ce que tu amènes ta copine ?
Bringst du deine Freundin mit?

En allemand, l'adjectif possessif varie en fonction du genre de la chose possédée : on traduit par **dein** (pour le masculin et le neutre) ou **deine** (pour le féminin).

tabac

▷ Le tabac est la principale culture dans cette région.
Tabak ist der wichtigste Anbau dieser Region.

der **Tabak**

table

1 ▷ Pose le paquet sur la table.
Stell das Paket auf den Tisch.
▷ Le réveil est sur la table de chevet.
Der Wecker steht auf dem Nachttisch.
▷ À table tout le monde !
Zu Tisch alle!
▷ Ils étaient déjà à table quand nous sommes arrivés.
Sie waren schon bei Tisch, als wir ankamen.
▷ On s'est mis à table à midi.
Wir haben uns um zwölf zu Tisch gesetzt.
▷ Mettons-nous à table, les autres arriveront plus tard.
Setzen wir uns zu Tisch, die anderen werden später kommen.

1 (= meuble) der **Tisch**
(pluriel : Tische)
► **table de chevet** *ou* **table de nuit :** der Nachttisch
► **à table ! :** zu Tisch!
► **être à table :** bei Tisch sein
► **se mettre à table :** sich zu Tisch setzen

ℹ *Le pronom personnel allemand s'emploie à l'accusatif : ich setze **mich** zu Tisch, du setzt **dich** ..., er/sie setzt **sich** ..., wir setzen **uns** ..., ihr setzt **euch** ..., sie setzen **sich** ...*

2 ▷ Regarde la table des matières.
Sieh mal ins Inhaltsverzeichnis.

2 ► **table des matières :** das Inhaltsverzeichnis
(pluriel : -verzeichnisse)

3 ▷ Je dois réviser mes tables de multiplication.
Ich muss meine Multiplikationstabellen wiederholen.

3 ► **table de multiplication :** die Multiplikationstabelle (pluriel : -tabellen)

tablette

▷ Érika a mangé toute la tablette de chocolat.
Érika hat die ganze Tafel Schokolade gegessen.

Pour dire une **tablette** de quelque chose, on traduit par die **Tafel** (pluriel : Tafeln) suivi du nom sans article.

tablier

▷ Mon père met toujours un tablier quand il fait la cuisine.
Mein Vater zieht immer eine Schürze über, wenn er kocht.

die **Schürze** (pluriel : Schürzen)

tabouret

▷ Qui a pris le tabouret ?
Wer hat den Hocker genommen?

der **Hocker** (pluriel : Hocker)

tache

1 ▷ Il y a des taches de vin sur la nappe.
Auf der Tischdecke sind Weinflecken.
▷ Tu as fait une tache sur ton T-shirt.
Du hast einen Fleck auf dein T-Shirt gemacht.

1 (= saleté) der **Fleck** (pluriel : Flecken)
► **faire une tache sur** quelque chose **:** einen Fleck auf etwas (accusatif) machen

2 ▷ Amandine a des taches de rousseur.
Amandine hat Sommersprossen.

2 ► **tache de rousseur :** die Sommersprosse (pluriel : -sprossen)

tâche

▷ Faire le repassage est une tâche désagréable.
Bügeln ist eine unangenehme Arbeit.

(= travail) die **Arbeit** (pluriel : Arbeiten)

tacher

▷ Attention, tu vas tacher ton pantalon !
Vorsicht, du wirst Flecken auf deine Hose machen!

(= salir) **Flecken auf etwas** (accusatif) **machen**

tâcher

▷ Tâche d'être à l'heure.
Versuche, rechtzeitig zu kommen.

► **tâcher de** + infinitif **:** versuchen, zu + infinitif

ℹ *Les verbes commençant par le préfixe ver- ne prennent pas ge- au participe passé.*

tact

▷ Il faut avoir du tact quand on est professeur.
Man muss taktvoll sein, wenn man Lehrer ist.
▷ Gwénolé n'a aucun tact.
Gwénolé ist völlig taktlos.

► **avoir du tact : taktvoll sein**

► **ne pas avoir de tact : taktlos sein**

tag

▷ Les murs de la gare sont couverts de tags.
Die Bahnhofsmauern sind mit Graffiti bedeckt.

der *ou* das **Graffito**
(pluriel : Graffiti)

taie d'oreiller

▷ Les taies d'oreiller sont de la même couleur que les draps.
Die Kissenbezüge sind von der gleichen Farbe wie die Laken.

der **Kissenbezug**
(pluriel : –bezüge)

taille

1 ▷ Pour faire du judo, la taille n'est pas très importante.
Um Judo zu machen, ist die Größe nicht sehr wichtig.
▷ Quentin et David sont de la même taille.
Quentin und David sind gleich groß.

2 ▷ Regarde la taille de cet immeuble !
Schau dir mal die Höhe dieses Gebäudes an!

3 ▷ Pour les pantalons, je prends la taille 38.
Für die Hosen nehme ich Größe 38.

4 ▷ Suzane a la taille très fine.
Suzanne hat eine sehr schlanke Taille.

1 (= hauteur d'une personne) die **Größe** (pluriel : Größen)

► **être de la même taille : gleich groß sein**

2 (= hauteur d'un immeuble, d'une tour, etc.) die **Höhe** (pluriel : Höhen)

3 (format d'un objet, d'un vêtement) die **Größe**

4 (= partie du corps) die **Taille** /'taljə/ (pluriel : Taillen)

Notez la prononciation.

taille-crayon

▷ Tu as vu mon taille-crayon ?
Hast du meinen Bleistiftspitzer gesehen?

der **Bleistiftspitzer**
(pluriel : –spitzer)

*On dit aussi **der Spitzer** tout court.*

tailler

1 ▷ J'ai aidé mon père à tailler la haie.
Ich habe meinem Vater geholfen, die Hecke zu schneiden.

2 ▷ Tes crayons sont mal taillés.
Deine Stifte sind schlecht gespitzt.

1 (= couper) **schneiden** (schnitt, geschnitten)

2 (= aiguiser) **spitzen**

tailleur

1 ▷ Ma mère porte un tailleur pour aller au travail.
Meine Mutter trägt ein Kostüm, wenn sie zur Arbeit geht.

2 ▷ Le grand-père de Guy était tailleur.
Guys Großvater war Schneider.

▷ Ils étaient assis en tailleur autour du feu.
Sie saßen im Schneidersitz um das Feuer herum.

1 (= costume) das **Kostüm** (pluriel : Kostüme)

2 (= métier) der **Schneider**

► **s'asseoir en tailleur :** im Schneidersitz sitzen (saß, gesessen)

se taire

1 ▷ Tais-toi, je n'arrive pas à me concentrer !
Sei still, ich kann mich nicht konzentrieren!

2 ▷ Les élèves se taisent quand le prof entre.
Die Schüler verstummen, wenn der Lehrer hereinkommt.

1 (= ne pas parler) **still sein**

2 (= arrêter de parler) **verstummen**

ℹ *Les verbes commençant par le préfixe **ver-** ne prennent pas **ge-** au participe passé.*

talent

▷ Cette chanteuse a beaucoup de talent.
Diese Sängerin hat viel Talent.

► **avoir du talent :** Talent /ta'lɛnt/ haben

🔊 *Notez la prononciation.*

ℹ *On dit aussi **begabt sein**.*

talon

1 ▷ Mes nouvelles chaussures me font mal au talon.
Meine neuen Schuhe tun mir an der Ferse weh.

2 ▷ Marine a trébuché et son talon s'est cassé.
Marine ist gestolpert und ihr Absatz ist abgebrochen.

▷ Les talons aiguilles sont à la mode.
Pfennigabsätze sind in Mode.

▷ Mes parents ne veulent pas que je porte des talons hauts.
Meine Eltern wollen nicht, dass ich hohe Absätze trage.

1 (= partie du pied) die **Ferse** (pluriel : Fersen)

2 (= partie d'une chaussure) der **Absatz** (pluriel : Absätze)

► **talons aiguilles :** die Pfennigabsätze

► **talons hauts :** hohe Absätze

tambour

▷ Guillermo a rapporté un tambour du Pérou.
Guillermo hat eine Trommel aus Peru mitgebracht.

(= instrument) die **Trommel** (pluriel : Trommeln)

tampon

1 ▷ Le tampon avec la date est en bas de la page.
Der Stempel mit dem Datum steht unten auf der Seite.

1 (qu'on imprime sur du papier) der **Stempel** (pluriel : Stempel)

2 ▷ Tu aurais un tampon hygiénique pour moi?
Hättest du einen Tampon für mich?

2 ► **tampon hygiénique** : der Tampon /'tampɔn/ (pluriel : Tampons)

Notez la prononciation.

tandis que

▷ Éva est timide tandis que son frère est très sociable.
Éva ist schüchtern, während ihr Bruder sehr umgänglich ist.

▷ Le directeur nous surveillait tandis qu'on évacuait l'école.
Der Schulleiter beaufsichtigte uns, während wir die Schule räumten.

während

tank

▷ Les tanks de l'armée entrent dans la ville.
Die Panzer der Armee kommen in die Stadt.

der **Panzer** (pluriel : Panzer)

tant

1 ▷ Jérémie a tant mangé qu'il a été malade.
Jérémie hat so viel gegessen, dass ihm schlecht wurde.

▷ Il a tant d'argent qu'il ne sait pas quoi en faire.
Er hat so viel Geld, dass er nicht weiß, was er damit tun soll.

▷ Alice a tant de livres qu'elle n'a plus de place sur son étagère.
Alice hat so viele Bücher, dass sie keinen Platz mehr auf ihrem Regal hat.

1 (= tellement) **so viel**

► **tant de** + nom singulier : so viel + nom

► **tant de** + nom pluriel : so viele + nom

2 ▷ Je n'ai pas le droit de sortir tant que je n'ai pas fait mes devoirs.
Ich darf nicht ausgehen, solange ich meine Hausaufgaben nicht gemacht habe.

2 ► **tant que** (= aussi longtemps que) : solange

3 ▷ Ce n'est pas la peine de venir. – Tant mieux !
Du brauchst nicht zu kommen. – Um so besser!

3 ► **tant mieux** : um so besser

4 ▷ Il est sorti ? Tant pis, je rappellerai plus tard.
Er ist ausgegangen? Das macht nichts, ich rufe später noch einmal an.

4 ► **tant pis** (= ça ne fait rien) : das macht nichts

5 ▷ Elle ne veut pas venir ? Tant pis pour elle !
Sie will nicht kommen? Pech für sie!

5 ► **tant pis pour ...** : Pech für ...

tante

▷ La prof de géo est la tante de Solène.
Die Geografielehrerin ist Solènes Tante.

die **Tante** (pluriel : Tanten)

tantôt

▷ Je vais au cinéma tantôt avec Bénédicte, tantôt avec Samuel.
Ich gehe mal mit Bénédicte, mal mit Samuel ins Kino.

► **tantôt ... tantôt ... :** mal ... mal ...

taper

1 ▷ Tu m'as tapé fort !
Du hast mich aber fest geschlagen!
2 ▷ Il tapait sur un clou avec le marteau.
Er haute mit dem Hammer auf einen Nagel.
3 ▷ Quelqu'un a tapé à la porte.
Jemand hat an der Tür geklopft.
4 ▷ Ma sœur apprend à taper.
Meine Schwester lernt zu tippen.

1 (= frapper) **schlagen** (schlägt, schlug, geschlagen)
2 ► **taper sur** quelque chose **:** auf etwas (accusatif) hauen
3 ► **taper à la porte :** an der Tür klopfen
4 (= écrire sur un clavier) **tippen**

tapis

▷ Soulève le tapis, je dois passer l'aspirateur.
Heb den Teppich hoch, ich muss staubsaugen.

der **Teppich** (pluriel : Teppiche)

tapisser

▷ Nous avons aidé Jean-René à tapisser sa chambre.
Wir haben Jean-René geholfen, sein Zimmer zu tapezieren.

(= couvrir de papier peint) **tapezieren**

ℹ *Les verbes se terminant en* ***-ieren*** *ne prennent pas* ***ge-*** *au participe passé.*

tapisserie

1 ▷ Il y a de la tapisserie jaune sur les murs de la chambre.
Das Schlafzimmer hat eine gelbe Tapete.
2 ▷ Le château possède de superbes tapisseries.
Das Schloss enthält wunderschöne Wandteppiche.

1 (= papier peint) die **Tapete** (pluriel : Tapeten)
2 (= tissu) der **Wandteppich** (pluriel : -teppiche)

taquiner

▷ Romain adore taquiner sa sœur.
Romain liebt es, seine Schwester zu necken.

necken

tard

▻ Je suis arrivée trop tard pour le film.
Ich bin zu spät für den Film gekommen.
▻ Tu pourras le faire plus tard.
Du kannst es später tun.

spät

tarder

▻ Il me tarde de partir en vacances.
Ich kann es kaum erwarten, in die Ferien zu fahren.

► **il me tarde de** + infinitif : ich kann es kaum erwarten, zu + infinitif

tarif

1 ▻ C'est le tarif normal pour les cours particuliers.
Das ist der Normaltarif für Privatunterricht.

2 ▻ Deux billets à tarif réduit, s'il vous plaît.
Zwei Fahrscheine zum ermäßigten Preis, bitte.

3 ▻ Le tarif des boissons est affiché sur la porte du café.
Die Getränkepreisliste hängt an der Tür des Cafés.

1 (= barême) der **Tarif** (pluriel : Tarife)

L'accent tonique est sur la deuxième syllabe.

2 (= prix) der **Preis** (pluriel : Preise)

3 (= liste des prix) die **Preisliste** (pluriel : –listen)

tarte

▻ Ta tarte aux pommes était délicieuse.
Dein Apfelkuchen schmeckte sehr gut.

(= gâteau) der **Kuchen** (pluriel : Kuchen)

tartine

▻ Je voudrais seulement une tartine.
Ich möchte nur ein Butterbrot.
▻ Sabine a mangé trois tartines de confiture.
Sabine hat drei Marmeladenbrote gegessen.

(= pain et beurre) das **Butterbrot** (pluriel : –brote)

► **tartine de confiture :** das Marmeladenbrot

De même : ***das Honigbrot*** (tartine au miel).

tas

1 ▻ Il est à toi, ce tas de livres ?
Gehört dieser Stapel Bücher dir?

2 ▻ Laurent a des tas d'amis.
Laurent hat eine Menge Freunde.

1 (= pile) der **Stapel** (pluriel : Stapel)

2 ► **des tas de** (= beaucoup de) : eine Menge

tasse

▻ Tu veux une tasse de café ?
Möchtest du eine Tasse Kaffee?

die **Tasse** (pluriel : Tassen)

▷ Ces tasses à café sont très jolies.
Diese Kaffeetassen sind sehr hübsch.

► **tasse à café :** die **Kaffeetasse** (pluriel : **-tassen**)

ℹ *De même :* ***die Teetasse*** (tasse à thé).

tasser

▷ J'ai réussi à tasser tous mes vêtements dans la valise.
Ich habe es geschafft, alle meine Kleider in den Koffer zu stopfen.

(= entasser) **stopfen**

tâter

▷ Il faut tâter les melons pour voir s'ils sont mûrs.
Man muss die Melonen befühlen, um zu sehen, ob sie reif sind.

befühlen

ℹ *Les verbes commençant par le préfixe* ***be-*** *ne prennent pas* ***ge-*** *au participe passé.*

tatouage

▷ Myriam s'est fait faire un tatouage sur l'épaule.
Myriam hat sich eine Tätowierung auf die Schulter machen lassen.

die **Tätowierung** (pluriel : **Tätowierungen**)

taureau

▷ Le taureau nous a foncé dessus.
Der Stier ist auf uns losgegangen.

der **Stier** (pluriel : **Stiere**)

taxe

1 ▷ Mon père doit payer la taxe professionnelle.
Mein Vater muss Gewerbesteuer zahlen.

2 ▷ Est-ce que la taxe d'aéroport est incluse dans le prix ?
Ist die Flughafengebühr im Preis inbegriffen?

1 (= impôt) die **Steuer** (pluriel : **Steuern**)

2 (= somme à payer pour un service) die **Gebühr** (pluriel : **Gebühren**)

taxi

▷ Nous prendrons un taxi à la gare.
Am Bahnhof nehmen wir ein Taxi.

das **Taxi** (pluriel : **Taxis**)

te ou t'

1 ▷ Je ne t'entends pas bien.
Ich höre dich nicht gut.
▷ Vas-y, je te suis.
Geh schon, ich folge dir.

2 ▷ Tu dois t'excuser.
Du musst dich entschuldigen.
▷ Tu t'es lavé les mains ?
Hast du dir die Hände gewaschen?

1 En fonction du verbe employé, le complément d'objet direct s'emploie soit à l'accusatif : **dich**, soit au datif : **dir**.

2 Si le verbe réfléchi allemand ne comporte pas de complément direct, il s'emploie à l'accusatif : **dich**. Si le verbe réfléchi comporte un complément direct, il s'emploie au datif : **dir**.

▷ À quelle heure est-ce que tu te lèves ?
Im welche Uhrzeit stehst du auf?

Quand le verbe n'est pas vraiment réfléchi, c'est-à-dire quand il n'y a pas d'action effectuée sur soi, **te** *n'est parfois pas traduit.*

technique

1 ▷ Tout ça est beaucoup trop technique pour moi.
All das ist viel zu technisch für mich.

2 ▷ C'est une nouvelle technique de fabrication.
Das ist eine neue Herstellungstechnik.

1 (adjectif = qui se rapporte aux techniques) **technisch**

2 (= méthode) die **Technik**

tee-shirt

▷ Où est mon tee-shirt jaune ?
Wo ist mein gelbes T-Shirt?

das **T-Shirt** /'ti:ʃɸ:ɐt/
(pluriel : T-Shirts)

Notez la prononciation.

teindre

▷ Charlotte a teint son jean en violet.
Charlotte hat ihre Jeans violett gefärbt.

▷ La professeur de maths se teint les cheveux.
Die Mathelehrerin färbt sich die Haare.

▷ Tu t'es déjà teint les cheveux ?
Hast du dir schon die Haare gefärbt?

färben

► **se teindre les cheveux** : sich die Haare färben

Le pronom personnel allemand s'emploie au datif : ich färbe ***mir*** *die Haare, du färbst* ***dir*** *..., er/sie färbt* ***sich*** *..., wir färben* ***uns*** *..., ihr färbt* ***euch*** *..., sie färben* ***sich*** *....*

teint

▷ Émilie a un joli teint.
Émilie hat einen schönen Teint.

der **Teint**

Se prononce comme en français.

teinturerie

▷ Tu devrais porter ton manteau à la teinturerie.
Du solltest deinen Mantel in die Reinigung bringen.

(= pressing) die **Reinigung**
(pluriel : Reinigungen)

tel, telle

▷ Il y avait un tel bruit dans la classe qu'on n'entendait plus le prof.
Es gab solch einen Lärm in der Klasse, dass man den Lehrer nicht mehr hörte.

► **un tel, une telle** + nom : solch einen (pour le masculin et le neutre) *ou* solch eine (pour le féminin) + nom

télé

1 ▷ La télé ne marche pas bien.
Der Fernseher geht nicht richtig.

1 (= appareil) der **Fernseher**
(pluriel : Fernseher)

2 ▻ Qu'est-ce qu'il y a à la télé ce soir ?
Was gibt es heute Abend im Fernsehen?

2 ► à la télé : im Fernsehen

télécarte

▻ Tu peux me prêter ta télécarte ?
Kannst du mir deine Telefonkarte leihen?

die Telefonkarte (pluriel : -karten)

télécommande

▻ Où est la télécommande du magnétoscope ?
Wo ist die Fernbedienung des Videogeräts?

die Fernbedienung (pluriel : -bedienungen)

télécommandé, télécommandée

▻ Nous avons joué avec des bateaux télécommandés.
Wir haben mit ferngesteuerten Booten gespielt.

ferngesteuert

téléfilm

▻ Vous avez regardé le téléfilm hier soir ?
Habt ihr den Fernsehfilm gestern Abend gesehen?

der Fernsehfilm (pluriel : -filme)

téléguidé, téléguidée

▻ Sébastien a eu une voiture téléguidée pour son anniversaire.
Sébastien hat ein ferngesteuertes Auto zum Geburtstag bekommen.

ferngesteuert

téléphérique

▻ Nous avons pris le téléphérique pour aller jusqu'au château.
Wir haben die Seilbahn bis zum Schloss genommen.

die Seilbahn (pluriel : -bahnen)

téléphone

▻ Le téléphone sonne !
Das Telefon klingelt!

▻ Jean est au téléphone.
Jean ist am Telefon.

▻ Je te passerai un coup de téléphone ce soir.
Ich rufe dich heute Abend an.

▻ Passe-moi un coup de téléphone demain.
Ruf mich morgen an.

das Telefon (pluriel : Telefone)

► au téléphone : am Telefon

► passer un coup de téléphone à quelqu'un : jemanden (accusatif) anrufen

ℹ *an•rufen est un verbe à particule séparable.*

▷ J'ai reçu un coup de téléphone de Marc.
Ich habe einen Anruf von Marc erhalten.

► **recevoir un coup de téléphone :** einen Anruf erhalten

ℹ *Les verbes commençant par le préfixe er- ne prennent pas ge- au participe passé.*

▷ Les téléphones portables sont très pratiques.
Handys sind sehr praktisch.

▷ On m'a volé mon téléphone portable.
Man hat mir mein Handy gestohlen.

► **téléphone portable** *ou* **téléphone mobile :** das Handy /'hɛndi/ (pluriel : Handys)

Notez la prononciation.

ℹ *Une traduction plus formelle est das Mobiltelefon.*

téléphoner

▷ Elsa m'a téléphoné pour m'inviter à sa soirée.
Elsa hat mich angerufen, um mich zu ihrer Party einzuladen.

► **téléphoner à** quelqu'un **:** jemanden (accusatif) anrufen

ℹ *an•rufen est un verbe à particule séparable.*

télésiège

▷ Nous avons attendu vingt minutes aux télésièges.
Wir haben zwanzig Minuten am Sessellift gewartet.

der **Sessellift** (pluriel : -lifte)

ℹ *Attention à l'orthographe.*

téléviseur

▷ Notre téléviseur est cassé.
Unser Fernseher ist kaputt.

der **Fernseher** (pluriel : Fernseher)

télévision

1 ▷ Mes parents ont acheté une nouvelle télévision.
Meine Eltern haben einen neuen Fernseher gekauft.

1 (= appareil) der **Fernseher** (pluriel : Fernseher)

2 ▷ Elle est passée à la télévision.
Sie war im Fernsehen.

▷ Cécile regarde très peu la télévision.
Cécile sieht selten fern.

2 ► **à la télévision :** im Fernsehen

► **regarder la télévision :** fernsehen

ℹ *fern•sehen est un verbe à particule séparable et se conjugue comme sehen (sieht, sah, gesehen).*

▷ Les Réno ont la télévision par câble.
Rénos haben Kabelfernsehen.

▷ Ils n'ont pas la télévision par satellite.
Sie haben kein Satellitenfernsehen.

► **télévision par câble :** das Kabelfernsehen

► **télévision par satellite :** das Satellitenfernsehen

tellement

1 ▷ Il a tellement plu que la rivière a débordé.
Es hat so sehr geregnet, dass der Fluss über das Ufer getreten ist.

1 (avec un verbe) so sehr

2 ▷ Ton chat est tellement mignon !
Deine Katze ist so süß!

2 (avec un adjectif ou un adverbe) so

3 ▷ Rémi a tellement de travail qu'il ne sort plus le week-end.
Rémi hat so viel Arbeit, dass er am Wochenende nicht mehr ausgeht.

3 ► **tellement de** + nom singulier : so viel + nom

▷ Coralie a tellement de chaussures qu'elle ne sait pas où les mettre.
Coralie hat so viele Schuhe, dass sie nicht weiß, wo sie sie unterbringen kann.

► **tellement de** + nom pluriel : so viele + nom

4 ▷ Tu aimes l'agneau ? – Pas tellement.
Magst du Lamm? – Nicht besonders.

4 ► **pas tellement :** nicht besonders

témoin

▷ La police a interrogé les témoins.
Die Polizei hat die Zeugen verhört.

der Zeuge (pluriel : Zeugen), die Zeugin (pluriel : Zeuginnen)

température

1 ▷ Les températures sont basses pour la saison.
Die Temperaturen sind niedrig für die Jahreszeit.

1 (= degré de chaleur) die Temperatur (pluriel : Temperaturen)

2 ▷ Thomas est au lit, il a de la température.
Thomas ist im Bett, er hat Fieber.

2 ► **avoir de la température :** Fieber haben

tempête

▷ Le bateau a été pris dans une tempête.
Das Schiff kam in einen Sturm.

der Sturm (pluriel : Stürme)

▷ Tu as vu la tempête de neige hier ?
Hast du den Schneesturm gestern gesehen?

► **tempête de neige :** der Schneesturm

temple

1 ▷ Nous avons visité des temples en Grèce.
In Griechenland haben wir Tempel besichtigt.

1 (de l'antiquité) der Tempel (pluriel : Tempel)

2 ▷ Alain va au temple le dimanche.
Alain geht sonntags in die Kirche.

2 (= église protestante) die Kirche

temporaire

▷ C'est une solution temporaire.
Es ist eine vorübergehende Lösung.

vorübergehend

temps

1 ▷ Je n'ai pas eu le temps de faire tous les exercices.
Ich habe keine Zeit gehabt, alle Übungen zu machen.

▷ Samir met beaucoup de temps à se préparer.
Samir braucht viel Zeit, um sich vorzubereiten.

▷ Laura a beaucoup de temps libre.
Laura hat viel freie Zeit.

▷ De temps en temps, j'aide mon père dans le jardin.
Von Zeit zu Zeit helfe ich meinem Vater im Garten.

1 ► **le temps** (= durée) **: die Zeit**

► **mettre du temps à** + infinitif **:**
Zeit brauchen, um zu + infinitif

► **temps libre : freie Zeit**

► **de temps en temps : von Zeit zu Zeit**

ℹ *On dit aussi* ***ab und zu.***

2 ▷ Nous sommes arrivés juste à temps.
Wir sind gerade rechtzeitig gekommen.

2 ► **à temps : rechtzeitig**

3 ▷ Ne m'interromps pas tout le temps !
Unterbrich mich nicht dauernd!

3 ► **tout le temps : dauernd**

4 ▷ Le temps est superbe.
Das Wetter ist herrlich.

▷ Quel temps fait-il en Allemagne ?
Wie ist das Wetter in Deutschland?

4 ► **le temps** (= la météo) **: das Wetter**

ℹ *Pour demander* **le temps qu'il fait,** *en allemand on dit* ***wie ist das Wetter?***

tendance

▷ Elle a tendance à vouloir avoir raison tout le temps.
Sie neigt dazu, dauernd Recht haben zu wollen.

► **avoir tendance à** + infinitif **:**
dazu neigen, zu + infinitif

tendre

1 ▷ Ma mère est très tendre.
Meine Mutter ist sehr zärtlich.

1 (adjectif, en parlant d'une personne) **zärtlich**

2 ▷ Qu'est-ce que ce steak est tendre !
Das Steak ist ja so zart!

2 (adjectif, en parlant de la peau, de la viande) **zart**

3 ▷ Tu devrais tendre la corde un peu plus.
Du solltest den Strick etwas mehr spannen.

3 ► **tendre** quelque chose (= étirer) **: spannen**

4 ▷ Je lui tends la main et lui il m'ignore !
Ich halte ihm die Hand hin und er ignoriert mich!

4 ► **tendre** quelque chose **à** quelqu'un **:** jemandem (datif) **etwas hinhalten**

ℹ ***hin•halten*** *est un verbe à particule séparable et se conjugue comme* ***halten*** *(hält, hielt, gehalten).*

5 ▷ Ils m'ont tendu un piège.
Sie haben mir eine Falle gestellt.

5 ► **tendre un piège à** quelqu'un **:** jemandem (datif) **eine Falle stellen**

tendu, tendue

1 ▷ Comment tu fais pour ne pas être tendu avant les interros ?
Wie machst du es, vor den Klassenarbeiten nicht angespannt zu sein?

1 (= stressé) **angespannt**

2 ▷ La corde n'est pas assez tendue.
Der Strick ist nicht genug gespannt.

2 (= étiré) **gespannt**

tenir

1 ▷ Est-ce que tu pourrais me tenir ça, s'il te plaît ?
Kannst du mir bitte das hier halten?

1 (= agripper) **halten** (hält, hielt, gehalten)

2 ▷ Ce nœud ne tiendra pas, il est trop lâche.
Dieser Knoten wird nicht halten, er ist zu locker.

2 (= être solide) **halten**

3 ▷ Est-ce qu'on tiendra tous dans la voiture ?
Haben wir alle im Auto Platz?

3 ► **tenir dans** (= être contenu) **:** in + datif + Platz haben

4 ▷ Les parents de Corentin tiennent un café.
Corentins Eltern führen ein Café.

4 (= être gérant de) **führen**

5 ▷ Marion tient beaucoup à son chat.
Marion hängt sehr an ihrer Katze.

5 ► **tenir à** (= aimer) **:** an + datif + hängen (hing, gehangen)

ℹ *Dans sa forme intransitive, **hängen** est irrégulier.*

6 ▷ Tiens-toi à la rampe, ça glisse.
Halt dich am Geländer fest, es ist glatt.
▷ Nadine se tenait à moi pour ne pas tomber.
Nadine hielt sich an mir fest, um nicht zu fallen.
▷ Quand l'échelle est tombée, j'ai réussi à me tenir à la branche.
Als die Leiter gefallen ist, habe ich es geschafft, mich am Ast fest zuhalten.

6 ► **se tenir à** (= s'agripper à) **:** sich an + datif + festhalten

ℹ ***fest•halten** est un verbe à particule séparable et se conjugue comme **halten** (hält, hielt, gehalten).*

ℹ *Le pronom personnel allemand s'emploie à l'accusatif : ich halte **mich** fest, du hältst **dich** fest, er/sie hält **sich** fest, wir halten **uns** fest, ihr haltet **euch** fest, sie halten **sich** fest.*

7 ▷ Tiens-toi droit !
Steh gerade!

7 ► **se tenir** (debout) **:** stehen (stand, gestanden)

8 ▷ Ils se tenaient par la main.
Sie hielten Händchen.

8 ► **se tenir par la main :** Händchen halten

9 ▷ La réunion se tiendra dans la salle de sport.
Die Versammlung findet in der Sporthalle statt.

9 ► **se tenir** (= avoir lieu) **:** stattfinden

ℹ ***statt•finden** est un verbe à particule séparable et se conjugue comme **finden** (fand, gefunden).*

tennis

1 ▷ Le tennis est un sport fatigant.
Tennis ist ein anstrengender Sport.

1 ► **le tennis** (= sport) **:** das Tennis

▷ Après le tennis, je rentre à la maison.
Nach dem Tennis gehe ich nach Hause.
▷ Tu veux jouer au tennis avec moi ?
Willst du mit mir Tennis spielen?
2 ▷ Chloé a de super tennis rouges.
Chloé hat tolle rote Turnschuhe.

Quand on parle du sport en général, l'article n'est pas employé.

► **jouer au tennis :** Tennis spielen

2 ► **des tennis** (= chaussures) **:** die Turnschuhe

tennisman, tenniswoman

▷ David veut devenir tennisman.
David will Tennisspieler werden.

der **Tennisspieler** (pluriel : –spieler), die **Tennisspielerin** (pluriel : –spielerinnen)

tension

▷ Mon grand-père prend des cachets pour ses problèmes de tension.
Mein Großvater nimmt Pillen für seine Blutdruckprobleme.
▷ Ma mère a de la tension.
Meine Mutter hat zu hohen Blutdruck.
▷ Le médecin m'a pris la tension.
Der Arzt hat meinen Blutdruck gemessen.

(= pression du sang dans les veines) der **Blutdruck**

► **avoir de la tension** *ou* **faire de la tension :** zu hohen Blutdruck haben

► **prendre la tension :** den Blutdruck messen (misst, maß, gemessen)

tentant, tentante

▷ C'est très tentant !
Das ist sehr verlockend!

verlockend

tente

▷ Nous avons une tente pour trois personnes.
Wir haben ein Zelt für drei Personen.

das **Zelt** (pluriel : Zelte)

tenter

1 ▷ Sylvie va tenter de battre le record.
Sylvie wird versuchen, den Rekord zu brechen.
2 ▷ Je suis toujours tentée par le chocolat !
Ich werde von Schokolade immer in Versuchung geführt!

1 ► **tenter de** + infinitif **:** versuchen, zu + infinitif

2 (= attirer) **in Versuchung führen**

tenue

1 ▷ Isa porte une tenue différente chaque jour.
Isa trägt jeden Tag andere Kleidung.
2 ▷ Le professeur donne une note pour la tenue en classe.
Der Lehrer gibt eine Note für das Benehmen in der Klasse.

1 (= habits) die **Kleidung**

2 (= conduite) das **Benehmen**

terme

▷ Je sais qu'il y a un terme pour ça, mais je ne le trouve plus.
Ich weiß, dass es dafür ein Wort gibt, aber ich finde es nicht mehr.

(= mot) das **Wort** (pluriel : Wörter)

terminer

1 ▷ Viens quand tu auras terminé tes devoirs.
Komm, wenn du deine Hausaufgaben erledigt hast.

2 ▷ Le film se termine à minuit.
Der Film ist um Mitternacht zu Ende.

1 ► **terminer** quelque chose (= le finir) : etwas (accusatif) erledigen

2 ► **se terminer** : zu Ende sein

terminus

1 ▷ Je descends au terminus.
Ich steige an der Endstation aus.

2 ▷ On va jusqu'au terminus et on change.
Wir fahren bis zur Endhaltestelle und steigen um.

1 (pour le métro, le tram) die **Endstation** (pluriel : -stationen)

2 (pour le bus) die **Endhaltestelle** (pluriel : -haltestellen)

terrain

1 ▷ La maison est située sur un grand terrain.
Das Haus steht auf einem großen Grundstück.

2 ▷ Le terrain de camping est juste derrière les courts de tennis.
Der Campingplatz ist gleich hinter den Tennisplätzen.
▷ On se retrouve sur le terrain de golf.
Wir treffen uns auf dem Golfplatz.
▷ Nous avons fait trois fois le tour du terrain de rugby.
Wir sind dreimal um das Rugbyfeld gelaufen.

3 ▷ Il y a un terrain de handball dans le gymnase.
In der Sporthalle gibt es ein Handballfeld.
▷ Le terrain de jeu n'est pas très grand.
Das Spielfeld ist nicht sehr groß.

1 (= parcelle de terre) das **Grundstück** (pluriel : Grundstücke)

2 Quand **terrain** désigne un espace réservé à une activité à l'air libre, on forme des mots composés avec **Platz** : der Fußballplatz (**terrain de foot**), der Sportplatz (**terrain de sport**), etc.

ℹ *L'exception est* **terrain de rugby**, *qu'on traduit par* ***das Rugbyfeld*** (pluriel : -felder).

3 Quand **terrain** désigne un espace réservé à une activité à l'intérieur, on forme des mots composés avec **Feld** : das Basketballfeld (**terrain de basket**), das Volleyballfeld (**terrain de volley**).

terrasse

▷ Nous avons fait un barbecue sur la terrasse.
Wir haben auf der Terrasse gegrillt.

die **Terrasse** (pluriel : Terrassen)

terre

1 ▷ La Terre tourne autour du Soleil.
Die Erde dreht sich um die Sonne.

2 ▷ Ici, la terre est bonne pour la culture des céréales.
Hier eignet sich der Boden gut für den Getreideanbau.

3 ▷ Ils ont vu la terre après cinquante jours en mer.
Nach fünfzig Tagen auf der See haben sie Land gesichtet.

4 ▷ Je ne veux pas m'asseoir par terre, c'est mouillé.
Ich will mich nicht auf den Boden setzen, es ist nass.

5 ▷ Ta serviette est par terre.
Deine Serviette liegt auf dem Boden.

1 ► **la Terre :** die Erde

2 (= sol) der **Boden**
(pluriel : Böden)

3 (par opposition à mer) **Land**
ℹ *Notez que, dans ce sens, **Land** ne prend pas d'article.*

4 Quand le verbe indique un mouvement ou un déplacement, par terre se traduit par **auf den Boden**.

5 Quand le verbe indique une position, par terre se traduit par **auf dem Boden**.

terrible

1 ▷ La tempête était terrible.
Der Sturm war furchtbar.

2 ▷ Son dernier film n'est pas terrible.
Sein letzter Film ist nicht besonders.

1 (= horrible) **furchtbar**

2 ► **pas terrible** (= pas très bon) **:** nicht besonders

terroriste

▷ Des terroristes ont fait sauter la mairie.
Terroristen ließen das Rathaus hochgehen.

der **Terrorist** (pluriel : Terroristen), die **Terroristin**
(pluriel : Terroristinnen)

tes

▷ N'oublie pas tes chaussures de marche.
Vergiss deine Wanderschuhe nicht.

deine

test

▷ On a passé des tests aujourd'hui.
Wir haben heute Tests gemacht.

▷ Est-ce que tu as réussi le test ?
Hast du den Test bestanden?

der **Test** (pluriel : Tests ou Teste)
► **passer un test :** einen Test machen
► **réussir un test :** einen Test bestehen (bestand, bestanden)
ℹ *Les verbes commençant par le préfixe **be-** ne prennent pas **ge-** au participe passé.*

têtard

▷ Nous avons sorti plein de têtards de la mare.
Wir haben eine Menge Kaulquappen aus dem Teich gefischt.

die **Kaulquappe** (pluriel : Kaulquappen)

tête

1 ▷ Je me suis cogné la tête.
Ich habe mir den Kopf gestoßen.
▷ J'ai mal à la tête.
Ich habe Kopfschmerzen.

1 (= partie du corps) der **Kopf** (pluriel : Köpfe)
► **avoir mal à la tête :** Kopfschmerzen haben

2 ▷ J'aime bien la tête de cet acteur.
Ich mag das Gesicht dieses Schauspielers gern.

2 (= visage, expression) das **Gesicht** (pluriel : Gesichter)

3 ▷ Arrête de faire la tête !
Hör auf zu schmollen!

3 ► **faire la tête :** schmollen

4 ▷ Jeanne est une vraie tête de mule.
Jeanne ist ein richtiger Starrkopf.

4 ► **tête de mule :** der Starrkopf
ℹ *On dit aussi* ***der Dickkopf****.*

5 ▷ Cédric est tête en l'air, il oublie toujours quelque chose.
Cédric ist schusselig, er vergisst dauernd etwas.

5 ► **être tête en l'air :** schusselig sein

6 ▷ L'équipe du collège est en tête.
Die Schulmannschaft liegt in Führung.

6 ► **être en tête** (dans un classement) **:** in Führung liegen (lag, gelegen)

7 ▷ Mon père et moi avons déjeuné en tête à tête.
Mein Vater und ich haben zu zweit zu Mittag gegessen.
▷ Est-ce que nous pourrions parler en tête à tête ?
Könnten wir unter vier Augen reden?

7 ► **en tête à tête** (dîner, se promener) **:** zu zweit
ℹ *Quand on parle ou discute avec quelqu'un* **en tête à tête**, *on traduit par* ***unter vier Augen****.*

8 ▷ Notre wagon est en tête de train.
Unser Wagen ist an der Zugspitze.

8 ► **tête de train :** die Zugspitze

têtu, têtue

▷ Tu es vraiment têtu !
Du bist wirklich stur!

stur

texte

▷ Nous étudions un texte de Jean Anouilh.
Wir studieren einen Text von Jean Anouilh.
▷ Elle lit l'espagnol dans le texte.
Sie liest Spanisch im Urtext.

der **Text** (pluriel : Texte)
► **dans le texte** (= dans la langue d'origine) **:** im Urtext
ℹ *On dit aussi* ***im Original****.*

texto

▷ Manu m'a encore envoyé un texto.
Manu hat mir schon wieder eine SMS geschickt.

die **SMS**

T.G.V.

▷ Nous partons à Toulouse en T.G.V.
Wir fahren mit dem Hochgeschwindigkeitszug nach Toulouse.

▷ C'est tellement plus agréable de voyager en T.G.V. !
Es ist so angenehmer, mit dem Hochgeschwindigkeitszug zu fahren!

der **Hochgeschwindigkeitszug** (pluriel : –züge)

*Décomposez le mot : **hoch*** (grand, élevé) + ***Geschwindigkeit*** (vitesse) + ***Zug*** (train).

L'équivalent du T.G.V. en Allemagne est le ICE (Intercity-Express).

thé

▷ Tu voudrais une tasse de thé ?
Möchtest du eine Tasse Tee?

▷ Le matin je prends du thé au lait.
Morgens trinke ich Tee mit Milch.

▷ Je préfère le thé nature.
Ich mag Tee ohne alles lieber.

der **Tee** (pluriel : Tees)

► **thé au lait :** Tee mit Milch

De même : thé au citron = ***Tee mit Zitrone.***

► **thé nature :** Tee ohne alles

théâtre

▷ Vendredi, nous irons au théâtre avec l'école.
Am Freitag gehen wir mit der Schule ins Theater.

das **Theater** (pluriel : Theater)

Attention à l'orthographe du mot allemand.

théière

▷ J'ai vu une très jolie théière dans la vitrine.
Ich habe eine sehr schöne Teekanne im Schaufenster gesehen.

die **Teekanne** (pluriel : –kannen)

thème

▷ Quel est le thème de ce livre ?
Was ist das Thema dieses Buchs?

(= sujet) das **Thema** (pluriel : Themen)

thermomètre

▷ Où as-tu mis le thermomètre ?
Wo hast du das Thermometer hingelegt?

das **Thermometer** (pluriel : Thermometer)

thermos®

▷ On remplira le thermos de café.
Wir füllen die Thermosflasche mit Kaffee.

die **Thermosflasche®** (pluriel : –flaschen)

Le symbole ® indique que le mot est un nom de marque. Vous ne devez pas l'écrire.

thon

▷ Est-ce que tu aimes le thon ?
Magst du Thunfisch?

der **Thunfisch**
(pluriel : Thunfische)

Quand on parle du plat cuisiné, on n'emploie pas l'article.

thym

▷ Dans notre jardin, il y a du thym et du persil.
In unserem Garten wachsen Thymian und Petersilie.

der **Thymian**

N'oubliez pas que le y allemand se prononce **u**.

tic

▷ Le prof d'histoire a un tic : il se frotte tout le temps le menton.
Der Geschichtslehrer hat einen nervösen Tick: Er reibt sich dauernd das Kinn.

der **nervöse Tick**
(pluriel : nervöse Ticks)

ticket

1 ▷ Achète un carnet de dix tickets.
Kauf einen Block mit zehn Fahrscheinen.

2 ▷ Tu as gardé le ticket de caisse ?
Hast du den Kassenzettel behalten?

1 (de bus, de métro) der **Fahrschein** (pluriel : -scheine)

2 ► **ticket de caisse :** der Kassenzettel (pluriel : -zettel)

tiède

1 ▷ Il y a un bon vent tiède.
Es weht ein schöner, lauer Wind.

2 ▷ Je déteste la soupe tiède.
Ich hasse lauwarme Suppe.

1 (en parlant du temps, du vent) **lau**

2 (en parlant d'un liquide, d'un repas) **lauwarm**

tien, tienne

▷ Mes parents sont plus jeunes que les tiens.
Meine Eltern sind jünger als deine.

▷ Son parapluie est cassé, tu peux lui prêter le tien ?
Sein Regenschirm ist kaputt, kannst du ihm deinen leihen?

En fonction du genre du sujet en question, on traduit par **dein** (pour le masculin et le neutre) *ou* **deine** (pour le féminin et le pluriel).

tiers

▷ Je n'ai écrit qu'un tiers de ma rédaction.
Ich habe nur ein Drittel meines Aufsatzes geschrieben.

▷ Les deux tiers des élèves sont partis.
Zwei Drittel der Schüler sind gegangen.

(= fraction) das **Drittel**
(pluriel : Drittel)

► **les deux tiers de :** zwei Drittel + génitif

tige

▷ Raccourcis les tiges avant de mettre les fleurs dans l'eau.
Kürze die Stiele, bevor du die Blumen ins Wasser stellst.

der **Stiel** (pluriel : Stiele)

tigre

▷ Il y avait des tigres au cirque.
Im Zirkus gab es Tiger.

der **Tiger** (pluriel : Tiger)

ℹ Tigresse *se dit* ***die Tigerin***.

timbre

▷ Combien coûte un timbre pour la Russie ?
Wieviel kostet eine Briefmarke nach Russland?

(pour le courrier) die **Briefmarke** (pluriel : Briefmarken)

timide

▷ Anna est très timide.
Anna ist sehr schüchtern.

schüchtern

tire-bouchon

▷ Tu as vu le tire-bouchon ?
Hast du den Korkenzieher gesehen?

der **Korkenzieher** (pluriel : Korkenzieher)

tirelire

▷ Adam a plus de cent euros dans sa tirelire.
Adam hat über hundert Euro in seiner Sparbüchse.

die **Sparbüchse** /ˈʃpa:rbyksə/ (pluriel : -büchsen)

ℹ *Quand la tirelire est en forme de cochon, on dit* ***das Sparschwein*** (pluriel : -schweine).

tirer

1 ▷ Il faut une voiture puissante pour tirer une caravane.
Man braucht ein starkes Auto, um einen Wohnwagen zu ziehen.
▷ Arrête de tirer sur ce fil !
Hör auf, an diesem Faden zu ziehen!

1 ► **tirer** quelque chose (= l'amener vers soi, le remorquer) : ziehen (zog, gezogen)

► **tirer sur** quelque chose : an etwas (datif) ziehen

2 ▷ Va tirer les rideaux, s'il te plaît.
Zieh bitte die Vorhänge auf *ou*
Zieh bitte die Vorhänge zu.
▷ Les voilages sont tirés.
Die Gardinen sind aufgezogen *ou*
Die Gardinen sind zugezogen.

2 Lorsqu'on tire les rideaux pour les ouvrir, on traduit par **aufziehen**. Lorsqu'on les ferme, on traduit par **zuziehen**.

ℹ ***auf•ziehen*** *et* ***zu•ziehen*** *sont des verbes à particule séparable et se conjuguent comme* ***ziehen***.

3 ▷ Maintenant, je vais tirer un numéro au hasard.
Und jetzt ziehe ich eine beliebige Nummer.

3 ► **tirer un numéro** : eine Nummer ziehen

4 ▷ Les policiers ont tiré sur les fugitifs.
Die Polizisten haben auf die Flüchtlinge geschossen.

4 ► **tirer sur** quelqu'un (avec une arme) : auf jemanden (accusatif) schießen (schoss, geschossen)

5 ▷ Natacha a tiré à côté du but.
Natacha hat neben das Tor geschossen.

5 ► **tirer** (au foot, au hand-ball, etc.) : schießen (schoss, geschossen)

6 ▷ Son histoire est complètement tirée par les cheveux.
Seine Geschichte ist völlig an den Haaren herbeigezogen.

6 ► **tiré par les cheveux :** an den Haaren herbeigezogen

tiroir

▷ Mon tiroir de bureau ne ferme plus.
Meine Schreibtischschublade geht nicht mehr zu.

die **Schublade** (pluriel : Schubladen)

tisane

▷ Tu veux une tisane avant d'aller au lit ?
Möchtest du einen Kräutertee, bevor du ins Bett gehst?

der **Kräutertee** (pluriel : -tees)

tissu

▷ C'est un tissu très léger.
Es ist sehr dünner Stoff.

der **Stoff** (pluriel : Stoffe)

titre

▷ J'ai oublié le titre du film.
Ich habe den Filmtitel vergessen.

der **Titel** (pluriel : Titel)

toboggan

▷ Tu es trop grand pour aller sur ce toboggan.
Du bist zu groß für diese Rutschbahn.
▷ Ma petite sœur adore faire du toboggan.
Meine kleine Schwester liebt es, Rutschbahn zu fahren.

die **Rutschbahn** (pluriel : -bahnen)
► **faire du toboggan :** Rutschbahn fahren (fährt, fuhr, gefahren)

toi

1 ▷ J'ai un cadeau pour toi.
Ich habe ein Geschenk für dich.
▷ Est-ce que cette lettre est de toi ?
Stammt dieser Brief von dir?

1 Quand **toi** suit une préposition, on traduit par **dich** ou **dir**, en fonction de la préposition : mit + datif, für + accusatif, auf + datif ou accusatif (avec verbe de mouvement), etc.

2 ▷ Qui veut du gâteau ? Toi ?
Wer will Kuchen haben? Du?
▷ Toi, tu n'as pas prononcé un mot de la soirée.
Du hast den ganzen Abend kein Wort gesprochen.

2 Quand **toi** est sujet, il se traduit par **du**.

ℹ *Quand* **toi** *sert à insister, on met l'accent sur* ***du***.

3 ▷ Achète-toi quelque chose si tu veux.
Kauf dir etwas, wenn du willst.
▷ Calme-toi, ce n'est pas si grave.
Beruhige dich, es ist nicht so schlimm.

3 Quand **toi** fait partie d'un verbe pronominal, il est traduit soit par **dir** (datif) ou par **dich** (accusatif), en fonction de la construction du verbe allemand.

toile

1 ▷ Cette toile est facile à laver.
Dieser Stoff wäscht sich gut.
▷ Ma mère a un couvre-lit en toile de lin.
Meine Mutter hat eine Tagesdecke aus Leinenstoff.

1 (= tissu) der **Stoff**
(pluriel : Stoffe)

Pour préciser de quel genre de toile il s'agit, on forme des mots composés avec ***Stoff : der Baumwollstoff*** **(toile de coton),** ***der Seidenstoff*** **(toile de soie),** *etc.*

2 ▷ L'araignée a pris une mouche dans sa toile.
Die Spinne hat eine Fliege in ihrem Netz gefangen.
▷ Le grenier est plein de toiles d'araignées.
Der Speicher ist voller Spinnennetze.

2 (d'une araignée) das **Netz**
(pluriel : Netze)

► **toile d'araignée :** das Spinnennetz

toilette

1 ▷ Où sont les toilettes, s'il vous plaît ?
Wo ist die Toilette, bitte?
▷ Je ne trouve pas les toilettes.
Ich finde die Toilette nicht.

1 ► **les toilettes** (= les W.-C.) **:** die Toilette /toa'lɛtə/

Notez la prononciation.

Le pluriel français est traduit par un singulier en allemand.

▷ Elle est allée aux toilettes.
Sie ist auf die Toilette gegangen.

► **aller aux toilettes :** auf die Toilette gehen (ging, gegangen)

2 ▷ Où est le rayon des produits de toilette ?
Wo ist die Abteilung für Toilettenartikel?

2 ► **produits de toilette :** die Toilettenartikel

3 ▷ Je fais ma toilette avant d'aller au lit.
Ich wasche mich, bevor ich schlafen gehe.
▷ Mon père fait sa toilette le matin.
Mein Vater wäscht sich morgens.
▷ Allez faire votre toilette !
Geht euch waschen!

3 ► **faire sa toilette :** sich waschen (wäscht, wusch, gewaschen)

Le pronom personnel allemand s'emploie à l'accusatif : ich wasche ***mich****, du wäschst* ***dich****, er/sie wäscht* ***sich****, wir waschen* ***uns****, ihr wascht* ***euch****, sie waschen* ***sich****.*

toi-même

▷ Tu me l'as dit toi-même !
Du selbst hast es mir gesagt!

(= personnellement) **du selbst**

toit

▷ Il manque des tuiles sur le toit.
Auf dem Dach fehlen Ziegel.

das **Dach** (pluriel : Dächer)

tolérant, tolérante

▷ Arrête de critiquer les gens, sois un peu tolérant !
Hör auf, die Leute zu kritisieren, sei doch ein bisschen tolerant!

tolerant /tole'rant/

Notez la prononciation.

tomate

▷ Achète des tomates bien mûres.
Kauf schön reife Tomaten.

die **Tomate** (pluriel : Tomaten)

tombe, tombeau

▷ Une fois par mois, ma mère nettoie la tombe de mon grand-père.
Einmal im Monat reinigt meine Mutter das Grab meines Großvaters.

das **Grab** (pluriel : Gräber)

tomber

1 ▷ Fais attention de ne pas tomber !
Pass auf, dass du nicht fällst!
▷ Lucille est tombée de cheval.
Lucille ist vom Pferd gefallen.

1 (= chuter) **fallen** (fällt, fiel, gefallen)

Notez la préposition employée en allemand : tomber **de** quelque chose = ***von*** + datif + ***fallen***

2 ▷ Le chien a fait tomber mon frère.
Der Hund hat meinen Bruder zu Fall gebracht.

2 ► **faire tomber** quelqu'un (en le bousculant) **:** jemanden (accusatif) **zu Fall bringen** (brachte, gebracht)

3 ▷ En ce moment, elle fait tout tomber.
Im Moment lässt sie alles fallen.

3 ► **faire tomber** quelque chose *ou* **laisser tomber** quelque chose (= le lâcher) **:** etwas **fallen lassen** (lässt, ließ, gelassen)

4 ▷ La nuit tombe, nous devrions rentrer.
Es wird dunkel, wir sollten nach Hause gehen.

4 ► **la nuit tombe : es wird dunkel**

5 ▷ Je suis tombée sur Benoît en sortant du restaurant.
Ich habe Benoît zufällig getroffen, als ich aus dem Restaurant kam.

5 ► **tomber sur** quelqu'un (= le rencontrer par hasard) **:** jemanden (accusatif) **zufällig treffen** (trifft, traf, getroffen)

6 ▷ Serge est tombé sur une photo de ses parents en Afrique.
Serge ist auf ein Foto von seinen Eltern in Afrika gestoßen.

6 ► **tomber sur** quelque chose (= le trouver par hasard) **: auf** etwas (accusatif) **stoßen** (stößt, stieß, gestoßen)

tombola

▷ L'école a organisé une tombola.
Die Schule hat eine Tombola veranstaltet.

die **Tombola** (pluriel : Tombolas *ou* Tombolen)

tome

▻ Tu as déjà lu le troisième tome ? C'est le meilleur.
Hast du den dritten Band schon gelesen? Er ist der Beste.

der **Band** (pluriel : Bände)

Attention : ne confondez pas avec ***das Band*** (pluriel : ***Bänder***) = **ruban**, ou avec ***die Band*** (pluriel : ***Bands***) = **groupe de musique.**

ton

▻ Est-ce que ton frère vient aussi ?
Kommt dein Bruder auch?

▻ Je suis contente que tu aies réussi ton examen.
Ich bin froh, dass du deine Prüfung bestanden hast.

En allemand, l'adjectif possessif varie en fonction du genre de la chose possédée : on traduit par **dein** (pour le masculin et le neutre) ou **deine** (pour le féminin).

tondeuse

▻ La tondeuse ne veut pas démarrer.
Der Rasenmäher will nicht anspringen.

der **Rasenmäher** (pluriel : –mäher)

tondre

1 ▻ Notre voisin tond sa pelouse tous les samedis.
Unser Nachbar mäht jeden Samstag seinen Rasen.

2 ▻ Thierry s'est fait tondre les cheveux.
Thierry hat sich die Haare scheren lassen.

1 (= couper, en parlant de la pelouse) **mähen**

2 (en parlant de cheveux, de moutons) **scheren**

tong

▻ Je prends des tongs pour la plage.
Ich nehme Strandsandalen an den Strand mit.

die **Strandsandale** (pluriel : –sandalen)

i ***Strand*** = plage.

tonne

1 ▻ Mon oncle a commandé trois tonnes de terre pour son jardin.
Mein Onkel hat drei Tonnen Erde für seinen Garten bestellt.

2 ▻ J'ai des tonnes de travail à faire.
Ich habe massenweise Arbeit zu tun.

1 (= mesure de poids) die **Tonne** (pluriel : Tonnen)

2 ► **des tonnes de** (= beaucoup de) **:** massenweise + nom

tonnerre

▻ Tu as entendu le tonnerre hier soir ?
Hast du den Donner gestern Abend gehört?

▻ Il y a eu un énorme coup de tonnerre.
Es gab einen riesigen Donnerschlag.

der **Donner**

► **coup de tonnerre :** der Donnerschlag (pluriel : –schläge)

torche

1 ▷ La grotte était éclairée par des torches.
Die Höhle wurde von Fackeln erhellt.

2 ▷ Prends la torche électrique, il fait noir dehors.
Nimm die Taschenlampe, es ist dunkel draußen.

1 (= flambeau) die **Fackel** (pluriel : Fackeln)

2 ► **torche électrique :** die Taschenlampe (pluriel : -lampen)

torchon

▷ Tu peux aller me chercher un torchon, s'il te plaît ?
Kannst du mir bitte ein Geschirrtuch holen?

(pour la vaisselle) das **Geschirrtuch** (pluriel : -tücher)

tordre

1 ▷ Il est si fort qu'il peut tordre une barre de fer.
Er ist so stark, dass er eine Eisenstange verbiegen kann.

2 ▷ Tords les serviettes avant de les étendre.
Wring die Handtücher aus, bevor du sie zum Trocknen aufhängst.

3 ▷ Klaus s'est tordu la cheville.
Klaus hat sich den Knöchel verstaucht.
▷ Comment as-tu fait pour te tordre la cheville ?
Wie hast du es geschafft, dir den Knöchel zu verstauchen?

1 (= déformer) **verbiegen** (verbog, verbogen)

ℹ *Les verbes commençant par le préfixe* ***ver-*** *ne prennent pas* ***ge-*** *au participe passé.*

2 (= essorer) **auswringen**

ℹ ***aus•wringen*** *est un verbe à particule séparable.*

3 ► **se tordre la cheville :** sich den Knöchel verstauchen

ℹ *Le pronom personnel allemand s'emploie au datif : ich verstauche* ***mir*** *den Knöchel, du verstauchst* ***dir*** *..., er/sie verstaucht* ***sich*** *..., wir verstauchen* ***uns*** *..., ihr verstaucht* ***euch*** *..., sie verstauchen* ***sich*** *...*

tordu, tordue

▷ La barre est toute tordue.
Die Stange ist völlig verbogen.

(= déformé) **verbogen**

torrent

▷ Nous nous sommes baignés dans un torrent.
Wir haben in einem Wildbach gebadet.

der **Wildbach** (pluriel : -bäche)

tort

▷ Reconnais que tu as tort !
Gib zu, dass du Unrecht hast!

► **avoir tort :** Unrecht haben

torticolis

▷ J'ai attrapé un torticolis.
Ich habe mir einen steifen Hals geholt.

▷ Marie a un torticolis, elle ne peut pas tourner la tête.
Marie hat einen steifen Hals, sie kann den Kopf nicht drehen.

► **attraper un torticolis** : sich einen steifen Hals holen

► **avoir un torticolis** : einen steifen Hals haben

tortue

▷ Mallaury a un lapin et une tortue.
Mallaury hat ein Kaninchen und eine Schildkröte.

die **Schildkröte** (pluriel : -kröten)

ℹ *Quand on traduit littéralement, Schildkröte signifie* **crapaud à bouclier** *!*

tôt

▷ On devra se lever tôt lundi.
Am Montag müssen wir früh aufstehen.

▷ Tôt ou tard il s'en rendra compte.
Früher oder später wird er es bemerken.

(= de bonne heure) **früh**

► **tôt ou tard** : früher oder später

total, totale

1 ▷ Il y a quelques années, nous avons vu une éclipse totale.
Vor ein paar Jahren haben wir eine totale Finsternis gesehen.

2 ▷ La somme totale est de 102 euros.
Die Gesamtsumme beträgt 102 Euro.

▷ Quelle est la valeur totale ?
Was ist der Gesamtwert?

1 (= absolu, complet) **total**

2 Quand on parle d'une somme ou d'une donnée géométrique, on forme des mots composés avec **Gesamt-** : die **Gesamtfläche** (surface totale), die **Gesamtlänge** (longueur totale), etc.

totalement

▷ C'est totalement faux !
Das ist total falsch!

total

ℹ *On dit aussi* **völlig**.

touche

1 ▷ Pour effacer, appuie sur cette touche.
Um zu löschen, drück auf diese Taste.

2 ▷ Le gardien a mis le ballon en touche.
Der Torwart hat den Ball ins Aus geschossen.

1 (d'un clavier, d'un piano, d'un téléphone) die **Taste** (pluriel : Tasten)

2 ► **la touche** (au football, rugby) : das Aus

► **mettre en touche** : ins Aus schießen (schoss, geschossen)

toucher

1 ▷ Il est interdit de toucher les sculptures.
Es ist verboten, die Skulpturen zu berühren.

1 (= être en contact avec, palper) **berühren**

ℹ *Les verbes commençant par le préfixe* ***be-*** *ne prennent pas* ***ge-*** *au participe passé.*

2 ▷ Ne touche pas à ça !
Rühr das nicht an!

2 ► **toucher à** quelque chose (= le tripoter) **:** etwas (accusatif) **anrühren**

ℹ ***an•rühren*** *est un verbe à particule séparable.*

3 ▷ La balle l'a touché au bras.
Der Ball hat ihn am Arm getroffen.

3 (= atteindre) **treffen** (trifft, traf, getroffen)

4 ▷ Jean-Jacques a touché mille euros pour ce travail.
Jean-Jacques hat tausend Euro für diese Arbeit bekommen.

4 (= être payé) **bekommen** (bekam, bekommen)

ℹ *Les verbes commençant par le préfixe* ***be-*** *ne prennent pas* ***ge-*** *au participe passé.*

5 ▷ Notre cadeau l'a beaucoup touché.
Unser Geschenk hat ihn sehr bewegt.

5 (= émouvoir) **bewegen**

ℹ *Les verbes commençant par le préfixe* ***be-*** *ne prennent pas* ***ge-*** *au participe passé.*

6 ▷ Nos maisons se touchent.
Unsere Häuser grenzen aneinander.

6 ► **se toucher** (= être contigus) **:** **aneinander grenzen**

toujours

1 ▷ Je vais toujours à l'école à pied.
Ich gehe immer zu Fuß zur Schule.
▷ Karine est toujours de bonne humeur.
Karine hat immer gute Laune.
▷ Il me fait toujours rire.
Er bringt mich immer zum Lachen.
▷ Je ne peux pas toujours te suivre.
Ich kann dir nicht immer folgen.

1 (= tout le temps) **immer**

ℹ ***Immer*** *se place généralement après le verbe. Il peut se placer derrière un pronom personnel ou réfléchi.*

► **pas toujours :** nicht immer

2 ▷ Elle a toujours son poisson rouge.
Sie hat immer noch ihren Goldfisch.
▷ Il m'aime toujours.
Er liebt mich immer noch.
▷ Elle ne s'est toujours pas habituée à sa nouvelle école.
Sie hat sich immer noch nicht an ihre neue Schule gewöhnt.

2 (= encore) **immer noch**

ℹ ***Immer*** *se place généralement après le verbe. Il peut se placer derrière un pronom personnel ou réfléchi.*

► **toujours pas :** immer noch nicht

tour

1 ▷ La tour Eiffel est le monument le plus célèbre de Paris.
Der Eiffelturm ist die berühmteste Pariser Sehenswürdigkeit.

1 (= construction) der **Turm** (pluriel : Türme)

2 ▷ Ils vont construire une tour juste à côté de chez nous.
Sie wollen gleich bei uns ein Hochhaus bauen.

2 (= immeuble) das **Hochhaus** (pluriel : -häuser)

3 ▷ Viens, on va faire un tour dans le parc.
Komm, wir machen einen Spaziergang im Park.

3 ► **faire un tour** (à pied) **:** einen Spaziergang machen

4 ▷ Jeanne et Lucas sont partis faire un tour à vélo.
Jeanne und Lucas machen eine kleine Fahrradfahrt.

4 ► **faire un tour** (à vélo, en voiture) **:** eine kleine Fahrt machen

5 ▷ On pourrait faire le tour du lac.
Wir könnten um den See gehen.

5 ► **faire le tour de** quelque chose **:** um etwas (accusatif) gehen (ging, gegangen)

6 ▷ C'est ton tour de faire la vaisselle.
Du bist an der Reihe, Geschirr zu spülen.

6 ► **être au tour de** quelqu'un **de** + infinitif **:** jemand ist an der Reihe, zu + infinitif

7 ▷ On surveillera Solène à tour de rôle.
Wir werden abwechselnd auf Solène aufpassen.

7 ► **à tour de rôle :** abwechselnd

8 ▷ Les élèves ont joué un tour au prof d'anglais.
Die Schüler haben dem Englischlehrer einen Streich gespielt.

8 ► **jouer un tour à** quelqu'un **:** jemandem (datif) einen Streich spielen

9 ▷ Le candidat a gagné au premier tour.
Der Kandidat hat beim ersten Wahlgang gewonnen.

9 (= aux élections) der **Wahlgang** (pluriel : -gänge)

10 ▷ Un jour, je ferai le tour du monde !
Eines Tages werde ich eine Weltreise machen!

10 ► **tour du monde :** die Weltreise (pluriel : -reisen)

tourisme

▷ Le tourisme rapporte beaucoup d'argent à notre région.
Der Tourismus bringt unserer Region viel Geld ein.
▷ Nous allons faire du tourisme à Londres.
Wir gehen auf eine Besichtigungstour nach London.

der **Tourismus**

► **faire du tourisme :** auf Besichtigungstour gehen

touriste

▷ En juillet, il y a beaucoup de touristes ici.
Im Juli sind hier viele Touristen.

der **Tourist** /tu'rɪst/ (pluriel : Touristen), die **Touristin** (pluriel : Touristinnen)

touristique

▷ C'est une destination très touristique.
Es ist ein sehr touristisches Reiseziel.

(= qui attire les touristes) **touristisch**

tournée

1 ▷ Le facteur fait sa tournée.
Der Briefträger macht seine Runde.

2 ▷ Le groupe est en tournée jusqu'en juin.
Die Band ist bis zum Juni auf Tournee.

3 ▷ C'est ma tournée !
Jetzt gebe ich eine Runde aus!

1 (du facteur, d'un livreur) die **Runde** (pluriel : Runden)

2 ► **être en tournée : auf Tournee sein**

Se prononce comme en français.

Attention, il n'y a pas d'accent en allemand.

3 (au bar) die **Runde** (pluriel : Runden)

tourner

▷ Tourne le volant sur la gauche.
Dreh das Steuerrad nach links.

▷ Ce manège tourne très lentement.
Dieses Karussell dreht sich sehr langsam.

▷ Alex s'est tourné en fermant les yeux de peur.
Alex hat sich umgedreht und vor Angst die Augen zugemacht.

▷ Tournez-vous !
Dreht euch um!

▷ Elle se tourne pour qu'on ne la voie pas pleurer.
Sie dreht sich um, damit man sie nicht weinen sieht.

▷ Elle s'est tournée vers nous en riant.
Sie wendete sich uns lachend zu.

▷ Ils tournent un film sur la place du marché.
Sie drehen einen Film auf dem Marktplatz.

► **tourner** quelque chose (= le faire pivoter) : etwas (accusatif) **drehen**

► **tourner** (= faire des tours) : **sich drehen**

► **se tourner** (= faire volte-face) : **sich umdrehen**

__um•drehen__ est un verbe à particule séparable.

Le pronom personnel allemand s'emploie à l'accusatif : ich drehe __mich__ um, du drehst __dich__ um, er/sie dreht __sich__ um, wir drehen __uns__ um, ihr dreht __euch__ um, sie drehen __sich__ um.

► **se tourner vers** quelqu'un : **sich** jemandem (datif) **zuwenden**

__zu•wenden__ est un verbe à particule séparable.

► **tourner un film : einen Film drehen**

tournesol

▷ Regarde, des tournesols !
Schau mal, Sonnenblumen!

die **Sonnenblume** (pluriel : -blumen)

tournevis

▷ Passe-moi un tournevis plus grand.
Gib mir einen größeren Schraubenzieher.

der **Schraubenzieher** (pluriel : Schraubenzieher)

tournoi

▷ L'équipe du collège a gagné le tournoi de handball.
Die Schulmannschaft hat das Handballturnier gewonnen.

das **Turnier** (pluriel : Turniere)

tous, toutes

1 ▷ Ils sont tous arrivés en même temps.
Sie sind alle gleichzeitig angekommen.
▷ Toutes mes amies étaient là.
Alle meine Freundinnen waren da.

1 (= l'ensemble des personnes) **alle**

2 ▷ Il a plu tous les jours.
Es hat jeden Tag geregnet.
▷ Je dois aller chez le dentiste toutes les semaines.
Ich muss jede Woche zum Zahnarzt gehen.

2 ► **tous les** *ou* **toutes les ... :** jede ...

3 ▷ Je vais chez ma grand-mère tous les trois jours.
Alle drei Tage gehe ich zu meiner Großmutter.

3 Quand **tous les** ou **toutes les** est suivi d'un nombre pour indiquer la fréquence, on traduit par **alle** + nombre en allemand.

tousser

▷ Marion tousse beaucoup.
Marion hustet viel.

husten

tout, toute

1 ▷ Tu as tout mangé ?
Hast du alles gegessen?
▷ C'est tout ce que je sais.
Das ist alles, was ich weiß.
▷ C'est tout ?
Ist das alles?

1 (= toutes les choses, l'ensemble) **alles**

2 ▷ Julie a bu toute la limonade.
Julie hat die ganze Limonade getrunken.
▷ Steven a lu tout le livre en trois jours.
Steven hat das ganze Buch in drei Tagen gelesen.
▷ J'ai été malade toute la journée.
Mir war den ganzen Tag schlecht.

2 ► **tout** + nom, **toute** + nom : der/die/das ganze + nom

3 ▷ Il y a trente invités en tout.
Im Ganzen sind es dreißig Gäste.

3 ► **en tout :** im Ganzen

4 ▷ Il y a assez de nourriture pour tout le monde.
Es ist genügend Essen für alle da.
▷ Tout le monde est venu.
Alle sind gekommen.

4 ► **tout le monde :** alle

ℹ *Notez qu'en allemand,* ***alle*** *est un pluriel :* tout le monde **était** content = *alle* ***waren*** *zufrieden.*

5 ▷ Annie était tout heureuse.
Annie war ganz glücklich.
▷ Jean était tout absorbé par son livre.
Jean war ganz in sein Buch vertieft.

5 (= très, totalement) **ganz**

6 ▷ Je suis tout à fait d'accord avec toi.
Ich bin vollkommen mit dir einverstanden.
▷ André est tout à fait guéri.
André ist wieder vollkommen gesund.

6 ► **tout à fait :** vollkommen

ℹ *On dit aussi* ***ganz****.*

tout-terrain

▷ Les parents de Claire ont une voiture tout-terrain.
Claires Eltern haben einen Geländewagen.

► **voiture tout-terrain :** der Geländewagen (pluriel : -wagen)

Regardez aussi le mot ***VTT***.

toux

▷ J'aimerais me débarrasser de cette toux !
Ich würde gern diesen Husten loswerden!
▷ Est-ce que tu prends du sirop contre la toux ?
Nimmst du Hustensaft?

der **Husten**

► **sirop contre la toux :** der Hustensaft

On dit aussi ***der Hustensirup***.

toxique

▷ Ce sont des vapeurs toxiques.
Das sind giftige Dämpfe.

giftig

trac

▷ J'avais un tel trac avant d'entrer en scène !
Ich hatte so ein Lampenfieber, bevor ich auf die Bühne ging!

► **avoir le trac :** Lampenfieber haben

tracasser

▷ Ce que tu m'as dit hier me tracasse.
Was du mir gestern gesagt hast, macht mir Sorgen.
▷ Ne te tracasse pas pour ça.
Mach dir deswegen keine Sorgen.
▷ Je me suis tracassée pour rien.
Ich habe mir für nichts Sorgen gemacht.
▷ Elle se tracasse pour la moindre petite chose.
Sie macht sich wegen jeder Kleinigkeit Sorgen.

Sorgen machen

► **se tracasser :** sich Sorgen machen

Le pronom personnel allemand s'emploie au datif : ich mache ***mir*** *Sorgen, du machst* ***dir*** *Sorgen, er/sie macht* ***sich*** *Sorgen, wir machen* ***uns*** *Sorgen, ihr macht* ***euch*** *Sorgen, sie machen* ***sich*** *Sorgen.*

trace

▷ Nous avons vu une trace de lièvre.
Wir haben eine Hasenspur gesehen.
▷ Tu as laissé des traces de peinture sur le sol !
Du hast Farbspuren auf dem Boden hinterlassen!

(= empreinte, marque) die **Spur** (pluriel : Spuren)

tracer

1 ▷ Trace d'abord un carré.
Zeichne zuerst ein Quadrat.

2 ▷ Martin a tracé son nom sur le sable.
Martin hat seinen Namen in den Sand geschrieben.

1 (= dessiner) **zeichnen**

2 (= écrire) **schreiben** (schrieb, geschrieben)

tracteur

▷ Le bruit du tracteur nous a réveillés dimanche matin.
Am Sonntagmorgen hat uns der Lärm des Traktors geweckt.

der **Traktor** (pluriel : Traktoren)

traduire

▷ J'ai traduit tout le paragraphe en une demi-heure.
Wir habe den ganzen Absatz in einer halben Stunde übersetzt.

übersetzen

ℹ *Les verbes à particule non séparable commençant par le préfixe* ***über-*** *ne prennent pas* ***ge-*** *au participe passé.*

train

1 ▷ Le train pour Limoges part du quai deux.
Der Zug nach Limoges fährt vom Bahnsteig zwei ab.
▷ Nous irons à Mannheim en train.
Wir fahren mit dem Zug nach Mannheim.

2 ▷ J'étais en train de manger quand Luc est arrivé.
Ich war gerade dabei, zu essen, als Luc kam.

1 der **Zug** (pluriel : Züge)

► **aller en train :** mit dem Zug fahren (fährt, fuhr, gefahren)

2 ► **être en train de** + infinitif : gerade dabeisein, zu + infinitif

traîner

1 ▷ C'est dur de traîner la luge en haut de la côte.
Es ist schwer, den Schlitten auf den Hügel zu ziehen.

1 ► **traîner** quelque chose (= le tirer derrière soi) : etwas **ziehen**

2 ▷ Nathan traîne son cartable derrière lui.
Nathan schleift seine Schultasche hinter sich her.

2 Quand on traîne par terre quelque chose qui ne devrait pas y être, on traduit par **schleifen**.

3 ▷ Ne traînez pas, nous sommes en retard !
Trödelt nicht, wir haben Verspätung!

3 (= aller lentement) **trödeln**

4 ▷ Ils s'ennuient, alors ils traînent dans les rues.
Sie langweilen sich, da treiben sie sich auf der Straße herum.

4 (= errer) sich **herumtreiben**

ℹ ***herum•treiben*** *est un verbe à particule séparable et se conjugue comme* ***treiben*** *(trieb, getrieben).*

5 ▷ Toutes ses affaires traînent dans le salon.
Alle seine Sachen liegen im Wohnzimmer herum.

5 (= ne pas être rangé) **herumliegen**

ℹ ***herum•liegen*** *est un verbe à particule séparable et se conjugue comme* ***liegen*** *(lag, gelegen).*

6 ▷ Attention, tes lacets traînent par terre.
Vorsicht, deine Schnürsenkel schleifen auf dem Boden.

6 (= pendre) **schleifen**

7 ▷ Mon petit frère se traîne tout le temps par terre.
Mein kleiner Bruder kriecht dauernd auf dem Boden.

7 ► **se traîner** (= ramper) : kriechen

traire

▷ Le fermier trait les chèvres tous les soirs.
Der Bauer melkt die Ziegen jeden Abend.

melken

trait

1 ▷ Ton trait est trop épais.
Dein Strich ist zu dick.
2 ▷ Noémie a les traits fins.
Noémie hat feine Gesichtszüge.
3 ▷ Maya a tout bu d'un trait.
Maya hat alles in einem Zug getrunken.

1 (= ligne) der Strich (pluriel : Striche)
2 ► **traits** (= visage) **:** die Gesichtszüge
3 ► **boire** quelque chose **d'un trait :** etwas in einem Zug trinken (trank, getrunken)

traitement

1 ▷ Le traitement a donné de bons résultats.
Die Behandlung hat gute Ergebnisse gehabt.

▷ Je dois suivre un traitement contre l'asthme.
Ich muss gegen Asthma behandelt werden.

2 ▷ L'homme est accusé de mauvais traitements.
Der Mann wurde Misshandlungen beschuldigt.
3 ▷ Tu t'y connais en traitement de texte ?
Kennst du dich in Textverarbeitung aus?

1 (= médicaments) die Behandlung (pluriel : Behandlungen)
► **suivre un traitement :** behandelt werden (wird, wurde, worden)
2 ► **mauvais traitements :** Misshandlungen
3 ► **traitement de texte :** die Textverarbeitung

traiter

1 ▷ Myriam traite très mal sa petite sœur.
Myriam behandelt ihre kleine Schwester sehr schlecht.
▷ Le médecin l'a traitée par l'acupuncture.
Der Arzt hat sie mit Akupunktur behandelt.
2 ▷ Le prof m'a traité de menteur.
Der Lehrer hat mich einen Lügner genannt.

1 (= se comporter avec, soigner) behandeln
ℹ *Les verbes commençant par le préfixe* ***be-*** *ne prennent pas* ***ge-*** *au participe passé.*
2 ► **traiter** quelqu'un **de ... :** jemanden + accusatif + nennen (nannte, genannt)

trajet

▷ Le trajet m'a semblé plus court au retour.
Die Strecke schien mir kürzer auf dem Rückweg.

(= distance) die Strecke (pluriel : Strecken)

tram

▷ On va prendre le tram, ce sera plus rapide.
Wir nehmen die Straßenbahn, das geht schneller.

die Straßenbahn (pluriel : -bahnen)

trampoline

▷ Dans le parc il y a un trampoline.
Im Park steht ein Trampolin.

das **Trampolin** /trampo'liːn/
(pluriel : Trampoline)

tramway

▷ Il y a un nouveau réseau de tramways à Nancy.
In Nancy gibt es ein neues Straßenbahnnetz.

die **Straßenbahn**
(pluriel : -bahnen)

tranche

▷ Je voudrais six tranches de jambon, s'il vous plaît.
Ich hätte gern sechs Scheiben Schinken, bitte.

▷ Tu peux couper le pain en tranches ?
Kannst du das Brot in Scheiben schneiden?

(= rondelle) die **Scheibe**
(pluriel : Scheiben)

► **couper** quelque chose **en tranches :** etwas (accusatif) **in Scheiben schneiden** (schnitt, geschnitten)

tranquille

▷ C'est un quartier tranquille.
Es ist ein ruhiges Viertel.

▷ Mes parents nous ont dit de rester tranquilles.
Meine Eltern haben uns gesagt, wir sollten ruhig bleiben.

▷ Laisse-moi tranquille !
Lass mich in Ruhe!

(= calme) **ruhig**

► **rester tranquille :** **ruhig bleiben**

► **laisser** quelqu'un **tranquille :** jemanden (accusatif) **in Ruhe lassen** (lässt, ließ, gelassen)

tranquillement

▷ Je vais lire tranquillement pendant que tu fais tes devoirs.
Ich werde in Ruhe lesen, während du deine Hausaufgaben machst.

(= calmement) **in Ruhe**

i *On dit aussi **ruhig**.*

transat, transatlantique

▷ J'ai sorti les transats dans le jardin.
Ich habe die Liegestühle in den Garten getragen.

(= chaise longue) der **Liegestuhl**
(pluriel : -stühle)

transformer

▷ Le nouvel éclairage a complètement transformé la place.
Die neue Beleuchtung hat den Platz völlig verwandelt.

(= changer) **verwandeln**

i *Les verbes commençant par le préfixe **ver-** ne prennent pas **ge-** au participe passé.*

▻ Le magicien a transformé le foulard en lapin.
Der Zauberer hat das Halstuch in ein Kaninchen verwandelt.

▻ Le dragon s'est transformé en souris.
Der Drache hat sich in eine Maus verwandelt.

► **transformer** quelqu'un *ou* quelque chose **en ... :** jemanden *ou* etwas (accusatif) **in** + accusatif + **verwandeln**

► **se transformer :** sich verwandeln

transmettre

1 ▻ Dominique m'a transmis la nouvelle.
Dominique hat mir die Nachricht übermittelt.

▻ Tu peux lui transmettre mon courrier pendant mon absence.
Während meine Abwesendheit kannst du ihm meine Post übermitteln.

1 ► **transmettre** quelque chose **à** quelqu'un **:** jemandem (datif) etwas **übermitteln**

Les verbes à particule non séparable commençant par le préfixe ***über-*** *ne prennent pas* ***ge-*** *au participe passé.*

2 ▻ Cette maladie se transmet par des virus.
Diese Krankheit wird durch Viren übertragen.

2 ► **se transmettre** (en parlant d'une maladie) **: übertragen werden**

transparent, transparente

▻ Ton chemisier est un peu trop transparent.
Deine Bluse ist etwas zu durchsichtig.

(= qui laisse voir à travers) **durchsichtig**

transpirer

▻ Qu'est-ce que j'ai transpiré !
Was habe ich geschwitzt!

schwitzen

transport

1 ▻ Le transport coûte le plus cher.
Der Transport kostet am meisten.

1 (= fait de transporter) der **Transport** (pluriel : Transporte)

2 ▻ C'est le moyen de transport le plus rapide.
Es ist das schnellste Verkehrsmittel.

▻ Le gouvernement a promis d'améliorer les transports en commun.
Die Regierung hat versprochen, die öffentlichen Verkehrsmittel zu verbessern.

2 ► **moyen de transport** (de passagers) **:** das **Verkehrsmittel** (pluriel : -mittel)

► **transports en commun :** die **öffentlichen Verkehrsmittel**

C'est un pluriel.

transporter

1 ▻ Les marchandises sont transportées en train.
Die Güter werden mit dem Zug transportiert.

1 (= transporter des objets) **transportieren**

Les verbes se terminant en ***-ieren*** *ne prennent pas* ***ge-*** *au participe passé.*

2 ▻ Emmanuel a été transporté à l'hôpital.
Emmanuel wurde ins Krankenhaus gebracht.

2 (= transporter des personnes) **bringen** (brachte, gebracht)

travail

▷ J'ai trop de travail, je ne peux pas sortir.
Ich habe zu viel Arbeit, ich kann nicht weggehen.
▷ Le frère de Luc a un travail intéressant.
Lucs Bruder hat eine interessante Arbeit.

(= tâches, activité professionnelle) die Arbeit

▷ Notre voisin n'a pas de travail en ce moment.
Unser Nachbar ist im Moment arbeitslos.

► **ne pas avoir de travail** *ou* **être sans travail :** arbeitslos sein

▷ Il y a des travaux sur la route, fais attention.
Auf der Straße gibt es Bauarbeiten, sei vorsichtig.

► **travaux** (sur la route) **:** die Bauarbeiten

ℹ *Ce mot est un pluriel.*

travailler

1 ▷ Ma mère travaille à mi-temps.
Meine Mutter arbeitet halbtags.

1 (= exercer un métier) arbeiten

2 ▷ Tu ne travailles pas assez.
Du lernst nicht genug.

2 (à l'école) lernen

ℹ *On dit aussi **üben**.*

travailleur, travailleuse

▷ C'est un garçon très travailleur.
Er ist ein sehr fleißiger Junge.

(adjectif = appliqué) fleißig

travers

1 ▷ L'eau passe à travers les fentes.
Das Wasser läuft durch die Spalten.

1 ► **à travers :** durch

2 ▷ Ton poster est de travers.
Dein Poster hängt schief.

2 ► **de travers** (= pas droit) **:** schief

3 ▷ Le chien s'était couché en travers du lit.
Der Hund lag quer auf dem Bett.
▷ Il a couru comme un fou à travers la cour.
Er ist wie ein Wilder quer über den Hof gerannt.
▷ Je suis passée à travers la flaque.
Ich bin quer durch die Pfütze gelaufen.

3 ► **à travers, en travers de :** quer + préposition (auf, durch, über)

ℹ *Quand le verbe indique un séjour dans un lieu, **quer ...** est suivi du datif. Quand le verbe indique une direction ou un déplacement, **quer ...** est suivi de l'accusatif.*

traverser

1 ▷ Regarde avant de traverser la route.
Sieh nach, bevor du die Straße überquerst.

1 (= aller d'un côté à l'autre de) überqueren

ℹ *Les verbes commençant par le préfixe **über-** ne prennent pas **ge-** au participe passé.*

2 ▷ Nous avons dû traverser la forêt.
Wir mussten durch den Wald gehen.

2 (= passer dans) durch + accusatif + gehen (ging, gegangen)

▷ Nous avons traversé la Bourgogne en vélo.
Wir sind mit dem Fahrrad durch Burgund gefahren.

ℹ *Quand on traverse en vélo, en voiture, etc., on traduit par* ***durch*** + accusatif + ***fahren***.

traversin

▷ Je dors avec un traversin et un oreiller.
Ich schlafe mit einer Nackenrolle und einem Kopfkissen.

die **Nackenrolle** (pluriel : **-rollen**)

trébucher

▷ Imane a trébuché sur une branche.
Imane ist über einen Ast gestolpert.

stolpern

ℹ *Notez la préposition employée en allemand :* trébucher **sur** ... = ***über*** + accusatif + *stolpern*.

trèfle

▷ Mon lapin adore le trèfle.
Mein Kaninchen liebt Klee.

(= plante) der **Klee**

ℹ *Ce mot s'emploie uniquement au singulier.*

▷ On cherche des trèfles à quatre feuilles.
Wir suchen nach vierblättrigen Kleeblättern.

► **trèfle à quatre feuilles :** das **vierblättrige Kleeblatt** (pluriel : **-blätter**)

treize

▷ Il y a treize filles dans ma classe.
In meiner Klasse sind dreizehn Mädchen.

▷ Juliette a treize ans.
Juliette ist dreizehn Jahre alt.

dreizehn

ℹ *Quand on dit l'âge de quelqu'un, on peut dire simplement le nombre :* ***Juliette ist dreizehn***.

▷ Aujourd'hui, c'est le treize mai.
Heute ist der dreizehnte Mai.

▷ La fête aura lieu le treize juin.
Die Party findet am dreizehnten Juni statt.

ℹ *Quand on dit la date, on emploie* ***der dreizehnte***.

ℹ *Quand on dit que quelque chose a eu lieu ou aura lieu à cette date, on emploie* ***am dreizehnten***.

ℹ *On écrit* ***der 13. Mai, am 13. Juni***.

tremblement de terre

▷ Le tremblement de terre en Turquie a fait beaucoup de morts.
Das Erdbeben in der Türkei hat viele Menschen getötet.

das **Erdbeben** (pluriel : **-beben**)

trembler

1 ▷ Le sol tremblait.
Die Erde bebte.

1 (= être secoué) **beben**

2 ▻ Pourquoi tu trembles ? Tu as froid ?
Warum zitterst du? Ist dir kalt?

2 (= frissonner) zittern

trempé, trempée

▻ Nous sommes revenus trempés de la promenade.
Wir kamen durch und durch nass vom Spaziergang zurück.

durch und durch nass

ℹ *Un mot plus familier est **klatschnass**.*

tremper

▻ Trempe ta main dans l'eau pour voir si elle est froide.
Tauch deine Hand ins Wasser, um zu sehen, ob es kalt ist.

(= mettre dans un liquide) tauchen

tremplin

▻ Jonathan a sauté du tremplin.
Jonathan ist vom Sprungbrett gesprungen.

(de piscine, de gymnastique) das Sprungbrett (pluriel : -bretter)

trente

▻ Trente élèves ont voté.
Dreißig Schüler haben gewählt.

▻ Mon oncle a trente ans.
Mein Onkel ist dreißig Jahre alt.

▻ Aujourd'hui, c'est le trente janvier.
Heute ist der dreißigste Januar.

▻ La fête aura lieu le trente juillet.
Die Party findet am dreißigsten Juli statt.

dreißig

ℹ *Quand on dit l'âge de quelqu'un, on peut dire simplement le nombre : **Er ist dreißig**.*

ℹ *Quand on dit la date, on emploie **der dreißigste**.*

ℹ *Quand on dit que quelque chose a eu lieu ou aura lieu à cette date, on emploie **am dreißigsten**.*

ℹ *On écrit **der 30. Januar, am 30. Juli**.*

très

▻ Cet exercice est très difficile.
Diese Übung ist sehr schwierig.

sehr

trésor

▻ On dit qu'il y a un trésor caché sur l'île.
Man sagt, dass ein Schatz auf der Insel versteckt ist.

(= richesses) der Schatz (pluriel : Schätze)

tresse

▻ Natacha porte des tresses.
Natacha trägt Zöpfe.

(= natte) der Zopf (pluriel : Zöpfe)

triangle

1 ▻ Les trois côtés du triangle sont égaux.
Die drei Seiten des Dreiecks sind gleich.

1 (= forme) das Dreieck (pluriel : -ecke)

2 ▷ Il jouait du triangle dans un orchestre.
Er spielte Triangel in einem Orchester.

2 (= instrument) der **Triangel** (pluriel : Triangel)

tribunal

▷ Il a dû aller au tribunal hier.
Er musste gestern zum Gericht gehen.

das **Gericht** (pluriel : Gerichte)

tricher

▷ Je ne joue plus avec toi, tu triches !
Ich spiele nicht mehr mit dir, du schummelst!

(au jeu) **schummeln**

tricheur, tricheuse

▷ Quel tricheur !
So ein Schummler!

der **Schummler** (pluriel : Schummler), die **Schummlerin** (pluriel : Schummlerinnen)

tricot

1 ▷ Ce tricot est fait à la main.
Dieser Pullover ist handgemacht.
2 ▷ Ma grand-mère fait beaucoup de tricot.
Meine Großmutter strickt viel.

1 (= pull) der **Pullover** (pluriel : Pullover)
2 ► **faire du tricot :** stricken

tricoter

▷ Ma mère m'a appris à tricoter.
Meine Mutter hat mir stricken beigebracht.

stricken

trier

▷ J'ai trié tous mes papiers le week-end dernier.
Ich habe letztes Wochenende all meine Papiere sortiert.

sortieren

ℹ *Les verbes se terminant en* ***–ieren*** *ne prennent pas* ***ge-*** *au participe passé.*

trimestre

▷ J'ai eu de bons résultats au premier trimestre.
Ich hatte im ersten Trimester gute Ergebnisse.

(= période scolaire) das **Trimester** (pluriel : Trimester)

triste

▷ Ne sois pas triste, tu le reverras.
Sei nicht traurig, du wirst ihn wiedersehen.

traurig

trois

▷ Je l'ai vu il y a trois jours.
Ich habe ihn vor drei Tagen gesehen.
▷ Ma petite sœur a trois ans.
Meine kleine Schwester ist drei Jahre alt.

drei

ℹ *Quand on dit l'âge de quelqu'un, on peut dire simplement le nombre :* ***Sie ist drei.***

▷ Aujourd'hui, c'est le trois mars.
Heute ist der dritte März.
▷ Tania est née le trois octobre.
Tania wurde am dritten Oktober geboren.

Quand on dit la date, on emploie **der dritte**.
Quand on dit que quelque chose a eu lieu ou aura lieu à cette date, on emploie **am dritten**.
On écrit **der 3. März, am 3. Oktober**.

troisième

1 ▷ C'est la troisième fois que je te le dis !
Das ist das dritte Mal, dass ich es dir sage!
2 ▷ Aline habite au troisième.
Aline wohnt im dritten Stock.
3 ▷ Je ferai du latin en troisième.
In der neunten Klasse mache ich Latein.

1 (pour compter) **dritte**
2 (= troisième étage) der **dritte Stock**
3 La classe qui correspond à la troisième en Allemagne est die **neunte Klasse**. Le système scolaire allemand compte treize années jusqu'au Abitur.

trombone

1 ▷ Donne-moi un trombone, s'il te plaît.
Gib mir bitte eine Büroklammer.
2 ▷ Le trombone est un instrument à vent.
Die Posaune ist ein Blasinstrument.
▷ Éric joue du trombone.
Éric spielt Posaune.

1 (= agrafe) die **Büroklammer** (pluriel : -klammern)
2 (= instrument de musique) die **Posaune** (pluriel : Posaunen)
► **jouer du trombone :** Posaune spielen

se tromper

▷ Tu t'es trompé, il n'habite pas ici.
Du hast dich geirrt, er wohnt nicht hier.
▷ Non, je ne me suis pas trompé !
Nein, ich habe mich nicht geirrt!

sich irren
On dit aussi sich täuschen.
Le pronom personnel allemand s'emploie à l'accusatif : ich irre ***mich****, du irrst* ***dich****, er/sie irrt* ***sich****, wir irren* ***uns****, ihr irrt* ***euch****, sie irren* ***sich****.*

trompette

▷ La trompette est un instrument à vent.
Die Trompete ist ein Blasinstrument.
▷ Philippe joue de la trompette.
Philippe spielt Trompete.

die **Trompete** (pluriel : Trompeten)
Attention à l'orthographe du mot allemand.
► **jouer de la trompette :** Trompete spielen

tronc

▷ Astrid a gravé son nom dans le tronc d'arbre.
Astrid hat ihren Namen in den Baumstamm geritzt.

(d'un arbre) der **Stamm** (pluriel : Stämme)

trop

1 ▷ Ne mange pas trop, tu vas être malade.
Iss nicht zu viel, sonst wird dir schlecht.

1 (avec un verbe) **zu viel**

2 ▷ C'est trop haut pour moi.
Es ist zu hoch für mich.
▷ Ne conduis pas trop vite.
Fahr nicht zu schnell.

2 ► **trop** + adjectif ou adverbe : **zu** + adjectif ou adverbe

3 ▷ Il y a trop de sucre dans mon café.
In meinem Kaffee ist zu viel Zucker.
▷ Trop de gens ne font pas attention à l'environnement.
Zu viele Menschen achten nicht auf die Umwelt.

3 ► **trop de** + nom singulier : **zu viel**
► **trop de** + nom pluriel : **zu viele**

trottinette

▷ Les trottinettes sont de nouveau à la mode.
Roller sind wieder in Mode.

der **Roller** (pluriel : Roller)

trottoir

▷ Reste sur le trottoir.
Bleib auf dem Bürgersteig.

der **Bürgersteig** (pluriel : Bürgersteige)

ℹ *On dit aussi* ***der Gehsteig****.*

trou

1 ▷ Ton pantalon a un trou.
Deine Hose hat ein Loch.

1 (= déchirure, creux) das **Loch** (pluriel : Löcher)

2 ▷ J'ai un trou dans mon emploi du temps.
Ich habe eine Lücke in meinem Stundenplan.

2 (= moment libre) die **Lücke** (pluriel : Lücken)

3 ▷ J'ai parfois des trous de mémoire.
Ich habe manchmal Gedächtnislücken.

3 ► **trou de mémoire : die Gedächnistlücke**

troué, trouée

▷ Mon blouson est troué.
Mein Jacke hat ein Loch.

► **être troué : ein Loch haben** (hat, hatte, gehabt)

trouille

▷ J'ai eu la trouille quand j'ai vu le directeur.
Als ich den Direktor sah, hatte ich Bammel.

► **avoir la trouille : Bammel haben**

ℹ *L'expression française et sa traduction allemande sont familières.*

troupeau

▷ Le troupeau de vaches a traversé la route juste devant la voiture.
Die Kuhherde hat die Straße direkt vor dem Auto überquert.

die **Herde** (pluriel : Herden)

trousse

1 ▷ Le surligneur est dans ma trousse.
Der Textmarker ist in meinem Federmäppchen.

1 (= étui à stylos) das **Federmäppchen** (pluriel : Mäppchen) *ou* die **Federtasche** (pluriel : –taschen)

2 ▷ Je ne trouve pas ma trousse de toilette.
Ich finde meinen Kulturbeutel nicht.

2 ► **trousse de toilette :** der **Kulturbeutel** (pluriel : –beutel)

trouver

1 ▷ Est-ce que tu as trouvé la solution ?
Hast du die Lösung gefunden?

▷ Je trouve ça bizarre.
Ich finde das seltsam.

▷ Mes parents trouvent que je ne travaille pas assez.
Meine Eltern finden, dass ich nicht genug übe.

1 **finden** (fand, gefunden)

► **trouver que ...** (= penser que) **:** finden, dass ...

2 ▷ Où se trouve la gare ?
Wo befindet sich der Bahnhof?

2 ► **se trouver** (= être situé) **:** sich **befinden** (befand, befunden)

truc

▷ C'est quoi, ce truc ?
Was ist das denn für ein Ding?

das **Ding** (pluriel : Dinge)

truite

▷ Benoît a pêché deux grosses truites.
Benoît hat zwei große Forellen geangelt.

die **Forelle** (pluriel : Forellen)

t-shirt

▷ Ton t-shirt bleu est en train de sécher.
Dein blaues T-Shirt trocknet gerade.

das **T-Shirt** /ˈtiːʃɸːɐt/ (pluriel : T-Shirts)

Notez la prononciation.

tu

▷ Tu as fini tes devoirs ?
Bist du mit deinen Hausaufgaben fertig?

du

tube

1 ▷ Le tube de dentifrice est presque vide.
Die Tube Zahnpasta ist fast leer.

1 (= emballage) die **Tube** (pluriel : Tuben)

2 ▷ Leur dernière chanson est encore un tube !
Ihr neuestes Lied ist wieder ein Hit!

2 (= chanson à succès) der **Hit** (pluriel : Hits)

tuer

1 ▷ L'attentat a tué vingt personnes.
Beim Anschlag wurden zwanzig Personen getötet.

1 (= faire mourir) **töten**

2 ▷ Il a tué quatre personnes avant d'être arrêté.
Er brachte vier Menschen um, bevor er verhaftet wurde.

▷ Elle ne l'a pas tué.
Sie hat ihn nicht umgebracht.

2 Quand on parle d'un meurtrier qui tue quelqu'un, on traduit par **umbringen**.

ℹ *um•bringen est un verbe à particule séparable et se conjugue comme bringen (brachte, gebracht).*

3 ▷ Mon chien s'est fait tuer sur la route.
Mein Hund kam auf der Straße um.

3 ► **se faire tuer :** umkommen

ℹ *um•kommen est un verbe à particule séparable et se conjugue comme kommen (kam, gekommen).*

4 ▷ Notre voisin s'est tué dans un accident.
Unser Nachbar ist bei einem Unfall ums Leben gekommen.

4 ► **se tuer** (accidentellement) **:** ums Leben kommen (kam, gekommen)

5 ▷ Elle a voulu se tuer.
Sie wollte sich umbringen.

5 ► **se tuer** (= se suicider) **:** sich umbringen

tuile

▷ Plusieurs tuiles sont tombées du toit.
Mehrere Ziegel sind vom Dach gefallen.

der **Ziegel** (pluriel : Ziegel)

tulipe

▷ Mon père m'a offert un bouquet de tulipes pour mon anniversaire.
Mein Vater hat mir einen Strauß Tulpen zum Geburtstag geschenkt.

die **Tulpe** (pluriel : Tulpen)

Tunisie

▷ La Tunisie est voisine de l'Algérie.
Tunesien grenzt an Algerien.

Tunesien

► **la Tunisie :** Tunesien

ℹ *Ne prend l'article neutre que précédé d'un adjectif : das sonnige Tunesien* (la Tunisie ensoleillée).

▷ Il a fait très chaud en Tunisie.
In Tunesien war es heiß.

▷ Le père de Saïd veut retourner en Tunisie.
Saïds Vater will nach Tunesien zurückkehren.

▷ Je suis déjà allée deux fois en Tunisie.
Ich war schon zweimal in Tunesien.

► **en Tunisie** (= dans le pays) **:** in Tunesien

► **en Tunisie** (= vers le pays) **:** nach Tunesien

Attention : pour dire que quelqu'un **est déjà allé quelque part**, *on emploie une expression avec le prétérit du verbe sein + schon.*

tunisien, tunisienne

1 ▷ La mère d'Amina fait du couscous tunisien.
Aminas Mutter kocht tunesischen Couscous.

1 (adjectif) **tunesisch**

2 ▷ Les Tunisiens habitent là ? – Non, ils habitent en face.
Wohnen die Tunesier da? – Nein, sie wohnen gegenüber.

2 (= personne) der **Tunesier** (pluriel : Tunesier), die **Tunesierin** (pluriel : Tunesierinnen)

tunnel

▷ Le tunnel fait plus de deux kilomètres de long.
Der Tunnel est über zwei Kilometer lang.

▷ Est-ce que tu as déjà pris le tunnel sous la Manche ?
Hast du schon den Tunnel unter dem Ärmelkanal genommen?

der **Tunnel** (pluriel : Tunnel)

► **le tunnel sous la Manche :** der Tunnel unter dem Ärmelkanal

ℹ *On dit aussi parfois* ***der Ärmelkanal-Tunnel.***

turbulent, turbulente

▷ Elle a des enfants très turbulents.
Sie hat sehr wilde Kinder.

(= agité) **wild**

turc, turque

1 ▷ Nous avons mangé dans un restaurant turc.
Wir haben in einem türkischen Restaurant gegessen.

1 (adjectif) **türkisch**

2 ▷ Il y a trois Turcs, quatre Vietnamiens et deux Éthiopiens dans notre classe.
In unserer Klasse sind drei Türken, vier Vietnamesen und zwei Äthiopier.

2 (= personne) der **Türke** (pluriel : Türken), die **Türkin** (pluriel : Türkinnen)

3 ▷ J'apprends le turc avec des CD et un livre.
Ich lerne mit CDs und einem Buch Türkisch.

3 (= langue) **Türkisch**

Turquie

▷ La Turquie voudrait entrer dans l'Union européenne.
Die Türkei möchte der Europäischen Union beitreten.

▷ Il y a des paysages magnifiques en Turquie.
Es gibt wunderschöne Landschaften in der Türkei.

▷ Commment est-ce qu'on ira en Turquie ?
Wie reisen wir in die Türkei?

▷ Es-tu déjà allé en Turquie ?
Warst du schon in der Türkei?

► **la Turquie :** die Türkei

► **en Turquie** (= dans le pays) **:** in der Türkei

► **en Turquie** (= vers le pays) **:** in die Türkei

Attention : pour dire que quelqu'un **est déjà allé quelque part**, *on emploie une expression avec le prétérit du verbe* ***sein*** *+* ***schon.***

tutoyer

▷ Tu peux me tutoyer.
Du kannst mich duzen.

► **tutoyer** quelqu'un **:** jemanden (accusatif) duzen

tuyau

1 ▷ Le plombier est venu pour déboucher le tuyau.
Der Klempner ist gekommen, um das Rohr frei zu machen.

2 ▷ Tu pourrais enrouler le tuyau d'arrosage ?
Könntest du den Wasserschlauch aufrollen?

1 (= conduite rigide) das **Rohr** (pluriel : Rohre)

2 ► **tuyau d'arrosage :** der **Wasserschlauch** (pluriel : -schläuche)

type

1 ▷ La vendeuse nous a montré plusieurs types d'imprimantes.
Die Verkäuferin hat uns mehrere Druckertypen gezeigt.

2 ▷ Il y a un type qui t'attend dehors.
Ein Kerl wartet draußen auf dich.

1 (= sorte) der **Typ** (pluriel : Typen)

*N'oubliez pas que le y allemand se prononce **u**.*

2 (= homme, au sens familier) der **Kerl** (pluriel : Kerle)

*On dit aussi **der Typ**.*

typique

▷ J'aimerais goûter un plat typique.
Ich würde gern ein typisches Gericht probieren.

typisch

*N'oubliez pas que le y allemand se prononce **u**.*

U

FRANÇAIS — ALLEMAND

un, une

1 ▷ Ils ont acheté une maison à la campagne.
Sie haben ein Haus auf dem Land gekauft.
▷ J'ai trouvé un chat dans la rue.
Ich habe eine Katze auf der Straße gefunden.

2 ▷ Achète une baguette et deux croissants.
Kauf ein Baguette und zwei Croissants.
▷ Lucille n'a mangé qu'un chocolat.
Lucille hat nur eine Praline gegessen.

3 ▷ Relisez le chapitre un.
Lest noch einmal das Kapitel eins.

1 Les articles indéfinis en allemand sont **ein** (pour le masculin et le neutre) et **eine** (pour le féminin).

2 Quand **un** ou **une** est cardinal, on traduit par **ein** (pour le masculin et le neutre) et **eine** (pour le féminin).

3 Quand **un** est ordinal, on traduit par **eins**.

unanimité

▷ Léa a été élue à l'unanimité.
Léa wurde einstimmig gewählt.

► **à l'unanimité :** einstimmig

uni, unie

▷ Je préférerais un tissu uni pour les rideaux.
Ich hätte lieber einen einfarbigen Stoff für die Vorhänge.

(= sans motifs) **einfarbig**

unique

1 ▷ L'argent est son unique souci.
Geld ist sein einziges Problem.

2 ▷ Aurélie est fille unique.
Aurélie ist ein Einzelkind.

1 (= seul) **einzig**

2 ► **être fils unique** *ou* **fille unique :** ein Einzelkind sein

uniquement

▷ J'ai fait ça uniquement pour te faire plaisir.
Ich habe das nur gemacht, um dir einen Gefallen zu tun.

(= seulement) **nur**

unité

1 ▷ Le mètre est une unité de mesure.
Der Meter ist eine Maßeinheit.

2 ▷ Au Royaume-Uni, l'unité de distance est le mile.
Im Vereinigten Königreich ist das Längenmaß die Meile.

1 (pour mesurer) die **Einheit** (pluriel : Einheiten)

2 ► **unité de distance :** das Längenmaß

univers

▷ Les astronomes étudient l'univers.
Die Astronomen studieren das Weltall.

(= cosmos) das **Weltall**

université

▷ Je voudrais étudier l'archéologie à l'université.
Ich möchte Archäologie an der Universität studieren.

die **Universität** (pluriel : Universitäten)

urgence

1 ▷ Voici mon numéro de téléphone où tu peux m'appeler en cas d'urgence.
Hier ist meine Telefonnummer, wo du mich im Notfall erreichen kannst.

2 ▷ Thomas a été transporté aux urgences.
Thomas wurde auf die Notfallstation gebracht.

1 ► **en cas d'urgence :** im Notfall

2 ► **les urgences** (de l'hôpital) **:** die Notfallstation

urgent, urgente

▷ Tu dois rappeler Samia, c'est urgent.
Du musst Samia zurückrufen, es ist dringend.

dringend

usé, usée

▷ Je vais jeter cette veste, elle est vraiment trop usée.
Ich werde diese Jacke wegwerfen, sie ist wirklich zu verschlissen.

(= abîmé, en parlant d'un vêtement) **verschlissen**

user

▷ Tu vas user ton jean si tu fais ça.
Du wirst deine Jeans verschleißen, wenn du das tust.

(en parlant d'un vêtement) **verschleißen** (verschliss, verschlissen)

usine

▷ Le père d'Hubert travaille à l'usine de chaussures.
Huberts Vater arbeitet in der Schuhfabrik.

die **Fabrik** (pluriel : Fabriken)

utile

▷ Merci, c'est un renseignement très utile.
Danke, das ist eine nützliche Auskunft.

nützlich

utiliser

▷ Tu dois utiliser le stylo rouge, pas le bleu, pour souligner les compléments.
Du musst den roten Kuli benutzen, nicht den blauen, um die Ergänzungen zu unterstreichen.

benutzen

ℹ *Les verbes commençant par le préfixe **be-** ne prennent pas **ge-** au participe passé.*

V

FRANÇAIS — ALLEMAND

vacances

1 ▷ Les vacances commencent le trente juin.
Die Ferien beginnen am dreißigsten Juni.

▷ Mes cousins sont en vacances alors que moi, je suis encore à l'école.
Meine Cousins haben schon Ferien, während ich noch in der Schule bin.

▷ Vivement les grandes vacances !
Wenn nur schon Sommerferien wären!

2 ▷ Mes parents ont trois semaines de vacances en août.
Meine Eltern haben drei Wochen Urlaub im August.

1 (à l'école) die **Ferien**

C'est un pluriel.

► **être en vacances :** Ferien haben (hat, hatte, gehabt)

► **les grandes vacances :** die Sommerferien

2 (= congés, pour les personnes qui travaillent) der **Urlaub**

Ce mot s'emploie au singulier.

vaccin

1 ▷ Il n'y a pas de vaccin contre cette maladie.
Gegen diese Krankheit gibt es keinen Impfstoff.

2 ▷ Le médecin a vérifié mes vaccins.
Der Arzt hat meine Impfungen überprüft.

▷ J'ai dû me faire faire un vaccin avant de partir en Afrique.
Ich musste geimpft werden, bevor ich nach Afrika reiste.

1 (= substance) der **Impfstoff** (pluriel : -stoffe)

2 (= action de vacciner) die **Impfung** (pluriel : Impfungen)

► **faire un vaccin à** quelqu'un **:** jemanden (accusatif) impfen

► **se faire faire un vaccin :** sich impfen lassen (lässt, ließ, lassen)

vacciner

▷ Le médecin a vacciné tous les élèves.
Der Arzt hat alle Schüler geimpft.

▷ Je dois me faire vacciner contre le tétanos.
Ich muss gegen Tetanus geimpft werden.

impfen

► **se faire vacciner :** geimpft werden

vache

▷ Une vache s'était échappée et nous avions dû la rattraper.
Eine Kuh war entkommen und wir mussten sie wieder einfangen.

(= animal) die **Kuh** (pluriel : Kühe)

vachement

▷ La copine d'Antoine est vachement sympa.
Antoines Freundin ist echt nett.

echt

ℹ *L'expression française et sa traduction allemande sont familières.*

vague

1 ▷ Nous nous sommes jetés dans les vagues.
Wir haben uns in die Wellen gestürzt.

2 ▷ La météo a annoncé une vague de chaleur.
Der Wetterbericht hat eine Hitzewelle angesagt.

3 ▷ Ta description est trop vague.
Deine Beschreibung ist ungenau.

1 (dans la mer) die **Welle** (pluriel : Wellen)

2 ► **vague de chaleur :** die Hitzewelle

ℹ *De même, on dit* ***die Kältewelle*** = vague de froid.

3 (adjectif = imprécis) **ungenau**

vainqueur

▷ Le vainqueur de la course de vélos recevra un prix.
Der Sieger des Radrennens bekommt einen Preis.

der **Sieger** (pluriel : Sieger), die **Siegerin** (pluriel : Siegerinnen)

vaisseau

▷ Les pirates n'ont pas mis longtemps pour rattraper le vaisseau.
Die Piraten brauchten nicht lange, um das Schiff einzuholen.

das **Schiff** (pluriel : Schiffe)

▷ Au musée des sciences, nous avons vu un vaisseau spatial américain.
Im Wissenschaftsmuseum haben wir ein amerikanisches Raumschiff gesehen.

► **vaisseau spatial :** das Raumschiff (pluriel : -schiffe)

vaisselle

▷ Nous avons offert de la vaisselle à Nissim pour son mariage.
Wir haben Nissim Geschirr zu seiner Hochzeit geschenkt.

das **Geschirr**

ℹ *Ce mot s'emploie uniquement au singulier.*

▷ Tu peux faire la vaisselle, s'il te plaît ?
Kannst du bitte das Geschirr spülen?

► **faire la vaisselle :** das Geschirr spülen

valable

▷ Ta carte est valable juqu'à la fin du mois.
Deine Karte ist bis Monatsende gültig.

gültig

valeur

▷ Personne ne connaît la vraie valeur de ce tableau.
Niemand kennt den wahren Wert dieses Bildes.

▷ Les objets de valeur peuvent être déposés à la réception de l'hôtel.
Die Wertgegenstände können am Hotelempfang abgegeben werden.

der **Wert** (pluriel : Werte)

► **objet de valeur :** der Wertgegenstand (pluriel : -gegenstände)

valise

▷ Prends la valise, s'il te plaît.
Nimm bitte den Koffer.

▷ Est-ce que tu as fait ta valise ?
Hast du deinen Koffer gepackt?

▷ Je dois encore faire ma valise.
Ich muss meinen Koffer noch packen.

der **Koffer** (pluriel : Koffer)

► **faire sa valise :** pronom possessif + **Koffer packen**

ℹ *Le pronom possessif s'emploie à l'accusatif : **meinen, deinen, seinen, ihren, unseren, euren, ihren.***

vallée

▷ D'ici, on voit toute la vallée.
Von hier aus sieht man das ganze Tal.

das **Tal** (pluriel : Täler)

valoir

1 ▷ Ce tableau vaut plusieurs millions d'euros.
Dieses Bild ist mehrere Millionen Euro wert.

1 (suivi d'un prix) **wert sein**

2 ▷ Combien vaut ce foulard, s'il vous plaît ?
Wieviel kostet dieses Halstuch, bitte?

2 Pour demander **combien coûte** quelque chose, on dit **wieviel kostet ...?** pour un seul article et **wieviel kosten ...?** pour plusieurs articles.

3 ▷ Il vaut mieux le leur dire tout de suite.
Wir sagen es ihnen besser sofort.
▷ Il vaut mieux y aller demain.
Du gehst besser morgen hin.

3 Pour dire qu'il **vaut mieux** faire quelque chose, on emploie la formule suivante : pronom personnel + verbe au présent + **besser**.

4 ▷ Il vaut mieux que tu en parles à tes parents.
Es ist besser, wenn du darüber mit deinen Eltern sprichst.

4 ► **il vaut mieux que ... :** es ist besser, wenn ...

5 ▷ Tout le monde dehors, et ça vaut aussi pour toi !
Raus mit euch, und das gilt auch für dich!

5 (= être valable) **gelten** (gilt, galt, gegolten)

6 ▷ Est-ce que ça vaut le coup d'aller voir ce film ?
Lohnt es sich, diesen Film zu sehen?

6 ► **valoir le coup de** + infinitif : sich lohnen, zu + infinitif

vampire

▷ Encore une histoire de vampires !
Schon wieder eine Vampirgeschichte!

der **Vampir** /vam'piːɐ/
(pluriel : Vampire)

Notez la prononciation.

vanille

▷ Ma mère met de la vanille dans le sucre pour lui donner du goût.
Meine Mutter tut Vanille in den Zucker, um ihm Geschmack zu geben.

▷ Je préfère la glace à la vanille.
Ich mag Vanilleeis lieber.

die **Vanille**

Pour dire que quelque chose est à la vanille, *on forme des mots composés avec* ***Vanille** : **die Vanillecreme*** (crème à la vanille), ***das Vanillejoghurt*** (yaourt à la vanille), *etc.*

se vanter

▷ Arrête de te vanter, ce n'était pas si difficile !
Hör auf, zu prahlen, so schwer war es doch nicht!

prahlen

On dit aussi ***angeben***.

vapeur

▷ La vapeur montait au-dessus des sources chaudes.
Der Dampf stieg über den heißen Quellen auf.

▷ J'aime les légumes cuits à la vapeur.
Ich mag gedämpftes Gemüse.

der **Dampf**

► **cuit à la vapeur :** gedämpft

varié, variée

▷ Les repas de la cantine sont assez variés.
Das Kantinenessen ist ziemlich abwechslungsreich.

(= diversifié)
abwechslungsreich

varier

▷ Les températures varient beaucoup entre Lille et Toulouse.
Die Temperaturen zwischen Lille und Toulouse sind sehr unterschiedlich.

(= changer) **unterschiedlich sein**

variété

1 ▷ Je ne connais pas cette variété de poire.
Ich kenne diese Birnensorte nicht.

2 ▷ Je déteste les émissions de variétés.
Ich hasse Unterhaltungssendungen.

1 (= type) die **Sorte**
(pluriel : Sorten)

2 ► **émission de variétés** (à la télévision) **:** die **Unterhaltungssendung**
(pluriel : -sendungen)

3 ▷ Nous sommes allés voir un spectacle de variétés au théâtre.
Wir haben ein Varieteestück im Theater gesehen.

3 ► **spectacle de variété** (au théâtre) **:** das Varieteestück (pluriel : –stücke)

Attention à l'orthographe du mot allemand.

4 ▷ C'est un chanteur de variétés très célèbre.
Er ist ein berühmter Schlagersänger.

4 ► **chanteur de variétés, chanteuse de variétés :** der Schlagersänger (pluriel : –sänger), die Schlagersängerin (pluriel : –sängerinnen)

vase

1 ▷ Je vais mettre les fleurs dans un vase.
Ich stelle die Blumen in eine Vase.

1 (= récipient à fleurs) die **Vase** /vaːzə/ (pluriel : Vasen)

Notez la prononciation.

2 ▷ Les mouettes cherchent des vers dans la vase.
Die Möwen suchen Würmer im Schlamm.

2 ► **la vase** (= la boue) **:** der Schlamm

vaut

Regardez au mot **valoir**.

vautour

▷ Les vautours attendent que l'animal meure.
Die Geier warten darauf, dass das Tier stirbt.

der **Geier** (pluriel : Geier)

veau

1 ▷ Le petit veau suit sa mère partout !
Das kleine Kalb folgt seiner Mutter überall hin!

1 (= petit de la vache) das **Kalb** (pluriel : Kälber)

2 ▷ Les Britanniques mangent rarement du veau.
Die Briten essen selten Kalbfleisch.

2 (= viande) das **Kalbfleisch**

Quand on parle du plat, l'article n'est pas employé.

vécu

Regardez au mot **vivre**.

vedette

1 ▷ Toutes les vedettes de cinéma étaient là.
Alle Filmstars waren da.

1 (= star) der **Star** (pluriel : Stars)

2 ▷ La vedette a dépassé le voilier.
Das Schnellboot hat das Segelboot überholt.

2 (= bateau) das **Schnellboot** (pluriel : –boote)

végétarien, végétarienne

▷ Les végétariens peuvent manger des œufs.
Vegetarier dürfen Eier essen.

der **Vegetarier** /vege'taːri'ɐ/ (pluriel : Vegetarier), die **Vegetarierin** (pluriel : Vegetarierinnen)

Notez la prononciation.

végétation

1 ▷ Nous nous sommes frayé un chemin à travers la végétation.
Wir haben uns einen Weg durch die Vegetation gebahnt.

2 ▷ Ma sœur se fait opérer des végétations.
Meiner Schwester werden die Polypen herausgenommen.

1 (= flore) die **Vegetation**

Notez la prononciation.

2 ► **les végétations** (du nez) **:** die Polypen

N'oubliez pas que le y allemand se prononce **u**.

véhicule

▷ Les véhicules sont interdits sur l'île.
Fahrzeuge sind auf der Insel verboten.

das **Fahrzeug** (pluriel : Fahrzeuge)

veille

▷ Ils sont arrivés la veille.
Sie sind am Vortag angekommen.

▷ Ben a révisé la veille de l'examen.
Ben hat am Tag vor der Prüfung wiederholt.

► **la veille :** am Vortag

► **la veille de ... :** am Tag vor ...

veiller

▷ Ne veillez pas trop tard !
Bleibt nicht zu lange auf!

(= se coucher tard) **aufbleiben**

i ***auf•bleiben*** *est un verbe à particule séparable et se conjugue comme* ***bleiben*** *(blieb, geblieben).*

veine

1 ▷ L'infirmière ne trouvait pas la veine.
Die Krankenschwester fand die Vene nicht.

2 ▷ Tu vas en Nouvelle-Zélande ? Tu as de la veine !
Du fliegst nach Neuseeland? Du hast aber Glück!

1 (= vaisseau sanguin) die **Vene** (pluriel : Venen)

2 ► **avoir de la veine :** Glück haben

vélo

▷ Le nouveau vélo de Nadine est génial.
Nadines neues Fahrrad ist klasse.

▷ Tu vas à l'école à vélo ?
Fährst du mit dem Fahrrad zur Schule?

das **Fahrrad** (pluriel : -räder)

► **aller à vélo** *ou* **en vélo :** mit dem Fahrrad fahren (fährt, fuhr, gefahren)

▷ Viens faire du vélo avec nous dimanche.
Komm am Sonntag mit uns Fahrrad fahren.

► **faire du vélo :** Fahrrad fahren

velours

▷ Le velours est un tissu très doux.
Samt ist ein sehr weicher Stoff.
▷ Mes rideaux sont en velours.
Meine Vorhänge sind aus Samt.
▷ Les coussins en velours vont sur le canapé.
Die Samtkissen gehören auf das Sofa.
▷ Tu as vu ma veste en velours ?
Hast du meine Samtjacke gesehen?

der **Samt**

► **être en velours :** aus Samt sein

ℹ *Pour dire que quelque chose est* **en velours** *ou* **de velours**, *on forme des mots composés avec* ***Samt*** *:* ***das Samtkleid*** (robe en velours), ***die Samthose*** (pantalon en velours).

vendange

▷ Les vendanges commencent en septembre.
Die Weinlese fängt im September an.
▷ Le frère de Louise fait les vendanges chaque année.
Louises Bruder geht jedes Jahr Trauben lesen.

(= récolte) die **Weinlese**

ℹ *Ce mot est un singulier.*

► **faire les vendanges** (en tant qu'employé) **:** Trauben lesen (liest, las, gelesen)

ℹ ***Lesen*** *signifie aussi* **lire**.

vendeur, vendeuse

▷ La vendeuse m'a aidé à trouver la bonne taille.
Die Verkäuferin hat mir geholfen, die richtige Größe zu finden.

(dans un magasin) der **Verkäufer** (pluriel : Verkäufer),
die **Verkäuferin** (pluriel : Verkäuferinnen)

vendre

▷ Nadine a vendu son vélo pour s'acheter une console de jeux.
Nadine hat ihr Fahrrad verkauft, um sich eine Spielkonsole zu kaufen.
▷ Quentin a vendu ses CD à Camille.
Quentin hat Camille seine CDs verkauft.

verkaufen

ℹ *Les verbes commençant par le préfixe* ***ver-*** *ne prennent pas* ***ge-*** *au participe passé.*

► **vendre** quelque chose **à** quelqu'un **:** jemandem (datif) etwas verkaufen

vendredi

▷ Aujourd'hui c'est vendredi.
Heute ist Freitag.
▷ Nous viendrons vendredi.
Wir kommen am Freitag.
▷ Le vendredi, Lisa va à son cours de saxophone.
Freitags hat Lisa Saxophonunterricht.

der **Freitag**

► **faire** quelque chose **vendredi :** etwas am Freitag tun

► **le vendredi** (= tous les vendredis) **:** freitags

vénéneux, vénéneuse

▷ Je ne sais pas reconnaître les champignons vénéneux.
Ich kann giftige Pilze nicht erkennen.

giftig

se venger

▷ Thomas voulait se venger de Marc.
Thomas wollte sich an Marc rächen.
▷ Elle s'est vengée de ce qu'ils lui avaient fait.
Sie hat sich gerächt für das, was sie ihr angetan hatten.

► **se venger de** quelqu'un : **sich an** jemandem (datif) **rächen**
► **se venger de** quelque chose : **sich für** etwas **rächen**

venimeux, venimeuse

▷ Cette araignée est venimeuse.
Diese Spinne ist giftig.
▷ Est-ce qu'il y a des serpents venimeux ici ?
Gibt es hier Giftschlangen?

giftig
ℹ *On peut former des mots composés avec* ***Gift*** *:* ***die Giftspinne*** (araignée venimeuse).

venir

1 ▷ Tu viens avec moi ?
Kommst du mit mir?
▷ Viens m'aider, s'il te plaît.
Komm und hilf mir, bitte.
2 ▷ Nos correspondants viennent de Darmstadt.
Unsere Brieffreunde kommen aus Darmstadt.
3 ▷ Nous avons fait venir le médecin tout de suite.
Wir ließen sofort den Arzt kommen.
4 ▷ La prof vient de sortir de la classe.
Die Lehrerin ist gerade aus dem Klassenzimmer gegangen.
▷ Merci pour le chocolat, mais je viens de me brosser les dents.
Danke für die Schokolade, aber ich habe mir gerade die Zähne geputzt.

1 (= aller) **kommen** (**kam, gekommen**)
ℹ *Lorsque* **venir** *est suivi d'un infinitif en français, on dit en allemand* ***komm und ...***

2 ► **venir de** (= arriver de, provenir de) : **aus ... kommen**

3 ► **faire venir** (= appeler) : **kommen lassen** (**lässt, ließ, gelassen**)

4 Pour dire que quelqu'un **vient de** faire quelque chose en allemand, on emploie une phrase avec les auxiliaires **sein** ou **haben** + **gerade**.

vent

▷ Le vent souffle fort aujourd'hui.
Der Wind weht heute stark.
▷ Il y a du vent.
Es ist windig.

der Wind (pluriel : **Winde**)

► **il y a du vent** : **es ist windig**

vente

1 ▷ L'école organise une vente de viennoiseries tous les jeudis.
Die Schule organisiert jeden Donnerstag einen Verkauf von Gebäck.
▷ La maison est en vente.
Das Haus ist zu verkaufen.

2 ▷ Tu es déjà allé à une vente aux enchères ?
Warst du schon auf einer Versteigerung?

1 der **Verkauf** (pluriel : Verkäufe)
► **en vente :** zu verkaufen

2 ► **vente aux enchères :** die Versteigerung (pluriel : Versteigerungen)

ventre

▷ Je dors toujours sur le ventre.
Ich schlafe immer auf dem Bauch.
▷ Joël a souvent mal au ventre.
Joël hat oft Bauchschmerzen.

der **Bauch** (pluriel : Bäuche)
► **avoir mal au ventre :** Bauchschmerzen haben

ver

1 ▷ Cette pomme est pleine de vers !
Dieser Apfel ist voller Maden!

2 ▷ Nous avons cherché des vers de terre pour la pêche.
Wir haben Regenwürmer zum Angeln gesucht.

1 (= asticot) die **Made** (pluriel : Maden)

2 ► **ver de terre :** der Regenwurm (pluriel : -würmer)

verglas

▷ La voiture a dérapé sur le verglas.
Das Auto ist auf dem Glatteis ausgerutscht.

das **Glatteis**

vérifier

▷ Vérifie que la porte est fermée à clé.
Überprüfe, ob die Tür abgeschlossen ist.

(= contrôler) **überprüfen**

ℹ *Les verbes commençant par le préfixe **über-** ne prennent pas **ge-** au participe passé.*

vérité

▷ Tu ferais mieux de dire la vérité !
Du tätest besser daran, die Wahrheit zu sagen!

die **Wahrheit** (pluriel : Wahrheiten)

vernis

1 ▷ J'ai acheté du vernis pour la table.
Ich habe Lack für den Tisch gekauft.

2 ▷ Le vernis du tableau est tout craquelé.
Der Firnis auf dem Bild ist ganz rissig.

3 ▷ Mélanie a du vernis bleu vif.
Mélanie hat knallblauen Nagellack.

1 (pour le bois) der **Lack** (pluriel : Lacke)

2 (pour la peinture) der **Firnis** (pluriel : Firnisse)

3 (pour les ongles) der **Nagellack** (pluriel : -lacke)

verre

1 ▷ Attention, il y a des morceaux de verre par terre.
Vorsicht, auf dem Boden liegen Glasscherben.
▷ La porte du bureau est en verre.
Die Bürotür ist aus Glas.
▷ J'ai acheté des perles en verre bleu.
Ich habe blaue Glasperlen gekauft.

1 (= matériau) das **Glas**

► **être en verre :** aus Glas sein

ℹ *Pour dire que quelque chose est* **en verre** *ou* **de verre**, *on forme des mots composés avec* ***Glas*** *:* ***die Glasschüssel*** (saladier en verre), ***die Glaswolle*** (laine de verre).

2 ▷ Un verre de lait, s'il vous plaît.
Ein Glas Milch, bitte.
▷ Venez prendre un verre avec nous.
Kommen Sie mit uns etwas trinken.

2 (= récipient pour boire) das **Glas** (pluriel : Gläser)

► **prendre un verre** (= boire) **:** etwas trinken

3 ▷ Sabrina porte des verres épais.
Sabrina trägt dicke Gläser.

3 (= verre de lunettes) das **Glas** (pluriel : Gläser)

4 ▷ Il existe des verres de contact teintés.
Es gibt getönte Kontaktlinsen.

4 ► **verres de contact :** die Kontaktlinsen

verrue

▷ Isabelle a des verrues aux mains.
Isabelle hat Warzen an den Händen.
▷ Cette verrue plantaire me fait très mal.
Diese Fußsohlenwarze tut mir sehr weh.

die **Warze** (pluriel : Warzen)

► **verrue plantaire :** die Fußsohlenwarze

vers

1 ▷ Allez vers l'église, puis tournez à gauche.
Gehen Sie auf die Kirche zu, dann biegen Sie links ab.

1 ► **vers ...** (= en direction de) **:** auf + accusatif + zu

ℹ *On dit aussi* ***in Richtung ...***

2 ▷ Ils habitent vers Angers.
Sie wohnen in der Nähe von Angers.

2 (= aux environs de, dans l'espace) **in der Nähe von ...**

3 ▷ Nous serons là vers huit heures.
Wir kommen etwa um acht Uhr.

3 (= aux environs de, dans le temps) **etwa um**

ℹ *On dit aussi* ***gegen***.

verser

1 ▷ Verse-moi de l'eau, s'il te plaît.
Gieß mir bitte Wasser ein.

1 (= servir, transvaser) **eingießen**

ℹ ***ein•gießen*** *est un verbe à particule séparable et se conjugue comme* ***gießen*** *(goss, gegossen).*

2 ▷ Chaque mois, je verse dix euros sur mon compte d'épargne.
Jeden Monat zahle ich zehn Euro auf mein Sparkonto ein.

2 (= payer) **einzahlen**

ℹ ***ein•zahlen*** *est un verbe à particule séparable.*

version

▻ Chacun a raconté sa version de l'histoire.
Jeder erzählte seine Version der Geschichte.

die **Version** (pluriel : Versionen)

vert, verte

▻ Les arbres sont encore très verts.
Die Bäume sind noch sehr grün.

▻ Le vert ne me va pas.
Grün steht mir nicht gut.

(= couleur) **grün**

► **le vert** : Grün

vertical, verticale

▻ Trace un trait vertical au milieu de la page.
Zeichne eine senkrechte Linie in der Mitte der Seite.

senkrecht

vertige

▻ Je ne peux pas monter à l'échelle, j'ai le vertige.
Ich kann nicht auf die Leiter klettern, mir wird schwindlig.

▻ L'altitude me donne le vertige.
Höhe macht mich schwindlig.

► quelqu'un **a le vertige** :
jemandem (datif) **wird schwindlig**

► **donner le vertige à** quelqu'un :
jemanden (accusatif) **schwindlig machen**

veste

▻ Tu peux accrocher ta veste derrière la porte.
Du kannst deine Jacke hinter der Tür aufhängen.

die **Jacke** (pluriel : Jacken)

vestiaire

1 ▻ Les vestiaires sont à côté de l'entrée du gymnase.
Die Umkleideräume sind neben dem Eingang der Turnhalle.

2 ▻ Tu peux laisser ton manteau au vestiaire.
Du kannst deinen Mantel an der Garderobe abgeben.

1 (dans un stade, une piscine) der **Umkleideraum** (pluriel : -räume)

2 (= au théâtre, au musée) die **Garderobe** /gardə'roːbə/ (pluriel : Garderoben)

Notez la prononciation.

vêtements

▻ Céline adore acheter des vêtements.
Céline kauft liebend gern Kleidung.

die **Kleidung**

Ce mot s'emploie au singulier.

vétérinaire

▻ Le vétérinaire a dit que ce n'était pas grave.
Der Tierarzt hat gesagt, es sei nicht schlimm.

▻ J'ai attendu presque une heure chez le vétérinaire.
Ich habe fast eine Stunde beim Tierarzt gewartet.

der **Tierarzt** (pluriel : -ärzte), die **Tierärztin** (pluriel : -ärztinnen)

► **chez le vétérinaire** (= dans le cabinet) : **beim Tierarzt**

▷ Ma mère a emmené le chat chez le vétérinaire.
Meine Mutter hat die Katze zum Tierarzt gebracht.
▷ Il y a une clinique vétérinaire à côté de chez nous.
Bei uns nebenan ist eine Tierklinik.

► **chez le vétérinaire** (= vers le cabinet) : **zum Tierarzt**

► **clinique vétérinaire** : **die Tierklinik** (pluriel : **-kliniken**)

veuf

▷ Notre voisin est veuf.
Unser Nachbar ist Witwer.

der **Witwer** (pluriel : **Witwer**)
► **être veuf** : **Witwer sein** *ou* **verwitwet sein**

veuve

▷ Notre professeur de français est veuve.
Unsere Französischlehrerin ist Witwe.

die **Witwe** (pluriel : **Witwen**)
► **être veuve** : **Witwe sein** *ou* **verwitwet sein**

vexer

1 ▷ La remarque de Daniel a vexé Suzanne.
Daniels Bemerkung hat Suzanne gekränkt.

2 ▷ Ne te vexe pas, c'était pour rire.
Sei nicht beleidigt, es war nur Spaß.

1 (= offenser) **kränken**

2 ► **se vexer** : **beleidigt sein**

viande

▷ Cette viande est très tendre.
Dieses Fleisch ist sehr zart.

das **Fleisch**

vibrer

▷ Le frigo vibre et fait beaucoup de bruit.
Der Kühlschrank vibriert und macht viel Lärm.

vibrieren

ℹ *Les verbes se terminant en* ***–ieren*** *ne prennent pas* ***ge-*** *au participe passé.*

victime

1 ▷ Plusieurs des victimes de l'attentat ont été interviewées.
Mehrere Anschlagsopfer wurden interviewt.

2 ▷ Le tremblement de terre a fait beaucoup de victimes.
Viele Menschen fielen dem Erdbeben zum Opfer.
▷ L'attentat a fait quinze victimes.
Fünfzehn Menschen sind dem Anschlag zum Opfer gefallen.

1 das **Opfer** (pluriel : **Opfer**)

2 Pour dire que quelque chose **fait des victimes** en allemand, on emploie une phrase passive avec la formule **zum Opfer fallen** (**fällt, fiel, gefallen**) ; le sujet de la phrase française devient complément en allemand.

victoire

▷ Ils ont fêté la victoire de l'équipe toute la nuit.
Sie haben den Sieg der Mannschaft die ganze Nacht über gefeiert.
▷ Bordeaux a facilement remporté la victoire.
Bordeaux hat mühelos gesiegt.

der **Sieg** (pluriel : Siege)

► **remporter la victoire :** siegen

vide

1 ▷ La carafe est vide, tu peux la remplir ?
Die Karaffe ist leer, kannst du sie füllen?

2 ▷ Il s'est jeté dans le vide.
Er hat sich in die Tiefe gestürzt.

1 (adjectif = contraire de plein) **leer**

2 ► **se jeter dans le vide :** sich in die Tiefe stürzen

vidéo

▷ Nous avons loué une vidéo pour la soirée.
Wir haben ein Video für den Abend gemietet.

► **vidéo** *ou* **cassette vidéo :** das **Video** (pluriel : Videos) *ou* die **Videokassette** (pluriel : -kassetten)

vidéoclub

▷ Tu peux passer au vidéoclub ?
Kannst du bei der Videothek vorbei gehen?

die **Videothek** (pluriel : Videotheken)

vider

1 ▷ Va vider la poubelle, s'il te plaît.
Leer bitte den Abfalleimer aus.

2 ▷ Nous devrions vider l'armoire avant de la déplacer.
Wir sollten den Schrank ausräumen, bevor wir ihn wegrücken.

3 ▷ Vide simplement le reste du jus dans l'évier.
Kipp einfach den Rest des Saftes in die Spüle.

4 ▷ Je déteste vider les poissons.
Ich hasse es, Fische auszunehmen.

5 ▷ Maman, il est en train de vider tout le paquet de gâteaux !
Mama, er isst die ganze Packung Kekse leer!
▷ J'avais tellement soif que j'ai vidé la bouteille.
Ich hatte solchen Durst, dass ich die Flasche leer trank.

1 (en parlant d'un récipient) **ausleeren**
ℹ *__aus•leeren__ est un verbe à particule séparable.*

2 (en parlant d'un meuble, d'un tiroir, d'une maison) **ausräumen**
ℹ *__aus•räumen__ est un verbe à particule séparable.*

3 (en parlant d'un liquide) **kippen**
ℹ *On dit aussi __gießen__ (goss, gegossen).*

4 (= enlever les entrailles de) **ausnehmen**
ℹ *__aus•nehmen__ est un verbe à particule séparable et se conjugue comme __nehmen__ (nimmt, nahm, genommen).*

5 ► **vider** quelque chose (en mangeant) : etwas (accusatif) **leer essen**
► **vider** quelque chose (en buvant) : etwas (accusatif) **leer trinken**

vie

▷ Raphaël a eu une vie difficile.
Raphaël hatte ein schwieriges Leben.
▷ Heureusement, le chien était encore en vie.
Zum Glück war der Hund noch am Leben.

das **Leben** (pluriel : Leben)

► **en vie :** am Leben

vieil

Regardez au mot **vieux**.

vieillard

▷ J'ai aidé un vieillard à traverser la rue.
Ich half einem alten Mann, die Straße zu überqueren.

der **alte Mann**
(pluriel : alte Männer)

vieille

Regarder au mot **vieux**.

vieillesse

▷ La vieillesse ne la préoccupe pas.
Das Alter macht ihr nicht zu schaffen.

(= état) das **Alter**

ℹ *Ce mot s'emploie uniquement au singulier.*

▷ Mon arrière-grand-mère est morte de vieillesse.
Meine Urgroßmutter ist an Altersschwäche gestorben.

► **mourir de vieillesse :** an Altersschwäche sterben

vieillir

1 ▷ Ma mère a peur de vieillir.
Meine Mutter hat Angst, alt zu werden.

2 ▷ Je trouve qu'il a beaucoup vieilli.
Ich finde, dass er sehr gealtert ist.

3 ▷ Cette robe la vieillit.
Dieses Kleid macht sie älter.

1 (= devenir plus vieux) **alt werden** (wird, wurde, geworden)

2 (= changer, décliner) **altern**

ℹ *Notez que le passé composé allemand se forme avec l'auxiliaire **sein**.*

3 ► **vieillir** quelqu'un (= le faire paraître plus vieux) **:** jemanden (accusatif) **älter machen**

vieux, vieil, vieille

1 ▷ J'aime bien ce viel homme, il est très gentil.
Ich mag diesen alten Mann gern, er ist sehr nett.
▷ Elle est moins vieille que je ne le pensais.
Sie ist jünger als ich dachte.

2 ▷ Le vieux d'à côté crie tout le temps.
Der Alte von nebenan schreit dauern herum.

1 (= adjectif) **alt** (**plus vieux** älter ; **le plus vieux** der älteste)

► **moins vieux :** jünger

2 (= personne) der/die **Alte**
(pluriel : Alten)

ℹ *C'est un adjectif substantivé : on dit **ein Alter**.*

vif, vive

1 ▷ Les chambres sont peintes de couleurs vives.
Die Schlafzimmer sind in leuchtenden Farben gestrichen.

1 (= brillant) **leuchtend**

2 ▷ Je me suis acheté un pantalon jaune vif.
Ich habe mir eine knallgelbe Hose gekauft.

2 Quand vif suit une couleur, on forme des mots composés avec **knall-** : knallrot (rouge vif), knallrosa (rose vif).

3 ▷ Érika est une fille très vive.
Érika ist ein sehr lebhaftes Mädchen.

3 (= dynamique) **lebhaft**

vigne

▷ La maison est entourée de vignes.
Das Haus ist von Weinbergen umgeben.

(= vignoble) der **Weinberg** (pluriel : -berge)

vilain, vilaine

1 ▷ Le quartier est sympa, mais l'immeuble est vraiment vilain.
Das Viertel ist angenehm, aber das Gebäude ist wirklich hässlich.

1 (= laid) **hässlich**

2 ▷ C'est très vilain de mentir.
Es ist sehr schlecht zu lügen.

2 (= mal) **schlecht**

3 ▷ Vilain garçon !
Du böser Junge!

3 (= méchant) **böse**

villa

▷ Des amis de mes parents ont une villa en Provence.
Freunde meiner Eltern haben eine Villa in der Provence.

die **Villa** (pluriel : Villen)

village

▷ Laure habite dans un tout petit village.
Laure lebt in einem ganz kleinen Dorf.

das **Dorf** (pluriel : Dörfer)

ville

▷ La ville la plus proche est à dix kilomètres.
Die nächste Stadt ist zehn Kilometer entfernt.
▷ On pourrait aller en ville cet après-midi.
Wir könnten heute Nachmittag in die Stadt gehen.
▷ La vieille ville de Prague est très belle.
Die Prager Altstadt ist sehr schön.

die **Stadt** (pluriel : Städte)

► **aller en ville :** in die Stadt gehen

► **vieille ville** (= la partie ancienne) **:** die Altstadt

vin

▷ Mon père aime le bon vin.
Mein Vater liebt guten Wein.

der **Wein** (pluriel : Weine)

vinaigre

▷ Il y a trop de vinaigre dans cette vinaigrette.
In dieser Vinaigrette ist zu viel Essig.

der **Essig**

vinaigrette

▷ Je n'aime pas la vinaigrette.
Ich mag Vinaigrette nicht.

die **Vinaigrette**

Se prononce comme en français.

vingt

▷ Il y a vingt élèves dans ma classe.
In meiner Klasse sind zwanzig Schüler.

▷ Ma cousine a vingt ans.
Meine Cousine ist zwanzig Jahre alt.

▷ Aujourd'hui, c'est le vingt octobre.
Heute ist der zwanzigste Oktober.

▷ L'anniversaire de Julie est le vingt septembre.
Julies Geburtstag ist am zwanzigsten September.

zwanzig

Quand on dit l'âge de quelqu'un, on peut dire simplement le nombre : ***Sie ist zwanzig***.

Quand on dit la date, on emploie ***der zwanzigste***.

Quand on dit que quelque chose a eu lieu ou aura lieu à cette date, on emploie ***am zwanzigsten***.

On écrit ***der 20. Oktober, am 20. September***.

vingtaine

▷ Une vingtaine de spectateurs étaient venus.
Ungefähr zwanzig Zuschauer waren gekommen.

► **une vingtaine de ... : ungefähr zwanzig ...**

violence

▷ Il y a de plus en plus de violence à l'école.
Es gibt immer mehr Gewalt in der Schule.

die **Gewalt**

violent, violente

1 ▷ C'est un garçon très violent.
Er ist ein sehr gewalttätiger Junge.

2 ▷ Je n'aime pas les films violents.
Ich mag brutale Filme nicht.

1 (en parlant d'une personne) **gewalttätig**

2 (en parlant d'un jeu, d'un film) **brutal**

violer

1 ▷ Il est accusé d'avoir violé plusieurs femmes.
Er wird beschuldigt, mehrere Frauen vergewaltigt zu haben.

1 (= abuser sexuellement) **vergewaltigen**

Les verbes commençant par le préfixe ***ver-*** *ne prennent pas* ***ge-*** *au participe passé.*

2 ▷ Elle s'est fait violer dans un parc.
Sie wurde in einem Park vergewaltigt.

2 ► **se faire violer** : vergewaltigt werden

violet, violette

1 ▷ J'aime bien ton pull violet.
Ich mag deinen violetten Pullover gern.

1 (= couleur) violett

2 ▷ Le violet te va bien.
Violett steht dir gut.

2 ► **le violet** : Violett

3 ▷ J'ai mis une violette dans mon herbier.
Ich habe ein Veilchen in mein Herbarium getan.

3 ► **violette** (= fleur) : das Veilchen (pluriel : Veilchen)

violon

▷ Le violon est un instrument cher.
Die Geige ist ein teures Instrument.

▷ Maëlle joue du violon depuis trois ans.
Maëlle spielt seit drei Jahren Geige.

die **Geige** (pluriel : Geigen)

► **jouer du violon** : Geige spielen

violoncelle

▷ Le son du violoncelle est magnifique.
Der Klang des Cellos ist wunderschön.

das **Cello** /ˈtʃɛlo/ (pluriel : Cellos *ou* Celli)

Notez la prononciation.

▷ Lisa joue très bien du violoncelle.
Lisa spielt sehr gut Cello.

► **jouer du violoncelle** : Cello spielen

violoniste

▷ Les violonistes ont salué le public.
Die Geiger haben sich vor dem Publikum verbeugt.

der **Geiger** (pluriel : Geiger), die **Geigerin** (pluriel : Geigerinnen)

vipère

▷ Les vipères sont des serpents venimeux.
Vipern sind Giftschlangen.

die **Viper** (pluriel : Vipern)

virage

▷ Fais attention au virage !
Pass auf die Kurve auf!

(sur une route) die **Kurve** (pluriel : Kurven)

virgule

▷ Tu as oublié une virgule ici.
Du hast hier ein Komma vergessen.

das **Komma** (pluriel : Kommas)

virus

▷ Maxime a attrapé un virus.
Maxime hat sich einen Virus geholt.

der *ou* das **Virus** (pluriel : Viren)

visa

▷ Il faut un visa pour aller en Chine.
Man braucht ein Visum, um nach China zu reisen.

das **Visum** (pluriel : Visa *ou* Visen)

visage

▷ Qu'est-ce qui est arrivé à ton visage ?
Was ist mit deinem Gesicht passiert?

das **Gesicht** (pluriel : Gesichter)

viser

▷ Prends ton temps pour viser.
Nimm dir Zeit zu zielen.

▷ Pierre m'a visé, mais heureusement il m'a raté.
Pierre hat auf mich gezielt, aber zum Glück hat er mich verfehlt.

zielen

► **viser** quelqu'un *ou* quelque chose : **auf** jemanden *ou* etwas (accusatif) **zielen**

vision

▷ Le médecin a vérifié ma vision.
Der Arzt hat mein Sehvermögen überprüft.

(= vue) das **Sehvermögen**

visite

1 ▷ Nous rendons souvent visite à mes grands-parents.
Wir besuchen oft meine Großeltern.

2 ▷ La visite du barrage était très intéressante.
Die Besichtigung des Dammes war sehr interessant.

3 ▷ Je voudrais faire la visite guidée du château.
Ich würde gern die Schlossführung machen.

4 ▷ Nous passons une visite médicale une fois par an à l'école.
Wir werden in der Schule einmal im Jahr untersucht.

1 ► **rendre visite à** quelqu'un : jemanden (accusatif) **besuchen**

ℹ *Les verbes commençant par le préfixe* ***be-*** *ne prennent pas* ***ge-*** *au participe passé.*

2 (d'un monument, d'un musée) die **Besichtigung** (pluriel : Besichtigungen)

3 ► **visite guidée :** die **Führung** (pluriel : Führungen)

4 ► **passer une visite médicale :** **untersucht werden** (wird, wurde, worden)

visiter

▷ J'ai visité le musée Picasso avec mon correspondant.
Ich habe das Picassomuseum mit meinem Brieffreund besichtigt.

besichtigen

ℹ *Les verbes commençant par le préfixe* ***be-*** *ne prennent pas* ***ge-*** *au participe passé.*

vitamine

▷ Mange des oranges, elles sont pleines de vitamines.
Iss Orangen, sie sind voller Vitamine.

das **Vitamin** (pluriel : Vitamine)

vite

▷ Ne marche pas si vite !
Geh doch nicht so schnell!
▷ Il conduit trop vite.
Er fährt zu schnell.
▷ Pas si vite, je ne suis pas prête !
Langsam, ich bin noch nicht fertig!

schnell

► **pas si vite ! :** langsam!

vitesse

1 ▷ Quelle est la vitesse maximale en ville ?
Was ist die Höchstgeschwindigkeit in der Stadt?

1 (= rapidité) die **Geschwindigkeit**

2 ▷ Le vélo de Jean-Marc a dix vitesses.
Jean-Marcs Fahrrad hat zehn Gänge.

2 (= mécanique d'une voiture, d'une moto ou d'un vélo) der **Gang** (pluriel : Gänge)

3 ▷ Change de vitesse avant la côte.
Schalte vor der Steigung.

3 ► **changer de vitesse :** schalten

4 ▷ Isa a fait ses devoirs en vitesse.
Isa hat ganz schnell ihre Hausaufgaben gemacht.

4 ► **en vitesse :** ganz schnell

5 ▷ Je me suis changé à toute vitesse avant d'aller au cinéma.
Ich habe mich in aller Eile umgezogen, bevor ich ins Kino ging.

5 ► **à toute vitesse :** in aller Eile

vitrail

▷ Il y a un beau vitrail dans l'église.
In der Kirche ist ein schönes Buntglasfenster.

das **Buntglasfenster** (pluriel : -fenster)

vitre

1 ▷ Nous avons dû changer la vitre cassée.
Wir mussten die zerbrochene Fensterscheibe wechseln.
▷ J'ai aidé ma mère à faire les vitres.
Ich habe meiner Mutter geholfen, die Fenster zu putzen.

1 (= verre d'une fenêtre) die **Fensterscheibe** (pluriel : -scheiben)
► **faire les vitres** (= nettoyer) **:** die Fenster putzen

2 ▷ Baisse la vitre, il fait chaud.
Dreh die Scheibe herunter, es ist warm.

2 (= fenêtre d'une voiture) die **Scheibe** (pluriel : Scheiben)

vitrine

▷ J'aime bien regarder les vitrines des grands magasins à Noël.
Zu Weihnachter schaue ich mir gern die Schaufenster der Kaufhäuser an.
▷ Je vais faire les vitrines avec Clara.
Ich gehe mit Clara einen Schaufensterbummel machen.

(d'une boutique) das **Schaufenster** (pluriel : -fenster)

► **faire les vitrines :** einen Schaufensterbummel machen

vivant

1 ▷ Il est blessé, mais encore vivant.
Er ist verletzt, aber noch am Leben.

2 ▷ C'est un quartier très vivant.
Es ist ein sehr belebtes Viertel.

1 (= en vie) **am Leben**

2 (= animé) **belebt**

vivement

▷ Vivement les vacances !
Wenn nur schon Ferien wären!

Pour exprimer son impatience, **vivement** se traduit par l'emploi de **wenn nur schon ...!**

vivre

1 ▷ Notre chien a vécu longtemps.
Unser Hund hat lange gelebt.
▷ Où est-ce que tu vis ?
Wo lebst du?

2 ▷ Nathalie a vécu une période difficile.
Nathalie hat eine schwere Zeit erlebt.

1 (= être en vie, habiter) **leben**

2 (= faire l'expérience de) **erleben**

ℹ *Les verbes commençant par le préfixe* ***er-*** *ne prennent pas* ***ge-*** *au participe passé.*

vocabulaire

▷ Je dois réviser mon vocabulaire anglais.
Ich muss meinen englischen Wortschatz wiederholen.

der **Wortschatz**
(pluriel : -schätze)

vœu

▷ Ferme les yeux et fais un vœu.
Mach die Augen zu und wünsch dir etwas.
▷ J'ai fait un vœu, mais je ne te dirai pas lequel.
Ich habe mir etwas gewünscht, aber ich sage dir nicht was.
▷ Quel vœu as-tu fait ?
Was hast du dir gewünscht?

► **faire un vœu : sich etwas wünschen**

ℹ *Le pronom personnel allemand s'emploie au datif : ich wünsche* ***mir*** *etwas, du wünschst* ***dir*** *etwas, er/sie wünscht* ***sich*** *etwas, wir wünschen* ***uns*** *etwas, ihr wünscht* ***euch*** *etwas, sie wünschen* ***sich*** *etwas.*

▷ J'ai envoyé mes vœux à tous mes amis.
Ich habe allen meinen Freunden meine Neujahrswünsche geschickt.

► **les vœux** (pour le nouvel an) **: die Neujahrswünsche**

voici

1 ▷ Voici la clé que tu cherchais.
Hier ist der Schlüssel, den du gesucht hast.
▷ Voici les enfants !
Hier sind die Kinder!

1 Pour désigner quelque chose ou quelqu'un de proche, on emploie en allemand **hier ist** si le sujet est au singulier, **hier sind** si le sujet est au pluriel.

2 ▷ Voici ta chambre.
Das ist dein Zimmer.
▷ Voici mes cousins, Paul et Karine.
Das sind meine Cousins, Paul und Karine.

2 Pour présenter quelque chose ou quelqu'un, on emploie en allemand **das ist** si le nom est singulier, **das sind** si le nom est pluriel.

voie

1 ▷ Reste sur la voie de droite.
Bleib auf der rechten Spur.
▷ L'autoroute est à trois voies sur cinquante kilomètres.
Die Autobahn ist fünfzig Kilometer lang dreispurig.

1 (= couloir d'une route) die **Spur** (pluriel : Spuren)

ℹ *Pour préciser le nombre de voies d'une route en allemand, on met le chiffre devant* ***–spurig****.*

2 ▷ C'est dangereux de traverser les voies.
Es ist gefährlich, die Gleise zu überqueren.
▷ La voie ferrée est juste derrière la maison.
Das Bahngleis liegt gleich hinter dem Haus.

2 (= rails) das **Gleis** (pluriel : Gleise)

► **voie ferrée :** das Bahngleis (pluriel : –gleise)

3 ▷ N'y va pas, c'est une voie sans issue.
Geh nicht da entlang, das ist eine Sackgasse.

3 ► **voie sans issue :** die Sackgasse (pluriel : Sackgassen)

voilà

1 ▷ Voilà ton livre, sur le bureau.
Da ist dein Buch, auf dem Schreibtisch.
▷ Voilà Marc et Valérie. – Où ça ?
Dort sind Marc und Valérie. – Wo denn?

1 Pour désigner quelque chose ou quelqu'un d'éloigné, on emploie en allemand **da ist** ou **dort ist** si le sujet est au singulier, **da sind** ou **dort sind** si le sujet est au pluriel.

2 ▷ Voilà ta clé, mets-la dans ta poche.
Hier ist dein Schlüssel, steck ihn in die Tasche.
▷ Tu as vu mes patins ? – Les voilà !
Hast du meine Schlittschuhe gesehen? – Hier sind sie!

2 Pour désigner quelque chose ou quelqu'un de proche, on emploie en allemand **hier ist** si le sujet est au singulier, **hier sind** si le sujet est au pluriel.

3 ▷ Voilà mon chat.
Das ist meine Katze.
▷ Voilà mes frères, à côté de mon oncle.
Das sind meine Brüder, neben meinem Onkel.

3 Pour présenter quelque chose ou quelqu'un, on emploie en allemand **das ist** si le nom est singulier, **das sind** si le nom est pluriel.

4 ▷ Et voilà ! C'est fini !
Das war's! Es ist aus!

4 ► **et voilà !** (pour conclure) **:** das war's!

ℹ ***war's*** *est la contraction de* ***war es****.*

voile

1 ▷ La mariée portait un voile.
Die Braut trug einen Schleier.

1 (nom masculin = tissu léger) der **Schleier** (pluriel : Schleier)

2 ▷ Une des voiles s'est déchirée.
Ein Segel ist zerrissen.

2 (nom féminin : d'un bateau) das **Segel** (pluriel : Segel)

3 ▷ Mon père adore la voile.
Mein Vater liebt Segeln.

3 ► **la voile** (= la navigation) **:** das Segeln

▷ Ils font de la voile tous les week-ends.
Sie segeln jedes Wochenende.

► **faire de la voile :** segeln

voilier

▷ Les Jeanneret ont passé leurs vacances sur un voilier.
Jeannerets haben ihre Ferien auf einem Segelboot verbracht.

das **Segelboot** (pluriel : -boote)

voir

1 ▷ J'ai vu le film trois fois.
Ich habe den Film dreimal gesehen.
▷ J'ai vu la prof d'anglais qui passait en voiture.
Ich sah die Englischlehrerin in ihrem Auto vorbeifahren.

1 (= percevoir, apercevoir) **sehen** (sieht, sah, gesehen)

2 ▷ Elle a vu Carole au cours de danse.
Sie hat Carole in der Tanzstunde getroffen.

2 (= rencontrer) **treffen** (trifft, traf, getroffen)

3 ▷ Mes parents vont voir ma grand-mère tous les dimanches.
Meine Eltern gehen jeden Sonntag bei meiner Großmutter vorbei.

3 ► **aller voir** quelqu'un (= lui rendre visite) **:** bei jemandem (datif) vorbeigehen

ℹ ***vorbei•gehen*** *est un verbe à particule séparable et se conjugue comme **gehen** (ging, gegangen).*

▷ Raoul est venu me voir hier.
Raoul kam gestern bei mir vorbei.

► **venir voir** quelqu'un **:** bei jemandem vorbeikommen

ℹ ***vorbei•kommen*** *est un verbe à particule séparable et se conjugue comme **kommen** (kam, gekommen).*

4 ▷ Fais-moi voir ta nouvelle jupe.
Zeig mir mal deinen neuen Rock.

4 ► **faire voir** quelque chose à quelqu'un **:** jemandem (datif) etwas zeigen

5 ▷ Ils se voient pendant les vacances.
Sie sehen sich während der Ferien.

5 ► **se voir** (= se fréquenter) **:** sich sehen

voisin, voisine

▷ Nous avons des voisins très sympathiques.
Wir haben sehr nette Nachbarn.

der **Nachbar** (pluriel : Nachbarn), die **Nachbarin** (pluriel : Nachbarinnen)

voiture

1 ▷ La voiture est dans le garage.
Das Auto steht in der Garage.

1 (= automobile) das **Auto** (pluriel : Autos)

ℹ *On dit aussi **der Wagen** (pluriel : Wagen).*

▷ Vous êtes venus en voiture ?
Seid ihr mit dem Auto gekommen?

► **en voiture :** mit dem Auto

▷ Éric rêve d'avoir une voiture de sport.
Éric träumt davon, einen Sportwagen zu haben.
▷ Tu as vu la voiture de course ?
Hast du den Rennwagen gesehen?

► **voiture de sport :** der Sportwagen
► **voiture de course :** der Rennwagen

2 ▷ Nos places sont dans la voiture quarante-deux.
Unser Plätze sind im Wagen Nummer zweiundvierzig.

2 (= wagon d'un train) der **Wagen** (pluriel : Wagen)

voix

1 ▷ Gérard a une belle voix grave.
Gérard hat eine schöne, tiefe Stimme.
▷ Imane a eu vingt voix et Jean-Luc dix.
Imane bekam zwanzig Stimmen und Jean-Luc zehn.

1 die **Stimme** (pluriel : Stimmen)

2 ▷ Pourquoi parlez-vous à voix basse ?
Warum sprecht ihr leise?

2 ► **à voix basse :** leise

vol

1 ▷ Le vol pour Hambourg est annulé.
Der Flug nach Hamburg ist abgesagt.

1 (= trajet en avion) der **Flug** (pluriel : Flüge)

2 ▷ Il y a eu un vol dans les vestiaires.
Es hat einen Diebstahl im Umkleideraum gegeben.

2 (= acte criminel) der **Diebstahl** (pluriel : Diebstähle)

volaille

1 ▷ Le fermier élève de la volaille.
Der Bauer züchtet Geflügel.
▷ Elle plumait des volailles dans la cour.
Sie rupfte Geflügel im Hof.

1 (= poules, canards, oies) das **Geflügel**
ℹ *C'est un mot indénombrable : on ne dit pas **ein Geflügel**.*

2 ▷ Ce soir nous mangeons de la volaille.
Heute Abend essen wir Geflügelfleish.

2 (= viande) das **Geflügelfleisch**

volant

1 ▷ Tourne le volant vers la droite !
Dreh das Lenkrad nach rechts!

1 (de voiture) das **Lenkrad** (pluriel : –räder)
ℹ *On dit aussi **das Steuerrad**.*

2 ▷ Le volant a atterri dans le jardin des voisins.
Der Federball ist im Garten der Nachbarn gelandet.

2 (de badminton) der **Federball** (pluriel : –bälle)
ℹ ***Federball** au singulier signifie aussi le* **jeu de badminton.**

volcan

▷ Ce volcan est toujours actif.
Dieser Vulkan ist immer noch tätig.

der **Vulkan** (pluriel : Vulkane)

voler

1 ▷ J'aime regarder les oiseaux voler.
Ich sehe gern die Vögel fliegen.

2 ▷ Apparemment, il a déjà volé deux voitures.
Anscheinend hat er schon zwei Autos gestohlen.
▷ Quelqu'un m'a volé mon sac à dos !
Jemand hat mir meinen Rucksack gestohlen!

1 (= se déplacer dans l'air) **fliegen** (flog, geflogen)

2 (= dérober) **stehlen** (stiehlt, stahl, gestohlen)

► **voler** quelque chose **à** quelqu'un : jemandem (datif) etwas **stehlen**

volet

▷ Est-ce que tu as fermé les volets ?
Hast du die Fensterläden zugemacht?

der **Fensterladen** (pluriel : -läden ou -laden)

voleur, voleuse

▷ Le voleur s'est échappé par la fenêtre.
Der Dieb ist durch das Fenster entkommen.

der **Dieb** (pluriel : Diebe), die **Diebin** (pluriel : Diebinnen)

volley

▷ Le volley est mon sport préféré.
Volleyball ist mein Lieblingssport.
▷ Après le volley, je vais chez ma copine.
Nach dem Volleyball gehe ich zu meiner Freundin.
▷ On a joué au volley tout l'après-midi.
Wir haben den ganzen Nachmittag über Volleyball gespielt.

der **Volleyball**

ℹ *Quand on parle du sport en général, l'article n'est pas employé.*

► **jouer au volley** : Volleyball spielen

volontaire

▷ Nous cherchons des volontaires pour ranger le gymnase.
Wir suchen Freiwillige, um die Turnhalle aufzuräumen.

(= personne) der/die **Freiwillige** (pluriel : Freiwilligen)

ℹ *C'est un adjectif substantivé : on dit* ***ein Freiwilliger.***

volonté

▷ Avec un peu de volonté, tu devrais y arriver.
Mit etwas Wille wirst du es schon schaffen.

(= force de caractère) der **Wille**

volontiers

▷ Tu restes dîner ? – Oui, volontiers.
Bleibst du zum Abendessen da? – Ja, gern.

(= avec plaisir) **gern**

volume

1 ▷ Je dois calculer le volume de ce cylindre.
Ich muss das Volumen dieses Zylinders berechnen.

1 (d'un corps) das **Volumen**

2 ▷ Je ne trouve plus le deuxième volume du dictionnaire.
Ich finde den zweiten Band des Wörterbuches nicht mehr.

2 (d'un ouvrage) der **Band** (pluriel : Bände)

Attention de ne pas confondre avec ***das Band*** = ruban, *ou* ***die Band*** = groupe de musique.

3 ▷ Monte un peu le volume, je n'entends rien.
Dreh die Lautstärke etwas hoch, ich höre nichts.

3 (du son) die **Lautstärke**

vomir

▷ Je ne me sens pas bien, je crois que je vais vomir.
Ich fühle mich nicht wohl, ich glaube, ich muss mich erbrechen.
▷ Elle vomit souvent en voiture.
Sie erbricht sich oft im Auto.

sich erbrechen (erbricht, erbrach, erbrochen)

Le pronom personnel allemand s'emploie à l'accusatif : ich erbreche ***mich****, du erbrichst* ***dich****, er/sie erbricht* ***sich****, wir erbrechen* ***uns****, ihr erbrecht* ***euch****, sie erbrechen* ***sich****.*

vos

▷ Vos arguments sont ridicules.
Eure Argumente sind lächerlich.

eure

Vosges

▷ Cet hiver nous allons skier dans les Vosges.
Diesen Winter gehen wir in den Vogesen Ski fahren.

► **les Vosges :** die **Vogesen**

voter

▷ Pourquoi est-ce que tu ne votes pas ?
Warum wählst du nicht?
▷ Je n'ai pas voté pour lui, je ne lui fais pas confiance.
Ich habe nicht für ihn gestimmt, ich traue ihm nicht.

wählen

*Pour dire qu'*on vote pour *ou* contre quelqu'un *en allemand, on traduit par* ***für*** *ou* ***gegen*** jemanden ***stimmen****.*

votre

1 ▷ Comment est votre professeur ?
Wie ist euer Lehrer? *ou*
Wie ist eure Lehrerin?

1 Lorsque votre concerne plusieurs personnes, on traduit par **euer** (pour le masculin et le neutre) ou **eure** (pour le féminin) en allemand.

2 ▷ Votre voiture est mal garée.
Ihr Auto ist schlecht geparkt.
▷ Attention, votre sac à main est ouvert.
Vorsicht, Ihre Handtasche ist offen.

2 Lorsque votre concerne une seule personne, on traduit par **Ihr** (pour le masculin et le neutre) ou **Ihre** (pour le féminin).

vôtre

1 ▷ Notre maison est grande, mais la vôtre est plus jolie.
Unser Haus ist groß, aber eures ist schöner.
▷ Mon questionnaire est prêt ; où est le vôtre ?
Mein Fragebogen ist fertig; wo ist eurer?

1 Lorsque **le/la vôtre** ou **les vôtres** concerne plusieurs personnes, on traduit par **eurer** (pour le masculin), **eure** (pour le féminin et le pluriel) ou **eures** (pour le neutre) en allemand.

2 ▷ Est-ce que cette place est la vôtre ?
Ist dieser Platz Ihrer?
▷ Mes chats s'entendent très bien, et les vôtres ?
Meine Katzen verstehen sich sehr gut, und Ihre?

2 Lorsque **le/la vôtre** ou **les vôtres** concerne une seule personne, on traduit par **Ihrer** (pour le masculin), **Ihre** (pour le féminin et le pluriel) ou **Ihres** (pour le neutre) en allemand.

vouloir

1 ▷ Je veux m'en aller !
Ich will gehen!
▷ Il a d'abord voulu se doucher.
Er hat sich erst duschen wollen.
▷ Je n'ai pas voulu ça !
Ich habe das nicht gewollt!
▷ Mon père veut savoir où je vais.
Mein Vater will wissen, wo ich hingehe.
▷ Il veut que je lui dise mon secret.
Er will, dass ich ihm mein Geheimnis sage.

1 Lorsque **vouloir** exprime une exigence, on emploie le verbe **wollen** (will, wollte, gewollt ou wollen après infinitif).

► **vouloir** + infinitif (exigence) : wollen + infinitif

► **vouloir que** + subjonctif (= exiger que) : wollen, dass + présent

2 ▷ Tu veux une pomme ?
Möchtest du einen Apfel?
▷ Quentin veut être pilote d'avion.
Quentin möchte Pilot werden.
▷ Tu veux venir avec nous ?
Möchtest du mit uns kommen?
▷ Je veux que tu ranges ta chambre.
Ich möchte, dass du dein Zimmer aufräumst.

2 Lorsque **vouloir** exprime un souhait, on emploie le verbe **mögen** au subjonctif II présent : ich möchte, du möchtest, er/sie möchte, wir möchten, ihr möchtet, sie möchten.

► **vouloir** + infinitif (souhait) : mögen + infinitif

► **vouloir que** + subjonctif (= souhaiter que) : mögen, dass + présent

3 ▷ Je voudrais un café, s'il vous plaît.
Ich hätte gern einen Kaffee, bitte.
▷ Je voudrais vous voir.
Ich würde euch gern sehen.

3 Au conditionnel, **vouloir** est exprimé en allemand par le subjonctif II présent du verbe qui convient (haben, sein, werden, etc.) + **gern**.

4 ▷ Je veux bien aller avec toi, mais je dois rentrer tôt.
Ich gehe gern mit dir, aber ich muss früh nach Hause kommen.

4 Pour dire que quelqu'un **veut bien faire** quelque chose, on emploie le verbe au présent + **gern**.

5 ▷ J'espère que tu ne m'en veux pas.
Ich hoffe, dass du es mir nicht übel nimmst.

5 ► **en vouloir à** quelqu'un : jemandem (datif) etwas **übel nehmen** (nimmt, nahm genommen)

On dit aussi jemandem ***böse sein****.*

▷ Sabine m'en veut d'avoir cassé son stylo.
Sabine nimmt es mir übel, ihren Kuli zerbrochen zu haben.

► **en vouloir à** quelqu'un **de** + infinitif passé : jemandem **übel nehmen** + infinitif passé

6 ▷ Que veut dire ce mot ?
Was bedeutet dieses Wort?

6 ► **vouloir dire** (= signifier) : bedeuten

Les verbes commençant par le préfixe ***be-*** *ne prennent pas* ***ge-*** *au participe passé.*

7 ▷ Je l'ai fait sans le vouloir.
Ich habe es unabsichtlich getan.

7 ► **sans le vouloir** : unabsichtlich

vous

1 ▷ Est-ce que vous pourriez m'aider ?
Könntet ihr mir helfen?
▷ Vous pouvez venir quand vous voulez.
Sie können kommen, wann Sie wollen.

1 Quand **vous** est sujet et concerne plusieurs personnes, on traduit par **ihr**. Quand il concerne une seule personne, on traduit par **Sie** (avec une majuscule).

2 ▷ Je peux vous aider ?
Kann ich euch helfen?
▷ Je voudrais vous parler, s'il vous plaît.
Ich möchte bitte mit Ihnen sprechen.
▷ Je vous ai vu au musée.
Ich habe Sie im Museum gesehen.

2 Quand **vous** est complément et concerne plusieurs personnes, on traduit par **euch**. Quand il concerne une seule personne, on traduit soit par **Ihnen** (au datif), soit par **Sie** (à l'accusatif).

3 ▷ Vous devriez vous relayer.
Ihr solltet euch abwechseln.
▷ Vous vous êtes fait mal ?
Haben Sie sich wehgetan?

3 Le pronom réfléchi **vous** est traduit soit par **euch** si on s'adresse à plusieurs personnes, soit par **sich** si on s'adresse à une personne.

vous-même

▷ Vous-même étiez en retard.
Sie selbst hatten Verspätung.

Sie selbst

Attention à la majuscule de ***Sie****.*

vous-mêmes

▷ Est-ce que vous avez peint la maison vous-mêmes ?
Habt ihr das Haus selbst gestrichen?

ihr selbst

vouvoyer

▷ Le professeur de maths nous vouvoie.
Der Mathelehrer siezt uns.

► **vouvoyer** quelqu'un : jemanden (accusatif) **siezen**

voyage

▷ Le voyage en Espagne était super.
Die Reise nach Spanien war toll.
▷ Le voyage m'a semblé très long.
Die Reise kam mir sehr lang vor.
▷ Camille et Bob ont fait un voyage en Irlande.
Camille und Bob haben eine Reise nach Irland gemacht.
▷ Nos voisins partent en voyage ce soir.
Unsere Nachbarn gehen heute Abend auf Reisen.
▷ Mes parents n'aiment pas les voyages organisés.
Meine Eltern mögen Gruppenreisen nicht.
▷ Nous avons fait un voyage scolaire en Écosse.
Wir haben eine Schulreise nach Schottland gemacht.

(= séjour, trajet) die **Reise**
(pluriel : Reisen)

► **faire un voyage :** eine Reise machen

► **partir en voyage :** auf Reisen gehen (ging, gegangen)

► **voyage organisé :** die Gruppenreise

► **voyage scolaire :** die Schulreise

voyager

▷ Karim a beaucoup voyagé.
Karim ist viel gereist.

reisen

*Notez que le participe passé s'emploie avec l'auxiliaire **sein**.*

voyou

▷ Il y a une bande de voyous qui traîne sur la place.
Eine Gruppe von Rowdys hängt auf dem Platz herum.

der **Rowdy** /'raudi/
(pluriel : Rowdys)

Notez la prononciation.

vrai, vraie

1 ▷ Ce n'est pas vrai, tu mens !
Das ist nicht wahr, du lügst!
▷ C'est pas vrai, j'ai encore oublié mes clés !
Das darf doch nicht wahr sein, ich habe schon wieder meine Schlüssel vergessen!

1 (= exact, réel) **wahr**

► **c'est pas vrai !** (quand on est agacé) **:** das darf doch nicht wahr sein!

2 ▷ Est-ce que ce sont de vraies perles ?
Sind das echte Perlen?

2 (= authentique) **echt**

vraiment

▷ Anne est vraiment sympa.
Anne ist wirklich nett.
▷ Il t'a vraiment dit ça ?
Hat er dir das wirklich gesagt?

wirklich

V.T.T.

▷ Frank a eu un V.T.T. pour son anniversaire.
Frank hat ein Mountainbike zum Geburtstag bekommen.

▷ Tu viens avec nous faire du V.T.T. ?
Kommst du mit uns Mountainbike fahren?

das **Mountainbike** /'mauntɪnbaɪk/ (pluriel : Mountainbikes)

Notez la prononciation.

Il n'y a pas d'abréviation en allemand.

► **faire du V.T.T. :** Mountainbike fahren

vue

1 ▷ J'ai une très bonne vue.
Ich habe sehr gute Augen.
▷ Bruno a une mauvaise vue.
Bruno hat schlechte Augen.

▷ On s'est perdus de vue, c'est dommage.
Wir haben uns aus den Augen verloren, das ist schade.

1 ► **avoir une bonne vue** (= de bons yeux) **:** gute Augen haben
► **avoir une mauvaise vue** (= de mauvais yeux) **:** schlechte Augen haben
► **perdre** quelqu'un **de vue** (= perdre le contact) **:** jemanden (accusatif) aus den Augen verlieren (verlor, verloren)

2 ▷ Ils ont une vue magnifique depuis leur maison.
Sie haben eine wunderschöne Aussicht von ihrem Haus.

2 (= panorama) die **Aussicht** (pluriel : Aussichten)

vulgaire

▷ Ne sois pas si vulgaire !
Sei doch nicht so ordinär!

ordinär

W

FRANÇAIS — ALLEMAND

wagon

▷ Nos places sont dans le dernier wagon.
Unser Plätze sind im letzten Wagen.

(pour les passagers) der **Wagen**
(pluriel : Wagen)

W.-C.

▷ Où sont les W.-C., s'il vous plaît ?
Wo ist die Toilette, bitte?

die **Toilette** /toa'lɛtə/
(pluriel : Toiletten)

Notez la prononciation.

week-end

▷ Qu'est-ce que tu fais ce week-end ?
Was machst du dieses Wochenende?

▷ Bon week-end !
Schönes Wochenende!

das **Wochenende**
(pluriel : -enden)

western

▷ Mon père adore les westerns.
Mein Vater liebt Western.

der **Western** /'vɛstərn/
(pluriel : Western)

whisky

▷ Liliane nous a rapporté du whisky d'Écosse.
Liliane hat uns Whisky aus Schottland mitgebracht.

der **Whisky** /'vɪski/
(pluriel : Whiskys)

X

FRANÇAIS — ALLEMAND

X

▷ Son nom commence par un X.
Sein Name beginnt mit X.

▷ Je le lui ai déjà dit x fois.
Ich habe es ihm schon x-mal gesagt.

das X

► x fois : x-mal

xénophobe

1 ▷ Ces gens ont des attitudes xénophobes.
Diese Leute haben ausländerfeindliche Einstellungen.

2 ▷ Ce sont des xénophobes.
Es sind Ausländerfeinde.

1 (adjectif) ausländerfeindlich

2 (= personne) der Ausländerfeind (pluriel : -feinde), die Ausländerfeindin (pluriel : -feindinnen)

Y

FRANÇAIS — ALLEMAND

y

1 ▷ J'ai beaucoup aimé l'Irlande et j'aimerais y retourner.
Ich fand Irland sehr schön und möchte wieder dorthin gehen.

1 (= là-bas, avec un verbe de déplacement) **dorthin**

2 ▷ Nous allons au cinéma, ma mère y est déjà.
Wir gehen ins Kino, meine Mutter ist schon dort.

2 (= là-bas, sans verbe de déplacement) **dort**

3 ▷ N'y pense plus.
Denke nicht mehr daran.
▷ Il y croit vraiment.
Er glaubt wirklich daran.
▷ C'était tentant, mais j'y ai renoncé.
Es war verlockend, aber ich habe darauf verzichtet.
▷ Elle m'a dit oui, mais je n'y compte pas trop.
Sie hat ja gesagt, aber darauf ich verlasse mich nicht.

3 Quand y remplace un nom, sa traduction peut être soit **daran** (daran denken = y penser ; daran glauben = y croire, daran hängen = y tenir), soit **darauf** (darauf verzichten = y renoncer ; sich darauf verlassen = y compter).

yaourt

▷ Je prendrais bien un yaourt en dessert.
Ich hätte gern ein Jogurt zum Nachtisch.

der *ou* das **Joghurt** *ou* **Jogurt** (pluriel : Joghurt *ou* Jogurt)

yeux

Regardez au mot **œil**.

yo-yo®

▷ Rebecca a un super yo-yo fluo.
Rebecca hat ein tolles leuchtfarbenes Jo-Jo.

das **Jo-Jo** (pluriel : Jo-Jos)

Z

FRANÇAIS — ALLEMAND

zapper

▷ Arrête de zapper, c'est très énervant !
Hör auf zu zappen, das geht auf die Nerven!

zappen /'tsæpn/
Notez la prononciation.

zèbre

▷ Les lionnes se sont jetées sur le zèbre.
Die Löwinnen haben sich auf das Zebra gestürzt.

das **Zebra** (pluriel : Zebras)

zéro

1 ▷ Dortmund a gagné deux à zéro.
Dortmund hat zwei zu null gewonnen.

2 ▷ Tu as oublié un zéro à la fin.
Du hast eine Null am Ende vergessen.

1 (dans les numéros, les scores, les températures) **null**

2 (= nombre) die **Null**

zodiaque

▷ Quel est ton signe du zodiaque ?
Was ist dein Tierkreiszeichen?

► **signe du zodiaque :** das **Tierkreiszeichen** (pluriel : -zeichen)

On dit aussi ***das Sternzeichen***.

zone

1 ▷ Le Royaume-Uni n'est pas dans la zone euro.
Das Vereinigte Königreich ist nicht in der Euro-Zone.

2 ▷ Ils habitent à côté de la zone industrielle.
Sie wohnen in der Nähe des Industriegebiets.

3 ▷ Ralentis, c'est une zone résidentielle.
Fahr langsamer, das ist ein Wohngebiet.

1 (= espace déterminé) die **Zone** (pluriel : Zonen)

2 ► **zone industrielle :** das **Industriegebiet** (pluriel : -gebiete)

3 ► **zone résidentielle :** das **Wohngebiet**

zoo

▷ Samedi, nous sommes allés au zoo.
Am Samstag waren wir im Zoo.

der **Zoo** (pluriel : Zoos)

zut

▷ Zut, j'ai oublié mon portefeuille !
Mist, ich habe meine Brieftasche vergessen!

Mist

verbes irréguliers allemands

VERBES IRRÉGULIERS ALLEMANDS

INFINITIF	PRÉSENT (2ᵉ, 3ᵉ pers. sg.)	IMPARFAIT	PARTICIPE PASSÉ
backen	bäckst, bäckt	backte *ou* buk	gebacken
befehlen	befiehlst, befiehlt	befahl	befohlen
beginnen	beginnst, beginnt	begann	begonnen
beißen	beißt, beißt	biß	gebissen
bergen	birgst, birgt	barg	geborgen
bersten + sein	birst, birst	barst	geborsten

INFINITIF	PRÉSENT (2e, 3e pers. sg.)	IMPARFAIT	PARTICIPE PASSÉ
bewegen	bewegst, bewegt	bewog	bewogen
biegen	biegst, biegt	bog	gebogen
bieten	bietest, bietet	bot	geboten
binden	bindest, bindet	band	gebunden
bitten	bittest, bittet	bat	gebeten
blasen	bläst, bläst	blies	geblasen
bleiben + sein	bleibst, bleibt	blieb	geblieben
braten	brätst, brät	briet	gebraten
brechen + sein	brichst, bricht	brach	gebrochen

INFINITIF	PRÉSENT (2e, 3e pers. sg.)	IMPARFAIT	PARTICIPE PASSÉ
brennen	brennst, brennt	brannte	gebrannt
bringen	bringst, bringt	brachte	gebracht
denken	denkst, denkt	dachte	gedacht
dreschen	drischst, drischt	drosch	gedroschen
dringen + sein	dringst, dringt	drang	gedrungen
dürfen	darfst, darf	durfte	gedurft
empfehlen	empfiehlst, empfiehlt	empfahl	empfohlen
erbleichen + sein	erbleichst, erbleicht	erbleichte	erblichen
erlöschen + sein	erlischst, erlischt	erlosch	erloschen

INFINITIF		PRÉSENT (2ᵉ, 3ᵉ pers. sg.)	IMPARFAIT	PARTICIPE PASSÉ
erschrecken	+ sein	erschrickst, erschrickt	erschrak	erschrocken
essen		isst, isst	aß	gegessen
fahren	+ sein	fährst, fährt	fuhr	gefahren
fallen	+ sein	fällst, fällt	fiel	gefallen
fangen		fängst, fängt	fing	gefangen
fechten		fichtst, ficht	focht	gefochten
finden		findest, findet	fand	gefunden
flechten		flichst, flicht	flocht	geflochten
fliegen	+ sein	fliegst, fliegt	flog	geflogen

INFINITIF		PRÉSENT (2e, 3e pers. sg.)	IMPARFAIT	PARTICIPE PASSÉ
fliehen	+ sein	fliehst, flieht	floh	geflohen
fließen	+ sein	fließt, fließt	floss	geflossen
fressen		frisst, frisst	fraß	gefressen
frieren		frierst, friert	fror	gefroren
gären	+ sein	gärst, gärt	gor	gegoren
gebären		gebierst, gebiert	gebar	geboren
geben		gibst, gibt	gab	gegeben
gedeihen	+ sein	gedeihst, gedeiht	gedieh	gediehen
gehen	+ sein	gehst, geht	ging	gegangen

INFINITIF	PRÉSENT (2ᵉ, 3ᵉ pers. sg.)	IMPARFAIT	PARTICIPE PASSÉ
gelingen + sein	-, gelingt	gelang	gelungen
gelten	giltst, gilt	galt	gegolten
genesen + sein	genest, genest	genas	genesen
genießen	genießt, genießt	genoss	genossen
geraten + sein	gerätst, gerät	geriet	geraten
geschehen + sein	-, geschieht	geschah	geschehen
gewinnen	gewinnst, gewinnt	gewann	gewonnen
gießen	gießt, gießt	goss	gegossen
gleichen	gleichst, gleicht	glich	geglichen

INFINITIF	PRÉSENT (2ᵉ, 3ᵉ pers. sg.)	IMPARFAIT	PARTICIPE PASSÉ
gleiten (+ sein)	gleitest, gleitet	glitt	geglitten
glimmen	glimmst, glimmt	glomm	geglommen
graben	gräbst, gräbt	grub	gegraben
greifen	greifst, greift	griff	gegriffen
haben	hast, hat	hatte	gehabt
halten	hältst, hält	hielt	gehalten
hängen (irrégulier uniquement en emploi intransitif)	hängst, hängt	hing	gehangen
hauen	haust, haut	hieb	gehauen
heben	hebst, hebt	hob	gehoben

INFINITIF	PRÉSENT (2ᵉ, 3ᵉ pers. sg.)	IMPARFAIT	PARTICIPE PASSÉ
heißen	heißt, heißt	hieß	geheißen
helfen	hilfst, hilft	half	geholfen
kennen	kennst, kennt	kannte	gekannt
klimmen + sein	klimmst, klimmt	klomm	geklommen
klingen	klingst, klingt	klang	geklungen
kneifen	kneifst, kneift	kniff	gekniffen
kommen + sein	kommst, kommt	kam	gekommen
können	kannst, kann	konnte	gekonnt
kriechen + sein	kriechst, kriecht	kroch	gekrochen

INFINITIF	PRÉSENT (2ᵉ, 3ᵉ pers. sg.)	IMPARFAIT	PARTICIPE PASSÉ
laden	lädst, lädt	lud	geladen
lassen	lässt, lässt	ließ	gelassen
laufen + sein	läufst, läuft	lief	gelaufen
leiden	leidest, leidet	litt	gelitten
leihen	leihst, leiht	lieh	geliehen
lesen	liest, liest	las	gelesen
liegen + sein	liegst, liegt	lag	gelegen
lügen	lügst, lügt	log	gelogen
mahlen	mahlst, mahlt	mahlte	gemahlen

INFINITIF	PRÉSENT (2ᵉ, 3ᵉ pers. sg.)	IMPARFAIT	PARTICIPE PASSÉ
meiden	meidest, meidet	mied	gemieden
melken	milkst, milkt	molk	gemolken
messen	misst, misst	maß	gemessen
mißlingen + sein	–, misslingt	misslang	misslungen
mögen	magst, mag	mochte	gemocht
müssen	musst, muss	musste	gemusst
nehmen	nimmst, nimmt	nahm	genommen
nennen	nennst, nennt	nannte	genannt
pfeifen	pfeifst, pfeift	pfiff	gepfiffen

INFINITIF	PRÉSENT (2ᵉ, 3ᵉ pers. sg.)	IMPARFAIT	PARTICIPE PASSÉ
preisen	preist, preist	pries	gepriesen
quellen + sein	quillst, quillt	quoll	gequollen
raten	rätst, rät	riet	geraten
reiben	reibst, reibt	rieb	gerieben
reißen + sein	reißt, reißt	riss	gerissen
reiten + sein	reitest, reitet	ritt	geritten
rennen + sein	rennst, rennt	rannte	gerannt
riechen	riechst, riecht	roch	gerochen
ringen	ringst, ringt	rang	gerungen

INFINITIF	PRÉSENT (2e, 3e pers. sg.)	IMPARFAIT	PARTICIPE PASSÉ
rinnen + sein	rinnst, rinnt	rann	geronnen
rufen	rufst, ruft	rief	gerufen
salzen	salzt, salzt	salzte	gesalzen
saufen	säufst, säuft	soff	gesoffen
saugen	saugst, saugt	sog *ou* saugte	gesogen *ou* gesaugt
schaffen	schaffst, schafft	schuf	geschaffen
schallen	schallst, schallt	scholl *ou* schallte	geschallt
scheiden + sein	scheidest, scheidet	schied	geschieden
scheinen	scheinst, scheint	schien	geschienen

INFINITIF	PRÉSENT (2ᵉ, 3ᵉ pers. sg.)	IMPARFAIT	PARTICIPE PASSÉ
scheißen	scheißt, scheißt	schiss	geschissen
schelten	schiltst, schilt	schalt	gescholten
scheren	scherst, schert	schor	geschoren
schieben	schiebst, schiebt	schob	geschoben
schießen	schießt, schießt	schoss	geschossen
schinden	schindest, schindet	schindete	geschunden
schlafen	schläfst, schläft	schlief	geschlafen
schlagen	schlägst, schlägt	schlug	geschlagen
schleichen + sein	schleichst, schleicht	schlich	geschlichen

INFINITIF	PRÉSENT (2e, 3e pers. sg.)	IMPARFAIT	PARTICIPE PASSÉ
schleifen	schleifst, schleift	schliff	geschliffen
schließen	schließt, schließt	schloss	geschlossen
schlingen	schlingst, schlingt	schlang	geschlungen
schmeißen	schmeißt, schmeißt	schmiss	geschmissen
schmelzen + sein	schmilzt, schmilzt	schmolz	geschmolzen
schneiden	schneidest, schneidet	schnitt	geschnitten
schreiben	schreibst, schreibt	schrieb	geschrieben
schreien	schreist, schreit	schrie	geschrie(e)n
schreiten	schreitest, schreitet	schritt	geschritten

INFINITIF		PRÉSENT (2e, 3e pers. sg.)	IMPARFAIT	PARTICIPE PASSÉ
schweigen		schweigst, schweigt	schwieg	geschwiegen
schwellen	+ sein	schwillst, schwillt	schwoll	geschwollen
schwimmen	+ sein	schwimmst, schwimmt	schwamm	geschwommen
schwinden	+ sein	schwindest, schwindet	schwand	geschwunden
schwingen		schwingst, schwingt	schwang	geschwungen
schwören		schwörst, schwört	schwur	geschworen
sehen		siehst, sieht	sah	gesehen
sein	+ sein	bist, ist	war	gewesen
senden		sendest, sendet	sandte *ou* sendete	gesandt *ou* gesendet

INFINITIF	PRÉSENT (2e, 3e pers. sg.)	IMPARFAIT	PARTICIPE PASSÉ
singen	singst, singt	sang	gesungen
sinken + sein	sinkst, sinkt	sank	gesunken
sinnen	sinnst, sinnt	sann	gesonnen
sitzen + sein	sitzt, sitzt	saß	gesessen
sollen	sollst, soll	sollte	gesollt
speien	speist, speit	spie	gespie(e)n
spinnen	spinnst, spinnt	spann	gesponnen
sprechen	sprichst, spricht	sprach	gesprochen
sprießen + sein	sprießt, sprießt	spross	gesprossen

INFINITIF	PRÉSENT (2e, 3e pers. sg.)	IMPARFAIT	PARTICIPE PASSÉ
springen + sein	springst, springt	sprang	gesprungen
stechen	stichst, sticht	stach	gestochen
stecken	steckst, steckt	steckte *ou* stak	gesteckt
stehen	stehst, steht	stand	gestanden
stehlen	stiehlst, stiehlt	stahl	gestohlen
steigen + sein	steigst, steigt	stieg	gestiegen
sterben + sein	stirbst, stirbt	starb	gestorben
stinken	stinkst, stinkt	stank	gestunken
stoßen	stößt, stößt	stieß	gestoßen

INFINITIF	PRÉSENT (2ᵉ, 3ᵉ pers. sg.)	IMPARFAIT	PARTICIPE PASSÉ
streichen	streichst, streicht	strich	gestrichen
streiten	streitest, streitet	stritt	gestritten
tragen	trägst, trägt	trug	getragen
treffen	triffst, trifft	traf	getroffen
treiben + sein	treibst, treibt	trieb	getrieben
treten + sein	trittst, tritt	trat	getreten
trinken	trinkst, trinkt	trank	getrunken
trügen	trügst, trügt	trog	getrogen
tun	tust, tut	tat	getan

INFINITIF	PRÉSENT (2e, 3e pers. sg.)	IMPARFAIT	PARTICIPE PARFAIT
verderben	verdirbst, verdirbt	verdarb	verdorben
verdrießen	verdrießt, verdrießt	verdross	verdrossen
vergessen	vergisst, vergisst	vergaß	vergessen
verlieren	verlierst, verliert	verlor	verloren
verschleißen	verschleißt, verschleißt	verschliss	verschlissen
wachsen + sein	wächst, wächst	wuchs	gewachsen
wägen	wägst, wägt	wog	gewogen
waschen	wäschst, wäscht	wusch	gewaschen
weben	webst, webt	webte *od* wob	gewoben

INFINITIF	PRÉSENT (2ᵉ, 3ᵉ pers. sg.)	IMPARFAIT	PARTICIPE PASSÉ
weichen + sein	weichst, weicht	wich	gewichen
weisen	weist, weist	wies	gewiesen
wenden	wendest, wendet	wandte *ou* wendete	gewandt *ou* gewendet
werben	wirbst, wirbt	warb	geworben
werden + sein	wirst, wird	wurde	geworden
werfen	wirfst, wirft	warf	geworfen
wiegen	wiegst, wiegt	wog	gewogen
winden	windest, windet	wand	gewunden
wissen	weißt, weiß	wusste	gewusst

INFINITIF	PRÉSENT (2e, 3e pers. sg.)	IMPARFAIT	PARTICIPE PASSÉ
wollen	willst, will	wollte	gewollt
wringen	wringst, wringt	wrang	gewrungen
ziehen	ziehst, zieht	zog	gezogen
zwingen	zwingst, zwingt	zwang	gezwungen

allemand
français

A

ALLEMAND — FRANÇAIS

ab *a plusieurs catégories grammaticales et plusieurs sens :*

> *Ce peut être une* PRÉPOSITION *qui s'emploie avec le* DATIF :

ab *signifie* à partir de :

▷ Ich bin ab zwei Uhr zu Hause. Je suis à la maison à partir de deux heures.

▷ Ab der Grenze fährt der Zug dann schneller. À partir de la frontière, le train roulera plus vite.

► **frei für Jugendliche ab 14 Jahren** interdit aux moins de 14 ans

► **ab und zu** de temps en temps

> *Ce peut être une* PARTICULE SÉPARABLE *pour former des* VERBES COMPOSÉS :

♦ **abnagen** ronger

♦ **abhorchen** ausculter

ℹ *Vous trouverez les verbes composés qui commencent par* ab– *classés par ordre alphabétique.*

abartig anormal

abbeißen croquer (avec les dents)

📖 **beißen** (**biss, gebissen**) = mordre

abbiegen tourner (sur une route) :

▷ Dort musst du rechts abbiegen. Là-bas, il faut que tu tournes à droite.

📖 **biegen** (**bog, gebogen**) = tordre *ou* plier

abblasen *a plusieurs sens :*

1 **abblasen** *peut signifier* souffler :

► **Staub abblasen** souffler la poussière

2 **abblasen** *peut être une expression familière qui signifie* annuler :

▷ Die Party ist leider abgeblasen. La fête est malheureusement annulée.

📖 **blasen** (**er bläst; blies, geblasen**) = souffler

abbrausen *a plusieurs catégories grammaticales et plusieurs sens :*

> *Ce peut être un* VERBE TRANSITIF :

abbrausen *signifie* doucher

► **sich abbrausen** se doucher

> *Ce peut être* UN VERBE INTRANSITIF :

abbrausen *est une expression familière qui signifie* partir à toute vitesse

📖 **brausen** = doucher *ou* aller vite

abbrechen *a plusieurs sens :*

1 **abbrechen** *peut signifier* casser *ou* se casser :

▷ Der Ast ist abgebrochen. La branche s'est cassée.

2 **abbrechen** *peut signifier* interrompre :

▷ Das Fußballspiel ist abgebrochen worden. Le match de foot a été interrompu.

3 **abbrechen** *peut signifier* démolir :

▷ Sie brechen die Mauer ab. Ils démolissent le mur.

📖 **brechen** (**er bricht; brach, gebrochen**) = casser *ou* briser *ou* rompre

abbürsten enlever (à l' aide d' une brosse) :

▷ Kannst du die Katzenhaare vom Sofa abbürsten? Est-ce que tu peux enlever du canapé les poils du chat ?

📖 **bürsten** = brosser

abdrehen *a plusieurs catégories grammaticales et plusieurs sens :*

> *Ce peut être un* VERBE TRANSITIF :

abdrehen *signifie* éteindre (le gaz *ou* le chauffage, un appareil)

> *Ce peut être un* VERBE INTRANSITIF :

abdrehen *signifie* changer de cap (en parlant d'un avion ou d'un bateau)

📖 **drehen** = tourner

abdrücken *a plusieurs catégories grammaticales et plusieurs sens :*

> *Ce peut être un* VERBE TRANSITIF :

jemanden abdrücken *est une expression familière qui signifie* serrer quelqu'un dans ses bras

> *Ce peut être un* VERBE INTRANSITIF :

abdrücken *signifie* appuyer sur la gachette

📖 **drücken** = appuyer *ou* presser *ou* pousser

Abend (MASCULIN : der Abend, die Abende) soir *ou* soirée :

▷ Am Abend wird es kühler. Le soir ça rafraîchit.

▷ Sie hat für den Abend eine Überraschung vorbereitet. Pour la soirée, elle a préparé une surprise.

► **guten Abend** bonsoir

♦ **Abendessen** (NEUTRE : das Abendessen, die Abendessen) dîner

♦ **Abendkleid** (NEUTRE : das Abendkleid, die Abendkleider) robe de soirée

♦ **Abendland** (NEUTRE : das Abendland) l'Occident

Abenteuer (NEUTRE : das Abenteuer, die Abenteuer) aventure

♦ **abenteuerlich** aventureux

♦ **Abenteurer, Abenteurerin** (MASCULIN : der Abenteurer, die Abenteurer / FÉMININ : die Abenteurerin, die Abenteurerinnen) aventurier, aventurière

aber *a plusieurs sens :*

1 **aber** *peut signifier* mais

2 **aber** *s'emploie pour accentuer un énoncé :*

▷ Das ist aber schön! C'est vraiment beau !

▷ Nun ist aber Schluss! Ça suffit maintenant !

Aberglaube (MASCULIN : der Aberglaube) superstition

♦ **abergläubisch** superstitieux

abfahren *a plusieurs sens :*

> *Ce peut être un* VERBE INTRANSITIF :

abfahren *signifie* partir :

▷ Der Bus fährt in fünf Minuten ab. Le bus part dans cinq minutes.

> *Ce peut être un* VERBE TRANSITIF :

abfahren *signifie* transporter :

▷ Der Lastwagen fährt Schutt ab. Le camion transporte des gravats.

► **auf jemanden / etwas abfahren** craquer pour quelqu'un / quelque chose.

ℹ *Cette expression allemande et sa traduction française sont familières.*

📖 **fahren (er fährt; fuhr, gefahren)** = rouler, conduire

Abfahrt (FÉMININ : die Abfahrt) départ (avec un véhicule)

♦ **Skiabfahrt** (FÉMININ : die Skiabfahrt) descente en ski

♦ **Autobahnabfahrt** (FÉMININ : die Autobahnabfahrt) sortie d' autoroute

Abfall (MASCULIN : der Abfall, die Abfälle) déchets

♦ **Abfalleimer** (MASCULIN : der Abfalleimer, die Abfalleimer) *poubelle*

abfassen rédiger

♦ **Abfassung** (FÉMININ : die Abfassung) rédaction

abfinden **(abfand, abgefunden)** *a plusieurs sens :*

1 **jemanden abfinden** *signifie* dédommager *ou* indemniser quelqu'un :

▷ Wir finden Sie mit einer bestimmten Geldsumme ab. Nous allons vous dédommager avec une certaine somme d'argent.

2 **sich mit etwas abfinden** *signifie* accepter quelque chose *ou* se contenter de quelque chose :

▷ Er muss sich mit seiner Krankheit abfinden. Il doit accepter sa maladie.

▷ Du musst dich mit zehn Euro Taschengeld abfinden. Tu dois te contenter de dix euros d'argent de poche.

abfliegen décoller (en parlant d'un avion)

📖 **fliegen (flog, geflogen)** = voler

♦ **Abflug** (MASCULIN : der Abflug, die Abflüge) décollage

abfrieren geler :

▷ Ihm sind die Finger abgefroren. Il a eu les doigts gelés.

▷ Die Pflanze ist abgefroren. La plante a gelé.

📖 **frieren (fror, gefroren)** = avoir froid

Abgas (NEUTRE : das Abgas, die Abgase) gaz d'échappement

abgeben remettre *ou* donner *ou* déposer *ou* rendre :

▷ Ich habe meinen Aufsatz schon abgegeben. J'ai déjà rendu ma rédaction.

► **Wärme abgeben** dégager de la chaleur

🕮 geben (er gibt; gab, gegeben) = donner

abgegriffen usé

abgehen *a plusieurs catégories grammaticales et plusieurs sens :*

> *Ce peut être un* VERBE INTRANSITIF :

abgehen *signifie* partir *ou* quitter :

▷ Das Schiff geht ab. La bateau part.

▷ Sie geht am Jahresende von der Schule ab. Elle quitte l'école à la fin de l'année.

> *Ce peut être un* VERBE TRANSITIF :

abgehen *signifie* passer au peigne fin :

▷ Wir müssen das Viertel abgehen. Il faut passer le quartier au peigne fin.

🕮 gehen (ging, gegangen) = marcher *ou* aller

abgelegen isolé

abgeneigt défavorable

► **jemandem / einer Sache abgeneigt sein** être défavorable à l'égard de quelqu'un / quelque chose

abgenutzt usé *ou* abîmé

Abgeordnete (MASCULIN : der Abgeordnete, die Abgeordneten) député

> ℹ *Ce nom est un adjectif substantivé :* der Abgeordnete, ein Abgeordneter.

sich abgewöhnen se déshabituer *ou* arrêter :

▷ Du musst dir das viele Fernsehen abgewöhnen. Il faut que tu arrêtes de regarder autant la télévision.

► **sich das Rauchen abgewöhnen** arrêter de fumer

Abgrund (MASCULIN : der Abgrund, die Abgründe) précipice

Abhang (MASCULIN : der Abhang, die Abhänge) pente *ou* descente

abhängen *a plusieurs catégories grammaticales et plusieurs sens :*

> *Ce peut être un* VERBE TRANSITIF :

abhängen *signifie* décrocher :

▷ Kannst du mir helfen, den Wohnwagen abzuhängen? Tu peux m'aider à décrocher la caravane ?

► **jemanden abhängen** laisser quelqu'un derrière soi *ou* semer quelqu'un

> *Ce peut être un* VERBE INTRANSITIF :

abhängen *signifie* dépendre :

► **von jemandem / etwas abhängen** dépendre de quelqu'un / quelque chose

♦ **abhängig** dépendant :

► **von jemandem / etwas abhängig sein** être dépendant de quelqu'un / quelque chose

► **jemanden von etwas abhängig machen** rendre quelqu'un dépendant de quelque chose

♦ **Abhängigkeit** (FÉMININ : die Abhängigkeit) *dépendance*

abhauen *a plusieurs catégories grammaticales et plusieurs sens :*

> *Ce peut être un* VERBE TRANSITIF :

abhauen *signifie* couper (à l'aide d'une hache)

> *Ce peut être un* VERBE INTRANSITIF :

abhauen *signifie* se sauver *ou* filer

> ℹ *Cette expression allemande et sa traduction française sont familières.*

abheben *a plusieurs catégories grammaticales et plusieurs sens :*

> *Ce peut être un* VERBE TRANSITIF :

► **den Telefonhörer abheben** décrocher le téléphone

► **Geld abheben** retirer de l' argent

> *Ce peut être un* VERBE INTRANSITIF :

abheben *signifie* décoller :

▷ Das Flugzeug hebt ab. L' avion décolle.

🕮 heben (hob, gehoben) = lever *ou* soulever

abholen aller chercher

▷ Du kannst das Moped von der Reparatur abholen. Tu peux aller chercher la mobylette au garage.

🕮 holen = aller chercher

abhorchen ausculter

🕮 horchen = écouter

Abitur (NEUTRE : das Abitur) baccalauréat

> ℹ *On dit aussi* Abi.

abkühlen refroidir *ou* rafraîchir

► **sich abkühlen** se rafraîchir

🕮 kühl = frais

Abkürzung (FÉMININ : die Abkürzung) raccourci *ou* abréviation

ablaufen *a plusieurs sens :*

1 **ablaufen** *peut signifier* se dérouler *ou* se passer :

▷ Wie läuft der morgige Tag ab? Comment se déroule la journée de demain ?

▷ Der Abend ist glänzend abgelaufen. La soirée s'est merveilleusement bien passée.

2 **ablaufen** *peut signifier* s'écouler :

▷ Das Wasser läuft schlecht ab. L'eau s'écoule mal.

3 **ablaufen** *peut signifier* expirer :

▷ Mein Pass läuft nächsten Monat ab. Mon passeport expire le mois prochain.

📖 **laufen (er läuft; lief, gelaufen)** = courir

ablehnen refuser

ablenken *a plusieurs sens :*

1 **ablenken** *peut signifier* distraire :

▷ Komm doch mit ins Kino, das wird dich ablenken. Viens donc au cinéma, ça va te distraire.

2 **ablenken** *peut signifier* déconcentrer :

▷ Lenk mich nicht ab, ich lese. Ne me déconcentre pas, je lis.

♦ **Ablenkung** (FÉMININ : die Ablenkung) distraction

abnagen ronger

📖 **nagen** = ronger

abnehmen *a plusieurs catégories grammaticales et plusieurs sens :*

> *Ce peut être un* VERBE INTRANSITIF :

abnehmen *signifie* maigrir

> *Ce peut être un* VERBE TRANSITIF :

1 **abnehmen** *peut signifier* enlever *ou* décrocher :

▷ Nimm doch dieses furchtbare Bild ab. Décroche donc ce tableau horrible.

▷ Nimm deine Brille ab. Enlève tes lunettes.

2 **abnehmen** *peut signifier* retirer :

▷ Der Gendarm hat mir den Führerschein abgenommen. Le gendarme m'a retiré mon permis de conduire.

3 **jemandem etwas abnehmen** *signifie* prendre quelque chose de quelqu'un (afin de l'aider) :

▷ Nimm Oma die Tasche ab! Prends le sac de grand-mère !

▷ Kann ich dir deine Jacke abnehmen? Je peux prendre ta veste ?

4 **jemandem etwas abnehmen** *est une expression familière qui signifie* croire quelqu'un

📖 **nehmen (er nimmt; nahm, genommen)** = prendre

abnutzen user

📖 **nutzen** = utiliser

abraten déconseiller

📖 **raten (er rät; riet, geraten)** = conseiller

abräumen débarrasser

sich abreagieren se défouler

abrechnen *a plusieurs catégories grammaticales et plusieurs sens :*

> *Ce peut être un* VERBE TRANSITIF :

abrechnen *signifie* soustraire

> *Ce peut être un* VERBE INTRANSITIF :

1 **abrechnen** *peut signifier* régler une note *ou* régler une facture

2 **abrechnen** *peut signifier* faire une facture

► **mit jemandem abrechnen** *est une expression familière qui signifie* régler ses comptes avec quelqu'un

📖 **rechnen** = calculer

Abrechnung (FÉMININ : die Abrechnung) *a plusieurs sens :*

1 **Abrechnung** *peut signifier* bilan (de comptes ou de factures)

2 **Abrechnung** *peut signifier* règlement de comptes

sich abregen *est une expression familière qui signifie* se calmer

abreiben frotter *ou* essuyer

📖 **reiben (rieb, gerieben)** = frotter

Abreise (FÉMININ : die Abreise) départ (en voyage)

♦ **abreisen** partir (en voyage)

📖 **reisen** = voyager

abreißen *a plusieurs sens :*

> *Ce peut être un* VERBE TRANSITIF :

1 **abreißen** *peut signifier* arracher :

▷ Alle Äste sind abgerissen. Toutes les branches sont arrachées.

2 **abreißen** *peut signifier* démolir :

▷ Sie haben die alte Brücke abgerissen. Ils ont démoli le vieux pont.

> *Ce peut être un* VERBE INTRANSITIF :

1 **abreißen** *peut signifier* se casser :

▷ Der Faden ist abgerissen. Le fil s'est cassé.

2 **abreißen** *peut signifier* interrompre :

▷ Wir müssen die Diskussion hier leider abreißen. Nous devons malheureusement interrompre notre discussion ici.

📖 **reißen (riss, gerissen)** = se déchirer *ou* casser

abrunden arrondir

abrüsten désarmer

📖 **rüsten** = armer

♦ **Abrüstung** (FÉMININ : die Abrüstung) désarmement

absagen annuler

📖 **sagen** = dire

Absatz (MASCULIN : der Absatz, die Absätze) paragraphe

► **neuer Absatz** à la ligne

♦ **Schuhabsatz** (MASCULIN : der Schuhabsatz) talon (de chaussure)

♦ **Treppenabsatz** (MASCULIN : der Treppenabsatz) palier (d'escalier)

abschalten *a plusieurs catégories grammaticales et plusieurs sens :*

> *Ce peut être un* VERBE TRANSITIF *:*

1 **abschalten** *peut signifier* éteindre (la lumière *ou* la radio *ou* la télévision)

2 **abschalten** *peut signifier* couper (l'électricité *ou* le moteur)

> *Ce peut être un* VERBE INTRANSITIF *:*

abschalten *signifie* décrocher :

▷ Ich kann erst im Urlaub richtig abschalten. C'est seulement en vacances que je peux vraiment décrocher.

ℹ *Cette expression allemande et sa traduction française sont familières.*

abschätzen *a plusieurs sens :*

1 **etwas abschätzen** *signifie* évaluer quelque chose

2 **jemanden abschätzen** *signifie* juger quelqu'un

♦ **abschätzig** méprisant

📖 **schätzen** = estimer *ou* apprécier

abschauen copier

► **bei jemandem abschauen** copier sur quelqu'un

📖 **schauen** = regarder

abscheulich horrible *ou* affreux

abschicken expédier

📖 **schicken** = envoyer

Abschied (MASCULIN : der Abschied, die Abschiede) adieux

► **Abschied nehmen** faire ses adieux *ou* prendre congé

(sich) abschirmen (se) protéger

► **sich gegen etwas abschirmen** se protéger contre quelque chose

abschleppen remorquer

📖 **schleppen** = traîner *ou* remorquer

abschließen *a plusieurs sens :*

1 **abschließen** *peut signifier* fermer à clef

2 **abschließen** *peut signifier* terminer :

▷ Ich habe meine Diplomarbeit abgeschlossen. J'ai terminé mon mémoire.

3 **abschließen** *peut signifier* conclure :

▷ Wir haben einen Vertrag abgeschlossen. Nous avons conclu un contrat.

► **sich abschließen** s'isoler

📖 **schließen (schloss, geschlossen)** = fermer

(sich) abschminken (se) démaquiller

► **sich etwas abschminken** faire une croix sur quelque chose

ℹ *Cette expression allemande et sa traduction française sont familières.*

📖 **schminken** = maquiller

abschneiden couper :

▷ Schneide mir bitte eine Scheibe Brot ab. Coupe-moi une tranche de pain, s'il te plaît.

▷ Er ist von der Realität völlig abgeschnitten. Il est complètement coupé de la réalité.

► **jemandem den Weg abschneiden** couper la route à quelqu'un

► **gut / schlecht abschneiden** obtenir des bons / mauvais résultats

📖 **schneiden (schnitt, geschnitten)** = couper

Abschnitt (MASCULIN : der Abschnitt) section *ou* passage *ou* coupon *ou* période

abschnüren serrer (à l'aide d'une ficelle)

📖 **schnüren** = lacer

abschrauben dévisser

📖 **schrauben** = visser

abschrecken effrayer

📖 **schrecken** = effrayer

abschreiben copier

► **von jemandem abschreiben** copier sur quelqu'un

► **etwas abschreiben** faire une croix sur quelque chose

ℹ *Cette expression allemande et sa traduction française sont familières.*

📖 schreiben (schrieb, geschrieben) = écrire

abschütteln enlever *ou* nettoyer en secouant

► **jemanden / etwas abschütteln** se débarrasser de quelqu'un, quelque chose

> i *Cette expression allemande et sa traduction française sont familières.*

📖 schütteln = secouer

abschwächen atténuer *ou* diminuer

abschwellen *a plusieurs sens :*

1 **abschwellen** *peut signifier* désenfler :

▷ Mein Knie schwillt ab. Mon genou désenfle.

2 **abschwellen** *peut signifier* se calmer *ou* diminuer :

▷ Der Sturm schwillt ab. La tempête se calme.

▷ Der Lärm ist abgeschwollen. Le bruit a diminué.

📖 schwellen (er schwillt; schwoll, geschwollen) = enfler *ou* augmenter

absehbar prévisible

► **in absehbarer Zeit** sous peu

absehen *a plusieurs catégories grammaticales et plusieurs sens :*

> *Ce peut être un* VERBE TRANSITIF :

1 **absehen** *signifie* prévoir :

▷ Die Folgen kann man jetzt noch nicht absehen. On ne peut pas encore prévoir les conséquences.

► **es auf jemanden / etwas abgesehen haben** avoir jeté son dévolu sur quelqu'un / quelque chose

> *Ce peut être un* VERBE INTRANSITIF :

► **von etwas absehen** faire abstraction de quelque chose

► **abgesehen davon** à part ça

📖 sehen (er sieht; sah, gesehen) = voir

abseits *a plusieurs catégories grammaticales :*

> *Ce peut être un* ADVERBE :

abseits *signifie* à l'écart

> *Ce peut être une* PRÉPOSITION *qui s'emploie avec le* DATIF :

abseits von *signifie* à l'écart de *ou* loin de

♦ **Abseits** (NEUTRE : das Abseits, die Abseits) hors jeu

absenden expédier

📖 senden = expédier

absetzen *a plusieurs catégories grammaticales et plusieurs sens :*

> *Ce peut être un* VERBE TRANSITIF :

1 **absetzen** *peut signifier* déposer :

▷ Kannst du mich zu Hause absetzen? Tu peux me déposer chez moi ?

2 **absetzen** *peut signifier* poser :

▷ Setz doch den Koffer ab. Pose donc ta valise.

3 **absetzen** *peut signifier* ôter *ou* enlever :

▷ Wenn ich meine Brille absetze, sehe ich schlecht. Si j'enlève mes lunettes, je vois mal.

> *Ce peut être un* VERBE INTRANSITIF :

absetzen *signifie* interrompre *ou* faire une pause

> *Ce peut être un* VERBE RÉFLÉCHI :

1 **sich absetzen** *peut signifier* partir :

▷ Er hat sich ins Ausland abgesetzt. Il est parti à l'étranger.

2 **sich absetzen** *peut signifier* se distinguer

3 **sich absetzen** *peut signifier* se replier sur soi-même

► **ohne abzusetzen** d'un seul trait

Absicht (FÉMININ : die Absicht, die Absichten) intention

► **mit Absicht** intentionnellement

absichtlich *a plusieurs catégories grammaticales :*

> *Ce peut être un* ADJECTIF :

absichtlich *signifie* délibéré *ou* intentionnel

> *Ce peut être un* ADVERBE :

absichtlich *signifie* exprès *ou* volontairement *ou* délibérément *ou* intentionnellement

absondern isoler

► **sich absondern** s'isoler

abspeichern sauvegarder

absperren barrer (une route)

📖 sperren = fermer *ou* barrer

sich abspielen se dérouler *ou* se passer :

▷ Die Geschichte spielt sich in einem fernen Land ab. L'histoire se déroule dans un pays lointain.

▷ Was hat sich zwischen euch wieder abgespielt? Qu'est-ce qui s'est encore passé entre vous deux ?

absprechen convenir de

► **sich absprechen** se mettre d'accord

► **jemandem etwas absprechen** dénier quelque chose à quelqu'un

📖 sprechen (er spricht; sprach, gesprochen) = parler

abstammen avoir son origine

► abstammen von descendre de

♦ Abstammung (FÉMININ : die Abstammung) origine

Abstand (MASCULIN : der Abstand, die Abstände) distance *ou* écart *ou* espace

► mit Abstand de loin *ou* de beaucoup

► Abstand nehmen prendre de la distance

abstauben dépoussiérer

📖 Staub = poussière

abstehen être décollé

▷ Meine Ohren stehen ab. Mes oreilles sont décollées.

📖 stehen (stand, gestanden) = être (debout) *ou* se trouver

absteigen descendre (d'un vélo, d'une moto, d'un cheval, d'une montagne)

📖 steigen (stieg, gestiegen) = monter

abstellen *a plusieurs sens :*

1 abstellen *peut signifier* poser *ou* déposer :

▷ Du kannst dein Gepäck dort abstellen. Tu peux poser tes bagages là-bas.

▷ Stellt eure Schaufeln in der Garage ab. Deposez vos pelles dans le garage.

2 abstellen *peut signifier* garer :

▷ Ich weiß nicht, wo ich mein Auto abstellen soll. Je ne sais pas où je peux garer ma voiture.

3 abstellen *peut signifier* éteindre *ou* couper *ou* arrêter (un moteur, l'électricité, l'eau, le chauffage *ou* un appareil) :

▷ Stell den Rasenmäher ab, ich verstehe nichts. Arrête la tondeuse, je n'entends rien.

▷ Bei dem warmen Wetter kann man die Heizung abstellen. Avec ce temps doux on peut couper le chauffage.

4 abstellen *peut signifier* remédier à :

▷ Diese Unsitte solltest du abstellen. Tu devrais remédier à cette mauvaise habitude.

abstimmen voter

abstreiten contester *ou* nier

📖 streiten (stritt, gestritten) = se disputer

abstürzen faire une chute (de haut) *ou* s'abattre (en parlant d'un avion) *ou* planter (en parlant d'un ordinateur)

📖 stürzen = tomber

Abtei (FÉMININ : die Abtei, die Abteien) abbaye

Abteil (NEUTRE : das Abteil, die Abteile) compartiment

♦ Zugabteil (NEUTRE : das Zugabteil) compartiment de train

abtrocknen essuyer *(au sens de sécher) :*

▷ Hilfst du mir, das Geschirr abzutrocknen? Tu m'aides à essuyer la vaisselle ?

📖 trocknen = sécher

abwarten attendre

📖 warten = attendre

abwärts vers le bas *ou* en bas *ou* en descendant *ou* en contrebas

► stromabwärts en aval

► abwärts gehen *ou* fahren descendre

Abwasch (MASCULIN : der Abwasch) vaisselle

♦ abwaschen laver

► das Geschirr abwaschen faire la vaisselle

📖 waschen (er wäscht; wusch, gewaschen) = laver

(sich) abwechseln alterner *ou* se relayer

♦ abwechselnd à tour de rôle

♦ Abwechslung (FÉMININ : die Abwechslung) changement *ou* distraction

♦ abwechslungsreich varié

Abweg (MASCULIN : der Abweg, die Abwege) fausse route *ou* égarement

► auf einen Abweg geraten s'écarter du droit chemin

► auf einen Abweg führen détourner du droit chemin

♦ abwegig aberrant

📖 Weg = chemin

abweisen (abwies, abgewiesen) renvoyer *ou* rejeter *ou* refuser

♦ abweisend froid (en parlant d'une attitude *ou* d'un comportement)

(sich) abwenden (se) détourner

📖 wenden = tourner

abwesend absent

♦ Abwesenheit (FÉMININ : die Abwesenheit) absence

abwischen enlever *ou* essuyer (à l'aide d'une éponge)

📖 wischen = essuyer

abziehen (abzog, abgezogen) *a plusieurs catégories grammaticales et plusieurs sens :*

> *Ce peut être un* VERBE TRANSITIF :

1 abziehen *peut signifier* soustraire

2 abziehen *peut signifier* retirer :

▷ Du musst die Folie vom Klebebild abziehen. Il faut que tu retires le film plastique de l'autocollant.

3 abziehen *peut signifier* dépouiller (un animal)

► das Bett abziehen enlever les draps du lit

> *Ce peut être un* VERBE INTRANSITIF :

1 abziehen *peut signifier* sortir :

▷ Mach das Fenster auf, damit der Rauch abziehen kann. Ouvre la fenêtre, afin que la fumée puisse sortir.

2 abziehen *peut signifier* filer :

▷ Zieh ab! File !

i *Cette expression allemande et sa traduction française sont familières.*

📖 ziehen (zog, gezogen) = tirer

abzweigen bifurquer

♦ Abzweigung (FÉMININ : die Abzweigung) bifurcation

ach ah *ou* oh

► ach so ah bon

► ach ja mais oui

► ach was bah

► ach wo penses-tu *ou* pensez-vous

► ach, was du nicht sagst sans blague

► mit Ach und Krach tant bien que mal

Achse /aksə/ (FÉMININ : die Achse, die Achsen) axe

► auf Achse sein être en vadrouille

i *Cette expression allemande et sa traduction française sont familières.*

Achsel /aksl/ (FÉMININ : die Achsel, die Achseln) aisselle

i *On dit aussi* Achselhöhle (FÉMININ : die Achselhöhle, die Achselhöhlen).

♦ Achselzucken (NEUTRE : das Achselzucken) haussement d'épaules

acht huit

► zu acht à huit

► am achten Juli le huit juillet

► der achte Juli le huit juillet

► Bonn, den achten Juli Bonn, le huit juillet

► achtes Kapitel chapitre huit

► Karl der Achte Charles VIII

i *Dans cet exemple,* Achte *est employé de manière substantivée.*

♦ achte, achter, achtes huitième

♦ achtzehn dix-huit

♦ achtzig quatre-vingt

♦ achthundert huit cent

♦ achtjährig de huit ans

♦ achtmal huit fois

Acht *a plusieurs sens :*

1 Acht (FÉMININ : die Acht, die Achten) *signifie* le chiffre huit

2 Acht (FÉMININ : die Acht) *signifie* attention :

► Acht geben faire attention

► etwas außer Acht lassen ne pas faire attention à quelque chose

► sich in Acht nehmen prendre garde à soi

achtbar honorable *ou* remarquable

achten *a plusieurs catégories grammaticales et plusieurs sens :*

> *Ce peut être un* VERBE TRANSITIF :

achten *signifie* respecter

> *Ce peut être un* VERBE INTRANSITIF :

achten *signifie* faire attention :

► auf etwas achten faire attention à quelque chose

i *On dit aussi* Acht geben.

♦ achtlos inattentif *ou* négligeant

♦ achtsam attentif *ou* soigneux

Achtung (FÉMININ : die Achtung) respect *ou* estime *ou* attention

► aus Achtung par respect

► Achtung! Attention !

► Achtung, Stufe! Attention à la marche !

i *Ce nom est indénombrable.*

ächzen *a plusieurs sens :*

1 ächzen *peut signifier* gémir :

▷ Die alte Frau ächzt. La vielle femme gémit.

2 **ächzen** *peut signifier* grincer :

▷ Die Holzbalken ächzen. Les poutres en bois grincent.

Acker (MASCULIN : der Acker, die Äcker) champ agricole

♦ **Ackerbau** (MASCULIN : der Ackerbau) agriculture

Adel (MASCULIN : der Adel) noblesse

♦ **ad(e)lig** noble

Ader (FÉMININ : die Ader, die Adern) artère

► **eine Ader für etwas haben** être doué pour quelque chose

Adler (MASCULIN : der Adler, die Adler) aigle

Affe (MASCULIN : der Affe, die Affen) singe

♦ **Affenhitze** (FÉMININ : die Affenhitze) chaleur dingue

♦ **Affentempo** (NEUTRE : das Affentempo) vitesse folle

affig maniéré

Ahn *ou* **Ahne** (MASCULIN : der Ahne, die Ahnen) ancêtre

ahnen présager *ou* se douter de *ou* deviner *ou* pressentir

Ahnin (FÉMININ : die Ahnin, die Ahninnen) ancêtre

ähnlich semblable

▷ Das sieht dir ähnlich. Il n'y a que toi qui peux dire (ou faire) une chose pareille.

▷ Sie sieht ihrer Mutter ähnlich. Elle ressemble à sa mère.

♦ **Ähnlichkeit** (FÉMININ : die Ähnlichkeit) ressemblance

Ahnung (FÉMININ : die Ahnung) pressentiment *ou* idée :

▷ Ich habe eine böse Ahnung. J'ai un mauvais pressentiment.

▷ Ich habe keine Ahnung, wo sie sein kann. Je n'ai aucune idée de l'endroit où elle peut être.

► **keine Ahnung!** aucune idée !

♦ **ahnungslos** ignorant *ou* sans se douter de rien

Aids (NEUTRE : das Aids) le sida

> **i** *En allemand, on ne met pas d'article devant les noms de maladies.*

akut grave *ou* urgent

► **ein akuter Schmerz** une douleur aiguë

Alarmanlage (FÉMININ : die Alarmanlage, die Alarmanlagen) système d'alarme

♦ **alarmieren** alerter

albern stupide *ou* puéril

Albtraum (MASCULIN : der Albtraum, die Albträume) cauchemar

Alkohol (MASCULIN : der Alkohol, die Alkohole) alcool

♦ **alkoholsucht** (FÉMININ : die Alkoholsucht) alcoolisme

♦ **alkoholfrei** sans alcool

♦ **alkoholisch** alcoolisé

All (NEUTRE : das All) univers

alle *a plusieurs catégories grammaticales :*

> *Ce peut être un* PRONOM:

alle *signifie* tous, toutes :

▷ Er hat sie alle heimgeschickt. Il les a tous renvoyés à la maison.

▷ Mädchen, kommt mal alle her! Les filles, venez toutes par-là !

> *Ce peut être un* ADJECTIF *qui demande le* PLURIEL :

alle *signifie* tous les, toutes les:

► **alle beide** tous les deux

► **alle zwei Stunden** toutes les deux heures

► **ein für alle Mal** une bonne fois pour toutes

allein seul

♦ **alleinstehend** célibataire

allerdings sans doute *ou* pourtant

allerhand beaucoup de

► **Das ist doch allerhand!** C'est quand même incroyable !

Allerheiligen (NEUTRE : das Allerheiligen) la Toussaint

> **i** *En allemand, on ne met pas d'article devant les noms de fêtes religieuses.*

allerlei toutes sortes de

Allerseelen (NEUTRE : das Allerseelen) jour des morts (le 2 novembre)

Allerseelen, le lendemain de la **Toussaint**, *est une fête catholique et un jour férié dans le sud de l'Allemagne.*

En allemand, on ne met pas d'article devant les noms de fêtes religieuses.

alles tout
- **alles Geld** tout l'argent
- **alles Gras** toute l'herbe
- **alles Übrige** tout le reste
- **alles in allem** somme toute
- **vor allem** avant tout

allgemein général *ou* universel
- **im Allgemeinen** en général

Dans cet exemple, Allgemeinen *est employé de manière substantivée.*

♦ **Allgemeinbildung** (FÉMININ : die Allgemeinbildung) culture générale

allmählich petit à petit

Alltag (MASCULIN : der Alltag) vie quotidienne

♦ **alltäglich** quotidiennement

allwissend omniscient

Alptraum (MASCULIN : der Alptraum, die Alpträume) cauchemar

als *est une* CONJONCTION *et a plusieurs sens :*

1 **als** *peut indiquer un* moment *ou un* événement *et signifie* quand *ou* lorsque :
- ▷ Als ich klein war, hatte ich oft Alpträume. Quand j'étais petite, je faisais souvent des cauchemars.
- ▷ Er schlief noch, als sie aus dem Haus ging. Il dormait encore lorsqu'elle a quitté la maison.

2 **als** *peut comparer deux sujets et signifie* que :
- ▷ Du bist größer als sie. Tu es plus grand qu'elle.
- ▷ Sie hat mehr Angst als früher. Elle a plus peur qu'avant.

3 **als** *peut demander le* subjonctif II :
- ▷ Es sieht aus, als würde es morgen regnen. On dirait qu'il va pleuvoir demain.
- ▷ Sie tut, als wäre sie schwerhörig. Elle fait semblant d'être sourde.

4 **als** *peut signifier* comme *ou* en tant que :
- ▷ Ich betrachte ihn als Freund. Je le vois comme un ami.
- ▷ Als Mutter ist man immer beunruhigt. En tant que mère on est toujours inquiète.
- **als ob** comme si
- **als dass** pour que

also donc *ou* alors
- **also gut** très bien
- **na also!** tu vois !

alt (älter, am ältesten) vieux *ou* ancien
- **zwölf Jahre alt sein** avoir douze ans

♦ **altmodisch** démodé *ou* ringard

Alter (NEUTRE : das Alter, die Alter) âge

♦ **Altersgrenze** (FÉMININ : die Altersgrenze, die Altersgrenzen) limite d'âge

♦ **Altersheim** (NEUTRE : das Altersheim, die Altersheime) maison de retraite

♦ **altern** vieillir

♦ **Altglas** (NEUTRE : das Altglas) verre à recycler

♦ **Altpapier** (NEUTRE : das Altpapier) papier à recycler

♦ **Altstadt** (FÉMININ : die Altstadt, die Altstädte) vieille ville

Alufolie (FÉMININ : die Alufolie, die Alufolien) papier d'aluminium

am *a plusieurs sens :*

1 **am** *peut être la contraction de* an dem *et signifie* le, la *ou* au, à la :
- **am Abend** le soir
- **am 22. September** le 22 septembre
- **am Knie** au genou
- **am Anfang** au début
- **am Ende** à la fin
- **am Wochenende** le week-end
- **am Tisch** à table

2 **am** *avec un* infinitif substantivé *signifie* en train de *ou* sur le point de :
- ▷ Er ist am Lernen. Il est en train de travailler.
- ▷ Sie ist am Gehen. Elle est sur le point de partir.

3 **am** *peut indiquer une* proximité *et signifie* le long de *ou* au bord de *ou* sur :
- ▷ Der Weg geht am Rhein entlang. Le chemin longe le Rhin.
- ▷ Ich gehe gerne am Meer spazieren. J'aime bien me promener au bord de la mer.
- **Frankfurt am Main** Francfort-sur-le-Main

4 **am** *sert à former les* superlatifs adverbiaux :
- ▷ Du bist am größten. C'est toi le plus grand.
- ▷ Am meisten fehlt mir der gute Kaffee. Ce qui me manque le plus, c'est le bon café.
- ▷ Vanilleeis schmeckt mir am besten. Ce que je préfère, c'est la glace à la vanille.

Ameise (FÉMININ : die Ameise, die Ameisen) fourmi

Ampel (FÉMININ : die Ampel, die Ampeln) feu tricolore

Amsel (FÉMININ : die Amsel, die Amseln) merle

Amt (NEUTRE : das Amt, die Ämter) *a plusieurs sens :*

1 Amt *s'emploie pour les* lieux administratifs *et signifie* office *ou* service *ou* bureau

2 Amt *s'emploie pour l'* activité administrative *et signifie* fonction *ou* poste *ou* place *ou* emploi

♦ Finanzamt (NEUTRE : das Finanzamt) centre d'impôts

♦ amtlich officiel

an *a plusieurs catégories grammaticales et plusieurs sens :*

> *Ce peut être une* PRÉPOSITION *qui s'emploie avec le* DATIF :

1 an *peut indiquer une* proximité :

▷ Sie hat sich an der Schulter verletzt. Elle s'est blessée à l'épaule.

▷ Es hat an der Tür geklopft. On a frappé à la porte.

▷ Wir gehen an der Donau Radfahren. Nous allons faire du vélo le long du Danube.

▷ An diesem Ort fühle ich mich wohl. Je me sens bien dans cet endroit.

2 an *peut indiquer un* moment :

► an Weihnachten à Noël

► an Ostern à Pâques

► an meinem Geburtstag le jour de mon anniversaire

► an diesem Wochenende ce week-end

► an einem Mittwoch un mercredi

> *Ce peut être une* PRÉPOSITION *qui s'emploie avec l'*ACCUSATIF :

an *indique une* proximité :

▷ Ich hänge die Schaukel an den Baum. J'accroche la balançoire à l'arbre.

▷ Lehn dein Fahrrad einfach an die Mauer. Tu n'as qu'à poser ton vélo contre le mur.

> *Ce peut être un* ADVERBE :

an *signifie* à :

▷ Von nun an machen wir es anders. À partir de maintenant on va faire autrement.

▷ Jetzt liegt es an dir, zu handeln. Maintenant c'est à toi d'agir.

► an und für sich au fond

> *Ce peut être une* PARTICULE SÉPARABLE *pour former des* VERBES COMPOSÉS :

♦ anbieten offrir

♦ anbinden attacher (avec une ficelle)

♦ angreifen toucher *ou* attaquer

> ℹ *Vous trouverez les verbes composés qui commencent par* an- *classés par ordre alphabétique*

Anbau *a plusieurs sens :*

1 Anbau (MASCULIN : der Anbau) *peut signifier* culture agricole

2 Anbau (MASCULIN : der Anbau, die Anbauten) *peut signifier* construction annexe

anbauen *a plusieurs sens :*

1 anbauen *peut signifier* cultiver (un champ)

2 anbauen *peut signifier* construire (une construction annexe)

📖 bauen = construire

anbehalten garder (sur soi) :

▷ Ich möchte den Rock anbehalten. J'ai envie de garder la jupe.

📖 behalten (er behält; behielt, behalten) = garder

anbei ci-joint

anbeißen mordre *ou* entamer (en croquant avec les dents) :

▷ Der Fisch hat angebissen. Le poisson a mordu.

▷ Jemand hat das Butterbrot angebissen. Quelqu'un a entamé la tartine.

📖 beißen (biss, gebissen) = mordre

anbelangen concerner

► was mich anbelangt en ce qui me concerne

anbellen aboyer après

📖 bellen = aboyer

anbieten offrir *ou* proposer :

▷ Was kann ich Ihnen anbieten? Qu'est-ce que je vous offre ?

▷ Ich kann Ihnen einen Kaffee anbieten. Je peux vous proposer un café.

📖 bieten (bot, geboten) = proposer, donner

anbinden attacher (avec une ficelle)

► angebunden sein être très occupé

► kurz angebunden sein être abrupt (en parlant de personnes)

📖 binden (band, gebunden) = lier, nouer, attacher

anblicken regarder

📖 blicken = regarder

anbrüllen engueuler

📖 brüllen = gueuler *ou* rugir

andauernd continuel *ou* continuellement

Andenken (NEUTRE : das Andenken, die Andenken) souvenir

anderer, andere, anderes autre :
► ein anderer (Mann) un autre (homme)
► eine andere (Frau) une autre (femme)
► ein anderes (Kind) un autre (enfant)
► ein anderes Mal *ou* ein andermal une autre fois
► unter anderem entre autre
♦ andererseits d'autre part

ändern changer *ou* modifier
► sich ändern changer
♦ Änderung (FÉMININ : die Änderung, die Änderungen) changement *ou* modification

andernfalls sinon *ou* autrement

anders autrement
► jemand anders quelqu'un d'autre
♦ anderswo ailleurs
♦ andersherum dans l'autre sens

anderthalb un et demi

andeuten indiquer *ou* insinuer

Andrang (MASCULIN : der Andrang) affluence
♦ Menschenandrang (MASCULIN : der Menschenandrang) foule

andrehen allumer (un appareil *ou* l'eau *ou* un radiateur)
📖 drehen = tourner

(sich) aneignen s'approprier

aneinander l'un à l'autre *ou* l'un contre l'autre
♦ aneinander fügen joindre
♦ aneinander geraten se disputer

anekeln dégoûter *ou* écœurer

anerkennen reconnaître *ou* apprécier :
▷ Ich erkenne deine Leistung an. Je reconnais ton effort.
▷ Seine Fähigkeiten sind anerkannt worden. On a apprécié ses capacités.
📖 kennen (kannte, gekannt) = connaître
♦ Anerkennung (FÉMININ : die Anerkennung) reconnaissance

Anfall (MASCULIN : der Anfall, die Anfälle) attaque

anfällig fragile (au niveau de la santé)
► für Krankheiten anfällig sein être sujet à des maladies

Anfang (MASCULIN : der Anfang, die Anfänge) début *ou* commencement
► von Anfang an dès le début
► am Anfang au début
► zu Anfang au début *ou* au commencement
♦ anfangs au début *ou* d'abord
♦ Schulanfang (MASCULIN : der Schulanfang) rentrée scolaire

anfangen (er fängt an; anfing, angefangen) commencer *ou* s'y mettre *ou* y aller

Anfänger, Anfängerin (MASCULIN : der Anfänger, die Anfänger / FÉMININ : die Anfängerin, die Anfängerinnen) débutant, débutante

anfassen toucher *ou* saisir
► mit anfassen donner un coup de main

anfertigen fabriquer

anfeuern encourager *ou* stimuler

anfordern demander *ou* réclamer
📖 fordern = demander
♦ Anforderung (FÉMININ : die Anforderung) exigence *ou* demande
► an jemanden Anforderungen stellen être exigeant avec quelqu'un

Anfrage (FÉMININ : die Anfrage, die Anfragen) demande (afin de recevoir une information)
♦ anfragen demander *ou* s'informer
📖 fragen = demander

sich anfreunden se lier d'amitié
► sich mit etwas anfreunden s'habituer à quelque chose
📖 Freund = ami

sich anfühlen
► sich hart / weich anfühlen être dur / mou au toucher
📖 fühlen = ressentir *ou* sentir

anführen guider *ou* citer
📖 führen = guider
♦ Anführer, Anführerin (MASCULIN : der Anführer, die Anführer / FÉMININ : die Anführerin, die Anführerinnen) chef *ou* guide

◆ **Anführungszeichen** (NEUTRE : das Anführungszeichen, die Anführungszeichen) guillemets

angeben *a plusieurs catégories grammaticales et plusieurs sens :*

> *Ce peut être un* VERBE TRANSITIF :

angeben *signifie* donner *ou* citer :

▷ Er hat mir eine falsche Adresse angegeben. Il m'a donné une fausse adresse.

▷ Den Titel des Buches habe ich angegeben. J'ai cité le titre du livre.

> *Ce peut être un* VERBE INTRANSITIF :

angeben *signifie* frimer

ℹ *Cette expression allemande et sa traduction française sont familières.*

📖 geben (er gibt; gab, gegeben) = donner

Angeber, Angeberin (MASCULIN : der Angeber, die Angeber / FÉMININ : die Angeberin, die Angeberinnen) frimeur, frimeuse

angeblich soi-disant

angeboren inné *ou* congénital

📖 geboren = né

Angebot (NEUTRE : das Angebot, die Angebote) offre *ou* choix

angehen *a plusieurs catégories grammaticales et plusieurs sens :*

> *Ce peut être un* VERBE TRANSITIF :

1 angehen *peut signifier* concerner :

▷ Das geht dich an. Ça te concerne.

▷ Das geht dich nichts an. Ça ne te regarde pas.

ℹ *Les temps composés se forment avec* sein.

2 angehen *peut signifier* demander :

► jemanden um etwas angehen demander quelque chose à quelqu'un

ℹ *Les temps composés se forment avec* haben.

3 angehen *peut signifier* commencer *ou* attaquer :

► etwas angehen commencer quelque chose

► jemanden angehen attaquer quelqu'un

ℹ *Les temps composés se forment avec* haben.

> *Ce peut être un* VERBE INTRANSITIF :

1 angehen *peut être une expression familière qui signifie* s'allumer *ou* prendre (au sens de s'allumer):

▷ Wo geht das Licht an? Où est-ce que s'allume la lumière ?

▷ Das Feuer geht nicht an. Le feu ne s'allume pas *ou* Le feu ne prend pas.

2 angehen *peut être une expression familière qui signifie* commencer :

▷ Die Schule geht morgen an. L'école commence demain.

ℹ *Les temps composés du* verbe intransitif *se forment avec* sein.

📖 gehen (ging, gegangen) = aller, marcher

angehören appartenir à

◆ **angehörig** appartenant à

◆ **Angehöriger, Angehörige** (MASCULIN : der Angehörige / FÉMININ : die Angehörige) parent, parente

ℹ *Ce nom est un adjectif substantivé :* der Angehörige, ein Angehöriger.

Angeklagter, Angeklagte (MASCULIN : der Angeklagte / FÉMININ : die Angeklagte) accusé, accusée

ℹ *Ce nom est un adjectif substantivé :* der Angeklagte, ein Angeklagter.

Angel (FÉMININ : die Angel, die Angeln) *a plusieurs sens :*

1 Angel *peut signifier* canne à pêche

◆ **angeln** pêcher (à la ligne)

2 Angel *peut signifier* gond :

◆ **Türangel** (FÉMININ : die Türangel) gond (de la porte)

◆ **Fensterangel** (FÉMININ : die Fensterangel) gond (de la fenêtre)

Angelegenheit (FÉMININ : die Angelegenheit, die Angelegenheiten) affaire :

▷ Kümmere dich um deine Angelegenheiten! Occupe-toi de tes affaires !

angemessen convenable *ou* approprié

angenehm agréable

► Angenehm! Enchanté !

► jemandem angenehm sein plaire à quelqu'un

angesehen considéré *ou* estimé *ou* respecté

angesichts face à :

▷ Angesichts dieses Problems müssen wir handeln. Face à ce problème, il faut agir.

angespannt tendu :

▷ Die Lage ist angespannt. La situation est tendue.

Angestellter, Angestellte (MASCULIN : der Angestellte / FÉMININ : die Angestellte) employé, employée

> **i** *Ce nom est un adjectif substantivé :* der Angestellte, ein Angestellter.

angetan

► **von jemandem angetan sein** être conquis par quelqu'un

► **es jemandem angetan haben** avoir la cote avec quelqu'un

angewiesen

► **auf jemanden / etwas angewiesen sein** dépendre de quelqu'un / quelque chose

angewöhnen habituer

► **sich etwas angewöhnen** s'habituer à quelque chose

Angewohnheit (FÉMININ : die Angewohnheit, die Angewohnheiten) habitude

angreifen *a plusieurs sens :*

1 **angreifen** *peut signifier* attaquer :

▷ Unser Hund hat die Nachbarskatze angegriffen. Notre chien a attaqué le chat des voisins.

2 **angreifen** *peut signifier* nuire à :

▷ Rauchen greift die Gesundheit an. Fumer nuit à la santé.

📖 **greifen (griff, gegriffen)** = prendre *ou* saisir

Angriff (MASCULIN : der Angriff, die Angriffe) attaque

► **etwas in Angriff nehmen** s'attaquer à quelque chose (au sens de commencer quelque chose)

♦ **angriffslustig** agressif

angst

▷ Ihr ist angst. Elle a peur.

▷ Mir wird angst. Je prends peur.

► **angst und bange sein / werden** avoir / prendre peur

Angst (FÉMININ : die Angst, die Ängste) peur *ou* crainte *ou* angoisse :

► **Angst haben** avoir peur

► **in Angst geraten** prendre peur

♦ **Angstgefühl** (NEUTRE : das Angstgefühl, die Angstgefühle) angoisse

♦ **Angsthase** (MASCULIN : der Angsthase, die Angsthasen) trouillard

> **i** *Cette expression allemande et sa traduction française sont familières.*

♦ **Angstschweiß** (MASCULIN : der Angstschweiß) sueur froide

ängstigen effrayer

► **sich ängstigen** s'inquiéter

ängstlich peureux *ou* inquiet *ou* anxieux

♦ **Ängstlichkeit** (FÉMININ : die Ängstlichkeit) peur *ou* inquiétude

angucken regarder

anhaben porter (des vêtements) :

▷ Er hatte sein blaues Hemd an. Il avait sa chemise bleue.

📖 **haben (er hat; hatte, gehabt)** = avoir

anhalten *a plusieurs catégories grammaticales et plusieurs sens :*

> *Ce peut être un* VERBE TRANSITIF :

1 **anhalten** *peut signifier* arrêter :

▷ Du kannst dort anhalten. Tu peux t'arrêter là-bas.

2 **anhalten** *peut signifier* retenir :

▷ Aus Angst habe ich meinen Atem angehalten. De peur, j'ai retenu ma respiration.

► **die Luft anhalten** retenir sa respiration

3 **anhalten** *peut signifier* inciter à :

► **jemanden zu etwas anhalten** inciter quelqu'un à faire quelque chose

> *Ce peut être un* VERBE INTRANSITIF :

1 **anhalten** *peut signifier* s'arrêter :

▷ Wo soll ich anhalten? Où est-ce que je dois m'arrêter ?

2 **anhalten** *peut signifier* durer :

▷ Das schöne Wetter soll anhalten. Il paraît que le beau temps va durer.

► **um jemandes Hand anhalten** demander la main de quelqu'un

📖 **halten (er hält; hielt, gehalten)** = tenir *ou* s'arrêter

anhand à l'aide de :

▷ Sie sind anhand der Indizien dem Täter auf die Spur gekommen. À l'aide des indices, ils ont trouvé la trace du coupable.

anhängen accrocher

► **jemandem etwas anhängen** mettre quelque chose sur le dos de quelqu'un

> ℹ *Cette expression allemande et sa traduction française sont familières.*

◆ **Anhänger, Anhängerin** (MASCULIN : der Anhänger, die Anhänger / FÉMININ : die Anhängerin, die Anhängerinnen) partisan, partisane

◆ **anhänglich** dévoué *ou* fidèle

◆ **Anhänglichkeit** (FÉMININ : die Anhänglichkeit) dévouement *ou* fidélité

(sich) anhören *a plusieurs sens :*

1 (sich) **anhören** *peut signifier* écouter :

▷ Ich höre (mir) die CD an. J'écoute le CD.

2 **sich anhören** *peut signifier* sonner :

▷ Das hört sich komisch an. Ça sonne bizarre.

📖 **hören** = entendre *ou* écouter

Anker (MASCULIN : der Anker, die Anker) ancre

► **vor Anker gehen** jeter l'ancre

Anklage (FÉMININ : die Anklage, die Anklagen) accusation

◆ **anklagen** accuser

anklopfen frapper (à la porte)

📖 **klopfen** = frapper (à la porte)

ankommen *a plusieurs sens :*

1 **ankommen** *peut signifier* arriver :

▷ Ich komme gerade erst an. J'arrive tout juste.

2 **ankommen** *peut signifier* avoir du succès :

► **bei jemanden gut ankommen** avoir du succès auprès de quelqu'un

► **etwas kommt an** quelque chose a du succès

► **schlecht ankommen** ne pas avoir beaucoup de succès

► **nicht ankommen** ne pas avoir de succès

► **gegen jemanden ankommen** l'emporter sur quelqu'un

3 **ankommen** *peut être impersonnel et signifie* être important *ou* dépendre de :

▷ Beim Schachspielen kommt es sehr auf die Konzentration an. Aux échecs, la concentration est très importante.

▷ Wann gehen wir? – Das kommt auf ihn an. Quand est-ce qu'on part ? – Ça dépend de lui.

► **auf etwas ankommen** dépendre de quelque chose

📖 **kommen** (kam, gekommen) = venir

ankündigen annoncer

Ankunft (FÉMININ : die Ankunft, die Ankünfte) arrivée

> ℹ *Ce nom s'emploie surtout au singulier.*

◆ **Ankunftszeit** (FÉMININ : die Ankunftszeit, die Ankunftszeiten) heure d'arrivée

Anlage (FÉMININ : die Anlage, die Anlagen) *a plusieurs sens :*

1 **Anlage** *peut signifier* disposition *ou* talent

2 **Anlage** *peut signifier* complexe (d'immeubles)

3 **Anlage** *peut signifier* espace vert

> ℹ *On dit aussi* Grünanlage.

Anlass (MASCULIN : der Anlass, die Anlässe) *a plusieurs sens :*

1 **Anlass** *peut signifier* cause *ou* raison :

▷ Was ist der Anlass für euren Streit? Quelle est la cause de votre dispute ?

▷ Es gibt dazu keinen Anlass. Il n'y a pas de raison à ça.

2 **Anlass** *peut signifier* occasion :

▷ Zu diesem Anlass ziehe ich mein Kleid an. À cette occasion, je mets ma robe.

anlassen *a plusieurs sens :*

1 **anlassen** *peut signifier* garder (sur soi) :

▷ Ich lasse den Mantel an. Je garde mon manteau.

2 **anlassen** *peut signifier* laisser allumé :

▷ Lass das Licht an. Laisse la lumière allumée.

3 **anlassen** *peut signifier* démarrer :

▷ Ohne Schlüssel kann er das Auto nicht anlassen. Sans les clefs, il ne peut pas démarrer la voiture.

► **sich gut anlassen** bien s'annoncer

◆ **anlässlich** à l'occasion de

Anlauf (MASCULIN : der Anlauf, die Anläufe) élan *ou* essai

► **Anlauf nehmen** prendre son élan

anlehnen *a plusieurs sens :*

1 **anlehnen** *peut signifier* poser contre :

▷ Die Leiter lehnt am Baum. L'échelle est posée contre l'arbre.

► **sich an etwas anlehnen** s'appuyer sur quelque chose

2 **anlehnen** *peut signifier* être entrouvert *ou* laisser entrouvert :

▷ Die Tür war angelehnt. La porte était entrouverte.

▷ Lehn das Fenster nur an. Laisse la fenêtre entrouverte.

Anleitung (FÉMININ : die Anleitung) instructions

♦ **Gebrauchsanleitung** (FÉMININ : die Gebrauchsanleitung) mode d'emploi

♦ **Spielanleitung** (FÉMININ : die Spielanleitung) règles du jeu

anlügen mentir à

📖 **lügen** (log, gelogen) = mentir

anmachen *a plusieurs sens :*

1 **anmachen** *peut signifier* attacher :

▷ Wo kann ich mein Fahrrad anmachen? Où est-ce que je peux attacher mon vélo ?

2 **anmachen** *peut signifier* allumer :

▷ Heute Abend machen wir ein Feuer an. Ce soir on allumera un feu.

▷ Mach bitte das Licht an. Allume la lumière, s'il te plaît.

3 **anmachen** *peut signifier* assaisonner :

▷ Der Salat ist schon angemacht. La salade est déjà assaisonnée.

► **jemanden anmachen** accoster quelqu'un

> ℹ *Cette expression allemande et sa traduction française sont familières.*

anmaßend prétentieux *ou* arrogant

♦ **Anmaßung** (FÉMININ : die Anmaßung) prétention *ou* arrogance

anmelden *a plusieurs catégories grammaticales et plusieurs sens :*

> *Ce peut être un* VERBE TRANSITIF :

1 **anmelden** *peut signifier* annoncer :

▷ Wen soll ich anmelden? Qui dois-je annoncer ?

2 **anmelden** *peut signifier* faire immatriculer :

▷ Er ist sein Auto anmelden gegangen. Il est parti faire immatriculer sa voiture.

> *Ce peut être un* VERBE RÉFLECHI :

sich anmelden *peut signifier* s'inscrire :

▷ Für den Tanzkurs muss man sich im September anmelden. Pour le cours de danse, il faut s'inscrire en septembre.

♦ **Anmeldung** (FÉMININ : die Anmeldung) inscription *ou* déclaration

anmerken *a plusieurs sens :*

1 **anmerken** *peut signifier* marquer :

▷ Die Fehler sind rot angemerkt. Les fautes sont marquées en rouge.

2 **anmerken** *peut signifier* faire une remarque :

▷ Ich möchte noch etwas anmerken. Je voudrais encore faire une remarque.

► **jemandem / etwas anmerken** voir *ou* remarquer quelque chose sur le visage ou dans le comportement de quelqu'un

► **sich etwas anmerken lassen** laisser voir quelque chose

♦ **Anmerkung** (FÉMININ : die Anmerkung) remarque *ou* annotation

annähen coudre

► **einen Knopf annähen** coudre un bouton

► **einen Saum annähen** faire un ourlet

📖 **nähen** = coudre

Annahme (FÉMININ : die Annahme, die Annahmen) supposition *ou* hypothèse

annehmen *a plusieurs sens :*

1 **annehmen** *peut signifier* accepter :

▷ Sie hat meine Hilfe nicht annehmen wollen. Elle n'a pas voulu accepter mon aide.

2 **annehmen** *peut signifier* prendre :

▷ Du nimmst schlechte Gewohnheiten an! Tu prends de mauvaises habitudes !

3 **annehmen** *peut signifier* supposer :

▷ Ich nehme an, dass sie nicht kommen. Je suppose qu'ils ne viendront pas.

► **sich einer Person / einer Sache annehmen** prendre en charge quelqu'un / quelque chose

► **Vernunft annehmen** revenir à la raison

📖 **nehmen** (er nimmt; nahm, genommen) = prendre

anpacken empoigner *ou* saisir

► **etwas anpacken** entreprendre quelque chose

► **mit anpacken** donner un coup de main

(sich) anpassen (s')adapter

► **sich einer Sache anpassen** s'adapter à quelque chose

► **angepasst sein** être conformiste

anprobieren essayer (un vêtement)

📖 **probieren** = essayer

Anrecht (NEUTRE : das Anrecht) droit

► **auf etwas Anrecht haben** avoir droit à quelque chose

anreden adresser la parole à

► **jemanden anreden** adresser la parole à quelqu'un

📖 **reden** = parler

anrichten *a plusieurs sens :*

1 **anrichten** *peut signifier* préparer *ou* servir :

▷ Sie richtet das Mittagessen an. Elle prépare le déjeuner.

▷ Das Abendessen ist angerichtet. Le dîner est servi.

2 **anrichten** *peut signifier* causer (des dégâts) *ou* faire (une bêtise) :

▷ Der Sturm hat großen Schaden angerichtet. La tempête a causé beaucoup de dégâts.

▷ Was hast du da wieder angerichtet? Qu'est-ce que tu as encore fait comme bêtise ?

Anruf (MASCULIN : der Anruf, die Anrufe) appel (téléphonique)

♦ **Anrufbeantworter** (MASCULIN : der Anrufbeantworter, die Anrufbeantworter) répondeur

♦ **anrufen** appeler (au téléphone)

📖 **rufen (rief, gerufen)** = appeler

anrühren toucher *ou* toucher à :

▷ Rühr mich nicht an! Ne me touche pas !

▷ Sie hat die Erbsen nicht angerührt. Elle n'a pas touché aux petits pois.

ans *est la contraction de* **an das** *et signifie* au *ou* à la :

▷ Ich gehe ans Telefon. Je réponds au téléphone.

Ansage (FÉMININ : die Ansage, die Ansagen) annonce

♦ **ansagen** annoncer

📖 **sagen** = dire

(sich) ansammeln *a plusieurs sens :*

1 **(sich) ansammeln** *peut signifier* (s')accumuler :

▷ In diesen Jahren hat sich viel angesammelt. Pendant ces années, beaucoup de choses se sont accumulées.

2 **sich ansammeln** *peut signifier* se rassembler :

▷ Viele Menschen haben sich am Alexanderplatz angesammelt. Beaucoup de gens se sont rassemblés sur l'Alexanderplatz.

📖 **sich sammeln** = se rassembler

♦ **Ansammlung** (FÉMININ : die Ansammlung) rassemblement *ou* accumulation

Ansatz (MASCULIN : der Ansatz, die Ansätze) *a plusieurs sens :*

1 **Ansatz** *peut signifier* début :

▷ Das ist ein guter Ansatz. C'est un bon début.

2 **Ansatz** *peut signifier* essai :

▷ Der Ansatz ist misslungen. L'essai a échoué.

3 **Ansatz** *peut signifier* rallonge *ou* pièce rapportée :

♦ **Ansatzpunkt** (MASCULIN : der Ansatzpunkt) point de départ

♦ **Haaransatz** (MASCULIN : der Haaransatz) racine (des cheveux)

anschaffen (anschuf, angeschaffen) acquérir *ou* acheter

► **sich etwas anschaffen** acheter quelque chose

anschalten allumer (la lumière *ou* la radio *ou* la télévision *ou* un autre appareil)

anschauen regarder :

▷ Schau mich an! Regarde- moi !

📖 **schauen** = regarder

anschaulich clair (au sens de compréhensible) *ou* clairement *ou* qui parle (au sens figuré) :

▷ Sie hat das sehr anschaulich erklärt. Elle l'a expliqué très clairement.

▷ Das Bild ist anschaulich. C'est une image qui nous parle.

Anschein (MASCULIN : der Anschein) apparence

► **allem Anschein nach** selon toute apparence

► **den Anschein haben** sembler *ou* paraître

♦ **anscheinend** apparemment

Anschlag (MASCULIN : der Anschlag, die Anschläge) *a plusieurs sens :*

1 **Anschlag** *peut signifier* attentat

2 **Anschlag** *peut signifier* affichage :

▷ Wenn du genaueres wissen willst, im Gang ist ein Anschlag. Si tu veux en savoir plus, dans le couloir il y a un affichage.

anschlagen *a plusieurs sens :*

1 **anschlagen** *peut signifier* afficher

2 **(sich) anschlagen** *peut signifier* (se) cogner :

▷ Er hat (sich) seinen Kopf angeschlagen. Il s'est cogné la tête.

3 **anschlagen** *peut signifier* ébrécher :

▷ Die Tasse ist angeschlagen. La tasse est ébréchée.

📖 **schlagen (er schlägt; schlug, geschlagen)** = frapper

anschließen *a plusieurs catégories grammaticales et plusieurs sens :*

> *Ce peut être un* VERBE TRANSITIF *:*

1 **anschließen** *peut signifier* brancher :

▷ Kannst du mir den Computer anschließen? Tu peux me brancher l'ordinateur ?

2 **anschließen** *peut signifier* attacher :

▷ Er schließt sein Fahrrad ans Gitter. Il attache son vélo à la grille.

> *Ce peut être un* VERBE INTRANSITIF :

anschließen *signifie* jouxter :

▷ Das Kinderzimmer schließt an das Wohnzimmer an. La chambre d'enfants est à côté du salon.

> *Ce peut être un* VERBE RÉFLÉCHI :

sich anschließen *signifie* se joindre à :

▷ Er hat sich uns angeschlossen. Il s'est joint à nous.

Anschluss (MASCULIN : der Anschluss, die Anschlüsse) *a plusieurs sens :*

1 **Anschluss** *peut signifier* branchement *ou* connexion

2 **Anschluss** *peut signifier* correspondance :

▷ Ich habe meinen Anschluss verpasst. J'ai manqué ma correspondance.

3 **Anschluss** *peut signifier* contact :

▷ Sie findet keinen Anschluss. Elle n'arrive pas à nouer des contacts.

► **kein Anschluss unter dieser Nummer** ce numéro n'est pas attribué

► **im Anschluss an** suite à

♦ **Telefonanschluss** (MASCULIN : der Telefonanschluss) ligne téléphonique

L' Anschluss est le rattachement de l'Autriche en 1938 au Reich allemand sous le régime nazi de Hitler.

(sich) anschnallen (s')attacher

▷ Schnall dich an. Attache ta ceinture.

▷ Ich schnalle mir die Skier an. J'attache mes skis.

anschneiden entamer (à l'aide d'un couteau)

📖 **schneiden (schnitt, geschnitten)** = couper

anschreiben écrire

► **angeschrieben sein** être écrit

► **jemanden anschreiben** écrire à quelqu'un

► **anschreiben lassen** mettre sur l'ardoise

► **bei jemandem gut / schlecht angeschrieben sein** *est une expression familière qui signifie* être bien / mal vu de quelqu'un

📖 **schreiben (schrieb, geschrieben)** = écrire

anschreien engueuler

📖 **schreien (schrie, geschrie(e)n)** = crier

anschwindeln raconter des bobards à

L'expression allemande et sa traduction française sont familières.

📖 **schwindeln** = tricher

ansehen regarder *ou* contempler

► **jemandem etwas ansehen** lire quelque chose sur le visage de quelqu'un

♦ **Ansehen** (NEUTRE : das Ansehen) estime *ou* réputation

Ansicht (FÉMININ : die Ansicht, die Ansichten) *a plusieurs sens :*

1 **Ansicht** *peut signifier* avis *ou* opinion:

▷ Da bin ich nicht deiner Ansicht. Là-dessus, je ne suis pas de ton avis.

► **meiner Ansicht nach** d'après moi

♦ **Ansichtssache** (FÉMININ : die Ansichtssache) question d'opinion

2 **Ansicht** *peut signifier* vue :

▷ Das Bild zeigt eine Ansicht der Umgebung. Le tableau montre une vue des environs.

♦ **Ansichtskarte** (FÉMININ : die Ansichtskarte, die Ansichtskarten) carte postale

Anspannung (FÉMININ : die Anspannung) tension

Anspielung (FÉMININ : die Anspielung, die Anspielungen) allusion

► **eine Anspielung auf etwas machen** faire allusion à quelque chose

Ansprache (FÉMININ : die Ansprache, die Ansprachen) discours

ansprechen *a plusieurs catégories grammaticales et plusieurs sens :*

> *Ce peut être un* VERBE TRANSITIF :

1 **ansprechen** *peut signifier* adresser la parole à :

► **jemanden ansprechen** adresser la parole à quelqu'un

2 **ansprechen** *peut signifier* aborder :

► **jemanden ansprechen** aborder quelqu'un

► **ein Thema ansprechen** aborder un sujet

> *Ce peut être un* VERBE INTRANSITIF :

1 **ansprechen** *peut signifier* plaire *ou* intéresser :

▷ Die Ausstellung hat viele Besucher angesprochen. L'exposition a plu à beaucoup de gens.

▷ Dieser Autor spricht mich an. Cet auteur m'intéresse.

2 **ansprechen** *peut signifier* réagir :

▷ Er spricht gut auf Homeopathie an. Il réagit bien à l'homéopathie.

3 **ansprechen** *peut signifier* faire effet :

▷ Das Medikament hat bei ihr nicht angesprochen. Ce médicament n'a pas fait d'effet chez elle.

Anspruch (FÉMININ : der Anspruch, die Ansprüche) *a plusieurs sens :*

1 **Anspruch** *peut signifier* droit :
- ▷ Ich habe Anspruch darauf. J'y ai droit.

2 **Anspruch** *peut signifier* exigence :
- ► **Zeit in Anspruch nehmen** prendre du temps
- ► **Ansprüche stellen** être exigeant
- ► **Anspruch erheben** exiger
- ► **in Anspruch nehmen** occuper *ou* préoccuper

♦ **anspruchslos** modeste

♦ **anspruchsvoll** exigeant

anspucken cracher sur
- ► **jemanden anspucken** cracher sur quelqu'un

📖 **spucken** = cracher

Anstalt (FÉMININ : die Anstalt, die Anstalten) établissement *ou* institution
- ► **Anstalten machen, etwas zu tun** se préparer à faire quelque chose
- ► **Anstalten treffen** prendre ses dispositions

Anstand (MASCULIN : der Anstand) décence

anständig *a plusieurs sens :*

1 **anständig** *peut signifier* convenable *ou* honnête *ou* comme il faut :
- ▷ Iss anständig! Mange convenablement !
- ▷ Der Preis ist sehr anständig. Ce prix est très honnête.
- ▷ Sie waren wirklich anständig. Ils ont vraiment été comme il faut.

2 **anständig** *peut signifier* satisfaisant *ou* convenablement :
- ▷ Deine Aufgaben sind anständig. Tes devoirs sont satisfaisants.
- ▷ Wirst du auch anständig bezahlt? Est-ce que tu es payé convenablement ?

3 **anständig** *peut signifier* sacré :
- ▷ Ich habe anständige Schulden. J'ai des sacrées dettes.

> ℹ *Cette expression allemande et sa traduction française sont familières.*

♦ **anstandshalber** pour la forme

♦ **anstandslos** sans hésitation *ou* sans la moindre difficulté

anstarren dévisager *ou* fixer du regard

📖 **starren** = regarder fixement

anstatt *a plusieurs catégories grammaticales et plusieurs sens :*

> *Ce peut être une* PRÉPOSITION *qui s'emploie avec le* GÉNITIF *:*

anstatt *signifie* à la place de *ou* au lieu de :
- ▷ Anstatt des Rockes leihe ich dir lieber die Hose. À la place de la jupe, je préfère te prêter le pantalon.

> *Ce peut être une* CONJONCTION *qui s'emploie avec l'*INFINITIF *:*

anstatt zu *signifie* au lieu de :
- ▷ Anstatt zu lernen ist er ins Kino gegangen. Au lieu d'étudier, il est allé au cinéma.

anstecken *a plusieurs catégories grammaticales et plusieurs sens :*

> *Ce peut être un* VERBE TRANSITIF *:*

1 **anstecken** *peut signifier* contaminer :
- ▷ Sie hat ihn wahrscheinlich angesteckt. Elle l'a probablement contaminé.

2 **anstecken** *peut signifier* attacher :
- ▷ Kannst du mir das Abzeichen anstecken? Tu peux m'attacher la médaille ?

3 **anstecken** *peut signifier* allumer :
- ▷ Opa steckt sich jeden Abend eine Pfeife an. Grand-père allume sa pipe tous les soirs.
- ► **ein Haus anstecken** mettre le feu à une maison

> *Ce peut être un* VERBE INTRANSITIF *:*

anstecken *signifie* être contagieux :
- ▷ Dein Lachen steckt richtig an. Ton rire est vraiment contagieux.
- ► **sich bei jemandem anstecken** être contaminé par quelqu'un
- ▷ Ich habe mich bei ihm angesteckt. Il m'a contaminé.

♦ **ansteckend** contagieux

anstelle von ou **an Stelle von** à la place de

anstellen *a plusieurs catégories grammaticales et plusieurs sens :*

> *Ce peut être un* VERBE TRANSITIF *:*

1 **anstellen** *peut signifier* mettre en marche *ou* allumer (un appareil électrique)

2 **anstellen** *peut signifier* ouvrir (l'eau)

3 **anstellen** *peut signifier* faire :
- ▷ Stellen wir einen Vergleich an. Faisons une comparaison.
- ▷ Man muss Nachforschungen anstellen. Il faut faire des recherches.
- ▷ Ich weiß nicht, wie ich das anstellen soll. Je ne sais pas comment faire.
- ► **jemanden anstellen** employer *ou* engager quelqu'un
- ► **etwas anstellen** faire une bêtise

> *Ce peut être un* VERBE RÉFLÉCHI :

1 **sich anstellen** *peut signifier* faire la queue

2 **sich anstellen** *peut signifier* s'y prendre :

► **sich geschickt / ungeschickt anstellen** bien / mal s'y prendre

► **sich anstellen** faire des manières

♦ **Anstellung** (FÉMININ : die Anstellung) emploi

Anstieg (MASCULIN : der Anstieg, die Anstiege) montée *ou* ascension

anstiften causer *ou* provoquer *ou* susciter (une chose négative)

anstoßen *a plusieurs catégories grammaticales et plusieurs sens :*

> *Ce peut être un* VERBE TRANSITIF :

1 **anstoßen** *peut signifier* heurter (avec le pied)

2 **anstoßen** *peut signifier* pousser légèrement

> *Ce peut être un* VERBE INTRANSITIF :

1 **anstoßen** *signifie* trinquer

2 **(sich) anstoßen** *signifie* se cogner :

▷ Ich bin angestoßen *ou* Ich habe mich angestoßen. Je me suis cogné.

ℹ *Les temps composés de* anstoßen *se forment avec le verbe auxiliaire* **sein**, *ceux de* **sich anstoßen** *avec* **haben**.

📖 **stoßen** (er stößt; stieß, gestoßen) = pousser

anstößig choquant

anstrengen fatiguer

► **sich anstrengen** faire des efforts

♦ **anstrengend** fatigant

♦ **Anstrengung** (FÉMININ : die Anstrengung) effort

ansuchen demander

♦ **Ansuchen** (NEUTRE : das Ansuchen, die Ansuchen) demande

Anteil (MASCULIN : der Anteil, die Anteile) part *ou* participation

► **Anteil nehmen** compatir

♦ **Anteilnahme** (FÉMININ : die Anteilnahme) compassion

Antrag (MASCULIN : der Antrag, die Anträge) demande

► **einen Antrag stellen** faire une demande

► **auf den Antrag von** à la demande de

Antwort (FÉMININ : die Antwort, die Antworten) réponse

♦ **antworten** répondre

anvertrauen *a plusieurs catégories grammaticales :*

> *Ce peut être un* VERBE TRANSITIF :

jemandem etwas anvertrauen *signifie* confier quelque chose à quelqu'un

> *Ce peut être un* VERBE RÉFLÉCHI :

sich jemandem anvertrauen *signifie* se confier à quelqu'un

📖 **vertrauen** = avoir confiance

Anwalt, Anwältin (MASCULIN : der Anwalt, die Anwälte / FÉMININ : die Anwältin, die Anwältinnen) avocat, avocate

anwenden utiliser *ou* employer

anwesend présent

► **Anwesenheit** (FÉMININ : die Anwesenheit) présence

Anzahl (FÉMININ : die Anzahl) nombre *ou* quantité

Anzeichen (NEUTRE : das Anzeichen, die Anzeichen) signe *ou* indice

Anzeige (FÉMININ : die Anzeige, die Anzeigen) annonce *ou* plainte (au sens de dénonciation)

► **Anzeige erstatten** porter plainte

► **Geburtsanzeige** (FÉMININ : die Geburtsanzeige) faire-part de naissance

► **Todesanzeige** (FÉMININ : die Todesanzeige) faire-part de décès

anzeigen marquer *ou* indiquer :

▷ Das Thermometer zeigt zwanzig Grad an. Le thermomètre indique vingt degrés.

► **jemanden anzeigen** porter plainte contre quelqu'un

► **etwas anzeigen** afficher quelque chose

📖 **zeigen** = montrer

anziehen (anzog, angezogen) *a plusieurs sens :*

1 **anziehen** *peut signifier* attirer

► **anziehend** attirant

► **Anziehungskraft** (FÉMININ : die Anziehungskraft, die Anziehungskräfte) attirance *ou* force d'attraction

2 **anziehen** *peut signifier* mettre (un vêtement) :

▷ Ich weiss nicht, was ich anziehen soll. Je ne sais pas quoi mettre.

► **sich anziehen** s'habiller

3 **anziehen** *peut signifier* serrer (une vis, un frein)

4 **anziehen** *peut signifier* replier :

► **die Beine anziehen** replier les jambes

Anzug (MASCULIN : der Anzug, die Anzüge) costume

► **Skianzug** (MASCULIN : der Skianzug) combinaison de ski

► **Taucheranzug** (MASCULIN : der Taucheranzug) combinaison de plongée

anzünden allumer *ou* mettre le feu à

Apfel (MASCULIN : der Apfel, die Äpfel) pomme

♦ **Apfelbaum** (MASCULIN : der Apfelbaum, die Apfelbäume) pommier

♦ **Apfelmus** (NEUTRE : das Apfelmus) compote de pommes

♦ **Apfelsaft** (MASCULIN : der Apfelsaft, die Apfelsäfte) jus de pomme

♦ **Apfelkuchen** (MASCULIN : der Apfelkuchen, die Apfelkuchen) tarte aux pommes

♦ **Apfelmost** *ou* **Apfelwein** (MASCULIN : der Apfelmost *ou* der Apfelwein) cidre

♦ **Apfelstrudel** (MASCULIN : der Apfelstrudel, die Apfelstrudel) strudel (gâteau roulé à base de pommes)

♦ **der Apfel fällt nicht weit vom Stamm** tel père, tel fils

♦ **in den sauren Apfel beißen** avaler la pilule

Apfelsine (FÉMININ : die Apfelsine, die Apfelsinen) orange (le fruit)

♦ **Apfelsinenbaum** (MASCULIN : der Apfelsinenbaum, die Apfelsinenbäume) oranger

♦ **Apfelsinensaft** (MASCULIN : der Apfelsinensaft, die Apfelsinensäfte) jus d'orange

Apotheke (FÉMININ : die Apotheke, die Apotheken) pharmacie

♦ **Apotheker, Apothekerin** (MASCULIN : der Apotheker, die Apotheker / FÉMININ : die Apothekerin, die Apothekerinnen) pharmacien, pharmacienne

Aprikose (FÉMININ : die Aprikose, die Aprikosen) abricot

♦ **Aprikosenbaum** (MASCULIN : der Aprikosenbaum, die Aprikosenbäume) abricotier

♦ **Aprikosensaft** (MASCULIN : der Aprikosensaft, die Aprikosensäfte) jus d'abricots

April (MASCULIN : der April) avril

► **im April** en avril *ou* au mois d'avril

► **am 15. April** le 15 avril

Arbeit (FÉMININ : die Arbeit, die Arbeiten) travail

♦ **arbeiten** travailler

♦ **Arbeiter, Arbeiterin** (MASCULIN : der Arbeiter, die Arbeiter / FÉMININ : die Arbeiterin, die Arbeiterinnen) travailleur, travailleuse *ou* ouvrier, ouvrière

♦ **Arbeitgeber, Arbeitgeberin** (MASCULIN : der Arbeitgeber, die Arbeitgeber / FÉMININ : die Arbeitgeberin, die Arbeitgeberinnen) employeur

♦ **Arbeitnehmer, Arbeitnehmerin** (MASCULIN : der Arbeitnehmer, die Arbeitnehmer / FÉMININ : die Arbeitnehmerin, die Arbeitnehmerinnen) salarié, salariée

♦ **Arbeitsamt** (NEUTRE : das Arbeitsamt, die Arbeitsämter) agence nationale pour l'emploi

♦ **Arbeitskraft** (FÉMININ : die Arbeitskraft, die Arbeitskräfte) main-d'œuvre

♦ **Arbeitslosigkeit** (FÉMININ : die Arbeitslosigkeit) chômage

♦ **Arbeitslose** (MASCULIN : der Arbeitslose, die Arbeitslosen / FÉMININ : die Arbeitslose, die Arbeitslosen) chômeur, chômeuse

> **i** *Ce nom est un adjectif substantivé :* der Arbeitslose, ein Arbeitsloser.

♦ **Arbeitslosengeld** (NEUTRE : das Arbeitslosengeld) allocation chômage

♦ **arbeitslos** au chômage

arg (ärger, am ärgsten) terrible *ou* fort

Ärger (MASCULIN : der Ärger) colère

► **Ärger haben** avoir des ennuis

♦ **ärgerlich** en colère *ou* fâché *ou* ennuyeux

♦ **sich ärgern** se fâcher

arm (ärmer, am ärmsten) pauvre

► **arm dran sein** être à plaindre

Arm (MASCULIN : der Arm, die Arme) bras

► **Arm in Arm** bras dessus bras dessous

► **jemanden auf den Arm nehmen** mettre quelqu'un en boîte

♦ **Armband** (NEUTRE : das Armband, die Armbänder) bracelet

♦ **Armbanduhr** (FÉMININ : die Armbanduhr, die Armbanduhren) montre-bracelet

Ärmel (MASCULIN : der Ärmel, die Ärmel) manche

► **etwas aus dem Ärmel schütteln** sortir quelque chose de son chapeau

♦ **Ärmelkanal** (MASCULIN : der Ärmelkanal) la Manche

Armut (FÉMININ : die Armut) pauvreté

Art (FÉMININ : die Art, die Arten) *a plusieurs sens :*

1 **Art** *peut signifier* façon *ou* manière

2 **Art** *peut signifier* sorte
3 **Art** *peut signifier* caractère (d'une personne)
4 **Art** *peut signifier* espèce *ou* variété

> **Art** *ne signifie pas* **art** *en français.*

Arznei ou **Arzneimittel** (FÉMININ : die Arznei, die Arzneien / NEUTRE : das Arzneimittel, die Arzneimittel) médicament

Arzt, Ärztin (MASCULIN : der Arzt, die Ärzte / FÉMININ : die Ärztin, die Ärztinnen) médecin

Asche (FÉMININ : die Asche, die Aschen) cendre

♦ **Aschenbecher** (MASCULIN : der Aschenbecher, die Aschenbecher) cendrier

♦ **Aschenputtel** *ou* **Aschenbrödel** (NEUTRE : das Aschenputtel *ou* das Aschenbrödel) Cendrillon

Ast (MASCULIN : der Ast, die Äste) branche

Atem (MASCULIN : der Atem) respiration *ou* souffle *ou* haleine

► **außer Atem** à bout de souffle
► **jemandem den Atem verschlagen** couper le souffle à quelqu'un

♦ **atmen** respirer

♦ **Atmen** (NEUTRE : das Atmen) respiration

♦ **atemlos** essouflé

Atombombe (FÉMININ : die Atombombe, die Atombomben) bombe atomique

♦ **Atomkraft** (FÉMININ : die Atomkraft) énergie nucléaire

auch aussi

► **oder auch** ou bien
► **auch noch** en plus *ou* de plus
► **auch nicht** non plus
► **auch wenn** même si
► **wer auch immer** quiconque
► **was auch immer** quoi que
► **auch das noch!** il ne manquait plus que ça !

auf *a plusieurs catégories grammaticales et plusieurs sens :*

> *Ce peut être une* PRÉPOSITION *qui s'emploie avec le* DATIF :

auf *indique un* endroit *et signifie* sur *ou* dans *ou* à :

▷ Die Noten liegen auf dem Klavier. Les partitions sont posées sur le piano.

▷ Sei vorsichtig auf der Straße. Sois prudent dans la rue.

▷ Gestern waren wir auf einer Hochzeit. Hier nous étions à un mariage.

► **auf Reisen sein** être en voyage
► **auf dem Weg sein** être en route
► **auf der Welt** au monde
► **auf etwas beruhen** reposer sur quelque chose

> *Ce peut être une* PRÉPOSITION *qui s'emploie avec l'*ACCUSATIF :

1 **auf** *s'emploie avec des* verbes de mouvement *et indique une* direction :

▷ Geh auf dein Zimmer! Va dans ta chambre !

▷ Gehst du heute Abend auf das Fest? Tu vas à la fête ce soir ?

▷ Er ist plötzlich auf mich zugekommen. Soudainement il est venu vers moi.

▷ Komm auf die andere Seite! Viens de l'autre côté !

▷ Ich trau mich nicht, auf das Pferd zu steigen. Je n'ose pas monter sur le cheval.

2 **auf** *peut indiquer un* laps de temps *et signifie* pour :

▷ Sie sind auf ein paar Tage verreist. Ils sont partis pour quelques jours.

▷ Bist du auf längere Zeit weg? Tu pars pour longtemps ?

► **auf jemanden / etwas achten** faire attention à quelqu'un / quelque chose
► **sich auf jemanden freuen** se réjouir à l'idée de voir quelqu'un
► **sich auf etwas freuen** se réjouir à l'idée de quelque chose
► **auf jemanden böse sein** être fâché contre quelqu'un
► **auf Deutsch** en allemand
► **bis auf ihn** à part lui
► **auf alle Fälle** en tout cas

> *Ce peut être un* ADVERBE :

► **auf und ab** de haut en bas *ou* de long en large
► **auf einmal** tout d'un coup *ou* d'un seul coup
► **auf sein** être ouvert *ou* être réveillé

> *Ce peut être une* PARTICULE SÉPARABLE *pour former des* VERBES COMPOSÉS :

♦ **aufmachen** ouvrir

♦ **aufhängen** accrocher

> **i** *Vous trouverez les verbes composés qui commencent par* **auf-** *classés par ordre alphabétique.*

aufatmen *a le sens figuré de* respirer *ou* être soulagé :

▷ Die Prüfungen sind vorbei, ich atme auf. Les examens sont passés, je suis soulagée.

▷ Nach der großen Hitze atmet man richtig auf. Après la grosse chaleur on peut à nouveau respirer.

📖 atmen = respirer

aufbauen monter *ou* construire :

► das Zelt aufbauen monter la tente

► eine Beziehung aufbauen construire une relation

📖 bauen = construire

aufbewahren garder *ou* conserver

📖 bewahren = garder

Aufbewahrung (FÉMININ : die Aufbewahrung) conservation

♦ Gepäckaufbewahrung (FÉMININ : die Gepäckaufbewahrung) consigne (de bagages)

aufblasen gonfler

📖 blasen (er bläst; blies, geblasen) = souffler

aufbleiben rester éveillé *ou* rester ouvert (en parlant d'un magasin)

📖 bleiben (blieb, geblieben) = rester

aufblühen *a plusieurs sens :*

1 aufblühen *peut signifier* fleurir :

▷ Sieh wie die Bäume alle aufblühen! Regarde comme tous les arbres fleurissent !

2 aufblühen *peut signifier* s'épanouir :

▷ Sie ist richtig aufgeblüht. Elle s'est vraiment épanouie.

3 aufblühen *peut signifier* prospérer :

▷ Die Wirtschaft blüht auf. L'économie prospère.

📖 blühen = fleurir

aufbrauchen finir (au sens de consommer) :

▷ Ich habe die ganze Butter aufgebraucht. J'ai fini tout le beurre.

📖 brauchen = avoir besoin *ou* utiliser

aufbrausen se mettre en colère *ou* s'emporter

📖 brausen = foncer

aufbrechen *a plusieurs catégories grammaticales et plusieurs sens :*

> *Ce peut être un* VERBE TRANSITIF :

aufbrechen *signifie* fracturer *ou* ouvrir de force

> *Ce peut être un* VERBE INTRANSITIF :

1 aufbrechen *peut signifier* s'ouvrir :

▷ Meine Wunde ist wieder aufgebrochen. Ma blessure s'est à nouveau ouverte.

2 aufbrechen *peut signifier* partir *ou* y aller :

▷ Brechen wir auf! Partons ! *ou* Allons-y !

📖 brechen (er bricht; brach, gebrochen) = casser

aufbringen *a plusieurs sens :*

1 aufbringen *peut signifier* réussir à ouvrir

2 aufbringen *peut signifier* trouver *ou* montrer :

▷ Bring den Mut auf! Trouve le courage !

▷ Er hat viel Mut aufbringen müssen. Il fallait qu'il montre beaucoup de courage.

► Mut aufbringen être courageux

► Verständnis aufbringen être compréhensif

3 aufbringen *peut signifier* mettre en colère :

► jemanden gegen jemanden / etwas aufbringen monter quelqu'un contre quelqu'un / quelque chose

► aufgebracht sein être en colère

Aufbruch (MASCULIN : der Aufbruch, die Aufbrüche) départ

aufdecken *a plusieurs sens :*

1 aufdecken *peut signifier* découvrir *ou* dévoiler

► ein Geheimnis aufdecken dévoiler un secret

► die Karten aufdecken montrer ses cartes

2 aufdecken *peut signifier* mettre la table

aufdrängen *a plusieurs catégories grammaticales :*

> *Ce peut être un* VERBE TRANSITIF :

aufdrängen *signifie* imposer :

► jemandem etwas aufdrängen imposer quelque chose à quelqu'un

> *Ce peut être un* VERBE INTRANSITIF :

sich aufdrängen *signifie* s'imposer :

► sich jemandem aufdrängen s'imposer à quelqu'un

aufdringlich importun *ou* envahissant

Aufenthalt (MASCULIN : der Aufenthalt, die Aufenthalte) séjour

► zehn Minuten Aufenthalt dix minutes d'arrêt

aufessen finir de manger *ou* tout manger

📖 essen (er isst; aß, gegessen) = manger

auffallen remarquer *ou* se faire remarquer :

▷ Das ist mir schon aufgefallen. Je l'ai déjà remarqué.

▷ Er muss im Unterricht immer auffallen. En classe, il faut toujours qu'il se fasse remarquer.

♦ auffallend remarquable

♦ **auffällig** voyant *ou* frappant

auffangen attraper *ou* rattrapper

📖 **fangen** (er fängt; fing, gefangen) = attraper

Aufgabe (FÉMININ : die Aufgabe, die Aufgaben) devoir *ou* tâche

aufgeben *a plusieurs catégories grammaticales et plusieurs sens :*

> *Ce peut être un* VERBE TRANSITIF :

1 **aufgeben** *peut signifier* poster :

▷ Ich muss noch einen Brief aufgeben. Je dois encore poster une lettre.

2 **aufgeben** *peut signifier* abandonner *ou* renoncer à *ou* arrêter :

► **jemanden / etwas aufgeben** abandonner *ou* renoncer à quelqu'un / quelque chose

► **das Rauchen aufgeben** arrêter de fumer

3 **aufgeben** *peut signifier* passer :

► **eine Bestellung aufgeben** passer une commande

► **ein Inserat aufgeben** passer une annonce

► **eine Schularbeit aufgeben** donner un devoir à faire

► **die Hoffnung aufgeben** perdre espoir

► **ein Rätsel aufgeben** poser une devinette

> *Ce peut être un* VERBE INTRANSITIF :

aufgeben *signifie* abandonner :

▷ Ich gebe auf, du hast gewonnen. J'abandonne, tu as gagné.

📖 **geben** (er gibt; gab, gegeben) = donner

aufgebracht en colère

aufgehen (aufging, aufgegangen) *a plusieurs sens :*

1 **aufgehen** *peut signifier* se lever *ou* lever :

▷ Die Sonne geht auf. Le soleil se lève.

▷ Der Teig muss zuerst aufgehen. Il faut d'abord que la pâte lève.

2 **aufgehen** *peut signifier* s'ouvrir :

▷ Die Tür geht nicht auf. La porte ne s'ouvre pas.

3 **aufgehen** *peut signifier* se défaire :

▷ Mein Zopf ist aufgegangen. Ma tresse s'est défaite.

► **jemandem geht etwas auf** quelque chose devient clair pour quelqu'un

► **in etwas aufgehen** s'épanouir dans quelque chose

aufgelegt

► **gut / schlecht aufgelegt sein** être de bonne / mauvaise humeur

► **zu etwas aufgelegt sein** être d'humeur à faire quelque chose

aufgeschlossen ouvert *ou* ouvert d'esprit :

▷ Die Tür ist aufgeschlossen. La porte est ouverte.

▷ Er ist sehr aufgeschlossen. Il est très ouvert d'esprit.

aufgrund ou **auf Grund** en raison de

aufhalten *a plusieurs catégories grammaticales et plusieurs sens :*

> *Ce peut être un* VERBE TRANSITIF :

1 **aufhalten** *peut signifier* arrêter *ou* freiner :

▷ Du kannst den Lauf der Dinge nicht aufhalten. Tu ne peux pas arrêter le cours des choses.

▷ Sie ist nicht mehr aufzuhalten. On ne peut plus la freiner.

2 **aufhalten** *peut signifier* empêcher :

▷ Diese Katastrophe muss aufgehalten werden. Il faut empêcher cette catastrophe.

3 **aufhalten** *peut signifier* retarder *ou* retenir :

▷ Ich will dich nicht aufhalten. Je ne veux pas te retarder *ou* Je ne veux pas te retenir.

4 **aufhalten** *peut signifier* garder ouvert *ou* tenir ouvert :

▷ Ich halte die Augen offen. Je garde les yeux ouverts.

▷ Halte die Hand auf. Tiens ta main ouverte.

> *Ce peut être un* VERBE RÉFLECHI :

1 **sich aufhalten** *signifie* séjourner *ou* passer :

▷ Wir halten uns zur Zeit in Österreich auf. En ce moment nous séjournons en Autriche.

▷ Bei schönem Wetter halten sie sich den ganzen Tag im Freien auf. Quand il fait beau, ils passent toute la journée dehors.

📖 **halten** (er hält; hielt, gehalten) = tenir

aufhängen accrocher *ou* pendre

► **den Hörer aufhängen** raccrocher le combiné

📖 **hängen** (hing, gehangen) = pendre *ou* être accroché

aufheben *a plusieurs sens :*

1 **aufheben** *peut signifier* ramasser *ou* soulever :

▷ Heb das Papier auf! Ramasse le papier !

▷ Ich kann den Karton nicht aufheben. Je n'arrive pas à soulever le carton.

2 **aufheben** *peut signifier* garder *ou* conserver :

▷ Das hebe ich als Erinnerung auf. Je garde ceci comme souvenir.

► **gut aufgehoben sein** être en de bonnes mains

► **sich etwas aufheben** garder *ou* conserver quelque chose

3 **aufheben** *peut signifier* suspendre *ou* annuler :

▷ Die Sitzung ist aufgehoben. La réunion est suspendue.

▷ Die Hochzeit ist aufgehoben. Le mariage est annulé.

📖 **heben (hob, gehoben)** = lever *ou* soulever

aufhören *a plusieurs sens :*

1 **aufhören** *peut signifier* cesser *ou* arrêter :

▷ Es hat aufgehört zu regnen. La pluie a cessé.

▷ Hör auf zu schreien! Arrête de crier !

2 **aufhören** *peut signifier* tendre l'oreille :

▷ Das seltsame Geräusch hat mich aufhören lassen. Ce bruit bizarre m'a fait tendre l'oreille.

📖 **hören** = entendre

aufklären élucider *ou* tirer au clair *ou* informer

► **aufklären** donner une éducation sexuelle

► **sich aufklären** s'éclaircir *ou* s'éclairer

♦ **Aufklärung** (FÉMININ : die Aufklärung) éclaircissement *ou* information *ou* éducation sexuelle

> Die Aufklärung *était un mouvement intellectuel et philosophique du XVIIe siècle, le siècle des* Lumières*, où primait le combat pour la tolérance et le respect des libertés civiles.*

auflauern épier *ou* guetter :

► **jemandem auflauern** épier quelqu'un *ou* guetter quelqu'un

auflegen mettre

► **eine CD auflegen** mettre un CD

► **ein Buch auflegen** éditer un livre

► **den Hörer auflegen** raccrocher le combiné

📖 **legen** = poser

sich auflehnen se révolter

auflösen diluer *ou* dissoudre

► **sich auflösen** se dissoudre

aufmachen ouvrir

► **sich aufmachen** se mettre en route *ou* y aller

aufmerksam attentif *ou* attentionné

► **jemanden auf etwas aufmerksam machen** attirer l'attention de quelqu'un sur quelque chose

♦ **Aufmerksamkeit** (FÉMININ : die Aufmerksamkeit) attention

aufmuntern encourager *ou* remonter le moral à

aufnehmen *a plusieurs sens :*

1 **aufnehmen** *peut signifier* accueillir *ou* admettre :

▷ Ich bin in der Gruppe gut aufgenommen worden. J'ai été bien accueilli dans le groupe.

▷ Er ist auf der Kunstakademie aufgenommen worden. Il a été admis aux Beaux-Arts.

2 **aufnehmen** *peut signifier* enregistrer :

▷ Kannst du mir einen Film aufnehmen? Tu peux m'enregistrer un film ?

3 **aufnehmen** *peut signifier* photographier :

► **eine Spur aufnehmen** suivre une trace

► **Geld aufnehmen** emprunter de l'argent

► **einen Kredit aufnehmen** prendre un crédit

► **es mit jemandem aufnehmen** défier quelqu'un

► **eine Aktivität wieder aufnehmen** reprendre une activité

► **Untersuchungen / Ermittlungen aufnehmen** entreprendre des recherches

► **etwas gut / schlecht aufnehmen** prendre bien / mal quelque chose

📖 **nehmen (er nimmt; nahm, genommen)** = prendre

aufpassen faire attention

Aufprall (MASCULIN : der Aufprall) choc *ou* heurt

aufprallen se heurter

► **gegen etwas aufprallen** se heurter contre quelque chose

aufpumpen gonfler (à l'aide d'une pompe)

aufräumen ranger

aufrecht droit *ou* dressé

♦ **aufrechterhalten** maintenir

📖 **halten (er hält; hielt, gehalten)** = tenir

aufregen agiter *ou* exciter

► **sich aufregen** s'énerver

♦ **aufregend** excitant

♦ **Aufregung** (FÉMININ : die Aufregung) agitation *ou* énervement *ou* excitation

aufrichtig sincère *ou* franc

♦ **Aufrichtigkeit** (FÉMININ : die Aufrichtigkeit) sincérité

Aufruhr (FÉMININ : die Aufruhr) émeute *ou* tumulte

aufrüsten armer

♦ **Aufrüstung** (FÉMININ : die Aufrüstung) armement

Aufsatz (MASCULIN : der Aufsatz, die Aufsätze) rédaction *ou* dissertation

aufschauen lever les yeux

► **zu jemandem aufschauen** admirer quelqu'un

📖 schauen = regarder

aufschieben (aufschob, aufgeschoben) remettre à plus tard

📖 schieben (schob, geschoben) = pousser

aufschlagen *a plusieurs catégories grammaticales et plusieurs sens :*

> *Ce peut être un* VERBE TRANSITIF :

1 **aufschlagen** *peut signifier* ouvrir :

▷ Schlagt das Buch Seite sieben auf. Ouvrez le livre page sept.

▷ Ich habe mir das Knie aufgeschlagen. Je me suis ouvert le genou.

2 **aufschlagen** *peut signifier* dresser *ou* monter :

▷ Schlagen wir hier das Zelt auf. Montons notre tente ici.

3 **aufschlagen** *peut signifier* retrousser *ou* relever :

► **die Ärmel aufschlagen** retrousser les manches

► **den Kragen aufschlagen** relever le col

> *Ce peut être un* VERBE INTRANSITIF :

1 **aufschlagen** *signifie* augmenter :

▷ Die Preise haben aber aufgeschlagen! Les prix ont sacrément augmenté !

2 **aufschlagen** *peut signifier* servir (au tennis)

📖 schlagen (er schlägt; schlug, geschlagen) = frapper *ou* battre

aufschließen ouvrir (avec une clef)

📖 schließen (schloß, geschlossen) = fermer

aufschlussreich révélateur *ou* significatif

aufschneiden *a plusieurs catégories grammaticales et plusieurs sens :*

> *Ce peut être un* VERBE TRANSITIF :

1 **aufschneiden** *peut signifier* couper (en tranches) :

► **Brot, Wurst aufschneiden** couper du pain, du saucisson (en tranches)

2 **aufschneiden** *peut signifier* ouvrir (à l'aide d'un couteau ou de ciseaux)

3 **aufschneiden** *peut signifier* inciser (au sens médical)

> *Ce peut être un* VERBE INTRANSITIF :

aufschneiden *signifie* frimer *ou* faire le clown

> **i** *Cette expression allemande et sa traduction française sont familières.*

📖 schneiden (schnitt, geschnitten) = couper

Aufschnitt (MASCULIN : der Aufschnitt)

♦ **Käseaufschnitt** (MASCULIN : der Käseaufschnitt) assortiment de fromages

♦ **Wurstaufschnitt** (MASCULIN : der Wurstaufschnitt) assortiment de charcuterie

aufschrauben dévisser

📖 schrauben = visser

aufschreiben noter *ou* écrire

📖 schreiben (schrieb, geschrieben) = écrire

Aufschrift (FÉMININ : die Aufschrift, die Aufschriften) inscription

aufsetzen *a plusieurs sens :*

1 **aufsetzen** *peut signifier* mettre :

► **eine Brille aufsetzen** mettre des lunettes

► **einen Hut aufsetzen** mettre un chapeau

2 **aufsetzen** *peut signifier* mettre à cuire *ou* mettre à bouillir :

► **das Essen aufsetzen** mettre le repas à cuire

► **das Wasser aufsetzen** mettre l'eau à bouillir

3 **aufsetzen** *peut signifier* rédiger :

► **einen Brief aufsetzen** rédiger une lettre

4 **sich aufsetzen** se redresser

aufspringen *a plusieurs sens :*

1 **aufspringen** *peut signifier* bondir :

▷ Die Explosion hat mich aufspringen lassen. L'explosion m'a fait bondir.

2 **aufspringen** *peut signifier* sauter sur :

▷ Es ist gefährlich, auf das fahrende Karussell aufzuspringen. Il est dangereux de sauter sur le manège qui tourne.

3 **aufspringen** *peut signifier* gercer :

▷ Meine Lippen sind aufgesprungen. Mes lèvres sont gercées.

4 **aufspringen** *peut signifier* rebondir :

▷ Der Ball darf nur einmal aufspringen. Le ballon ne doit rebondir qu'une seule fois.

📖 springen (sprang, gesprungen) = sauter

Aufstand (MASCULIN : der Aufstand, die Aufstände) rébellion *ou* révolte

aufstechen percer

📖 **stechen** (er sticht; stach, gestochen) = piquer

aufstehen se lever

📖 **stehen** (stand, gestanden) = être debout

aufstoßen *a plusieurs catégories grammaticales et plusieurs sens :*

> *Ce peut être un* VERBE TRANSITIF :

aufstoßen *signifie* ouvrir en poussant

> *Ce peut être un* VERBE INTRANSITIF :

aufstoßen *signifie* roter

📖 **stoßen** (er stößt; stieß, gestoßen) = pousser

sich aufstützen s'appuyer

auftauchen émerger *ou* apparaître *ou* faire surface

auftauen *a plusieurs catégories grammaticales et plusieurs sens :*

> *Ce peut être un* VERBE TRANSITIF :

auftauen *signifie* décongeler

> *Ce peut être un* VERBE INTRANSITIF :

auftauen *signifie* dégeler

📖 **tauen** = fondre

aufteilen répartir *ou* diviser

📖 **teilen** = diviser *ou* partager

Auftrag (MASCULIN : der Auftrag, die Aufträge) contrat *ou* commande *ou* ordre *ou* mission

aufwachen se réveiller

aufwachsen grandir

▷ Sie ist auf dem Land aufgewachsen. Elle a grandi à la campagne.

📖 **wachsen** (er wächst; wuchs, gewachsen) = grandir

Aufwand (MASCULIN : der Aufwand, die Aufwände) effort

♦ **aufwändig** *ou* **aufwendig** coûteux *ou* compliqué

aufwärmen réchauffer

► **etwas aufwärmen** *est une expression familière qui signifie* ressasser quelque chose

📖 **wärmen** = chauffer

aufwärts vers le haut

▷ Bei ihm geht es wieder aufwärts. Il va de nouveau mieux.

► **aufwärts gehen / fahren** monter

aufwecken réveiller

📖 **wecken** = réveiller

aufweichen faire tremper

► **aufgeweicht sein** être trempé *ou* être mou

aufwendig *ou* **aufwändig** coûteux *ou* compliqué

aufwischen essuyer *ou* passer la serpillère

aufziehen *a plusieurs catégories grammaticales et plusieurs sens :*

> *Ce peut être un* VERBE TRANSITIF :

1 **aufziehen** *peut signifier* élever :

▷ Ich habe meine Kinder so frei wie möglich aufgezogen. J'ai élevé mes enfants le plus librement possible.

2 **aufziehen** *peut signifier* remonter :

▷ Ich habe vergessen, die Uhr aufzuziehen. J'ai oublié de remonter ma montre.

► **jemanden aufziehen** faire marcher quelqu'un

> **i** *Cette expression allemande et sa traduction française sont familières.*

> *Ce peut être un* VERBE INTRANSITIF :

1 **aufziehen** *signifie* approcher :

▷ Ein Gewitter zieht auf. Un orage approche.

📖 **ziehen** (zog, gezogen) = tirer

Aufzug (MASCULIN : der Aufzug, die Aufzüge) *a plusieurs sens :*

1 **Aufzug** *peut signifier* ascenseur

2 **Aufzug** *peut signifier* cortège

3 **Aufzug** *peut signifier* dégaine

> **i** *Cette expression allemande et sa traduction française sont familières et péjoratives.*

aufzwingen imposer

► **jemandem etwas aufzwingen** imposer quelque chose à quelqu'un

📖 **zwingen** (zwang, gezwungen) = forcer

Auge (NEUTRE : das Auge, die Augen) œil

► **etwas geht ins Auge** *est une expression familière qui signifie* quelque chose tourne mal

♦ **Augenarzt, Augenärztin** (MASCULIN : der Augenarzt, die Augenärzte / FÉMININ : die Augenärztin, die Augenärztinnen) ophtalmologue

♦ **Augenbraue** (FÉMININ : die Augenbraue, die Augenbrauen) sourcil

♦ **Augenlid** (NEUTRE : das Augenlid, die Augenlider) paupière

Augenblick (MASCULIN : der Augenblick, die Augenblicke) moment *ou* instant

♦ **augenblicklich** instantané *ou* instantanément

August (MASCULIN : der August) août

► **im August** en août *ou* au mois d'août

► **am 18. August** le 18 août

aus *a plusieurs catégories grammaticales et plusieurs sens :*

> *Ce peut être une* PRÉPOSITION *qui s'emploie avec le* DATIF :

1 **aus** *indique la* provenance *et signifie* de :

▷ Er kommt aus der Schule. Il sort de l'école.

▷ Das Eis kommt aus dem Kühlschrank. La glace sort du frigo.

▷ Sie kommt aus einem künstlerischen Milieu. Elle vient d'un milieu artistique.

▷ Dieses Gemälde stammt aus dem 18. Jahrhundert. Ce tableau date du 18e siècle.

► **aus einem Glas trinken** boire dans un verre

2 **aus** *indique la* matière *et signifie* en :

▷ Die Tasche ist aus Leder. Le sac est en cuir.

3 **aus** *indique un* sentiment *et signifie* par :

▷ Sie hat es aus Liebe getan. Elle l'a fait par amour.

> *Ce peut être un* ADVERBE :

1 **aus sein** *peut signifier* être fini :

▷ Das Konzert ist aus. Le concert est fini.

2 **aus sein** *peut signifier* être éteint :

▷ Warum ist das Licht aus? Pourquoi la lumière est-elle éteinte ?

3 **aus sein** *peut signifier* être vide :

▷ Die Flasche ist aus. La bouteille est vide.

> *Ce peut être une particule séparable pour former des* VERBES COMPOSÉS:

♦ **ausgehen** sortir

♦ **aussprechen** prononcer

> i *Vous trouverez les verbes composés qui commencent par* aus- *classés par ordre alphabétique.*

ausatmen expirer

📖 **atmen** = respirer

ausbauen agrandir

📖 **bauen** = construire

ausbeuten exploiter

ausbilden former *ou* développer :

▷ Für diese Arbeit musst du dich speziell ausbilden. Pour ce travail, tu dois suivre une formation particulière.

▷ Ihr Gehör ist gut ausgebildet. Son ouïe est bien développée.

♦ **Ausbildung** (FÉMININ : die Ausbildung) formation

Ausblick (MASCULIN : der Ausblick, die Ausblicke) vue *ou* panorama

ausbrechen *a plusieurs sens :*

1 **ausbrechen** *peut signifier* s'évader *ou* faire une fugue

2 **ausbrechen** *peut signifier* se déclarer :

▷ Die Krankheit ist nicht ausgebrochen. La maladie ne s'est pas déclarée.

3 **ausbrechen** *peut signifier* éclater :

▷ Der Krieg ist ausgebrochen. La guerre a éclaté.

► **in Gelächter ausbrechen** éclater de rire

► **in Tränen ausbrechen** fondre en larmes

ausbreiten *a plusieurs catégories grammaticales et plusieurs sens :*

> *Ce peut être un* VERBE TRANSITIF :

1 **ausbreiten** *peut signifier* étaler *ou* étendre :

► **die Ware ausbreiten** étaler la marchandise

2 **ausbreiten** *peut signifier* déplier :

► **eine Landkarte ausbreiten** déplier une carte géographique

3 **ausbreiten** *peut signifier* déployer :

► **die Flügel ausbreiten** déployer ses ailes

> *Ce peut être un* VERBE RÉFLÉCHI :

1 **sich ausbreiten** *peut signifier* s'étendre *ou* s'étaler

2 **sich ausbreiten** *peut signifier* se répandre

3 **sich ausbreiten** *peut signifier* se propager

Ausdauer (FÉMININ : die Ausdauer) endurance *ou* persévérance

(sich) ausdehnen (s')étendre *ou* (s')étirer

♦ **ausgedehnt** étendu *ou* vaste

📖 **dehnen** = étirer

Ausdruck (MASCULIN : der Ausdruck, die Ausdrücke) expression

ausdrucken imprimer (à partir d'un ordinateur)

📖 **drucken** = imprimer (dans une imprimerie)

ausdrücken *a plusieurs sens :*

1 **ausdrücken** *peut signifier* exprimer

2 **ausdrücken** *peut signifier* presser :

► **eine Zitrone ausdrücken** presser un citron

► **eine Zigarette ausdrücken** écraser une cigarette

📖 **drücken** = pousser *ou* presser

auseinander
séparé

♦ **auseinander sein** être séparé

♦ **auseinander bringen** séparer

♦ **auseinander gehen** se séparer

♦ **auseinander setzen** :

► **sich mit jemandem auseinander setzen** s'expliquer avec quelqu'un *ou* se disputer avec quelqu'un

► **sich mit etwas auseinander setzen** réfléchir à quelque chose

♦ **Auseinandersetzung** (FÉMININ : die Auseinandersetzung) confrontation *ou* conflit

Ausfahrt
(FÉMININ : die Ausfahrt, die Ausfahrten) sortie (pour véhicules)

♦ **Autobahnausfahrt** (FÉMININ : die Autobahnausfahrt) sortie d'autoroute

♦ **Garagenausfahrt** (FÉMININ : die Garagenausfahrt) sortie de garage

ausfallen
a plusieurs sens :

1 **ausfallen** *peut signifier* tomber :

▷ Mir fallen die Haare aus. Mes cheveux tombent.

▷ Ihr erster Zahn ist ausgefallen. Sa première dent est tombée.

2 **ausfallen** *peut signifier* ne pas avoir lieu :

▷ Die Englischstunde fällt heute aus. Le cours d'anglais n'a pas lieu aujourd'hui.

3 **ausfallen** *peut indiquer le* résultat *de quelque chose :*

▷ Wie ist das Fussballspiel ausgefallen? Quel est le résultat du match de football ?

▷ Die Prüfung ist gut ausgefallen. J'ai réussi l'examen.

▷ Die Ernte ist schlecht ausgefallen. La récolte a été mauvaise.

📖 **fallen** (er fällt; fiel, gefallen) = tomber

ausfindig

► **ausfindig machen** dénicher *ou* découvrir

Ausflug
(MASCULIN : der Ausflug, die Ausflüge) excursion

ausführen
exécuter *ou* accomplir

ausführlich
en détail

Ausgang
(MASCULIN : der Ausgang, die Ausgänge) sortie *ou* issue

♦ **Notausgang** (MASCULIN : der Notausgang) sortie de secours

♦ **Ausgangspunkt** (MASCULIN : der Ausgangspunkt, die Ausgangspunkte) point de départ

► **kein Ausgang** sortie interdite

ausgeben
dépenser *ou* distribuer

► **sich für jemanden ausgeben** se faire passer pour quelqu'un

📖 **geben** (er gibt; gab, gegeben) = donner

ausgefallen
extravagant

Ausgeglichenheit
(FÉMININ : die Ausgeglichenheit) équilibre (mental et physique)

♦ **ausgeglichen** équilibré

ausgehen
a plusieurs sens :

1 **ausgehen** *peut signifier* sortir (le soir)

2 **ausgehen** *peut signifier* tomber :

▷ Ihr gehen die Haare aus. Ses cheveux tombent.

3 **ausgehen** *peut indiquer le* résultat *ou la* fin *de quelque chose :*

▷ Wie ist das Spiel ausgegangen? Comment s'est terminé le jeu ?

▷ Das Feuer geht aus. Le feu s'éteint.

▷ Der Film geht schlecht aus. Le film finit mal.

▷ Mir ist das Benzin ausgegangen. Je n'ai plus d'essence.

▷ Ihm gehen die Ideen aus. Il est en manque d'idées.

► **davon ausgehen, dass** considérer que *ou* supposer que

📖 **gehen** (ging, gegangen) = aller *ou* marcher

ausgelassen
plein d'entrain *ou* turbulent

ausgenommen
excepté *ou* à moins que

ausgeprägt
marqué *ou* prononcé

ausgerechnet
justement *ou* précisément

ausgezeichnet
excellent

ausgiebig
abondant *ou* copieux

ausgraben
déterrer

aushalten
supporter

► **nicht zum Aushalten sein** être insupportable

> ℹ *Dans cet exemple,* aushalten *est utilisé de manière substantivée.*

📖 halten (er hält; hielt, gehalten) = tenir

aushecken

► etwas aushecken préparer un coup

aushelfen donner un coup de main à *ou* aider

📖 helfen (er hilft; half, geholfen) = aider

sich auskennen s'y connaître *ou* connaître

► sich an einem Ort gut / schlecht auskennen bien / mal connaître un endroit

auskommen

► mit jemandem auskommen s'entendre avec quelqu'un

► mit etwas auskommen se débrouiller avec quelque chose

► ohne jemanden / etwas auskommen pouvoir se passer de quelqu'un / quelque chose

📖 kommen (kam, gekommen) = venir

Auskunft (FÉMININ : die Auskunft, die Auskünfte) renseignement *ou* information

► jemandem Auskunft erteilen renseigner quelqu'un

♦ Telefonauskunft (FÉMININ : die Telefonauskunft) renseignements téléphoniques

auslachen rire de

► jemanden auslachen se moquer de quelqu'un

📖 lachen = rire

ausladen décharger

📖 laden (er lädt; lud, geladen) = charger

Auslage (FÉMININ : die Auslage, die Auslagen) vitrine *ou* étalage

Ausland (NEUTRE : das Ausland) l'étranger (en parlant d'un pays)

► im / ins Ausland à l'étranger

♦ Ausländer, Ausländerin (MASCULIN : der Ausländer, die Ausländer / FÉMININ : die Ausländerin, die Ausländerinnen) étranger, étrangère

auslassen *a plusieurs sens :*

1 auslassen *peut signifier* omettre :

► eine Zeile auslassen sauter une ligne

2 auslassen *peut signifier* laisser éteint :

▷ Lass das Licht aus. Laisse la lumière éteinte.

► Butter auslassen faire fondre du beurre

► etwas an jemandem auslassen décharger quelque chose sur quelqu'un

📖 lassen (er lässt; ließ, gelassen) = laisser

auslaufen couler *ou* s'écouler *ou* fuir

📖 laufen (er läuft; lief, gelaufen) = courir *ou* couler

ausleeren vider

📖 leer = vide

ausleihen emprunter

📖 leihen (lieh, geliehen) = prêter

ausliefern livrer

► jemandem / etwas ausgeliefert sein être livré à quelqu'un / quelque chose

► sich jemandem ausliefern se livrer à quelqu'un *ou* se rendre à quelqu'un

📖 liefern = livrer

sich ausloggen se déconnecter

auslöschen effacer *ou* éteindre

📖 löschen = effacer *ou* éteindre

auslösen déclencher *ou* provoquer *ou* susciter

ausmachen *a plusieurs sens :*

1 ausmachen *peut signifier* éteindre (la lumière *ou* la télévision *ou* un autre appareil)

2 ausmachen *peut signifier* convenir de *ou* fixer :

► eine Datum ausmachen convenir d'une date *ou* fixer une date

♦ ausgemacht entendu

3 ausmachen *peut signifier* faire :

▷ Wieviel macht das aus? Ça fait combien ?

▷ Das macht (mir) nichts aus. Ça ne (me) fait rien.

Ausnahme (FÉMININ : die Ausnahme, die Ausnahmen) exception

♦ ausnahmsweise exceptionnellement

ausnutzen ou **ausnützen** profiter de

📖 nutzen *ou* nützen = profiter de *ou* utiliser

auspacken déballer *ou* défaire les bagages

📖 packen = faire les bagages

ausprobieren essayer

📖 probieren= essayer

ausradieren effacer (avec une gomme)

ausräumen vider *ou* enlever

► den Schrank ausräumen vider le placard
► Kleider aus dem Schrank ausräumen enlever des vêtements du placard

ausrechnen calculer
📖 rechnen = calculer

Ausrede (FÉMININ : die Ausrede, die Ausreden) excuse *ou* prétexte
► eine schlechte Ausrede une mauvaise excuse

ausreden finir de parler
► jemandem etwas ausreden dissuader quelqu'un de quelque chose
📖 reden = parler

ausreichen suffire
♦ ausreichend suffisant

ausreißen *a plusieurs catégories grammaticales et plusieurs sens :*
> *Ce peut être un* VERBE TRANSITIF :
ausreißen *signifie* arracher
> *Ce peut être un* VERBE INTRANSITIF :
ausreißen *signifie* faire une fugue
📖 reißen (riss, gerissen) = tirer *ou* casser

ausrichten *a plusieurs sens :*
1 ausrichten *peut signifier* transmettre :
▷ Ich richte ihm die Nachricht aus. Je vais lui transmettre le message.
► jemandem einen Gruß ausrichten transmettre le bonjour à quelqu'un
2 ausrichten *peut signifier* aligner *ou* mettre en direction de *ou* être orienté en direction de :
► nach Süden ausgerichtet sein être orienté au sud

Ausrufezeichen (NEUTRE : das Ausrufezeichen, die Ausrufezeichen) point d'exclamation

sich ausruhen se reposer

sich ausrüsten s'équiper
♦ Ausrüstung (FÉMININ : die Ausrüstung) équipement

ausrutschen glisser *ou* déraper
📖 rutschen = glisser

ausschalten éteindre (la lumière *ou* un appareil électrique) *ou* couper (l'électricité)

Ausschau (FÉMININ : die Ausschau)
► nach jemandem Ausschau halten guetter quelqu'un

ausschauen
► nach jemandem / etwas ausschauen guetter quelqu'un / quelque chose
► gut / schlecht ausschauen avoir bonne, mauvaise mine *ou* être / ne pas être beau

ausscheiden (ausschied, ausgeschieden) être éliminé

(sich) ausschlafen dormir son content
📖 schlafen (er schläft; schlief, geschlafen) = dormir

Ausschlag (MASCULIN : der Ausschlag, die Ausschläge) éruption de boutons

ausschließen (ausschloss, ausgeschlossen) exclure
♦ ausgeschlossen! impossible !
♦ ausschließlich exclusivement

ausschneiden découper
📖 schneiden (schnitt, geschnitten) = couper

Ausschnitt (MASCULIN : der Ausschnitt, die Ausschnitte) *a plusieurs sens :*
1 Ausschnitt *peut signifier* fragment *ou* partie
2 Ausschnitt *peut signifier* extrait
3 Ausschnitt *peut signifier* décolleté
♦ Zeitungsausschnitt (MASCULIN : der Zeitungsausschnitt) coupure de journal

ausschütten verser *ou* renverser *ou* vider (du liquide)
📖 schütten = verser

aussehen sembler *ou* paraître
► aussehen wie avoir l'air de
► gut / schlecht aussehen avoir bonne / mauvaise mine *ou* être beau / ne pas être beau
► es sieht schlecht aus c'est mal parti
📖 sehen (er sieht; sah, gesehen) = voir
♦ Aussehen (NEUTRE : das Aussehen) apparence

außen à l'extérieur *ou* dehors
► nach außen à l'extérieur *ou* vers l'extérieur
► von außen de l'extérieur
♦ Außenminister (MASCULIN : der Außenminister, die Außenminister) ministre des Affaires étrangères
♦ Außenpolitik (FÉMININ : die Außenpolitik) politique étrangère
♦ Außenseiter (MASCULIN : der Außenseiter, die Außenseiter) outsider *ou* marginal

außer *a plusieurs catégories grammaticales et plusieurs sens :*

> *Ce peut être une* PRÉPOSITION *qui s'emploie avec le* DATIF :

► **außer Gefahr** hors de danger
► **außer Atem** à bout de souffle
► **außer Betrieb** hors service
► **außer sich sein** être hors de soi

> *Ce peut être une* CONJONCTION :

außer *signifie* sauf :

► **außer wenn** sauf si *ou* sauf quand
► **außer dass** sauf que

> *Ce peut être une* PARTICULE SÉPARABLE *pour former des* MOTS COMPOSÉS :

♦ **außerdem** en outre *ou* en plus

ℹ *Vous trouverez les mots composés qui commencent par* außer- *classés par ordre alphabétique.*

äußerer, äußere, äußeres extérieur, extérieure

außergewöhnlich extraordinaire *ou* exceptionnel

außerhalb *a plusieurs catégories grammaticales et plusieurs sens :*

> *Ce peut être une* PRÉPOSITION *qui s'emploie avec le* GÉNITIF :

außerhalb *signifie* en dehors de *ou* hors de :

▷ Er wohnt außerhalb der Stadt. Il habite hors de la ville.
▷ Unser Haus liegt etwas außerhalb des Ortes. Notre maison est un peu en dehors du village.

> *Ce peut être un* ADVERBE :

außerhalb *signifie* à l'extérieur *ou* au dehors :

▷ Ich gehe heute Abend außerhalb essen. Ce soir je vais dîner à l'extérieur.

äußerlich en apparence *ou* superficiel *ou* extérieur

äußern dire *ou* exprimer

► **sich äußern** s'exprimer *ou* se prononcer

außerordentlich extraordinaire

äußerst extrêmement

außerstande ou **außer Stande** incapable

► **außerstande sein, etwas zu tun** être incapable *ou* ne pas être en état de faire quelque chose

Äußerung (FÉMININ : die Äußerung) remarque *ou* propos *ou* manifestation

aussetzen abandonner

▷ Das ist ein ausgesetzter Hund. C'est un chien abandonné.
► **sich einer Sache aussetzen** s'exposer à quelque chose
► **an etwas auszusetzen haben** trouver à redire à quelque chose

Aussicht (FÉMININ : die Aussicht, die Aussichten) vue *ou* perspective

♦ **aussichtslos** sans espoir *ou* vain

♦ **aussichtsreich** *ou* **aussichtsvoll** prometteur

sich aussöhnen se réconcilier

♦ **Aussöhnung** (FÉMININ : die Aussöhnung) réconciliation

aussortieren trier

📖 **sortieren** = trier

Aussprache (FÉMININ : die Aussprache, die Aussprachen) prononciation *ou* explication :

▷ Er hat eine gute Aussprache. Il a une bonne prononciation.
▷ Wir hatten gestern eine Aussprache. Hier nous avons eu une explication.

aussprechen *a plusieurs catégories grammaticales et plusieurs sens :*

> *Ce peut être un* VERBE TRANSITIF :

aussprechen *signifie* prononcer *ou* exprimer *ou* dire :

▷ Versuche, das Wort deutlich auszusprechen. Essaie de prononcer le mot clairement.
▷ Ich möchte gerne einen Wunsch aussprechen. Je voudrais exprimer un vœu.
▷ Sprich aus, was du auf dem Herzen hast. Dis ce que tu as sur le cœur.

> *Ce peut être un* VERBE INTRANSITIF :

aussprechen *signifie* finir de parler :

▷ Lass mich aussprechen! Laisse-moi finir de parler !

> *Ce peut être un* VERBE RÉFLÉCHI :

sich aussprechen *signifie* se confier *ou* s'exprimer *ou* se prononcer :

► **sich bei jemandem aussprechen** se confier à quelqu'un
► **sich für / gegen etwas aussprechen** se prononcer pour / contre quelque chose

♦ **ausgesprochen** particulièrement

📖 **sprechen** (er spricht; sprach, gesprochen) = parler

ausspucken cracher

📖 spucken = cracher

ausstatten équiper

♦ Ausstattung (FÉMININ : die Ausstattung) équipement

ausstehen supporter

aussteigen (ausstieg, ausgestiegen) descendre (d'une voiture, d'un train)

ausstellen exposer

♦ Ausstellung (FÉMININ : die Ausstellung) exposition

aussterben disparaître *ou* être en voie de disparition :

▷ Dieses Volk ist vor einem Jahrtausend ausgestorben. Ce peuple a disparu il y a un millénaire.

▷ Der indische Tiger stirbt aus. Le tigre indien est en voie de disparition.

♦ ausgestorben désert *ou* mort (au sens figuré)

► ein ausgestorbener Ort un endroit désert *ou* mort

📖 sterben (er stirbt; starb, gestorben) = mourir

(sich) ausstrecken (s')étendre

📖 (sich) strecken = (s')étendre

aussuchen choisir

► sich etwas aussuchen choisir quelque chose

📖 suchen = chercher

austauschen échanger

📖 tauschen = changer

austeilen distribuer

📖 teilen = partager

(sich) austoben se dépenser *ou* se défouler

📖 toben = être déchaîné

austrinken finir de boire

📖 trinken (trank, getrunken) = boire

ausüben exercer

📖 üben = s'exercer

Ausverkauf (MASCULIN : der Ausverkauf) soldes

Auswahl (FÉMININ : die Auswahl) choix *ou* sélection *ou* assortiment

♦ auswählen choisir

📖 wählen = choisir *ou* élire

auswandern émigrer

📖 wandern = faire une randonnée

auswärts au dehors *ou* à l'extérieur

► auswärts essen manger au restaurant

auswechseln remplacer *ou* échanger

📖 wechseln = changer

Ausweg (MASCULIN : der Ausweg, die Auswege) issue

ausweichen éviter

► jemandem / einer Sache ausweichen éviter quelqu'un / quelque chose

📖 weichen (wich, gewichen) = céder

(sich) ausweinen pleurer

📖 weinen = pleurer

Ausweis (MASCULIN : der Ausweis, die Ausweise) pièce d'identité

♦ sich ausweisen justifier son identité *ou* montrer ses papiers

auswendig par cœur

Auswirkung (FÉMININ : die Auswirkung) effet

sich auszahlen être payant

► etwas zahlt sich aus quelque chose vaut la peine

Auszeichnung (FÉMININ : die Auszeichnung) décoration

► mit Auszeichnung avec mention

ausziehen *a plusieurs catégories grammaticales et plusieurs sens :*

> *Ce peut être un* VERBE TRANSITIF :

1 ausziehen *peut signifier* enlever :

▷ Zieh die Jeans aus. Enlève ton jean.

2 ausziehen *peut signifier* rallonger :

▷ Wir müssen den Tisch ausziehen. Il faut qu'on rallonge la table.

> *Ce peut être un* VERBE INTRANSITIF :

ausziehen *signifie* déménager

> *Ce peut être un* VERBE RÉFLÉCHI :

sich ausziehen *signifie* se déshabiller

Auszug (MASCULIN : der Auszug, die Auszüge) extrait

Auto (NEUTRE : das Auto, die Autos) voiture

► Auto fahren conduire (une voiture)

- **Autobahn** (FÉMININ : die Autobahn, die Autobahnen) autoroute
- **Autobahnausfahrt** (FÉMININ : die Autobahnausfahrt, die Autobahnausfahrten) sortie d'autoroute
- **Autofahrer** (MASCULIN : der Autofahrer, die Autofahrer) automobiliste
- **Autonummer** (FÉMININ : die Autonummer, die Autonummern) numéro d'immatriculation

Autogramm (NEUTRE : das Autogramm, die Autogramme) autographe

Automat (MASCULIN : der Automat, die Automaten) automate

- **Geldautomat** (MASCULIN : der Geldautomat) distributeur d'argent
- **Spielautomat** (MASCULIN : der Spielautomat) machine à sous

Autor, Autorin (MASCULIN : der Autor, die Autoren / FÉMININ : die Autorin, die Autorinnen) auteur

Axt (FÉMININ : die Axt, die Äxte) hache

B

ALLEMAND — **FRANÇAIS**

Baby / be:bi / (NEUTRE : das Baby, die Babys) bébé

Bach (MASCULIN : der Bach, die Bäche) ruisseau

Backe (FÉMININ : die Backe, die Backen) joue (partie du visage)

backen (imparfait backte ou buk) faire cuire *ou* faire frire
► **Kuchen, Kekse backen** faire un gâteau, des biscuits

Bäcker, Bäckerin (MASCULIN : der Bäcker, die Bäcker / FÉMININ : die Bäckerin, die Bäckerinnen) boulanger, boulangère
♦ **Bäckerei** (FÉMININ : die Bäckerei, die Bäckereien) boulangerie

backte *voir* backen

Bad (NEUTRE : das Bad, die Bäder) bain *ou* salle de bains *ou* piscine
♦ **Badeanzug** (MASCULIN : der Badeanzug, die Badeanzüge) maillot de bain (pour filles)
♦ **Badehose** (FÉMININ : die Badehose, die Badehosen) maillot de bain (pour garçons)
♦ **Bademantel** (MASCULIN : der Bademantel, die Bademäntel) peignoir

baden *a plusieurs catégories grammaticales et plusieurs sens :*
> *Ce peut être un* VERBE INTRANSITIF :
baden *signifie* se baigner *ou* prendre un bain
> *Ce peut être un* VERBE TRANSITIF :
baden *signifie* donner un bain à

Badewanne (FÉMININ : die Badewanne, die Badewannen) baignoire

Bahn (FÉMININ : die Bahn, die Bahnen) train
► **mit der Bahn fahren** prendre le train
♦ **sich einen Weg bahnen** se frayer un chemin
♦ **Bahnhof** (MASCULIN : der Bahnhof, die Bahnhöfe) gare
♦ **Bahnsteig** (MASCULIN : der Bahnsteig, die Bahnsteige) quai

Baiser / be:ze / (NEUTRE : das Baiser, die Baisers) meringue

bald bientôt

Balkon (MASCULIN : der Balkon, die Balkone) balcon

Ball (MASCULIN : der Ball, die Bälle) ballon *ou* balle ou bal

Ballon (MASCULIN : der Ballon, die Ballons) ballon (gonflable)

band *voir* binden

Band *a plusieurs genres et plusieurs sens :*
> *Ce peut être un* NOM NEUTRE :
das Band, die Bänder *signifie* bandeau *ou* ruban
♦ **Haarband** bandeau (pour les cheveux)
♦ **Halsband** collier
♦ **Schuhband** lacet (de chaussure)
♦ **Gummiband** élastique
♦ **Fliessband** tapis roulant
► **am laufenden Band** sans arrêt
> *Ce peut être un* NOM MASCULIN :
der Band, die Bände *signifie* volume *ou* tome (d'un livre)
> *Ce peut être un* NOM FÉMININ :
die Band / bænd /, **die Bands** *signifie* groupe de musique

Bande (FÉMININ : die Bande, die Banden) bande (de copains ou de voyous)

bändigen maîtriser *ou* dompter

bange anxieux *ou* inquiet
► **mir wird es bange** j'ai peur
► **um jemanden bangen** avoir peur pour quelqu'un

Bank *a plusieurs sens :*
1 **die Bank, die Bänke** signifie banc :
2 **die Bank, die Banken** signifie banque :
♦ **Bankkarte** (FÉMININ : die Bankkarte, die Bankkarten) carte bancaire
♦ **Bankkonto** (NEUTRE : das Bankkonto, die Bankkontos *ou* Bankkonten) compte en banque
♦ **Bankraub** *ou* **Banküberfall** (MASCULIN : der Bankraub, die Bankraube ou der Banküberfall, die Banküberfälle) hold-up

bankrott en faillite

bar découvert
♦ **barfuß** ou **barfüßig** pieds nus

Bargeld ou **bares Geld** (NEUTRE : das Bargeld, die Bargelder) espèces

Bär (MASCULIN : der Bär, die Bären) ours

barsch brusque

Bart (MASCULIN : der Bart, die Bärte) barbe
♦ **bärtig** barbu
♦ **bartlos** imberbe

basteln bricoler
♦ **Bastler** (MASCULIN : der Bastler, die Bastler) bricoleur

bat *voir* **bitten**

Bau (MASCULIN : der Bau) chantier
► **im Bau sein** être en construction
♦ **Bauarbeiter** (MASCULIN : der Bauarbeiter, die Bauarbeiter) ouvrier (du bâtiment)
♦ **Baujahr** (NEUTRE : das Baujahr, die Baujahre) année de fabrication
♦ **Bausparbuch** (NEUTRE : das Bausparbuch, die Bausparbücher) livret d'épargne-logement
♦ **Baustein** (MASCULIN : der Baustein, die Bausteine) cube (pour jouer)
♦ **Baustelle** (FÉMININ : die Baustelle, die Baustellen) chantier
♦ **Bauwerk** (NEUTRE : das Bauwerk, die Bauwerke) construction *ou* édifice

Bauch (MASCULIN : der Bauch, die Bäuche) ventre
♦ **Bauchnabel** (MASCULIN : der Bauchnabel, die Bauchnäbel) nombril
♦ **Bauchschmerzen** *ou* **Bauchweh** (PLURIEL MASCULIN : die Bauchmerzen / NEUTRE : das Bauchweh) mal au ventre

bauen construire *ou* fabriquer *ou* bâtir
► **gut gebaut sein** être bien bâti (en parlant d'une personne)
► **kräftig / zierlich gebaut sein** être costaud / fin

Bauer, Bäuerin (MASCULIN : der Bauer, die Bauern / FÉMININ : die Bäuerin, die Bäurinnen) paysan, paysanne *ou* agriculteur, agricultrice
♦ **bäuerlich** rustique
♦ **Bauernhaus** ou **Bauernhof** (NEUTRE : das Bauernhaus, die Bauernhäuser / MASCULIN : der Bauernhof, die Bauernhöfe) ferme

Baum (MASCULIN : der Baum, die Bäume) arbre
♦ **Baumstamm** (MASCULIN : der Baumstamm, die Baumstämme) tronc d'arbre
♦ **Baumstumpf** (MASCULIN : der Baumstumpf, die Baumstümpfe) souche d'arbre

baumeln pendouiller *ou* pendre

sich bäumen se cabrer

Baumwolle (FÉMININ : die Baumwolle) coton

Bayer, Bayerin (MASCULIN : der Bayer, die Bayern / FÉMININ : die Bayerin, die Bayerinnen) bavarois, bavaroise
♦ **bay(e)risch** bavarois
♦ **Bayern** (NEUTRE : das Bayern) la Bavière

beabsichtigen avoir l'intention de *ou* envisager

beachten faire attention à *ou* tenir compte de
♦ **beachtenswert** remarquable
♦ **beachtlich** considérable

Beamte, Beamtin (MASCULIN : der Beamte, die Beamten / FÉMININ : die Beamtin, die Beamtinnen) fonctionnaire

beängstigend inquiétant *ou* effrayant

beanspruchen *a plusieurs sens :*

1 **beanspruchen** *peut signifier* exiger *ou* réclamer :

▷ Ich beanspruche mein eigenes Zimmer. J'exige ma propre chambre.

2 **beanspruchen** *peut signifier* demander *ou* prendre :

▷ Er beansprucht sie sehr. Il lui en demande beaucoup.

▷ Sie beansprucht das ganze Sofa. Elle prend tout le canapé.

3 **beanspruchen** *peut signifier* fatiguer :

▷ Er beansprucht sie sehr. Il la fatigue beaucoup.

▷ Die Nachtarbeit beansprucht mich. Le travail de nuit me fatigue.

beanstanden contester *ou* réclamer

beantragen demander (de manière officielle)

beantworten répondre à

📖 antworten = répondre

beaufsichtigen surveiller

beauftragen charger

► **jemanden beauftragen, etwas zu tun** charger quelqu'un de faire quelque chose

beben trembler

♦ **Beben** (NEUTRE : das Beben, die Beben) tremblement

Becher (MASCULIN : der Becher, die Becher) gobelet

♦ **bechern** picoler

> **i** L'expression allemande et sa traduction française sont familières.

Becken (NEUTRE : das Becken, die Becken) *a plusieurs sens :*

1 **Becken** *peut signifier* bassin :

► **das Pariser Becken** le Bassin parisien

2 **Becken** *peut signifier* cymbale

3 **Becken** *peut signifier* cuvette :

♦ **Wasserbecken** cuvette

♦ **Waschbecken** lavabo

♦ **Schwimmbecken** piscine

bedacht réfléchi

► **bedacht handeln** agir de manière réfléchie

► **auf etwas bedacht sein** être soucieux de quelque chose

► **bedacht sein, etwas zu tun** veiller à faire quelque chose

bedächtig lent *ou* posé

♦ **Bedächtigkeit** (FÉMININ : die Bedächtigkeit) lenteur

► **mit Bedächtigkeit** de manière réfléchie

sich bedanken dire merci

► **sich bei jemandem bedanken** remercier quelqu'un *ou* dire merci à quelqu'un

📖 danken = remercier

Bedarf (MASCULIN : der Bedarf) besoins

► **je nach Bedarf** selon les besoins

► **bei Bedarf** en cas de besoin

► **an etwas Bedarf haben** avoir besoin de quelque chose

bedauern regretter

♦ **bedauernswert** regrettable

♦ **bedauernswerterweise** malheureusement

Bedenken (NEUTRE : das Bedenken, die Bedenken) doute *ou* scrupule

♦ **bedenken** réfléchir à *ou* penser à *ou* tenir compte de

♦ **bedenklich** inquiétant

bedeuten *a plusieurs sens :*

1 **bedeuten** *peut signifier* signifier *ou* vouloir dire :

▷ Was bedeutet dieses Wort? Que signifie ce mot ?

▷ Was hat das zu bedeuten? Qu'est-ce que ça veut dire ?

2 **bedeuten** *peut signifier* être important *ou* avoir de l'importance :

▷ Du bedeutest mir viel. Tu es très important pour moi.

▷ Das hat nichts zu bedeuten. Ça n'a aucune importance.

3 **bedeuten** *peut signifier* présager :

▷ Dieser graue Himmel bedeutet Regen. Ce ciel gris présage de la pluie.

♦ **bedeutend** *ou* **bedeutungsvoll** important

♦ **bedeutungslos** sans importance *ou* insignifiant

♦ **Bedeutung** (FÉMININ : die Bedeutung) sens *ou* signification *ou* importance

bedienen *a plusieurs sens :*

1 **bedienen** *peut signifier* servir :

▷ Er läßt sich gerne bedienen. Il aime bien se faire servir.

▷ Ich bin noch nicht bedient. Je ne suis pas encore servi.

2 **bedienen** *peut signifier* manœuvrer *ou* manier (un appareil)

♦ **sich bedienen** se servir

Bedienung (FÉMININ : die Bedienung) *a plusieurs sens :*

1 **Bedienung** *peut signifier* service (dans un restaurant ou un café) :

▷ Die Bedienung ist etwas langsam. Le service est un peu lent.

2 **Bedienung** *peut signifier* garçon *ou* serveuse :

▷ Bedienung, bitte! Garçon, s'il vous plaît !

3 **Bedienung** *peut signifier* maniement (d'un appareil)

♦ **Bedienungsanleitung** (FÉMININ : die Bedienungsanleitung) mode d'emploi

Bedingung (FÉMININ : die Bedingung) condition

► **unter einer Bedingung** à une seule condition

♦ **bedingungslos** sans condition

bedrohen menacer

📖 **drohen** = menacer

♦ **bedrohlich** menaçant

♦ **Bedrohung** (FÉMININ : die Bedrohung) menace

bedrücken oppresser *ou* accabler

Bedürfnis (NEUTRE : das Bedürfnis, die Bedürfnisse) besoin *ou* nécessité

♦ **bedürftig** dans le besoin

sich beeilen se dépêcher

beeindrucken impressionner

♦ **beeindruckend** impressionnant

beeinflussen influencer

beeinträchtigen porter atteinte à, porter préjudice à *ou* affecter

♦ **Beeinträchtigung** (FÉMININ : die Beeinträchtigung) préjudice

beenden terminer

beerdigen enterrer

♦ **Beerdigung** (FÉMININ : die Beerdigung) enterrement

Beere (FÉMININ : die Beere, die Beeren) baie (= fruit)

befahren *a plusieurs catégories grammaticales et plusieurs sens :*

> *Ce peut être un* VERBE :

befahren *signifie* circuler sur *ou* emprunter (une route)

> *Ce peut être un* ADJECTIF :

befahren *signifie* fréquenté (en parlant d'une route)

📖 **fahren** (er fährt ; fuhr, gefahren) = conduire *ou* rouler

befahl *voir* **befehlen**

befangen embarrassé

♦ **Befangenheit** (FÉMININ : die Befangenheit) embarras

sich befassen

► **sich mit etwas befassen** traiter de quelque chose *ou* travailler sur quelque chose

Befehl (MASCULIN : der Befehl, die Befehle) ordre

♦ **befehlen** (er befiehlt ; befahl, befohlen) donner l'ordre

befestigen fixer *ou* consolider

befeuchten mouiller

befiehlst, befiehlt *voir* **befehlen**

sich befinden se trouver

♦ **Befinden** (NEUTRE : das Befinden) état (de santé)

beflissen zélé

♦ **Beflissenheit** (FÉMININ : die Beflissenheit) zèle

befohlen *voir* **befehlen**

befolgen obéir à *ou* suivre (un ordre ou un conseil)

📖 **folgen** = obéir *ou* suivre

befördern *a plusieurs sens :*

1 **befördern** *peut signifier* transporter

2 **befördern** *peut signifier* promouvoir *ou* faire monter en grade :

► **befördert werden** monter en grade

♦ **Beförderung** (FÉMININ : die Beförderung) acheminement *ou* promotion

befragen interroger

📖 **fragen** = demander

(sich) befreien (se) libérer

♦ **Befreiung** (FÉMININ : die Befreiung) libération

sich befreunden

► **befreundet sein** être ami(s)

befriedigen satisfaire

♦ **Befriedigung** (FÉMININ : die Befriedigung) satisfaction

befristet à durée limitée

befruchten féconder

Befugnis (FÉMININ : die Befugnis, die Befugnisse) autorisation *ou* droit *ou* pouvoir

♦ **befugt sein** avoir l'autorisation *ou* être autorisé

befürchten craindre

📖 sich fürchten = avoir peur

♦ **Befürchtung** (FÉMININ : die Befürchtung) crainte

begabt doué *ou* talentueux

♦ **Begabung** (FÉMININ : die Begabung) talent

begann *voir* beginnen

(sich) begegnen (se) rencontrer *ou* (se) croiser

♦ **Begegnung** (FÉMININ : die Begegnung) rencontre

begehen (beging, begangen) commettre

begehren désirer

♦ **Begehren** (NEUTRE : das Begehren) désir

♦ **begehrenswert** désirable

(sich) begeistern (s') enthousiasmer

♦ **begeistert** enthousiaste

♦ **Begeisterung** (FÉMININ : die Begeisterung) enthousiasme

Beginn (MASCULIN : der Beginn) commencement *ou* début

► **zu Beginn** pour commencer *ou* au début

♦ **beginnen** (begann, begonnen) commencer

begleiten accompagner

♦ **Begleiter, Begleiterin** (MASCULIN : der Begleiter, die Begleiter / FÉMININ : die Begleiterin, die Begleiterinnen) accompagnateur, accompagnatrice *ou* compagnon, compagne

♦ **Begleiterscheinung** (FÉMININ : die Begleiterscheinung) effet secondaire

♦ **Begleitung** (FÉMININ : die Begleitung) compagnie *ou* accompagnement

beglückwünschen féliciter

sich begnügen

► **sich mit etwas begnügen** se contenter de quelque chose

begonnen *voir* beginnen

begraben enterrer

📖 graben (er gräbt; grub, gegraben) = creuser (la terre)

♦ **Begräbnis** (NEUTRE : das Begräbnis, die Begräbnisse) enterrement

begreifen comprendre

♦ **begreiflich** compréhensible

► **jemandem etwas begreiflich machen** faire comprendre quelque chose à quelqu'un

Begriff (MASCULIN : der Begriff, die Begriffe) idée *ou* notion *ou* concept

► **jemandem ein Begriff sein** vouloir dire quelque chose pour quelqu'un

► **im Begriff sein, etwas zu tun** être en train de faire quelque chose

► **sich einen Begriff von etwas machen** se faire une idée de quelque chose

► **schwer von Begriff sein** être bête

begründen justifier *ou* donner des raisons à

♦ **begründet** fondé

♦ **Begründung** (FÉMININ : die Begründung) justification *ou* raison

begrüßen saluer *ou* souhaiter la bienvenue à

📖 grüßen = saluer

♦ **Begrüßung** (FÉMININ : die Begrüßung) accueil

begünstigen favoriser

behaart poilu

behäbig flegmatique

behagen plaire (à) :

▷ Das behagt mir nicht. Ça ne me plaît pas.

♦ **behaglich** agréable

♦ **Behaglichkeit** (FÉMININ : die Behaglichkeit) bien-être

behalten (er behält ; behielt, behalten)
garder *ou* conserver

► **die Nerven behalten** garder son sang-froid

► **im Auge behalten** ne pas perdre de vue

Behälter (MASCULIN : der Behälter, die Behälter) récipient

behandeln traiter

♦ **Behandlung** (FÉMININ : die Behandlung) traitement

beharren persévérer

► **auf etwas beharren** ne pas démordre de quelque chose

♦ **beharrlich** persévérant *ou* constant

♦ **Beharrlichkeit** (FÉMININ : die Beharrlichkeit) persévérance *ou* constance

(sich) behaupten affirmer

♦ **Behauptung** (FÉMININ : die Behauptung) affirmation

behend(e) agile

♦ **Behendigkeit** (FÉMININ : die Behendigkeit) agilité

(sich) beherrschen (se) maîtriser

behilflich

► **jemandem behilflich sein** aider quelqu'un

behindert handicapé

♦ **Behinderte** (MASCULIN : der Behinderte, die Behinderten / FÉMININ : die Behinderte, die Behinderten) **handicapé, handicapée**

> ℹ Ce nom est un adjectif substantivé : ein Behinderter.

♦ **Behinderung** (FÉMININ : die Behinderung) handicap

Behörde (FÉMININ : die Behörde, die Behörden) administration *ou* autorités

behüten protéger *ou* préserver

► **jemanden vor etwas behüten** préserver quelqu'un de quelque chose

behutsam (ADJECTIF) délicat *ou* (ADVERBE) avec précaution

bei *a plusieurs catégories grammaticales et plusieurs sens :*

> *Ce peut être une* PRÉPOSITION *qui s'emploie avec le* DATIF :

1 **bei** *peut indiquer* la proximité *d'une personne ou d'un lieu* :

▷ Ich bin bei Karl. Je suis chez Charles.

▷ Wir sind bei Tisch. Nous sommes à table.

▷ Bei ihr lernt man viel. Avec elle, on apprend beaucoup de choses.

▷ Er lebt bei Berlin. Il vit près de Berlin.

▷ Ich bleibe bei ihm. Je reste auprès de lui.

2 **bei** *peut indiquer une* activité en cours :

▷ Sie sind beim (=bei dem) Essen. Ils sont en train de manger.

▷ Er ist bei der Arbeit. Il est au travail.

▷ Ich habe mir beim Skifahren den Ellbogen gebrochen. Je me suis cassé le coude au ski.

3 **bei** *peut indiquer le* temps qu'il fait :

▷ Wir gehen nur bei schönem Wetter wandern. Nous allons faire une randonnée seulement s'il fait beau.

▷ Bei Regen gehen wir schwimmen. S'il pleut, nous allons à la piscine.

4 **bei** *peut indiquer* un moment *ou* une durée :

▷ Beim (=bei dem) Abschied habe ich geweint. Au moment des adieux, j'ai pleuré.

▷ Bei seinem Auslandsaufenthalt hat er die Sprache gelernt. Lors de son séjour à l'étranger, il a appris la langue.

▷ Sie sind bei hellem Tag bei uns eingebrochen. Ils nous ont cambriolés en plein jour.

▷ Die Nachtigallen singen nur bei Nacht. Les rossignols ne chantent que la nuit.

5 **bei** *peut indiquer* un état :

▷ Sie ist bei guter Gesundheit. Elle est en bonne santé.

▷ Er ist wieder bei Bewußtsein. Il est à nouveau conscient.

6 **bei** *s'emploie avec certains verbes qui impliquent une idée de* participation :

► **bei etwas mitmachen** participer à quelque chose

► **bei jemandem anrufen** appeler chez quelqu'un

► **sich bei jemandem bedanken** remercier quelqu'un

► **bei jemandem bleiben** rester chez quelqu'un

> *Ce peut être une* PARTICULE SÉPARABLE *pour former des* VERBES COMPOSÉS :

♦ **beipflichten** consentir

♦ **beistehen** assister

♦ **beitreten** adhérer

ℹ Vous trouverez les verbes composés qui commencent par bei- classés par ordre alphabétique.

beibringen (beibrachte, beigebracht)
- ► jemandem etwas beibringen apprendre quelque chose à quelqu'un

beide les deux *ou* l'un et l'autre
- ► alle beide tous (les) deux
- ► auf beiden Seiten des deux côtés
- ► wir beide nous deux
- ► einer von beiden l'un des deux
- ► beiderlei les deux sortes
- ► beiderseitig des deux côtés *ou* mutuel *ou* réciproque
- ► beiderseits des deux côtés *ou* de part et d'autre
- ► beides l'un(e) et l'autre *ou* les deux

beieinander ensemble

Beifall (MASCULIN : der Beifall, die Beifälle) applaudissements *ou* approbation

Beigeschmack (MASCULIN : der Beigeschmack) petit goût *ou* après-goût

Beihilfe (FÉMININ : die Beihilfe, die Beihilfen) aide *ou* allocation

♦ Kinderbeihilfe allocation pour l'enfant

♦ Studienbeihilfe bourse

♦ Arbeitslosenbeihilfe allocation chômage

Beil (NEUTRE : das Beil, die Beile) hache

Beilage (FÉMININ : die Beilage, die Beilagen) supplément *ou* garniture (au sens gastronomique)

beiläufig en passant

Beileid (NEUTRE : das Beileid) condoléances

beiliegend ci-joint

beim voir bei

Bein (NEUTRE : das Bein, die Beine) jambe *ou* pied (d'un meuble)

♦ Beinbruch (MASCULIN : der Beinbruch, die Beinbrüche) fracture de la jambe

beinahe presque

beinhalten contenir

beipflichten
- ► jemandem beipflichten être d'accord avec quelqu'un

beisammen ensemble

beiseite de côté
- ► beiseite schieben *ou* legen mettre de côté
- ► beiseite schaffen faire disparaître

Beispiel (NEUTRE : das Beispiel, die Beispiele) exemple
- ► zum Beispiel *ou* beispielsweise par exemple
- ► als Beispiel dienen servir d'exemple
- ► mit gutem Beispiel vorangehen donner le bon exemple
- ► sich an jemandem ein Beispiel nehmen prendre exemple sur quelqu'un

♦ beispielhaft exemplaire

beißen (biss, gebissen) mordre

beistehen (beistand, beigestanden) assister *ou* aider

beistimmen
- ► jemandem beistimmen être d'accord avec quelqu'un

Beitrag (MASCULIN : der Beitrag, die Beiträge) contribution *ou* cotisation

♦ beitragen (er trägt bei; beitrug, beigetragen) contribuer

beitreten adhérer

♦ Beitritt (MASCULIN : der Beitritt, die Beitritte) adhésion

bejubeln acclamer

bekämpfen combattre

📖 kämpfen = lutter *ou* se battre

bekannt connu *ou* familier
- ▷ Das ist mir bekannt. Je suis au courant.
- ▷ Das kommt mir bekannt vor. Ça me dit quelque chose.
- ► bekannt geben annoncer *ou* rendre public
- ► jemanden mit jemandem bekannt machen présenter quelqu'un à quelqu'un
- ► bekannt sein (se) connaître *ou* être connu
- ► bekannt werden devenir célèbre *ou* être rendu public

♦ bekanntlich comme on sait *ou* apparemment

♦ **Bekannte** (MASCULIN : der Bekannte, die Bekannten / FÉMININ : die Bekannte, die Bekannten) connaissance *ou* ami, amie

> ℹ Ce nom est un adjectif substantivé : der Bekannte, ein Bekannter.

♦ **Bekanntenkreis** (MASCULIN : der Bekanntenkreis, die Bekanntenkreise) cercle d'amis *ou* connaissances *ou* relations

♦ **Bekanntschaft** (FÉMININ : die Bekanntschaft, die Bekanntschaften) connaissances

bekennen admettre *ou* reconnaître

► **sich zu jemandem / zu einer Sache bekennen** prendre parti pour quelqu'un, quelque chose

sich beklagen se plaindre

Beklommenheit (FÉMININ : die Beklommenheit) angoisse *ou* malaise

♦ **beklommen** angoissé *ou* paralysé (au sens figuré)

bekommen (bekam, bekommen) recevoir

► **ein Kind bekommen** avoir un enfant *ou* être enceinte

► **eine Krankheit bekommen** attraper une maladie

► **gut / schlecht bekommen** faire du bien / du mal

► **Hunger / Durst / Angst bekommen** commencer à avoir faim / soif / peur

bekömmlich digeste

bekümmern chagriner *ou* donner du souci à

belanglos insignifiant

♦ **Belanglosigkeit** (FÉMININ : die Belanglosigkeit) futilité *ou* bagatelle

belasten fatiguer *ou* causer des soucis à :

▷ Das Studium belastet sie. Les études la fatiguent.

▷ Seine Krankheit belastet mich. Sa maladie me cause des soucis.

♦ **sich belasten** s'accabler *ou* se charger *ou* se surmener

♦ **belastend** pénible *ou* stressant

♦ **Belastung** (FÉMININ : die Belastung) fardeau *ou* poids *ou* charge

belästigen importuner

♦ **Belästigung** (FÉMININ : die Belästigung) gêne *ou* ennuis

► **sexuelle Belästigung** harcèlement sexuel

belauschen épier *ou* écouter (en cachette)

belebt animé

belegen *a plusieurs sens :*

1 **belegen** *peut signifier* recouvrir :

▷ Wir haben den Boden mit Linoleum belegt. Nous avons recouvert le sol avec du lino.

2 **belegen** *peut signifier* garnir :

► **ein Brot mit Wurst belegen** garnir une tartine avec du saucisson

► **ein belegtes Brot** un sandwich

3 **belegen** *peut signifier* retenir *ou* réserver :

▷ Habt ihr schon ein Hotelzimmer belegt? Est-ce que vous avez déjà retenu une chambre d'hôtel ?

4 **belegen** *peut signifier* s'inscrire à :

▷ Für die Doktorarbeit musst du dieses Seminar belegen. Pour le doctorat, tu dois t'inscrire à ce séminaire.

► **belegt sein** être occupé *ou* être complet *ou* être réservé

beleidigen offenser *ou* insulter *ou* vexer

♦ **Beleidigung** (FÉMININ : die Beleidigung) offense *ou* insulte

belesen

► **belesen sein** être cultivé *ou* avoir beaucoup lu

beleuchten éclairer *ou* illuminer

♦ **Beleuchtung** (FÉMININ : die Beleuchtung) éclairage *ou* illumination

Belgien la Belgique

> ℹ En allemand, on ne met pas d'article devant les noms de pays.

♦ **Belgier, Belgierin** (MASCULIN : der Belgier, die Belgier / FÉMININ : die Belgierin, die Belgierinnen) Belge

♦ **belgisch** belge

Belieben (NEUTRE : das Belieben)

► **nach Belieben** à volonté

♦ **beliebig** quelconque *ou* n'importe quel(le)

♦ **beliebt** populaire

► **sich bei jemandem beliebt machen** se faire aimer de quelqu'un

♦ **Beliebtheit** (FÉMININ : die Beliebtheit) popularité

bellen aboyer

belohnen récompenser

◆ **Belohnung** (FÉMININ : die Belohnung) récompense

belügen mentir à

📖 lügen (log, gelogen) = mentir

bemerken remarquer *ou* observer

◆ **bemerkenswert** remarquable

◆ **Bemerkung** (FÉMININ : die Bemerkung) remarque *ou* observation

bemitleiden avoir pitié de *ou* plaindre

(sich) bemühen faire des efforts

▷ Bemühe dich nicht! Ne te dérange pas !

► **sich um jemanden bemühen** s'occuper de quelqu'un

► **sich um etwas bemühen** faire des efforts pour obtenir quelque chose

bemuttern materner

benachrichtigen informer *ou* prévenir

benachteiligen désavantager *ou* léser

sich benehmen (er benimmt sich; benahm, benommen) se comporter *ou* se conduire

► **sich gut / schlecht benehmen** bien / mal se tenir

► **sich zu benehmen wissen** avoir des manières

► **sich daneben benehmen** mal se conduire

◆ **Benehmen** (NEUTRE : das Benehmen) conduite *ou* comportement *ou* manières

► **ein gutes / schlechtes Benehmen** de bonnes / mauvaises manières

beneiden envier

◆ **beneidenswert** enviable

benommen abasourdi *ou* hébété

benoten noter (un travail scolaire)

◆ **Benotung** (FÉMININ : die Benotung) notation

benötigen avoir besoin de

benutzen *ou* benützen utiliser

Benzin (NEUTRE : das Benzin) essence

beobachten observer

◆ **Beobachtung** (FÉMININ : die Beobachtung) observation

bequem *a plusieurs sens :*

1 bequem *peut signifier* confortable

2 bequem *peut signifier* paresseux

3 bequem *peut signifier* facile

► **es sich bequem machen** se mettre à son aise

► **es bequem haben** être à l'aise

► **bequem sitzen** être bien assis

◆ **Bequemlichkeit** (FÉMININ : die Bequemlichkeit) confort *ou* paresse

berechnen calculer

◆ **berechnend** calculateur

berechtigen autoriser

◆ **berechtigt** justifié *ou* fondé

Bereich (MASCULIN : der Bereich, die Bereiche) domaine *ou* région

(sich) bereichern (s')enrichir

bereit prêt

► **sich bereit halten** se tenir prêt

◆ **bereitwillig** prêt

bereits déjà

bereuen regretter

Berg (MASCULIN : der Berg, die Berge) montagne

► **in die Berge fahren** aller à la montagne

► **über alle Berge sein** être bien loin

► **über den Berg sein** avoir fait le plus difficile

◆ **bergauf, bergab** en montant, en descendant (une montagne)

◆ **Berggipfel** (MASCULIN : der Berggipfel, die Berggipfel) sommet

◆ **Bergkamm** (MASCULIN : der Bergkamm, die Bergkämme) crête

◆ **Bergsteiger** (MASCULIN : der Bergsteiger, die Bergsteiger) alpiniste

◆ **Bergsteigen** (NEUTRE : das Bergsteigen) alpinisme

◆ **bergsteigen** (bergstieg, berggestiegen) faire de l'alpinisme

Bericht (MASCULIN : der Bericht, die Berichte) rapport

◆ **berichten** faire un rapport

berüchtigt mal famé *ou* notoire

berücksichtigen prendre en considération

Beruf (MASCULIN : der Beruf, die Berufe) profession *ou* métier

♦ **Berufsausbildung** (FÉMININ : die Berufsausbildung) formation professionnelle

♦ **Berufsstand** (MASCULIN : der Berufsstand, die Berufsstände) profession

♦ **beruflich** professionnel

♦ **berufstätig sein** travailler

berufen

► **zu etwas berufen sein** être prédestiné à quelque chose

► **sich auf jemanden / etwas berufen** se référer à quelqu'un / quelque chose

♦ **Berufung** (FÉMININ : die Berufung) vocation *ou* nomination

beruhen

▷ Lassen wir es darauf beruhen. Restons-en là.

▷ Das beruht auf einem Irrtum. Ça provient d'une erreur.

► **auf etwas beruhen** reposer sur quelque chose

► **etwas auf sich beruhen lassen** en rester là

► **auf Gegenseitigkeit beruhen** être réciproque

(sich) beruhigen (se) calmer

► **beruhigt sein** être rassuré *ou* être soulagé

♦ **Beruhigung** (FÉMININ : die Beruhigung) apaisement *ou* soulagement

berühmt célèbre *ou* connu

♦ **Berühmtheit** (FÉMININ : die Berühmtheit) célébrité

(sich) berühren (se) toucher

♦ **Berührung** (FÉMININ : die Berührung) contact (physique) *ou* attouchement

besänftigen apaiser *ou* calmer

♦ **Besänftigung** (FÉMININ : die Besänftigung) apaisement

beschädigen endommager *ou* abîmer

♦ **Beschädigung** (FÉMININ : die Beschädigung) dommages *ou* dégâts

beschäftigen *a plusieurs catégories grammaticales et plusieurs sens :*

> *Ce peut être un* VERBE TRANSITIF :

1 **beschäftigen** *peut signifier* occuper :

▷ Das Spiel beschäftigt ihn. Le jeu l'occupe.

2 **beschäftigen** *peut signifier* préoccuper :

▷ Dieses Problem beschäftigt mich besonders. Ce problème me préoccupe particulièrement.

> *Ce peut être un* VERBE RÉFLÉCHI :

sich beschäftigen *peut signifier* s'occuper :

▷ Ich muss mich beschäftigen, sonst schlafe ich ein. Il faut que je m'occupe, sinon je m'endors.

► **sich beschäftigen mit** s'occuper de *ou* travailler sur *ou* étudier

Beschäftigung (FÉMININ : die Beschäftigung) occupation *ou* emploi

beschämen faire honte à *ou* humilier *ou* rendre confus

► **beschämend sein** être honteux *ou* humiliant

► **beschämt sein** être honteux *ou* confus

Bescheid (MASCULIN : der Bescheid, die Bescheide) renseignement *ou* directive

► **jemandem Bescheid geben, sagen** avertir quelqu'un

► **Bescheid wissen** être au courant

bescheiden modeste

♦ **Bescheidenheit** (FÉMININ : die Bescheidenheit) modestie

Bescherung (FÉMININ : die Bescherung) *a plusieurs sens :*

1 **Bescherung** *peut signifier* réveillon (moment de la distribution des cadeaux de Noël)

2 **Bescherung** *peut avoir un sens familier :*

▷ Das ist eine schöne Bescherung! C'est une sacrée tuile !

▷ So eine Bescherung! Quelle catastrophe !

▷ Da haben wir die Bescherung! Nous voilà dans des beaux draps !

beschimpfen insulter

sich beschlagen s'embuer *ou* se ternir

beschlagnahmen confisquer *ou* saisir

♦ **Beschlagnahme** (FÉMININ : die Beschlagnahme) saisie *ou* confiscation

beschleunigen accélérer

♦ **Beschleunigung** (FÉMININ : die Beschleunigung) accélération

beschließen (beschloss, beschlossen) décider

♦ **Beschluss** (MASCULIN : der Beschluss, die Beschlüsse) décision

beschmutzen salir

(sich) beschränken (se) limiter *ou* (se) restreindre

► sich beschränken auf se limiter à

beschreiben décrire

📖 schreiben (schrieb, geschrieben) = écrire

♦ Beschreibung (FÉMININ : die Beschreibung) description

beschuldigen accuser

♦ Beschuldigung (FÉMININ : die Beschuldigung) accusation

beschützen protéger

Beschwerde (FÉMININ : die Beschwerde, die Beschwerden) *a plusieurs sens :*

1 Beschwerde *peut signifier* plainte

2 Beschwerde *peut signifier* trouble (physique)

♦ sich beschweren se plaindre

♦ beschwerlich pénible

beschwichtigen calmer *ou* apaiser

► eine Auseinandersetzung beschwichtigen calmer un conflit

beschwindeln *est une expression familière qui signifie* mentir à

📖 schwindeln = mentir

beschwingt gai *ou* joyeux

► beschwingte Schritte des pas légers

beschwipst éméché

> ℹ L'expression allemande et sa traduction française sont familières.

beschwören *a plusieurs sens :*

1 beschwören *peut signifier* implorer *ou* supplier *ou* conjurer :

► jemanden beschwören supplier *ou* implorer quelqu'un

► böse Geister beschwören conjurer des mauvais esprits

2 beschwören *peut signifier* jurer *ou* affirmer sous serment

beseitigen éliminer *ou* écarter

Besen (MASCULIN : der Besen, die Besen) balai

♦ Besenstiel (MASCULIN : der Besenstiel, die Besenstiele) manche à balai

besessen

► besessen sein être fou

► von jemandem / etwas besessen sein être obsédé par quelqu'un / quelque chose

► wie vom Teufel besessen comme un fou

♦ Besessenheit (FÉMININ : die Besessenheit) manie *ou* obsession

besichtigen visiter

besiegen vaincre

📖 siegen = gagner

sich besinnen (besann, besonnen) réfléchir *ou* se recueillir

► sich auf etwas besinnen se souvenir de quelque chose

besonderer, besondere, besonderes particulier, particulière *ou* unique *ou* exceptionnel, exceptionnelle

► etwas Besonderes quelque chose de particulier *ou* d'unique *ou* d'exceptionnel

> ℹ Dans cet exemple, Besonderes est utilisé de manière substantivée.

♦ besonders particulièrement *ou* surtout

besonnen raisonnable

besorgen se procurer *ou* s'occuper de

▷ Ich muss noch etwas besorgen. Il faut que je m'occupe de quelque chose *ou* Il faut que j'aille faire une course.

► ein Taxi besorgen faire venir un taxi

Besorgnis (FÉMININ : die Besorgnis) inquiétude *ou* souci *ou* préoccupation

♦ besorgt inquiet

besprechen

► etwas besprechen parler de quelque chose

📖 sprechen (er spricht; sprach, gesprochen) = parler

♦ Besprechung (FÉMININ : die Besprechung) entretien *ou* conférence

besser *est le comparatif de* gut *et signifie* meilleur, meilleure *ou* mieux

► immer besser de mieux en mieux

► umso / desto besser tant mieux

► besser gesagt ... *ou* plutôt ...

♦ (sich) bessern (s')améliorer

♦ Besserung (FÉMININ : die Besserung) amélioration

► gute Besserung bon rétablissement

beständig stable *ou* constant

Bestandteil (MASCULIN : der Bestandteil, die Bestandteile) élément *ou* partie intégrante

bestätigen confirmer

♦ **Bestätigung** (FÉMININ : die Bestätigung) confirmation *ou* attestation

bestaunen admirer

bester, beste, bestes *est le superlatif de* gut *et signifie* meilleur, meilleure *ou* le, la mieux :

► **am besten** *ou* **bestens** au mieux

♦ **bestenfalls** dans le meilleur des cas

♦ **Beste** (NEUTRE : das Beste) le mieux

bestechen (er besticht; bestach, bestochen) corrompre

► **jemanden bestechen** acheter quelqu'un

Besteck (NEUTRE : das Besteck, die Bestecke) couverts (de table)

bestehen (bestand, bestanden) *a plusieurs catégories grammaticales et plusieurs sens :*

> *Ce peut être un* VERBE TRANSITIF :

bestehen *signifie* réussir :

▷ Ich habe die Prüfung bestanden. J'ai réussi l'examen.

> *Ce peut être un* VERBE INTRANSITIF :

bestehen *signifie* exister :

▷ Die neue Sporthalle besteht seit zwei Jahren. Le nouveau stade existe depuis deux ans.

► **aus etwas bestehen** se composer de quelque chose

► **auf etwas bestehen** insister sur quelque chose

bestehlen

► **jemanden bestehlen** voler quelqu'un

📖 stehlen (er stiehlt; stahl, gestohlen) = voler

bestellen *a plusieurs sens :*

1 bestellen *peut signifier* commander :

▷ Dieses Modell müssen wir bestellen. Il faut qu'on commande ce modèle.

2 bestellen *peut signifier* réserver :

▷ Im Sommer muss man früh bestellen. En été, il faut réserver à l'avance.

3 bestellen *peut signifier* faire venir :

▷ Sie haben mich in ihr Büro bestellt? Vous m'avez fait venir dans votre bureau ?

4 bestellen *peut signifier* transmettre :

► **Grüße bestellen** transmettre des salutations

► **eine Nachricht bestellen** transmettre un message

► **gut / schlecht bestellt sein** bien / mal aller

► **einen Acker bestellen** cultiver (un champ)

Bestellung (FÉMININ : die Bestellung) commande

bestimmen déterminer *ou* décider

♦ **bestimmt** certain *ou* certainement

♦ **Bestimmtheit** (FÉMININ : die Bestimmtheit) détermination

Bestimmungsort (MASCULIN : der Bestimmungsort, die Bestimmungsorte) destination

bestrafen punir

bestreiten (bestritt, bestritten) contester

bestürzt bouleversé

Besuch (MASCULIN : der Besuch, die Besuche) visite

► **Besuch haben** avoir de la visite

► **bei jemandem auf Besuch sein** être en visite chez quelqu'un

► **jemandem einen Besuch abstatten** rendre visite à quelqu'un

♦ **Besuchszeit** (FÉMININ : die Besuchszeit, die Besuchszeiten) heures de visite

♦ **besuchen** rendre visite à

► **gut besucht** fréquenté

sich beteiligen participer

► **jemanden an etwas beteiligen** faire participer quelqu'un à quelque chose

♦ **Beteiligung** (FÉMININ : die Beteiligung) participation

beten prier

beteuern affirmer *ou* assurer *ou* jurer

betonen accentuer *ou* insister sur

Betracht

► **in Betracht kommen** entrer en ligne de compte

► **in Betracht ziehen** prendre en considération

► **außer Betracht lassen** ne pas prendre en considération

♦ **betrachten** regarder *ou* contempler *ou* considérer

◆ **beträchtlich** (adjectif) considérable *ou* (adverbe) considérablement

Betrag (MASCULIN : der Betrag, die Beträge) montant *ou* somme

◆ **betragen** (er beträgt; betrug, betragen) s'élever à

sich betragen se comporter

betreffen (er betrifft; betraf, betroffen) concerner *ou* affecter

► **was mich betrifft** en ce qui me concerne

► **es betrifft ...** cela concerne ... *ou* il s'agit de ...

◆ **betreffend ...** concernant ...

◆ **betroffen** concerné *ou* consterné *ou* bouleversé

betreiben (betrieb, betrieben) exercer *ou* faire

betreten (er betritt; betrat, betreten) *a plusieurs catégories grammaticales et plusieurs sens :*

> *Ce peut être un* VERBE :

► **ein Zimmer betreten** entrer dans une chambre

► **den Rasen betreten** marcher sur le gazon

► **die Bühne betreten** entrer en scène

> *Ce peut être un* ADJECTIF :

► **betreten sein** être confus *ou* être embarrassé

Betrieb (MASCULIN : der Betrieb, die Betriebe) *a plusieurs sens :*

1 Betrieb *peut signifier* entreprise

► **Kleinbetrieb** petite entreprise

2 Betrieb *peut signifier* monde (= gens) *ou* animation :

▷ Heute ist auf den Straßen viel Betrieb. Aujourd'hui, il y a beaucoup de monde sur les routes.

▷ Am Bahnhof ist ein Betrieb! À la gare il y a un monde !

▷ In Bars ist am Samstag Abend ein enormer Betrieb. Le samedi soir il y a beaucoup d'animation dans les bars.

► **in Betrieb sein** être en état de marche

► **außer Betrieb sein** être hors service

Betriebskosten (pluriel : die Betriebskosten) charges (d'une maison *ou* d'une entreprise)

sich betrinken s'enivrer

📖 trinken (trank, getrunken) = boire

betrog, betrogen *voir* **betrügen** (entrée Betrug)

◆ **betrunken** ivre

betrüben attrister *ou* affliger

◆ **betrübt** triste *ou* affligé

Betrug (MASCULIN : der Betrug) fraude *ou* tromperie

◆ **betrügen** (betrog, betrogen) frauder *ou* tromper

◆ **Betrüger** (MASCULIN : der Betrüger, die Betrüger) escroc

Bett (NEUTRE : das Bett, die Betten) lit

► **ins Bett gehen** aller au lit *ou* aller se coucher

◆ **Bettdecke** (FÉMININ : die Bettdecke, die Bettdecken) couverture

◆ **Bettwäsche** (FÉMININ : die Bettwäsche) draps

◆ **Bettzeug** (NEUTRE : das Bettzeug) literie

betteln mendier

◆ **Bettler** (MASCULIN : der Bettler, die Bettler) mendiant

beugen plier

► **sich einem Befehl beugen** se soumettre à un ordre

► **sich nach vorne beugen** se pencher en avant

Beule (FÉMININ : die Beule, die Beulen) bosse

► **eine Beule bekommen** se faire une bosse

(sich) beunruhigen (s')inquiéter

◆ **Beunruhigung** (FÉMININ : die Beunruhigung) inquiétude

beurteilen juger

◆ **Beurteilung** (FÉMININ : die Beurteilung) jugement *ou* appréciation

Beute (FÉMININ : die Beute, die Beuten) butin *ou* proie

Beutel (MASCULIN : der Beutel, die Beutel) sac *ou* trousse

◆ **Geldbeutel** porte-monnaie

◆ **Kulturbeutel** trousse de toilette

Bevölkerung (FÉMININ : die Bevölkerung) population

bevor *est une* CONJONCTION *et signifie* avant de *ou* avant que :

▷ Ruf mich an bevor du wegfährst. Appelle-moi avant de partir.

bevorstehen (bevorstand, bevorgestanden) être imminent

bevorzugen préférer

bewachen surveiller

bewahren conserver *ou* garder

► jemanden vor etwas bewahren préserver quelqu'un de quelque chose

sich bewähren faire ses preuves

♦ bewährt éprouvé *ou* répandu

bewältigen surmonter

(sich) bewegen bouger *ou* remuer :

► jemanden bewegen émouvoir quelqu'un

► jemanden zu etwas bewegen amener quelqu'un à faire quelque chose

► ein bewegtes Leben une vie mouvementée

► bewegt sein être ému

♦ beweglich mobile *ou* agile

♦ Beweglichkeit (FÉMININ : die Beweglichkeit) mobilité *ou* flexibilité

♦ Bewegung (FÉMININ : die Bewegung) mouvement

► etwas in Bewegung setzen mettre quelque chose en marche

♦ bewegungslos immobile

Beweis (MASCULIN : der Beweis, die Beweise) preuve

♦ beweisen (bewies, bewiesen) prouver

sich bewerben (er bewirbt sich; bewarb, beworben) poser sa candidature

► sich um einen Job bewerben poser sa candidature pour un travail

bewerten évaluer

bewilligen accorder

bewirken provoquer

bewohnen habiter

♦ Bewohner (MASCULIN : der Bewohner, die Bewohner / FÉMININ : die Bewohnerin, die Bewohnerinnen) habitant, habitante

bewölkt nuageux

bewundern admirer

♦ Bewunderung (FÉMININ : die Bewunderung) admiration

♦ bewundernswert *ou* bewundernswürdig admirable

bewusst (ADJECTIF) conscient *ou* (ADVERBE) consciemment

♦ bewusstlos inconscient

♦ Bewusstlosigkeit (FÉMININ : die Bewusstlosigkeit) inconscience

♦ Bewusstsein (NEUTRE : das Bewusstsein) conscience

bezahlen payer

♦ Bezahlung (FÉMININ : die Bezahlung) paiement

bezaubernd charmant *ou* adorable

bezeichnen nommer

♦ bezeichnend caractéristique *ou* significatif

beziehen (bezog, bezogen) *a plusieurs sens :*

1 beziehen *peut signifier* couvrir *ou* mettre des draps sur :

► mit Stoff beziehen couvrir d'un tissu

► das Bett beziehen mettre les draps (du lit)

2 beziehen *peut signifier* s'installer dans :

► ein neues Haus beziehen s'installer dans une nouvelle maison

3 beziehen *peut signifier* se couvrir :

► der Himmel bezieht sich le ciel se couvre

4 beziehen *peut signifier* percevoir :

► Geld beziehen percevoir de l'argent

► sich beziehen auf se référer à

Beziehung (FÉMININ : die Beziehung) relation *ou* rapport *ou* liaison

♦ beziehungsweise ... ou plutôt ...

Bezirk (MASCULIN : der Bezirk, die Bezirke) quartier *ou* arrondissement

bezüglich *a plusieurs catégories grammaticales :*

> *Ce peut être une* PRÉPOSITION *qui s'emploie avec le* GÉNITIF :

bezüglich *signifie* concernant

> *Ce peut être un* ADJECTIF :

bezüglich *signifie* concernant *ou* relatif à

bezwecken viser *ou* avoir pour but

bezweifeln douter de
📖 zweifeln = douter

Bibel (FÉMININ : die Bibel) Bible

Biber (MASCULIN : der Biber, die Biber) castor

(sich) biegen (bog, gebogen) (se) plier *ou* courber

♦ **biegsam** flexible *ou* souple

biblisch biblique

Biene (FÉMININ : die Biene, die Bienen) abeille

♦ **Bienenschwarm** (MASCULIN : der Bienenschwarm, die Bienenschwärme) essaim d'abeilles

Bier (NEUTRE : das Bier, die Biere) bière

bieten *a plusieurs sens :*

1 bieten *peut signifier* proposer *ou* donner :
► jemandem Geld bieten proposer de l'argent à quelqu'un
► jemandem eine Chance bieten donner une chance à quelqu'un

2 bieten *peut signifier* offrir :
▷ Wieviel bieten Sie mir für dieses Bild? Combien vous m'offrez pour ce tableau ?
► eine Möglichkeit bietet sich une occasion se présente
► sich etwas nicht bieten lassen ne pas accepter quelque chose
► jemandem die Stirn bieten tenir tête à quelqu'un

Bild (NEUTRE : das Bild, die Bilder) image *ou* tableau *ou* photo
► im Bilde sein être au courant

bilden former *ou* constituer
► sich bilden se former *ou* se développer
► sich geistig bilden s'instruire *ou* se cultiver

♦ **bildend** formateur

♦ **bildende Künste** (FÉMININ pluriel : die bildenden Künste) arts plastiques

Bildhauer (MASCULIN : der Bildhauer, die Bildhauer) sculpteur

♦ **Bildhauerei** (FÉMININ : die Bildhauerei) sculpture

Bildschirm (MASCULIN : der Bildschirm, die Bildschirme) écran

Bildung (FÉMININ : die Bildung) instruction *ou* formation *ou* éducation

♦ **Allgemeinbildung** culture générale

billig bon marché

billigen approuver

Binde (FÉMININ : die Binde, die Binden) bande *ou* bandage *ou* brassard *ou* serviette hygiénique

binden (band, gebunden) attacher *ou* nouer
► eine Schleife binden faire un nœud
► ein Buch binden relier un livre
► sich binden s'engager *ou* se lier
► sich an jemanden binden se lier à quelqu'un

Bindung (FÉMININ : die Bindung) lien

♦ **Skibindung** fixation de ski

Birke (FÉMININ : die Birke, die Birken) bouleau

Birne (FÉMININ : die Birne, die Birnen) poire (fruit) *ou* ampoule (de lampe)

♦ **Birnbaum** (FÉMININ : der Birnbaum, die Birnbäume) poirier

bis *a plusieurs catégories grammaticales et plusieurs sens :*

> *Ce peut être une* PRÉPOSITION *qui s'emploie avec l'*ACCUSATIF :

bis *signifie* jusque *ou* à :
► bis bald à bientôt
► bis auf die Knochen jusqu'aux os
► bis auf jusque *ou* sauf

> *Ce peut être une* CONJONCTION :

bis *signifie* jusqu'à ce que *ou* à :
▷ Er wartet, bis er aufgerufen wird. Il attend jusqu'à ce qu'on l'appelle.
▷ In diesen Saal gehen 200 bis 250 Leute. Dans cette salle il y a la place pour 200 à 250 personnes.

Bischof (MASCULIN : der Bischof, die Bischöfe) évêque

bisher *ou* bislang jusqu'à présent

biss *voir* beißen

Biss (MASCULIN : der Biss, die Bisse) morsure

(ein) bisschen (un) peu
► kein bisschen pas du tout *ou* rien
► ein kleines bisschen un tout petit peu

Bissen (MASCULIN : der Bissen, die Bissen) bouchée *ou* morceau

bitte s'il vous plaît, s'il te plaît *ou* je vous en prie, je t'en prie
► **wie bitte?** comment ? *ou* pardon ?

♦ **Bitte** (FÉMININ : die Bitte, die Bitten) demande *ou* service

♦ **bitten** (bat, gebeten) demander *ou* supplier
► **jemanden um etwas bitten** demander quelque chose à quelqu'un

bitter amer
► **die bittere Wahrheit** la triste vérité
► **bittere Not** détresse extrême

♦ **Bitterkeit** (FÉMININ : die Bitterkeit) amertume

Blähungen (pluriel : die Blähungen) gaz (dans les intestins)
► **Blähungen haben** *ou* **gebläht sein** avoir des gaz

blank brillant *ou* propre *ou* lustré *ou* nu
► **blank sein** être fauché

> ℹ L'expression allemande blank sein et sa traduction française sont familières.

Bläschen (NEUTRE : das Bläschen, die Bläschen) pustule *ou* aphte

Blase (FÉMININ : die Blase, die Blasen) vessie *ou* ampoule *ou* bulle

♦ **Blasenentzündung** (FÉMININ : die Blasenentzündung) cystite

blasen (er bläst; blies, geblasen) souffler

blasiert hautain *ou* snob *ou* blasé

Blasinstrument (NEUTRE : das Blasinstrument, die Blasinstrumente) instrument à vent

blass pâle

♦ **Blässe** (FÉMININ : die Blässe) pâleur

bläst *voir* blasen

Blatt (NEUTRE : das Blatt, die Blätter) feuille

blau bleu
► **ein blauer Fleck** un bleu
► **grün und blau schlagen** rouer de coups

♦ **Blauhelme** (pluriel : die Blauhelme) casques bleus

Blech (NEUTRE : das Blech, die Bleche) tôle

Blei (NEUTRE : das Blei) plomb

♦ **bleifrei** sans plomb

Bleistift (MASCULIN : der Bleistift, die Bleistifte) crayon (de papier)

♦ **Bleistiftspitzer** (MASCULIN : der Bleistiftspitzer, die Bleistiftspitzer) taille-crayon

bleiben (blieb, geblieben) rester
► **bei etwas bleiben** en rester là
► **stehen bleiben** s'arrêter
► **etwas bleiben lassen** laisser tomber quelque chose *ou* ne pas faire quelque chose

bleich blême *ou* pâle

blenden éblouir

♦ **blendend aussehen** être éblouissant *ou* resplendissant

Blick (MASCULIN : der Blick, die Blicke) regard *ou* vue *ou* coup d'œil :
▷ Er hat einen ernsten Blick. Il a un regard sérieux.
▷ Das ist ein Haus mit Blick auf den See. C'est une maison avec vue sur le lac.
▷ Kannst du einen Blick auf meine Aufgabe werfen? Tu peux jeter un coup d'œil sur mon devoir ?

♦ **blicken** regarder
► **sich blicken lassen** se montrer

blieb *voir* bleiben

blies *voir* blasen

blind aveugle

♦ **Blinde** (MASCULIN : der Blinde, die Blinden / FÉMININ : die Blinde, die Blinden) aveugle

> ℹ Ce nom est un adjectif substantivé : der Blinde, ein Blinder.

Blinddarmentzündung (FÉMININ : die Blinddarmentzündung) appendicite

blindlings à l'aveuglette

blinken clignoter *ou* mettre son clignotant

♦ **Blinker** *ou* **Blinklicht** (MASCULIN : der Blinker, die Blinker *ou* NEUTRE : das Blinklicht, die Blinklichter) clignotant

blinzeln cligner des yeux

Blitz (MASCULIN : der Blitz, die Blitze) éclair *ou* foudre

♦ **blitzen** étinceler *ou* faire des flashes

♦ **Blitzlicht** (NEUTRE : das Blitzlicht, die Blitzlichter) flash

Block (MASCULIN : der Block, die Blöcke) bloc

blöd(e) stupide *ou* idiot *ou* bête

♦ **blödeln** faire l'imbécile

♦ **Blödsinn** (MASCULIN : der Blödsinn) idiotie

♦ **blödsinnig** stupide

bloß *a plusieurs catégories grammaticales et plusieurs sens :*

> *Ce peut être un* ADJECTIF :

1 bloß *peut signifier* simple (*au sens de* seul) :

▷ Das ist ein bloßer Zufall. C'est un simple hasard.

▷ Der bloße Gedanke macht mich unruhig. La simple pensée me rend nerveux.

2 bloß *peut signifier* nu :

► **mit bloßen Füßen** pieds nus

► **mit bloßem Auge** à l'œil nu

> *Ce peut être un* ADVERBE :

bloß *signifie* seulement *ou* juste :

▷ Ich gehe bloß Brot holen. Je vais juste chercher du pain.

blühen fleurir *ou* prospérer

Blume (FÉMININ : die Blume, die Blumen) fleur

♦ **Blumenkohl** (MASCULIN : der Blumenkohl, die Blumenkohle) chou-fleur

♦ **Blumenstrauß** (MASCULIN : der Blumenstrauß, die Blumensträuße) bouquet de fleurs

♦ **Blumentopf** (MASCULIN : der Blumentopf, die Blumentöpfe) pot de fleurs

Bluse (FÉMININ : die Bluse, die Blusen) chemisier

Blut (NEUTRE : das Blut) sang

♦ **bluten** saigner

♦ **Blutdruck** (MASCULIN : der Blutdruck) tension

♦ **Blutkreislauf** (MASCULIN : der Blutkreislauf) circulation du sang

Blüte (FÉMININ : die Blüte, die Blüten) fleur

♦ **Blütenstaub** (MASCULIN : der Blütenstaub) pollen

♦ **Blütezeit** (FÉMININ : die Blütezeit) floraison

Boden (MASCULIN : der Boden, die Böden) terre *ou* sol

Bodensee (MASCULIN : der Bodensee) lac de Constance

bog *voir* biegen

Bogen (MASCULIN : der Bogen, die Bögen) courbe *ou* arc

♦ **Triumpfbogen** arc de triomphe

Bohne (FÉMININ : die Bohne, die Bohnen) haricot

bohren percer *ou* creuser

♦ **Bohrer** *ou* **Bohrmaschine** (MASCULIN : der Bohrer, die Bohrer *ou* FÉMININ : die Bohrmaschine, die Bohrmaschinen) perceuse

Boiler (MASCULIN : der Boiler, die Boiler) chauffe-eau

Boot (NEUTRE : das Boot, die Boote) bateau

borgen prêter *ou* emprunter

böse méchant *ou* mauvais

bot *voir* bieten

brach *voir* brechen

brachte *voir* bringen

Brand (MASCULIN : der Brand, die Brände) incendie

♦ **Brandwunde** (FÉMININ : die Brandwunde, die Brandwunden) brûlure

brannte *voir* brennen

braten (er brät; briet, gebraten) rôtir *ou* frire

♦ **Braten** (MASCULIN : der Braten, die Braten) rôti

♦ **Brathuhn** *ou* **Brathühnchen** (NEUTRE : das Brathuhn, die Brathühner *ou* das Brathühnchen, die Brathühnchen) poulet rôti

♦ **Bratkartoffeln** (pluriel : die Bratkartoffeln) pommes de terre sautées

brätst, brät *voir* braten

Brauch (MASCULIN : der Brauch, die Bräuche) tradition *ou* usage

♦ **brauchbar** utilisable *ou* utile

♦ **brauchen** avoir besoin de *ou* utiliser

braun marron *ou* brun *ou* bronzé

♦ **(sich) bräunen** bronzer

Braut (FÉMININ : die Braut, die Bräute) mariée (= femme)

Bräutigam (MASCULIN : der Bräutigam, die Bräutigame) marié (= homme)

brav sage *ou* gentil

BRD (FÉMININ : die BRD) est l'abréviation de Bundesrepublik Deutschland et signifie RFA (République Fédérale d'Allemagne)

> C'est le nom officiel de l'Allemagne.
> C'était aussi le nom de l'ancienne Allemagne de l'Ouest, en opposition à l'Allemagne de l'Est, appelée la DDR (Deutsche Demokratische Republik), en français la RDA (République Démocratique d'Allemagne).
> Depuis le 3 octobre 1990, l'Allemagne est réunifiée.

brechen (er bricht ; brach, gebrochen) *a plusieurs catégories grammaticales et plusieurs sens :*

> *Ce peut être un* VERBE TRANSITIF :

1 brechen *peut signifier* casser *ou* briser

2 brechen *peut signifier* rompre:

► das Schweigen brechen rompre le silence

► ein Versprechen brechen rompre une promesse

► sich etwas brechen se casser quelque chose

3 brechen *peut signifier* vomir

> *Ce peut être un* VERBE INTRANSITIF :

1 brechen *peut signifier* se casser *ou* se briser

2 brechen *peut signifier* rompre :

► mit jemandem / etwas brechen rompre avec quelqu'un / quelque chose

3 brechen *peut signifier* vomir

breit large *ou* étendu *ou* vaste

► sich breit machen s'étendre

♦ **Breite** (FÉMININ : die Breite, die Breiten) largeur

Bremse (FÉMININ : die Bremse, die Bremsen) *a plusieurs sens :*

1 Bremse *peut signifier* frein

♦ **bremsen** freiner

2 Bremse *peut signifier* taon

brennen (brannte, gebrannt) brûler

♦ **Brennnessel** (FÉMININ : die Brennnessel, die Brennnesseln) ortie

Brett (NEUTRE : das Brett, die Bretter) planche

♦ **Schachbrett** échiquier

brichst, bricht *voir* brechen

Brief (MASCULIN : der Brief, die Briefe) lettre

♦ **Brieffreund, Brieffreundin** (MASCULIN : der Brieffreund, die Brieffreunde / FÉMININ : die Brieffreundin, die Brieffreundinnen) correspondant, correspondante

♦ **Briefkasten** (MASCULIN : der Briefkasten, die Briefkästen) boîte aux lettres

♦ **Briefmarke** (FÉMININ : die Briefmarke, die Briefmarken) timbre

♦ **Brieftasche** (FÉMININ : die Brieftasche, die Brieftaschen) portefeuille

♦ **Briefträger** (MASCULIN : der Briefträger, die Briefträger) facteur

♦ **Briefwechsel** (MASCULIN : der Briefwechsel, die Briefwechsel) correspondance

briet *voir* braten

Brille (FÉMININ : die Brille, die Brillen) lunettes

bringen (brachte, gebracht) *a plusieurs sens :*

1 bringen *peut signifier* apporter *ou* porter :

▷ Bring mir das Buch. Apporte-moi le livre.

▷ Vierblättriger Klee bringt Glück. Le trèfle à quatre feuilles porte bonheur.

2 bringen *peut signifier* emmener *ou* ramener :

▷ Kannst du mich zur Schule bringen? Tu peux m'emmener à l'école ?

▷ Er bringt mich nach Hause. Il me ramène à la maison.

3 bringen *peut signifier* mettre :

▷ Was bringen sie in der Zeitung ? Qu'est-ce qu'ils mettent dans le journal ?

► etwas zur Sprache bringen mettre quelque chose sur le tapis

► jemanden auf die Spur bringen mettre quelqu'un sur la piste

► ein Kind auf die Welt bringen mettre un enfant au monde

► sich in Sicherheit bringen se mettre à l'abri

4 bringen *peut correspondre à d'autres verbes :*

► zum Lachen / Weinen bringen faire rire / pleurer

► im Kino / Theater bringen jouer au cinéma / au théâtre

► es weit bringen aller loin *ou* parvenir à quelque chose

► jemanden auf eine Idee bringen donner une idée à quelqu'un

► nichts bringen ne mener à rien

► an den Tag bringen révéler

► etwas an den Mann bringen placer quelque chose *ou* refiler quelque chose

► an die Öffentlichkeit bringen rendre public

► jemanden aus der Fassung bringen déconcerter quelqu'un

Brocken (MASCULIN : der Brocken, die Brocken) (gros) morceau

Brombeere (FÉMININ : die Brombeere, die Brombeeren) mûre

Brot (NEUTRE : das Brot, die Brote) pain

Bruch (MASCULIN : der Bruch, die Brüche) cassure *ou* rupture *ou* fracture

♦ Beinbruch fracture de la jambe

♦ Bruchbude (FÉMININ : die Bruchbude, die Bruchbuden) taudis

> ℹ L'expression allemande et sa traduction française sont familières.

♦ brüchig cassant *ou* fragile

Brücke (FÉMININ : die Brücke, die Brücken) pont

Bruder (MASCULIN : der Bruder, die Brüder) frère

♦ brüderlich fraternel

brüllen hurler *ou* rugir

brummen bourdonner *ou* gronder *ou* vrombir *ou* grogner

Brunnen (MASCULIN : der Brunnen, die Brunnen) fontaine *ou* puits

Brust (FÉMININ : die Brust, die Brüste) poitrine

♦ Brustkorb (MASCULIN : der Brustkorb, die Brustkörbe) thorax

♦ Brustschwimmen (NEUTRE : das Brustschwimmen) brasse

♦ Brustwarze (FÉMININ : die Brustwarze, die Brustwarzen) mamelon

Buch (NEUTRE : das Buch, die Bücher) livre

♦ Bücherei (FÉMININ : die Bücherei, die Büchereien) bibliothèque

♦ Buchhandlung (FÉMININ : die Buchhandlung) librairie

Büchse /byksə/ (FÉMININ : die Büchse, die Büchsen) *a plusieurs sens :*

1 Büchse *peut signifier* boîte

2 Büchse *peut signifier* carabine

♦ Büchsenöffner (MASCULIN : der Büchsenöffner, die Büchsenöffner) ouvre-boîte

Buchstabe (MASCULIN : der Buchstabe, die Buchstaben) lettre (de l'alphabet)

♦ buchstabieren épeler

♦ buchstäblich littéralement

Bucht (FÉMININ : die Bucht, die Buchten) baie (sur la côte)

Buckel (MASCULIN : der Buckel, die Buckel) bosse

> ℹ Ce nom peut aussi être une expression familière pour dos.

sich bücken se baisser

Bügeleisen (NEUTRE : das Bügeleisen, die Bügeleisen) fer à repasser

♦ bügeln repasser

Bühne (FÉMININ : die Bühne, die Bühnen) théâtre *ou* scène

♦ Bühnenbild (NEUTRE : das Bühnenbild, die Bühnenbilder) décor *ou* scénographie

buk *voir* backen

bummeln flâner *ou* traîner

Bundeskanzler (MASCULIN : der Bundeskanzler, die Bundeskanzler) chancelier fédéral

> Élu pour quatre ans, le Bundeskanzler est à la tête du gouvernement fédéral. Il doit obtenir la majorité au Parlement pour être élu.

Bundesland (NEUTRE : das Bundesland, die Bundesländer) land (= partie administrative de l'Allemagne)

> L'Allemagne est formée de seize Länder, chacun étant un état membre.

Bundespräsident (MASCULIN : der Bundespräsident, die Bundespräsidenten) président fédéral

> Le Bundespräsident est à la tête de la République fédérale. Il a surtout une fonction représentative, contrairement au président français, dont le rôle est comparable à celui du chancelier fédéral.

Bundesregierung (FÉMININ : die Bundesregierung) gouvernement fédéral

Bundeswehr (FÉMININ : die Bundeswehr) armée allemande

Bündnis90/Die Grünen *est le groupement de partis écologistes qui forme le groupe parlementaire écologiste.*

bunt colorié

► **bunt gemischt** très varié

Burg (FÉMININ : die Burg, die Burgen) château fort

Bürger, Bürgerin (MASCULIN : der Bürger, die Bürger / FÉMININ : die Bürgerin, die Bürgerinnen) citoyen, citoyenne *ou* bourgeois, bourgeoise

♦ **Bürgerkrieg** (MASCULIN : der Bürgerkrieg, die Bürgerkriege) guerre civile

♦ **bürgerlich** civique *ou* civil *ou* bourgeois

♦ **Bürgermeister** (MASCULIN : der Bürgermeister, die Bürgermeister) maire

♦ **Bürgersteig** (MASCULIN : der Bürgersteig, die Bürgersteige) trottoir

Büro (NEUTRE : das Büro, die Büros) bureau

Bursche (MASCULIN : der Bursche, die Burschen) jeune homme

Bürste (FÉMININ : die Bürste, die Bürsten) brosse

♦ **Haarbürste** brosse à cheveux

♦ **Zahnbürste** brosse à dents

♦ **(sich) bürsten** (se) brosser

Bus (MASCULIN : der Bus, die Busse) autobus *ou* car

Busch (MASCULIN : der Busch, die Büsche) buisson *ou* arbuste

► **sich in die Büsche schlagen** s'esquiver

Busen (MASCULIN : der Busen, die Busen) poitrine *ou* seins

Buße (FÉMININ : die Buße, die Bußen) amende

Büstenhalter (MASCULIN : der Büstenhalter, die Büstenhalter) soutien-gorge

Butter (FÉMININ : die Butter) beurre

♦ **Butterbrot** (NEUTRE : das Butterbrot, die Butterbrote) tartine beurrée

♦ **butterweich** très tendre *ou* très mou

ALLEMAND — FRANÇAIS

C

CDU *est l'abréviation de* Christlich-Demokratische Union *et signifie* Union chrétienne-démocrate.

Cello /ˈtʃelo/ (NEUTRE : das Cello, die Celli) violoncelle

Charakter (MASCULIN : der Charakter, die Charaktere) caractère

- **charakterlos** sans caractère
- **Charakterlosigkeit** (FÉMININ : die Charakterlosigkeit) manque de caractère
- **Charakterzug** (MASCULIN : der Charakterzug, die Charakterzüge) trait de caractère

Charterflug /ˈtʃartəfluːg/ (MASCULIN : der Charterflug, die Charterflüge) vol charter

checken /tʃɛkn/ vérifier *ou* comprendre

Chicorée /ˈtʃikoreː/ (MASCULIN : der Chicorée, die Chicorée) endive

> Chicorée *n'a pas le même sens en allemand et en français.*

Chip /tʃip/ (MASCULIN : der Chip, die Chips) puce (au sens informatique)

- **Chipkarte** (FÉMININ : die Chipkarte, die Chipkarten) carte à puce
- **Chips** (pluriel : die Chips) *peut également signifier* chips

Christbaum (MASCULIN : der Christbaum, die Christbäume) sapin de Noël

- **Christkind** (NEUTRE : das Christkind) l'enfant Jésus

> *C'est le* Christkind *qui apporte les cadeaux de Noël dans le sud de l'Allemagne, en Autriche et dans certaines régions de la Suisse.*

clever /klevɐ/ malin

Clique (FÉMININ : die Clique, die Cliquen) groupe d'amis *ou* clan

Comic (MASCULIN : der Comic, die Comics) bande dessinée

Computer /komˈpjutɐ/ (MASCULIN : der Computer, die Computer) ordinateur

- **Computernetz** (NEUTRE : das Computernetz, die Computernetze) réseau informatique
- **Computerspiel** (NEUTRE : das Computerspiel, die Computerspiele) jeu sur ordinateur

Couch /kautʃ/ (FÉMININ : die Couch, die Couchen) canapé

CSU *est l'abréviation de* Christlich-Soziale Union *et signifie* Union chrétienne-sociale.

D

ALLEMAND — FRANÇAIS

da *a plusieurs catégories grammaticales et plusieurs sens :*

> *Ce peut être un* ADVERBE *:*

1 **da** *peut indiquer un* lieu (*là, ici*) :
- ▷ Die Kassette ist da. La cassette est là.
- ▷ Da bist du ja! Mais te voilà !
- ▷ Ich wohne da. J'habite ici.
- ▷ Es ist noch Brot da. Il y a encore du pain.
- ► **da drüben** là-bas
- ► **da hinein** là-dedans

2 **da** *peut avoir un sens* temporel :
- ► **von da an** dès lors *ou* à partir de ce moment-là

3 **da** *peut indiquer une* circonstance :
- ▷ Da hab ich es ihm gesagt. Alors je le lui ai dit.
- ▷ Da irren sie sich. Là, ils se trompent.
- ▷ Was kann man da machen? Qu'est-ce qu'on peut y faire ?

> *Ce peut être une* CONJONCTION *:*

da *signifie* parce que *ou* puisque *ou* car *ou* comme :
- ▷ Ich fahre jetzt, da ich müde bin. J'y vais parce que je suis fatiguée.
- ▷ Da du hier bist, nützen wir es aus. Comme tu es là, profitons-en.

dabei *a plusieurs sens :*

1 **dabei** *peut indiquer une* proximité :
- ▷ Ich habe kein Geld dabei. Je n'ai pas d'argent sur moi.
- ▷ Er ist auch dabei. Il y est aussi. *ou* Il est aussi de la partie.
- ▷ Sie hatte ihre Tochter dabei. Sa fille l'accompagnait.

2 **dabei** *peut signifier* en train de *ou* sur le point de :
- ▷ Ich bin dabei, es zu tun. Je suis en train de le faire.
- ▷ Wir sind dabei zu gehen. Nous sommes sur le point de partir.

3 **dabei** *peut signifier* en même temps *ou* pendant :
- ▷ Ich höre gerne Musik dabei. J'aime bien écouter de la musique en même temps.

4 **dabei** *peut signifier* pourtant *ou* alors que :
- ▷ Die Gläser sind zerbrochen, dabei waren sie gut eingepackt. Les verres se sont cassés alors qu'ils étaient bien emballés.
- ▷ Sie steht früh auf, dabei hat sie doch Ferien. Elle se lève tôt, pourtant elle est en vacances.
- ► **es bleibt dabei** c'est décidé
- ► **es ist nichts dabei** ce n'est pas difficile
- ► **es dabei lassen** en rester là
- ► **dabei kommt nichts heraus** ça ne mène à rien

dableiben rester là

📖 **bleiben (blieb, geblieben)** = rester

Dach (NEUTRE : das Dach, die Dächer) toit

♦ **Dachboden** (MASCULIN : der Dachboden, die Dachböden) grenier

♦ **Dachrinne** (FÉMININ : die Dachrinne, die Dachrinnen) gouttière

dachte *voir* **denken**

dadurch par là *ou* ainsi :
- ▷ Wir müssen dadurch. Il faut passer par là.
- ▷ Ich habe den Bus verpasst, dadurch bin ich zu spät gekommen. J'ai raté le bus, c'est pourquoi je suis arrivé en retard.
- ▷ Er hat das Medikament genommen und ist dadurch wieder gesund geworden. Il a pris le médicament et comme ça il a guéri.
- ► **dadurch, dass** du fait que *ou* étant donné que

dafür *a plusieurs sens :*

1 **dafür** *peut signifier* en échange :
- ▷ Was gibst du mir dafür? Qu'est-ce que tu me donnes en échange ?

2 **dafür** *peut correspondre à* y *ou* en :

▷ Er kann nichts dafür. Il n'y peut rien.

▷ Ich werde dafür sorgen. Je m'en occuperai.

► **dafür sein** approuver

dagegen *a plusieurs catégories grammaticales et plusieurs sens :*

> *Ce peut être un* ADVERBE :

dagegen *signifie* contre ça *ou* en comparaison :

▷ Hast du etwas dagegen? Tu as quelque chose contre ça ?

▷ Er ist zart, du bist dagegen kräftig. Il est mince, toi en comparaison tu es fort.

► **dagegen sein** être contre

► **nichts dagegen haben** n'avoir rien contre

> *Ce peut être une* CONJONCTION :

dagegen *signifie* par contre *ou* en revanche *ou* tandis que :

▷ Bei uns regnet es, dagegen ist dort Badewetter. Chez nous il pleut, tandis que là-bas il fait un temps à se baigner.

daheim à la maison *ou* chez soi

daher *a plusieurs catégories grammaticales et plusieurs sens :*

> *Ce peut être un* ADVERBE :

daher *signifie* (de) là :

▷ Daher kommt der Irrtum. L'erreur vient de là.

▷ Setz dich daher. Assieds-toi là.

> *Ce peut être une* CONJONCTION :

daher *signifie* c'est pourquoi :

▷ Er war baden, daher hat er einen Schnupfen. Il s'est baigné, c'est pourquoi il a un rhume.

dahin là-bas *ou* à cet endroit-là *ou* jusque-là :

▷ Wir fahren oft dahin. Nous allons souvent là-bas.

▷ Ich habe den Stift dahin gelegt. J'ai posé le stylo à cet endroit-là.

▷ Bis dahin und nicht weiter. Jusque-là et pas plus loin.

► **dahin sein** être parti *ou* être perdu

dahinten là-derrière *ou* là-bas (au fond)

dahinter derrière *ou* là-dessous

► **dahinter kommen** découvrir

► **dahinter stecken** se cacher derrière

dalassen laisser là

📖 **lassen** (er lässt; ließ, gelassen) = laisser

damals à cette époque

Dame (FÉMININ : die Dame, die Damen) dame *ou* reine (aux échecs)

► **meine Damen und Herren** mesdames et messieurs

♦ **damenhaft** comme une dame

♦ **Damespiel** (NEUTRE : das Damespiel, die Damespiele) jeu de dames

damit *a plusieurs catégories grammaticales et plusieurs sens :*

> *Ce peut être un* ADVERBE :

1 **damit** *peut signifier* avec ça *ou* à ça :

▷ Ich bin gleich damit fertig. J'ai bientôt fini avec ça.

▷ Damit hat er nicht gerechnet. Il ne s'attendait pas à ça.

2 **damit** *peut correspondre à* y *ou* en *ou* par-là :

▷ Was machst du damit? Qu'en fais-tu ?

▷ Sie sind damit einverstanden. Ils y consentent.

▷ Was wollen Sie damit sagen? Que voulez-vous dire par-là ?

► **her damit!** donne !

► **genug damit!** ça suffit comme ça !

> *Ce peut être une* CONJONCTION :

damit *signifie* afin de *ou* pour (que) :

▷ Schreib es dir auf, damit du es nicht wieder vergisst. Note-le, afin de ne pas l'oublier à nouveau.

dämlich (*expression familière*) idiot

Damm (MASCULIN : der Damm, die Dämme) digue

dämmern

► **es dämmert** le jour se lève *ou* la nuit tombe

♦ **Dämmerung** (FÉMININ : die Dämmerung) aube *ou* crépuscule

♦ **dämmrig** sombre

Dampf (MASCULIN : der Dampf, die Dämpfe) vapeur

♦ **dämpfen** cuire à l'étuvée *ou* atténuer (un bruit)

♦ **Dampfer** (MASCULIN : der Dampfer, die Dampfer) bateau à vapeur

danach *a plusieurs sens :*

1 **danach** *peut signifier* après *ou* puis *ou* ensuite :

▷ Ich habe Klavierunterricht, aber danach komme ich. J'ai ma leçon de piano mais je viendrai après.

▷ Zuerst kamen die Eltern, danach die Kinder. D'abord venaient les parents, puis les enfants.

2 **danach** *peut se référer à un* sujet *ou un* objet *et signifie* le, la :

▷ Dort ist das Seil, greif danach! La corde est là-bas, attrape-la !

▷ Das ist ein Befehl, richte dich danach! C'est un ordre, suis-le !

▷ Ich habe ihn danach gefragt. Je le lui ai demandé.

daneben à côté *ou* en comparaison :

▷ Sie wohnen gleich daneben. Ils habitent juste à côté.

▷ Er ist daneben gross. En comparaison, il est grand.

♦ **sich danebenbenehmen** se conduire mal

♦ **danebengehen** (danebenging, danebengegangen) échouer

dank *est une* préposition *qui s'emploie avec le* génitif *et signifie* grâce à :

▷ Ich habe dank deiner Hilfe meine Arbeit abschließen können. Grâce à ton aide, j'ai pu finir mon travail.

Dank (MASCULIN : der Dank) remerciements

► **vielen Dank** merci beaucoup

♦ **dankbar** reconnaissant

♦ **Dankbarkeit** (FÉMININ : die Dankbarkeit) reconnaissance *ou* gratitude

♦ **danke** merci

♦ **danken** remercier

dann alors *ou* puis *ou* ensuite :

▷ Wenn du kommst, dann können wir Fussball spielen gehen. Si tu viens, alors on pourra aller jouer au foot.

▷ Ich muss zuerst mein Zimmer aufräumen, dann kann ich Eislaufen gehen. Je dois d'abord ranger ma chambre, ensuite je peux aller faire du patinage.

► **selbst dann** même dans ce cas

► **dann und wann** de temps en temps

daran y *ou* en *ou* à ça *ou* de ça :

▷ Ich glaube daran. J'y crois *ou* Je crois à ça.

▷ Es liegt ihnen viel daran. Ils y tiennent beaucoup.

▷ Er ist daran gestorben. Il en est mort.

► **im Anschluss daran** suite à ça

► **nahe daran sein** être sur le point de

♦ **darangehen** (daranging, darangegangen) commencer

♦ **daransetzen** mettre en œuvre

darauf dessus *ou* après *ou* suivant

► **darauf bestehen** insister

► **es kommt darauf an, ob ...** ça dépend si ...

♦ **darauffolgend** après *ou* suite à

♦ **daraufhin** en conséquence

daraus *est employé dans des expressions :*

▷ Es wird nichts daraus. Ça tombe à l'eau.

▷ Mach dir nichts daraus. Ne t'en fais pas.

► **daraus geht hervor, dass ...** il en ressort que ...

darf, darfst *voir* dürfen

darin là-dedans *ou* en cela :

▷ Was ist darin? Qu'est-ce qu'il y a là-dedans ?

▷ Wieviele Leute können darin wohnen? Combien de gens peuvent y habiter ?

▷ Darin ist er ihr überlegen. En cela, il est plus fort qu'elle.

darlegen exposer *ou* expliquer

Darm (MASCULIN : der Darm, die Därme) intestin

darstellen représenter *ou* décrire

♦ **Darsteller, Darstellerin** (MASCULIN : der Darsteller, die Darsteller / FÉMININ : die Darstellerin, die Darstellerinnen) interprète *ou* acteur, actrice

darüber *exprime l'idée de* sur, à ce sujet, dessus :

▷ Wir werden darüber noch diskutieren. Nous allons encore discuter à ce sujet.

▷ Lass mich darüber nachdenken. Laisse-moi y réfléchir.

▷ Ich möchte nicht darüber sprechen. Je ne veux pas en parler.

▷ Darüber hängt ein Spiegel. Il y a un miroir accroché au-dessus.

▷ Ich ziehe noch eine Jacke darüber. Je mets encore une veste par-dessus.

darum *a plusieurs sens :*

1 **darum** *peut signifier* autour :

▷ Das Haus ist groß, und es gibt einen Garten darum. La maison est grande, et autour il y a un jardin.

2 **darum** *peut signifier* pour ça :

▷ Ich bin darum besorgt. Je m'inquiète pour ça.

▷ Es gibt keine Züge, darum kommt er heute nicht. Il n'y a pas de train, c'est pour ça qu'il ne viendra pas aujourd'hui.

darunter *a plusieurs sens :*

1 **darunter** *peut signifier* en-dessous *ou* par-dessous :

▷ Er wohnt darunter. Il habite en-dessous.

2 **darunter** *peut signifier* parmi eux, elles :

▷ Viele Menschen waren bei der Demonstration, darunter auch Studenten. Beaucoup de gens étaient à la manifestation, parmi eux des étudiants.

▷ Es sind auch Leute darunter, die arm sind. Il y a aussi parmi eux des gens pauvres.

3 **darunter** *est employé dans des expressions :*

▷ Sie leidet darunter. Elle en souffre.

das *est l'article défini* NEUTRE *et signifie* le *ou* la

> ℹ *Pour la déclinaison, référez-vous à* der.

Dasein (NEUTRE : das Dasein) existence

dass que

▷ Weiss er, dass wir kommen? Il sait que nous venons ?

dasselbe le même, la même, la même chose

Datum (NEUTRE : das Datum, die Daten) date

◆ **Daten** (*pluriel :* die Daten) données informatiques

Dauer (FÉMININ : die Dauer) durée

► **auf die Dauer** à la longue

◆ **dauern** durer

◆ **Dauerwelle** (FÉMININ : die Dauerwelle, die Dauerwellen) permanente (= coiffure)

Daumen (MASCULIN : der Daumen, die Daumen) pouce

► **Daumen lutschen** sucer son pouce

Daunendecke (FÉMININ : die Daunendecke, die Daunendecken) couette

◆ **Daunenjacke** (FÉMININ : die Daunenjacke, die Daunenjacken) doudoune

davon en *ou* y *ou* de là :

▷ Ich habe genug davon. J'en ai assez.

▷ Willst du davon probieren? Tu veux y goûter ?

▷ Was hast du davon? Qu'est-ce que tu y gagnes ?

▷ Unser Ferienhaus ist weit davon entfernt. Notre maison de vacances est loin de là.

▷ Davon macht man Papier. On en fait du papier.

◆ **davonkommen** (davonkam, davongekommen) y échapper belle

◆ **davonlaufen** s'échapper

📖 **laufen** (er läuft; lief, gelaufen) = courir

davor devant *ou* avant :

▷ Ich würde den Stuhl davor stellen. Je mettrai la chaise devant.

▷ Heute ist das Konzert, aber davor spielt eine andere Band. Le concert est aujourd'hui, mais un autre groupe joue avant.

▷ Ich fürchte mich davor. J'en ai peur.

dazu avec ça *ou* pour ça :

▷ Dazu isst man am besten Salat. Le mieux c'est de manger de la salade avec ça.

▷ Du bist zu jung dazu. Tu es trop jeune pour ça.

▷ Was sagst du dazu? Qu'est-ce que tu en dis ?

◆ **dazugeben** *ou* **dazutun** (dazutat, dazugetan) rajouter

📖 **geben** (er gibt; gab, gegeben) = donner

◆ **dazugehören** faire partie

dazwischen au milieu *ou* entre les deux :

▷ Der Kurs dauert lange, wir machen eine Pause dazwischen. Le cours dure longtemps, nous allons faire une pause au milieu.

▷ Dazwischen ist nicht mehr viel Platz. Entre les deux, il n'y a plus beaucoup de place.

◆ **dazwischenfahren** (er fährt dazwischen; dazwischenfuhr, dazwischengefahren) intervenir énergiquement

◆ **dazwischenkommen** se coincer *ou* intervenir

► **etwas kommt dazwischen** il y a un contretemps

◆ **dazwischenreden** interrompre

DDR (FÉMININ : die DDR *est l'abréviation de* Deutsche Demokratische Republik *et signifie* RDA (république démocratique d'Allemagne)

> *La DDR a été fondée en 1949 dans la zone d'occupation soviétique. La construction du mur de Berlin en 1961 l'a complètement isolée du reste des pays occidentaux. D'importantes manifestations contre le régime ont provoqué la chute du mur en 1989 et la réunification avec l'Allemagne de l'Ouest en 1990.*

Debatte (FÉMININ : die Debatte, die Debatten) débat

Decke (FÉMININ : die Decke, die Decken) couverture *ou* plafond

► **mit jemandem unter einer Decke stecken** être de mèche avec quelqu'un

♦ **Tischdecke** nappe

Deckel (MASCULIN : der Deckel, die Deckel) couvercle

decken couvrir

► **den Tisch decken** mettre la table

(sich) dehnen *a plusieurs sens :*

1 **(sich) dehnen** *peut signifier* (s')étirer *ou* (s')étendre

2 **(sich) dehnen** *peut signifier* (s')allonger *ou* (s')élargir

3 **sich dehnen** *peut signifier* traîner (en longueur)

dein, deine ton, ta, tes

♦ **deine, deiner, deines** le tien, la tienne

♦ **deinerseits** de ta part *ou* de ton côté

♦ **deinetwegen** à cause de toi *ou* pour toi

Delphin (MASCULIN : der Delphin, die Delphine) dauphin

> ℹ *Delphin s'écrit aussi* Delfin.

► **Delphin schwimmen** brasse papillon

dem *est l'article défini* MASCULIN *OU* NEUTRE

> ℹ *Pour la déclinaison, référez-vous à* der.

demgemäß en conséquence

demnach donc

demnächst bientôt

Demonstration (FÉMININ : die Demonstration, Demonstrationen) manifestation *ou* démonstration

♦ **demonstrieren** manifester

Demut (FÉMININ : die Demut) humilité

♦ **demütig** humble

♦ **demütigen** humilier

♦ **Demütigung** (FÉMININ : die Demütigung) humiliation

demzufolge par conséquent *ou* donc

den *est l'article défini* MASCULIN *à* L'ACCUSATIF *ou l'article défini* PLURIEL *au* DATIF

> ℹ *Pour la déclinaison, référez-vous à* der.

denken (dachte, gedacht) penser

♦ **Denkmal** (NEUTRE : das Denkmal, die Denkmäler) monument

denn *a plusieurs catégories grammaticales et plusieurs sens :*

> *Ce peut être une* CONJONCTION :

denn *signifie* car *ou* que :

▷ **Ich bleibe hier, denn ich bin müde.** Je reste ici, car je suis fatiguée.

▷ **Deine Nachspeise ist besser denn je.** Ton dessert est meilleur que jamais.

► **es sei denn** à moins que

> *Ce peut être un* ADVERBE :

denn *signifie* donc :

▷ **Wo sind wir denn?** Où sommes-nous donc ?

dennoch cependant *ou* pourtant

der, die, das *a plusieurs catégories grammaticales :*

> *Ce peut être* L'ARTICLE DÉFINI :

der, die, das *signifient* le, la, les :

► **der Bruder** le frère

► **die Seite** la page

► **das Kind** l'enfant

> ℹ *En tant que sujets* der, die, das *signifient* le, la, les *(en fonction du genre du nom en français). En tant qu'objets ou compléments, ils sont déclinés et peuvent signifier* au, à la, aux, du, de la, des.

> *Ce peut être un* PRONOM DÉMONSTRATIF :

▷ **Herrn Müller? Den kenne ich nicht.** Monsieur Müller ? Je ne le connais pas.

▷ **Es ist nicht die Kassette, sondern die.** Ce n'est pas cette cassette-là, mais celle-là.

> *Ce peut être un* PRONOM RELATIF *qui correspond à* QUI, QUE, LEQUEL, LAQUELLE, *ou* DONT :

▷ **Ich meine das Baby, das immer weint.** Je parle du bébé qui pleure tout le temps.

▷ **Das ist Peter, von dem ich dir erzählt habe.** C'est Pierre, dont je t'ai parlé.

▷ **Das ist das Mädchen, das ich eingeladen habe.** C'est la fille que j'ai invitée.

▷ **Der Mann, mit dem du sprichst, ist Schauspieler.** L'homme avec lequel tu parles est acteur.

Déclinaison de l'article défini

	MASCULIN	FÉMININ	NEUTRE	PLURIEL
nominatif :	der	die	das	die
accusatif :	den	die	das	die
datif :	dem	der	dem	den
génitif :	des	der	des	der

derartig tel, telle

dergleichen semblable *ou* tel, telle

derjenige *est un* pronom démonstratif *et signifie* celui :
- ► **derjenige, der** celui qui

dermaßen tant

derselbe le même, la même

des *est l'article défini* NEUTRE *et signifie* de la, du

> *Pour la déclinaison, référez-vous à* der.

deshalb c'est pourquoi *ou* pour cette raison *ou* pour ça

Desinteresse (NEUTRE : das Desinteresse, die Desinteressen) manque d'intérêt *ou* indifférence

desto d'autant
- ► **je mehr, desto besser** plus il y en a, mieux c'est

deswegen c'est pourquoi *ou* pour cette raison *ou* pour ça

deuten interpréter
- ► **auf etwas deuten** indiquer *ou* montrer quelque chose

deutlich clair *ou* compréhensible
- ► **deutliche Schrift** écriture lisible
- ► **deutlicher Unterschied** différence nette
- ► **jemandem etwas deutlich machen** faire comprendre quelque chose à quelqu'un

deutsch allemand
- ► **Deutsch lernen** apprendre l'allemand
- ► **Deutsch sprechen** parler allemand
- ► **ins Deutsche übersetzen** traduire en allemand

> *Dans ces expressions,* Deutsch *est utilisé de manière substantivée.*

♦ **Deutscher, Deutsche** (MASCULIN : der Deutsche, die Deutschen / FÉMININ : die Deutsche, die Deutschen) Allemand, Allemande

♦ **Deutschland** Allemagne

> *En allemand, on ne met pas d'article devant les noms de pays.*

- ► **in Deutschland** en Allemagne
- ► **nach Deutschland fahren** aller en Allemagne

Dezember (MASCULIN : der Dezember) décembre
- ► **im Dezember** en décembre

dezent discret

Diät (FÉMININ : die Diät, die Diäten) régime (pour maigrir)
- ► **Diät machen / halten** suivre un régime

dich *est l'accusatif du* pronom personnel **du** *et signifie* te *ou* toi

dicht *a plusieurs sens :*

1 **dicht** *peut signifier* épais *ou* touffu *ou* dense :
- ▷ Heute ist ein dichter Nebel. Aujourd'hui, il y a une brume épaisse.
- ▷ Das sind dichte Büsche. Ce sont des arbustes touffus.
- ▷ Es ist dichter Verkehr. La circulation est dense.

2 **dicht** *peut signifier* étanche :
- ▷ Das Fenster ist nicht mehr dicht. La fenêtre n'est plus étanche.

3 **dicht** *associé à une* préposition *signifie* tout près :
- ► **dicht an / bei** tout près de

Dichter, Dichterin (MASCULIN : der Dichter, die Dichter / FÉMININ : die Dichterin, die Dichterinnen) poète

dick gros *ou* épais
- ► **durch dick und dünn** pour le meilleur et le pire

♦ **dickflüssig** visqueux

♦ **Dickkopf** (MASCULIN : der Dickkopf, die Dickköpfe) tête de mule

die *est l'* article défini FÉMININ *et signifie* la *ou* le *(en fonction du genre du nom en français)*

> *Pour la déclinaison, référez-vous à* der.

Dieb, Diebin (MASCULIN : der Dieb, die Diebe / FÉMININ : die Diebin, die Diebinnen) voleur, voleuse

♦ **Diebstahl** (MASCULIN : der Diebstahl, die Diebstähle) vol

diejenige *est un* pronom démonstratif *et signifie* celle

► **diejenige, die ...** celle qui ...

Dienst (MASCULIN : der Dienst, die Dienste) service

► **öffentlicher Dienst** service public

► **Dienst haben** être de service

► **jemandem einen Dienst erweisen** rendre un service à quelqu'un

► **jemanden um einen Dienst bitten** demander un service à quelqu'un

► **dienstfrei haben** être en congé

Dienstag (MASCULIN : der Dienstag, die Dienstage) mardi

dies *ou* **dieses** ceci

diesbezüglich à ce propos

diese, dieser, dieses *est un* pronom démonstratif :

1 **diese, dieser, dieses** *peut signifier* ce, cette, ces

2 **diese, dieser, dieses** *peut être substantivé et signifie* celui-ci, celle-ci, ceux-ci, celles-ci

dieselbe la même, le même

diesig brumeux

diesmal cette fois

diesseits *est une* préposition *qui s'emploie avec le* génitif *et signifie* de ce côté

digital numérique *ou* digital

Diktat (NEUTRE : das Diktat, die Diktate) dictée

Diktator (MASCULIN : der Diktator, die Diktatoren) dictateur

♦ **diktatorisch** dictatorial

♦ **Diktatur** (FÉMININ : die Diktatur, die Diktaturen) dictature

Ding (NEUTRE : das Ding, die Dinge) chose

► **guter Dinge sein** être de bonne humeur

► **vor allen Dingen** avant tout

> i *Ce nom peut avoir le sens familier de* truc *ou* machin.

dir *est le datif du* pronom personnel **du** *et signifie* te *ou* toi *ou* à toi

► **das gehört dir** c'est à toi

Dirigent (MASCULIN : der Dirigent, die Dirigenten) chef d'orchestre

Diskrepanz (FÉMININ : die Diskrepanz, die Diskrepanzen) divergence *ou* contradiction

dividieren diviser

doch *a plusieurs catégories grammaticales et plusieurs sens :*

> *Ce peut être une* CONJONCTION :

doch *signifie* mais *ou* quand même *ou* cependant *ou* pourtant

> *Ce peut être un* ADVERBE :

doch *signifie* si

► **komm doch!** viens donc !

Dom (MASCULIN : der Dom, die Dome) cathédrale

Donau (FÉMININ : die Donau) Danube

Donner (MASCULIN : der Donner, die Donner) tonnerre

► **Donnerwetter!** bon sang !

► **es donnert** il y a du tonnerre

Donnerstag (MASCULIN : der Donnerstag, die Donnerstage) jeudi

Doppel double

♦ **Doppelbett** (NEUTRE : das Doppelbett) lit à deux places

♦ **Doppelgänger, Doppelgängerin** (MASCULIN : der Doppelgänger, die Doppelgänger / FÉMININ : die Doppelgängerin, die Doppelgängerinnen) sosie

♦ **Doppelpunkt** (MASCULIN : der Doppelpunkt, die Doppelpunkte) deux points (dans la ponctuation)

♦ **Doppelzimmer** (NEUTRE : das Doppelzimmer, die Doppelzimmer) chambre double

doppelt double

► **etwas doppelt haben** avoir quelque chose en double

Dorf (NEUTRE : das Dorf, die Dörfer) village

Dorn (MASCULIN : der Dorn, die Dornen) épine

► **jemandem ein Dorn im Auge sein** gêner quelqu'un

♦ **dornig** épineux

♦ **Dornröschen** (NEUTRE : das Dornröschen) la Belle au bois dormant

dort là-bas
► **dort oben** là-haut

Dose (FÉMININ : die Dose, die Dosen) boîte
♦ **Dosenöffner** (MASCULIN : der Dosenöffner, die Dosenöffner) ouvre-boîte

dösen sommeiller

dosieren doser

Dosis (FÉMININ : die Dosis, die Dosen) dose

Dotter (MASCULIN : der Dotter, die Dotter) jaune d'œuf

Drache (MASCULIN : der Drache, die Drachen) dragon

Drachen (MASCULIN : der Drachen, die Drachen) cerf-volant *ou* deltaplane
♦ **Drachenfliegen** faire du deltaplane

Draht (MASCULIN : der Draht, die Drähte) fil de fer
► **auf Draht sein** être d'aplomb

dran
1 **dran** *peut être la contraction de* **daran**
2 **dran** *s'emploie pour former des expressions :*
► **du bist dran** c'est ton tour
► **gut dran sein** avoir de la chance *ou* être bien
► **schlecht dran sein** être mal

drang *voir* **dringen**

drängen *a plusieurs catégories grammaticales et plusieurs sens :*
> *Ce peut être un* VERBE TRANSITIF :
drängen *signifie* presser :
▷ Dräng mich nicht so. Ne me presse pas comme ça.
> *Ce peut être un* VERBE INTRANSITIF :
drängen *signifie* presser *ou* insister :
▷ Es drängt. Ça presse.
▷ Sie drängt auf die Abfahrt. Elle insiste pour qu'on parte.

drastisch draconien *ou* cru :
▷ Das sind drastische Maßnahmen. Ce sont des dispositions draconiennes.
▷ Was für eine drastische Schilderung! Quelle description crue !

draußen dehors

Dreck (MASCULIN : der Dreck) saleté *ou* crasse
♦ **dreckig** sale

drehen tourner
► **sich drehen** tourner *ou* se tourner
► **es dreht sich um** il s'agit de

drei trois
♦ **Dreieck** (NEUTRE : das Dreieck, die Dreiecke) triangle
♦ **dreieckig** triangulaire
♦ **dreienhalb** trois et demi
♦ **dreifach** triple
♦ **dreihundert** trois cents
♦ **dreimal** trois fois
♦ **dreißig** trente
♦ **dreizehn** treize

dreinreden interrompre
► **jemandem dreinreden** interrompre quelqu'un *ou* se mêler des affaires de quelqu'un

dringend *ou* **dringlich** urgent

drinnen à l'intérieur *ou* dedans

dritter, dritte, drittes troisième
► **drittens** troisièmement
► **dritter Juni** le trois juin
► **am dritten August** le trois août
► **zu dritt** à trois (personnes)
♦ **Dritte Welt** (FÉMININ : die Dritte Welt) tiers-monde

droben en haut

Droge (FÉMININ : die Droge, die Drogen) drogue
♦ **drogenabhängig** drogué
♦ **Drogensucht** (FÉMININ : die Drogensucht) toxicomanie
♦ **drogensüchtig** toxicomane

drohen menacer
♦ **Drohung** (FÉMININ : die Drohung) menace

drüben de l'autre côté *ou* là-bas

Druck (MASCULIN : der Druck) pression
► **im Druck sein** être surchargé de travail
► **unter Druck stehen** être sous pression
♦ **drucken** imprimer (dans une imprimerie)

drücken *a plusieurs catégories grammaticales et plusieurs sens :*

> *Ce peut être un* VERBE TRANSITIF :

drücken *signifie* pousser *ou* appuyer :

► **auf einen Knopf drücken** appuyer sur une touche

► **jemandem die Hand drücken** serrer la main à quelqu'un

► **jemandem etwas in die Hand drücken** glisser quelque chose dans la main de quelqu'un

► **jemanden an sich drücken** serrer quelqu'un dans ses bras

> *Ce peut être un* VERBE INTRANSITIF :

drücken (auf) *signifie* serrer *ou* appuyer (sur) :

▷ Diese Hose drückt auf meinen Bauch. Ce pantalon me serre.

> *Ce peut être un* VERBE RÉFLÉCHI :

sich drücken *signifie* se dérober

► **sich in eine Ecke drücken** se blottir dans un coin

drückend oppressant *ou* étouffant *ou* pesant

drunten en bas

Drüse (FÉMININ : die Drüse, die Drüsen) glande

Dschungel (MASCULIN : der Dschungel, die Dschungel) jungle

du *est un* pronom personnel *et signifie* tu *ou* toi

> **i Déclinaisons :**
> dich (accusatif) ; dir (datif) ; deiner (génitif)

(sich) ducken se baisser

Duft (MASCULIN : der Duft, die Düfte) parfum *ou* arôme

dulden *a plusieurs catégories grammaticales et plusieurs sens :*

> *Ce peut être un* VERBE TRANSITIF :

1 dulden *peut signifier* subir :

▷ Er duldet sein Schicksal gelassen. Il subit son destin sans résister.

2 dulden *peut signifier* tolérer *ou* admettre :

▷ Ich dulde keinen Widerspruch. Je n'admets aucune contradiction.

▷ Sie duldet ihn nicht mehr in ihrem Haus. Elle ne le tolère plus chez elle.

> *Ce peut être un* VERBE INTRANSITIF :

dulden *signifie* admettre :

▷ Ich dulde nicht, dass du weggehst. Je n'admets pas que tu partes.

duldsam patient

dumm (dümmer, am dümmsten) stupide

► **das wird mir zu dumm** j'en ai assez

♦ **dummerweise** bêtement

♦ **Dummheit** (FÉMININ : die Dummheit) bêtise

♦ **Dummkopf** (MASCULIN : der Dummkopf, die Dummköpfe) imbécile

dumpf sourd (en parlant d'une douleur, d'un bruit) *ou* vague

► **ein dumpfer Schmerz** une douleur sourde

► **ein dumpfer Ton** un bruit sourd

► **eine dumpfe Erinnerung** un vague souvenir

dunkel sombre *ou* obscur

► **eine dunkle Farbe** une couleur foncée

► **eine dunkle Ahnung** un vague pressentiment

► **eine dunkle Angelegenheit** une affaire obscure

Dunkelheit (FÉMININ : die Dunkelheit) obscurité

dünn mince *ou* maigre

► **dünne Haare** cheveux fins

Dunst (MASCULIN : der Dunst, die Dünste) vapeur *ou* brume

♦ **dunstig** brumeux

dünsten cuire à l'étuvée *ou* cuire à la vapeur

durch *a plusieurs catégories grammaticales et plusieurs sens :*

> *Ce peut être une* PRÉPOSITION *qui s'emploie avec l'*ACCUSATIF :

1 durch *peut signifier* à travers *ou* par :

▷ Der Weg führt durch einen Wald. Le chemin passe à travers une forêt.

▷ Durch das Fenster kann man den Park sehen. On peut voir le parc par la fenêtre.

2 durch *peut signifier* grâce à :

▷ Ich habe durch dieses Buch einiges gelernt. Grâce à ce livre j'ai appris un tas de choses.

> *Ce peut être un* ADVERBE :

▷ Das Fleisch ist durch. La viande est cuite.

▷ Ich hab das Buch durch. J'ai fini le livre.

▷ Die Hose ist durch. Le pantalon est troué.

▷ Sie hat die ganze Nacht durch geweint. Elle a pleuré toute la nuit.

► **durch und durch** tout à fait *ou* entièrement

> *Ce peut être une* PARTICULE SÉPARABLE *pour former des* VERBES COMPOSÉS :

♦ **durchgehen** (durchging, durchgegangen) traverser

♦ **durchdringen** (durchdrang, durchgedrungen) transpercer

♦ **durchführen** exécuter

> ℹ *Vous trouverez les verbes composés qui commencent par* durch- *classés par ordre alphabétique.*

durchatmen respirer à fond

durchaus tout à fait *ou* complètement

durchbeißen couper avec les dents

► **sich durchbeißen** se débrouiller

📖 **beißen** (biß, gebissen) = mordre

durchblättern feuilleter

durchbrechen casser *ou* passer à travers *ou* percer :

▷ Die Holzplatte ist durchgebrochen. La planche en bois s'est cassée.

▷ Das Eis ist dünn, pass auf dass du nicht durchbrichst! La glace n'est pas très épaisse, fais attention de ne pas passer à travers.

▷ Die Sonne bricht durch. Le soleil perce.

📖 **brechen** (er bricht; brach, gebrochen) = casser

durchbrennen *a plusieurs sens :*

1 **durchbrennen** *peut signifier* brûler :

▷ Der Draht ist durchgebrannt. Le fil a brûlé.

▷ Die Sicherung ist durchgebrannt. Le fusible a sauté.

▷ Die Glühbirne ist durchgebrannt. L'ampoule a claqué.

2 **durchbrennen** *peut avoir le sens familier de* filer *ou* faire une fugue

📖 **brennen** (brannte, gebrannt) = brûler

durchdenken penser *ou* considérer en détail

📖 **denken** (dachte, gedacht) = penser *ou* réfléchir

durchdrehen *a le sens familier de* péter les plombs *ou* craquer

Durcheinander (NEUTRE : das Durcheinander) confusion *ou* désordre

♦ **durcheinander** pêle-mêle *ou* en désordre

► **durcheinander sein** (*expression familière*) être troublé

► **durcheinander bringen** déranger *ou* mettre en désordre

► **durcheinander reden** parler en même temps

Durchfall (MASCULIN : der Durchfall, die Durchfälle) diarrhée

durchfallen tomber à travers

► **bei einer Prüfung durchfallen** échouer à *ou* rater un examen

📖 **fallen** (er fällt ; fiel, gefallen) = tomber

durchführen exécuter *ou* réaliser

Durchgang (MASCULIN : der Durchgang, die Durchgänge) passage

durchgehen (durchging, durchgegangen) *a plusieurs catégories grammaticales et plusieurs sens :*

> *Ce peut être un* VERBE TRANSITIF :

1 **durchgehen** *peut signifier* réviser *ou* parcourir *ou* examiner :

▷ Bist du das Gedicht noch einmal durchgegangen? Tu as révisé le poème ?

▷ Ich bin den Text durchgegangen. J'ai parcouru le texte.

▷ Wir werden die Angelegenheit durchgehen. Nous allons examiner l'affaire.

2 **durchgehen** *peut signifier* user :

▷ Die Sohlen sind durchgegangen. Les semelles sont usées.

> *Ce peut être un* VERBE INTRANSITIF :

1 **durchgehen** *peut signifier* passer (à travers) *ou* durer (sans interruption) :

▷ Das Sofa geht nicht durch. Le canapé ne passe pas.

▷ Der Kurs geht bis fünf Uhr durch. Le cours dure cinq heures (sans interruption).

▷ Der Zug fährt bis Stuttgart durch. Le train va jusqu'à Stuttgart sans arrêt.

► **durch etwas durchgehen** passer par *ou* passer à travers quelque chose

► **etwas durchgehen lassen** laisser passer quelque chose *ou* passer sur quelque chose

2 **durchgehen** *peut signifier* s'emballer :

▷ Das Pferd ist durchgegangen. Le cheval s'est emballé.

▷ Mein Temperament ist mit mir durchgegangen. Je me suis laissé emporter.

durchgehend sans interruption

durchgreifen (durchgriff, durchgegriffen) intervenir (énergiquement)

durchhalten *a plusieurs catégories grammaticales :*

> *Ce peut être un* VERBE TRANSITIF :

durchhalten *signifie* supporter *ou* endurer

> *Ce peut être un* VERBE INTRANSITIF :

durchhalten *signifie* tenir bon

📖 **halten (er hält ; hielt, gehalten)** = tenir

durchkommen (durchkam, durchgekommen) *a plusieurs sens :*

1 **durchkommen** *peut signifier* passer :

▷ Die Öffnung ist zu eng, ich komme nicht durch. L'ouverture est trop étroite, je ne passe pas.

▷ Dieses Gesetz kommt nie durch. Cette loi ne passera jamais.

2 **durchkommen** *peut signifier* réussir :

▷ Sie ist bei der Prüfung durchgekommen. Elle a réussi son examen.

3 **durchkommen** *peut signifier* se débrouiller *ou* s'en tirer :

▷ Er wird schon irgendwie durchkommen. Il va bien se débrouiller d'une manière ou d'une autre.

durchlassen laisser passer

▷ Lass mich durch! Laisse-moi passer !

▷ Das lasse ich nicht durch! Je ne laisse pas passer ça !

📖 **lassen (er lässt; ließ, gelassen)** = laisser

durchlässig perméable

durchlaufen passer en courant

► **die Schuhe durchlaufen** user les chaussures

📖 **laufen (er läuft; lief, gelaufen)** = courir

durchlesen lire entièrement

► **flüchtig durchlesen** lire en diagonale

📖 **lesen (er liest; las, gelesen)** = lire

durchlüften aérer

📖 **lüften**= aérer

durchmachen subir *ou* souffrir

► **eine Krise durchmachen** traverser une crise

► **die Nacht durchmachen** passer une nuit blanche

Durchmesser (MASCULIN : der Durchmesser, die Durchmesser) diamètre

durchnehmen traiter

► **ein Thema durchnehmen** traiter un sujet

durchqueren traverser

► **Pläne durchqueren** contrarier des projets

Durchreise (FÉMININ : die Durchreise, die Durchreisen) passage

► **auf der Durchreise sein** être de passage

durchs *est la contraction de* **durch das** *et signifie* à travers le, la

Durchsage (FÉMININ : die Durchsage, die Durchsagen) annonce (faite à la radio ou avec un haut-parleur)

durchschauen *a plusieurs catégories grammaticales et plusieurs sens :*

> *C'est un* VERBE TRANSITIF, *si l'accent est sur* SCHAUEN :

durchschauen *signifie* deviner *ou* comprendre *ou* ne pas se laisser tromper :

▷ Er hat das Geheimnis durchschaut. Il a deviné le secret.

> *C'est un* VERBE INTRANSITIF, *si l'accent est sur* DURCH :

durchschauen *signifie* regarder (à travers) *ou* voir (à travers) :

▷ Schau durch das Loch durch. Regarde à travers le trou.

▷ Bei diesen Vorhängen kann man durchschauen. On peut voir à travers ces rideaux.

durchschlüpfen se glisser *ou* se faufiler

durchschneiden couper en deux *ou* trancher (à l'aide d'un couteau ou de ciseaux)

📖 **schneiden (schnitt, geschnitten)** = couper

Durchschnitt (MASCULIN : der Durchschnitt) moyenne

► **im Durchschnitt** en moyenne

durchsehen réviser *ou* parcourir *ou* examiner *ou* voir (à travers)

📖 **sehen (er sieht; sah, gesehen)** = voir

(sich) durchsetzen (s')imposer

► **seinen Kopf / Willen durchsetzen** imposer sa volonté

durchsichtig transparent

durchsprechen discuter en détail

📖 **sprechen (er spricht; sprach, gesprochen)** = parler

durchstehen (durchstand, durchgestanden) endurer

durchstöbern fouiller

durchstreichen (durchstrich, durchgestrichen) barrer *ou* rayer

durchsuchen fouiller *ou* perquisitionner

♦ **Durchsuchung** (FÉMININ : die Durchsuchung) fouille *ou* perquisition

durchtrieben rusé

Durchwahl (FÉMININ : die Durchwahl, die Durchwahlen) numéro direct

Durchzug (MASCULIN : der Durchzug, die Durchzüge) courant d'air

durchzwängen faire passer de force

► **sich durchzwängen** passer de force

dürfen (**er darf; durfte, gedurft**) *est un* verbe de modalité *et a plusieurs sens :*

1 **dürfen** *peut signifier* avoir le droit *ou* avoir la permission :

▷ Man darf nicht schlagen. On n'a pas le droit de frapper.

▷ Ich darf nicht ins Kino. Je n'ai pas la permission d'aller au cinéma.

2 **dürfen** *peut signifier* pouvoir :

▷ Du darfst jetzt gehen. Tu peux partir maintenant.

▷ Ich darf mich nicht beklagen. Je ne peux pas me plaindre.

durfte *voir* dürfen

dürftig misérable *ou* maigre *ou* insuffisant

► **ein dürftiger Lohn** un salaire insuffisant

dürr desséché *ou* aride *ou* maigre

Durst (MASCULIN : der Durst) soif

durstig sein avoir soif *ou* être assoiffé

Dusche (FÉMININ : die Dusche, die Duschen) douche

♦ **(sich) duschen** prendre une douche

düsen (*familier*) aller à toute vitesse :

▷ Ich muss düsen. Je dois filer.

düster sombre *ou* ténébreux

ein Dutzend (NEUTRE : das Dutzend) une douzaine

♦ **dutzende** des dizaines

♦ **dutzendweise** par dizaine

♦ **dutzendmal** des dizaines de fois

duzen tutoyer

E

ALLEMAND — FRANÇAIS

Ebbe (FÉMININ : die Ebbe, die Ebben) marée basse

eben *a plusieurs catégories grammaticales et plusieurs sens :*

> *Ce peut être un* ADJECTIF :

eben *signifie* plat

> *Ce peut être un* ADVERBE :

1 eben *indique une chose qui vient d'arriver ou d'être faite et signifie* juste *ou* justement :

▷ Er ist eben erst angekommen. Il vient tout juste d'arriver.

▷ Sie ist eben mit der Aufgabe fertig. Elle vient juste de finir son devoir.

▷ Ich wollte eben einkaufen gehen. Je voulais justement aller faire les courses.

2 eben *peut exprimer la* résignation :

▷ So ist das eben. Eh bien, c'est comme ça.

▷ Sie wollen eben nicht kommen. C'est qu'ils ne veulent pas venir.

Ebenbild (NEUTRE : das Ebenbild, die Ebenbilder) portrait craché

Ebene (FÉMININ : die Ebene, die Ebenen) plaine *ou* niveau

ebenerdig au rez-de-chaussée

ebenfalls aussi *ou* de même *ou* également

ebenso aussi *ou* de même

► ebenso gut tout aussi bien

► ebenso oft aussi souvent

► ebenso weit aussi loin

Echo (NEUTRE : das Echo, die Echos) écho

echt vrai *ou* véritable *ou* authentique

Ecke (FÉMININ : die Ecke, die Ecken) coin *ou* angle

♦ **Eckball** (MASCULIN : der Eckball, die Eckbälle) corner (en football)

♦ **eckig** anguleux (en parlant d'un objet) *ou* maladroit (en parlant d'un mouvement)

♦ **Eckzahn** (MASCULIN : der Eckzahn, die Eckzähne) canine

edel précieux *ou* noble

► ein edles Pferd un cheval de race

♦ **Edelstein** (MASCULIN : der Edelstein, die Edelsteine) pierre précieuse

Efeu (MASCULIN : der Efeu) lierre

ehe avant que

Ehe (FÉMININ : die Ehe, die Ehen) mariage

♦ **Ehebruch** (MASCULIN : der Ehebruch, die Ehebrüche) adultère

♦ **Ehefrau** (FÉMININ : die Ehefrau, die Ehefrauen) épouse

♦ **Ehemann** (MASCULIN : der Ehemann, die Ehemänner) époux *ou* mari

♦ **Ehering** (MASCULIN : der Ehering, die Eheringe) alliance

ehemalig ancien

ehemals autrefois

eher plutôt *ou* plus tôt

► je eher, desto besser le plus tôt sera le mieux

eheste, ehester, ehestes premier, première

► am ehesten de préférence

Ehre (FÉMININ : die Ehre, die Ehren) honneur

► zu Ehren von en l'honneur de

► es war mir eine Ehre c'était un honneur pour moi

► die Ehre haben, zu avoir l'honneur de

♦ **Ehrenwort** (NEUTRE : das Ehrenwort) parole d'honneur

♦ **ehren** honorer

Ehrfurcht (FÉMININ : die Ehrfurcht) respect (profond)

Ehrgeiz (MASCULIN : der Ehrgeiz) ambition

♦ **ehrgeizig** ambitieux

ehrlich honnête

► **ehrlich gesagt** à vrai dire

♦ **Ehrlichkeit** (FÉMININ : die Ehrlichkeit) honnêté

Ei (NEUTRE : das Ei, die Eier) œuf

Eiche (FÉMININ : die Eiche, die Eichen) chêne

Eichhörnchen *ou* **Eichkätzchen** (NEUTRE : das Eichhörnchen *ou* Eichkätzchen , die Eichhörnchen *ou* Eichkätzchen) écureuil

Eidechse /'aidɛksə/ (FÉMININ : die Eidechse, die Eidechsen) lézard

Eidotter (MASCULIN : der Eidotter, die Eidotter) jaune d'œuf

Eierschale (FÉMININ : die Eierschale, die Eierschalen) coquille d'œuf

Eierstock (MASCULIN : der Eierstock, die Eierstöcke) ovaire

Eifer (MASCULIN : der Eifer) zèle *ou* ardeur

♦ **eifrig** zélé, ardent *ou* empressé

Eifersucht (FÉMININ : die Eifersucht) jalousie

♦ **eifersüchtig** jaloux

Eigelb (NEUTRE : das Eigelb, die Eigelbe) jaune d'œuf

eigen propre *ou* personnel *ou* particulier *ou* étrange :

▷ Diese Angewohnheit ist ihm eigen. C'est une habitude bien à lui.

▷ Sie hat jetzt ihre eigene Wohnung. Elle a son propre appartement maintenant.

▷ Das ist mein eigener Computer. C'est mon ordinateur personnel.

▷ Er ist ein ganz eigenes Kind. C'est un enfant très particulier.

▷ Das Fleisch hat einen eigenen Geschmack. La viande a un goût étrange.

► **auf eigene Faust** de son propre chef

► **sich etwas zu eigen machen** s'approprier quelque chose

Eigenart (FÉMININ : die Eigenart, die Eigenarten) particularité *ou* caractéristique

♦ **eigenartig** étrange *ou* bizarre

eigenhändig de ses propres mains

Eigenheit (FÉMININ : die Eigenheit, die Eigenheiten) particularité *ou* bizarrerie

eigenmächtig

► **eigenmächtig handeln** agir de son propre chef

Eigenname (MASCULIN : der Eigenname, die Eigennamen) nom propre

eigens exprès *ou* expressément :

▷ Ich habe dir eigens gesagt, daran zu denken. Je t'ai dit expressément d'y penser.

Eigenschaft (FÉMININ : die Eigenschaft, die Eigenschaften) qualité *ou* propriété *ou* trait de caractère

Eigenschaftswort (NEUTRE : das Eigenschaftswort, die Eigenschaftswörter) adjectif

Eigensinn (MASCULIN : der Eigensinn) obstination

♦ **eigensinnig** têtu

eigentlich *a plusieurs catégories grammaticales et plusieurs sens :*

> *Ce peut être un* ADJECTIF :

eigentlich *signifie* vrai *ou* véritable *ou* proprement dit :

▷ Der eigentliche Fehler war, nachzugeben. La véritable erreur est d'avoir cédé.

> *Ce peut être un* ADVERBE :

eigentlich *signifie* en réalité *ou* à vrai dire *ou* en fait :

▷ Eigentlich ist es ganz schön hier. En fait, c'est assez beau ici.

▷ Ich muss die Arbeit eigentlich morgen schon abgeben. À vrai dire, je dois rendre le travail demain.

▷ Wir haben eigentlich etwas anderes vorgehabt. En réalité, nous avons prévu autre chose.

Eigentum (NEUTRE : das Eigentum, die Eigentümer) propriété

eigentümlich bizarre *ou* étrange

sich eignen
► **sich eignen für / als** convenir à *ou* être apte à *ou* être fait pour

Eile (FÉMININ : die Eile) hâte *ou* précipitation
► **es hat keine Eile** ça ne presse pas
► **in Eile sein** être pressé

eilen *a plusieurs sens :*
1 **eilen** *peut signifier* se dépêcher :
▷ Ich muss eilen. Je dois me dépêcher.
2 **eilen** *peut signifier* être urgent *ou* presser :
▷ Die Post eilt. Le courrier est urgent.
▷ Es eilt. Ça presse.

eilig pressé *ou* urgent
► **es eilig haben** être pressé

Eimer (MASCULIN : der Eimer, die Eimer) seau

ein, eine

> **i** Déclinaison de l'article indéfini

	MASCULIN	FÉMININ	NEUTRE
nominatif :	ein	eine	ein
accusatif :	einen	eine	ein
datif :	einem	einer	einem
génitif :	eines	einer	eines

ein- *est une* PARTICULE SÉPARABLE *pour former des* VERBES COMPOSÉS :
♦ **einkaufen** acheter
♦ **eingreifen** (**eingriff, eingegriffen**) intervenir

> **i** *Vous trouverez les* verbes composés *qui commencent par* ein- *classés par ordre alphabétique.*

einander l'un l'autre *ou* les uns les autres *ou* l'un à l'autre *ou* les uns aux autres

einatmen inspirer
📖 **atmen** = respirer

Einbahnstraße (FÉMININ : die Einbahnstraße, die Einbahnstraßen) rue à sens unique *ou* sens interdit

einbauen installer *ou* monter
📖 **bauen** = construire

einbeziehen (**einbezog, einbezogen**) inclure *ou* impliquer

einbiegen tourner :
▷ Wo muss ich einbiegen? Où est-ce que je dois tourner ?
📖 **biegen** (**bog, gebogen**) = tourner

sich einbilden *a plusieurs sens :*
1 **sich einbilden** *peut signifier* s'imaginer :
▷ Was bildest du dir ein? Qu'est-ce que tu t'imagines ?
2 **sich etwas auf etwas einbilden** *peut signifier* être fier de quelque chose (à tort ou trop) :
▷ Er bildet sich auf seine Noten etwas ein. Il est trop fier de ses notes.

Einbildung (FÉMININ : die Einbildung) imagination

Einblick (MASCULIN : der Einblick, die Einblicke) idée *ou* aperçu
► **in etwas Einblick haben** être au courant de quelque chose *ou* comprendre quelque chose *ou* avoir un aperçu, une idée de quelque chose

einbrechen *a plusieurs sens :*
1 **einbrechen** *peut signifier* tomber :
▷ Die Nacht bricht ein. La nuit tombe.
2 **einbrechen** *peut signifier* s'effondrer :
▷ Die Decke ist eingebrochen. Le plafond s'est effondré.
3 **einbrechen** *peut signifier* s'enfoncer :
▷ Ich bin ins Eis eingebrochen. Je me suis enfoncée dans la glace.
4 **einbrechen** *peut signifier* cambrioler :
▷ Bei uns ist eingebrochen worden. On nous a cambriolés.
📖 **brechen** (**er bricht; brach, gebrochen**) = casser *ou* briser

Einbrecher (MASCULIN : der Einbrecher, die Einbrecher) cambrioleur

Einbruch (MASCULIN : der Einbruch, die Einbrüche) cambriolage
► **bei Einbruch der Nacht** à la tombée de la nuit
♦ **Wintereinbruch** début de l'hiver

einchecken enregistrer (les bagages à l'aéroport)

(sich) eincremen (se) mettre de la crème

eindeutig incontestable *ou* clair *ou* net

eindringen (**eindrang, eingedrungen**) pénétrer

♦ **eindringlich** pénétrant *ou* pressant

♦ **Eindringling** (MASCULIN : der Eindringling, die Eindringle) intrus

Eindruck (MASCULIN : der Eindruck, die Eindrücke) impression *ou* effet *ou* empreinte

♦ **eindrucksvoll** impressionnant

eine voir ein

eineinhalb un et demi

einem *est l'article indéfini* MASCULIN *ou* NEUTRE *au* DATIF

> ℹ *Pour la déclinaison, référez-vous à* ein.

einen *est l'article indéfini* MASCULIN *à l'*ACCUSATIF.

> ℹ *Pour la déclinaison, référez-vous à* ein.

einer *est l'article indéfini* FÉMININ au DATIF *ou* GÉNITIF.

> ℹ *Pour la déclinaison, référez-vous à* ein.

einerlei du même genre *ou* indifférent *ou* égal

► **das ist einerlei** c'est égal

einerseits d'une part

eines *est l'article indéfini* MASCULIN *ou* NEUTRE *au* GÉNITIF

> ℹ *Pour la déclinaison, référez-vous à* ein.

einfach *a plusieurs catégories grammaticales et plusieurs sens :*

> *Ce peut être un* ADJECTIF :

einfach *signifie* simple *ou* modeste

> *Ce peut être un* ADVERBE :

einfach *signifie* simplement :

► **ganz einfach** tout simplement

Einfall (MASCULIN : der Einfall, die Einfälle) idée

einfallen *a plusieurs sens :*

1 einfallen *peut signifier* s'écrouler :

▷ Der Schuppen fällt bald ein. La remise va bientôt s'écrouler.

2 einfallen *peut signifier* avoir une idée *ou* trouver une idée :

▷ Mir fällt nichts ein. Je n'ai pas d'idée.

▷ Lass dir etwas einfallen! Trouve une idée !

► **Was fällt dir ein?** Qu'est-ce qui te prend ?

📖 fallen (er fällt; fiel, gefallen) = tomber

♦ **einfallsreich** ingénieux *ou* astucieux

Einfalt (FÉMININ : die Einfalt) naïveté

♦ **einfältig** niais *ou* naïf

einfangen attraper

► **eine Stimmung in einem Foto einfangen** rendre une ambiance dans une photo

📖 fangen (er fängt; fing, gefangen) = attraper

einfarbig uni *ou* d'une (seule) couleur

Einfluss (MASCULIN : der Einfluss, die Einflüsse) influence

♦ **einflussreich** influent

einförmig monotone

♦ **Einförmigkeit** (FÉMININ : die Einförmigkeit) monotonie

einfrieren *a plusieurs catégories grammaticales et plusieurs sens :*

> *Ce peut être un* VERBE TRANSITIF :

einfrieren *signifie* congeler *ou* surgeler

> *Ce peut être un* VERBE INTRANSITIF :

einfrieren *signifie* geler

📖 frieren (fror, gefroren) = avoir froid *ou* geler

einführen introduire *ou* importer

Eingang (MASCULIN : der Eingang, die Eingänge) entrée

eingebildet vaniteux *ou* prétentieux

eingehen (einging, eingegangen) *a plusieurs sens :*

1 eingehen *peut signifier* mourir (en parlant d'un animal ou d'une plante) :

▷ Der Rosenstock ist eingegangen. Le rosier est mort.

2 eingehen *peut signifier* rétrécir :

▷ Mein T-Shirt ist eingegangen. Mon t-shirt a rétréci.

3 eingehen *peut signifier* entrer *ou* rentrer :

▷ Dieses Datum ist in die Geschichte eingegangen. Cette date est entrée dans l'histoire.

▷ Das geht mir nicht ein. Ça ne rentre pas (dans ma tête).

▷ Auf Einzelheiten werden wir nicht eingehen. Nous ne rentrerons pas dans les détails.

► **auf jemanden eingehen** se ranger à l'avis de quelqu'un

► **auf etwas eingehen** réagir à quelque chose
► **ein Risiko eingehen** prendre un risque
► **eine Wette eingehen** faire un pari
🕮 **gehen (ging, gegangen)** = aller

Eingeständnis (NEUTRE : das Eingeständnis, die Eingeständnisse) aveu
♦ **eingestehen** avouer
🕮 **gestehen (gestand, gestanden)** = avouer

eingießen verser
🕮 **gießen (goss, gegossen)** = verser

eingreifen (eingriff, eingegriffen) intervenir
♦ **Eingriff** (MASCULIN : der Eingriff, die Eingriffe) intervention

einhaken accrocher
► **sich bei jemandem einhaken** prendre le bras de quelqu'un

einhalten respecter *ou* tenir *ou* suivre (des règles)
► **ein Versprechen einhalten** tenir une promesse
🕮 **halten (er hält; hielt, gehalten)** = tenir

einhändig d'une (seule) main

einhängen
► **das Telefon einhängen** raccrocher le téléphone
► **sich bei jemanden einhängen** prendre le bras de quelqu'un

einheimisch local *ou* du pays

Einheit (FÉMININ : die Einheit) unité
♦ **einheitlich** uniforme

einheizen chauffer
🕮 **heizen** = chauffer

einholen rattraper

einhundert cent

einig
► **sich einig sein** être d'accord

einige quelques *ou* quelques-un(e)s *ou* plusieurs

(sich) einigen (s')unir
► **sich auf etwas einigen** se mettre d'accord sur quelque chose

einigermaßen plus au moins

einiges plusieurs choses

Einkauf (MASCULIN : der Einkauf, die Einkäufe) achat
♦ **Einkaufsbummel** (MASCULIN : der Einkaufsbummel, die Einkaufsbummel) lèche-vitrine
♦ **Einkaufswagen** (MASCULIN : der Einkaufswagen, die Einkaufswagen) caddie®

einkaufen *a plusieurs catégories grammaticales :*
> *Ce peut être un* VERBE TRANSITIF :
einkaufen *signifie* acheter
> *Ce peut être un* VERBE INTRANSITIF :
einkaufen *signifie* faire des courses

einklammern mettre entre parenthèses

(sich) einklemmen (se) coincer

Einkommen (NEUTRE : das Einkommen, die Einkommen) revenu (au sens de salaire)
♦ **Einkommensteuer** (FÉMININ : die Einkommensteuer, die Einkommensteuern) impôt sur le revenu

einkreisen encercler

einladen (er lädt ein; einlud, eingeladen) inviter *ou* charger
♦ **Einladung** (FÉMININ : die Einladung) invitation

Einlage (FÉMININ : die Einlage, die Einlagen)
♦ **Schuheinlage** semelle (à mettre dans la chaussure)
♦ **Programmeinlage** intermède

Einlass (MASCULIN : der Einlass, die Einlässe) entrée *ou* admission
▷ Der Einlass ist um acht Uhr. Les portes s'ouvrent à huit heures.

einlassen laisser entrer
► **Wasser in die Badewanne einlassen** faire couler un bain
► **sich mit jemandem einlassen** entrer en relation avec quelqu'un
► **sich auf etwas einlassen** s'embarquer dans quelque chose
🕮 **lassen (er lässt; ließ, gelassen)** = laisser

sich einleben s'acclimater :
▷ Habt ihr euch in eurem neuen Haus eingelebt? Vous vous êtes acclimatés à votre nouvelle maison ?
🕮 **leben** = vivre

einleiten introduire

♦ **Einleitung** (FÉMININ : die Einleitung) introduction

einleuchten paraître évident

♦ **einleuchtend** évident *ou* convaincant

einmal une fois *ou* un jour

► **erst einmal** d'abord

► **noch einmal** encore une fois

► **nicht einmal** même pas

► **auf einmal** tout d'un coup

► **es war einmal** il était une fois

Einmaleins (NEUTRE : das Einmaleins) tables de multiplication

einmalig unique *ou* qui n'a lieu qu'une fois

sich einmischen se mêler

► **sich in etwas einmischen** se mêler de quelque chose

einnehmen *a plusieurs sens :*

1 **einnehmen** *peut signifier* prendre :

► **eine Mahlzeit / Medizin einnehmen** prendre un repas / un médicament

► **seinen Platz einnehmen** prendre sa place

2 **einnehmen** *peut signifier* occuper *ou* adopter :

► **eine Stellung einnehmen** occuper un poste

► **eine Haltung einnehmen** adopter une attitude

► **jemanden für sich einnehmen** gagner la sympathie de quelqu'un

► **von jemandem eingenommen sein** être séduit par quelqu'un

► **von sich eingenommen sein** être trop sûr de soi-même

📖 **nehmen** (er nimmt; nahm, genommen) = prendre

einnicken s'assoupir

sich einnisten faire son nid

► **sich bei jemandem einnisten** s'installer chez quelqu'un

Einöde (FÉMININ : die Einöde, die Einöden) endroit désertique *ou* endroit solitaire

einordnen ranger *ou* classer

► **sich einordnen** se ranger *ou* s'intégrer

📖 **ordnen** = ranger *ou* classer

einpacken emballer *ou* mettre dans une valise

📖 **packen** = faire (une valise)

einpflanzen planter

📖 **pflanzen** = planter

einprägen

► **sich etwas einprägen** se graver quelque chose dans la mémoire

► **sich einprägen** rester dans la mémoire

einrahmen encadrer

📖 **rahmen** = encadrer

einreden

► **jemandem etwas einreden** persuader quelqu'un de quelque chose

► **auf jemanden einreden** essayer de persuader quelqu'un

einreißen (se) déchirer

📖 **reißen** (riss, gerissen) = (se) déchirer

einrichten aménager *ou* meubler *ou* arranger

♦ **Einrichtung** (FÉMININ : die Einrichtung) équipement *ou* institution

eins un (le chiffre)

♦ **einhundert** cent

♦ **einjährig** d'un an

♦ **einmal** une fois

♦ **Eins** (FÉMININ : die Eins, die Einsen) (le chiffre) un

einsam seul *ou* solitaire

♦ **Einsamkeit** (FÉMININ : die Einsamkeit) solitude

einsammeln ramasser

einschalten allumer *ou* mettre en marche

einschenken verser *ou* servir à boire

einschlafen s'endormir *ou* s'engourdir

📖 **schlafen** (er schläft; schlief, geschlafen) = dormir

einschlagen *a plusieurs catégories grammaticales et plusieurs sens :*

> *Ce peut être un* VERBE TRANSITIF :

1 **einschlagen** *peut signifier* enfoncer :
▷ Wo soll ich den Nagel einschlagen? Où est-ce que je dois enfoncer le clou ?
▷ Mach auf, sonst schlage ich die Türe ein! Ouvre, sinon j'enfonce la porte.

2 **(sich) einschlagen** *peut signifier* (se) casser :
▷ Er hat sich einen Zahn eingeschlagen. Il s'est cassé une dent.
▷ Vorsicht mit dem Ball, schlagt das Fenster nicht ein! Attention avec le ballon, ne cassez pas la vitre !
► **eine Richtung einschlagen** prendre une direction
► **eine Laufbahn einschlagen** choisir une carrière

> *Ce peut être un* VERBE INTRANSITIF :

► **der Blitz schlägt in etwas ein** la foudre tombe sur quelque chose
► **einschlagen auf** taper sur
► **etwas schlägt ein** quelque chose plaît *ou* marche

🕮 **schlagen** (**er schlägt; schlug, geschlagen**) = battre *ou* frapper

einschließen enfermer *ou* mettre sous clé

🕮 **schließen** (**schloss, geschlossen**) = fermer

♦ **einschließlich** inclus *ou* y compris

sich einschmeicheln

► **sich bei jemanden einschmeicheln** bien se faire voir auprès de quelqu'un

einschneiden *a plusieurs catégories grammaticales et plusieurs sens :*

> *Ce peut être un* VERBE TRANSITIF :

einschneiden *signifie* couper

> *Ce peut être un* VERBE INTRANSITIF :

einschneiden *signifie* couper *ou* être coupant :
▷ Lass den Strick los, er schneidet mir ein. Relâche la corde, elle m'entre dans la chair.
▷ Der Draht schneidet ein. Le fil de fer est coupant.
▷ Der Hosengummi schneidet mir ein. L'élastique du pantalon me serre.

🕮 **schneiden** (**schnitt, geschnitten**) = couper

♦ **einschneidend** décisif

einschränken limiter *ou* réduire *ou* restreindre

♦ **Einschränkung** (FÉMININ : die Einschränkung) restriction
► **ohne Einschränkungen** sans réserves

(sich) einschreiben (s')inscrire

🕮 **schreiben** (**schrieb, geschrieben**) = écrire

einschreiten (**einschritt, eingeschritten**) intervenir

einschüchtern intimider

einsehen comprendre *ou* reconnaître (une erreur ou une faute) :
▷ Ich sehe nicht ein, warum ich nicht mitgehen darf. Je ne comprends pas pourquoi je n'ai pas le droit d'y aller avec eux.
▷ Siehst du deinen Fehler ein? Tu reconnais ta faute ?

🕮 **sehen** (**er sieht; sah, gesehen**) = voir

einseitig partiel
► **einseitige Ernährung** nourriture trop peu variée *ou* déséquilibrée
► **einseitige Ausbildung** formation trop spécialisée

einsetzen *a plusieurs catégories grammaticales et plusieurs sens :*

> *Ce peut être un* VERBE TRANSITIF :

1 **einsetzen** *peut signifier* mettre *ou* placer *ou* poser :
► **ein neues Teil einsetzen** installer une nouvelle pièce
► **ein Fenster einsetzen** poser une fenêtre

2 **einsetzen** *peut signifier* employer :
► **viel Kraft einsetzen** employer beaucoup de force
► **Arbeitskräfte einsetzen** employer des ouvriers
► **sein Leben einsetzen** risquer sa vie

> *Ce peut être un* VERBE INTRANSITIF :

einsetzen *signifie* commencer
► **sich für jemanden / etwas einsetzen** aider *ou* défendre quelqu'un / quelque chose

Einsicht (FÉMININ : die Einsicht) compréhension
► **Einsicht haben** comprendre
► **zur Einsicht kommen** reconnaître

♦ **einsichtig** raisonnable

einsinken s'enfoncer *ou* s'affaisser

🕮 **sinken** (**sank, gesunken**) = sombrer

einsperren enfermer

einspringen
► **für jemanden einspringen** remplacer quelqu'un

🕮 **springen** (**sprang, gesprungen**) = sauter

Einspruch (MASCULIN : der Einspruch, die Einsprüche) objection *ou* protestation
► **Einspruch erheben** protester

einst autrefois *ou* un jour

einstecken brancher *ou* empocher

einsteigen monter
► **in ein Fahrzeug einsteigen** monter dans un véhicule
► **auf etwas einsteigen** jouer le jeu
📖 **steigen (stieg, gestiegen)** = monter

einstellen *a plusieurs sens :*

1 **einstellen** *peut signifier* cesser *ou* suspendre :
▷ Er hat seine Aktivität eingestellt. Il a cessé son activité.

2 **einstellen** *peut signifier* régler :
▷ Der Apparat ist schlecht eingestellt. L'appareil est mal réglé.

3 **einstellen** *peut signifier* allumer :
▷ Jeden Morgen stellt er das Radio ein. Tous les matins il allume la radio.

4 **einstellen** *peut signifier* embaucher :
▷ Ich kann Sie sofort einstellen. Je peux vous embaucher tout de suite.
► **sich auf jemanden / etwas einstellen** s'adapter à quelqu'un / quelque chose

Einstellung (FÉMININ : die Einstellung) attitude

einstimmig unanime *ou* à l'unanimité

Einsturz (MASCULIN : der Einsturz, die Einstürze) effondrement

einstürzen s'effondrer
📖 **stürzen** = tomber

einstweilen en attendant

eintauschen échanger
📖 **tauschen** = changer

eintausend mille

einteilen répartir
📖 **teilen** = partager

einteilig d'une seule pièce

eintönig monotone

einträglich lucratif

eintreffen (er trifft ein; eintraf, eingetroffen) arriver *ou* se réaliser :
▷ Eine gute Nachricht ist eingetroffen. Il y a une bonne nouvelle.
▷ Sie ist eben erst eingetroffen. Elle vient juste d'arriver.
▷ Ich hoffe, dass mein Wunsch eintrifft. J'espère que mon souhait se réalisera.

eintreten (er tritt ein; eintrat, eingetreten) entrer *ou* arriver *ou* être :
▷ Tritt ein! Entre !
▷ Es ist genau das eingetreten. C'est exactement ce qui est arrivé.
▷ Plötzlich trat Stille ein. Tout d'un coup c'était le silence.
▷ Sein Tod ist um sechs Uhr abends eingetreten. Il est mort à six heures du soir.
► **für jemanden / etwas eintreten** défendre quelqu'un, quelque chose
► **sich etwas in den Fuß eintreten** s'enfoncer quelque chose dans le pied
► **in eine Partei eintreten** entrer dans un parti

Eintrittskarte (FÉMININ : die Eintrittskarte, die Eintrittskarten) billet d'entrée

einundzwanzig vingt et un

einverstanden d'accord

Einverständnis (NEUTRE : das Einverständnis, die Einverständnisse) consentement

Einwand (MASCULIN : der Einwand, die Einwände) objection

Einwanderer, Einwanderin (MASCULIN : der Einwanderer, die Einwanderer / FÉMININ : die Einwanderin, die Einwanderinnen) immigré, immigrée
♦ **einwandern** immigrer

einwandfrei impeccable *ou* irréprochable

einwärts vers l'intérieur

einweichen (einwich, eingewichen) (faire) tremper

einweihen inaugurer
► **jemanden in ein Geheimnis einweihen** mettre quelqu'un au courant d'un secret
♦ **Einweihung** (FÉMININ : die Einweihung) inauguration

einwenden (einwandte, eingewandt) objecter

einwerfen objecter
- ► **Post einwerfen** mettre le courrier dans une boîte à lettres
- ► **den Ball einwerfen** remettre le ballon dans le jeu

🕮 werfen (er wirft; warf, geworfen) = jeter

einwickeln envelopper

einwilligen consentir

♦ **Einwilligung** (FÉMININ : die Einwilligung) consentement

einwirken agir
- ► **auf jemanden / etwas einwirken** agir sur quelqu'un / quelque chose
- ► **etwas einwirken lassen** faire agir quelque chose, attendre l'effet de quelque chose

🕮 wirken = agir

Einwirkung (FÉMININ : die Einwirkung) influence

Einwohner, Einwohnerin (MASCULIN : der Einwohner, die Einwohner / FÉMININ : die Einwohnerin, die Einwohnerinnen) habitant, habitante

Einwurf (MASCULIN : der Einwurf, die Einwürfe) objection

Einzahl (FÉMININ : die Einzahl) singulier

Einzelbett (NEUTRE : das Einzelbett, die Einzelbetten) lit pour une personne

Einzelgänger, Einzelgängerin (MASCULIN : der Einzelgänger, die Einzelgänger / FÉMININ : die Einzelgängerin, die Einzelgängerinnen) solitaire

Einzelheit (FÉMININ : die Einzelheit, die Einzelheiten) détail

Einzelkind (NEUTRE : das Einzelkind, die Einzelkinder) enfant unique

einzeln *a plusieurs catégories grammaticales et plusieurs sens :*

> *Ce peut être un* ADJECTIF :

einzeln *signifie* seul *ou* unique *ou* séparé
- ► **in einzelnen Fällen** dans des cas particuliers

> *Ce peut être un* ADVERBE :

einzeln *signifie* séparément *ou* à l'unité :
- ▷ Man kann die Kaugummis auch einzeln kaufen. On peut aussi acheter les chewing-gums à l'unité.

Einzelzimmer (NEUTRE : das Einzelzimmer, die Einzelzimmer) chambre individuelle

einziehen *a plusieurs catégories grammaticales et plusieurs sens :*

> *Ce peut être un* VERBE TRANSITIF :

einziehen *signifie* baisser *ou* rétracter :
- ▷ Zieh den Kopf ein! Baisse la tête !
- ▷ Die Schnecke hat ihre Fühler eingezogen. L'escargot a rétracté ses cornes.

> *Ce peut être un* VERBE INTRANSITIF :

1 einziehen *peut signifier* emménager :
- ► **in ein neues Haus einziehen** emménager dans une nouvelle maison

2 einziehen *peut signifier* pénétrer :
- ▷ Du musst warten, bis die Farbe in das Holz eingezogen ist. Il faut que tu attendes que la peinture ait pénétré le bois.

einzig seul *ou* unique

♦ **einzigartig** unique *ou* sans pareil

Einzige, Einziger (MASCULIN : der Einzige / FÉMININ : die Einzige) le seul, la seule *ou* la seule personne

♦ **Einziges** (NEUTRE : das Einzige) la seule chose

> ℹ *Ces noms sont des adjectifs substantivés :* der Einzige, ein Einziger / das Einzige, ein Einziges.

Eis (NEUTRE : das Eis, die Eis) glace

♦ **Eisbahn** (FÉMININ : die Eisbahn, die Eisbahnen) patinoire

♦ **Eisbär** (MASCULIN : der Eisbär, die Eisbären) ours polaire

♦ **Eisberg** (MASCULIN : der Eisberg, die Eisberge) iceberg

♦ **Eisdiele** (FÉMININ : die Eisdiele, die Eisdielen) glacier (qui vend des glaces)

♦ **Eishockey** (NEUTRE : das Eishockey) hockey sur glace

♦ **Eiskunstlauf** (MASCULIN : der Eiskunstlauf) patinage artistique

♦ **Eiswürfel** (MASCULIN : der Eiswürfel, die Eiswürfel) glaçon

Eisen (NEUTRE : das Eisen, die Eisen) fer

♦ **Eisenbahn** (FÉMININ : die Eisenbahn) chemin de fer

eisig glacial *ou* gelé

eiskalt glacial *ou* glacé

Eislaufen *a plusieurs catégories grammaticales :*

> *Ce peut être un* NOM NEUTRE :

das Eislaufen *signifie* patinage sur glace

> *Ce peut être un* VERBE :

Eislaufen *signifie* faire du patinage sur glace

eitel vaniteux

♦ **Eitelkeit** (FÉMININ : die Eitelkeit) vanité

Eiter (MASCULIN : der Eiter) pus

Eiweiß (NEUTRE : das Eiweiß, die Eiweiße) blanc d'œuf *ou* protéine

Ekel (MASCULIN : der Ekel) dégoût

♦ **ekelhaft** dégoûtant *ou* écœurant

ekeln dégoûter *ou* écœurer :

► **sich vor jemandem / etwas ekeln** être dégoûté de quelqu'un / quelque chose

► **es ekelt mich** ça me dégoûte

elend misérable

♦ **Elend** (NEUTRE : das Elend) misère

♦ **elendiglich** misérablement

elf onze

♦ **Elfmeter** (MASCULIN : der Elfmeter, die Elfmeter) penalty

♦ **Elfmeterschießen** tir au but

Ellbogen (MASCULIN : der Ellbogen, die Ellbogen) coude

Elsass (NEUTRE : das Elsass) l'Alsace

♦ **Elsässer, Elsässerin** (MASCULIN : der Elsässer, die Elsässer / FÉMININ : die Elsässerin, die Elsässerinnen) Alsacien, Alsacienne

♦ **elsässisch** alsacien

Eltern (*pluriel :* die Eltern) parents

♦ **Elternhaus** (NEUTRE : das Elternhaus, die Elternhäuser) maison familiale

empfahl *voir* **empfehlen**

empfand *voir* **empfinden**

Empfang (MASCULIN : der Empfang, die Empfänge) réception *ou* accueil

► **in Empfang nehmen** recevoir

♦ **empfangen** (er empfängt; empfing, empfangen) recevoir *ou* accueillir

♦ **empfänglich** sensible

empfehlen (er empfiehlt; empfahl, empfohlen) recommander

♦ **empfehlenswert** à recommander

♦ **Empfehlung** (FÉMININ : die Empfehlung) recommandation

empfiehlst, empfiehlt *voir* **empfehlen**

empfinden (empfand, empfunden) éprouver *ou* ressentir

♦ **empfindlich** fragile *ou* susceptible *ou* sensible

♦ **Empfindlichkeit** (FÉMININ : die Empfindlichkeit) sensibilité *ou* susceptibilité

♦ **empfindsam** sensible

♦ **Empfindung** (FÉMININ : die Empfindung) sensation *ou* sentiment

♦ **empfindungslos** insensible

empfing *voir* **empfangen**

empfohl, empfohlen *voir* **empfehlen**

empfunden *voir* **empfinden**

(sich) empören (s')indigner

► **über etwas empört sein** être indigné de quelque chose

♦ **Empörung** (FÉMININ : die Empörung) indignation

emsig affairé

Ende (NEUTRE : das Ende, die Enden) *a plusieurs sens :*

1 **Ende** *peut signifier* fin :

▷ Das ist das Ende. C'est la fin.

► **Ende Juni** fin juin

2 **Ende** *peut signifier* bout *ou* extrémité :

▷ Der Haken ist am anderen Ende des Stockes. Le crochet est à l'autre bout du baton.

▷ Meine Geduld ist am Ende. Je n'ai plus de patience.

► **am Ende** au bout

► **zu Ende sein** être fini *ou* être terminé

► **am Ende sein** être au bout du rouleau

♦ **enden** finir *ou* se terminer

endgültig définitif *ou* définitivement

Endivie (FÉMININ : die Endivie, die Endivien) chicorée

Endivie *ne signifie pas* endive.

endlich enfin *ou* finalement

endlos interminable *ou* sans fin

Endspiel (NEUTRE : das Endspiel, die Endspiele) finale (d'un match sportif)

Endstation (FÉMININ : die Endstation) terminus

eng étroit *ou* serré

Enge (FÉMININ : die Enge, die Engen) étroitesse
► **in der Enge sein** être coincé

Engel (MASCULIN : der Engel, die Engel) ange
♦ **engelhaft** angélique

England Angleterre

ℹ *En allemand, on ne met pas d'article devant les noms de pays.*

♦ **Engländer, Engländerin** (MASCULIN : der Engländer, die Engländer / FÉMININ : die Engländerin, die Engländerinnen) Anglais, Anglaise
♦ **englisch** anglais
► **Englisch sprechen** parler anglais

ℹ *Dans cette expression,* Englisch *est utilisé de manière substantivée.*

Enkel, Enkelin (MASCULIN : der Enkel, die Enkel / FÉMININ : die Enkelin, die Enkelinnen) petit-fils, petite-fille
♦ **Enkelkind** (NEUTRE : das Enkelkind, die Enkelkinder) petit-enfant

entbehren être privé de
► **entbehren können** pouvoir se passer de
♦ **Entbehrung** (FÉMININ : die Entbehrung) privation

entdecken découvrir (au sens de trouver)
♦ **Entdeckung** (FÉMININ : die Entdeckung) découverte
► **auf Entdeckung gehen** s'aventurer dans les environs

Ente (FÉMININ : die Ente, die Enten) canard

entfachen déclencher *ou* enflammer

sich entfalten s'épanouir *ou* se développer

(sich) entfernen (s')éloigner
► **einen Flecken entfernen** enlever une tache
♦ **entfernt** éloigné *ou* lointain
♦ **Entfernung** (FÉMININ : die Entfernung) distance *ou* enlèvement

entflammen enflammer
► **sich für jemanden / etwas entflammen** s'enflammer pour quelqu'un / quelque chose

entführen enlever (au sens de kidnapper)
► **ein Flugzeug entführen** détourner un avion
♦ **Entführung** (FÉMININ : die Entführung) enlèvement

entgegen *a plusieurs catégories grammaticales et plusieurs sens :*

> *Ce peut être une* PRÉPOSITION *qui s'emploie avec le* DATIF *:*

entgegen *signifie* contre :
► **entgegen meinem Rat** contre mon avis

> *Ce peut être un* ADVERBE *:*

entgegen *signifie* vers :
► **neuen Abenteuern entgegen** vers de nouvelles aventures

> *Ce peut être une* PARTICULE SÉPARABLE *pour former des* VERBES COMPOSÉS *:*

► **jemandem entgegenkommen** venir à la rencontre de quelqu'un
► **jemandem entgegenlaufen** courir à la rencontre de quelqu'un
► **etwas entgegennehmen** recevoir quelque chose
► **einem Ereignis entgegensehen** être dans l'attente d'un événement
♦ **entgegenwirken** agir contre

entgegengesetzt opposé *ou* contradictoire

entgehen (entging, entgangen) échapper
► **jemandem / einer Sache entgehen** échapper à quelqu'un / quelque chose
► **sich etwas entgehen lassen** rater quelque chose

entgleisen dérailler

entgleiten (entglitt, entglitten) échapper

enthalten contenir
► **sich enthalten** s'abstenir
📖 **halten** (er hält; hielt, gehalten) = tenir
♦ **Enthaltsamkeit** (FÉMININ : die Enthaltsamkeit) abstinence

enthüllen dévoiler *ou* découvrir

entkommen (entkam, entkommen) échapper *ou* s'évader

entlang le long de

♦ **entlanggehen** (entlangging, entlanggegangen) longer

entlassen (er entlässt; entließ, entlassen) renvoyer *ou* licencier

entlasten soulager *ou* décharger

entmutigen décourager

sich entpuppen s'avérer

entreißen arracher

📖 reißen (riss, gerissen) = tirer (avec force)

(sich) entrüsten (s')indigner

♦ **Entrüstung** (FÉMININ : die Entrüstung) indignation

entschädigen dédommager *ou* indemniser

♦ **Entschädigung** (FÉMININ : die Entschädigung) dédommagement *ou* indemnité

(sich) entscheiden (entschied, entschieden) (se) décider

► sich für etwas entscheiden se décider pour quelque chose

♦ **entscheidend** décisif

♦ **Entscheidung** (FÉMININ : die Entscheidung) décision

(sich) entschließen (entschloß, entschlossen) se décider

► sich zu etwas entschließen se décider pour quelque chose

► sich entschließen, etwas zu tun se décider à faire quelque chose

Entschlossenheit (FÉMININ : die Entschlossenheit) détermination *ou* résolution

Entschluss (MASCULIN : der Entschluss, die Entschlüsse) décision

(sich) entschuldigen (s')excuser

♦ **Entschuldigung** (FÉMININ : die Entschuldigung) excuse

► jemanden um Entschuldigung bitten demander pardon à quelqu'un

Entsetzen (NEUTRE : das Entsetzen) effroi

♦ **entsetzlich** effroyable

♦ **entsetzt** horrifié

sich entspannen se détendre

♦ **Entspannung** (FÉMININ : die Entspannung) détente

entsprechen (er entspricht; entsprach, entsprochen) correspondre

► einer Sache entsprechen correspondre à une chose

entsprechend *a plusieurs catégories grammaticales et plusieurs sens :*

> *Ce peut être un* ADJECTIF :

entsprechend *signifie* approprié *ou* qui correspond

> *Ce peut être un* ADVERBE :

entsprechend *signifie* selon *ou* conformément à

entstehen (enstand, entstanden) naître *ou* se produire *ou* arriver

entstellen déformer *ou* défigurer

enttäuschen décevoir

♦ **Enttäuschung** (FÉMININ : die Enttäuschung) déception

entweder *est une conjonction qui s'emploie avec* oder *et signifie* ou *ou* soit :

▷ Entweder du kommst mit dem Fahrrad, oder ich hole dich mit dem Auto ab. Ou tu viens en vélo, ou je viens te chercher en voiture.

entwerfen (er entwirft; entwurf, entworfen) concevoir

entwischen s'échapper

entwurzeln déraciner

entziehen (entzog, entzogen) retirer

entziffern déchiffrer

entzücken enchanter

♦ **entzückend** ravissant

entzünden enflammer

► sich entzünden s'enflammer

♦ **Entzündung** (FÉMININ : die Entzündung) inflammation

entzwei sein être en (deux) morceaux, être cassé (en deux)

♦ **entzweibrechen** se casser (en deux)
📖 **brechen** (**er bricht; brach, gebrochen**) = casser

er il *ou* lui *ou* elle (en fonction du genre du nom en français)

> ℹ **Déclinaisons :**
> **ihn** (accusatif) ; **ihm** (datif) ; **seiner** (génitif)

► **er allein** lui seul
► **er selbst** lui-même

sich erbarmen avoir pitié
♦ **Erbarmen** (NEUTRE : das Erbarmen) pitié
♦ **erbärmlich** pitoyable *ou* minable
♦ **erbarmungslos** impitoyable *ou* sans pitié

Erbe, Erbin (MASCULIN : der Erbe, die Erben / FÉMININ : die Erbin, die Erbinnen) héritier, héritière
♦ **Erbe** (NEUTRE : das Erbe) héritage
♦ **erben** hériter
♦ **erblich** héréditaire

erbittert aigri *ou* acharné

erblassen pâlir

erblicken apercevoir *ou* voir

erblinden devenir aveugle

erbost fâché
► **erbost sein über** être fâché contre

erbrechen (**er erbricht; erbrach, erbrochen**) vomir

Erbse (FÉMININ : die Erbse, die Erbsen) petit pois

Erdbeben (NEUTRE : das Erdbeben, die Erdbeben) tremblement de terre

Erdbeere (FÉMININ : die Erdbeere, die Erdbeeren) fraise

Erde (FÉMININ : die Erde) terre
♦ **Erdgeschoss** (NEUTRE : das Erdgeschoss) rez-de-chaussée
♦ **Erdnuss** (FÉMININ : die Erdnuss, die Erdnüsse) cacahuète
♦ **Erdöl** (NEUTRE : das Erdöl) pétrole

erdrücken écraser

erdulden endurer *ou* supporter

sich ereignen se passer *ou* avoir lieu
♦ **Ereignis** (NEUTRE : das Ereignis, die Ereignisse) événement

erfahren (**er erfährt; erfuhr, erfahren**) *a plusieurs catégories grammaticales et plusieurs sens :*

> *Ce peut être un* VERBE :
erfahren *signifie* apprendre :
▷ Wenn hast du die gute Nachricht erfahren? Quand est-ce que tu as appris la bonne nouvelle ?

> *Ce peut être un* ADJECTIF :
erfahren *signifie* expérimenté

Erfahrung (FÉMININ : die Erfahrung) expérience

erfinden (**erfand, erfunden**) inventer
♦ **Erfindung** (FÉMININ : die Erfindung) invention

Erfolg (MASCULIN : der Erfolg, die Erfolge) succès *ou* réussite
♦ **erfolglos** sans succès
♦ **erfolgreich** couronné de succès *ou* réussi

erforderlich nécessaire

erforschen explorer

erfreuen réjouir *ou* faire plaisir à :
► **sich an etwas erfreuen** se réjouir de quelque chose
♦ **erfreulich** réjouissant
♦ **erfreulicherweise** heureusement

erfrieren geler *ou* mourir de froid
📖 **frieren** (**fror, gefroren**) = avoir froid *ou* geler

(sich) erfrischen (se) rafraîchir
♦ **Erfrischung** (FÉMININ : die Erfrischung) rafraîchissement

erfüllen *a plusieurs sens :*
1 **erfüllen** *peut signifier* accomplir :
▷ Er hat seine Pflicht erfüllt. Il a accompli son devoir.
2 **erfüllen** *peut signifier* remplir :
▷ Das hat mich mit Freude erfüllt. Ça m'a rempli de joie.
3 **erfüllen** *peut signifier* satisfaire :
▷ Deine Noten erfüllen meine Erwartungen. Tes notes satisfont mes attentes.
4 **sich erfüllen** *signifie* se réaliser :
▷ Ihr Wunsch hat sich erfüllt. Son désir s'est réalisé.

ergänzen compléter

ergeben (ergiebt; ergab, ergeben) *a plusieurs catégories grammaticales et plusieurs sens :*

> *Ce peut être un* VERBE TRANSITIF :

ergeben *signifie* donner :

▷ Die Nachforschungen haben nichts ergeben. Les recherches n'ont rien donné.

> *Ce peut être un* VERBE RÉFLÉCHI :

1 sich ergeben *peut signifier* se rendre :

▷ Der Feind ergibt sich. L'ennemi se rend.

2 sich ergeben *peut être employé dans des expressions :*

▷ Was hat sich ergeben? Qu'est-ce que ça a donné ?

▷ Das hat sich so ergeben. Ça s'est fait comme ça.

3 sich ergeben *peut signifier* s'ensuivre *ou* résulter :

▷ Es wird sich schon etwas ergeben. Il va bien s'ensuivre quelque chose.

> *Ce peut être un* ADJECTIF :

ergeben *signifie* dévoué :

▷ Sie ist ihm ganz ergeben. Elle lui est complètement dévouée.

♦ Ergebenheit (FÉMININ : die Ergebenheit) dévouement

Ergebnis (NEUTRE : das Ergebnis, die Ergebnisse) résultat

♦ ergebnislos sans résultat

ergehen (erging, ergangen)

▷ Wie ist es dir dabei ergangen? Comment ça s'est passé pour toi ?

▷ Es erging mir schlecht. Ça s'est mal passé pour moi.

► etwas über sich ergehen lassen subir quelque chose

ergiebig qui rapporte beaucoup *ou* fructueux *ou* fertile

ergreifen (ergriff, ergriffen) *a plusieurs sens :*

1 ergreifen *peut signifier* saisir *ou* attraper

2 ergreifen *peut signifier* prendre :

► Maßnahmen ergreifen prendre des mesures

♦ ergreifend émouvant

♦ ergriffen sein être ému *ou* être touché

erhalten (erhält; erhielt, erhalten) *a plusieurs sens :*

1 erhalten *peut signifier* recevoir :

▷ Hast du meinen Brief erhalten? Tu as reçu ma lettre ?

2 erhalten *peut signifier* conserver *ou* maintenir :

▷ Dieser Tempel ist gut erhalten. Ce temple est bien conservé.

► gut / schlecht erhalten sein être en bon / mauvais état

(sich) erheben (se) lever *ou* (s')élever

► auf etwas Anspruch erheben réclamer quelque chose

► Einspruch, Protest erheben protester

📖 heben (hob, gehoben) = lever *ou* soulever

♦ erheblich considérable

erheitern amuser *ou* égayer

erhitzen chauffer

erhoffen espérer

📖 hoffen = espérer

erhöhen augmenter *ou* hausser (un mur)

sich erholen se reposer

► sich von einer Krankheit erholen se remettre d'une maladie

♦ erholsam reposant

♦ Erholung (FÉMININ : die Erholung) repos *ou* rétablissement

♦ erholungsbedürftig qui a besoin de repos

sich erinnern se rappeler *ou* se souvenir

► jemanden an jemanden / etwas erinnern rappeler quelqu'un / quelque chose à quelqu'un

♦ Erinnerung (FÉMININ : die Erinnerung) souvenir *ou* mémoire

► zur Erinnerung an en souvenir de

sich erkälten prendre froid

► erkältet sein être enrhumé, avoir un rhume

♦ Erkältung (FÉMININ : die Erkältung) rhume

erkennen reconnaître *ou* distinguer

📖 kennen (kannte, gekannt) = connaître

► sich erkenntlich zeigen se montrer reconnaissant

Erkenntnis (FÉMININ : die Erkenntnis, die Erkenntnisse) connaissance

erklären expliquer

♦ erklärbar, erklärlich expliquable

♦ Erklärung (FÉMININ : die Erklärung) explication *ou* déclaration

erkranken tomber malade

♦ **Erkrankung** (FÉMININ : die Erkrankung) maladie

sich erkundigen se renseigner

erlangen obtenir *ou* acquérir

erlauben permettre
► **sich etwas erlauben** se permettre quelque chose

♦ **Erlaubnis** (FÉMININ : die Erlaubnis) permission

erleben vivre *ou* éprouver *ou* faire l'expérience de

♦ **Erlebnis** (NEUTRE : das Erlebnis, die Erlebnisse) expérience

erleichtern faciliter *ou* alléger
► **erleichtert sein** être soulagé

♦ **Erleichterung** (FÉMININ : die Erleichterung) soulagement

erleiden subir *ou* endurer *ou* souffrir

erlernen apprendre

♦ **erlernbar** qui peut s'apprendre

erlöschen s'éteindre
📖 **löschen** = éteindre

erlösen délivrer

♦ **Erlösung** (FÉMININ : die Erlösung) délivrance

ermäßigen réduire

♦ **Ermäßigung** (FÉMININ : die Ermäßigung) réduction

ermöglichen rendre possible *ou* permettre
► **jemandem etwas ermöglichen** rendre possible quelque chose à quelqu'un

ermorden assassiner

♦ **Ermordung** (FÉMININ : die Ermordung) assassinat

ermüden fatiguer

♦ **Ermüdung** (FÉMININ : die Ermüdung) fatigue

ermutigen encourager

(sich) ernähren (se) nourrir

♦ **Ernährung** (FÉMININ : die Ernährung) alimentation *ou* nourriture

erneuern renouveler *ou* restaurer

♦ **erneut** (adjectif) nouveau *ou* (adverbe) à nouveau

erniedrigen humilier (quelqu'un) *ou* baisser (un prix)

ernst sérieux *ou* grave
► **etwas ernst meinen** être sérieux
► **etwas ernst nehmen** prendre quelque chose au sérieux
► **ernst bleiben** garder son sérieux

♦ **Ernst** (MASCULIN : der Ernst) gravité *ou* sérieux (substantif)
▷ Das ist mein Ernst. Je suis sérieux.
► **im Ernst** sérieusement
► **es wird Ernst** ça devient sérieux
► **seinen Ernst bewahren** garder son sérieux

Ernte (FÉMININ : die Ernte, die Ernten) récolte

♦ **ernten** récolter

erpressen faire chanter

♦ **Erpressung** (FÉMININ : die Erpressung) chantage

erraten deviner
📖 **raten (er rät; riet, erraten)** = deviner

erregen irriter *ou* exciter

erreichen atteindre *ou* joindre
► **jemanden erreichen** joindre quelqu'un
► **erreichbar sein** être joignable

erröten rougir

Ersatz (MASCULIN : der Ersatz) substitut *ou* dédommagement

♦ **Ersatzrad** (NEUTRE : das Ersatzrad, die Ersatzräder) roue de secours

♦ **Ersatzteil** (NEUTRE : das Ersatzteil, die Ersatzteile) pièce de remplacement

erschaffen créer
📖 **schaffen (schuf, geschaffen)** = créer

erscheinen apparaître *ou* comparaître *ou* paraître
📖 **scheinen (schien, geschienen)** = paraître

♦ **Erscheinung** (FÉMININ : die Erscheinung) apparition *ou* phénomène

erschöpfen épuiser

♦ **Erschöpfung** (FÉMININ : die Erschöpfung) épuisement

erschrecken *a plusieurs catégories grammaticales et plusieurs sens :*

> *Ce peut être un* VERBE TRANSITIF :

erschrecken *signifie* effrayer *ou* faire peur :

▷ Du hast mich aber erschreckt. Tu m'as vraiment fait peur.

> *Ce peut être un* VERBE INTRANSITIF :

erschrecken *signifie* avoir peur :

▷ Sie ist erschrocken. Elle a eu peur.

📖 schrecken (er schrickt; schrak, geschrocken) = effrayer

erschüttern ébranler *ou* secouer *ou* émouvoir

♦ Erschütterung (FÉMININ : die Erschütterung) secousse *ou* bouleversement

erschwinglich abordable (en parlant d'un prix)

ersetzen remplacer

ersichtlich évident *ou* manifeste *ou* apparent

ersparen économiser

► sich Zeit ersparen gagner du temps

► sich Mühe ersparen s'épargner des efforts

► jemandem etwas ersparen épargner quelque chose à quelqu'un

♦ Ersparnisse (FÉMININ pluriel : die Ersparnisse) économies

📖 sparen = économiser

erst d'abord *ou* seulement :

▷ Erst sie, dann du. D'abord elle, puis toi.

▷ Er ist erst gestern zurückgekommen. Il est seulement revenu hier.

► erst einmal d'abord

► erst recht à plus forte raison

► nun erst recht! raison de plus !

erstarren se figer

erstaunen (s')étonner

📖 staunen = s'étonner

♦ Erstaunen (NEUTRE : das Erstaunen) étonnement

♦ erstaunlich étonnant

erstbeste, erstbester, erstbestes le premier venu, la première venue, la première chose venue

erste, erster, erstes premier, première

► der erste Mai le premier mai

► das erste Mal la première fois

♦ erstens premièrement

♦ Erste, Erster premier, première

> ℹ *Ce mot est un* adjectif substantivé : der Erste, ein Erster.

erstechen (er ersticht; erstach, erstochen) poignarder

ersticken *a plusieurs catégories grammaticales et plusieurs sens :*

> *Ce peut être un* VERBE TRANSITIF :

ersticken *signifie* étouffer :

▷ Ich habe das Feuer erstickt. J'ai étouffé le feu.

> *Ce peut être un* VERBE INTRANSITIF :

ersticken *signifie* s'étouffer :

▷ Sie ist fast an der Gräte erstickt. Elle a failli s'étouffer avec l'arête.

erstmals pour la première fois

sich erstrecken s'étendre

ertappen surprendre

► jemanden ertappen prendre quelqu'un en flagrant délit

ertragen supporter

📖 tragen (er trägt; trug, getragen) = porter

♦ erträglich supportable

ertränken noyer

ertrinken (ertrank, ertrunken) se noyer

(sich) erübrigen être inutile

erwachen se réveiller

erwachsen adulte

♦ Erwachsene, Erwachsener (MASCULIN : der Erwachsene / FÉMININ : die Erwachsene) adulte

> ℹ *Ce mot est un* adjectif substantivé : der Erwachsene, ein Erwachsener.

erwägen (erwog, erwogen) considérer *ou* peser (le pour et le contre)

♦ Erwägung (FÉMININ : die Erwägung) considération

► etwas in Erwägung ziehen prendre quelque chose en considération

erwähnen mentionner

♦ erwähnenswert digne d'être mentionné

erwarten attendre *ou* s'attendre à :

▷ Wir erwarten dich morgen. Nous t'attendons pour demain.

▷ Das habe ich nicht erwartet! Je ne m'attendais pas à ça !

► jemanden / etwas **kaum erwarten können** attendre quelqu'un / quelque chose avec impatience

♦ **Erwartung** (FÉMININ : die Erwartung) attente *ou* espoir

♦ **erwartungsvoll** plein d'espoir

erwecken éveiller

► **Vertrauen erwecken** inspirer confiance

► **etwas zu neuem Leben erwecken** faire revivre quelque chose

erweisen (erwies, erwiesen)

► **sich erweisen** se révéler *ou* s'avérer

► **jemandem einen Dienst erweisen** rendre un service à quelqu'un

Erwerb (MASCULIN : der Erwerb, die Erwerbe) acquisition

♦ **erwerben** acquérir

erwidern répondre :

▷ Was hat er erwidert? Qu'est-ce qu'il a répondu ?

erwiesen prouvé *ou* démontré

erwischen choper

> ℹ *Le mot allemand et sa traduction française sont familiers.*

erwog, erwogen *voir* erwägen

erwünscht désiré

erwürgen étrangler

erzählen raconter

♦ **Erzähler, Erzählerin** (MASCULIN : der Erzähler, die Erzähler / FÉMININ : die Erzählerin, die Erzählerinnen) narrateur, narratrice

♦ **Erzählung** (FÉMININ : die Erzählung) histoire *ou* conte

erzeugen produire *ou* fabriquer

♦ **Erzeugung** (FÉMININ : die Erzeugung) production

erziehen éduquer *ou* élever

♦ **Erzieher, Erzieherin** (MASCULIN : der Erzieher, die Erzieher / FÉMININ : die Erzieherin, die Erzieherinnen) éducateur, éducatrice

♦ **Erziehung** (FÉMININ : die Erziehung) éducation

erzwingen obtenir de force

📖 **zwingen (zwang, gezwungen)** = forcer

es il, elle *ou* ce, ça *ou* le, la :

▷ Das Buch? Ich weiss nicht wo es ist. Le livre ? Je ne sais pas où il est.

▷ Es ist mir egal. Ça m'est égal.

▷ Es ist kalt! Il fait froid !

▷ Da ist das Buch, gib es mir. Le livre est là, donne-le moi.

> ℹ **Déclinaisons :**
> es (accusatif) ; ihm (datif) ; seiner (génitif)

Esel (MASCULIN : der Esel, die Esel) âne

essen (er isst; aß, gegessen) manger

♦ **essbar** mangeable *ou* comestible

♦ **Essen** (NEUTRE : das Essen) nourriture *ou* repas

♦ **Esszimmer** (NEUTRE : das Esszimmer, die Esszimmer) salle à manger

Essig (MASCULIN : der Essig) vinaigre

♦ **Essiggurke** (FÉMININ : die Essiggurke, die Essiggurken) cornichon

Estland Estonie

> ℹ *En allemand, on ne met pas d'article devant les noms de pays.*

♦ **estnisch** estonien

etliche quelques *ou* quelques-uns *ou* quelques-unes

etwa à peu près *ou* environ *ou* par hasard :

▷ Das sind etwa drei Kilo. Cela fait à peu près trois kilos.

▷ Hast du etwa Angst? Tu n'aurais pas peur par hasard ?

etwas quelque chose *ou* un peu

EU (FÉMININ : die EU) *est l'abréviation de* **Europäische Union** *et signifie* UE (Union Européenne)

euch *est l'accusatif et le datif du* pronom personnel **ihr** *et signifie* vous *ou* à vous

Eule (FÉMININ : die Eule, die Eulen) hibou *ou* chouette

eurer *a plusieurs catégories grammaticales :*

> *Ce peut être le génitif du* PRONOM PERSONNEL IHR :

euer *signifie* à vous

> *Ce peut être le* PRONOM PERSONNEL ADJECTIVÉ :

euer, eu(e)re *signifie* votre

♦ **eu(e)re** vos

♦ **eu(e)re, eu(e)rer, eu(e)res** est le pronom personnel substantivé *et signifie* le vôtre, la vôtre

♦ **eu(e)re** les vôtres

eurerseits de votre côté

euretwegen pour vous *ou* à cause de vous

Europa l'Europe

♦ **Europäer(in)** Européen(ne)

♦ **europäisch** européen

ewig éternel *ou* perpétuel *ou* continuel

♦ **Ewigkeit** (FÉMININ : die Ewigkeit) éternité

♦ **ewiglich** éternellement

Experiment (NEUTRE : das Experiment, die Experimente) expérience

♦ **experimentieren** faire des expériences

extra à part *ou* exprès *ou* en plus

F

ALLEMAND — FRANÇAIS

fabelhaft merveilleux

Fabrik (FÉMININ : die Fabrik, die Fabriken) usine

Fach (NEUTRE : das Fach, die Fächer) *a plusieurs sens :*

1 Fach *peut signifier* étagère *ou* rayon *ou* casier

2 Fach *peut signifier* matière :

▷ In der achten Klasse haben wir zehn verschiedene Fächer. En quatrième, nous avons dix matières différentes.

Facharzt, Fachärztin (MASCULIN : der Facharzt, die Fachärzte / FÉMININ : die Fachärztin, die Fachärztinnen) médecin spécialiste

Fächer (MASCULIN : der Fächer, die Fächer) éventail

Fachfrau (FÉMININ : die Fachfrau, die Fachfrauen) spécialiste

Fachleute (pluriel : die Fachleute) spécialistes

Fachmann (MASCULIN : der Fachmann, die Fachmänner) spécialiste

Fachschule (FÉMININ : die Fachschule, die Fachschulen) école professionnelle

Fackel (FÉMININ : die Fackel, die Fackeln) torche

Faden (MASCULIN : der Faden, die Fäden) fil

► **roter Faden** fil conducteur

fähig capable

► **zu etwas fähig sein** être capable de quelque chose

♦ **Fähigkeit** (FÉMININ : die Fähigkeit) capacité

Fahne (FÉMININ : die Fahne, die Fahnen) drapeau

Fahrausweis (MASCULIN : der Fahrausweis, die Fahrausweise) titre de transport

fahren (er fährt; fuhr, gefahren) *a plusieurs catégories grammaticales et plusieurs sens :*

> *Ce peut être un* VERBE TRANSITIF :

fahren *signifie* conduire *ou* transporter :

▷ Kannst du Mina morgen in die Schule fahren? Est-ce que tu peux conduire Mina à l'école demain ?

▷ Er hat die kaputte Waschmaschine zur Entsorgung gefahren. Il a transporté la machine à laver cassée à la déchetterie.

> *Ce peut être un* VERBE INTRANSITIF :

1 fahren *peut signifier* aller *ou* rouler *ou* partir *ou* conduire :

▷ Wohin fahren wir? Où allons-nous ?

▷ Er fährt viel zu schnell. Il roule beaucoup trop vite.

▷ Morgen fahre ich aufs Land. Demain je pars à la campagne.

▷ Lass mich mal fahren. Laisse-moi conduire un peu.

2 fahren *peut signifier* passer *ou* traverser :

▷ Da ist mir eine Idee durch den Kopf gefahren. Alors une idée m'a traversé l'esprit.

► **mit der Hand über den Tisch fahren** passer la main sur la table

► **durch einen Tunnel fahren** passer par un tunnel

► **über einen See fahren** traverser un lac

► **entlang fahren** longer

► **um die Ecke fahren** tourner

► **gegen einen Baum fahren** percuter un arbre

► **aus dem Bett fahren** sauter hors du lit

► **aus der Haut fahren** être hors de soi *ou* se mettre hors de soi

► **was ist in dich gefahren?** qu'est-ce qui t'a pris ?

Fahrer (MASCULIN : der Fahrer, die Fahrer) conducteur

Fahrkarte (FÉMININ : die Fahrkarte, die Fahrkarten) billet *ou* ticket

fahrlässig négligent *ou* imprudent
► **fahrlässigerweise** par négligence *ou* par imprudence
♦ **Fahrlässigkeit** (FÉMININ : die Fahrlässigkeit) négligence *ou* imprudence

Fahrplan (MASCULIN : der Fahrplan, die Fahrpläne) horaire (plan qui indique les heures de départ et d'arrivée)
♦ **fahrplanmäßig** à l'heure prévue

Fahrprüfung (FÉMININ : die Fahrprüfung) examen du permis de conduire

Fahrrad (NEUTRE : das Fahrrad, die Fahrräder) vélo

Fahrschein (MASCULIN : der Fahrschein, die Fahrscheine) billet *ou* ticket

Fahrschule (FÉMININ : die Fahrschule, die Fahrschulen) auto-école

Fahrstuhl (MASCULIN : der Fahrstuhl, die Fahrstühle) ascenseur

Fahrt (FÉMININ : die Fahrt, die Fahrten) trajet *ou* voyage
► **in voller Fahrt** à toute allure
► **gute Fahrt!** bonne route !

Fahrzeug (NEUTRE : das Fahrzeug, die Fahrzeuge) véhicule

fair / fɛɐ / équitable *ou* loyal
► **fair-play** / fɛɐ plei / **spielen** jouer fair-play

faktisch effectif *ou* réel

Falke (MASCULIN : der Falke, die Falken) faucon

Fall (MASCULIN : der Fall, die Fälle) cas *ou* chute
► **auf jeden Fall** en tout cas
► **auf alle Fälle** en tous les cas
► **für den Fall, dass** au cas où
► **auf keinen Fall** en aucun cas

Falle (FÉMININ : die Falle, die Fallen) piège

fallen (er fällt; fiel, gefallen) tomber *ou* baisser :
▷ Ich bin gefallen. Je suis tombé.
▷ Die Preise fallen. Les prix baissent.
► **fallen lassen** laisser tomber
► **eine Entscheidung muss fallen** une décision doit être prise
► **eine Bemerkung fallen lassen** faire une remarque
► **in Ohnmacht fallen** s'évanouir
► **im Krieg fallen** mourir à la guerre

fällen abattre (un arbre)
► **ein Urteil fällen** rendre un verdict

fällig arrivé à échéance *ou* exigible
▷ Die Miete ist morgen fällig. Il faut payer le loyer demain.

falls au cas où

Fallschirm (MASCULIN : der Fallschirm, die Fallschirme) parachute

falsch *a plusieurs catégories grammaticales et plusieurs sens :*

> *Ce peut être un* ADJECTIF :

falsch *signifie* faux *ou* mauvais :
▷ Das ist ein falscher Zahn. C'est une fausse dent.
▷ Er hat mir eine falsche Adresse gegeben. Il m'a donné une mauvaise adresse.

> *Ce peut être un* ADVERBE :

▷ Die Uhr geht falsch. La montre n'est pas à l'heure.
▷ Entschuldigung, ich bin falsch verbunden. Excusez-moi, je ne suis pas au bon numéro.
► **falsch singen** chanter faux
► **falsch parken** être mal garé
► **falsch aussprechen** mal prononcer
► **falsch verstehen** mal comprendre
► **falsch gehen** se tromper de chemin

Falte (FÉMININ : die Falte, die Falten) pli *ou* ride
♦ **falten** plier
► **die Hände falten** joindre les mains

Falter (MASCULIN : der Falter, die Falter) papillon

faltig froissé *ou* ridé

Familie (FÉMININ : die Familie, die Familien) famille
♦ **Familienname** (MASCULIN : der Familienname, die Familiennamen) nom de famille

fand *voir* **finden**

fangen (er fängt; fing, gefangen) attraper

Fantasie (FÉMININ : die Fantasie, die Fantasien) imagination

◆ **fantasielos** sans imagination

◆ **fantasieren** rêver *ou* délirer

◆ **fantasievoll** plein d'imagination

> Fantasie *ne signifie pas* fantaisie *en français.*

Farbe (FÉMININ : die Farbe, die Farben) couleur *ou* peinture

◆ **farbenblind** daltonien

◆ **farbenfroh** *ou* **farbenprächtig** aux couleurs gaies

◆ **Farbfilm** (MASCULIN : der Farbfilm, die Farbfilme) pellicule couleur

◆ **Farbfoto** (NEUTRE : das Farbfoto, die Farbfotos) photo couleur

◆ **farbig** coloré *ou* de couleur

◆ **Farbiger, Farbige** (MASCULIN : der Farbige, die Farbigen / FÉMININ : die Farbige, die Farbigen) homme, femme de couleur

> ℹ *Ce mot est un* adjectif substantivé : der Farbige, ein Farbiger.

◆ **farblos** sans couleur *ou* terne

◆ **Farbstift** (MASCULIN : der Farbstift, die Farbstifte) crayon de couleur

färben *a plusieurs catégories grammaticales et plusieurs sens :*

> *Ce peut être un* VERBE TRANSITIF :

färben *signifie* teindre :

▷ Die Hose ist gefärbt. Ce pantalon est teint.

> *Ce peut être un* VERBE INTRANSITIF :

färben *signifie* déteindre :

▷ Das T-Shirt hat gefärbt. Le tee-shirt a déteint.

> *Ce peut être un* VERBE RÉFLÉCHI :

sich färben *signifie* se colorer :

▷ Im Sommer färbt sich der Himmel oft rosarot. En été, le ciel se colore souvent en rose.

Farn (MASCULIN : der Farn, die Farne) fougère

Fasching (MASCULIN : der Fasching) carnaval

> ℹ *C'est un mot employé en Bavière et en Autriche. Ailleurs, on dit* Karneval.

fassbar saisissable *ou* compréhensible

fassen *a plusieurs sens :*

1 **fassen** *peut signifier* saisir :

▷ Er hat mich bei der Hand gefasst. Il m'a saisi par la main.

2 **fassen** *peut signifier* comprendre :

▷ Ich kann immer noch nicht fassen, was passiert ist. Je n'arrive toujours pas à comprendre ce qui s'est passé.

3 **fassen** *peut signifier* contenir :

▷ Wieviele Menschen fasst dieses Stadion? Combien de personnes ce stade peut-il contenir ?

4 **fassen** *peut signifier* prendre :

▷ Ich habe einen Entschluss gefasst. J'ai pris une décision.

▷ Endlich fängt sie an, Vertrauen zu fassen. Enfin elle commence à prendre confiance.

► **einen Verbrecher fassen** attraper un criminel

► **sich fassen** se ressaisir

Fassung (FÉMININ : die Fassung) *a plusieurs sens :*

1 **Fassung** *peut signifier* monture (d'une montre) *ou* douille (d'une lampe) :

2 **Fassung** *peut signifier* version :

▷ Davon habe ich eine andere Fassung. J'en ai une autre version.

▷ Von diesem Text gibt es mehrere Fassungen. Il existe plusieurs versions de ce texte.

fast presque

fasten jeûner

faul *a plusieurs sens :*

1 **faul** *peut signifier* paresseux :

► **ein fauler Mensch** une personne paresseuse

2 **faul** *peut signifier* pourri :

► **eine faule Frucht** un fruit pourri

3 **faul** *peut signifier* douteux :

► **eine faule Ausrede** une excuse douteuse

► **ein fauler Witz** une blague douteuse

◆ **faulen** pourrir

◆ **faulenzen** être paresseux *ou* ne rien faire

◆ **Faulenzer, Faulenzerin** (MASCULIN : der Faulenzer, die Faulenzer / FÉMININ : die Faulenzerin, die Faulenzerinnen) paresseux, paresseuse (en parlant d'une personne)

◆ **faulig** pourri

Faust (FÉMININ : die Faust, die Fäuste) poing

► **auf eigene Faust** de sa propre initiative

FDP *est l'abréviation de* Freie Demokratische Partei. *C'est le parti allemand du centre.*

Februar (MASCULIN : der Februar) février
► **im Februar** en février *ou* au mois de février

fechten (er ficht; focht, gefochten) faire de l'escrime

Feder (FÉMININ : die Feder, die Federn) plume *ou* ressort

♦ **Federballspiel** (NEUTRE : das Federballspiel, die Federballspiele) badminton

♦ **federleicht** léger comme une plume

fegen balayer

fehl
► **fehl am Platz sein** ne pas être à sa place

fehlen manquer *ou* être absent
► **was fehlt ihm?** qu'est-ce qu'il a ?

Fehler (MASCULIN : der Fehler, die Fehler) faute *ou* défaut *ou* erreur

♦ **Fehlanzeige** (FÉMININ : die Fehlanzeige, die Fehlanzeigen) fausse alerte

♦ **Fehlgeburt** (FÉMININ : die Fehlgeburt, die Fehlgeburten) fausse couche

♦ **Fehlschlag** (MASCULIN : der Fehlschlag, die Fehlschläge) échec

♦ **Fehlstart** (MASCULIN : der Fehlstart) faux départ

Feier (FÉMININ : die Feier, die Feiern) fête *ou* cérémonie

♦ **feierlich** solennel

♦ **feiern** fêter

♦ **Feiertag** (MASCULIN : der Feiertag, die Feiertage) jour férié

feig(e) lâche

♦ **Feigheit** (FÉMININ : die Feigheit) lâcheté

♦ **Feigling** (MASCULIN : der Feigling, die Feiglinge) lâche (en parlant d'une personne)

Feige (FÉMININ : die Feige, die Feigen) figue

Feile (FÉMININ : die Feile, die Feilen) lime

♦ **feilen** limer

fein fin *ou* raffiné *ou* chouette

Feind (MASCULIN : der Feind, die Feinde) ennemi

♦ **feindlich** *ou* **feindselig** hostile

♦ **Feindschaft** *ou* **Feindseligkeit** (FÉMININ : die Feindschaft / die Feindseligkeit) hostilité

feinfühlig sensible

♦ **Feingefühl** (NEUTRE : das Feingefühl) tact

Feinschmecker (MASCULIN : der Feinschmecker, die Feinschmecker) gourmet

Feld (NEUTRE : das Feld, die Felder) champ

♦ **Feldweg** (MASCULIN : der Feldweg, die Feldwege) chemin de terre

Fell (NEUTRE : das Fell, die Felle) pelage *ou* fourrure

Fels (MASCULIN : der Fels, die Felsen) rocher

♦ **felsenfest** ferme, fermement

♦ **felsig** rocheux

Fenster (NEUTRE : das Fenster, die Fenster) fenêtre

♦ **Fensterladen** (MASCULIN : der Fensterladen, die Fensterläden) volet

♦ **Fensterscheibe** (FÉMININ : die Fensterscheibe, die Fensterscheiben) carreau de vitre

Ferien (pluriel : die Ferien) vacances :
► **Ferien machen** prendre *ou* passer des vacances

♦ **Ferienlager** (NEUTRE : das Ferienlager, die Ferienlager) colonie de vacances

fern *a plusieurs catégories grammaticales et plusieurs sens :*

> *Ce peut être un* ADJECTIF :
fern *signifie* éloigné *ou* lointain

♦ **der Ferne Osten** l'Extrême-Orient

> *Ce peut être un* ADVERBE :
fern *signifie* loin :
▷ Das erscheint mir fern. Ça me paraît loin.
► **fern von hier** loin d'ici

♦ **Fernbedienung** (FÉMININ : die Fernbedienung) télécommande
► **in die Ferne schauen** regarder au loin
► **ferner** en outre
► **ferngesteuert** télécommandé
► **Fernglas** (NEUTRE : das Fernglas, die Fengläser) jumelles
► **Fernrohr** (FÉMININ : das Fernrohr, die Fernrohre) longue-vue

> *Ce peut être une* PARTICULE SÉPARABLE *pour former des* VERBES COMPOSÉS :

♦ **fernhalten** tenir à l'écart
📖 **halten** (er hält; hielt, gehalten) = tenir

♦ **fernliegen** (fernlag, ferngelegen) être loin

Fernsehen (NEUTRE : das Fernsehen) télévision

♦ **fernsehen** regarder la télévision

📖 **sehen (er sieht; sah, gesehen)** = voir

Fernseher (MASCULIN : der Fernseher, die Fernseher) téléviseur

Ferse (FÉMININ : die Ferse, die Fersen) talon

fertig prêt *ou* fini :

▷ Das Frühstück ist fertig. Le petit-déjeuner est prêt.

▷ Bist du mit dem Rasenmähen fertig? Tu as fini de tondre le gazon ?

► **mit etwas fertig werden** surmonter quelque chose

► **etwas fertig bringen** arriver à faire quelque chose

► **etwas fertig machen** terminer quelque chose

► **jemanden fertig machen** épuiser *ou* démolir quelqu'un

► **fertig sein** être épuisé

► **sich fertig machen** se préparer

► **etwas fertig stellen** achever quelque chose

Fertigkeit (FÉMININ : die Fertigkeit) habileté

► **die Fertigkeit zu etwas haben** être assez habile pour faire quelque chose

Fessel (FÉMININ : die Fessel, die Fesseln) *a plusieurs sens :*

1 **Fessel** *peut signifier* chaîne

♦ **fesseln** ligoter

♦ **fesselnd** captivant

2 **Fessel** *peut signifier* cheville (partie du corps)

fest *a plusieurs catégories grammaticales et plusieurs sens :*

> *Ce peut être un* ADJECTIF :

fest *signifie* ferme *ou* fixe

► **feste Nahrung** nourriture solide

► **fester Schlaf** sommeil profond

> *Ce peut être une* PARTICULE SÉPARABLE *pour former des* VERBES COMPOSÉS :

♦ **festmachen** fixer

♦ **festsetzen** établir

♦ **feststellen** constater

> ℹ *Vous trouverez les autres* verbes composés *qui commencent par* **fest-** *classés par ordre alphabétique.*

Fest (NEUTRE : das Fest, die Feste) fête

festbinden attacher

📖 **binden (band, gebunden)** = attacher *ou* nouer

festhalten tenir fermement

📖 **halten (er hält; hielt, gehalten)** = tenir

♦ **sich festhalten** s'accrocher

festigen consolider

Festland (NEUTRE : das Festland, die Festländer) continent

festlegen déterminer

♦ **sich festlegen** se fixer

festlich solennel

Festnahme (FÉMININ : die Festnahme, die Festnahmen) arrestation

♦ **festnehmen** arrêter (un criminel)

📖 **nehmen (er nimmt; nahm, genommen)** = prendre

Festspiele (pluriel : die Festpiele) festival

feststehen (**feststand, festgestanden**) être sûr :

► **es steht fest** c'est sûr

Festung (FÉMININ : die Festung) forteresse

fett gras

► **fett gedruckt** imprimé en gras

♦ **Fett** (NEUTRE : das Fett, die Fette) graisse *ou* matière grasse

♦ **fettarm** pauvre en matière grasse

♦ **fettig** gras

♦ **Fettnäpfchen** (NEUTRE : das Fettnäpfchen)

► **ins Fettnäpfchen treten** mettre les pieds dans le plat

Fetzen (MASCULIN : der Fetzen, die Fetzen) chiffon *ou* lambeau

feucht humide

♦ **Feuchtigkeit** (FÉMININ : die Feuchtigkeit) humidité

Feuer (NEUTRE : das Feuer, die Feuer) feu

► **Feuer fangen** prendre feu

♦ **feuerfest** résistant au feu

♦ **Feuerlöscher** (MASCULIN : der Feuerlöscher, die Feuerlöscher) extincteur

♦ **Feuerwehr** (FÉMININ : die Feuerwehr) sapeurs-pompiers

♦ **Feuerwerk** (NEUTRE : das Feuerwerk, die Feuerwerke) feu d'artifice

♦ **Feuerzeug** (NEUTRE : das Feuerzeug, die Feuerzeuge) briquet

fichst, ficht *voir* **fechten**

Fieber (NEUTRE : das Fieber) fièvre

♦ **fieberhaft** *ou* **fiebrig** fébrile

♦ **Fiebermesser** (MASCULIN : der Fiebermesser, die Fiebermesser) thermomètre

fiel *voir* **fallen**

Figur (FÉMININ : die Figur, die Figuren) stature *ou* personnage

► **eine gute Figur haben** être bien fait

► **auf die Figur achten** faire attention à sa ligne

♦ **Spielfigur** (FÉMININ : die Spielfigur) pion

Film (MASCULIN : der Film, die Filme) film *ou* pellicule (de photos)

Filz (MASCULIN : der Filz, die Filze) feutre (en parlant du tissu)

♦ **Filzstift** (MASCULIN : der Filzstift, die Filzstifte) feutre (pour dessiner)

Fimmel (MASCULIN : der Fimmel, die Fimmel) *est une expression familière pour* manie

finden (**fand, gefunden**) trouver

fing *voir* **fangen**

Finger (MASCULIN : der Finger, die Finger) doigt (de la main)

► **die Finger von etwas lassen** ne pas se mêler de quelque chose *ou* ne pas toucher à quelque chose

► **jemandem auf die Finger sehen** avoir quelqu'un à l'œil

♦ **Fingernagel** (MASCULIN : der Fingernagel, die Fingernägel) ongle (de la main)

♦ **Fingerspitzengefühl** (NEUTRE : das Fingerspitzengefühl) doigté

Finne, Finnin (MASCULIN : der Finne, die Finnen / FÉMININ : die Finnin, die Finninnen) Finlandais, Finlandaise

♦ **finnisch** finlandais

♦ **Finnland** Finlande

finster sombre *ou* obscur

► **es ist finster** il fait sombre

♦ **Finsternis** (FÉMININ : die Finsternis) obscurité

Finte (FÉMININ : die Finte, die Finten) ruse

Fisch (MASCULIN : der Fisch, die Fische) poisson

♦ **fischen** pêcher

♦ **Fischer** (MASCULIN : der Fischer, die Fischer) pêcheur

♦ **Fischgräte** (FÉMININ : die Fischgräte, die Fischgräten) arête

fit en forme

fix prompt *ou* agile *ou* habile

► **fix und fertig sein** être sur les rotules *ou* être complètement bouleversé

flach plat

♦ **Flachland** (NEUTRE : das Flachland, die Flachländer) plaine

Fläche (FÉMININ : die Fläche, die Flächen) surface

flackern vaciller

Flagge (FÉMININ : die Flagge, die Flaggen) drapeau

Flamme (FÉMININ : die Flamme, die Flammen) flamme

► **in Flammen stehen** être en flammes

Flasche (FÉMININ : die Flasche, die Flaschen) bouteille

▷ Du bist eine Flasche! Tu es une cloche !

► **Flaschenöffner** (MASCULIN : der Flaschenöffner, die Flaschenöffner) ouvre-bouteille *ou* décapsuleur

flattern voleter

► **im Wind flattern** flotter dans le vent

flau

► **eine flaue Stimmung** une ambiance molle

► **jemandem ist flau** quelqu'un se trouve mal

Flaum (MASCULIN : der Flaum) duvet

Flausen (pluriel : die Flausen) balivernes

flechten (**er flicht; flocht, geflochten**) tresser

Fleck (MASCULIN : der Fleck, die Flecke) tache *ou* endroit

► sich nicht vom Fleck bewegen ne pas bouger d'une semelle

♦ fleckig taché

Fledermaus (FÉMININ : die Fledermaus, die Fledermäuse) chauve-souris

Flegel (MASCULIN : der Flegel, die Flegel) *est une expression familière qui signifie* mufle (= personne mal élevée)

♦ flegelhaft impertinent

flehen supplier

Fleisch (NEUTRE : das Fleisch) chair *ou* viande

♦ Fleischer, Fleischerin (MASCULIN : der Fleischer, die Fleischer / FÉMININ : die Fleischerin, die Fleischerinnen) boucher, bouchère *ou* charcutier, charcutière

♦ Fleischerei (FÉMININ : die Fleischerei, die Fleischereien) boucherie *ou* charcuterie

Fleiß (MASCULIN : der Fleiß) application *ou* assiduité

♦ fleißig sein être travailleur

flennen *est une expression familière qui signifie* pleurnicher

fletschen

► die Zähne fletschen montrer les dents (en parlant des animaux)

flicken racommoder

Flieder (MASCULIN : der Flieder, die Flieder) lilas (= plante)

Fliege (FÉMININ : die Fliege, die Fliegen) mouche *ou* nœud papillon

fliegen (flog, geflogen) voler *ou* prendre l'avion

► aus der Schule fliegen être viré de l'école

► auf jemanden / etwas fliegen avoir un faible pour quelqu'un / quelque chose

fliehen (floh, geflohen) fuir

Fliese (FÉMININ : die Fliese, die Fliesen) carreau (pour le sol)

Fließband (NEUTRE : das Fließband, die Fließbänder) tapis roulant

fließen (floss, geflossen) couler

♦ fließend courant *ou* couramment

flimmern scintiller

flink vif *ou* agile

flitzen filer

flocht *voir* flechten

Flocke (FÉMININ : die Flocke, die Flocken) flocon

flog *voir* fliegen

floh *voir* fliehen

Floh (MASCULIN : der Floh, die Flöhe) puce

► jemandem einen Floh ins Ohr setzen donner des idées à quelqu'un

♦ Flohmarkt (MASCULIN : der Flohmarkt, die Flohmärkte) marché aux puces

Flop (MASCULIN : der Flop, die Flops) échec

> i *Le mot allemand* ***Flop*** *est familier.*

Floß (NEUTRE : das Floß, die Flöße) radeau

floss *voir* fließen

Flosse (FÉMININ : die Flosse, die Flossen) nageoire *ou* palme (pour faire de la plongée)

Flöte (FÉMININ : die Flöte, die Flöten) flûte

flott rapide

Fluch (MASCULIN : der Fluch, die Flüche) juron *ou* malédiction

♦ fluchen jurer

Flucht (FÉMININ : die Flucht, die Fluchten) fuite

► auf der Flucht sein être en fuite

♦ fluchtartig précipitamment

flüchten fuir *ou* s'enfuir

♦ flüchtig superficiel *ou* passager

♦ Flüchtling (MASCULIN : der Flüchtling, die Flüchtlinge) réfugié

Flug (MASCULIN : der Flug, die Flüge) vol

♦ Flugblatt (NEUTRE : das Flugblatt, die Flugblätter) tract

♦ Flughafen (MASCULIN : der Flughafen, die Flughäfen) aéroport

Flügel (MASCULIN : der Flügel, die Flügel) aile *ou* piano à queue *ou* ailier (en sport)

Flugzeug (NEUTRE : das Flugzeug, die Flugzeuge) avion

Flur (MASCULIN : der Flur, die Flure) couloir (dans une maison)

Fluss (MASCULIN : der Fluss, die Flüsse) fleuve *ou* rivière *ou* flot

flüssig liquide *ou* fluide

flüstern chuchoter

Flut (FÉMININ : die Flut, die Fluten) déluge *ou* marée haute

focht *voir* **fechten**

Fohlen (NEUTRE : das Fohlen, die Fohlen) poulain

Föhn (MASCULIN : der Föhn, die Föhne) fœhn (= vent chaud) *ou* sèche-cheveux
- ► **die Haare föhnen** sécher les cheveux

Folge (FÉMININ : die Folge, die Folgen) suite *ou* conséquence
- ► **etwas zur Folge haben** avoir quelque chose pour conséquence
- ► **Folgen haben** entraîner des conséquences
- ► **einer Sache Folge leisten** donner suite à quelque chose

folgen suivre *ou* obéir
- ♦ **folgendermaßen** de la manière suivante
- ♦ **folgsam** obéissant

folgern conclure :
- ▷ Was kann man daraus folgern? Qu'est-ce qu'on peut en conclure ?
- ♦ **Folgerung** (FÉMININ : die Folgerung, die Folgerungen) conclusion
- ♦ **folglich** en conséquence

Folie (FÉMININ : die Folie, die Folien) film plastique

> Folie *ne signifie pas* folie *en français.*

- ♦ **Alufolie** (FÉMININ : die Alufolie) papier alu

Folter (FÉMININ : die Folter, die Foltern) torture
- ♦ **foltern** torturer

foppen taquiner

fordern exiger
- ♦ **Forderung** (FÉMININ : die Forderung) exigence

fördern favoriser *ou* encourager
- ♦ **Förderung** (FÉMININ : die Förderung) encouragement

Forelle (FÉMININ : die Forelle, die Forellen) truite

Form (FÉMININ : die Form, die Formen) forme *ou* moule
- ► **in Form sein** être en forme
- ► **in Form von** sous forme de
- ♦ **formbar** malléable

Formel (FÉMININ : die Formel, die Formeln) formule

forschen rechercher *ou* faire de la recherche
- ► **nach etwas forschen** rechercher quelque chose
- ♦ **Forschung** (FÉMININ : die Forschung) recherche (scientifique)

fort *a plusieurs catégories grammaticales et plusieurs sens :*

> *Ce peut être un* ADVERBE *:*

fort *signifie* parti *ou* disparu
- ► **und so fort** et ainsi de suite
- ► **in einem fort** sans arrêt
- ♦ **fortan** désormais

> *Ce peut être une* PARTICULE SÉPARABLE *pour former des* VERBES COMPOSÉS *:*

- ♦ **fortbestehen** (fortbestand, fortbestanden) persister
- ♦ **fortbringen** (fortbrachte, fortgebracht) emmener *ou* emporter ailleurs
- ♦ **fortfahren** (er fährt fort; fortfuhr, fortgefahren) continuer *ou* partir (avec un véhicule)

> ℹ *Vous trouverez les autres verbes composés qui commencent par* fort- *classés par ordre alphabétique.*

fortführen poursuivre *ou* emmener ailleurs

fortgehen (fortging, fortgegangen) s'en aller

fortgeschritten avancé

fortlassen laisser partir
- 📖 **lassen** (er lässt; ließ, gelassen) = laisser

fortmüssen devoir partir

📖 müssen (er muss; musste, gemusst) = devoir

Fortschritt (MASCULIN : der Fortschritt, die Fortschritte) progrès

fortsetzen continuer

fortwährend continuel *ou* continuellement

Foto (NEUTRE : das Foto, die Fotos) photo

♦ **Fotoapparat** (MASCULIN : der Fotoapparat, die Fotoapparate) appareil photo

Foul / faul / (NEUTRE : das Foul, die Fouls) faute (en sport)

Frage (FÉMININ : die Frage, die Fragen) question

♦ **fragen** demander

♦ **Fragezeichen** (NEUTRE : das Fragezeichen, die Fragezeichen) point d'interrogation

♦ **fraglich** incertain

♦ **fraglos** incontestablement

♦ **fragwürdig** douteux

Frankfurt Francfort

frankieren affranchir (une lettre)

Frankreich France

► **nach Frankreich fahren** aller en France

Franse (FÉMININ : die Franse, die Fransen) frange

♦ **fransen** s'effilocher

Franzose, Französin (MASCULIN : der Franzose, die Franzosen / FÉMININ : die Französin, die Französinnen) français, française

♦ **französisch** français

► **Französisch lernen** apprendre le français

► **Französisch sprechen** parler français

> ℹ *Dans ces expressions,* Französisch *est utilisé de manière substantivée.*

fraß *voir* fressen

Fratze (FÉMININ : die Fratze, die Fratzen) grimace

Frau (FÉMININ : die Frau, die Frauen) femme *ou* madame

♦ **Frauenarzt, Frauenärztin** (MASCULIN : der Frauenarzt, die Frauenärzte / FÉMININ : die Frauenärztin, die Frauenärztinnen) gynécologue

♦ **Frauenbewegung** (FÉMININ : die Frauenbewegung) mouvement féministe

Fräulein (NEUTRE : das Fräulein) demoiselle *ou* mademoiselle

frech insolent *ou* audacieux

♦ **Frechheit** (FÉMININ : die Frechheit) insolence

frei libre

♦ **Freies** (NEUTRE : das Freie)

► **im Freien** en plein air

♦ **Freibad** (NEUTRE : das Freibad, die Freibäder) piscine découverte

♦ **freiberuflich tätig sein** travailler en indépendant

♦ **freigebig** généreux

♦ **freihaben** être en congé

♦ **freihändig** sans les mains

► **freihändig fahren** conduire sans tenir le guidon

Freiheit (FÉMININ : die Freiheit) liberté

♦ **freiheitlich** libéral

♦ **Freikarte** (FÉMININ : die Freikarte, die Freikarten) billet gratuit

freilich certainement *ou* à dire vrai

(sich) freimachen (se) libérer

sich freinehmen prendre un congé

📖 nehmen (er nimmt; nahm; genommen) = prendre

Freistoß (MASCULIN : der Freistoß, die Freistöße) coup-franc (au sport)

Freitag (MASCULIN : der Freitag) vendredi

► **am Freitag** vendredi

♦ **freitags** le vendredi *ou* tous les vendredis

freiwillig volontaire *ou* volontairement

♦ **Freiwillige, Freiwilliger** (MASCULIN : der Freiwillige, die Freiwilligen / FÉMININ : die Freiwillige, die Freiwilligen) volontaire (= personne)

> ℹ *Ce nom est un* adjectif substantivé : der Freiwillige, ein Freiwilliger.

Freizeit (FÉMININ : die Freizeit) temps libre

fremd étrange *ou* étranger

♦ **fremdartig** bizarre

♦ **Fremde, Fremder** (MASCULIN : der Fremde, die Fremden / FÉMININ : die Fremde, die Fremden) étranger, étrangère

> ℹ *Ce nom est un* adjectif substantivé : der Fremde, ein Fremder.

♦ **Fremdenverkehr** (MASCULIN : der Fremdenverkehr) tourisme

♦ **Fremdsprache** (FÉMININ : die Fremdsprache, die Fremdsprachen) langue étrangère

fressen (er frisst; fraß, gefressen) manger (en parlant d'un animal)

Freude (FÉMININ : die Freude, die Freuden) joie *ou* plaisir

► **an etwas Freude haben** trouver du plaisir à quelque chose

► **jemandem eine Freude machen** faire plaisir à quelqu'un

♦ **sich freuen** se réjouir

Freund, Freundin (MASCULIN : der Freund, die Freunde / FÉMININ : die Freundin, die Freundinnen) ami, amie *ou* petit ami, petite amie

♦ **freundlich** aimable

♦ **freundlicherweise** aimablement

♦ **Freundlichkeit** (FÉMININ : die Freundlichkeit) amabilité

♦ **Freundschaft** (FÉMININ : die Freundschaft) amitié

Frieden (MASCULIN : der Frieden) paix

♦ **Friedhof** (MASCULIN : der Friedhof, die Friedhöfe) cimetière

♦ **friedlich** paisible

frieren (fror, gefroren) avoir froid *ou* geler

frisch frais

♦ **Frische** (FÉMININ : die Frische) fraîcheur

Friseur, Friseuse (MASCULIN : der Friseur, die Friseure / FÉMININ : die Friseuse, die Friseusen) coiffeur, coiffeuse

> ℹ *On écrit aussi* Frisör, Frisörin.

♦ **(sich) frisieren** (se) coiffer

♦ **Frisur** (FÉMININ : die Frisur, die Frisuren) coiffure

frisst *voir* **fressen**

Frist (FÉMININ : die Frist, die Fristen) délai *ou* terme

♦ **fristlos** sans préavis *ou* définitivement

froh joyeux *ou* content :

▷ Frohes Fest! Joyeuses fêtes !

▷ Ich bin froh, dass das Schuljahr zu Ende ist. Je suis content que l'année scolaire soit finie.

♦ **fröhlich** joyeux *ou* gai

♦ **Fröhlichkeit** (FÉMININ : die Fröhlichkeit) gaieté

fror *voir* **frieren**

Frosch (MASCULIN : der Frosch, die Frösche) grenouille

Frost (MASCULIN : der Frost, die Fröste) gel *ou* gelée (pendant l'hiver)

♦ **frösteln** frissonner

♦ **frostig** glacial

Frucht (FÉMININ : die Frucht, die Früchte) fruit

♦ **fruchtbar** fructueux *ou* fertile *ou* fécond

♦ **Fruchtbarkeit** (FÉMININ : die Fruchtbarkeit) fertilité *ou* fécondité

♦ **Fruchtfleisch** (NEUTRE : das Fruchtfleisch) pulpe

♦ **fruchtig** fruité

♦ **Fruchtsaft** (MASCULIN : der Fruchtsaft, die Fruchtsäfte) jus de fruits

♦ **Fruchtsalat** (MASCULIN : der Fruchtsalat, die Fruchtsalate) salade de fruits

früh *a plusieurs catégories grammaticales et plusieurs sens :*

> *Ce peut être un* ADJECTIF :

► **am frühen Morgen** tôt le matin

► **in früher Jugend** dans sa première jeunesse

► **ein frühreifes Kind** un enfant précoce

> *Ce peut être un* ADVERBE :

früh *signifie* tôt :

▷ Sie steht immer sehr früh auf. Elle se lève toujours très tôt.

► **heute früh** ce matin

► **von früh bis spät** du matin au soir

► **zu früh** trop tôt

► **in aller Frühe** tôt le matin

♦ **frühestens** au plus tôt

früher plus tôt *ou* autrefois :

▷ Das hätte man mir früher sagen sollen. Il aurait fallu me le dire plus tôt.

▷ Früher war das ganz anders. Autrefois c'était tout à fait différent.

Frühjahr (NEUTRE : das Frühjahr) printemps

Frühling (MASCULIN : der Frühling) printemps

Frühstück (NEUTRE : das Frühstück) petit-déjeuner

♦ **frühstücken** prendre le petit-déjeuner

frühzeitig *a plusieurs catégories grammaticales et plusieurs sens :*

> *Ce peut être un* ADJECTIF :
frühzeitig *signifie* précoce

> *Ce peut être un* ADVERBE :
frühzeitig *signifie* de bonne heure

Frust (MASCULIN : der Frust) frustration

♦ **frustrieren** frustrer

Fuchs (MASCULIN : der Fuchs, die Füchse) renard

♦ **fuchsteufelswild** *est une expression familière qui signifie* furieux

fuchteln gesticuler

sich fügen se résigner à

♦ **fügsam** docile

fühlen sentir *ou* ressentir

► **sich fühlen** se sentir

fuhr *voir* fahren

führen *a plusieurs catégories grammaticales et plusieurs sens :*

> *Ce peut être un* VERBE TRANSITIF :

1 führen *peut signifier* guider *ou* conduire :

▷ Schließ deine Augen, ich führe dich. Ferme les yeux, je te guide.

▷ Wohin führst du mich? Où est-ce que tu me conduis ?

2 führen *peut signifier* mener *ou* tenir :

▷ Wir führen ein angenehmes Leben. Nous menons une vie agréable.

▷ Ich führe schon seit Jahren ein Tagebuch. Ça fait des années que je tiens un journal intime.

3 führen *peut signifier* amener :

▷ Die Reise hat sie bis nach Afrika geführt. Le voyage les a amenés jusqu'en Afrique.

▷ Was führt dich zu mir? Qu'est-ce qui t'amène ?

► **eine Firma führen** diriger une entreprise

► **ein Gespräch führen** avoir une discussion

► **vor Augen führen** mettre en évidence

► **jemanden aufs Glatteis führen** tendre un piège à quelqu'un

► **jemanden hinters Licht führen** duper quelqu'un

► **etwas im Schilde führen** préparer un coup

► **in Versuchung führen** tenter

> *Ce peut être un* VERBE INTRANSITIF :
führen *signifie* mener *ou* être en tête :

▷ Sie führt! C'est elle qui mène !

► **zu etwas führen** mener à quelque chose

Führer, Führerin (MASCULIN : der Führer, die Führer / FÉMININ : die Führerin, die Führerinnen) guide *ou* leader

Führerschein (MASCULIN : der Führerschein, die Führerscheine) permis de conduire

Führung (FÉMININ : die Führung) conduite *ou* direction

Fülle (FÉMININ : die Fülle) abondance *ou* masse

♦ **füllen** remplir *ou* farcir

► **sich füllen mit** se remplir de

Füller (MASCULIN : der Füller, die Füller) stylo plume

füllig rondelet

fummeln tripoter

► **an etwas fummeln** tripoter quelque chose

> ℹ *Cette expression allemande et sa traduction française sont familières.*

Fund (MASCULIN : der Fund, die Funde) trouvaille *ou* découverte

Fundament (NEUTRE : das Fundament, die Fundamente) fondement *ou* fondations

♦ **fundamental** fondamental

fünf cinq

► **zu fünft** à cinq

♦ **fünfhundert** cinq cents

♦ **fünfjährig** de cinq ans

♦ **fünfmal** cinq fois

♦ **fünfter, fünfte, fünftes** cinquième

► **der fünfte August** le cinq août

♦ **fünftens** cinquièmement

♦ **fünfzig** cinquante

Funke *ou* **Funken** (MASCULIN : der Funke *ou* Funken, die Funken) étincelle

♦ **funkeln** étinceler

♦ **funken** faire des étincelles

für *est une préposition qui s'emploie avec l'*accusatif *et signifie* pour :

▷ Ich habe ein Stück Kuchen für meine Schwester aufgehoben. J'ai gardé un morceau de gâteau pour ma sœur.

► **sich für etwas entschuldigen** s'excuser de quelque chose

► **etwas für nötig halten** trouver quelque chose nécessaire

► an und für sich en soi

► Schritt für Schritt pas à pas

► Tag für Tag jour après jour

► was für ein, eine quel, quelle

► das Für und Wider le pour et le contre

> *Dans cette expression,* Für *est substantivé.*

Furcht (FÉMININ : die Furcht) peur

♦ furchtbar terrible

♦ furchtlos sans peur

♦ furchtsam peureux

fürchten craindre

► sich fürchten avoir peur

♦ fürchterlich terrible

füreinander l'un pour l'autre *ou* les uns pour les autres

fürs *est la contraction de* für *et de* das *et signifie* pour le, la

Fürsorge (FÉMININ : die Fürsorge) aide *ou* assistance

♦ fürsorglich aux petits soins

Fürwort (NEUTRE : das Fürwort, die Fürwörter) pronom

Fuß (MASCULIN : der Fuß, die Füße) pied *ou* patte

► zu Fuß à pied

► Fuß fassen prendre pied

Fußball (NEUTRE : der Fußball) football *ou* ballon de foot

♦ Fußballplatz (MASCULIN : der Fußballplatz, die Fußballplätze) terrain de football

♦ Fußballspiel (NEUTRE : das Fußballspiel, die Fußballspiele) match de football

♦ Fußballspieler (MASCULIN : der Fußballspieler, die Fußballspieler) footballeur

Fußboden (MASCULIN : der Fußboden, die Fußböden) sol *ou* plancher

Fußgänger (MASCULIN : der Fußgänger, die Fußgänger) piéton

Fußtritt (MASCULIN : der Fußtritt, die Fußtritte) coup de pied

Futter (NEUTRE : das Futter) nourriture (pour animaux) *ou* doublure (d'un vêtement)

füttern donner à manger à (quelqu'un) *ou* doubler (un vêtement)

G

ALLEMAND — FRANÇAIS

gab *voir* **geben**

Gabe (FÉMININ : die Gabe, die Gaben) don

Gabel (FÉMININ : die Gabel, die Gabeln) fourchette

♦ **Gabelung** (FÉMININ : die Gabelung) bifurcation

gähnen bâiller

Galgenhumor (MASCULIN : der Galgenhumor) humour noir

galt *voir* **gelten**

Gang (MASCULIN : der Gang, die Gänge) *a plusieurs sens :*

1 Gang *peut signifier* couloir

2 Gang *peut signifier* vitesse (de vélo ou de voiture) :

► **dritter Gang** troisième vitesse

► **etwas in Gang bringen** mettre quelque chose en route

♦ **Gangart** (FÉMININ : die Gangart, die Gangarten) démarche

♦ **Gangschaltung** (FÉMININ : die Gangschaltung) dérailleur *ou* levier de vitesse

gängig courant *ou* répandu

Gans (FÉMININ : die Gans, die Gänse) oie

► **dumme Gans** bécasse (= *personne stupide*)

♦ **Gänseblümchen** (NEUTRE : das Gänseblümchen, die Gänseblümchen) pâquerette

♦ **Gänsehaut** (FÉMININ : die Gänsehaut) chair de poule

♦ **Gänsemarsch** (MASCULIN : der Gänsemarsch) file indienne

ganz *a plusieurs catégories grammaticales et plusieurs sens :*

> *Ce peut être un* ADJECTIF :

1 ganz *peut signifier* tout, toute :

▷ Wir haben den ganzen Kuchen aufgegessen. Nous avons mangé tout le gâteau.

2 ganz *peut signifier* entier, entière :

▷ Das ist auf der ganzen Welt so. C'est comme ça dans le monde entier.

► **ganz sein** *est une expression familière qui signifie* être intact

> *Ce peut être un* ADVERBE :

1 ganz *peut signifier* assez :

▷ Ich bin ganz zufrieden. Je suis assez content.

2 ganz *peut signifier* complètement :

▷ Das ist eine ganz irre Geschichte. C'est une histoire complètement dingue.

► **ganz und gar** complètement

► **ganz und gar nicht** absolument pas

♦ **gänzlich** complètement *ou* entièrement

gar *s'emploie pour accentuer un* énoncé :

1 gar *peut accentuer une* négation :

► **gar keiner** absolument personne

► **gar nicht** pas du tout

► **gar nichts** rien du tout

► **gar nicht schlecht** pas mal du tout

2 gar *peut accentuer une* supposition :

▷ Du gehst doch nicht gar schon? Tu ne vas pas déjà partir quand-même ?

3 gar *peut accentuer* zu *ou* so :

▷ Er wäre gar zu gerne in Urlaub gefahren. Il aurait tellement aimé partir en vacances.

▷ Sie ist gar so schüchtern. Elle est tellement timide.

► **oder gar** ou peut-être

Gardine (FÉMININ : die Gardine, die Gardinen) rideau

Garnele (FÉMININ : die Garnele, die Garnelen) crevette

Garten (MASCULIN : der Garten, die Gärten) jardin

♦ **Gartenarbeit** (FÉMININ : die Gartenarbeit) jardinage

♦ **Gärtner, Gärtnerin** (MASCULIN : der Gärtner, die Gärtner / FÉMININ : die Gärtnerin, die Gärtnerinnen) jardinier, jardinière

♦ **Gärtnerei** (FÉMININ : die Gärtnerei, die Gärtnereien) jardinage *ou* jardinerie

Gas (NEUTRE : das Gas, die Gase) gaz

► **Gas geben** accélérer

♦ **gasförmig** gazeux

♦ **Gasherd** (MASCULIN : der Gasherd, die Gasherde) cuisinière à gaz

Gasse (FÉMININ : die Gasse, die Gassen) ruelle

Gast (MASCULIN : der Gast, die Gäste) hôte *ou* invité *ou* visiteur

♦ **Gastarbeiter, Gastarbeiterin** (MASCULIN : der Gastarbeiter, die Gastarbeiter / FÉMININ : die Gastarbeiterin, die Gasterbeiterinnen) travailleur immigré, travailleuse immigrée

♦ **Gästezimmer** (NEUTRE : das Gästezimmer, die Gästezimmer) chambre d'hôte *ou* chambre d'amis

♦ **gastfreundlich** hospitalier

♦ **Gasthaus, Gasthof** (NEUTRE : das Gasthaus, die Gasthäuser / MASCULIN : der Gasthof, die Gasthöfe) hôtel-restaurant *ou* auberge

♦ **Gastwirtschaft** (FÉMININ : die Gastwirtschaft) auberge

Gatte (MASCULIN : der Gatte, die Gatten) époux

Gatter (NEUTRE : das Gatter, die Gatter) grille

Gattin (FÉMININ : die Gattin, die Gattinnen) épouse

Gattung (FÉMININ : die Gattung) espèce *ou* genre

Gaumen (MASCULIN : der Gaumen, die Gaumen) palais (partie de la bouche)

Gauner, Gaunerin (MASCULIN : der Gauner, die Gauner / FÉMININ : die Gaunerin, die Gaunerinnen) escroc

♦ **Gaunerei** (FÉMININ : die Gaunerei, die Gaunereien) escroquerie

Gebäck (NEUTRE : das Gebäck, die Gebäcke) pâtisserie

gebacken *voir* backen

gebar *voir* gebären

Gebärde (FÉMININ : die Gebärde, die Gebärden) geste

♦ **sich gebärden** se comporter

gebären (gebar, geboren) mettre au monde

♦ **Gebärmutter** (FÉMININ : die Gebärmutter, die Gebärmütter) utérus

Gebäude (NEUTRE : das Gebäude, die Gebäude) bâtiment

geben (er gibt; gab, gegeben) *a plusieurs catégories grammaticales et plusieurs sens :*

> *Ce peut être un* VERBE TRANSITIF :

geben *signifie* donner *ou* mettre

► **dem werde ich es geben** il va voir ce qu'il va voir

> ℹ *Cette expression allemande et sa traduction française sont familières.*

► **etwas von sich geben** dire quelque chose

> *Ce peut être un* VERBE RÉFLÉCHI :

sich geben *signifie* se montrer *ou* se calmer :

▷ Der Regen hat sich gegeben. La pluie s'est calmée.

► **das wird sich geben** ça va s'arranger

> *Ce peut être un* VERBE INTRANSITIF :

es gibt *signifie* il y a

► **das gibt es nicht!** ce n'est pas possible !

Gebet (NEUTRE : das Gebet, die Gebete) prière

gebeten *voir* bitten

gebierst, gebiert *voir* gebären

Gebiet (NEUTRE : das Gebiet, die Gebiete) région *ou* domaine

Gebilde (NEUTRE : das Gebilde, die Gebilde) structure

gebildet cultivé

Gebirge (NEUTRE : das Gebirge, die Gebirge) montagne

♦ **gebirgig** montagneux

♦ **Gebirgskette** (FÉMININ : die Gebirgskette, die Gebirgsketten) chaîne de montagnes

Gebiss (NEUTRE : das Gebiss, die Gebisse) dents *ou* dentier

gebissen *voir* beißen

geblieben *voir* bleiben

geblümt à fleurs

gebogen *voir* biegen

geboren né

> ℹ *geboren est aussi le participe passé du verbe* gebären.

geborgen en sécurité
- ► **sich geborgen fühlen** se sentir en sécurité

♦ **Geborgenheit** (FÉMININ : die Geborgenheit) sécurité *ou* sûreté

Gebot (NEUTRE : das Gebot, die Gebote) commandement

geboten *voir* bieten

gebracht *voir* bringen

gebrannt *voir* brennen

Gebrauch (MASCULIN : der Gebrauch, die Gebräuche) utilisation *ou* coutume

♦ **gebrauchen** utiliser *ou* avoir besoin de

♦ **Gebrauchsanleitung** *ou* **Gebrauchsanweisung** (FÉMININ : die Gebrauchsanleitung *ou* Gebrauchsanweisung) mode d'emploi

♦ **gebraucht** usagé *ou* d'occasion

♦ **Gebrauchtwagen** (MASCULIN : der Gebrauchtwagen, die Gebrauchtwagen) voiture d'occasion

Gebrechen (NEUTRE : das Gebrechen, die Gebrechen) infirmité

♦ **gebrechlich** infirme

gebrochen *voir* brechen

Gebrüll (NEUTRE : das Gebrüll) hurlements *ou* rugissements

Gebühr (FÉMININ : die Gebühr, die Gebühren) tarif *ou* taxe

♦ **gebührenfrei** gratuit

♦ **gebührenpflichtig** payant

gebunden *voir* binden

Geburt (FÉMININ : die Geburt, die Geburten) naissance

♦ **gebürtig** d'origine

♦ **Geburtsanzeige** (FÉMININ : die Geburtsanzeige, die Geburtsanzeigen) faire-part de naissance

♦ **Geburtsdatum** (NEUTRE : das Geburtsdatum, die Geburtsdaten) date de naissance

♦ **Geburtsjahr** (NEUTRE : das Geburtsjahr, die Geburtsjahre) année de naissance

♦ **Geburtsort** (MASCULIN : der Geburtsort, die Geburtsorte) lieu de naissance

♦ **Geburtstag** (MASCULIN : der Geburtstag, die Geburtstage) anniversaire

♦ **Geburtsurkunde** (FÉMININ : die Geburtsurkunde, die Geburtsurkunden) acte de naissance

Gebüsch (NEUTRE : das Gebüsch, die Gebüsche) buisson

gedacht *voir* denken

Gedächtnis (NEUTRE : das Gedächtnis) mémoire

Gedanke (MASCULIN : der Gedanke, die Gedanken) pensée *ou* idée
- ► **in Gedanken sein** être pensif *ou* être distrait
- ► **jemanden auf andere Gedanken bringen** distraire quelqu'un
- ► **sich über jemanden Gedanken machen** s'inquiéter au sujet de quelqu'un
- ► **sich über etwas Gedanken machen** s'inquiéter au sujet de quelque chose *ou* réfléchir à quelque chose

♦ **gedankenlos** sans réfléchir

♦ **Gedankenstrich** (MASCULIN : der Gedankenstrich, die Gedankenstriche) tiret

gedeihen (gedieh, gediehen) prospérer

Gedicht (NEUTRE : das Gedicht, die Gedichte) poème

gedieh, gediehen *voir* gedeihen

Gedränge (NEUTRE : das Gedränge) bousculade *ou* cohue

gedrungen *voir* dringen

Geduld (FÉMININ : die Geduld) patience

♦ **sich gedulden** patienter

♦ **geduldig** patient

gedurft *voir* dürfen

geeignet apte *ou* capable *ou* approprié

► **für etwas geeignet sein** être apte à faire quelque chose *ou* être capable de faire quelque chose

Gefahr (FÉMININ : die Gefahr, die Gefahren) danger
► **die Gefahr laufen, zu** courir le risque de
► **auf eigene Gefahr** à ses risques et périls

gefährden mettre en danger
♦ **gefährlich** dangereux

gefallen (er gefällt; gefiel, gefallen) plaire
► **jemandem gefallen** plaire à quelqu'un
► **sich etwas gefallen lassen** supporter quelque chose

> ℹ *gefallen est aussi le participe passé du verbe fallen.*

Gefallen *a plusieurs genres et plusieurs sens :*

> *Ce peut être un nom* MASCULIN :

der Gefallen *signifie* service
► **jemandem einen Gefallen tun** rendre service à quelqu'un

> *Ce peut être un nom* NEUTRE :

das Gefallen *signifie* plaisir :
► **an etwas Gefallen finden** prendre plaisir à quelque chose

gefällig serviable *ou* agréable

gefangen
► **gefangen halten** détenir
► **gefangen nehmen** capturer
♦ **Gefangene, Gefangener** (MASCULIN : der Gefangene, die Gefangenen / FÉMININ : die Gefangene, die Gefangenen) prisonnier, prisonnière
♦ **Gefängnis** (NEUTRE : das Gefängnis, die Gefängnisse) prison

> ℹ *gefangen est aussi le participe passé du verbe fangen.*

Gefäß (NEUTRE : das Gefäß, die Gefäße) récipient

gefasst posé *ou* calme
► **auf etwas gefasst sein** s'attendre à quelque chose

gefleckt moucheté

geflochten *voir* flechten

geflogen *voir* fliegen

geflohen *voir* fliehen

geflossen *voir* fließen

Geflügel (NEUTRE : das Geflügel, die Geflügel) volaille

gefochten *voir* fechten

gefragt demandé

gefräßig vorace

gefrieren (gefror, gefroren) geler

gefroren *voir* frieren

Gefühl (NEUTRE : das Gefühl, die Gefühle) sentiment *ou* sensation *ou* impression
♦ **gefühllos** insensible
♦ **gefühlsmäßig** intuitif

gefüllt fourré *ou* farci

gefunden *voir* finden

gegangen *voir* gehen

gegen *a plusieurs catégories grammaticales et plusieurs sens :*

> *Ce peut être une* PRÉPOSITION *qui s'emploie avec l'* ACCUSATIF :

1 gegen *peut signifier* contre :
▷ Ich mache es, aber gegen meinen Willen. Je le fais, mais contre ma volonté.
► **gegen jemanden / etwas sein** être contre quelqu'un / quelque chose

2 gegen *peut signifier* à peu près *ou* environ :
▷ Es ist gegen Mitternacht. Il est à peu près minuit.
▷ Wir sind so gegen zehn Personen. Nous sommes environ dix personnes.

3 gegen *peut signifier* vers :
▷ Sie kommen gegen acht Uhr. Ils viennent vers huit heures.

4 gegen *peut signifier* en comparaison de :
▷ Gegen ihn ist er klein. Comparé à lui, il est petit.

> *Ce peut être une* PARTICULE *pour former des* MOTS COMPOSÉS :

♦ **Gegenangriff** (MASCULIN : der Gegenangriff, die Gegenangriffe) contre-attaque
♦ **Gegenbeweis** (MASCULIN : der Gegenbeweis, die Gegenbeweise) preuve du contraire

> ℹ *Vous trouverez les mots composés qui commencent par Gegen- ou gegen- classés par ordre alphabétique.*

Gegend (FÉMININ : die Gegend, die Gegenden) région

gegeneinander l'un contre l'autre *ou* les uns contre les autres

Gegengewicht (NEUTRE : das Gegengewicht, die Gegengewichte) contrepoids

Gegengift (NEUTRE : das Gegengift, die Gegengifte) antidote

Gegenlicht (NEUTRE : das Gegenlicht) contre-jour

Gegensatz (MASCULIN : der Gegensatz, die Gegensätze) contraire *ou* différence

♦ **gegensätzlich** opposé *ou* contraire

Gegenseite (FÉMININ : die Gegenseite, die Gegenseiten) adversaire *ou* partie adverse

♦ **gegenseitig** mutuel *ou* réciproque

Gegenspieler, Gegenspielerin (MASCULIN : der Gegenspieler, die Gegenspieler / FÉMININ : die Gegenspielerin, die Gegenspielerinnen) adversaire

Gegenstand (MASCULIN : der Gegenstand, die Gegenstände) objet *ou* sujet

♦ **gegenständlich** figuratif

Gegenteil (NEUTRE : das Gegenteil, die Gegenteile) contraire

► **im Gegenteil** au contraire

gegenüber *a plusieurs catégories grammaticales et plusieurs sens :*

> *Ce peut être une* PRÉPOSITION *qui s'emploie avec le* DATIF :

gegenüber *signifie* en face de *ou* envers :

▷ Ich möchte dir gegenüber sitzen. Je veux être assis en face de toi.

▷ Sie war ihnen gegenüber immer freundlich gewesen. Elle a toujours été aimable envers eux.

> *Ce peut être un* ADVERBE :

gegenüber *signifie* en face :

▷ Das Geschäft ist genau gegenüber. Le magasin est juste en face.

► **gegenüber von** en face de

> *Ce peut être une* PARTICULE SÉPARABLE *pour former des* VERBES COMPOSÉS :

♦ **sich gegenüberliegen** (gegenüberlag, gegenübergelegen) être situé en face

♦ **sich gegenüberstehen** (gegenüberstand, gegenübergestanden) être face à face

♦ **gegenüberstellen** confronter *ou* comparer

Gegenüberstellung (FÉMININ : die Gegenüberstellung) confrontation *ou* comparaison

Gegenwart (FÉMININ : die Gegenwart) présent *ou* présence

♦ **gegenwärtig** présent *ou* actuel

gegessen *voir* essen

geglichen *voir* gleichen

geglitten *voir* gleiten

geglommen *voir* glimmen

Gegner, Gegnerin (MASCULIN : der Gegner, die Gegner / FÉMININ : die Gegnerin, die Gegnerinnen) adversaire *ou* ennemi

gegolten *voir* gelten

gegossen *voir* gießen

gegriffen *voir* greifen

gegrillt grillé

gehabt *voir* haben

Gehalt *a plusieurs genres et plusieurs sens :*

> *Ce peut être un nom* MASCULIN :

der Gehalt, die Gehalte *signifie* contenu *ou* teneur

► **der Gehalt an Vitamin C** la teneur en vitamine C

> *Ce peut être un nom* NEUTRE :

das Gehalt, die Gehälter *signifie* salaire

gehangen *voir* hängen

gehässig haineux *ou* méchant

♦ **Gehässigkeit** (FÉMININ : die Gehässigkeit) méchanceté

Gehäuse (NEUTRE : das Gehäuse, die Gehäuse) boîte *ou* boîtier

geheim secret *ou* confidentiel

♦ **Geheimdienst** (MASCULIN : der Geheimdienst, die Geheimdienste) services secrets

♦ **Geheimnis** (NEUTRE : das Geheimnis, die Geheimnisse) secret *ou* mystère

♦ **geheimnisvoll** mystérieux

gehemmt complexé *ou* bloqué (au sens figuré)

gehen (ging, gegangen) *a plusieurs sens :*

1 gehen *peut signifier* aller *ou* marcher :

▷ Gehst du heute Abend ins Kino? Tu vas au cinéma ce soir ?

▷ Ich gehe lieber zu Fuß. Je préfère marcher

► **wie geht's?** ça va ?

2 gehen *peut former des* verbes composés :

♦ **heimgehen** rentrer chez soi

♦ **hinausgehen** sortir *ou* aller dehors

♦ **weggehen** s'en aller *ou* partir

> ℹ *Vous trouverez les verbes composés avec* gehen *classés par ordre alphabétique.*

3 gehen *peut former des* expressions :

► **sich gehen lassen** se laisser aller

► **nach Hause gehen** rentrer à la maison

► **an die Arbeit gehen** se mettre au travail

► **auf Reisen gehen** partir en voyage

► **in Erfüllung gehen** s'accomplir

► **jemandem aus dem Wege gehen** éviter quelqu'un

► **mit einem Mädchen / Jungen gehen** sortir avec une fille / un garçon

► **sich etwas durch den Kopf gehen lassen** réfléchir à quelque chose

► **zu Ende gehen** se terminer

> ℹ *Dans cette expression,* Ende *est utilisé de manière substantivée.*

4 gehen *peut correspondre à d'* autres verbes :

▷ Die Uhr geht. La montre fonctionne.

▷ Das geht über meine Kräfte. C'est au-dessus de mes forces.

▷ Was geht hier vor sich? Qu'est-ce qui se passe ici ?

▷ Die Geschäfte gehen gut. Les affaires marchent bien.

Gehen (NEUTRE : das Gehen) marche

▷ Das Gehen fällt ihm schwer. Il a du mal à marcher.

► **ein Kommen und Gehen** un va-et-vient

Gehirn (NEUTRE : das Gehirn, die Gehirne) cerveau

♦ **Gehirnerschütterung** (FÉMININ : die Gehirnerschütterung) traumatisme crânien

gehoben *voir* **heben**

geholfen *voir* **helfen**

Gehör (NEUTRE : das Gehör) ouïe

gehorchen obéir

gehören appartenir :

▷ Es gehört viel Kraft dazu. Il faut beaucoup de force pour ça.

▷ Du gehörst ins Bett. Tu dois aller au lit.

► **jemandem gehören** appartenir à quelqu'un

► **zu etwas gehören** faire partie de quelque chose

gehorsam obéissant

Gehsteig *ou* **Gehweg** (MASCULIN : der Gehsteig, die Gehsteige *ou* MASCULIN : der Gehweg, die Gehwege) trottoir

Geier (MASCULIN : der Geier, die Geier) vautour

Geige (FÉMININ : die Geige, die Geigen) violon

Geisel (FÉMININ : die Geisel, die Geiseln) otage

♦ **Geiselnahme** (FÉMININ : die Geiselnahme, die Geiselnahmen) prise d'otage

Geist (MASCULIN : der Geist, die Geister) esprit

♦ **geisterhaft** fantomatique

♦ **Geisteswissenschaften** (FÉMININ pluriel : die Geisteswissenschaften) sciences humaines

♦ **geistig** intellectuel *ou* mental

♦ **geistlich** spirituel *ou* religieux

♦ **geistreich** spirituel *ou* qui a de l'esprit

Geiz (MASCULIN : der Geiz) avarice

♦ **Geizhals** *ou* **Geizkragen** (MASCULIN : der Geizhals, die Geizhälse *ou* der Geizkragen, die Geizkragen) personne avare

♦ **geizig** avare

gekannt *voir* **kennen**

geklungen *voir* **klingen**

gekniffen *voir* **kneifen**

gekonnt *voir* **können**

gekrochen *voir* **kriechen**

gekünstelt maniéré

Gelächter (NEUTRE : das Gelächter) rires

gelähmt paralysé

Gelände (NEUTRE : das Gelände, die Gelände) terrain

♦ **Geländefahrzeug** *ou* **Geländewagen** (NEUTRE : das Geländefahrzeug, die Geländefahrzeuge *ou* MASCULIN : der Geländewagen, die Geländewagen) véhicule tout terrain

Geländer (NEUTRE : das Geländer, die Geländer) balustrade

gelang *voir* **gelingen**

gelangen
► **zu etwas gelangen** arriver à *ou* parvenir à *ou* atteindre quelque chose

gelangweilt ennuyé

gelassen placide *ou* calme

♦ **Gelassenheit** (FÉMININ : die Gelassenheit) placidité *ou* calme

> ℹ *gelassen est aussi le participe passé du verbe lassen.*

geläufig courant

gelaunt d'humeur ...
► **gut / schlecht gelaunt sein** être de bonne / mauvaise humeur

gelb jaune
► **gelbes Ampellicht** feu orange

♦ **gelblich** jaunâtre

♦ **Gelbsucht** (FÉMININ : die Gelbsucht) jaunisse

Geld (NEUTRE : das Geld, die Gelder) argent

♦ **Geldbeutel** *ou* **Geldbörse** (MASCULIN : der Geldbeutel, die Geldbeutel *ou* FÉMININ : die Geldbörse, die Geldbörsen) porte-monnaie

♦ **Geldstrafe** (FÉMININ : die Geldstrafe, die Geldstrafen) amende

gelegen *voir* **liegen**

Gelegenheit (FÉMININ : die Gelegenheit) occasion
► **bei Gelegenheit** à l'occasion

♦ **gelegentlich** occasionnel *ou* à l'occasion *ou* de temps à autre

Gelenk (NEUTRE : das Gelenk, die Gelenke) articulation *ou* joint

♦ **gelenkig** souple

Geliebte, Geliebter (MASCULIN : der Geliebte, die Geliebten / FÉMININ : die Geliebte, die Geliebten) amant, maîtresse

> ℹ *Ce nom est un adjectif substantivé : der Geliebte, ein Geliebter.*

geliehen *voir* **leihen**

gelingen (**gelang, gelungen**) réussir :
▷ **Die Zeichnung ist gelungen.** Le dessin est réussi.

gelitten *voir* **leiden**

gelogen *voir* **lügen**

gelten (**er gilt; galt, gegolten**) être valable :
▷ **Das gilt nicht!** Ça ne compte pas !
▷ **Das gilt dir.** Ça s'adresse à toi.
► **als** *ou* **für etwas gelten** être considéré comme quelque chose

gelungen *voir* **gelingen**

gemächlich tranquille *ou* tranquillement

Gemälde (NEUTRE : das Gemälde, die Gemälde) tableau

gemäß *est une préposition qui s'emploie avec le* datif *et signifie* conformément à *ou* selon :
► **den Regeln gemäß** conformément aux règles *ou* selon les règles

gemäßigt modéré

gemein *a plusieurs sens :*

1 **gemein** *peut signifier* méchant :
▷ **Du bist gemein!** Tu es méchant !

2 **gemein** *peut signifier* commun :
▷ **Sie haben nichts gemein.** Ils n'ont rien en commun.

Gemeinde (FÉMININ : die Gemeinde, die Gemeinden) commune

Gemeinheit (FÉMININ : die Gemeinheit) méchanceté

gemeinsam ensemble

Gemeinschaft (FÉMININ : die Gemeinschaft) communauté

gemieden *voir* **meiden**

Gemisch (NEUTRE : das Gemisch, die Gemische) mélange

♦ **gemischt** mélangé

gemocht *voir* **mögen**

gemolken *voir* **melken**

Gemüse (NEUTRE : das Gemüse, die Gemüse) légume

♦ **Gemüsegarten** (MASCULIN : der Gemüsegarten, die Gemüsegärten) potager

gemusst *voir* **müssen**

Gemüt (NEUTRE : das Gemüt, die Gemüter) âme *ou* cœur *ou* nature

♦ **gemütlich** sympathique *ou* douillet *ou* agréable

▷ Hier ist es gemütlich. Ici on se sent à son aise.

Gemütlichkeit (FÉMININ : die Gemütlichkeit) confort *ou* atmosphère accueillante

► **in aller Gemütlichkeit** tranquillement

Gemütszustand (MASCULIN : der Gemütszustand, die Gemütszustände) état d'âme

Gen (NEUTRE : das Gen, die Gene) gène

genannt *voir* **nennen**

genau *a plusieurs catégories grammaticales et plusieurs sens :*

> *Ce peut être un* ADJECTIF :

genau *signifie* exact *ou* précis

> *Ce peut être un* ADVERBE :

genau *signifie* exactement *ou* consciencieusement

► **genau!** c'est vrai !

► **etwas genau nehmen** prendre quelque chose au pied de la lettre

► **die Uhr geht genau** la montre est à l'heure

► **genau genommen** strictement parlant

♦ **Genauigkeit** (FÉMININ : die Genauigkeit) exactitude *ou* précision

genauso de même *ou* tout aussi...

genehmigen autoriser

► **sich etwas genehmigen** se permettre quelque chose

♦ **Genehmigung** (FÉMININ : die Genehmigung) autorisation

geneigt favorable

Genick (NEUTRE : das Genick, die Genicke) nuque

sich genieren être embarrassé

genießen (genoss, genossen) apprécier

genommen *voir* **nehmen**

genoss, genossen *voir* **genießen**

genug assez *ou* suffisamment

♦ **zur Genüge** suffisamment

♦ **genügen** suffire

♦ **genügend** suffisant

Genuss (MASCULIN : der Genuss, die Genüsse) plaisir

geöffnet ouvert

Gepäck (NEUTRE : das Gepäck) bagages

♦ **Gepäckaufbewahrung** (FÉMININ : die Gepäckaufbewahrung) consigne

gepfiffen *voir* **pfeifen**

gepflegt soigné

Geplauder (NEUTRE : das Geplauder) bavardage

gepriesen *voir* **preisen**

gequollen *voir* **quellen**

gerade *a plusieurs catégories grammaticales et plusieurs sens :*

> *Ce peut être un* ADJECTIF :

gerade *signifie* droit *ou* pair :

▷ Die Mauer ist nicht ganz gerade. Le mur n'est pas tout à fait droit.

► **eine gerade Zahl** un chiffre pair

> *Ce peut être un* ADVERBE :

gerade *signifie* droit *ou* juste *ou* justement

▷ Ich esse gerade. Je suis en train de manger.

► **gerade eben** à l'instant

► **gerade noch** juste à temps

♦ **geradeaus** tout droit

♦ **geradezu** même *ou* vraiment

gerannt *voir* **rennen**

Gerät (NEUTRE : das Gerät, die Geräte) outil *ou* appareil

geraten

► **gut / schlecht geraten** bien / mal réussir

► **an jemanden geraten** tomber sur quelqu'un

► **in jemandes Hände geraten** tomber entre les mains de quelqu'un

► **außer sich geraten** sortir de ses gonds
► **in Angst geraten** prendre peur
► **in Wut geraten** se mettre en colère

> ℹ geraten *est aussi le participe passé du verbe* raten.

gerätst, gerät *voir* geraten

geräuchert fumé

geräumig spacieux

Geräusch (NEUTRE : das Geräusch, die Geräusche) bruit

♦ **geräuschlos** silencieux

♦ **geräuschvoll** bruyant

gerecht juste *ou* équitable
► **jemandem / einer Sache gerecht werden** rendre justice à quelqu'un / quelque chose

♦ **Gerechtigkeit** (FÉMININ : die Gerechtigkeit) justice

Gerede (NEUTRE : das Gerede) bavardage

gereizt irrité *ou* énervé

♦ **Gereiztheit** (FÉMININ : die Gereiztheit) irritation

Gericht (NEUTRE : das Gericht, die Gerichte) tribunal *ou* plat (à manger)
► **vor Gericht** en justice

♦ **gerichtlich** judiciaire

♦ **Gerichtshof** (MASCULIN : der Gerichtshof, die Gerichtshöfe) cour de justice

♦ **Gerichtsverfahren** (NEUTRE : das Gerichtsverfahren, die Gerichtsverfahren) procédure judiciaire

gerieben *voir* reiben

geriet *voir* geraten

gering minime *ou* peu *ou* court
► **nicht im Geringsten** pas du tout

♦ **geringfügig** insignifiant

♦ **geringschätzig** dédaigneux

♦ **Geringschätzung** (FÉMININ : die Geringschätzung) dédain *ou* mépris

geringste, geringster, geringstes le, la moindre

gerissen rusé

> ℹ gerissen *est aussi le participe passé du verbe* reißen.

geritten *voir* reiten

gern(e) avec plaisir *ou* volontiers
► **jemanden gern(e) haben** bien aimer quelqu'un
► **gern(e) geschehen** il n'y a pas de quoi

gerochen *voir* riechen

geronnen *voir* rinnen

Geruch (MASCULIN : der Geruch, die Gerüche) odeur

♦ **geruchlos** inodore

♦ **Geruchssinn** (MASCULIN : der Geruchssinn, die Geruchssinne) odorat

Gerücht (NEUTRE : das Gerücht, die Gerüchte) rumeur

geruhsam tranquille *ou* calme

gerungen *voir* ringen

Gerüst (NEUTRE : das Gerüst, die Gerüste) échafaudage *ou* structure

gesamt tout entier *ou* total

♦ **Gesamtschule** (FÉMININ : die Gesamtschule, die Gesamtschulen) école polyvalente d'enseignement secondaire

gesandt *voir* senden

Gesang (MASCULIN : der Gesang, die Gesänge) chant

Gesäß (NEUTRE : das Gesäß, die Gesäße) fesses

gesaugt *voir* saugen

Geschäft (NEUTRE : das Geschäft, die Geschäfte) magasin *ou* affaire
► **Geschäfte machen** faire des affaires

♦ **geschäftig** affairé

♦ **geschäftlich** d'affaires

♦ **Geschäftsleute** (pluriel : die Geschäftsleute) hommes et femmes d'affaires

♦ **Geschäftsmann** (MASCULIN : der Geschäftsmann, die Geschäftsmänner) homme d'affaires

♦ **Geschäftsstraße** (FÉMININ : die Geschäftsstraße, die Geschäftsstraßen) rue commerçante

♦ **Geschäftszeiten** (pluriel : die Geschäftszeiten) heures d'ouverture

geschah *voir* **geschehen**

geschehen (es geschieht; geschah, geschehen) se passer *ou* arriver *ou* avoir lieu :
▷ Das geschieht ihm recht. C'est bien fait pour lui.
► **als ob nichts geschehen wäre** comme si de rien n'était
► **geschehen lassen** laisser faire

gescheit intelligent

Geschenk (NEUTRE : das Geschenk, die Geschenke) cadeau

Geschichte (FÉMININ : die Geschichte, die Geschichten) histoire

♦ **geschichtlich** historique

Geschick (NEUTRE : das Geschick, die Geschicke) destin *ou* habileté

♦ **Geschicklichkeit** (FÉMININ : die Geschicklichkeit) habileté *ou* adresse

♦ **geschickt** habile *ou* adroit

geschieden divorcé

geschieht *voir* **geschehen**

geschienen *voir* **scheinen**

Geschirr (NEUTRE : das Geschirr) vaisselle

♦ **Geschirrspülmaschine** (FÉMININ : die Geschirrspülmaschine, die Geschirrspülmaschinen) lave-vaisselle

♦ **Geschirrspülmittel** (NEUTRE : das Geschirrspülmittel, die Geschirrspülmittel) produit vaisselle

♦ **Geschirrtuch** (NEUTRE : das Geschirrtuch, die Geschirrtücher) torchon

Geschlecht (NEUTRE : das Geschlecht, die Geschlechter) sexe *ou* genre

♦ **Geschlechtsverkehr** (MASCULIN : der Geschlechtsverkehr) rapports sexuels

geschlichen *voir* **schleichen**

geschliffen *voir* **schleifen**

geschlossen *voir* **schließen**

geschlungen *voir* **schlingen**

Geschmack (MASCULIN : der Geschmack, die Geschmäcke) goût
► **auf den Geschmack kommen** y prendre goût

♦ **geschmacklos** sans goût *ou* de mauvais goût

♦ **Geschmack(s)sache** (FÉMININ : die Geschmack(s)sache, die Geschmack(s)sachen) question de goût

♦ **geschmackvoll** de bon goût *ou* avec goût

geschmeidig doux *ou* souple

geschmissen *voir* **schmeißen**

geschmolzen *voir* **schmelzen**

geschnitten *voir* **schneiden**

geschoben *voir* **schieben**

gescholten *voir* **schelten**

Geschöpf (NEUTRE : das Geschöpf, die Geschöpfe) créature

geschoren *voir* **scheren**

Geschoss (NEUTRE : das Geschoss, die Geschosse) étage

geschossen *voir* **schießen**

Geschrei (NEUTRE : das Geschrei) cris

geschrieben *voir* **schreiben**

geschrien *voir* **schreien**

geschritten *voir* **schreiten**

geschunden *voir* **schinden**

geschützt protégé

Geschwätz (NEUTRE : das Geschwätz) bavardage

♦ **geschwätzig** bavard

geschweige denn encore moins

geschwiegen *voir* **schweigen**

geschwind rapide *ou* rapidement

♦ **Geschwindigkeit** (FÉMININ : die Geschwindigkeit) vitesse

Geschwister (pluriel : die Geschwister) frère(s) et sœur(s)

geschwollen enflé

> ℹ *geschwollen est le participe passé du verbe schwellen.*

geschwommen *voir* schwimmen

geschworen *voir* schwören

geschwunden *voir* schwinden

geschwungen *voir* schwingen

Geschwür (NEUTRE : das Geschwür, die Geschwüre) abcès *ou* ulcère

gesellig sociable

♦ **Geselligkeit** (FÉMININ : die Geselligkeit) sociabilité

Gesellschaft (FÉMININ : die Gesellschaft) société *ou* compagnie

♦ **gesellschaftlich** social

♦ **Gesellschaftsschicht** (FÉMININ : die Gesellschaftsschicht, die Gesellschaftsschichten) couche sociale

gesessen *voir* sitzen

Gesetz (NEUTRE : das Gesetz, die Gesetze) loi

♦ **Gesetzgebung** (FÉMININ : die Gesetzgebung) législation

♦ **gesetzlich** *ou* **gesetzmäßig** légal

♦ **gesetzlos** anarchique

♦ **gesetzwidrig** illégal

Gesicht (NEUTRE : das Gesicht, die Gesichter) visage *ou* figure *ou* air

► **ein langes Gesicht machen** faire une tête d'enterrement

♦ **Gesichtsausdruck** (MASCULIN : der Gesichtsausdruck, die Gesichtsausdrücke) expression du visage

♦ **Gesichtszüge** (MASCULIN pluriel : die Gesichtszüge) traits du visage

Gesinnung (FÉMININ : die Gesinnung) mentalité *ou* idées

gesoffen *voir* saufen

gesogen *voir* saugen

gesollt *voir* sollen

gesonnen *voir* sinnen

gespannt tendu *ou* curieux

Gespenst (NEUTRE : das Gespenst, die Gespenster) fantôme

♦ **gespensterhaft** fantomatique

gesperrt fermé

gespie(e)n *voir* speien

gesponnen *voir* spinnen

Gespräch (NEUTRE : das Gespräch, die Gespräche) entretien *ou* conversation

♦ **gesprächig** loquace

♦ **Gesprächsthema** (NEUTRE : das Gesprächsthema, die Gesprächsthemen) sujet de conversation

gesprochen *voir* sprechen

gesprungen *voir* springen

Gestalt (FÉMININ : die Gestalt, die Gestalten) forme *ou* figure

► **in Gestalt von** sous forme de

► **Gestalt annehmen** prendre forme

gestalten organiser *ou* aménager

♦ **Gestaltung** (FÉMININ : die Gestaltung) organisation *ou* aménagement

gestanden *voir* stehen

Geständnis (NEUTRE : das Geständnis, die Geständnisse) aveu

Gestank (MASCULIN : der Gestank) puanteur

gestatten permettre

► **gestatten Sie?** vous permettez ?

► **sich etwas gestatten** se permettre quelque chose

Geste (FÉMININ : die Geste, die Gesten) geste

gestehen (gestand, gestanden) avouer

Gestell (NEUTRE : das Gestell, die Gestelle) étagère *ou* tréteau *ou* châssis

gestern hier

♦ **gestrig** d'hier

gestiegen *voir* steigen

gestochen *voir* stechen

gestohlen *voir* stehlen

gestorben *voir* sterben

gestört dérangé

gestreift à rayures

gestrichen *voir* streichen

gestritten *voir* streiten

gestunken *voir* stinken

Gesuch (NEUTRE : das Gesuch, die Gesuche) demande

♦ **gesucht** demandé *ou* recherché

gesund (gesünder, am gesündesten) en bonne santé *ou* sain

♦ **Gesundheit** (FÉMININ : die Gesundheit) santé
► **Gesundheit!** à vos (tes) souhaits !

♦ **gesundheitlich** de santé

gesungen *voir* singen

gesunken *voir* sinken

getan *voir* tun

Getöse (NEUTRE : das Getöse) vacarme

Getränk (NEUTRE : das Getränk, die Getränke) boisson

Getreide (NEUTRE : das Getreide, die Getreide) céréales

getrennt séparé

getrieben *voir* treiben

getroffen *voir* treffen

getrogen *voir* trügen

getrunken *voir* trinken

Getue (NEUTRE : das Getue) chichis

> i *L'expression allemande et sa traduction française sont familières.*

gewachsen
► **jemandem / einer Sache gewachsen sein** être à la hauteur de quelqu'un / quelque chose

> i gewachsen *est le participe passé du verbe* wachsen.

gewagt osé *ou* risqué

Gewalt (FÉMININ : die Gewalt, die Gewalten) force *ou* pouvoir *ou* violence

♦ **gewaltig** énorme *ou* puissant

♦ **gewaltsam** *ou* **gewalttätig** violent

♦ **Gewalttätigkeit** (FÉMININ : die Gewalttätigkeit) violence

Gewand (NEUTRE : das Gewand, die Gewänder) vêtement

gewandt agile *ou* à l'aise

♦ **Gewandtheit** (FÉMININ : die Gewandtheit) agilité *ou* aisance

> i gewandt *est aussi le participe passé du verbe* wenden.

gewann *voir* gewinnen

Gewehr (NEUTRE : das Gewehr, die Gewehre) fusil

Gewerbe (NEUTRE : das Gewerbe, die Gewerbe) industrie *ou* commerce

Gewerkschaft (FÉMININ : die Gewerkschaft) syndicat

gewesen *voir* sein

gewichen *voir* weichen

Gewicht (NEUTRE : das Gewicht, die Gewichte) poids

gewiesen *voir* weisen

Gewimmel (NEUTRE : das Gewimmel) fourmillement

Gewinn (MASCULIN : der Gewinn, die Gewinne) gain *ou* bénéfice
► **gewinnbringend** lucratif

♦ **gewinnen** (gewann, gewonnen) gagner

♦ **Gewinner, Gewinnerin** (MASCULIN : der Gewinner, die Gewinner / FÉMININ : die Gewinnerin, die Gewinnerinnen) vainqueur

Gewirr (NEUTRE : das Gewirr) enchevêtrement

gewiss (adjectif) certain *ou* (adverbe) certainement

Gewissen (NEUTRE : das Gewissen, die Gewissen) conscience

♦ **gewissenhaft** consciencieux

♦ **Gewissenhaftigkeit** (FÉMININ : die Gewissenhaftigkeit) conscience *ou* minutie

♦ **gewissenlos** sans scrupules

♦ **Gewissensbisse** (MASCULIN pluriel : die Gewissensbisse) remords

♦ **Gewissensfrage** (FÉMININ : die Gewissensfrage, die Gewissensfragen) cas de conscience

gewissermaßen en quelque sorte *ou* pour ainsi dire

Gewissheit (FÉMININ : die Gewissheit) certitude

Gewitter (NEUTRE : das Gewitter, die Gewitter) orage

♦ **es gewittert** il y a de l'orage

gewitzt malin *ou* rusé

gewoben *voir* weben

gewogen favorable

► **jemandem / einer Sache gewogen sein** être favorable à quelqu'un / quelque chose

> **i** gewogen *est aussi le participe passé du verbe* wiegen.

(sich) gewöhnen (s')habituer

► **sich an jemanden / etwas gewöhnen** s'habituer à quelqu'un / quelque chose

► **etwas gewohnt sein** être habitué à quelque chose

♦ **Gewohnheit** (FÉMININ : die Gewohnheit) habitude

♦ **gewöhnlich** habituel *ou* ordinaire *ou* d'habitude

gewollt *voir* wollen

gewonnen *voir* gewinnen

geworben *voir* werben

geworden *voir* werden

geworfen *voir* werfen

gewrungen *voir* wringen

Gewühl (NEUTRE : das Gewühl) cohue

gewunden *voir* winden

Gewürz (NEUTRE : das Gewürz, die Gewürze) épice

gewusst *voir* wissen

Gezeiten (FÉMININ pluriel : die Gezeiten) marées

gezielt ciblé

gezogen *voir* ziehen

Gezwitscher (NEUTRE : das Gezwitscher) gazouillis (d'oiseaux)

gezwungen obligé

> **i** gezwungen *est le participe passé du verbe* zwingen.

Gier (FÉMININ : die Gier) avidité

♦ **gierig** avide

gießen (goss, gegossen) verser

► **Blumen gießen** arroser les fleurs

► **es gießt** il pleut beaucoup

♦ **Gießkanne** (FÉMININ : die Gießkanne, die Gießkannen) arrosoir

gibst, gibt *voir* geben

Gift (NEUTRE : das Gift, die Gifte) poison

♦ **giftig** toxique *ou* vénéneux

giltst, gilt *voir* gelten

ging *voir* gehen

Gipfel (MASCULIN : der Gipfel, die Gipfel) sommet *ou* comble :

▷ Das ist der Gipfel! C'est le comble !

Gips (MASCULIN : der Gips, die Gipse) plâtre

♦ **gipsen** plâtrer *ou* faire du plâtre

Gitter (NEUTRE : das Gitter, die Gitter) grille *ou* treillage

Glanz (MASCULIN : der Glanz) éclat

♦ **glänzen** briller

♦ **glänzend** brillant *ou* excellent

♦ **glanzlos** terne

Glas (NEUTRE : das Glas, die Gläser) verre

♦ **gläsern** en verre

♦ **Glasscheibe** (FÉMININ : die Glasscheibe, die Glasscheiben) vitre

glatt lisse *ou* glissant

► **glatt vergessen** oublier carrément

♦ **Glatteis** (NEUTRE : das Glatteis) verglas

► **jemanden aufs Glatteis führen** tendre un piège à quelqu'un

Glatze (FÉMININ : die Glatze, die Glatzen) calvitie

♦ **glatzköpfig** chauve

Glaube (MASCULIN : der Glaube, die Glauben) croyance *ou* foi

♦ **glauben** croire

♦ **glaubwürdig** crédible

♦ **Glaubwürdigkeit** (FÉMININ : die Glaubwürdigkeit) crédibilité

gleich *a plusieurs catégories grammaticales et plusieurs sens :*

> *Ce peut être un* ADJECTIF *:*

gleich *signifie* égal *ou* pareil *ou* le, la même :

▷ Das ist mir gleich. Ça m'est égal.

▷ Ich habe das gleiche Recht wie du. J'ai les mêmes droits que toi.

▷ Sie trägt das gleiche Kleid wie ich. Elle porte la même robe que moi.

► **2 mal 2 gleich 4** 2 fois 2 égale 4

► **Gleich und Gleich gesellt sich gern** qui se ressemble s'assemble

► **Gleiches mit Gleichem vergelten** rendre le mal pour le mal

ℹ *Dans cette expression,* Gleiches *et* Gleichem *sont utilisés de manière substantivée.*

> *Ce peut être un* ADVERBE *:*

gleich *signifie* également *ou* tout de suite *ou* dans un instant :

▷ Ich bin gleich wieder da. Je reviens tout de suite.

> *Ce peut être une* PARTICULE *pour former des* MOTS COMPOSÉS *:*

♦ **gleichaltrig** du même âge

♦ **gleichartig** semblable

ℹ *Vous trouverez les mots composés qui commence par* gleich- *classés par ordre alphabétique.*

gleichberechtigt égal (en droit)

♦ **Gleichberechtigung** (FÉMININ : die Gleichberechtigung) égalité (devant la loi)

gleichbleibend constant

gleichen (glich, geglichen) ressembler

► **jemandem gleichen** ressembler à quelqu'un

► **sich gleichen** se ressembler

gleichfalls également *ou* pareillement

gleichförmig uniforme

♦ **Gleichförmigkeit** (FÉMININ : die Gleichförmigkeit) uniformité

Gleichgewicht (NEUTRE : das Gleichgewicht) équilibre

gleichgültig indifférent *ou* égal :

▷ Sie ist so gleichgültig. Elle est si indifférente.

▷ Das ist mir gleichgültig. Ça m'est égal.

♦ **Gleichgültigkeit** (FÉMININ : die Gleichgültigkeit) indifférence

Gleichheit (FÉMININ : die Gleichheit) égalité

gleichmäßig régulier

gleichsehen ressembler

► **jemandem gleichsehen** ressembler à quelqu'un

📖 **sehen** (**er sieht; sah, gesehen**) = voir

Gleichung (FÉMININ : die Gleichung) équation

gleichwertig équivalent

gleichzeitig simultané *ou* simultanément

Gleis (NEUTRE : das Gleis, die Gleise) quai *ou* rails

gleiten (glitt, geglitten) glisser

♦ **Gleitschirm** (MASCULIN : der Gleitschirm, die Gleitschirme) parapente

Gletscher (MASCULIN : der Gletscher, die Gletscher) glacier

glich *voir* gleichen

Glied (NEUTRE : das Glied, die Glieder) membre *ou* maillon

♦ **Gliedmaßen** (FÉMININ pluriel : die Gliedmaßen) membres (du corps)

♦ **Körperglied** membre du corps

glitschig glissant

glitt *voir* **gleiten**

glitzern scintiller

Glocke (FÉMININ : die Glocke, die Glocken) cloche
► **etwas an die große Glocke hängen** crier quelque chose sur les toits
♦ **Glockenspiel** (NEUTRE : das Glockenspiel, die Glockenspiele) carillon
♦ **Glockenturm** (MASCULIN : der Glockenturm, die Glockentürme) clocher

glotzen *est une expression familière qui signifie* regarder bouche bée

Glück (NEUTRE : das Glück) chance *ou* bonheur
► **Glück haben** avoir de la chance
► **viel Glück!** bonne chance !
► **zum Glück** heureusement
♦ **glücken** réussir
♦ **glücklich** heureux
♦ **glücklicherweise** heureusement
♦ **Glücksbringer** (MASCULIN : der Glücksbringer, die Glücksbringer) porte-bonheur
♦ **Glücksfall** (MASCULIN : der Glücksfall, die Glücksfälle) coup de chance
♦ **Glückskind** (NEUTRE : das Glückskind, die Glückskinder) veinard
♦ **Glückssache** (FÉMININ : die Glückssache) question de chance
♦ **Glückwunsch** (MASCULIN : der Glückwunsch, die Glückwünsche) félicitations
► **herzlichen Glückwunsch zum Geburtstag** joyeux anniversaire

Glühbirne (FÉMININ : die Glühbirne, die Glühbirnen) ampoule (électrique)

glühen rougeoyer *ou* brûler
► **vor Leidenschaft glühen** brûler de passion
♦ **glühend** ardent *ou* brûlant
♦ **Glühwein** (MASCULIN : der Glühwein, die Glühweine) vin chaud
♦ **Glühwürmchen** (NEUTRE : das Glühwürmchen, die Glühwürmchen) ver luisant

Glut (FÉMININ : die Glut, die Gluten) braise *ou* brasier *ou* ferveur

GmbH *est l'abréviation de* **Gesellschaft mit beschränkter Haftung** *et signifie* S.A.R.L. (Société à responsabilité limitée)

Gnade (FÉMININ : die Gnade, die Gnaden) grâce *ou* pitié *ou* clémence
♦ **gnadenlos** sans pitié
♦ **gnädig** clément
► **gnädiger Herr, gnädige Frau** Monsieur, Madame

Gokart (MASCULIN : der Gokart, die Gokarts) kart

Gold (NEUTRE : das Gold) or
♦ **golden** d'or *ou* en or
♦ **Goldfisch** (MASCULIN : der Goldfisch, die Goldfische) poisson rouge
♦ **goldig** adorable

Golf *a plusieurs genres et plusieurs sens :*

> *Ce peut être un nom* NEUTRE :

das Golf *signifie* golf (au sens sportif)
♦ **Golfplatz** (MASCULIN : der Golfplatz, die Golfplätze) terrain de golf
♦ **Minigolf** (NEUTRE : das Minigolf) golf miniature

> *Ce peut être un nom* MASCULIN :

1 **der Golf, die Golfe** *signifie* golfe
2 **der Golf** *signifie* le Golfe
♦ **Golfkrieg** (MASCULIN : der Golfkrieg) guerre du Golfe

Gondel (FÉMININ : die Gondel, die Gondeln) gondole *ou* télécabine

gönnen accorder (avec plaisir)
► **jemandem etwas gönnen** être content pour quelqu'un (de quelque chose)
► **sich etwas gönnen** s'accorder quelque chose

Gott (MASCULIN : der Gott, die Götter) dieu *ou* Dieu
► **um Gottes Willen** mon Dieu
► **leider Gottes** malheureusement
► **Gott sei Dank** heureusement *ou* Dieu merci
♦ **Göttin** (FÉMININ : die Göttin, die Göttinnen) déesse
♦ **göttlich** divin
♦ **gottlos** athée

Grab (NEUTRE : das Grab, die Gräber) tombe

graben (**er gräbt; grub, gegraben**) creuser
♦ **Graben** (MASCULIN : der Graben, die Gräben) fossé *ou* tranchée

gräbst, gräbt *voir* **graben**

Grad (MASCULIN : der Grad, die Grade) degré *ou* rang

Graf, Gräfin (MASCULIN : der Graf, die Grafen / FÉMININ : die Gräfin, die Gräfinnen) comte, comtesse

Gram (MASCULIN : der Gram) chagrin

♦ **sich grämen** avoir du chagrin

Grammatik (FÉMININ : die Grammatik, die Grammatiken) grammaire

♦ **grammatisch** grammatical

Grapefruit / greipfru:t / (FÉMININ : die Grapefruit, die Grapefruits) pamplemousse

Gras (NEUTRE : das Gras, die Gräser) herbe

♦ **Grashalm** (MASCULIN : der Grashalm, die Grashalme) brin d'herbe

grässlich horrible

Gräte (FÉMININ : die Gräte, die Gräten) arête (de poisson)

gratis (adjectif) gratuit *ou* (adverbe) gratuitement

gratulieren féliciter

► **jemandem gratulieren** féliciter quelqu'un

► **ich gratuliere!** félicitations !

grau gris

Gräuel (MASCULIN : der Gräuel, die Gräuel) horreur

grauen *a plusieurs sens :*

1 **grauen** *peut signifier* se lever :

▷ Der Tag graut. Le jour se lève.

2 **grauen** *peut signifier* appréhender :

▷ Es graut mir vor der Prüfung. J'appréhende l'examen.

► **sich grauen vor** avoir horreur de

♦ **Grauen** (NEUTRE : das Grauen) horreur

♦ **grauenhaft** horrible

♦ **grausam** atroce

♦ **Grausamkeit** (FÉMININ : die Grausamkeit) atrocité *ou* cruauté

greifen (griff, gegriffen) saisir *ou* toucher

► **nach etwas greifen** tendre la main pour prendre quelque chose

► **zu etwas greifen** avoir recours à quelque chose

► **um sich greifen** se propager

Greis, Greisin (MASCULIN : der Greis, die Greise / FÉMININ : die Greisin, die Greisinnen) vieillard, vieille

grell aveuglant *ou* criard *ou* perçant

Grenze (FÉMININ : die Grenze, die Grenzen) frontière *ou* limite

♦ **grenzenlos** immense *ou* infini

Greuel (MASCULIN : der Greuel, die Greuel) horreur

Grieche, Griechin (MASCULIN : der Grieche, die Griechen / FÉMININ : die Griechin, die Griechinnen) Grec, Grecque

♦ **Griechenland** Grèce

♦ **griechisch** grec

Grieß (MASCULIN : der Grieß, die Grieße) semoule

griff *voir* **greifen**

Griff (MASCULIN : der Griff, die Griffe) prise *ou* poignée *ou* manche (d'une casserole)

griffbereit à portée de main

► **etwas griffbereit haben** avoir quelque chose sous la main

Grill (MASCULIN : der Grill, die Grills) gril *ou* barbecue

Grille (FÉMININ : die Grille, die Grillen) grillon

grillen griller

♦ **Grillfest** (NEUTRE : das Grillfest, die Grillfeste) barbecue

♦ **Grillplatte** (FÉMININ : die Grillplatte) (assiette de) grillades

Grimasse (FÉMININ : die Grimasse, die Grimassen) grimace

grimmig furieux *ou* terrible

grinsen ricaner *ou* sourire bêtement

Grippe (FÉMININ : die Grippe, die Grippen) grippe

♦ **Grippewelle** (FÉMININ : die Grippewelle, die Grippewellen) épidémie de grippe

grob (gröber, am gröbsten) grossier *ou* brutal

♦ **Grobian** (MASCULIN : der Grobian, die Grobiane) brute

Groll (MASCULIN : der Groll) rancœur

♦ **grollen** gronder

groß (größer, am größten) grand
► **große Mühe haben** avoir beaucoup de mal
► **ein großer Buchstabe** une lettre majuscule
► **große Angst haben** avoir très peur
► **ein großer Fehler** une faute grave
► **gleich groß** de même taille
► **1,80 m groß sein** mesurer 1,80 m
► **großen Wert auf etwas legen** tenir beaucoup à quelque chose
► **im Großen und Ganzen** dans l'ensemble

> ℹ *Dans cet expression, Groß est utilisé de manière substantivée.*

großartig formidable

Großbritannien Grande-Bretagne

Größe (FÉMININ : die Größe, die Größen) taille *ou* dimension *ou* pointure *ou* grandeur

Großeltern (*pluriel :* die Großeltern) grands-parents

♦ **Großmutter** (FÉMININ : die Großmutter, die Großmütter) grand-mère

♦ **Großvater** (MASCULIN : der Großvater, die Großväter) grand-père

großspurig vantard

Großstadt (FÉMININ : die Großstadt, die Großstädte) métropole

größtenteils pour la plupart *ou* en grande partie

großzügig généreux

grub *voir* graben

Grube (FÉMININ : die Grube, die Gruben) fosse

grübeln ruminer

grün vert

♦ **Grünanlage** (FÉMININ : die Grünanlage, die Grünanlagen) espace vert

Grund (MASCULIN : der Grund, die Gründe) *a plusieurs sens :*

1 **Grund** *peut signifier* raison :
▷ Es gibt keinen Grund zu weinen. Il n'y a pas de raison de pleurer.

2 **Grund** *peut signifier* fond :
▷ Ich bin bis zum Grund getaucht. J'ai plongé jusqu'au fond.
► **im Grunde genommen** au fond
► **zu Grunde gehen** sombrer
► **einer Sache auf den Grund gehen** examiner quelque chose à fond

♦ **Grundgesetz** (NEUTRE : das Grundgesetz) constitution (de la RFA)

3 **Grund** *peut signifier* terrain :
▷ Das ist ein riesiger Grund. C'est un terrain immense.

gründen fonder

♦ **Gründer, Gründerin** (MASCULIN : der Gründer, die Gründer / FÉMININ : die Gründerin, die Gründerinnen) fondateur, fondatrice

Grundlage (FÉMININ : die Grundlage, die Grundlagen) base *ou* fondement

♦ **grundlegend** fondamental

gründlich à fond

grundlos sans raison

Grundsatz (MASCULIN : der Grundsatz, die Grundsätze) principe

♦ **grundsätzlich** par principe *ou* en principe

Grundschule (FÉMININ : die Grundschule, die Grundschulen) école primaire

Grundstück (NEUTRE : das Grundstück, die Grundstücke) terrain

Gründung (FÉMININ : die Gründung) fondation

Grüne (NEUTRE : das Grüne) campagne
► **ins Grüne fahren** aller à la campagne

grunzen grogner

Gruppe (FÉMININ : die Gruppe, die Gruppen) groupe

♦ **gruppenweise** en groupe

♦ **(sich) gruppieren** (se) regrouper

gruselig qui donne des frissons
► **sich vor etwas gruseln** avoir peur de quelque chose

Gruß (MASCULIN : der Gruß, die Grüße) salutations
► **viele Grüße an ...** amitiés à ...

♦ **grüßen** saluer *ou* donner le bonjour à

gucken regarder

gültig valide *ou* valable

♦ **Gültigkeit** (FÉMININ : die Gültigkeit) validité

Gummi (MASCULIN : der Gummi, die Gummis) caoutchouc

♦ **Gummiband** (NEUTRE : das Gummiband, die Gummibänder) élastique

♦ **Gummistiefel** (MASCULIN : der Gummistiefel, die Gummistiefel) botte en caoutchouc

Gunst (FÉMININ : die Gunst) faveur

► **zu Gunsten von** en faveur de

♦ **günstig** favorable *ou* avantageux

Gurke (FÉMININ : die Gurke, die Gurken) concombre

Gurt (MASCULIN : der Gurt, die Gurte) ceinture (de sécurité)

Gürtel (MASCULIN : der Gürtel, die Gürtel) ceinture

gut (**besser, am besten**) *a plusieurs catégories grammaticales et plusieurs sens :*

> *Ce peut être un* ADJECTIF :

gut *signifie* bon *ou* bien :

► **alles Gute** bonne chance *ou* félicitations

► **alles Gute zum Geburtstag** bon anniversaire

> ℹ *Dans ces expressions,* Gute *est utilisé de manière substantivée.*

> *Ce peut être un* ADVERBE :

gut *signifie* bien :

▷ Es geht mir gut. Je vais bien.

► **gut gehen** bien se passer

► **jemandem gut tun** faire du bien à quelqu'un

► **etwas gut sein lassen** ne plus parler de quelque chose

► **gut aussehen** être beau, belle *ou* avoir bonne mine

► **gut gelaunt sein** être de bonne humeur

► **es gut meinen** avoir de bonnes intentions

> *Ce peut être une* PARTICULE *pour former des* MOTS COMPOSÉS :

♦ **gutartig** bénin

♦ **gutheißen** approuver

♦ **gutwillig** plein de bonne volonté

Güte (FÉMININ : die Güte) bonté

♦ **gütig** bon *ou* aimable

Gutschein (MASCULIN : der Gutschein, die Gutscheine) bon (pour une prestation ou un objet)

Gymnasium (NEUTRE : das Gymnasium, die Gymnasien) lycée

H

ALLEMAND — FRANÇAIS

Haar (NEUTRE : das Haar, die Haare) cheveu *ou* poil

◆ **Haarbürste** (FÉMININ : die Haarbürste, die Haarbürsten) brosse à cheveux

◆ **haargenau** exactement

◆ **haarig** poilu

◆ **Haarnadel** (FÉMININ : die Haarnadel, die Haarnadeln) épingle à cheveux

◆ **haarscharf** très précis

◆ **Haarschnitt** (MASCULIN : der Haarschnitt, die Haarschnitte) coupe de cheveux

◆ **Haarspange** (FÉMININ : die Haarspange, die Haarspangen) barrette

◆ **haarsträubend** à faire dresser les cheveux sur la tête

haben *a plusieurs catégories grammaticales et plusieurs sens :*

> *Ce peut être un* VERBE TRANSITIF :

1 **haben** *peut signifier* avoir :

▷ Ich habe Hunger. J'ai faim.

▷ Hast du Angst? Tu as peur ?

▷ Er hat die Grippe. Il a la grippe.

▷ Wir hatten gestern Unterricht. Nous avons eu cours hier.

2 **haben** *peut signifier* être :

▷ Habt ihr Pause? C'est la pause ?

▷ Ich hatte es eilig. J'étais pressé.

▷ Wir haben Sommer. Nous sommes en été.

▷ Welchen Tag hatten wir gestern? Quel jour étions-nous hier ?

► **Ich hab's!** J'y suis !

3 **haben** *peut correspondre à d'*autres verbes :

▷ Sie hat viel von ihrer Mutter. Elle tient beaucoup de sa mère.

▷ Ich habe dich gern. Je t'aime bien.

▷ Er hatte nichts von der Schulreise. Il n'a pas profité du voyage scolaire.

▷ Das hat nichts zu sagen. Ça ne veut rien dire.

> *Ce peut être un* VERBE AUXILIAIRE :

haben *s'emploie pour former les temps composés :*

1 **haben** *peut signifier* avoir :

▷ Hast du gut geschlafen? Tu as bien dormi ?

▷ Ich hatte gewartet. J'avais attendu.

▷ Ich habe mein Heft vergessen. J'ai oublié mon cahier.

▷ Du hattest es mir versprochen! Tu me l'avais promis !

▷ Das hätte ich nie gedacht. Je n'aurais jamais pensé ça.

2 **haben** *peut signifier* être *dans le cas des* verbes pronominaux :

▷ Ich hatte mich geirrt. Je m'étais trompé.

▷ Er hat sich rasiert. Il s'est rasé.

▷ Wir haben uns gestritten. Nous nous sommes disputés.

> **i** *Comme en français avec « avoir », on emploie l'auxiliaire* haben *pour former les temps composés du verbe* haben.

▷ ich habe gehabt j'ai eu

▷ ich hatte gehabt j'avais eu

► **sich haben** faire des manières

► **damit hat es sich** ça s'arrête là

► **für etwas zu haben sein** être enthousiasmé par quelque chose

Habgier (FÉMININ : die Habgier) cupidité

◆ **habgierig** cupide

Hacke (FÉMININ : die Hacke, die Hacken) pioche ; talon

◆ **hacken** piocher *ou* hacher

◆ **Hackfleisch** (NEUTRE : das Hackfleisch) viande hachée

Hafen (MASCULIN : der Hafen, die Häfen) port

◆ **Hafenstadt** (FÉMININ : die Hafenstadt, die Hafenstädte) ville portuaire

Hafer (MASCULIN : der Hafer, die Hafer) avoine

♦ **Haferflocken** (FÉMININ pluriel : die Haferflocken) flocons d'avoine

Haft (FÉMININ : die Haft) détention

► **in Haft sein** être en détention

♦ **Häftling** (MASCULIN : der Häftling, die Häftlinge) détenu

Hagel (MASCULIN : der Hagel) grêle

♦ es **hagelt** il grêle

Hahn (MASCULIN : der Hahn, die Hähne) coq

♦ **Hähnchen** (NEUTRE : das Hähnchen, die Hähnchen) poulet

Hai *ou* **Haifisch** (MASCULIN : der Hai, die Haie *ou* der Haifisch, die Haifische) requin

Haken (MASCULIN : der Haken, die Haken) crochet

♦ **Hakenkreuz** (NEUTRE : das Hakenkreuz, die Hakenkreuze) croix gammée

> La croix gammée *était le symbole et l'enseigne des drapeaux du régime nazi en Allemagne entre* 1933 *et* 1945.

halb demi, demie *ou* à moitié :

► **halb drei (Uhr)** deux heures et demie

► **halb nackt** à demi-nu

► **halb voll / leer** à moitié plein / vide

♦ **Halbdunkel** (NEUTRE : das Halbdunkel) pénombre

halbe, halber, halbes demi, demie *ou* la moitié

► **ein halber Apfel** la moitié d'une pomme

► **eine halbe Stunde** une demi-heure

► **ein halbes Leben** la moitié d'une vie

► **ein halbes Jahr** six mois

► **halbe, halbe machen** faire moitié-moitié

halber *est une préposition qui s'emploie avec le* génitif *et signifie* pour *ou* à cause de :

▷ Er mußte Geschäfte halber verreisen. Il a dû partir pour affaires.

halbieren partager en deux

Halbinsel (FÉMININ : die Halbinsel, die Halbinseln) péninsule

Halbkreis (MASCULIN : der Halbkreis, die Halbkreise) demi-cercle

Halbmond (MASCULIN : der Halbmond, die Halbmonde) croissant de lune

Halbschuh (MASCULIN : der Halbschuh, die Halbschuhe) chaussure basse

halbtags à mi-temps

♦ **Halbtagsarbeit** (FÉMININ : die Halbtagsarbeit) travail à mi-temps

halbwegs plus ou moins

halbwüchsig adolescent

♦ **Halbwüchsiger, Halbwüchsige** (MASCULIN : der Halbwüchsige, die Halbwüchsigen / FÉMININ : die Halbwüchsige, die Halbwüchsigen) adolescent, adolescente

> **i** *Ce nom est un adjectif substantivé :* der Halbwüchsige, ein Halbwüchsiger.

Halbzeit (FÉMININ : die Halbzeit, die Halbzeiten) mi-temps

half *voir* **helfen**

Hälfte (FÉMININ : die Hälfte, die Hälften) moitié

Halle (FÉMININ : die Halle, die Hallen) hall *ou* hangar

♦ **hallen** résonner

♦ **Hallenbad** (NEUTRE : das Hallenbad, die Hallenbäder) piscine couverte

hallo salut *ou* allo *ou* hé

Halm (MASCULIN : der Halm, die Halme) brin *ou* tige

Hals (MASCULIN : der Hals, die Hälse) cou *ou* gorge

► **Hals über Kopf** précipitamment

♦ **Halsband** *ou* **Halskette** (NEUTRE : das Halsband, die Halsbänder / FÉMININ : die Halskette, die Halsketten) collier

♦ **Hals-Nasen-Ohren-Arzt** oto-rhino-laryngologiste

♦ **Halsschmerzen** *ou* **Halsweh** (FÉMININ : die Halsschmerzen / NEUTRE : das Halsweh) mal de gorge

♦ **halsstarrig** obstiné

♦ **Halstuch** (NEUTRE : das Halstuch, die Halstücher) foulard

halt halte *ou* stop

Halt (MASCULIN : der Halt) *a plusieurs sens :*

1 **Halt** *peut signifier* arrêt :

▷ Nächster Halt, Tiergartenstraße. Prochain arrêt, Tiergartenstraße.

► **Halt machen** faire une halte
► **vor nichts Halt machen** ne reculer devant rien

2 **Halt** *peut signifier* appui :
▷ Meine Hände haben keinen Halt. Mes mains n'ont pas d'appui.

3 **Halt** *peut signifier* soutien :
▷ Deine Hilfe gibt mir viel Halt. Ton aide m'apporte un grand soutien.

4 **Halt** *peut signifier* stabilité :
▷ Sie hat jeglichen Halt verloren. Elle a perdu toute stabilité.

♦ **haltbar** de longue conservation

halten (er hält; hielt, gehalten) *a plusieurs catégories grammaticales et plusieurs sens :*

> *Ce peut être un* VERBE TRANSITIF :

1 **halten** *peut signifier* tenir *ou* retenir :
▷ Können Sie mir die Tasche halten? Vous pouvez me tenir le sac ?
▷ Halte dich fest! Tiens-toi !
▷ Es hält uns nichts. Rien ne nous retient.
► **eine Rede halten** tenir un discours
► **ein Versprechen halten** tenir une promesse
► **jemanden auf dem Laufenden halten** tenir quelqu'un au courant

2 **halten** *peut signifier* garder *ou* maintenir :
▷ Haltet die Distanz, bitte. Gardez la distance, s'il vous plaît.

3 **halten** *peut signifier* prendre *ou* considérer *ou* estimer :
▷ Wofür hältst du mich? Tu me prends pour qui ?
▷ Er hält sie für ehrgeizig. Il la considère comme quelqu'un d'ambitieux.
▷ Sie hält viel von ihm. Elle l'estime beaucoup.

> *Ce peut être un* VERBE INTRANSITIF :

1 **halten** *peut signifier* se conserver :
▷ Die Milch hält bis nächste Woche. Le lait peut se conserver jusqu'à la semaine prochaine.

2 **halten** *peut signifier* s'arrêter :
▷ Du kannst dort halten. Tu peux t'arrêter là-bas.

3 **halten** *peut signifier* tenir :
▷ Glaubst du, dass das Seil hält? Tu crois que la corde tient ?
► **zu jemandem halten** soutenir quelqu'un

> *Ce peut être un* VERBE RÉFLÉCHI :

1 **sich halten** *peut signifier* se conserver :
▷ Spinat hält sich nicht lange. Les épinards ne se conservent pas longtemps.

2 **sich halten** *peut signifier* se maintenir :
▷ Das Wetter hält sich. Le temps se maintient.
► **sich an jemanden / etwas halten** s'en tenir à quelqu'un / quelque chose

> *Ce peut être une* PARTICULE SÉPARABLE *pour former des* VERBES COMPOSÉS :

♦ **anhalten** s'arrêter
♦ **aufrechterhalten** maintenir

> **i** *Vous trouverez les verbes composés qui finissent par* -halten *classés par ordre alphabétique.*

Haltestelle (FÉMININ : die Haltestelle, die Haltestellen) arrêt (de bus)

Halteverbot (NEUTRE : das Halteverbot, die Halteverbote) interdiction de stationner

haltlos instable *ou* sans retenue

hältst, hält *voir* **halten**

Haltung (FÉMININ : die Haltung) attitude

Hammer (MASCULIN : der Hammer, die Hämmer) marteau

♦ **hämmern** marteler

Hand (FÉMININ : die Hand, die Hände) main
► **Hand in Hand** la main dans la main
♦ **Handarbeit** (FÉMININ : die Handarbeit, die Handarbeiten) travail artisanal
♦ **Handball** (MASCULIN : der Handball, die Handbälle) handball
♦ **Handbremse** (FÉMININ : die Handbremse, die Handbremsen) frein à main

Handel (MASCULIN : der Handel) commerce

handeln agir
► **sich um etwas handeln** s'agir de quelque chose
► **mit etwas handeln** faire du commerce avec quelque chose
► **um etwas handeln** marchander quelque chose
► **von etwas handeln** traiter de quelque chose

handfest solide

Handgelenk (NEUTRE : das Handgelenk, die Handgelenke) poignet

handgreiflich violent
► **handgreiflich werden** devenir violent

handhaben manier

handlich maniable

Handlung (FÉMININ : die Handlung) action

Handlungsweise (FÉMININ : die Handlungsweise, die Handlungsweisen) manière d'agir

Handschuh (MASCULIN : der Handschuh, die Handschuhe) gant

Handtasche (FÉMININ : die Handtasche, die Handtaschen) sac à main

Handtuch (NEUTRE : das Handtuch, die Handtücher) serviette de toilette

► **das Handtuch werfen** jeter l'éponge

Handwerk (NEUTRE : das Handwerk, die Handwerke) artisanat

♦ **Handwerker** (MASCULIN : der Handwerker, die Handwerker) artisan

♦ **Handwerkszeug** (NEUTRE : das Handwerkszeug) outils

Handy /hændi/ (NEUTRE : das Handy, die Handys) téléphone portable

Hang (MASCULIN : der Hang, die Hänge) pente *ou* penchant

► **einen Hang zu etwas haben** avoir un penchant pour quelque chose

Hängematte (FÉMININ : die Hängematte, die Hängematten) hamac

hängen *a plusieurs catégories grammaticales :*

> *Ce peut être un* VERBE INTRANSITIF :

hängen (hing, gehangen) *signifie* être accroché :

▷ Mehrere Bilder hingen an der Wand. Plusieurs tableaux étaient accrochés au mur.

► **an jemandem / etwas hängen** tenir à quelqu'un / quelque chose

► **hängen bleiben** rester accroché

> *Ce peut être un* VERBE TRANSITIF :

hängen (hängte, gehängt) *signifie* accrocher *ou* pendre :

▷ Er hängte seine Jacke immer an die Garderobe. Il accrochait toujours son blouson au porte-manteau.

▷ In manchen Ländern werden Verbrecher gehängt. Dans certains pays on pend les criminels.

Happen (MASCULIN : der Happen, die Happen) bouchée

harmlos inoffensif *ou* bénin

Harn (MASCULIN : der Harn, die Harne) urine

hart (härter, am härtesten) dur *ou* rude

♦ **Härte** (FÉMININ : die Härte, die Härten) dureté *ou* difficulté *ou* sévérité

♦ **härten** durcir

♦ **hartherzig** impitoyable

♦ **hartnäckig** obstiné *ou* persistant

Harz (NEUTRE : das Harz, die Harze) résine

Hase (MASCULIN : der Hase, die Hasen) lièvre

Haselnuss (FÉMININ : die Haselnuss, die Haselnüsse) noisette

Hass (MASCULIN : der Hass) haine

♦ **hassen** haïr

♦ **hässlich** laid

♦ **Hässlichkeit** (FÉMININ : die Hässlichkeit) laideur

hast *voir* **haben**

Hast (FÉMININ : die Hast) hâte

♦ **hastig** précipité *ou* avec hâte

hat, hatte *voir* **haben**

Haube (FÉMININ : die Haube, die Hauben) bonnet

Hauch (MASCULIN : der Hauch, die Hauche) souffle *ou* soupçon (au sens figuré)

♦ **hauchdünn** *ou* **hauchfein** très mince *ou* très fin

♦ **hauchen** souffler

hauen fendre *ou* abattre *ou* tailler

► **jemandem auf die Finger hauen** taper quelqu'un sur les doigts

Haufen (MASCULIN : der Haufen, die Haufen) tas *ou* foule

♦ **häufen** accumuler

♦ **haufenweise** en masse

häufig fréquent *ou* fréquemment

♦ **Häufigkeit** (FÉMININ : die Häufigkeit) fréquence

Haupt (NEUTRE : das Haupt, die Häupter) tête *ou* chef

♦ **Hauptbahnhof** (MASCULIN : der Hauptbahnhof, die Hauptbahnhöfe) gare centrale

♦ **Hauptrolle** (FÉMININ : die Hauptrolle, die Hauptrollen) premier rôle

♦ **Hauptsache** (FÉMININ : die Hauptsache) l'essentiel

♦ **hauptsächlich** surtout

♦ **Hauptschule** (FÉMININ : die Hauptschule, die Hauptschulen) collège

♦ **Hauptstadt** (FÉMININ : die Hauptstadt, die Hauptstädte) capitale

♦ **Hauptwort** (NEUTRE : das Hauptwort, die Hauptwörter) nom *ou* substantif

Haus (NEUTRE : das Haus, die Häuser) maison
► **nach / zu Hause** à la maison
► **ins Haus stehen** être imminent

♦ **Häuserblock** (MASCULIN : der Häuserblock, die Häuserblocks) pâté de maisons

♦ **Hausfrau** (FÉMININ : die Hausfrau, die Hausfrauen) femme au foyer

♦ **hausgemacht** fait maison

♦ **Haushalt** (MASCULIN : der Haushalt, die Haushalte) ménage *ou* budget

♦ **Haushaltsgerät** (NEUTRE : das Haushaltsgerät, die Haushaltsgeräte) appareil ménager

♦ **häuslich** casanier *ou* domestique

♦ **Hausschuh** (MASCULIN : der Hausschuh, die Hausschuhe) chausson

♦ **Haustier** (NEUTRE : das Haustier, die Haustiere) animal domestique

Haut (FÉMININ : die Haut, die Häute) peau *ou* pelure

♦ **Hautarzt, Hautärztin** (MASCULIN : der Hautarzt, die Hautärzte / FÉMININ : die Hautärztin, die Hautärztinnen) dermatologue

haute *voir* hauen

Hebamme (FÉMININ : die Hebamme, die Hebammen) sage-femme

Hebel (MASCULIN : der Hebel, die Hebel) levier

heben (hob, gehoben) lever *ou* soulever
► **die Stimmung heben** améliorer l'ambiance
► **sich heben** se lever *ou* monter *ou* s'animer

hecheln haleter

Hecke (FÉMININ : die Hecke, die Hecken) haie

Heer (NEUTRE : das Heer, die Heere) armée *ou* multitude
► **ein Heer von** une multitude de

Hefe (FÉMININ : die Hefe) levure

Heft (NEUTRE : das Heft, die Hefte) cahier

heften épingler
► **sich an jemandes Fersen heften** être sur les talons de quelqu'un

heftig violent *ou* intense

♦ **Heftigkeit** (FÉMININ : die Heftigkeit) violence *ou* intensité

Heftklammer (FÉMININ : die Heftklammer, die Heftklammern) agrafe

Heide *a plusieurs genres et plusieurs sens :*

> *Ce peut être un nom* FÉMININ :

die Heide, die Heiden *signifie* lande *ou* bruyère

> *Ce peut être un nom* MASCULIN :

der Heide, die Heiden *signifie* païen

Heidelbeere (FÉMININ : die Heidelbeere, die Heidelbeeren) myrtille

heikel délicat *ou* difficile

heil intact *ou* indemne

♦ **Heil** (NEUTRE : das Heil) bonheur *ou* salut (au sens religieux)

♦ **heilbar** guérissable

♦ **heilen** guérir

heilig saint

♦ **Heiligabend** (MASCULIN : der Heiligabend) veille de Noël

♦ **Heilige, Heiliger** (MASCULIN : der Heilige, die Heiligen / FÉMININ : die Heilige, die Heiligen) saint, sainte

> i *Ce nom est un adjectif substantivé :* der Heilige, ein Heiliger.

♦ **Heiligkeit** (FÉMININ : die Heiligkeit) sainteté

heillos irrémédiable *ou* terrible

Heilmittel (NEUTRE : das Heilmittel, die Heilmittel) remède

Heilung (FÉMININ : die Heilung) guérison *ou* cicatrisation

heim à la maison *ou* chez soi

♦ **Heim** (NEUTRE : das Heim, die Heime) maison *ou* foyer

Heimat (FÉMININ : die Heimat, die Heimaten) patrie

♦ **Heimatland** (NEUTRE : das Heimatland, die Heimatländer) pays natal

♦ **heimatlich** du pays *ou* qui rappelle le pays natal

♦ **heimatlos** sans patrie

♦ **Heimatort** (MASCULIN : der Heimatort, die Heimatorte) lieu de naissance

heimbegleiten *ou* **heimbringen** raccompagner

📖 bringen (brachte, gebracht) = amener

heimelig douillet

heimfahren rentrer chez soi *ou* raccompagner en voiture

📖 fahren (er fährt; fuhr, gefahren) = conduire

♦ **Heimfahrt** (FÉMININ : die Heimfahrt, die Heimfahrten) retour (à la maison)

heimgehen rentrer chez soi

📖 gehen (ging, gegangen) = aller

heimisch du pays *ou* comme chez soi

Heimkehr (FÉMININ : die Heimkehr) retour (chez soi)

♦ **heimkehren** retourner chez soi

heimlich secret *ou* secrètement

♦ **Heimlichkeit** (FÉMININ : die Heimlichkeit, die Heimlichkeiten) secret *ou* clandestinité

Heimreise (FÉMININ : die Heimreise, die Heimreisen) retour (de voyage)

heimtückisch sournois *ou* perfide

Heimweg (MASCULIN : der Heimweg, die Heimwege) chemin du retour

Heimweh (NEUTRE : das Heimweh) nostalgie *ou* mal du pays

heimzahlen

► **jemandem etwas heimzahlen** rendre à quelqu'un la monnaie de sa pièce

Heirat (FÉMININ : die Heirat, die Heiraten) mariage

♦ **heiraten** se marier

► **jemanden heiraten** épouser quelqu'un

♦ **Heiratsantrag** (MASCULIN : der Heiratsantrag, die Heiratsanträge) demande en mariage

heiser enroué

♦ **Heiserkeit** (FÉMININ : die Heiserkeit) enrouement

heiß chaud *ou* ardent

♦ **heißblütig** ardent *ou* passionné

heißen (hieß, geheißen) *a plusieurs catégories grammaticales et plusieurs sens :*

> *Ce peut être un* VERBE TRANSITIF :

heißen *signifie* signifier :

▷ Was heißt das? Qu'est-ce que ça signifie ?

> *Ce peut être un* VERBE INTRANSITIF :

heißen *signifie* s'appeler :

▷ Wie heißt du? Comment t'appelles-tu ?

► **es heißt** on dit

► **das heißt** c'est-à-dire

heiter gai *ou* joyeux

♦ **Heiterkeit** (FÉMININ : die Heiterkeit) gaieté

Heizkörper (MASCULIN : der Heizkörper, die Heizkörper) radiateur

♦ **Heizung** (FÉMININ : die Heizung) chauffage

Hektik (FÉMININ : die Hektik) frénésie *ou* stress

♦ **hektisch** frénétique *ou* stressé

Held, Heldin (MASCULIN : der Held, die Helden / FÉMININ : die Heldin, die Heldinnen) héros, héroïne

♦ **heldenhaft** héroïque

helfen (er hilft; half, geholfen) aider

► **sich zu helfen wissen** savoir se débrouiller

► **es hilft nichts** il n'y a rien à faire

hell clair *ou* éveillé (d'esprit)

♦ **hellhörig** à l'écoute, mal insonorisé

♦ **Helligkeit** (FÉMININ : die Helligkeit) clarté *ou* luminosité

♦ **hellwach** bien éveillé

Helm (MASCULIN : der Helm, die Helme) casque

Hemd (NEUTRE : das Hemd, die Hemden) chemise

hemmen bloquer *ou* freiner *ou* gêner

♦ **Hemmung** (FÉMININ : die Hemmung, die Hemmungen) empêchement *ou* gêne
♦ **hemmungslos** sans gêne

Hengst (MASCULIN : der Hengst, die Hengste) étalon

Henkel (MASCULIN : der Henkel, die Henkel) anse *ou* poignée

Henne (FÉMININ : die Henne, die Hennen) poule

her ici :
▷ Komm her! Viens (par) ici !
► **es ist lange her** il y a longtemps
► **her damit!** donne !
► **von weit her** de loin

herab vers le bas *ou* en bas

herablassen (er lässt herab; herabließ, herabgelassen) faire descendre
► **sich herablassen, etwas zu tun** daigner faire quelque chose
♦ **herablassend** dédaigneux

herabsehen regarder de haut
► **auf jemanden herabsehen** regarder quelqu'un de haut
📖 **sehen (er sieht; sah, gesehen)** = voir

herabsetzen baisser *ou* réduire
♦ **Herabsetzung** (FÉMININ : die Herabsetzung) baisse

heran par ici *ou* de ce côté

heranwachsen grandir
📖 **wachsen** (er wächst; wuchs, gewachsen) = grandir

heranziehen tirer vers soi
📖 **ziehen** (zog, gezogen) = tirer

herauf vers le haut *ou* en haut

heraufbeschwören provoquer *ou* évoquer

heraufbringen porter en haut
📖 **bringen** (brachte, gebracht) = apporter

herauftragen porter en haut
📖 **tragen** (er trägt; trug, getragen) = porter

heraufziehen tirer en haut *ou* tirer vers le haut
📖 **ziehen** (zog, gezogen) = tirer

heraus hors de *ou* (vers) dehors
► **heraus damit!** donne ça !
► **heraus mit der Sprache!** parle !
► **nun ist es heraus** maintenant c'est dit
► **frei heraus** franchement
► **von innen heraus** du dedans
► **nach vorn heraus** sur le devant
► **zum Fenster heraus** par la fenêtre
► **da heraus** par ici, par là

herausbekommen découvrir *ou* résoudre
📖 **bekommen (bekam, bekommen)** = obtenir

herausbringen sortir *ou* publier
📖 **bringen (brachte, gebracht)** = apporter

herausfinden découvrir
📖 **finden (fand, gefunden)** = trouver

herausfordern provoquer *ou* défier
♦ **Herausforderung** (FÉMININ : die Herausforderung, die Herausforderungen) provocation *ou* défi

herausgeben publier *ou* rendre (la monnaie)
📖 **geben (er gibt; gab, gegeben)** = donner
♦ **Herausgeber** (MASCULIN : der Herausgeber, die Herausgeber) éditeur

heraushalten
► **sich aus etwas heraushalten** ne pas se mêler de quelque chose
📖 **halten (er hält; hielt, gehalten)** = tenir

herauskommen sortir
📖 **kommen (kam, gekommen)** = venir

herausreißen arracher
📖 **reißen** (riss, gerissen) = tirer *ou* se déchirer

herausrutschen
► **das ist mir herausgerutscht** ça m'a échappé

herausstellen
► **das wird sich herausstellen** on va voir

herb âcre *ou* âpre *ou* dur

herbei par ici

Herberge (FÉMININ : die Herberge, die Herbergen) auberge

herbringen apporter *ou* amener
📖 **bringen** (brachte, gebracht) = apporter

Herbst (MASCULIN : der Herbst, die Herbste) automne

♦ **herbstlich** automnal

Herd (MASCULIN : der Herd, die Herde) cuisinière

Herde (FÉMININ : die Herde, die Herden) troupeau

herein vers l'intérieur *ou* dedans

► **herein!** entrez !

hereinkommen entrer

📖 **kommen** (**kam, gekommen**) = venir

hereinlassen laisser entrer

📖 **lassen** (**er läßt; ließ, gelassen**) = laisser

hereinlegen

► **jemanden hereinlegen** rouler quelqu'un

ℹ *L'expression allemande et sa traduction française sont familières.*

herfallen

► **über jemanden / etwas herfallen** se jeter sur quelqu'un / quelque chose *ou* attaquer quelqu'un / quelque chose

📖 **fallen** (**er fällt; fiel, gefallen**) = tomber

Hergang (MASCULIN : der Hergang, die Hergänge) déroulement

hergeben donner

► **sich zu etwas hergeben** se prêter à quelque chose

📖 **geben** (**er gibt; gab, gegeben**) = donner

herhalten tendre

► **herhalten müssen** être le souffre-douleur

📖 **halten** (**er hält; hielt, gehalten**) = tenir

herhören écouter

📖 **hören** = entendre

Hering (MASCULIN : der Hering, die Heringe) hareng

herkommen venir *ou* approcher *ou* venir de

📖 **kommen** (**kam, gekommen**) = venir

Herkunft (FÉMININ : die Herkunft, die Herkünfte) origine

hermachen

► **sich über jemanden / etwas hermachen** se jeter sur quelqu'un / quelque chose *ou* attaquer quelqu'un / quelque chose

Herr (MASCULIN : der Herr, die Herren) monsieur *ou* maître

♦ **herrenlos** sans maître

herrichten préparer

herrlich merveilleux

♦ **Herrlichkeit** (FÉMININ : die Herrlichkeit) splendeur

Herrschaft (FÉMININ : die Herrschaft) domination *ou* autorité *ou* souveraineté

► **meine Herrschaften** mesdames, messieurs

♦ **herrschen** régner

herstellen fabriquer

♦ **Herstellung** (FÉMININ : die Herstellung, die Herstellungen) fabrication

herüber par ici

herum autour

► **verkehrt herum** à l'envers

herumführen faire faire le tour *ou* contourner

herumgehen passer de main en main *ou* passer (en parlant de l'heure)

📖 **gehen** (**ging, gegangen**) = aller

herumirren errer

herumkommen voir du pays

► **um etwas herumkommen** éviter quelque chose

📖 **kommen** (**kam, gekommen**) = venir

herumkriegen *est une expression familière qui signifie* convaincre

herumlungern traînasser

sich herumsprechen s'ébruiter

📖 **sprechen** (**er spricht; sprach, gesprochen**) = parler

sich herumtreiben traîner

herunter du haut

heruntergekommen en mauvais état

herunterhängen pendre
📖 hängen (hing, gehangen) = pendre

herunterholen aller chercher (en haut)

herunterkommen descendre
📖 kommen (kam, gekommen) = venir

hervor dehors

hervorgehen résulter
📖 gehen (ging, gegangen) = aller

hervorragend excellent

hervorrufen provoquer
📖 rufen (rief, gerufen) = appeler

Herz (NEUTRE : das Herz, die Herzen) cœur
- **Herzanfall** (MASCULIN : der Herzanfall, die Herzanfälle) crise cardiaque
- **Herzinfarkt** (MASCULIN : der Herzinfarkt, die Herzinfarkte) infarctus
- **Herzklopfen** (NEUTRE : das Herzklopfen, die Herzklopfen) battement de cœur
- **herzkrank** cardiaque
- **herzlich** cordial *ou* cordialement
  - ► **herzlichen Glückwunsch** toutes mes félicitations
- **Herzlichkeit** (FÉMININ : die Herzlichkeit) cordialité
- **herzlos** sans cœur
- **Herzschlag** (MASCULIN : der Herzschlag, die Herzschläge) battement du cœur
- **herzzerreißend** à fendre le cœur

Heuchelei (FÉMININ : die Heuchelei, die Heucheleien) hypocrisie
- **heucheln** feindre
- **Heuchler, Heuchlerin** (MASCULIN : der Heuchler, die Heuchler/ FÉMININ : die Heuchlerin, die Heuchlerinnen) hypocrite (en parlant d'une personne)
- **heuchlerisch** hypocrite

heulen hurler

heute aujourd'hui
- ► **heute Abend** ce soir
- ► **heutzutage** de nos jours

Hexe (FÉMININ : die Hexe, die Hexen) sorcière
- **hexen** faire des miracles
- **Hexenschuss** (MASCULIN : der Hexenschuss, die Hexenschüsse) lumbago

Hieb (MASCULIN : der Hieb, die Hiebe) coup

hielt *voir* **halten**

hier ici
- **hierauf** à la suite de quoi
- **hierbei** ce faisant
- **hierdurch** ainsi *ou* par ici
- **hierher** par ici
- **hiermit** par ce
- **hierzulande** *ou* **hier zu Lande** dans ce pays

hiesig d'ici

hieß *voir* **heißen**

Hilfe (FÉMININ : die Hilfe, die Hilfen) aide
- ► **Hilfe!** au secours !
- ► **erste Hilfe** premiers secours
- **hilflos** sans défense
- **Hilflosigkeit** (FÉMININ : die Hilflosigkeit) détresse
- **hilfreich** serviable *ou* utile
- **hilfsbedürftig** dans le besoin
- **hilfsbereit** serviable
- **Hilfsbereitschaft** (FÉMININ : die Hilfsbereitschaft) serviabilité
- **Hilfsverb** (NEUTRE : das Hilfsverb, die Hilfsverben) verbe auxiliaire

hilfst, hilft *voir* **helfen**

Himbeere (FÉMININ : die Himbeere, die Himbeeren) framboise

Himmel (MASCULIN : der Himmel, die Himmel) ciel
- **Himmelfahrt** (FÉMININ : die Himmelfahrt) Ascension
- **Himmelsrichtung** (FÉMININ : die Himmelsrichtung) point cardinal
- **himmlisch** céleste

hin jusque *ou* vers :
- ▷ Wo gehst du hin? Où vas-tu ?
- ► **hin und zurück** aller et retour
- ► **hin und her laufen** faire les cent pas
- ► **hin und wieder** de temps à autre

hinab vers le bas

hinabsehen regarder (vers le bas)

📖 **sehen (er sieht; sah, gesehen)** = regarder *ou* voir

hinauf vers le haut

sich hinaufarbeiten gravir les échelons

hinaufsteigen monter

📖 **steigen (stieg, gestiegen)** = monter

hinaus vers le dehors *ou* dehors

hinausbefördern jeter dehors

hinausgehen sortir

📖 **gehen (ging, gegangen)** = aller

hinauslaufen sortir en courant

📖 **laufen (er läuft; lief, gelaufen)** = courir

hinausschieben remettre (à plus tard)

📖 **schieben (schob, geschoben)** = pousser

hinauswerfen jeter dehors *ou* mettre à la porte

📖 **werfen (er wirft; warf, geworfen)** = jeter

hinauswollen vouloir sortir

► **auf etwas hinauswollen** vouloir en venir à quelque chose

📖 **wollen (er will; wollte, gewollt)** = vouloir

hinausziehen faire durer

► **sich hinausziehen** durer

📖 **ziehen (zog, gezogen)** = tirer

Hinblick (MASCULIN : der Hinblick, die Hinblicke) vue

► **im Hinblick auf** en vue de

hindern empêcher

► **jemanden an etwas hindern** empêcher quelqu'un de faire quelque chose

♦ **Hindernis** (NEUTRE : das Hindernis, die Hindernisse) obstacle

hindurch à travers

hinein dedans

► **bis in die Nacht hinein** jusque tard dans la nuit

hineinfallen tomber dans

📖 **fallen (er fällt; fiel, gefallen)** = tomber

hineingehen entrer

📖 **gehen (ging, gegangen)** = aller

hineinpassen être à la bonne taille *ou* entrer dans

hineinreden interrompre

hineinsteigern

► **sich in etwas hineinsteigern** se mettre dans tous ses états pour quelque chose *ou* être accaparé par quelque chose

hineinversetzen

► **sich in jemanden / etwas hineinversetzen** se mettre à la place de quelqu'un / quelque chose

hinfahren y aller (avec un véhicule)

📖 **fahren (er fährt; fuhr, gefahren)** = conduire

♦ **Hinfahrt** (FÉMININ : die Hinfahrt, die Hinfahrten) aller

hinfallen tomber

📖 **fallen (er fällt; fiel, gefallen)** = tomber

♦ **hinfällig** caduc

hing *voir* **hängen**

Hingabe (FÉMININ : die Hingabe) dévouement

hingehen y aller (à pied)

📖 **gehen (ging, gegangen)** = aller *ou* marcher

hinken boiter *ou* être boiteux

hinkommen y arriver

📖 **kommen (kam, gekommen)** = venir

hinlegen poser *ou* coucher

► **sich hinlegen** s'allonger *ou* se coucher

hinnehmen accepter

📖 **nehmen (er nimmt; nahm, genommen)** = prendre

Hinreise (FÉMININ : die Hinreise, die Hinreisen) aller

hinreißen (hinriss, hingerissen) ravir *ou* enthousiasmer

♦ **hinreißend** ravissant

(sich) hinsetzen (s')asseoir

hinsichtlich *est une* préposition *qui s'emploie avec le* génitif *et signifie* en ce qui concerne

hinstellen poser

hinten derrière *ou* au fond *ou* à la fin

♦ **hintenherum** par derrière

hinter *est une* préposition *qui s'emploie avec le* datif *ou l'*accusatif (verbes de mouvement) *et signifie* derrière :

▷ Ich bin hinter dem Haus. Je suis derrière la maison.

▷ Er ist hinter das Haus gelaufen. Il a couru derrière la maison.

► **hinter Glas** sous verre

► **etwas hinter sich bringen** en finir avec quelque chose

► **etwas hinter sich haben** en avoir fini avec quelque chose

► **hinter jemandem her sein** être aux trousses de quelqu'un

► **hinter etwas kommen** découvrir quelque chose

hintere, hinterer, hinteres arrière *ou* dernier, dernière

hintereinander l'un derrière l'autre *ou* l'un après l'autre

Hintergedanke (MASCULIN : der Hintergedanke, die Hintergedanken) arrière-pensée

hintergehen (hinterging, hintergangen) tromper

Hintergrund (MASCULIN : der Hintergrund, die Hintergründe) fond *ou* arrière-plan

Hinterhalt (MASCULIN : der Hinterhalt, die Hinterhälte) embuscade

♦ **hinterhältig** sournois

hinterher après coup *ou* derrière

hinterlassen (er hinterlässt; hinterließ, hinterlassen) laisser *ou* léguer

♦ **Hinterlassenschaft** (FÉMININ : die Hinterlassenschaft) héritage

hinterlegen déposer

Hinterlist (FÉMININ : die Hinterlist) ruse

♦ **hinterlistig** rusé *ou* sournois

Hintern (MASCULIN : der Hintern, die Hintern) postérieur

hinterrücks par derrière

hinüber de l'autre côté

hinübergehen traverser

📖 **gehen (ging, gegangen)** = aller

hinunter vers le bas

hinunterschlucken avaler

hinweghelfen aider à surmonter

► **jemandem über etwas hinweghelfen** aider quelqu'un à surmonter quelque chose

📖 **helfen (er hilft; half, geholfen)** = aider

sich hinwegsetzen ne pas tenir compte

► **sich über etwas hinwegsetzen** ne pas tenir compte de quelque chose

Hinweis (MASCULIN : der Hinweis, die Hinweise) indice *ou* indication

♦ **hinweisen (hinwies, hingewiesen)** indiquer

► **jemanden auf etwas hinweisen** indiquer quelque chose à quelqu'un

sich hinziehen traîner en longueur *ou* se prolonger

📖 **ziehen (zog, gezogen)** = tirer

hinzu en outre *ou* en plus

hinzufügen ajouter

hinzukommen s'ajouter

📖 **kommen (kam, gekommen)** = venir

hinzuziehen consulter

📖 **ziehn (zog, gezogen)** = tirer

Hirn (NEUTRE : das Hirn, die Hirne) cerveau

Hirsch (MASCULIN : der Hirsch, die Hirsche) cerf

Hit (MASCULIN : der Hit, die Hits) tube (au sens musical)

Hitze (FÉMININ : die Hitze, die Hitzen) chaleur

♦ **hitzig** impétueux *ou* passionné

♦ **Hitzkopf** (MASCULIN : der Hitzkopf, die Hitzköpfe) tête brûlée

♦ **Hitzschlag** (MASCULIN : der Hitzschlag, die Hitzschläge) coup de chaleur

hob *voir* **heben**

hoch (höher, am höchsten) haut *ou* élevé *ou* supérieur *ou* grand

► **Hände hoch!** haut les mains !

► **Kopf hoch!** courage !

► **hoch begabt** extrêmement doué

♦ **Hoch** (NEUTRE : das Hoch) anticyclone *ou* vivat

Hochachtung (FÉMININ : die Hochachtung) estime *ou* considération

hochbringen apporter en haut

📖 **bringen (brachte, gebracht)** = apporter

hochfahren sursauter

📖 **fahren (er fährt; fuhr, gefahren)** = conduire

Hochform (FÉMININ : die Hochform) pleine forme

hochgradig extrême *ou* extrêmement

hochhalten tenir en l'air

📖 **halten (er hält; hielt, gehalten)** = tenir

Hochhaus (NEUTRE : das Hochhaus, die Hochhäuser) tour (au sens de bâtiment)

hochheben soulever

📖 **heben (hob, gehoben)** = lever

Hochmut (MASCULIN : der Hochmut) orgueil

♦ **hochmütig** orgueilleux *ou* hautain

hochnäsig prétentieux

Hochschule (FÉMININ : die Hochschule, die Hochschulen) établissement d'enseignement supérieur

Hochsprung (MASCULIN : der Hochsprung) saut en hauteur

höchst très *ou* extrêmement

höchste, höchster, höchstes *est le superlatif de* **hoch** *et signifie* le plus haut, la plus haute

♦ **höchstens** tout au plus *ou* au maximum

♦ **höchstpersönlich** en personne

♦ **höchstwahrscheinlich** très probablement

Hochwasser (NEUTRE : das Hochwasser, die Hochwasser) marée haute *ou* crue *ou* inondation

Hochzeit (FÉMININ : die Hochzeit, die Hochzeiten) mariage

hocken être accroupi *ou* être perché (pour un oiseau)

Hocker (MASCULIN : der Hocker, die Hocker) tabouret

Hoden (MASCULIN : der Hoden, die Hoden) testicule

Hof (MASCULIN : der Hof, die Höfe) cour *ou* halo

hoffen espérer

► **auf etwas hoffen** espérer quelque chose

♦ **hoffentlich** espérons que *ou* j'espère que

♦ **Hoffnung** (FÉMININ : die Hoffnung) espoir

♦ **hoffnungslos** sans espoir *ou* désespéré

♦ **hoffnungsvoll** plein d'espoir

höflich poli

♦ **Höflichkeit** (FÉMININ : die Höflichkeit) politesse

hohe, hoher, hohes (höhere, höherer, höheres, höchste, höchster, höchstes) haut, haute

Höhepunkt (MASCULIN : der Höhepunkt, die Höhepunkte) sommet *ou* apogée

hohl creux

Höhle (FÉMININ : die Höhle, die Höhlen) grotte

Hohn (MASCULIN : der Hohn) raillerie *ou* ironie

♦ **höhnen** railler

♦ **höhnisch** méprisant *ou* railleur

holen aller chercher

► **Atem holen** respirer

► **sich Rat holen** demander conseil

► **sich einen Schnupfen holen** attraper un rhume

Hölle (FÉMININ : die Hölle, die Höllen) enfer

♦ **Höllenangst** (FÉMININ : die Höllenangst, die Höllenängste) peur bleue

♦ **höllisch** infernal *ou* d'enfer

holperig cahoteux

Holz (NEUTRE : das Holz, die Hölzer) bois

♦ **hölzern** en bois

Honig (MASCULIN : der Honig, die Honige) miel

hopsen sautiller

hörbar audible *ou* perceptible

horchen écouter

hören entendre *ou* écouter
- ► **auf jemanden / etwas hören** écouter quelqu'un / quelque chose
- ► **von jemandem hören** avoir des nouvelles de quelqu'un
- ► **von etwas hören** entendre parler de quelque chose
- ► **vom Hörensagen** par ouïe-dire

♦ **Hörer** (MASCULIN : der Hörer, die Hörer) écouteur, combiné (téléphone)

Hornisse (FÉMININ : die Hornisse, die Hornissen) frelon

Höschen (NEUTRE : das Höschen, die Höschen) slip

Hose (FÉMININ : die Hose, die Hosen) pantalon
- ► **in die Hose gehen** tomber à l'eau

♦ **Hosenträger** (MASCULIN pluriel : die Hosenträger) bretelles

hübsch joli

Hubschrauber (MASCULIN : der Hubschrauber, die Hubschrauber) hélicoptère

Hüfte (FÉMININ : die Hüfte, die Hüften) hanche

Hügel (MASCULIN : der Hügel, die Hügel) colline

♦ **hügelig** vallonné

Huhn (NEUTRE : das Huhn, die Hühner) poule

♦ **Hühnerstall** (MASCULIN : der Hühnerstall, die Hühnerställe) poulailler

Hülle (FÉMININ : die Hülle, die Hüllen) enveloppe
- ► **in Hülle und Fülle** en abondance

Hummel (FÉMININ : die Hummel, die Hummeln) bourdon

Hummer (MASCULIN : der Hummer, die Hummer) homard

Humor (MASCULIN : der Humor, die Humore) humour

♦ **humorvoll** plein d'humour

humpeln boiter

Hund (MASCULIN : der Hund, die Hunde) chien

♦ **hundemüde** crevé (= fatigué)

hundert cent
- ► **hunderte von** des centaines de

♦ **hundertmal** cent fois

♦ **hundertprozentig** à cent pour cent

Hunger (MASCULIN : der Hunger) faim

♦ **hungern** souffrir de la faim *ou* faire un régime

♦ **Hungersnot** (FÉMININ : die Hungersnot, die Hungersnöte) famine

♦ **hungrig** affamé *ou* qui a faim

Hupe (FÉMININ : die Hupe, die Hupen) klaxon

♦ **hupen** klaxonner

hüpfen sautiller

Hürde (FÉMININ : die Hürde, die Hürden) haie *ou* obstacle

♦ **Hürdenlauf** (MASCULIN : der Hürdenlauf, die Hürdenläufe) course de haies

Hure (FÉMININ : die Hure, die Huren) prostituée

husten tousser

♦ **Husten** (MASCULIN : der Husten) toux

♦ **Hustenanfall** (MASCULIN : der Hustenanfall, die Hustenanfälle) quinte de toux

♦ **Hustensaft** (MASCULIN : der Hustensaft, die Hustensäfte) sirop (contre la toux)

Hut *a plusieurs genres et plusieurs sens :*

> *Ce peut être un nom* MASCULIN :

der Hut, die Hüte *signifie* chapeau

> *Ce peut être un nom* FÉMININ :

- ► **auf der Hut sein** se tenir sur ses gardes

hüten garder
- ► **sich vor etwas hüten** prendre garde à quelque chose
- ► **sich hüten, etwas zu tun** se garder de faire quelque chose

Hütte (FÉMININ : die Hütte, die Hütten) cabane *ou* refuge

ALLEMAND / FRANÇAIS

ich je *ou* moi

▷ Ich weiß nicht. Je ne sais pas.

▷ Ich bin's. C'est moi.

identifizieren identifier

♦ **identisch** identique

♦ **Identität** (FÉMININ : die Identität) identité

Igel (MASCULIN : der Igel, die Igel) hérisson

ihm *est le* datif *du* PRONOM PERSONNEL **er** *ou* **es** *et signifie* lui *ou* à lui *ou* le :

▷ Hast du es ihm gesagt? Tu le lui as dit ?

▷ Das gehört ihm. C'est à lui.

▷ Ich glaube ihm. Je le crois.

▷ Wie geht es ihm? Comment va-t-il ?

ihn *est l'*accusatif *du* PRONOM PERSONNEL **er** *ou* **es** *et signifie* le *ou* lui :

▷ Sie mag ihn gern. Elle l'aime bien.

▷ Das war eine Überraschung für ihn. C'était une surprise pour lui.

ihnen *est le* datif *du* PRONOM PERSONNEL **sie** au pluriel *et signifie* leur *ou* les *ou* eux *ou* à eux :

▷ Vergiss nicht, ihnen ein Geschenk mitzubringen. N'oublie pas de leur apporter un cadeau.

▷ Richte ihnen einen Gruß von mir aus. Salue-les de ma part.

▷ Wir haben nichts von ihnen gehört. Nous n'avons pas eu de nouvelles d'eux.

▷ Das gehört ihnen. C'est à eux.

▷ Wie geht es ihnen? Comment vont-ils ?

♦ **Ihnen** vous *ou* à vous

ℹ *En allemand, les formes de politesse s'écrivent avec une majuscule.*

ihr *a plusieurs catégories grammaticales et plusieurs sens :*

> *Ce peut être le* DATIF *du pronom personnel* **sie** AU SINGULIER :

ihr *signifie* lui *ou* elle :

▷ Er sagt ihr Bescheid. Il le lui a dit.

▷ Ich habe Angst vor ihr. J'ai peur d'elle.

> *Ce peut être la* DEUXIÈME PERSONNE *du pronom personnel* AU PLURIEL :

ihr *signifie* vous :

▷ Habt ihr schon gegessen? Vous avez déjà mangé ?

> *Ce peut être le* PRONOM POSSESSIF *de* **sie** AU SINGULIER :

ihr, ihre *signifie* son *ou* sa *ou* ses :

▷ Ich habe ihr Buch vergessen. J'ai oublié son livre.

▷ Hier ist ihre Puppe. Voici sa poupée.

▷ Er hat ihre Kleider mitgebracht. Il a apporté ses vêtements.

> *Ce peut être le* PRONOM POSSESSIF *de* SIE AU PLURIEL :

ihr, ihre *signifie* leur *ou* leurs :

▷ Wo ist ihr Hund? Où est leur chien ?

▷ Das sind ihre Angelegenheiten. Ce sont leurs affaires.

♦ **Ihr** votre

ℹ *En allemand, les formes de politesse s'écrivent avec une majuscule.*

ihre, ihrer, ihres *a plusieurs catégories grammaticales et plusieurs sens :*

> *Ce peut être le* génitif *des* PRONOMS PERSONNELS **sie / Sie** (singulier et pluriel) *et signifie* de son, de sa, de ses :

▷ Das Haus ihrer Mutter liegt am Meer. La maison de sa mère se trouve au bord de la mer.

▷ Die Meinung ihrer Mitschüler interessierte sie nicht. L'avis de ses camarades de classe ne l'intéressait pas.

> *Ce peut être le* PRONOM POSSESSIF SUBSTANTIVÉ *de* **sie** AU SINGULIER :

ihre, ihrer, ihres *signifie* le sien *ou* la sienne *ou* les siens *ou* les siennes :

▷ Mein Hut liegt hier, dort liegt ihrer. Mon chapeau est ici, là-bas c'est le sien.

▷ Ich habe meine Brille, wo sind ihre? J'ai mes lunettes, où sont les siennes ?

> *Ce peut être le* PRONOM POSSESSIF SUBSTANTIVÉ *de* **sie** AU PLURIEL :

ihre, ihrer, ihres *signifie* le leur, la leur *ou* les leurs :

▷ Unser Auto ist bei der Reparatur, das muss ihres sein. Notre voiture est au garage, ça doit être la leur.

▷ Unsere Kinder spielen, und wo sind ihre? Nos enfants jouent, où sont les leurs ?

♦ **Ihre, Ihrer, Ihres** le vôtre, la vôtre *ou* les vôtres

> ℹ *En allemand, les formes de politesse s'écrivent avec une majuscule.*

ihrerseits de son côté *ou* de leur côté :

▷ Sie muss auch ihrerseits dazu bereit sein. Il faut aussi que de son côté elle soit prête à ça.

♦ **Ihrerseits** de votre côté

> ℹ *En allemand, les formes de politesse s'écrivent avec une majuscule.*

ihresgleichen des gens comme elle *ou* des gens comme eux, elles :

▷ Sie unterhält sich nur mit ihresgleichen. Elle ne discute qu'avec des gens comme elle.

♦ **Ihresgleichen** des gens comme vous

> ℹ *En allemand, les formes de politesse s'écrivent avec une majuscule.*

ihretwegen pour elle, eux, elles *ou* à cause d'elle, eux, elles *ou* en ce qui la, les concerne :

▷ Wir sind ihretwegen früher nach Hause gegangen. C'est pour elle que nous sommes rentrés plus tôt.

▷ Ihretwegen bin ich zu spät gekommen. À cause d'eux, je suis arrivé en retard.

▷ Ihretwegen ist dies nicht notwendig. Ce n'est pas nécessaire en ce qui les concerne.

♦ **Ihretwegen** pour vous *ou* à cause de vous *ou* en ce qui vous concerne

> ℹ *En allemand, les formes de politesse s'écrivent en majuscule.*

im *est la contraction de* **in dem** *et signifie* dans le, la *ou* en :

▷ Die Kinder spielen im Garten. Les enfants jouent dans le jardin.

▷ Im Herbst war noch viel Sonne. En automne, il y avait encore beaucoup de soleil.

► **im Kommen sein** être en train de monter

► **im Wachsen sein** être en train de grandir

Imbiss (MASCULIN : der Imbiss, die Imbisse) casse-croûte

♦ **Imbissstube** (FÉMININ : die Imbissstube, die Imbissstuben) snack-bar

immer toujours *ou* à chaque fois *ou* de plus en plus

► **was auch immer** quoi que

► **wer auch immer** qui que ce soit

♦ **immerhin** tout de même

♦ **immerzu** sans cesse

impfen vacciner

♦ **Impfstoff** (MASCULIN : der Impfstoff, die Impfstoffe) vaccin

♦ **Impfung** (FÉMININ : die Impfung) vaccination

imponieren impressionner

► **jemandem imponieren** impressionner quelqu'un

impotent impuissant

♦ **Impotenz** (FÉMININ : die Impotenz) impuissance

imstande capable *ou* en état

► **imstande sein, etwas zu tun** être capable de faire quelque chose *ou* être en état de faire quelque chose

in *est une* PRÉPOSITION *qui s'emploie avec le* datif *ou l'*accusatif (verbes de mouvement) *et signifie* dans *ou* à *ou* en :

▷ Was hast du in deiner Hand? Qu'est-ce que tu as dans la main ?

▷ Sie ist in der Schule. Elle est à l'école.

▷ Ich fahre in die Stadt. Je vais en ville.

► **in diesem Jahr** cette année

inbegriffen inclus *ou* compris

indem *est une* CONJONCTION *et signifie* grâce au fait que *ou* pendant que *ou* tandis que :

▷ Er spart Geld, indem er die Arbeit selbst macht. Il fait des économies en faisant lui-même le travail.

Inder, Inderin (MASCULIN : der Inder, die Inder / FÉMININ : die Inderin, die Inderinnen) Indien, Indienne (de l'Inde)

Indianer, Indianerin (MASCULIN : der Indianer, die Indianer / FÉMININ : die Indianerin, die Indianerinnen) Indien, Indienne (d'Amérique)

Indien Inde

♦ **indisch** indien

indiskutabel hors de question

> indiskutabel *ne signifie pas* indiscutable *en français.*

Indiz (NEUTRE : das Indiz, die Indizien) indice

ineinander l'un dans l'autre *ou* les uns dans les autres

infolge *est une* PRÉPOSITION *qui s'emploie avec le* GÉNITIF *et signifie* à la suite de *ou* en conséquence de

♦ **infolgedessen** par conséquent

infrage ou **in Frage**

► **infrage** *ou* **in Frage kommen** en être question

► **nicht infrage** *ou* **in Frage kommen** ne pas en être question

► **etwas infrage** *ou* **in Frage stellen** remettre quelque chose en question

Infusion (FÉMININ : die Infusion) perfusion

> i Infusion *ne signifie pas* infusion *en français.*

Ingwer (MASCULIN : der Ingwer) gingembre

Inhalt (MASCULIN : der Inhalt, die Inhalte) contenu *ou* volume *ou* signification

♦ **Inhaltsangabe** (FÉMININ : die Inhaltsangabe, die Inhaltsangaben) résumé

♦ **inhaltslos** sans contenu *ou* creux (au sens figuré)

♦ **inhaltsreich** profond (au sens figuré)

♦ **Inhaltsverzeichnis** (NEUTRE : das Inhaltsverzeichnis, die Inhaltsverzeichnisse) table des matières *ou* index

Inlineskates (MASCULIN pluriel : die Inlineskates) rollers

♦ **Inlinskating** (NEUTRE : das Inlineskating) faire du roller

inmitten *est une* PRÉPOSITION *qui s'emploie avec le* GÉNITIF *et signifie* au milieu de

► **inmitten von** au milieu de

innen à l'intérieur

♦ **Innenminister** (MASCULIN : der Innenminister, die Innenminister) ministre de l'Intérieur

♦ **Innenpolitik** (FÉMININ : die Innenpolitik) politique intérieure

♦ **Innenstadt** (FÉMININ : die Innenstadt, die Innenstädte) centre ville

innere, innerer, inneres intérieur, intérieure *ou* interne

Innereien (FÉMININ pluriel : die Innereien) abats

innerhalb *a plusieurs catégories grammaticales et plusieurs sens :*

> *Ce peut être une* PRÉPOSITION *qui s'emploie avec le* GÉNITIF *:*

innerhalb *signifie* à l'intérieur de *ou* dans un délai de

> *Ce peut être un* ADVERBE *:*

innerhalb *signifie* à l'intérieur

innerlich intérieur *ou* interne

innig intime *ou* profond (au sens figuré)

ins *est la contraction de* **in das** *et signifie* dans le, la *ou* au, à la

insbesondere en particulier

Insel (FÉMININ : die Insel, die Inseln) île

Inserat (NEUTRE : das Inserat, die Inserate) annonce (dans un journal)

insgeheim en secret

insgesamt en tout *ou* dans l'ensemble

insofern ou **insoweit** *a plusieurs catégories grammaticales et plusieurs sens :*

> *Ce peut être une* CONJONCTION *:*

insofern *ou* **insoweit** *signifie* dans la mesure de :

▷ Ich helfe dir, insofern ich dazu in der Lage bin. Je t'aiderai dans la mesure de mes capacités.

> *Ce peut être un* ADVERBE *:*

insofern *ou* **insoweit** *signifie* sur ce point :

▷ Insoweit hast du recht. Sur ce point, tu as raison.

inszenieren mettre en scène

♦ **Inszenierung** (FÉMININ : die Inszenierung) mise en scène

intensiv intense

♦ **Intensivstation** (FÉMININ : die Intensivstation) service de soins intensifs

interessanterweise curieusement

inwiefern ou **inwieweit** dans quelle mesure

inzwischen entre-temps

irdisch terrestre

Ire, Irin (MASCULIN : der Ire, die Iren / FÉMININ : die Irin, die Irinnen) Irlandais, Irlandaise

♦ **irisch** irlandais

♦ **Irland** Irlande

irgendein *est un* PRONOM INDÉFINI *et signifie* quelconque *ou* n'importe quel, quelle

♦ **irgendeine, irgendeiner, irgendeines** n'importe lequel, laquelle *ou* n'importe qui *ou* quelqu'un

♦ **irgendeinmal** un jour

► **wenn irgendeinmal** si jamais

♦ **irgendetwas** n'importe quoi *ou* quelque chose

♦ **irgendjemand** n'importe qui *ou* quelqu'un

♦ **irgendwann** un jour *ou* une fois *ou* n'importe quand

♦ **irgendwas** n'importe quoi *ou* quelque chose

♦ **irgendwer** n'importe qui *ou* quelqu'un

♦ **irgendwie** n'importe comment *ou* d'une façon ou d'une autre

♦ **irgendwo, irgendwohin** n'importe où *ou* quelque part

irre fou

> i *C'est aussi une expression familière qui signifie* chouette.

♦ **Irre, Irrer** (MASCULIN : der Irre, die Irren / FÉMININ : die Irre, die Irren) fou, folle

> i *Ce nom est un adjectif substantivé :* der Irre, ein Irrer.

irreführen induire en erreur

irremachen embrouiller

irren errer

sich irren se tromper

Irrsinn (MASCULIN : der Irrsinn) folie

♦ **irrsinnig** fou

Irrtum (MASCULIN : der Irrtum, die Irrtümer) erreur

♦ **irrtümlich** par erreur

ist *voir* sein

Italien Italie

♦ **Italiener, Italienerin** (MASCULIN : der Italiener, die Italiener / FÉMININ : die Italienerin, die Italienerinnen) Italien, Italienne

♦ **italienisch** italien

ALLEMAND J FRANÇAIS

ja *a plusieurs sens :*

1 ja *peut signifier* oui

2 ja *peut être une* particule :

▷ Tue das ja nicht! Ne fais surtout pas ça !

▷ Das weiss ich ja. Je le sais bien.

▷ So etwas ist ja unmöglich! Mais une chose pareille est impossible !

▷ Da ist sie ja. Enfin la voilà.

► **ja freilich** bien sûr

Jacke (FÉMININ : die Jacke, die Jacken) veste

Jagd (FÉMININ : die Jagd, die Jagden) chasse

♦ **jagen** chasser

♦ **Jäger, Jägerin** (MASCULIN : der Jäger, die Jäger/ FÉMININ : die Jägerin, die Jägerinnen) chasseur, chasseuse

jäh abrupt *ou* soudain

Jahr (NEUTRE : das Jahr, die Jahre) an *ou* année :

▷ Sie ist vor vier Jahren geboren. Elle est née il y a quatre ans.

▷ Die Jahre vergehen viel zu schnell. Les années passent beaucoup trop vite.

► **im Jahr 2004** en 2004

► **10 Jahre alt sein** avoir 10 ans

♦ **jahrelang** pendant des années

♦ **Jahreszahl** (FÉMININ : die Jahreszahl, die Jahreszahlen) année (en parlant de la date)

♦ **Jahreszeit** (FÉMININ : die Jahreszeit, die Jahreszeiten) saison

♦ **Jahrgang** (MASCULIN : der Jahrgang, die Jahrgänge) année (en parlant de la date), promotion (à l'école)

♦ **Jahrhundert** (NEUTRE : das Jahrhundert, die Jahrhunderte) siècle

♦ **jährlich** annuel *ou* tous les ans

♦ **Jahrmarkt** (MASCULIN : der Jahrmarkt, die Jahrmärkte) foire

♦ **Jahrtausend** (NEUTRE : das Jahrtausend, die Jahrtausende) millénaire

♦ **Jahrzehnt** (NEUTRE : das Jahrzehnt, die Jahrzehnte) décennie

Jähzorn (MASCULIN : der Jähzorn) colère subite *ou* accès de colère

♦ **jähzornig** colérique

Jalousie (FÉMININ : die Jalousie, die Jalousien) persienne

> Jalousie *ne signifie pas* jalousie *en français.*

Jammer (MASCULIN : der Jammer) lamentations *ou* misère

► **so ein Jammer!** quel dommage !

♦ **jämmerlich** misérable *ou* lamentable

♦ **jammern** se lamenter *ou* gémir

♦ **jammerschade** vraiment dommage

Januar (MASCULIN : der Januar) janvier

► **im Januar** en janvier *ou* au mois de janvier

> i *En allemand autrichien, on dit Jänner.*

Japan Japon

♦ **Japaner, Japanerin** (MASCULIN : der Japaner, die Japaner/ FÉMININ : die Japanerin, die Japanerinnen) Japonais, Japonaise

♦ **japanisch** japonais

jauchzen pousser des cris de joie

♦ **Jauchzer** (MASCULIN : der Jauchzer, die Jauchzer) cri de joie

jaulen hurler

Jause (FÉMININ : die Jause, die Jausen) casse-croûte *ou* goûter

♦ **jausnen** goûter

> ℹ *Jause et jausnen sont des expressions autrichiennes.*

jawohl oui *ou* certes

je *a plusieurs catégories grammaticales et plusieurs sens :*

> *Ce peut être un* ADVERBE :

1 **je** *peut signifier* jamais :

▷ Hast du so etwas je schon gesehen? Est-ce que tu as jamais vu une chose pareille ?

2 **je** *peut signifier* chacun :

▷ Ich gebe euch je fünf Euro. Je vous donne à chacun cinq euros.

> *Ce peut être une* PRÉPOSITION *qui s'emploie avec l'*ACCUSATIF :

je *signifie* par :

▷ Es gibt ein Eis je Kind. Il y a une glace par enfant.

> *Ce peut être une* CONJONCTION :

▷ Je mehr ich darüber nachdenke, desto besser verstehe ich. Plus j'y réfléchis, mieux je comprends.

► **je nach** selon

► **ach je!** oh là,là !

► **oh je!** hou là,là !

► **seit eh und je** depuis toujours

jede, jeder, jedes *est un* PRONOM INDÉFINI *et signifie* chaque *ou* tout, toute *ou* chacun, chacune

♦ **jedenfalls** en tout cas

♦ **jedermann** chacun *ou* tout le monde

♦ **jederzeit** à tout moment

♦ **jedesmal** chaque fois

jedoch cependant *ou* pourtant

jeher

► **von jeher** depuis toujours

jemals jamais

jemand quelqu'un

jene, jener, jenes *est un* PRONOM DÉMONSTRATIF *et signifie ce, cette, ces ou celui-là, celle-là, ceux-là, celles-là*

jenseits *a plusieurs catégories grammaticales et plusieurs sens :*

> *Ce peut être un* ADVERBE :

jenseits *signifie* de l'autre côté *ou* au-delà :

► **jenseits liegen** être de l'autre côté *ou* être au-delà

> *Ce peut être une* PRÉPOSITION *qui s'emploie avec le* GÉNITIF :

jenseits *signifie* de l'autre côté de *ou* au-delà de :

▷ Jenseits des Meeres liegt Afrika. De l'autre côté de la mer c'est l'Afrique.

► **jenseits von Gut und Böse** au-delà du bien et du mal

♦ **Jenseits** (NEUTRE : das Jenseits) l'au-delà

jetzt maintenant

jeweils chaque fois

Jog(h)urt (MASCULIN : der Jog(h)urt *ou* NEUTRE : das Jog(h)urt, die Jog(h)urts) yaourt

Johannisbeere (FÉMININ : die Johannisbeere, die Johannisbeeren) groseille

♦ **schwarze Johannisbeere** cassis

Jubel (MASCULIN : der Jubel) cris de joie

♦ **jubeln** pousser des cris de joie

Jubiläum (NEUTRE : das Jubiläum, die Jubiläen) anniversaire

jucken démanger

Jude (MASCULIN : der Jude, die Juden) Juif (la personne)

♦ **Judentum** (NEUTRE : das Judentum) judaïsme

♦ **Judenverfolgung** (FÉMININ : die Judenverfolgung) persécution des juifs

♦ **Jüdin** (FÉMININ : die Jüdin, die Jüdinnen) Juive (la personne)

♦ **jüdisch** juif

Jugend (FÉMININ : die Jugend) jeunesse

♦ **Jugendherberge** (FÉMININ : die Jugendherberge, die Jugendherbergen) auberge de jeunesse

♦ **jugendlich** jeune *ou* juvénil

♦ **Jugendlicher, Jugendliche** (MASCULIN : der Jugendliche, die Jugendlichen / FÉMININ : die Jugendliche, die Jugendlichen) jeune *ou* adolescent

> ℹ *Ce nom est un adjectif substantivé :* der Jugendliche, ein Jugendlicher.

Juli (MASCULIN : der Juli) juillet

♦ **im Juli** en juillet *ou* au mois de juillet

jung (**jünger, am jüngsten**) jeune

Junge (MASCULIN : der Junge, die Jungen) garçon

Jungfrau (FÉMININ : die Jungfrau, die Jungfrauen) vierge

Junggeselle (MASCULIN : der Junggeselle, die Junggesellen) célibataire

Juni (MASCULIN : der Juni) juin

► **im Juni** au mois de juin

Jux (MASCULIN : der Jux, die Juxe) blague

K

ALLEMAND — FRANÇAIS

Kabel (NEUTRE : das Kabel, die Kabel) câble

Kabine (FÉMININ : die Kabine, die Kabinen) cabine

Kachel (FÉMININ : die Kachel, die Kacheln) carreau

♦ **Kachelofen** (MASCULIN : der Kachelofen, die Kachelöfen) poêle de faïence

Kaff (NEUTRE : das Kaff, die Kaffs *ou* Kaffe) patelin *ou* village

> ℹ *Kaff est un mot familier.*

Kaffee (MASCULIN : der Kaffee, die Kaffees) café (la boisson)

♦ **Kaffeehaus** (NEUTRE : das Kaffeehaus, die Kaffeehäuser) café (le lieu)

Käfig (MASCULIN : der Käfig, die Käfige) cage

kahl chauve

► **ein kahler Baum** un arbre dénudé

► **ein kahler Raum** un espace vide

♦ **kahlgeschoren** tondu *ou* rasé (en parlant de la tête)

♦ **kahlköpfig** chauve

Kai (MASCULIN : der Kai, die Kais) quai

Kaiser, Kaiserin (MASCULIN : der Kaiser, die Kaiser / FÉMININ : die Kaiserin, die Kaiserinnen) empereur, impératrice

♦ **kaiserlich** impérial

♦ **Kaiserreich** (NEUTRE : das Kaiserreich, die Kaiserreiche) empire

♦ **Kaiserschnitt** (MASCULIN : der Kaiserschnitt, die Kaiserschnitte) césarienne

Kakao (MASCULIN : der Kakao, die Kakaos) cacao *ou* chocolat

► **heißer Kakao** chocolat chaud

Kaktus (MASCULIN : der Kaktus, die Kakteen) cactus

Kalb (NEUTRE : das Kalb, die Kälber) veau

Kalender (MASCULIN : der Kalender, die Kalender) calendrier

kalt (kälter, am kältesten) froid

► **mir ist kalt** j'ai froid

♦ **kaltblütig** de sang-froid

♦ **Kaltblütigkeit** (FÉMININ : die Kaltblütigkeit) sang-froid

♦ **Kälte** (FÉMININ : die Kälte) froid *ou* froideur

Kalzium (NEUTRE : das Kalzium) calcium

kam *voir* **kommen**

Kamel (NEUTRE : das Kamel, die Kamele) chameau

Kamera (FÉMININ : die Kamera, die Kameras) appareil photo *ou* caméra

Kamille (FÉMININ : die Kamille, die Kamillen) camomille

♦ **Kamillentee** (MASCULIN : der Kamillentee, die Kamillentees) infusion de camomille

Kamin (MASCULIN : der Kamin, die Kamine) cheminée

Kamm (MASCULIN : der Kamm, die Kämme) peigne *ou* crête

♦ **(sich) kämmen** (se) peigner

Kammer (FÉMININ : die Kammer, die Kammern) petite chambre *ou* remise

◆ **Kammerorchester** (NEUTRE : das Kammerorchester, die Kammerorchester) orchestre de chambre

Kampf (MASCULIN : der Kampf, die Kämpfe) combat *ou* lutte

◆ **kämpfen** se battre *ou* lutter

◆ **kampflustig** bagarreur

kampieren camper

Kanada Canada

Kanal (MASCULIN : der Kanal, die Kanäle) canal *ou* égout

◆ **Ärmelkanal** (MASCULIN : der Ärmelkanal) la Manche

◆ **Kanalisation** (FÉMININ : die Kanalisation, die Kanalisationen) égouts

◆ **kanalisieren** canaliser

Kaninchen (NEUTRE : das Kaninchen, die Kaninchen) lapin

kann *voir* **können**

Kanne (FÉMININ : die Kanne) pot *ou* cruche

kannst *voir* **können**

kannte *voir* **kennen**

Kante (FÉMININ : die Kante, die Kanten) bord *ou* bordure

◆ **kantig** anguleux

Kanu (NEUTRE : das Kanu, die Kanus) canoë

Kanzlei (FÉMININ : die Kanzlei, die Kanzleien) cabinet (d'avocat) *ou* étude (de notaire)

Kanzler, Kanzlerin (MASCULIN : der Kanzler, die Kanzler / FÉMININ : die Kanzlerin, die Kanzlerinnen) chancelier, chancelière

Kapelle (FÉMININ : die Kapelle, die Kapellen) chapelle

kapieren *est un mot familier qui signifie* piger

Kapitel (NEUTRE : das Kapitel, die Kapitel) chapitre

Kapitell (NEUTRE : das Kapitell, die Kapitelle) chapiteau

Kappe (FÉMININ : die Kappe, die Kappen) bonnet *ou* casquette

Kapsel (FÉMININ : die Kapsel, die Kapseln) capsule

kaputt cassé *ou* crevé (au sens de fatigué)

◆ **kaputtgehen** (**kaputtging, kaputtgegangen**) se casser *ou* s'abîmer

◆ **sich kaputtlachen** mourir de rire

📖 **lachen** = rire

◆ **kaputtmachen** casser *ou* démolir

Kapuze (FÉMININ : die Kapuze, die Kapuzen) capuche

Karfiol (MASCULIN : der Karfiol, die Karfiols) *est un mot autrichien qui signifie* chou-fleur

Karfreitag (MASCULIN : der Karfreitag) vendredi saint

> Karfreitag *est un jour férié en Allemagne.*

Karibik (FÉMININ : die Karibik) les Caraïbes *ou* les Antilles

kariert à carreaux *ou* quadrillé

Karies (FÉMININ : die Karies) carie

Karneval (MASCULIN : der Karneval, die Karnevale *ou* Karnevals) carnaval

Karo (NEUTRE : das Karo, die Karos) carreau (dans un jeu de cartes)

Karren (MASCULIN : der Karren, die Karren) carriole *ou* charrette

Karriere (FÉMININ : die Karriere, die Karrieren) carrière

Karte (FÉMININ : die Karte, die Karten) carte *ou* billet *ou* fiche

◆ **Kartenspiel** (NEUTRE : das Kartenspiel, die Kartenspiele) jeu de cartes

Kartoffel (FÉMININ : die Kartoffel, die Kartoffeln) pomme de terre

◆ **Kartoffelbrei** (MASCULIN : der Kartoffelbrei, die Kartoffelbreie) purée de pommes de terre

Karton (MASCULIN : der Karton, die Kartons) carton

Karussell (NEUTRE : das Karussell, die Karussells *ou* Karusselle) manège

Käse (MASCULIN : der Käse, die Käse) fromage

Kasper (MASCULIN : der Kasper, die Kasper) guignol

Kasse (FÉMININ : die Kasse, die Kassen) caisse (pour payer)

► **gut bei Kasse sein** avoir de l'argent

♦ **Krankenkasse** assurance maladie

kassieren encaisser

Kastanie (FÉMININ : die Kastanie, die Kastanien) marron *ou* châtaigne

► **heiße Kastanien** marrons chauds

♦ **Kastanienbaum** (MASCULIN : der Kastanienbaum, die Kastanienbäume) marronnier *ou* châtaignier

Kasten (MASCULIN : der Kasten, die Kästen) boîte *ou* caisse ; armoire (en Autriche)

Katalysator (MASCULIN : der Katalysator, die Katalysatoren) pot catalytique

katastrophal catastrophique

Kater (MASCULIN : der Kater, die Kater) matou

► **einen Kater haben** avoir la gueule de bois

Kätzchen (NEUTRE : das Kätzchen, die Kätzchen) chaton

Katze (FÉMININ : die Katze, die Katzen) chat *ou* chatte

► **für die Katz** pour des prunes

► **einen Katzensprung von hier** à deux pas d'ici

kauen mâcher

kauern être accroupi

Kauf (MASCULIN : der Kauf, die Käufe) achat

► **etwas in Kauf nehmen** s'accommoder de quelque chose

♦ **kaufen** acheter

♦ **Kaufhaus** (NEUTRE : das Kaufhaus, die Kaufhäuser) grand magasin

♦ **Kaufladen** (MASCULIN : der Kaufladen, die Kaufläden) épicerie

Kaugummi (MASCULIN : der Kaugummi, die Kaugummis) chewing-gum

kaum à peine

Kauz (MASCULIN : der Kauz, die Käuze) hibou

► **komischer Kauz** drôle de type

keck audacieux

Kegel (MASCULIN : der Kegel, die Kegel) quille *ou* cône

♦ **Kegelbahn** (FÉMININ : die Kegelbahn, die Kegelbahnen) bowling

♦ **kegeln** jouer au bowling

Kehle (FÉMININ : die Kehle, die Kehlen) gorge

kehren tourner *ou* balayer

♦ **kehrtmachen** faire demi-tour, retourner

kein, keine *est un* pronom indéfini *et signifie* pas de *ou* pas un, pas une

► **kein anderer, keine andere als** nul autre, nulle autre que

► **kein mehr, keine mehr** plus de *ou* plus un, une

keine, keiner, keines *est un* pronom indéfini *et signifie* aucun, aucune *ou* pas un, pas une

♦ **keinerlei** aucun, aucune

♦ **keinesfalls** en aucun cas

♦ **keineswegs** pas du tout

Keks (MASCULIN : der Keks, die Kekse) biscuit

► **jemandem auf den Keks gehen** taper sur le système de quelqu'un

> ℹ *Cette expression allemande et sa traduction française sont familières.*

Keller (MASCULIN : der Keller, die Keller) cave

Kellner, Kellnerin (MASCULIN : der Kellner, die Kellner / FÉMININ : die Kellnerin, die Kellnerinnen) garçon, serveuse (au restaurant)

kennen (kannte, gekannt) connaître *ou* savoir :

▷ Er kennt Deutschland überhaupt nicht. Il ne connaît pas du tout l'Allemagne.

▷ Ich kenne das Gedicht auswendig. Je connais le poème par cœur.

♦ **(sich) kennenlernen** faire connaissance *ou* apprendre à (se) connaître

Kenntnis (FÉMININ : die Kenntnis, die Kenntnisse) connaissance

► **etwas zur Kenntnis nehmen** prendre note de quelque chose

► **von etwas Kenntnis nehmen** prendre connaissance de quelque chose

► **jemanden von etwas in Kenntnis setzen** informer quelqu'un de quelque chose

Kennzeichen (NEUTRE : das Kennzeichen, die Kennzeichen) signe caractéristique

♦ **kennzeichnen** caractériser *ou* marquer

Kerl (MASCULIN : der Kerl, die Kerle) type

Kern (MASCULIN : der Kern, die Kerne) noyau *ou* pépin *ou* centre

♦ **Kernenergie** *ou* **Kernkraft** (FÉMININ : die Kernenergie *ou* Kernkraft) énergie nucléaire

♦ **Kernkraftwerk** (NEUTRE : das Kernkraftwerk, die Kernkraftwerke) centrale nucléaire

Kerze (FÉMININ : die Kerze) bougie

♦ **Kerzenständer** (MASCULIN : der Kerzenständer, die Kerzenständer) chandelier

kess joli *ou* coquet

Kessel (MASCULIN : der Kessel, die Kessel) chaudron *ou* chaudière

Kette (FÉMININ : die Kette, die Ketten) chaîne

keuchen haleter

kichern ricaner

Kickboard (NEUTRE : das Kickboard, die Kickboards) trottinette

Kies (MASCULIN : der Kies, die Kiese) gravier

Kieselstein (MASCULIN : der Kieselstein, die Kieselsteine) caillou

Kind (NEUTRE : das Kind, die Kinder) enfant

► **von Kind auf** depuis l'enfance

♦ **Kinderarzt, Kinderärztin** (MASCULIN : der Kinderarzt, die Kinderärzte / FÉMININ : die Kinderärztin, die Kinderärztinnen) pédiatre

♦ **Kindergarten** (MASCULIN : der Kindergarten, die Kindergärten) jardin d'enfants

> *Le jardin d'enfants allemand correspond à l'école maternelle française.*

♦ **Kinderkrankheit** (FÉMININ : die Kinderkrankheit) maladie infantile

♦ **Kinderkrippe** (FÉMININ : die Kinderkrippe, die Kinderkrippen) crèche

♦ **Kindheit** (FÉMININ : die Kindheit) enfance

♦ **kindisch** puéril

♦ **kindlich** d'enfant

Kinn (NEUTRE : das Kinn, die Kinne) menton

Kino (NEUTRE : das Kino, die Kinos) cinéma

Kirche (FÉMININ : die Kirche, die Kirchen) église

Kirsche (FÉMININ : die Kirsche, die Kirschen) cerise

Kissen (NEUTRE : das Kissen, die Kissen) coussin *ou* oreiller

Kiste (FÉMININ : die Kiste, die Kisten) caisse

kitzelig chatouilleux *ou* délicat

► **ein kitzeliges Thema** un sujet délicat

♦ **kitzeln** chatouiller

Klage (FÉMININ : die Klage, die Klagen) plainte

♦ **klagen** se plaindre

♦ **kläglich** pitoyable

klamm engourdi *ou* humide

Klammer (FÉMININ : die Klammer, die Klammern) parenthèse *ou* pince *ou* trombone

♦ **sich klammern** se cramponner

Klang (MASCULIN : der Klang, die Klänge) son *ou* résonance

klang *voir* **klingen**

Klappe (FÉMININ : die Klappe, die Klappen) clapet *ou* valve

klappen *a plusieurs catégories grammaticales et plusieurs sens :*

> *Ce peut être un* VERBE INTRANSITIF *:*

1 **klappen** *peut signifier* aller *ou* marcher :

▷ Ich hoffe, dass alles klappt! J'espère que tout ira bien !

2 **klappen** *peut signifier* claquer :

▷ Die Fensterläden klappen gegen die Mauer. Les volets claquent contre le mur.

> *Ce peut être un* VERBE TRANSITIF *:*

klappen *signifie* relever *ou* baisser :

► **den Kragen nach oben klappen** relever son col

► **den Deckel nach oben / unten klappen** relever / baisser le couvercle

klappern claquer *ou* cliqueter

klapprig déglingué *ou* branlant

klar clair
► **das ist klar** bien sûr
► **klipp und klar** sans détour *ou* clair et net
► **sich über etwas im Klaren sein** être conscient de quelque chose

> *Dans cet exemple, Klaren est utilisé de manière susbstantivée.*

(sich) klären (s')éclaircir *ou* (se)clarifier

Klarheit (FÉMININ : die Klarheit, die Klarheiten) clarté

klarkommen (klarkam, klargekommen) se débrouiller
► **mit etwas klarkommen** comprendre quelque chose

klarmachen faire comprendre
► **jemandem etwas klarmachen** faire comprendre quelque chose à quelqu'un

klarstellen mettre au point

klasse *est un mot familier qui signifie* super

Klasse (FÉMININ : die Klasse, die Klassen) classe *ou* catégorie
♦ **Klassensprecher, Klassensprecherin** (MASCULIN : der Klassensprecher, die Klassensprecher / FÉMININ : die Klassensprecherin, die Klassensprecherinnen) délégué, déléguée de classe
♦ **Klassenzimmer** (NEUTRE : das Klassenzimmer, die Klassenzimmer) salle de classe

klatschen applaudir *ou* bavarder *ou* claquer

klatschnass trempé

klauen *est un mot familier qui signifie* chiper

Klausur (FÉMININ : die Klausur) examen écrit (à l'Université)

Klavier (NEUTRE : das Klavier, die Klaviere) piano

kleben coller
♦ **Kleb(e)streifen** (MASCULIN : der Kleb(e)streifen, die Kleb(e)streifen) Scotch®
♦ **klebrig** collant
♦ **Klebstoff** (MASCULIN : der Klebstoff, die Klebstoffe) colle

kleckern faire des taches
♦ **Klecks** (MASCULIN : der Klecks, die Kleckse) tache
♦ **klecksen** faire des taches

Klee (MASCULIN : der Klee, die Klees) trèfle (la plante)

Kleid (NEUTRE : das Kleid, die Kleider) robe
♦ **Kleider** (NEUTRE pluriel : die Kleider) vêtements
♦ **(sich) kleiden** (s') habiller
♦ **Kleiderbügel** (MASCULIN : der Kleiderbügel, die Kleiderbügel) cintre
♦ **Kleiderschrank** (MASCULIN : der Kleiderschrank, die Kleiderschränke) armoire
♦ **Kleidung** (FÉMININ : die Kleidung) vêtements

klein petit
► **ein klein wenig** un tout petit peu
► **kleiner Buchstabe** lettre minuscule
► **von klein auf** dès l'enfance
♦ **Kleine, Kleiner, Kleines** le *ou* un petit, la *ou* une petite
♦ **Kleingeld** (NEUTRE : das Kleingeld) monnaie
♦ **Kleinigkeit** (FÉMININ : die Kleinigkeit) bagatelle *ou* babiole
♦ **Kleinkram** (MASCULIN : der Kleinkram) babioles
♦ **kleinlich** mesquin
♦ **Kleinstadt** (FÉMININ : die Kleinstadt, die Kleinstädte) petite ville

Kleister (MASCULIN : der Kleister, die Kleister) colle
♦ **kleistern** coller

Klemme (FÉMININ : die Klemme, die Klemmen) pince
► **in der Klemme sein** être dans l'embarras

klemmen *a plusieurs catégories grammaticales et plusieurs sens :*

> *Ce peut être un* VERBE TRANSITIF :

klemmen *signifie* bloquer *ou* pincer :
▷ Das Stück Holz klemmt die Tür. Le bout de bois bloque la porte.
► **sich den Finger klemmen** se pincer le doigt

> *Ce peut être un* VERBE INTRANSITIF :

klemmen *signifie* être coincé *ou* bloqué :
▷ Die Tür klemmt! La porte est coincée.
► **sich hinter etwas klemmen** se mettre à quelque chose

Klempner (MASCULIN : der Klempner, die Klempner) plombier

klettern grimper

klicken cliquer

Klima (NEUTRE : das Klima, die Klimate *ou* Klimas) climat

♦ **Klimaanlage** (FÉMININ : die Klimaanlage, die Klimaanlagen) climatisation

♦ **Klimawechsel** (MASCULIN : der Klimawechsel, die Klimawechsel) changement d'air

Klinge (FÉMININ : die Klinge, die Klingen) lame

Klingel (FÉMININ : die Klingel, die Klingeln) sonnette

♦ **klingeln** sonner

klingen (**klang, geklungen**) sonner *ou* résonner *ou* tinter

Klinke (FÉMININ : die Klinke, die Klinken) poignée

Klippe (FÉMININ : die Klippe, die Klippen) falaise

klipp

► **klipp und klar** sans détour *ou* clair et net

Klips (MASCULIN : der Klips, die Klipse) clip

klirren cliqueter *ou* tinter

► **eine klirrende Kälte** un froid de canard

Klischee (NEUTRE : das Klischee, die Klischees) cliché

Klo (NEUTRE : das Klo, die Klos) *est une expression familière qui signifie* W.C.

klobig massif

klopfen *a plusieurs catégories grammaticales et plusieurs sens :*

> *Ce peut être un* VERBE INTRANSITIF :

klopfen *signifie* frapper *ou* battre *ou* taper :

▷ Jemand klopft an der Tür. Quelqu'un frappe à la porte.

▷ Mein Herz klopft. Mon cœur bat.

► **auf die Schulter klopfen** taper sur l'épaule

> *Ce peut être un* VERBE TRANSITIF :

► **den Teppich klopfen** battre un tapis

► **Steine klopfen** casser des pierres

► **den Takt klopfen** battre la mesure

Klops (MASCULIN : der Klops, die Klopse) boulette de viande

Klosett (NEUTRE : das Klosett, die Klosette *ou* Klosetts) toilettes

Kloß (MASCULIN : der Kloß, die Klöße) boulette

Kloster (NEUTRE : das Kloster, die Klöster) couvent

Klotz (MASCULIN : der Klotz, die Klötze) bloc *ou* cube

Kluft (FÉMININ : die Kluft) *a plusieurs sens :*

1 **die Kluft, die Klüfte** *signifie* crevasse *ou* gouffre *ou* fossé

2 **die Kluft, die Kluften** *signifie* habit *ou* uniforme

klug (**klüger, am klügsten**) intelligent *ou* sage

♦ **Klugheit** (FÉMININ : die Klugheit) intelligence *ou* sagesse

Klumpen (MASCULIN : der Klumpen, die Klumpen) motte *ou* caillot *ou* pépite

knabbern grignoter

Knabe (MASCULIN : der Knabe, die Knaben) garçon

♦ **knabenhaft** comme un garçon

knacken *a plusieurs catégories grammaticales et plusieurs sens :*

> *Ce peut être un* VERBE TRANSITIF :

knacken *signifie* casser *ou* forcer :

► **eine Nuss knacken** casser une noix

> *Ce peut être un* VERBE INTRANSITIF :

knacken *signifie* craquer *ou* grésiller :

▷ Der Holzboden knackt sehr laut. Le plancher craque très fort.

▷ Das Radio knackt. La radio grésille.

Knacks (MASCULIN : der Knacks, die Knackse) fêlure *ou* craquement

► **einen Knacks haben** être un peu fêlé

Knall (MASCULIN : der Knall, die Knalle) détonation *ou* explosion *ou* claquement

♦ **knallen** claquer *ou* sauter *ou* cogner

► **gegen etwas knallen** heurter quelque chose

♦ **knallhart** brutal *ou* dur

♦ **knallrot** rouge vif

knapp étroit *ou* juste

► **eine knappe Stunde** une petite heure

► **knapp drei Meter** pas tout à fait trois mètres

♦ **Knappheit** (FÉMININ : die Knappheit) pénurie *ou* manque

knarren grincer

knattern pétarader *ou* crépiter

knauserig radin

♦ **knausern** être radin

knautschen froisser

kneifen (**kniff, gekniffen**) *a plusieurs catégories grammaticales et plusieurs sens :*

> *Ce peut être un* VERBE TRANSITIF :

kneifen *signifie* pincer *ou* serrer :

▷ Sie hat mich in die Backe gekniffen. Elle m'a pincé la joue.

▷ Der Gummi kneift meinen Bauch. L'élastique serre mon ventre.

> *Ce peut être un* VERBE INTRANSITIF :

kneifen *signifie* serrer

► **vor etwas kneifen** se dégonfler face à quelque chose

> ℹ *L'expression allemande et sa traduction française sont familières.*

Kneipe (FÉMININ : die Kneipe, die Kneipen) bistro(t)

kneten pétrir

♦ **Knete** *ou* **Knetmasse** (FÉMININ : die Knet *ou* die Knetmasse) pâte à modeler

Knick (MASCULIN : der Knick, die Knicke) pli *ou* cassure

knicken *a plusieurs catégories grammaticales et plusieurs sens :*

> *Ce peut être un* VERBE TRANSITIF :

knicken *signifie* plier *ou* casser :

► **ein Blatt Papier knicken** plier une feuille de papier

► **einen Ast knicken** casser une branche

> ℹ *Les temps composés du verbe transitif se forment avec* haben.

> *Ce peut être un* VERBE INTRANSITIF :

knicken *signifie* se casser

> ℹ *Les temps composés du verbe intransitif se forment avec* sein.

Knie (NEUTRE : das Knie, die Knie) genou

♦ **knien** être à genoux

► **sich knien** se mettre à genoux

♦ **Kniescheibe** (FÉMININ : die Kniescheibe, die Kniescheiben) rotule

♦ **Knieschützer** (MASCULIN : der Knieschützer, die Knieschützer) genouillère

kniff *voir* **kneifen**

Kniff (MASCULIN : der Kniff, die Kniffe) pli *ou* truc (au sens figuré)

♦ **kniff(e)lig** difficile

knipsen *a plusieurs catégories grammaticales et plusieurs sens :*

> *Ce peut être un* VERBE TRANSITIF :

knipsen *signifie* poinçonner *ou* photographier

> *Ce peut être un* VERBE INTRANSITIF :

knipsen *signifie* prendre des photos

Knirps (MASCULIN : der Knirps, die Knirpse) petit bonhomme *ou* parapluie pliant

knirschen crisser

► **mit den Zähnen knirschen** grincer des dents

knistern crépiter

knittern se froisser

Knoblauch (MASCULIN : der Knoblauch) ail

♦ **Knoblauchpresse** (FÉMININ : die Knoblauchpresse, die Knoblauchpressen) presse-ail

♦ **Knoblauchzehe** (FÉMININ : die Knoblauchzehe, die Knoblauchzehen) gousse d'ail

Knöchel (MASCULIN : der Knöchel, die Knöchel) cheville *ou* jointure (doigt)

Knochen (MASCULIN : der Knochen, die Knochen) os

♦ **Knochenbruch** (MASCULIN : der Knochenbruch, die Knochenbrüche) fracture

♦ **Knochengerüst** (NEUTRE : das Knochengerüst, die Knochengerüste) squelette

♦ **Knochenmark** (NEUTRE : das Knochenmark) moelle

Knödel (MASCULIN : der Knödel, die Knödel) boulette

> C'est une spécialité allemande et autrichienne. Il existe plusieurs sortes de Knödel : Kartoffelknödel (à base de pommes de terre) ou Semmelknödel (à base de pain et de lardons), servis en accompagnement, ou encore Leberknödel (à base de foie) servis en soupe.

Knopf (MASCULIN : der Knopf, die Knöpfe) bouton

♦ **knöpfen** boutonner

♦ **Knopfloch** (MASCULIN : das Knopfloch, die Knopflöcher) boutonnière

knoten nouer

♦ **Knoten** (MASCULIN : der Knoten, die Knoten) nœud

♦ **Haarknoten** chignon

Knüller (MASCULIN : der Knüller, die Knüller) scoop *ou* succès fou

knüpfen nouer

knurren grogner *ou* gargouiller

knusprig croustillant

knutschen *est un mot familier qui signifie* se bécoter

Kobold (MASCULIN : der Kobold, die Kobolde) lutin

Koch (MASCULIN : der Koch, die Köche) cuisinier

♦ **Kochbuch** (NEUTRE : das Kochbuch, die Kochbücher) livre de cuisine

kochen *a plusieurs catégories grammaticales et plusieurs sens :*

> *Ce peut être un* VERBE TRANSITIF :

kochen *signifie* cuire *ou* faire bouillir

> *Ce peut être un* VERBE INTRANSITIF :

kochen *signifie* cuisiner

♦ **Köchin** (FÉMININ : die Köchin, die Köchinnen) cuisinière (la personne)

♦ **Kochtopf** (MASCULIN : der Kochtopf, die Kochtöpfe) casserole

Koffer (MASCULIN : der Koffer, die Koffer) valise *ou* malle

♦ **Kofferraum** (MASCULIN : der Kofferraum, die Kofferräume) coffre (de voiture)

Kohl (MASCULIN : der Kohl) chou

Kohle (FÉMININ : die Kohle, die Kohlen) charbon

> ℹ Kohle *est aussi un mot familier qui signifie* argent.

Kohlensäure (FÉMININ : die Kohlensäure) acide carbonique

► **Getränk mit Kohlensäure** boisson gazeuse

Kokosnuss (FÉMININ : die Kokosnuss, die Kokosnüsse) noix de coco

Köln Cologne

♦ **Kölnischwasser** (NEUTRE : das Kölnischwasser) eau de Cologne

Kombi ou **Kombiwagen** (MASCULIN : der Kombi, die Kombis) break (en parlant d'une voiture)

Komma (NEUTRE : das Komma, die Kommas *ou* Kommata) virgule

kommen (kam, gekommen) venir *ou* arriver

► **kommen lassen** faire venir

► **ich komme dran** c'est mon tour

► **wie kommt das?** comment ça se fait ?

► **zu sich kommen** reprendre ses esprits

♦ **Kommen** (NEUTRE : das Kommen) venue

► **ein Kommen und Gehen** des allées et venues

♦ **kommend** futur *ou* prochain

Kompass (MASCULIN : der Kompass, die Kompasse) boussole

kompliziert compliqué

komponieren composer

♦ **Komponist** (MASCULIN : der Komponist) compositeur

♦ **Komposition** (FÉMININ : die Komposition, die Kompositionen) composition

Kompott (NEUTRE : das Kompott, die Kompotte) compote

Kompromiss (MASCULIN : der Kompromiss, die Kompromisse) compromis

Konditorei (FÉMININ : die Konditorei, die Konditoreien) pâtisserie

Kondom (NEUTRE : das Kondom, die Kondome) préservatif

konfiszieren confisquer

Konflikt (MASCULIN : der Konflikt, die Konflikte) conflit

König, Königin (MASCULIN : der König, die Könige / FÉMININ : die Königin, die Königinnen) roi, reine

- ♦ **königlich** royal
- ♦ **Königreich** (NEUTRE : das Königreich, die Königreiche) royaume

Konjunktiv (MASCULIN : der Konjunktiv, die Konjunktive) subjonctif

konkurrieren rivaliser

Konkurs (MASCULIN : der Konkurs, die Konkurse) faillite

können (**er kann; konnte, gekonnt**) pouvoir *ou* savoir

▷ Ich kann heute Abend nicht kommen. Je ne peux pas venir ce soir.

▷ Sie kann noch nicht schwimmen. Elle ne sait pas encore nager.

▷ Ich habe es nicht tun können. Je n'ai pas pu le faire.

> ℹ *Le participe passé de können reste invariable lorsqu'il suit un verbe à l'infinitif.*

► **kann sein** possible

► **ich kann nicht mehr** je n'en peux plus

► **er kann nichts dafür** il n'y peut rien

► **sein Können zeigen** montrer ce qu'on sait faire

> ℹ *Dans cet exemple, Können est utilisé de manière substantivée.*

Konsonant (MASCULIN : der Konsonant, die Konsonanten) consonne

Konsum (MASCULIN : der Konsum) consommation

- ♦ **konsumieren** consommer

Kontakt (MASCULIN : der Kontakt, die Kontakte) contact

- ♦ **kontaktfreudig** sociable
- ♦ **Kontaktlinsen** (FÉMININ *pluriel* : die Kontaktlinsen) lentilles de contact

Konto (NEUTRE : das Konto, die Konten) compte :

▷ Die Getränke gehen auf mein Konto. C'est moi qui paie les boissons.

Kontrast (MASCULIN : der Kontrast, die Kontraste) contraste

Kontrolle (FÉMININ : die Kontrolle, die Kontrollen) contrôle

- ♦ **kontrollieren** contrôler

Konzentration (FÉMININ : die Konzentration) concentration

- ♦ **Konzentrationslager** (NEUTRE : das Konzentrationslager, die Konzentrationslager) camp de concentration

Konzert (NEUTRE : das Konzert, die Konzerte) concert

konzipieren concevoir

Kopf (MASCULIN : der Kopf, die Köpfe) tête

► **den Kopf hängen lassen** être découragé

► **sich den Kopf zerbrechen** se creuser la tête

► **etwas auf den Kopf stellen** mettre quelque chose sens dessus dessous

- ♦ **Kopfhörer** (MASCULIN : der Kopfhörer, die Kopfhörer) casque (pour écouter de la musique)
- ♦ **Kopfkissen** (NEUTRE : das Kopfkissen, die Kopfkissen) oreiller
- ♦ **Kopfschmerzen** (MASCULIN *pluriel* : die Kopfschmerzen) mal de tête
- ♦ **Kopfstand** (MASCULIN : der Kopfstand, die Kopfstände) poirier
- ♦ **kopfüber** la tête la première
- ♦ **Kopfweh** (NEUTRE : das Kopfweh) mal de tête

Koran (MASCULIN : der Koran) le Coran

Korb (MASCULIN : der Korb, die Körbe) panier

► **jemandem einen Korb geben** envoyer promener quelqu'un

Korken (MASCULIN : der Korken, die Korken) bouchon

- ♦ **Korkenzieher** (MASCULIN : der Korkenzieher, die Korkenzieher) tire-bouchon

Korn (NEUTRE : das Korn, die Körner) grain *ou* céréale

Körper (MASCULIN : der Körper, die Körper) corps

- ♦ **Körperbau** (MASCULIN : der Körperbau, die Körperbaue) stature
- ♦ **körperbehindert** handicapé physique
- ♦ **körperlich** physique

Korsika Corse

Kosename (MASCULIN : der Kosename, die Kosenamen) petit nom

Kost (FÉMININ : die Kost) nourriture

kostbar précieux *ou* coûteux

kosten *a plusieurs catégories grammaticales et plusieurs sens :*

> *Ce peut être un* VERBE TRANSITIF :

kosten *signifie* coûter :

▷ Wie viel hat der Fernseher gekostet? Combien a coûté la télévision ?

► **es koste, was es wolle** coûte que coûte

► **Zeit kosten** prendre du temps

> *Ce peut être un* VERBE INTRANSITIF :

kosten *signifie* goûter *ou* déguster

Kosten (*pluriel :* die Kosten) frais *ou* coût

► **auf jemandes Kosten** aux frais de quelqu'un *ou* aux dépens de quelqu'un

♦ **kostenlos** gratuit

♦ **köstlich** délicieux *ou* amusant

♦ **kostspielig** cher

Kostüm (NEUTRE : das Kostüm, die Kostüme) costume *ou* déguisement

♦ **sich kostümieren** se déguiser

Krabbe (FÉMININ : die Krabbe, die Krabben) crevette

krabbeln marcher à quatre pattes

Krach (MASCULIN : der Krach, die Kräche) fracas

► **Krach haben** se disputer

♦ **krachen** faire du fracas *ou* se casser

Kraft (FÉMININ : die Kraft, die Kräfte) force *ou* énergie

► **in Kraft treten** entrer en vigueur

♦ **kräftig** fort

♦ **kräftigen** fortifier

♦ **kraftlos** sans force

♦ **kraftvoll** vigoureux

♦ **Kraftwerk** (NEUTRE : das Kraftwerk, die Kraftwerke) centrale

Kragen (MASCULIN : der Kragen, die Kragen) col

Krähe (FÉMININ : die Krähe, die Krähen) corneille

Kralle (FÉMININ : die Kralle, die Krallen) griffe

♦ **sich krallen** s'agripper

Kram (MASCULIN : der Kram) affaires *ou* fourbi

♦ **kramen** fouiller

Krampf (MASCULIN : der Krampf, die Krämpfe) crampe

♦ **krampfhaft** convulsif

► **eine krampfhafte Anstrengung machen** faire des efforts désespérés

► **sich krampfhaft festhalten an** se cramponner à

Kran (MASCULIN : der Kran, die Kräne) grue

krank (**kränker, am kränksten**) malade

♦ **Krankenhaus** (NEUTRE : das Krankenhaus, die Krankenhäuser) hôpital

♦ **Krankenkasse** (FÉMININ : die Krankenkasse, die Krankenkassen) caisse d'assurance-maladie

♦ **Krankenpfleger** (MASCULIN : der Krankenpfleger, die Krankenpfleger) infirmier

♦ **Krankenschwester** (FÉMININ : die Krankenschwester, die Krankenschwestern) infirmière

♦ **Krankenwagen** (MASCULIN : der Krankenwagen, die Krankenwagen) ambulance

♦ **Kranker, Kranke** (MASCULIN : der Kranke / FÉMININ : die Kranke) malade (= personne)

> i *Ce nom est un adjectif substantivé :* der Kranke, ein Kranker.

♦ **krankhaft** maladif

♦ **Krankheit** (FÉMININ : die Krankheit, die Krankheiten) maladie

kränken offenser *ou* blesser (par des paroles)

♦ **Kränkung** (FÉMININ : die Kränkung) offense

Kranz (MASCULIN : der Kranz, die Kränze) couronne

Krapfen (MASCULIN : der Krapfen, die Krapfen) beignet

krass extrême *ou* grossier

kratzen gratter *ou* griffer

♦ **Kratzer** (MASCULIN : der Kratzer, die Kratzer) égratignure

kraulen *a plusieurs catégories grammaticales et plusieurs sens :*

> *Ce peut être un* VERBE TRANSITIF :

kraulen *signifie* caresser (un animal)

> *Ce peut être un* VERBE INTRANSITIF :

kraulen *signifie* nager le crawl

♦ **Kraul** *ou* **Kraulschwimmen** (NEUTRE : das Kraul *ou* das Kraulschwimmen) crawl

kraus frisé
► **krause Haare** cheveux crépus
♦ **(sich) kräuseln** (se) friser *ou* (se) plisser

Kraut (NEUTRE : das Kraut, die Kräuter) herbe *ou* chou

Krawall (MASCULIN : der Krawall, die Krawalle) tumulte *ou* tapage

Krawatte (FÉMININ : die Krawatte, die Krawatten) cravate

Krebs (MASCULIN : der Krebs, die Krebse) écrevisse *ou* cancer
♦ **krebserregend** cancérigène *ou* cancérogène

Kreide (FÉMININ : die Kreide, die Kreiden) craie
♦ **kreidebleich** blanc comme un linge

kreieren créer

Kreis (MASCULIN : der Kreis, die Kreise) cercle *ou* milieu *ou* district
► **im Kreis gehen** tourner en rond

kreischen piailler

Kreisel (MASCULIN : der Kreisel, die Kreisel) toupie

kreisen tourner
♦ **kreisförmig** circulaire
♦ **Kreislauf** (MASCULIN : der Kreislauf, die Kreisläufe) circulation *ou* cycle

Krem (FÉMININ : die Krem, die Krems) crème
♦ **kremfarben** couleur crème

Kreml (MASCULIN : der Kreml) Kremlin

Kreuz (NEUTRE : das Kreuz, die Kreuze) *a plusieurs sens :*
1 **Kreuz** *peut signifier* croix
♦ **(sich) kreuzen** (se) croiser
♦ **Kreuzfahrt** (FÉMININ : die Kreuzfahrt) croisière
♦ **Kreuzung** (FÉMININ : die Kreuzung) croisement *ou* carrefour
♦ **Kreuzworträtsel** (NEUTRE : das Kreuzworträtsel, die Kreuzworträtsel) mots croisés
2 **Kreuz** *peut signifier* reins
3 **Kreuz** *peut signifier* dièse
4 **Kreuz** *peut signifier* trèfle (couleur de carte)

kriechen (kroch, gekrochen) ramper

Krieg (MASCULIN : der Krieg, die Kriege) guerre

kriegen attraper *ou* obtenir

> *L'expression allemande est familière.*

Kriegserklärung (FÉMININ : die Kriegserklärung) déclaration de guerre
♦ **Kriegszustand** (MASCULIN : der Kriegszustand) état de guerre

Krimi (MASCULIN : der Krimi, die Krimis) *est une expression familière qui signifie* film policier *ou* roman policier

kritzeln gribouiller

kroch *voir* kriechen

Krone (FÉMININ : die Krone, die Kronen) couronne
♦ **krönen** couronner
♦ **Krönung** (FÉMININ : die Krönung) couronnement

Kröte (FÉMININ : die Kröte, die Kröten) crapaud

Krücke (FÉMININ : die Krücke, die Krücken) béquille

Krug (MASCULIN : der Krug, die Krüge) cruche *ou* chope

Krümel (MASCULIN : der Krümel, die Krümel) miette

krumm tordu
♦ **(sich) krümmen** (se) courber *ou* (se) plier
♦ **sich krümmen** se tordre
♦ **sich krummlachen** se tordre de rire
♦ **krummnehmen** prendre mal
♦ **Krümmung** (FÉMININ : die Krümmung) courbe

Krüppel (MASCULIN : der Krüppel, die Krüppel) infirme

Kruste (FÉMININ : die Kruste, die Krusten) croûte

Kübel (MASCULIN : der Kübel, die Kübel) seau

Küche (FÉMININ : die Küche, die Küchen) cuisine

Kuchen (MASCULIN : der Kuchen, die Kuchen) gâteau

♦ **Kuchenform** (FÉMININ : die Kuchenform) moule à gâteau

Kugel (FÉMININ : die Kugel, die Kugeln) boule *ou* bille *ou* balle (de pistolet)

♦ **kugelrund** rondelet

♦ **Kugelschreiber** (MASCULIN : der Kugelschreiber, die Kugelschreiber) stylo à bille

Kuh (FÉMININ : die Kuh, die Kühe) vache

kühl frais *ou* froid

♦ **Kühle** (FÉMININ : die Kühle) fraîcheur *ou* froideur

♦ **kühlen** rafraîchir *ou* refroidir

♦ **Kühlschrank** (MASCULIN : der Kühlschrank, die Kühlschränke) réfrigérateur

♦ **Kühltruhe** (FÉMININ : die Kühltruhe, die Kühltruhen) congélateur

kühn audacieux

Küken (NEUTRE : das Küken, die Küken) poussin

Kümmel (MASCULIN : der Kümmel) cumin

Kummer (MASCULIN : der Kummer) chagrin *ou* souci

♦ **kümmerlich** misérable

kümmern concerner

► **sich um jemanden / etwas kümmern** s'occuper de quelqu'un / quelque chose

Kumpel (MASCULIN : der Kumpel, die Kumpel) *est un mot familier qui signifie* pote

Kunde (MASCULIN : der Kunde, die Kunden) client

♦ **Kundendienst** (MASCULIN : der Kundendienst) service clientèle

kundgeben (**kundgibt; kundgab, kundgegeben**) annoncer

kündigen donner son préavis *ou* démissionner

♦ **Kündigung** (FÉMININ : die Kündigung) préavis *ou* démission

Kundin (FÉMININ : die Kundin, die Kundinnen) cliente

♦ **Kundschaft** (FÉMININ : die Kundschaft) clientèle

künftig (adjectif) futur *ou* (adverbe) à l'avenir

Kunst (FÉMININ : die Kunst, die Künste) art

♦ **Kunstakademie** (FÉMININ : die Kunstakademie, die Kunstakademien) école des beaux-arts

♦ **Kunstfaser** (FÉMININ : die Kunstfaser, die Kunstfasern) synthétique

♦ **Kunstfertigkeit** (FÉMININ : die Kunstfertigkeit) habileté

♦ **Kunstgeschichte** (FÉMININ : die Kunstgeschichte) histoire de l'art

♦ **Künstler, Künstlerin** (MASCULIN : der Künstler, die Künstler / FÉMININ : die Künstlerin, die Künstlerinnen) artiste

♦ **künstlerisch** artistique

♦ **künstlich** artificiel

♦ **kunstvoll** ingénieux

♦ **Kunstwerk** (NEUTRE : das Kunstwerk, die Kunstwerke) œuvre d'art

Kupfer (NEUTRE : das Kupfer, die Kupfer) cuivre

Kuppel (FÉMININ : die Kuppel, die Kuppeln) coupole

Kurbel (FÉMININ : die Kurbel, die Kurbeln) manivelle

Kürbis (MASCULIN : der Kürbis, die Kürbisse) citrouille *ou* potiron

kurieren guérir

Kurs (MASCULIN : der Kurs, die Kurse) cours *ou* route (d'un avion ou d'un bateau)

Kurve (FÉMININ : die Kurve, die Kurven) courbe *ou* virage

♦ **kurvenreich** *ou* **kurvig** sinueux

kurz (**kürzer, am kürzesten**) court *ou* bref

► **in kurzer Zeit** sous peu

► **zu kurz kommen** ne pas trouver son compte *ou* être désavantagé

► **sich kurz fassen** être bref

► **kurzen Prozess machen** en finir rapidement

► **kurz und gut** bref *ou* en somme

► **kurz angebunden sein** être peu aimable

♦ **kurzärmelig** à manches courtes

♦ **Kürze** (FÉMININ : die Kürze) brièveté *ou* courte durée

► **in Kürze** sous peu

♦ **kürzen** raccourcir *ou* réduire

♦ **kurzerhand** brusquement *ou* sans hésiter

♦ **kurzfristig** à brève échéance *ou* à court terme

♦ **kurzlebig** éphémère

♦ **kürzlich** récemment

♦ **Kurzschluss** (MASCULIN : der Kurzschluss, die Kurzschlüsse) court-circuit

♦ **kurzsichtig** myope

kuscheln

► **sich an jemanden / etwas kuscheln** se blottir contre quelqu'un / quelque chose

Kusine (FÉMININ : die Kusine, die Kusinen) cousine

Kuss (MASCULIN : der Kuss, die Küsse) baiser

♦ **küssen** embrasser

Küste (FÉMININ : die Küste, die Küsten) côte (de la mer)

Kuvert (NEUTRE : das Kuvert, die Kuverts *ou* Kuverte) enveloppe

KZ *est l'abréviation de* **Konzentrationslager** *et signifie* camp de concentration

L

ALLEMAND — FRANÇAIS

labil instable *ou* fragile

Labor *ou* **Laboratorium** (NEUTRE : das Labor, die Labors *ou* das Laboratorium, die Laboratorien) laboratoire

Lache (FÉMININ : die Lache, die Lachen) flaque *ou* mare

lächeln sourire
- ♦ **Lächeln** (NEUTRE : das Lächeln) sourire
- ♦ **lachen** rire
- ♦ **lächerlich** ridicule
  - ► **lächerlich machen** rendre ridicule

Lachs (MASCULIN : der Lachs, die Lachse) saumon

Lack (MASCULIN : der Lack, die Lacke) laque *ou* vernis
- ♦ **lackieren** vernir

laden (er lädt; lud, geladen) charger

Laden (MASCULIN : der Laden, die Läden) magasin *ou* volet

Ladung (FÉMININ : die Ladung, die Ladungen) chargement *ou* cargaison *ou* charge

lag *voir* liegen

Lage (FÉMININ : die Lage, die Lagen) situation *ou* position

Lager (NEUTRE : das Lager, die Lager) camp *ou* entrepôt

lagern *a plusieurs catégories grammaticales et plusieurs sens :*

> *Ce peut être un* VERBE TRANSITIF :
lagern *signifie* stocker
- ► **kühl lagern** conserver au frais

> *Ce peut être un* VERBE INTRANSITIF :
lagern *signifie* être stocké *ou* camper

lahm paralysé
- ♦ **lähmen** paralyser
- ♦ **Lähmung** (FÉMININ : die Lähmung) paralysie

Laib (MASCULIN : der Laib, die Laibe) miche

Laken (NEUTRE : das Laken, die Laken) drap

Lakritze (FÉMININ : die Lakritze, die Lakritzen) réglisse

Lamm (NEUTRE : das Lamm, die Lämmer) agneau

Lampe (FÉMININ : die Lampe, die Lampen) lampe
- ♦ **Lampenfieber** (NEUTRE : das Lampenfieber) trac
- ♦ **Lampenschirm** (MASCULIN : der Lampenschirm, die Lampenschirme) abat-jour

Land (NEUTRE : das Land, die Länder) pays *ou* campagne *ou* terre
- ♦ **landeinwärts** vers l'intérieur du pays
- ♦ **landen** atterrir
- ♦ **Landkarte** (FÉMININ : die Landkarte, die Landkarten) carte géographique
- ♦ **ländlich** rural
- ♦ **Landschaft** (FÉMININ : die Landschaft) paysage
- ♦ **Landung** (FÉMININ : die Landung) atterrissage
- ♦ **Landwirt** (MASCULIN : der Landwirt, die Landwirte) agriculteur
- ♦ **Landwirtschaft** (FÉMININ : die Landwirtschaft) agriculture

lang (länger, am längsten) long
- ► **sein Leben lang** toute sa vie
- ♦ **lange** longtemps

♦ **Länge** (FÉMININ : die Länge, die Längen) longueur *ou* durée

langen suffire
► **langen bis** s'étendre jusqu'à
► **langen nach** tendre la main vers
► **es langt** ça suffit

Langeweile (FÉMININ : die Langeweile) ennui

langfristig à long terme

Langlauf (MASCULIN : der Langlauf) ski de fond

langlebig qui vit longtemps

länglich de forme allongée *ou* long

längs *est une* préposition *qui s'emploie avec le* génitif *et signifie* le long de

langsam lent *ou* lentement

♦ **Langsamkeit** (FÉMININ : die Langsamkeit) lenteur

längst depuis longtemps

(sich) langweilen (s') ennuyer

♦ **langweilig** ennuyeux

langwierig long *ou* laborieux

Lappalie (FÉMININ : die Lappalie, die Lappalien) bagatelle

Lappen (MASCULIN : der Lappen, die Lappen) chiffon

Laptop /ˈlæptɔp/ (MASCULIN : der Laptop, die Laptops) ordinateur portable

Lärm (MASCULIN : der Lärm) bruit

las *voir* lesen

lassen (er lässt; ließ, gelassen) laisser *ou* faire
▷ Lass mich in Ruhe. Laisse-moi tranquille.
▷ Warum hast du mich kommen lassen? Pourquoi tu m'as fait venir ?
▷ Das lässt sich machen. Ça peut se faire.
► **etwas lassen** arrêter quelque chose *ou* ne pas faire quelque chose

lässig désinvolte

♦ **Lässigkeit** (FÉMININ : die Lässigkeit) désinvolture

Last (FÉMININ : die Last, die Lasten) fardeau *ou* charge *ou* poids
► **jemandem zur Last fallen** être à la charge de quelqu'un

Laster (NEUTRE : das Laster, die Laster) vice

♦ **lasterhaft** immoral

Lastwagen (MASCULIN : der Lastwagen, die Lastwagen) camion

Laterne (FÉMININ : die Laterne, die Laternen) lanterne

Latzhose (FÉMININ : die Latzhose, die Latzhosen) salopette

lau tiède *ou* doux

Laub (NEUTRE : das Laub) feuillage *ou* feuilles mortes

Lauch (MASCULIN : der Lauch, die Lauche) poireau

lauern guetter
► **auf jemanden / etwas lauern** guetter quelqu'un / quelque chose

Lauf (MASCULIN : der Lauf, die Läufe) course
► **einer Sache ihren Lauf lassen** laisser quelque chose suivre son cours

♦ **Laufbahn** (FÉMININ : die Laufbahn) carrière

laufen (er läuft; lief, gelaufen) courir *ou* aller *ou* marcher *ou* couler *ou* fuir *ou* passer :
▷ Lauf nicht so schnell. Ne cours pas si vite.
▷ Wo läufst du hin? Où vas-tu ?
▷ Die Waschmaschine läuft. La machine à laver marche.
▷ Der Himbeersirup läuft! Le sirop de framboise coule !
▷ Die Ölflasche läuft. La bouteille d'huile fuit.
▷ Was läuft heute Abend im Fernsehen? Qu'est-ce qui passe à la télévision ce soir ?

♦ **laufend** continuel *ou* courant
► **am laufenden Band** sans arrêt
► **auf dem Laufenden sein / halten** être / tenir au courant

> ℹ *Dans cette expression,* Laufenden *est utilisé de manière substantivée.*

Laune (FÉMININ : die Laune, die Launen) humeur *ou* caprice

♦ **launenhaft** *ou* **launisch** capricieux

laut *a plusieurs catégories grammaticales et plusieurs sens :*

> *Ce peut être un* ADJECTIF :

laut *signifie* fort *ou* haut *ou* bruyant

> *Ce peut être un* ADVERBE :

► **laut sprechen** parler fort

► **laut lachen** rire aux éclats

> *Ce peut être une* PRÉPOSITION *qui s'emploie avec le* GÉNITIF *ou* LE DATIF :

laut *signifie* d'après :

▷ Laut seiner Aussage stimmt das. D'après ce qu'il dit, c'est juste.

♦ **Laut** (MASCULIN : der Laut, die Laute) son

läuten sonner

lauter que de(s)...

► **lauter Ärger** que des ennuis

Lautsprecher (MASCULIN : der Lautsprecher, die Lautsprecher) haut-parleur

♦ **Lautstärke** (FÉMININ : die Lautstärke) volume

lauwarm tiède

Lawine (FÉMININ : die Lawine, die Lawinen) avalanche

leben vivre

♦ **Leben** (NEUTRE : das Leben, die Leben) vie

♦ **lebend** vivant

lebendig vivant *ou* vif

Lebendigkeit (FÉMININ : die Lebendigkeit) vivacité

Lebensart (FÉMININ : die Lebensart) manière de vivre

Lebensgefahr (FÉMININ : die Lebensgefahr) danger de mort

♦ **lebensgefährlich** très dangereux *ou* grave

lebenslänglich à perpétuité

Lebenslauf (MASCULIN : der Lebenslauf, die Lebensläufe) curriculum vitæ

Lebensmittel (NEUTRE : das Lebensmittel, die Lebensmittel) alimentation

♦ **Lebensmittelgeschäft** (NEUTRE : das Lebensmittelgeschäft, die Lebensmittelgeschäfte) épicerie

lebenswichtig vital

Leber (FÉMININ : die Leber, die Lebern) foie

Lebewesen (NEUTRE : das Lebewesen, die Lebewesen) être vivant

lebhaft vivant *ou* vif *ou* animé

♦ **Lebhaftigkeit** (FÉMININ : die Lebhaftigkeit) vivacité

Lebkuchen (MASCULIN : der Lebkuchen, die Lebkuchen) pain d'épices

lecken lécher

lecker délicieux

♦ **Leckerbissen** (MASCULIN : der Leckerbissen, die Leckerbissen) délice

Leder (NEUTRE : das Leder, die Leder) cuir

ledig célibataire

lediglich uniquement

leer vide

♦ **Leere** (FÉMININ : die Leere) vide

♦ **leeren** vider

legen *a plusieurs catégories grammaticales et plusieurs sens :*

> *Ce peut être un* VERBE TRANSITIF :

1 **legen** *peut signifier* poser *ou* mettre :

▷ Ich habe das Buch auf den Schreibtisch gelegt. J'ai posé le livre sur le bureau.

▷ Leg das Brot auf den Tisch. Mets le pain sur la table.

2 **legen** *peut signifier* coucher :

▷ Sie hat sich aufs Sofa gelegt. Elle s'est couchée sur le canapé.

> *Ce peut être un* VERBE RÉFLÉCHI :

1 **sich legen** *peut signifier* s'allonger :

▷ Ich lege mich in die Hängematte. Je m'allonge dans le hamac.

2 **sich legen** *peut signifier* se calmer :

▷ Der Sturm hat sich gelegt. La tempête s'est calmée.

Lehne (FÉMININ : die Lehne, die Lehnen) accoudoir *ou* dossier

♦ **(sich) lehnen** (s')appuyer

Lehre (FÉMININ : die Lehre, die Lehren) apprentissage *ou* doctrine *ou* théorie

♦ **lehren** enseigner

♦ **Lehrer, Lehrerin** (MASCULIN : der Lehrer, die Lehrer / FÉMININ : die Lehrerin, die Lehrerinnen) instituteur, institutrice *ou* professeur

Leib (MASCULIN : der Leib, die Leiber) corps

♦ **Leibeserziehung** (FÉMININ : die Leibeserziehung) éducation physique

♦ **leibhaftig** en chair et en os

Leiche (FÉMININ : die Leiche, die Leichen) cadavre

leicht léger *ou* facile

► **leicht fallen** être facile

► **leicht machen** faciliter

► **leicht nehmen** prendre à la légère

Leichtathletik (FÉMININ : die Leichtathletik) athlétisme

leichtfertig irréfléchi *ou* léger (en parlant du comportement)

♦ **Leichtfertigkeit** (FÉMININ : die Leichtfertigkeit) comportement irréfléchi *ou* légèreté

leichthin à la légère

Leichtsinn (MASCULIN : der Leichtsinn) imprudence *ou* légèreté

♦ **leichtsinnig** imprudent *ou* étourdi

Leid (NEUTRE : das Leid) chagrin *ou* douleur

► **Leid tun** être désolé *ou* faire pitié

♦ **leiden** (**litt, gelitten**) souffrir

♦ **Leiden** (NEUTRE : das Leiden, die Leiden) souffrance

♦ **Leidenschaft** (FÉMININ : die Leidenschaft) passion

♦ **leidenschaftlich** passionné

leider malheureusement

leihen (**lieh, geliehen**) prêter

► **sich etwas leihen** emprunter quelque chose

Leim (MASCULIN : der Leim, die Leime) colle

♦ **leimen** coller

Leine (FÉMININ : die Leine, die Leinen) corde *ou* laisse (pour un chien)

Leinen (NEUTRE : das Leinen, die Leinen) toile *ou* lin

♦ **Leintuch** (NEUTRE : das Leintuch, die Leintücher) drap

♦ **Leinwand** (FÉMININ : die Leinwand, die Leinwände) toile *ou* écran (de cinéma)

leise pas fort *ou* bas *ou* faible *ou* léger

leisten accomplir *ou* faire

► **jemandem Gesellschaft leisten** tenir compagnie à quelqu'un

► **sich etwas leisten** se payer quelque chose

♦ **Leistung** (FÉMININ : die Leistung) accomplissement *ou* performance

♦ **leistungsfähig** performant

♦ **Leistungssport** (MASCULIN : der Leistungssport) sport de compétition

leiten diriger *ou* conduire

♦ **Leiter, Leiterin** (MASCULIN : der Leiter, die Leiter / FÉMININ : die Leiterin, die Leiterinnen) directeur, directrice

Leiter (FÉMININ : die Leiter, die Leitern) échelle

Leitung (FÉMININ : die Leitung) direction *ou* conduite

♦ **Leitungswasser** (NEUTRE : das Leitungswasser) eau du robinet

lenken conduire *ou* guider

♦ **Lenkrad** (NEUTRE : das Lenkrad, die Lenkräder) volant

♦ **Lenkstange** (FÉMININ : die Lenkstange, die Lenkstangen) guidon

lernen apprendre *ou* étudier *ou* travailler (pour l'école)

lesen (**er liest; las, gelesen**) lire

♦ **leserlich** lisible

Lette, Lettin (MASCULIN : der Lette, die Letten / FÉMININ : die Lettin, die Lettinnen) Letton, Lettone

♦ **lettisch** letton

♦ **Lettland** Lettonie

letzte, letzter, letztes dernier, dernière

♦ **letztens** récemment

♦ **letztere, letzterer, letzteres** ce dernier, cette dernière

leuchten briller

♦ **Leuchtturm** (MASCULIN : der Leuchtturm, die Leuchttürme) phare

leugnen nier

Leute (*pluriel :* die Leute) gens

Lexikon (NEUTRE : das Lexikon, die Lexika) encyclopédie *ou* dictionnaire

Licht (NEUTRE : das Licht, die Lichter) lumière

♦ **Lichtschalter** (MASCULIN : der Lichtschalter, die Lichtschalter) interrupteur (pour la lumière)

♦ **Lichtung** (FÉMININ : die Lichtung) clairière

Lid (NEUTRE : das Lid, die Lider) paupière

lieb gentil *ou* sage *ou* cher

♦ **lieb gewinnen** s'attacher

♦ **lieb haben** (bien) aimer

Liebe (FÉMININ : die Liebe, die Lieben) amour

♦ **lieben** aimer

♦ **liebenswert** *ou* **liebenswürdig** aimable

♦ **liebenswürdigerweise** aimablement

♦ **Liebenswürdigkeit** (FÉMININ : die Liebenswürdigkeit) amabilité

lieber *est un adverbe qui exprime la préférence*

► **etwas lieber haben** préférer quelque chose

► **etwas lieber machen** préférer faire quelque chose

liebevoll affectueux

lieblich mignon

Liebling (MASCULIN : der Liebling, die Lieblinge) préféré, préférée *ou* chéri, chérie

lieblos sans cœur

Lied (NEUTRE : das Lied, die Lieder) chanson

lief *voir* **laufen**

liefern livrer *ou* fournir

♦ **Lieferung** (FÉMININ : die Lieferung) livraison

liegen (**lag, gelegen**) *a plusieurs sens :*

1 **liegen** *peut signifier* se trouver *ou* être situé :

▷ Wo liegt die Bretagne? Où se trouve la Bretagne ?

▷ Das Haus liegt Richtung Süden. La maison est située au sud.

2 **liegen** *peut signifier* être allongé *ou* être couché :

▷ Er liegt auf der Matratze. Il est allongé sur le matelas.

▷ Sie liegt noch im Bett. Elle est encore couchée.

3 **liegen** *peut signifier* être *ou* avoir :

▷ Das liegt nicht in meiner Macht. Ce n'est pas en mon pouvoir.

▷ Es liegt viel Schnee. Il y a beaucoup de neige.

▷ Meaux liegt bei Paris. Meaux est près de Paris.

► **auf der Hand liegen** être évident

► **auf der Zunge liegen** avoir sur le bout de la langue

► **jemandem liegen** être dans la nature de quelqu'un

► **richtig / falsch liegen** avoir raison / tort

4 **liegen** *peut exprimer l'idée de tenir à quelque chose :*

▷ Mir liegt viel daran. J'y tiens beaucoup.

▷ Dein Kommen liegt mir am Herzen. Je tiens beaucoup à ce que tu viennes.

5 **liegen** *peut être employé dans d'autres expressions :*

► **zur Straße liegen** donner sur la rue

► **liegen bleiben** rester en plan

Liegestuhl (MASCULIN : der Liegestuhl, die Liegestühle) chaise longue

lieh *voir* **leihen**

ließ *voir* **lassen**

liest *voir* **lesen**

Lift (MASCULIN : der Lift, die Lifte) ascenseur

Likör (MASCULIN : der Likör, die Liköre) liqueur

Limo (FÉMININ : die Limo, die Limos) limonade

lindern adoucir *ou* soulager

♦ **Linderung** (FÉMININ : die Linderung) soulagement

Lineal (NEUTRE : das Lineal, die Lineale) règle (pour tirer des traits)

Linie (FÉMININ : die Linie, die Linien) ligne

linke, linker, linkes gauche

♦ **Linke** (FÉMININ : die Linke) gauche (au sens politique)

♦ **links** à gauche

► **links von mir** à ma gauche

♦ **Linkshänder, Linkshänderin** (MASCULIN : der Linkshänder, die Linkshänder / FÉMININ : die Linkshänderin, die Linkshänderinnen) gaucher, gauchère

♦ **linksradikal** d'extrême gauche

Linse (FÉMININ : die Linse, die Linsen) lentille

Lippe (FÉMININ : die Lippe, die Lippen) lèvre

♦ **Lippenstift** (MASCULIN : der Lippenstift, die Lippenstifte) rouge à lèvres

List (FÉMININ : die List, die Listen) ruse *ou* astuce

Liste (FÉMININ : die Liste, die Listen) liste

listig rusé

Litauen Lituanie

♦ **Litauer, Litauerin** (MASCULIN : der Litauer, die Litauer / FÉMININ : die Litauerin, die Litauerinnen) Lituanien, Lituanienne

♦ **litauisch** lituanien

Liter (MASCULIN / NEUTRE : der / das Liter, die Liter) litre

literarisch littéraire

♦ **Literatur** (FÉMININ : die Literatur) littérature

litt *voir* leiden

live en direct

Lob (NEUTRE : das Lob) louange *ou* éloge

♦ **loben** féliciter *ou* faire l'éloge de

♦ **lobenswert** digne de louange

Loch (NEUTRE : das Loch, die Löcher) trou

Locke (FÉMININ : die Locke, die Locken) boucle (de cheveux)

♦ **locken** attirer *ou* boucler

locker desserré *ou* branlant *ou* lâche *ou* décontracté

♦ **lockerlassen** (er läßt locker; lockerließ, lockergelassen) céder

♦ **lockern** desserrer *ou* assouplir

lodern flamboyer *ou* brûler

Löffel (MASCULIN : der Löffel, die Löffel) cuillère

log *voir* lügen

Lohn (MASCULIN : der Lohn, die Löhne) récompense *ou* salaire

♦ **sich lohnen** valoir la peine

♦ **Lohnsteuer** (FÉMININ : die Lohnsteuer, die Lohnsteuern) impôt sur le revenu

Lokal (NEUTRE : das Lokal, die Lokale) café *ou* bar

London Londres

los détaché *ou* dégagé :

▷ Was ist los? Qu'est-ce qu'il y a ?

▷ Was ist mit dir los? Qu'est-ce que tu as ?

▷ Am Samstag Abend ist viel los. Le samedi soir c'est très animé.

► **los!** on y va !

► **der Teufel ist los!** ça barde !

► **jemanden / etwas los werden** se débarrasser de quelqu'un / quelque chose

► **los schießen** raconter *ou* y aller

► **Achtung! Fertig! Los!** à vos marques ! prêts ! partez !

Los (NEUTRE : das Los, die Lose) sort *ou* destin *ou* billet de loterie

losbinden détacher

📖 **binden** (band, gebunden) = attacher *ou* nouer

löschen *a plusieurs catégories grammaticales et plusieurs sens :*

> *Ce peut être un* VERBE TRANSITIF :

1 **löschen** *peut signifier* éteindre :

▷ Sie haben es nicht geschafft, das Feuer zu löschen. Ils n'ont pas réussi à éteindre le feu.

▷ Du kannst das Licht löschen. Tu peux éteindre la lumière.

2 **löschen** *peut signifier* effacer :

▷ Er hat das Programm unabsichtlich gelöscht. Il a effacé le programme sans le vouloir.

► **den Durst löschen** se désaltérer

> *Ce peut être un* VERBE INTRANSITIF :

1 **löschen** *peut signifier* éteindre le feu :

▷ Die Feuerwehr versucht zu löschen. Les pompiers essayent d'éteindre le feu.

2 **löschen** *peut signifier* effacer :

▷ Ich muss zuerst löschen. Je dois d'abord effacer.

lose lâche *ou* détaché *ou* desserré

losen tirer au sort

► **um etwas losen** tirer quelque chose au sort

lösen *a plusieurs catégories grammaticales et plusieurs sens :*

> *Ce peut être un* VERBE TRANSITIF :

1 **lösen** *peut signifier* détacher *ou* défaire

2 **lösen** *peut signifier* résoudre :
- ► **ein Rätsel lösen** résoudre une énigme
- ► **eine Fahrkarte lösen** acheter un billet
- ► **etwas in einer Flüssigkeit lösen** dissoudre quelque chose dans un liquide

> *Ce peut être un* VERBE RÉFLÉCHI :

1 **sich lösen** *peut signifier* se séparer
2 **sich lösen** *peut signifier* se dissoudre
3 **sich lösen** *peut signifier* se résoudre

losfahren démarrer *ou* partir
- 🕮 fahren (er fährt; fuhr, gefahren) = conduire

losgehen s'en aller *ou* partir *ou* commencer
- 🕮 gehen (ging, gegangen) = aller
- ► **auf jemanden losgehen** agresser quelqu'un

loslassen lâcher
- 🕮 lassen (er lässt; ließ, gelassen) = laisser

losmachen détacher

Lösung (FÉMININ : die Lösung) solution

loswerden (er wird los; loswurde, losgeworden) se débarrasser de

Löwe (MASCULIN : der Löwe, die Löwen) lion
- ♦ **Löwenzahn** (MASCULIN : der Löwenzahn) pissenlit
- ♦ **Löwin** (FÉMININ : die Löwin, die Löwinnen) lionne

Lücke (FÉMININ : die Lücke, die Lücken) trou *ou* lacune
- ♦ **lückenhaft** incomplet
- ♦ **lückenlos** complet

lud *voir* laden

Luft (FÉMININ : die Luft, die Lüfte) air *ou* souffle
- ► **in der Luft liegen** être dans l'air
- ► **in die Luft gehen** exploser
- ► **jemanden wie Luft behandeln** ignorer quelqu'un
- ♦ **Luftballon** (MASCULIN : der Luftballon, die Luftballons) ballon (de baudruche)
- ♦ **lüften** aérer
- ♦ **luftig** aéré *ou* léger (en parlant de vêtements)
- ♦ **Luftmatratze** (FÉMININ : die Luftmatratze, die Luftmatratzen) matelas pneumatique
- ♦ **Lüftung** (FÉMININ : die Lüftung) aération
- ♦ **Luftverschmutzung** (FÉMININ : die Luftverschmutzung) pollution (de l'air)

Lüge (FÉMININ : die Lüge, die Lügen) mensonge
- ♦ **lügen** (log, gelogen) mentir
- ♦ **Lügner, Lügnerin** (MASCULIN : der Lügner, die Lügner / FÉMININ : die Lügnerin, die Lügnerinnen) menteur, menteuse

Lump (MASCULIN : der Lump, die Lumpen) salaud *ou* vaurien

Lumpen (MASCULIN : der Lumpen, die Lumpen) chiffon *ou* lambeau

Lunge (FÉMININ : die Lunge, die Lungen) poumon
- ♦ **Lungenentzündung** (FÉMININ : die Lungenentzündung) pneumonie

Lupe (FÉMININ : die Lupe, die Lupen) loupe

Lust (FÉMININ : die Lust, die Lüste) plaisir *ou* désir *ou* envie
- ► **Lust haben auf** avoir envie de

lustig drôle *ou* gai

lutschen sucer
- ► **(am) Daumen lutschen** sucer son pouce
- ♦ **Lutscher** (MASCULIN : der Lutscher, die Lutscher) sucette

Lyrik (FÉMININ : die Lyrik) poésie

M

ALLEMAND — FRANÇAIS

machbar faisable *ou* réalisable

machen *a plusieurs catégories grammaticales et plusieurs sens :*

> *Ce peut être un* VERBE TRANSITIF :

1 **machen** *peut signifier* faire :
- ▷ Ich habe noch etwas zu machen. J'ai encore quelque chose à faire.
- ▷ Das macht nichts. Ça ne fait rien.
- ▷ Da ist nichts zu machen. Il n'y a rien à faire.

2 **machen** *peut signifier* rendre :
- ▷ Ihr Erfolg macht sie glücklich. Son succès la rend heureuse.
- ▷ Du machst mich wahnsinnig! Tu me rends fou !

3 **machen** *peut signifier* donner :
- ▷ Diese Hitze macht Durst. Cette chaleur donne soif.
- ▷ Das macht ihm Mut. Ça lui donne du courage.
- ► **einer Sache ein Ende machen** mettre fin à quelque chose
- ► **Licht machen** allumer la lumière
- ► **gesund machen** guérir

> *Ce peut être un* VERBE INTRANSITIF :

- ► **lange machen** être long
- ► **mach doch!** dépêche-toi !
- ► **mach's gut!** *est une expression qu'on utilise au moment de prendre congé et qui signifie* bon courage ! *ou* bonne chance ! *ou* à bientôt !
- ► **jemanden machen lassen** laisser faire quelqu'un

> *Ce peut être un* VERBE RÉFLÉCHI :

sich machen *peut signifier* aller mieux *ou* faire des progrès
- ► **sich an etwas machen** se mettre à quelque chose
- ► **sich nichts daraus machen** ne pas s'en faire

Macht (FÉMININ : die Macht, die Mächte) pouvoir

♦ **mächtig** puissant *ou* massif

♦ **machtlos** impuissant

Mädchen (NEUTRE : das Mädchen, die Mädchen) fille

mag, magst *voir* mögen

Magen (MASCULIN : der Magen, die Mägen *ou* Magen) estomac

♦ **Magenschmerzen** (MASCULIN pluriel : die Magenschmerzen) maux d'estomac

mager maigre

♦ **Magersucht** (FÉMININ : die Magersucht) anorexie

♦ **magersüchtig** anorexique

Magnet (MASCULIN : der Magnet, die Magnete *ou* Magneten) aimant

mähen tondre (le gazon)

Mahl (NEUTRE : das Mahl, die Mahle) repas

mahlen moudre

Mähne (FÉMININ : die Mähne, die Mähnen) crinière

mahnen exhorter *ou* avertir *ou* mettre en demeure

♦ **Mahnung** (FÉMININ : die Mahnung) exhortation *ou* avertissement

Mai (MASCULIN : der Mai) mai
- ► **im Mai** au mois de mai

Mail (FÉMININ : die Mail, die Mails) e-mail

♦ **Mailbox** (FÉMININ : die Mailbox, die Mailboxen) boîte aux lettres (e-mail)

♦ **mailen** envoyer par e-mail

Makel (MASCULIN : der Makel, die Makel) défaut *ou* tache

♦ **makellos** sans défaut

Make-up (NEUTRE : das Make-up, die Make-ups) maquillage

mal fois

► **drei mal drei ist sechs** trois fois trois font six

> ℹ *mal est aussi l'abréviation de* einmal.

♦ **Mal** (NEUTRE : das Mal, die Male) fois *ou* marque

malen peindre

♦ **Maler, Malerin** (MASCULIN : der Maler, die Maler / FÉMININ : die Malerin, die Malerinnen) peintre

♦ **Malerei** (FÉMININ : die Malerei) peinture

♦ **malerisch** pittoresque

Malta Malte

♦ **Malteser, Malteserin** (MASCULIN : der Malteser, die Malteser / FÉMININ : die Malteserin, die Malteserinnen)

♦ **maltesisch** maltais

man on

manche, mancher, manches plus d'un, plus d'une

♦ **manche** (MASCULIN / FÉMININ / NEUTRE / PLURIEL) plusieurs *ou* beaucoup de *ou* certains *ou* quelques

♦ **mancherlei** toutes sortes de *ou* toutes sortes de choses

♦ **manchmal** quelquefois *ou* parfois

Mandel (FÉMININ : die Mandel, die Mandeln) amande *ou* amygdale

Mangel (MASCULIN : der Mangel, die Mängel) manque *ou* carence *ou* défaut

♦ **mangeln** manquer

► **es mangelt ihm an nichts** il ne manque de rien

♦ **mangels** *est une préposition qui s'emploie avec le génitif et signifie* faute de

Mango (FÉMININ : die Mango, die Mangos) mangue

Manieren (FÉMININ pluriel : die Manieren) manières

Manko (NEUTRE : das Manko, die Mankos) manque *ou* déficit

Mann (MASCULIN : der Mann, die Männer) homme *ou* mari

♦ **männlich** masculin *ou* mâle

♦ **Mannschaft** (FÉMININ : die Mannschaft) équipe *ou* équipage

Mantel (MASCULIN : der Mantel, die Mäntel) manteau

Mappe (FÉMININ : die Mappe, die Mappen) classeur

Märchen (NEUTRE : das Märchen, die Märchen) conte de fées

♦ **märchenhaft** féerique

Marienkäfer (MASCULIN : der Marienkäfer, die Marienkäfer) coccinelle

Marille (FÉMININ : die Marille, die Marillen) *est un mot autrichien qui signifie* abricot

Marke (FÉMININ : die Marke, die Marken) marque

Markise (FÉMININ : die Markise, die Markisen) store

Markt (MASCULIN : der Markt, die Märkte) marché

Marmelade (FÉMININ : die Marmelade, die Marmeladen) confiture

Marmor (MASCULIN : der Marmor, die Marmore) marbre

♦ **marmorn** en marbre

Marokko le Maroc

marschieren (marschierte, marschiert) marcher

März (MASCULIN : der März) mars

► **im März** au mois de mars

Marzipan (NEUTRE : das Marzipan) pâte d'amandes

Masche (FÉMININ : die Masche, die Maschen) maille

► **eine neue Masche** une nouvelle combine

> ℹ *L'expression allemande et sa traduction française sont familières.*

Maschine (FÉMININ : die Maschine, die Maschinen) machine

♦ **maschinell** (adjectif) mécanique *ou* (adverbe) à la machine

Masern (*pluriel* : die Masern) rougeole

Maske (FÉMININ : die Maske, die Masken) masque

maß *voir* **messen**

Maß (NEUTRE : das Maß, die Maße) mesure *ou* litre de bière

♦ **maßgebend** déterminant *ou* décisif *ou* qui fait autorité

massieren (massierte, massiert) masser

mäßig modéré *ou* tempéré

♦ **(sich) mäßigen** (se) modérer

♦ **maßlos** sans mesure

♦ **Maßnahme** (FÉMININ : die Maßnahme, die Maßnahmen) disposition

Mast (MASCULIN : der Mast, die Masten *ou* Maste) mât *ou* pylône

Material (NEUTRE : das Material, die Materialien) matériel *ou* matériaux

Materie (FÉMININ : die Materie, die Materien) matière

Matratze (FÉMININ : die Matratze, die Matratzen) matelas

Matrose (MASCULIN : der Matrose, die Matrosen) matelot

Matsch (MASCULIN : der Matsch) gadoue *ou* bouillie *ou* boue

♦ **matschig** boueux *ou* en bouillie

matt mat *ou* terne *ou* las *ou* faible

Matte (FÉMININ : die Matte, die Matten) tapis de sport *ou* natte (au sens de tapis) *ou* paillasson

Matura (FÉMININ : die Matura) *est l'équivalent autrichien du* baccalauréat

♦ **maturieren** *est une expression autrichienne qui signifie* passer le bac

Mauer (FÉMININ : die Mauer, die Mauern) mur

Maul (NEUTRE : das Maul, die Mäuler) gueule

♦ **Maulwurf** (MASCULIN : der Maulwurf, die Maulwürfe) taupe

Maurer (MASCULIN : der Maurer, die Maurer) maçon

Maus (FÉMININ : die Maus, die Mäuse) souris

♦ **mausetot** raide mort

> ℹ *L'expression allemande et sa traduction française sont familières.*

meckern chevroter *ou* râler

Medien (*pluriel* : die Medien) médias

Medikament (NEUTRE : das Medikament, die Medikamente) médicament

Medizin (FÉMININ : die Medizin) remède *ou* médecine

♦ **medizinisch** médical

Meer (NEUTRE : das Meer, die Meere) mer

♦ **Meerschweinchen** (NEUTRE : das Meerschweinchen, die Meerschweinchen) cochon d'Inde

Mehl (NEUTRE : das Mehl, die Mehle) farine

♦ **mehlig** farineux

♦ **Mehlspeise** (FÉMININ : die Mehlspeise, die Mehlspeisen) *est un mot autrichien qui signifie* pâtisserie

mehr plus

♦ **mehrdeutig** ambigu

♦ **mehrere** plusieurs

♦ **mehreres** plusieurs choses

♦ **mehrfach** multiple

♦ **Mehrheit** (FÉMININ : die Mehrheit) majorité

♦ **mehrmalig** *ou* **mehrmals** à plusieurs reprises

♦ **Mehrwertsteuer** (FÉMININ : die Mehrwertsteuer) T.V.A.

♦ **Mehrzahl** (FÉMININ : die Mehrzahl) pluriel *ou* majorité

meiden (mied, gemieden) éviter

mein, meine mon, ma, mes

♦ **meine, meiner, meines** le mien, la mienne, les miens, les miennes

meinen penser *ou* croire *ou* dire *ou* vouloir dire

meinerseits de mon côté

meinesgleichen des gens comme moi

meinetwegen pour moi *ou* à cause de moi

Meinung (FÉMININ : die Meinung) opinion

♦ **Meinungsumfrage** (FÉMININ : die Meinungsumfrage, die Meinungsumfragen) sondage

♦ **Meinungsverschiedenheit** (FÉMININ : die Meinungsverschiedenheit) divergence d'opinions

meist la plupart du temps *ou* généralement

♦ **meiste, meister, meistes** la plupart de

♦ **meistens** la plupart du temps *ou* généralement

Meister, Meisterin (MASCULIN : der Meister, die Meister / FÉMININ : die Meisterin, die Meisterinnen) maître *ou* champion, championne

♦ **meisterhaft** magistral *ou* parfait

♦ **meistern** maîtriser

♦ **Meisterschaft** (FÉMININ : die Meisterschaft) championnat

♦ **Meisterstück** *ou* **Meisterwerk** (NEUTRE : das Meisterstück, die Meisterstücke *ou* das Meisterwerk, die Meisterwerke) chef-d'œuvre

melden annoncer *ou* déclarer *ou* signaler

♦ **sich melden** se présenter *ou* donner des nouvelles *ou* répondre au téléphone

► **sich freiwillig melden** se porter volontaire

♦ **Meldung** (FÉMININ : die Meldung) annonce *ou* information

melken (**melkte** *ou* **molk, gemolken**) traire

Melone (FÉMININ : die Melone, die Melonen) melon *ou* pastèque *ou* chapeau melon

Menge (FÉMININ : die Menge, die Mengen) quantité

► **eine Menge** beaucoup de

♦ **Menschenmenge** foule de gens

Mensch (MASCULIN : der Mensch, die Menschen) être humain

► **kein Mensch** personne

♦ **Menschenmenge** (FÉMININ : die Menschenmenge) foule de gens

♦ **Menschenrechte** (NEUTRE pluriel : die Menschenrechte) droits de l'homme

♦ **menschenscheu** farouche

♦ **Menschheit** (FÉMININ : die Menschheit) genre humain *ou* humanité

♦ **menschlich** humain

♦ **Menschlichkeit** (FÉMININ : die Menschlichkeit) humanité *ou* attitude humaine

Menstruation (FÉMININ : die Menstruation) règles (de la femme)

merken remarquer

► **sich etwas merken** retenir quelque chose

♦ **merklich** visible

♦ **Merkmal** (NEUTRE : das Merkmal, die Merkmale) marque *ou* signe particulier

♦ **merkwürdig** bizarre

Messe (FÉMININ : die Messe, die Messen) foire *ou* messe

messen (**er misst; maß, gemessen**) mesurer

► **sich mit jemandem / etwas messen** se mesurer à quelqu'un / quelque chose

Messer (NEUTRE : das Messer, die Messer) couteau

♦ **Messerstich** (MASCULIN : der Messerstich, die Messerstiche) coup de couteau

Meter (MASCULIN ou NEUTRE : der *ou* das Meter, die Meter) mètre

Metzger, Metzgerin (MASCULIN : der Metzger, die Metzger / FÉMININ : die Metzgerin, die Metzgerinnen) boucher, bouchère *ou* charcutier, charcutière

♦ **Metzgerei** (FÉMININ : die Metzgerei, die Metzgereien) boucherie *ou* charcuterie

mich *est l'accusatif du pronom personnel* **ich** *et signifie* me *ou* moi

mied *voir* **meiden**

Miene (FÉMININ : die Miene, die Mienen) mine

mies *est une expression familière qui signifie* mauvais *ou* sale (au sens figuré)

Miesmuschel (FÉMININ : die Miesmuschel, die Miesmuscheln) moule

Miete (FÉMININ : die Miete, die Mieten) loyer

♦ **mieten** louer

♦ **Mieter, Mieterin** (MASCULIN : der Mieter, die Mieter / FÉMININ : die Mieterin, die Mieterinnen) locataire

Mikrowellenherd (MASCULIN : der Mikrowellenherd, die Mikrowellenherde) four à micro-ondes

Milch (FÉMININ : die Milch) lait
- ♦ **milchig** laiteux
- ♦ **Milchstraße** (FÉMININ : die Milchstraße, die Milchstraßen) voie lactée
- ♦ **Milchzahn** (MASCULIN : der Milchzahn, die Milchzähne) dent de lait

mild doux *ou* indulgent
- ♦ **Milde** (FÉMININ : die Milde) douceur *ou* indulgence
- ♦ **mildern** atténuer

Minderheit (FÉMININ : die Minderheit) minorité
- ♦ **minderjährig** mineur (en parlant d'une personne)
- ♦ **mindern** diminuer
- ♦ **minderwertig** de qualité inférieure
- ♦ **Minderwertigkeitskomplex** (MASCULIN : der Minderwertigkeitskomplex, die Minderwertigkeitskomplexe) complexe d'infériorité

mindeste, mindester, mindestes le moindre, la moindre
- ♦ **mindestens** au moins

Minirock (MASCULIN : der Minirock, die Miniröcke) minijupe

Ministerpräsident (MASCULIN : der Ministerpräsident) Premier ministre

minus moins
- ► **fünf minus zwei macht drei** cinq moins deux égale trois
- ♦ **Minuszeichen** (NEUTRE : das Minuszeichen, die Minuszeichen) signe moins

mir *est le datif du pronom personnel* **ich** *et signifie* me *ou* moi *ou* à moi

mischen mélanger *ou* mêler
- ♦ **Mischling** (MASCULIN : der Mischling, die Mischlinge) métis
- ♦ **Mischung** (FÉMININ : die Mischung) mélange

miserabel très mal

> miserabel *ne signifie pas* misérable *en français.*

missachten (missachtete, missachtet) mépriser *ou* ne pas tenir compte de

📖 achten = respecter
- ♦ **Missachtung** (FÉMININ : die Missachtung) mépris

Missbehagen (NEUTRE : das Missbehagen) malaise

Missbildung (FÉMININ : die Missbildung) malformation

missbilligen (missbilligte, missbilligt) désapprouver

Missbrauch (MASCULIN : der Missbrauch, die Missbräuche) abus
- ♦ **missbrauchen** (missbrauchte, missbraucht) abuser de

Misserfolg (MASCULIN : der Misserfolg, die Misserfolge) échec

missfallen (er missfällt; missfiel, missfallen) déplaire

Missgeschick (NEUTRE : das Missgeschick, die Missgeschicke) malchance

missglücken (missglückte, missglückt) échouer

misshandeln (misshandelte, misshandelt) maltraiter
- ♦ **Misshandlung** (FÉMININ : die Misshandlung) maltraitance *ou* mauvais traitement

misslingen (misslang, misslungen) échouer

Missstimmung (FÉMININ : die Missstimmung) mésentente *ou* discordance

misst *voir* **messen**

misstrauen (misstraute, misstraut) se méfier
- ♦ **Misstrauen** (NEUTRE : das Misstrauen) méfiance
- ♦ **misstrauisch** méfiant

Missverständnis (NEUTRE : das Missverständnis, die Missverständnisse) malentendu
- ♦ **missverstehen** (missverstand, missverstanden) mal comprendre *ou* se méprendre sur

Mist (MASCULIN : der Mist) fumier
- ♦ **Mist!** zut !

mit *a plusieurs catégories grammaticales et plusieurs sens :*

> *Ce peut être une* PRÉPOSITION *qui s'emploie avec le* DATIF :

1 **mit** *peut signifier* avec :
▷ Sie ist mit Paul ins Schwimmbad gegangen. Elle est allée à la piscine avec Paul.
▷ Pass mit der Schere auf. Fais attention avec les ciseaux.

2 **mit** *peut signifier* par :
▷ Ich schicke dir die Papiere mit der Post. Je t'envoie les papiers par la poste.
▷ Sie kommen mit dem Zug um 4.45 Uhr. Ils arrivent par le train de 4 h 45.

3 **mit** *peut signifier* en :
▷ Wir sind mit dem Flugzeug gekommen. Nous sommes venus en avion.
► **mit einem Wort** en un mot

4 **mit** *peut signifier* à :
► **mit blauen Augen** aux yeux bleus
► **mit vier Jahren** à quatre ans
► **mit dem Bleistift schreiben** écrire au crayon
► **mit Recht** à juste titre

5 **mit** *peut signifier* de :
► **mit dem Finger berühren** toucher du doigt
► **mit Gewalt** de force

> *Ce peut être un* ADVERBE :

1 **mit** *peut signifier* aussi :
▷ Kommst du mit? Tu viens aussi ?
▷ Er ist mit schuld. C'est aussi de sa faute.

2 **mit** *peut signifier* en *ou* y :
► **mit dabeisein** en être
► **mit einbegriffen** y compris
► **mit dazu gehören** en faire partie

> *Ce peut être une* PARTICULE SÉPARABLE *pour former des* MOTS COMPOSÉS :

♦ **Mitarbeit** (FÉMININ : die Mitarbeit) collaboration

♦ **mitarbeiten** collaborer

♦ **mitbringen** apporter *ou* amener
📖 **bringen (brachte, gebracht)** = apporter

> i *Vous trouverez les mots composés qui commencent par* **Mit-** *ou* **mit-** *classés par ordre alphabétique.*

miteinander ensemble

miterleben assister à *ou* vivre
📖 **leben** = vivre

mitfahren aller *ou* venir *ou* accompagner (en véhicule)
📖 **fahren (er fährt; fuhr, gefahren)** = conduire *ou* rouler

Mitgefühl (NEUTRE : das Mitgefühl) compassion

mitgehen aller *ou* venir *ou* accompagner (avec ou sans véhicule)
📖 **gehen (ging, gegangen)** = aller *ou* marcher

Mitglied (NEUTRE : das Mitglied, die Mitglieder) membre

mithalten être de la partie
📖 **halten (er hält; hielt, gehalten)** = tenir

mithelfen aider *ou* donner un coup de main
📖 **helfen (er hilft; half, geholfen)** = aider

mitkommen venir *ou* accompagner *ou* arriver à suivre (au sens de comprendre)
📖 **kommen (kam, gekommen)** = venir

Mitleid (NEUTRE : das Mitleid) compassion *ou* pitié

♦ **mitleidig** compatissant

mitmachen être de la partie
► **viel mitmachen** souffrir

mitnehmen emporter *ou* emmener
📖 **nehmen (er nimmt; nahm, genommen)** = prendre

mitsamt *est une* préposition *qui s'emploie avec le* datif *et signifie* avec

Mitschüler, Mitschülerin (MASCULIN : der Mitschüler, die Mitschüler / FÉMININ : die Mitschülerin, die Mitschülerinnen) camarade de classe

mitspielen jouer *ou* participer au jeu
📖 **spielen** = jouer

Mittag (MASCULIN : der Mittag, die Mittage) midi
► **zu Mittag essen** déjeuner

♦ **Mittagessen** (NEUTRE : das Mittagessen, die Mittagessen) déjeuner *ou* repas du midi

♦ **mittags** à midi

♦ **Mittagspause** (FÉMININ : die Mittagspause, die Mittagspausen) pause de midi

♦ **Mittagsschlaf** (MASCULIN : der Mittagsschlaf, die Mittagsschläfe) sieste

Mitte (FÉMININ : die Mitte, die Mitten) milieu

mitteilen faire savoir

Mittel (NEUTRE : das Mittel, die Mittel) moyen *ou* remède

♦ **Mittelalter** (NEUTRE : das Mittelalter) Moyen Âge

♦ **mittelalterlich** médiéval *ou* moyenâgeux

♦ **Mitteleuropa** l'Europe Centrale

Mittelfinger (MASCULIN : der Mittelfinger, die Mittelfinger) majeur

mittelmäßig médiocre

Mittelmeer (NEUTRE : das Mittelmeer) Méditerranée

Mittelpunkt (MASCULIN : der Mittelpunkt, die Mittelpunkte) centre

mittels *est une* préposition *qui s'emploie avec le* génitif *et signifie* au moyen de

mitten en plein milieu

Mitternacht (FÉMININ : die Mitternacht) minuit

mittlere, mittlerer, mittleres du milieu *ou* moyen, moyenne

mittlerweile entre-temps

Mittwoch (MASCULIN : der Mittwoch) mercredi

♦ **mittwochs** le mercredi *ou* tous les mercredis

mitunter de temps en temps

Möbel (NEUTRE : das Möbel, die Möbel) meuble

♦ **möblieren** (möblierte, möbliert) meubler

mochte *voir* mögen

Model (NEUTRE : das Model, die Models) mannequin

Modell (NEUTRE : das Modell, die Modelle) modèle *ou* mannequin *ou* maquette

♦ **modellieren** (modellierte, modelliert) modeler

Modenschau (FÉMININ : die Modenschau, die Modenschauen) défilé de mode

modisch à la mode

Mofa (NEUTRE : das Mofa, die Mofas) mobylette

mögen (er mag; mochte, gemocht) bien aimer *ou* vouloir

► **ich möchte** je voudrais

möglich possible

♦ **möglicherweise** peut-être

♦ **Möglichkeit** (FÉMININ : die Möglichkeit) possibilité

♦ **möglichst** le plus possible

♦ **möglichst früh** le plus tôt possible

Mohn (MASCULIN : der Mohn, die Mohne) pavot *ou* coquelicot

Möhre *ou* **Mohrrübe** (FÉMININ : die Möhre, die Möhren *ou* FÉMININ : die Mohrrübe, Mohrrüben) carotte

molk *voir* melken

Monat (MASCULIN : der Monat, die Monate) mois

♦ **monatelang** pendant des mois

♦ **monatlich** mensuel *ou* par mois

Mönch (MASCULIN : der Mönch, die Mönche) moine

Mond (MASCULIN : der Mond, die Monde) lune

♦ **Mondfinsternis** (FÉMININ : die Mondfinsternis, die Mondfinsternisse) éclipse de Lune

♦ **Mondschein** (MASCULIN : der Mondschein, die Mondscheine) clair de lune

Montag (MASCULIN : der Montag) lundi

♦ **montags** le lundi *ou* tous les lundis

Moor (NEUTRE : das Moor, die Moore) marécage

Moos (NEUTRE : das Moos, die Moose) mousse (= plante)

Moped (NEUTRE : das Moped, die Mopeds) mobylette

Mord (MASCULIN : der Mord, die Morde) meurtre

♦ **Mordanschlag** (MASCULIN : der Mondanschlag, die Mordanschläge) attentat

♦ **Mörder, Mörderin** (MASCULIN : der Mörder, die Mörder / FÉMININ : die Mörderin, die Mörderinnen) meurtrier, meurtrière

♦ **Mordsglück** (NEUTRE : das Mordsglück) *est une expression familière qui signifie* chance inouïe

♦ **mordsmäßig** *est une expression familière qui signifie* énorme

♦ **Mordsschreck** (MASCULIN : der Mordsschreck) peur bleue

> ℹ *Cette expression allemande et sa traduction française sont familières.*

morgen demain

♦ **Morgen** (MASCULIN : der Morgen, die Morgen) matin

♦ **morgens** le matin

morsch pourri (en parlant du bois)

Moskito (MASCULIN : der Moskito, die Moskitos) moustique

Moslem (MASCULIN : der Moslem, die Moslems) musulman

♦ **moslemisch** musulman

♦ **Moslime** (FÉMININ : die Moslime, die Moslimen) musulmane

Motorrad (NEUTRE : das Motorrad, die Motorräder) moto

Motorroller (MASCULIN : der Motorroller, die Motorroller) scooter

Motto (NEUTRE : das Motto, die Mottos) devise

Mountainbike (NEUTRE : das Mountainbike, die Mountainbikes) V.T.T.

Möwe (FÉMININ : die Möwe, die Möwen) mouette

Mücke (FÉMININ : die Mücke, die Mücken) moustique

♦ **Mückenstich** (MASCULIN : der Mückenstich, die Mückenstiche) piqûre de moustique

müde fatigué *ou* las

► **einer Sache müde sein** être las de quelque chose

♦ **Müdigkeit** (FÉMININ : die Müdigkeit) fatigue

muffig qui sent le renfermé

Mühe (FÉMININ : die Mühe) peine

► **sich Mühe geben** se donner de la peine

♦ **mühelos** facile *ou* sans peine

♦ **mühevoll** pénible

Mühle (FÉMININ : die Mühle, die Mühlen) moulin

mühsam *ou* **mühselig** pénible

Mulde (FÉMININ : die Mulde, die Mulden) cuvette

Müll (MASCULIN : der Müll) ordures

♦ **Müllabfuhr** (FÉMININ : die Müllabfuhr) éboueurs

♦ **Mülleimer** (MASCULIN : der Mülleimer, die Mülleimer) poubelle (dans la maison)

♦ **Mülltonne** (FÉMININ : die Mülltonne, die Mülltonnen) (grande) poubelle

München Munich

Mund (MASCULIN : der Mund, die Münder) bouche

♦ **Mundart** (FÉMININ : die Mundart) dialecte

münden déboucher *ou* se jeter :

▷ Wo mündet diese Straße? Où débouche cette rue ?

▷ Die Marne mündet in die Seine. La Marne se jette dans la Seine.

mündlich verbal *ou* oral *ou* de vive voix

Mündung (FÉMININ : die Mündung) embouchure

munter réveillé *ou* gai

Münze (FÉMININ : die Münze, die Münzen) pièce de monnaie

murmeln murmurer

murren rouspéter

♦ **mürrisch** de mauvaise humeur

Mus (NEUTRE : das Mus, die Muse) compote

Muschel (FÉMININ : die Muschel, die Muscheln) moule *ou* coquillage

Musical /'mjuːzikl/ (NEUTRE : das Musical, die Musicals) comédie musicale

Muskat (MASCULIN : der Muskat) muscade

♦ **Muskatnuss** (FÉMININ : die Muskatnuss, die Muskatnüsse) noix de muscade

Muskelkater (MASCULIN : der Muskelkater, die Muskelkater) courbatures

Muslim, Muslimin (MASCULIN : der Muslim, die Muslims / FÉMININ : die Muslimin, die Musliminnen) musulman, musulmane

♦ **muslimisch** musulman

müssen (er muss; musste, gemusst) *exprime l'obligation* :

▷ Ich muss jetzt nach Hause. Il faut que je rentre.

▷ Du musst noch deine Aufgaben machen. Tu dois encore faire tes devoirs.

Muster (NEUTRE : das Muster, die Muster) modèle *ou* motif *ou* échantillon

♦ **mustern** dévisager *ou* passer en revue

Mut (MASCULIN : der Mut) courage

► **jemandem Mut machen** *ou* **geben** encourager quelqu'un

► **wohl zu Mute sein** se sentir bien

♦ **mutlos** découragé

mutmaßlich présumé

Mutter (FÉMININ : die Mutter, die Mütter) *a plusieurs sens :*

1 **Mutter** *peut signifier* mère

♦ **mütterlich** maternel

♦ **Muttersprache** (FÉMININ : die Muttersprache, die Muttersprachen) langue maternelle

♦ **Muttertag** (MASCULIN : der Muttertag, die Muttertage) fête des Mères

2 **Mutter** *peut signifier* écrou

mutwillig volontaire

Mütze (FÉMININ : die Mütze, die Mützen) bonnet *ou* casquette

MwSt *est l'abréviation de* Mehrwertsteuer *et signifie* T.V.A.

Mythos (NEUTRE : das Mythos, die Mythen) mythe

N

ALLEMAND — FRANÇAIS

na! eh bien !

Nabel (MASCULIN : der Nabel, die Nabel) nombril

♦ **Nabelschnur** (FÉMININ : die Nabelschnur, die Nabelschnüre) cordon ombilical

nach *a plusieurs catégories grammaticales et plusieurs sens :*

> *Ce peut être une* PRÉPOSITION *qui s'emploie avec le* DATIF :

1 nach *peut signifier* après :

▷ Sie kommt uns nach dem Mittagessen besuchen. Elle vient nous rendre visite après le déjeuner.

2 nach *peut signifier* à *ou* vers :

▷ Er ist nach Hause gefahren. Il est rentré à la maison.

▷ Wir fahren diesen Sommer nach dem Süden. Cet été, nous allons vers le sud.

3 nach *peut signifier* d'après *ou* selon :

▷ Der Film ist nach einem Roman gemacht. Ce film est tourné d'après un roman.

▷ Nach den Wissenschaftlern erwärmt sich die Erde. Selon les scientifiques, la terre se réchauffe.

> *Ce peut être un* ADVERBE :

► **mir nach!** suivez-moi !

► **nach und nach** peu à peu

► **nach wie vor** tout comme avant

> *Ce peut être une* PARTICULE SÉPARABLE *pour former des* MOTS COMPOSÉS :

♦ **nachforschen** faire des recherches

♦ **nachfragen** demander

> ℹ *Vous trouverez les mots composés qui commencent par* Nach- *ou* nach- *classés par ordre alphabétique.*

nachahmen imiter

♦ **Nachahmung** (FÉMININ : die Nachahmung) imitation

Nachbar, Nachbarin (MASCULIN : der Nachbar, die Nachbarn / FÉMININ : die Nachbarin, die Nachbarinnen) voisin, voisine

♦ **Nachbarschaft** (FÉMININ : die Nachbarschaft) voisinage

nachdem après que *ou* après *ou* puisque

nachdenken réfléchir

📖 denken (dachte, gedacht) = penser *ou* réfléchir

♦ **nachdenklich** pensif

Nachdruck (MASCULIN : der Nachdruck) insistance

► **etwas mit Nachdruck sagen** insister sur quelque chose

♦ **nachdrücklich** catégoriquement

nacheinander l'un après l'autre *ou* successivement

nachforschen faire des recherches

nachfragen demander

nachgeben céder

📖 geben (er gibt; gab, gegeben) = donner

nachgehen suivre

► **einer Sache nachgehen** faire des recherches sur quelque chose

► **die Uhr geht nach** la montre retarde

📖 gehen (ging, gegangen) = aller *ou* marcher

nachgiebig conciliant

nachhause *est la variante orthographique autrichienne de* nach Hause; *voir* Haus

nachher après *ou* ensuite

Nachhilfeunterricht (MASCULIN : der Nachhilfeunterricht) cours de soutien

nachholen rattraper (du retard)

nachkommen venir après *ou* remplir

► **einer Verpflichtung nachkommen** remplir un engagement

📖 **kommen** (**kam, gekommen**) = venir

Nachkriegszeit (FÉMININ : die Nachkriegszeit) après-guerre

Nachlass (MASCULIN : der Nachlass, die Nachlässe) remise *ou* héritage

♦ **nachlassen** (**er lässt nach; nachließ, nachgelassen**) diminuer

nachlässig négligé *ou* négligent

♦ **Nachlässigkeit** (FÉMININ : die Nachlässigkeit) négligence *ou* laisser-aller

nachlaufen courir après

📖 **laufen** (**er läuft; lief, gelaufen**) = courir

nachmachen imiter *ou* faire refaire

📖 **machen** = faire

Nachmittag (MASCULIN : der Nachmittag, die Nachmittage) après-midi

► **am Nachmittag** *ou* **nachmittags** l'après-midi

Nachname (MASCULIN : der Nachname, die Nachnamen) nom de famille

nachprüfen contrôler

nachrechnen recalculer

Nachricht (FÉMININ : die Nachricht, die Nachrichten) message *ou* information *ou* nouvelle

► **Nachrichten** informations

nachsagen répéter *ou* dire

► **jemandem etwas nachsagen** répéter quelque chose après quelqu'un *ou* dire quelque chose de quelqu'un

nachschicken faire suivre

nachsehen aller voir *ou* vérifier

► **jemandem nachsehen** suivre quelqu'un des yeux

► **jemandem etwas nachsehen** passer *ou* pardonner quelque chose à quelqu'un

📖 **sehen** (**er sieht; sah, gesehen**) = voir

Nachsicht (FÉMININ : die Nachsicht) indulgence

♦ **nachsichtig** indulgent

Nachspeise (FÉMININ : die Nachspeise, die Nachspeisen) dessert

nachsprechen répéter

► **jemandem nachsprechen** répéter après quelqu'un

📖 **sprechen** (**er spricht; sprach, gesprochen**) = parler

nächstbeste, nächstbester, nächstbestes le premier venu, la première venue

nächste, nächster, nächstes prochain, prochaine *ou* suivant, suivante

♦ **Nächster, Nächste** (MASCULIN : der Nächste / FÉMININ : die Nächste) prochain, prochaine (en parlant d'une personne)

> ℹ *Ce nom est un adjectif substantivé :* **der Nächste, ein Nächster.**

♦ **nächstens** prochainement

Nacht (FÉMININ : die Nacht, die Nächte) nuit

Nachteil (MASCULIN : der Nachteil, die Nachteile) inconvénient

Nachthemd (NEUTRE : das Nachthemd, die Nachthemden) chemise de nuit

Nachtigall (FÉMININ : die Nachtigall, die Nachtigallen) rossignol

Nachtisch (MASCULIN : der Nachtisch, die Nachtische) dessert

nächtlich nocturne

nachtragen ajouter

► **jemandem etwas nachtragen** en vouloir à quelqu'un

📖 **tragen** (**er trägt; trug, getragen**) = porter

♦ **nachtragend** rancunier

nachtrauern regretter

nachts la nuit (au sens de pendant la nuit) *ou* de nuit

Nachweis (MASCULIN : der Nachweis, die Nachweise) preuve

♦ **nachweisen** (**nachwies, nachgewiesen**) prouver *ou* démontrer

Nachwirkung (FÉMININ : die Nachwirkung) répercussion

nachzählen recompter
📖 zählen = compter

Nacken (MASCULIN : der Nacken, die Nacken) nuque

nackt nu
♦ **Nacktheit** (FÉMININ : die Nacktheit) nudité

Nadel (FÉMININ : die Nadel, die Nadeln) aiguille
♦ **Nadelbaum** (MASCULIN : der Nadelbaum, die Nadelbäume) conifère

Nagel (MASCULIN : der Nagel, die Nägel) clou
♦ **Nagelfeile** (FÉMININ : die Nagelfeile, die Nagelfeilen) lime à ongles
♦ **Nagellack** (MASCULIN : der Nagellack, die Nagellacke) vernis à ongles
♦ **Nagellackentferner** (MASCULIN : der Nagellackentferner, die Nagellackentferner) dissolvant
♦ **nageln** clouer
♦ **nagelneu** flambant neuf
♦ **Nagelschere** (FÉMININ : die Nagelschere, die Nagelscheren) ciseaux à ongles

nagen ronger
♦ **Nagetier** (NEUTRE : das Nagetier, die Nagetiere) rongeur

nah(e) (**näher, am nächsten**) *a plusieurs catégories grammaticales et plusieurs sens :*

> *Ce peut être un* ADJECTIF *:*

nah(e) *signifie* proche

> *Ce peut être un* ADVERBE *:*

nah(e) *signifie* près
► **jemandem nahe gehen** toucher quelqu'un
► **einer Sache nahe kommen** s'approcher de quelque chose
► **jemandem etwas nahe legen** suggérer quelque chose à quelqu'un
► **nahe liegen** paraître évident
► **jemandem nahe stehen** être proche de quelqu'un

> *Ce peut être une* PRÉPOSITION *qui s'emploie avec le* DATIF *:*

nahe *signifie* près de
► **nahe an / von** près de

Nähe (FÉMININ : die Nähe) proximité
► **in der Nähe** à deux pas
► **aus der Nähe** de près

nähen coudre *ou* suturer

näher *est le comparatif de* **nahe** *et signifie* plus près *ou* plus proche
► **näher kommen** s'approcher
► **sich näher kommen** se rapprocher (l'un de l'autre)
♦ **Näheres** (NEUTRE : das Nähere) détails

nahm *voir* **nehmen**

(sich) nähren (se) nourrir
♦ **nahrhaft** nourrissant
♦ **Nahrung** (FÉMININ : die Nahrung) nourriture
♦ **Nahrungsmittel** (NEUTRE : das Nahrungsmittel, die Nahrungsmittel) aliment

Naht (FÉMININ : die Naht, die Nähte) couture

Name (MASCULIN : der Name, die Namen) nom
► **im Namen von** au nom de
♦ **namens** du nom de

nämlich car *ou* à savoir que

nannte *voir* **nennen**

Narbe (FÉMININ : die Narbe, die Narben) cicatrice

Narkose (FÉMININ : die Narkose, die Narkosen) anesthésie

Narr (MASCULIN : der Narr, die Narren) fou

naschen grignoter (des sucreries)

Nase (FÉMININ : die Nase, die Nasen) nez
♦ **Nasenbluten** (NEUTRE : das Nasenbluten) saignement de nez
♦ **Nasenloch** (NEUTRE : das Nasenloch, die Nasenlöcher) narine
♦ **Nasentropfen** (MASCULIN *pluriel :* die Nasentropfen) gouttes pour le nez
♦ **Nashorn** (NEUTRE : das Nashorn, die Nashörner) rhinocéros

nass mouillé
♦ **Nässe** (FÉMININ : die Nässe) humidité

Nationalfeiertag (MASCULIN : der Nationalfeiertag, die Nationalfeiertage) fête nationale

NATO (FÉMININ : die Nato) O.T.A.N.

naturfarben de couleur naturelle

naturgemäß naturel

natürlich naturel *ou* naturellement

♦ **natürlicherweise** naturellement

♦ **Natürlichkeit** (FÉMININ : die Natürlichkeit) naturel

Naturschutz (MASCULIN : der Naturschutz) protection de la nature

♦ **Naturschutzgebiet** (NEUTRE : das Naturschutzgebiet, die Naturschutzgebiete) site protégé

Nebel (MASCULIN : der Nebel, die Nebel) brouillard *ou* brume

♦ **neb(e)lig** brumeux

neben *est une* préposition *qui s'emploie avec le* datif *ou l'*accusatif *et signifie* à côté de *ou* près de *ou* à part

♦ **nebenan** à côté

♦ **nebenbei** en outre *ou* en passant

♦ **nebeneinander** l'un à côté de l'autre

Nebenerscheinung (FÉMININ : die Nebenerscheinung) effet secondaire

nebenherfahren rouler à côté

📖 fahren (er fährt; fuhr, gefahren) = rouler

nebenhergehen marcher à côté

📖 gehen (ging, gegangen) = marcher

Nebenrolle (FÉMININ : die Nebenrolle, die Nebenrollen) rôle secondaire

Nebensache (FÉMININ : die Nebensache, die Nebensachen) (chose) secondaire

♦ **nebensächlich** secondaire

Nebenwirkung (FÉMININ : die Nebenwirkung) effet secondaire

Necessaire (NEUTRE : das Necessaire, die Necessaires) trousse de toilette

> Necessaire *ne signifie pas* nécessaire *en français.*

necken taquiner

♦ **neckisch** taquin

Neffe (MASCULIN : der Neffe, die Neffen) neveu

Neger, Negerin (MASCULIN : der Neger, die Neger / FÉMININ : die Negerin, die Negerinnen) Noir, Noire

> ℹ *Ce mot est souvent considéré comme raciste.*

nehmen (er nimmt; nahm, genommen) prendre

Neid (MASCULIN : der Neid) jalousie *ou* envie

♦ **neidisch** envieux

(sich) neigen (s') incliner *ou* (se) pencher

► **zu etwas neigen** tendre vers quelque chose

♦ **Neigung** (FÉMININ : die Neigung) tendance *ou* penchant *ou* inclinaison

nein non

nennen (nannte, genannt) nommer *ou* appeler *ou* dire

♦ **nennenswert** remarquable *ou* considérable

Nerv (MASCULIN : der Nerv, die Nerven) nerf

► **jemandem auf die Nerfen gehen** taper sur les nerfs de quelqu'un

> ℹ *Cette expression allemande et sa traduction française sont familières.*

♦ **nerven** *est une expression familière qui signifie* énerver

♦ **Nervenklinik** (FÉMININ : die Nervenklinik, die Nervenkliniken) clinique psychiatrique

♦ **Nervensäge** (FÉMININ : die Nervensäge, die Nervensägen) casse-pieds

> ℹ *Cette expression allemande et sa traduction française sont familières.*

♦ **Nervenzusammenbruch** (MASCULIN : der Nervenzusammenbruch, die Nervenzusammenbrüche) dépression nerveuse

Nest (NEUTRE : das Nest, die Nester) nid *ou* patelin

nett gentil *ou* agréable *ou* joli

♦ **netterweise** gentiment *ou* aimablement

Netz (NEUTRE : das Netz, die Netze) filet *ou* réseau *ou* Internet

♦ **Netzhaut** (FÉMININ : die Netzhaut, die Netzhäute) rétine

neu nouveau *ou* neuf

♦ **Neue, Neuer, Neues** nouveau, nouvelle

neuerdings récemment *ou* de nouveau *ou* depuis peu

Neugier (FÉMININ : die Neugier) curiosité
- ♦ **neugierig** curieux

Neuheit (FÉMININ : die Neuheit) nouveauté

Neuigkeit (FÉMININ : die Neuigkeit) (du) nouveau *ou* nouvelle

Neujahr (NEUTRE : das Neujahr) nouvel an

neulich récemment

neun neuf
- ► **zu neunt** à neuf
- ♦ **neunjährig** de neuf ans
- ♦ **neunmal** neuf fois
- ♦ **neunte / neunter / neuntes** neuvième
  - ► **der neunte Dezember** le neuf décembre
- ♦ **neuntens** neuvièmement
- ♦ **neunzehn** dix-neuf
- ♦ **neunzig** quatre-vingt-dix

Neurose (FÉMININ : die Neurose, die Neurosen) névrose

neutral neutre

neuwertig à l'état neuf

Neuzeit (FÉMININ : die Neuzeit) temps modernes

nicht ne pas
- ► **nicht wahr** n'est-ce pas
- ► **nicht doch** mais non

Nichte (FÉMININ : die Nichte, die Nichten) nièce

nichtig nul *ou* vain *ou* futile
- ♦ **Nichtigkeit** (FÉMININ : die Nichtigkeit) nullité *ou* vanité *ou* futilité

nichts rien
- ♦ **nichts sagend** insignifiant
- ♦ **nichtsdestoweniger** néanmoins
- ♦ **Nichtsnutz** (MASCULIN : der Nichtsnutz, die Nichtsnutze) vaurien

nicken faire un signe de la tête *ou* hocher la tête

Nickerchen (NEUTRE : das Nickerchen) petit somme

nie jamais
- ► **nie wieder** *ou* **nie mehr** plus jamais
- ► **nie und nimmer** jamais de la vie

nieder bas

niedergeschlagen abattu *ou* déprimé

Niederlage (FÉMININ : die Niederlage, die Niederlagen) défaite *ou* échec

Niederlande (PLURIEL : die Niederlande) Pays-Bas

sich niederlassen s'installer *ou* se poser

Niedertracht (FÉMININ : die Niedertracht) infamie *ou* mauvaise foi
- ♦ **niederträchtig** infâme *ou* bas (au sens figuré)

niedlich adorable *ou* mignon

niedrig bas *ou* faible

niemals jamais

niemand personne (= aucune personne)

Niere (FÉMININ : die Niere, die Nieren) rein

nieseln bruiner

niesen éternuer

Nilpferd (NEUTRE : das Nilpferd, die Nilpferde) hippopotame

nimm, nimmst, nimmt *voir* **nehmen**

nippen siroter

nirgends *ou* **nirgendwo** nulle part
- ♦ **nirgendwohin** nulle part

Nizza Nice

noch *a plusieurs catégories grammaticales et plusieurs sens :*

> *Ce peut être un* ADVERBE :

noch *signifie* encore
- ► **noch nie** jamais encore
- ► **noch nicht** pas encore
- ► **noch immer** toujours
- ► **noch einmal** encore une fois
- ► **noch dazu** en outre
- ► **noch bevor** avant même que

> *Ce peut être une* CONJONCTION :

► **weder ... noch** ni ... ni

♦ **nochmals** encore une fois

Norden (MASCULIN : der Norden) nord

♦ **nördlich** au nord

♦ **Nordosten** (MASCULIN : der Nordosten) nord-est

♦ **Nordsee** (FÉMININ : die Nordsee) mer du Nord

♦ **Nordwesten** (MASCULIN : der Nordwesten) nord-ouest

Nörgelei (FÉMININ : die Nörgelei, die Nörgeleien) remarques continuelles

♦ **nörgeln** maugréer *ou* dénigrer

normalerweise normalement

Not (FÉMININ : die Not, die Nöte) détresse *ou* besoin

► **zur Not** au besoin *ou* à la rigueur

♦ **Notarzt** (MASCULIN : der Notarzt, die Notärzte) médecin d'urgence

♦ **Notausgang** (MASCULIN : der Notausgang, die Notausgänge) sortie de secours

♦ **Notbremse** (FÉMININ : die Notbremse, die Notbremsen) signal d'alarme

♦ **notdürftig** insuffisant *ou* provisoire

♦ **Notfall** (MASCULIN : der Notfall, die Notfälle) cas d'urgence

♦ **notfalls** au besoin

nötig nécessaire

► **etwas nötig haben** avoir besoin de quelque chose

Notiz (FÉMININ : die Notiz, die Notizen) note *ou* notice

♦ **Notizblock** (MASCULIN : der Notizblock, die Notizblöcke) bloc-notes

♦ **Notizbuch** (NEUTRE : das Notizbuch, die Notizbücher) calepin *ou* carnet

Notwehr (FÉMININ : die Notwehr) légitime défense

notwendig nécessaire

♦ **Notwendigkeit** (FÉMININ : die Notwendigkeit) nécessité

November (MASCULIN : der November) novembre

► **im November** au mois de novembre

Nu

► **im Nu** en moins de rien

nüchtern à jeun *ou* simple *ou* sobre

Nudel (FÉMININ : die Nudel, die Nudeln) nouille

null zéro

Nummer (FÉMININ : die Nummer, die Nummern) numéro

nun maintenant

► **nun?** alors ?

nur seulement

Nuss (FÉMININ : die Nuss, die Nüsse) noix

♦ **Nussbaum** (MASCULIN : der Nussbaum, die Nussbäume) noyer

♦ **Nussknacker** (MASCULIN : der Nussknacker, die Nussknacker) casse-noisette

nutzen ou **nützen** *a plusieurs catégories grammaticales et plusieurs sens :*

> *Ce peut être un* VERBE TRANSITIF :

nutzen *ou* **nützen** *signifie* utiliser *ou* se servir de

> *Ce peut être un* VERBE INTRANSITIF :

nutzen *ou* **nützen** *signifie* être utile

♦ **Nutzen** *ou* **Nützlichkeit** (MASCULIN : der Nutzen *ou* FÉMININ : die Nützlichkeit) utilité

♦ **nützlich** utile

♦ **nutzlos** inutile

O

ALLEMAND — FRANÇAIS

Oase (FÉMININ : die Oase, die Oasen) oasis

ob si
► **und ob!** et comment !

obdachlos sans abri

oben en haut
► **nach oben** en haut *ou* vers le haut
► **von oben** d'en haut
♦ **obendrein** par-dessus le marché

obere, oberer, oberes supérieur, supérieure

Oberfläche (FÉMININ : die Oberfläche, die Oberflächen) surface *ou* superficie
♦ **oberflächlich** superficiel

Obergeschoss (NEUTRE : das Obergeschoss, die Obergeschosse) étage

oberhalb au-dessus

Oberkörper (MASCULIN : der Oberkörper, die Oberkörper) torse

Oberschenkel (MASCULIN : der Oberschenkel, die Oberschenkel) cuisse

Oberschule (FÉMININ : die Oberschule, die Oberschulen) lycée

oberste, oberster, oberstes le plus haut, la plus haute

Oberstufe (FÉMININ : die Oberstufe) *désigne les trois années avant le baccalauréat*

obgleich bien que

Obhut (FÉMININ : die Obhut) garde *ou* protection

Objekt (NEUTRE : das Objekt, die Objekte) objet
♦ **Objektiv** objectif

obschon quoique

Obst (NEUTRE : das Obst) fruits
♦ **Obstbaum** (MASCULIN : der Obstbaum, die Obstbäume) arbre fruitier
♦ **Obstgarten** (MASCULIN : der Obstgarten, die Obstgärten) verger

obwohl bien que

Ochse (MASCULIN : der Ochse, die Ochsen) bœuf

öd(e) désert *ou* ennuyeux
♦ **Öde** (FÉMININ : die Öde, die Öden) désert *ou* vide

oder ou

Ofen (MASCULIN : der Ofen, die Öfen) poêle *ou* four

offen ouvert
► **offen bleiben** rester ouvert *ou* rester en suspens
► **offen gesagt** à vrai dire
► **offen lassen** laisser ouvert *ou* laisser en suspens
► **jemandem steht es offen, etwas zu tun** quelqu'un est libre de faire quelque chose

offenbar *a plusieurs catégories grammaticales et plusieurs sens :*

> *Ce peut être un* ADJECTIF :
offenbar *signifie* manifeste *ou* évident

> *Ce peut être un* ADVERBE :
offenbar *signifie* manifestement *ou* évidemment *ou* apparemment

offenbaren révéler

♦ **Offenbarung** (FÉMININ : die Offenbarung) révélation

Offenheit (FÉMININ : die Offenheit) franchise *ou* sincérité

offenherzig ouvert *ou* franc *ou* sincère

offenkundig public *ou* notoire *ou* évident

offensichtlich *a plusieurs catégories grammaticales et plusieurs sens :*

> *Ce peut être un* ADJECTIF :

offensichtlich *signifie* manifeste *ou* évident

> *Ce peut être un* ADVERBE :

offensichtlich *signifie* manifestement *ou* évidemment *ou* apparemment

öffentlich public

♦ **Öffentlichkeit** (FÉMININ : die Öffentlichkeit) public

► **in der Öffentlichkeit** en public

(sich) öffnen (s')ouvrir

♦ **Öffnung** (FÉMININ : die Öffnung) ouverture

♦ **Öffnungszeiten** (FÉMININ pluriel : die Öffnungszeiten) heures d'ouverture

oft (öfter, am öftesten) souvent

ohne sans

► **ohne, dass** sans que

♦ **ohnedies** *ou* **ohnehin** de toute façon

♦ **ohnegleichen** sans égal

Ohnmacht (FÉMININ : die Ohnmacht) évanouissement *ou* impuissance (au sens figuré)

► **in Ohnmacht fallen** s'évanouir

♦ **ohnmächtig** évanoui *ou* impuissant

Ohr (NEUTRE : das Ohr, die Ohren) oreille

♦ **Ohrenarzt / Ohrenärztin** (MASCULIN : der Ohrenarzt, die Ohrenärzte / FÉMININ : die Ohrenärztin, die Ohrenärztinnen) oto-rhino

♦ **ohrenbetäubend** assourdissant

♦ **Ohrenschmerzen** (MASCULIN pluriel : die Ohrenschmerzen) douleurs d'oreilles

Ohrfeige (FÉMININ : die Ohrfeige, die Ohrfeigen) gifle

♦ **ohrfeigen** gifler

Ohrring (MASCULIN : der Ohrring, die Ohrringe) boucle d'oreilles

oje hélas

Ökopartei (FÉMININ : die Ökopartei) parti écologique

♦ **Ökosystem** (NEUTRE : das Ökosystem) écosystème

Oktoberfest (NEUTRE : das Oktoberfest) fête de la bière (à Munich)

> *Cette fête a lieu en octobre.*

Öl (NEUTRE : das Öl, die Öle) huile

♦ **Ölfarbe** (FÉMININ : die Ölfarbe, die Ölfarben) peinture à l'huile

Oma ou **Omi** (FÉMININ : die Oma *ou* Omi, die Omas *ou* Omis) mamie

Omnibus (MASCULIN : der Omnibus, die Omnibusse) autobus

Onkel (MASCULIN : der Onkel, die Onkel) oncle

Opa (MASCULIN : der Opa, die Opas) papi

Open-air (NEUTRE : das Open-air, die Open-airs) concert en plein air

Oper (FÉMININ : die Oper, die Opern) opéra

Opfer (NEUTRE : das Opfer, die Opfer) victime *ou* sacrifice

♦ **opfern** sacrifier

Opi (MASCULIN : der Opi, die Opis) papi

Orden (MASCULIN : der Orden, die Orden) décoration (médaille)

♦ **ordentlich** soigné *ou* rangé

ordinär vulgaire *ou* ordinaire

ordnen classer *ou* mettre de l'ordre dans

♦ **Ordner** (MASCULIN : der Ordner, die Ordner) classeur

♦ **Ordnung** (FÉMININ : die Ordnung) rangement *ou* ordre

♦ **ordnungsgemäß** correct *ou* conforme aux règles

♦ **ordnungshalber** pour la forme

Orgel (FÉMININ : die Orgel, die Orgeln) orgue

originell original

Orkan (MASCULIN : der Orkan, die Orkane) ouragan

Ort (MASCULIN : der Ort, die Orte) lieu *ou* endroit *ou* localité

► **an Ort und Stelle** sur place

♦ **örtlich** local

♦ **Ortsangabe** (FÉMININ : die Ortsangabe, die Ortsangaben) indication du lieu

♦ **Ortschaft** (FÉMININ : die Ortschaft) localité *ou* agglomération

Ostblock (MASCULIN : der Ostblock) bloc de l'Est

Osten (MASCULIN : der Osten) est *ou* Est *ou* pays de l'Est

♦ **der Ferne Osten** l'Extrême-Orient

♦ **der Mittlere Osten** le Moyen-Orient

♦ **der Nahe Osten** le Proche-Orient

ostentativ ostensible

Osterei (NEUTRE : das Osterei, die Ostereier) œuf de Pâques

♦ **Osterhase** (MASCULIN : der Osterhase, die Osterhasen) lièvre de Pâques

♦ **Ostern** (NEUTRE : das Ostern, die Ostern) Pâques

> *En Allemagne, c'est le lièvre de Pâques qui apporte les œufs.*

Österreich Autriche

♦ **Österreicher, Österreicherin** (MASCULIN : der Österreicher, die Österreicher / FÉMININ : die Österreicherin, die Österreicherinnen) Autrichien, Autrichienne

♦ **österreichisch** autrichien

östlich de l'est *ou* à l'est

Ostsee (FÉMININ : die Ostsee) mer Baltique

Overall (MASCULIN : der Overall, die Overalls) combinaison (= vêtement)

ÖVP *est l'abréviation de* **Österreichische Volkspartei** *et signifie* parti conservateur autrichien

Ozonloch (NEUTRE : das Ozonloch, die Ozonlöcher) trou d'ozone

Ozonschicht (FÉMININ : die Ozonschicht) couche d'ozone

P

ALLEMAND — FRANÇAIS

paar
♦ **ein paar** quelques

Paar (NEUTRE : das Paar, die Paare) couple *ou* paire
♦ **sich paaren** s'accoupler

paarmal
♦ **ein paarmal** quelques fois *ou* plusieurs fois

paarweise par deux

Päckchen (NEUTRE : das Päckchen, die Päckchen) petit paquet

packen faire ses bagages

Packpapier (NEUTRE : das Packpapier) papier d'emballage

Packung (FÉMININ : die Packung) paquet *ou* boîte

Paket (NEUTRE : das Paket, die Pakete) paquet *ou* colis

Pakt (MASCULIN : der Pakt, die Pakte) pacte

Palast (MASCULIN : der Palast, die Paläste) palais

Palme (FÉMININ : die Palme, die Palmen) palmier

Pampelmuse (FÉMININ : die Pampelmuse, die Pampelmusen) pamplemousse

panieren paner

Panzer (MASCULIN : der Panzer, die Panzer) carapace *ou* char d'assaut

Papagei (MASCULIN : der Papagei, die Papageien) perroquet

Papierkorb (MASCULIN : der Papierkorb, die Papierkörbe) corbeille à papier

Papiertaschentuch (NEUTRE : das Papiertaschentuch, die Papiertaschentücher) mouchoir en papier

Pappbecher (MASCULIN : der Pappbecher, die Pappbecher) gobelet en carton

Pappe (FÉMININ : die Pappe, die Pappen) carton

Pappel (FÉMININ : die Pappel, die Pappeln) peuplier

Pappenstiel (MASCULIN : der Pappenstiel, die Pappenstiele)
► **keinen Pappenstiel wert sein** *est une expression familière qui signifie* ne rien valoir
► **etwas für einen Pappenstiel bekommen** obtenir quelque chose pour une bouchée de pain

Pappteller (MASCULIN : der Pappteller, die Pappteller) assiette en carton

Paprika (MASCULIN : der Paprika, die Paprika *ou* Paprikas) paprika *ou* poivron

Papst (MASCULIN : der Papst, die Päpste) pape

Pärchen (NEUTRE : das Pärchen, die Pärchen) couple

Parkanlage (FÉMININ : die Parkanlage, die Parkanlagen) espace vert

parken *a plusieurs catégories grammaticales :*
> *Ce peut être un* VERBE TRANSITIF :
parken *signifie* garer
> *Ce peut être un* VERBE INTRANSITIF :
parken *signifie* se garer *ou* stationner

Parkett (NEUTRE : das Parkett, die Parkette *ou* Parketts) parquet

Parkplatz (MASCULIN : der Parkplatz, die Parkplätze) parking

Parkverbot (NEUTRE : das Parkverbot, die Parkverbote) interdiction de stationner

Partei (FÉMININ : die Partei, die Parteien) parti
► **für jemanden Partei ergreifen** prendre parti pour quelqu'un
♦ **Parteinahme** (FÉMININ : die Parteinahme, die Parteinahmen) prise de position

Partie (FÉMININ : die Partie, die Partien) partie
► **mit von der Partie sein** être de la partie

Partner, Partnerin (MASCULIN : der Partner, die Partner / FÉMININ : die Partnerin, die Partnerinnen) partenaire
♦ **Partnerschaft** (FÉMININ : die Partnerschaft) relation (entre deux personnes)
♦ **Partnerstadt** (FÉMININ : die Partnerstadt, die Partnerstädte) ville jumelée

Party (FÉMININ : die Party, die Partys) fête *ou* soirée

Pass (MASCULIN : der Pass, die Pässe) passeport *ou* col (d'une montagne)
♦ **Passbild** (NEUTRE : das Passbild, die Passbilder) photo d'identité

passen
► **das passt mir** ça me va
► **zu etwas passen** aller bien avec quelque chose
► **im Spiel passen** passer son tour (au jeu)
♦ **passend** assorti *ou* approprié

passierbar praticable *ou* franchissable
♦ **passieren (passierte, passiert)** se produire

Pate (MASCULIN : der Pate, die Paten) parrain
♦ **Patenkind** (NEUTRE : das Patenkind, die Patenkinder) filleul, filleule

patent débrouillard

Patin (FÉMININ : die Patin, die Patinnen) marraine

Patsche (FÉMININ : die Patsche, die Patschen)
► **in der Patsche sitzen** être dans le pétrin
♦ **patschen** taper *ou* patauger
♦ **patschnass** trempé jusqu'aux os

patzig *est une expression familière qui signifie* effronté *ou* insolent

PDS (FÉMININ : die PDS) *est l'abréviation de* **Partei des Demokratischen Sozialismus** *et signifie* Parti du Socialisme Démocratique

> *Ce parti a succédé au* **SED**, *parti communiste de la RDA.*

Pech (NEUTRE : das Pech) poix *ou* malchance *ou* poisse
♦ **Pechsträhne** (FÉMININ : die Pechsträhne, die Pechsträhnen) série noire
♦ **Pechvogel** (MASCULIN : der Pechvogel, die Pechvögel) malchanceux (= la personne)

Pedant (MASCULIN : der Pedant) personne pointilleuse
♦ **pedantisch** pointilleux

Pegel (MASCULIN : der Pegel, die Pegel) indicateur de niveau

peinlich gênant *ou* embarrassant

Peitsche (FÉMININ : die Peitsche, die Peitschen) fouet
♦ **peitschen** fouetter

Peking Pékin

Pelz (MASCULIN : der Pelz, die Pelze) fourrure

Pendel (NEUTRE : das Pendel, die Pendel) pendule

pennen *est une expression familière qui signifie* dormir

Pension (FÉMININ : die Pension, die Pensionen) pension *ou* retraite
♦ **Pensionär, Pensionärin** (MASCULIN : der Pensionär, die Pensionäre / FÉMININ : die Pensionärin, die Pensionärinnen) retraité, retraitée
♦ **pensioniert** à la retraite

per *est une* préposition *qui s'emploie avec l'*accusatif *et signifie* par
► **per Du / Sie sein** se tutoyer / vouvouyer

Periode (FÉMININ : die Periode, die Perioden) période *ou* règles (de la femme)

Personal (NEUTRE : das Personal) personnel (personnes employées)

persönlich (adjectif) personnel *ou* (adverbe) en personne

♦ **Persönlichkeit** (FÉMININ : die Persönlichkeit) personnalité

Petersilie (FÉMININ : die Petersilie) persil

Pfahl (MASCULIN : der Pfahl, die Pfähle) poteau

Pfanne (FÉMININ : die Pfanne, die Pfannen) poêle

Pfau (MASCULIN : der Pfau, die Pfaue) paon

Pfeffer (MASCULIN : der Pfeffer) poivre

♦ **Pfefferkuchen** (MASCULIN : der Pfefferkuchen, die Pfefferkuchen) pain d'épice

♦ **Pfefferminze** (FÉMININ : die Pfefferminze) menthe

♦ **pfeffern** poivrer

► **gepfefferte Preise** prix salés

Pfeife (FÉMININ : die Pfeife, die Pfeifen) pipe *ou* sifflet

pfeifen (pfiff, gepfiffen) siffler

Pfeil (MASCULIN : der Pfeil, die Pfeile) flèche

Pfeiler (MASCULIN : der Pfeiler, die Pfeiler) pilier

Pferd (NEUTRE : das Pferd, die Pferde) cheval

♦ **Pferdeschwanz** (MASCULIN : der Pferdeschwanz, die Pferdeschwänze) queue de cheval

♦ **Pferdestall** (MASCULIN : der Pferdestall, die Pferdeställe) écurie

pfiff *voir* pfeifen

Pfiff (MASCULIN : der Pfiff, die Pfiffe) sifflement

pfiffig futé

Pfingsten Pentecôte

Pfirsich (MASCULIN : der Pfirsich, die Pfirsiche) pêche

Pflanze (FÉMININ : die Pflanze, die Pflanzen) plante

♦ **pflanzen** planter

♦ **Pflanzenfett** (NEUTRE : das Pflanzenfett, die Pflanzenfette) graisse végétale

♦ **pflanzlich** végétal

Pflaster (NEUTRE : das Pflaster, die Pflaster) pansement

Pflaume (FÉMININ : die Pflaume, die Pflaumen) prune

Pflege (FÉMININ : die Pflege, die Pflegen) soins *ou* entretien

♦ **pflegebedürftig** qui nécessite des soins

♦ **pfegeleicht** d'entretien facile

♦ **pflegen** soigner *ou* entretenir

Pflicht (FÉMININ : die Pflicht, die Pflichten) devoir *ou* obligation

♦ **pflichtbewusst** consciencieux

♦ **pflichtgemäß** consciencieusement

pflücken cueillir

Pfosten (MASCULIN : der Pfosten, die Pfosten) poteau

Pfote (FÉMININ : die Pfote, die Pfoten) patte

pfui pouah

pfuschen bâcler

► **jemandem ins Handwerk pfuschen** se mêler des affaires de quelqu'un

♦ **Pfuscherei** (FÉMININ : die Pfuscherei, die Pfuschereien) travail bâclé

Pfütze (FÉMININ : die Pfütze, die Pfützen) flaque

Pickel (MASCULIN : der Pickel, die Pickel) bouton *ou* pioche

♦ **pickelig** boutonneux

picken picorer

Pik (NEUTRE : das Pik, die Pik) pique (au jeu de cartes)

pikant épicé

Pille (FÉMININ : die Pille, die Pillen) pilule

Pilz (MASCULIN : der Pilz, die Pilze) champignon *ou* mycose

pingelig *est une expression familière qui signifie* pointilleux

pink rose bonbon

pinkeln pisser

> **i** *L'expression allemande et sa traduction française sont familières.*

Pinsel (MASCULIN : der Pinsel, die Pinsel) pinceau

Plage (FÉMININ : die Plage, die Plagen) peine *ou* fardeau *ou* mal

♦ **plagen** tourmenter *ou* harceler

♦ **sich plagen** se tourmenter *ou* s'esquinter *ou* peiner

Plakat (NEUTRE : das Plakat, die Plakate) affiche

Plakette (FÉMININ : die Plakette, die Plaketten) plaque

Plane (FÉMININ : die Plane, die Planen) bâche

planen planifier

Planet (MASCULIN : der Planet, die Planeten) planète

planlos sans but

♦ **planmäßig** à l'heure *ou* comme prévu

plappern papoter

plärren brailler

Plastik *a plusieurs genres et plusieurs sens :*

> *Ce peut être un nom* FÉMININ :

die Plastik, die Plastiken *signifie* sculpture

> *Ce peut être un nom* NEUTRE :

das Plastik *signifie* plastique

♦ **Plastikbeutel** *ou* **Plastiktüte** (MASCULIN : der Plastikbeutel, die Plastikbeutel *ou* FÉMININ : die Plastiktüte, die Plastiktüten) sac en plastique

plätschern clapoter *ou* murmurer (en parlant d'eau)

platt plat

Platte (FÉMININ : die Platte, die Platten) plaque *ou* disque

Platz (MASCULIN : der Platz, die Plätze) place *ou* endroit *ou* terrain

► **jemandem Platz machen** céder sa place à quelqu'un

► **Platz nehmen** prendre place

Platzangst (FÉMININ : die Platzangst) claustrophobie

Plätzchen (NEUTRE : das Plätzchen, die Plätzchen) petite place *ou* coin *ou* petit gâteau sec

platzen éclater *ou* craquer

plaudern bavarder

pleite en faillite *ou* fauché

Plombe plombage

♦ **plombieren** plomber

plötzlich soudain *ou* tout à coup

plump maladroit *ou* lourdaud

plumpsen *est une expression familière qui signifie* tomber

plündern piller

♦ **Plünderung** (FÉMININ : die Plünderung) pillage

Plüsch (MASCULIN : der Plüsch, die Plüsche) peluche

♦ **Plüschtier** (NEUTRE : das Plüschtier, die Plüschtiere) animal en peluche

Po (MASCULIN : der Po) *est une expression familière qui signifie* fesses

pochen battre *ou* frapper

► **auf etwas pochen** insister sur quelque chose

Pokal (MASCULIN : der Pokal, die Pokale) coupe (pour un exploit sportif)

Pol (MASCULIN : der Pol, die Pole) pôle

♦ **polar** polaire

♦ **Polarkreis** (MASCULIN : der Polarkreis, die Polarkreise) cercle polaire

Pole (MASCULIN : der Pole, die Polen) Polonais

♦ **Polen** la Pologne

polieren astiquer

Polin (FÉMININ : die Polin, die Polinnen) Polonaise

Polizei (FÉMININ : die Polizei) police

♦ **Polizeibeamter, Polizeibeamtin** (MASCULIN : der Polizeibeamte, die Polizeibeamten / FÉMININ : die Polizeibeamtin, die Polizeibeamtinnen) agent de police

♦ **Polizeirevier** (NEUTRE : das Polizeirevier, die Polizeireviere) commissariat

♦ **Polizist, Polizistin** (MASCULIN : der Polizist, die Polizisten / FÉMININ : die Polizistin, die Polizistinnen) agent de police

polnisch polonais

Polster (NEUTRE : das Polster, die Polster) rembourrage *ou* épaulette *ou* coussin

♦ **polstern** rembourrer

♦ **Polsterung** (FÉMININ : die Polsterung) rembourrage

Popo (MASCULIN : der Popo) *est une expression familière qui signifie* fesses

Porto (NEUTRE : das Porto, die Portos *ou* Porti) affranchissement

Portugiese, Portugiesin (MASCULIN : der Portugiese, die Portugiesen / FÉMININ : die Portugiesin, die Portugiesinnen) Portugais, Portugaise

♦ **portugiesisch** portugais

Post (FÉMININ : die Post) poste *ou* courrier

♦ **Postamt** (NEUTRE : das Postamt, die Postämter) bureau de poste

♦ **Postbote, Postbotin** (MASCULIN : der Postbote, die Postboten / FÉMININ : die Postbotin, die Postbotinnen) facteur, factrice

♦ **Postfach** (NEUTRE : das Postfach, die Postfächer) boîte postale

♦ **Postkarte** (FÉMININ : die Postkarte, die Postkarten) carte postale

♦ **Postleitzahl** (FÉMININ : die Postleitzahl) code postal

potent viril

♦ **Potenz** (FÉMININ : die Potenz) puissance *ou* virilité

Pracht (FÉMININ : die Pracht) splendeur

♦ **prächtig** *ou* **prachtvoll** magnifique *ou* splendide

Prag Prague

prägen marquer

prägnant précis *ou* concis

♦ **Prägnanz** (FÉMININ : die Prägnanz) concision

prahlen se vanter

Praktikum (NEUTRE : das Praktikum, die Praktika) stage

praktizieren (praktizierte, praktiziert) *a plusieurs catégories grammaticales et plusieurs sens :*

> *Ce peut être un* VERBE TRANSITIF :

praktizieren *signifie* mettre en pratique

> *Ce peut être un* VERBE INTRANSITIF :

praktizieren *signifie* exercer

prall bien rempli *ou* bien gonflé *ou* dodu

► **in der prallen Sonne** en plein soleil

prallen se heurter

► **gegen / auf etwas prallen** se heurter contre quelque chose

Prämie (FÉMININ : die Prämie, die Prämien) prime *ou* récompense

prasseln crépiter

Praxis (FÉMININ : die Praxis) pratique *ou* cabinet médical

Preis (MASCULIN : der Preis, die Preise) prix

► **um keinen Preis** à aucun prix

Preiselbeere (FÉMININ : die Preiselbeere, die Preiselbeeren) airelle

preisgeben livrer *ou* révéler

📖 **geben (er gibt; gab, gegeben)** = donner

preiswert bon marché

Prellung (FÉMININ : die Prellung) contusion

Preußen Prusse

♦ **preußisch** prussien

prickeln picoter

prima super

prinzipiell en principe

♦ **prinzipienlos** sans principes

Prise (FÉMININ : die Prise, die Prisen) pincée

pro *est une* préposition *qui s'emploie avec l'*accusatif *et signifie* par

Probe (FÉMININ : die Probe, die Proben) essai *ou* échantillon *ou* répétition (de théâtre)

► **jemanden auf die Probe stellen** mettre quelqu'un à l'épreuve

♦ **proben** répéter

♦ **probeweise** à titre d'essai

♦ **Probezeit** (FÉMININ : die Probezeit) période d'essai

♦ **probieren** essayer *ou* goûter

Profi (MASCULIN : der Profi, die Profis) pro (en parlant d'une personne)

> ℹ *L'expression allemande et sa traduction française sont familières.*

Propeller (MASCULIN : der Propeller, die Propeller) hélice

prosit ou **prost** santé !
► **prosit Neujahr!** bonne année !

Protest (MASCULIN : der Protest, die Proteste) protestation

protzen se donner des grands airs
♦ **protzig** tape-à-l'œil

Proviant (MASCULIN : der Proviant) provisions

Prozent (NEUTRE : das Prozent, die Prozente) pour cent
♦ **Prozentsatz** (MASCULIN : der Prozentsatz, die Prozentsätze) pourcentage

prüde prude

prüfen examiner
♦ **Prüfung** (FÉMININ : die Prüfung) examen *ou* épreuve

Prügelei (FÉMININ : die Prügelei) bagarre
♦ **(sich) prügeln** (se) battre

Prunk (MASCULIN : der Prunk) pompe *ou* faste
♦ **prunkvoll** magnifique *ou* fastueux

Publikum (NEUTRE : das Publikum) public (au sens de spectateurs)

Publizistik (FÉMININ : die Publizistik) journalisme

Pudding (MASCULIN : der Pudding, die Puddinge *ou* Puddings) flan

Pudel (MASCULIN : der Pudel, die Pudel) caniche

Puder (MASCULIN : der Puder, die Puder) poudre
♦ **Puderzucker** (MASCULIN : der Puderzucker) sucre glace

Pulli (MASCULIN : der Pulli, die Pullis) pull

Puls (MASCULIN : der Puls, die Pulse) pouls

Pulver (NEUTRE : das Pulver, die Pulver) poudre
♦ **pulverig** poudreux
♦ **Pulverschnee** (MASCULIN : der Pulverschnee) neige poudreuse

pummelig potelé

Pumpe (FÉMININ : die Pumpe, die Pumpen) pompe
♦ **pumpen** pomper
► **sich etwas von jemandem pumpen** *est une expression familière qui signifie* emprunter quelque chose à quelqu'un

Punkt (MASCULIN : der Punkt, die Punkte) point

pünktlich ponctuel
♦ **Pünktlichkeit** (FÉMININ : die Pünktlichkeit) ponctualité

Puppe (FÉMININ : die Puppe, die Puppen) poupée

Purzelbaum (MASCULIN : der Purzelbaum, die Purzelbäume) galipette

Puste (FÉMININ : die Puste) souffle
♦ **pusten** souffler

Pute (FÉMININ : die Pute, die Puten) dinde

putzen nettoyer
♦ **Putzfrau** (FÉMININ : die Putzfrau) femme de ménage

putzig mignon

Putzlappen (MASCULIN : der Putzlappen, die Putzlappen) chiffon

Q

ALLEMAND — FRANÇAIS

Quacksalber (MASCULIN : der Quacksalber, die Quacksalber) *est une expression familière qui signifie* charlatan

Quadrat (NEUTRE : das Quadrat, die Quadrate) carré

♦ **quadratisch** carré

♦ **Quadratmeter** (MASCULIN OU NEUTRE : der *ou* das Quadratmeter, die Quadratmeter) mètre carré

Qual (FÉMININ : die Qual, die Qualen) tourment *ou* peine *ou* torture

♦ **quälen** tourmenter *ou* torturer

♦ **Quälerei** (FÉMININ : die Quälerei) torture *ou* corvée

♦ **Quälgeist** (MASCULIN : der Quälgeist) casse-pieds

> i *L'expression allemande et sa traduction française sont familières.*

Qualle (FÉMININ : die Qualle, die Quallen) méduse

Qualm (MASCULIN : der Qualm) fumée épaisse

♦ **qualmen** dégager une fumée épaisse *ou* fumer comme un pompier

qualvoll atroce *ou* très douloureux

Quark (MASCULIN : der Quark) fromage blanc

Quartier (NEUTRE : das Quartier, die Quartiere) logement *ou* logis

► **bei jemandem Quartier nehmen** loger chez quelqu'un

quasseln *est une expression familère qui signifie* radoter

Quatsch (MASCULIN : der Quatsch) bêtises

♦ **quatschen** dire des bêtises *ou* bavarder

Quecksilber (NEUTRE : das Quecksilber) mercure

Quelle (FÉMININ : die Quelle, die Quellen) source *ou* fontaine

► **heiße Quelle** source thermale

♦ **quellen** (**er quillt; quoll, gequollen**) jaillir *ou* gonfler

♦ **Quellwasser** (NEUTRE : das Quellwasser) eau de source

Quengelei (FÉMININ : die Quengelei, die Quengeleien) *est une expression familière qui signifie* jérémiades

♦ **quengelig** pleurnichard

♦ **quengeln** geindre *ou* pleurnicher

quer transversal *ou* en travers *ou* de travers *ou* à travers

♦ **querfeldein** à travers champs

♦ **Querflöte** (FÉMININ : die Querflöte, die Querflöten) flûte traversière

♦ **Querschnitt** (MASCULIN : der Querschnitt, die Querschnitte) coupe transversale *ou* échantillon

querschnittsgelähmt paraplégique

♦ **Querschnittslähmung** (FÉMININ : die Querschnittslähmung) paraplégie

quetschen écraser *ou* contusionner

♦ **Quetschung** (FÉMININ : die Quetschung) contusion

quietschen grincer

quillst, quillt *voir* quellen

Quittung (FÉMININ : die Quittung) quittance *ou* reçu

quoll *voir* quellen

Quote (FÉMININ : die Quote, die Quoten) taux

R

ALLEMAND — FRANÇAIS

Rabatt (MASCULIN : der Rabatt, die Rabatte) remise *ou* rabais

Rabe (MASCULIN : der Rabe, die Raben) corbeau

rabiat furieux *ou* brutal

Rache (FÉMININ : die Rache) vengeance

Rachen (MASCULIN : der Rachen, die Rachen) gorge

(sich) rächen (se) venger

♦ **rachsüchtig** vindicatif

Rad (NEUTRE : das Rad, die Räder) roue *ou* vélo

♦ **Rad fahren** faire du vélo

♦ **Radfahrer, Radfahrerin** (MASCULIN : der Radfahrer, die Radfahrer / FÉMININ : die Radfahrerin, die Radfahrerinnen) cycliste

♦ **Radfahrweg** (MASCULIN : der Radfahrweg, die Radfahrwege) piste cyclable

radieren gommer *ou* graver

♦ **Radiergummi** (MASCULIN : der Radiergummi, die Radiergummis) gomme

♦ **Radierung** (FÉMININ : die Radierung) gravure

Radieschen /ra'diːsçən/ (NEUTRE : das Radieschen, die Radieschen) radis

raffiniert rusé *ou* malin *ou* astucieux *ou* raffiné

Rahm (MASCULIN : der Rahm) crème (pour cuisiner)

rahmen encadrer

♦ **Rahmen** (MASCULIN : der Rahmen, die Rahmen) cadre

► **im Rahmen des Möglichen** dans la mesure du possible

rahmig crémeux

Rakete (FÉMININ : die Rakete, die Raketen) fusée

ran *est l'abréviation de* **heran**

Rand (MASCULIN : der Rand, die Ränder) bord *ou* marge

► **außer Rand und Band** déchaîné

► **am Rande bemerkt** soit dit en passant

randalieren faire du tapage

rann *voir* **rinnen**

rannte *voir* **rennen**

ranzig rance

rasant très rapide

rasch rapide

rasen foncer

Rasen (MASCULIN : der Rasen, die Rasen) gazon *ou* pelouse

♦ **Rasenmäher** (MASCULIN : der Rasenmäher, die Rasenmäher) tondeuse à gazon

(sich) rasieren (se) raser

Rasse (FÉMININ : die Rasse, die Rassen) race

rasseln cliqueter

Rast (FÉMININ : die Rast, die Rasten) repos

♦ **rasten** se reposer

♦ **rastlos** agité *ou* infatigable

Rat (MASCULIN : der Rat, die Räte) conseil

Rate (FÉMININ : die Rate, die Raten) mensualité

raten (er rät; riet, geraten) conseiller *ou* deviner

Ratgeber, Ratgeberin (MASCULIN : der Ratgeber, die Ratgeber / FÉMININ : die Ratgeberin, die Ratgeberinnen) conseiller, conseillère

Rathaus (NEUTRE : das Rathaus, die Rathäuser) mairie

ratlos perplexe

♦ **Ratlosigkeit** (FÉMININ : die Ratlosigkeit) perplexité

♦ **ratsam** conseillé

♦ **Ratschlag** (MASCULIN : der Ratschlag, die Ratschläge) conseil

Rätsel (NEUTRE : das Rätsel, die Rätsel) devinette *ou* énigme

♦ **rätselhaft** énigmatique *ou* mystérieux

Ratte (FÉMININ : die Ratte, die Ratten) rat

rattern cliqueter *ou* pétarader

rau rugueux *ou* rauque *ou* rude

Raub (MASCULIN : der Raub) vol *ou* rapt

♦ **rauben** voler *ou* enlever

♦ **Räuber** (MASCULIN : der Räuber, die Räuber) voleur *ou* bandit

♦ **Raubtier** (NEUTRE : das Raubtier, die Raubtiere) prédateur

Rauch (MASCULIN : der Rauch) fumée

♦ **rauchen** fumer

♦ **Raucher, Raucherin** (MASCULIN : der Raucher, die Raucher / FÉMININ : die Raucherin, die Raucherinnen) fumeur, fumeuse

♦ **räuchern** fumer (de la viande, du poisson)

♦ **Rauchfang** (MASCULIN : der Rauchfang, die Rauchfänge) *est un mot autrichien qui signifie* cheminée

♦ **rauchig** enfumé

♦ **Rauchverbot** (NEUTRE : das Rauchverbot, die Rauchverbote) interdiction de fumer

rauf *est l'abréviation de* **herauf**

sich raufen se bagarrer

♦ **Rauferei** (FÉMININ : die Rauferei) bagarre

Raum (MASCULIN : der Raum, die Räume) espace *ou* pièce

♦ **räumen** évacuer *ou* vider

♦ **räumlich** dans l'espace

♦ **Räumung** (FÉMININ : die Räumung) évacuation

Raupe (FÉMININ : die Raupe, die Raupen) chenille

raus *est l'abréviation de* **heraus** *ou* **hinaus**

Rausch (MASCULIN : der Rausch, die Räusche) ivresse

rauschen murmurer *ou* grésiller

Rauschgift (NEUTRE : das Rauschgift, die Rauschgifte) drogue

♦ **Rauschgiftsüchtige, Rauschgiftsüchtiger** (MASCULIN : der Rauschgiftsüchtige, die Rauschgiftsüchtigen / FÉMININ : die Rauschgiftsüchtige, die Rauschgiftsüchtigen) drogué, droguée

sich räuspern se racler la gorge

real réel

Realschule (FÉMININ : die Realschule, die Realschulen) collège

Rebe (FÉMININ : die Rebe, die Reben) vigne

Rechen (MASCULIN : der Rechen, die Rechen) râteau

Rechenschaft (FÉMININ : die Rechenschaft) compte

► **jemandem über etwas Rechenschaft ablegen / geben** rendre compte de quelque chose à quelqu'un

► **von jemandem Rechenschaft verlangen** demander des comptes à quelqu'un

rechnen calculer *ou* compter

► **rechnen mit / auf** compter sur quelqu'un

♦ **Rechner** (MASCULIN : der Rechner, die Rechner) calculatrice *ou* ordinateur

♦ **Rechnung** (FÉMININ : die Rechnung) calcul *ou* compte *ou* facture *ou* addition *ou* note

recht *a plusieurs catégories grammaticales et plusieurs sens :*

> *Ce peut être un* ADJECTIF :

recht *signifie* juste *ou* vrai

► **der rechte Mann** l'homme qu'il faut

► **am rechten Ort** au bon endroit

► **zur rechten Zeit** à temps

► **das ist mir recht** ça me convient

> *Ce peut être un* ADVERBE :

recht *signifie* vraiment *ou* bien *ou* assez

► **das geschieht dir recht** tu n'as que ce que tu mérites

► **nun erst recht!** raison de plus !

Recht (NEUTRE : das Recht, die Rechte) droit *ou* raison *ou* justice

► **Recht haben** avoir raison

► **jemandem Recht geben** donner raison à quelqu'un

► **mit Recht** à bon droit

rechte, rechter, rechtes droit, droite

♦ **Rechte** (FÉMININ : die Rechte, die Rechten) droite (au sens politique)

♦ **Rechteck** (NEUTRE : das Rechteck, die Rechtecke) rectangle

♦ **rechteckig** rectangulaire

(sich) rechtfertigen (se) justifier

♦ **Rechtfertigung** (FÉMININ : die Rechtfertigung) justification

rechthaberisch qui veut toujours avoir raison

rechtlich ou **rechtmäßig** légal

rechts à droite

Rechtsanwalt, Rechtsanwältin (MASCULIN : der Rechtsanwalt, die Rechtsanwälte / FÉMININ : die Rechtsanwältin, die Rechtsanwältinnen) avocat, avocate

Rechtschreibfehler (MASCULIN : der Rechtschreibfehler, die Rechtschreibfehler) faute d'orthographe

♦ **Rechtschreibung** (FÉMININ : die Rechtschreibung) orthographe

Rechtshänder, Rechtshänderin (MASCULIN : der Rechtshänder, die Rechtshänder / FÉMININ : die Rechtshänderin, die Rechtshänderinnen) droitier, droitière

rechtsradikal d'extrême droite

rechtzeitig à temps

sich recken s'étirer

Rede (FÉMININ : die Rede, die Reden) discours

▷ Wovon ist die Rede? De quoi s'agit-il ?

► **jemanden zur Rede stellen** demander des explications à quelqu'un

reden *a plusieurs catégories grammaticales et plusieurs sens :*

> *Ce peut être un* VERBE TRANSITIF :

reden *signifie* dire :

► **Unsinn reden** dire des bêtises

> *Ce peut être un* VERBE INTRANSITIF :

reden *signifie* parler

♦ **Redensart** (FÉMININ : die Redensart) manière de parler

♦ **Redewendung** (FÉMININ : die Redewendung) expression

♦ **redselig** loquace

Referat (NEUTRE : das Referat, die Referate) exposé

Regal (NEUTRE : das Regal, die Regale) étagère

rege animé *ou* intense *ou* vif

Regel (FÉMININ : die Regel, die Regeln) règle *ou* règles (de la femme)

♦ **regelmäßig** régulier *ou* régulièrement

♦ **Regelmäßigkeit** (FÉMININ : die Regelmäßigkeit) régularité

♦ **regeln** régler

♦ **regelrecht** conforme aux règles *ou* véritable *ou* véritablement

sich regen bouger

Regen (MASCULIN : der Regen, die Regen) pluie

♦ **Regenbogen** (MASCULIN : der Regenbogen, die Regenbögen) arc-en-ciel

♦ **Regenguss** (MASCULIN : der Regenguss, die Regengüsse) averse

♦ **Regenmantel** (MASCULIN : der Regenmantel, die Regenmäntel) imperméable

♦ **Regenschauer** (MASCULIN : der Regenschauer, die Regenschauer) averse

♦ **Regenschirm** (MASCULIN : der Regenschirm, die Regenschirme) parapluie

Regie (FÉMININ : die Regie) mise en scène *ou* réalisation

> Regie *ne signifie pas* régie *en français.*

regieren gouverner *ou* régner

♦ **Regierung** (FÉMININ : die Regierung) gouvernement

Regisseur, Regisseurin (MASCULIN : der Regisseur, die Regisseure / FÉMININ : die Regisseurin, die Regisseurinnen) metteur en scène *ou* réalisateur, réalisatrice

regnen pleuvoir

♦ **regnerisch** pluvieux

regulär régulier *ou* normal

regulieren régler *ou* régulariser

Regung (FÉMININ : die Regung) sentiment *ou* mouvement

♦ **regungslos** immobile

Reh (NEUTRE : das Reh, die Rehe) chevreuil

reiben (rieb, gerieben) frotter *ou* râper

► **sich die Hände reiben** se frotter les mains

♦ **reibungslos** sans problème

reich riche

Reich (NEUTRE : das Reich, die Reiche) empire *ou* royaume

► **das Dritte Reich** le troisième Reich

reichen *a plusieurs catégories grammaticales et plusieurs sens :*

> *Ce peut être un* VERBE TRANSITIF :

reichen *signifie* tendre *ou* passer *ou* donner :

▷ Reich mir bitte das Messer. Passe-moi le couteau, s'il te plaît.

> *Ce peut être un* VERBE INTRANSITIF :

1 reichen *peut signifier* s'étendre *ou* aller (jusqu'à) :

▷ Bis wohin reicht dieser Strand? Jusqu'où va cette plage ?

2 reichen *peut signifier* suffire :

▷ Glaubst du, das reicht? Tu crois que ça suffit ?

reichhaltig abondant *ou* riche

reichlich en grand nombre

Reichtum (MASCULIN : der Reichtum, die Reichtümer) richesse

Reichweite (FÉMININ : die Reichweite) portée

► **außer Reichweite** hors de portée

reif mûr

♦ **Reife** (FÉMININ : die Reife) maturité

♦ **reifen** mûrir

Reifen (MASCULIN : der Reifen, die Reifen) cerceau *ou* pneu

Reifeprüfung (FÉMININ : die Reifeprüfung) baccalauréat

Reihe (FÉMININ : die Reihe, die Reihen) rang *ou* rangée

▷ Wer ist an der Reihe? À qui le tour ?

► **der Reihe nach** à tour de rôle

♦ **Reihenfolge** (FÉMININ : die Reihenfolge, die Reihenfolgen) suite *ou* ordre

Reim (MASCULIN : der Reim, die Reime) rime

♦ **sich reimen** rimer

rein *a plusieurs catégories grammaticales et plusieurs sens :*

> *Ce peut être l'abréviation de* HEREIN *ou* HINEIN :

rein *signifie* dedans *ou* vers l'intérieur

> *Ce peut être un* ADJECTIF :

rein *signifie* pur *ou* propre

> *Ce peut être une* PARTICULE SÉPARABLE *pour former des mots composés :*

♦ **Reinfall** (MASCULIN : der Reinfall, die Reinfälle) *est une expression familière qui signifie* échec

♦ **Reinheit** (FÉMININ : die Reinheit) pureté *ou* propreté

reinigen nettoyer

♦ **Reinigung** (FÉMININ : die Reinigung) nettoyage *ou* pressing

reinlich propre

Reis (MASCULIN : der Reis) riz

Reise (FÉMININ : die Reise, die Reisen) voyage

♦ **Reisebüro** (NEUTRE : das Reisebüro, die Reisebüros) agence de voyage

♦ **reisen** voyager

♦ **Reisepass** (MASCULIN : der Reisepass, die Reisepässe) passeport

reißen (riss, gerissen) casser *ou* se déchirer *ou* tirer

♦ **reißend** impétueux

♦ **Reißnagel** (MASCULIN : der Reißnagel, die Reißnägel) punaise

♦ **Reißverschluss** (MASCULIN : der Reißverschluss, die Reißverschlüsse) fermeture éclair

reiten (ritt, geritten) faire du cheval

Reiz (MASCULIN : der Reiz, die Reize) charme *ou* stimulation *ou* irritation

- ♦ **reizbar** irritable
- ♦ **reizen** irriter *ou* attirer
- ♦ **reizend** charmant
- ♦ **reizlos** sans attrait
- ♦ **reizvoll** plein d'attrait

sich rekeln se prélasser *ou* s'étirer

Reklame (FÉMININ : die Reklame, die Reklamen) publicité

Rennbahn (FÉMININ : die Rennbahn) champ de courses *ou* vélodrome *ou* circuit automobile

rennen (rannte, gerannt) courir

- ♦ **Rennen** (NEUTRE : das Rennen, die Rennen) course
- ♦ **Rennrad** (NEUTRE : das Rennrad, die Rennräder) vélo de course
- ♦ **Rennwagen** (MASCULIN : der Rennwagen, die Rennwagen) voiture de course

Rente (FÉMININ : die Rente, die Renten) retraite *ou* pension

sich rentieren être rentable

Rentner, Rentnerin (MASCULIN : der Rentner, die Rentner / FÉMININ : die Rentnerin, die Rentnerinnen) retraité, retraitée

Reparatur (FÉMININ : die Reparatur) réparation

reparieren réparer

resolut résolu

respektlos irrespectueux

- ♦ **respektvoll** respectueux

Rest (MASCULIN : der Rest, die Reste) reste

- ♦ **restlos** complètement

retten sauver

- ♦ **Rettung** (FÉMININ : die Rettung) sauvetage *ou* secours
- ♦ **Rettungswagen** (MASCULIN : der Rettungswagen, die Rettungswagen) ambulance

Reue (FÉMININ : die Reue) remords

Revier (NEUTRE : das Revier, die Reviere) district

Rezensent, Rezensentin (MASCULIN : der Rezensent, die Rezensenten / FÉMININ : die Rezensentin, die Rezensentinnen) critique (= personne)

- ♦ **rezensieren** faire la critique de
- ♦ **Rezension** (FÉMININ : die Rezension) critique (= fait de critiquer)

Rezept (NEUTRE : das Rezept, die Rezepte) recette *ou* ordonnance

Rhabarber (MASCULIN : der Rhabarber) rhubarbe

Rhein (MASCULIN : der Rhein) le Rhin

Rheuma (NEUTRE : das Rheuma) rhumatisme

richten *a plusieurs sens :*

1 **richten** *peut signifier* réparer

2 **richten** *peut signifier* préparer

3 **sich richten an** *signifie* s'adresser à :

▷ Der Brief richtet sich an dich. La lettre s'adresse à toi.

4 **sich richten nach** *signifie* faire comme cela convient à quelqu'un :

▷ Ich richte mich nach dir. Je fais comme toi.

Richter, Richterin (MASCULIN : der Richter, die Richter / FÉMININ : die Richterin, die Richterinnen) juge

richtig *a plusieurs catégories grammaticales et plusieurs sens :*

> *Ce peut être un* ADJECTIF :

richtig *signifie* juste *ou* bon :

▷ Das ist richtig. C'est juste.

▷ Das ist der richtige Weg. C'est le bon chemin.

▷ Das ist die richtige Person. C'est la personne qu'il faut.

> *Ce peut être un* ADVERBE :

richtig *signifie* effectivement

- ♦ **Richtigkeit** (FÉMININ : die Richtigkeit) exactitude *ou* justesse
- ♦ **Richtigstellung** (FÉMININ : die Richtigstellung) rectification
- ♦ **Richtlinie** (FÉMININ : die Richtlinie, die Richtlinien) directive *ou* ligne de conduite
- ♦ **Richtung** (FÉMININ : die Richtung) direction *ou* tendance

rieb *voir* reiben

riechen (roch, gerochen) sentir

► **an etwas riechen** sentir quelque chose *ou* renifler quelque chose

rief *voir* rufen

Riegel (MASCULIN : der Riegel, die Riegel) verrou *ou* barre (de chocolat)

Riese (MASCULIN : der Riese, die Riesen) géant
- **riesengroß** gigantesque
- **Riesenrad** (NEUTRE : das Riesenrad, die Riesenräder) grande roue
- **riesig** énorme

riet *voir* raten

Rind (NEUTRE : das Rind, die Rinder) bœuf
- **Rinderbraten** *ou* **Rindsbraten** (MASCULIN : der Rinderbraten, die Rinderbraten *ou* der Rindsbraten, die Rindsbraten) rôti de bœuf

Rinde (FÉMININ : die Rinde, die Rinden) écorce *ou* croûte

Ring (MASCULIN : der Ring, die Ringe) anneau *ou* bague

Ringfinger (MASCULIN : der Ringfinger, die Ringfinger) annulaire

ringsherum *ou* **ringsum** *ou* **ringsumher** tout autour (de) *ou* partout

Rinne (FÉMININ : die Rinne, die Rinnen) rigole

rinnen couler *ou* fuir

Rippe (FÉMININ : die Rippe, die Rippen) côte

Risiko (NEUTRE : das Risiko, die Risikos *ou* Risiken) risque
- **riskant** risqué
- **riskieren** risquer

riss *voir* reißen

Riss (MASCULIN : der Riss, die Risse) déchirure *ou* fissure *ou* fêlure *ou* gerçure
- **rissig** fissuré *ou* gercé

ritt *voir* reiten

Ritze (FÉMININ : die Ritze, die Ritzen) fente *ou* fissure

Robbe (FÉMININ : die Robbe, die Robben) phoque

Roboter (MASCULIN : der Roboter, die Roboter) robot

roch *voir* riechen

Rock (MASCULIN : der Rock, die Röcke) jupe *ou* veston

Rodel (FÉMININ : die Rodel, die Rodeln) luge
- **rodeln** faire de la luge

roh cru *ou* brut

Rohr (NEUTRE : das Rohr, die Rohre) tuyau *ou* tube

Röhre (FÉMININ : die Röhre, die Röhren) tube *ou* tuyau

Rohstoff (MASCULIN : der Rohstoff, die Rohstoffe) matière première

Rolle (FÉMININ : die Rolle, die Rollen) rôle *ou* rouleau *ou* bobine
- **rollen** rouler
- **Roller** (MASCULIN : der Roller, die Roller) scooter *ou* trottinette
- **Rollerskates** (*pluriel :* die Rollerskates) roller
- **Rollkragenpullover** *ou* **Rollkragenpulli** (MASCULIN : der Rollkragenpullover *ou* Rollkragenpulli) pull à col roulé
- **Rollschuhe** (MASCULIN *pluriel :* die Rollschuhe) patins à roulettes
- **Rollstuhl** (MASCULIN : der Rollstuhl, die Rollstühle) fauteuil roulant
- **Rolltreppe** (FÉMININ : die Rolltreppe, die Rolltreppen) escalator

Rom Rome
- **römisch** romain

röntgen faire une radiographie
- **Röntgenbild** *ou* **Röntgenaufnahme** (NEUTRE : das Röntgenbild, die Röntgenbilder *ou* FÉMININ : die Röntgenaufnahme, die Röntgenaufnahmen) radiographie
- **Röntgenstrahlen** (MASCULIN *pluriel :* die Röntgenstrahlen) rayons X

rosa rose

Rosine (FÉMININ : die Rosine, die Rosinen) raisin sec

Rost (MASCULIN : der Rost, die Roste) *a plusieurs sens :*

1 **Rost** *peut signifier* rouille
- **rosten** rouiller
- **rostfrei** inoxydable

♦ **rostig** rouillé

2 **Rost** *peut signifier* grille *ou* gril

♦ **rösten** griller

3 **Rost** *peut signifier* sommier

rot rouge

♦ **Röte** (FÉMININ : die Röte) rougeur

♦ **Röteln** (pluriel : die Röteln) rubéole

♦ **rothaarig** roux (en parlant des cheveux)

rotieren tourner

Rotkäppchen (NEUTRE : das Rotkäppchen) le Petit Chaperon rouge

Rotkehlchen (NEUTRE : das Rotkehlchen, die Rotkehlchen) rouge-gorge

Rotwein (MASCULIN : der Rotwein, die Rotweine) vin rouge

Rowdy (MASCULIN : der Rowdy, die Rowdys) voyou

Ruck (MASCULIN : der Ruck, die Rucke) secousse

► **sich einen Ruck geben** se secouer

rückblickend rétrospectivement

rücken déplacer

Rücken (MASCULIN : der Rücken, die Rücken) dos

♦ **Rückenlehne** (FÉMININ : die Rückenlehne, die Rückenlehnen) dossier

♦ **Rückenmark** (NEUTRE : das Rückenmark) moelle épinière

♦ **Rückenschwimmen** (NEUTRE : das Rückenschwimmen) nage sur le dos

Rückerstattung (FÉMININ : die Rückerstattung) remboursement

Rückfahrt (FÉMININ : die Rückfahrt) retour

Rückfall (MASCULIN : der Rückfall, die Rückfälle) rechute *ou* récidive

♦ **rückfällig** qui rechute *ou* récidiviste

rückgängig

♦ **rückgängig machen** annuler

Rückgrat (NEUTRE : das Rückgrat, die Rückgrate) colonne vertébrale

Rückhalt (MASCULIN : der Rückhalt) soutien

Rückkehr (FÉMININ : die Rückkehr) retour

Rücklicht (NEUTRE : das Rücklicht, die Rücklichter) feu arrière

rücklings en arrière *ou* par-derrière

Rucksack (MASCULIN : der Rucksack, die Rucksäcke) sac à dos

Rückschau (FÉMININ : die Rückschau) rétrospective

Rückschluss (MASCULIN : der Rückschluss, die Rückschlüsse) conclusion

Rückschritt (MASCULIN : der Rückschritt, die Rückschritte) régression

Rückseite (FÉMININ : die Rückseite, die Rückseiten) verso *ou* revers

Rücksicht ou **Rücksichtnahme** (FÉMININ : die Rücksicht *ou* Rücksichtnahme) égard *ou* considération

► **Rücksicht nehmen auf** tenir compte de *ou* faire attention à

♦ **rücksichtslos** sans égards *ou* irresponsable

♦ **rücksichtsvoll** plein d'égards

rückwärts en arrière

♦ **Rückwärtsgang** (MASCULIN : der Rückwärtsgang, die Rückwärtsgänge) marche arrière

rückwirkend rétroactif

Rückzahlung (FÉMININ : die Rückzahlung) remboursement

Rückzieher (MASCULIN : der Rückzieher, die Rückzieher)

► **einen Rückzieher machen** se rétracter *ou* revenir sur sa décision

Ruder (NEUTRE : das Ruder, die Ruder) rame

♦ **rudern** ramer

Ruf (MASCULIN : der Ruf, die Rufe) *a plusieurs sens*

1 **Ruf** *peut signifier* appel *ou* cri

♦ **rufen (rief, gerufen)** appeler *ou* crier

2 **Ruf** *peut signifier* réputation

Ruhe (FÉMININ : die Ruhe) repos *ou* calme

► **Ruhe!** silence !

♦ **ruhelos** agité

♦ **ruhen** se reposer

♦ **Ruhestand** (MASCULIN : der Ruhestand) retraite

♦ **Ruhetag** (MASCULIN : der Ruhetag, die Ruhetage) jour de repos

♦ **ruhig** calme *ou* silencieux

► **etwas ruhig tun** être libre de faire quelque chose

► **das kann man ruhig sagen** c'est le cas de le dire

Ruhm (MASCULIN : der Ruhm) gloire

♦ **(sich) rühmen** (se) vanter

rühren remuer *ou* toucher (au sens figuré)

► **sich rühren** bouger

♦ **rührend** touchant

Ruin (MASCULIN : der Ruin) ruine (au sens de faillite)

Ruine (FÉMININ : die Ruine, die Ruinen) ruine (= bâtiment délabré)

rülpsen roter

> ℹ *L'expression allemande et sa traduction française sont familières.*

Rum (MASCULIN : der Rum) rhum

Rummel (MASCULIN : der Rummel) *est une expression familière qui signifie* agitation

rümpfen froncer

rund rond *ou* environ

Runde (FÉMININ : die Runde, die Runden) tour *ou* cercle *ou* tournée :

► **eine Runde drehen** faire un tour

► **eine Runde ausgeben** payer sa tournée

♦ **Rundfahrt** (FÉMININ : die Rundfahrt) circuit

♦ **Rundfunk** (MASCULIN : der Rundfunk) radio

♦ **rundherum** tout autour

rundlich rondelet

♦ **Rundung** (FÉMININ : die Rundung) rondeur *ou* courbure

runter *est l'abréviation de* **herunter** *ou* **hinunter** *et signifie* en bas *ou* vers le bas

Ruß (MASCULIN : der Ruß) suie

Rüssel (MASCULIN : der Rüssel, die Rüssel) trompe

Russland Russie

Rüstung (FÉMININ : die Rüstung) armement

Rutsch (MASCULIN : der Rutsch, die Rutsche) glissement

♦ **Rutschbahn** (FÉMININ : die Rutschbahn) toboggan

♦ **rutschen** glisser

♦ **rutschig** glissant

rütteln secouer

S

ALLEMAND — FRANÇAIS

Saal (MASCULIN : der Saal, die Säle) salle

Sache (FÉMININ : die Sache, die Sachen) chose *ou* affaire

► **zur Sache kommen** en venir aux faits

♦ **Sachlage** (FÉMININ : die Sachlage, die Sachlagen) situation *ou* circonstances

♦ **sachlich** objectif

♦ **Sachschaden** (MASCULIN : der Sachschaden, die Sachschäden) dommage matériel

sacht(e) avec précaution *ou* doucement

Sack (MASCULIN : der Sack, die Säcke) sac

♦ **Sackgasse** (FÉMININ : die Sackgasse, die Sackgassen) impasse

säen semer

Saft (MASCULIN : der Saft, die Säfte) jus

♦ **saftig** juteux

Säge (FÉMININ : die Säge, die Sägen) scie

sagenhaft formidable *ou* extraordinaire

sah *voir* **sehen**

Sahne (FÉMININ : die Sahne) crème (au sens culinaire)

Saite (FÉMININ : die Saite, die Saiten) corde (d'un instrument de musique)

Sakko (NEUTRE : das Sakko, die Sakkos) veste

Salat (MASCULIN : der Salat, die Salate) salade

Salbe (FÉMININ : die Salbe, die Salben) pommade *ou* crème (pour la peau)

Salz (NEUTRE : das Salz, die Salze) sel

♦ **salzen** saler

♦ **salzig** salé

Samen (MASCULIN : der Samen, die Samen) graine *ou* sperme

sammeln cueillir *ou* collecter *ou* collectionner

♦ **sich sammeln** se concentrer *ou* se rassembler

♦ **Sammlung** (FÉMININ : die Sammlung) collecte *ou* collection *ou* rassemblement

Samstag (MASCULIN : der Samstag, die Samstage) samedi

► **am Samstag** samedi

► **samstags** tous les samedis

samt *est une* préposition *qui s'emploie avec le* datif *et signifie* y compris

► **samt und sonders** tous sans exception

Samt (MASCULIN : der Samt, die Samte) velours

sämtliche tous les, toutes les

Sand (MASCULIN : der Sand, die Sande) sable

♦ **sandig** sablonneux

♦ **Sandkasten** (MASCULIN : der Sandkasten, die Sandkästen) bac à sable

sandte *voir* **senden**

sanft doux

♦ **sanftmütig** doux *ou* gentil

sang *voir* **singen**

Sänger, Sängerin (MASCULIN : der Sänger, die Sänger / FÉMININ : die Sängerin, die Sängerinnen) chanteur, chanteuse

sanieren assainir *ou* rénover

♦ **Sanierung** (FÉMININ : die Sanierung) rénovation

sank *voir* **sinken**

Sardelle (FÉMININ : die Sardelle, die Sardellen) anchois

Sarg (MASCULIN : der Sarg, die Särge) cercueil

saß *voir* **sitzen**

satt rassasié *ou* intense

► **satt sein** ne plus avoir faim

► **jemanden / etwas satt sein** *ou* **haben** en avoir marre de quelqu'un / quelque chose

Sattel (MASCULIN : der Sattel, die Sättel) selle

♦ **satteln** seller

Satz (MASCULIN : der Satz, die Sätze) *a plusieurs sens :*

1 **Satz** *peut signifier* phrase

2 **Satz** *peut signifier* bond

► **einen Satz machen** faire un bond

sauber propre

♦ **Sauberkeit** (FÉMININ : die Sauberkeit) propreté

♦ **säuberlich** soigneusement

♦ **säubern** nettoyer

sauer acide *ou* aigre *ou* caillé

► **sauer sein** *est une expression familière qui signifie* être fâché

► **saurer Regen** pluies acides

♦ **Sauerei** (FÉMININ : die Sauerei, die Sauereien) cochonnerie

♦ **Sauerkraut** (NEUTRE : das Sauerkraut) chou-croute

♦ **säuerlich** acidulé

♦ **Sauerstoff** (MASCULIN : der Sauerstoff) oxygène

saufen (**er säuft; soff, gesoffen**) boire

saugen (**sog** *ou* **saugte, gesogen** *ou* **gesaugt**) sucer

säugen allaiter

♦ **Säugetier** (NEUTRE : das Säugetier, die Säugetiere) mammifère

♦ **Säugling** (MASCULIN : der Säugling, die Säuglinge) nourrisson

Säule (FÉMININ : die Säule, die Säulen) colonne *ou* pilier

Saum (MASCULIN : der Saum, die Säume) ourlet

Säure (FÉMININ : die Säure, die Säuren) acide *ou* acidité *ou* aigreur

sausen siffler *ou* bourdonner :

▷ Der Wind saust. Le vent siffle.

▷ Der Wind saust mir in den Ohren. Le vent bourdonne dans mes oreilles.

♦ **sausen** *est une expression familière qui signifie* aller vite

schäbig miteux

Schach (NEUTRE : das Schach, die Schachs) échecs

♦ **Schachspiel** (NEUTRE : das Schachspiel, die Schachspiele) jeu d'échecs

Schachtel (FÉMININ : die Schachtel, die Schachteln) boîte

schade dommage

Schädel (MASCULIN : der Schädel, die Schädel) crâne

♦ **Schädelbruch** (MASCULIN : der Schädelbruch, die Schädelbrüche) fracture du crâne

schaden nuire

♦ **Schaden** (MASCULIN : der Schaden, die Schäden) dommage *ou* dégâts

♦ **Schaden(s)ersatz** (MASCULIN : der Schaden(s)ersatz) dommages et intérêts

♦ **Schadenfreude** (FÉMININ : die Schadenfreude) plaisir à contempler le malheur des autres

♦ **schadenfroh** qui se réjouit du malheur des autres

♦ **schädlich** nuisible

♦ **Schadstoff** (MASCULIN : der Schadstoff, die Schadstoffe) substance nocive

Schaf (NEUTRE : das Schaf, die Schafe) mouton

Schäferhund (MASCULIN : der Schäferhund, die Schäferhunde) berger allemand

schaffen *a plusieurs conjugaisons et plusieurs sens :*

> *Ce peut être un* VERBE RÉGULIER :

schaffen (**schaffte, geschafft**) *signifie* réussir à faire *ou* arriver à finir

> *Ce peut être un* VERBE IRRÉGULIER :

schaffen (**schuf, geschaffen**) *signifie* créer *ou* rétablir *ou* faire

Schaffner, Schaffnerin (MASCULIN : der Schaffner, die Schaffner / FÉMININ : die Schaffnerin, die Schaffnerinnen) contrôleur, contrôleuse

Schal (MASCULIN : der Schal, die Schale *ou* Schals) écharpe

Schale *a plusieurs sens*

1 **Schale** *peut signifier* peau *ou* épluchure *ou* écorce *ou* coquille

♦ **schälen** éplucher *ou* peler

2 **Schale** *peut signifier* saladier *ou* ramequin

Schall (MASCULIN : der Schall, die Schalle *ou* Schälle) son *ou* résonance

♦ **schallen** sonner *ou* résonner

Schalotte (FÉMININ : die Schalotte, die Schalotten) échalote

schalten *a plusieurs catégories grammaticales et plusieurs sens :*

> *Ce peut être un* VERBE TRANSITIF :

► **auf warm / kalt schalten** mettre sur chaud / froid

> *Ce peut être un* VERBE INTRANSITIF :

1 **schalten** *peut signifier* changer de vitesse (sur une voiture)

► **in den dritten Gang schalten** passer la troisième

2 **schalten** *peut signifier* piger

> ℹ *Cette expression allemande et sa traduction française sont familières.*

♦ **Schalter** (MASCULIN : der Schalter, die Schalter) interrupteur *ou* guichet

♦ **Schaltjahr** (NEUTRE : das Schaltjahr, die Schaltjahre) année bissextile

Scham (FÉMININ : die Scham) pudeur

♦ **sich schämen** avoir honte

♦ **schamhaft** pudique

♦ **schamlos** sans honte *ou* sans pudeur

Schande (FÉMININ : die Schande) honte

Schar (FÉMININ : die Schar, die Scharen) foule

► **in Scharen** *ou* **scharenweise** en grand nombre

scharf (schärfer, am schärfsten) *a plusieurs sens :*

► **ein scharfes Messer** un couteau coupant

► **scharfes Essen** nourriture épicée

► **ein scharfes Auge haben** avoir l'œil

► **scharfe Ohren haben** avoir l'oreille fine

► **scharfer Verstand** esprit vif

► **scharfer Wind** vent glacial

► **scharfes Foto** photo nette

► **scharfer Hund** chien méchant

► **scharf nachdenken** réfléchir intensément

► **auf jemanden / etwas scharf sein** être fou de quelqu'un / quelque chose

♦ **Scharfsinn** (MASCULIN : der Scharfsinn) perspicacité

♦ **scharfsinnig** perspicace

Schatten (MASCULIN : der Schatten, die Schatten) ombre

♦ **schattig** ombragé

Schatz (MASCULIN : der Schatz, die Schätze) trésor *ou* chéri

♦ **schätzen** estimer *ou* évaluer

♦ **schätzenswert** estimable

♦ **Schätzung** (FÉMININ : die Schätzung) estimation *ou* évaluation

♦ **schätzungsweise** approximativement

Schau (FÉMININ : die Schau, die Schauen) spectacle

► **etwas zur Schau stellen** exposer quelque chose

Schauder (MASCULIN : der Schauder, die Schauder) frisson

♦ **schauderhaft** épouvantable

♦ **schaudern** frissonner *ou* frémir

schauen regarder

Schauergeschichte (FÉMININ : die Schauergeschichte, die Schauergeschichten) histoire d'épouvante

schauerlich horrible

Schaufel (FÉMININ : die Schaufel, die Schaufeln) pelle

Schaufenster (NEUTRE : das Schaufenster, die Schaufenster) vitrine

Schaukel (FÉMININ : die Schaukel, die Schaukeln) balançoire

♦ **schaukeln** se balancer

Schaum (MASCULIN : der Schaum, die Schäume) écume *ou* mousse

♦ **schäumen** mousser

♦ **Schaumgummi** (MASCULIN : der Schaumgummi, die Schaumgummis) mousse (pour matelas *ou* coussin)

schaurig épouvantable

Schauspiel (NEUTRE : das Schauspiel, die Schauspiele) spectacle *ou* pièce de théâtre

Schauspieler, Schauspielerin (MASCULIN : der Schauspieler, die Schauspieler / FÉMININ : die Schauspielerin, die Schauspielerinnen) acteur, actrice

Scheck (MASCULIN : der Scheck, die Schecks) chèque

♦ **Scheckkarte** (FÉMININ : die Scheckkarte, die Scheckkarten) carte bancaire

> La Scheckkarte est une carte accompagnant les chèques et servant de justificatif pour les paiements par chèque, ainsi que de carte bancaire.

Scheibe (FÉMININ : die Scheibe, die Scheiben) tranche *ou* carreau *ou* disque

♦ **Scheibenwischer** (MASCULIN : der Scheibenwischer, die Scheibenwischer) essuie-glace

Scheide (FÉMININ : die Scheide, die Scheiden) vagin

scheiden (schied, geschieden) séparer

► **sich scheiden lassen** divorcer

♦ **Scheidung** (FÉMININ : die Scheidung) divorce

Schein (MASCULIN : der Schein, die Scheine) éclat *ou* apparence *ou* billet

► **etwas zum Schein tun** faire semblant

♦ **scheinbar** apparent *ou* apparemment

♦ **scheinen** (schien, geschienen) briller *ou* sembler

♦ **scheinheilig** hypocrite

♦ **Scheinwerfer** (MASCULIN : der Scheinwerfer, die Scheinwerfer) projecteur *ou* phare

Scheitel (MASCULIN : der Scheitel, die Scheitel) raie (dans les cheveux) *ou* sommet

scheitern échouer

Schenkel (MASCULIN : der Schenkel, die Schenkel) cuisse

schenken offrir

Scherbe (FÉMININ : die Scherbe, die Scherben) débris (de verre)

Schere (FÉMININ : die Schere, die Scheren) ciseaux

Scherz (MASCULIN : der Scherz, die Scherze) plaisanterie

♦ **scherzen** plaisanter

♦ **scherzhaft** pour plaisanter

scheu timide *ou* craintif

♦ **Scheu** (FÉMININ : die Scheu) timidité *ou* crainte

♦ **scheuen** avoir peur de *ou* craindre

► **sich vor etwas scheuen** craindre quelque chose

Scheune (FÉMININ : die Scheune, die Scheunen) grange

scheußlich affreux

Schi (MASCULIN : der Schi, die Schier) ski

Schicht (FÉMININ : die Schicht) couche

♦ **schichten** empiler

schick chic

schicken envoyer

♦ **sich schicken** être convenable

♦ **schicklich** convenable

Schicksal (NEUTRE : das Schicksal, die Schicksale) destin

schieben (schob, geschoben) pousser *ou* faire glisser

schied *voir* scheiden

Schiedsrichter (MASCULIN : der Schiedsrichter, die Schiedsrichter) arbitre

schief penché *ou* de travers

► **sich schieflachen** se tordre de rire

► **schiefliegen** se tromper

schien *voir* scheinen

Schienbein (NEUTRE : das Schienbein, die Schienbeine) tibia

Schiene (FÉMININ : die Schiene, die Schienen) rail *ou* attelle

schießen (schoss, geschossen) tirer *ou* jaillir

Schiff (NEUTRE : das Schiff, die Schiffe) bateau *ou* nef

Schikoree (MASCULIN OU FÉMININ : der *ou* die Schikoree, die Schikoree) endive

Schild (NEUTRE : das Schild, die Schilder) enseigne *ou* panneau
► **etwas im Schilde führen** tramer quelque chose
♦ **Schilddrüse** (FÉMININ : die Schilddrüse, die Schilddrüsen) thyroïde

schildern décrire *ou* dépeindre
♦ **Schilderung** (FÉMININ : die Schilderung) description

Schildkröte (FÉMININ : die Schildkröte, die Schildkröten) tortue

Schimmel (MASCULIN : der Schimmel, die Schimmel) *a plusieurs sens :*
1 **Schimmel** *peut signifier* moisissure
♦ **schimmelig** moisi
♦ **schimmeln** moisir
2 **Schimmel** *peut signifier* cheval blanc

Schimmer (MASCULIN : der Schimmer) lueur
♦ **schimmern** luire

schimpfen pester *ou* râler *ou* gronder
► **mit jemandem schimpfen** gronder quelqu'un
♦ **Schimpfwort** (NEUTRE : das Schimpfwort, die Schimpfwörter) juron *ou* insulte

Schinken (MASCULIN : der Schinken, die Schinken) jambon

Schirm (MASCULIN : der Schirm, die Schirme)
► **Regenschirm** parapluie
► **Sonnenschirm** parasol

Schlacht (FÉMININ : die Schlacht) bataille

schlachten abattre
♦ **Schlachthaus** *ou* **Schlachthof** (NEUTRE : das Schlachthaus, die Schlachthäuser *ou* MASCULIN : der Schlachthof, die Schlachthöfe) abattoir

Schlaf (MASCULIN : der Schlaf) sommeil

Schläfe (FÉMININ : die Schläfe, die Schläfen) tempe

schlafen (er schläft; schlief, geschlafen) dormir
► **schlafen gehen** aller se coucher
► **mit jemandem schlafen** coucher avec quelqu'un

schlaff flasque *ou* mou

schlaflos sans sommeil
♦ **Schlaflosigkeit** (FÉMININ : die Schlaflosigkeit) insomnie

schläfrig qui a sommeil

Schlafsack (MASCULIN : der Schlafsack, die Schlafsäcke) sac de couchage

Schlafzimmer (NEUTRE : das Schlafzimmer, die Schlafzimmer) chambre à coucher

Schlag (MASCULIN : der Schlag, die Schläge) coup
► **mit einem Schlag** d'un seul coup
♦ **Schlagader** (FÉMININ : die Schlagader, die Schlagadern) artère
♦ **Schlaganfall** (MASCULIN : der Schlaganfall, die Schlaganfälle) attaque (d'apoplexie)
♦ **schlagartig** brusquement

(sich) schlagen (er schlägt; schlug, geschlagen) (se) battre

Schlager (MASCULIN : der Schlager, die Schlager) tube (en parlant d'une chanson)

Schläger (MASCULIN : der Schläger, die Schläger) raquette *ou* crosse
♦ **Schlägerei** (FÉMININ : die Schlägerei, die Schlägereien) bagarre

schlagfertig qui a de la repartie
♦ **Schlagfertigkeit** (FÉMININ : die Schlagfertigkeit) repartie

Schlagrahm *ou* **Schlagsahne** (MASCULIN : der Schlagrahm *ou* FÉMININ : die Schlagsahne) crème chantilly

Schlagwort (NEUTRE : das Schlagwort, die Schlagworte) slogan

Schlagzeile (FÉMININ : die Schlagzeile, die Schlagzeilen) gros titre

Schlagzeug (NEUTRE : das Schlagzeug) batterie (instrument)

Schlamm (MASCULIN : der Schlamm) boue

♦ **schlammig** boueux

schlampig négligé *ou* bâclé :

► **schlampige Kleidung** vêtements négligés

► **schlampige Arbeit** travail bâclé

schlang *voir* **schlingen**

Schlange (FÉMININ : die Schlange, die Schlangen) serpent *ou* file d'attente

► **Schlange stehen** faire la queue

► **sich schlängeln** se faufiler *ou* serpenter

♦ **Schlangengift** (NEUTRE : das Schlangengift) venin

schlank mince

schlapp épuisé

♦ **schlappmachen** flancher

schlau malin *ou* astucieux

Schlauch (MASCULIN : der Schlauch, die Schläuche) tuyau (souple)

♦ **Schlauchboot** (NEUTRE : das Schlauchboot, die Schlauchboote) bateau gonflable

schlecht *a plusieurs catégories grammaticales et plusieurs sens :*

> *Ce peut être un* ADJECTIF :

schlecht *signifie* mauvais

> *Ce peut être un* ADVERBE :

schlecht *signifie* mal *ou* difficilement

► **jemandem geht es schlecht** quelqu'un va mal

► **mir ist schlecht** je me sens mal

► **schlecht und recht** tant bien que mal

♦ **schlechthin** tout simplement

schlecken lécher

schleichen (**schlich, geschlichen**) ramper *ou* glisser (furtivement)

Schleier (MASCULIN : der Schleier, die Schleier) voile

Schleife (FÉMININ : die Schleife, die Schleifen) nœud *ou* boucle (en tissu)

schleifen *a plusieurs conjugaisons et plusieurs sens :*

1 **schleifen** (**schleifte, geschleift**) *signifie* traîner

2 **schleifen** (**schliff, geschliffen**) *signifie* aiguiser

Schleim (MASCULIN : der Schleim, die Schleime) *désigne une* matière visqueuse

♦ **schleimig** visqueux

schlendern flâner

schleppen traîner

♦ **Schlepplift** (MASCULIN : der Schlepplift, die Schlepplifte) remonte-pente

schleudern lancer *ou* essorer *ou* déraper

schleunigst au plus vite

schlich *voir* **schleichen**

schlicht simple

schlichten arranger *ou* régler *ou* aplanir

schlief *voir* **schlafen**

schließen (**schloss, geschlossen**) fermer *ou* conclure *ou* clore *ou* déduire :

▷ Schließ die Tür, bitte! Ferme la porte, s'il te plaît !

▷ Der Vertrag ist geschlossen. Le contrat est conclu.

▷ Wir müssen die Sitzung schließen. Nous devons clore la réunion.

▷ Was kann man daraus schließen? Qu'est-ce qu'on peut en déduire ?

schließlich finalement

schliff *voir* **schleifen**

schlimm grave *ou* mauvais

♦ **schlimmstenfalls** au pire

Schlinge (FÉMININ : die Schlinge, die Schlingen) boucle *ou* lacet

schlingen (**schlang, geschlungen**) engloutir

Schlitten (MASCULIN : der Schlitten, die Schlitten) luge *ou* traîneau

► **Schlitten fahren** faire de la luge

Schlittschuhe (MASCULIN pluriel : die Schlittschuhe) patins à glace

♦ **Schlittschuhlaufen** (NEUTRE : das Schlittschuhlaufen) patinage

Schlitz (MASCULIN : der Schlitz, die Schlitze) fente

schloss *voir* **schließen**

Schloss (NEUTRE : das Schloss, die Schlösser) château *ou* serrure

Schlucht (FÉMININ : die Schlucht, die Schluchten) ravin

schluchzen sangloter

Schluck (MASCULIN : der Schluck, die Schlucke) gorgée

♦ **Schluckauf** (MASCULIN : der Schluckauf) hoquet

♦ **schlucken** avaler

schlug *voir* **schlagen**

schlüpfen se faufiler

► **in ein Kleid schlüpfen** enfiler une robe

♦ **schlüpfrig** glissant *ou* scabreux

schlürfen boire bruyamment

Schluss (MASCULIN : der Schluss, die Schlüsse) fin *ou* conclusion *ou* déduction

► **am Schluss** à la fin

► **Schluss machen** arrêter

► **mit jemandem Schluss machen** rompre avec quelqu'un

Schlüssel (MASCULIN : der Schlüssel, die Schlüssel) clé

♦ **Schlüsselbund** (MASCULIN : der Schlüsselbund) trousseau de clés

♦ **Schlüsselloch** (NEUTRE : das Schlüsselloch, die Schlüssellöcher) trou de serrure

Schlussfolgerung (FÉMININ : die Schlussfolgerung) conclusion *ou* déduction

Schlussverkauf (MASCULIN : der Schlussverkauf) soldes

schmächtig frêle

schmackhaft savoureux

schmal étroit *ou* mince

schmatzen manger bruyamment

schmecken être bon

► **nach etwas schmecken** avoir le goût de quelque chose

Schmeichelei (FÉMININ : die Schmeichelei, die Schmeicheleien) flatterie

♦ **schmeichelhaft** flatteur

♦ **schmeicheln** flatter

schmeißen (**schmiss, geschmissen**) *est un mot familier qui signifie* jeter

schmelzen (**er schmilzt; schmolz, geschmolzen**) fondre *ou* faire fondre

Schmerz (MASCULIN : der Schmerz, die Schmerzen) douleur

♦ **schmerzen** faire mal

♦ **schmerzhaft** *ou* **schmerzlich** douloureux

♦ **schmerzlos** indolore

Schmetterling (MASCULIN : der Schmetterling, die Schmetterlinge) papillon

schmettern projeter *ou* lancer violemment

(sich) schmiegen se blottir

▷ **sich an jemanden / etwas schmiegen** se blottir contre quelqu'un / quelque chose

schmieren *a plusieurs catégories grammaticales et plusieurs sens :*

> *Ce peut être un* VERBE TRANSITIF :

schmieren *signifie* tartiner *ou* graisser :

► **ein Butterbrot schmieren** faire une tartine de beurre

> *Ce peut être un* VERBE INTRANSITIF :

schmieren *signifie* gribouiller *ou* couler :

▷ **Der Kulli schmiert.** Le stylo bave.

♦ **schmierig** gras *ou* graisseux

schmilzt *voir* **schmelzen**

Schminke (FÉMININ : die Schminke, die Schminken) maquillage

♦ **(sich) schminken** (se) maquiller

schmiss *voir* **schmeißen**

schmollen bouder

schmolz *voir* **schmelzen**

Schmuck (MASCULIN : der Schmuck) bijoux *ou* décoration

♦ **schmücken** décorer

Schmutz (MASCULIN : der Schmutz) saleté

♦ **schmutzig** sale

Schnabel (MASCULIN : der Schnabel, die Schnäbel) bec

Schnalle (FÉMININ : die Schnalle, die Schnallen) boucle (de chaussure *ou* de ceinture)

schnalzen claquer

schnappen saisir
► **Luft schnappen** prendre l'air

Schnaps (MASCULIN : der Schnaps, die Schnäpse) eau-de-vie

schnarchen ronfler

schnaufen haleter

Schnauzbart (MASCULIN : der Schnauzbart, die Schnauzbärte) moustache

Schnauze (FÉMININ : die Schnauze, die Schnauzen) museau *ou* gueule

sich schnäuzen se moucher

Schnecke (FÉMININ : die Schnecke, die Schnecken) escargot *ou* limace
► **im Schneckentempo** lent comme un escargot
♦ **Schneckengehäuse** (NEUTRE : das Schneckengehäuse, die Schneckengehäuse) coquille d'escargot

Schnee (MASCULIN : der Schnee) neige
♦ **Schneeball** (MASCULIN : der Schneeball, die Schneebälle) boule de neige
♦ **Schneeflocke** (FÉMININ : die Schneeflocke, die Schneeflocken) flocon de neige
♦ **Schneeglöckchen** (NEUTRE : das Schneeglöckchen, die Schneeglöckchen) perce-neige
♦ **Schneemann** (MASCULIN : der Schneemann, die Schneemänner) bonhomme de neige
♦ **Schneewittchen** (NEUTRE : das Schneewittchen) Blanche-Neige

(sich) schneiden (schnitt, geschnitten) (se) couper
► **Gesichter schneiden** faire des grimaces

schneien neiger

schnell rapide *ou* vite
♦ **Schnelligkeit** (FÉMININ : die Schnelligkeit) rapidité
♦ **schnellstens** au plus vite

(sich) schneuzen se moucher

schnippisch impertinent

schnitt *voir* **schneiden**

Schnitt (MASCULIN : der Schnitt, die Schnitte) coupure
♦ **Schnitte** (FÉMININ : die Schnitte, die Schnitten) tranche
♦ **Schnittlauch** (MASCULIN : der Schnittlauch) ciboulette

Schnitzel (NEUTRE : das Schnitzel, die Schnitzel) escalope

schnitzen tailler

Schnorchel (MASCULIN : der Schnorchel, die Schnorchel) tuba

schnüffeln renifler

Schnuller (MASCULIN : der Schnuller, die Schnuller) tétine

Schnupfen (MASCULIN : der Schnupfen, die Schnupfen) rhume

schnuppern renifler

Schnur (FÉMININ : die Schnur, die Schnüre) ficelle *ou* fil
♦ **schnüren** lacer
♦ **schnurgerade** tout droit

Schnurrbart (MASCULIN : der Schnurrbart, die Schnurrbärte) moustache

schnurren ronronner

Schnürsenkel (MASCULIN : der Schnürsenkel, die Schnürsenkel) lacet

schob *voir* **schieben**

Schock (MASCULIN : der Schock, die Schocks) choc
♦ **schockieren** choquer

Schokolade (FÉMININ : die Schokolade) chocolat

schon déjà *ou* enfin *ou* certes

schön beau *ou* bien

(sich) schonen (se) ménager

Schönheit (FÉMININ : die Schönheit) beauté
♦ **sich schön machen** se faire beau

Schonung (FÉMININ : die Schonung) ménagement

♦ **schonungslos** sans ménagements

schöpfen puiser
► **Luft schöpfen** prendre l'air
► **Mut schöpfen** prendre courage
► **Verdacht schöpfen** avoir des soupçons

♦ **schöpferisch** créateur (adjectif)

♦ **Schöpfung** (FÉMININ : die Schöpfung) création

Schornstein (MASCULIN : der Schornstein, die Schornsteine) cheminée

♦ **Schornsteinfeger** (MASCULIN : der Schornsteinfeger, die Schornsteinfeger) ramoneur

schoss *voir* schießen

Schoß (MASCULIN : der Schoß, die Schöße)
► **auf dem Schoß** sur les genoux

Schotte, Schottin (MASCULIN : der Schotte, die Schotten / FÉMININ : die Schottin, die Schottinnen) Écossais, Écossaise

♦ **schottisch** écossais

♦ **Schottland** Écosse

schräg incliné *ou* de biais

Schrank (MASCULIN : der Schrank, die Schränke) placard *ou* armoire

Schranke (FÉMININ : die Schranke, die Schranken) barrière

Schraube (FÉMININ : die Schraube, die Schrauben) vis

♦ **schrauben** visser

♦ **Schraubenzieher** (MASCULIN : der Schraubenzieher, die Schraubenzieher) tournevis

Schreck ou **Schrecken** (MASCULIN : der Schreck *ou* Schrecken) terreur *ou* effroi

♦ **schreckhaft** craintif

♦ **schrecklich** terrible

Schrei (MASCULIN : der Schrei, die Schreie) cri

Schreibblock (MASCULIN : der Schreibblock, die Schreibblöcke) bloc-notes

schreiben (schrieb, geschrieben) écrire

♦ **Schreibmaschine** (FÉMININ : die Schreibmaschine, die Schreibmaschinen) machine à écrire

♦ **Schreibtisch** (MASCULIN : der Schreibtisch, die Schreibtische) bureau

schreien (schrie, geschrie(e)n) crier

schrieb *voir* schreiben

Schrift (FÉMININ : die Schrift, die Schriften) écriture *ou* écrit

♦ **schriftlich** par écrit

♦ **Schriftsteller, Schriftstellerin** (MASCULIN : der Schriftsteller, die Schriftsteller / FÉMININ : die Schriftstellerin, die Schriftstellerinnen) écrivain

schrill aigu *ou* perçant *ou* vif (couleur)

Schritt (MASCULIN : der Schritt, die Schritte) pas

schroff abrupt *ou* brusque

Schrott (MASCULIN : der Schrott) ferraille

♦ **Schrotthaufen** (MASCULIN : der Schrotthaufen, die Schrotthaufen) tas de ferraille

schrubben frotter

schrumpfen rétrécir

Schubkarren (MASCULIN : der Schubkarren, die Schubkarren) brouette

Schublade (FÉMININ : die Schublade, die Schubladen) tiroir

schüchtern timide

♦ **Schüchternheit** (FÉMININ : die Schüchternheit) timidité

schuf *voir* schaffen

Schuft (MASCULIN : der Schuft, die Schufte) salaud

schuften bosser dur

> ℹ *Cette expression allemande et sa traduction française sont familières.*

Schuh (MASCULIN : der Schuh, die Schuhe) chaussure

♦ **Schuhband** (NEUTRE : das Schuhband, die Schuhbänder) lacet

♦ **Schuhgröße** (FÉMININ : die Schuhgröße, die Schuhgrößen) pointure (des pieds)

♦ **Schuhsohle** (FÉMININ : die Schuhsohle, die Schuhsohlen) semelle

Schularbeit ou **Schulaufgabe** (FÉMININ : die Schularbeit, die Schularbeiten *ou* die Schulaufgabe, die Schulaufgaben) devoir (scolaire)

Schuld (FÉMININ : die Schuld) faute *ou* culpabilité *ou* dette
► **Schuld haben** *ou* **schuld sein** être la faute de
► **er ist schuld** c'est de sa faute
♦ **schulden** devoir
► **jemandem etwas schulden** devoir quelque chose à quelqu'un
♦ **Schuldgefühl** (NEUTRE : das Schuldgefühl, die Schuldgefühle) sentiment de culpabilité
♦ **schuldig** coupable
► **jemandem etwas schuldig sein** devoir quelque chose à quelqu'un

Schule (FÉMININ : die Schule, die Schulen) école
♦ **Schüler, Schülerin** (MASCULIN : der Schüler, die Schüler / FÉMININ : die Schülerin, die Schülerinnen) élève
♦ **Schulferien** (pluriel : die Schulferien) vacances scolaires
♦ **schulfrei haben** ne pas avoir école
♦ **Schuljahr** (NEUTRE : das Schuljahr, die Schuljahre) année scolaire
♦ **Schultasche** (FÉMININ : die Schultasche, die Schultaschen) cartable

Schulter (FÉMININ : die Schulter, die Schultern) épaule

Schuppe (FÉMININ : die Schuppe, die Schuppen) écaille *ou* pellicule (de cheveux)

Schuppen (MASCULIN : der Schuppen, die Schuppen) remise

(sich) schürfen (s')égratiner
♦ **Schürfung** (FÉMININ : die Schürfung) éraflure

Schurke (MASCULIN : der Schurke, die Schurken) crapule

Schürze (FÉMININ : die Schürze, die Schürzen) tablier

Schuss (MASCULIN : der Schuss, die Schüsse) coup de feu *ou* tir

Schüssel (FÉMININ : die Schüssel, die Schüsseln) plat creux, saladier

Schutt (MASCULIN : der Schutt) décombres

schütteln secouer
► **sich schütteln** trembler *ou* s'ébrouer

schütten verser
► **es schüttet** il pleut à torrents

Schutz (MASCULIN : der Schutz) protection
► **jemanden in Schutz nehmen** protéger quelqu'un

Schütze (MASCULIN : der Schütze, die Schützen) Sagittaire *ou* tireur

(sich) schützen (se) protéger
♦ **schutzlos** sans protection

schwach (schwächer, am schwächsten) faible *ou* léger
♦ **Schwäche** (FÉMININ : die Schwäche, die Schwächen) faiblesse *ou* faible
♦ **schwächen** affaiblir
♦ **Schwachkopf** (MASCULIN : der Schwachkopf, die Schwachköpfe) débile

> ℹ *Cette expression allemande et sa traduction française sont familières.*

♦ **Schwachsinn** (MASCULIN : der Schwachsinn) imbécillité
♦ **schwachsinnig** débile

Schwall (MASCULIN : der Schwall, die Schwalle) flot

schwamm *voir* **schwimmen**

Schwamm (MASCULIN : der Schwamm, die Schwämme) éponge

Schwan (MASCULIN : der Schwan, die Schwäne) cygne

schwand *voir* **schwinden**

schwang *voir* **schwingen**

schwanger enceinte
♦ **Schwangerschaft** (FÉMININ : die Schwangerschaft) grossesse
♦ **Schwangerschaftsabbruch** (MASCULIN : der Schwangerschaftsabbruch, die Schwangerschaftsabbrüche) interruption de grossesse
♦ **Schwangerschaftstest** (MASCULIN : der Schwangerschaftstest) test de grossesse

schwanken tituber *ou* se balancer

Schwanz (MASCULIN : der Schwanz, die Schwänze) queue

schwänzen
► **die Schule schwänzen** sécher l'école

Schwarm (MASCULIN : der Schwarm, die Schwärme) *peut avoir le sens familier de* idole
♦ **schwärmen** s'exalter
► **für jemanden schwärmen** être fou de quelqu'un
♦ **schwärmerisch** exalté

schwarz (schwärzer, am schwärzesten) noir
♦ **schwarz sehen** avoir peu d'espoir
♦ **Schwärze** (FÉMININ : die Schwärze) noirceur
♦ **schwarzfahren** voyager sans titre de transport
♦ **Schwarzhandel** *ou* **Schwarzmarkt** (MASCULIN : der Schwarzhandel *ou* Schwarzmarkt) marché noir
♦ **Schwarzwald** (MASCULIN : der Schwarzwald) la Forêt-Noire
♦ **schwarz-weiß** noir et blanc

schwatzen ou **schwätzen** bavarder

Schwebe (FÉMININ : die Schwebe) suspens
► **in der Schwebe** en suspens *ou* suspendu
♦ **schweben** planer *ou* être suspendu

Schwede (MASCULIN : der Schwede, die Schweden) Suédois
♦ **Schweden** Suède
♦ **Schwedin** (FÉMININ : die Schwedin, die Schwedinnen) Suédoise
♦ **schwedisch** suédois

Schweif (MASCULIN : der Schweif, die Schweife) queue

schweigen (schwieg, geschwiegen) se taire
♦ **Schweigen** (NEUTRE : das Schweigen) silence
♦ **schweigsam** silencieux

Schwein (NEUTRE : das Schwein, die Schweine) cochon *ou* porc
♦ **Schweinerei** (FÉMININ : die Schweinerei) cochonnerie
♦ **Schweinestall** (MASCULIN : der Schweinestall, die Schweineställe) porcherie

Schweiß (MASCULIN : der Schweiß) transpiration

Schweiz (FÉMININ : die Schweiz) la Suisse
♦ **Schweizer, Schweizerin** (MASCULIN : der Schweizer, die Schweizer / FÉMININ : die Schweizerin, die Schweizerinnen) Suisse
♦ **schweizerisch** suisse

Schwelle (FÉMININ : die Schwelle, die Schwellen) seuil

schwellen (er schwillt; schwoll, geschwollen) gonfler *ou* enfler
♦ **Schwellung** (FÉMININ : die Schwellung) enflure

schwenken agiter *ou* pivoter

schwer *a plusieurs catégories grammaticales et plusieurs sens :*

> *Ce peut être un* ADJECTIF :

1 **schwer** *peut signifier* difficile :
▷ **Das ist eine schwere Schulaufgabe.** C'est un devoir difficile.

2 **schwer** *peut signifier* lourd :
▷ **Das Klavier ist zu schwer.** Le piano est trop lourd.

3 **schwer** *peut signifier* grave :
▷ **Sie hat eine schwere Krankheit.** Elle a une maladie grave.

> *Ce peut être un* ADVERBE :

1 **schwer** *peut signifier* très *ou* beaucoup :
► **schwer arbeiten** travailler beaucoup

2 **schwer** *peut signifier* difficilement *ou* lourdement *ou* gravement

Schwert (NEUTRE : das Schwert, die Schwerter) épée

Schwester (FÉMININ : die Schwester, die Schwestern) sœur *ou* infirmière

schwieg *voir* **schweigen**

schwierig difficile
♦ **Schwierigkeit** (FÉMININ : die Schwierigkeit) difficulté

schwillst, schwillt *voir* **schwellen**

Schwimmbad (NEUTRE : das Schwimmbad, die Schwimmbäder) piscine

schwimmen (schwamm, geschwommen) nager

Schwindel (MASCULIN : der Schwindel) vertige *ou* escroquerie

schwindeln mentir
► **mir schwindelt es** j'ai le vertige

schwinden (schwand, geschwunden) disparaître *ou* diminuer

Schwindler, Schwindlerin (MASCULIN : der Schwindler, die Schwindler / FÉMININ : die Schwindlerin, die Schwindlerinnen) menteur, menteuse *ou* escroc

schwindelig vertigineux *ou* pris de vertige
► **mir ist schwindelig** j'ai le vertige

schwingen (schwang, geschwungen) *a plusieurs catégories grammaticales et plusieurs sens :*

> *Ce peut être un* VERBE TRANSITIF :
schwingen *signifie* balancer

> *Ce peut être un* VERBE INTRANSITIF :
schwingen *signifie* se balancer *ou* résonner

Schwips (MASCULIN : der Schwips, die Schwipse)
► **einen Schwips haben** être un peu ivre

schwitzen transpirer *ou* suer

schwoll *voir* schwellen

schwören (schwor, geschworen) jurer

schwül lourd (en parlant du temps)
♦ **Schwüle** (FÉMININ : die Schwüle) temps lourd

Schwung (MASCULIN : der Schwung, die Schwünge) élan
♦ **schwungvoll** plein d'élan

sechs /sex/ six
♦ **sechshundert** six cents
♦ **sechsjährig** de six ans
♦ **sechsmal** six fois
♦ **zu sechst** à six
♦ **sechste, sechster, sechstes** sixième
► **der sechste Oktober** le six octobre
► **am sechsten Oktober** le six octobre
♦ **sechstens** sixièmement
♦ **sechzehn** seize
♦ **sechzig** soixante

Secondhand /sɛkendhænd/ d'occasion

See *a plusieurs genres et plusieurs sens :*

> *Ce peut être un nom* MASCULIN :
der See, die Seen *signifie* lac

> *Ce peut être un nom* FÉMININ :
die See, die Seen *signifie* mer
► **Nordsee** mer du Nord
► **Ostsee** mer Baltique
♦ **Seehund** (MASCULIN : der Seehund, die Seehunde) phoque
♦ **seekrank** qui a le mal de mer

Seele (FÉMININ : die Seele, die Seelen) âme
♦ **seelenruhig** très tranquille

Segel (NEUTRE : das Segel, die Segel) voile
♦ **Segelboot** *ou* **Segelschiff** (NEUTRE : das Segelboot, die Seegelboote *ou* das Segelschiff, die Segelschiffe) voilier
♦ **segeln** faire de la voile

Segen (MASCULIN : der Segen) bénédiction
♦ **segnen** bénir

sehbehindert malvoyant

sehen (er sieht; sah, gesehen) voir *ou* regarder
♦ **sehenswert** qui vaut le coup d'œil
♦ **Sehenswürdigkeiten** curiosités

Sehne (FÉMININ : die Sehne, die Sehnen) tendon

sehnen
► **sich nach jemandem / etwas sehnen** *est employé pour dire que quelqu'un ou quelque chose vous* manque
♦ **Sehnsucht** (FÉMININ : die Sehnsucht, die Sehnsüchte) désir *ou* nostalgie
♦ **sehnsüchtig** (adjectif) nostalgique *ou* (adverbe) impatiemment

sehr très *ou* beaucoup
► **zu sehr** trop

seicht peu profond *ou* superficiel

seid *voir* sein

Seide (FÉMININ : die Seide, die Seiden) soie
♦ **Seidenpapier** (NEUTRE : das Seidenpapier) papier de soie
♦ **seidig** soyeux

Seife (FÉMININ : die Seife, die Seifen) savon
♦ **seifig** savonneux

Seil (NEUTRE : das Seil, die Seile) corde *ou* câble
♦ **Seilbahn** (FÉMININ : die Seilbahn) téléphérique

sein *est le verbe et l'auxiliaire qui correspond généralement au verbe* ÊTRE

> ℹ Être se conjugue de la façon suivante :
> Au présent : ich bin du bist, er/sie/es ist, wir sind, ihr seid, sie/Sie sind.
> Au prétérit : ich war, du warst, er/sie/es war, wir waren, ihr wart, sie/Sie waren.
> Au participe passé : gewesen.

sein, seine son, sa, ses

seiner *peut être* le génitif de **er** *et signifier* de sa, de son, de ses

◆ **seine, seiner, seines** le sien, la sienne

◆ **seinerseits** de son côté *ou* pour sa part

◆ **seinerzeit** autrefois

◆ **seinetwegen** pour lui *ou* à cause de lui

seit *a plusieurs catégories grammaticales :*

> *Ce peut être une* PRÉPOSITION *qui s'emploie avec le* DATIF :

seit *signifie* depuis

> *Ce peut être une* CONJONCTION :

seit *signifie* depuis que

seitdem *a plusieurs catégories grammaticales :*

> *Ce peut être une* PRÉPOSITION :

seitdem *signifie* depuis

> *Ce peut être une* CONJONCTION :

seitdem *signifie* depuis que

Seite (FÉMININ : die Seite, die Seiten) côté *ou* page

◆ **Seitenstechen** (NEUTRE : das Seitenstechen) point de côté

seither depuis

seitlich *ou* **seitwärts** de côté

Sekt (MASCULIN : der Sekt, die Sekte) vin mousseux

Sekte (FÉMININ : die Sekte, die Sekten) secte

selbst même

► **ich selbst** moi-même

► **er selbst** lui-même

► **von selbst** tout seul

► **selbst gemacht** fait maison

◆ **selbständig** autonome *ou* indépendant

selbstbewusst sûr de soi

◆ **Selbstbewusstsein** (NEUTRE : das Selbstbewusstsein) confiance en soi

Selbstmord (MASCULIN : der Selbstmord, die Selbstmorde) suicide

◆ **selbstmörderisch** suicidaire

selbstsicher sûr de soi

selbstständig autonome *ou* indépendant

◆ **Selbstständigkeit** (FÉMININ : die Selbstständigkeit) indépendance

selbstverständlich évident *ou* évidemment

◆ **Selbstverständlichkeit** (FÉMININ : die Selbstverständlichkeit) évidence

Selbstvertrauen (NEUTRE : das Selbstvertrauen) confiance en soi

selig heureux

► **selig sein** être aux anges

selten rare *ou* rarement

◆ **Seltenheit** (FÉMININ : die Seltenheit) rareté

seltsam bizarre

◆ **seltsamerweise** bizarrement

Semikolon (NEUTRE : das Semikolon, die Semikolons *ou* Semikola) point-virgule

senden (sendete *ou* sandte, gesendet *ou* gesandt) envoyer *ou* diffuser (à la télévision)

◆ **Sender** (MASCULIN : der Sender, die Sender) station de télévision *ou* de radio

◆ **Sendung** (FÉMININ : die Sendung) émission *ou* envoi *ou* mission

Senf (MASCULIN : der Senf, die Senfe) moutarde

senken baisser *ou* diminuer

senkrecht vertical

servus *est un mot employé en Autriche, qui signifie* salut

Sessel (MASCULIN : der Sessel, die Sessel) fauteuil

◆ **Sessellift** (MASCULIN : der Sessellift, die Sessellifte) télésiège

setzen mettre *ou* placer

► **sich ein Ziel setzen** se fixer un but

► **einen Baum setzen** planter un arbre

► **sich setzen** s'asseoir

Seuche (FÉMININ : die Seuche, die Seuchen) épidémie

seufzen soupirer

♦ **Seufzer** (MASCULIN : der Seufzer, die Seufzer) soupir

sich se

sicher *a plusieurs catégories grammaticales et plusieurs sens :*

> *Ce peut être un* ADJECTIF :

sicher *signifie* sûr *ou* certain *ou* en sécurité

> *Ce peut être un* ADVERBE :

sicher *signifie* certainement

♦ **Sicherheit** (FÉMININ : die Sicherheit) sécurité *ou* certitude *ou* sûreté

♦ **Sicherheitsgurt** (MASCULIN : der Sicherheitsgurt) ceinture de sécurité

♦ **sicherheitshalber** par mesure de sécurité

♦ **Sicherheitsnadel** (FÉMININ : die Sicherheitsnadel, die Sicherheitsnadeln) épingle de nourrice

♦ **sicherlich** certainement

♦ **sichern** consolider *ou* protéger

♦ **sicherstellen** mettre en sécurité

♦ **Sicherung** (FÉMININ : die Sicherung) fusible

Sicht (FÉMININ : die Sicht) vue

► **auf lange Sicht** à long terme

♦ **sichtbar** visible

♦ **sichtlich** (adjectif) manifeste *ou* (adverbe) manifestement

♦ **Sichtweite** (FÉMININ : die Sichtweite) visibilité

sie *a plusieurs catégories grammaticales et plusieurs sens :*

> *Ce peut être le* pronom personnel *au* FÉMININ singulier :

sie *signifie* elle (*si le substantif français est* FÉMININ) *ou* il, lui (*si le substantif français est* MASCULIN)

ℹ Déclinaisons
sie (accusatif) ; **ihr** (datif) ; **ihrer** (génitif)

> *Ce peut être le* pronom personnel *au* pluriel :

sie *signifie* elles (*si le substantif est* FÉMININ) *ou* ils, eux (*si le substantif est* MASCULIN)

> *Ce peut être le* singulier *du* pronom personnel *à l'accusatif :*

sie *signifie* la (*si l'objet est* FÉMININ) *ou* le (*si l'objet est* MASCULIN)

> *Ce peut être le* pluriel *du* pronom personnel *à l'accusatif :*

sie *signifie* les *ou* elles (*si l'objet est* FÉMININ) *ou* eux (*si l'objet est* MASCULIN)

ℹ Déclinaisons
sie (accusatif) ; **ihnen** (datif) ; **ihrer** (génitif)

Sie vous (forme de politesse)

Sieb (NEUTRE : das Sieb, die Siebe) passoire

♦ **sieben** filtrer

sieben sept

♦ **siebenhundert** sept cents

♦ **siebenjährig** de sept ans

♦ **siebenmal** sept fois

♦ **zu siebt** à sept

♦ **siebte, siebter, siebtes** septième

♦ **siebtens** septièmement

♦ **siebzehn** dix-sept

♦ **siebzig** soixante-dix

Siedlung (FÉMININ : die Siedlung) cité *ou* agglomération *ou* lotissement

Sieg (MASCULIN : der Sieg, die Siege) victoire

♦ **siegen** gagner

♦ **Sieger, Siegerin** (MASCULIN : der Sieger, die Sieger / FÉMININ : die Siegerin, die Siegerinnen) vainqueur

♦ **siegreich** victorieux

siehst, sieht *voir* **sehen**

siezen vouvoyer

Silbe (FÉMININ : die Silbe, die Silben) syllabe

Silber (NEUTRE : das Silber) argent

Silvester (NEUTRE : das Silvester, die Silvester) réveillon du nouvel an

Sims (MASCULIN ou NEUTRE : der *ou* das Sims, die Simse) rebord

sind *voir* sein

singen (sang, gesungen) chanter

sinken (sank, gesunken) *a plusieurs sens :*

1 **sinken** *peut signifier* couler :

▷ Das Schiff ist gesunken. Le bateau a coulé.

2 **sinken** *peut signifier* baisser :

▷ Die Preise sinken. Les prix baissent.

▷ Die Temperaturen sollen sinken. Les températures doivent baisser.

3 **sinken** *peut signifier* se coucher :

► **die Sonne / der Mond sinkt** le soleil / la lune se couche

Sinn (MASCULIN : der Sinn, die Sinne) sens

► **von Sinnen sein** avoir perdu la tête

♦ **sinnlich** sensuel

♦ **Sinnlichkeit** (FÉMININ : die Sinnlichkeit) sensualité

♦ **sinnlos** vain

♦ **Sinnlosigkeit** (FÉMININ : die Sinnlosigkeit) absurdité

♦ **sinnvoll** qui a du sens *ou* judicieux *ou* sensé

Sintflut (FÉMININ : die Sintflut) déluge

Sippe (FÉMININ : die Sippe, die Sippen) clan

Sitte (FÉMININ : die Sitte, die Sitten) coutume

► **Sitten** (pluriel : die Sitten) mœurs

♦ **sittlich** moral

Sitz (MASCULIN : der Sitz, die Sitze) siège

♦ **sitzen** (saß, gesessen) être assis *ou* (en parlant d'un vêtement) aller bien

♦ **sitzen bleiben** *ou* **sitzenbleiben** rester assis

♦ **sitzenbleiben** redoubler (une année scolaire)

♦ **sitzen lassen** poser un lapin

> i *Cette expression allemande et sa traduction française sont familières.*

♦ **Sitzplatz** (MASCULIN : der Sitzplatz, die Sitzplätze) place assise

♦ **Sitzung** (FÉMININ : die Sitzung) réunion

Sizilien Sicile

Skelett (NEUTRE : das Skelett) squelette

Ski (MASCULIN : der Ski, die Skier) ski

► **Ski fahren** *ou* **Ski laufen** faire du ski

♦ **Skianzug** (MASCULIN : der Skianzug, die Skianzüge) combinaison de ski

♦ **Skilift** (MASCULIN : der Skilift, die Skilifte) remonte-pente

Skizze (FÉMININ : die Skizze, die Skizzen) esquisse

♦ **skizzieren** faire une esquisse

Sklave (MASCULIN : der Sklave, die Sklaven) esclave

♦ **Sklaverei** (FÉMININ : die Sklaverei) esclavage

Slowakei Slovaquie

♦ **Slowake, Slowakin** (MASCULIN : der Slowake, die Slowaken / FÉMININ : die Slowakin, die Slowakinnen) Slovaque

♦ **slowakisch** slovaque

♦ **Slowakische Republik** République slovaque

Slowene, Slowenin (MASCULIN : der Slowene, die Slowenen / FÉMININ : die Slowenin, die Sloweninnen) Slovène

♦ **Slowenien** Slovénie

♦ **slowenisch** slovène

so ainsi *ou* de cette manière *ou* comme ça

► **so viel** tant

► **und so weiter** et ainsi de suite

► **so genannt** soi-disant

► **so lala** couci-couça

► **so oder so** d'une manière ou d'une autre

► **so dass** *ou* **sodass** à tel point que

sobald dès que

Socke (FÉMININ : die Socke, die Socken) chaussette

soeben tout à l'heure

► **soeben etwas getan haben** venir de faire quelque chose

Sofa (NEUTRE : das Sofa, die Sofas) canapé

sofern *est une conjonction et signifie* si *ou* à condition que

soff *voir* **saufen**

sofort aussitôt *ou* tout de suite

sog *voir* **saugen**

sogar même

sogleich aussitôt *ou* tout de suite

Sohle (FÉMININ : die Sohle, die Sohlen)

♦ **Fußsohle** plante du pied

♦ **Schuhsohle** semelle

Sohn (MASCULIN : der Sohn, die Söhne) fils

solange tant que

solch tel, telle

► **solch ein, eine** un tel, une telle

► **solche** tels, telles

sollen devoir

somit ainsi

Sommer (MASCULIN : der Sommer, die Sommer) été

♦ **sommerlich** estival

♦ **Sommersprossen** (FÉMININ pluriel : die Sommersprossen) taches de rousseur

♦ **Sommerzeit** (FÉMININ : die Sommerzeit) heure d'été

Sonderangebot (NEUTRE : das Sonderangebot, die Sonderangebote) offre spéciale

sonderbar étrange

Sonderfall (MASCULIN : der Sonderfall, die Sonderfälle) exception

sondergleichen sans pareil

sonderlich bizarre

► **nicht sonderlich** pas spécialement

sondern mais

Sonnabend (MASCULIN : der Sonnabend, die Sonnabende) samedi

♦ **am Sonnabend** samedi

♦ **sonnabends** tous les samedis

Sonne (FÉMININ : die Sonne, die Sonnen) soleil

♦ **sich sonnen** prendre le soleil

♦ **Sonnenaufgang** (MASCULIN : der Sonnenaufgang, die Sonnenaufgänge) lever de soleil

♦ **Sonnenblume** (FÉMININ : die Sonnenblume, die Sonnenblumen) tournesol

♦ **Sonnenbrand** (MASCULIN : der Sonnenbrand, die Sonnenbrände) coup de soleil

♦ **Sonnenbrille** (FÉMININ : die Sonnenbrille, die Sonnenbrillen) lunettes de soleil

♦ **Sonnencreme** (FÉMININ : die Sonnencreme, die Sonnencremen) crème solaire

♦ **Sonnenschirm** (MASCULIN : der Sonnenschirm, die Sonnenschirme) parasol

♦ **Sonnenstich** (MASCULIN : der Sonnenstich, die Sonnenstiche) insolation

♦ **Sonnenuntergang** (MASCULIN : der Sonnenuntergang, die Sonnenuntergänge) coucher de soleil

♦ **sonnig** ensoleillé

Sonntag (MASCULIN : der Sonntag, die Sonntage) dimanche

► **am Sonntag** dimanche

► **sonntags** tous les dimanches

sonst *a plusieurs sens :*

1 **sonst** *peut signifier* sinon :

▷ Du musst jetzt gehen, sonst fährt der Zug ohne dich. Il faut que tu y ailles, sinon le train va partir sans toi.

2 **sonst** *peut signifier* d'habitude :

▷ Heute gibt es Fisch, aber sonst essen wir Fleisch. Aujourd'hui il y a du poisson, mais d'habitude on mange de la viande.

3 **sonst** *peut signifier* à part ça :

▷ Was habt ihr sonst gemacht? Qu'est-ce que vous avez fait à part ça ?

► **wer / was sonst** qui / quoi d'autre

► **sonst nichts** c'est tout

♦ **sonstig** autre

♦ **Sonstiges** (NEUTRE : das Sonstige) divers

sooft chaque fois que *ou* tant que

Sorge (FÉMININ : die Sorge, die Sorgen) souci *ou* soin

♦ **sich sorgen** se soucier

► **für jemanden sorgen** s'occuper de quelqu'un

► **für etwas sorgen** se charger de quelque chose *ou* provoquer quelque chose

♦ **sorgenfrei** sans souci

♦ **sorgenvoll** soucieux

♦ **Sorgerecht** (NEUTRE : das Sorgerecht, die Sorgerechte) droit de garde

♦ **Sorgfalt** (FÉMININ : die Sorgfalt) soin *ou* délicatesse

♦ **sorgfältig** *ou* **sorgsam** soigneux

♦ **sorglos** insouciant

sortieren (sortierte, sortiert) trier

Sortiment (NEUTRE : das Sortiment, die Sortimente) assortiment

sosehr tant *ou* bien que

Soße (FÉMININ : die Soße, die Soßen) sauce

Soundkarte /saundkartɐ/ (FÉMININ : die Soundkarte, die Soundkarten) carte son

♦ **Soundtrack** /sauntræk/ (MASCULIN : der Soundtrack, die Soundtracks) bande originale

soviel autant que

soweit autant que

► **soweit sein** être prêt *ou* y être

sowie aussi bien que *ou* dès que

sowieso de toute façon

sowohl

► **sowohl ... als auch** aussi bien ... que *ou* non seulement ... mais encore

sozusagen pour ainsi dire

Spalt ((MASCULIN : der Spalt, die Spalte) fente

Spalte (FÉMININ : die Spalte, die Spalten) fissure
♦ **(sich) spalten** (se) fendre *ou* (se) diviser
♦ **Spaltung** (FÉMININ : die Spaltung) division

Spange (FÉMININ : die Spange, die Spangen) barrette

Spanien Espagne
♦ **Spanier, Spanierin** (MASCULIN : der Spanier, die Spanier / FÉMININ : die Spanierin, die Spanierinnen) Espagnol, Espagnole
♦ **spanisch** espagnol

spann *voir* **spinnen**

Spanne (FÉMININ : die Spanne, die Spannen) laps de temps *ou* écart

spannen *a plusieurs catégories grammaticales et plusieurs sens :*
> *Ce peut être un* VERBE TRANSITIF *:*
spannen *signifie* tendre *ou* serrer
> *Ce peut être un* VERBE INTRANSITIF *:*
spannen *signifie* serrer (en parlant d'un vêtement)

spannend captivant
♦ **Spannung** (FÉMININ : die Spannung) tension

sparen économiser

Spargel (FÉMININ : die Spargel, die Spargel) asperge

Sparkasse (FÉMININ : die Sparkasse, die Sparkassen) caisse d'épargne

sparsam économe *ou* économique
♦ **Sparsamkeit** (FÉMININ : die Sparsamkeit) sens de l'économie

Sparte (FÉMININ : die Sparte, die Sparten) catégorie *ou* rubrique

Spaß (MASCULIN : der Spaß, die Späße) plaisir *ou* plaisanterie
► **Spaß machen** plaire
► **zum Spaß** pour rire
♦ **spaßen** plaisanter
♦ **spaßhaft** *ou* **spaßig** drôle
♦ **Spaßverderber, Spaßverderberin** (MASCULIN : der Spaßverderber, die Spaßverderber / FÉMININ : die Spaßverderberin, die Spaßverderberinnen) rabat-joie

spät tard *ou* tardif
► **zu spät** trop tard *ou* en retard

Spatz (MASCULIN : der Spatz, die Spatzen) moineau

spazieren se promener
► **spazieren gehen** se promener (à pied)
♦ **Spaziergang** (MASCULIN : der Spaziergang, die Spaziergänge) promenade

SPD *est l'abréviation de* **Sozialdemokratische Partei Deutschlands** *et signifie* parti social-démocrate allemand

Speck (MASCULIN : der Speck, die Specke) lard

Speichel (MASCULIN : der Speichel) salive

speichern stocker *ou* enregistrer

Speise (FÉMININ : die Speise, die Speisen) aliment *ou* nourriture
♦ **Speisekarte** (FÉMININ : die Speisekarte, die Speisekarten) menu (au restaurant)
♦ **speisen** manger

Spende (FÉMININ : die Spende, die Spenden) don
♦ **spenden** donner *ou* faire un don
♦ **spendieren** offrir

Sperre (FÉMININ : die Sperre, die Sperren) barrière *ou* barrage
♦ **sperren** barrer
♦ **sperrig** encombrant
♦ **Sperrstunde** (FÉMININ : die Sperrstunde, die Sperrstunden) heure de fermeture

Spesen (FÉMININ pluriel : die Spesen) frais

Spiegel (MASCULIN : der Spiegel, die Spiegel) miroir
♦ **Spiegelbild** (NEUTRE : das Spiegelbild, die Spiegelbilder) reflet
♦ **Spiegelei** (NEUTRE : das Spiegelei, die Spiegeleier) œuf au plat
♦ **spiegeln** refléter *ou* briller

Spiel (NEUTRE : das Spiel, die Spiele) jeu *ou* match
♦ **spielen** jouer
♦ **spielend** facilement

♦ **Spielerei** (FÉMININ : die Spielerei, die Spielereien) jeu d'enfant *ou* gadget

♦ **Spielfeld** (NEUTRE : das Spielfeld, die Spielfelder) terrain de jeu

♦ **Spielfilm** (MASCULIN : der Spielfilm, die Spielfilme) long métrage

♦ **Spielregel** (FÉMININ : die Spielregel, die Spielregeln) règle du jeu

♦ **Spielsachen** *ou* **Spielzeug** (FÉMININ pluriel : die Spielsachen *ou* NEUTRE : das Spielzeug) jouets

Spieß (MASCULIN : der Spieß, die Spieße) broche

Spießbürger, Spießbürgerin (MASCULIN : der Spießbürger, die Spießbürger / FÉMININ : die Spießbürgerin, die Spießbürgerinnen) petit-bourgeois, petite-bourgeoise

♦ **Spießer, Spießerin** (MASCULIN : der Spießer, die Spießer / FÉMININ : die Spießerin, die Spießerinnen) petit-bourgeois, petite-bourgeoise

♦ **spießig** petit-bourgeois

Spinat (MASCULIN : der Spinat, die Spinate) épinards

Spinne (FÉMININ : die Spinne, die Spinnen) araignée

♦ **spinnen** tisser *ou* filer

> **i** *Ce verbe peut aussi avoir le sens familier de* être fou.

♦ **Spinner, Spinnerin** (MASCULIN : der Spinner, die Spinner / FÉMININ : die Spinnerin, die Spinnerinnen) cinglé, cinglée

> **i** *Cette expression allemande et sa traduction française sont familières.*

Spion, Spionin (MASCULIN : der Spion, die Spione / FÉMININ : die Spionin, die Spioninnen) espion, espionne

♦ **Spionage** (FÉMININ : die Spionage, die Spionagen) espionnage

♦ **spionieren** espionner

Spital (NEUTRE : das Spital, die Spitäler) hôpital

spitz pointu

spitze super

Spitze (FÉMININ : die Spitze, die Spitzen) pointe *ou* sommet *ou* pic

► **an der Spitze liegen** être en tête

spitzen tailler

► **die Ohren spitzen** dresser les oreilles

♦ **spitzfindig** subtil

♦ **Spitzname** (MASCULIN : der Spitzname, die Spitznamen) surnom

Spitzen (FÉMININ pluriel : die Spitzen) dentelles

Splitter (MASCULIN : der Splitter, die Splitter) écharde

♦ **splitternackt** nu comme un ver

SPÖ *est l'abréviation de* **Sozialdemokratische Partei Österreichs** *et signifie* parti socialiste autrichien

Sportplatz (MASCULIN : der Sportplatz, die Sportplätze) terrain de sport

Spott (MASCULIN : der Spott) moquerie

♦ **spottbillig** d'un prix dérisoire

♦ **spotten** se moquer

♦ **spöttisch** moqueur

sprach *voir* **sprechen**

Sprache (FÉMININ : die Sprache, die Sprachen) langue *ou* langage

♦ **sprachlos** muet

♦ **Sprachreise** (FÉMININ : die Sprachreise, die Sprachreisen) voyage linguistique

♦ **Sprachwissenschaft** (FÉMININ : die Sprachwissenschaft) linguistique

sprang *voir* **springen**

sprechen (**er spricht; sprach, gesprochen**) parler

spreizen écarter

sprengen faire sauter *ou* arroser

♦ **Sprengstoff** (MASCULIN : der Sprengstoff, die Sprengstoffe) explosif

sprichst, spricht *voir* **sprechen**

Sprichwort (NEUTRE : das Sprichwort, die Sprichwörter) proverbe

Springbrunnen (MASCULIN : der Springbrunnen, die Springbrunnen) jet d'eau *ou* fontaine

springen (**sprang, gesprungen**) sauter *ou* éclater (en parlant de verre)

Sprit (MASCULIN : der Sprit) *est une expression familière qui signifie* essence

Spritze (FÉMININ : die Spritze, die Spritzen) seringue *ou* piqûre (au sens médical)

spritzen *a plusieurs catégories grammaticales et plusieurs sens :*

> *Ce peut être un* VERBE TRANSITIF :

spritzen *signifie* arroser *ou* faire une piqûre à

> *Ce peut être un* VERBE INTRANSITIF :

spritzen *signifie* gicler

spröde *a plusieurs sens :*

- **sprödes Material** matériel cassant
- **spröde Haut** peau sèche
- **ein spröder Mensch** une personne distante

Sprosse (FÉMININ : die Sprosse, die Sprossen) barreau

Spruch (MASCULIN : der Spruch, die Sprüche) dicton

Sprudel (MASCULIN : der Sprudel, die Sprudel) eau gazeuse

♦ **sprudeln** jaillir

Sprühdose (FÉMININ : die Sprühdose, die Sprühdosen) bombe aérosol

sprühen *a plusieurs catégories grammaticales et plusieurs sens :*

> *Ce peut être un* VERBE TRANSITIF :

sprühen *signifie* vaporiser

> *Ce peut être un* VERBE INTRANSITIF :

sprühen *signifie* jaillir

- **vor Freude sprühen** pétiller de joie

Sprung (MASCULIN : der Sprung, die Sprünge) saut

Spucke (FÉMININ : die Spucke) *est une expression familière qui signifie* salive

♦ **spucken** cracher

Spuk (MASCULIN : der Spuk, die Spuke) fantôme *ou* apparition de fantômes

♦ **spuken**

- **es spukt in diesem Haus** cette maison est hantée

Spule (FÉMININ : die Spule, die Spulen) bobine

Spüle (FÉMININ : die Spüle, die Spülen) évier

♦ **spülen** rincer *ou* faire la vaisselle

♦ **Spülmaschine** (FÉMININ : die Spülmaschine, die Spülmaschinen) lave-vaisselle

♦ **Spülmittel** (NEUTRE : das Spülmittel, die Spülmittel) produit vaisselle

♦ **Spülung** (FÉMININ : die Spülung) rinçage

Spur (FÉMININ : die Spur, die Spuren) trace *ou* voie

spüren sentir

♦ **spurlos** sans laisser de traces

sich sputen se dépêcher

Staat (MASCULIN : der Staat, die Staaten) État

♦ **staatlich** de l'État *ou* national

♦ **Staatsangehörigkeit** (FÉMININ : die Staatsangehörigkeit) nationalité

♦ **Staatsanwalt, Staatsanwältin** (MASCULIN : der Staatsanwalt, die Staatsanwälte / FÉMININ : die Staatsanwältin, die Staatsanwältinnen) procureur

♦ **Staatsbürger, Staatsbürgerin** (MASCULIN : der Staatsbürger, die Staatsbürger / FÉMININ : die Staatsbürgerin, die Staatsbürgerinnen) citoyen, citoyenne

♦ **Staatsbürgerschaft** (MASCULIN : die Staatsbürgerschaft, die Staatsbürgerschaften) nationalité

Stab (MASCULIN : der Stab, die Stäbe) bâton *ou* barreau

♦ **Stäbchen** (NEUTRE : das Stäbchen, die Stäbchen) baguette *ou* bâtonnet

♦ **Stabhochsprung** (MASCULIN : der Stabhochsprung) saut à la perche

stabil solide *ou* stable

stach *voir* **stechen**

Stachel (MASCULIN : der Stachel, die Stacheln) épine *ou* dard

♦ **Stacheldraht** (MASCULIN : der Stacheldraht, die Stacheldrähte) barbelé

♦ **stachelig** qui a des épines *ou* qui pique

Stadion (NEUTRE : das Stadion, die Stadien) stade

Stadt (FÉMININ : die Stadt, die Städte) ville

♦ **Stadtmitte** (FÉMININ : die Stadtmitte) centre-ville

♦ **Stadtrand** (MASCULIN : der Stadtrand) banlieue (proche) *ou* périphérie (d'une ville)

♦ **Stadtteil** (MASCULIN : der Stadtteil, die Stadtteile) quartier

staffeln échelonner

Stahl (MASCULIN : der Stahl, die Stähle) acier

stahl *voir* **stehlen**

Stall (MASCULIN : der Stall, die Ställe) étable

Stamm (MASCULIN : der Stamm, die Stämme) tribu *ou* radical (au sens grammatical)

♦ **Baumstamm** tronc d'arbre

♦ **Stammbaum** (MASCULIN : der Stammbaum, die Stammbäume) arbre généalogique

stammeln balbutier

stammen

► **stammen von** *ou* **aus** venir de *ou* descendre de

stämmig costaud

stampfen taper du pied *ou* réduire en purée

stand *voir* **stehen**

Stand (MASCULIN : der Stand, die Stände) *a plusieurs sens :*

1 **Stand** *peut signifier* stand

2 **Stand** *peut signifier* score :

▷ Der Stand des Spieles ist 5 zu 3. Le score du jeu est 5-3.

3 **Stand** *peut signifier* état :

▷ Wie ist der Stand der Dinge? Quel est l'état des choses ?

► **sozialer Stand** classe sociale

Standard (MASCULIN : der Standard, die Standards) norme *ou* niveau

Ständer (MASCULIN : der Ständer, die Ständer) support

Standesamt (NEUTRE : das Standesamt, die Standesämter) état civil *ou* mairie

standhaft ferme (en parlant d'une personne)

standhalten (**er hält stand; standhielt, standgehalten**) résister

ständig (adjectif) continuel *ou* (adverbe) continuellement

Standpunkt (MASCULIN : der Standpunkt, die Standpunkte) point de vue

Stange (FÉMININ : die Stange, die Stangen) barre

Stängel (MASCULIN : der Stängel, die Stängel) tige

stank *voir* **stinken**

Stapel (MASCULIN : der Stapel, die Stapel) pile *ou* tas

♦ **stapeln** empiler

starb *voir* **sterben**

stark (**stärker, am stärksten**) fort

♦ **Stärke** (FÉMININ : die Stärke) force

♦ **stärken** fortifier *ou* renforcer

starr rigide *ou* fixe

♦ **starren** regarder fixement *ou* fixer

♦ **Starrheit** (FÉMININ : die Starrheit) rigidité

♦ **starrköpfig** têtu *ou* obstiné

♦ **Starrsinn** (MASCULIN : der Starrsinn) obstination

Start (MASCULIN : der Start, die Starts *ou* Starte) départ *ou* début *ou* décollage

♦ **starten** démarrer *ou* décoller

Statist (MASCULIN : der Statist) figurant

statt au lieu de

♦ **Stätte** (FÉMININ : die Stätte, die Stätten) lieu

♦ **stattfinden** (**stattfand, stattgefunden**) avoir lieu

Stau (MASCULIN : der Stau, die Staue *ou* Staus) embouteillages

Staub (MASCULIN : der Staub) poussière

♦ **stauben** faire de la poussière

♦ **staubig** poussiéreux

♦ **staubsaugen** passer l'aspirateur

♦ **Staubsauger** (MASCULIN : der Staubsauger, die Staubsauger) aspirateur

Staudamm (MASCULIN : der Staudamm, die Staudämme) barrage

staunen s'étonner *ou* être étonné

♦ **Staunen** (NEUTRE : das Staunen) étonnement

(sich) stechen (**er sticht; stach, gestochen**) (se) piquer

► **die Sonne sticht** le soleil tape
► **in See stechen** prendre la mer

Steckdose (FÉMININ : die Steckdose, die Steckdosen) prise électrique

stecken *a plusieurs catégories grammaticales et plusieurs sens :*

> *Ce peut être un* VERBE TRANSITIF :

stecken in *signifie* mettre dans
► **sich ein Ziel stecken** se fixer un but
► **in Brand stecken** mettre le feu à

> *Ce peut être un* VERBE INTRANSITIF :

stecken *signifie* se trouver *ou* être :
▷ Wo steckst du? Où es-tu ?

♦ **steckenbleiben** être immobilisé *ou* avoir un blanc (pendant qu'on parle)

♦ **Stecknadel** (FÉMININ : die Stecknadel, die Stecknadeln) épingle

Steg (MASCULIN : der Steg, die Stege) passerelle *ou* débarcadère

Stegreif (MASCULIN : der Stegreif)
► **aus dem Stegreif** en improvisant

stehen (stand, gestanden) être debout *ou* se trouver
► **die Uhr steht** la montre est arrêtée
► **jemandem gut stehen** aller bien à quelqu'un
► **wie steht's?** comment ça va ?
► **zu jemandem / etwas stehen** soutenir quelqu'un / quelque chose
► **wie stehst du dazu?** quel est ton avis ?
► **stehen bleiben** s'arrêter

stehlen (er stiehlt; stahl, gestohlen) voler

steif raide *ou* engourdi
♦ **Steifheit** (FÉMININ : die Steifheit) raideur

steigen (stieg, gestiegen) monter *ou* grimper *ou* prendre de l'altitude

steigern augmenter
♦ **Steigerung** (FÉMININ : die Steigerung) augmentation

Steigung (FÉMININ : die Steigung) montée

steil escarpé *ou* raide (en parlant d'une pente)

Stein (MASCULIN : der Stein, die Steine) pierre
♦ **Steinbock** (MASCULIN : der Steinbock, die Steinböcke) Capricorne *ou* bouquetin
♦ **steinern** en pierre
♦ **steinhart** dur comme la pierre
♦ **steinig** rocailleux
♦ **steinigen** lapider

Stelle (FÉMININ : die Stelle, die Stellen) endroit *ou* place *ou* position

stellen mettre *ou* placer
► **Bedingungen stellen** poser des conditions
► **eine Falle stellen** tendre un piège
► **sich stellen** se livrer
► **sich krank stellen** faire le malade

Stellung (FÉMININ : die Stellung) position *ou* emploi
► **Stellung nehmen zu** prendre position au sujet de
♦ **Stellungnahme** (FÉMININ : die Stellungnahme) prise de position

Stellvertreter, Stellvertreterin (MASCULIN : der Stellvertreter, die Stellvertreter / FÉMININ : die Stellvertreterin, die Stellvertreterinnen) remplaçant, remplaçante *ou* adjoint, adjointe
♦ **Stellvertretung** (FÉMININ : die Stellvertretung) remplacement

stemmen soulever
► **sich stemmen gegen** s'appuyer contre *ou* tenir tête à

Stempel (MASCULIN : der Stempel, die Stempel) tampon
♦ **stempeln** tamponner *ou* timbrer

Steppdecke (FÉMININ : die Steppdecke, die Steppdecken) couette

Sterbehilfe (FÉMININ : die Sterbehilfe) euthanasie

sterben (er stirbt; starb, gestorben) mourir
♦ **sterblich** mortel

Stereoanlage (FÉMININ : die Stereoanlage, die Stereoanlagen) chaîne hi-fi

Stern (MASCULIN : der Stern, die Sterne) étoile
♦ **Sternschnuppe** (FÉMININ : die Sternschnuppe, die Sternschnuppen) étoile filante

stets toujours

Steuer *a plusieurs genres et plusieurs sens :*

> *Ce peut être un nom* NEUTRE :

das Steuer, die Steuer *signifie* volant

> *Ce peut être un nom* FÉMININ :
die Steuer, die Steuern *signifie* impôt

steuern conduire *ou* piloter

Stich (MASCULIN : der Stich, die Stiche) piqûre *ou* gravure
► **jemanden im Stich lassen** laisser quelqu'un en plan

Stichprobe (FÉMININ : die Stichprobe, die Stichproben) échantillon

Stichwort (NEUTRE : das Stichwort, die Stichwörter) mot-clé

sticken broder

Sticker (MASCULIN : der Sticker, die Sticker) autocollant

stickig étouffant

Stiefel (MASCULIN : der Stiefel, die Stiefel) botte

Stiefmutter (FÉMININ : die Stiefmutter, die Stiefmütter) belle-mère

Stiefvater (MASCULIN : der Stiefvater, die Stiefväter) beau-père

stieg *voir* **steigen**

stiehlst, stiehlt *voir* **stehlen**

Stiel (MASCULIN : der Stiel, die Stiele) manche *ou* tige

Stier (MASCULIN : der Stier, die Stiere) taureau

stieß *voir* **stoßen**

Stift (MASCULIN : der Stift, die Stifte) crayon

stiften faire un don *ou* provoquer :
► **Unruhe stiften** provoquer de l'agitation
♦ **Stiftung** (FÉMININ : die Stiftung) donation *ou* fondation

Stil (MASCULIN : der Stil, die Stile) style

still calme
♦ **Stille** (FÉMININ : die Stille) calme
♦ **stillen** calmer *ou* allaiter (un bébé)

Stillstand (MASCULIN : der Stillstand) arrêt
► **etwas zum Stillstand bringen** arrêter quelque chose
♦ **stillstehen** (**stillstand, stillgestanden**) être arrêté *ou* être immobilisé

Stimme (FÉMININ : die Stimme, die Stimmen) voix

stimmen *a plusieurs catégories grammaticales et plusieurs sens :*
> *Ce peut être un* VERBE TRANSITIF :
1 **stimmen** *peut signifier* accorder :
► **ein Musikinstrument stimmen** accorder un instrument de musique
2 **stimmen** *peut signifier* rendre :
▷ Seine Krankheit stimmt mich traurig. Sa maladie me rend triste.
> *Ce peut être un* VERBE INTRANSITIF :
1 **stimmen** *peut signifier* être juste *ou* être correct :
▷ Deine Antwort stimmt. Ta réponse est juste.
▷ Das stimmt nicht. Ce n'est pas correct.
2 **stimmen** *peut signifier* voter :
► **für / gegen jemanden / etwas stimmen** voter pour / contre quelqu'un / quelque chose

Stimmrecht (MASCULIN : das Stimmrecht, die Stimmrechte) droit de vote

Stimmung (FÉMININ : die Stimmung) ambiance *ou* état (d'âme)
♦ **stimmungsvoll** qui a de l'atmosphère

stinken (**stank, gestunken**) puer

Stipendium (NEUTRE : das Stipendium, die Stipendien) bourse d'études

stirbst, stirbt *voir* **sterben**

Stirn (FÉMININ : die Stirn, die Stirnen) front (partie du corps)

stöbern fouiller

Stock (MASCULIN : der Stock, die Stöcke) bâton *ou* étage

Stockwerk (NEUTRE : das Stockwerk, die Stockwerke) étage

Stoff (MASCULIN : der Stoff, die Stoffe) tissu *ou* matière

stöhnen gémir

stolpern trébucher

stolz fier

♦ **Stolz** (MASCULIN : der Stolz) fierté *ou* orgueil

stopfen bourrer *ou* gaver

► **vollstopfen** remplir à ras

► **hineinstopfen** enfoncer

stoppen arrêter *ou* chronométrer

♦ **Stoppschild** (NEUTRE : das Stoppschild, die Stoppschilder) panneau stop

♦ **Stoppuhr** (FÉMININ : die Stoppuhr, die Stoppuhren) chronomètre

Stöpsel (MASCULIN : der Stöpsel, die Stöpsel) bouchon

Storch (MASCULIN : der Storch, die Störche) cigogne

stören déranger

stornieren annuler

störrisch têtu *ou* obstiné

Störung (FÉMININ : die Störung) dérangement

Stoß (MASCULIN : der Stoß, die Stöße) coup *ou* secousse *ou* tas

♦ **Stoßdämpfer** (MASCULIN : der Stoßdämpfer, die Stoßdämpfer) amortisseur

stoßen (er stößt; stieß, gestoßen) *a plusieurs catégories grammaticales et plusieurs sens :*

> *Ce peut être un* VERBE TRANSITIF :

stoßen *signifie* pousser

> *Ce peut être un* VERBE INTRANSITIF :

► **auf jemanden stoßen** rencontrer quelqu'un par hasard

► **an etwas stoßen** se heurter contre quelque chose *ou* être attenant à quelque chose

> *Ce peut être un* VERBE RÉFLÉCHI :

sich stoßen *signifie* se cogner

♦ **Stoßstange** (FÉMININ : die Stoßstange, die Stoßstangen) pare-chocs

stottern bégayer

Strafe (FÉMININ : die Strafe, die Strafen) punition *ou* peine

♦ **strafen** punir

straff tendu

♦ **straffen** tendre *ou* abréger

Strafstoß (MASCULIN : der Strafstoß, die Strafstöße) penalty

Straftat (FÉMININ : die Straftat, die Straftaten) délit

Strafzettel (MASCULIN : der Strafzettel, die Strafzettel) contravention

Strahl (MASCULIN : der Strahl, die Strahlen) rayon *ou* jet

♦ **strahlen** rayonner *ou* briller

♦ **Strahlung** (FÉMININ : die Strahlung) radiation

Strähne (FÉMININ : die Strähne, die Strähnen) mèche

stramm raide *ou* rigide *ou* robuste

strampeln gigoter *ou* pédaler

Strand (MASCULIN : der Strand, die Strände) plage

Strang (MASCULIN : der Strang, die Stränge) corde *ou* cordon

Strapaze (FÉMININ : die Strapaze, die Strapazen)

► **etwas ist eine Strapaze** quelque chose est fatigant

♦ **strapazieren** fatiguer *ou* user

Straße (FÉMININ : die Straße, die Straßen) rue *ou* route

♦ **Straßenbahn** (FÉMININ : die Straßenbahn, die Straßenbahnen) tramway

(sich) sträuben (se) hérisser

► **sich gegen etwas sträuben** résister à quelque chose

Strauch (MASCULIN : der Strauch, die Sträucher) buisson

Strauß *a plusieurs sens :*

1 **der Strauß, die Sträuße** *signifie* bouquet

2 **der Strauß, die Strauße** *signifie* autruche

streben

► **streben nach** aspirer à

♦ **Streber, Streberin** (MASCULIN : der Streber, die Streber / FÉMININ : die Streberin, die Streberinnen) arriviste *ou* premier de la classe

> ℹ *Le terme allemand et ses traductions françaises sont péjoratifs.*

Strecke (FÉMININ : die Strecke, die Strecken) trajet

strecken étirer *ou* allonger
♦ **sich strecken** s'étirer

Streich (MASCULIN : der Streich, die Streiche) mauvais tour

streicheln caresser

streichen (strich, gestrichen) *a plusieurs catégories grammaticales et plusieurs sens :*

> *Ce peut être un* VERBE TRANSITIF :

1 **streichen** *peut signifier* peindre
2 **streichen** *peut signifier* barrer

> *Ce peut être un* VERBE INTRANSITIF :

▷ Der Wind streicht über das Land. Le vent souffle sur la campagne.
► **über etwas streichen** passer la main sur quelque chose
♦ **Streichholz** (NEUTRE : das Streichholz, die Streichhölzer) allumette
♦ **Streichinstrument** (NEUTRE : das Streichinstrument, die Streichinstrumente) instrument à cordes

streifen *a plusieurs catégories grammaticales et plusieurs sens :*

> *Ce peut être un* VERBE TRANSITIF :

streifen *signifie* effleurer

> *Ce peut être un* VERBE INTRANSITIF :

streifen *signifie* vagabonder

Streifen (MASCULIN : der Streifen, die Streifen) rayure *ou* bande *ou* film

Streifenwagen (MASCULIN : der Streifenwagen, die Streifenwagen) voiture de police

Streik (MASCULIN : der Streik, die Streiks) grève
♦ **streiken** faire la grève

Streit (MASCULIN : der Streit, die Streite) dispute
♦ **sich streiten** (stritt, gestritten) se disputer
♦ **Streitfrage** (FÉMININ : die Streitfrage, die Streitfragen) question litigieuse
♦ **streitig**
► **jemandem etwas streitig machen** disputer quelque chose à quelqu'un
♦ **Streitigkeiten** (FÉMININ pluriel : die Streitigkeiten) disputes
♦ **Streitkräfte** (FÉMININ pluriel : die Streitkräfte) forces armées
♦ **streitlustig** *ou* **streitsüchtig** querelleur

streng sévère *ou* strict

streuen répandre

Strich (MASCULIN : der Strich, die Striche) trait *ou* ligne
► **gegen den Strich** à rebrousse-poil
► **auf den Strich gehen** faire le trottoir
► **gegen** *ou* **wider den Strich gehen** contrarier
♦ **Strichpunkt** (MASCULIN : der Strichpunkt, die Strichpunkte) point-virgule

strich *voir* **streichen**

Strick (MASCULIN : der Strick, die Stricke) corde
♦ **stricken** tricoter
♦ **Strickleiter** (FÉMININ : die Strickleiter, die Strickleitern) échelle de corde

strikt formel *ou* méticuleux

stritt *voir* **streiten**

Stroh (NEUTRE : das Stroh) paille
♦ **Strohhalm** (MASCULIN : der Strohhalm, die Strohhalme) paille

Strom (MASCULIN : der Strom, die Ströme) fleuve *ou* courant électrique
♦ **stromabwärts** en aval
♦ **stromaufwärts** en amont
♦ **strömen** couler à flots *ou* affluer

Strömung (FÉMININ : die Strömung, die Strömungen) courant

Strudel (MASCULIN : der Strudel, die Strudel) *a plusieurs sens :*

1 **Strudel** *peut signifier* tourbillon
♦ **strudeln** tourbillonner
2 **Strudel** *peut signifier* gâteau roulé

Strumpf (MASCULIN : der Strumpf, die Strümpfe) bas (= vêtement)
♦ **Strumpfhose** (FÉMININ : die Strumpfhose, die Strumpfhosen) collant

struppig hirsute

Stück (NEUTRE : das Stück, die Stücke) morceau *ou* pièce
♦ **Stückchen** (NEUTRE : das Stückchen, die Stückchen) petit morceau *ou* un petit peu
♦ **stückweise** au détail

Student, Studentin (MASCULIN : der Student, die Studenten / FÉMININ : die Studentin, die Studentinnen) étudiant, étudiante

Studie (FÉMININ : die Studie, die Studien) étude

♦ **studieren** étudier

♦ **Studium** (NEUTRE : das Studium) études

Stufe (FÉMININ : die Stufe, die Stufen) marche

Stuhl (MASCULIN : der Stuhl, die Stühle) chaise

stumm muet

stumpf émoussé *ou* terne *ou* morne

♦ **Stumpfsinn** (MASCULIN : der Stumpfsinn) abrutissement

♦ **stumpfsinnig** abruti *ou* stupide

Stunde (FÉMININ : die Stunde, die Stunden) heure

♦ **stundenlang** pendant des heures

♦ **Stundenplan** (MASCULIN : der Stundenplan, die Stundenpläne) emploi du temps

♦ **stündlich** toutes les heures

Stuntman (MASCULIN : der Stuntman, die Stuntmen) cascadeur

stur têtu

Sturm (MASCULIN : der Sturm, die Stürme) tempête *ou* attaque

♦ **stürmisch** tempétueux *ou* impétueux

Sturz (MASCULIN : der Sturz, die Stürze) chute *ou* renversement (au sens politique)

stürzen *a plusieurs catégories grammaticales et plusieurs sens :*

> *Ce peut être un* VERBE INTRANSITIF :

stürzen *signifie* tomber

> *Ce peut être un* VERBE TRANSITIF :

stürzen *signifie* faire tomber *ou* renverser

> *Ce peut être un* VERBE RÉFLÉCHI :

sich stürzen *signifie* se jeter *ou* se précipiter

Sturzhelm (MASCULIN : der Sturzhelm, die Sturzhelme) casque

Stütze (FÉMININ : die Stütze, die Stützen) support *ou* soutien

♦ **stützen** soutenir *ou* appuyer

Styropor ® (NEUTRE : das Styropor) polystyrène

Suche (FÉMININ : die Suche, die Suchen) recherche

♦ **suchen** chercher *ou* rechercher

Sucht (FÉMININ : die Sucht, die Süchte) manie

♦ **Drogensucht** toxicomanie

♦ **süchtig** dépendant (d'un produit)

Süden (MASCULIN : der Süden) sud

♦ **südlich** au sud

Summe (FÉMININ : die Summe, die Summen) somme

summen bourdonner *ou* fredonner

Sumpf (MASCULIN : der Sumpf, die Sümpfe) marais *ou* marécage

♦ **sumpfig** marécageux

Sünde (FÉMININ : die Sünde, die Sünden) péché

♦ **Sündenbock** (MASCULIN : der Sündenbock, die Sündenböcke) bouc émissaire

Supermarkt (MASCULIN : der Supermarkt, die Supermärkte) supermarché

Suppe (FÉMININ : die Suppe, die Suppen) soupe

süß *a plusieurs sens :*

1 **süß** *peut signifier* sucré

♦ **süßen** sucrer

♦ **Süßigkeit** (FÉMININ : die Süßigkeit) sucrerie

2 **süß** *peut signifier* mignon

T

ALLEMAND — FRANÇAIS

Tablette (FÉMININ : die Tablette, die Tabletten) comprimé

tadellos irréprochable *ou* impeccable

Tafel (FÉMININ : die Tafel, die Tafeln) tableau *ou* plaque *ou* tablette

Tag (MASCULIN : der Tag, die Tage) jour *ou* journée

► **bei Tag** de jour

► **es ist Tag** il fait jour

► **guten Tag** bonjour

► **Tag für Tag** jour après jour

► **von Tag zu Tag** de jour en jour

♦ **Tagebuch** (NEUTRE : das Tagebuch, die Tagebücher) journal intime

♦ **tagelang** pendant des jours et des jours

♦ **tagen** siéger *ou* tenir un congrès

♦ **Tagesschau** (FÉMININ : die Tagesschau) journal télévisé

♦ **Tageszeitung** (FÉMININ : die Tageszeitung) journal quotidien

♦ **täglich** (adjectif) quotidien *ou* (adverbe) quotidiennement

♦ **tagsüber** pendant la journée

Tagung (FÉMININ : die Tagung) congrès

Takt (MASCULIN : der Takt, die Takte) mesure *ou* tact

♦ **taktlos** sans tact

♦ **Taktlosigkeit** (FÉMININ : die Taktlosigkeit) manque de tact

Tal (NEUTRE : das Tal, die Täler) vallée

talentiert doué

tanken prendre de l'essence

♦ **Tanker** *ou* **Tankschiff** (MASCULIN : der Tanker, die Tanker *ou* NEUTRE : das Tankschiff, die Tankschiffe) pétrolier

♦ **Tankstelle** (FÉMININ : die Tankstelle, die Tankstellen) station-service

Tanne *ou* **Tannenbaum** (FÉMININ : die Tanne, die Tannen *ou* MASCULIN : der Tannenbaum, die Tannenbäume) sapin

♦ **Tannenzapfen** (MASCULIN : der Tannenzapfen, die Tannenzapfen) pomme de pin

Tanz (MASCULIN : der Tanz, die Tänze) danse

♦ **tanzen** danser

♦ **Tänzer, Tänzerin** (MASCULIN : der Tänzer, die Tänzer / FÉMININ : die Tänzerin, die Tänzerinnen) danseur, danseuse

Tapete (FÉMININ : die Tapete, die Tapeten) papier peint

♦ **Tapetenwechsel** (MASCULIN : der Tapetenwechsel) *est une expression familière pour* changement d'air

tapfer courageux

tarnen camoufler

♦ **Tarnung** (FÉMININ : die Tarnung) camouflage

Tasche (FÉMININ : die Tasche, die Taschen) poche *ou* sac

♦ **Taschenbuch** (NEUTRE : das Taschenbuch, die Taschenbücher) livre de poche

♦ **Taschendieb** (MASCULIN : der Taschendieb, die Taschendiebe) pickpocket

♦ **Taschengeld** (NEUTRE : das Taschengeld) argent de poche

♦ **Taschenlampe** (FÉMININ : die Taschenlampe, die Taschenlampen) lampe de poche

♦ **Taschenmesser** (NEUTRE : das Taschenmesser, die Taschenmesser) canif

♦ **Taschenrechner** (MASCULIN : der Taschenrechner, die Taschenrechner) calculette

♦ **Taschentuch** (NEUTRE : das Taschentuch, die Taschentücher) mouchoir

Taste (FÉMININ : die Taste, die Tasten) touche

♦ **tasten** tâtonner

► **nach etwas tasten** chercher quelque chose à tâtons

tat *voir* **tun**

Tat (FÉMININ : die Tat, die Taten) acte *ou* action *ou* méfait

► **in der Tat** en effet

► **jemanden auf frischer Tat ertappen** prendre quelqu'un en flagrant délit

♦ **Tatbestand** (MASCULIN : der Tatbestand, die Tatbestände) faits

♦ **tatenlos** sans rien faire

♦ **Täter, Täterin** (MASCULIN : der Täter, die Täter/FÉMININ : die Täterin, die Täterinnen) coupable

♦ **tätig** actif

♦ **Tätigkeit** (FÉMININ : die Tätigkeit) activité

tätowieren tatouer

♦ **Tätowierung** (FÉMININ : die Tätowierung) tatouage

Tatsache (FÉMININ : die Tatsache, die Tatsachen) fait

tatsächlich *a plusieurs catégories grammaticales et plusieurs sens :*

> *Ce peut être un* ADJECTIF :

tatsächlich *signifie* réel

> *Ce peut être un* ADVERBE :

tatsächlich *signifie* effectivement *ou* vraiment

Tatze (FÉMININ : die Tatze, die Tatzen) patte

Tau *a plusieurs genres et plusieurs sens :*

> *Ce peut être un nom* NEUTRE :

das Tau, die Taue *signifie* cordage

> *Ce peut être un nom* MASCULIN :

der Tau *signifie* rosée

taub sourd *ou* engourdi :

▷ Meine Glieder sind ganz taub. Mes membres sont tout engourdis.

Taube (FÉMININ : die Taube, die Tauben) pigeon

taubstumm sourd-muet

tauchen plonger

♦ **Tauchen** (NEUTRE : das Tauchen) plongée

tauen fondre *ou* dégeler

Taufe (FÉMININ : die Taufe, die Taufen) baptême

♦ **taufen** baptiser

taugen

► **zu etwas taugen** être bon pour faire quelque chose

► **nichts taugen** n'être bon à rien

♦ **Taugenichts** (MASCULIN : der Taugenichts, die Taugenichtse) vaurien

♦ **tauglich** valable *ou* apte

taumeln tituber

Tausch (MASCULIN : der Tausch, die Tausche) échange

♦ **tauschen** échanger

(sich) täuschen (se) tromper

♦ **Täuschung** (FÉMININ : die Täuschung) fraude *ou* illusion *ou* fausse impression

tausend mille

♦ **Tausendfüßler** (MASCULIN : der Tausendfüßler, die Tausendfüßler) mille-pattes

Team (NEUTRE : das Team, die Teams) équipe

♦ **Teamarbeit** *ou* **Teamwork** (FÉMININ : die Teamarbeit *ou* NEUTRE : das Teamwork) travail en équipe

Teddy(bär) (MASCULIN : der Teddybär) ours en peluche

Tee (MASCULIN : der Tee, die Tees) thé *ou* tisane

Teer (MASCULIN : der Teer, die Teere) goudron

♦ **teeren** goudronner

Teich (MASCULIN : der Teich, die Teiche) étang

Teig (MASCULIN : der Teig, die Teige) pâte (pour faire une tarte)

♦ **Teigwaren** (FÉMININ pluriel : die Teigwaren) pâtes (alimentaires)

Teil (MASCULIN : der Teil, die Teile) partie *ou* part *ou* pièce détachée

► **zum Teil** en partie

♦ **Teilchen** (NEUTRE : das Teilchen, die Teilchen) particule

♦ **teilen** partager

♦ **Teilnahme** (FÉMININ : die Teilnahme, die Teilnahmen) participation *ou* intérêt

♦ **teilnehmen** (er nimmt teil; teilnahm, teilgenommen) participer

♦ **teils** *ou* **teilweise** en partie

Telefon (NEUTRE : das Telefon, die Telefone) téléphone

♦ **Telefonanruf** (MASCULIN : der Telefonanruf, die Telefonanrufe) coup de fil

♦ **Telefonbuch** (NEUTRE : das Telefonbuch, die Telefonbücher) annuaire

♦ **Telefongespräch** (NEUTRE : das Telefongespräch, die Telefongespräche) conversation téléphonique

♦ **Telefonhörer** (MASCULIN : der Telefonhörer, die Telefonhörer) écouteur

♦ **Telefonzelle** (FÉMININ : die Telefonzelle, die Telefonzellen) cabine téléphonique

Teller (MASCULIN : der Teller, die Teller) assiette

Teppich (MASCULIN : der Teppich, die Teppiche) tapis

♦ **Teppichboden** (MASCULIN : der Teppichboden, die Teppichböden) moquette

Termin (MASCULIN : der Termin, die Termine) rendez-vous

♦ **Terminkalender** (MASCULIN : der Terminkalender, die Terminkalender) agenda

Tesafilm® (MASCULIN : der Tesafilm, die Tesafilme) scotch®

teuer cher

Teufel (MASCULIN : der Teufel, die Teufel) diable

► **pfui Teufel!** pouah !

► **der Teufel ist los** c'est la pagaille

♦ **Teufelskreis** (MASCULIN : der Teufelskreis, die Teufelskreise) cercle vicieux

♦ **teuflisch** diabolique

Theke (FÉMININ : die Theke, die Theken) comptoir

Themse (FÉMININ : die Themse) la Tamise

Thunfisch (MASCULIN : der Thunfisch, die Thunfische) thon

Tick (MASCULIN : der Tick, die Ticks) tic

♦ **ticken** faire tic-tac *ou* cliqueter

tief profond *ou* bas *ou* grave

♦ **tief greifend** profond

♦ **Tiefe** (FÉMININ : die Tiefe, die Tiefen) profondeur

♦ **Tiefgarage** (FÉMININ : die Tiefgarage, die Tiefgaragen) parking souterrain

♦ **tiefgekühlt** surgelé

♦ **Tiefkühlfach** (NEUTRE : das Tiefkühlfach, die Tiefkühlfächer) freezer

♦ **Tiefkühltruhe** (FÉMININ : die Tiefkühltruhe, die Tiefkühltruhen) congélateur (coffre)

♦ **Tiefschlag** (MASCULIN : der Tiefschlag, die Tiefschläge) coup bas *ou* sale coup

♦ **Tiefsee** (FÉMININ : die Tiefsee) grands fonds

Tier (NEUTRE : das Tier, die Tiere) animal

♦ **Tierarzt / Tierärztin** (MASCULIN : der Tierarzt, die Tierärzte / FÉMININ : die Tierärztin, die Tierärztinnen) vétérinaire

♦ **Tiergarten** (MASCULIN : der Tiergarten, die Tiergärten) zoo

♦ **tierisch** bestial

Tiger (MASCULIN : der Tiger, die Tiger) tigre

Tinte (FÉMININ : die Tinte, die Tinten) encre

Tipp (MASCULIN : der Tipp, die Tipps) conseil

► **jemandem einen Tipp geben** donner un conseil à quelqu'un

tippen taper à la machine

♦ **Tippfehler** (MASCULIN : der Tippfehler, die Tippfehler) faute de frappe

tipptopp *est une expression familière qui signifie* impeccable

Tisch (MASCULIN : der Tisch, die Tische) table

► **bei Tisch** à table

► **unter den Tisch fallen lassen** laisser tomber

♦ **Tischdecke** (FÉMININ : die Tischdecke, die Tischdecken) nappe

♦ **Tischler** (MASCULIN : der Tischler, die Tischler) menuisier

♦ **Tischlerei** (FÉMININ : die Tischlerei, die Tischlereien) menuiserie

♦ **Tischtennis** (NEUTRE : das Tischtennis) ping-pong

Titel (MASCULIN : der Titel, die Titel) titre

♦ **Titelseite** (FÉMININ : die Titelseite, die Titelseiten) couverture (d'un journal)

Toaster (MASCULIN : der Toaster, die Toaster) grille-pain

toben être en rage :
▷ Sie hat getobt. Elle était en rage.
▷ Das Unwetter tobt. La tempête fait rage.
► **toben wie ein Irrer** être fou de rage
♦ **Tobsucht** (FÉMININ : die Tobsucht, die Tobsüchte) folie furieuse
♦ **tobsüchtig** fou furieux

Tochter (FÉMININ : die Tochter, die Töchter) fille

Tod (MASCULIN : der Tod, die Tode) mort
♦ **todernst** très sérieux
♦ **tödlich** mortel
♦ **todmüde** mort de fatigue

toi, toi, toi bonne chance

toll formidable

tollkühn téméraire

Tollpatsch (MASCULIN : der Tollpatsch, die Tollpatsche) maladroit *ou* balourd

Tollwut (FÉMININ : die Tollwut) rage (= maladie)

Tölpel (MASCULIN : der Tölpel, die Tölpel) balourd

Ton *a plusieurs sens :*
1 **der Ton, die Tone** *signifie* argile *ou* glaise
2 **der Ton, die Töne** *signifie* son *ou* ton
♦ **Tonart** (FÉMININ : die Tonart) tonalité
♦ **Tonband** (NEUTRE : das Tonband, die Tonbänder) bande magnétique
♦ **Tonbandgerät** (NEUTRE : das Tonbandgerät, die Tonbandgeräte) magnétophone
♦ **Tonleiter** (FÉMININ : die Tonleiter, die Tonleitern) gamme (au sens musical)

Tonne (FÉMININ : die Tonne, die Tonnen) tonneau *ou* tonne

Topf (MASCULIN : der Topf, die Töpfe) casserole *ou* pot

Töpferei (FÉMININ : die Töpferei, die Töpfereien) poterie

Tor (NEUTRE : das Tor, die Tore) portail *ou* but (au football)
♦ **Torhüter** (MASCULIN : der Torhüter, die Torhüter) gardien de but

töricht bête

torkeln tituber

Torte (FÉMININ : die Torte, die Torten) gâteau

Torwart (MASCULIN : der Torwart, die Torwarte) gardien de but

tosen être déchaîné :
▷ Das Meer tost. La mer est déchaînée.

tot mort
♦ **Tote, Toter** (MASCULIN : der Tote, die Toten / FÉMININ : die Tote, die Toten) mort, morte

> ℹ *Ce nom est un adjectif substantivé :* der Tote, ein Toter.

♦ **töten** tuer
♦ **Totenstille** (FÉMININ : die Totenstille) silence de mort
♦ **sich totlachen** mourir de rire
♦ **Totschlag** (MASCULIN : der Totschlag) homicide volontaire

Trab (MASCULIN : der Trab) trot
♦ **traben** aller au trot

trachten aspirer
► **nach etwas trachten** aspirer à quelque chose
► **danach trachten, etwas zu tun** aspirer à faire quelque chose

traf *voir* **treffen**

Tragbahre (FÉMININ : die Tragbahre, die Tragbahren) brancard

träge indolent *ou* inerte

tragen (**er trägt; trug, getragen**) porter
♦ **Träger** (MASCULIN : der Träger, die Träger) poutre *ou* bretelle

Trägheit (FÉMININ : die Trägheit) indolence *ou* inertie

Tragweite (FÉMININ : die Tragweite, die Tragweiten) portée

Trainer (MASCULIN : der Trainer, die Trainer) entraîneur
♦ **trainieren** s'entraîner
♦ **Training** (NEUTRE : das Training) entraînement

trampeln piétiner

trampen faire du stop

Träne (FÉMININ : die Träne, die Tränen) larme

trank *voir* trinken

trat *voir* treten

Traube (FÉMININ : die Traube, die Trauben) raisin

trauen *a plusieurs catégories grammaticales et plusieurs sens :*

> *Ce peut être un* VERBE INTRANSITIF :

► **jemandem / einer Sache trauen** faire confiance à quelqu'un / quelque chose

► **jemandem nicht über den Weg trauen** se méfier de quelqu'un

> *Ce peut être un* VERBE TRANSITIF :

trauen *signifie* marier

► **sich trauen lassen** se marier

> *Ce peut être un* VERBE RÉFLÉCHI :

sich trauen *signifie* oser

Trauer (FÉMININ : die Trauer) deuil *ou* tristesse

♦ **trauern** être en deuil

Traum (MASCULIN : der Traum, die Träume) rêve

♦ **träumen** rêver

♦ **traumhaft** de rêve

traurig triste

♦ **Traurigkeit** (FÉMININ : die Traurigkeit) tristesse

treffen (er trifft; traf, getroffen) *a plusieurs catégories grammaticales et plusieurs sens :*

> *Ce peut être un* VERBE TRANSITIF :

1 treffen *peut signifier* rencontrer

► **jemanden treffen** rencontrer quelqu'un

2 treffen *peut signifier* prendre :

► **eine Entscheidung treffen** prendre une décision

► **Maßnahmen treffen** prendre des mesures

3 treffen *peut signifier* faire :

► **eine Auswahl treffen** faire un choix

► **Vorbereitungen treffen** faire des préparatifs

4 treffen *peut signifier* toucher :

▷ Sein Tod hat mich sehr getroffen. Sa mort m'a beaucoup touché.

> *Ce peut être un* VERBE TRANSITIF :

treffen *signifie* toucher (la cible ou le but)

► **auf jemanden / etwas treffen** tomber sur quelqu'un / quelque chose

> **i** *Les temps composés de cette expression se forment avec* **sein**.

> *Ce peut être un* VERBE RÉFLÉCHI :

sich treffen *signifie* se rencontrer

► **sich gut treffen** bien tomber

Treffen (NEUTRE : das Treffen, die Treffen) rencontre

♦ **treffend** juste

♦ **Treffer** (MASCULIN : der Treffer, die Treffer) but *ou* coup dans le mille *ou* billet gagnant *ou* tir réussi

♦ **Treffpunkt** (MASCULIN : der Treffpunkt, die Treffpunkte) (lieu de) rendez-vous

treiben (trieb, getrieben) *a plusieurs catégories grammaticales et plusieurs sens :*

> *Ce peut être un* VERBE TRANSITIF :

► **Tiere auf die Weide treiben** mener le bétail au pâturage

► **Handel treiben** faire du commerce

► **Unsinn treiben** faire des bêtises

► **was treibst du?** qu'est-ce que tu fais ?

> *Ce peut être un* VERBE INTRANSITIF :

treiben *signifier* pousser :

▷ Die Pflanze treibt gut. La plante pousse bien.

Treiben (NEUTRE : das Treiben) animation

Treibstoff (MASCULIN : der Treibstoff, die Treibstoffe) carburant

(sich) trennen (se) séparer *ou* distinguer

► **sich von jemandem trennen** se séparer de quelqu'un

♦ **Trennung** (FÉMININ : die Trennung) séparation *ou* distinction

Treppe (FÉMININ : die Treppe, die Treppen) escalier

♦ **Treppenhaus** (NEUTRE : das Treppenhaus, die Treppenhäuser) cage d'escalier

Tresor (MASCULIN : der Tresor, die Tresore) coffre-fort *ou* chambre forte

> Tresor *ne signifie pas* trésor *en français.*

Tretboot (NEUTRE : das Tretboot, die Tretboote) pédalo

treten (er tritt; trat, getreten) *a plusieurs catégories grammaticales et plusieurs sens :*

> *Ce peut être un* VERBE TRANSITIF :

treten *signifie* donner un coup de pied à

> *Ce peut être un* VERBE INTRANSITIF :

► **auf etwas treten** marcher sur quelque chose

► **in etwas treten** mettre les pieds dans quelque chose

► **in Erscheinung treten** se manifester

► **an jemandes Stelle treten** remplacer quelqu'un

► **nach jemandem treten** donner un coup de pied à quelqu'un

treu fidèle

♦ **Treue** (FÉMININ : die Treue) fidélité

Trichter (MASCULIN : der Trichter, die Trichter) entonnoir

Trick (MASCULIN : der Trick, die Tricks) truc

♦ **Trickfilm** (MASCULIN : der Trickfilm, die Trickfilme) dessin animé

trieb *voir* **treiben**

Trieb (MASCULIN : der Trieb, die Triebe) *a plusieurs sens :*

1 **Trieb** *peut signifier* instinct *ou* pulsion

♦ **triebhaft** maniaque

2 **Trieb** *peut signifier* pousse (d'une plante)

triefen dégouliner

► **vor Nässe triefen** être trempé

triffst, trifft *voir* **treffen**

trinken (**trank, getrunken**) boire

♦ **Trinkgeld** (NEUTRE : das Trinkgeld) pourboire

Tritt (MASCULIN : der Tritt, die Tritte) coup de pied

tritt, trittst *voir* **treten**

Triumphbogen (MASCULIN : der Triumphbogen, die Triumphbögen) arc de triomphe

trocken sec

♦ **Trockenheit** (FÉMININ : die Trockenheit) sécheresse

♦ **trocknen** sécher

Trödelmarkt (MASCULIN : der Trödelmarkt, die Trödelmärkte) brocante

trödeln lambiner

trog *voir* **trügen**

Trommel (FÉMININ : die Trommel, die Trommeln) tambour

♦ **Trommelfell** (NEUTRE : das Trommelfell, die Trommelfelle) tympan

Tropen (FÉMININ pluriel : die Tropen) régions tropicales

tropfen goutter

♦ **Tropfen** (MASCULIN : der Tropfen, die Tropfen) goutte

Trost (MASCULIN : der Trost) consolation

♦ **trösten** consoler

♦ **trostlos** désolant

trotz *est une* préposition *qui s'emploie avec le* génitif *et signifie* malgré

Trotz (MASCULIN : der Trotz) obstination

► **aus Trotz** par dépit

► **jemandem zum Trotz** en dépit de quelqu'un

trotzdem quand même *ou* malgré tout

trotzig obstiné

trüb terne *ou* trouble *ou* morose *ou* morne

♦ **trüben** troubler *ou* gâter

♦ **sich trüben** devenir trouble *ou* se gâter

♦ **Trübsal** (NEUTRE : das Trübsal) chagrin

♦ **Trübsinn** (MASCULIN : der Trübsinn) morosité

♦ **trübsinnig** morose

trug *voir* **tragen**

trügen (**trog, getrogen**) tromper :

▷ Der Anschein trügt. Les apparences sont trompeuses.

♦ **trügerisch** trompeur

Truhe (FÉMININ : die Truhe, die Truhen) coffre *ou* bahut

Trümmer (pluriel : die Trümmer) décombres *ou* ruines

Truppe (FÉMININ : die Truppe, die Truppen) troupe

Truthahn (MASCULIN : der Truthahn, die Truthähne) dindon

Tscheche, Tschechin (MASCULIN : der Tscheche, die Tschechen / FÉMININ : die Tschechin, die Tschechinnen) Tchèque

♦ **Tschechien** *est l'abréviation de* **Tschechische Republik**

♦ **tschechisch** tchèque

♦ **Tschechische Republik** République tchèque

tschüss salut

Tuch (NEUTRE : das Tuch, die Tücher) chiffon *ou* foulard

tüchtig sein être travailleur

Tugend (FÉMININ : die Tugend) vertu

Tulpe (FÉMININ : die Tulpe, die Tulpen) tulipe

Tümpel (MASCULIN : der Tümpel, die Tümpel) mare

tun (tat, getan) *a plusieurs catégories grammaticales et plusieurs sens :*

> *Ce peut être un* VERBE TRANSITIF :

tun *signifie* faire *ou* mettre :

▷ Was soll ich tun? Que faire ?

▷ Tu das dorthin. Mets ça là-bas.

► **jemandem etwas tun** faire du mal à quelqu'un

► **etwas für jemanden tun** rendre un service à quelqu'un

► **nichts zu tun haben** n'avoir rien à faire

► **nichts zu tun haben mit** n'avoir rien à faire avec

► **es mit jemandem zu tun bekommen** avoir à faire avec quelqu'un

> *Ce peut être un* VERBE INTRANSITIF :

► **so tun als ob** faire comme si *ou* faire semblant

► **zu tun haben** avoir à faire

► **zu tun haben mit** avoir à faire avec

> *Ce peut être un* VERBE RÉFLÉCHI :

► **sich schwer tun** avoir du mal

► **es tut sich etwas** il se passe quelque chose

Tunfisch (MASCULIN : der Tunfisch, die Tunfische) thon

tunken tremper

tupfen tamponner *ou* tapoter

Tupfen (MASCULIN : der Tupfen, die Tupfen) point *ou* pois

Tür (FÉMININ : die Tür, die Türen) porte

Türke (MASCULIN : der Türke, die Türken) Turc

♦ **Türkei** (FÉMININ : die Türkei) Turquie

♦ **Türkin** (FÉMININ : die Türkin, die Türkinnen) Turque

türkis turquoise

türkisch turc

Turm (MASCULIN : der Turm, die Türme) tour

♦ **Türmchen** (NEUTRE : das Türmchen, die Türmchen) tourelle

♦ **sich türmen** s'empiler *ou* s'accumuler

turnen faire de la gymnastique

♦ **Turnhalle** (FÉMININ : die Turnhalle, die Turnhallen) gymnase

Turnier (NEUTRE : das Turnier, die Turniere) tournoi

tust, tut *voir* tun

Tüte (FÉMININ : die Tüte, die Tüten) sac *ou* cornet

tuten klaxonner

U

ALLEMAND — FRANÇAIS

U-Bahn (FÉMININ : die U-Bahn, die U-Bahnen) métro

übel mauvais

► **jemandem ist übel** quelqu'un a mal au cœur

► **übel nehmen** prendre mal

► **jemandem etwas übel nehmen** en vouloir à quelqu'un

♦ **Übel** (NEUTRE : das Übel, die Übel) mal

♦ **Übelkeit** (FÉMININ : die Übelkeit) nausée

üben s'exercer

► **etwas üben** s'excercer à quelque chose

über *a plusieurs catégories grammaticales et plusieurs sens :*

> *Ce peut être une* PRÉPOSITION *qui s'emploie avec l'*ACCUSATIF *ou le* DATIF *:*

1 **über** *peut indiquer un* lieu *et signifie* sur *ou* au-dessus de *ou* par :

▷ Sollen wir ein Tischtuch über den Tisch breiten? Est-ce qu'on met une nappe sur la table ?

▷ Der Zug fährt über Stuttgart. Le train passe par Stuttgart.

► **über die Straße gehen** traverser la rue

2 **über** *peut avoir un sens* temporel *et signifie* pendant *ou* dans :

► **den ganzen Tag über** toute la journée

3 **über** *peut indiquer une* mesure *ou un* nombre *et signifie* au-dessus de *ou* au-delà de *ou* plus de *ou* plus que :

▷ Das geht über meine Kräfte. C'est au-dessus de mes forces.

▷ Das kostet über fünfzig Euro. Ça coûte plus de cinquante euros.

4 **über** *peut signifier* par *ou* au sujet de :

► **über jemanden** par l'intermédiaire de quelqu'un

► **über etwas sprechen** parler de quelque chose

> *Ce peut être un* ADVERBE *:*

► **den Winter über** pendant l'hiver

► **über und über** entièrement

> *Ce peut être une* PARTICULE SÉPARABLE *pour former des* MOTS COMPOSÉS *:*

♦ **sich überanstrengen** *ou* **sich überarbeiten** se surmener

> i *Vous trouverez les* mots composés *qui commencent par* über- *classés par ordre alphabétique.*

Überblick (MASCULIN : der Überblick, die Überblicke) vue d'ensemble *ou* résumé

♦ **überblicken** (überblickte, überblickt) avoir une vue d'ensemble

überbringen (überbrachte, überbracht) remettre

überdenken (überdachte, überdacht) réfléchir à

überdies en outre

Überdosis (FÉMININ : die Überdosis) overdose

überdreht surexcité

Überdruss (MASCULIN : der Überdruss) lassitude *ou* dégoût

♦ **überdrüssig** las *ou* dégoûté

übereifrig trop zélé

übereilt précipité *ou* prématuré

übereinander l'un sur l'autre

► **die Beine übereinander schlagen** croiser les jambes

übereinkommen (übereinkam, übereingekommen) convenir

♦ **Übereinkunft** (FÉMININ : die Übereinkunft, die Übereinkünfte) accord

übereinstimmen correspondre *ou* être d'accord

♦ **Übereinstimmung** (FÉMININ : die Übereinstimmung) accord

überempfindlich hypersensible

überfahren (er überfährt; überfuhr, überfahren) écraser

► **jemanden überfahren** écraser quelqu'un

Überfahrt (FÉMININ : die Überfahrt) traversée

Überfall (MASCULIN : der Überfall, die Überfälle) attaque *ou* hold-up

♦ **überfallen** (er überfällt; überfiel, überfallen) attaquer

Überfluss (MASCULIN : der Überfluss, die Überflüsse) surabondance

► **im Überfluss** en abondance

♦ **überflüssig** superflu *ou* en trop

überfordern (überforderte, überfordert) demander trop *ou* surmener

♦ **Überforderung** (FÉMININ : die Überforderung) surmenage

überfüllt bondé

Übergabe (FÉMININ : die Übergabe, die Übergaben) remise

Übergang (MASCULIN : der Übergang, die Übergänge) passage *ou* transition

übergeben (er übergibt; übergab, übergeben) *a plusieurs catégories grammaticales et plusieurs sens :*

> *Ce peut être un* VERBE TRANSITIF :

übergeben *signifie* remettre *ou* transmettre

> *Ce peut être un* VERBE RÉFLÉCHI :

sich übergeben *signifie* vomir

übergehen *a plusieurs catégories grammaticales et plusieurs sens :*

> *Ce peut être un* VERBE INTRANSITIF :

übergehen (er geht über; überging, übergegangen) *signifie* passer de l'autre côté

► **zu etwas übergehen** passer à autre chose

> ℹ *L'accent est sur* über.

> *Ce peut être un* VERBE TRANSITIF :

übergehen (er übergeht; überging, übergangen) *signifie* oublier *ou* omettre

► **jemanden / etwas übergehen** oublier quelqu'un / quelque chose

> ℹ *L'accent est sur* gehen.

überglücklich très heureux

überhaupt en général *ou* somme toute *ou* de toute façon

► **überhaupt nicht** pas du tout

überheblich présomptueux

♦ **Überheblichkeit** (FÉMININ : die Überheblichkeit) présomption

überholen (überholte, überholt) doubler *ou* réviser (une voiture)

überhören (überhörte, überhört) ne pas entendre *ou* faire la sourde oreille

überirdisch surnaturel

überladen (er überlädt; überlud, überladen) surcharger

überlassen *a plusieurs sens :*

1 **überlassen** (er überlässt; überließ, überlassen) *signifie* confier *ou* laisser faire *ou* laisser prendre :

▷ Ich überlasse dir die Kinder. Je te confie les enfants.

▷ Überlass das mir! Laisse-moi faire !

▷ Die Entscheidung überlasse ich ihm. Je le laisse prendre la décision.

> ℹ *L'accent est sur* lassen.

2 **überlassen** (er lässt über; überließ, übergelassen) *signifie* laisser (des restes) :

▷ Deine Schwester hat dir Kuchen übergelassen. Ta sœur t'a laissé du gâteau.

> ℹ *L'accent est sur* über.

überlasten (überlastete, überlastet) surcharger

überlaufen *a plusieurs catégories grammaticales et plusieurs sens :*

> *Ce peut être un* VERBE INTRANSITIF :

überlaufen (er läuft über; überlief, übergelaufen) *signifie* déborder

► **zum Feind überlaufen** passer à l'ennemi

> ℹ *L'accent est sur* über.

> *Ce peut être un* VERBE TRANSITIF :

überlaufen (er überläuft; überlief, überlaufen) *signifie* parcourir *ou* traverser

▷ Es überläuft mich kalt. Ça me donne des frissons.

> ℹ *L'accent est sur* laufen.

> *Ce peut être un* ADJECTIF :

überlaufen *signifie* surchargé *ou* encombré *ou* noir de monde

überleben (überlebte, überlebt) survivre

♦ **Überlebende, Überlebender** (MASCULIN : der Überlebende, die Überlebenden / FÉMININ : die Überlebende, die Überlebenden) survivant

> ℹ *Ce nom est un adjectif substantivé :* der Überlebende, ein Überlebender.

überlegen *a plusieurs catégories grammaticales et plusieurs sens :*

> *Ce peut être un* VERBE :

überlegen (überlegte, überlegt) réfléchir à

► **sich etwas überlegen** réfléchir à quelque chose

> *Ce peut être un* ADJECTIF :

überlegen *signifie* supérieur

► **jemandem überlegen sein** être supérieur à quelqu'un *ou* être plus fort que quelqu'un

► **sich jemandem überlegen fühlen** se sentir supérieur à quelqu'un

♦ **Überlegenheit** (FÉMININ : die Überlegenheit) supériorité

Überlegung (FÉMININ : die Überlegung) réflexion

überliefern (überlieferte, überliefert) transmettre

♦ **Überlieferung** (FÉMININ : die Überlieferung) transmission *ou* tradition

überlisten (überlistete, überlistet) duper

überm *est l'abréviation de* über dem *et signifie* au-dessus du, de la

Übermaß (NEUTRE : das Übermaß, die Übermaße) excès

♦ **übermäßig** excessif

übermitteln (übermittelte, übermittelt) transmettre

übermorgen après-demain

übermüdet très fatigué

♦ **Übermüdung** (FÉMININ : die Übermüdung) grande fatigue

Übermut (MASCULIN : der Übermut) exubérance

♦ **übermütig** exubérant

übernachten (übernachtete, übernachtet) passer la nuit

► **bei jemandem übernachten** dormir chez quelqu'un

♦ **Übernachtung** (FÉMININ : die Übernachtung) nuit

Übernahme (FÉMININ : die Übernahme, die Übernahmen) prise en charge *ou* réception *ou* reprise

♦ **übernehmen** (er übernimmt; übernahm, übernommen) reprendre *ou* prendre en charge *ou* recevoir

♦ **sich übernehmen** se surmener

überprüfen (überprüfte, überprüft) examiner *ou* contrôler

♦ **Überprüfung** (FÉMININ : die Überprüfung) examen *ou* contrôle

überqueren (überquerte, überquert) traverser

überraschen (überraschte, überrascht) surprendre

♦ **Überraschung** (FÉMININ : die Überraschung) surprise

überreden (überredete, überredet) persuader

Überreste (MASCULIN pluriel : die Überreste) restes

überrumpeln (überrumpelte, überrumpelt) prendre au dépourvu

übers *est l'abréviation de* über das *et signifie* par-dessus le, la

(sich) überschätzen (überschätzte, überschätzt) (se) surestimer

sich überschlagen (er überschlägt; überschlug, überschlagen) faire un tonneau

überschnappen devenir fou

(sich) überschneiden (überschnitt, überschnitten) (se) chevaucher

überschreiten (überschritt, überschritten) dépasser *ou* transgresser *ou* abuser de :
► die Grenzen überschreiten dépasser les limites
► die Regeln überschreiten transgresser les règles

Überschrift (FÉMININ : die Überschrift) titre

Überschuss (MASCULIN : der Überschuss, die Überschüsse) excédent
♦ überschüssig excédentaire *ou* débordant

Überschwang (MASCULIN : der Überschwang, die Überschwänge) exubérance *ou* débordement
♦ überschwänglich débordant d'enthousiasme *ou* excessif
♦ Überschwänglichkeit (FÉMININ : die Überschwänglichkeit) exaltation *ou* exubérance

überschwemmen (überschwemmte, überschwemmt) inonder
♦ Überschwemmung (FÉMININ : die Überschwemmung) inondation

Übersee (FÉMININ : die Übersee) outre-mer

übersehen (er übersieht; übersah, übersehen) *a plusieurs sens :*
1 übersehen *peut signifier* voir d'un coup d'œil
2 übersehen *peut signifier* ne pas voir *ou* omettre

übersetzen (übersetzte, übersetzt) traduire
♦ Übersetzung (FÉMININ : die Übersetzung) traduction

Übersicht (FÉMININ : die Übersicht) vue d'ensemble
► die Übersicht verlieren perdre le contrôle
♦ übersichtlich bien disposé *ou* clair

überspannt exalté

überstehen (überstand, überstanden) surmonter

Überstunden (FÉMININ pluriel : die Überstunden) heures supplémentaires

(sich) überstürzen (überstürzte, überstürzt) (se) précipiter

übertragbar contagieux *ou* transmissible
♦ übertragen (er überträgt; übertrug, übertragen) transmettre *ou* déléguer *ou* diffuser
♦ Übertragung (FÉMININ : die Übertragung) transmission

übertreffen (er übertrifft; übertraf, übertroffen) dépasser *ou* surpasser :
▷ Das übertrifft meine Erwartungen. Ça dépasse mes attentes.

übertreiben (er übertreibt; übertrieb, übertrieben) exagérer
♦ Übertreibung (FÉMININ : die Übertreibung) exagération

übertreten *a plusieurs catégories grammaticales et plusieurs sens :*

> *Ce peut être un* VERBE INTRANSITIF :

übertreten (er tritt über; übertrat, übergetreten) *signifie* se convertir *ou* passer de l'autre côté

ℹ *L'accent est sur* über.

> *Ce peut être un* VERBE TRANSITIF :

übertreten (übertritt; übertrat, übertreten) transgresser
► ein Gesetz übertreten enfreindre une loi

ℹ *L'accent est sur* treten.

♦ Übertretung (FÉMININ : die Übertretung) transgression *ou* infraction

übertrieben exagéré

übervölkert surpeuplé

überwachen (überwachte, überwacht) surveiller

überwältigend grandiose

überwiegen (überwog, überwogen) prédominer
♦ überwiegend (adjectif) prépondérant *ou* (adverbe) la plupart du temps

überwinden (überwand, überwunden) surmonter

♦ **sich überwinden** faire un effort sur soi-même *ou* se faire violence

♦ **Überwindung** (FÉMININ : die Überwindung) effort sur soi-même

Überzahl (FÉMININ : die Überzahl) majorité

überzeugen (überzeugte, überzeugt) convaincre

♦ **überzeugend** convaincant

♦ **Überzeugung** (FÉMININ : die Überzeugung) conviction

überziehen (überzog, überzogen) recouvrir

► **sein Konto überziehen** mettre son compte à découvert

♦ **Überzug** (MASCULIN : der Überzug, die Überzüge) housse

üblich habituel

U-Boot (NEUTRE : das U-Boot, die U-Boote) sous-marin

übrig restant

► **für jemanden etwas übrig haben** avoir un faible pour quelqu'un

► **übrig bleiben** rester

► **etwas übrig lassen** laisser des restes

► **im Übrigen** du reste

♦ **übrigens** d'ailleurs

♦ **Übriges** (NEUTRE : das Übrige) le reste

Übung (FÉMININ : die Übung, die Übungen) exercice

Ufer (NEUTRE : das Ufer, die Ufer) rive *ou* rivage *ou* bord de l'eau

Ufo (NEUTRE : das Ufo, die Ufos) OVNI

Uhr (FÉMININ : die Uhr, die Uhren) horloge *ou* montre

► **wie viel Uhr ist es?** quelle heure est-il ?

♦ **Uhrzeigersinn** (MASCULIN : der Uhrzeigersinn) sens des aiguilles d'une montre

♦ **Uhrzeit** (FÉMININ : die Uhrzeit) heure

ulkig drôle

Ultraschall *ou* **Ultraschallaufnahme** (MASCULIN : der Ultraschall *ou* FÉMININ : die Ultraschallaufnahme) échographie

um *a plusieurs catégories grammaticales et plusieurs sens :*

> *Ce peut être une* PRÉPOSITION *qui s'emploie avec l'*ACCUSATIF *:*

1 **um** *peut indiquer un* lieu *et signifie* autour de

► **um die Stadt herumfahren** contourner la ville

► **um sich schauen** regarder autour de soi

2 **um** *peut avoir un sens* temporel *et signifie* à *ou* vers

► **um zwei Uhr** à deux heures

► **um Weihnachten** vers Noël

► **Tag um Tag** jour après jour

3 **um** *peut indiquer une* mesure *et signifie* de *ou* pour

► **um ein Jahr älter** un an de plus

► **um die Hälfte** de moitié

► **um Geld spielen** jouer pour de l'argent

► **um alles in der Welt** pour tout au monde

► **um so mehr** d'autant plus

4 **um** *peut avoir d'autres significations :*

► **sich um jemanden Sorgen machen** se faire des soucis pour quelqu'un

► **um seinetwillen** à cause de lui

► **um etwas bitten** demander quelque chose

> *Ce peut être une* CONJONCTION *:*

um *signifie* afin que *ou* afin de

> *Ce peut être un* ADVERBE *:*

um *signifie* environ

► **die Zeit ist um** le temps est passé

> *Ce peut être une* PARTICULE SÉPARABLE *pour former des* VERBES COMPOSÉS *:*

♦ **umändern** transformer *ou* modifier

> i *Vous trouverez les verbes composés qui commencent par* um- *classés par ordre alphabétique.*

umarmen (umarmte, umarmt) étreindre *ou* prendre dans ses bras

Umbau (MASCULIN : der Umbau, die Umbaue *ou* Umbauten) transformation (d'une construction)

♦ **umbauen** transformer (une construction)

umbinden (umband, umgebunden) mettre (autour du cou ou de la taille)

umblättern tourner les pages

sich umblicken regarder autour

umbringen (umbrachte, umgebracht) tuer

Umbruch (MASCULIN : der Umbruch, die Umbrüche) changement *ou* bouleversement

(sich) umdrehen (se) retourner

♦ **Umdrehung** (FÉMININ : die Umdrehung) rotation *ou* tour

umeinander l'un autour de l'autre *ou* l'un pour l'autre

► **sich umeinander sorgen** s'inquiéter l'un pour l'autre

umfallen se renverser *ou* tomber

📖 fallen (er fällt; fiel, gefallen) = tomber

Umfang (MASCULIN : der Umfang, die Umfänge) étendue *ou* longueur *ou* portée

♦ **umfangreich** vaste *ou* volumineux

umfassend complet *ou* global

Umfeld (NEUTRE : das Umfeld, die Umfelder) contexte *ou* environnement

Umfrage (FÉMININ : die Umfrage, die Umfragen) enquête *ou* sondage

Umgang (MASCULIN : der Umgang, die Umgänge) rapports *ou* relations

♦ **umgänglich** sociable

♦ **Umgangsformen** (FÉMININ pluriel : die Umgangsformen) manières

♦ **Umgangssprache** (FÉMININ : die Umgangssprache, die Umgangssprachen) langage familier

Umgebung (FÉMININ : die Umgebung) environs *ou* milieu *ou* entourage

umgehen *a plusieurs catégories grammaticales et plusieurs sens :*

> *Ce peut être un* VERBE TRANSITIF :

umgehen (er umgeht; umging, umgangen) contourner

ℹ *L'accent est sur* gehen.

> *Ce peut être un* VERBE INTRANSITIF :

umgehen (er geht um; umging, umgegangen) traiter *ou* manier

► **mit jemandem schlecht umgehen** maltraiter quelqu'un

► **mit etwas umgehen können** savoir s'y prendre

► **mit Geld sparsam umgehen** être économe

♦ **umgehend** (adjectif) immédiat *ou* (adverbe) immédiatement

umgekehrt au contraire *ou* vice versa

Umhang (MASCULIN : der Umhang, die Umhänge) cape

♦ **umhängen** (umhing, umgehangen) mettre sur les épaules

umher autour *ou* çà et là

sich umhören se renseigner

umkehren faire demi-tour *ou* retourner

umkippen se renverser *ou* perdre l'équilibre *ou* tomber dans les pommes

Umkleideraum (MASCULIN : der Umkleideraum, die Umkleideräume) vestiaire

umkommen (umkam, umgekommen) mourir

Umkreis (MASCULIN : der Umkreis, die Umkreise) environs *ou* voisinage *ou* rayon

► **in einem Umkreis von** dans un rayon de

♦ **umkreisen** (umkreiste, umkreist) tourner autour de

umleiten dévier

♦ **Umleitung** (FÉMININ : die Umleitung) déviation

umliegend environnant

Umriss (MASCULIN : der Umriss, die Umrisse) contour

umrühren remuer

ums *est l'abréviation de* **um das** *et signifie* autour du, de la

Umsatz (MASCULIN : der Umsatz, die Umsätze) chiffre d'affaires *ou* ventes

umschalten changer (de programme)

Umschlag (MASCULIN : der Umschlag, die Umschläge) couverture (d'un livre) *ou* enveloppe

♦ **umschlagen** (er schlägt um; umschlug, umgeschlagen) tourner (une page)

umschreiben (umschrieb, umschrieben) paraphraser

umschwärmen (umschwärmte, umschwärmt) courtiser

sich umsehen regarder autour de soi *ou* chercher

📖 **sehen** (**er sieht; sah, gesehen**) = voir

Umsicht (FÉMININ : die Umsicht) précaution

♦ **umsichtig** prudent

umso

► **umso mehr** d'autant plus

► **umso besser** tant mieux

umsonst en vain *ou* gratuitement

Umstand (MASCULIN : der Umstand, die Umstände) circonstance

► **in anderen Umständen sein** être enceinte

► **Umstände machen** faire des histoires

► **machen Sie keine Umstände** ne vous dérangez pas

► **mildernde Umstände** circonstances atténuantes

♦ **umständlich** compliqué

umsteigen changer (de train, de bus, de métro, etc.)

📖 **steigen** (**stieg, gestiegen**) = monter

umstellen changer *ou* changer de place

♦ **sich umstellen** s'adapter

♦ **Umstellung** (FÉMININ : die Umstellung) changement *ou* adaptation

umstoßen renverser

📖 **stoßen** (**er stößt; stieß, gestoßen**) = pousser

umstritten controversé

Umsturz (MASCULIN : der Umsturz, die Umstürze) renversement

♦ **umstürzen** renverser

umtauschen échanger *ou* changer

umwandeln transformer

Umweg (MASCULIN : der Umweg, die Umwege) détour

Umwelt (FÉMININ : die Umwelt) environnement

♦ **umweltfeindlich** polluant

♦ **umweltfreundlich** écologique

♦ **umweltgefährdend** nocif

♦ **umweltschädlich** polluant

♦ **Umweltschutz** (MASCULIN : der Umweltschutz) protection de l'environnement

♦ **Umweltverschmutzung** (FÉMININ : die Umweltverschmutzung) pollution

umwerfen renverser *ou* jeter sur ses épaules

📖 **werfen** (**er wirft; warf, geworfen**) = jeter

♦ **umwerfend** époustouflant

umziehen (**umzog, umgezogen**) *a plusieurs catégories grammaticales et plusieurs sens :*

> *Ce peut être un* VERBE INTRANSITIF :
umziehen *signifie* déménager

> *Ce peut être un* VERBE TRANSITIF :
umziehen *signifie* changer de tenue

> *Ce peut être un* VERBE RÉFLÉCHI :
sich umziehen *signifie* se changer

umzingeln (**umzingelte, umzingelt**) encercler

Umzug (MASCULIN : der Umzug, die Umzüge) déménagement *ou* procession

unabänderlich irrévocable

unabhängig indépendant

♦ **Unabhängigkeit** (FÉMININ : die Unabhängigkeit) indépendance

unabsehbar imprévisible

unabsichtlich involontaire, involontairement

unachtsam inattentif *ou* distrait

♦ **Unachtsamkeit** (FÉMININ : die Unachtsamkeit) inattention *ou* distraction

unangenehm désagréable

unanständig indécent

Unart (FÉMININ : die Unart) mauvaise habitude

♦ **unartig** désobéissant

unauffällig discret

unauffindbar introuvable

unaufhaltsam inéluctable

unaufhörlich continuel

unaufmerksam inattentif

unausstehlich insupportable

unausweichlich inévitable

unbändig turbulent *ou* pétulant

unbarmherzig impitoyable

unbeachtet inaperçu

unbedeutend insignifiant

unbedingt absolument

unbefangen naïf *ou* naturel

unbefugt non autorisé

unbegabt peu doué

unbegreiflich incompréhensible

unbegrenzt illimité

unbegründet sans fondement

Unbehagen (NEUTRE : das Unbehagen) malaise *ou* gêne

♦ **unbehaglich** désagréable

unbeholfen maladroit

unbekannt inconnu

unbekümmert insouciant

unbeliebt peu aimé *ou* mal vu *ou* impopulaire

unbequem inconfortable

unberechenbar imprévisible

unberührt intact

unbeschreiblich indescriptible

unbestimmt indéfini *ou* vague *ou* incertain

unbeweglich immobile

unbewusst inconscient

und et

► **und so weiter** et cætera

undankbar ingrat

♦ **Undankbarkeit** (FÉMININ : die Undankbarkeit) ingratitude

undenkbar impensable *ou* inconcevable

undeutlich indistinct *ou* imprécis *ou* incompréhensible

undurchlässig imperméable *ou* étanche

unempfindlich insensible

unendlich infini

♦ **Unendlichkeit** (FÉMININ : die Unendlichkeit) infini *ou* infinité *ou* éternité

unentbehrlich indispensable

unentschieden indécis

► **unentschieden enden** faire match nul

unentschlossen irrésolu *ou* indécis

unentwegt (adjectif) constant *ou* (adverbe) constamment

unerfahren inexpérimenté

unerfreulich désagréable

unerhört inouï

unerklärlich inexplicable

unerlässlich indispensable

unermesslich immense

unermüdlich infatigable

unersättlich insatiable

unerschöpflich inépuisable

unerschütterlich inébranlable

unerschwinglich inabordable

unerträglich insupportable

unerwartet inattendu

unerwünscht importun *ou* indésirable

unfähig incapable

unfair injuste

Unfall (MASCULIN : der Unfall, die Unfälle) accident

unfassbar incroyable *ou* inconcevable

unfehlbar infaillible

unfreiwillig involontaire

unfreundlich peu aimable *ou* désagréable

Unfriede(n) (MASCULIN : der Unfriede) discorde
► **Unfrieden stiften** provoquer la discorde

unfruchtbar stérile *ou* infructueux

Unfug (MASCULIN : der Unfug) bêtises

Ungar, Ungarin (MASCULIN : der Ungar, die Ungarn / FÉMININ : die Ungarin, die Ungarinnen) Hongrois, Hongroise
♦ **ungarisch** hongrois
♦ **Ungarn** Hongrie

ungeachtet *est une* préposition *qui s'emploie avec le* génitif *et signifie* malgré *ou* en dépit de

ungeahnt inespéré

ungebildet inculte

Ungeduld (FÉMININ : die Ungeduld) impatience
♦ **ungeduldig** impatient

ungeeignet inapproprié *ou* incompétent

ungefähr à peu près

ungefährlich sans danger

ungeheuer *a plusieurs catégories grammaticales et plusieurs sens :*

> *Ce peut être un* ADJECTIF *:*
ungeheuer *signifie* énorme *ou* inquiétant *ou* formidable *ou* inouï

> *Ce peut être un* ADJECTIF *:*
ungeheuer *signifie* énormément

♦ **Ungeheuer** (NEUTRE : das Ungeheuer, die Ungeheuer) monstre
♦ **ungeheuerlich** monstrueux *ou* révoltant

ungelegen importun
► **das kommt mir ungelegen** ça ne me convient pas

ungemein énorme *ou* extrêmement

ungemütlich inconfortable *ou* désagréable
▷ Hier ist es ungemütlich. On ne se sent pas bien ici.

ungenau inexact *ou* imprécis
♦ **Ungenauigkeit** (FÉMININ : die Ungenauigkeit) imprécision

ungeniert sans-gêne

ungenießbar immangeable

ungenügend insuffisant

> ℹ *Ungenügend est aussi la note éliminatoire dans le système scolaire germanique.*

ungepflegt négligé

ungerade impair

ungerecht injuste
♦ **Ungerechtigkeit** (FÉMININ : die Ungerechtigkeit) injustice

ungern à contrecœur

Ungeschicklichkeit (FÉMININ : die Ungeschicklichkeit) maladresse
♦ **ungeschickt** maladroit

ungestört sans être dérangé *ou* en paix

ungestüm fougueux *ou* impétueux

ungesund malsain *ou* maladif

ungewiss incertain
♦ **Ungewissheit** (FÉMININ : die Ungewissheit) incertitude

ungewöhnlich inhabituel *ou* exceptionnel

ungewohnt inhabituel

Ungeziefer (NEUTRE : das Ungeziefer, die Ungeziefer) vermine

ungezogen mal élevé

ungezwungen décontracté

ungläubig incrédule

unglaublich incroyable

unglaubwürdig invraisemblable

Unglück (NEUTRE : das Unglück) malheur *ou* malchance *ou* accident
♦ **unglücklich** malheureux

♦ **unglücklicherweise** malheureusement

ungültig non valide *ou* périmé

ungünstig peu propice *ou* défavorable

ungut désagréable
► **nichts für ungut** ne le prenez pas mal

unhaltbar intenable

Unheil (NEUTRE : das Unheil) désastre *ou* malheur

unheimlich inquiétant

unhöflich impoli

Uni (FÉMININ : die Uni) fac

unkenntlich méconnaissable

Unkenntnis (FÉMININ : die Unkenntnis, die Unkenntnisse) ignorance

unklar trouble *ou* flou *ou* confus

Unkosten (pluriel : die Unkosten) frais

Unkraut (NEUTRE : das Unkraut) mauvaises herbes

unlängst récemment

unleserlich illisible

Unlust (FÉMININ : die Unlust) manque d'enthousiasme

unmäßig démesuré *ou* excessif

Unmenge (FÉMININ : die Unmenge, die Unmengen) grande quantité

Unmensch (MASCULIN : der Unmensch) brute *ou* monstre
♦ **unmenschlich** inhumain

unmerklich imperceptible

unmittelbar immédiat *ou* direct

unmöglich impossible
♦ **Unmöglichkeit** (FÉMININ : die Unmöglichkeit) impossibilité

unnahbar inaccessible

unnötig inutile
♦ **unnötigerweise** inutilement

UNO (FÉMININ : die UNO) O.N.U. (Organisation des Nations Unies)

unordentlich désordonné *ou* négligé *ou* en désordre
♦ **Unordnung** (FÉMININ : die Unordnung) désordre

unparteiisch impartial

unpassend mal à propos *ou* mal choisi *ou* déplacé

unpünktlich peu ponctuel

Unrecht (NEUTRE : das Unrecht) injustice
► **zu Unrecht** à tort
► **im Unrecht sein** *ou* **Unrecht haben** avoir tort

unregelmäßig irrégulier

unreif pas mûr

Unruhe (FÉMININ : die Unruhe, die Unruhen) agitation *ou* inquiétude
♦ **unruhig** agité *ou* inquiet

uns *est le* datif *ou l'*accusatif *du* pronom personnel wir *et signifie* nous *ou* à nous :
▷ Sie macht uns etwas zu essen. Elle nous prépare quelque chose à manger.
▷ Das gehört uns. C'est à nous.

unsagbar indicible *ou* incroyable

unsanft rude *ou* brutal

unschädlich inoffensif

unscharf indistinct *ou* flou

unscheinbar modeste *ou* simple

unschlagbar imbattable

unschlüssig indécis

Unschuld (FÉMININ : die Unschuld) innocence
♦ **unschuldig** innocent

unser, unsere notre *ou* nos
♦ **unsere, unserer, unseres** le nôtre, la nôtre, les nôtres
♦ **unsererseits** de notre côté

♦ **unseresgleichen** des gens comme nous

♦ **unseretwegen** pour nous *ou* en ce qui nous concerne *ou* à cause de nous

unsicher incertain *ou* qui manque d'assurance

♦ **Unsicherheit** (FÉMININ : die Unsicherheit) incertitude *ou* manque d'assurance

unsichtbar invisible

Unsinn (MASCULIN : der Unsinn) bêtises *ou* non-sens *ou* absurdité

♦ **unsinnig** insensé

Unsitte (FÉMININ : die Unsitte, die Unsitten) mauvaise habitude

♦ **unsittlich** immoral *ou* indécent

♦ **Unsittlichkeit** (FÉMININ : die Unsittlichkeit) indécence

unsterblich immortel

♦ **Unsterblichkeit** (FÉMININ : die Unsterblichkeit) immortalité

Unstimmigkeit (FÉMININ : die Unstimmigkeit) désaccord

untätig inactif

unten en bas *ou* (en) dessous

► **nach unten** vers le bas

unter *est une* préposition *qui s'emploie avec l'*accusatif *ou le* datif *et signifie* sous *ou* en dessous de *ou* parmi

► **unter anderem** entre autres

► **unter Freunden** entre amis

► **unter freiem Himmel** en plein air *ou* à la belle étoile

Unterarm (MASCULIN : der Unterarm, die Unterarme) avant-bras

Unterbewusstsein (NEUTRE : das Unterbewusstsein) subconscient

unterbrechen (er unterbricht; unterbrach, unterbrochen) interrompre

♦ **Unterbrechung** (FÉMININ : die Unterbrechung) interruption

unterbringen (unterbrachte, untergebracht) trouver de la place pour

unterdessen entre-temps

unterdrücken (unterdrückte, unterdrückt) réprimer *ou* opprimer *ou* retenir

untere, unterer, unteres en dessous *ou* inférieur, inférieure

untereinander entre nous *ou* entre vous *ou* entre eux, elles

unterentwickelt sous-développé

unterernährt sous-alimenté

Unterführung (FÉMININ : die Unterführung) passage souterrain

Untergang (MASCULIN : der Untergang, die Untergänge) naufrage *ou* fin *ou* déclin

♦ **untergehen** (unterging, untergegangen) couler *ou* se noyer

Untergrundbahn (FÉMININ : die Untergrundbahn) métro

unterhalb *est une* préposition *qui s'emploie avec le* génitif *et signifie* en dessous (de)

(sich) unterhalten (er unterhält; unterhielt, unterhalten) (s') entretenir *ou* (se) divertir *ou* discuter

♦ **Unterhaltung** (FÉMININ : die Unterhaltung) discussion *ou* distraction

Unterhemd (NEUTRE : das Unterhemd) tricot de corps

Unterhose (FÉMININ : die Unterhose, die Unterhosen) slip

unterirdisch souterrain

Unterkunft (FÉMININ : die Unterkunft, die Unterkünfte) logement

Unterlage (FÉMININ : die Unterlage, die Unterlagen) document

unterlassen (er unterlässt; unterließ, unterlassen) s'abstenir de

► **etwas unterlassen** ne pas faire quelque chose

unterliegen (unterlag, unterlegen)

► **jemandem unterliegen** être vaincu par quelqu'un *ou* être plus faible que quelqu'un

unternehmen (er unternimmt; unternahm, unternommen) entreprendre

♦ **Unternehmen** (NEUTRE : das Unternehmen, die Unternehmen) entreprise

♦ **Unternehmer** (MASCULIN : der Unternehmer, die Unternehmer) entrepreneur

♦ **unternehmungslustig** entreprenant

Unterredung (FÉMININ : die Unterredung) entretien

Unterricht (MASCULIN : der Unterricht) cours

♦ **unterrichten** (unterrichtete, unterrichtet) instruire *ou* donner un cours

♦ **Unterrichtsfach** (NEUTRE : das Unterrichtsfach, die Unterrichtsfächer) matière (de cours)

unterschätzen (unterschätzte, unterschätzt) sous-estimer

(sich) unterscheiden (unterschied, unterschieden) différencier

♦ **Unterschied** (MASCULIN : der Unterschied, die Unterschiede) différence

► **im Unterschied zu** à la différence de

♦ **unterschiedlich** différent

unterschreiben (unterschrieb, unterschrieben) signer

♦ **Unterschrift** (FÉMININ : die Unterschrift) signature

unterste, unterster, unterstes inférieur, inférieure *ou* le plus bas, la plus basse

unterstellen *a plusieurs sens :*

1 **unterstellen** (er stellt unter; unterstellte, untergestellt) *signifie* mettre à l'abri

> *L'accent est sur* unter.

2 **unterstellen** (er unterstellt; unterstellte, unterstellt) *signifie* soumettre *ou* imputer

► **jemanden etwas unterstellen** imputer quelque chose à quelqu'un

> *L'accent est sur* stellen.

unterstreichen (unterstrich, unterstrichen) souligner

unterstützen (unterstützte, unterstützt) soutenir

♦ **Unterstützung** (FÉMININ : die Unterstützung) soutien

untersuchen (untersuchte, untersucht) examiner :

▷ Dieses Problem müsste man genauer untersuchen. Il faudrait examiner ce problème de plus près.

▷ Ich gehe morgen meine Augen untersuchen lassen. Demain je vais faire examiner mes yeux.

♦ **Untersuchung** (FÉMININ : die Untersuchung) examen

Untertasse (FÉMININ : die Untertasse, die Untertassen) soucoupe

untertauchen plonger *ou* disparaître

Untertitel (MASCULIN : der Untertitel, die Untertitel) sous-titre

Unterwäsche (FÉMININ : die Unterwäsche) sous-vêtements

unterwegs en route

(sich) unterwerfen (er unterwirft; unterwarf, unterworfen) (se) soumettre

► **sich jemandem unterwerfen** se soumettre à quelqu'un

♦ **unterwürfig** soumis

unterzeichnen signer

untreu infidèle

♦ **Untreue** (FÉMININ : die Untreue) infidélité

untröstlich inconsolable

unüberlegt irréfléchi

unübersehbar évident *ou* immense :

▷ Der Fehler ist unübersehbar. Cette faute est évidente.

▷ Es war eine unübersehbare Menschenmenge beim Konzert. Il y avait une foule immense au concert.

unübersichtlich confus *ou* peu clair

unumgänglich inévitable

ununterbrochen sans cesse *ou* en continu

unveränderlich immuable

unverantwortlich irresponsable

unverbesserlich incorrigible

unverbindlich sans obligation *ou* sans engagement

unverdaulich indigeste

unvereinbar incompatible

unvergesslich inoubliable

unvermeidlich inévitable

unvermutet inattendu

unverschämt impertinent

♦ **Unverschämtheit** (FÉMININ : die Unverschämtheit) insolence

unversehrt intact *ou* sain et sauf

unverständlich incompréhensible

unverzüglich immédiat *ou* immédiatement

unvorhergesehen imprévu

unvorsichtig imprudent

unvorstellbar inimaginable *ou* inconcevable

unwahrscheinlich invraisemblable *ou* improbable

Unwetter (NEUTRE : das Unwetter, die Unwetter) tempête

unwichtig sans importance

unwiderruflich irrévocable

unwiderstehlich irrésistible

unwillkürlich *a plusieurs catégories grammaticales et plusieurs sens :*

> *Ce peut être un* ADJECTIF :

unwillkürlich *signifie* involontaire *ou* spontané

> *Ce peut être un* ADVERBE :

unwillkürlich *signifie* involontairement *ou* spontanément *ou* sans le vouloir

unwohl

► **jemandem ist (es) unwohl** quelqu'un ne se sent pas bien

unwürdig indigne

unzählig innombrable

unzufrieden mécontent

♦ **Unzufriedenheit** (FÉMININ : die Unzufriedenheit) mécontentement

unzulänglich insuffisant

unzurechnungsfähig irresponsable

unzusammenhängend incohérent

uploaden /'aplʊʊdən/ télécharger

üppig copieux *ou* plantureux *ou* abondant

uralt très vieux

Urgroßmutter (FÉMININ : die Urgroßmutter, die Urgroßmütter) arrière-grand-mère

♦ **Urgroßvater** (MASCULIN : der Urgroßvater, die Urgroßväter) arrière-grand-père

urig original

Urkunde (FÉMININ : die Urkunde, die Urkunden) document

Urlaub (MASCULIN : der Urlaub, die Urlaube) vacances *ou* congé

Ursache (FÉMININ : die Ursache, die Ursachen) cause

Ursprung (MASCULIN : der Ursprung, die Ursprünge) origine

♦ **ursprünglich** originel *ou* initial

Urteil (NEUTRE : das Urteil, die Urteile) jugement *ou* verdict

Urwald (MASCULIN : der Urwald) forêt vierge

V

ALLEMAND — FRANÇAIS

Vakuum (NEUTRE : das Vakuum, die Vakuen *ou* Vakua) vide

Vater (MASCULIN : der Vater, die Väter) père

- **Vaterland** (NEUTRE : das Vaterland, die Vaterländer) patrie
- **väterlich** paternel
- **väterlicherseits** du côté du père
- **Vaterschaft** (FÉMININ : die Vaterschaft) paternité
- **Vati** (MASCULIN : der Vati, die Vatis) papa

Vene (FÉMININ : die Vene, die Venen) veine

Venedig Venise

Ventil (NEUTRE : das Ventil, die Ventile) valve *ou* soupape

sich verabreden (verabredete, verabredet) fixer un rendez-vous *ou* prendre un rendez-vous

► **verabredet sein** avoir un rendez-vous

- **Verabredung** (FÉMININ : die Verabredung) rendez-vous

verabscheuen (verabscheute, verabscheut) détester

sich verabschieden (verabschiedete, verabschiedet) prendre congé *ou* dire au revoir :

► **sich von jemandem verabschieden** prendre congé de quelqu'un *ou* dire au revoir à quelqu'un

verachten (verachtete, verachtet) mépriser

- **verächtlich** méprisant
- **Verachtung** (FÉMININ : die Verachtung) mépris

verallgemeinern (verallgemeinerte, verallgemeinert) généraliser

veraltet démodé

(sich) verändern (veränderte, verändert) (se) transformer *ou* changer

- **Veränderung** (FÉMININ : die Veränderung) changement

Veranlagung (FÉMININ : die Veranlagung) don *ou* disposition

veranlassen (veranlasste, veranlasst) causer *ou* occasionner

- **Veranlassung** (FÉMININ : die Veranlassung) cause *ou* motif

veranstalten (veranstaltete, veranstaltet) organiser

- **Veranstaltung** (FÉMININ : die Veranstaltung) événement *ou* manifestation

verantwortlich responsable

- **Verantwortung** (FÉMININ : die Verantwortung) responsabilité
- **verantwortungslos** irresponsable

sich verausgaben (verausgabte, verausgabt) se dépenser

Verband (MASCULIN : der Verband, die Verbände) pansement *ou* bandage *ou* association

verbannen (verbannte, verbannt) bannir

verbergen (er verbirgt; verbarg, verborgen) dissimuler *ou* cacher

verbessern (verbesserte, verbessert) améliorer *ou* corriger

verbiegen (verbog, verbogen) tordre

verbieten (verbot, verboten) interdire

verbinden (verband, verbunden) *a plusieurs sens :*

1 **verbinden** *peut signifier* relier *ou* lier :

▷ Dieses Ereignis verbindet uns. Cet événement nous lie.

2 **verbinden** *peut signifier* mettre un pansement

3 **verbinden** *peut signifier* passer (au téléphone) :

▷ Ich verbinde Sie mit dem Doktor. Je vous passe le docteur.

► **falsch verbunden sein** s'être trompé de numéro

verbindlich obligatoire *ou* obligeant

♦ **Verbindlichkeit** (FÉMININ : die Verbindlichkeit) obligation *ou* obligeance

Verbindung (FÉMININ : die Verbindung) liaison

verbissen acharné

verblassen (verblasste, verblasst) pâlir

verblüffen (verblüffte, verblüfft) épater *ou* ébahir

verblühen (verblühte, verblüht) faner

verbohrt têtu

verborgen caché

Verbot (NEUTRE : das Verbot, die Verbote) interdiction

♦ **verboten** interdit

► **Rauchen verboten** interdiction de fumer

Verbrauch (MASCULIN : der Verbrauch) consommation

♦ **verbrauchen** (verbrauchte, verbraucht) consommer *ou* dépenser

♦ **verbraucht** usé

Verbrechen (NEUTRE : das Verbrechen, die Verbrechen) crime

♦ **Verbrecher** (MASCULIN : der Verbrecher, die Verbrecher) criminel

♦ **verbrecherisch** criminel

(sich) verbreiten (verbreitete, verbreitet) (se) répandre *ou* (se) propager

verbreitern (verbreiterte, verbreitert) élargir

verbrennen (verbrannte, verbrannt) *a plusieurs catégories grammaticales :*

> *Ce peut être un* VERBE TRANSITIF :

verbrennen *signifie* brûler *ou* incinérer

ℹ *Les temps composés du verbe transitif se forment avec* haben.

> *Ce peut être un* VERBE INTRANSITIF :

verbrennen *signifie* brûler

ℹ *Les temps composés du verbe intransitif se forment avec* sein.

♦ **Verbrennung** (FÉMININ : die Verbrennung) brûlure *ou* incinération

verbringen (verbrachte, verbracht) passer :

▷ Sie haben ihre Ferien in der Bretagne verbracht. Ils ont passé leurs vacances en Bretagne.

sich verbünden (verbündete, verbündet) s'allier

Verdacht (MASCULIN : der Verdacht, die Verdachte *ou* Verdächte) soupçon

♦ **verdächtig** suspect

♦ **verdächtigen** (verdächtigte, verdächtigt) soupçonner

verdammen (verdammte, verdammt) condamner *ou* maudire

♦ **verdammt** (adjectif) sacré *ou* (adverbe) sacrément

► **verdammt!** zut !

ℹ *Ces expressions allemandes et leurs traductions françaises sont familières.*

verdanken (verdankte, verdankt) devoir

▷ Dass er wieder gesund ist, verdankt er seinem Arzt. Il doit sa guérison à son médecin.

verdarb *voir* verderben

verdauen (verdaute, verdaut) digérer

♦ **Verdauung** (FÉMININ : die Verdauung) digestion

verderben (er verdirbt; verdarb, verdorben) gâcher

verdeutlichen (verdeutlichte, verdeutlicht) élucider

verdienen (verdiente, verdient) mériter *ou* gagner

Verdienst *a plusieurs genres et plusieurs sens :*

> *Ce peut être un* NOM MASCULIN :

der Verdienst, die Verdienste *signifie* revenus *ou* bénéfice

> *Ce peut être un* NOM NEUTRE :

das Verdienst, die Verdienste *signifie* mérite

♦ **verdient** mérité

verdirbst, verdirbt *voir* **verderben**

verdrängen (**verdrängte, verdrängt**) refouler

verdrießlich renfrogné

verdünnen (**verdünnte, verdünnt**) diluer

verdunsten (**verdunstete, verdunstet**) s'évaporer

verdursten (**verdurstete, verdurstet**) mourir de soif

verdutzt perplexe

verehren (**verehrte, verehrt**) admirer

Verein (MASCULIN : **der Verein, die Vereine**) société *ou* association

vereinbaren (**vereinbarte, vereinbart**) convenir de

♦ **Vereinbarung** (FÉMININ : **die Vereinbarung**) accord

vereinfachen (**vereinfachte, vereinfacht**) simplifier

vereinigen (**vereinigte, vereinigt**) unir

♦ **Vereinigung** (FÉMININ : **die Vereinigung**) union *ou* association

vereinzelt isolé

vereiteln (**vereitelte, vereitelt**) faire échouer

vererblich héréditaire

verfahren (**er verfährt; verfuhr, verfahren**) procéder

♦ **sich verfahren** se tromper de route

♦ **Verfahren** (NEUTRE : **das Verfahren, die Verfahren**) méthode *ou* procédure

Verfall (MASCULIN : **der Verfall**) déclin *ou* délabrement *ou* échéance

♦ **verfallen** (**er verfällt; verfiel, verfallen**) être périmé *ou* tomber en ruine

verfassen (**er verfasste, verfasst**) rédiger *ou* écrire

Verfassung (FÉMININ : **die Verfassung**) constitution

verfaulen (**verfaulte, verfault**) pourrir

verfehlen (**verfehlte, verfehlt**) rater

verfliegen (**verflog, verflogen**) se dissiper *ou* passer très vite :

▷ **Die schlechte Atmosphäre ist verflogen.** La mauvaise ambiance s'est dissipée.

▷ **Die Ferien sind viel zu schnell verflogen.** Les vacances ont passé beaucoup trop vite.

verfluchen (**verfluchte, verflucht**) maudire

verfolgen (**verfolgte, verfogt**) poursuivre

► **jemanden verfolgen** poursuivre quelqu'un

► **ein Ziel verfolgen** poursuivre un but

♦ **Verfolgung** (FÉMININ : **die Verfolgung**) poursuite

verfügbar disponible

♦ **verfügen** (**verfügte, verfügt**)

► **verfügen über** disposer de

♦ **Verfügung** (FÉMININ : **die Verfügung**) ordre

► **jemandem zur Verfügung stehen** être à la disposition de quelqu'un

verführen (**verführte, verführt**) séduire *ou* tenter

♦ **verführerisch** séduisant *ou* tentant

vergangen passé

♦ **Vergangenheit** (FÉMININ : **die Vergangenheit**) passé

vergänglich éphémère

vergaß *voir* **vergessen**

vergeben (**er vergibt; vergab, vergeben**) pardonner *ou* attribuer

► **jemand ist vergeben** quelqu'un n'est plus libre

vergebens en vain

vergeblich vain *ou* inutile

vergegenwärtigen (vergegenwärtigte, vergegenwärtigt)
► **sich etwas vergegenwärtigen** se représenter quelque chose

vergehen (verging, vergangen) passer :
▷ Die Jahre vergehen so schnell. Les années passent si vite.
▷ Der Schmerz vergeht schon wieder. La douleur passera bien.

vergessen (er vergisst; vergaß, vergessen) oublier :
▷ Das werde ich dir nie vergessen. Je n'oublierai jamais ce que tu as fait.
♦ **Vergessenheit** (FÉMININ : die Vergessenheit) oubli
► **in Vergessenheit geraten** tomber dans l'oubli
♦ **vergesslich** distrait *ou* qui oublie facilement

vergeuden (vergeudete, vergeudet) gaspiller

vergewaltigen (vergewaltigte, vergewaltigt) violer
♦ **Vergewaltigung** (FÉMININ : die Vergewaltigung) viol

sich vergewissern (vergewisserte, vergewissert) s'assurer

vergiften (vergiftete, vergiftet) empoisonner
♦ **Vergiftung** (FÉMININ : die Vergiftung) empoisonnement *ou* intoxication

vergisst *voir* vergessen

Vergleich (MASCULIN : der Vergleich, die Vergleiche) comparaison
► **im Vergleich mit** *ou* **zu** en comparaison de
♦ **vergleichbar** comparable
♦ **vergleichen** (verglich, verglichen) comparer

sich vergnügen (vergnügte, vergnügt) s'amuser

Vergnügen (NEUTRE : das Vergnügen, die Vergnügen) plaisir *ou* amusement
► **an etwas Vergnügen haben** trouver du plaisir à faire quelque chose
► **aus Vergnügen** par plaisir
► **viel Vergnügen!** amusez-vous bien !
► **zum Vergnügen** pour le plaisir
♦ **vergnügt** joyeux *ou* gai
♦ **Vergnügung** (FÉMININ : die Vergnügung) amusement *ou* divertissement
♦ **Vergnügungspark** (MASCULIN : der Vergnügungspark) parc d'attractions

vergriffen épuisé (en parlant d'un livre)

vergrößern (vergrößerte, vergrößert) agrandir *ou* augmenter

verhaften (verhaftete, verhaftet) arrêter
♦ **Verhaftung** (FÉMININ : die Verhaftung) arrestation

sich verhalten (er verhält sich; verhielt, verhalten) se comporter
♦ **Verhalten** (NEUTRE : das Verhalten) comportement

Verhältnis (NEUTRE : das Verhältnis, die Verhältnisse) rapport *ou* relation *ou* liaison
► **ein Verhältnis haben** avoir une liaison
► **im Verhältnis zu** par rapport à
♦ **verhältnismäßig** relativement
♦ **Verhältnisse** (NEUTRE pluriel : die Verhältnisse) circonstances *ou* conditions *ou* situation
► **über seine Verhältnisse leben** vivre au-dessus de ses moyens

verhandeln (verhandelte, verhandelt) négocier *ou* délibérer
♦ **Verhandlung** (FÉMININ : die Verhandlung) négociation *ou* délibération *ou* procès

Verhängnis (NEUTRE : das Verhängnis) fatalité *ou* sort
► **jemandem zum Verhängnis werden** être fatal à quelqu'un
♦ **verhängnisvoll** fatal

sich verhärten (verhärtete, verhärtet) se durcir

verhasst détesté

verheerend catastrophique

verheimlichen (verheimlichte, verheimlicht) cacher
► **jemandem etwas verheimlichen** cacher quelque chose à quelqu'un

verheiratet marié

verhelfen (er verhilft; verhalf, verholfen) aider

► **jemandem zu etwas verhelfen** aider quelqu'un à obtenir quelque chose

► **jemandem zur Flucht verhelfen** aider quelqu'un à s'enfuir

verhindern (verhinderte, verhindert) empêcher

verhöhnen (verhöhnte, verhöhnt) rire de *ou* se moquer de

Verhör (NEUTRE : das Verhör, die Verhöre) interrogatoire

verhören (verhörte, verhört) *a plusieurs catégories grammaticales et plusieurs sens :*

> *Ce peut être un* VERBE TRANSITIF :

► **jemanden verhören** *signifie* interroger quelqu'un

> *Ce peut être un* VERBE RÉFLÉCHI :

sich verhören *signifie* entendre de travers

verhungern (verhungerte, verhungert) mourir de faim

Verhütungsmittel (NEUTRE : das Verhütungsmittel, die Verhütungsmittel) contraceptif

sich verirren (verirrte, verirrt) s'égarer

verjagen (verjagte, verjagt) chasser :

▷ Der Hund hat die Katze verjagt. Le chien a chassé le chat.

Verkauf (MASCULIN : der Verkauf) vente

♦ **verkaufen** (verkaufte, verkauft) vendre

► **jemanden für dumm verkaufen** prendre quelqu'un pour un idiot

♦ **Verkäufer, Verkäuferin** (MASCULIN : der Verkäufer, die Verkäufer / FÉMININ : die Verkäuferin, die Verkäuferinnen) vendeur, vendeuse

Verkehr (MASCULIN : der Verkehr) trafic *ou* circulation

♦ **Verkehrsmittel** (NEUTRE : das Verkehrsmittel, die Verkehrsmittel) moyen de transport

► **öffentliche Verkehrsmittel** transports en commun

verkehrt à l'envers *ou* faux

(sich) verkleiden (verkleidete, verkleidet) (se) déguiser

♦ **Verkleidung** (FÉMININ : die Verkleidung) déguisement

verklemmt coincé

verkneifen (verkniff, verkniffen)

► **sich etwas verkneifen** se retenir de faire quelque chose

verkommen (verkam, verkommen) *a plusieurs catégories grammaticales et plusieurs sens :*

> *Ce peut être un* VERBE INTRANSITIF :

verkommen *signifie* être laissé à l'abandon *ou* se délabrer

> *Ce peut être un* ADJECTIF :

verkommen *signifie* laissé à l'abandon *ou* délabré

verkörpern (verkörperte, verkörpert) incarner *ou* représenter

verkraften (verkraftete, verkraftet) supporter

verkrümmt déformé *ou* tordu

♦ **Verkrümmung** (FÉMININ : die Verkrümmung) déformation

verkrüppelt estropié

sich verkühlen (verkühlte, verkühlt) prendre froid *ou* s'enrhumer

♦ **Verkühlung** (FÉMININ : die Verkühlung) *est un mot autrichien qui signifie* rhume

verkümmern (verkümmerte, verkümmert) dépérir

verkünden (verkündete, verkündet) annoncer *ou* proclamer

♦ **Verkündung** (FÉMININ : die Verkündung) proclamation

verkürzen (verkürzte, verkürzt) raccourcir *ou* réduire

Verlag (MASCULIN : der Verlag, die Verlage) maison d'édition

verlangen (verlangte, verlangt) exiger *ou* demander

► **das ist zu viel verlangt** c'est trop demander

verlängern (verlängerte, verlängert) rallonger *ou* prolonger

♦ **Verlängerung** (FÉMININ : die Verlängerung) prolongation *ou* prolongement

♦ **Verlängerungsschnur** (FÉMININ : die Verlängerungsschnur, die Verlängerungsschnüre) rallonge électrique

verlassen (er verlässt; verließ, verlassen) *a plusieurs catégories grammaticales et plusieurs sens :*

> *Ce peut être un* VERBE TRANSITIF :

verlassen *signifie* abandonner *ou* quitter

> *Ce peut être un* VERBE RÉFLÉCHI :

► sich auf jemanden verlassen compter sur quelqu'un

► sich auf etwas verlassen se fier à quelque chose

> *Ce peut être un* ADJECTIF :

verlassen *signifie* abandonné *ou* désertique

verlässlich de confiance *ou* sérieux

Verlauf (MASCULIN : der Verlauf) déroulement *ou* cours

► im Verlauf von au cours de

verlaufen (er verläuft; verlief, verlaufen) *a plusieurs catégories grammaticales et plusieurs sens :*

> *Ce peut être un* VERBE INTRANSITIF :

1 verlaufen *peut signifier* s'étendre *ou* courir :

▷ Die Grenze verläuft über hundert Kilometer. La frontière s'étend sur cent kilomètres.

▷ Die Straße verläuft dem Fluß entlang. La route court le long du fleuve.

2 verlaufen *peut signifier* se dérouler :

▷ Wie ist der Abend verlaufen? Comment s'est déroulée la soirée ?

> *Ce peut être un* VERBE RÉFLÉCHI :

sich verlaufen *signifie* s'égarer *ou* se perdre

verlegen embarrassé

♦ Verlegenheit (FÉMININ : die Verlegenheit) embarras

► jemanden in Verlegenheit bringen mettre quelqu'un dans l'embarras

Verleger (MASCULIN : der Verleger, die Verleger) éditeur

Verleih (MASCULIN : der Verleih, die Verleihe) location

♦ verleihen (verlieh, verliehen) prêter *ou* décerner

verleiten (verleitete, verleitet) entraîner

► jemanden zu etwas verleiten entraîner quelqu'un dans quelque chose

verlernen (verlernte, verlernt) oublier (ce qu'on a appris)

📖 lernen = apprendre

(sich) verletzen (verletzte, verletzt) (se) blesser

♦ verletzlich vulnérable

♦ Verletzte, Verletzter (MASCULIN : der Verletzte, die Verletzten / FÉMININ : die Verletzte, die Verletzten) blessé, blessée

> ℹ *Ce nom est un adjectif substantivé :* der Verletzte, ein Verletzter.

♦ Verletzung (FÉMININ : die Verletzung) blessure

verleugnen (verleugnete, verleugnet) renier

📖 leugnen = nier

verleumden (verleumdete, verleumdet) calomnier

♦ Verleumdung (FÉMININ : die Verleumdung) calomnie

sich verlieben (verliebte, verliebt) tomber amoureux

📖 lieben = aimer

♦ verliebt amoureux

(sich) verlieren (verlor, verloren) (se) perdre

sich verloben (verlobte, verlobt) se fiancer

♦ verlobt fiancé

♦ Verlobung (FÉMININ : die Verlobung) fiançailles

verlocken (verlockte, verlockt) tenter

♦ verlockend tentant

verlogen mensonger *ou* hypocrite

verlor *voir* verlieren

verloren perdu

► verloren sein être perdu

► jemanden / etwas verloren geben considérer quelqu'un / quelque chose comme perdu, perdue

► verloren gehen se perdre

verlosen (verloste, verlost) tirer au sort

♦ Verlosung (FÉMININ : die Verlosung) loterie *ou* tirage au sort

Verlust (MASCULIN : der Verlust, die Verluste) perte *ou* déficit

vermachen (vermachte, vermacht) léguer

► jemandem etwas vermachen léguer quelque chose à quelqu'un

vermasseln (vermasselte, vermasselt) *est une expression familière qui signifie* gâcher
► **jemandem etwas vermasseln** gâcher quelque chose à quelqu'un

(sich) vermehren (vermehrte, vermehrt) (se) multiplier

vermeiden (vermied, vermieden) éviter

vermeintlich présumé

vermessen présomptueux
♦ **Vermessenheit** (FÉMININ : die Vermessenheit) présomption

vermieten (vermietete, vermietet) louer

vermischen (vermischte, vermischt) mélanger

vermissen (vermisste, vermisst) porter disparu
► **jemand vermisst etwas** quelqu'un manque de quelque chose
► **ich vermisse dich** tu me manques
♦ **vermisst** disparu

vermitteln (vermittelte, vermittelt) être intermédiaire *ou* procurer
► **jemandem eine Arbeitsstelle vermitteln** procurer un poste de travail à quelqu'un

Vermögen (NEUTRE : das Vermögen, die Vermögen) fortune *ou* capacité
♦ **vermögend** fortuné

vermuten (vermutete, vermutet) supposer
♦ **vermutlich** probablement
♦ **Vermutung** (FÉMININ : die Vermutung) supposition

vernachlässigen (vernachlässigte, vernachlässigt) négliger

verneinen (verneinte, verneint) dire non

vernetzen (vernetzte, vernetzt) connecter au réseau
♦ **Vernetzung** (FÉMININ : die Vernetzung) connexion au réseau

vernichten (vernichtete, vernichtet) détruire *ou* anéantir
♦ **Vernichtung** (FÉMININ : die Vernichtung) destruction

Vernunft (FÉMININ : die Vernunft) raison
► **wieder zur Vernunft kommen** revenir à la raison
► **wieder zur Vernunft bringen** ramener à la raison
♦ **vernünftig** raisonnable

veröffentlichen (veröffentlichte, veröffentlicht) publier

verordnen (verordnete, verordnet) prescrire

verpacken (verpackte, verpackt) emballer
♦ **Verpackung** (FÉMININ : die Verpackung) emballage

verpassen (verpasste, verpasst) rater
► **jemandem eine Ohrfeige verpassen** *est une expression familière qui signifie* donner une gifle à quelqu'un

verpesten (verpestete, verpestet) empester

verpflichten (verpflichtete, verpflichtet) obliger *ou* engager
♦ **sich verpflichten** s'engager
♦ **Verpflichtung** (FÉMININ : die Verpflichtung) obligation *ou* engagement
► **Verpflichtungen haben** avoir des obligations

verpönt mal vu

verprügeln (verprügelte, verprügelt) battre *ou* rouer de coups

Verrat (MASCULIN : der Verrat) trahison
♦ **(sich) verraten** (se) trahir
♦ **Verräter** (MASCULIN : der Verräter, die Verräter) traître
♦ **verräterisch** traître *ou* révélateur

sich verrechnen (verrechnete, verrechnet) se tromper dans ses calculs

verregnet pluvieux

verreisen (verreiste, verreist) partir en voyage
📖 **reisen** = voyager

verrenken (verrenkte, verrenkt)
► **sich etwas verrenken** se tordre quelque chose
♦ **Verrenkung** (FÉMININ : die Verrenkung) entorse

verriegeln (verriegelte, verriegelt) verrouiller

verringern (verringerte, verringert) diminuer

♦ **Verringerung** (FÉMININ : die Verringerung) réduction

verrosten (verrostete, verrostet) rouiller

verrotten (verrottete, verrottet) se décomposer *ou* pourrir

verrückt fou

► **wie verrückt** comme un fou

► **jemanden verrückt machen** rendre quelqu'un fou

♦ **Verrückte, Verrückter** (MASCULIN : der Verrückte, die Verrückten / FÉMININ : die Verrückte, die Verrückten) fou, folle

> ℹ *Ce nom est un adjectif substantivé :* der Verrückte, ein Verrückter.

verrufen mal famé

versagen (versagte, versagt) échouer *ou* défaillir

♦ **Versagen** (NEUTRE : das Versagen) défaillance

♦ **Versager, Versagerin** (MASCULIN : der Versager, die Versager / FÉMININ : die Versagerin, die Versagerinnen) raté, ratée

versalzen (versalzte, versalzen) trop saler

► **jemandem etwas versalzen** gâcher quelque chose pour quelqu'un

📖 **salzen** = saler

(sich) versammeln (versammelte, versammelt) (se) réunir

♦ **Versammlung** (FÉMININ : die Versammlung) réunion *ou* assemblée

versäumen (versäumte, versäumt) manquer *ou* omettre :

▷ Du darfst den Kurs nicht versäumen. Tu ne dois pas manquer le cours.

▷ Sie hat es versäumt, den anderen Bescheid zu sagen. Elle a omis de mettre les autres au courant.

♦ **Versäumnis** (NEUTRE : das Versäumnis) omission

sich verschaffen (verschaffte, verschafft) se procurer

(sich) verschärfen (verschärfte, verschärft) (s')intensifier *ou* (s')aggraver

sich verschätzen (verschätzte, verschätzt) se tromper

verschieben (verschob, verschoben) déplacer *ou* reporter :

▷ Wir müssen den Schrank verschieben. Il faut qu'on déplace l'armoire.

▷ Das Fest ist auf nächsten Samstag verschoben worden. La fête a été reportée à samedi prochain.

verschieden différent

verschimmeln (verschimmelte, verschimmelt) moisir

verschlafen *a plusieurs catégories grammaticales et plusieurs sens :*

> *Ce peut être un* VERBE :

verschlafen (er verschläft; verschlief, verschlafen) *signifie* ne pas se réveiller (à temps)

► **etwas verschlafen** oublier quelque chose

> *Ce peut être un* ADJECTIF :

verschlafen *signifie* mal réveillé

sich verschlechtern (verschlechterte, verschlechtert) empirer

♦ **Verschlechterung** (FÉMININ : die Verschlechterung) aggravation

Verschleiß (MASCULIN : der Verschleiß, die Verschleiße) usure

verschleudern (verschleuderte, verschleudert) gaspiller

verschließen (verschloss, verschlossen) fermer à clé

(sich) verschlimmern (verschlimmerte, verschlimmert) (s')aggraver

verschlingen (verschlang, verschlungen) engloutir

verschlissen usé

verschlossen renfermé

verschlucken (verschluckte, verschluckt) avaler

♦ **sich verschlucken** avaler de travers

Verschluss (MASCULIN : der Verschluss, die Verschlüsse) fermeture *ou* bouchon

► **unter Verschluss halten** garder sous clé

verschmitzt malicieux

verschmutzen (verschmutzte, verschmutzt) salir *ou* polluer

verschneit enneigé

verschnupft enrhumé

verschollen disparu

verschonen (verschonte, verschont) épargner

verschreiben (verschrieb, verschrieben) prescrire

📖 schreiben = écrire

verschuldet endetté

verschütten (verschüttete, verschüttet) renverser (du liquide) *ou* ensevelir

verschwand *voir* verschwinden

verschweigen (verschwieg, verschwiegen)

► **jemandem etwas verschweigen** cacher quelque chose à quelqu'un

verschwenden (verschwendete, verschwendet) gaspiller

♦ **Verschwendung** (FÉMININ : die Verschwendung) gaspillage

verschwiegen discret *ou* silencieux (en parlant d'une personne)

verschwimmen (verschwamm, verschwommen) se brouiller

▷ Es verschwimmt mir alles vor den Augen. Tout se brouille devant mes yeux.

verschwinden (verschwand, verschwunden) disparaître

verschwommen brouillé *ou* flou

sich verschwören (verschwor, verschworen) conspirer

♦ **Verschwörung** (FÉMININ : die Verschwörung) conspiration *ou* complot

Versehen (NEUTRE : das Versehen, die Versehen) erreur

► **aus Versehen** *ou* **versehentlich** par mégarde

versessen

► **versessen sein auf** être fou de

versetzen (versetzte, versetzt) déplacer

► **jemandem eine Tritt versetzen** donner un coup de pied à quelqu'un

► **jemanden in gute Laune versetzen** mettre quelqu'un de bonne humeur

► **jemanden in Angst versetzen** faire peur à quelqu'un

► **sich in jemandes Lage versetzen** se mettre à la place de quelqu'un

verseuchen (verseuchte, verseucht) contaminer *ou* polluer

(sich) versichern (versicherte, versichert) (s')assurer

♦ **Versicherung** (FÉMININ : die Versicherung) assurance

(sich) versöhnen (se) réconcilier

♦ **Versöhnung** (FÉMININ : die Versöhnung) réconciliation

sich verspäten (verspätete, verspätet) être en retard

♦ **verspätet** en retard *ou* retardé

♦ **Verspätung** (FÉMININ : die Verspätung) retard

verspotten (verspottete, verspottet) se moquer de

versprechen (er verspricht; versprach, versprochen) promettre

► **sich etwas von einer Sache versprechen** attendre quelque chose d'une chose

♦ **sich versprechen** faire un lapsus

♦ **Versprechen** (NEUTRE : das Versprechen, die Versprechen) promesse

Verstand (MASCULIN : der Verstand) intelligence *ou* raison

► **gesunder Menschenverstand** bon sens

► **über jemandes Verstand gehen** dépasser l'entendement de quelqu'un

♦ **verständig** raisonnable *ou* sensé

verständigen (verständigte, verständigt) prévenir *ou* informer

♦ **sich verständigen** communiquer *ou* se mettre d'accord

♦ **Verständigung** (FÉMININ : die Verständigung) communication

verständlich compréhensible

► **sich verständlich machen** se faire comprendre

♦ **Verständnis** (NEUTRE : das Verständnis) compréhension

♦ **verständnislos** qui ne comprend pas

♦ **verständnisvoll** compréhensif

(sich) verstärken (verstärkte, verstärkt) (se) renforcer *ou* augmenter

♦ **Verstärker** (MASCULIN : der Verstärker, die Verstärker) amplificateur

♦ **Verstärkung** (FÉMININ : die Verstärkung) renfort *ou* renforcement

verstauchen (verstauchte, verstaucht)

► **sich etwas verstauchen** se fouler quelque chose

♦ **Verstauchung** (FÉMININ : die Verstauchung) foulure

verstauen (verstaute, verstaut) caser :

▷ Kannst du die Tasche noch im Kofferraum verstauen? Tu peux encore caser le sac dans le coffre ?

Versteck (NEUTRE : das Versteck, die Verstecke) cachette

► **Versteck spielen** *ou* **Verstecken spielen** jouer à cache-cache

♦ **(sich) verstecken** (versteckte, versteckt) (se) cacher

verstehen (verstand, verstanden) comprendre *ou* connaître :

► **etwas von einer Sache verstehen** s'y connaître en quelque chose

► **jemandem etwas zu verstehen geben** faire comprendre quelque chose à quelqu'un

► **sich gut / schlecht verstehen** s'entendre bien / mal

versteifen (versteifte, versteift)

► **sich auf etwas versteifen** ne pas démordre de quelque chose

versteigern (versteigerte, versteigert) vendre aux enchères

♦ **Versteigerung** (FÉMININ : die Versteigerung) vente aux enchères

verstellbar réglable

verstellen (verstellte, verstellt) *a plusieurs catégories grammaticales et plusieurs sens :*

> *Ce peut être un* VERBE TRANSITIF :

1 **verstellen** *peut signifier* dérégler :

▷ Die Uhr ist verstellt. La pendule est déréglée.

2 **verstellen** *peut signifier* déplacer :

▷ Er hat mir geholfen, meine Möbel zu verstellen. Il m'a aidé à déplacer mes meubles.

3 **verstellen** *peut signifier* bloquer :

▷ Der Notausgang war verstellt. La sortie de secours était bloquée.

4 **verstellen** *peut signifier* déguiser :

▷ Sie hat mich nicht wiedererkannt, weil ich meine Stimme verstellt habe. Elle ne m'a pas reconnu parce que j'ai déguisé ma voix.

> *Ce peut être un* VERBE RÉFLÉCHI :

sich verstellen *signifie* jouer la comédie *ou* feindre

verstimmen (verstimmte, verstimmt) désaccorder *ou* mettre de mauvaise humeur

verstohlen furtif

► **verstohlener Blick** regard furtif

Verstopfung (FÉMININ : die Verstopfung) constipation

verstorben décédé

verstört troublé

verstreichen (verstrich, verstrichen) passer :

▷ Die Zeit ist schnell verstrichen. Le temps est passé vite.

verstümmeln (verstümmelte, verstümmelt) mutiler

Versuch (MASCULIN : der Versuch, die Versuche) tentative *ou* essai

♦ **versuchen** (versuchte, versucht) essayer *ou* goûter *ou* tenter

♦ **Versuchskaninchen** (NEUTRE : das Versuchskaninchen, die Versuchskaninchen) cobaye

♦ **Versuchung** (FÉMININ : die Versuchung) tentation

► **in Versuchung geraten** être tenté

vertauschen (vertauschte, vertauscht) échanger *ou* confondre

(sich) verteidigen (verteidigte, verteidigt) (se) défendre

♦ **Verteidigung** (FÉMININ : die Verteidigung) défense

verteilen (verteilte, verteilt) distribuer *ou* répandre

vertiefen (vertiefte, vertieft) approfondir

► **sich in etwas vertiefen** se plonger dans quelque chose

♦ **Vertiefung** (FÉMININ : die Vertiefung) creux

vertilgen (vertilgte, vertilgt) détruire *ou* dévorer

Vertrag (MASCULIN : der Vertrag, die Verträge) contrat *ou* traité

vertragen (er verträgt; vertrug, vertragen) supporter

► **sich mit jemandem vertragen** bien s'entendre avec quelqu'un

♦ **verträglich** digeste *ou* bien toléré (par le corps)

vertrauen (vertraute, vertraut) avoir confiance *ou* faire confiance

► **jemandem vertrauen** faire confiance à quelqu'un

♦ **Vertrauen** (NEUTRE : das Vertrauen) confiance

► **Vertrauen erweckend** qui inspire confiance

♦ **Vertrauenssache** (FÉMININ : die Vertrauenssache) question de confiance

♦ **vertrauensvoll** confiant

♦ **vertrauenswürdig** digne de confiance

verträumt rêveur

vertraut familier

♦ **Vertrautheit** (FÉMININ : die Vertrautheit) familiarité

vertreiben (vertrieb, vertrieben) chasser

► **sich die Zeit vertreiben** passer le temps

vertreten (er vertritt; vertrat, vertreten) *a plusieurs sens :*

1 **vertreten** *peut signifier* remplacer :

▷ Die Lehrerin ist krank, eine andere vertritt sie. La prof est malade, une autre la remplace.

2 **vertreten** *peut signifier* défendre :

▷ Sie hat ihre Ideen gut vertreten. Elle a bien défendu ses idées.

3 **vertreten** *peut signifier* représenter :

▷ Wer vertritt die Klasse? Qui représente la classe ?

► **sich die Beine vertreten** se dégourdir les jambes

♦ **Vertreter** (MASCULIN : der Vertreter, die Vertreter) représentant *ou* remplaçant

vertrocknen (vertrocknete, vertrocknet) se dessécher

vertun (vertat, vertan) gaspiller

♦ **sich vertun** se tromper

vertuschen (vertuschte, vertuscht) dissimuler *ou* camoufler

verübeln (verübelte, verübelt)

► **jemandem etwas verübeln** en vouloir à quelqu'un de quelque chose

verunglücken (verunglückte, verunglückt) avoir un accident

► **tödlich verunglücken** mourir dans un accident

verunsichern (verunsicherte, verunsichert) faire douter

► **jemanden verunsichern** faire douter quelqu'un

verursachen (verursachte, verursacht) causer

verurteilen (verurteilte, verurteilt) condamner *ou* juger

► **zum Scheitern verurteilt** voué à l'échec

(sich) vervollkommnen (vervollkommnete, vervollkommnet) (se) perfectionner

vervollständigen (vervollständigte, vervollständigt) compléter

sich verwählen (verwählte, verwählt) se tromper de numéro de téléphone

verwahren (verwahrte, verwahrt) conserver

verwahrlost négligé *ou* à l'abandon

verwaist orphelin

verwalten (verwaltete, verwaltet) gérer *ou* administrer

♦ **Verwaltung** (FÉMININ : die Verwaltung) administration

(sich) verwandeln (verwandelte, verwandelt) (se) transformer

♦ **Verwandlung** (FÉMININ : die Verwandlung) transformation

verwandt parent

► **mit jemandem verwandt sein** être parent avec quelqu'un

♦ **Verwandte, Verwandter** (MASCULIN : der Verwandte, die Verwandten / FÉMININ : die Verwandte, die Verwandten) parent, parente

> ℹ *Ce nom est un adjectif substantivé :* der Verwandte, ein Verwandter.

♦ **Verwandtschaft** (FÉMININ : die Verwandtschaft) parenté *ou* parents

verwechseln (verwechselte, verwechselt) confondre

♦ **Verwechslung** (FÉMININ : die Verwechslung) confusion

verwegen téméraire *ou* audacieux

♦ **Verwegenheit** (FÉMININ : die Verwegenheit) témérité *ou* audace

verweigern (verweigerte, verweigert) refuser

verwelken (verwelkte, verwelkt) se faner

verwenden (verwendete, verwendet) utiliser

♦ **Verwendung** (FÉMININ : die Verwendung) utilisation

verwesen (verweste, verwest) se décomposer

sich verwickeln (verwickelte, verwickelt) s'emmêler

► **sich in etwas verwickeln** s'emmêler dans quelque chose

♦ **verwickelt** embrouillé

► **in etwas verwickelt sein** être impliqué dans quelque chose

verwildern (verwilderte, verwildert) devenir sauvage *ou* être laissé à l'abandon

verwirklichen (verwirklichte, verwirklicht) réaliser

verwirren (verwirrte, verwirrt) déconcerter *ou* emmêler

♦ **Verwirrung** (FÉMININ : die Verwirrung) confusion

verwitwet veuf

verwöhnen (verwöhnte, verwöhnt) gâter

verwunden (verwundete, verwundet) blesser

verwunderlich surprenant *ou* étonnant

Verwundete, Verwundeter (MASCULIN : der Verwundete, die Verwundeten / FÉMININ : die Verwundete, die Verwundeten) blessé, blessée

> ℹ *Ce nom est un adjectif substantivé :* der Verwundete, ein Verwundeter.

verwünschen (verwünschte, verwünscht) maudire

verwüsten (verwüstete, verwüstet) dévaster

♦ **Verwüstung** (FÉMININ : die Verwüstung) ravages

verzagen (verzagte, verzagt) se décourager

♦ **verzagt** découragé

sich verzählen (verzählte, verzählt) se tromper dans ses calculs

verzaubern (verzauberte, verzaubert) enchanter *ou* ensorceler

verzehren (verzehrte, verzehrt) manger

Verzeichnis (NEUTRE : das Verzeichnis, die Verzeichnisse) index *ou* liste *ou* catalogue

verzeihen (verzieh, verziehen) pardonner

♦ **Verzeihung** (FÉMININ : die Verzeihung) pardon

► **um Verzeihung bitten** demander pardon

verzerren (verzerrte, verzerrt) déformer

Verzicht (MASCULIN : der Verzicht) renoncement

♦ **verzichten** (verzichtete, verzichtet) renoncer

verzieh *voir* verzeihen

verziehen (verzog, verzogen)

► **das Gesicht verziehen** faire une grimace

♦ **sich verziehen** *est une expression familière qui signifie* disparaître

verzieren (verzierte, verziert) décorer

♦ **Verzierung** (FÉMININ : die Verzierung) décoration

verzögern (verzögerte, verzögert) retarder

♦ Verzögerung (FÉMININ : die Verzögerung) retard *ou* retardement

verzweifeln (verzweifelte, verzweifelt) désespérer

► zum Verzweifeln sein être désespérant

> *Dans cette expression,* Verzweifeln *est utilisé de manière substantivée.*

♦ verzweifelt désespéré

♦ Verzweiflung (FÉMININ : die Verzweiflung) désespoir

► jemanden zur Verzweiflung bringen désespérer quelqu'un

verzwickt *est une expression familière qui signifie* compliqué

Vetter (MASCULIN : der Vetter, die Vettern) cousin

Vieh (NEUTRE : das Vieh) bétail *ou* bestiaux

♦ viehisch bestial

viel beaucoup

► vielsagend significatif

► vielversprechend prometteur

♦ viele beaucoup de

♦ vielerlei toutes sortes de

♦ vieles beaucoup de choses

Vielfalt (FÉMININ : die Vielfalt) diversité

♦ vielfältig divers *ou* multiple

vielleicht peut-être

vielmals souvent

► danke vielmals! merci beaucoup !

vielmehr plutôt

vielseitig aux talents multiples

vier quatre

► auf allen vieren à quatre pattes

♦ Viereck (NEUTRE : das Viereck, die Vierecke) carré

♦ viereckig carré

♦ vierhundert quatre cents

♦ vierjährig de quatre ans

♦ viermal quatre fois

♦ zu viert à quatre

♦ vierte, vierter, viertes quatrième

Viertel (NEUTRE : das Viertel, die Viertel) quartier *ou* quart

► (ein) Viertel vor vier / nach vier quatre heures moins le quart / et quart

Vierteljahr (NEUTRE : das Vierteljahr) trimestre

♦ vierteljährig trimestriel

Viertelstunde (FÉMININ : die Viertelstunde) quart d'heure

viertens quatrièmement

vierzehn quatorze

♦ vierzehntäglich tous les quinze jours

vierzig quarante

Vogel (MASCULIN : der Vogel, die Vögel) oiseau

♦ Vogelscheuche (FÉMININ : die Vogelscheuche, die Vogelscheuchen) épouvantail

Voicemail (FÉMININ : die Voicemail) messagerie vocale

Vokal (MASCULIN : der Vokal, die Vokale) voyelle

Volk (NEUTRE : das Volk, die Völker) peuple *ou* nation

♦ Völkerrecht (NEUTRE : das Völkerrecht, die Völkerrechte) droit international

♦ Völkerwanderung (FÉMININ : die Völkerwanderung) migration des peuples

♦ volkstümlich populaire

voll *a plusieurs catégories grammaticales et plusieurs sens :*

> *Ce peut être un* ADJECTIF :

voll *signifie* plein *ou* entier

► eine Hand voll une poignée de

► voll sein *est une expression familière qui signifie* avoir assez mangé

> *Ce peut être un* ADVERBE :

voll *signifie* entièrement

► voll und ganz pleinement

► jemanden für voll nehmen prendre quelqu'un au sérieux

► voll machen remplir

► voll tanken faire le plein d'essence

vollbringen (vollbrachte, vollbracht) accomplir

vollenden (vollendete, vollendet) terminer *ou* accomplir

♦ vollendet accompli

♦ **vollends** complètement

♦ **Vollendung** (FÉMININ : die Vollendung) accomplissement

voller plein de

völlig complètement *ou* totalement

volljährig majeur

vollkommen *a plusieurs catégories grammaticales et plusieurs sens :*

> *Ce peut être un* ADJECTIF :

vollkommen *signifie* parfait

> *Ce peut être un* ADVERBE :

vollkommen *signifie* complètement

♦ **Vollkommenheit** (FÉMININ : die Vollkommenheit) perfection

Vollkornbrot (NEUTRE : das Vollkornbrot, die Vollkornbrote) pain complet

Vollmacht (FÉMININ : die Vollmacht) pleins pouvoirs

Vollmilch (FÉMININ : die Vollmilch) lait entier

Vollmond (MASCULIN : der Vollmond) pleine lune

vollständig (adjectif) complet *ou* (adverbe) complètement

vollstrecken (vollstreckte, vollstreckt) exécuter

vollzählig au complet

vollziehen (vollzog, vollzogen) exécuter

vom *est l'abréviation de* **von dem** *et signifie* du *ou* de la

von *est une* préposition *qui s'emploie avec le* datif *et a plusieurs sens :*

1 **von** *peut indiquer un* lieu *ou une* personne *ou une* qualité *et signifie* de :

▷ Sie kommt von Leipzig. Elle vient de Leipzig.

▷ Ich komme von meinem Bruder. Je viens de chez mon frère.

▷ Sie ist eher klein von Gestalt. Elle est plutôt petite de taille.

► **von oben / unten** d'en haut / bas

► **von oben bis unten** de haut en bas

2 **von** *peut avoir un sens* temporel *et signifie* de *ou* à partir de *ou* depuis *ou* dès :

▷ Wir haben von 9 Uhr bis 14 Uhr Schule. Nous avons cours de 9 heures à 14 heures.

► **von Zeit zu Zeit** de temps à autre

► **von heute an** à partir d'aujourd'hui *ou* depuis aujourd'hui

► **von Jugend auf** dès l'enfance

3 **von** *peut être employé dans une* phrase passive *et signifie* par :

▷ Sie ist von ihrem Lehrer gelobt worden. Elle a été félicitée par son professeur.

voneinander l'un de l'autre

vor *a plusieurs catégories grammaticales et plusieurs sens :*

> *Ce peut être une* PRÉPOSITION *qui s'emploie avec le* DATIF *ou l'*ACCUSATIF :

1 **vor** *peut indiquer un* lieu *et signifie* devant :

▷ Ich warte vor dem Haus auf dich. Je t'attends devant la maison.

2 **vor** *peut avoir un sens* temporel *et signifie* avant *ou* il y a :

▷ Vergiss nicht vor der Abreise die Heizung auszuschalten. Avant le départ, n'oublie pas de couper le chauffage.

▷ Sie sind vor einer Woche wieder zurückgekommen. Ils sont rentrés il y a une semaine.

► **vor Freude / Angst** de joie / peur

► **vor allem** surtout *ou* avant tout

► **aus Achtung vor jemanden / etwas** par respect pour quelqu'un / quelque chose

> *Ce peut être un* ADVERBE :

► **nach wie vor** comme d'habitude

> *Ce peut être une* PARTICULE SÉPARABLE *pour former des* VERBES COMPOSÉS :

♦ **vorbereiten** (vorbereitete, vorbereitet) préparer

♦ **vorfahren** (vorfährt; vorfuhr, vorgefahren) aller devant

> ℹ *Vous trouverez les verbes composés qui commencent par* vor- *classés par ordre alphabétique.*

voran en avant

♦ **vorangehen** (voranging, vorangegangen) précéder

voraus devant

► **jemandem voraus sein** être en avance sur quelqu'un

► **im Voraus** à l'avance

> ℹ *Dans cette expression,* Voraus *est utilisé de manière substantivée. L'accent est sur* Vor.

♦ **vorausgehen** (vorausging, vorausgegangen) aller devant

Voraussage (FÉMININ : die Voraussage) prévision *ou* prédiction
♦ voraussagen prédire

voraussetzen supposer
♦ Voraussetzung (FÉMININ : die Voraussetzung) condition *ou* supposition
► unter der Voraussetzung, dass à condition que

voraussichtlich probablement

Vorbehalt (MASCULIN : der Vorbehalt, die Vorbehalte) réserve *ou* restriction

vorbei passé *ou* fini
♦ vorbeigehen passer devant
📖 gehen (ging, gegangen) = aller, marcher
♦ vorbeikommen passer en coup de vent
📖 kommen (kam, gekommen) = venir

(sich) vorbereiten (se) préparer
📖 bereiten (bereitete, bereitet) = préparer
♦ Vorbereitung (FÉMININ : die Vorbereitung) préparation

vorbestellen réserver *ou* commander à l'avance
📖 bestellen (bestellte, bestellt) = commander

vorbestraft qui a un casier judiciaire

vorbeugen *a plusieurs catégories grammaticales et plusieurs sens :*
> *Ce peut être un* VERBE INTRANSITIF :
vorbeugen *signifie* prévenir
► einer Sache vorbeugen prévenir quelque chose
> *Ce peut être un* VERBE RÉFLÉCHI :
sich vorbeugen *signifie* se pencher en avant
♦ vorbeugend préventif

Vorbild (NEUTRE : das Vorbild, die Vorbilder) modèle
♦ vorbildlich exemplaire

vordere, vorderer, vorderes de devant *ou* qui est devant

Vordergrund (MASCULIN : der Vordergrund, die Vordergründe) premier plan

vorderste, vorderster, vorderstes le premier, la première *ou* le, la plus en avant

(sich) vordränge(l)n jouer des coudes

voreilig prématuré *ou* hâtif

voreinander l'un devant l'autre *ou* l'un pour l'autre

voreingenommen prévenu
► voreingenommen sein avoir un a priori

vorenthalten (er enthält vor; vorenthielt, vorenthalten)
► jemandem etwas vorenthalten priver quelqu'un de quelque chose *ou* cacher quelque chose à quelqu'un

vorerst pour le moment

Vorfahr ou **Vorfahre** (MASCULIN : der Vorfahr *ou* Vorfahre, die Vorfahren) ancêtre

vorfahren (er fährt vor; vorfuhr, vorgefahren) aller devant (en voiture)

Vorfahrt (FÉMININ : die Vorfahrt) priorité

Vorfall (MASCULIN : der Vorfall, die Vorfälle) incident
♦ vorfallen (er fällt vor; vorfiel, vorgefallen) arriver *ou* se passer

vorfinden trouver
▷ Sie hat das Haus sauber vorgefunden. Elle a trouvé la maison propre.
📖 finden (fand, gefunden) = trouver

vorführen présenter

Vorgang (MASCULIN : der Vorgang, die Vorgänge) cours des événements *ou* processus

Vorgänger, Vorgängerin (MASCULIN : der Vorgänger, die Vorgänger / FÉMININ : die Vorgängerin, die Vorgängerinnen) prédécesseur

vorgeben (er gibt vor; vorgab, vorgegeben) prétexter *ou* prétendre

vorgefertigt préfabriqué

Vorgefühl (NEUTRE : das Vorgefühl, die Vorgefühle) pressentiment

vorgehen (vorging, vorgegangen) *a plusieurs sens :*
1 vorgehen *peut signifier* aller devant :
▷ Sie ist schon vorgegangen. Elle est déjà allée devant.

2 **vorgehen** *peut signifier* avancer :
▷ Alle Uhren gehen vor. Toutes les montres avancent.

3 **vorgehen** *peut signifier* procéder :
▷ Ich weiss, wie wir vorgehen. Je sais comment procéder.

4 **vorgehen** *peut signifier* se passer :
▷ Was geht hier vor? Qu'est-ce qui se passe ici ?

Vorgeschmack (MASCULIN : der Vorgeschmack) avant-goût

Vorgesetzte, Vorgesetzter (MASCULIN : der Vorgesetzte, die Vorgesetzten / FÉMININ : die Vorgesetzte, die Vorgesetzten) supérieur (au travail)

> ℹ *Ce nom est un adjectif substantivé :* der Vorgesetzte, ein Vorgesetzter.

vorgestern avant-hier

vorhaben (vorhatte, vorgehabt) avoir prévu de *ou* avoir l'intention de
► **etwas vorhaben** avoir prévu quelque chose

♦ **Vorhaben** (NEUTRE : das Vorhaben, die Vorhaben) projet *ou* intention

vorhalten (er hält vor; vorhielt, vorgehalten) tenir devant
► **jemandem etwas vorhalten** reprocher quelque chose à quelqu'un

vorhanden présent *ou* existant *ou* disponible

Vorhang (MASCULIN : der Vorhang, die Vorhänge) rideau

vorher auparavant

vorherig précédent *ou* antérieur

vorherrschen prédominer

Vorhersage (FÉMININ : die Vorhersage, die Vorhersagen) prévisions *ou* prédiction

♦ **vorhersagen** prédire
📖 **sagen** = dire

vorhersehbar prévisible

♦ **vorhersehen** prévoir
📖 **sehen** (er sieht; sah, gesehen) = voir

vorhin tout à l'heure

vorhinein
► **im Vorhinein** à l'avance

> ℹ *Dans cette expression,* Vorhinein *est utilisé de manière substantivée.*

vorig dernier *ou* précédent
► **vorige Woche** la semaine dernière
► **der vorige Inhaber** le propriétaire précédent

Vorkehrung (FÉMININ : die Vorkehrung) mesure *ou* disposition
► **Vorkehrungen treffen** prendre des dispositions

vorkommen (vorkam, vorgekommen) *a plusieurs sens :*

1 **vorkommen** *peut signifier* arriver :
▷ Das kann schon einmal vorkommen. Ça peut bien arriver une fois.

2 **vorkommen** *peut signifier* paraître :
▷ Das kommt mir komisch vor. Ça me paraît bizarre.

3 **vorkommen** *peut signifier* trouver *ou* se trouver :
▷ Dieses Wort kommt bei Goethe oft vor. Ce mot, on le trouve souvent chez Goethe.
► **sich dumm vorkommen** se trouver bête

♦ **Vorkommnis** (NEUTRE : das Vorkommnis, die Vorkommnisse) événement

Vorlage (FÉMININ : die Vorlage, die Vorlagen) modèle

vorlassen laisser passer devant
📖 **lassen** (er lässt; ließ, gelassen) = laisser

vorläufig provisoire *ou* provisoirement

vorlegen soumettre
► **jemandem etwas vorlegen** soumettre quelque chose à quelqu'un

vorlesen lire à haute voix

vorletzte, vorletzter, vorletztes avant-dernier, avant-dernière

vorlieb
► **mit etwas vorlieb nehmen** se contenter de quelque chose

♦ **Vorliebe** (FÉMININ : die Vorliebe, die Vorlieben) préférence

Vormittag (MASCULIN : der Vormittag, die Vormittage) matinée

► **heute Vormittag** ce matin

♦ **vormittags** le matin

Vorname (MASCULIN : der Vorname, die Vornamen) prénom

vorne devant

► **nach vorne** en avant

► **von vorne** par devant

vornehm distingué

vornehmen (er nimmt vor; vornahm, vorgenommen)

► **sich etwas vornehmen** projeter quelque chose *ou* entreprendre quelque chose

vornehmlich avant tout

Vorort (MASCULIN : der Vorort, die Vororte) banlieue *ou* faubourg

Vorrang (MASCULIN : der Vorrang, die Vorränge) priorité

♦ **vorrangig** prioritaire

Vorrat (MASCULIN : der Vorrat, die Vorräte) provisions

Vorrecht (NEUTRE : das Vorrecht, die Vorrechte) privilège

Vorsatz (MASCULIN : der Vorsatz, die Vorsätze) intention *ou* résolution

► **einen Vorsatz fassen** prendre une résolution

♦ **vorsätzlich** avec préméditation

Vorschau (FÉMININ : die Vorschau, die Vorschauen) bande-annonce

Vorschlag (MASCULIN : der Vorschlag, die Vorschläge) proposition

♦ **vorschlagen** (er schlägt vor; vorschlug, vorgeschlagen) proposer

Vorschrift (FÉMININ : die Vorschrift, die Vorschriften) règle *ou* règlement *ou* instruction

► **jemandem Vorschriften machen** donner des ordres à quelqu'un

♦ **vorschriftsmäßig** réglementaire

Vorsicht (FÉMININ : die Vorsicht) prudence

► **Vorsicht!** attention !

♦ **vorsichtig** prudent

♦ **vorsichtshalber** par précaution

♦ **Vorsichtsmaßnahme** (FÉMININ : die Vorsichtsmaßnahme, die Vorsichtsmaßnahmen) précaution

Vorspeise (FÉMININ : die Vorspeise) hors-d'œuvre

Vorsprung (MASCULIN : der Vorsprung, die Vorsprünge) avance :

▷ Er gewinnt Vorsprung. Il gagne de l'avance.

Vorstadt (FÉMININ : die Vorstadt, die Vorstädte) banlieue *ou* faubourg

vorstellbar imaginable

(sich) vorstellen (se) présenter *ou* imaginer

► **sich etwas vorstellen** s'imaginer quelque chose

♦ **Vorstellung** (FÉMININ : die Vorstellung) idée

♦ **Vorstellungskraft** (FÉMININ : die Vorstellungskraft) imagination

Vortag (MASCULIN : der Vortag, die Vortage) veille

vortäuschen simuler

Vorteil (MASCULIN : der Vorteil, die Vorteile) avantage

♦ **vorteilhaft** avantageux

Vortrag (MASCULIN : der Vortrag, die Vorträge) conférence

► **einen Vortrag halten** faire une conférence

vortrefflich excellent

vorüber passé

vorübergehen (vorüberging, vorübergegangen) passer

► **an jemandem vorübergehen** passer devant quelqu'un

♦ **vorübergehend** momentané *ou* passager

Vorurteil (NEUTRE : das Vorurteil, die Vorurteile) préjugé *ou* a priori

Vorwand (MASCULIN : der Vorwand, die Vorwände) prétexte *ou* excuse

vorwärts en avant

► **vorwärts gehen** avancer

► **vorwärts kommen** progresser

vorwegnehmen (er nimmt vorweg; vorwegnahm, vorweggenommen) anticiper

vorweisen (vorwies, vorgewiesen) montrer

vorwerfen (er wirft vor; vorwarf, vorgeworfen) reprocher
► **jemandem etwas vorwerfen** reprocher quelque chose à quelqu'un

vorwiegend surtout

Vorwort (NEUTRE : das Vorwort) préface

Vorwurf (MASCULIN : der Vorwurf, die Vorwürfe) reproche

vorzeitig prématuré

vorziehen (vorzog, vorgezogen) préférer
► **Vorhänge vorziehen** tirer les rideaux

vorzüglich excellent

ALLEMAND — W — FRANÇAIS

Waage (FÉMININ : die Waage, die Waagen) balance

♦ **waag(e)recht** horizontal

wabb(e)lig flasque *ou* gélatineux

wach réveillé *ou* éveillé

Wache (FÉMININ : die Wache, die Wachen) garde

► **Wache halten** monter la garde

wachen veiller

Wachs / vax / (NEUTRE : das Wachs, die Wachse) cire *ou* fart

wachsam vigilant

♦ **Wachsamkeit** (FÉMININ : die Wachsamkeit) vigilance

wachsen / 'vaksn / (er wächst; wuchs, gewachsen) *a plusieurs catégories grammaticales et plusieurs sens :*

> *Ce peut être un* VERBE INTRANSITIF :

wachsen *signifie* grandir *ou* pousser *ou* augmenter

> *Ce peut être un* VERBE TRANSITIF :

wachsen *signifie* cirer *ou* farter

Wachstum / 'vakstu:m / (NEUTRE : das Wachstum) croissance

Wächter (MASCULIN : der Wächter, die Wächter) garde *ou* gardien

wackelig branlant *ou* boiteux

♦ **Wackelkontakt** (MASCULIN : der Wackelkontakt, die Wackelkontakte) faux contact

♦ **wackeln** branler *ou* être boiteux

wacker vaillant

Wade (FÉMININ : die Wade, die Waden) mollet

Waffe (FÉMININ : die Waffe, die Waffen) arme

Waffel (FÉMININ : die Waffel, die Waffeln) gaufre

Waffenstillstand (MASCULIN : der Waffenstillstand) armistice

Wagemut (MASCULIN : der Wagemut) audace

♦ **wagemutig** audacieux

wagen oser *ou* risquer

Wagen (MASCULIN : der Wagen, die Wagen) voiture *ou* wagon

waghalsig téméraire *ou* casse-cou

Wagnis (NEUTRE : das Wagnis, die Wagnisse) risque

Wahl (FÉMININ : die Wahl, die Wahlen) choix *ou* élection

♦ **wahlberechtigt** qui a le droit de vote

♦ **wählen** choisir *ou* élire *ou* composer (un numéro de téléphone)

♦ **wählerisch** exigeant *ou* difficile

♦ **Wahlkampf** (MASCULIN : der Wahlkampf, die Wahlkämpfe) campagne électorale

♦ **Wahllokal** (NEUTRE : das Wahllokal) bureau de vote

♦ **Wahlrecht** (NEUTRE : das Wahlrecht) droit de vote

Wahn (MASCULIN : der Wahn) délire

♦ **Wahnsinn** (MASCULIN : der Wahnsinn) folie

♦ **wahnsinnig** (adjectif) fou *ou* (adverbe) vachement

▷ **wahnsinnig schön** vachement beau

wahr vrai *ou* véritable

während *a plusieurs catégories grammaticales et plusieurs sens :*

> *Ce peut être une* PRÉPOSITION *qui s'emploie avec le* GÉNITIF *:*

während *signifie* pendant

> *Ce peut être une* CONJONCTION *:*

während *signifie* pendant que *ou* tandis que

♦ **währenddessen** entre-temps

wahrhaben (wahrhat ; wahrhatte, wahrgehabt)

► **etwas nicht wahrhaben wollen** refuser de croire quelque chose

wahrhaft ou **wahrhaftig** vraiment

Wahrheit (FÉMININ : die Wahrheit) vérité

wahrnehmen (er nimmt wahr; wahrnahm, wahrgenommen) percevoir *ou* s'apercevoir de

► **eine Gelegenheit wahrnehmen** profiter d'une occasion

wahrsagen (wahrsagte, wahrgesagt *ou* gewahrsagt) prédire l'avenir

♦ **Wahrsager, Wahrsagerin** (MASCULIN : der Wahrsager, die Wahrsager / FÉMININ : die Wahrsagerin, die Wahrsagerinnen) voyant, voyante

wahrscheinlich (adjectif) probable *ou* (adverbe) probablement

♦ **Wahrscheinlichkeit** (FÉMININ : die Wahrscheinlichkeit) probabilité *ou* vraisemblance

Währung (FÉMININ : die Währung) monnaie (d'un pays)

Wahrzeichen (NEUTRE : das Wahrzeichen, die Wahrzeichen) emblème

Waise ou **Waisenkind** (FÉMININ : die Waise, die Waisen *ou* NEUTRE : das Waisenkind, die Waisenkinder) orphelin

♦ **Waisenhaus** (NEUTRE : das Waisenhaus, die Waisenhäuser) orphelinat

Wal (MASCULIN : der Wal, die Wale) baleine

Wald (MASCULIN : der Wald, die Wälder) forêt *ou* bois

♦ **waldig** boisé

♦ **Waldsterben** (NEUTRE : das Waldsterben) disparition des forêts

Wallfahrt (FÉMININ : die Wallfahrt) pèlerinage

Walnuss (FÉMININ : die Walnuss, die Walnüsse) noix

♦ **Walnussbaum** (MASCULIN : der Walnussbaum, die Walnussbäume) noyer

(sich) wälzen (se) rouler

Walzer (MASCULIN : der Walzer, die Walzer) valse

Wand (FÉMININ : die Wand, die Wände) mur *ou* paroi

wand *voir* **winden**

Wandel (MASCULIN : der Wandel) transformation

♦ **(sich) wandeln** changer

wandern faire de la randonnée

♦ **Wanderung** (FÉMININ : die Wanderung) randonnée

Wandlung (FÉMININ : die Wandlung) transformation

wandte *voir* **wenden**

Wange (FÉMININ : die Wange, die Wangen) joue (partie du corps)

wanken chanceler *ou* tituber

wann quand

Wanne (FÉMININ : die Wanne, die Wannen) cuve *ou* baignoire

war *voir* **sein**

warb *voir* **werben**

Ware (FÉMININ : die Ware, die Waren) marchandise

♦ **Warenhaus** (NEUTRE : das Warenhaus, die Warenhäuser) grand magasin

warf *voir* **werfen**

warm (wärmer, am wärmsten) chaud

► **sich warm laufen** *ou* **sich warmlaufen** s'échauffer

♦ **Wärme** (FÉMININ : die Wärme) chaleur

♦ **(sich) wärmen** (se) chauffer *ou* (se) réchauffer

♦ **warmherzig** chaleureux (en parlant d'une personne)

warnen mettre en garde *ou* prévenir :

► **jemanden vor jemandem / etwas warnen** mettre en garde quelqu'un contre quelqu'un / quelque chose

♦ **Warnung** (FÉMININ : die Warnung) mise en garde

warten attendre

► **auf jemanden warten** attendre quelqu'un

Wartesaal ou **Wartezimmer** (MASCULIN : der Wartesaal, die Wartesäle / NEUTRE : das Wartezimmer, die Wartezimmer) salle d'attente

warum pourquoi

Warze (FÉMININ : die Warze, die Warzen) verrue

was *a plusieurs sens :*

1 was *peut signifier* quoi *ou* qu'est-ce que :

▷ Was ist das? Qu'est-ce que c'est ?

2 was *peut être* interrogatif *et signifie* qu'est-ce qui *ou* qu'est-ce que :

▷ Was ist gestohlen worden? Qu'est-ce qui a été volé ?

▷ Was machst du? Qu'est-ce que tu fais ?

3 was *peut être* relatif *et signifie* ce qui *ou* ce que :

▷ Was überbleibt, gehört dir. Ce qui reste est à toi.

▷ Das ist es, was ich meine. C'est ce que je veux dire.

waschbar lavable

Waschbecken (NEUTRE : das Waschbecken, die Waschbecken) lavabo

Wäsche (FÉMININ : die Wäsche) linge *ou* lessive

♦ **Wäscheklammer** (FÉMININ : die Wäscheklammer, die Wäscheklammern) pince à linge

♦ **Wäscheleine** (FÉMININ : die Wäscheleine, die Wäscheleinen) corde à linge

waschen (er wäscht; wusch, gewaschen) *a plusieurs catégories grammaticales et plusieurs sens :*

> *Ce peut être un* VERBE TRANSITIF :

waschen *signifie* laver

► **sich die Hände waschen** se laver les mains

> *Ce peut être un* VERBE INTRANSITIF :

waschen *signifie* faire la lessive

► **Wäsche waschen** faire une lessive

> *Ce peut être un* VERBE RÉFLÉCHI :

sich waschen *signifie* se laver

Wäscherei (FÉMININ : die Wäscherei) pressing

Waschlappen (MASCULIN : der Waschlappen, die Waschlappen) gant de toilette

Waschmaschine (FÉMININ : die Waschmaschine, die Waschmaschinen) machine à laver

Waschmittel ou **Waschpulver** (NEUTRE : das Waschmittel *ou* Waschpulver, die Waschmittel *ou* Waschpulver) lessive (en parlant du produit)

Wasser (NEUTRE : das Wasser, die Wasser) eau

♦ **wasserdicht** imperméable *ou* étanche

♦ **Wasserfall** (MASCULIN : der Wasserfall, die Wasserfälle) chute d'eau

♦ **Wasserfarbe** (FÉMININ : die Wasserfarbe, die Wasserfarben) peinture à l'eau

♦ **Wasserhahn** (MASCULIN : der Wasserhahn, die Wasserhähne) robinet

♦ **Wassermelone** (FÉMININ : die Wassermelone, die Wassermelonen) pastèque

♦ **wasserscheu** qui a peur de l'eau

♦ **Wasserschi** *ou* **Wasserski** (NEUTRE : das Wasserschi *ou* Wasserski) ski nautique

► **Wasserschi** *ou* **Wasserski fahren** faire du ski nautique

♦ **wässrig** plein d'eau *ou* fade (en parlant du goût d'un fruit)

Watte (FÉMININ : die Watte, die Watten) ouate *ou* coton (pour désinfecter ou se démaquiller)

♦ **Wattebausch** (MASCULIN : der Wattebausch, die Wattebausche) coton (pour désinfecter ou se démaquiller)

♦ **Wattestäbchen** (NEUTRE : das Wattestäbchen, die Wattestäbchen) coton-tige®

Webseite ou **Website** (FÉMININ : die Webseite *ou* Website, die Webseiten *ou* Websites) page Web *ou* site Internet

♦ **Web-Server** (MASCULIN : der Web-Server , die Web-Server) serveur Internet

♦ **Websurfer** (MASCULIN : der Websurfer, die Websurfer) internaute

Wechsel / 'vɛksl / (MASCULIN : der Wechsel, die Wechsel) changement *ou* change (en parlant d'argent)

♦ **wechselhaft** changeant

♦ **Wechseljahre** (NEUTRE FÉMININ : die Wechseljahre) ménopause

♦ **wechseln** changer

♦ **Wechselwirkung** (FÉMININ : die Wechselwirkung) interaction

wecken réveiller *ou* éveiller

♦ **Wecker** (MASCULIN : der Wecker, die Wecker) réveil

weder ni

► **weder ... noch** ni ... ni

weg absent *ou* parti *ou* pas là

► **über etwas weg sein** avoir surmonté quelque chose

► **schon weg sein** être déjà parti

Weg (MASCULIN : der Weg, die Wege) chemin *ou* route *ou* moyen

► **einen Weg finden** trouver un moyen

► **sich auf den Weg machen** se mettre en route

► **jemandem aus dem Weg gehen** éviter quelqu'un

wegen *est une* préposition *qui s'emploie avec le* génitif *ou l'*accusatif *et signifie* à cause de

wegfahren partir

📖 fahren (er fährt; fuhr, gefahren) = rouler *ou* conduire

weggehen s'en aller

📖 gehen (ging, gegangen) = aller *ou* marcher

weglassen laisser partir *ou* omettre

📖 lassen (er lässt; ließ, gelassen) = laisser

weglaufen s'enfuir

📖 laufen (er läuft; lief, gelaufen) = courir

wegmüssen devoir partir

📖 müssen (er muss; musste, gemusst) = devoir

wegräumen ranger

wegschaffen enlever

wegwerfen jeter

📖 werfen (er wirft; warf, geworfen) = jeter

♦ **wegwerfend** dédaigneux

weh qui fait mal *ou* douloureux

► **wehe!** gare à toi !

♦ **Wehe** (FÉMININ : die Wehe, die Wehen) contraction (pendant la grossesse)

wehen souffler *ou* flotter :

▷ Der Wind weht heute sehr stark. Le vent souffle très fort aujourd'hui.

▷ Die Fahne weht im Wind. Le drapeau flotte dans le vent.

Wehmut (FÉMININ : die Wehmut) mélancolie

♦ **wehmütig** mélancolique

Wehrdienst (MASCULIN : der Wehrdienst) service militaire

> *En Allemagne, le service militaire est obligatoire pour tous les hommes de plus de 18 ans. S'ils sont déclarés aptes, ils passeront 10 mois dans la* Bundeswehr, *les objecteurs de conscience pouvant choisir le* Zivildienst.

sich wehren se défendre

♦ **wehrlos** sans défense

(sich) wehtun (se) faire mal

► **Mein Arm tut mir weh.** J'ai mal au bras.

📖 tun (tat, getan) = faire

Wehwehchen (NEUTRE : das Wehwehchen, die Wehwehchen) bobo

Weibchen (NEUTRE : das Weibchen, die Weibchen) femelle

♦ **weiblich** féminin

weich mou *ou* doux *ou* moelleux *ou* tendre

weichen (wich, gewichen) céder

► **jemandem / einer Sache weichen** céder quelque chose / à quelqu'un

sich weigern refuser

weihen vouer

Weihnachten (NEUTRE : das Weihnachten) Noël

♦ **weihnachtlich** de Noël

♦ **Weihnachtsabend** (MASCULIN : der Weihnachtsabend) réveillon de Noël

♦ **Weihnachtsbaum** (MASCULIN : der Weihnachtsbaum, die Weihnachtsbäume) sapin de Noël

♦ **Weihnachtsmann** (MASCULIN : der Weihnachtsmann, die Weihnachtsmänner) père Noël

♦ **Weihnachtsmarkt** (MASCULIN : der Weihnachtsmarkt, die Weihnachtsmärkte) marché de Noël

weil parce que

Weile (FÉMININ : die Weile) moment

Wein (MASCULIN : der Wein, die Weine) vin

♦ **Weinbau** (MASCULIN : der Weinbau) viticulture

♦ **Weinbeere** (FÉMININ : die Weinbeere, die Weinbeeren) raisin

weinen pleurer

♦ **weinerlich** larmoyant

Weinlese (FÉMININ : die Weinlese) vendanges

Weintraube (FÉMININ : die Weintraube, die Weintrauben) raisin

weise sage

Weise (FÉMININ : die Weise, die Weisen) manière *ou* façon

Weisheit (FÉMININ : die Weisheit) sagesse

♦ **Weisheitszahn** (MASCULIN : der Weisheitszahn, die Weisheitszähne) dent de sagesse

weiß blanc

> **i** weiß *est aussi la première et troisième personne du singulier au présent du verbe* wissen.

♦ **Weißbrot** (NEUTRE : das Weißbrot) pain blanc

♦ **Weißrussland** Biélorussie

♦ **Weißwein** (MASCULIN : der Weißwein) vin blanc

weit *a plusieurs catégories grammaticales et plusieurs sens :*

> *Ce peut être un* ADJECTIF *:*

1 **weit** *peut signifier* large *ou* étendu

2 **weit** *peut signifier* éloigné

► **so weit sein** être prêt

> *Ce peut être un* ADVERBE *:*

weit *signifie* loin

► **zu weit gehen** dépasser les limites

► **weit mehr** beaucoup plus

► **weit aufmachen** ouvrir grand

► **weit offen** grand ouvert

► **weit verbreitet** répandu

► **weit zurückliegend** lointain

► **so weit zufrieden sein** être assez content

► **es weit bringen** aller loin *ou* réussir

► **wie weit bist du?** où en es-tu ?

weitaus de loin :

▷ Das ist weitaus das Beste. C'est de loin la meilleure chose.

Weitblick (MASCULIN : der Weitblick) clairvoyance *ou* prévoyance

Weite (FÉMININ : die Weite, die Weiten) ampleur *ou* étendue *ou* portée *ou* vaste espace

♦ **(sich) weiten** (s')élargir

weiter *a plusieurs catégories grammaticales et plusieurs sens :*

> *Ce peut être le* COMPARATIF *de* WEIT *:*

weiter *signifie* plus large *ou* plus éloigné *ou* plus loin

► **ohne weiteres** sans problème

> *Ce peut être un* ADJECTIF *:*

weiter *signifie* en outre

► **weiter nichts** rien de plus

► **weiter niemand** personne d'autre

> *Ce peut être une* PARTICULE SÉPARABLE *pour former des* VERBES COMPOSÉS *:*

♦ **weiterarbeiten** continuer de travailler

♦ **sich weiterbilden** se former *ou* s'instruire

> **i** *Vous trouverez les verbes composés qui commencent par* weiter- *classés par ordre alphabétique.*

weitere, weiterer, weiteres autre, autres :

▷ Haben Sie weitere Fragen? Vous avez d'autres questions ?

► **bis auf weiteren Befehl** jusqu'à nouvel ordre

weitergehen (weiterging, weitergegangen) continuer son chemin

weitgehend largement

weitläufig grand *ou* vaste

weitsichtig presbyte *ou* prévoyant *ou* à long terme

Weitsprung (MASCULIN : der Weitsprung) saut en longueur

weitverbreitet répandu

Weizen (MASCULIN : der Weizen) blé

welche, welcher, welches *a plusieurs catégories grammaticales et plusieurs sens :*

> *Ce peut être un* PRONOM RELATIF *:*

welche, welcher, welches *signifie* qui, que :

▷ Die Frau, welche dort steht, ist meine Tante. La femme qui est là-bas est ma tante.

> *Ce peut être un* PRONOM INTERROGATIF ADJECTIVÉ :

welche, welcher, welches *signifie* quel, quelle *ou* quels, quelles :

▷ Von welchem Lehrer sprichst du? De quel prof parles-tu ?

> *Ce peut être un* PRONOM INTERROGATIF SUBSTANTIVÉ :

welche, welcher, welches *signifie* lequel, laquelle *ou* lesquels, lesquelles :

▷ Welches ist deines? Lequel est à toi ?

welk fané

Welle (FÉMININ : die Welle, die Wellen) vague

♦ **Wellenlänge** (FÉMININ : die Wellenlänge) longueur d'onde

► **auf gleicher Wellenlänge sein** être sur la même longueur d'onde

Welt (FÉMININ : die Welt, die Welten) monde

♦ **Weltall** (NEUTRE : das Weltall) univers

♦ **Weltanschauung** (FÉMININ : die Weltanschauung) vision du monde

♦ **weltberühmt** mondialement connu

♦ **weltfremd** étranger au monde

♦ **Weltkrieg** (MASCULIN : der Weltkrieg, die Weltkriege) guerre mondiale

♦ **weltlich** profane

♦ **Weltmeister, Weltmeisterin** (MASCULIN : der Weltmeister, die Weltmeister / FÉMININ : die Weltmeisterin, die Weltmeisterinnen) champion, championne du monde

♦ **Weltmeisterschaft** (FÉMININ : die Weltmeisterschaft) championnat du monde

♦ **Weltraum** (MASCULIN : der Weltraum) espace (cosmique)

♦ **Weltreise** (FÉMININ : die Weltreise) tour du monde

♦ **weltweit** mondial

wem *est le* datif *du pronom* wer *et signifie* à qui

wen *est l'*accusatif *du pronom* wer *et signifie* qui

Wende (FÉMININ : die Wende) tournant

Wendeltreppe (FÉMININ : die Wendeltreppe, die Wendeltreppen) escalier en colimaçon

(sich) wenden (wendete *ou* wandte, gewendet *ou* gewandt) (se) tourner

► **sich an jemanden wenden** s'adresser à quelqu'un

Wendung (FÉMININ : die Wendung) tournure

wenig peu

♦ **wenige** peu de gens

♦ **wenigstens** au moins

wenn si *ou* quand *ou* lorsque

► **wenn auch** même si

► **na wennschon** et alors

► **wennschon, dennschon** tant qu'à faire

♦ **wenngleich** *ou* **wennschon** bien que *ou* quoique *ou* même si

wer qui

werben (er wirbt; warb, geworben) faire de la publicité

► **für etwas werben** faire de la publicité pour quelque chose

► **um jemanden werben** rechercher l'attention de quelqu'un

Werbung (FÉMININ : die Werbung) publicité

werden (er wird; wurde, geworden) *a plusieurs catégories grammaticales et plusieurs sens :*

> *Ce peut être un* VERBE INTRANSITIF :

werden *signifie* devenir :

▷ Sie will Tierärztin werden. Elle veut devenir vétérinaire.

> *Ce peut être un* VERBE AUXILIAIRE :

1 **werden** *peut indiquer le* futur :

▷ Sie wird in zwei Jahren mit dem Studium fertig. Elle va finir ses études dans deux ans. *ou* Elle finira ses études dans deux ans.

2 **werden** *peut indiquer le* passif :

▷ Sie wird bestraft. Elle est punie.

▷ Das wird sich zeigen. On va voir.

werfen (er wirft; warf, geworfen) lancer *ou* (en parlant d'un animal) mettre bas

Werk (NEUTRE : das Werk, die Werke) œuvre *ou* ouvrage *ou* mécanisme

► **ans Werk gehen** se mettre à l'œuvre

► **am Werk sein** être en train de travailler

♦ **Werkstatt** (FÉMININ : die Werkstatt, die Werkstätten) atelier *ou* garage (pour réparer les voitures)

♦ **Werktag** (MASCULIN : der Werktag, die Werktage) jour ouvrable

♦ **werktags** les jours ouvrables

♦ **Werkzeug** (NEUTRE : das Werkzeug) outils

wert cher

► **wert sein** valoir

♦ **Wert** (MASCULIN : der Wert, die Werte) valeur

► **auf etwas Wert legen** attacher de l'importance à quelque chose

♦ **werten** estimer *ou* évaluer

♦ **Wertgegenstand** (MASCULIN : der Wertgegenstand, die Wertgegenstände) objet de valeur

♦ **wertlos** sans valeur *ou* inutile

♦ **wertvoll** précieux

Wesen (NEUTRE : das Wesen, die Wesen) caractère *ou* nature

► **das Wesen der Dinge** la nature des choses

wesentlich essentiel *ou* fondamental *ou* considérable

weshalb pourquoi

Wespe (FÉMININ : die Wespe, die Wespen) guêpe

wessen *est le* génitif *du pronom* wer *et signifie* de qui *ou* à qui

Weste (FÉMININ : die Weste, die Westen) gilet

Westen (MASCULIN : der Westen) ouest

► **im Westen von** à l'ouest de

♦ **westlich** de l'ouest *ou* occidental

► **westlich von** à l'ouest de

weswegen pourquoi

Wettbewerb (MASCULIN : der Wettbewerb, die Wettbewerbe) concours

Wette (FÉMININ : die Wette, die Wetten) pari

► **eine Wette eingehen** faire un pari

♦ **Wetteifer** (MASCULIN : der Wetteifer) esprit de compétition

♦ **wetten** parier

Wetter (NEUTRE : das Wetter, die Wetter) temps (au sens météorologique)

♦ **Wetterbericht** *ou* **Wettervorhersage** (MASCULIN : der Wetterbericht, die Wetterberichte / FÉMININ : die Wettervorhersage, die Wettervorhersagen) prévisions météo

Wettkampf (MASCULIN : der Wettkampf, die Wettkämpfe) compétition

Wettlauf (MASCULIN : der Wettlauf, die Wettläufe) course (de compétition)

WG (FÉMININ : die WG) *est l'abréviation de* **Wohngemeinschaft** *et désigne l'ensemble des colocataires d'un logement.*

wich *voir* **weichen**

wichtig important

♦ **Wichtigkeit** (FÉMININ : die Wichtigkeit) importance

wickeln enrouler

► **ein Baby wickeln** mettre une couche à un bébé

Widder (MASCULIN : der Widder, die Widder) bélier

wider contre

widerfahren (widerfährt; widerfuhr, widerfahren) arriver

► **etwas widerfährt jemandem** quelque chose arrive à quelqu'un

widerlegen (widerlegte, widerlegt) réfuter

widerlich repoussant

Widerrede (FÉMININ : die Widerrede, die Widerreden) contradiction

► **keine Widerrede!** pas de discussion !

widerrufen (widerrief, widerrufen) révoquer *ou* démentir

sich widersetzen (widersetzte, widersetzt) s'opposer *ou* désobéir

Widersinn (MASCULIN : der Widersinn) contresens *ou* non-sens *ou* absurdité

♦ **widersinnig** absurde

widerspenstig récalcitrant

widerspiegeln refléter

widersprechen (er widerspricht; widersprach, widersprochen) contredire

► **jemandem / einer Sache widersprechen** contredire quelqu'un / quelque chose

♦ **widersprechend** contradictoire

♦ **Widerspruch** (MASCULIN : der Widerspruch, die Widersprüche) contradiction

Widerstand (MASCULIN : der Widerstand, die Widerstände) résistance

♦ **widerstandsfähig** résistant

♦ **widerstandslos** sans résistance

♦ **widerstehen** (widerstand, widerstanden) résister

widerwärtig repoussant

Widerwille (MASCULIN : der Widerwille) aversion
♦ **widerwillig** à contrecœur

widmen dédier *ou* consacrer
► **sich jemandem / einer Sache widmen** se consacrer à quelqu'un / quelque chose
♦ **Widmung** (FÉMININ : die Widmung) dédicace

wie *a plusieurs catégories grammaticales et plusieurs sens :*

> *Ce peut être un* ADVERBE :

wie *signifie* comment
► **so wie** ainsi que
► **wie viel?** combien ?
► **wie lange?** combien de temps ?
► **wie oft?** combien de fois ?
► **wie alt?** quel âge ?
► **wie spät?** quelle heure ?
► **wie bitte?** comment ?

> *Ce peut être une* CONJONCTION :

wie *signifie* comme

wieder de nouveau *ou* encore

wiederbekommen (wiederbekam, wiederbekommen) récupérer

wiederherstellen rétablir

wiederholen (wiederholte, wiederholt) répéter

wiedersehen revoir
📖 sehen (er sieht; sah, gesehen) = voir
♦ **Wiedersehen** (NEUTRE : das Wiedersehen)
► **auf Wiedersehen** au revoir

wiederum de nouveau

wiedervereinigen (wiedervereinigte, wiedervereinigt) réunifier
♦ **Wiedervereinigung** (FÉMININ : die Wiedervereinigung) réunification

wiederverwertbar recyclable
♦ **wiederverwerten** (wiederverwertete, wiederverwertet) recycler

wiegen (wog, gewogen) peser

Wien Vienne
♦ **Wiener Würstchen** (NEUTRE : das Wiener Würstchen) saucisse de Francfort

Wiese (FÉMININ : die Wiese, die Wiesen) pré

wieso pourquoi

wieviel combien
♦ **wieviele** combien de

wieweit jusqu'où

wild sauvage *ou* furieux

Wild (NEUTRE : das Wild) gibier

wildfremd complètement inconnu

Wildleder (NEUTRE : das Wildleder) daim

Wildnis (FÉMININ : die Wildnis) région sauvage

Wildschwein (NEUTRE : das Wildschwein, die Wildschweine) sanglier

will *voir* wollen

Wille (MASCULIN : der Wille) volonté
♦ **willensstark** qui a de la volonté

willkommen bienvenu

willkürlich arbitraire

willst *voir* wollen

wimmeln fourmiller
► **es wimmelt von Menschen** ça fourmille de monde

wimmern geindre

Wimper (FÉMININ : die Wimper, die Wimpern) cil
♦ **Wimperntusche** (FÉMININ : die Wimperntusche) mascara

Wind (MASCULIN : der Wind, die Winde) vent

Windel (FÉMININ : die Windel, die Windeln) couche

sich winden (wand, gewunden) serpenter *ou* enlacer *ou* se tordre

windig exposé au vent
▷ Heute ist es windig. Il y a du vent aujourd'hui.

Windmühle (FÉMININ : die Windmühle, die Windmühlen) moulin à vent

Windpocken (pluriel : die Windpocken) varicelle

windsurfen faire de la planche à voile

Winkel (MASCULIN : der Winkel, die Winkel) angle *ou* coin

winken faire signe (de la main)

Winter (MASCULIN : der Winter, die Winter) hiver
► im Winter en hiver
♦ winterlich hivernal
♦ Winterschlaf (MASCULIN : der Winterschlaf) hibernation
♦ Winterzeit (FÉMININ : die Winterzeit) heure d'hiver

winzig minuscule

wir nous

> **i** Déclinaisons
> uns (accusatif) ; uns (datif) ; unser (génitif)

Wirbel (MASCULIN : der Wirbel, die Wirbel) *a plusieurs sens :*
1 Wirbel *peut signifier* tourbillon *ou* remous
2 Wirbel *peut signifier* vertèbre
♦ Wirbelsäule (FÉMININ : die Wirbelsäule) colonne vertébrale

wirbst, wirbt *voir* werben

wird *voir* werden

wirfst, wirft *voir* werfen

wirken avoir l'air *ou* agir :
▷ Sie wirkt ängstlich. Elle a l'air inquiète.
▷ Das Medikament wirkt. Le médicament agit.
► Wunder wirken faire des miracles

wirklich réel *ou* véritable
♦ Wirklichkeit (FÉMININ : die Wirklichkeit) réalité

wirksam efficace

Wirkung (FÉMININ : die Wirkung) effet

wirr confus
♦ Wirrwarr (MASCULIN : der Wirrwarr) confusion *ou* désordre

wirst *voir* werden

Wirtschaft (FÉMININ : die Wirtschaft) économie *ou* auberge
♦ wirtschaftlich économique

Wirtshaus (NEUTRE : das Wirtshaus, die Wirtshäuser) bistrot *ou* restaurant

wischen essuyer *ou* nettoyer

wispern chuchoter

Wissbegierde (FÉMININ : die Wissbegierde) curiosité
♦ wissbegierig curieux

wissen (er weiß; wusste, gewusst) savoir
♦ Wissen (NEUTRE : das Wissen) savoir

Wissenschaft (FÉMININ : die Wissenschaft) science
♦ Wissenschaftler, Wissenschaftlerin (MASCULIN : der Wissenschaftler, die Wissenschaftler / FÉMININ : die Wissenschaftlerin, die Wissenschaftlerinnen) scientifique
♦ wissenschaftlich scientifique

wissenswert intéressant

wissentlich sciemment

wittern pressentir

Witterung (FÉMININ : die Witterung) temps (au sens météorologique) *ou* flair (d'un animal)

Witwe (FÉMININ : die Witwe, die Witwen) veuve
♦ Witwer (MASCULIN : der Witwer, die Witwer) veuf

Witz (MASCULIN : der Witz, die Witze) plaisanterie *ou* blague
♦ witzig drôle

wo où

woanders ailleurs

wobei à quelle occasion *ou* à l'occasion duquel, de laquelle
▷ Wobei hat er sich verletzt? À quelle occasion s'est-il blessé ?
► wobei er mir die Hand gab en me donnant la main
► wobei er mich nicht anschaute sans me regarder

► **wobei mir einfällt ...** ce qui me rappelle ...

> ℹ *Ce mot est souvent traduit par un gérondif.*

Woche (FÉMININ : die Woche, die Wochen) semaine

♦ **Wochenende** (NEUTRE : das Wochenende, die Wochenenden) week-end

♦ **wochenlang** pendant des semaines

♦ **Wochentag** (MASCULIN : der Wochentag, die Wochentage) jour de la semaine

♦ **wöchentlich** hebdomadaire

wodurch par quoi *ou* comment *ou* par où

wofür pour lequel, laquelle *ou* pourquoi

wog *voir* **wiegen**

Woge (FÉMININ : die Woge, die Wogen) vague

wogegen *a plusieurs catégories grammaticales et plusieurs sens :*

> *Ce peut être un* ADVERBE :

wogegen *signifie* contre lequel, laquelle *ou* contre quoi

> *Ce peut être une* CONJONCTION :

wogegen *signife* par contre

woher d'où

wohin où

wohl bien *ou* probablement *ou* sans doute

♦ **Wohl** (NEUTRE : das Wohl) bien-être

► **zum Wohl!** santé !

♦ **Wohlbehagen** (NEUTRE : das Wohlbehagen) sensation de bien-être

wohlhabend aisé (au sens de riche)

wohlig agréable

Wohlstand (MASCULIN : der Wohlstand) prospérité (au sens richesse)

wohlverdient bien mérité

Wohlwollen (NEUTRE : das Wohlwollen) bienveillance

♦ **wohlwollend** bienveillant

wohnen habiter

♦ **Wohngemeinschaft** (FÉMININ : die Wohngemeinschaft) *ensemble des colocataires d'un logement*

♦ **wohnhaft** domicilié

♦ **Wohnheim** (NEUTRE : das Wohnheim, die Wohnheime) foyer

♦ **wohnlich** confortable

♦ **Wohnsitzloser** (MASCULIN : der Wohnsitzlose, die Wohnsitzlosen) sans-abri

> ℹ *Ce nom est un adjectif substantivé :* der Wohnsitzlose, ein Wohnsitzloser.

♦ **Wohnung** (FÉMININ : die Wohnung) appartement

♦ **Wohnwagen** (MASCULIN : der Wohnwagen, die Wohnwagen) caravane

♦ **Wohnzimmer** (NEUTRE : das Wohnzimmer, die Wohnzimmer) salon

Wolf (MASCULIN : der Wolf, die Wölfe) loup

Wolke (FÉMININ : die Wolke, die Wolken) nuage

♦ **Wolkenkratzer** (MASCULIN : der Wolkenkratzer, die Wolkenkratzer) gratte-ciel

♦ **wolkig** nuageux

Wolle (FÉMININ : die Wolle, die Wollen) laine

♦ **wollen** en laine

wollen (er will; wollte, gewollt) vouloir

womit avec quoi *ou* comment :

▷ Ich weiss nicht, womit ich das bezahlen soll. Je ne sais pas comment je vais payer ça.

womöglich peut-être

wonach après quoi *ou* d'après quoi *ou* après lequel, laquelle

▷ Wonach hat er mich gefragt? Qu'est-ce qu'il m'a demandé ?

Wonne (FÉMININ : die Wonne, die Wonnen) plaisir

woran à quoi

▷ Woran denkst du? À quoi tu penses ?

worauf sur quoi *ou* après quoi

woraus de quoi *ou* d'où

worin en quoi

Workshop (MASCULIN : der Workshop, die Workshops) stage

Wort *a plusieurs sens :*

1 **Wort** (das Wort, die Wörter) signifie mot

♦ **Wörterbuch** (NEUTRE : das Wörterbuch, die Wörterbücher) dictionnaire

♦ **wörtlich** mot à mot

♦ **Wortschatz** (MASCULIN : der Wortschatz) vocabulaire

♦ **Wortspiel** (NEUTRE : das Wortspiel, die Wortspiele) jeu de mots

2 **Wort** (das Wort, die Worte) signifie parole

♦ **wortlos** (adjectif) muet *ou* (adverbe) sans un mot

worüber sur quoi *ou* de quoi

worum de quoi

worunter sous quoi *ou* sous lequel, laquelle

wovon de quoi

wovor de quoi *ou* devant quoi

wozu à quoi *ou* pourquoi *ou* à quoi bon *ou* dans quel but

Wrack (NEUTRE : das Wrack, die Wracks) épave

wuchern proliférer

wuchs *voir* **wachsen**

Wucht (FÉMININ : die Wucht) poids *ou* force *ou* masse

► **mit voller Wucht** de plein fouet

♦ **wuchtig** massif *ou* énergique

wühlen fouiller

wund écorché

♦ **Wunde** (FÉMININ : die Wunde, die Wunden) blessure

Wunder (NEUTRE : das Wunder, die Wunder) miracle

♦ **wunderbar** merveilleux

♦ **Wunderkind** (NEUTRE : das Wunderkind, die Wunderkinder) enfant prodige

♦ **wunderlich** bizarre

♦ **sich wundern** s'étonner

♦ **wunderschön** *ou* **wundervoll** merveilleux

Wunsch (MASCULIN : der Wunsch, die Wünsche) souhait *ou* vœu

♦ **(sich) wünschen** souhaiter

► **sich etwas wünschen** faire un vœu *ou* avoir envie de quelque chose

♦ **wünschenswert** souhaitable

wurde *voir* **werden**

Würde (FÉMININ : die Würde) dignité

♦ **würdevoll** *ou* **würdig** digne

► **jemandes / einer Sache würdig sein** être digne de quelqu'un / quelque chose

Wurf (MASCULIN : der Wurf, die Würfe) jet *ou* lancer *ou* (en parlant des animaux) portée

Würfel (MASCULIN : der Würfel, die Würfel) dé *ou* cube

♦ **würfeln** jeter le dé

♦ **Würfelzucker** (MASCULIN : der Würfelzucker) sucre en morceaux

Wurm (MASCULIN : der Wurm, die Würmer) ver

Wurst (FÉMININ : die Wurst, die Würste) saucisse *ou* saucisson

Wurzel (FÉMININ : die Wurzel, die Wurzeln) racine

würzen épicer

♦ **würzig** épicé

wusch *voir* **waschen**

wusste *voir* **wissen**

wüst sauvage *ou* déchaîné

Wüste (FÉMININ : die Wüste, die Wüsten) désert

Wut (FÉMININ : die Wut) colère *ou* rage

♦ **Wutanfall** *ou* **Wutausbruch** (MASCULIN : der Wutanfall, die Wutanfälle *ou* der Wutausbruch, die Wutausbrüche) accès de rage

♦ **wüten** faire des ravages *ou* être déchaîné

♦ **wütend** furieux

X

ALLEMAND — FRANÇAIS

X-Beine (NEUTRE pluriel : die X-Beine) genoux cagneux

♦ **x-beinig** aux genoux cagneux

x-beliebig quelconque

♦ **X-Beliebige, X-Beliebiger, X-Beliebiges** n'importe lequel, n'importe laquelle, n'importe quoi

x-mal x fois

► das x-te mal la énième fois

Y

ALLEMAND — FRANÇAIS

Ypsilon (NEUTRE : das Ypsilon, die Ypsilons) i grec

Z

ALLEMAND — FRANÇAIS

Zacke (FÉMININ : die Zacke, die Zacken) pointe

zaghaft hésitant *ou* craintif

- **Zaghaftigkeit** (FÉMININ : die Zaghaftigkeit) timidité *ou* indécision

zäh tenace *ou* dur *ou* épais

- **zähflüssig** visqueux *ou* ralenti

Zahl (FÉMININ : die Zahl, die Zahlen) chiffre *ou* nombre

- **zahlen** payer
- **zählen** compter
- **zahlreich** nombreux
- **Zahlung** (FÉMININ : die Zahlung) paiement

zahm apprivoisé *ou* docile

- **zähmen** apprivoiser *ou* dompter

Zahn (MASCULIN : der Zahn, die Zähne) dent

- **Zahnarzt, Zahnärztin** (MASCULIN : der Zahnarzt, die Zahnärzte / FÉMININ : die Zahnärztin, die Zahnärztinnen) dentiste
- **Zahnbürste** (FÉMININ : die Zahnbürste, die Zahnbürsten) brosse à dents
- **Zahncreme** (FÉMININ : die Zahncreme) dentifrice
- **Zahnfleisch** (NEUTRE : das Zahnfleisch) gencives
- **Zahnpasta** *ou* **Zahnpaste** (FÉMININ : die Zahnpasta *ou* Zahnpaste) dentifrice
- **Zahnschmerzen** (MASCULIN pluriel : die Zahnschmerzen) maux de dents
- **Zahnspange** (FÉMININ : die Zahnspange, die Zahnspangen) appareil dentaire
- **Zahnstocher** (MASCULIN : der Zahnstocher, die Zahnstocher) cure-dent

Zange (FÉMININ : die Zange, die Zangen) pince *ou* forceps

sich zanken se quereller

- **zänkisch** querelleur

zappelig agité

- **zappeln** frétiller *ou* gigoter

Zar (MASCULIN : der Zar, die Zaren) tsar

zart tendre *ou* doux *ou* délicat

- **Zartgefühl** (NEUTRE : das Zartgefühl) délicatesse
- **Zartheit** (FÉMININ : die Zartheit) douceur
- **zärtlich** tendre
- **Zärtlichkeit** (FÉMININ : die Zärtlichkeit) tendresse

Zauber (MASCULIN : der Zauber) magie *ou* charme

- **Zauberei** (FÉMININ : die Zauberei, die Zaubereien) magie *ou* tour de magie
- **Zauberer** (MASCULIN : der Zauberer, die Zauberer) magicien
- **zauberhaft** merveilleux
- **Zauberin** (FÉMININ : die Zauberin, die Zauberinnen) magicienne
- **zaubern** faire de la magie
- **Zauberspruch** (MASCULIN : der Zauberspruch, die Zaubersprüche) formule magique

Zaun (MASCULIN : der Zaun, die Zäune) clôture

Zebrastreifen (MASCULIN : der Zebrastreifen, die Zebrastreifen) passage pour piétons

Zecke (FÉMININ : die Zecke, die Zecken) tique

Zehe (FÉMININ : die Zehe, die Zehen) orteil

zehn dix

- **zehnjährig** de dix ans
- **Zehnkampf** (MASCULIN : der Zehnkampf, die Zehnkämpfe) décathlon

♦ **zehnmal** dix fois

♦ **zu zehnt** à dix

♦ **zehnte, zehnter, zehntes** dixième

♦ **Zehntel** (NEUTRE : das Zehntel, die Zehntel) dixième

♦ **zehntens** dixièmement

Zeichen (NEUTRE : das Zeichen, die Zeichen) signe *ou* panneau

Zeichenprogramm (NEUTRE : das Zeichenprogramm) logiciel de dessin

Zeichentrickfilm (MASCULIN : der Zeichentrickfilm) dessin animé

zeichnen dessiner

♦ **Zeichnung** (FÉMININ : die Zeichnung) dessin

Zeigefinger (MASCULIN : der Zeigefinger, die Zeigefinger) index

(sich) zeigen (se) montrer *ou* (se) faire voir

► **auf jemanden / etwas zeigen** montrer quelqu'un / quelque chose du doigt

► **sich zeigen, dass** s'avérer que

Zeiger (MASCULIN : der Zeiger, die Zeiger) aiguille (d'une montre)

Zeile (FÉMININ : die Zeile, die Zeilen) ligne

Zeit (FÉMININ : die Zeit, die Zeiten) temps *ou* heure

► **in letzter Zeit** ces derniers temps

► **sich Zeit lassen** *ou* **sich Zeit nehmen** prendre son temps

► **von Zeit zu Zeit** de temps en temps

► **Zeit raubend** *ou* **zeitraubend** qui prend du temps

► **zur rechten Zeit** au bon moment

Zeitalter (NEUTRE : das Zeitalter, die Zeitalter) époque

zeitgemäß moderne *ou* actuel

zeitig tôt *ou* précoce

zeitlebens toute sa vie

zeitlich temporel

Zeitpunkt (MASCULIN : der Zeitpunkt) moment

Zeitraum (MASCULIN : der Zeitraum, die Zeiträume) durée *ou* période

Zeitschrift (FÉMININ : die Zeitschrift, die Zeitschriften) revue *ou* magazine

Zeitung (FÉMININ : die Zeitung) journal

Zeitunterschied (MASCULIN : der Zeitunterschied) décalage horaire

Zeitverschwendung (FÉMININ : die Zeitverschwendung) perte de temps

zeitweilig temporaire

zeitweise de temps en temps

Zeitwort (NEUTRE : das Zeitwort, die Zeitwörter) verbe

Zelle (FÉMININ : die Zelle, die Zellen) cellule

Zelt (NEUTRE : das Zelt, die Zelte) tente

♦ **zelten** camper

Zement (MASCULIN : der Zement) ciment

zerbrechen (er zerbricht; zerbrach, zerbrochen) *a plusieurs catégories grammaticales :*

> *Ce peut être un* VERBE TRANSITIF :

zerbrechen *signifie* casser

> *Ce peut être un* VERBE INTRANSITIF :

zerbrechen *signifie* (se) casser

♦ **zerbrechlich** fragile

zerbröckeln (zerbröckelte, zerbröckelt) s'effriter *ou* émietter

zerdrücken (zerdrückte, zerdrückt) écraser

Zerfall (MASCULIN : der Zerfall) déclin

♦ **zerfallen** (er zerfällt; zerfiel, zerfallen) se désagréger

zerfließen (zerfloss, zerflossen) fondre

zerknittern (zerknitterte, zerknittert) froisser

zerlegbar démontable

♦ **zerlegen** (zerlegte, zerlegt) démonter

zerquetschen (zerquetschte, zerquetscht) écraser

zerreißen (zerriss, zerrissen) *a plusieurs catégories grammaticales :*

> *Ce peut être un* VERBE TRANSITIF :
> **zerreißen** *signifie* déchirer

> *Ce peut être un* VERBE INTRANSITIF :
> **zerreißen** *signifie* se déchirer

zerren tirer *ou* traîner

zerrinnen (zerrann, zerronnen) fondre *ou* partir en fumée :

▷ Seine Träume sind zeronnen. Ses rêves sont partis en fumée.

zerrissen déchiré

zerrüttet ébranlé

zerschlagen (er zerschlägt; zerschlug, zerschlagen) fracasser *ou* briser

zerschneiden (zerschnitt, zerschnitten) couper en morceaux

(sich) zersetzen (zersetzte, zersetzt) (se) décomposer

zerspringen (zersprang, zersprungen) éclater *ou* se briser

zerstören (zerstörte, zerstört) détruire

♦ **Zerstörung** (FÉMININ : die Zerstörung) destruction

zerstreut dispersé *ou* distrait

zertreten (er zertritt; zertrat, zertreten) écraser (avec le pied)

zertrümmern (zertrümmerte, zertrümmert) fracasser

Zettel (MASCULIN : der Zettel, die Zettel) bout de papier

Zeug (NEUTRE : das Zeug) truc *ou* chose

► **dummes Zeug** bêtises

► **sich ins Zeug legen** s'y mettre

Zeuge, Zeugin (MASCULIN : der Zeuge, die Zeugen / FÉMININ : die Zeugin, die Zeuginnen) témoin

♦ **zeugen** témoigner *ou* procréer

Zeugnis (NEUTRE : das Zeugnis, die Zeugnisse) certificat *ou* référence *ou* bulletin scolaire

Ziege (FÉMININ : die Ziege, die Ziegen) chèvre

Ziegel (MASCULIN : der Ziegel, die Ziegel) brique *ou* tuile

♦ **Ziegelstein** (MASCULIN : der Ziegelstein, die Ziegelsteine) brique

ziehen (zog, gezogen) tirer

► **nach sich ziehen** entraîner

► **auf sich ziehen** attirer

► **nach Berlin ziehen** aller habiter à Berlin

► **es zieht** il y a un courant d'air

► **sich in die Länge ziehen** s'étirer *ou* traîner en longueur

Ziehharmonika (FÉMININ : die Ziehharmonika) accordéon

Ziel (NEUTRE : das Ziel, die Ziele) but *ou* destination *ou* arrivée (en sport)

♦ **zielen** viser

► **auf jemanden / etwas zielen** viser quelqu'un / quelque chose

♦ **ziellos** sans but

♦ **Zielscheibe** (FÉMININ : die Zielscheibe) cible

♦ **zielstrebig** déterminé

ziemlich considérable *ou* considérablement

Zigeuner, Zigeunerin (MASCULIN : der Zigeuner, die Zigeuner / FÉMININ : die Zigeunerin, die Zigeunerinnen) tzigane *ou* gitan, gitane

Zimmer (NEUTRE : das Zimmer, die Zimmer) pièce *ou* chambre

Zimt (MASCULIN : der Zimt) cannelle

zirka à peu près

zischen siffler

Zitat (NEUTRE : das Zitat, die Zitate) citation

♦ **zitieren** citer

Zitrusfrucht (FÉMININ : die Zitrusfrucht, die Zitrusfrüchte) agrume

zittern trembler

Zivildienst (MASCULIN : der Zivildienst) service civil

> *En Allemagne, les objecteurs de conscience peuvent faire onze mois de* Zivildienst, *qui consiste à faire des travaux d'intérêt général, souvent en milieu hospitalier ou en maison de retraite.*

zog *voir* ziehen

zögern hésiter

Zoll (MASCULIN : der Zoll, die Zölle) douane

Zopf (MASCULIN : der Zopf, die Zöpfe) natte *ou* tresse

Zorn (MASCULIN : der Zorn) colère

► **im Zorn** sous l'effet de la colère

♦ **zornig** en colère

zu *a plusieurs catégories grammaticales et plusieurs sens :*

> *Ce peut être une* PRÉPOSITION *qui s'emploie avec le* DATIF :

1 zu *peut indiquer une* direction *et signifie* vers *ou* à *ou* chez :

▷ Sie läuft zu ihrer Mutter. Elle court vers sa mère.

▷ Kommst du auch zu dem Fest? Tu viens aussi à la fête ?

▷ Ich komme heute Nachmittag zu dir. Je viens chez toi cet après-midi.

► **zu Bett gehen** aller au lit

► **zu Boden fallen** tomber par terre

► **zu Tisch kommen** venir à table

2 zu *peut avoir un sens* temporel *et signifie* à *ou* en *ou* de *ou* pour :

► **zu Ostern** à Pâques

► **zu Mittag** à midi

► **zu gleicher Zeit** en même temps

► **von Zeit zu Zeit** de temps en temps

► **zum ersten Mal** pour la première fois

3 zu *peut indiquer un* but *ou une* intention *et signifie* pour *ou* à :

▷ Sie bleibt zu Hause, um zu lernen. Elle reste à la maison pour travailler.

4 zu *peut indiquer une* mesure *et signifie* à *ou* en *ou* par :

► **zum Teil** en partie

► **zur Hälfte** à moitié

► **zu dritt** à trois

► **zu Hunderten** par centaines

5 zu *peut former d'*autres expressions :

► **zum Glück** par bonheur *ou* heureusement

► **zum Beispiel** par exemple

► **zu Fuß** à pied

► **zu Hilfe** au secours

► **zu essen / trinken** à manger / boire

> *Ce peut être un* ADVERBE :

zu *signifie* trop

► **zu sein** être fermé

► **zu viel** trop

► **zu wenig** trop peu

► **Tür zu!** fermez la porte !

> *Ce peut être une* PARTICULE SÉPARABLE *pour former des* VERBES COMPOSÉS :

♦ **zubereiten** (zubereitete, zubereitet) préparer

♦ **zubilligen** accorder

> *Vous trouverez les verbes composés qui commencent par* zu- *classés par ordre alphabétique.*

zuallererst en premier lieu

zuallerletzt en dernier lieu

Zubehör (NEUTRE : das Zubehör) accessoires

zubereiten (zubereitete, zubereitet) préparer

zubilligen accorder

zubinden fermer (un paquet) *ou* nouer (des lacets)

📖 **binden** (band, gebanden) = lacer

zubleiben rester fermé

📖 **bleiben** (blieb, geblieben) = rester

Zucchini (FÉMININ : die Zucchini, die Zucchini) courgette

Zucht (FÉMININ : die Zucht) élevage (d'animaux) *ou* culture (de plantes)

♦ **züchten** élever (des animaux) *ou* cultiver (des plantes)

Züchtigung (FÉMININ : die Züchtigung) châtiment

zucken tressaillir

► **die Schultern zucken** hausser les épaules

Zucker (MASCULIN : der Zucker) *a plusieurs sens :*

1 Zucker *peut signifier* sucre

♦ **zuckern** sucrer

2 Zucker *peut signifier* diabète

♦ **zuckerkrank** diabétique

zudecken couvrir

zudem de plus

zudrücken fermer
► **ein Auge zudrücken** fermer les yeux

zueinander l'un envers l'autre
► **zueinander passen** aller ensemble

zuerst d'abord *ou* en premier
► **zuerst einmal** tout d'abord

Zufahrt (FÉMININ : die Zufahrt) accès

Zufall (MASCULIN : der Zufall, die Zufälle) hasard
► **durch Zufall** par hasard
♦ **zufällig** par hasard

Zuflucht (FÉMININ : die Zuflucht) refuge

Zufluss (MASCULIN : der Zufluss) afflux *ou* affluent

zufolge *est une* préposition *qui s'emploie avec le* génitif *ou le* datif *et signifie* conformément à *ou* selon

zufrieden content *ou* satisfait
► **mit jemandem / etwas zufrieden sein** être content de quelqu'un / quelque chose
► **sich mit etwas zufrieden geben** se contenter de quelque chose
► **zufrieden stellen** satisfaire
♦ **Zufriedenheit** (FÉMININ : die Zufriedenheit) satisfaction *ou* contentement

zufrieren (zufror, zugefroren) geler

Zug (MASCULIN : der Zug, die Züge) train *ou* courant d'air *ou* trait
► **etwas in vollen Zügen genießen** profiter pleinement de quelque chose

Zugang (MASCULIN : der Zugang, die Zugänge) accès
♦ **zugänglich** accessible

zugeben (er gibt zu; zugab, zugegeben) admettre

zugehen (zuging, zugegangen)
► **auf jemanden / etwas zugehen** se diriger vers quelqu'un / quelque chose

Zugehörigkeit (FÉMININ : die Zugehörigkeit) appartenance

Zugeständnis (NEUTRE : das Zugeständnis, die Zugeständnisse) concession
♦ **zugestehen (zugestand, zugestanden)** concéder *ou* admettre

zügig rapide

zugleich en même temps

zugreifen (zugriff, zugegriffen) se servir *ou* saisir l'occasion *ou* mettre la main à la pâte

zugrunde
► **zugrunde gehen** périr
► **zugrunde legen** prendre pour base
► **zugrunde liegen** être la base
► **zugrunde richten** ruiner

zugunsten *ou* **zu Gunsten** *est une* préposition *qui s'emploie avec le* génitif *et signifie* en faveur de

zugute
► **jemandem etwas zugute halten** tenir compte du fait que quelqu'un a fait quelque chose
► **jemandem zugute kommen** servir à quelqu'un

Zuhälter (MASCULIN : der Zuhälter, die Zuhälter) maquereau (en parlant d'une personne)

zuhause chez soi
♦ **Zuhause** (NEUTRE : das Zuhause) chez-soi

zuhören écouter

zuknöpfen boutonner

Zukunft (FÉMININ : die Zukunft) avenir *ou* futur
♦ **zukünftig** futur *ou* à l'avenir

zulassen (er lässt zu; zuließ, zugelassen) permettre *ou* admettre *ou* immatriculer (une voiture)
► **die Tür zulassen** laisser la porte fermée

zuleid(e) ou **zu Leid(e)**
► **jemandem etwas zuleid(e)** *ou* **zu Leid(e) tun** faire du mal à quelqu'un

zuletzt à la fin *ou* finalement *ou* le dernier, la dernière

zuliebe pour faire plaisir
► **jemandem zuliebe** pour faire plaisir à quelqu'un

zum *est l'abréviation de* **zu dem**
► **zum ersten Mal** pour la première fois
► **zum Vergnügen** pour le plaisir

zumachen fermer

zumal d'autant plus que

zumindest au moins

zumut
► **jemandem ist wohl zumute** quelqu'un se sent bien

zumuten
► **jemandem etwas zumuten** exiger quelque chose de quelqu'un *ou* croire quelqu'un capable de faire quelque chose
♦ **Zumutung** (FÉMININ : **die Zumutung**) exigence *ou* impudence

zunächst tout d'abord

Zunahme (FÉMININ : **die Zunahme**) augmentation

Zuname (MASCULIN : **der Zuname**) nom de famille

zunehmen (**er nimmt zu; zunahm, zugenommen**) augmenter *ou* grossir

Zuneigung (FÉMININ : **die Zuneigung**) affection

Zunge (FÉMININ : **die Zunge, die Zungen**) langue (partie du corps)

zunichte
► **zunichte machen** anéantir

zunutze
► **sich etwas zunutze machen** se servir de quelque chose

zuoberst tout en haut

zupacken mettre la main à la pâte

zur *est l'abréviation de* **zu der** *et signifie* au *ou* à la

zurechnungsfähig responsable de ses actes

sich zurechtfinden s'orienter *ou* trouver son chemin *ou* se débrouiller

zurechtkommen (**zurechtkam, zurechtgekommen**)
► **mit etwas zurechtkommen** venir à bout de quelque chose
► **mit jemandem zurechtkommen** s'arranger avec quelqu'un

zureden
► **jemandem zureden** chercher à persuader quelqu'un

zurück en arrière *ou* de retour *ou* en retard

zurückbringen ramener *ou* rapporter
🕮 **brigen** (**brachte, gebracht**) = amener *ou* apporter

zurückfahren retourner (en voiture)
► **vor Schreck zurückfahren** reculer brusquement de peur
🕮 **fahren** (**er fährt; fuhr, gefahren**) = rouler *ou* conduire

zurückführen
► **etwas auf etwas zurückführen** attribuer quelque chose à quelque chose *ou* déduire quelque chose de quelque chose

zurückgeben rendre
🕮 **geben** (**er gibt; gab, gegeben**) = donner

zurückgehen retourner *ou* diminuer
► **zurückgehen auf** remonter à
🕮 **gehen** (**ging, gegangen**) = aller

zurückgezogen retiré

(sich) zurückhalten (se) retenir
🕮 **halten** (**er hält; hielt, gehalten**) = tenir
♦ **zurückhaltend** réservé (en parlant d'une attitude)

zurückkommen revenir
🕮 **kommen** (**kam, gekommen**) = venir

zurücklegen parcourir *ou* remettre

zurücktreten (**er tritt zurück; zurücktrat, zurückgetreten**) démissionner *ou* reculer

zurückweisen (**zurückwies, zurückgewiesen**) repousser *ou* rejeter

zurückzahlen rembourser
► **es jemandem zurückzahlen** faire payer quelqu'un

sich zurückziehen (**zurückzog, zurückgezogen**) se retirer

zurzeit actuellement

Zusage (FÉMININ : die Zusage) acceptation

♦ **zusagen** accepter

► **jemandem zusagen** plaire à quelqu'un

zusammen ensemble *ou* en tout

Zusammenarbeit (FÉMININ : die Zusammenarbeit) collaboration

♦ **zusammenarbeiten** collaborer *ou* coopérer

zusammenbleiben rester ensemble

📖 bleiben (bleib, geblieben) = rester

zusammenbrechen s'écrouler *ou* s'effondrer

📖 brechen (er bricht; brach, gebrochen) = casser

♦ **Zusammenbruch** (MASCULIN : der Zusammenbruch, die Zusammenbrüche) effondrement

zusammenfassen résumer

♦ **Zusammenfassung** (FÉMININ : die Zusammenfassung) résumé

zusammengesetzt composé

zusammenhalten se serrer les coudes *ou* tenir ensemble

📖 halten (er hält; hielt, gehalten) = tenir

Zusammenhang (MASCULIN : der Zusammenhang, die Zusammenhänge) rapport *ou* lien *ou* cohérence

♦ **zusammenhängen** (zusammenhing, zusammengehangen) avoir un lien *ou* être en rapport

♦ **zusammenhangslos** incohérent

zusammenlegen plier *ou* mettre ensemble

sich zusammennehmen se ressaisir

📖 nehmen (er nimmt; nahm, genommen) = prendre

zusammenpassen bien aller ensemble

sich zusammenreißen (zusammenriss, zusammengerissen) se ressaisir

zusammenschlagen tabasser *ou* casser

📖 schlagen (er schlägt; schlug, geschlagen) = battre

sich zusammenschließen (zusammenschloss, zusammengeschlossen) s'associer

zusammensetzen assembler

► **sich zusammensetzen aus** être composé de

♦ **Zusammensetzung** (FÉMININ : die Zusammensetzung) composition

zusammenstellen composer

Zusammenstoß (MASCULIN : der Zusammenstoß, die Zusammenstöße) collision

zusammenzählen additionner

zusammenziehen (zusammenzog, zusammengezogen) *a plusieurs catégories grammaticales et plusieurs sens :*

> *Ce peut être un* VERBE TRANSITIF :
zusammenziehen *signifie* contracter

> *Ce peut être un* VERBE INTRANSITIF :
zusammenziehen *signifie* aménager ensemble

> *Ce peut être un* VERBE RÉFLÉCHI :
sich zusammenziehen *signifie* se contracter

zusammenzucken sursauter

Zusatz (MASCULIN : der Zusatz, die Zusätze) ajout *ou* additif *ou* supplément

♦ **zusätzlich** supplémentaire

zuschauen regarder

► **bei etwas zuschauen** assister à quelque chose

♦ **Zuschauer, Zuschauerin** (MASCULIN : der Zuschauer, die Zuschauer / FÉMININ : die Zuschauerin, die Zuschauerinnen) spectateur, spectatrice

Zuschlag (MASCULIN : der Zuschlag, die Zuschläge) supplément

zuschlagen claquer *ou* frapper

📖 schlagen (er schlägt; schlug, geschlagen) = frapper

zuschließen fermer à clé

📖 schließen (schloss, geschlossen) = fermer

zuschnüren lacer *ou* ficeler

zuschrauben visser le couvercle

zuschreiben (zuschrieb, zugeschrieben)

► **jemandem etwas zuschreiben** attribuer quelque chose à quelqu'un

zusehen regarder

► **bei etwas zusehen** assister à quelque chose

► **zusehen, dass etwas gemacht wird** veiller à ce que quelque chose se fasse

📖 **sehen (er sieht; sah, gesehen)** = voir

zusehends à vue d'œil

sich zuspitzen s'aggraver

zusprechen (**er spricht zu; zusprach, zugesprochen**) encourager
► **jemandem gut zusprechen** essayer de convaincre quelqu'un

Zustand (MASCULIN : der Zustand, die Zustände) état *ou* condition

zustande *ou* **zu Stande**
► **zustande** *ou* **zu Stande bringen** réaliser *ou* réussir à faire
► **zustande** *ou* **zu Stande kommen** se réaliser *ou* se faire

zuständig responsable *ou* compétent

zustehen (**zustand, zugestanden**) être dû
► **jemandem zustehen** être dû à quelqu'un *ou* revenir à quelqu'un

zustimmen être d'accord
♦ **Zustimmung** (FÉMININ : die Zustimmung) approbation *ou* consentement
► **seine Zustimmung geben** donner son accord

Zutaten (FÉMININ pluriel : die Zutaten) ingrédients

zutiefst profondément

sich zutragen (**zuträgt; zutrug, zugetragen**) avoir lieu *ou* se produire

zutrauen
► **jemandem etwas zutrauen** croire quelqu'un capable de quelque chose
♦ **Zutrauen** (NEUTRE : das Zutrauen) confiance
♦ **zutraulich** confiant

zutreffen (**es trifft zu; zutraf, zugetroffen**) être exact *ou* être juste
♦ **zutreffend** exact *ou* juste

Zutritt (MASCULIN : der Zutritt) accès
► **zu etwas Zutritt haben** avoir accès à quelque chose

zuverlässig fiable
♦ **Zuverlässigkeit** (FÉMININ : die Zuverlässigkeit) fiabilité

Zuversicht (FÉMININ : die Zuversicht) confiance *ou* assurance
♦ **zuversichtlich** confiant
♦ **Zuversichtlichkeit** (FÉMININ : die Zuversichtlichkeit) confiance

zuvor auparavant

zuvorkommen (**zuvorkam, zuvorgekommen**)
► **jemandem zuvorkommen** devancer quelqu'un
♦ **zuvorkommend** prévenant

zuweilen de temps en temps

(sich) zuwenden (se) tourner vers
► **sich jemandem / einer Sache zuwenden** se tourner vers quelqu'un / quelque chose

zuwerfen claquer *ou* lancer

📖 **werfen (er wirft; warf, geworfen)** = lancer

zuwider répugnant

zuzüglich *est une* préposition *qui s'emploie avec le* génitif *et signifie* plus

zuzwinkern
► **jemandem zuzwinkern** faire un clin d'œil à quelqu'un

zwang *voir* **zwingen**

Zwang (MASCULIN : der Zwang, die Zwänge) contrainte *ou* pression *ou* manie
► **unter Zwang** sous pression
► **sich keinen Zwang antun** ne pas se gêner

zwängen
► **etwas in etwas zwängen** rentrer quelque chose de force dans quelque chose
► **sich in ein Auto zwängen** s'entasser dans une voiture

zwanghaft maniaque

zwanglos sans contrainte *ou* décontracté

zwangsläufig (adjectif) forcé *ou* (adverbe) forcément

zwanzig vingt

zwar en effet *ou* il est vrai
► **und zwar so ...** et voici comment ...

Zweck (MASCULIN : der Zweck, die Zwecke) but *ou* intention
► **zu welchem Zweck** à quel but
♦ **zwecklos** inutile
♦ **zweckmäßig** utile *ou* approprié *ou* pratique
♦ **zwecks** *est une* préposition *qui s'emploie avec le* génitif *et signifie* en vue de

zwei deux
♦ **zu zweit** à deux

zweideutig ambigu
♦ **Zweideutigkeit** (FÉMININ : die Zweideutigkeit) ambiguïté

zweierlei deux choses différentes

zweifach deux fois

Zweifel (MASCULIN : der Zweifel, die Zweifel) doute *ou* incertitude
♦ **zweifelhaft** douteux *ou* incertain
♦ **zweifellos** sans aucun doute
♦ **zweifeln** douter
► **an etwas zweifeln** douter de quelque chose
► **im Zweifelsfall** en cas de doute

Zweig (MASCULIN : der Zweig, die Zweige) branche
♦ **Zweigstelle** (FÉMININ : die Zweigstelle) succursale

zweihundert deux cents

zweijährig de deux ans

zweimal deux fois

zweischneidig à double tranchant

zweisprachig bilingue

zweispurig à double voie (en parlant de la route)

zweistimmig à deux voix

zweite, zweiter, zweites deuxième *ou* second

zweiteilig en deux parties *ou* deux pièces

zweitens deuxièmement

Zwerchfell (NEUTRE : das Zwerchfell, die Zwerchfelle) diaphragme

Zwerg (MASCULIN : der Zwerg, die Zwerge) nain

Zwetsch(g)e (FÉMININ : die Zwetschge, die Zwetschgen) quetsche

zwicken pincer

Zwieback (MASCULIN : der Zwieback, die Zwiebacke *ou* Zwiebäcke) biscotte

Zwiebel (FÉMININ : die Zwiebel, die Zwiebeln) oignon

Zwiegespräch (NEUTRE : das Zwiegespräch, die Zwiegespräche) dialogue

Zwielicht (NEUTRE : das Zwielicht) pénombre
♦ **zwielichtig** louche

Zwiespalt (MASCULIN : der Zwiespalt) conflit
♦ **zwiespältig** contradictoire *ou* divisé

Zwietracht (FÉMININ : die Zwietracht) discorde
♦ **zwieträchtig** divisé

Zwilling (MASCULIN : der Zwilling, die Zwillinge) jumeau *ou* Gémeaux

zwingen (zwang, gezwungen) forcer
♦ **zwingend** contraignant *ou* concluant

zwinkern cligner des yeux *ou* faire un clin d'œil

Zwirn (MASCULIN : der Zwirn, die Zwirne) fil

zwischen *est une* préposition *qui s'emploie avec le* datif *ou l'*accusatif *et signifie* entre *ou* parmi
♦ **zwischendurch** entre-temps *ou* en passant

Zwischenfall (MASCULIN : der Zwischenfall, die Zwischenfälle) incident

zwischenlanden faire escale
♦ **Zwischenlandung** (FÉMININ : die Zwischenlandung) escale

Zwischenraum (MASCULIN : der Zwischenraum, die Zwischenräume) espace (entre deux choses)

Zwischenzeit (FÉMININ : die Zwischenzeit) entre-temps
► **in der Zwischenzeit** entre-temps *ou* pendant ce temps

Zwist (FÉMININ : die Zwist, die Zwiste) discorde

zwitschern gazouiller

zwölf douze

Zylinder (MASCULIN : der Zylinder, die Zylinder) cylindre *ou* chapeau haut-de-forme

Zypern Chypre

♦ **Zyprer, Zyprerin** (MASCULIN : der Zyprer, die Zyprer / FÉMININ : die Zyprerin, die Zyprerinnen) Chypriote

♦ **Zyprier, Zyprierin** (MASCULIN : der Zyprier, die Zyprier / FÉMININ : die Zyprierin, die Zyprierinnen) Chypriote

♦ **Zypriot, Zypriotin** (MASCULIN : der Zypriot, die Zyprioten / FÉMININ : die Zypriotin, die Zypriotinnen) Chypriote

♦ **zypriotisch** chypriote

♦ **zyprisch** chypriote

TABLE DES MATIÈRES

Photocomposition MCP (Saran)

N° d'éditeur 10103149-Dépôt légal MAI 2004
achevé d'imprimer en Italie par NIIAG-Bergamo